21世纪高等院校法学系列精品教材

刑法总论

（第四版）

周光权 著

中 国 人 民 大 学 出 版 社
·北京·

作者简介

周光权，清华大学法学院教授、博士生导师，教育部“长江学者”特聘教授，第十三届全国人大宪法与法律委员会副主任委员，兼任中国犯罪学学会副会长，最高人民法院特邀咨询员、最高人民检察院专家咨询委员会委员。

主要研究领域：中国刑法学、比较刑法学等。出版《刑法客观主义与方法论》（第2卷）、《刑法学习定律》、《刑法公开课》（第1卷）、《刑法公开课》（第2卷）等专著13部；合著、主编、参编刑法学著作30余部。在《中国社会科学》《中国法学》《法学研究》等刊物发表论文240余篇，获得省部级奖励10余项。

内容提要

本书的基本立场是，犯罪是违反行为规范进而造成法益侵害的行为。本书依次论述了刑法基本原则、犯罪成立理论、未遂论、正犯与共犯、犯罪竞合论以及刑罚论等问题，全面展示了现代刑法学的基本原理。

本书的特色在于：(1) 按照阶层的犯罪论体系，讨论犯罪成立的主观、客观要件和犯罪排除事由，实现体系上的创新，在“体系的思考”上迈出了关键步伐。(2) 反思现行的刑法学研究方法，对于刑法总论的关键问题都提出了独到、深入的见解，在建构“精巧的刑法解释学”方面进行了尝试，在“体系的思考”中凸现“问题的思考”。(3) 重视社会发展和刑法制度变迁之间的紧密关联性，强调刑罚积极的一般预防功能，促进公众认同与刑法制度之间的互动。(4) 提倡学派论争，对刑法诸问题的解释与作者一直坚持的刑法客观主义立场保持紧密关联，尤其是结合现代刑法学的前沿研究成果对客观归责、事实认识错误、过失犯、未遂犯、不能犯、义务犯等进行了全面阐释，最大限度地保持了刑法学立场和方法的一贯性。

第四版序

本书第三版于 2016 年面世，转眼已过去五年。其实早就到了修订再版的时候，不过，写作者的天然惰性再加上敝帚自珍的本能，使修订计划一拖再拖。2020 年 12 月 26 日《刑法修正案（十一）》的颁布使修订本书成为刻不容缓的事情，再往下拖延的任何借口都难以获得他人认同。

法律的修改是修订本书的直接动因，不过，这次修订并不满足于阐释最新刑法立法，而是借此机会对上一版的许多内容做了大幅修改。对此，需要略作交代。

一

《刑法修正案（十一）》共有 48 条，是近十年来最大规模的刑法修改，其中既涉及刑事责任年龄的微调，也涉及交通安全、生产安全、药品安全的维护，以及对金融领域、公共场所管理秩序、生物安全等领域罪刑关系的建构等问题。围绕上述修改，本版对总论部分刑事责任年龄方面的内容进行了调整，同时，对各论部分的相关内容进行了诸多补充、修改，尤其是对《刑法修正案（十一）》增设的 10 余个新罪，如危险作业罪、妨害药品管理罪、催收非法债务罪等做出尽可能详尽的阐述，对立法意图、犯罪客观和主观构成要件、犯罪之间的交叉和竞合关系等着墨较多。

首先，对《刑法修正案（十一）》新增的轻罪做出详尽阐述，以期为司法实务提供明确的裁判规则。本次立法中的有些规定，事实上明确否定了之前司法实务中的某些做法，如果不对新增的轻罪作出详细解读，就既难以“纠偏”，也无法为未来的司法实务提供有效指导。例如，《刑法修正案（十一）》第 33 条规定，从建筑物或者其他高空抛掷物品，情节严重的，构成高空抛物罪。而对类似行为，在之前的司法实务中大多按照以危险方法危害公共安全罪定罪处罚。2019 年 10 月 21 日最高人民法院《关于依法妥善审理高空抛物、坠物案件的意见》明确规定：“故意从高空抛弃物品，尚未造成严重后果，但足以危害公共安全的，依照刑法第一百一十四条规定的以危险方法危害公共安全罪定罪处罚；致人重伤、死亡或者使公私财产遭受重大损失的，依照刑法第一百一十五条第一款的规定处罚。为伤害、杀害特定人员实施上述行为的，依照故意伤害罪、故意杀人罪定罪处罚。”由于高空抛物不可能像放火、爆炸、投放危险物质那样危害公共安全，司法解释的上述规定会导致法官放弃对“足以危害公共安全”这一危险性要件进行实质和具体的审查。《刑法修正案（十一）》在刑法分则第六章“妨害社会管理秩序罪”（而非第二章“危害公共安全罪”）增设高空抛物罪，等于不认可高空抛物行为在通常情形下对公共安全的危害。基于此，本书对高空抛物罪的保护法益、实行行为、与以危险方法危害公共安全罪的关系等给予了充分关注。

其次，《刑法修正案（十一）》对骗取贷款罪、侵犯商业秘密罪等犯罪的定罪标准做出了重大修改，其中对骗取贷款罪提高了定罪门槛，而对侵犯商业秘密罪降低了定罪门槛。基于此，本书对这些犯罪的成立要件等进行了细致探究，对新规定的准确适用进行了重点提示。

最后，对《刑法修正案（十一）》中仅作微调的内容，就其在解释论上可能带来的影响也结合司法解释、判决等进行详细分析，以厘清犯罪之间的界限。例如，依据最高人民法院、最高人民检察院《关于办理环境污染刑事案件适用法律若干问题的解释》（2016 年 12 月 23 日）第 10 条第 1 款的规定，干扰环境质量监测系统的采样，致使监测数据严重失真的行为，属于破坏计算机信息系统。2018 年 12 月 25 日最高人民法院《关于发布第 20 批指导性案例的通知》（指导案例第 104 号"李森、何利民、张锋勃等人破坏计算机信息系统案"）也指出："环境质量监测系统属于计算机信息系统。用棉纱等物品堵塞环境质量监测采样设备，干扰采样，致使监测数据严重失真的，构成破坏计算机信息系统罪。"其实，被告人的上述行为原本就没有破坏计算机信息系统本身，也没有干扰计算机信息提供的"功能"本身，而只是伪造了环境质量监测数据，上述解释及指导性案例的规定有类推解释的疑问，并不合适。针对这种情形，《刑法修正案（十一）》提供了解决方案，其第 25 条进一步明确了《刑法》第 229 条（提供虚假证明文件罪）的主体要件，立法所揭示的行为主体明确包括承担环境影响评价、环境监测职责的中介组织的人员，并且在加重构成要件中增加了"在涉及公共安全的重大工程、项目中提供虚假的安全评价、环境影响评价等证明文件，致使公共财产、国家和人民利益遭受特别重大损失的"，法定刑升格的相关内容。在解释论上，如果准确适用《刑法修正案（十一）》第 25 条的相关规定，就能够准确全面地处理干扰采样，致使监测数据严重失真的危害行为，不需要将被告人的行为类推认定为破坏计算机信息系统罪。对上述内容，在本书各论的相关位置进行了深入分析。

二

将体系思考和问题思考熔于一炉，增强本书对司法实务的指导价值，是本次修订的基本指导思想。

就各论问题的修改而言，对《刑法修正案（十一）》并未做出直接修改，但近年来司法适用中问题较多的犯罪，我也基于回应实践需要的考虑，对许多章节进行了较大幅度的修改，对许多问题提供了更为具体、明确的解答。这一点在对虚开增值税专用发票罪，组织、领导传销活动罪，组织、领导、参加黑社会性质组织罪，贪污贿赂罪等罪的分析中表现得特别充分。

就总论的修订而言，本版更加注重体系思考和问题思考的统一，特别重视相关理论对于实务的指导意义。

首先，在犯罪论体系一章中，增加了阶层犯罪论的司法运用的内容。刑法理论必须要照顾到体系，离开体系思考的刑法学难以有创造性贡献。刑法体系思考的核心是犯罪论体系，如果没有体系性思考，犯罪论体系的大厦不可能搭建起来，要实现司法公正就很困难；只有体系性思考才能使被告人受到公正待遇，防止偶然和专断，避免法律适用停留在"业余水平"；也使刑法判断有很清晰的推理步骤，结论更为明确。基于此，本书对阶层体系"对接"司法实务的相关逻辑、思考方法等进行了全面分析，以降低阶层犯罪论体系的复杂度，使之成为司法工作人员易于掌握的工具。

其次，对于不作为犯的作为义务来源，本次修订按照事实判断与规范判断相统一、问题解决与体系建构相协调的思路进行了探索。不作为犯的相关理论非常复杂，关于作为义务的"形式四分说"、实质的机能二分说、支配领域性说（因果进程的排他性支配理论）、结果原因支配理论等令人眼花缭乱，本次修订不纠结于理论上的抽象讨论，而是立足于实践难题的解决，试图以规范思考为基础兼顾事实判断，就作为义务来源提出自己的见解。

最后，在共犯论部分，对部分对向犯不受处罚的理由、共犯处罚根据、帮助犯的因果关系、共犯的中止等，都朝着有助于司法适用、便于实务人员理解的方向进行了大幅修改。

面向实务修改教科书，可能给人一种本书不再重视体系思考的误解。其实，在成文法国家研究和适用刑法，不可能离开体系性思考。法学是追求精细化解释的科学，是应当不断改善的一种系统性研究。本次修订始终立足于罪刑法定理念的实现，注重体系思考、体系解释方法的运用，最大限度顾及了体系问题，对阶层犯罪论的讨论，对基于刑法客观主义立场的共犯论、未遂论的分析，对犯罪论与刑罚论之关系的协调的思考等，无不是在体系思考方面持续发力。

三

在本次修订过程中，我对于“理想的教科书”的要素产生了一些思考。

第一，无矛盾。和一般专著相比，教科书所接受的追问和考验更多更持久。以此为标尺，理想的教科书应该是无矛盾、具有创新性且能够在几乎所有的问题上都照顾到各方面关切的。但是，遗憾的是，几乎所有的教科书都难以避免各种各样的“纰漏”。例如，日本刑法通说的教科书都反对将故意和过失归入不法阶层，坚持对不法与责任进行古典式区分，将故意和过失仅作为责任要素。这种区分方法立足于结果无价值论的存在论视角，试图对犯罪行为从脉络清晰的客观方面和主观方面予以把握，以确保违法是纯客观的。但是根据日本的通说，在具体的判断上，对故意、过失要在违法阻却事由之前就进行检验，而不是迟至最后环节的责任判断中才去考察。这种自相矛盾其实在体系上很难解释。

我深知，本书成为“理想的教科书”的“期待可能性”并不高，但我会朝着这个方向努力。就无矛盾这一点而言，留给本书下一版的重要修订还有：学派论争的缓和对于当代刑法理论体系建构究竟有何影响，对具体问题的解决如何与学派立场保持一致；如何避免刑罚论和犯罪论之间的不协调；对具体犯罪的解释如何不与法益论相矛盾；如何在总论和各论中对犯罪之间的交叉和竞合关系的分析保持一致；等等。

第二，实用性。“理想的教科书”必须对实务有指导价值，如果实务中所发生的难题都能够在刑法教科书中找到对应解决方案，那是最好不过的。但是，放眼望去，很多刑法教科书的“用户体验”远没有想象的那么好。“为了体系而体系”的理论定位、绕着问题走的写作方式都使大量教科书的实务指导性大打折扣。本书的修订虽然试图以具体问题为中心展开思考，通过对刑法条文的解释来说服司法工作人员做出合理的判断，以实现个案正义，但是，要彻底实现这一目标的难度是显而易见的。因此，留给下一版的修订任务是：根据犯罪认定和处罚的司法难题的性质，以体系思考为主，兼顾问题思考的方法论，结合司法裁判的动向，灵活回应社会治理的法治需求，进一步对犯罪论、刑罚论和具体罪名进行精巧解释。

第三，批判精神。前已述及，“理想的教科书”必须密切关注司法动向，重视判决，在活生生的司法实践中发现法律人的本土智慧，寻找刑法学发展的契机。但是，这绝不意味着教科书必须绝对依赖于或屈从于判决，尤其是在判决的公正性存疑以及说理并不透彻，或者对大致相同的情形出现截然相反的判决时，如果教科书仍然对判决予以认同，就是值得商榷的。理论上对所有判决的结论都照单全收，固然能够用法官的思考替代自己的思考，坐收“不假思索”的便利，但是，这对刑法学研究的长足发展并无益处。对于那些明显不合适的判决必须予以批评，而不是全面认同法律实务。唯有如此，才能防止对实务的批判性精神的衰退。因此，未来值得考虑的是，在教科书中需要更多地关注那些明显不合理的判决何以“出错”的内在机理，并就防止司法偏差，形成合理的解释方法，正确适用刑法，提出自己的相对更为讲得通的说法。

如此说来，对于教科书的修订始终“在路上”。我自己“理想的教科书”，永远是下一版！

周光权

2021 年 6 月 16 日

第一版序

经过多年的积累和反复斟酌，我的仍然带着许多不成熟痕迹的《刑法总论》《刑法各论》终于可以面世了。在刑法学教科书已经多如牛毛的今天，为什么自己还一定要“凑热闹”写这么两本书？我觉得有必要仔细地向读者作出交代。

一

大约十年以前，李海东博士就曾经提出过发人深省的问题：我们的刑法学理论研究是不是总体上存在着某种根本性的偏差？“十几年来刑法学研究的发表物数量巨大是一个不争的事实，可它与研究的质量没有关系……今天的中国刑法理论，本质上还处在我们上一代刑法学者们的认识框架中。这个框架是以本身尚处于摸索阶段、完全不成熟的三十年代苏联刑法学理论为基础的。但是，维辛斯基式的刑法理论结构与基础本身，从今天的角度来看，不仅在实践中是失败的，而且在理论上也是行不通的。”① 他所提出的批评意见时至今日仍然是切中肯綮的。

目前流行的很多教科书，意识形态色彩过于浓厚，受苏联影响太深。而苏联的刑法学观点大量充斥着错误、混乱和含混不清，在强调中央集权、高扬惩罚大旗的时代，或许有其存在意义。但在人权保障观念得到逐步提倡，社会不断开放，新型犯罪需要刑法学及时给予回应的社会背景下，死死抱住苏联刑法学理论不放，实在不是明智的态度。

苏联刑法学是一个“大杂烩”，是在一个政权建立之初，需要独树一帜时的选择，颇有“慌不择路”的意味！既然如此，理论体系内部的不合理之处必然难以避免。

苏联刑法学中的意识形态气息极其明显，因为它更多的是政治革命家的选择，而不是刑法学者详尽论证、反复论争的结果。政治家们“钦定”的刑法学，必然带有两个特征：一是为满足政治斗争、巩固政权的需要，将刑法制度直接设计为政治斗争、政权巩固的利器。刑法着眼于惩罚、着眼于控诉，试图显示国家权力的强大无比；而基本上不考虑辩护机会的赋予，对辩护权利的行使本能地持排斥态度。如果国家只是单纯地把刑法作为惩罚的工具，更多地考虑惩罚的便利性、灵活性和容易性，在这种刑法观基础上建构起来的刑法学，就不是规范性的，而是政治性的。二是对其他法系刑法学的改造，一般就是“删繁就简”，即在很多时候出于使用上便利的考虑来设计刑法制度，尽量避免制度上的相互钳制，也试图防止认定犯罪过程的过于繁复，于是类推制度在刑法中赫然规定就很容易理解；将犯罪构成要件理论简单化，也自然在情理之中。但是，把对犯罪——一种基本上属于人间最为复杂的社会现象的认定这种高智商展示过程，降格为将犯罪客体—犯罪客观方面—犯罪主体—犯罪主观方面这四大块拼凑在一起的“搭积木”的游戏，会带来很多问题。游戏的过程，枯燥无味，这自然不用说了；有时，拼凑四大构成要件的游戏，还带有“儿戏”的味道，因为依据这种理论认定犯罪时，出错的概率，比起德、日阶层式的犯罪评价体系要高出不少。

---

① 李海东：《刑法原理入门（犯罪论基础）》，2页，北京，法律出版社，1998。

其实，刑法学上的学术论争，原则上只应涉及定罪量刑的“技术性”问题，与所谓的政治立场本身不应当有何关联。我们切勿在苏联刑事法制实践已经明显失败的情况下，把继受苏联刑法学的政治意义人为地夸大。必须看到，如果意识形态或者“意识形态化”的一些观念上的障碍不克服，学术对话机制不会确立，刑法学就不会有突破性进展。这绝不是危言耸听，而是实实在在的结论。

有的人会提出，随着我国刑法学近二十年来的飞速发展，意识形态对刑法学的影响早已消除。但是，在这里，有两个问题需要澄清：一方面，对于我国刑法学近二十年来，究竟有多大的发展，还得打一个巨大的问号。如果我们的刑法学理论一开始就出了问题，任何所谓的发展都是无从谈起的。我国刑法学基本上谈不上规范地发展，例如，我们没有集中地讨论学派论争问题，没有重视法益侵害对于刑法学的意义，在一些基本的概念（例如，危险犯、犯罪既遂、共犯的从属性等）上，仍然充斥着错误的理论。另一方面，刑法学中意识形态化的问题，即使不说是越来越严重，也可以说是没有根本性的消减。例如，承认犯罪客体概念，将犯罪视作对社会主义社会关系的侵害，就是意识形态的触角伸入刑法学领域的最集中表现。重视犯罪客体概念，不仅会使刑法学理论陷入混乱，将行为与构成要件的关系，以及与行为违法性的关系搅在一起；而且会使被告人的辩护显得特别困难，国家权力的“大棒”有了赤裸裸地任意挥舞的特质。又如，形式化地理解实行行为的概念，没有在法益侵害或者法益威胁的层面上解释什么是真正的实行行为，就容易将不可罚的不能犯认定为未遂犯，从而动用刑法。上述这些观念的存在，从表面上看，是刑法学不发达的表现，但是，从实质上看，则与意识形态涉入刑法领域，国家只重视惩罚，只要行为人内心邪恶，不考虑其是否有值得惩罚的行为、不深究惩罚的正当理由有关。

从这个意义上讲，编写一本和意识形态保持适度距离的刑法学，就是有独特价值的。在我看来，刑法学的发展，和用砖砌墙、修建高楼大厦一样，根基如果有问题，第一块砖砌歪了，后面的砖块即使堆得再多、再高，外观上挺气派的房子，也只不过是危房而已！迄今为止，我们的刑法学者可能一直在为某些根本性的偏差提供着理论支撑。所以，我国刑法学要取得真正的发展，在一些根本性的东西上作出改变，就是十分必要的。

二

由于我国在相当长的历史时期内一直坚持政治专制主义传统，近代刑法学没有发展的土壤，从那时起，就世界范围而言，我国刑法学“失语”了。所以，有为数不少的日本刑法学者在他们的教科书中说，日本在明治维新以后，引入了近代刑法学的观念，中国刑法以及刑法思想对日本的影响就完全没有了。其实，日本学者已经说得很委婉了。今天的我国刑法学，非但对日本、德国等大陆法系国家没有影响，更为严重的问题在于：我们要想和这些国家的学者“搭话”，可能都已经变得无比困难。

最近一百年来，我国刑法学一直在“学习”：20 世纪的前五十年，主要学习德日刑法；后五十年，主要学习苏联。学得比较匆忙，学得也并不“虚心”，所以没有学好。苏联这面大旗轰然倒塌之后，我国刑法学和整个意识形态一样，多少有些茫然。但是，苏联刑法学中的好些东西，我们至今还在坚持。还抱着不放的理论中，有些是合理的，有些是明显应该抛弃的，例如，犯罪构成理论；有些是只有我们才熟悉的，大多数内容则是与国外理论完全无法沟通的。

对于一个物件，敝帚自珍，往往有它的道理。对于一套理论，完全难以讲给国外同行听取，或者硬要灌输给对方，对方就会陷入犯糊涂的境地，这样的理论，或多或少有些问题。时间长了，这种理论只能是国人关起门来孤芳自赏的喃喃自语，见了“外人”，便发不出声。今天的我国刑法学便陷入了这种“无声”的困境。

现今的我国刑法学者必须对刑法学的共性有清楚认识，要承认一种“文化际”的刑法，从而促进“跨文化的”刑法学交流。

我国和德、日等大陆法系国家在文化根基上有些差异，从刑法发生学上看，也有明显不同。但是，从另外的意义上看，或者不同点更少，而相同之处更多，故意夸大这种差异，有时于事无补。换言之，在犯罪论等刑法学根本问题上，我国刑法学没有必要拒斥已经在世界上一百多个国家产生根本性影响的德国刑法学体系。苏联人的标新立异、别出心裁，在有的时候意味着创造，的确值得提倡，但是在特定情况下，这样的举动则意味着走弯路。

实际上，刑法的基础并不完全是依文化而转移的。现代社会正在摆脱文化偏见的余毒，不同文化之间完全可以合理地期待一些东西。几乎所有的法律文化对大多数刑事犯罪形态的认定都是一样的，至少从《汉谟拉比法典》以来的成文法中我们可以得知，法律所关切的利益如生命、财产和名誉等，若干世纪以来都是刑法中所保障的。在当今几乎所有的文化中，我们可以找到共同的刑事犯罪范畴：故意杀人、过失致人死亡、性犯罪、放火、伪造货币、财产犯罪，等等。现代各国也正在一步步剔除刑法中的不合理内容，例如，多数国家逐步将通奸、自杀、同性恋、宗教分歧、对政府的批评等排除在犯罪圈之外。换言之，从刑法的角度看，几乎找不到什么样的刑法文化在本质上是不同的。所以，我们孜孜以求所献身的理想，别的文化也有；我们所遭遇的各种伤害，别人亦感同身受！

其实，我国的刑法立法已经反映了刑法的“跨文化”共同性。刑法典关于犯罪成立条件的规定与大陆法系的规定之间并无多大差别。而在犯罪构成理论体系上却与国外存在天壤之别，由此可见，犯罪论体系完全是一个理论建构的问题。在现行刑法学框架下，直接采用大陆法系的三阶层犯罪成立理论体系，并不存在法律制度上的障碍。

此外，我们还要注意一个相当有趣的现象：早在 20 世纪 30、40 年代国民党统治时期的中国，刑法学关于犯罪成立的理论，完全是以大陆法系的分层次判断结构为模型建立的，刑法学教授和初学刑法学的人对于接受这样的理论，并不存在思维上的困难，刑法学要吸收当时德、日最新的研究成果，也不会有很多障碍。

所以，由于中国法律总体上可以被归入大陆法系的范畴，或者说我们与大陆法系的理念和制度具有某种亲缘性，以大陆法系的犯罪论体系为基础，建构中国刑法学中的犯罪论体系，就完全具有可能性。刑事惩罚是一个非常强大的强制手段，我们不能简单地假定它是传统或者习惯，而必须在理论上解决惩罚的合法性问题。对现存犯罪构成四要件理论的改造，可以看作惩罚合法化进程的关键步骤。

在我的《刑法总论》中，犯罪成立理论就借鉴了大陆法系的阶层理论，将犯罪成立条件分为犯罪客观要件、犯罪主观要件和犯罪排除事由三个部分。这对于构建可以“通约”的跨文化的刑法学理论体系具有重要意义。

三

通过教科书展示学者的学术观点，从而促进学派的形成以及对抗，对于中国刑法学未来的发展，是一件功德无量的事情。

在《刑法总论》《刑法各论》中，我都提倡刑法学者之间公开、积极的对抗，允许多种犯罪成立理论并存，从而消除苏联犯罪构成四要件理论一枝独秀的不正常局面，以建立客观主义的刑法学。

在刑法学领域，显然并不存在固定不变的、唯一正确的真理性认识，理论始终处于发展过程中。刑法学的发展必须在学派论争、对抗中形成；发展绝不是在将某一家理论、某一派理论先行奉为“金科玉律”之后再对其仅仅作小修小补。这一点在大陆法系刑法学的发展进程中表现得特别充分：自18世纪以来就在刑事古典学派与刑事实证学派的旗帜下展开的“学派之争”，使犯罪论、刑罚论的许多问题被反复地、深入地讨论，对抗的激烈程度远远超过我们今天的想象。正是由于两派在理念与方法上均存在重大差异，也正由于他们的杰出贡献，现在我们才可以有机缘看到：在犯罪论中，就共犯的本质、共犯的范围、着手的判断、未遂犯与不能犯的区别等问题而言，往往存在正反两方面的观点；对同一种犯罪行为的认定和处理，也大多有两种以上的方案供人们选择。由此一来，犯罪的辨别机制、处理机制可能就会更趋于合理，刑法理论也可能更对社会负责，因为某一派刑法学者要论证自己的观点正确，必须费尽心思，甚至可以说是殚精竭虑。真理在学派论争与对抗过程中越辩越明。处于对抗背景下的刑法学，不仅仅需要求得理论本身的自足与圆满，在体系上“讲得通”，还要考虑社会现实和社会需要。只是理论上讲得通的理论，如果不能有效地惩治犯罪，不能积极回应社会的需要，就会出现“软肋”，遭受对手的攻击，也容易被社会所摈弃。

不同的学者可能有不同的刑法学理论体系，这是十分正常的。体系多元化是学术发展的基础，由此，学术研究才会有自己的风格，有独特性，才能有创造性见解。不过，体系的建构必须建立在不同学者之间公开的观点交锋、论争过程中，理论建构绝不是闭门造车、自说自话，更不是不着边际的胡言乱语。当前，我国刑法学的根本问题是没有形成健全的对话、抗争机制，浅层次的重复性研究太多，缺乏创新，而深层次的研究缺乏。这既表现在对刑法理论的哲学基础、宪政基础很少追问，也表现在对具体问题缺乏深入分析，例如，对共同犯罪、间接正犯、不作为、原因自由行为等原本应该被反复、深入讨论的问题，反而研究不多。这不是一种正常现象。

我国刑法学要取得真正的发展，根本的出路在于密切关注司法实践和社会实践，立足于解决有中国特色的具体问题。这一效果的达到与学术论争的出现须臾不可分离。在对抗中发现问题，形成强烈的问题意识①，从而讨论一些刑法学中的“真”问题，理论体系的合理建构才有可能。来自苏联，并在我国目前处于通说地位的传统犯罪构成“四要件论”有一些道理，但是在保障被告人的辩护权方面存在明显不足，所以，应当鼓励人们探讨刑法学中的这一核心问题，学术探讨绝不能固守目前的理论，排斥其他观点。离开了学术对抗，就不会有刑法学的学术创新；离开了学术对抗，对刑法学者形成健全的人格也绝无好处，如此，刑法学者就会缺乏广博的胸怀，不能广泛采纳他人意见，害怕批评，不敢正视他人的观点。刑法学上的对抗，不是相互抬轿，反而要“刺刀见红”，短兵相接，对事不对人，尊重对方的人格和探索精神，为促进刑法学发展这一根本目的的实现而努力。唯其如此，才有可能在刑法学领域建立“学术共同体”。

我国刑法学界目前与法国、日本、韩国等大陆法系国家学者都有一些学术交流，但是，如果我们没有自己真正的学术共同体，我们固守目前的犯罪构成理论，就无法与对方实现真正的对话与沟通，交流就只能停留在浅层次。当然，我们不是单纯为了与他们对话、接轨才改造固有理论。改造现有理论的根本动机在于现有理论的确没有考虑司法实践的复杂情况，没有考虑对辩护要求的满足。犯罪构成理论不改革，共犯论、犯罪形态理论等相关问题，都是不可能取

---

① 歌德在和埃克曼对话时就提道：“人类生来不是为了解决世界的问题，但是他们可以去寻找问题出在什么地方，然后将其限制在可以被理解的范围之内。”（转引自［德］拉德布鲁赫：《法哲学》，王朴译，8页，北京，法律出版社，2005。）刑法学理论如欲达到某种高度，就必须对问题进行思考。在思考问题的基础上，才谈得上体系建构的问题。

得长足发展的，合理的刑法学体系就不可能搭建。

所以，如果能够在刑法学研究中形成学术规范，结成学术共同体，在多数人认同的基础或者平台上集中精力讨论诸如犯罪成立理论、不作为、因果关系、共犯论、犯罪形态、刑罚正当根据等根本性问题，使刑法学研究走上规范化的轨道，并出版一些高水平而不是相互抄袭的教科书，我国刑法学的前途肯定是光明的。

但是，这一目标的实现，必须依靠学术对抗、论争局面的形成，只有在对抗、论争中发现问题，争论问题，我国刑法学才能赢得长足、实质发展的契机。我国刑法学的声音，才可能在国际上传播，同时也被国内的司法实务部门所听取，刑法学的“失语症”才会有所缓解。

我深知：任何个人对于学术的贡献都是一点一滴的！但愿我的《刑法总论》《刑法各论》能够成为批评的“靶子”，在推进学派形成方面多少发挥一些作用。

周光权

2007 年 9 月

目　录

第一编　导　论

第二编　犯罪论

第三编　刑罚论

细　目

第一编　导　论

第三编　刑罚论

第一编

导论

第一章　刑法学基本范畴

在现代社会中，各种各样的冲突随时存在。为消除社会冲突，降低社会风险，保持社会平稳，产生了形形色色的社会规范。个人不能离开社会、群体而独立生活，个人作为社会中的一员，理应遵守相应的行为规范，个人生活的意义因为规范的存在而凸显。

规范界定行为性质，塑造个人，约束个人举止，有助于维系社会内部团结，反对无政府状态。对于违反规范的行为，必须给予相应惩罚，社会秩序才能形成。法律规范与一定的社会总是形影相随。刑法是一定社会中允许或者禁止公民实施特定行为的规则（行为规范），也是司法机关用于惩罚犯罪的专门规则（裁判规范）。“刑法”一词，简而言之，就是事关犯罪和刑罚的法律规范。刑法学就是围绕刑法进行规范解释，确定犯罪认定和处理的一般标准的理论。要研究刑法学，必须对相关范畴如犯罪、刑罚、刑法等进行分析。

第一节　犯　罪

一、犯罪的概念

犯罪是违反行为规范，进而侵害法益的行为。

任何现代国家都无不以一种务实的态度承认：要彻底消除犯罪是不可能的，犯罪每天都在发生。国家能够做的只是尽量消除滋生犯罪的土壤，尽可能减少犯罪。犯罪的发生，牵动社会的神经；犯罪是社会的“毒瘤”，但客观上其又具有“倒逼”社会各项制度、措施逐步完善的作用。在这个意义上，犯罪是社会的“润滑剂”。

对于犯罪的概念，可以从犯罪学、刑事政策学、社会学、伦理学的角度加以揭示，所以对何为犯罪的界定结论，不胜枚举。在刑法学领域，对犯罪概念加以分析，就是对各种具体犯罪内在、外在特征的高度概括。

（一）犯罪的形式概念

从世界各国刑法典的规定看，对犯罪的定义有实质定义和形式定义之分。犯罪的形式概念把犯罪视为违反刑事法律的行为，仅从犯罪的法律特征上给犯罪下定义。例如，法国刑法典曾经规定，犯罪就是“法律所规定的重罪、轻罪、违警罪”；多数大陆法系国家将犯罪视为该当构成要件、违法且有责的行为。这都是对犯罪概念作形式的、限定的解释。

犯罪的形式概念的优点是通过对刑事法的解释来防止恣意的人权侵害现象，较好地维护了形式意义上的罪刑法定原则，而不会仅仅因为行为现实地存在较高的社会损害性、处罚必要性，就从实质的角度出发，对行为给予刑罚处罚。所以，犯罪具有形式违法性的观念为有的西方国家刑法所特别强调。

（二）犯罪的实质概念

犯罪的实质概念是从犯罪的本质特征上给犯罪下定义。对此有多种观点：一种观点认为，犯罪的实质是对权利的侵害。另一种观点认为，犯罪的实质是对法益的侵害。还有一种观点认为，犯罪的本质不是侵害法益，而是对义务的违反。最后一种折中的立场主张，犯罪的本质首先是法益侵害，但仅仅认识到这一点还不够，从根本上看犯罪还有规范违反的特征。换言之，犯罪是具有社会规范损害性的行为，其首先违反了社会基本生活规范，偏离社会正常轨道，从而应当受到司法机关的否定性评价。

今天的通说，把犯罪的实质认定为对法益具有侵害性或者威胁性的行为。这里的法益，是指重要的生活利益，包括个人的生命、身体、财产以及其他有助于个体人格发展的个人利益，以及支持这些利益的国家的、社会的利益。按照实质的犯罪概念的观点，犯罪首先违反了社会基本生活规范，偏离社会正常轨道，具有实质的法益侵害或者使法益陷入危险的性质，所以才在形式上违反规范，从而受到司法机关的否定性评价。

一般来说，犯罪的实质概念更为合理。犯罪的实质概念的意义在于：它为刑法划出了一条法治国家的根本性界限——行为不是因为单纯地违反了刑法规范，而是由于它侵害了刑法所要保护的实质内容，才受到刑罚处罚。这里的刑法所保护的实质内容，就是刑法理论上所说的法益，即法律所保护的共同生活利益。

但是，由于法益概念本身存在含混之处，其意蕴并非不言自明，所以，实质的犯罪概念也隐含着一些危险：可能为了刑事政策上的需要，超越成文法的限制，曲解社会危害性、法益侵害等概念，将形式上并不违法但实质上有侵害性的行为，评价为犯罪行为，而对个人实施打击，在司法上可能导致忽视人权的现象出现，只注重了法律价值的一个侧面，而忽略另一个侧面。而在中国由于历来重视从现象看本质，犯罪的实质概念不少，而形式概念未得到强调，所以，在强大的社会面前，尤其需要强调保护个人的利益。在这个意义上，肯定犯罪的形式概念也是有其独特价值的。

所以，要在刑法学上对犯罪概念进行界定，就必须考虑：(1) 犯罪的形式概念、实质概念的统一。只有这样，才能克服这两种界定方法各自所具有的弊端，扬长避短。(2) 对于犯罪的形式概念、实质概念应当分阶段考虑。在立法阶段，主要考虑犯罪的法益侵害性。刑法典中对罪名的设计、对罪与非罪或者此罪与彼罪的区分，主要取决于立法者对行为的法益侵害可能性的估量，所以，对犯罪及其惩罚的规定与行为可能具有的法益侵害性有关，也与立法者的选择有关。在司法阶段则应考虑犯罪行为的刑事违法性，尤其是定罪量刑时，强调在法律面前人人平等，所以，有罪必罚，无罪不罚，同样行为应当依照刑法的规定受到同样处理，司法工作人员只能依照刑法的规定行事，而不能在刑法规范之外另立标准。

（三）中国刑法中的犯罪概念

中国刑法从形式与实质的统一上，对犯罪概念作出了界定。

刑法第 13 条规定，一切危害国家主权、领土完整和安全，分裂国家，颠覆人民民主专政的政权和推翻社会主义制度，破坏社会秩序和经济秩序，侵犯国有财产或者劳动群众集体所有的财产，侵犯公民私人所有的财产，侵犯公民的人身权利、民主权利和其他权利，以及其他危害社会的行为，依照法律应当受刑罚处罚的，都是犯罪。这一犯罪概念是对各种犯罪现象的理论概括，它不仅揭示了犯罪的法律特征（刑事违法性），而且阐明了犯罪的实质内容（法益侵害性），从而为区分罪与非罪的界限提供了原则标准，是一个比较完整的犯罪概念。

此外，刑法第 13 条在“但书”部分明确规定，“情节显著轻微危害不大的，不认为是犯罪”。这是从反面强调何种行为不是犯罪。这里的“不认为是犯罪”是指情节显著轻微危害不大的，立法上不认为其构成犯罪，司法上自然就不能将其作为犯罪处理，因此，对于“但书”规定，不能理解为情节显著轻微危害不大的，是犯罪，只是不作为犯罪处理。

对于“但书”和犯罪成立条件的关系，以及“但书”的司法功能问题，需要仔细辨析。多数学者肯定乃至夸大了“但书”的功能，其中有的学者认为，“但书”规定具有重要的“出罪”功能，行为符合犯罪成立要件的，仍然可以根据“但书”规定，在情节显著轻微，社会危害性不大，没有处罚必要性的场合，认定其不是犯罪（“‘但书’排斥犯罪成立条件说”）。还有的学者认为，刑法分则所规定的构成要件是形式化的，“但书”所规定的行为，从表面上看符合刑法分则某一条文的规定，但因其情节显著轻微、危害不大，实际上不构成该条文所规定的犯罪（“构成要件形式化说”）。“‘但书’排斥犯罪成立条件说”认为行为符合犯罪成立条件，又可以按照“但书”规定宣告无罪的观点是值得商榷的。因为刑法第 13 条所规定的犯罪概念，只是犯罪成立与否的指导形象，而不是认定犯罪的具体标准；“但书”的规定，也只是“出罪”的指导原则，而非排除犯罪的具体标准。行为是否成立犯罪，以行为是否符合刑法分则的构成要件规定，是否具备犯罪成立条件为准。行为不能作为犯罪受到处罚，是因为行为不符合刑法分则的罪状规定，不具备犯罪成立条件。在行为与刑法分则的规定相一致、符合犯罪成立条件的情况下，又根据“但书”的规定排除其犯罪性，是自相矛盾的说法，没有坚持构成要件的观念，弱化了犯罪成立条件的功能，可能冲击罪刑法定原则。“构成要件形式化说”没有看到刑法分则关于罪状的规定是将具有处罚必要性的法益侵害行为类型化的实质，刑法分则的规定充分揭示了行为的客观危害性，凡是符合分则各罪规定的行为，都是立法者从形形色色的危害行为中挑选出来的，达到国家不能容忍程度的法益侵害性，必须动用刑罚处罚的行为，而不可能是“情节显著轻微，危害不大的行为”。根据刑法谦抑性的要求，对于情节显著轻微、危害不大的行为，没有必要由立法者作出刑法反应，所以该类行为不可能成为刑法分则所明示的构成要件行为。将构成要件形式化，认为行为符合刑法分则的罪状规定，但仍然可以根据“但书”规定“出罪”的主张，和法益侵害说以及实质的构成要件观念都不符合。

由此看来，“但书”规定的功能是有限的。在司法实践中，应当以行为不符合犯罪成立条件为前提，再适用“但书”规定宣告无罪，而不是直接引用刑法第 13 条的“但书”规定宣告无罪。“但书”所规定的行为，在实质上看根本不符合刑法分则某一条文的规定，是不构成犯罪的行为。说到底，“但书”只不过是从属于评价犯罪的构成要件标准说的提示性、注意性规定，不是法律拟制，不是在认定行为是否构成犯罪的犯罪成立条件理论之外提出“出罪”标准。对“但书”规定必须理解为：行为不符合犯罪成立条件，因而被认为“情节显著轻微，危害不大”，从而“不认为是犯罪”。而不能将“但书”规定理解为行为虽然符合犯罪成立条件，但是由于情节显著轻微，所以不认为是犯罪。

换言之，实务中，如果要适用“但书”中“情节显著轻微危害不大”的规定需要考虑逻辑顺序，不能将“但书”条款直接作为出罪的根据，否则会对罪刑法定原则形成冲击，而应在判断行为并不符合犯罪构成要件、存在违法阻却事由或责任阻却事由之后加以引用。如果一方面认为行为符合犯罪构成要件，犯罪已经成立，另一方面又通过“但书”得出无罪结论，则等于否定了犯罪构成要件的功能。因此，适用“但书”规定其实对应着行为不成立刑事不法，以及虽具备刑事不法但存在违法阻却事由或免责事由，以及有特定的刑事政策考虑等多种情形，直接适用“但书”规定得出无罪结论是一种大而化之的做法。在具体案件处理过程中，需要对构成要件要素进行实质判断，特别注重对罪量要素的考量，区分哪些是没有刑事不法、哪些是有刑事不法但不处罚，在此前提下再考虑“但书”规定的适用问题。例如，抢劫他人现金 10 元且暴力行为仅造成轻微伤的，从违法性的角度看未达到值得处罚的程度，客观上不法构成要件不符合，因而属于情节显著轻微，可以适用“但书”的规定；因为饥寒交迫而窃取他人数额较大的财物，行为符合构成要件且具有违法性，但行为人的谴责可能性较低的，也可以根据“但书”的规定宣告其无罪。

二、犯罪的本质

关于犯罪的本质，有多种学说。

（一）权利侵害说

权利侵害说认为在每一刑法条文背后都体现了权利，犯罪就是侵犯权利的行为。这种学说由费尔巴哈（Anselm von Feuerbach，1775—1833）在19世纪初提出，其强调人生而平等，具有许多自然权利，需要刑法加以保护。但权利侵害说不能解释所有的犯罪，例如，反对宗教的亵渎神灵的行为、反伦理的行为、传播淫秽物品的行为等，都只是违反社会义务，并未侵犯权利。

（二）法益侵害说

法益保护主义认为：刑法的机能是法益保护，犯罪的本质是法益侵害或者法益侵害的危险性。产生法益的是生活的需要，而不是法秩序。法益是从生活利益中提炼出来的。法益侵害说在19世纪中期由毕恩鲍姆（Birnbaum，1792—1872）提出，并很快全面取代权利侵害说。法益侵害说是今天关于犯罪本质的多数说，其将结果的发生、行为对社会外界所造成的影响作为犯罪实质。①

法益侵害说的特色是主张不法是对行为造成的客观“事态”变动进行评价。既然不法是行为对客观事件的干扰，其与个人的意思以及是否可以被归责无关。按照这一逻辑：（1）刑法规范是评价规范，违法的永远是行为而非行为人，因为只有外在的行为才能造成生活秩序的困扰，这种结局和行为人的年龄、精神状态、心理状态缺乏内在联系。不法是行为人违反评价规范。法规范必须在对个人行为的对错进行评价之后，才能引导个人的行为，发挥其决定规范的作用。因此，刑法规范不可能首先是决定规范，其评价规范的特质和优先性必须得到充分重视。（2）不法的评价重点是外在的客观损害事实，而不是行为人基于何种意思实施了侵害法益的行为。因此，行为人的故意、过失与违法无关，对主观不法要素在违法性判断阶段完全不应考虑。（3）不法是行为人基于因果关系实现法益侵害。只要行为和结果之间存在因果联系的，就能够认定行为具有违法性。故意、过失只是责任要素。

一个犯罪规定在刑法分则的什么位置，表现出它侵犯了何种法益，如诬陷罪在很多国家被规定在妨害司法犯罪中，体现的是刑法对国家法益的保护；而在我国刑法中，诬告陷害罪被规定在侵犯人身权利犯罪中，体现的是对个人法益的保护。因而得到受害人承诺的诬告在许多国家是犯罪，但在我国可以作无罪处理。

我国刑法分则将具体的犯罪分为10章，但如果按照法益进行归类，可以分为三大类：（1）侵害国家利益的犯罪，包括危害国家安全、危害国防利益、军人违反职责、渎职罪；（2）侵害个人利益的犯罪，包括侵犯人身权、财产权的犯罪；（3）侵害社会利益的犯罪，包括危害公共安全、破坏市场经济秩序、妨害社会管理秩序罪。

（三）规范违反说

规范违反说认为，刑法通过确保行为规范的有效性，进而保护法益。规范违反说由韦尔策尔（Hans Welzel，1904—1977）在第二次世界大战后创立。规范违反说的早期理论强调犯罪是对社会伦理规范的违反，但是，今天的规范违反说试图告别伦理因素对犯罪评价的影响，将行为规范违反和法益侵害作为违法性判断的双重指标看待，认为犯罪的本质是违反规范，进而

① 参见［日］曾根威彦：《刑法学基础》，黎宏译，85页，北京，法律出版社，2005。

造成法益侵害，“刑法的目标则是通过确证规范的效力（即规范的普遍遵守），以实现对各种法益（Güter）的保护”①。

本书肯定规范违反说，主张“刑法的任务是维护社会基本规范的存在，而非彻底实现更高的正义”②，并对犯罪本质的法益侵害说提出以下批评：（1）对某些犯罪（例如，取得型侵犯财产罪、贪利型经济犯罪和渎职犯罪）的不法性，明显需要结合故意、非法占有目的等主观要素来加以说明。因此，结果无价值论所主张的违法是绝对客观的说法，不可能贯彻到底。（2）客观不法论赞成因果关系的条件说，过于机械，且无从区分刑法并不关心的自然现象和刑法所要惩罚的犯罪行为之间的界限，使洪水将甲冲走，和乙将甲推到江河中淹死在不法评价上相同——如果不考虑死亡是由人基于不法意思所引起，那么，对甲死亡就可以根据上述两种情况，分别解释为“洪水凶猛—甲落水—被淹死”，以及“乙推倒甲—甲落水—被淹死”，不法评价就都是针对被害人被水淹死的物理性、机械性因果历程的“回顾”。但是，这样的立场明显和现代刑法学价值评价程度不断提高的现实相悖。③ 仅仅考虑结果就确定行为违法，实际上贯彻了宗教法上的“自陷禁区理论”（versari in re illicita）。该理论认为，如果行为人的行为不被允许，则必须对一切结果负责。行为人如果实施了不被允许的行为，犹如踏入禁区一般，必须对禁区范围内所发生的一切结果负责。这个理论最开始被用来决定神职人员的举止是否不合教规，而应否被解职。后来意大利刑法继受了该规定，使之成为刑法上的归责原则。④ 结果无价值论的逻辑和自陷禁区理论的逻辑具有一致性：只要造成结果，该后果又和行为有因果关联的，就是不法。至于行为是否违反规范才造成结果，在所不问。但这明显是不合适的结论。（3）完全不考虑行为自身的无价值，与刑法规定不相一致。“大多数的犯罪，我们既否定其行为方式，也否定此行为所引起的结果，换言之，行为非价与结果非价同时呈现。少部分的犯罪，我们的抑制重点是行为方式本身，即行为非价，例如，抽象危险犯、未遂犯。”⑤ 不可否认，刑法分则的规定，重点展示了行为无价值的思路，主要表现在其规定了类型化的、可能侵害法益的行为模式来提示人类行为。对于这种类型化的法益侵害行为，在认定犯罪时必须加以审查。任何人类举止，必须与刑法分则所规定的类型化行为模式相一致，才是刑罚处罚的对象，否则就应该排除行为的无价值。这是构成要件符合性判断的题中之义，也是罪刑法定原则的当然要求。（4）结果不法仅仅能够提供认定既遂的形式标准。一般认为，既遂与未遂的区别，只在于行为人所期待的、构成要件所决定的结果是否发生。但是，仅仅从结果出发去判断不法是否存在，视野太窄。例如，拒不执行判决、裁定的犯罪，没有成功地将被执行财产转移的，结果不法当然被否认。但被告人事前将财产转移成功，法院的执行行为尚未开始的，结果不法也被否定。因此，在违法性判断上，真正否定结果不法的并不是结果有没有发生，而是法院依法执行的行为是否存在。因此，结果不法不是决定行为不法的唯一指标。（5）判断有无处罚必要性，要考虑法益侵害，也要考虑规范违反的程度，以及公众在危害行为实施当时所认同的主流观念。以此为背景，即便承认法益侵害说，也要考虑所有的法益侵害背后都体现主流的价值观念，都是规范关系强烈渗透的产物，甚至可以认为行为规范内在于法益侵害之中。唯其如此，何种法益需要保护，才能成为动态的东西。因此，在实务中如果考虑司法过程的特质，考虑行为规范违反与法益侵害之间的紧密关系，就不能仅将法益侵害理解为犯罪本质的全部。

① ［德］乌尔斯·金德霍伊泽尔：《刑法总论教科书》，蔡桂生译，15页，北京，北京大学出版社，2015。

② ［德］冈特·施特拉腾韦特、洛塔尔·库伦：《刑法总论》，Ⅰ，杨萌译，10页，北京，法律出版社，2006。

③ 参见周光权：《价值评价与中国刑法学知识转型》，载《中国社会科学》，2013（4）。

④ 参见许玉秀：《当代刑法思潮》，695页，北京，中国民主法制出版社，2005。

⑤ 林东茂：《刑法综览》（修订5版），133页，注释3，北京，中国人民大学出版社，2009。

"'侵害'这一表述不得自然而然地被理解为对特定的行为客体的损害（例如被理解为杀人或损害财产），而应被理解为违反了应当受到法规范保护的观念价值的违法行为。"①

三、犯罪的分类

对于犯罪，按照不同的标准，可以作不同的分类。

（一）自然犯、法定犯

从刑法与社会伦理的关系上，可以将犯罪分为自然犯和法定犯。

自然犯，是指即使刑法规范对行为本身没有规定，其也会受到社会伦理的非难的情形（刑事犯）。法定犯，是指刑法规范的内容与社会伦理规范之间有时存在不一致之处，对于行为的犯罪性质，只有根据刑法法规的规定才能加以确定并进行非难的情形（行政犯）。

一般来说，自然犯的行为本身是一种"自体恶"，法定犯是一种"禁止恶"，所以，二者之间有大致明确的界限。但是，随着社会状况的变化和公众价值观的变化，会出现自然犯的非犯罪化现象，例如，赌博罪、传播淫秽物品罪等没有被害人的传统自然犯，随着社会风俗的变化，其适用范围可能缩限；或者出现法定犯的自然犯化现象，例如操纵证券交易价格的行为，只有刑法有规定，其法益侵害性才能被认识，但是，随着证券业的发展，操纵证券交易价格的行为会逐步具有自然犯的性质。

（二）亲告罪、非亲告罪

从告诉权由谁享有的角度，可以将犯罪分为亲告罪和非亲告罪。

亲告罪，是指对犯罪是否进行追究，取决于个人的意思，在追诉之时必须经过有告诉权者告诉的犯罪。非亲告罪，是指侦查、起诉、审判程序由国家司法机关直接推动，起诉权利由检察机关享有，是否提起公诉不取决于个人意思的犯罪。

在我国刑法中，绝大多数犯罪是非亲告罪，只有侮辱、诽谤、暴力干涉婚姻自由、虐待、侵占等罪是亲告罪，在这些犯罪的危害轻微的场合，考虑被害人的追诉要求是合理的。

（三）国事罪、普通刑事罪

从犯罪的法益侵害性的角度，可以把犯罪分为国事罪和普通刑事罪。

国事罪，是指直接侵害国家统治秩序的犯罪，即我国刑法分则第一章规定的危害国家安全罪。这类犯罪所危害的法益具有特别重要性、唯一性，对于统治阶级来讲，是最为重要的犯罪，必须予以严惩。普通刑事罪，是指危害国家安全罪以外的侵犯个人、社会利益的犯罪。这类犯罪的具体类型广泛，轻重程度不同，对其处罚的方法也就存在差别。

（四）基本犯、结果加重犯

基本犯，是指符合某个构成要件基本形态的规定的犯罪形态。例如，符合刑法第 234 条第 1 款的规定的，就成立故意伤害罪的基本犯。

结果加重犯，是指行为人实施了符合某一基本犯罪构成要件中的危害行为，却发生了该要件之外的加重结果，对于该加重结果，刑法规定了相应加重法定刑的一种犯罪类型。一般认为，成立结果加重犯需要具备三个条件：（1）行为人实施了基本犯罪行为，但造成了加重结果；（2）对基本犯罪持故意，对加重结果至少有过失；（3）刑法就加重结果规定了相应的加重法定刑。符合刑法第 234 条第 2 款的规定，致人重伤或者死亡的，就成立故意伤害罪的结果加重犯。

---

① ［德］汉斯·海因里希·耶赛克、托马斯·魏根特：《德国刑法教科书》，徐久生译，320 页，北京，中国法制出版社，2017。

由于对结果加重犯的处罚重于基本犯和过失犯数罪并罚的情形（多数结果加重犯的起刑点为有期徒刑 10 年），因此，为了贯彻罪刑相适应原则，对结果加重犯的成立必须进行严格限定。对此，有学者指出，“各种犯罪（也包括像盗窃这样的犯罪）都能够导致反常的严重后果（例如，在追赶过程中摔死了），但是，立法者仅仅在确定的犯罪中，根据它们造成严重结果的一般性趋势来规定一种结果加重的情节，因此，只有在从基本犯的典型危险中产生结果时，才适用这种行为构成”①。传统上限制过失犯的成立范围主要从主观方面着手，即要求行为人至少对加重结果的发生具有预见可能性。今天的多数说则认为，加重结果与基本行为之间必须存在何种关联，才符合结果加重犯的客观要件，是理论焦点问题。要判断加重结果能否归属于基本行为，应当考察基本行为与加重结果之间是否存在直接的风险关联性，或者说基本行为中是否蕴含着引起加重结果的内在风险，只有当加重结果本身处于基本行为所包含的风险之中时，才能够将加重结果评价为基本行为的产物。

这一直接性理论内部，又分为致命性理论和行为内在危险说两种观点。致命性理论主张，只有当加重结果直接来源于基本犯罪结果，或者当基本犯罪中的行为“下手重”，具有足以导致加重结果出现的危险时，才符合直接关联性。例如，当拘禁行为导致被拘禁者窒息死亡，或者暴力程度较高，导致被拘禁者无法忍受而跳楼自杀时，才可以认为最终结果是致命性行为所实现的。这一判断规则事实性特征太强，对结果加重犯的成立范围限缩过多而饱受质疑。按照这种主张，使用并非致死的暴力故意伤害他人或者抢劫、强奸他人过程中，被害人逃跑时，行为人进行追赶，导致被害人溺水、被过往车辆撞死的，该结果都不属于致命性行为所直接引起的，行为人难以构成故意伤害、抢劫或者强奸罪的结果加重犯。此外，为强奸而捆绑被害人，行为人逃离现场后，被害人爬到阳台呼救时因双手被捆绑行动不便而坠楼身亡的，根据致命性理论的观点，由于介入了被害人的行为，死亡结果并不是由基本犯罪手段所造成，也否定行为人的行为成立结果加重犯。

行为内在危险说则主张，应当以基本行为中所蕴含的类型化的、固有的、内在的危险作为判断直接性关联的依据，即当（并非致命的）基本行为中蕴含着引起死伤等加重结果的固有危险，并且该危险按照因果进程自然地发展，能够由此造成相应的加重结果时，就可以肯定加重结果与基本行为之间存在直接性关联。根据这一判断标准，只要在基本行为中存在能够自此推断出加重结果的特定风险，且结果是行为的危险性向前发展所引发的，就成立结果加重犯。应当说，行为内在危险说不仅重视行为固有的危险性，也重视行为在向前发展过程中所展示出来的危险性，是行为固有危险加上行为过程危险的综合体。按照行为内在危险说，故意伤害他人或者抢劫、强奸他人过程中，被害人逃跑时，行为人的追赶行为致使被害人溺水、被过往车辆撞死的，行为人可以构成故意伤害致死、抢劫致人死亡或者强奸致人死亡。此外，被强奸后仍然被捆绑的被害人到阳台呼救，由于行为人之前捆绑被害人的双手，其限制了被害人的行动自由，被害人也正是由于其双手被捆绑，难以控制身体平衡而坠楼身亡的，该死亡结果可以被认为是行为人的手段行为所蕴含的内在风险所导致的，行为人应当成立结果加重犯。

应当说，上述两种关于直接性原理的主张中，行为内在危险说更为合理，也更易为实务所接受。我也赞成这一意义上的直接性原理。

（五）即成犯、状态犯和继续犯

从犯罪终了与法益侵害的关系出发，可以将犯罪分为即成犯、状态犯和继续犯。

即成犯，是指在法益侵害后果发生的同时，犯罪行为完成或者终了的情形。故意杀人罪是

---

① ［德］克劳斯·罗克辛：《德国刑法学总论》（第 1 卷），王世洲译，219 页，北京，法律出版社，2005。

即成犯的典型例证。

状态犯，是指在法益侵害发生的同时，犯罪行为终了，此后法益侵害的状态仍然继续的情形。盗窃罪是状态犯的适例，因为在行为人控制财物时，盗窃行为既遂，法益侵害发生的同时行为实施完毕。在此之后，赃物在相当长的时间内被犯罪人控制，所以，法益侵害状态继续。对这种违法状态，在状态犯的构成要件中进行包括的评价，行为人自身占有、销售赃物的，并不构成赃物犯罪；故意毁坏赃物的，也不成立故意毁坏财物罪（不可罚的事后行为）。

继续犯，是指在法益侵害持续进行期间，犯罪行为也持续进行的情形。继续犯是不法状态和实行行为同在，非法拘禁罪是继续犯的典型。

第二节　刑　罚

一、刑罚的概念

刑罚，是刑法规定的，由国家审判机关依法对犯罪分子所适用的限制或剥夺其某种权益的最严厉的强制性法律制裁方法。

刑罚具有下列特征：

1. 本质上的严厉性

刑罚的属性在于对犯罪人权益的限制或剥夺，这表明它是一种最严厉的法律制裁措施，因刑罚中的自由刑可以限制或剥夺犯罪人的人身自由，生命刑可以剥夺犯罪人的生命，资格刑、财产刑可以剥夺犯罪人的政治权利和财产权利。这种严厉性正是刑罚区别于其他法律制裁方法的本质特征。

2. 适用对象的特定性

适用刑罚是以行为人的行为构成犯罪为前提的，刑罚是因犯罪行为而产生的当然的法律后果，是对犯罪行为所作出的否定评价，因此，刑罚处罚的对象只能是实施了犯罪行为的自然人或法人。犯罪人既是犯罪行为的实施者，也是刑罚的物质承担者。刑罚既不能适用于动植物和其他非人的对象，也不能适用于违反了道德、法纪和仅有一般违法行为的人，更不能适用于与犯罪无关的无辜者。

3. 根据的法定性

按照罪刑法定原则的要求，不仅犯罪需由成文刑法事先作出明文规定，刑罚也必须由刑法明文载于法条。这就意味着，刑法总则要对刑罚的种类作出明文规定。刑法没有明文规定的制裁方法，不能以刑罚之名适用于犯罪分子。

4. 适用主体的单一性

刑罚适用的主体只能是代表国家行使审判权的人民法院。其他任何国家机关、企业、事业单位、人民团体和个人，都无权对犯罪人适用刑罚。

二、刑罚权

刑罚是惩罚犯罪的一种强制方法，由国家设定和运用这一方法的权力就是刑罚权。刑罚是刑罚权的外在表现，刑罚权则是据以确立刑罚及保证其运行的源泉。两者紧密相连，不可分割。

我国刑罚权是国家权力的一部分，没有国家的统治权，就没有刑罚权。刑罚权体现的是国家和犯罪人之间的法律关系，即作为科刑主体的国家在实体上有权对作为受刑主体的犯罪人施加惩罚。这从另一个侧面表明，刑罚权只能对犯罪人本人行使，如果犯罪人死亡，刑罚权就会因为失去行使对象而消灭。

对于刑罚权，按照权力内容构成和运行方式的不同，可分为制刑权、求刑权、量刑权和行刑权。

制刑权，是指国家为适应惩治犯罪的需要，在刑事立法中创立、设置刑罚的权力。它包括确立刑罚的体系及与其相配套的刑罚制度；设定各个犯罪的法定刑；对现行立法中的刑种、法定刑以及刑罚制度进行修改、补充或者废止，使之更加完善。对刑罚的立法解释，也是制刑权的一部分。在我国，行使制刑权的只能是最高国家权力机关即全国人民代表大会及其常务委员会。国家行政机关以及地方国家权力机关无权设立刑罚。

求刑权，是指对刑事被告人提起诉讼，请求法院处以刑罚的权力。求刑必须以犯罪发生为前提，没有犯罪的事实，表现为犯罪法律后果的刑罚则不会发生，自然也就不存在求刑活动。因此，求刑者必须提出证明犯罪存在的证据，承担举证责任，并且只能是向拥有量刑权的国家审判机关提出这一请求，以实现对犯罪的惩罚。依据我国法律的规定，公诉案件的求刑权由人民检察院行使，这是体现国家刑事检察权的主要形式；自诉案件的求刑权则由受害人以自诉形式行使。

量刑权，即刑罚裁量权，它由法院依法统一行使，其他任何机关都不享有这一权力。量刑活动要求人民法院在查明案件事实的基础上，对构成犯罪的人依法判处与之相应的刑罚；不构成犯罪的，则不得适用刑罚。对于具有免除刑罚情节的，法院也可判处免予刑事处罚。可见，定罪是量刑的基础，量刑是定罪的结果，定罪权与量刑权的有机组合，构成刑事审判权。

行刑权，是指刑罚执行机关对犯罪人强行执行刑罚的权力。其主要特点是：(1) 行刑权的主体，必须是依法具有执行刑罚权力的机关。按照我国刑事诉讼法的规定，不同的刑种由不同的执行机关执行。大多数刑罚由监狱执行，少数由公安机关执行，有的由人民法院执行。(2) 执行的范围只能是刑罚，刑事强制措施的执行不属于行刑权的范畴。(3) 执行的对象，必须是已经被法院判处刑罚的犯罪人。(4) 执行的依据，必须是人民法院已经发生法律效力的刑事判决、裁定。未经人民法院判决、裁定或者超出判决、裁定执行刑罚的行为，都是对量刑权和行刑权的否定。

上述四项权力并非相互独立、性质不同的几种刑罚权，而是刑罚权的有机组成部分。它们相互联系、相互依存，共同构成刑罚权的整体，其中，制刑权即刑罚立法的设定权是刑罚权的基础，而其他刑罚权则是制刑权的归宿。刑罚设立权属于静态立法，刑罚的作用，只有经过动态司法，即刑罚的实际运用，才能真正发挥。而刑罚在司法中的具体适用，要经过求刑、量刑和行刑三个彼此相互衔接而又互相独立的司法活动过程，与这些过程相对应的权力分别表现为求刑权、量刑权和行刑权。而在求刑权、量刑权和行刑权中，量刑权是刑罚权的核心内容：没有指控、求刑，就不会有量刑。关于量刑的判决一旦生效，即应付诸执行。所以说，量刑权既是对求刑权的具体落实，又是行刑权的依据。正是由于量刑权的行使，才有可能使立法上的抽象刑罚变成现实的具体刑罚。

三、刑罚功能

刑罚功能，是指刑罚在社会生活中可能发挥的积极作用。刑罚功能包括：(1) 惩罚功能。刑罚是对犯罪人的生命、自由、财产等的剥夺，这种剥夺是对罪犯的惩罚，必然对罪犯造成生理上和精神上的痛苦。痛苦是刑罚的固有属性，而当这种惩罚的痛苦性表现出来时，刑罚的惩罚功能就产生了。(2) 威慑功能。刑罚威慑功能分为一般威慑功能和特殊威慑功能。刑罚威慑功能是客观存在的，但是有限度的，我们不能过分迷信刑罚的威慑功能。(3) 矫正功能。刑罚能够约束、规范犯罪人的行为方式，使之回归社会，成为守法公民。(4) 安抚功能。通过对犯罪适用和执行刑罚，能够在一定程度上满足受害人及其家属要求惩罚犯罪人的报复心理，可以平息或缓和犯罪给被害人以及社会其他成员造成的激愤情绪，使他们在心理上、精神上和物质上得到抚慰。

四、刑罚和保安处分的关系

保安处分，是指为了防止个别人将来可能带来的危险，以刑罚外的制裁措施，剥夺或者限制行为人的自由，对其实行限制或者隔离的措施。这里所讨论的是狭义的、对人的保安处分。广义的保安处分包括对危险财物的处分，例如为预防犯罪，没收可能用于犯罪的工具、关闭供卖淫或者吸毒的场所、解散破坏性团体的活动、命令撤出交通障碍物等。

保安处分是特殊预防理论发展的产物，它与刑罚的区别在于：刑罚是根据刑法的规定，而对实施犯罪行为的犯罪人所确定的处罚措施。换言之，刑罚是以责任为基础并针对已然行为的措施；而保安处分着眼于行为人所具有的危险性格，为了保持社会治安，同时以改善行为人为目的而施行的特殊处分措施。

保安处分包括剥夺自由、限制自由两大类，其具体手段包括：(1) 保安拘禁（治安拘留）；(2) 对精神障碍者的治疗处分；(3) 对酒精、麻醉药和药物中毒者的戒除处分；(4) 对流浪者、乞丐等厌恶劳动者的劳动处分；(5) 对严重人格障碍者（精神病质）的累犯、性冲动犯、危险年轻罪犯、精神障碍者的社会治疗处分；(6) 职业禁止、居住限制、饮食场所的出入禁止、驾驶执照的吊销和扣押。

对于保安处分和刑罚的关系，一元论认为，刑罚和保安处分具有同一性。换言之，对有害于社会的人，原则上应当给予刑罚处罚。然而，在特殊情况下，当行为人已然的犯罪结果表明其危害很大并有继续危害社会的现实可能性，但行为人没有责任（例如精神病）时，就无法对其适用刑罚；在责任较小时，刑罚的适用就无法制止行为人再行犯罪的危险性。在这种情况下，通过法院判决对其处以强制治疗、撤销驾驶执照等保安处分措施，就弥补了刑罚的不足，所以，在坚持一元论的刑法制度中，刑法的定义除刑罚外，还包括保安处分。

二元论则主张：刑罚与保安处分性质不同，不可同日而语。二元论主要立足于旧派的责任主义立场。责任原则是刑法对于国家刑罚权介入的限制，在一般情况下，根据责任原则可以保证国家通过刑罚权实现社会保护，也可以保护公民个人自由与利益。在行为人没有责任时，不能进行刑罚处罚。至于保安处罚措施，则是与刑罚制度没有关联的行政管理制度。

我国刑法持刑罚与保安处分二元论的观点，这主要是考虑到：(1) 刑罚是伦理谴责，以责任为前提；保安处分无伦理性，以危险性为前提。(2) 刑罚主要考虑一般预防，保安处分主要考虑特别预防。(3) 刑罚以报应为主，兼顾教育和改造；保安处分以改造和隔离为主。应该说，二元论是合理的，充分考虑了刑罚的本质及严厉性，也照顾了我国刑罚制度发展的传统。

第三节 刑　法

一、刑法的概念

法律通过其稳定性制约、影响未来。人类社会对正义、公正审判的渴求，一定会在社会秩序形成过程中显现出来。刑法是确保罪犯受到公正审判的实体法。

对于刑法的称谓，不同法系之间可能存在细微的差别。大陆法系国家大多重视惩罚结论的妥当性，强调刑罚与犯罪的相当性，看重刑罚部分，所以将惩罚犯罪的法律称为刑法；英美法系重视在判例法上对犯罪的甄别、判断和防范，称惩罚犯罪的法律为犯罪法。但是，刑法和犯罪法所针对的都是犯罪，对付犯罪的主要方法也主要是刑罚，所以，称谓虽有差别，但是实质一样。

在现代，不管是哪一法系，无论其对刑法的看法有多少差别，但有一点是共同的，即都将刑法作为国家的基本法律之一，作为规定犯罪与刑罚的法律看待。由此，我们可以将刑法界定为：以国家名义预告何种行为是犯罪和应给犯罪人以何种刑罚处罚，以有效对付犯罪和积极预防犯罪的法律。

刑法有广义和狭义之分。广义的刑法，是指以国家名义颁布的，规定犯罪与刑罚的一切法律规范的总称，包括刑法典、单行刑法以及附属刑法。其中，所谓单行刑法，是指为补充、修改刑法典而由最高立法机关颁行的，在形式上独立于刑法典而在内容上又是专门规定犯罪与刑罚的一切规范性文件。所谓附属刑法，是指拥有刑事立法权的国家立法机关，在制定经济、行政等非刑事法律时，附带制定的，体现国家对一定范围内的特定社会关系加以特别调整的，关于犯罪与刑罚的行为规范的总称。附属刑法由于是为了达到行政取缔的目的而借用刑罚这种手段确立的，所以又被称为行政刑法。在附属刑法中，刑罚规范不是主体部分，而具有附属性。至于狭义的刑法，则是指国家立法机关制定的，将规定犯罪与刑罚的一般原则和各种具体犯罪与刑罚的法律规范加以条理化和系统化的刑法典。

从法律性格上看，刑法是讨论刑事法律关系本身（犯罪成立条件和实质的处罚标准）的实体法，而不是规定犯罪追究程式的程序法；是涉及公共权力（刑罚权）运用的公法，而不是调整平等主体的人身、财产关系的私法；是从属于宪法的子法、强行法。最后，如果将法律分为立法法、司法法和行政法，那么，刑法还是规范刑事审判活动的司法法。

二、刑法的演变

（一）概说

在人类社会早期，对危害他人生命、身体、财产以及侵犯共同生活秩序的行为，采用私力救济的方式处理，惩罚表现为“以眼还眼，以牙还牙”的复仇，正式的刑罚规范并不存在。

在国家出现以后，出于维持政权的需要，刑法出现并被广泛运用。在众多法律部门中，刑法的历史最为悠久，发挥的作用也最为显著。诸法合体、刑民不分，用刑罚方法处理民事纠纷，是世界各国法律发展过程中都经历过的阶段。

近代以来，经济交往频繁，财产关系复杂，个人权利关系兴起，民、商事法律的地位逐步提高，刑法、民法各自调整的领域也被进一步划定。人们一般认同这样的观念：在一定的国家，存在由国家权力所支配的政治领域，也应当存在个人可以在其中自由决定并自由行动的市民社会。社会二元化，要求刑法只能在政治国家范围内发挥作用，不能进入市民社会领域。凡是公民、法人根据其自己的意思可以处理的纠纷，刑法不能强行介入，所以，刑法和民事法律必须各守其界。这使人们对刑法的认识进一步明确。

18 世纪以前的刑法，只有具体犯罪及其刑罚的规定，刑法缺乏体系性，表现为大量的散在性的个别法。此后，逐步总结出总则性规定。大陆法系国家第一部刑法典即 1810 年法国刑法典首开了总则与分则相分立的刑法典立法模式，这一做法后来被其他国家效仿。

上述分析表明，在漫长的历史进程中，刑法的独立性始终得到保持。这种独立性充分表现在：(1) 刑法调整犯罪与刑罚之间的关系，有特殊的规制对象。(2) 刑法对不法行为的判断、评价有不同于其他部门法的独立标准。(3) 刑法通过对犯罪的惩治而在社会中发挥独立的作用。刑法具有最后手段性，在其他法律手段明显不足时出面处理社会冲突，所以，其独立存在价值是不可否定的。

不过，由于刑法具有其他法律所不能比拟的严厉性、强行性，其一旦使用，就会涉及对个人生命、财产、资格的剥夺和对行动自由的限制，所以，刑法的运用应当受到适度限制。利用刑法处理社会关系，应当限于“不得已”的场合。有的启蒙思想家试图限制刑法的适用范围，强调刑法从属于民法，在适用民法无效时，才适用刑法，以补充民法的不足。虽然其否定刑法独立性的观点是我们今天所不能赞同的，但是，他们对刑法过度适用所隐伏的危险的担忧，则是我们必须要关注的。

（二）我国的刑法立法进程

我国在1979年制定了刑法典。刑法制定的根据是宪法的精神和司法实践经验。1979年刑法的特点是罪名较少、刑罚较为轻缓。1981年以后，随着社会转型的加快，犯罪现象日趋猖獗，为适应惩罚犯罪的需要，截至1997年3月，我国先后又通过了二十余个单行刑法，并在一百余部行政法规中规定有罪刑条款。这些刑法规范的颁布，对于稳定社会秩序、惩罚犯罪，是极其必要的。但是，单行刑法、附属刑法规范过多，过于分散，难免有相互矛盾之处，既使司法适用上难度很大，也可能使法制的统一性受到影响。所以，我国在1997年对1979年刑法进行了修订。刑法修订的基本思路是：制定有特色、统一和完备的刑法典；保持刑法的连续性和稳定性，可改可不改的，尽量不改；尽量使新刑法明确与具体。

修订后的刑法共有452条，在犯罪与刑罚的立法规定上都有重大改动。但是，最为引人注目的变化主要表现在：一方面，适应依法治国、建设社会主义法治国家的需要，规定了罪刑法定、罪刑相适应、刑法面前人人平等的刑法基本原则，并在罪—刑关系设置的多个方面体现了保障人权的思想。另一方面，在刑法分则中，大量增设新罪名，严密法网。刑法分则共分10章，对四百余个罪名作了规定，为准确定罪量刑提供了标准。

1997年全面修订刑法以来，全国人大常委会根据惩罚犯罪、保护人民和维护正常社会秩序的需要，先后已通过一个决定和11个修正案。历次刑法修订情况是：1998年12月，通过《关于惩治骗购外汇、逃汇和非法买卖外汇犯罪的决定》，增设了新罪。1999年12月，通过《刑法修正案》，共9条，主要增加规定有关会计犯罪、期货犯罪。2001年8月，通过《刑法修正案（二）》，仅1条，修改非法占用农用地罪。2001年12月，通过《刑法修正案（三）》，共9条，主要补充资助恐怖活动罪、投放虚假危险物质罪等。2002年12月，通过《刑法修正案（四）》，共9条，主要增加规定雇用童工从事危重劳动罪，完善走私罪等。2005年2月，通过《刑法修正案（五）》，共4条，补充规定有关信用卡犯罪。2006年6月，通过《刑法修正案（六）》，共21条，主要是修改完善有关重大安全事故犯罪、破坏金融管理秩序犯罪，补充枉法仲裁罪等。2009年2月，通过《刑法修正案（七）》，共15条，增加规定利用未公开信息交易、非法传销、利用影响力受贿，以及侵害计算机信息系统和妨害公民信息安全的相关犯罪。2011年2月，通过《刑法修正案（八）》，共50条，主要内容是取消13个罪名的死刑，增加规定坦白制度，完善刑罚执行制度等；于分则中增加规定危险驾驶罪、拒不支付劳动报酬罪，修改完善生产、销售假药罪等。2015年8月，通过《刑法修正案（九）》，共52条，主要致力于解决以下问题：进一步减少9个罪名的死刑；维护公共安全，加大对恐怖主义、极端主义犯罪的惩治力度；维护信息网络安全，完善惩处网络犯罪的法律规定；进一步完善反腐败的制度规定，加大对腐败犯罪的惩处力度；维护社会诚信，惩治失信、背信行为，如增加规定组织考试作弊犯罪、虚假诉讼犯罪。2017年11月，通过《刑法修正案（十）》，仅1条，增设了侮辱国歌罪。2020年12月，通过《刑法修正案（十一）》，共48条，其主要内容大致包括七大方面：涉及未成年人（刑事责任年龄，以及其遭受性侵时的特殊保护）的刑法修改；关于维护民众安全感的刑法制度的修改（如增设高空抛物罪、妨害安全驾驶罪等）；关于金融犯罪处罚标准的修改；关于民营企业发展的保护；大幅度修改侵犯知识产权犯罪，降低入罪门槛，提高其法定刑；强化野生动物保护、遗传资源管控等公共卫生方面的刑事立法，以及其他方面（如袭警罪等）的增加、修改。

我国晚近刑法立法的突出特点表现在：

1. 拓宽新领域

刑法修正案扩大处罚范围的方式，突出表现为三种：（1）增设与有组织犯罪、集团犯罪有关的犯罪，成倍地扩大处罚范围（如恐怖主义犯罪，组织出卖人体器官犯罪，有组织的走私罪、组织传销活动罪、强迫交易等经济犯罪，有组织的如网络犯罪、环境犯罪等妨害社会管理秩序罪）。（2）将某些预备行为、帮助行为规定为实行行为（如妨害信用卡管理罪、资助恐怖活动罪等）。（3）增设大量法定刑较低，涉及社会管控的轻罪，包括投放虚假危险物质罪、编造虚假恐怖信息罪，走私国家禁止进出口的货物、物品罪，组织残疾人、儿童乞讨罪，组织未成年人进行违反治安管理活动罪、危险驾驶罪等；将扒窃、入户盗窃、携带凶器盗窃等许多原来以劳动教养处理的行为轻罪化。

2. 转变法益观

一方面，刑法从消极的法益保护——有法益受到侵害时，刑罚权才能启动，转变为积极的法益保护。另一方面，针对某种可能造成危险的行为设置罪刑规范，从重视法益实害转向重视法益的抽象危险，从注重保护个人法益转向重视公共法益和社会秩序的保护。危险驾驶罪的设立就是如此。

3. 增加新手段

晚近刑法立法可谓刚柔相济。“刚”表现为处罚严厉化：（1）对死缓犯的减刑幅度缩小。1997 年刑法第 50 条规定，判处死刑缓期执行的，在死刑缓期执行期间，如果没有故意犯罪，2 年期满以后，减为无期徒刑；如果确有重大立功表现，2 年期满以后，减为 15 年以上 20 年以下有期徒刑。《刑法修正案（八）》第 4 条规定，在死刑缓期执行期间确有重大立功表现，2 年期满以后，只能减为 25 年有期徒刑。（2）增设限制减刑制度。《刑法修正案（八）》第 4 条规定，对被判处死刑缓期执行的累犯以及因部分暴力性犯罪被判处死刑缓期执行的犯罪分子，可同时决定对其限制减刑。同时在第 15 条配套规定，被限制减刑的犯罪分子，其实际执行的刑期为：缓期执行期满后依法减为无期徒刑的，不能少于 25 年，缓期执行期满后依法减为 25 年有期徒刑的，不能少于 20 年。（3）扩大特殊累犯的范围。刑法第 66 条只规定了危害国家安全犯罪的特别累犯，《刑法修正案（八）》第 7 条增加了恐怖活动犯罪、黑社会性质的组织犯罪的犯罪分子构成特别累犯的内容。（4）提高了数罪并罚时有期徒刑的最高限。刑法第 69 条规定，数罪并罚时有期徒刑最高不能超过 20 年。《刑法修正案（八）》第 10 条将其修改为，数罪并罚时有期徒刑总和刑期不满 35 年的，最高不能超过 20 年，总和刑期在 35 年以上的，最高不能超过 25 年。（5）缩小缓刑适用范围。刑法第 74 条规定，对于累犯不适用缓刑。《刑法修正案（八）》第 12 条增加了对犯罪集团的首要分子不适用缓刑的规定。（6）增设禁止令措施。《刑法修正案（八）》第 2 条、第 11 条分别规定，判处管制或宣告缓刑的，可以根据犯罪情况，同时禁止犯罪分子在执行期间从事特定活动，进入特定区域、场所，接触特定的人。（7）提高了分则中部分犯罪（如操纵证券、期货市场罪，组织、领导、参加恐怖组织罪，组织、领导、参加黑社会性质组织罪，寻衅滋事罪、敲诈勒索罪、抢夺罪）的法定刑。（8）增设终身监禁的规定。《刑法修正案（九）》第 44 条第 4 款规定，犯贪污、受贿罪被判处死刑缓期两年执行的，人民法院根据犯罪情节等情况可以同时决定在其死刑缓期执行 2 年期满依法减为无期徒刑后，终身监禁，不得减刑、假释。

“柔”表现为：一方面，降低某些犯罪的处罚标准。例如，刑法第 239 条规定绑架罪的起刑点为 10 年，《刑法修正案（七）》第 6 条将其降至 5 年。这是晚近刑法立法上开始“做减法”的典型例证。同时，该条还有对某些绑架行为宣告绝对死刑的规定，《刑法修正案（九）》第 14 条对该罪的死刑适用条件进行分解，赋予法官刑罚适用的裁量权。另一方面，大幅度缩小某些犯罪的适用范围，进行实质的非犯罪化。例如，《刑法修正案（七）》第 3 条规定，逃税后，经税务机关依法下达追缴通知后，补缴应缴税款，缴纳滞纳金，已受行政处罚的，不予追究刑事责任。这使逃税罪在实务中的适用余地极其有限。

4. 赋予新机能

我国频繁的刑法立法活动表明，刑法的自由保障机能开始逐步转向全面介入社会管控的刑法保护机能，刑法的干预性、工具性特征更加突出。（1）按照市场经济条件下降低政府管控，减少行政审批的要求，刑法方面通过全国人大制定立法解释的方式，对涉及注册资本的虚报注册资本、虚假出资、抽逃出资的犯罪仅保留个别追究的可能，进行实质上的非犯罪化。（2）对收买被拐卖的妇女、儿童罪，行贿罪从严处罚，几乎将立法上的“加法”做到了极致。这些规定都及时回应了社会上关于严惩行贿、收买被拐卖妇女、儿童的呼吁，且有助于实现社会管控。（3）刑事司法机关和行政管制机关的职能紧密对接。刑法全面介入与公众关系密切的社会生活领域。例如，刑法修正案先后修改逃税罪、食品药品安全犯罪等，使刑法依附于行政法：对逃税行为是否要定罪，需要税务机关先作出处罚决定；食品药品安全犯罪是否成立，需要由行政主管部门通过鉴定方式确定其危险性，刑法和日常社会管控机制之间无缝衔接。（4）立法上有意淡化刑法的附属性。刑法通过增设新罪将部分原本具有民事性质的“欠债不还”行为犯罪化（如增设拒不支付劳动报酬罪等）来参与社会管理，解决社会突出矛盾。其不再是对那些“严重地”侵害生活利益的行为的反应，刑法与民法、行政法的界限越来越模糊。立法上也有意模糊刑法与其他法律之间的界限，对刑法的最后手段性似乎不再刻意强调。在有些领域，立法者反而有意彰显刑法意义的独特性和优先性，例如，《刑法修正案（九）》第 25 条第 4 款规定，在法律规定的国家考试中，代替他人或者让他人代替自己参加考试的，处拘役或者管制。但替考行为本身，在治安管理处罚上并没有相关明确的处罚规定（至于伪造证件行为，属于另外的问题），刑法直接将其规定为犯罪，以展示其强势介入社会管控的姿态。

5. 面临新难题

具体表现在：（1）刑法要面向未来，实现有效预防和威慑，重刑配置可能就比较多，但司法上运用较少，处罚趋重的实际效果如何尚难以判断；某些罪名在实践中发案率本身就较低，属于罕见的情形，因而出现了部分宣示性刑法立法。（2）不法的直观性、可感性降低。犯罪应当是指某种客观上造成相当程度的社会危害的行为，但是，增设新罪时设立的抽象危险犯或侵害公共法益的犯罪，其危害性并不是具体的，不是法益实害意义上的损害，公众不能从行为中直接感知某种针对法益的危害性，犯罪的危害难以凭经验、靠感觉加以认知，被害人的形象变得很模糊。（3）刑法成为解决社会问题时必须考虑的手段，与历来减少社会对立面、缩小刑罚打击范围的思路或不一致。例如，禁止“医闹”、禁止反复违法上访等行为最终都在《刑法修正案（九）》第 31 条中通过刑罚手段明确，势必会遭受与刑法谦抑性相抵触的质疑。

（三）我国未来的刑法立法

未来的刑法立法，从总体上看，应当建立能动、理性的总体立法方略。能动，是指刑法立法应当根据社会转型的需要及时作出反应，增设新罪的步伐不能放缓，应当适度扩大刑罚处罚范围，保持立法的活跃化和积极干预社会生活的姿态；理性，是指在立法总体思路和罪刑设置上注重科学性，论证更为充分，不盲从于社会舆论或公众情绪。

1. 能动立法

能动立法，意味着要根据社会情势的变化，及时增设相当规模的新罪。有学者认为：综观历次刑法修正案新增的数十个罪名，无不以扩大国家刑罚权力、缩小或限制公民之自由为内容。这体现了我国刑事立法仍然在工具主义的轨道上前行，因此，我国应该停止以犯罪化为内容的刑事立法。① 但这种观点明显值得商榷。从我国转型时期社会发展的现实来看，在未来相当长时期内，立法者消减现有罪名的非犯罪化任务并不紧迫，相反要进行相当规模的犯罪化，保持刑法立法的活跃姿态。

首先，这是建设法治国家的要求。必须承认，任何政权都不会容忍危害行为，而总是要采取这样或那样的措施来进行禁止、制裁。按照法治方式难以惩治的危害行为，可能转而以非法治的手段（如我国过去曾长期采用的劳动教养）处理。因此，要实现国家对难以容忍的违法行为的惩罚，最佳方式是通过立法者所确定的刑法规范将值得处罚的危害行为规定为犯罪，赋予被告人辩护机会，尊重和保障其各项权利，将处罚纳入法治轨道。将大量值得处罚的危害行为在刑事诉讼之外由行政机关处理，一定会带来很多负面效果；将某些处罚严厉性可能远超刑罚的行政制裁交由行政机关自由决定，而不是交由法院审判，更严重违反程序正义。② 特别是在废除劳动教养制度之后，对某些违法行为不可能坐视不管，某些限制人身自由的措施还要适用，在出现处罚空挡时，为防止对某些危害行为的处理机制在现行刑法和治安管理处罚法之外运转，就必须增设新罪。这既是依法治国的要求，也是社会成熟的表现。对此，井田良教授持相同的观点，他在评论日本近来的刑法立法动向时认为：刑事立法的活跃化倾向，在某种程度上是“第二次世界大战”之后日本社会走向“成熟”的佐证。日本立法上的犯罪化和重刑化的趋势，不是一时的心血来潮，在今后一段时期内还会持续下去。③ 因此，将相对轻微的行为犯罪化和法治立场之间并不抵触。“在实践中，立法者为轻微违法行为规定相应轻微刑罚的做法，长期以来就一直没有被宣布为违反宪法。”④ 刑事法学者显然不能一方面呼吁废除劳动教养，另一方面又反对增设新罪。

其次，媒体的发达、传播的迅捷使公众的处罚呼吁可以充分表达出来并被放大；社会成员的价值观分化，不同群体对违法行为的感受不同，对犯罪化的不同要求也都被提出来。我国不少刑法立法就是回应社会需求的结果。⑤ 对于这一点，未来的立法也不会改变。

再次，随着科学技术的发展和社会转型，社会生活的危险性、复杂性，社会成员的陌生程度、对经济利益的追求都在增加，个人的不安感强烈，对刑法介入社会生活的要求也增加，“处罚早期化”、范围扩大化在所难免。

最后，犯罪化与国外的刑法立法趋势相呼应。20 世纪 50 年代之后，犯罪化是国外刑法立法的潮流。自 20 世纪 70 年代以来，英国开展了大规模的增设新罪活动，目前英国制定法上的罪名已经达到一万多个。1997 年至 2007 年，英国议会制定了 382 项法案，其中，29 项刑事司法法案新设的刑事罪名超过 3 000 个。⑥ 原本“像金字塔一样沉默”的日本立法机关从 20 世纪

---

① 参见刘艳红：《我国应该停止犯罪化的刑事立法》，载《法学》，2011（11）。

② 参见陈泽宪：《收容教养制度及其改革》，载陈泽宪主编：《犯罪定义与刑事法治》，227 页，北京，中国社会科学出版社，2008。

③ 参见［日］井田良：《刑事立法的活性化及其走向》，载《法律时报》，2003（2）。

④ ［德］克劳斯·罗克辛：《德国刑法学总论》（第 1 卷），王世洲译，24 页，北京，法律出版社，2005。

⑤ 参见何荣功：《社会治理“过度刑法化”的法哲学批判》，载《中外法学》，2015（2）。

⑥ 参见［英］汤姆·宾汉姆：《法治》，毛国权译，59 页，北京，中国政法大学出版社，2012。

80年代末开始，为应对犯罪国际化、有组织化以及现代社会的危险无处不在、无时不在的特点，积极回应保护被害人的要求，回应严惩暴力犯罪的呼声，频繁修改刑法典与相关法律，实行大量的犯罪化，出现了“立法活性化”现象①，例如，在《规制纠缠等行为的法律》中，将表达爱恋或好感没有得到回应而纠缠对方的行为犯罪化。② 在日本，刑法典、单行刑法与行政刑法所规定的犯罪难计其数，即使在我们看来相对轻微的危害行为，也被规定为犯罪；相反，在当下中国只有刑法典（及修正案）与1个单行刑法规定犯罪及其法定刑（罪名总共仅有500个左右），不存在其他法律中规定的行政刑法。对此，有学者指出：“和日本不同，在中国，至少在现阶段，所有的刑罚法规都集中在刑法典之中，而在刑法典之外则几乎看不见，因此，在中国不存在日本所谓的行政刑法。由于刑法典上的条文数量很少，因此，乍看之下，中国刑法中的处罚范围似乎很广，但实际上则不是如此，日本刑法中的处罚范围比中国要广泛得多。”③

能动立法的内容包括：(1) 犯罪化。肯定犯罪化是未来立法的主流，在增设新罪上就要考虑：首先，对已有的常见犯罪还需要进一步分解、细化。例如，对故意毁坏财物行为，我国的罪名设置极其有限，但德国刑法自第303条起分别规定了物品破坏罪、数据破坏罪、对计算机的破坏罪、损害公共利益的物品破坏罪、建造物的破坏罪、重要生产工具的毁坏罪等罪名。其次，需要新增一些不太受时代变迁影响的危害行为。如应考虑增加强制罪、暴行罪、胁迫罪、泄露私人秘密罪、公然猥亵罪、背信罪、侵夺不动产罪、伪造私文书罪等，还可以考虑借鉴德国刑法第323条c的规定增设见危不救罪，将社会成员在危急情况下对他人的救助义务用法律方式确定下来。④ 再次，对涉及人类生存的犯罪必须大量规定。例如，对破坏环境的犯罪，我国只是笼统规定了一个污染环境罪，而德国分别针对水域、土壤、大气、噪声等领域的污染设置独立罪名，并对行为类型进行详尽描述，从而全面保护法益。日本刑法则自第142条起针对饮用水安全保护，用6个条文专门规定了与此有关的多个罪名，包括污染净水罪、污染水道罪、将毒物等混入净水罪、污染净水等致死伤罪、将毒物等混入水道和将毒物混入水道致死罪、损坏和堵塞水道罪等，颇值得我国立法借鉴。最后，对涉及新型权利的犯罪（如噪声污染、性骚扰、严重侵害工人休息权利、堵塞交通等）还需要大量增加。(2) 刑罚手段多元且灵活。在目前的中国刑法中，刑罚呈现以下特点：手段有限，监禁刑（有期徒刑、无期徒刑、拘役）种类太多，非监禁刑种类少；财产刑措施不太灵活（如未设立日额罚金制）；保安处分措施（如收容教养、强制医疗）种类少，适用面窄。因此，我国以自由刑为中心的处罚体制未来必须要改变，才能适应转型社会的需要。未来要考虑增设刑种，尤其要增设非监禁的主刑；增设剥夺资格、权利的刑罚；将刑罚措施和社区矫正相互衔接；增加保安处分措施，针对行为人未来再犯罪的危险性适用，形成刑罚与保安处分的刑事制裁“双轨制”⑤，从而使应对手段显得更为多元、灵活，符合能动立法的要求。

2. 理性立法

增设新罪总是有限度的，立法者必须遵守比例原则，在法益保护与尊重个人自由之间取得某种微妙的、多数人都能够接受的平衡。理由在于：构成要件有惩治犯罪的功能，但同时也约

---

① 参见张明楷：《刑法格言的展开》，173页，北京，北京大学出版社，2013。

② 参见黎宏：《日本近年来的刑事实体立法动向及其评价》，载《中国刑事法杂志》，2006 (6)。

③ [日] 西原春夫：《日本刑法与中国刑法的本质差别》，黎宏译，载赵秉志主编：《刑法评论》（第7卷），123页，北京，法律出版社，2005。

④ 参见冯军：《和谐社会与刑事立法》，载戴玉忠、刘明祥主编：《和谐社会语境下刑法机制的协调》，29页，北京，中国检察出版社，2008。

⑤ 2012年修订后的刑事诉讼法在第五编特别程序中用专章规定了“依法不负刑事责任的精神病人的强制医疗程序”。这是将保安处分措施法律化。今后可以考虑在刑法中增加一条与刑事诉讼法相照应的规定。

束个人，罪名过多所呈现的罪刑扩张意味着国家刑罚权的膨胀，必然相应导致个人权利的限制与压缩，形成对公民行动自由的妨碍；刑法不是治理社会的最佳良方，其作为控制社会高度专业化的手段，只有针对特定目的时才有效用，超越该目的的不当使用不仅无效，而且会导致更大危害。因此，强调理性立法具有现实意义。

（1）对公众的处罚呼吁必须进行过滤。任何立法都不可能不受公众诉求甚至情绪化因素、社会舆论的影响。确实，国民诉求是立法活跃的重要影响因素：被害人通过媒体表达自己对犯罪的痛恨，媒体为博取"眼球"，会有策略地以夸张方式将行为人和被害人之间的对立情绪传播出去，让公众同情被害人，立法者为了表示对民众要求的关切，会显示出对犯罪对策的热情，最终无论对被害人、公众还是立法者而言，立法都成了实现自身目的的"象征立法"①。立法上国家意志的形成受到缺乏专业知识的人的重大影响。法学专家对犯罪及其危害性的论证，过于复杂，有时可能不符合立法者的朴素感觉，关于处罚可能带来负面效果的详尽分析更是难以引起他们的兴趣；同时，由于法学不是自然科学，要从实证上论证某些行为没有达到立法者所预估的程度，事实上也难以做到，立法者转而愿意从公众的嘈杂话语中"选择性"听取，从而加剧刑法立法的"平民化趋势"②。但其负面影响是立法中可能有情绪化、非理性的因素。"对于这些不可能有简单结论的问题，公众可能会过快地产生制定新的或者更严厉的处罚规定的需要。但这会产生严重的不良后果。"③ 因此，如何确保立法的理性化是转型时期刑法立法的难题。

公众的处罚要求需要立法者考虑和过滤，更值得重视的是刑罚手段对于控制一定的行为是否必要和合适。因为立法权本能扩张的冲动客观上是存在的，为了能够理性地防止立法权滥用，必须对实际上是否有必要规定刑事制裁进行评估，确实在其他措施不足以有效地预防和处罚某种行为时，才允许设定罪刑规范。例如，在侵犯公众安宁权的行为中，是否需要增设新罪，就要考虑民事赔偿和行政上的规制能否取得更为充分的效果，是否更有助于社会关系的恢复。又如，保留死刑的所谓"民意"是否可靠，也需要立法时仔细甄别和审慎对待。在对死刑的"众声喧哗"中，公众容易把死刑和极端事件联系起来，进而得出罪犯应该被处死的"痛快"结论，对"不杀不足以平民愤"自然也就高度认同，但其中的理性化程度较低。

（2）理性意味着限度。在现代刑法立法的犯罪化趋势中，法益保护的早期化、法益的高度抽象化和稀薄化一直为立法者所认可。但是，"法益保护早期化"（增设未遂犯、预备犯、危险犯）的实际效果毕竟有限，且可能偏离刑法本来的任务——有的问题原本就需要通过行政治理来解决。立法的依据是法益保护，但是，不能将过于抽象和稀薄的法益都纳入保护范围（例如，多次拨打电话骚扰他人的行为在很多国家都是犯罪，但在中国，将他人的生活安宁这种相对抽象的法益作为保护对象未必合适）。

特别值得讨论的是：对于犯罪预备，按照刑法第22条的规定原则上都应予以处罚。但这未必符合理性立法的要求。预备犯所实施的行为，缺乏定型性和不法内涵，一个为投毒杀人而购买矿泉水的行为，和饥饿状态下购买食物在外观上没有差别，无论理论上提出何种理论来限定预备行为，对其定罪都难以防止司法恣意，损害法的安定性，且有将至多是治安管理处罚对象的行为上升为犯罪行为的嫌疑。针对预备犯的上述特点，在多个刑法修正案大量规定危险犯

---

① 黎宏：《日本刑事立法犯罪化与重刑化研究》，载《人民检察》，2014（21）。

② ［日］井田良：《社会变迁背景下日本刑法的发展》，樊文译，载陈泽宪主编：《刑事法前沿》（第7卷），168页，北京，中国人民公安大学出版社，2013。

③ ［德］冈特·施特拉腾韦特、洛塔尔·库伦：《刑法总论》，Ⅰ，杨萌译，36页，北京，法律出版社，2006。

的背景下，相对合理的方案是删除总则关于（形式）预备犯的规定，在不得已的情况下，在分则中增设少数实质预备犯。“与形式预备犯相比较，实质预备犯的立法方式就显得明确许多。如果立法者认为某些典型的预备行为本身已含有较高的失控危险，便可将这些行为样态透过危险犯的立法形式加以犯罪化。”① 例如，《刑法修正案（六）》增设妨害信用卡管理罪，就是相对合理的立法思路。未来还可以考虑将其他具有预备性质的行为（如制造、交付、接受可用于生产伪劣产品、伪造假币、制造毒品、伪造国家机关证件等犯罪的工具的）犯罪化。

（3）理性立法必须反对重刑化。在很多国家，立法上的犯罪化和重刑化是并驾齐驱的。德国1998年的刑法修改，为了实现一般预防就朝着加重刑罚的方向迈进。② 日本自20世纪90年代中期以降，刑法的重刑化趋势明显，提高有期徒刑的最高期限；加重了性犯罪、杀人罪、伤害罪的法定刑。③ 2001年的日本刑法修正案规定，行为人（故意）危害交通的驾驶行为（如醉酒后驾车）过失地导致他人死亡的，最高可以判处20年自由刑。由于该罪法定刑和道路交通中通常的过失致死罪的处罚失衡，2007年立法者不得不将后罪的法定最高刑从5年提高到7年。

但是，国外将犯罪化和重刑化捆绑在一起的做法未必值得我们效仿。理由在于：其一，我国刑法规定的法定刑原本就较高，“带死刑、无期徒刑、3年以上有期徒刑的条文无论是绝对数还是占全部罪刑条文的比例均高于其他国家，我们的刑罚不仅重于经济比我们发达的国家，也远远高于经济和我国相当或低于我国的国家；不仅重于那些所谓的民主自由国家，也远重于那些所谓的专制国家或威权体制国家”④。同时，实务中一般也都倾向于在法定刑幅度内选择较重的刑罚。如果未来立法在此基础上再“加码”，就会导致重刑主义。其二，经验证明，重刑化的做法并不能有效遏制犯罪，罪犯在犯罪之前都不会去看刑法典，不关心刑罚轻重，费尔巴哈的心理强制说并没有实证支撑；一味重刑化会让国民的法感情迟钝化，且导致犯罪的法益侵害之间没有区分（制造枪支、收受财物都等同于杀人）。其三，日本刑法对相同犯罪所规定的法定刑轻于我国刑法规定，且罪犯被判处6年以下有期徒刑的，都有适用缓刑的可能。即便晚近的日本立法实行重刑化，其刑罚仍然轻于我国。因此，在当下中国，通过犯罪化“立规矩”远比实行严厉处罚要重要得多，当务之急是扩大犯罪圈以严密刑事法网，但在处罚上尽可能轻缓、灵活，重刑化不是立法指向，刑法立法的政策思想应当定位于储槐植教授一直所倡导的“严而不厉”⑤。

三、刑法的性质

刑法作为重要的部门法，具有以下法律性质：

（一）特定性

刑法只规范罪—刑关系，其涉及的内容与对象都较为特殊。刑法规范并不像其他法律规范一样仅仅保护社会伦理的、道德的、宗教的秩序，而是对个人参与社会生活、从事社会活动所必不可少的生活利益都予以保护，即通过对违反规范的行为以国家的名义作出规范的、明确的否定性评价，来达到维护法益的目的。

---

① 蔡圣伟：《刑法问题研究》（一），448页，台北，元照出版有限公司，2008。

② 参见柯耀程：《变动中的刑法思想》，366页，北京，中国政法大学出版社，2003。

③ 参见黎宏：《日本近年来的刑事实体立法动向及其评价》，载《中国刑事法杂志》，2006（6）。

④ 卢建平：《新中国刑事立法反思与展望》，载北京大学法学院刑事法学科群编：《刑法体系与刑事政策——储槐植教授八十华诞贺岁集》，558页，北京，北京大学出版社，2013。

⑤ 储槐植：《刑事一体化与关系刑法论》，321页，北京，北京大学出版社，1997。

（二）广泛性

刑法的目的是保护法益。需要用刑法加以保护的法益十分广泛，从总体上看包括个人法益、国家法益、社会法益三大类，每一类法益之下，又可以分为数十种具体的法益。可以说，其他法律保护的法益，刑法都保护。

（三）严厉性

在犯罪发生时，惩罚这种行为的措施是刑罚，这是强制力最强的手段。刑法与民法、行政法等其他法律部门的区别表现在：犯罪这类违法行为，根据法律所可能承担的法律后果不同；而不在于它所调整的社会关系的不同。民法调整平等主体之间的利益关系，行政法对于为实现公共福利所采取的国家行动进行规范，表面上看，它们与刑法在调整对象上不同，但是，在民事关系、行政关系被严重侵犯时，刑法的出面有时就是难免的。从这个意义上看，刑法具有保障性，即保障其他法律的实施，如刑法通过规定妨害公务罪，来保障公务执行的可能性和效率；通过规定走私罪，来保障海关法的施行等。

（四）谦抑性

刑法必须具有谦抑性。谦抑性，是指刑罚作为最严厉的处罚手段，其必须在其他制裁手段的处罚力度明显不充分时，才能加以使用。

需要法律加以保护的社会利益是多种多样的，其保护手段也是多方面的，刑法并没有保护所有应当保护的社会利益的功能与效力，即刑法不是万能的，刑罚手段具有局限性。刑法和其他法律一起共同对法益实施保护，对侵害合法权益的行为，并不都需要刑法介入，例如违约行为侵犯他人的财产权，在民法保护已经足够时，刑法必须保持克制和谦抑。由刑罚的严厉性所决定，刑法是国家法律手段中破坏性最强的一种，其可能间接甚至直接地对刑法本身应当保护的利益产生危害，所以，只有在民事、行政等法律对法益的保护不充分，国家、社会或者个人以其他手段无法有效地保护该利益，而只有通过刑罚才能有效保护的情况下，刑罚作为“最后手段”才能被使用。刑罚的发动，必须限于社会秩序迫切需要维持的场合，而且刑罚权的运用必须限定在最小的活动范围内；在反社会的行为发生之后，要给予刑罚处罚，必须要考虑用刑法保护法益是否是唯一合理的手段，刑法必须有限制地、谨慎地适用，它只能在不得已的情况下和尽可能小的范围内将违法活动和违法者作为自己的关注对象，以此来保持刑法的宽容性，以有效防止刑罚权的滥用。①

理论上，有不少人将立法时限定处罚范围作为刑法谦抑性的主要内容，这是一种误解。立法上进行一定程度的犯罪化未必违背刑罚谦抑性。没有人会否认，只有在其他法律难以预防和惩治某一违法行为时，刑法才能介入。但是，犯罪化的边界究竟在哪里，只能从一个国家的实际情况和惩罚需要引申出来，不同历史时期人们对违法行为的容忍程度大不相同，没有一个固定的模式能够说明哪一种行为只能以民事或行政方式处理。对此，有学者指出，一些刑法学者与实务人士经常挂在嘴边的话就是“缩小打击面，扩大教育面”“不能扩大处罚范围”；有人甚至以出罪为荣、以入罪为耻，似乎刑罚处罚范围越窄越好，乃至没有刑罚处罚更好。这说明，刑法谦抑性在中国还只是停留在口头表述或者书面文字的一种理念，而没有成为人们内心深处的真实想法，没有对刑法立法和适用产生实质影响。刑法谦抑性的具体内容会随着时代的发展而变化，刑罚处罚范围也并非越窄越好。如果特定时代的多元价值观造成非正式的社会统制力

① 帕克详尽地阐述了将违法行为犯罪化所应受到的具体限制：（1）在大部分人看来，这种行为对于社会的威胁是明显的，从社会的各个方面来看，都是不能容忍的；（2）对于这种行为科处刑罚符合刑罚的目的；（3）对于这种行为的抑制不会使社会所希望的行为受到限制；（4）对于这种行为的处理没有可以代替刑罚的其他适当的方法存在，等等。See Packer, *The Limits of the Criminal Sanction*, 1968, p. 296.

减弱，不可避免地产生通过扩大刑罚处罚范围以保护法益的倾向；刑法应当由“限定的处罚”转向“妥当的处罚”①。罗克辛教授也指出：谦抑性（辅助性）对立法者来说具有指导作用，但其不能成为限制立法权的工具。对于应当把何种行为看成足够严重以至于必须动用刑罚手段，是立法者自己判断的。当不能确定某种轻微的手段（例如单纯的民事惩罚）是否足以充分防止侵害的时候，立法者享有对此自行评价的特权。“辅助性原则就更属于一种政策意义上的准则，而不是一种强制性规定。这是一种社会政策性的决定”②。因此，刑法谦抑性“不意味着只要不动用刑罚就是好的”，其并不反对与社会发展相匹配的、必要的犯罪化。其实，立法者只要不是将反伦理或者停留在思想领域、私人之间的行为犯罪化，就原则上不存在违反刑法谦抑性的问题，不能将增设新罪和刑法谦抑性截然对立。

四、刑法的任务

刑法的任务是通过规定最严厉的制裁手段来保护法益。这里的法益，是指法律所保障的生活上重要的权益或者利益，包括人身权利、财产权利、社会秩序、经济秩序等。

我国刑法第 2 条规定：中华人民共和国刑法的任务，是用刑罚同一切犯罪行为作斗争，以保卫国家安全，保卫人民民主专政的政权和社会主义制度，保护国有财产和劳动群众集体所有的财产，保护公民私人所有的财产，保护公民的人身权利、民主权利和其他权利，维护社会秩序、经济秩序，保障社会主义建设事业的顺利进行。根据这一规定，我国刑法的任务是打击犯罪与保护人民的统一。

打击犯罪与保护人民是手段与目的的关系。打击犯罪是指采用刑罚即刑事制裁的方法，同一切危害国家安全的和其他的刑事犯罪行为作斗争。打击犯罪的目的是保护人民，根据我国刑法的规定，保护人民主要是指保护国家的根本政治制度和公民的合法权益，具体地说，表现在以下几个方面：（1）保卫人民民主专政的政权和社会主义制度。严厉打击直接危害我国人民民主专政的政权和社会主义制度的危害国家安全的犯罪行为，这是我国刑法的首要任务。（2）保护公共财产和公民私人所有的合法财产。国有财产和劳动群众集体所有的财产，是社会主义的物质基础，是我国进行现代化建设的物质保证，它们直接关系到我国政权和制度的巩固以及社会生活的正常和繁荣，因而保护公共财产是我国刑法的重要任务。公民私人所有的合法财产，是公民生产、工作、生活必不可少的物质条件。保护公民私人所有的财产，贯彻了宪法的相关原则。（3）保护公民的人身权利、民主权利和其他权利。保护人民的合法权益是我们社会主义国家的根本任务，也是我国刑法任务的重要内容之一。（4）维护社会秩序和经济秩序。良好的社会秩序和经济秩序，是社会主义建设事业顺利进行的保障，同人民的切身利益密切相关，因此，维护社会秩序和经济秩序是刑法的一项重要任务。

五、刑法的社会功能

无论哪一派学者，都要充分关注刑法究竟在社会具有什么功能这一问题。对刑法功能的判断，意味着要剔除我们对刑法所寄予的不切实际的愿望，比如说，过于依赖刑法来达到统治的目的，过于把刑法意识形态化，可能都是让刑法承担了太多的使命。对刑法的社会功能的赋予，必须要恰当。如果赋予了很多的社会功能，这样的刑法一定会偏离老百姓通常的规范感受。

---

① 张明楷：《网络时代的刑法理念——以刑法的谦抑性为中心》，载《人民检察》，2014（9）。

② ［德］克劳斯·罗克辛：《德国刑法学总论》（第 1 卷），王世洲译，24 页，北京，法律出版社，2005。

通说认为，刑法的运用是因为犯罪人仇恨社会，所以，行为的危害很大，必须要对行为人归责。但是，似乎可以换一个视角看犯罪：犯罪只不过是社会当中的一段“恶缘”，刑法要处理“恶缘”。林东茂教授指出：“刑法要圆满对应恶缘的兴灭，在立法和司法上都要慎重将事，否则因缘际会卷入漩涡的人将遭灭顶。”① 恶缘是对（行为的）规范关系加以破坏的结局，犯罪是一段恶缘，意味着犯罪是对规范秩序的破坏。规范关系意味着社会当中的底线秩序，刑法的功能在于恢复社会关系当中被犯罪破坏的规范关系、规范秩序，也就是说，社会的存在，或者说社会之所以有意义，是因为有规范存在，有规范对一般人的行为进行指引、设定处罚网络。如果说社会有意义是因为有规范，那么，社会就是因为规范而存在的，而不是规范因为社会而存在。在这个过程当中，犯罪行为是对这个规范网络的破坏，对这个规范网络当中某一段的破坏。所以，林东茂教授讲犯罪是一段恶缘，应该是有道理的。社会中存在诸多行为规范网络相互交错，比如，作为教师，我们要遵守什么样的规范；作为一个公民，我们要遵守什么规则；作为一个和邻居相处的人，我们要遵守什么规则，这些规则组成了行为规范网络。社会中存在大量规范关系，某一个犯罪事实就是对这个规范关系的破坏，所以，犯罪意味着结下了一段恶缘或者孽缘，刑法就是要了却它，要把这一段恶缘或者孽缘终结，而终结这一段恶缘的最终的目的，是让人们生活得很安心，确保人们的生活有秩序。

所以，刑法的社会功能是对行为规范关系或者底线秩序的维护。唯其如此，才能最终保护法益。既然刑法是对规范关系、底线秩序的维护，那么，要达到这个目的，刑法就一定要限制人的自由，就是让人们有很多事情做不了。当然，对人的行为施加羁绊，只是形式，实质是刑法通过对人的限制，来确保所有人安心地、有保障地过一种有秩序的生活。

第四节　刑法学

以犯罪和刑罚为研究对象的学问，被称为刑法学。对刑法学的领域，可以作不同区分：考察刑法历史的理论体系，是刑法史学；对外国刑法进行比较研究的学科，是比较刑法学；利用哲学眼光对处罚的正当性、根据进行反思的学问，是刑法哲学。本教科书所研究的刑法学，属于刑法解释学。刑法解释学以对刑法总则、刑法分则的规定进行认识为目的，分为总论和各论两部分。刑法总论对刑法规范作一般性分析，明确犯罪成立的基本条件、犯罪的特殊形态以及刑罚的类型、适用方法；在刑法各论中，则对犯罪的个别成立条件以及法定刑适用进行分析。

一、刑法学思维的独特性

刑法学是研究定罪原理、刑罚裁量和执行规则、具体犯罪认定方法的部门法学。

刑法学思维自身的特点在于：(1) 客观判断与主观判断统一，但客观判断绝对优先。在认定犯罪时，需要首先考虑行为及其后果，再审视行为人及其罪责是否存在；反之，就会陷入刑法主观主义的窠臼。(2) 抽象判断和具体判断统一，但抽象判断优先。在对犯罪的各个要素进行分析时，必须从判断抽象的犯罪要素开始，在得出肯定结论后，进一步判断具体要素。(3) 一般判断和例外判断统一，但一般判断绝对优先。这一点在英美国家刑法中表现得特别充分，法官先判断是否存在行为、心理，在这一层次的判断完成之后，再考虑行为人是否有辩解事由。(4) 事实判断和价值判断统一，但价值判断更为重要。事实判断为价值判断提供素材，但最为关键的是从规范角度去评价事实。上述这四对关系的统一，说起来容易，但在实际的研究中，如何贯彻这种思路，并不是一件容易的事情。

---

① 林东茂：《一个知识论上的刑法学思考》，5页，北京，中国人民大学出版社，2009。

二、刑法学和其他部门法学之间的关系

对很多犯罪的认定，涉及刑法学和其他部门法学在对待同一问题上的态度差异问题，对于这种差异刑法学不能熟视无睹。对某些疑难案件的处理，需要兼顾考虑刑法学以外的其他部门法学的取向，否则，刑法学上的结论可能缺乏合理性。例如，对于犯罪故意和过失的区别，有希望主义、认识主义、容认主义、盖然性说等学说。对于盖然性说，人们容易批评其不好把握，没有考虑行为人的意志因素等，但是，盖然性说明显有其合理性：过于注重探究行为人意志因素的希望主义、容认主义，都存在为了获取关于行为人意志因素的信息，而采取刑讯逼供或者其他变相非法手段，逼取被告人口供的可能；认识主义完全不考虑行为人的意志因素，与刑法的规定可能不相符合。为了兼采希望主义、容认主义的合理之处，同时防止过分重视行为人意志因素的弊端，有效防止刑讯逼供，盖然性说提出了自己判断犯罪故意的主张。应当说，盖然性说的结论是否妥当还值得考虑，但是这种在思考刑法问题的同时兼顾其他部门法理论的路径是值得提倡的。

当然，刑法学的立场和民法学、商法学在某些问题上的认识并不完全一致，有时还存在很大差异，例如，刑法学对于人的出生的看法、对财产占有的判断、对事实婚姻的效果等，都和民法学并不相同；收受他人提供的商品房，即使没有来得及进行产权变更，未取得物权法意义上的所有权，在刑法上也认为是受贿罪既遂；在刑法上，被害人的过错（例如，被害人没有听从警方劝告，执意到社会秩序特别混乱的场所游荡而遭受抢劫；被害人衣着过于暴露而被强奸；被害人贪图小便宜而被诈骗）与行为人的责任无关，但是，在侵权行为法上，被害人的过错可以减免行为人的赔偿责任。发生这种差异的原因在于：刑法需要保护个人的行动自由。被害人有权自由自在地生活，可以到处行走，可以选择其所喜欢的衣着方式，即使穿着暴露也不用担心自己会被误以为正在引诱强奸的发生。刑法为保护这种自由而不能指责那些缺乏应有的谨慎，将自己暴露在犯罪攻击危险之下的人。应受刑法谴责的是实施抢劫、强奸等行为的人。在侵权行为法上，被害人在减少损害方面负有共同责任，其在侵权损害后果的发生过程中和行为人相互作用，扮演重要角色。“关于侵犯发生的方式，刑法代表了一种独特的观念。罪犯把那些攻击性的冲动发泄在被害人身上。侵权行为法持的是另外一种观点。侵权行为人和被害人相互作用，由此导致了损害的发生。人们很难说，这种说法中哪一种观点是绝对正确或者是绝对错误的。它们是对同一现实的两种不同的视角”①。

刑法学和民法学之间所存在的上述差异都属于正常现象，这是由刑法学立场的独立性所决定的。强行要求刑法学立场和其他部门法学立场的一致性，有时会带来犯罪认定上的困难，不利于发挥刑法的法益保护机能。

三、刑法学研究方法

“方法”意指通往某一目标的路径。在科学上，方法是指这样一种路径，它以理性的，因而是可检验和可控制的方式导向某一理论上或实践上的认识，或导向对已有认识之界限的认识。② 思考刑法学问题，离不开方法论的指导。

（一）体系思考与问题思考并重

在从事学术研究时，对某一学科可能涉及的“问题”进行深入讨论，至关重要。

---

① ［美］乔治·P. 弗莱彻：《刑法的基本概念》，蔡爱惠等译，91页，北京，中国政法大学出版社，2004。

② 参见［德］齐佩利乌斯：《法学方法论》，金振豹译，1页，北京，法律出版社，2009。

刑法学发展始终面临双重任务：理论体系的构建和解决具体问题。体系思考和问题思考齐头并进，当然最好，但是，在很多情况下，兼顾二者比较困难，此时就有一个孰轻孰重的问题。

在西方，对问题的思考在前，对体系的思考在后，人们总是习惯于从现实的各种违法、犯罪中总结出一般规律，所以，刑法学各论发展历史悠久。西方刑法学由于规范化研究的时间较长，理论研究“去意识形态化”的任务业已完成，因此，进行体系研究和问题研究的工作都早已走上正轨。通过对现实中出现的各种问题的仔细讨论，“反哺”刑法学基础理论，根据对问题思考的结论，进行体系建构；在体系建构过程中，进一步思考问题。这一过程，和西方刑法学上先有对具体犯罪的研究后有犯罪论体系是基本一致的。在问题充分展示，解决问题的各种方案也比较明确的情况下，人们对更为合理的体系的思考才可能顺利进行。在犯罪论体系确立之后，人们才能反过来在更高的层次上重视对问题的思考。

（二）抽象思考方法

抽象思考方法，是指使生活事实和法律规范之间保持距离，对行为是否符合犯罪成立条件作抽象的思考。刑法规定必须相对具体地规制各种事实构成（构成要件），惩罚的法律结果命令与其相连，这里的事实构成是一种抽象的概念，与具体的生活事实并不相同。根据构成要件的观念，人们自然可以得出如下结论：“任何人不能仅仅因为依据我们的道德情感或仅根据‘健康的大众情感’使他遭致刑罚，因为他干了‘下流的勾当’或者‘违反了秩序’，即他是一个‘无赖’或者‘坏蛋’，而对他处以刑罚。而是说，只有当他满足了由刑法中‘事实构成特征’所包含的刑罚的前提条件时，才能受到刑罚，例如‘故意偷走他人的动产，非法地占有它’……或者‘出于杀人兴趣，满足性欲，贪财或其他卑鄙的动机（故意）杀人’”①。

由此，我们可以看到，大陆法系国家为什么要在犯罪成立条件中首先设立构成要件符合性这一个条件。从刑法上看，行为是否构成犯罪，细节并不重要，关键是行为是否与构成要件所规定的抽象轮廓之间具有同一性。由于抽象标准的存在，对于不同的案件事实也可以进行检验，既保证了司法效率，也减少了出错的概率。有此条件，司法上对于行为的客观危害性才能进行一般性的判断，在此基础上，对行为实质违法性、行为人责任的判断才能进行。

（三）比较方法

比较方法，是指大陆法系刑法学对许多重要犯罪的思考，都总是结合民法学等其他部门法学的判断进行，但是又不局限于其他部门法学思维所得出的结论。例如，对于侵犯财产罪的界定，就涉及刑法和民法对财物占有的判断标准、民法保护范围和刑法是否有区别、民法和刑法对无形财产的概念各自如何处理等问题；对侵犯人身罪的处理，就事关民法和刑法对于人的出生、死亡、伤害的评价有何不同，民法和刑法对于名誉、人格、个人行动自由的保护侧重点是否有差别等问题。大陆法系刑法学在对刑法分则进行“问题的思考”时，总是对民法和刑法有交义的问题十分重视，只有将这些问题解释清楚，对盗窃罪、侵占罪、诈骗罪、故意杀人罪、故意伤害罪、诽谤罪的定性才能准确，而这些犯罪，在实践中发案率高，问题也最多。在认定这些犯罪过程中，发现新问题，总结新经验，对于刑法各论发展的意义自不待言，对于刑法总论的发展也会产生重要影响。

（四）回应方法

回应方法，是指刑法学理论研究始终密切关注社会发展状况和司法实务所提出的种种问题。我们今天所耳熟能详的许多刑法理论，包括流行病学的因果关系理论、过失犯中的“不安

---

① ［德］卡尔·恩吉斯：《法律思维导论》，郑永流译，47页，北京，法律出版社，2004。

感”说、信赖原则、市民刑法与敌人刑法的区分等，都是20世纪中后期以来西方刑法学者为回应社会现实突飞猛进所提出的。这里以市民刑法与敌人刑法的区分来加以说明：雅科布斯在21世纪初提出：对于犯罪人，可以分为市民和敌人。遭受刑罚制裁的市民在法律上的地位仍然保留，刑罚的功能在于对市民不遵守规范的行为进行否定。但是，受到制裁的敌人，被排除在法律保护之外，他是必须用战争征讨的人。换言之，敌人刑法是对危险的排除。雅科布斯由此得出结论：一个清晰、明确的敌人刑法，比起整个刑法中四处混杂着敌人刑法的规定，从法治国的角度看，危险更少。对于雅科布斯的主张，人们完全有理由进行质疑。但是，他要求人们给予一般犯罪人回归社会的权利和对个别特别危险的“敌人”（例如恐怖分子）给予特殊处遇的观点，是具有启迪价值的。“犯了罪的人拥有重新回到社会开始正常生活之权利，对此，他无论如何要留存其在法律上作为一个人格、一个市民的地位，并且，就此他也负有弥补所犯错误的义务，而义务，是以具有人格作为前提条件，换言之，犯罪者不会因为其犯行就随意地与社会脱离……而对于日常一般犯罪行为人的处遇方式，则不会被用在恐怖分子身上，恐怖分子被认为，他对法秩序的正当性全盘加以否定，并且因此要毁灭此秩序。”① 雅科布斯教授的结论未必值得赞同，但是其对于现代防御性刑法已经与古典刑法存在很大差异这一现象的揭示，以及关于市民刑法和敌人刑法的区分对于使社会在恐怖威胁下维持应有秩序究竟有何意义，如何防范敌人刑法观的应有危险的研究，都值得我们认真对待。从这个角度看，将雅科布斯的这一主张称为21世纪颇有创意的刑法思想，实不为过。由此可见，结合社会发展进程以及现实的需要思考刑法学问题，进行必要的理论创新，是重要的刑法学研究方法，也是刑法学的生命力和魅力之所在。

---

① ［德］雅科布斯：《市民刑法与敌人刑法》，徐育安译，载许玉秀编：《刑事法之基础与界限》，21页，台北，学林文化事业有限公司，2003。

第二章　刑法学派之争

刑法学上的对立，早期是刑事古典学派（旧派）和刑事实证学派（新派）、刑法客观主义与主观主义的激烈论争，在当代则主要体现为刑法客观主义内部的结果无价值论（法益侵害说）和行为无价值论（规范违反说）的对立。了解刑法客观主义的基本取向，对于理解今天的结果无价值论和行为无价值论的对立，具有现实意义。

在刑法客观主义出现以前，欧洲中世纪封建刑法主张刑罚是对过去的恶行的当然报应。这一时期的刑法从总体上看，具有以下特征：（1）恣意性。犯罪及其惩罚都由司法官员任意决定，罪刑关系的明确性、稳定性丧失，公民个人对自己行为的性质没有办法预测。（2）干涉性。刑法过分介入个人生活领域，对于本应由道德调整的事项，刑法有时出面进行处理，法与伦理不分，公民的自由受到过度限制。（3）身份性。刑法根据个人身份进行适用，身份低贱者受刑法追究的可能性远远大于贵族，法律面前人人平等的原则不可能实现。（4）残酷性。刑罚执行方法多元化，刑罚人道主义观念受到排斥，死刑及其他重刑大量适用。

针对封建刑法的上述特征，刑法客观主义展示了自己的主张：针对罪刑擅断，提出罪刑法定主义；针对刑法的身份性，提出刑法面前人人平等；针对刑罚残酷性，提出刑罚人道性，以限制死刑的适用；针对干涉性，提出法律与道德的分离，强调根据行为造成的实际损害进行惩罚。

在犯罪论领域，一般而言，刑法学旧派（刑事古典学派）重视行为，体现了刑法客观主义的立场；刑法学新派（刑事实证学派）侧重于分析行为人，反映了刑法主观主义的思路。①

刑法客观主义认为，犯罪是对社会有害的行为，如果没有客观的行为，就没有犯罪；不以行为而以行为人的主观恶意为处罚根据，会混淆法与伦理的关系，还可能造成法官的恣意判断，所以，刑事责任的基础应该是表现在外部的犯罪人的行为。客观主义重视的是行为（行为主义），而作为科刑基础的行为是现实的行为，只要没有现实地表现于外的行为，个人就不应该受到处罚（现实主义）。

作为刑法客观主义的对立派，刑法主观主义主张，犯罪人的反社会性，也就是反复实施犯罪行为的危险性，才是责任的基础。主观主义重视行为人概念（行为人主义），如果把主观主义贯彻到底，会得出犯罪人的危险性格、内心的危险性是科刑对象的结论。但是，由于人的内心并不能直接探知，所以，主观主义退而求其次，强调只有当犯罪人内部的危险性表现为外部行为时，个人的内心才能被认识，才能确定刑罚的处罚。因此，刑法学新派并未抛弃行为概念，但是，降低了行为的重要性，即行为并不具有决定性意义，它只有在征表犯罪人危险性的意义上有存在必要性（征表主义）。

刑法主、客观主义两派理论，各有优劣。原则上，刑法主观主义之下犯罪成立的范围，广

---

① 例外的代表性人物是李斯特。日本刑法学上的通说，是将李斯特视为刑法客观主义者，认为他的刑法理论的特色是犯罪论（立足于古典学派）中的客观主义和刑罚论（立足于实证学派）中的目的刑论的“二元论”。参见［日］藤木英雄：《刑法上的学派对立》，载［日］藤木英雄、板仓宏编：《刑法的争点》，7页，东京，有斐阁，1987。

于客观主义；而且，刑法主观主义基于社会防卫的目的，允许国家矫正、淘汰个人，也潜伏着刑罚滥用、国家刑罚权任意扩张的危险，所以，刑法学派论争的最终结果从总体上看是刑法主观主义理论衰退、刑法客观主义理论取得主流地位。自 20 世纪六七十年代以来，宣称自己彻底地坚持刑法主观主义理论的学者已经基本上没有了。①

在今天的我国刑法学界，理论上和实务中对于刑法究竟应该坚持主观主义立场还是客观主义立场，探讨得并不是很多，基本的价值取向也并不明确；在有的情况下，存在根据刑法主观主义处理案件，并得出不合理结论的情形。所以，仔细辨析刑法客观主义的合理性，尽量站在刑法客观主义的立场处理案件，在目前的中国，是比较紧迫的问题。

第一节　刑法客观主义

一、刑法客观主义的代表人物

刑法客观主义的哲学依据是启蒙思想和理性主义，其在 18 世纪初到 19 世纪中后期之间的欧洲，发挥着重大影响。

刑法客观主义的代表人物首先是被称为近代刑法学的开创者的贝卡里亚（Cesare Beccaria，1738—1794），其在 1764 年出版了著名的《论犯罪与刑罚》。他从社会契约论出发，认为人的权利与生俱来，国家通过公民让与的权利组成刑罚权。刑罚权既然来源于个人，就应当有所节制，不能过度、任意地行使。应当受到惩罚的，是个人的行为。行为及其社会危害性是刑罚发动的唯一根据。他针对当时欧洲死刑泛滥的状况，提出了废除死刑的主张。此外，他还基于理性主义立场，系统阐述了自己对罪刑法定、罪刑均衡原则、一般预防论的看法。

费尔巴哈（Anselm V. Feuerbach，1775—1833）也是刑法客观主义学者中功勋卓著的人物，被近代西方尊称为“刑法学之父”。其理论贡献主要有：一方面，提出心理强制说。这是费尔巴哈最有名的观点，他认为：任何个人都有进行利弊比较的能力，在发现犯罪所得与犯罪之后所受到的惩罚之间的不均衡（即使比较轻微的犯罪也会受到严厉惩罚，因犯罪而得到的利益小于他所失去的自由、财产）时，刑法对个人心理的强制作用就会显现出来，个人就会放弃犯罪的邪念，从而遵守规范。另一方面，强调权利侵害说。他认为：犯罪是对权利的侵害，仅仅违反社会伦理规范的行为，因为缺乏权利侵害性而不成立犯罪，所以，法律应该与道德相分离。应当受到惩罚的不是恶的内心，而是表现于外的侵害行为，只有这样才能限定惩罚的范围。

在此之后，著名哲学家康德（Immanuel Kant，1724—1804）、黑格尔（1770—1831）也为推进刑法客观主义思想的发展作出了自己的独特贡献。康德、黑格尔都承认理性主义，都承认个人有意志自由，都主张行为是惩罚的唯一根据；只是在刑罚的正当根据方面，两者存在一些差别。

康德主张法律与道德相分离，法不能涉及个人道德；在刑罚论方面提出等量报应论，即犯多大的罪，就应受多大的惩罚，处罚要与犯罪的手段、程度相匹配。按他的观点，杀人者应处死刑，强奸者应判处宫刑。

黑格尔将辩证法上的否定之否定原理借用到刑法领域，指出：犯罪行为是对社会正常秩序的否定，刑罚是对犯罪的否定，是一种否定之否定。犯罪是犯罪人自己选择的，犯罪这一事实中本来就蕴涵惩罚的部分，个人选择犯罪，他就应当对其行为的后果有所预计。所以，自愿实

---

① 更为详尽的分析，请参见周光权：《法治视野中的刑法客观主义》，2 版，203 页，北京，法律出版社，2013。

施犯罪就等于自愿选择受惩罚。在这个意义上，惩罚被告人正是尊重他的存在，正是为了证实他是一个有理性的、独立存在的人。在刑罚正当根据问题上，黑格尔批评康德的等量报应，转而提倡等质报应，认为以眼还眼、以牙还牙的做法太古老、太落后，也没有实现的可能性，唯一可做的就是确保犯罪和刑罚在“质”上相当。

二、刑法客观主义的基本理念

在刑法客观主义眼中，犯罪是人基于自己的自由意思选择的行为，是一种客观上有害于社会的恶行，这样的恶行必然产生有害于社会的结果。将客观事实作为刑罚评价的对象，舍弃犯罪人的社会危险性要素，是刑法客观主义与主观主义长期对立论争的基础。

（一）对自由意志的肯定

无论是前期旧派还是后期旧派都认为：只要是在世间生活的人（除了精神病人、未成年人以外），无论是谁，都有在理性灵光的照耀下自由选择、自由行动的能力。犯罪者是在基于理性的自由意思指引下走向犯罪之途的，反过来，犯罪行为又是违反整个人类理性的行为。由于犯罪者是社会一般人中的一员，所以，此犯罪者和彼犯罪者、犯罪者和社会一般人的理性觉悟、主观上的意思，人人相同。

在刑法客观主义者的视野中，犯罪人都是抽象存在，自然没有犯罪人分类问题，因为进行这种分类没有任何实质意义：刑法不提取围绕已经实施或涉入司法视野的这种具体且有着特殊体质、经验、性格、经历、文化背景的人的知识，行为并不是行为者危险性的单纯征表。既然刑法不将重点集中在犯罪内部的、主观的部分，即不着眼于性格、人格、动机、目的、决定意志等方面，就没有必要把犯罪作为有经验的人的具体行为，犯罪就不单纯地是犯罪情操、危险性和反社会性的表现。

（二）犯罪行为

刑法客观主义企图在法律上把握犯罪与刑罚，同时立于“非决定论”的立场将具有自由意志的抽象人作为理论分析的前提，因此，刑法客观主义着眼于外部及已经现实发现的各个犯罪行为及其结果，而且客观化、类型化、抽象化的行为的存在直接决定了其本体理论上的基本取向，使其理论脉络更为清晰。

刑法客观主义以行为刑法为前提来区别刑法所规定的犯罪类型，因此，现实主义的立场得以确立，这就决定了刑法学对犯罪行为之定型化的理解及提倡。刑法客观主义强调，犯罪成立的首要条件是行为符合刑法各条所规定的构成要件，所以，行为、构成要件都是刑法客观主义中至关重要的范畴。行为、构成要件这两个概念有时可能具有相同的指涉目标，当然，这在很大程度上也是因为它们的巨大包容性，但这两个概念的理论涵括性和巨大穿透力事实上也更多的是因为它们所具有的抽象性。犯罪行为可能是由有特殊素质或个体际遇的具体个人实施的，行为人的具体表现也千差万别，但是，刑法客观主义完全剥离了行为之间的差异，忽略了附随于行为本身的若干情况（包括犯罪人的个人情况），从而求得无以累加的行为本身的最大公约数。所以，刑法客观主义在这里是用“构成要件”这把标尺去衡量行为的性质，而这种考量方式明显是粗略的、框架性和普适性的。构成要件，自然就成了刑罚法规对于一定行为所“抽象”规定的概念形象，个别人实施的个别行为符合该构成要件，就是犯罪成立的第一要件。但是，对于“个别人”和“个别行为”中的个别化问题，刑法客观主义基本上是不加考虑的，理论反复追问的只不过是“人”所实施的行为是否与一般化的恒定犯罪标准相一致；理论关切的是在三段论式的演绎推理中，确定大前提的工作完成得如何。由于刑法客观主义重视抽象行为之现实和独立的意义，强调犯罪的定型化，自然要以构成要件为刑法理论的指导观念而主张构成要件理论。

（三）刑罚观念

刑法客观主义认为：一方面，既然犯罪人都是有平等的自由意志的“抽象人”，那么刑罚的轻重就与犯罪人本人的个性化的、特殊的情势无关，而只与客观化的犯罪事实有关，换言之，量刑时“人”的因素可以忽略；另一方面，既然犯罪行为是“抽象行为”，是犯罪人通过一定的行为而对国家、社会或个人所施加的可估量恶害，那么，刑罚的基础就应当在外部行为及其客观实害上着手，刑罚的本质就在于基于正义的要求对过去所犯罪行予以报应。而刑罚的目的，则在于实现一般预防，即以刑罚为预防犯罪人以外的抽象一般人陷于犯罪的手段。刑罚目的的实现，又是以抽象行为的存在为前提的，国家确立了对各种行为进行刑法甄别的一般性标准，依法律规定的刑罚，对于社会中的抽象人进行心理强制，而收预防犯罪之效果；或根据抽象化的行为标准对行为进行类型化分析，启动刑罚权，通过刑罚的执行取得一般预防的社会效果。

第二节　刑法主观主义

一、刑法主观主义的代表人物

刑法客观主义曾经占据西方社会近一百年的历史舞台，这表明了其理论与西方社会环境在某种程度上的适应性。但刑法客观主义强调刑法的谦抑性、事后反应性，有一些不足，所以，后来受到新派的批评。为应对新派的批评，旧派理论在后期又提出了一些新的主张来补充以往理论的不足，比较有影响力的观点主要有：一是规范论。认为犯罪是一种行为，行为必须违反刑罚规范；对犯罪的规范性惩罚，就变成一种规范的报应。二是犯罪论体系，尤其是构成要件该当性、违法性、有责性这种递进式犯罪成立理论体系的提出，使刑法学能够在规范的道路上发展。但这些变革，并未使刑法客观主义逃脱被批评的命运。

到 19 世纪末叶以后，刑法学思潮开始了大幅度的转向，刑法主观主义（刑法实证主义、近代学派）粉墨登场了，它“和古典学派所说的是两种不同的语言”（菲利语）。

刑法主观主义在 19 世纪中期以后开始流行，这主要是因为在当时的欧洲，按照刑法客观主义“事后”刑法、消极刑法的观念处理犯罪，显得过于软弱和不及时，导致很多负面效果出现。例如，刑法只能针对已经实施的行为报应犯罪人，轻罪不能重判。但是，在累犯、少年犯、街头犯、财产犯增多，犯罪突出的时期，刑法过分保持克制，将会使“刑不压罪”的现象比较突出，例如，19 世纪，日本监狱里的犯人比其常驻军还多；19 世纪中后期，意大利的犯罪率比以往任何时候都高。这时就需要更有针对性、更为立竿见影的刑法。

为此，刑法主观主义提出：刑法不应只看到行为，还应看到人，尤其是危险个体，即已经犯罪的，以及潜在的、在一定条件下肯定会犯罪的人。刑法的真正目的是盯住危险个体，将他们挑选出来，并因人而异地进行挽救、教育、矫正和淘汰。由此，刑法实现了从行为向行为人的转向，把惩罚的重点放在行为人身上；刑罚就不是单纯的报应，也不是漫无目的地进行一般预防，而是要进行特别预防，要追求防卫社会的目标。

刑法主观主义的思想资源是社会学、哲学上的实证主义思潮。实证主义者主张观察优于想象。借助于实证方法，刑法主观主义者开始结合物理学、生物学、医学、社会学甚至考古学研究犯罪现象，提出惩罚犯罪的办法。新派注重考察、分析、实验，所以又被称为刑事实证学派。刑事实证学派有两个分支：产生于意大利的刑事人类学派和出现在法国的刑事社会学派，前者重视犯罪人个人素质对犯罪的影响，后者则看重社会因素、环境与犯罪发生之间的关系。

当然，在运用实证方法分析犯罪方面，它们没有根本分歧。

对犯罪要进行实证分析，在这方面，开风气之先的是意大利学者龙勃罗梭（Cesare Lombroso，1835—1909）。他在解剖了许多尸体以后，提出天生犯罪人理论。他指出，罪犯没有意志自由，犯罪不是个人选择的结果，而是不得已而为之，因为犯罪与否，取决于天生的条件，即生理结构的特殊性决定了有的人一定要犯罪。在《犯罪人论》一书中，他详尽讨论了天生犯罪人在生理结构上的特点，如眼睛斜视、后脑突出等。他认为天生犯罪人主要是隔代遗传的结果。最后，他得出结论说，犯罪完全与意志自由无关，犯罪也与行为无关，而只与个人的体质特殊性有关；惩罚犯罪人与保护社会有关系，用于防止突发犯罪。龙勃罗梭所创立的犯罪人理论，以及他对犯罪的看法，可能有失偏颇，但是他的探索精神，以及他在刑法学研究方法论上的贡献，是任何时候都不能抹杀的。

龙勃罗梭的学生菲利（Enrico Ferri，1856—1929）在此基础上提出，犯罪与意志自由无关，在有的情况下与个人的生理原因有关联，但也受自然原因、社会原因的影响。犯罪原因多元论由此产生。他还提出犯罪饱和论，即犯罪总量在一个时期是恒定不变的。他认为，刑法学的立足点不是行为而是行为人，刑罚与犯罪不相当是允许的，因为社会为维持自己的生存，必须要防患于未然。

德国刑法学家李斯特（Franz von Liszt，1851—1919）是坚定的新派学者，他提出的著名观点有：(1) 行为人观念。李斯特旗帜鲜明地指出：应当受惩罚的不是行为，而是行为人。刑法从此开始从行为刑法转向行为人刑法。(2) 犯罪征表说。认为刑法应特别重视行为人，行为只有在完全显现犯罪人的个人危险性时才有意义，换言之，行为只有象征性的意义，而不具有根本性意义。(3) 目的刑论。旧派认为刑法是报应刑，而李斯特认为：刑罚的目的是实行矫正和消灭，即对能挽救的人一定要挽救，对不可挽救、矫正的人，则从肉体上消灭，适用死刑。刑罚只针对犯罪的个别人，其着眼点在于特殊预防。由此看来，李斯特非常重视危险个体概念。但是，需要特别说明的是，由于李斯特在构成要件概念的维护、法益概念的形成过程中有特殊贡献，所以今天很多学者认为他是刑法学新派中的刑法客观主义者。

二、刑法主观主义的基本观念

立于社会本位、文化国理念和科学主义的刑法主观主义的基本思想，从总体上看就是：

（一）犯罪征表说

刑法主观主义认为行为内部的、精神的事实，即行为者主观方面的意思、性格、动机、人格的危险性才是科刑的基础，但是现代科学水平并不能提供探测犯人内心邪恶的“仪器”，只有当犯罪人内部的危险性表现为外部行为时，其内在危险性才能被认识，所以，犯罪是犯罪人危险性格的表露，应当予以惩罚的是犯罪人而非犯罪行为本身。在刑法主观主义者那里，犯罪人由于个性各不相同而被个别地和具体地观察，因此，犯罪人被分为机会犯人、习惯犯人、女性犯人及少年犯人等诸种类型。在这个意义上，其又被称为行为者主义、征表主义、人格主义。

既然个人没有刑法客观主义所说的自由意志，人随时都是被社会、环境、性格的因素（社会原因和个人原因）决定的，受必然法则所支配，那么，犯罪的本质就存在于社会原因和个人原因之中，犯罪观的改变必然导致刑罚观的转型。

刑法主观主义者反复阐述的观点就是，犯罪行为是犯罪人恶性或犯罪性的征表，而重视对犯罪行为的定型化并无意义，问题的关键在于考量行为的危险性，甚至完全可以用行为的危险性或侵害性来取代犯罪成立的客观要素。以此为前提，刑法主观主义的所有研究都围绕着犯罪人而展开，其中，刑事人类学派注重从生理上、心理上、病理上和遗传基因上把握犯罪人的个别特征；刑事社会学派则把犯罪人的特殊性格与社会因素、自然因素结合起来，并认为在三者的相互作用下必然产生犯罪。

（二）社会防卫论

刑法主观主义者主张必须保卫社会，所以，对罪犯适用刑罚，一方面，使社会赢得自我检讨、反思和社会政策调整、改良的机会；另一方面，可以有针对性地消除导致个人犯罪的病因、惯习，减少犯罪偶发的可能，并防止其再犯，使社会得以自我保全。

表 2-1 刑法客观主义和主观主义的对立

序号	派别 内容	旧派（刑法客观主义）		新派 （刑法主观主义）
		前期旧派	后期旧派	
1	存在时期	18 世纪～19 世纪初	19 世纪中叶～20 世纪 20 年代末（其中，19 世纪 90 年代～20 世纪 20 年代，与新派论争）	19 世纪中叶～20 世纪 20 年代末（其中，19 世纪 90 年代～20 世纪 20 年代，与后期旧派论争）
2	哲学思潮	启蒙主义、形而上学	具有实证主义色彩的国家主义（接近于黑格尔的国家观）	实证主义（意大利刑事人类学派；德国刑事社会学派）
3	意志自由	承认（个人趋利避害）——非决定论	承认（但更加形而上）——非决定论	否认——决定论
4	法和伦理的关系	严格区分	早期混同，后逐步厘清	混淆法和伦理
5	刑法原则	坚持罪刑法定、罪刑均衡	模糊类推解释与扩张解释的关系	抛弃传统罪刑法定原则，允许类推以回应罪犯的危险性格（牧野英一）
6	行为性质	表现于外的行为、法益损害（犯罪现实说，结果无价值论）	行为违反规范造成法益损害（犯罪现实说，通说赞成行为无价值二元论）	反社会性格、人格、动机的征表（犯罪征表说）
7	处罚的前提	现实的行为、后果（行为主义、客观主义）	现实的行为、后果（行为主义、客观主义，但更重视规范）	个人危险性（行为人主义、主观主义） （李斯特例外：犯罪论的客观主义和刑罚论的主观主义）
8	对人的看法	抽象人、功利计算的人（费尔巴哈）	能够接受规范命令的人（宾丁等）	危险个体（龙勃罗梭、菲利等）
9	责任根据	道义责任论（自由主义背景）	道义责任论（国家主义背景）	社会责任论
10	责任能力	犯罪能力（自由意思决定能力——辨别、控制能力）	理解、接受规范，形成反对动机的能力	受刑能力（刑罚适应性、改造可能性）
11	刑罚本质	报应刑论（以一般预防为目的的心理强制）	报应刑论（规范报应）——受康德、黑格尔的报应论影响较大	目的刑论（对反社会性格的教育、改善、矫正）

续表

序号	派别 内容	旧派（刑法客观主义）		新派 （刑法主观主义）
		前期旧派	后期旧派	
12	刑罚目的	（消极的）一般预防	（积极的）一般预防	特别预防（防止行为人再犯）
13	刑法机能	权利保障（个人自由主义）	规范秩序维护（国家自由主义）	社会防卫
14	刑法与保安处分的关系	二元论（刑罚以责任为前提，保安处分针对个人危险性）	二元论（刑罚以责任为前提，保安处分针对个人危险性）	一元论（刑罚和保安处分都是对行为人进行教育、改善的手段）
15	代表人物	贝卡里亚、费尔巴哈、边沁等	宾丁、M.E. 迈尔、比克迈尔、贝林等	龙勃罗梭、菲利、李斯特（在刑罚论部分采主观主义）

第三节 刑法理论对立的意义

一、误解的澄清

旧派、新派的理论基础不同，评价的重点、评价的方法也大相径庭，这充分反映了人们对社会的不同理解以及各个时代的社会状况。同一案件，分别依旧派、新派的理论处理，可能会得出不同的结论。尤其在犯罪成立理论、未遂犯的认定与处罚、共犯的成立范围、盗窃罪与伪证罪的成立范围等问题上，两派的差异更为明显。但是，在 20 世纪 30 年代以后，新、旧学派的融合渐成趋势，如犯罪中止理论，原为新派所提出，但后来为旧派所吸收；又如犯罪构成概念，原为旧派所提出，但后来亦为新派所接受。

需要注意，旧派重视行为，体现了刑法客观主义的立场，但不是结果责任；新派侧重于行为人，反映了刑法主观主义的思路，但也不是主观归罪。应当指出，新、旧两派理论，各有优劣。原则上，新派成立犯罪的范围，广于旧派；而且，新派基于社会防卫的目的，允许国家矫正、淘汰个人，也潜伏着刑罚滥用、国家刑罚权任意扩张的危险，所以，学派论争的最终结果从总体上看是刑法主观主义衰退、客观主义取得主流地位。自 20 世纪六七十年代以来，坚称自己彻底地坚持主观主义的学者已经基本上没有了。

二、刑法理论论争的关键点

归结起来讲，刑法客观主义和主观主义的论争涉及犯罪论和刑罚论的方方面面，但其中最为重要的问题是以下三个：(1) 罪犯形象。刑法客观主义心目中的犯罪人，是有自由意志、有理性的抽象一般人；刑法主观主义眼中的犯罪人，则是具体的、由素质和环境决定而宿命地存在的人。(2) 犯罪行为。刑法客观主义认为犯罪行为作为现实存在具有决定性的意义；刑法主观主义则认为犯罪行为只是罪犯个人危险性的征表，不具有独立意义。(3) 惩罚思路。刑法客观主义认为惩罚应当与犯罪的害恶相对应（报应、一般预防），同时期望通过刑罚的适用来防止社会一般人走上犯罪不归路（一般预防）；刑法主观主义则认为适用刑罚应当促进对犯罪人的改善、再社会化（目的刑论、教育刑论、特殊预防）。对这些问题的反复论争，使刑法学的发展赢得了机会。我国刑法学缺乏这种学派对立，对很多问题的讨论就没有平台，刑法学者都自己讲自己的道理，研究很难深入。

三、刑法理论论争的意义

刑法学上的“学派之争”与理论发展如影随形。大陆法系刑法学自18世纪以来就在刑事古典学派与刑事实证学派的旗帜下展开“学派之争”，使得犯罪论、刑罚论的许多问题被反复地、深入地讨论，对抗的激烈程度远远超过我们今天的想象。正是由于两派在理念与方法上均存在重大差异，也正是由于他们的杰出贡献，现在我们才可以有机缘看到：在犯罪论中，就构成要件的意义、构成要件要素、刑法解释、责任的本质、共犯的本质、共犯的范围、着手的判断、未遂犯与不能犯的区别等问题而言，往往存在正、反两方面的观点；对同一种犯罪行为的认定和处理，也大多有两种以上的方案供人们选择。这样，犯罪的辨别机制、处理机制可能就会更趋于合理，刑法理论也可能更对社会负责。

近代西方刑法学发展史所给予我们的启迪包括以下方面：（1）学派论争对于刑法学发展的促进作用是不言而喻的，因为某一派刑法学者要论证自己的观点正确，必须费尽心思，甚至可以说是殚精竭虑。真理在学派论争与对抗过程中越辩越明。处于对抗背景下的刑法学，不仅仅要求理论本身的自足与圆满，在体系上“讲得通”，还要考虑社会现实和社会需要。只是理论上讲得通的理论，如果不能有效地惩治犯罪，不能积极回应社会的需要，就会遭受对手的攻击，也容易被社会摈弃。（2）西方刑法学派论争的结果是刑法客观主义占尽先机。现代刑法学近一百年来的良性发展充分证明：以刑法客观主义为基础构筑理论体系是基本妥当的，客观主义为西方刑法学提供了最为重要的知识资源。（3）根据客观主义的要求，在刑法理论中，必须重视行为、法益侵害、具体危险这样一些基本范畴；在认定犯罪时，坚持先客观、再主观的顺序，判断是否存在刑法分则罪状所规定的行为、后果，然后分析行为人是否具备责任年龄和责任能力，最后判断行为人主观上是否具备犯罪的故意和过失。

有的人认为，刑法客观主义和主观主义的对立，肇始于19世纪，到20世纪20年代以后这种论争就结束了，特别是随着李斯特及其论敌相继去世，论争的火焰基本归于消灭，所以，我们现在也就没有必要再搞什么学派对立和论争。其实，这是一种误解。虽然学派论争在20世纪逐渐平息，出现了将刑法客观主义的规范学思考方法和主观主义的实证研究一并加以考虑的可能性，但是，不可否认，两派基于对自由意志是否存在的不同看法而展开的论争所产生的各种影响一直延续到今天。

还有的学者认为，今天有的西方国家的刑法学正在逐步向主观主义转型，所以在我国提刑法客观主义没有意义。不可否认，今天某些西方国家的刑法学的确比过去更重视主观要素，对罪刑法定原则的意义进行质疑，例如意大利刑法学就有明显的主观主义色彩，但西方的做法是在客观主义发展到相当程度之后的“纠偏”，而不是否定刑法客观主义的意义。刑法客观主义会带来刑法僵化、呆板的可能，但是追求案件处理的普遍性，尽可能不因人而异，防止过多的变通，正是法治建设过程中的起码要求。在这个问题上，我们还刚刚起步，谈不上“纠偏”的问题。我国刑法学中“学派论争”局面的形成终究是一个无法阻挡的趋势，因为刑法学研究要取得实质性的进展，必须坚持刑法客观主义立场，重视法益概念的基础功能。

第四节　行为无价值二元论的提倡

20世纪20年代刑法“学派之争”在欧洲逐渐趋于平息，过去在刑法客观主义和主观主义之间的对立，今天转化为刑法客观主义内部结果无价值论（法益侵害说）和行为无价值论（规范违反说）之间的论战。“从学派对立的关联性来看，在行为无价值论中存在着同时汲取所谓后期旧派和新派血统的东西，而结果无价值论基本上是继受着前期旧派传统的刑法理论。”①

我原则上赞成行为无价值论，但强调对违法性的判断要尽可能告别社会伦理的影响，从而认为犯罪是违反行为规范，进而侵害法益的行为。这是行为无价值二元论（新行为无值论）的立场。

一、行为无价值二元论的基本立场

违法既然是从规范内涵的角度看某种行为的发生是“不应当”的，那么，违法就一定与规范存在特殊的、紧密的关联。

在行为无价值论中，最为传统、影响最大，但同时也承受批评最多的是社会伦理规范违反说（旧规范违反说）。此外，同样站在规范违反的角度，但是，将规范理解为行为规范、刑法对人所发出的规范呼吁，进而将违法性的本质解读为行为规范违反的观点，也是非常有力的立场（新规范违反说）。除了这两种进路之外，并不主要从规范违反的角度出发，而是特别看重行为是否具有法益侵害导向性的观点（行为的法益侵害导向性说），是思考行为无价值论的第三种相当重要的进路。②

曾根威彦教授指出：“最近的行为无价值论，在违法的实质问题上，有尽量淡化其伦理特征的趋势。”③ 我认为，行为无价值论需要尽可能告别道德主义的影响④，并同时考虑新规范违反说和行为的法益侵害导向性说，而且将行为的法益侵害导向性说置于优先考虑的地位。这是有别于传统观点的二元的行为无价值论。不过，这一意义上的行为无价值论，其实与结果无价值论相比，除方法论上的差异以外，其他方面的差异已经很小。

承认新规范违反说，一方面，是认可刑法规范是行为规范（其本质是命令规范）。因为刑法规范是专门为人所设计的，人的行为是规范意欲调控的唯一对象，如果不用规范来控制人的行为，法益保护就会经常落空。例如，非法侵入住宅罪处罚的是人的行为，动物的行为不在违法行为的范畴之内。刑法通过处罚人的不法侵入行为来保护住宅安宁权；侵入他人住宅就要受到处罚的规定中，明显包含作为裁判规范的前提的“不得非法侵入他人住宅”的行为规范的内容。行为无价值论特别重视揭示在行为实施的当时，行为违法、适法的界限，重视发挥违法判断的提示机能、告知机能。由此一来，对违法性的认定，就必须将行为设定为思考问题的逻辑起点，必须和规范违反相关联，通过规范来确保人不实施违法行为，通过对规范效力的确证来控制人的行为，从而实现法益保护的刑法任务。同时，刑法无论如何要让公众知晓如何行动才是法律不反对的，明确在行为时点适法和违法的界限，其存在才有理由。换言之，违法性实际上就是对“行为”的基准作一种提示：某一身体动静正是因为违反了作为“一般性”的行为基准而存在的规范，才具有违法性。正是行为，以及行为的规范违反性才是评价的基础；行为能够为一般社会观念、行为准则所容忍的，难言违法。⑤ “事实上，刑法是以行为人和被害人二元主义的评价规范为基础的。该评价规范- 是作为行为规范（Verhaltensnorm）不允许实施对

① ［日］曾根威彦：《日本刑法理论的发展动向》，徐宏译，载赵秉志主编：《刑法论丛》（第 33 卷），366 页，北京，法律出版社，2013。

② 对行为无价值论的含义，还有其他解释，但基本上都可以归入前面这三种思考进路的范畴，因此，此处不再涉及。

③ ［日］曾根威彦：《刑法学基础》，黎宏译，93 页，北京，法律出版社，2005。

④ 行为无价值论是否能够彻底告别道德主义的影响，这样做是否有实际意义，并非不言自明的问题。我认为，对刑法中规定的绝大多数犯罪而言，很难否认行为无价值论和道德主义之间千丝万缕的联系。

⑤ 参见［日］井田良：《刑法总论的理论构造》，8 页，东京，成文堂，2005。

被害人产生威胁的行为；二是作为保护规范（Schutznorm）不允许对被害人的安全造成现实损害。前者对应于行为无价值，后者对应于结果无价值。”①

另一方面，是肯定违法性判断对于社会一般人将来确立行为基准有帮助，使其在未来可能处于行为人的地位时，不会实施类似行为。这样的违法性论，才有助于积极的、规范的一般预防论的确立。所以，要肯定违法性，就需要考虑规范被遵守（其反面就是被违反）的可能性。

承认行为的法益侵害导向性说，是充分肯定法益侵害对于违法性判断的关键作用。立足于行为的法益指向性和侵害性，而不是站在社会伦理规范违反的基点上，对猥亵行为、伪证罪等完全可以不再把主观倾向和内心表现等作为构成要件要素，而从客观的法益侵害是否存在的角度思考违法性、正当化事由是否存在等问题，从而否认倾向犯、表现犯等概念，那么，在实施医疗过程中，即便行为人主观上在治疗目的之外还有追求性刺激的意思，但只要正当医疗行为的其他条件都同时能够满足，也可以认为行为不具有猥亵犯罪的违法性。

如果重视行为的法益指向性，传统上用社会相当性理论否认违法性的主张，也可以用行为无价值二元论进行解释。传统的社会相当性理论认为，高速运输工具的使用、重大工程的施工虽然会发生法益侵害的后果，但是其对社会生活是有意义的，行为从一般的社会观念出发具有相当性。违法性的实质就不是法益侵害，也不是形式的规范违反性，而是对整体的法秩序的违反。刑法的目的就是要维护规范不被侵犯。② 基于行为的法益侵害导向性的违法性论则可以认为：行为只有在制造并实现了不被规范允许的法益风险时，才是处罚的对象。在现代社会中，高速交通运输业的发达、大规模建筑工程的施工，并未制造并实现了不被规范允许的法益风险，对类似行为刑法没有必要加以限制。

由此一来，基本消除道德主义的影响、告别旧规范违反说，并同时考虑规范违反说和行为的法益侵害导向性说的行为无价值论就会呈现出全新的面貌：（1）对违法性的看法会比旧规范违反说更为客观。（2）会特别重视法益概念，认为其与行为概念具有同等价值。（3）对主观要素会进行严格限定，减少其范围，严格区分违法和责任。（4）会特别重视将行为和结果联系起来的客观归责理论。（5）保护规范的有效性，其主要目的在于保护法益，而法益是否受到侵害，必须结合行为客体、具体行为类型、行为主体、行为的危险程度等进行判断。

这样的行为无价值论，在很多问题（哪怕传统上被认为是行为无价值论和结果无价值论争执不下的问题）上，都基本上会得出与结果无价值论相同的结论。有所不同的是：行为无价值论为了更好地保护法益，凸显行为规范的特殊价值以及对公众行为的指引功能，重视对行为本身不妥当性、法益指向性的评价，因而在具体的思考方法、思考问题的出发点上会与结果无价值论有所不同，进而导致在少数犯罪认定上的差异。

二、行为无价值二元论在德日的不同命运

在日本，行为无价值论有一个从道德主义向规范主义发展的过程。在 20 世纪 40 年代之前，主流的学说强调通过刑法来树立和维护国家的道德秩序，由此，小野清一郎将违法性理解为道义性，将不法行为理解为反道义行为，其违法性论充满着伦理的道义的内容。③ 从 20 世纪 40 年代到 60 年代之间，最有影响的学者团藤重光教授认为，虽然从法益侵害的观点来理解犯罪的见解有其可取的一面，但以此不能揭示犯罪的规范含义，因此，应当对法益侵害才是犯罪本质的这种立场进行反思，在道德规范足以支持法秩序的限度内，将违法性与社会道德规范

① 陈璇：《德国刑法学中结果无价值与行为无价值的流变、现状与趋势》，载《中外法学》，2011（2）。

② 参见［日］福田平：《刑法总论》，134 页，东京，有斐阁，1990。

③ 参见［日］小野清一郎：《犯罪构成要件理论》，王泰译，113 页，北京，中国人民公安大学出版社，2004。

视为一体，从而形成了特色鲜明的行为无价值论。① 福田平、大塚仁、西原春夫、藤木英雄、板仓宏的行为无价值论都深刻打下了团藤刑法学的烙印。近年来，以井田良教授为代表的行为无价值论者开始从规范违反的角度理解行为无价值论。② 与行为无价值论在日本的命运不同，在德国，二元的行为无价值论成为通说，行为规范违反和法益侵害同时对违法性加以说明。

德国为何会坚持行为无价值二元论，而日本通说采用结果无价值论？我认为，大致的原因主要有：

1. 国家治理的理念映射到刑法领域

德国的治国理念高度认同黑格尔“国家就是理性本身”的思想③，其目标是建立“社会法治国”，强调国家利用法治手段实现积极干预，进而建构社会秩序，因此肯定规范主义和国家主义。这种政治上的国家理性立场和行为无价值论天然地具有一致性。

在日本，第二次世界大战后的宪法强调自由主义和人权保障，对国家力量的强大本能地予以排斥，从而尽量用法益侵害这类客观的可观察事实来确定处罚界限，限制法官自由裁量权，肯定“个人自由主义”，从而认同结果无价值论。④

对此，西原春夫教授指出，这两种差别的背后是思想价值观念的不同——德国的目标是指向“社会的法制国家的思想”，与此相反，日本二战后重视的是“基本的人权思想”。“日本在很长的历史中，直到第二次世界大战结束前，既没有受到外国军队的攻击，也没有战败过，这在历史上是罕见的。正因为如此，日本国民对于因战败而受到的打击不知有多大……欧美战胜国以基本人权、自由、民主主义思想为中心的原理，在美国占领军的强有力的影响下，成为日本制定新宪法的基本原理，并且成为国民意识中信奉的金科玉律。与此相反，战败后的德意志，战争的责任全部集中到法西斯身上，除此之外的战前的思想仍然维持着，再加之北欧等国家在实践中建立的福利思想和制度仍在延续，德意志因而得以建构新的战后法治社会的国家形态。”⑤

国家观的不同，导致德国采取更有利于实现社会治理的行为无价值论，违法判断为个人行为提供样板、指引，展示公权力积极的一面；日本则强调刑法规范是评价规范，违法性判断对象必须从客观化的角度限制司法权，以实现人权保障的目标。行为无价值论和结果无价值论的取舍也就在这里。

这充分说明，一个国家的刑法学采取何种立场，确实和该国的思想潮流、经济社会发展、犯罪态势等因素有关。认为日本采取结果无价值论，中国也应当采取结果无价值论的观点，其实大可商榷。那种认为考虑到历史、地域、语言、现状等因素，中国刑法学应该向日本学习的观点⑥，也未必可靠。

2. 受目的行为论影响的程度

德国是目的行为论的发源地，学者普遍认同将主观要素作为判断基础，承认人格不法论，并在此基础上承认结果无价值的评价意义和独立作用。但是，这样的理论基础在日本并不存在。因此，日本刑法学通说拒绝将主观要素放到违法性判断中，将行为无价值视作结果无价值

---

① 参见［日］团藤重光：《刑法纲要总论》，3版，133页以下，东京，创文社，1990。

② 参见［日］井田良：《刑法总论的理论构造》，2页，东京，成文堂，2005。

③ 参见单世联：《中国现代性与德意志文化》（上），21页，上海，上海人民出版社，2011。

④ 参见［日］名和铁郎：《日本“学派之争”的现代意义——行为无价值论和结果无价值论的原点》，载《静冈大学法政研究》，2000（1）。

⑤ ［日］西原春夫：《刑法·儒学与亚洲和平——西原春夫教授在华演讲集》，21页，济南，山东大学出版社，2008。

⑥ 参见付立庆：《主观违法要素理论——以目的犯为中心的展开》，282页，北京，中国人民大学出版社，2008。

的对立面，从而否认二者之间的互补关系。①

3. 工业化及社会进程

德国在20世纪60年代后，比日本更早进入后工业社会，需要重建规范。F. 福山曾经在《伟大的瓦解》一书中指出："伟大的瓦解"发生在20世纪60年代的发达国家，犯罪的层次和社会混乱剧增，作为社会黏合剂的家庭和血族关系式微。他将之归咎于工业社会向后工业社会的转变——这带来了社会阶层的变化、生育高峰，并使大量青年人有暴力犯罪倾向。但是，他认为，"人是一种社会动物，总是会提出自己的道德规则，总是在任何瓦解之后重新制造黏合剂"②。因此，对违反规范的行为进行惩罚的任务在德国比在日本更为迫切。这也是行为无价值论在德国更容易得到认同的原因之一。进入21世纪以来，随着社会危险性的加剧，特别是恐怖主义袭击、极端势力的猖獗，刑法的反应更为频繁和强烈，由此带来的影响是刑事立法活动"活跃化"，其直接后果是处罚的普遍化和早期化。对此虽然可以从结果无价值论的角度解读为在立法上将抽象法益大量列入刑法的保护范围，将预备犯程度的抽象危险行为设定为处罚对象。但更可以从行为无价值论的角度解释为，此时刑法要保护的高度抽象化、精神化、宏观性的所谓法益只不过是规范关系的体现，刑法意欲限制的是可能造成大规模侵害的行为，借以重建社会中的规范秩序。通过回应犯罪态势的新变化，行为无价值论积极参与社会治理、建构规范性的生活秩序的雄心得到实现。因此，立法活跃化、处罚普遍化、处罚早期化在德国并未受到过多抵触。近年来，日本的刑法立法也在实现这种转向。这也间接说明行为无价值二元论的影响力在日本有逐渐增强并与结果无价值论分庭抗礼的趋势。

4. 日本学习德国又想摆脱德国刑法学约束的心态

不可否认，日本采取结果无价值论考虑了其历史、地域、语言、现状等因素。但作为"师父"的德国通说肯定行为无价值二元论，作为"徒弟"的日本却只截取其中的结果无价值论作为压倒性学说，与日本"畸形"地接受德国理论的心态有关。日本评论家丸山真男精辟地指出："一方面，日本'学界'整天忙于经销输入的'完成品'，另一方面社会又产生了一种逆反现象，就是'独创性'崇拜，即把零碎片段的偶然想法当作'独创'来尊崇。"③ 这一评论适用于日本学术界，刑法学自然也不能免俗。

三、行为无价值二元论在当代中国的意义

行为无价值二元论不是仅仅重视结果，也重视对行为过程的评价，将一定的行为和刑法分则所确立的行为指南、行为准则相比对，从而凸显刑法规范对国民行为的引导功能。

我国社会目前处于剧烈转型期，各种矛盾突出，首先确立并严格执行规范是我们目前的当务之急。只有坚持行为规范违反说，国民才会逐步承认：犯罪行为因为扰乱了刑法上保障规范合法性的期待，所以成了一种需要排除的东西。换言之，刑法最终要保护法益。但是，要达到这一目标，必须先考虑我们是否缺乏通往这一目标的桥梁，如果没有合理的渠道达到刑法目标，就必须先搭建"基础"。确立规范、培养国民的规范意识，对反规范行为进行惩处，就是最终实现法益保护目标的基本步骤。④ 在当前中国，采纳行为无价值二元论可能带来以下积极影响：

---

① 参见李海东：《社会危害性与危险性：中、德、日刑法学的一个比较》，载陈兴良主编：《刑事法评论》（第4卷），54页，北京，中国政法大学出版社，1999。

② 转引自［英］彼得·沃森：《20世纪思想史》，朱进东等译，896页，注释78，上海，上海译文出版社，2006。

③ ［日］丸山真男：《日本的思想》，区建英、刘岳兵译，6页，北京，三联书店，2009。

④ 对此更为详细的分析，请参见周光权：《违法性判断的基准与行为无价值论——兼论当代中国刑法学的立场问题》，载《中国社会科学》，2008（4）。

（1）刑法判断中主观要素和客观要素之间存在时分时合、极其复杂的纠缠关系（例如，如果坚持二元的行为无价值论，故意就具有违法要素和责任要素的“双重结构”特征），现有的犯罪构成“四要件理论”不能充分展示刑法思考的逻辑进程，不能满足分层次评价主观要素和客观要素的需要，由此带来对现有的平面、封闭式犯罪成立理论需要进行“阶层化”改造的问题。

（2）对刑法的存在价值可能会形成新的思考：刑法不是单纯在他人做了“坏事”以后用来施加惩罚的“大棒”，而应是公众行动的“指示牌”，这样的刑法对于社会和个人才是有意义的实在。

（3）承认刑法作为行为规范的特征，公众就能够通过刑法的指引遵守规范，假以时日，在中国能够形成一种刑事秩序。总起来说，由于行为无价值二元论在违法性判断上有很多比结果无价值论更为优越的地方，同时其能够包容法益侵害说的内容，能够回应中国当下社会发展的阶段性需要，因此，中国刑法学应该立足于行为无价值二元论来建构。要使行为无价值二元论在中国立足，需要讨论行为人对于作为行为基准的规范的违反，需要分析法益概念在行为无价值二元论中的地位，需要强调违法性论和刑罚论之间的紧密关联等问题。

（4）行为无价值二元论和结果无价值论的争论展示了不同理论在问题意识、理论出发点、方法论上的独特价值。其从违法性论之争扩展到构成要件论，再推至具体犯罪的认定，这种争论既有利于表明学者自身的思考采用了何种立场，从而保持其理论一致性、协调性，也促使批评者追求理论体系的完善。这种争论对实践的积极影响，更是不可估量。可以说，行为无价值二元论和结果无价值论各自打开了刑法理论的一扇窗，使我们能够看到刑法学中“别样的风景”；也可以说，这两种理论是从不同的切入点在寻求合理刑法理论上的“学术冒险”。

最后有必要指出的是：对行为无价值论、结果无价值论的对立观点作“图表式”列举，当然有让人一目了然的优点，但其意义最终一定是有局限性的。刑法理论远没有简单到作对立的“图表式理解”就可以说清楚的地步。同时，行为无价值论与结果无价值论不是单纯的抽象对立，而是试图为具体问题的解决提供不同的处理方案。如果认为推进刑法“学派之争”就可以一揽子解决所有刑法问题，那这个刑法学者一定是“思想单纯”到了可爱的地步！其实，比“图表式理解”更有魅力的是刑法解释。刑法解释方法的运用、解释位阶性的存否、解释结论的妥当性与可接受性、解释与社会发展的关系等问题，只是部分地与刑法学派对立有关联，但绝不能因此夸大刑法“学派之争”的射程。对于中国刑法学者来说，在未来，一方面，也还要思考“学派之争”对刑法体系的影响这一问题，重视和推进犯罪论体系的建构。只有超越“情绪性、对立化、标签式、图表型”的学术论争阶段，才能打造中国刑法学的升级版。另一方面，更为重要的是，要对实务中的各种难题进行透彻思考，对具体问题提出妥当的解决方案，以克服僵化的体系思考的诸种流弊。

第三章 刑法基本原则

刑法基本原则是刑法的灵魂，是刑法内在精神的集中体现。现行刑法对罪刑法定、罪刑均衡、刑法适用平等三个基本原则作了明确规定，这对于正确适用刑法，在刑事司法中坚守法治立场具有积极影响。

第一节 罪刑法定原则

按照费尔巴哈的经典表述，罪刑法定的基本含义是没有法律就没有刑罚，没有法律就没有犯罪（Nulla poena sine lege，nellum crimen sine lege）。换言之，如果没有成文法律规定某种行为是犯罪，并且应当受到相对确定的处罚，那么，对任何人的此种行为都不能以犯罪论处。

一、发展历程

罪刑法定起源于英国，展开于美国，最终形成于法国，是公认的刑法领域的法治原则。

罪刑法定原则的雏形在1215年英国的《自由大宪章》（Magna Carta Libertatum）中就已经显现出来①，该法第39条规定："对于任何自由人，不依同一身份的适当的裁判或国家的法律，不得逮捕、监禁、剥夺领地、剥夺法的保护或放逐出境，不得采取任何方法使之破产，不得施加暴力，不得使其入狱。"贝卡里亚主张市民在必要的限度内让渡自己的自由给国家，以形成国家权力，刑法就是国家权力的一部分。既然刑罚权来源于市民的自由和权利，刑法就应当被限制在维持市民生活所必需的最小限度内。为了保障市民的行动自由，必须实行罪刑法定主义。费尔巴哈丰富、发展了贝卡里亚的罪刑法定思想，并在其首倡的心理强制说基础上，提出了"无法律即无刑罚"的著名论断，并且最先将罪刑法定写入刑法教科书。

此后，罪刑法定的思想传播到了美国，1774年费城的《权利宣言》就对此予以明确。后来的美国宪法对禁止适用事后法、正当程序等的规定，就是对罪刑法定原则的继续坚持。美国1789年宪法第1条第9款第3项规定：联邦不得制定任何溯及既往的法律（ex post facto law）；该条第10项规定，各州亦不能制定此种溯及既往的法律。在欧洲，罪刑法定原则被法国1789年《人权宣言》采用，其中明确规定："任何人，如果不根据犯罪前制定、公布而且合法地适用的法律，不受处罚。"1810年法国刑法典第4条明确规定了这一原则。法国的这一做法，很

---

① 1215年，约翰国王（King John）出兵打仗，但兵败而归。当时的英国贵族联合起来反对国王回国。约翰为尽快回国，表示无论贵族提出何种要求，他都愿意作出让步。贵族们由此提出四个条件：由贵族组成平议会；平议会有权审查国家预算；出兵打仗需要事先得到平议会许可；对案件的审判需要受罪刑法定和程序正义的约束。刑法学界一般认为，最后一个条件就是罪刑法定原则的立法起源。约翰国王按照贵族的要求制定了《自由大宪章》。这一法律文本是多种历史因素交叉的产物，其中包括约翰国王王位继承资格的可疑性、为"十字军"东征所付出的沉重代价（这场战争的延续几乎耗尽了国王手下那些贵族的所有财力和耐性）、动员骑士履行军役的必要性和不断增长的内战威胁（参见［英］鲍曼：《自由》，杨光等译，40页，长春，吉林人民出版社，2005）。《自由大宪章》强调用法律约束君权，强调根据规则进行统治，开历史之先河，其意义不可低估。

快影响了欧洲大陆的刑法立法，规定罪刑法定原则成为各国刑法的通例。判例法国家也在自己的立法和司法实践中相继肯定了这一原则。① 需要指出：虽然在今天判例法国家也会大量制定成文刑法（例如，英国的刑事制定法的范围就极其广泛），但是，对罪刑法定原则的贯彻，在成文法国家和判例法国家确实有不同的形式，对此要给予关注。在判例法国家坚持罪刑法定原则意味着从过去作出的判例中提炼出来的基本规则具有法律约束力，因此，遵循先例在很大程度上就是对罪刑法定原则的肯定。同时，在判例法国家，作不利于被告人的溯及既往，在制度上不可能被允许。

当然，在罪刑法定原则风靡欧洲大陆的同时，削弱、批判甚至取消罪刑法定的主张也一直都没有消除。例如，牧野英一就曾经指出："刑法是为保障社会才规定对犯罪人予以处罚的，所以，行动受刑法限制的不是法官，只能是犯罪人。在这种情况下，通过罪刑法定而制约的形式上的法律关系的要求，将起阻碍作用，乃至成为桎梏。"②

在社会本位思想占据统治地位的历史条件下，罪刑法定原则被动摇，类推制度得到施行。例如，1917 年苏维埃联盟废除了法无明文规定不为罪的原理，1922 年苏俄刑法典第 6 条规定："威胁苏维埃制度基础及工农政权在向共产主义过渡时期所建立的法律秩序的一切危害社会的作为或不作为，都被认为是犯罪。"1926 年苏俄刑法典不仅规定了犯罪的实质概念，还规定了类推制度。第二次世界大战时期，纳粹德国于 1935 年通过刑法修正案废除原刑法自 1871 年来制定的罪刑法定原则，并在修正后的刑法第 2 条规定："实施了法律上被宣布可罚的行为或者根据刑罚法规的基本观念和健全的民族感情值得处罚的行为的人，予以处罚。不存在直接适用于其行为的刑罚法规时，该行为根据具有最适当于它的基本观念的法律予以处罚。"

在第二次世界大战爆发后，纳粹德国政权践踏法律，主张刑法不是为了保护个人免受政府侵害，而是保护政府不受个人分割，单纯"依据某个刑事法律基本原则和健康的民众意见"确定行为是否值得用刑罚加以处罚，承认"当判决认为某行为的总体趋向对其国家和人民利大于弊时，该行为即是违法"③，由此完全架空了罪刑法定原则。"在被占领的波兰，德国法院对待犹太人以及波兰人都特别卑鄙……一位波兰妇女被判处死刑是因为她在一场由德国妇女挑起的扭打中打了（可能是意外地）这位德国妇女，并且这位德国妇女并没有受伤。法院认定这位波兰妇人'称自己不知道对方是德国人的说法不令人信服，因为她应当看出巴沙克的自信显然且无疑是德国人的举止'……法院对德国人也很糟。一位德国人，在勇敢救助一座大楼失火、帮助搬运东西时，偷偷拿了一瓶香水和一根大香肠，就同另外一位拿了两块肥皂的同伴，一起被判了死刑。在德国向盟军无条件投降已经生效之后，还有几位德国士兵因为开小差被处死。"④

由此可见，在规则被破坏之后，整个社会可能变得多么危险，社会中会凭空产生出多少难以估量的罪犯！第二次世界大战后，由于纳粹德国实行的罪刑擅断的做法使人们心有余悸，加之民主主义与人权保障的思想加强，罪刑法定原则的意义重新得到审视。德国于 1946 年废除纳粹德国刑法第 2 条，并在 1953 年修改刑法时重新规定罪刑法定原则。1958 年苏联刑法也重新回到法治原则的轨道上。德国统一后的 1998 年德国刑法典第 1 条明确规定："没有法律规定则无刑罚。"1996 年俄罗斯联邦刑法典第 3 条也明确规定："行为是否构罪，是否受罚和发生其他刑事后果，均只能由刑法规定；并不允许类推适用刑事法律。"同时，国际人权公约中也规定了罪刑法定的内容。例如，《世界人权宣言》第 11 条第 2 项规定，行为时如果没有国内法或

① 参见高铭暄、赵秉志主编：《刑法论丛》（第 1 卷），313 页，北京，法律出版社，1998。
② ［日］中山研一：《刑法的基本思想》，姜伟等译，14 页以下，北京，国际文化出版公司，1988。
③ ［德］英戈·穆勒：《恐怖的法官——纳粹时期的司法》，王勇译，69 页，北京，中国政法大学出版社，2000。
④ ［美］波斯纳：《超越法律》，苏力译，173 页，北京，中国政法大学出版社，2001。

者国际法的规定，行为人不构成犯罪。同样，不能将比行为时更重的刑罚强加于行为人。

在我国，罪刑法定主义命运多舛。① 大清新刑律第10条规定："凡律例无正条者，不论何种行为，不为罪。"由于清王朝的灭亡，罪刑法定原则并未真正实行。之后，1928年中华民国刑法第1条规定："行为之处罚，以行为时之法律有明文规定者，为限。"新中国成立后，罪刑法定理论与实践的发展历程可以分为三个阶段：第一阶段是1949年至1979年。在这段时期，法律虚无思潮泛滥，司法实践中主要是依靠政策和经验办案，罪刑法定原则无从谈起。第二阶段是1979年至1997年。在这一阶段我国首部刑法典颁行，虽然刑法中并未明确规定罪刑法定原则，但是"部分"体现了罪刑法定的精神，因为：一方面，刑法总则中明确了犯罪的概念，规定了从轻兼从旧的溯及力原则等，分则规定了具体的犯罪构成和相应法定刑；而另一方面，刑法中又规定了类推制度。尽管规定类推制度与当时的立法技术和历史背景有关，但类推制度从本质上是与罪刑法定的精神相冲突的，因此，这一阶段只是拉开了我国向社会主义法治社会迈进的序幕，尚不能认为罪刑法定已成为我国刑法的基本原则。第三阶段是1997年至今，在刑法中明确规定罪刑法定原则并在司法实务中逐步推行。

从罪刑法定的历史渊源中，不难看出：罪刑法定原则是自由主义的产物。② 自由主义意味着对个人权利、行动自由的尊重，强调人与人之间的平等，主张规则的普遍适用性，特别是主张对政治权力要给予有强力的制约，以确保被统治者能够有尊严地、自由地生活。基于自由主义的思想，近代以来的西方国家一直强调个人权利保障、司法权力有限的观念，从而追求形式法治（法律普遍性、法律明确性）。对于罪刑法定原则的意义，拉德布鲁赫（Radbruch，1878—1949）说得很好：我们的确需要这样一个规范体系，因为它能为我们提供一个良好的制度环境。"（身居其中）人类不必像哨兵那样两眼不停地四处巡视，而是要能使他们经常无忧无虑地仰望星空和放眼繁茂的草木，举目所及乃实在（dasein）的必然和美好，不间断的自我保存的呼救声至少有一段时间沉寂，以使良心的轻语终归能为人们所闻。"③

我国1997年修订后的刑法从完善我国刑事法治、保障人权的需要出发，明文规定了罪刑法定原则，并废止类推，成为刑法典修订和我国刑法发展的一个重要标志。1997年刑法第3条规定："法律明文规定为犯罪行为的，依照法律定罪处刑；法律没有明文规定为犯罪行为的，不得定罪处刑。"这一原则的价值内涵和内在要求，在1997年刑法中得到了较为全面、系统的体现。尤其是1997年刑法新增的罪名，较好地反映了罪刑法定原则中规范详备、明确的要求，增强了罪刑规范在刑事司法实践中的可操作性。

刑法中明确规定罪刑法定原则，有助于现代法治观念在中国的形成：(1) 罪刑法定的题中之意是法律成文化，满足了法的确定性要求，可以实现法的安定性。(2) 罪刑法定使罪刑关系普遍化，法律不因人、因事而异，使一般公正有实现的可能性。(3) 罪刑法定使法律具有明确性。国家预先将行为规定为犯罪行为，并附有惩罚规范，同时禁止事后立法，就能够使公民建立行为的可预测机制。(4) 罪刑法定使法律具有稳定性，法律成文化后不轻易变更，以此来约

---

① 法史学界有学者提出，在古代中国刑法中即存在罪刑法定主义，它伴随春秋战国时期公开颁行成文法而产生，并逐步发展成为系统的理论（参见栗劲：《秦律通论》，182页，济南，山东人民出版社，1985）。我认为，这是对罪刑法定原则的误解。唐律"不得为罪"的规定就是典型的类推，其对后世的影响极为深远。事实上，现代以前的中国刑法缺乏起码的人文关怀，与法治理念基本搭不上边，很难谈得上有一种真正意义上的、能为多数人所赞同的罪刑法定原则存在于其中。

② 而自由主义与17世纪中叶欧洲资产阶级的兴起、启蒙运动、基督教的"幽暗意识"（原罪意识、人类的罪恶性和容易堕落性）都存在紧密关联。对此更为详尽的分析，请参见林东茂：《刑法综览》，56页，北京，中国人民大学出版社，2009。

③ ［德］拉德布鲁赫：《法学导论》，米健等译，11页，北京，中国大百科全书出版社，1997。

束司法行为，防止司法擅断。

二、思想渊源

罪刑法定原则沿革意义上的思想渊源，是“三权分立”和心理强制说。

（1）“三权分立”。立法权、司法权和行政权由不同的机关行使，是为了实现权力制衡，防止权力过分集中和膨胀。在刑法领域，为有效控制权力滥用现象，避免罪刑擅断，必须将刑罚权分散配置：立法者享有刑法制定权，司法工作人员享有罪刑裁判权。所以，罪刑法定原则与“三权分立”思想是合拍的：司法工作人员只能按照立法者确定的成文刑法处理犯罪，不得任意解释刑法，侵犯立法权。

（2）心理强制说。费尔巴哈的心理强制说也为罪刑法定原则提供了思想源泉。费氏认为：制定成文刑法，确立罪刑法定原则，是为了实现对个人的心理强制。因为成文刑法所提供的罪刑关系列表，可以使个人计算犯罪所得到的好处与犯罪所可能受到的惩罚之间的差额，在个人发现犯罪明显不“划算”时，自动放弃犯罪的邪念，从而遵守规范，以趋利避害，所以，在费尔巴哈看来，规定罪刑法定原则，是为了利用刑法向普通人发出遵守法律的信号，使一般人对自己的行为能够预测并保持自我克制。

由于“三权分立”的学说过于僵化，与大陆法系各国法官广泛行使解释权力的现实并不符合；而心理强制说存在不尊重人，仅仅将人作为威吓对象看待的嫌疑，所以，在今天，人们一般认为，罪刑法定原则的思想基础是民主主义（由国民自己选举的代表组成的立法机关才有权制定法律）和自由主义（法律应当具有预测可能性，以保障个人的行动自由）。

三、基本内容

法治，就是规则之治。罪刑法定原则就是为了保障法治立场得到贯彻而在刑法上所做的制度设计。从形式上看，罪刑法定原则的基本要求是：（1）法定化，即犯罪和刑罚必须事先由法律作出明文规定，不允许法官自由擅断。（2）实定化，即对于什么是犯罪和犯罪所产生的具体法律后果，都必须作出实体性的规定。（3）明确化，即刑法条文必须文字清晰、意思确切，不得含糊其词或模棱两可。“如果某人实施了某种坏行为，提交审判，并要对其科以刑罚时，其基准就是刑法。刑法中必然规定了实施何种行为该科以何种刑罚。审判官在科以刑罚时，必须遵守刑法。所谓‘必须遵守’，不仅是指对刑法中没有规定要科以刑罚的行为不能处罚，还意味着判定的刑罚不能超越刑法所规定的刑罚限度。这种原则叫作‘罪刑法定主义’”①。

必须看到，仅仅从形式上认识罪刑法定原则是不够的。不能简单地认为：只要有法律的规定，对任何行为都可以科以刑罚。适用刑法时，必须考虑是否必须动用刑罚进行处罚（处罚的必要性和合理性），而且，对于该种犯罪所定的刑罚是否与针对其他犯罪的刑罚相平衡。所以，对罪刑法定原则的意义和内容，应当从实体的正当程序的角度加以讨论。从实质意义上看，罪刑法定主义的基本内容是：

（一）溯及既往的禁止（事前的罪刑法定）

犯罪及其惩罚必须在行为前预先规定，刑法不得对在其公布、施行前的行为进行追溯适用，因此，所有的刑法立法者都是在为未来设定规则。在有的国家，溯及既往的禁止是宪法原则。溯及既往之所以被禁止，是因为个人需要法律的指引，需要根据事先公布的法律确定行为的方向。对个人而言，能够左右其行为的，应当是行为当时的法律。司法机关不能把过去认为

---

① ［日］西原春夫：《刑法的根基与哲学》（增补版），顾肖荣等译，6页，北京，法律出版社，2017。

妥当的行为，按照后来制定的法律认定为违法。溯及既往的刑法，可能使个人无所适从，同时危及法律的安定性。对于溯及既往的刑法的弊端，富勒说得非常形象："在所有的部门法中，刑法最明显而且最直接地涉及塑造和约束人们的行为。回溯性的刑事法规会令人们直接联想到这样一种荒唐之极的情况：今天命令一个人昨天做某事。"①

当然，禁止溯及既往也有例外的情况：在法律有变更，新的刑罚比犯罪行为时的法律规定的处罚要轻的情况下，从考虑被告人利益的角度允许新法溯及既往（从旧兼从轻）。例如，《刑法修正案（九）》第44条规定，犯贪污罪，在提起公诉前如实供述自己罪行、真诚悔罪、积极退赃，避免、减少损害结果的发生，数额较大的，可以从轻、减轻或者免除处罚；数额巨大或者特别巨大的，可以从轻处罚。该规定对被告人有利，可以溯及既往，适用于《刑法修正案（九）》实施之前的犯罪行为。与此类似的问题是，对于在《刑法修正案（九）》实施之前的贪污行为，数额特别巨大，并使国家和人民利益遭受特别重大损失的，原本应当判处死刑，但按《刑法修正案（九）》的规定判处死刑缓期执行，同时终身监禁的，该规定也属于对被告人有利，可以溯及既往。但是，如果罪犯所犯罪行原本就不能适用死刑立即执行的规定，将《刑法修正案（九）》关于终身监禁的规定对其予以适用，就违反禁止溯及既往的法理。

（二）排斥习惯法（成文的罪刑法定）

在现代社会，虽然个人权利越来越广泛，但是它在强大的国家司法机器面前仍然弱小，所以，应当对刑罚权进行控制，司法机关惩罚犯罪的范围以成文刑法的存在为边界，以此实现对个体权利的倾斜保护。在承认刑法规则有限性的前提下强调权利理念，实行罪刑法定就是明智选择。基于此，法官的司法行为受到很多约束。俄国作家陀思妥耶夫斯基所著长篇小说《卡拉马佐夫兄弟》里的人物卡拉马佐夫说：如果没有了上帝，那就什么事都能干了。波斯纳法官说：如果没有法条主义和法治，法官就什么都可以干了。但是今天法律主义还在，因此还不是什么事都能干。② 那么我们也可以说：如果没有罪刑法定和法治的约束，法官就什么事都可以干了，但是，由于罪刑法定原则还在，所以，法官在定罪和量刑时还不是什么事都可以随意地去做。

成文的罪刑法定原则要求在形式的意义上，犯罪与刑罚必须以文字形式记载下来，有其确定性。刑法的法源应当是立法机关通过特定程序制定的成文法，刑事司法应该以成文法为准，而不能适用习惯法。

习惯法是指在某种事实反复出现的场合，多数人一般对此抱有法的确信的情况。例如，杀死奸夫的行为、父母为教育子女实施暴力打骂的行为，在很多地方得到习惯法承认。但是，由于习惯法的内容、发生效力的时间不是特别确定，行为人可能不知道习惯法的存在、内容；此外，以习惯法为据裁判案件，可能难以防止法官的恣意，所以，对习惯法在刑法中的地位应予以排斥，法官不能直接以习惯法作为法源裁判案件。杀死奸夫的，可以构成故意杀人罪；父母打骂子女致伤的，可以视情况构成故意伤害罪或者虐待罪。但是，在极其特殊的情况下，解释刑罚法规时可以援用习惯法，例如，对过失犯中注意义务的有无，可以根据习惯法来判断。

成文法主义表明，立法者确定的罪刑规范，自然应当成为司法工作人员遵守的规范。但是，这并不是说，只要有法律规定，就可以将行为作为犯罪处理，并且可以科处刑罚。由于犯罪必须是行为，所以仅仅有恶的动机并不构成刑罚处罚的理由，对犯罪的处罚必须具有合理性和必要性。对具体案件的处理，必须确保在案件事实符合刑法分则的具体规定时，才能确定被

① ［美］富勒：《法律的道德性》，郑戈译，71页，北京，商务印书馆，2005。

② 参见［美］理查德·波斯纳：《法官如何思考》，苏力译，63页，北京，北京大学出版社，2009。

告人有罪。例如，到餐馆吃饭后，发现账单金额超过万元时，为免除债务而翻窗逃跑的行为，并不符合成文刑法关于诈骗罪的规定，不能成立犯罪。

由于成文法具有稳定性特征，所以，法律一旦制定，不应当频繁修改。如果法律变化过于频繁，公民对自己行为的预测可能性仍然可能丧失，有违成文法主义的精神。

（三）禁止类推适用（严格的罪刑法定）

因为“所有的规则实际上都是相互冲突的期待与利益的一种混合的产物”①，所以，对刑法的适用就离不开解释。进一步看，刑法的适用事关对公民的生杀予夺，所以，在适用刑法过程中，对刑法进行解释就必须慎之又慎，法国刑法典第111—4条规定“刑法应严格解释之”的道理也就在于此。

1. 类推解释的含义

类推适用，是指对于法律没有明文规定的行为，适用有类似规定的其他条文予以处罚。“在一般所谓的法学上的类推适用中，有两件生活事实被相互比较，其一是可以毫无疑义地归属于法定构成要件之下的事实，相反地，另一事实则（似乎）未被规范及之。假使两者间具有足够的类似性，则后者就法效果一点——并且仅就此点——应与前者作相同处理；这两件事实关系的‘类似性’便正当化其法效果上的相同处理。刑法中类推适用的禁止，其所指的乃是此等意义的类推。”②

2. 实务中属于类推解释的情形

在司法解释或个案判决中，事实上存在不少类推解释的情形。大致有：（1）将与现役军人的配偶“长期通奸”的行为解释为“同居”，从而认定行为人的行为构成破坏军婚罪；（2）将在虚拟的信息网络空间发布虚假事实，导致他人受到蛊惑，仅造成人心混乱而并未造成物理秩序的混乱的，对编造、发布虚假信息的人以寻衅滋事罪论处；（3）将编造、传播虚假的灾情、疫情信息的行为认定为编造、传播虚假恐怖信息罪；（4）将干扰采样，致使环境质量监测数据严重失真的行为认定为破坏计算机信息系统罪；（5）将为打击竞争对手而“恶意刷单”的行为认定为破坏生产经营罪；（6）将假冒注册商标的商品抵押的，以销售假冒注册商标的商品罪处理；（7）将非法鉴定胎儿性别的行为认定为非法行医罪等。

由于类推适用，在实体上违反成文法主义和禁止溯及既往原则，在程序上违反正当程序的要求，实际上是对事先在法律上没有预告要处罚的行为进行处罚，动摇了罪刑法定原则的晓谕功能，使司法权不当地侵入立法的领地，属于司法恣意地对国民的行动自由进行压制，所以不被允许。对于处罚上的漏洞，不能通过类推适用填补，而只能借助于合理的刑法解释和立法方式。“类推思维可能会出错，这不仅因为它是一种形式主义，而且还因为其根据是对相关的相同点与不同点的一种判断，但是判断的理由并不充分。”③

3. 类推解释是否应该被禁止

有的人可能会认为，不应该禁止类推解释，因为扩大解释与类推解释之间只有程度上的差异，没有本质差别。但是，持这种主张的人所说的“类推解释”有特殊含义，即所指的应该是“类比推理的方法”。在实务中，要使案件事实和构成要件相对应，必须使用一定的推理方法。例如，国家工作人员为他人谋取不法利益后收受财物是受贿，如果其不是收受他人财物，而是在为他人谋利后要他人免除自己的债务的，则考虑到存在考夫曼意义上的“事物的本质”（国家工作人员的不可收买性），收受财物和收受财产性利益的本质就是相同的，行为方式和侵害

---

① ［美］昂格尔：《现代社会中的法律》，吴玉章等译，192页，北京，中国政法大学出版社，1994。

② ［德］卡尔·拉伦茨：《法学方法论》，陈爱娥译，16页，北京，商务印书馆，2003。

③ ［美］凯斯·R. 孙斯坦：《法律推理与政治冲突》，金朝武等译，87页，北京，法律出版社，2004。

的法益都没有区别，将收受财产性利益的行为解释为受贿，就是将其与收受财物进行类比推理的结果。对所有案件的处理，尤其是三段论的运用，都是对这个推理过程的展示。

但是，这种推理方法与罪刑法定原则上所要反对的类推解释不一样。这里的类推，是指解释结论超过了规范内容，实质上是制定出了立法上原来没有预想到的全新制裁规范。对此，必须予以禁止。换言之，刑法解释并不禁止类比推理方法，但禁止使用类推解释来填补法律漏洞、进行规范的“续造”。

4. 应当允许扩张解释

大陆法系国家禁止类推适用，但允许扩张解释。扩张解释，是指适度扩大刑法条文用语的通常含义（核心意义），赋予条文用语比通常含义更广的意思，但又将其限定在条文用语可能的意义范围内的解释方法。之所以允许扩张解释，是因为扩张解释以后，解释结论仍然在法律语言可能包括的意思范围内，一般国民在认识到该用语时，能够客观地进行预测。例如，行为人所携带的是钢笔，因为钢笔多少具有用以致人死伤的工具性，所以，其可以被解释为携带凶器盗窃中的“凶器”。如此解释，其结论还是在凶器这一文字可能涵摄的范围内，属于扩张解释。① 又如，将枪支被抢劫的情形解释为丢失枪支，就是对丢失一词的扩张解释，不会让国民过于感觉意外。再如，将借记卡解释为信用卡，所使用的也是扩张解释而非类推解释。

类推适用，与扩张解释的区别有时很难认定，但是，它们的区别仍然是不可否认的：对“条文上的词义”作扩张解释以后，其与日常用语的含义虽有一定距离，但国民从该用语中仍然能够预测行为的妥当与否的，是扩张解释。例如，将动物解释为财物，并将故意打开他人家中的狗笼，把他人豢养的价值极高的观赏狗放走的行为解释为故意毁坏财物行为，就是在功能性毁坏意义上的扩张解释（但从物理性、实体性毁坏的意义上，该解释可能是类推适用）。如果解释突破日常用语的含义，解释结论在一般民众看来极其意外和难以接受，国民难以由此预测自己行为的，则该解释是类推适用，例如，将倒卖车票、船票罪中的车票、船票解释为包括飞机票在内，就是类推适用而非扩张解释。区分类推适用和扩张解释，要综合刑法条文的规范目的，在某一犯罪与其他犯罪之间进行构成要件的比较，确保刑法解释协调；要处理好理论和实务、形式与实质、历史与现实的关系。

5. 如何进行扩张解释

实务中，要进行扩张解释，必须满足以下步骤：(1) 判断解释对象的开放性，即扩张解释的可能性。例如，将侵犯通信自由罪中的“信件”解释为包括电子邮件在内，是扩张解释。但是，对于无法进行扩张解释的法条用语，不能强行进行扩张解释，否则就可能陷入类推适用的泥淖。例如，我国刑法第 236 条规定的强奸罪的被害人是妇女，如果将该概念解释为包括男性在内的他人，就是类推适用，而非扩张解释，因为妇女这一概念在这里基本上没有扩张解释的余地。(2) 对法条用语的通常含义进行适度的、试探性的拓展。(3) 根据规范目的，对处罚必要性进行限缩，在法条用语通常含义和边缘含义之间往返，运用规范目的反向制约明显不合理的扩张解释。(4) 建立法律解释的商谈程序，法官（解释者）将某一扩张解释的初步结论在控方和辩护人（诉讼参与人）之间进行商讨，考虑国民对解释结论的接受可能性，从而防止解释的恣意，以取得对解释结论最大限度的共识。② 例如，刑法第 240 条第 1 款第 6 项规定，以出卖为目的，偷盗婴幼儿的，法定刑升格。偷盗婴幼儿，通常是指趁婴幼儿的父母或监护人不注意之机，将熟睡的孩子抱走。但是，实践中大量出现行为人趁监护人、看护人不备，在大庭广

---

① 参见黄荣坚：《基础刑法学》（上），142 页，台北，元照出版有限公司，2012。

② 参见冯军：《论刑法解释的边界和路径》，载《法学家》，2012 (1)。

众之下以提供玩具、食物、衣物为诱饵，或带其外出游玩等哄骗手段拐走婴幼儿的，如果不认定为偷盗，就难以保护法益，因此，将通过诱骗方式拐走儿童的行为解释为偷盗就具有其合理性，也能够得到国民及诉讼参与人的认同。

类推适用，原则上被禁止，但当类推适用有利于被告人时，可以允许。例如，刑法第65条规定，不满18周岁的人不能成立累犯。但是，在第356条关于毒品犯罪的再犯规定（因走私、贩卖、运输、制造、非法持有毒品被判过刑，又犯相关毒品犯罪的，从重处罚）中，并没有不满18周岁的人不构成再犯的除外规定。如果认为刑法第65条规定的效力也可以映射到第356条规定的毒品犯罪再犯的情形，那么，不满18周岁的人，因走私、贩卖、运输、制造、非法持有毒品被判过刑，又犯相关毒品犯罪的，就不能适用刑法第356条。再如，甲在聚众斗殴中手部受伤，其委托其女友乙打电话报案，后前往医院治疗。警察赶往医院对其进行讯问时其如实供述的，可以对甲类推适用自动投案的规定，认定成立自首。上述情形固然都是类推适用，但是，其解释结论有利于被告人，是可以接受的类推适用。

（四）刑罚法规的适当（确定的罪刑法定）

刑罚法规的适当包括以下内容：

1. 刑法明确性

仅仅由法律明文规定犯罪与刑罚还不够。在作这种规定时，还应当保证其达到国民能够预测国家刑罚权的发动可能性的明确程度，即能让一般人看明白，实现其昭谕功能。当然，在规定各个犯罪的构成要件时，刑法不可能非常详细和具体，不可能达到“事无巨细”的程度，因为刑法规范过于明确，也会影响刑法的张力。至于刑法是否明确，应当根据具有通常判断能力的一般人的理解，以及在具体场合根据该行为人的判断可能性、预测可能性予以判断。

我国刑法立法基本满足了明确性的要求：(1) 把流氓罪、投机倒把罪等“口袋罪”分解为内容具体、范围明确的若干种犯罪。(2) 对绝大多数犯罪采取一条文一罪名的立法方式，尽量使用叙明罪状，明确、具体地描述犯罪构成的特征。(3) 重点严密了多发性犯罪的犯罪构成，设计了与犯罪形式的多样性相对应的多种犯罪构成，实现多样性犯罪的罪刑系列化；同时，适当选用了堵截构成要件，形成法网严密的格局。例如，对于盗窃罪，1997年修订的刑法在保留1979年规定的“数额较大”的构成要件的同时，增设了“多次盗窃”的构成要件，此后，还通过修正案将入户盗窃、扒窃、携带凶器盗窃犯罪化，从而弥补了以前对盗窃罪单纯以赃论罪之弊。(4) 对与犯罪构成有关的重要概念（如公共财产、重伤、首要分子、商业秘密、淫秽物品等）作明确的立法解释。

不过，我国刑法立法在实现明确性方面仍有很多不足：一方面，大量使用高度盖然性条款，大量以弹性构成要件的立法方法规定犯罪的基本构成要件（罪行重大、情节严重、情节恶劣、数额较大、后果严重）、加重构成要件（罪行特别重大、情节特别严重、情节特别恶劣、数额特别巨大、后果特别严重）和减轻构成要件（情节较轻）。类似规定，占了分则条文的三分之一。这在外国刑事立法中是较为罕见的。广泛使用盖然性条款固然可以弥补刑法典不周延之不足，不至于放纵犯罪，但却有可能助长司法恣意，偏离公众的可预测范围，因为罪刑明确性要求对犯罪与刑罚进行设计的刑法典能够为“具有通常判断能力的一般人”所理解，人们能够从中看出对特定行为是否要适用该法规，而高度盖然性条款显然不能为具有通常判断能力的一般人提供这一认识标准。既然罪刑法定原则以紧缩司法权、保障人权为依归，那么，盖然性条款就有可能使司法机关不知所从，无法选择，加大司法活动的难度。

另一方面，刑法在对个别犯罪的构成要件的设计方面也存在尚待进一步明确之处。例如，受贿犯罪本身是一种多发性的渎职犯罪，如果要达到刑法明确性的要求，就应当针对受贿行为设置多个罪名，并描述其罪状。很多国家对受贿犯罪的立法也采取这种模式。此外，我国刑法对收受型受贿罪的成立，还要求符合为他人谋取利益的条件，以致司法机关对行为人具有某种职权而收受他人财物，但为他人谋取利益的行为不明显，或者连为他人谋取利益的承诺都缺乏的行为毫无办法。其实，这种行为的社会危害性是显而易见的：正是因为行为人享有职权，行贿人认为这种职权于己有用才去拉拢。在这种情况下，虽然接收财物人未为他人谋取利益，但是权力腐败的可能性始终是存在的，所以利用职权收受财物本身就是腐败，收受的财物达到相当数额就是犯罪。对此，外国刑法一般规定单纯受贿罪加以解决。我国刑法在受贿等常见型犯罪立法上的不明确、不周全，对于保护法益极其不利。

附带指出，要实现罪刑法定所要求的法律条文化、具有明确性，就必须将大量权力赋予立法机关，立法至上观念由此产生。随之而来的问题是，对立法至上的信奉再向前逾越一步往往就会生成立法一贯正确、立法万能的迷信思想。对立法的神话式迷思显然是受了法律实证主义观念的强烈影响。罪刑法定原则如果完全沦为法律实证主义的奴隶，就可能使法律成为维护专制统治的工具。竭力呼吁罪刑法定原则的贝卡里亚的理论居然受到当时欧洲最反动的国家的统治者如俄国沙皇凯瑟琳、普鲁士皇帝菲得烈二世、奥地利皇帝约塞夫二世的欢迎；篡夺法国革命果实、复辟帝制后的拿破仑乃至法西斯统治时期的意大利、西班牙都能堂而皇之地将罪刑法定原则载入它们制定的刑法典之中，正是形式的罪刑法定原则中内含国家实证主义法律观的具体体现。

2. 禁止处罚不当罚的行为

有的行为严重违反道德要求，但是，并没有必要用刑罚方法进行处理的，不能规定为犯罪。这是刑法的补充性、谦抑性、最后手段性所决定的。

3. 禁止绝对不确定刑

刑罚越不确定，刑法可能就越严厉，越容易被滥用，所以，刑法对刑种和刑度必须有明确规定。刑种、期限绝对不确定的刑罚（例如只规定“犯……罪的，判处刑罚”或者“犯……罪的，判处有期徒刑”），不能防止司法恣意，违反罪刑法定原则的要求。

四、罪刑法定原则对立法者的约束

有的人认为，罪刑法定原则只对司法权有约束，而无法制约立法者。但是，罪刑法定原则不仅仅是法律适用原则，而且是刑法“基本原则”，其对立法权、司法权都应该有约束。在我国，罪刑法定原则在如下方面约束立法权：（1）对于没有法益实害、危险的行为，不能在立法上被规定为犯罪。立法上只是将那些危害性、危险性较大的行为挑选出来予以成文化、犯罪化，而不能理会过于琐碎的事情。（2）在刑法分则的具体规定中，必须对个罪确定法定刑，不能在刑法上设置没有刑罚处罚标准的具体犯罪，否则，就和罪刑法定原则的精神有冲突。（3）刑罚规定必须明确，禁止在立法上确定过于残酷的刑罚，使罪刑关系失衡。（4）立法者对刑法规定进行解释时，必须受刑法典的制约，不能脱离刑法文本进行解释。（5）不能由全国人大常委会制定过多的刑法修正案。不是由全国人大制定、修改刑法，而是由全国人大常委会大幅度修改刑法典的做法，和罪刑法定原则的内在精神有抵触。

五、罪刑法定原则的实现

“法治是一种主张而不是一种事实”①，所以，立法上所确定的罪刑法定原则必须在司法实务中加以推行，否则，良好的法律制度就会形同虚设。贯彻罪刑法定原则，意味着对司法权的

① ［美］波斯纳：《法律理论的前沿》，武欣等译，192页，北京，中国政法大学出版社，2003。

限制，即对于刑法并未明文规定的行为，对没有法益侵害性且缺乏效仿可能性的行为，都不能进行刑罚处罚，由此来保障个人的行动自由。当然，在适用罪刑法定原则时，不能简单地将罪刑法定原则和“有利于被告”画等号。有的人往往一提到“罪刑法定”就想到“有利于被告”，进而想到“无罪”。这是不正确的。如果将罪刑法定简单理解为“有利于被告”，刑法难以发挥保护被害人利益，进而保护社会的机能。

适用罪刑法定原则，最为重要的问题是合理解释刑法。根据罪刑法定原则，任意解释刑法是被禁止的，但是，合理解释刑法则是罪刑法定原则所提倡的。这里的合理解释刑法，应该被理解为法官解释刑法，而非法院解释刑法；应该被理解为客观解释刑法，而非主观解释刑法。

（一）刑法的法官解释而非法院解释

在适用刑法处理各种案件过程中，法官个人对含义不明或者理解上有分歧的规定进行解释，可以在充分考虑各种方案的合理性的基础上，从容选择最佳方案，可以确保解释结论和案件之间有直接关联性。这是法官解释刑法的好处。

法院解释刑法，即通过最高裁判机关制定全国通行的司法解释，貌似可以满足“统一司法”的目标，但是其初衷是否能够实现，大可质疑。同时，法院解释而非法官解释刑法，在很大程度上不考虑理论发展，不借鉴理论成果。在我国，习惯上对于疑难问题由最高人民法院进行司法解释，而不是寄希望于法官个人独立地根据个案解释刑法。由此可能产生的消极影响表现在：（1）司法解释既然要统一全国的司法活动，就必然具有抽象性、普遍性，这种解释就具有立法的性质，导致司法权和立法权关系混淆，司法解释随时有冲击罪刑法定原则的可能。（2）司法解释必然缺乏针对性，仍然需要进一步解释。（3）司法解释的存在会抑制法官自身探索刑法学真谛的冲动，使法官的独立裁判显得多余。（4）减少甚至消除了刑法学者发现问题的机会，遮蔽了刑法学理论的视野。法官碰到重大、疑难案件，不是求之于理论，不去仔细审视理论上对类似问题是否提出过解决方案，而是习惯于内部的层层请示，问题被法院系统内部消化，刑法学者对实践中究竟有哪些问题是最为紧迫、疑难的，无从知晓。这是目前刑法学进行问题思考所面临的难题。实务部门总是习惯于批评刑法理论和司法实务脱节，这些意见有的显然有道理，但是多数意见对刑法学者并不公允。疑难案件通过请示的方式到达最高人民法院，学者能够通过什么渠道有效地发现问题？司法解释都是干巴巴的条文，和立法只有名义上的区别，学者有时甚至无法知道司法解释究竟是针对哪些案件作出的。刑法理论有时就沦为“司法解释的解释论”，而不是刑法解释论。刑法理论还能够发现什么真问题？还能够建立什么远离司法解释的新体系？（5）司法解释实际上无意中向一线法官灌输了判决无须说明理由的错误观念。法官总是寄希望于最高人民法院的司法解释解决疑难案件。一旦有司法解释，法官直接根据司法解释作出判决，而无须进一步解释判决理由。在几乎所有的法官看来，最高人民法院的司法解释就是理由，当然毫无必要再向被告人、辩护人详尽解释判决理由；而最高人民法院在作出司法解释时，也是不需要公布其理由的，有的解释明显是武断的。结局就是，对于疑难案件的处理，很多时候是在不需要说明理由的情境下进行的。事实上，除了最高人民法院，许多高级人民法院、中级人民法院甚至基层人民法院都在以“答复”“会议纪要”“指导意见”的名义制定实质上的司法解释——定罪量刑规范，法官只需要依葫芦画瓢就可以，不需要独立思考，不需要更新刑法理论知识，不需要说明判决理由。既然判决不需要说明理由，刑法理论拿来干什么？

法官解释刑法，带来理论与实务互动而非相互排斥。司法中，法官在对疑难案件进行解释以前，必须仔细比较当下最为重要的学者对相关问题的论述，在对理论合理性进行甄别的基础上得出判决结论。所以，我们经常可以看到，对于疑难案件的刑事判决，法官可能在判决书上明确表明自己赞成刑法学上哪一派别的观点，甚至直接引用当前某位最为著名刑法学者的观点，作为支撑判决的理由。刑法学者可以因为理论更多地被司法判决引用而获得成就感，理论对实务的实际影响力也才能得到具体体现。反过来，在理论上，可以在对同类案件的不同判决结论进行比较的基础上选择合理的问题解决方案，找到批评的样本和素材，由此建构的理论才会是言之有物、有的放矢的。法官和学者由此能够进行沟通和互动，相得益彰。

（二）刑法解释方法的合理运用

18 世纪末、19 世纪初，人们试图制定一个包罗万象、无须解释即可回答所有问题的刑法典。费尔巴哈拟定 1813 年巴伐利亚刑法典时出于法治国权力分立的考虑，也禁止法官解释刑法，认为法官的工作就是将案件和法律文字相比对，而不需要考虑法律的意义和精神。孟德斯鸠则早就描绘了法官作为制定法奴隶的情形，主张法官的判决无非就是制定法的精确复写，因此，法官需要的只是眼睛，法官本人仅是“宣告及说出法律的嘴巴而已”，是一种无意志的生物，不能减弱制定法的效力与严格性，法官的权力“在某种形式上等于零”①。但是，人们很快发现，既不存在完美无缺、没有歧义的制定法，也不能将法官作为宣读制定法的自动机器，法律适用离不开法官的创造性解释活动。

“法律人的技艺，就是论证”②。对这种技艺掌握得越好，就越容易成功。就刑事案件的处理而言，法律人论证技艺的娴熟运用固然与学派论争有关，也与犯罪论体系的建构尤其是较为广阔的理论发展空间的预设有关，但最为重要的是法学方法论的掌握。刑法解释③属于方法论的核心内容。刑法解释必须要探究法条用语的含义，揭示其所描述的事实、表达的价值判断和应然观念。

1. 文义解释

文义解释探究法条用语的语义，是解释的起点。文义解释之所以重要，是因为具体案件能否被包摄到刑法概念之下并不清楚，需要对法条用语的含义进行阐释；解释无论如何不能逾越法条用语的可能含义，从而使得罪刑法定原则被坚守。

由于任何一个刑法概念都存在一个肯定选项（概念核心）、中立选项（概念外围）、消极选项（概念之外）的区分，刑法解释就是要考虑待解释事项与法条用语本身所具有的意义（处于概念核心的肯定选项）的距离与处罚必要性。对于概念核心部分，原则上在肯定构成要件符合性的基础上，作为例外应考虑限定处罚的事项（包括限定性的合宪解释）；对于中间选项，应在正面考虑的基础上，根据保护法益的需要确定处罚必要性。④

文义解释的局限性是显而易见的。“法律适用的肯定的、否定的和中立的对象之区别以其精确见长。但它只可能使刑法解释界限有一个表面精确的概念界定。实际上，这个概念界定，可能只是在有一个主体间接受的程序，去决定否定的、肯定的、中立的对象时，才是确切的。对此必须也存在一个程序：强度如何可能被确定为客观的。但这类程序尚未见产生的征兆。”⑤

---

① ［德］阿图尔·考夫曼：《法律哲学》，2 版，刘幸义等译，60 页，北京，法律出版社，2011。

② ［德］英格博格·普珀：《法学思维小课堂》，蔡圣伟译，1 页，北京，北京大学出版社，2011。

③ 自萨维尼以来，经典的法律解释学区分了“语法的、逻辑的、历史的和体系的”四个解释要素。有的人把这四个要素称为解释理由。多数学者认为文义解释、体系解释、历史解释、目的解释是解释方法。法学方法论上赞成这种观点的文献很多，代表性的文献请参见［德］卡尔·恩吉斯：《法律思维导论》，郑永流译，73 页，北京，法律出版社，2004；在刑法学上，多数说将其称为实质的刑法解释方法。参见［德］汉斯·海因里希·耶赛克、托马斯·魏根特：《德国刑法教科书》，上册，徐久生译，213 页，北京，中国法制出版社，2017；［日］井田良：《讲义刑法学·总论》，2 版，57 页，东京，有斐阁，2018。

④ 参见［日］前田雅英：《刑法总论讲义》，7 版，63 页，东京，东京大学出版会，2019。

⑤ ［德］阿图尔·考夫曼、温弗里德·哈斯默尔主编：《当代法哲学和法律理论导论》，郑永流译，387 页，北京，法律出版社，2002。

确实，在文义解释过程中，通常要去比较“中立选项”是否更接近于那些明显可以被包摄到法律中的案例，来判断其属于肯定选项还是否定选项。但是，难题在于：有的案件比较极端、罕见，缺乏类似案例可以比较。此时，仅靠文义解释显然不能解决司法难题。“刑法学者的主导观点认为，可能的语言使用习惯是解释的界限……但是，可能的语言习惯只是一个非常弱的解释界限。”① “认为文义解释是解释的起点，与其说是强调文义解释的重要地位，还不如说是承认文义解释之不足。文义解释也仅仅是起点而已。”②

2. 体系解释

体系解释，“是指将需要解释的法律条文与其他法律条文联系起来，按照逻辑规则，从该法律条文与其他法律条文的关系、该法律条文在所属法律文件中的地位、有关法律规范与法律制度的联系等方面入手，系统全面地分析该法律条文的含义和内容，以免孤立地、片面地理解该法律条文的含义”③。体系解释是要将个别的法律观念放到整个法律秩序中去考察规范的内在关联。体系解释包括四个方面：(1) 无矛盾的要求；(2) 不赘言的要求（明确规范的适用范围，避免使某些规范成为多余的规定）；(3) 完整性要求（通过解释排除法律漏洞）；(4) 体系秩序的要求（法律规定的编排都是有意义的）。④ 体系解释符合逻辑常识：显而易见，从逻辑学上，我是“人”和我“不是人”之间只能选其一，不能对人的性质作相互矛盾的理解。刑法解释也是如此。从法律上看，刑法是对于市民及司法工作人员的行为指示，其必须体系性地加以理解，不能有内在矛盾，才能得到一体遵守和执行。在通常的刑法解释中，如果运用文义解释难以得出确定结论，或者其结论难以说服其他解释者时，就会用到体系解释方法，这是因为每一个法律规范在目的上都与整个法律秩序有关，对法律条文不能作孤立理解。

虽然刑法学上体系解释真正目的不是为了堵塞处罚漏洞⑤，但是，在文义解释结论有争议时，在没有穷尽其他可能的解释方法时，仍然不要轻易得出不能处罚的结论。此时，要考虑尽量用体系解释方法去印证、检验文义解释的可罚结论，从而做到不放纵犯罪。

3. 历史解释（主观解释）

历史解释，是指寻找立法动机、立法本意的解释方法。在19世纪中后期，西方刑法学基于犯罪征表说，主张自由法论，认为传统的罪刑法定原则应当予以修正或者重新展开，在刑法适用解释上，必须考虑社会的态度和欲求，因此对法官的刑法解释权持普遍支持态度，认为只要基于目的论的方法，类推解释是可以的，在这一点上，刑法解释和民法解释没有什么不同。同时，刑法解释必须注意探求立法者的意思。但是，在今天，这种刑法解释的主观立场基本上被抛弃了。

4. 目的解释

目的解释，是指根据规范保护目的、具体情境权衡各种解释理由，形成具体的协调规则，限制法官刑法解释上的恣意。目的解释反对探寻立法目的，主张在解释刑法过程中，基于对刑法的人权保障机能的重视，站在传统的罪刑法定的严格立场，对刑法根据其客观上可能具有的

① ［德］阿图尔·考夫曼、温弗里德·哈斯默尔主编：《当代法哲学和法律理论导论》，郑永流译，385页，北京，法律出版社，2002。

② 陈金钊主编：《法律方法论》，113页，北京，中国政法大学出版社，2007。

③ 葛洪义：《法律方法讲义》，182页，北京，中国人民大学出版社，2009。

④ 参见［德］英格博格·普珀：《法学思维小课堂》，蔡圣伟译，57页，北京，北京大学出版社，2011。

⑤ 因为刑法片段性、谦抑性的存在，规定的无漏洞性在这个领域中只会是法律解释的次要目标。参见［德］英格博格·普珀：《法学思维小课堂》，蔡圣伟译，64页，北京，北京大学出版社，2011。

含义进行严格解释。“在进行目的解释时，需要确定法规的意义和目的，也就是规范的保护目的，并且要将该目的用于确定具体的构成要件要素的含义。”①

最近几十年，在整体上，客观解释论风头正劲，已经占据主导地位。西方刑法学者一般认为：成文刑法一旦确立，就进入了社会领域，解释者就必须根据社会现实的发展对“过去的”成文刑法的含义进行一定程度的改变，因此，对于刑法的任何解释都是对“当下”的法律文本的客观含义的解释，而非对过去的立法者意思的解释。对刑法进行当代的、合时宜的客观解释是刑法适用时不可回避的。

我国的司法解释历来重视主观解释、历史解释，习惯于探求立法本意，对立法资料极其青睐。由此带来的后果是：法官尽量不自己解释刑法，遇到以前没有处理过的案件，许多法官都总是习惯性地感叹“对这个问题最高人民法院要是有司法解释就好了”。即使迫不得已要对刑法作出解释，法官也并不首先去考虑刑法学理论上对类似问题是否有研究；如果有研究，存在哪些对立主张，这些对立的见解中哪些是合理的。法官在自己解释刑法时，对探讨立法者的原意情有独钟，对刑法规定背后存在立法者原意深信不疑，设身处地地考虑立法者的立场并人为地事实上重复立法者的行为，对刑法学者的理论阐释反而兴趣不大。但是，主观解释，探求立法者原意的解释方法的缺陷是人们早就认识到的。一方面，如果在法律解释时一定要考虑几十年前的立法者意思，会造成法律僵化。另一方面，立法一旦规定出来，就会发展出固有的实效性，针对不同时代发挥作用，对一些立法者完全没有考虑到的问题提供解决方案，可能会脱离立法者最初的想法。“在一定程度上，每个法律解释都有其时代性。”② 因此，在刑法解释上，不应该仅仅去寻找立法本意，因为其明显是一种错觉和幻觉，而应该去探寻规范本身的意义与目的。

对此，宾丁曾经指出：“最好是别去描述立法者的意思，而是表达法的意思，法的意思表现在作为整个法的体系的一个环节的某一条法律原则里，根据内容、权威和企图达到的作用，把法的意思称为解释这条原则的目标……客观解释追溯到法律的理智，即追溯到法律的内在的实际相互联系，法律的内在的、客观的目的。”③

其实，所谓主观目的解释的立法者意思，如果一定要说其具有决定性的话，只能说其在作为反面的、限制处罚的“资料”出现时，具有重要意义。例如，在投机倒把罪已经修改的情况下，如果再要对类似行为定罪，就不能不考虑新的立法已然认为类似行为合法的“立法者意思”。因此，主观解释在作为不定罪的理由出现时，其功能是决定性的。考虑到类似情形并不多见，那么，对于历史的目的解释论，就应该是这样的态度：不应该过于强调这种目的解释的价值，其仅仅是理解规范的“有价值的协助资料”④。

在我国，最高人民法院的司法解释以及实践中难得一见的法官独立解释大多排斥客观解释，这在价值取向上与刑法客观主义有相当的距离。实际上，法官解释必须在深入理解刑法理论的基础上进行，只要刑法学理论在解释刑法时坚持了客观解释立场，这种理论解释就是司法实务中应当加以采纳的。有学者指出：“客观论者说，由于立法行为，制定法使自己与自己的作者分离开来，且被提至客观的存在之中。作者已不起作用了，他退至其作品之后……一如一切其他的人，参与立法活动的人，现在也要服从制定法本身……制定法本身和它的内在内容，

---

① ［德］乌尔斯·金德霍伊泽尔：《刑法总论教科书》，蔡桂生译，31页，北京，北京大学出版社，2015。

② ［德］卡尔·拉伦茨：《法学方法论》，陈爱娥译，196页，北京，商务印书馆，2003。

③ ［德］H. 科殷：《法哲学》，林荣远译，214页，北京，华夏出版社，2002。

④ ［德］卡尔·拉伦茨：《法学方法论》，陈爱娥译，220页，北京，商务印书馆，2003。

也不是像所有的历史经历那样静止的（‘往事保持着永恒的寂静’），而是活生生的和可变的，并因此具有适应能力。制定法的意义之所以改变，是因为制定法是整个法律秩序的组成部分，并因此参与到根据法律秩序的统一性而发生的法律持续变革之中。”①

因此，在解释上追索法律资料是不正确的，解释者不能去探索可能并不存在的、历史上立法者的意思，而应该去追问法律本身客观上的实际意义，根据法的理性进行解释是解释的客观理论的真正基础。

文义解释和（客观的）目的解释的关系是：一方面，在法条用语可能的含义范围较窄时，不能仅根据客观目的解释的结论扩大处罚范围，此时目的解释受制于文义解释。所有对于法条的解释都要从文义开始。“可能之语义的界限也即是解释的界限……法律解释的任务只能是，在特定法律语词的语义空间之内，选择那些使用了该法律语词的特定法条而言可最恰当地赋予该法律语词的涵义。”② 如果一个具体个案很清楚地不能被包摄到法条之下，这个法条就不能直接适用于此个案。如果目的论解释还倾向于这个法条的适用性，就可能违反禁止类推原则。例如，德国刑法典第 224 条规定了危险性武器伤害罪。从墙上取下砖头去击打被害人时，该砖头是危险性武器。但是，将被害人拎起来，用其头部去撞墙的，墙体本身不是危险性武器，即使处罚这种行为符合目的解释的要求，也不能够将危险性武器概念作过于扩大的解释。又如，德国刑法典第 303 条规定了故意毁坏财物罪，被告人 K 将他人饲养的名贵小鸟从笼子中放走的，德国的少数说从目的解释论出发，认为对所有权人所得的用途、目的的任何损害都是“毁坏”，从而得出 K 成立故意毁坏罪的结论。③ 通说则站在文义解释的角度，认为应该严格解释刑法，在本案中，被告人 K 对财物本身直接或间接的“毁坏”作用力并不存在，其只是实施了一个纯粹的不受刑罚处罚的使财物“脱离主人占有”的行为。④ 与此类似，交通肇事后逃逸致人死亡的，不包括第一次肇事后逃跑途中发生的第二次事故导致被害人死亡的情形；冒充军警人员抢劫，不包括真军人抢劫被害人的情形。法条用语的文义，是解释的界限，即便根据目的解释能够实现处罚，但如果法条用语的通常含义并不能够过度扩张时，解释结论就是不可接受的。在这种场合，目的解释的意义和功能都极其有限。日本在很长时期内关于电力等无体物不是财物的观点就清晰地反映了这一点。因此，在刑法中，如果考虑到罪刑法定原则的约束，就必须肯定：目的解释所得出的结论，最后仍然必须与法条的“字面含义”保持一致，必须以特殊方法“表现在”制定法中。例如，深更半夜打恶意电话，无论基于何种目的也不能被解释为非法“侵入”住宅。

另一方面，在法条用语可能的含义范围过宽时，客观的目的解释论被用来逾越文义，去限缩构成要件的适用范围。对此，普珀教授也认为，如果具体个案清楚地被包摄到法条文义之下，但目的性衡量的结果是反对将该法条适用于此案件，这个法律适用的范围就可能通过所谓的“目的性限缩”来限制，使其不再涵盖这个案件。

（三）刑法解释位阶性的否定

我国学者主张，解释刑法时应遵循文义解释→体系解释→历史解释→目的解释→合宪性解释的先后顺序。⑤ 拉伦茨也认为：“字义可以划定规定可能的解释界限，因此应该由此开始解

① 吴经熊：《法律哲学研究》，109 页，北京，清华大学出版社，2005。

② ［德］齐佩利乌斯：《法学方法论》，金振豹译，67 页，北京，法律出版社，2009。

③ 日本的通说及司法实践都毫无争议地赞成这种（德国的少数说）观点。参见［日］西田典之著，［日］桥爪隆补订：《日本刑法各论》，7 版，162 页，东京，弘文堂，2018。

④ 参见［德］约翰内斯·韦塞尔斯：《德国刑法总论》，李昌珂译，28 页，北京，法律出版社，2008。

⑤ 参见梁根林：《罪刑法定视域中的刑法适用解释》，载《中国法学》，2004（3）。

释工作；由此自然很快会趋向——该规定与其他规定之间的——意义脉络。而唯有基于对规整目的的认识，才能理解前述意义脉络。”① 但是，解释通常有顺序并不意味着刑法解释方法就一定具有位阶性。

1. 刑法解释是一个商谈、反复试错的过程

在疑难案件中，不可能直接找到法条用语的可能含义，因此，“特别需要通过法律商谈来检验解释结论的性质”②。“只有当支持法律解释的论辩以理性的方式进行且最后结论为法律共同体所接受时，法律解释的证立才是正确的。合理的要求依附于论辩程序……一个解释性论辩的理性为交往理性。”③ 而在法律解释的商谈过程中，不同解释主体的立场不同，其所选择的解释方法必然不同。例如，控方可能直接选择法律的规范目的等作为支撑解释结论的理由，以顺利实现指控；辩方可能以立法者意思有变化，不再对某种行为进行处罚为由，选择立法史料、体系解释等来支撑解释结论。因此，选择何种解释方法，完全取决于解释者基于何种解释立场。在控辩双方的刑法解释有分歧时，法官需要作出选择。而法官的解释，在实务中，也可能根据其解释“前见”直接运用某一种解释方法得出定罪或不定罪的结论，并不是严格按照文义解释→体系解释→历史解释→目的解释的顺序进行解释操作。“各种解释方法之间，除了文义解释之外，本身就没有一定的顺序，之所以形成不同的意见在很大程度上是由于各个学者从不同的角度予以观察的结果。”④

刑法解释过程，不仅仅是一个商谈的过程，同时也是一个反复试错的过程，而不是“单向度”从文义解释出发直达目的解释的思维过程。解释刑法时通常可能按照文义解释→体系解释→历史解释→目的解释的逻辑顺序推演，但是，在发现根据目的解释所得出的结论明显不妥当，不能被国民所接受时，又要返回到文义解释中，对法条用语进行限制，进行解释的“反向制约”，在反复试错中取得共识。⑤ 因此，各种解释方法之间的关系错综复杂，难以进行简要的概括和归纳；不同解释方法各有优劣，不存在哪一种解释方法完全优于其他方法的情形，没有任何一种解释结论能够完全排除另外一种解释结论。⑥

2. 解释方法在不同案件中视情形灵活选择

在实务上，一旦案件事实只能对应于规范的“模糊地带”，选择何种解释方法可能没有一定之规，某种解释方法可能被优先尝试、适用，也可能多种解释方法并用。一方面，在对法条用语的含义有大致的、初步的判断之后，有的人可能马上去考察规范的客观目的；有的人可能马上去寻找规范的相互关系；有的人则注重探寻立法意思、立法资料，试图从中寻找蛛丝马迹，对解释方法不是按照所谓的位阶顺序进行选择，而是根据需要，“直奔主题”、灵活应对，选择某一种解释方法得出案件处理结论。另一方面，如果考虑到“一旦有人适用一部法典的一个条文，他就是在适用整个法典”⑦，解释方法在很多人看来就一定不是单一的，不仅法秩序

---

① ［德］卡尔·拉伦茨：《法学方法论》，陈爱娥译，221页，北京，商务印书馆，2003。

② 冯军：《论刑法解释的边界和路径》，载《法学家》，2012（1）。

③ ［荷］伊芙琳·T. 菲特丽斯：《法律论证原理》，张其山等译，131页，北京，商务印书馆，2005。

④ 陈金钊主编：《法律方法论》，149页。

⑤ 因此，从文义解释出发，经体系解释最后到目的解释的顺序最多也只能算作是法律适用中“初始的排序模式”（张志铭：《法律解释操作分析》，174页，北京，中国政法大学出版社，1999）。但是，这种排序模式一旦遇到需要刑法解释方法真正大显身手的疑难案件，在解释需要商谈和试错时，就没有实质性意义。

⑥ 参见温登平：《刑法解释方法位阶关系否定论》，载陈金钊主编：《法律方法》（第13卷），366页，济南，山东人民出版社，2013。

⑦ 法哲学家施塔姆勒（Statmmler）语。转引自［德］卡尔·恩吉斯：《法律思维导论》，郑永流译，73页，北京，法律出版社，2004。

统一性原理要考虑，规范意旨、规范保护目的也必须要一并考虑。对此，萨维尼也认为，必须把不同的方法统一起来，解释才能奏效。“有时是这种解释的地位突出，有时则是另一种解释，只有综合考虑各种因素的这个方向不能变。”① 所以，解释方法的采用即使不能有任意性，不能由解释者随心所欲进行解释操作，但也相对具有灵活性。拉伦茨对此的说法则是，当不同解释方法所得出的结论相互冲突时，“个案中应该采用解释结果最清楚的那种解释方法”。如果相互冲突的解释方法在具体个案中都可得出一样清楚单义的结果，法官就必须在其中作出选择。② 承认解释方法的优位性是一个似是而非的说法。如果一定要确定解释的优位性，或许也就只能极其抽象地认为文义解释最为重要，因为其是解释的出发点也是解释的边界。但前已述及，这样的说法无助于解决任何实务难题。

3. 采用何种解释方法取决于对处罚必要性的判断

普珀教授指出：“在具体个案中，当数个解释方法分别导出对立的结论时，为了决定应采哪一种解释，方法论长久以来都在努力试着订出各种解释方法之间的抽象顺位，但是并没有成功……对于具体个案中判决的发现来说，这些解释方法仅具有次要的意义。依此，法律适用者是先根据他的前理解及可信度衡量（Plausibilitätserwägungen）决定正确的结论，然后再回过头来寻找能够证成这个结论的解释方法。”③ 这样说来，对于很多刑法规定的解释，都是解释者或明或暗地有了倾向性意见之后，再回过头去寻找解释方法去论证该结论的正确。此时，使用何种解释方法，就受制于解释者的“前理解”、预判。

因此，“解释是一种结果。通常是在结果早已确定之后，才选择解释的方法。所谓的解释方法只不过是对文本的补充的事后的注脚而已”④。虽然魏德士不无担忧地将这种现象概括为“司法实践中普遍性的方法原则的丧失”，但不可否认，先根据处罚必要性得出定罪预设的结论后，再相对“随机地”、灵活地寻找解释方法的现象在司法实务中客观存在、大量存在⑤，判决的“调适性结果”在很大程度上左右着解释方法的选择，而这样做在刑法适用方法论上既难以避免也无可厚非。对此，有学者指出：刑法解释方法必须为解释的合理性目的服务。“我们并不能将解释的位阶性提高到居于司法合理性之上的规则权威。因为，司法并非单纯的规则之治，刑法解释的目的也并非追求单纯的规则完美。”⑥

这样说来，司法过程的复杂性远远超过赞成刑法解释方法位阶性的学者的想象，根本不是列表式的简单排序就能够解决的。在处理具体案件时，法官所获得的不同信息、先例、逻辑、关于社会福利的考虑等“所有这些成分被投入到法院的锅炉中”，酿造出司法判决“这种奇怪的化合物”⑦。极其复杂的司法过程实际上是在为可接受的答案提供解释途径，使规范“具体化”。处罚必要性的考虑、确保裁判结论被认可的需要调控规范的具体化，采用何种解释方法就不仅仅是通过文本解释、立法目的来确定的，还要根据调控的“需要”来确定，解释方法的

---

① 转引自［德］伯恩·魏德士：《法理学》，丁小春、吴越译，314页，北京，法律出版社，2003。

② 对此，拉伦茨称其为“具体位阶的可决定性”（但这丝毫不意味着他肯定抽象的解释方法位阶性）。参见［德］卡尔·拉伦茨：《法学方法论》，陈爱娥译，221页，北京，商务印书馆，2003。

③ ［德］英格博格·普珀：《法学思维小课堂》，蔡圣伟译，78页，北京，北京大学出版社，2011。

④ ［德］伯恩·魏德士：《法理学》，丁小春、吴越译，315页，北京，法律出版社，2003。

⑤ 例如，在民事诉讼中，法官枉法进行调解是否构成枉法裁判罪，涉及能否把调解解释到“裁判”的核心含义中。对类似案件，解释者实际上是在先对处罚必要性是否存在进行判断之后，再去考虑目的解释、体系解释问题，解释是否有顺序、解释方法是否要用尽，都不是最为重要的。

⑥ 周德金：《刑法解释方法位阶性之质疑与思考》，载赵秉志主编：《刑法评论》（第17卷），94页，北京，法律出版社，2010。

⑦ ［美］本杰明·卡多佐：《司法过程的性质》，苏力译，2页，北京，商务印书馆，1998。

运用有“按需分配”的成分。“对解释后果日增的思考业已指明，规范的具体化不仅仅是解释。必须以此为出发点，即在日常实践中，其他的经验也作为‘相关规范’进入到具体化过程中。法官把他自己内化的社会规范带到了解释过程中。”①

这样说来，对于刑法解释方法存在位阶顺序的主张既不准确，也没有实际意义。对此，黄荣坚教授正确地指出：“对于文字意义的理解，即使学理上有所谓文义解释、系统解释、沿革解释、目的解释以及合宪解释等等基本解释方法，但是经验告诉我们，这些解释方法本来就没有一定的效力顺序，因此也没有办法保障一个所谓的正确看法出现。”②

第二节 罪刑均衡原则

罪刑均衡原则的基本含义是：犯多大的罪，就应当承担多大的刑事责任，法院亦应判处其相应轻重的刑罚，做到重罪重罚、轻罪轻罚，罚当其罪、罪刑相称。对罪轻、罪重的评判，应当考虑犯罪行为本身的客观危害，以及其他各种影响罪犯个人责任大小的因素，使刑罚既与犯罪的客观危害相对应，也与行为人的个人情况相对应。我国刑法第 5 条规定，刑罚的轻重，应当与犯罪分子所犯罪行和承担的刑事责任相适应。这一规定就是顺应了罪刑均衡原则发展的趋势。

罪刑均衡原则在刑事立法中通过罪状与法定刑的对应关系表现出来，在刑事司法中则表现为宣告与犯罪人的具体犯罪大致相当的刑罚并确保其执行。

一、观念基础

罪刑均衡原则来源于古老的报复观念。此后，刑事古典学派进一步强调，刑罚必须和犯罪的客观危害相当，以此来维持罪刑均衡关系。刑事古典学派认为：犯罪使社会公共福利、公民的自由和安全、社会治安、私人财产以及统治者利益受到实际危害，因而刑罚应当与客观犯罪行为及其危害结果相均衡。凡属于主观范畴的因素（如犯罪人的动机、目的等）不应当影响刑罚的确定。从这一原则出发，国家必须在罪刑法定的基础上制定一部反映犯罪和刑罚关系的阶梯式刑法典，即贝卡里亚在《论犯罪和刑罚》中所设想的一个“由上到下排列着一切违反公共福利的犯罪行为——由最重要的到最轻的——阶梯”式法典；并且，法官应当严格地根据法律进行形式逻辑式的推理量刑，既不允许法官对刑法典擅作解释和类推，也不允许法官量刑时自由裁量，如此，才能真正实现罪刑的均衡，从而满足刑罚正义的要求。

对于罪刑均衡原则，边沁曾经形象地指出：“让我们定个规则，多大的罪用多大的惩罚；应该用树枝纠正的过程，不用可怕的鞭子抽打。孟德斯鸠意识到了罪刑相称的必要性，贝卡里亚则强调了它的重要性。然而，他们仅仅做了推荐，并未进行解释；他们未告诉我们相称性由什么构成。让我们努力弥补这一缺憾，提出计算这个道德原则的主要规则。”③

边沁由此提出了罪刑均衡的五个规则：（1）刑罚之苦必须超过犯罪之利。（2）刑罚的确定性越弱，其严厉性就应该越强。（3）当两个罪行相联系时，严重之罪应适用严厉之刑，从而使罪犯有可能在较轻阶段停止犯罪。（4）罪行越重，适用严厉之刑以减少其发生的理由就越充足。（5）不应该对所有罪犯的相同之罪适用相同之刑，必须对可能影响感情的某些情节给予考虑。

但是，在垄断资本主义时期，随着刑法客观主义遭受广泛的批评，以行为人为出发点的刑

---

① ［德］阿图尔·考夫曼、温弗里德·哈斯默尔主编：《当代法哲学和法律理论导论》，郑永流译，383 页，北京，法律出版社，2002。

② 黄荣坚：《基础刑法学》（上），108 页，台北，元照出版有限公司，2012。

③ ［英］吉米·边沁：《立法理论》，李贵方等译，375 页，北京，中国人民公安大学出版社，2004。

法思想大行其道：强调犯罪人的主观恶性对于犯罪行为的重要影响作用，竭力主张刑罚应当以改造犯罪、保全社会为出发点；刑罚不是对犯罪行为而是对犯罪者实施。在量刑时，虽然要考虑犯罪人的客观犯罪行为和危害后果，但更主要的应当是考虑犯罪人的反社会性或人身危险性。对犯罪人应当按照其个体的社会危险性程度进行分类，并相应地适用不同的刑罚。从这一原则出发，刑事实证学派主张改造传统的罪刑均衡原则，以人身危险性概念充实罪刑均衡原则的内容，刑罚必须根据个人的人身危险性或者再犯可能性来确定。

由于刑法学上的学派之争在 20 世纪垄断资本主义高速发展的新背景下渐趋缓和，在量刑原则上两派也开始取长补短：既强调刑罚与犯罪行为相适应，又主张刑罚与犯罪人的人身危险性相适应。在这个意义上，可以说罪刑均衡原则是刑罚正义和刑罚个别化的统一：一方面，罪刑均衡要求刑罚应当与犯罪的客观危害之间建立对应关系，做到有罪必罚、无罪不罚，重罪重罚、轻罪轻罚，以满足分配正义的要求；另一方面，罪刑均衡要求刑罚适用不能一概而论，必须根据行为人的人身危险性的大小、心理类型等个别因素量刑，以实现刑罚个别化。

二、立法体现

在刑事立法中，需要合理衡量罪和刑之间的对应关系，在此基础上，才能准确设立罪名和配置对应幅度的法定刑。对此，有学者指出：“社会关系的性质——这是一个质的范畴。在确定社会关系的性质时，犯罪的方式和动机，罪过的形式、加重责任要件、受法律保护的社会关系的社会重要性都是有意义的。例如，严重损害他人健康就比故意轻伤损害他人健康性质严重。社会危害性的程度——这是一个量的范畴，并且取决于许多情节的总和。为了确定犯罪的社会危害性程度，重要的是要确定犯罪人在实施犯罪中的作用，如果犯罪是由集团实施的，则重要的是每个共同犯罪人参与犯罪的程度。”①

因此，犯罪的社会危害性程度越高，罪行越大；反之，则罪行越轻。而刑与罪的对应，实质上就是对犯罪人所适用的刑罚轻重与犯罪的客观危害性大小相适应。

罪刑均衡原则在我国刑法中得到了充分体现：

(1) 刑法总则确立了合理的刑罚方法。主刑、附加刑既相互区别又相互衔接，能够根据犯罪的不同情况灵活地加以运用，对极个别罪行极其严重的犯罪分子从肉体上消灭，对多数犯罪分子进行矫正和隔离，对客观危害不大、主观恶性较小的罪犯则在社会上进行监管，从而为刑事司法实现罪刑均衡原则奠定了基础。

(2) 刑法总则规定了区别对待的刑罚裁量原则和执行方法：根据各种行为的社会危害性程度和犯罪人的人身危险性大小，规定了轻重有别的处罚原则。例如，对于不满 18 周岁的人犯罪，应当从轻或者减轻处罚。对于聋哑人或者盲人犯罪，可以从轻、减轻或者免除处罚；对于预备犯，可以比照既遂犯从轻、减轻或者免除处罚。对于未遂犯，可以比照既遂犯从轻或者减轻处罚。对于中止犯，没有造成损害的，应当免除处罚；造成损害的，应当减轻处罚。在共同犯罪中，规定对于组织、领导犯罪集团的首要分子，应当按照集团所犯的全部罪行处罚；对于其他主犯，应当按照其所参与的或者组织、指挥的全部犯罪处罚。对于从犯，应当从轻、减轻或者免除处罚。对于教唆犯，应当按照他的犯罪情节减轻处罚或者免除处罚。对于防卫过当、避险过当的，应当减轻或者免除处罚。对于累犯，应当从重处罚。对于自首和立功的人，刑法区别情况规定了从宽处罚措施。此外，刑法规定了缓刑、减刑、假释制度，可以根据犯罪人的

---

① 俄罗斯联邦总检察院编：《俄罗斯联邦刑法典释义》（上），黄道秀译，146 页，北京，中国政法大学出版社，2000。

主观恶性和改造程度确定处罚标准与矫正期限，有助于罪刑均衡原则的动态实现。

(3) 刑法分则根据各种犯罪侵害法益的不同，以及行为客观危害的大小规定了四百多个犯罪，使各种程度不同的危害行为都能够有对应的罪名加以规范。

(4) 刑法分则根据个罪的具体情况设立了轻重不同的法定刑幅度。对于大多数犯罪根据犯罪数额、数量和情节，规定了多个档次的或者跨度较大的法定刑，司法机关可以根据犯罪的法益侵害程度、犯罪手段及犯罪人主观恶性的大小等情节，对犯罪人判处适当的刑罚，以有效防止轻罪重判，也不至于放纵犯罪。

当然，我国刑法分则的有些规定，在与罪刑均衡原则相协调方面，还存在一些不足，突出表现在法定刑攀比上。法定刑攀比包括横向攀比和纵向攀比两方面。所谓“横向攀比”，是指分则个罪之间的法定刑存在着刑种和刑度的互相攀附与比对现象。下述两个立法现象的存在加剧了法定刑的横向攀比：一方面，高比率死刑的存在使我国刑法呈现重刑刑罚结构，直接导致了分则各罪的法定刑出现趋重趋势，“使刑罚量在总体上处于较高水平”①。另一方面，绝对确定的法定刑设置方式的出现。如刑法第 121 条（劫持航空器罪）等条文规定，犯罪行为符合某一条件的，绝对适用死刑，而无任何回旋余地，更使分则个罪的法定刑竞相效仿和攀升。所谓“纵向攀比”，是指个罪刑种和刑度的搭配与具体犯罪的情节和社会危害程度不相对称，不能恰当衔接和交叉。无论是法定刑的横向攀比还是纵向攀比，都是刑罚制度设置不合理的表现。这一现象的存在，会对罪刑均衡原则产生冲击。

三、司法适用

由于犯罪的复杂性，刑事立法一般只能规定相对确定的法定刑幅度而不能规定绝对确定的刑罚与之相对应，罪刑均衡的最后实现还有赖于刑事司法，因此，罪刑均衡原则不仅是立法上配置法定刑的指导原则，而且应当成为指导刑事司法实践的重要原则。“量刑对于被告人来说是吸引他极大关注的具有重大意义的事情。”② 因为被告人，尤其是有罪被告人，其所关心的并不是以什么理由被惩罚，而是受到了何种惩罚。从这一意义上看，量刑的意义并不亚于定罪。

在刑事司法中，法官对犯罪人裁量刑罚，不仅要看犯罪行为及其所造成的危害结果，而且也要看整个犯罪事实包括罪行和罪犯各方面因素综合体现的社会危害性程度。为此，必须做到以下四点：

（一）妥善处理刑罚个别化原则

罪刑均衡是刑罚正义和刑罚个别化的有机统一。刑罚正义与刑罚个别化之间，不是对立、相互排斥的关系，而是相互融合、相互补充的关系，它们是对犯罪人决定刑罚的两个切入点。

刑罚个别化原则，是指在刑罚裁量时应当根据犯罪人的人身危险性大小，在法定刑幅度内或以法定刑为基础确定适当的刑罚。由此可见，人身危险性是刑罚个别化原则中的核心概念。人身危险性实质上是犯罪人未来再实施危害行为的可能性，对这种可能性进行预测，只能从其过去的言行进行考察、分析。总体而言，心理特征（含个人性格、气质等）、生理状况、受教育程度、职业状况、生活经历、罪前情节（主要指犯罪前的一贯表现、累犯、再犯、前科以及犯罪的起因等）、罪后情节（包括两类：一类是悔悟表现，包括投案自首、积极揭发、戴罪立功或坦白交代等；与此相反的另一类是抗拒表现，如犯罪后畏罪潜逃、抗拒逮捕、拒绝认罪或推脱罪责等），以及犯罪过程中的各种表现（犯罪人在共同犯罪中的地位和作用，危害行为方

---

① 储槐植：《刑事一体化与关系刑法论》，418 页，北京，北京大学出版社，1997。

② ［日］曾根威彦：《量刑基准》，载［日］西原春夫主编：《日本刑事法的形成与特色》，150 页，北京，法律出版社，1997。

式，危害结果数量，犯罪对象的特点，犯罪时间、地点和手段的差异）都对量刑有影响。

刑罚个别化原则的理论依据在于：不同的犯罪人具有不同的情况，每个人犯罪的原因存在着差异。为了使社会免受具有犯罪性格和倾向的人的侵害，也为了消除、改正这些人的犯罪倾向，就不应当只依其犯罪行为的外部表现和客观损害来确定刑罚，还应当兼及个人的反社会倾向即人身危险性。在刑罚执行阶段，根据犯罪人个人的悔罪情况适当缩短刑期，甚至附条件提前释放，都符合罪刑均衡原则的精神实质。今天，世界各国的刑法司法，都不同程度地肯定了刑罚个别化原则。

对于刑罚个别化，必须结合具体问题能动地加以理解。例如，按照《刑法修正案（八）》第 5 条的规定，犯罪分子具有本法规定的减轻处罚情节的，应当在法定刑以下判处刑罚；本法规定有数个量刑幅度的，应当在法定刑幅度的下一个量刑幅度内判处刑罚。按照这一规定的精神，减轻处罚似乎只能“减一档”，即有数个量刑幅度的，减轻处罚时只能“在法定刑幅度的下一个量刑幅度内判处刑罚”。但是，我认为这是针对被告人仅有一个减轻处罚情节的情形。如果行为人有多个减轻处罚情节，例如，行为人不满 18 周岁且有重大立功表现的，应当可以“减两档”，乃至最终宣告缓刑或者免予刑事处罚。否则，有多个减轻处罚情节和有一个减轻处罚情节时处罚一样，就不利于贯彻罪刑相适应原则，也不利于鼓励罪犯“回头是岸”。

刑罚正义和刑罚个别化之间并非无主次之分。使所决定的刑罚轻重与犯罪的社会危害性大小相适应，以满足刑罚报应的正义要求，应当是刑罚适用时首当其冲地加以考虑的方面。因为，犯罪的成立是决定对犯罪人判处刑罚的前提和基础，犯罪的社会危害性应当成为判处刑罚轻重的主导性和决定性因素。犯罪人的人身危险性虽然毫无疑问地对于判处刑罚轻重产生重要的影响但却不具有主导和决定的意义，所以，相对于刑罚正义，刑罚个别化应当是次要考虑的方面。这种以刑罚正义为主、以刑罚个别化为辅的主次位置是不应颠倒的，否则，就是本末倒置。

（二）将量刑与定罪置于同等重要的地位

为此，需要纠正司法实践中重定罪、轻量刑的做法。有的司法工作人员错误地认为，只要定性准确，多判几年或者少判几年都无关紧要。但是，量刑不准，仍然涉及对罪犯之重要权利的不当剥夺，也是违反法律公正性要求的。对于具体犯罪，只有在对案件全部量刑情节进行全面考察、综合分析的基础上确定是否判处刑罚、判处多重的刑罚之后，才算真正做到了罪刑均衡。量刑适当与否是衡量罪刑均衡原则是否真正实现的唯一标准。

（三）防止重刑主义

贯彻罪刑均衡，必须纠正重刑主义的错误倾向。有罪必罚，并不意味着有罪就必须判重刑，更不是对犯罪一律都按法定最高刑处刑。重刑主义思想危害很大，对罪刑均衡原则的冲击最大，所以，要贯彻罪刑均衡原则，必须强化量刑适当的观念，防止轻罪重判，减少重刑，尤其是死刑的适用概率。

（四）追求司法的均衡和统一

要实现罪刑均衡，就需要防止不同法院对同样犯罪量刑过于悬殊的现象出现。类似案件类似处理，是刑事司法中必须遵循的工作方针。但是，在当前的司法实践中存在着对犯罪的客观危害相同、犯罪人的人身危险性相同的案件，不同地区的法院在量刑上轻重过于悬殊的现象。这是在今后应当尽量加以避免的。

第三节 刑法适用平等原则

一、含义

刑法适用平等原则的基本含义就是：就犯罪人而言，任何人犯罪，都应当受到法律的追究；任何人不得享有超越法律规定的特权；对于一切犯罪行为，不论犯罪人的社会地位、家庭出身、职业状况、政治面貌、才能业绩如何，都一律平等地适用刑法，在定罪量刑时不应有所区别，一视同仁，依法惩处。就被害人而言，任何人受到犯罪侵害，都应当依法追究犯罪、保护被害人的权益；被害人同样的权益，应当受到刑法同样的保护，不得因为被害人身份地位、财产状况等情况的不同而对犯罪和犯罪人予以不同的刑法适用。

平等是世界各国普遍追求的价值理念，也是公民应当享有的一项法律上的权利，其在法律上首先是通过宪法性文件表达的。1789 年法国《人权宣言》第 1 条开门见山地规定，人人生来就有权保持自由与平等。第 13 条更为具体地阐述了平等原则："法律表达普遍意志，所有公民都有权亲自或经由其代表来参与形成法律。不论是保护还是惩罚，法律必须对所有人一样。"法律面前人人平等是我国宪法确立的社会主义法治的一般原则。但是，宪法规定较为抽象，存在其固有的局限性。这一原则要真正取得效果，有必要在各个部门法律中得到贯彻执行。鉴于我国司法实践中适用刑法不平等的现象在现阶段还比较严重，刑法第 4 条明确规定，对任何人犯罪，在适用法律上一律平等；不允许任何人有超越法律的特权。

二、适用

刑法适用平等原则意味着法律规定必须被平等地适用于所有就法律规定而言"情况类似"的人①，其具体体现在定罪、量刑和行刑三个方面。

（一）定罪平等

犯罪是侵犯法益的行为，刑法的目的是保护法益。任何人的行为只要对法益有侵害，就应该被作为犯罪进行追究，无论行为人身份、地位如何，都应当一律平等对待，适用相同的定罪标准。如果对一些罪犯因为其地位特殊、功劳大而使其逍遥法外、不予定罪，就不能有效地保护一部分合法权益；反之，对没有犯罪的普通公民进行任意追究，也会使这些人的合法权益受到侵害。所以，有罪不究或者罪及无辜，都是违反刑法适用平等原则的错误做法。

当然，定罪平等并不排斥法官根据共犯的规定区别情况定罪，也不排斥法官根据刑法分则关于身份犯的规定处理案件。

必须指出，平等定罪的实现并非易事，尤其是定罪时如何实现对不同市场经济主体的平等保护，需要实务上认真思考。例如，挪用资金归个人使用的，可能构成挪用资金罪。参照全国人大常委会《关于〈中华人民共和国刑法〉第三百八十四条第一款的解释》（2002 年 4 月 28 日）的规定，挪用资金"归个人使用"包括三种情形：（1）将本单位资金供本人、亲友或者其他自然人使用的；（2）以个人名义将本单位资金供其他单位使用的；（3）个人决定以单位名义将本单位资金供其他单位使用，谋取个人利益的。A 公司经理甲以其所在公司名义将公款挪用给 B 公司（一人公司）使用，甲个人并未牟取个人利益的，由于不属于以个人名义将本单位资金供其他单位使用，也不属于个人决定以单位名义将本单位资金供其他单位使用，谋取个人利益的情形，如果要认定其构成挪用资金罪，就只能考虑作为一人公司的 B 公司是否能够被解释为自然人，进而判断甲是否将本单位资金挪用给其他自然人使用。

实务中，有观点认为，B 公司是一人公司，其股东是唯一出资人、法定代表人，甲借给 B 公司的钱实质上就是借给其股东本人，因此，将本单位资金提供给一人公司使用的，可以被评价为"将本单位资金供自然人使用"。但是，我国《公司法》早在 2006 年就明确规定了一人公司的法人地位。随着一人公司民事主体地位的依法确立，一人公司的大量出现已经成为一种客

① 从这个意义上讲，立法本身所造成的不平等并不在刑法适用平等原则所关注的范围内。

观经济现象，一人公司向税务机关依法缴纳企业所得税。这从法律上确认了其属于公司法意义上的单位而非个人。如果一律否定一人公司刑法上的主体资格，已经不符合我国立法的现实。必须承认，一人公司的出现及得到越来越普遍的承认有其必然性和合理性，是经济发展对投资主体多元化、灵活性的必然选择，是鼓励投资、创新的必然要求。

从刑法的视角看，首先，既然一人公司依法成立，并作为经济活动主体和其他公司、企业一样从事经营活动，就理应受到刑法的平等对待，这是刑法适用上定罪平等原则的具体体现。其次，既然《公司法》已经明确赋予了一人公司法人地位，刑法应当与之相衔接，定罪量刑的处理结论不能与之相冲突，这是法秩序统一性原则的要求。如果一方面承认一人公司的法人地位，另一方面又在民事借贷关系中将一人公司与多人公司予以区分，从而使提供资金给一人公司的行为构成挪用资金罪，难言合理。这不仅无法维持公平竞争的环境，也不利于一人公司的经营发展，不利于鼓励投资和创新。再次，刑法作为部门法的保障及最后制裁手段，是最为严厉、对公民基本权利干预最为严重的部门法，理应保持谦抑，对于能够交由民商事法律解决的问题，就不要轻易动用刑法。最后，既然全国人大常委会《关于〈中华人民共和国刑法〉第三百八十四条第一款的解释》明确规定的是将本单位资金供本人、亲友或者其他自然人使用，那么将这里的“自然人”解释为还包括了一人公司，有类推解释之嫌。

此外，如果对一人公司这种具有法人资格的公司都不能认定为刑法上的“单位”，按照这种逻辑，不具有法人资格的个人独资企业，那就更不可能认定为刑法上的“单位”了。于是，行为人如果将本单位资金供个人独资企业使用，也会符合“归个人使用”的情形。但实务中大量存在肯定个人独资企业属于刑法上的“单位”的裁判。在某些涉及挪用资金给独资企业使用的案件中，法院判决明确认可使用资金的企业虽系私有企业，且不具备法人资格，但其是依照《个人独资企业法》成立的具有法律主体资格的组织，属于刑法上的单位，行为人在向该独资企业提供借款时并未谋取个人利益，其提供资金给该企业使用的行为不符合挪用资金罪中“归个人使用或借贷给他人”的客观要件，不能被认定为犯罪。

（二）量刑平等

刑法规范是行为规范，更是裁判规范，具有普遍性特征。刑法的普遍性意味着刑法所设想的适用对象不是特定的个人及有关事件，而是一般的人和事。刑罚规范的普遍性特征使平等地对罪犯量刑成为可能。量刑上的平等，并不等于对同样罪名必须判处同样的刑罚。虽然触犯相同罪名，但犯罪情节不同，犯罪的时间、地点有差别，行为的社会危害性就不相同，对不同罪犯的宣告刑就可能有所不同。这是正常现象，并不违反刑法适用平等原则。但是，单纯因为某些人地位高、权势大、经济实力强，就对其从宽发落，则是严重违反刑法适用平等原则的。例如，刑法第383、386条规定，贪污、受贿数额较大，在提起公诉前如实供述自己罪行、真诚悔罪、积极退赃，避免、减少损害结果的发生的，可以从轻、减轻或者免除处罚；数额巨大或者特别巨大，有前述情形的，可以从轻处罚。这一规定考虑了反腐斗争的实际需要，有其现实意义，但是，其是否应该增设在刑法总则中，统一适用于罪犯可能退赃的财产犯罪和经济犯罪，还值得仔细推敲。更何况，贪污贿赂罪原本就不属于典型的侵犯财产罪，尤其是受贿罪的赃物，只有被国家所追缴而没有所谓的“退赃”问题，因为行贿人也是违法者，其无权接受受贿人退回的赃款赃物。将类似奖励规定放在贪污贿赂罪这些身份犯中，而不能适用于普通人可能触犯的大量财产犯罪，从立法技术上看，容易受到官官相护的质疑，给人的观感不太好，同时也有与刑法适用平等原则有所抵牾的嫌疑。

当然，量刑平等并不排斥法官根据被告人是否具有累犯、自首、立功、未遂等法定量刑情节和其他酌定情节适用刑罚。

（三）行刑平等

在执行刑罚过程中，对于所有的受刑人都应当平等对待：罪刑相同、主观恶性相同的人，刑罚处遇应当相同。减刑、假释的条件必须统一、均衡地予以把握。虽然犯罪的客观危害相同，但是，对教育改造效果好、悔罪表现明显的人给予减刑、假释，并不违反刑法适用平等原则。但是，对悔罪态度不好的人，不能因为其有权势、有经济实力就给予减刑、假释，否则，就是承认某些人享有超越法律的特权。

在实务中，即使不同被告人触犯了相同罪名，其犯罪的危害后果也大致相同，但司法机关根据每个案件不同的法定或者酌定量刑情节区别处理，对被告人适用轻重不同的法定刑的，不能简单地认为判决结论违反刑法适用平等原则。只要实际处罚结果与各个具体案件自身所具有的量刑情节相平衡，对该犯罪的量刑就是适当的。个罪量刑适当，同类案件之间便能达到相互平衡，但同类案件相互平衡并不一定表明个罪量刑就是适当的。因此，类似案件比较虽然对衡量量刑综合平衡具有参照作用，但其意义不能被人为夸大。在量刑实践中应该追求的是个案量刑综合平衡，进而达到类案间量刑结果的平衡，而不能简单追求同类案件之间量刑的绝对平衡，不能机械地理解刑法适用平等原则。对此，考夫曼曾经指出，为实现平等原则而在法律规范中予以相同对待的事实，其实从不曾真正相同："没有任何一个窃盗案件的情节会与另一件窃盗案件完全相同，没有任何人的实际上行为能力或者责任能力与另一人的相同，因为所有人无论是在认识、能力、性格、理解力及意志力等各方面皆不相同。"①

在这个意义上，可以认为，刑法适用平等原则更多地只是表明了立法者的态度，至于司法上是否符合该原则，则不能仅仅作形式的比较，而主要应当就个案是否实现分配的正义进行实质判断。换言之，平等是对不平等的抽象排斥，意味着相同情况相同处理。但是，什么是相同情况？难以判断。在很多时候，相同和相似之间缺乏逻辑上的明确界限，实质的刑法适用平等可能更多地意味着两个案件在相似性上有关联，所以应该给予"大致差不多"的处理。法官自由裁量权的存在，使每个被告人所得到的正义，部分地取决于其自身的独特生活和案件的特殊性。

① ［德］考夫曼：《法律哲学》，刘幸义等译，23页，北京，法律出版社，2004。

第四章　刑法适用范围

刑法的适用范围，即刑法的效力范围，是指刑法在什么地方、对什么人和在什么时间内具有效力。刑法的适用范围，分为刑法的空间效力与刑法的时间效力。

第一节　刑法的空间效力

刑法的空间效力，是指刑法对地和人的效力，也就是一个国家的刑事管辖权的范围问题。刑事管辖权是国家主权的组成部分。一个独立自主的国家，无不在刑法中对刑法的空间效力即刑事管辖权的范围问题作出规定。

一、刑法空间效力的原则

对于刑法的空间效力，各国刑法有不同规定，但大致实行以下四个原则：

1. 属地原则

根据领土主权，对于在本国领域内发生的犯罪，不问犯罪人的国籍，一律适用本国刑法，即以犯罪地为准。

2. 属人原则

对于本国国民，无论在何地犯罪，一律适用本国刑法，即以犯罪人的国籍为准。

3. 保护主义

对于侵害本国国家以及国民利益的犯罪，不论犯罪人是谁，也不论犯罪发生在何地，一律适用本国刑法。

4. 普遍原则

对于某些严重侵害人类共同生活利益、生存状态的犯罪，无论犯罪人是谁，也无论犯罪发生在何处，更不考虑是否侵犯本国国家或国民的利益，一律适用本国刑法。

二、我国刑法关于空间效力的规定

在空间效力问题上，我国刑法以属地原则为基准，兼采属人原则、保护原则和普遍原则。

（一）属地管辖

刑法第 6 条第 1 款规定，凡在中华人民共和国领域内犯罪的，除法律有特别规定的以外，都适用本法。它包括以下两项主要内容：

1. “中华人民共和国领域内”的含义

所谓中华人民共和国领域内，是指我国国境以内的全部空间区域，具体包括：（1）领陆，即国境线以内的陆地及其地下层，这是国家领土最基本和最重要的部分。（2）领水，即国家领陆以内的水域以及与陆地邻接的一定宽度的水域，包括内水、领海及其地下层。内水包括内河、内湖、内海以及同外国之间界水的一部分，通常以河流中心线或主航道中心线为界。领海即与海岸或内水相邻接的水域，包括海床和底土。根据我国政府 1958 年 9 月 4 日发表的声明，我国的领海宽度为12海里。（3）领空，即领陆、领水的上空。

同时，根据国际条约和惯例，对于发生在以下两个场所内的犯罪，适用我国刑法：（1）我国的船舶、航空器。我国刑法第6条第2款规定，凡在中华人民共和国船舶或者航空器内犯罪的，也适用本法。（2）我国驻外使领馆。根据我国承认的《维也纳外交关系公约》的规定，各国驻外大使馆、领事馆不受驻在国的司法管辖而受本国的司法管辖。这些场所亦视同我国领域，在该场所内发生的任何犯罪都适用我国刑法。

除此之外，针对犯罪行为与犯罪结果在时间或地点方面存在不一致等情况，我国刑法又进一步明确了属地管辖的具体标准。

我国刑法第6条第3款规定，犯罪的行为或者结果有一项发生在中华人民共和国领域内的，就认为是在中华人民共和国领域内犯罪。这里的结果，包括实际发生的构成要件结果，也包括按照行为人的设想本该发生相应结果的地方。根据前述规定，可以适用我国刑法的情形具体包括：（1）犯罪行为与犯罪结果均发生在我国境内，是在我国领域内犯罪。这是较常见的情况。（2）犯罪行为在我国领域内实施，但犯罪结果发生于国外，例如在我国境内邮寄装有炸药的包裹，在境外发生爆炸；在我国放火，危害结果发生在国外的，都属于在我国领域内犯罪。（3）犯罪行为实施于国外，但犯罪结果发生于我国境内，例如在我国境外开枪，打死境内居民的，可以适用我国刑法；又如，从A国运送毒物到中国，服用毒物者死在B国的，犯罪的中间影响地在中国，我国刑法亦可以管辖。（4）我国刑法分则规定了大量利用信息网络实施的犯罪。在这类犯罪中，行为地是指通过信息网络系统发出指令的地方，结果地是指被指控的行为发生不法效果的地方。在国外通过信息网络发送违法信息，但其影响在中国境内的，当然属于犯罪地在中国。

2.“法律有特别规定”的含义

我国刑法在确立属地管辖基本原则的同时，提出了法律特别规定的例外情况，这些“特别规定”主要是指：

（1）刑法第11条规定，享有外交特权、豁免权的外国人的刑事责任，通过外交途径解决。所谓外交特权和豁免权，是指根据国际公约，在国家间互惠的基础上为保证驻在本国的外交代表机构及其工作人员正常执行职务而给予的一种特别权利和待遇。享有外交豁免权的有关人员承担着尊重我国法律、法规的义务，不得侵犯我国国家主权、违反我国法律。一旦发生违法、犯罪现象，我们当然不能听之任之，而应通过外交途径加以解决，诸如要求派遣国召回，宣布其为不受欢迎的人，限期离境等。

（2）刑法第90条规定，民族自治地方不能全部适用本法规定的，可以由自治区或者省的人民代表大会根据当地民族的政治、经济、文化的特点和本法规定的基本原则，制定变通或者补充的规定，报请全国人民代表大会常务委员会批准施行。这是为了照顾少数民族习惯和文化传统，切实保证民族自治权的行使，巩固多民族国家的团结、稳定与发展。

（3）我国香港特别行政区和澳门特别行政区基本法作出的例外规定。由于政治、历史的原因，《中华人民共和国刑法》的效力无法及于港、澳地区，这属于对刑法属地管辖权的一种事实限制。

（二）属人管辖

刑法第7条第1款规定，中华人民共和国公民在中华人民共和国领域外犯本法规定之罪的，适用本法，但是按本法规定的最高刑为3年以下有期徒刑的，可以不予追究。第7条第2款规定，中华人民共和国国家工作人员和军人在中华人民共和国领域外犯本法规定之罪的，适用本法。

根据上述规定，我国公民在我国领域外犯罪的，无论按照当地法律是否认为是犯罪，亦无论罪行是轻是重以及是何种罪行，也不论其所犯罪行侵犯的是哪一国或公民的利益，原则上都可以适用我国刑法处理。只是按照我国刑法的规定，该中国公民所犯之罪的法定最高刑为3年以下有期徒刑的，可以不予追究。所谓“可以不予追究”，不是绝对地不追究，而是保留追究的可能性。

此外，我国的国家工作人员或者军人在域外犯罪，不论其所犯之罪按照我国刑法的规定，其法定最高刑是否为3年以下有期徒刑，我国司法机关都要追究其刑事责任。这主要是考虑国家工作人员和军人有对国家特别效忠的义务，对其在域外犯罪的管辖也应从严要求。

刑法第10条规定，凡在中华人民共和国领域外犯罪，依照本法应当负刑事责任的，虽然经过外国审判，仍然可以依照本法追究，但是在外国已经受过刑罚处罚的，可以免除或者减轻处罚。这条规定，包括我国公民在域外犯罪的情况在内。该规定表明，我国作为一个独立自主的主权国家，其法律具有独立性，外国的审理和判决对我国没有约束力。但是从实际情况及国际合作角度出发，为了使被告人免受过重的双重处罚，又规定对在外国已经受过刑罚处罚的犯罪人，可以免除或者减轻处罚。这样既维护了我国的国家主权，又从人道主义出发对被告人的具体情况作了实事求是的考虑，充分体现了原则性与灵活性的统一。

（三）保护管辖

刑法第8条规定，外国人在中华人民共和国领域外对中华人民共和国国家或者公民犯罪，而按本法规定的最低刑为3年以上有期徒刑的，可以适用本法，但是按照犯罪地的法律不受处罚的除外。

根据这条规定，外国人在我国领域外对我国国家或者公民犯罪，我国刑法有权管辖，但是这种管辖权是有一定限制的：一是这种犯罪按照我国刑法规定的最低刑必须是3年以上有期徒刑，二是按照犯罪地的法律也应受刑罚处罚。当然，要实际行使这方面的管辖权存在着一定的困难，因为犯罪人是外国人，犯罪地点又是在国外，如果该犯罪人不能引渡，或者没有在我国领域内被抓获，我们就无法对其进行刑事追究。但是，如果刑法对此不加以规定，就等于放弃自己的管辖权，犯罪的外国人就可以肆无忌惮地对我国国家或者公民的利益进行侵害。因此，作出这样的规定，是为了在法律上表明我们的立场。这对于保护我国国家利益，保护我国驻外工作人员、考察访问人员、留学生、侨民的利益是完全必要的。此外，刑法第10条对于在国外对我国国家或者公民犯罪的外国人也是适用的。

（四）普遍管辖

刑法第9条规定，对于中华人民共和国缔结或者参加的国际条约所规定的罪行，中华人民共和国在所承担条约义务的范围内行使刑事管辖权的，适用本法。根据这一规定，凡是我国缔结或者参加的国际条约中所规定的罪行，在不能适用前述属地原则、属人原则、保护原则的情形下，我国司法机关在我国所承担条约义务的范围内行使刑事管辖权，依照我国刑法的有关规定对罪犯予以惩处。

可以适用普遍原则加以处理的犯罪的范围，必须受到限制，应当仅限于劫持航空器、跨国的贩卖毒品、跨国的拐卖人口、海盗、种族灭绝、洗钱、恐怖活动等。

三、关于刑法空间效力的特殊问题

（一）预备犯、未遂犯与刑事管辖权

对于预备犯，如果其预备行为在中国，其实行行为在外国的，属于在中国领域内犯罪。对于未遂犯，如果其实行行为在外国，但是其预定的犯罪结果发生地在中国的，也属于在中国领

域内犯罪。

（二）共同犯罪与刑事管辖权

对于共同正犯，部分共同者的行为在中国实行，部分共同者的行为在外国实行的，对所有正犯，都应当适用中国刑法。对教唆犯和帮助犯，如果正犯的实行行为在中国，即使教唆行为或者帮助行为在国外的，根据共犯从属性的原理，教唆犯、帮助犯的行为从属于正犯行为，因此，也属于在中国领域内犯罪；但是，教唆犯、帮助犯在国内，而实行犯在国外的，只有教唆犯、帮助犯属于国内犯，实行犯的行为并不具有从属性，因此，实行者属于国外犯。

（三）中国刑法没有管辖权的情况

在某些案件中，可能存在中国刑法对一些危害很大的行为没有管辖权的情况。这也是需要引起注意的：(1) 对于某些国际条约所规定的性质较为严重的罪行，由于我国并未缔结或者参加该条约，因此难以行使刑事管辖权。(2) 某些犯罪似乎与中国的国家或者国民利益有一些联系，但由于属地管辖、属人管辖、保护管辖、普遍管辖原则都难以适用，中国就不能行使刑事管辖权。例如，从中国某边境城市开出的、所有权属于中国旅行社的旅游车在进入东南亚某国境内后，随车旅游的 A 国公民甲和 B 国公民乙因争抢座位发生口角纠纷，进而发生厮打，甲使用暴力导致乙死亡。由于属地管辖、属人管辖、保护管辖、普遍管辖原则都难以对甲适用，中国就不能对甲的行为行使刑事管辖权。

（四）刑事管辖权的竞合

为维护国家主权，世界上多数国家都以属地原则作为刑事管辖权行使的首要原则。由此带来的问题是不同国家之间可能存在管辖权冲突，例如，当中国公民在国外犯罪，依照中国刑法应当追究刑事责任时，可能就存在中国的属人原则和国外的属地原则的冲突问题。刑事管辖权竞合的解决，需要靠当事国家之间开展协商、罪犯引渡、遣送、移交等方式加以解决。在管辖权竞合难以解决时，属地原则应当优先于其他原则适用。而前述我国刑法第 10 条的规定，是对外国刑事判决的消极承认，实际上也可以视为解决刑事管辖权竞合的一种思路。

第二节 刑法的时间效力

刑法的时间效力，是指刑法的生效时间、失效时间以及对刑法生效前所发生的行为是否具有溯及力的问题。

一、刑法的生效时间

刑法的生效时间与其他法律的生效时间相似，主要有两种方式：一是从公布之日起生效，二是公布之后经过一段时间再施行。由于法律颁布之后，需要留有充足的时间让公民了解，也让司法工作人员熟悉，做好刑罚规范适用的准备，所以，刑法公布一段时间后再施行的做法是比较妥当的，这也是世界上多数国家关于刑法生效时间的通行做法。

二、刑法的失效时间

法律的失效时间，即法律终止效力的时间，通常要由立法机关作出决定。从世界范围看，法律失效的方式有很多种，诸如新法公布实施后旧法自然失效，立法机关明确宣布废止某一法律，某一法律在制定时即规定了有效期限等。

我国刑法的失效基本上包括两种方式：一是由立法机关明确宣布某些法律失效。二是自然失效，即新法施行后代替了同类内容的旧法，或者由于原来特殊的立法条件已经消失，旧法自行废止。

这里值得研究的是限时法的效力问题。限时法是指根据某种刑法规范的规定，某种行为在一定时期构成犯罪，即具体的侵害行为发生在该法律有效期间，但是追诉时该法律已经失效的情形。对于限时法失效后才发现的行为，是否可以追究，存在两种针锋相对的观点：肯定说认为，在限时法的情况下，为了防止对在该法失效前的行为无法予以处罚的情况出现，即使该法已经失效，对在此之前发生的行为也应当"遵循先例"予以处罚。虽然限时法对此没有明确规定，但也可以承认其溯及力，在该法律失效以后也可以对该行为加以处罚。否定说主张，既然法律已经失效，说明国家对某种行为的态度有所变化，再进行追究没有必要，所以，在限时法失效以后，如果该法本身没有在失效以后对行为也可以进行追究的规定，其追诉效力就应该被否定。应当说，否定说更为妥当。限时法的问题，在当前的中国还没有出现，今后如果出现类似问题，原则上应当在否定说的立场上进行处理。

三、刑法的溯及力

（一）处理溯及力问题的立场

刑法的溯及力，即刑法生效以后，对于其生效以前未经审判或者效力尚未确定的行为是否适用的问题。如果适用，就是有溯及力；如果不适用，就是没有溯及力。

在刑法溯及力问题上，世界各国的立场大致有：（1）从旧原则。不管新、旧法轻重，只要行为跨越新、旧法的，一律适用旧法。（2）从新原则。不管新、旧法轻重，一律适用新法。（3）从新兼从轻原则。原则上适用新法，但是运用旧法处理犯罪，明显对被告人有利的，可以适用旧法。（4）从旧兼从轻原则。原则上适用旧法，但是运用新法处理犯罪，明显对被告人有利的，可以适用新法。

按照罪刑法定原则的要求，刑罚法规不能溯及既往，所以，从旧原则的合理性是不言而喻的。有的国家在宪法中对此就有明确规定，其目的在于维护法的安定性，使行为人有可能对自己行为的可罚性进行预测，以此来保障公民的行动自由。但是，在新法处罚较轻时，作有利于被告人的考虑，使新法有溯及既往的效力，也与罪刑法定原则的精神是契合的。所以，我国刑法实行从旧兼从轻原则，与罪刑法定原则中的溯及既往的禁止并不冲突。

（二）我国刑法溯及力的规定

我国刑法第 12 条第 1 款规定，中华人民共和国成立以后、本法施行以前的行为，如果当时的法律不认为是犯罪的，适用当时的法律；如果当时的法律认为是犯罪的，依照本法总则第四章第八节的规定应当追诉的，按照当时的法律追究刑事责任，但是如果本法不认为是犯罪或者处刑较轻的，适用本法。第 12 条第 2 款规定，本法施行以前，依照当时的法律已经作出的生效判决，继续有效。根据这些规定，对于 1949 年 10 月 1 日中华人民共和国成立至 1997 年 10 月 1 日新刑法施行前这段时间内发生的行为，应当根据从旧兼从轻原则的精神，按以下不同情况分别处理：

第一，当时的法律不认为是犯罪，而修订后的刑法认为是犯罪的，适用当时的法律，即修订后的刑法没有溯及力。对于这种情况，不能以修订后的刑法规定为犯罪为由追究行为人的刑事责任。

第二，当时的法律认为是犯罪，但修订后的刑法不认为是犯罪的，只要这种行为未经审判或者判决尚未确定，就应当适用修订后的刑法，即修订后的刑法具有溯及力。

第三，当时的法律和修订后的刑法都认为是犯罪，并且按照修订后的刑法总则第四章第八节的规定应当追诉的，原则上按当时的法律追究刑事责任，即修订后的刑法不具有溯及力。这就是从旧兼从轻原则所指的从旧。但是，如果修订后的刑法比当时的法律"处刑较轻"，则应适用修订后的刑法，修订后的刑法具有溯及力。这便是从轻原则的体现。

（三）关于溯及力的理解

在这里，还有以下问题需要进一步明确：

（1）我国刑法第 12 条第 1 款的“处刑较轻”，是指刑法对某种犯罪规定的刑罚即法定刑比修订前的刑法轻。法定刑较轻是指法定最高刑较轻；如果法定最高刑相同，则指法定最低刑较轻。如果刑法规定的某一犯罪只有一个法定刑幅度，法定最高刑或者最低刑是指该法定刑幅度的最高刑或者最低刑；如果刑法规定的某一犯罪有两个以上的法定刑幅度，法定最高刑或者最低刑是指具体犯罪行为应当适用的法定刑幅度的最高刑或者最低刑。

（2）司法解释是对立法的解释，而不是创制新的刑法规定，因此，原则上不受溯及力的限制，行为时没有司法解释规定，审判时存在司法解释的，该司法解释可以适用。存在新旧司法解释，适用新的解释导致对被告人的处罚变轻的，可适用司法解释。但是，适用新的解释如果加重对被告人的处罚的，根据罪刑法定原则的要求，应当排斥新的司法解释的适用。对此，最高人民法院、最高人民检察院《关于适用刑事司法解释时间效力问题的规定》（2001 年 12 月 7 日）规定：1）司法解释是最高人民法院对审判工作中具体应用法律问题和最高人民检察院对检察工作中具体应用法律问题所作的具有法律效力的解释，自发布或者规定之日起施行，效力适用于法律的施行期间。2）对于司法解释实施前发生的行为，行为时没有相关司法解释，司法解释施行后尚未处理或者正在处理的案件，依照司法解释的规定办理。3）对于新的司法解释实施前发生的行为，行为时已有相关司法解释，依照行为时的司法解释办理，但适用新的司法解释对犯罪嫌疑人、被告人有利的，适用新的司法解释。4）对于在司法解释施行前已办结的案件，按照当时的法律和司法解释，认定事实和适用法律没有错误的，不再变动。

司法解释是对立法者意思的解释，即通过解释把立法原意明确化，所以，原则上司法解释溯及既往不违反罪刑法定原则。但司法解释也可以例外地明确规定不溯及既往。例如，最高人民法院、最高人民检察院、公安部、司法部《关于办理非法放贷刑事案件若干问题的意见》（2019 年 7 月 23 日）规定，非法高利放贷，年利率超过 36％的行为，可以构成非法经营罪。该意见最后一条规定：“本意见自 2019 年 10 月 21 日起施行。对于本意见施行前发生的非法放贷行为，依照最高人民法院《关于准确理解和适用刑法中‘国家规定’的有关问题的通知》（法发〔2011〕155 号）的规定办理。”从这一解释来看，司法解释明确不追究 2019 年 10 月 21 日之前发生的非法的、职业性的高利放贷行为。因为最高人民法院《关于准确理解和适用刑法中“国家规定”的有关问题的通知》（法发〔2011〕155 号）规定：“各级人民法院审理非法经营犯罪案件，要依法严格把握刑法第二百二十五条第（四）的适用范围。对被告人的行为是否属于刑法第二百二十五条第（四）规定的‘其他严重扰乱市场秩序的非法经营行为’，有关司法解释未作明确规定的，应当作为法律适用问题，逐级向最高人民法院请示。”按照这一通知的精神，对于发放高利贷的行为原则上是不以非法经营罪论处的。除最高人民法院、最高人民检察院、公安部、司法部《关于办理非法放贷刑事案件若干问题的意见》之外，目前的其他司法解释都能够溯及既往。

（3）在犯罪后，遇到处罚变重等不利于被告人的法律变更的，不应当对被告人适用变更后的刑罚规范。例如，我国 1979 年刑法规定，对于累犯和暴力犯罪都可以假释。1997 年修订后的刑法规定，对于累犯以及因杀人、爆炸、抢劫、强奸、绑架等暴力性犯罪被判处 10 年以上有期徒刑、无期徒刑的犯罪分子，不得假释。这是对被告人更为不利的刑罚变更。因此，对于 1997 年 9 月 30 日以前犯罪，已被羁押但尚未判决，或者 1997 年 9 月 30 日以前犯罪，1997 年 10 月 1 日以后仍在服刑的累犯以及因杀人、爆炸、抢劫、强奸、绑架等暴力性犯罪被判处 10

年以上有期徒刑、无期徒刑的犯罪分子，应当适用修订前的刑法第 73 条的规定，可以假释。在犯罪后，遇到刑罚减轻等有利于被告人的法律变更的，则应当对被告人适用变更后的刑罚规范。例如，《刑法修正案（十一）》对刑法第 176 条非法吸收公众存款罪作了修改，增加了从宽处罚的法定情节："……在提起公诉前积极退赃退赔，减少损害结果发生的，可以从轻或者减轻处罚。"这是有利被告人的条款。按照从旧兼从轻的原则，对于发生在《刑法修正案（十一）》实施之前的犯罪行为，如果被告人在提起公诉前积极退赃退赔，减少损害结果发生的，可以适用《刑法修正案（十一）》的规定回溯性地对被告人从轻或者减轻处罚。

(4) 依据当时的法律已经作出的生效判决，继续有效。只要犯罪已经被判决，即使按修订后的刑法的规定，其行为不构成犯罪或处刑较当时的法律要轻，也不能适用修订后的刑法。这主要是维护人民法院生效判决的严肃性和稳定性的需要。

第二编

犯罪论

第五章　犯罪论体系

犯罪论体系是将成立犯罪的各种构成要素加以组织化、有序化排列，并对犯罪成立与否进行合理化、功能性判断的知识系统。“一般犯罪原理的体系，就是试图把可受刑事惩罚的举止行为的条件，在一个逻辑顺序中，作出适用于所有犯罪的说明。”① 在犯罪论体系提出之前，人们对犯罪的判断，停留在比较朴素、原始的认识之中，思维具有任意性、不确定性，很难确保相同情况、相同处理，刑事司法随时蕴藏着牺牲被告人利益的危险。而19世纪末发源于德国的犯罪论体系，研究行为构成犯罪的最起码的条件，以及这些条件的实质内容、判断顺序和内在相互关系，为司法工作人员认定犯罪提供了指引。

第一节　犯罪论体系的比较

各国的刑法文化传统和法律规定上的差别，决定了犯罪论体系上的不同。大陆法系犯罪论体系、英美法系的犯罪论体系和苏联的犯罪构成体系，是三大具有代表性的犯罪成立理论体系。

一、大陆法系的阶层式犯罪论体系

（一）“阶层的”犯罪论体系概说

1906年，德国刑法学家贝林（Ernst Beling，1866—1932）开始构建古典的犯罪论体系，到20世纪的二三十年代，正是古典犯罪论体系与新古典犯罪论体系争论正炽的时期。② 古典犯罪论体系传至日本后，经小野清一郎和团藤重光等人的继承和创新，成为通说。因此，以德、日为代表的犯罪论体系，由构成要件该当性、违法性和有责性构成。由于这三个要件之间具有层次性，因而我们称其为阶层的犯罪论体系。③

构成要件该当性，是指行为具有与刑法分则所规定的个罪的具体特征相符合的性质。例如，一个故意拿走他人财物，并将其占为己有的行为，与盗窃罪的构成要件相当。行为是否具有构成要件该当性，必须考虑以下因素是否存在：实行行为、行为客体、因果关系等。

违法性，是指行为对刑法所保护的合法权益或者整体法秩序的实质侵害性。行为具备构成要件该当性还不属于犯罪。是否构成犯罪，还需考察该行为是否具有实质的违法性。违法性是

---

① ［德］克劳斯·罗克辛：《德国犯罪原理的发展与现代趋势》，王世洲译，载梁根林主编：《犯罪论体系》，3页，北京，北京大学出版社，2007。

② 对此的详尽分析，请参见许玉秀：《当代刑法思潮》，65页，北京，中国民主法制出版社，2005。

③ 在构成要件该当性、违法性、有责性的三阶层体系中，行为是犯罪论的基础，是刑法评价的对向，是犯罪概念的基础，但没有体系性地位。有的学者主张，应当赋予行为独立的体系性地位，主张采取行为—构成要件符合性—违法性—有责性的“四分说”立场。但是，如果坚持罪刑法定原则，将犯罪视为符合刑法分则构成要件所规定的行为，和构成要件无关的“裸的行为”就不可能成为犯罪的成立条件之一。在这个意义上，行为、构成要件符合性、违法性、有责性的体系是不妥当的。

对不符合法益保护目的的法益侵害或者危险的引起。一般来说，该当构成要件的行为，通常都是具有违法性的，因为立法者不会选择无害于社会的行为在刑法分则中加以规定。但是，在具体的个案中，由构成要件该当就可以推定违法的判断也可以被驳倒，违法阻却事由包括正当防卫、紧急避险等法定的违法性阻却事由（紧急行为），以及自救行为、义务冲突、被害人承诺、执行职务、正当业务等超法规的违法性阻却事由。

有责性，即责任，是指能够对实施违法行为的行为人进行谴责（非难可能性）。有责性包括以下要素：责任能力、责任故意、责任过失、期待可能性等。

在阶层犯罪论体系内部，除“构成要件符合性—违法性—有责性”的理论构造之外，还有不少人赞成“不法—罪责”的两阶层体系，一度成为有力的学说。两阶层论认为，构成要件该当应该与违法性合二为一，成为一个“不法”的阶层，不必再单独存在。因为构成要件是基于不法角度而进行的一种评价，没有必要把其中一部分归属于具体不法类型，而将另一部分划入违法性的内容。构成不法的要件和正当化事由中排除不法的要件实际上所起的作用是一样的，即共同或相互补充而对行为的不法实质作一个最终的判断，那么不如将构成要件该当性和违法性合二为一，使犯罪在体系上成为具备构成要件的不法和有责的行为。由此，判断一行为是否构成犯罪，须经过两个阶层：首先进行不法的判断，之后进行罪责的判断。应该说，两阶层论不仅在逻辑上是可行的，在语词学上也有许多优点。但是由于忽略了刑事政策和刑事立法等方面的功能，两阶层论也受到很多批判。

（二）阶层理论发展史

进入20世纪以来，欧陆刑法学以构成要件符合性、违法性、有责性为基点，先后登场的有古典犯罪论体系（1906年起）、新古典犯罪论体系（1920年起）、目的论犯罪论体系（1945年起）、功能性（目的理性）犯罪论体系（1970年起）等，而且每一种犯罪论体系到今天都仍有支持者。从表面上看，不同的学者所坚持的三阶层犯罪论体系差异很大。但是，所有对阶层体系进行改造的理论在以下方面都是相同的：（1）试图为多层次、反复地检验行为提供一种相对合理、最为说得通的理论构架。（2）试图合理界定事实判断/价值判断关系。在所有的犯罪论体系中，对违法性的判断实质上都是价值判断，即都肯定违法性是从法秩序的角度看行为没有价值。它是在构成要件符合性的基础上，从规范的整体价值观上进行评价，对法律精神所能容忍和许可的行为排除其犯罪性。因此，各种犯罪论体系价值判断上的差异，主要体现在构成要件符合性、有责性判断上。（3）所有的阶层式犯罪论体系，都绝不是凭空而来的，其形成、发展和变化，都受哲学思想或社会思潮的深刻影响。

1. 古典犯罪论体系

1920年之前，刑法价值判断问题的重要性并未突显出来。在早期刑法客观主义的构成要件该当性判断中，作为判断基准而存在的仅仅是外在的客观事实，刑法上的判断都是在实定法基础上的事实判断。在这一点上，古典犯罪论体系贯彻得最为彻底。

在处理事实判断/价值判断关系问题上，由李斯特（Liszt）、贝林（Beling）所提出的古典犯罪论体系特别强调以下内容：（1）在构成要件该当性的判断上，坚持自然行为论，排斥规范的构成要件要素；将构成要件看作纯客观的、记叙性的事实要件，与规范意义、价值判断无关①；在因果关系问题上，只承认条件说。因此，古典犯罪论体系在构成要件该当性阶段全面拒斥价值判断，只承认事实判断。由这一点所决定：为保持判断的客观、精准，在解释上禁止对某一要素作价值补充；在正犯与共犯的区分问题上，主张客观上实施构成要件行为的人是正

① 参见陈兴良：《构成要件论：从贝林到特拉伊宁》，载《比较法研究》，2011（4）。

犯，其他人为教唆犯或帮助犯（形式客观说）。（2）在违法性判断阶段，虽然承认价值判断，但对价值判断的程度进行最大限度的限制，即只承认法定的违法阻却事由。（3）在有责性判断阶段，基本上只承认事实判断，即仅仅结合行为人精神方面的能力、性格、情操、认识、意图、动机等要素，来判断其伦理的、道义的价值，承认与客观行为对应的心态是罪过，从而坚持心理责任论。

归结起来，古典犯罪论体系所坚持的是价值中立的构成要件论、保守的违法性论和经验把握上的责任论，在其理论构造中，价值判断的成分被压缩到最低限度。这主要是由于古典犯罪论体系深受19世纪实证主义哲学的影响，信奉孔德所倡导的"观察优于想象"，因而强调只将可以被观测、被计量、易于证明的主客观要素作为构成要件要素，重视对事实和现象的研究。

从价值判断的角度看，古典犯罪论体系的意义在于：（1）保持刑法谦抑性。客观要件容易检验，由事实判断所得出的结论也更为可靠；对于没有造成外在客观损害的行为，不能作为违法性评价的对象，在这个意义上，其可以适度限缩处罚范围。（2）能够将罪刑法定原则落到实处。任何行为要成立犯罪，其应当具备的前提是和刑法分则所描述的内容"事实地"相一致，这是罪刑法定的当然要求，也是整个刑法理论的基础。（3）严守刑法客观主义立场。古典犯罪论体系以经验上、客观上可把握的事实作为刑法判断的依据，与刑法客观主义一脉相承。古典犯罪论体系在自然主义的意义上理解行为，对构成要件进行客观叙述，规范地限制违法性的界限，对责任进行主观叙述性理解。其所坚持的刑法客观主义立场，使判断有依托，且判定标准明确，因此，成为当时主流的刑法学思潮。①（4）彻底实现法治国家的理想。按照古典犯罪论体系的进路，法官按照客观事实，依照经验并遵循实定法处理案件，结论相应可靠，不会殃及无辜，就能有效维护法的安定性。"在追求法的安全与公正和在对法官的约束中实现的法治国家思想，与这一犯罪概念的形式——客观特征有着密切的联系。"② 对于古典犯罪论体系与法治立场的关系，有学者指出："近一百年来，虽然具体概念的内涵发生了变化，但是，以行为、构成要件、违法性与责任来定义犯罪的思路，在大陆法系沿袭至今。往后理论的发展，虽然正确指出了古典体系所存在的诸多问题，如其自然主义的哲学基础值得批评，对构成要件的理解存在重大不足，等等，但古典体系的大厦并不因此而倾倒，因为其立足的核心思想——犯罪理论必须贯彻法治国的理念，必须防止司法擅断——始终是应当予以肯定的。"③

在如何处理事实判断/价值判断关系这一问题上，古典犯罪论体系的问题点在于：（1）"不法与罪责是两种实存现象，各有其关涉的最高价值作为评价标准，此即社会损害性与可非难性"④，那么，对违法性、有责性的价值判断程度过低或者不进行价值判断都显然不是务实的态度。为此，必须肯定规范构成要件要素、超法规的违法阻却事由以及规范责任论等价值判断因素或价值判断方法的存在。⑤（2）只承认纯粹的事实判断，不进行价值思考，可能使处罚范围扩大，尤其是过失犯、不作为犯的处罚范围会比较大，从而得出不合理的结论。

2. 新古典犯罪论体系

麦耶（M. E. Mayer）、梅茨格尔（Mezger）所主张的新古典犯罪论体系强调：（1）规范构

① 参见周光权：《抽象性问题及其意义：对刑法领域法治立场的初步考察》，载《中国社会科学》，2001（2）。

② ［德］汉斯·海因里希·耶赛克、托马斯·魏根特：《德国刑法教科书》，上册，徐久生译，281页，北京，中国法制出版社，2017。

③ 李立众：《犯罪成立理论研究——一个域外方向的尝试》，79页，北京，法律出版社，2006。

④ 林东茂：《一个知识论上的刑法学思考》，增订3版，31页，台北，五南图书出版公司，2007。

⑤ 参见［德］汉斯·海因里希·耶赛克、托马斯·魏根特：《德国刑法教科书》，上册，徐久生译，286页，北京，中国法制出版社，2017。

成要件要素的存在，证明古典犯罪论在构成要件符合性阶段仅进行事实判断的结论是错误的。构成要件所涉及的，除可描述性、可感知的事实之外，还大量存在规范性要素，即含有评价因素，需要依照文化观念、价值理念或者结合其他法规范才能进行判断的构成要件要素。例如，盗窃罪中财物的他人性，同行为本身已经没有什么关系，而是同行为的性质有关。财物是否属于他人所有并非人的感官所能确认，而必须由人的价值判断予以认定。在规范构成要件要素被发现之后，“构成要件就愈加具有规范与评价的色彩”①。这说明，刑法上的行为，不是仅仅引起空气震动的自然现象，而是有社会、文化意义的人类举止，对行为及其相关要素的判断，一定与价值脱不了干系。(2) 在实定法所规定的正当防卫、紧急避险之外，还应当承认超法规的违法阻却事由（如被害人承诺、义务冲突等），借以将价值判断的思路在违法性阶段贯彻得比古典犯罪论体系更为彻底。(3) 责任并不是在任何情况下都由心理要素构成（例如，期待可能性是否成立取决于外部客观条件以及法官的判断），从而肯定价值判断程度较高的规范责任论。

新古典犯罪论是反古典犯罪论体系自然主义思维的产物，在理论根基上与新康德主义一脉相承。“自然科学的发达使人类不断接近于物……‘人不是物，而是主人’这种内心的呐喊，在世纪转换之际成为一种哲学思想而突然兴起，很快就席卷德国的哲学界。这就是新康德学派的思想。”② 新康德哲学认为，哲学是作为价值的一般理论，哲学的任务就是从价值的角度出发，对知识世界进行估价，从而建立事实领域与价值领域的联系。③ 新康德主义明显是建立在康德哲学基础上的，因为康德强调“虽然我们的一切知识都开始于经验，它们却并不因此就都来源于经验”，我们认识和揭示事物之间联系的关键知识，不是从感性经验而是直接从理性判断的能力中获得的。④ 新康德主义在 19 世纪中期产生之后，迅速成为重要的文化思潮，“几乎每一个有声望的德国思想家，都在某一方面属于新康德派”⑤。

新康德主义内部分为马堡学派（die Marburger Schule）和西南学派（Südwestdeutschen Schule，又称海德堡学派）等多个派别，其中的一些哲学家从康德哲学中发展出了一种价值哲学，认为哲学是作为价值的一般理论，其任务就是从价值的角度出发，对知识世界进行估价，从而建立事实领域与价值领域的联系。⑥ 新康德哲学的代表性人物之一文德尔班（Wilhelm Windelband）的著名口号就是“对一切价值进行重新评估”，他认为，价值世界比事实世界更本真，因而价值命题比事实命题更具有决定意义，事实问题受价值问题的影响与支配，价值有效性高于一切，“所以，哲学虽然走过一条极其崎岖不平的弯路，但最终能够回到康德关于普遍有效的价值的基本问题上来”⑦。新康德主义一产生，就对法学产生了重大影响。例如，站在新康德主义“马堡学派”立场的法学家施塔姆勒（Stammler）就在“关于正确的法的学说”中倡导“重新引入一些绝对的价值概念”；而归属于海德堡学派的拉德布鲁赫（Radbruch）则认为，整个法哲学的基础是对法的价值的观察，“法哲学必须探索各种价值，在各种价值的基础上，某一种实在的法制显示出是公正的或者不公正的，是正确的法或者不正确的法”⑧。新康德主义也引发刑法学对价值命题重要性的深刻思考，为进行新的研究提供了丰富学术资源。

---

① 柯耀程：《变动中的刑法思想》，16 页，北京，中国政法大学出版社，2003。

② 西原春夫：《构成要件的概念与构成要件的理论》，陈家林译，载《法律科学》，2007 (5)。

③ 参见刘建伟：《新康德主义法学》，59 页，北京，法律出版社，2007。

④ 参见 [美] 撒穆尔·伊诺克·斯通普夫等：《西方哲学史》（第 7 版），丁三东等译，426 页，北京，中华书局，2005。

⑤ [美] 梯利：《西方哲学史》，葛力译，537 页，北京，商务印书馆，1995。

⑥ 参见刘建伟：《新康德主义法学》，59 页，北京，法律出版社，2007。

⑦ [德] 文德尔班：《哲学史教程》（下卷），罗达仁译，405 页，北京，商务印书馆，2009。

⑧ [德] H. 科殷：《法哲学》，林荣远译，51、59 页，北京，华夏出版社，2002。

在新康德主义之下，刑法的任务就是从价值的角度出发，对犯罪论与刑罚论等知识重新进行评估，从而建立事实领域与价值领域之间的联系。按照新康德主义的进路，所谓存在客观的犯罪事实的说法是非理性、不全面的，因为现实的世界本身，如同一团乱麻，谈不上存在秩序和理性，必须透过客观事物之外的主体的评价和作用才能赋予世界秩序和理性，才能把握事物。也就是说，不存在独立于评价主体之外、超越人的意识之外的客观犯罪现实。在刑法学上，对犯罪的认识，完全是评价主体通过价值判断作用于对象的结果。所以，价值体系和事物的存在结构是两个无法通约的体系，价值观念只能在规范体系中形成，认定犯罪的原理和犯罪事实本身的关联性极其微弱，不能从客观的损害事实中当然地形成评价犯罪的价值体系。

迈尔、梅茨格尔等人明确将新康德主义借用到刑法学，认为所有的社会现象或者客观事实背后都一定有价值指涉，因此，我们应该按照一定的价值理念来区分客观存在的犯罪事实和现象，从价值观的角度对事实进行梳理，建构知识体系。以此为背景，在新古典犯罪论体系中，价值评价贯穿了犯罪判断的全过程。① 如果说新古典体系还受到后来的功能性犯罪论体系的批评，可能主要还是因为在后者看来，其贯彻价值判断的方法论还运用得不太彻底。

3. 目的论犯罪论体系

目的论犯罪论体系是由目的行为论的创始人韦尔策尔在 20 世纪 30 年代所提出的。他认为，人的行为并非只是一种自然的因果进程的外在展示，而是实现一定目的的活动，人们可以利用、影响、改变因果进程以实现自己的目的。根据因果行为论，“杀了人”这种杀人行为意味着他人的死亡是以行为人的意思活动为原因，但是，根据目的的行为概念，由“想杀人”这种目的性所指导的身体运动是“杀人行为”。目的行为论强调了意识，尤其是目的性在行为中的重要意义，指出人的行为不仅是因果进程，同时更是目的的指引、推动、实现过程。正是因为人的目的性行为中的选择可能，所以可以用刑法的强制手段禁止或者命令人的目的活动。根据目的行为论，行为是一种由具有目的性的意志所支配，为目的意识所控制的身体举动：故意行为具有现实的目的性，而过失行为具有潜在的目的性，它们都是破坏法律规范的意思表达。

目的行为论对于犯罪论体系有着重大影响：为配合目的行为论观察行为，故意、过失要素从古典犯罪论体系的责任论中前移到行为概念、不法判断中，成为决定行为基本类型的重要因素。② 此外，目的行为论对于共犯理论、行为无价值论、积极的一般预防论的形成，具有积极推动作用。

今天的德国犯罪论体系，已经在尽可能地告别目的行为论，但古典犯罪论体系的骨架基本保留下来，同时大量吸收了新古典犯罪论体系的内容，承认规范的构成要件要素，采纳规范责任论；同时，受到目的行为论的一定影响，多数学者将故意作为构成要件要素看待，认为没有故意对某些行为就可能无法把握。我认为，这种见解是符合实际的，因为在构成要件阶段就区分故意、过失，承认主观构成要件要素的存在，而不是将其仅仅作为责任要素看待，在今天的德国被普遍认可。③ “故意并非只是罪责要素，而且亦是主观不法构成要件的要素，从事犯罪判断时，在构成要件该当与否的评价层次，即应判断有无故意的存在。因此，故意乃成为构成要件故意……过失不应延至罪责判断的评价层次，始加以处理，过失当作破坏社会共同

---

① 参见［德］克劳斯·罗克辛：《德国刑法学总论》（第 1 卷），王世洲译，123 页，北京，法律出版社，2005；林东茂：《一个知识论上的刑法学思考》，增订 3 版，27 页，台北，五南图书出版公司，2007。

② 目的行为论对于在构成要件该当性判断之间评价行为情有独钟，其他的犯罪论体系则重视构成要件中客观要件之下的实行行为。

③ 参见［德］约翰内斯·韦塞尔斯：《德国刑法总论》，李昌珂译，81 页，北京，法律出版社，2008。

生活中必要的注意义务，应属于不法构成要件的部分，至于欠缺注意的个人可责性，则属罪责要素。”①

4. 功能性犯罪论体系

从 1970 年开始，经过罗克辛（Roxin）、许乃曼（Schünemann）等人的努力，功能性犯罪论体系开始逐步形成并产生较大影响。功能性犯罪论体系的基本主张是：对于行为是否成立犯罪的评价，需要考虑刑法的刑事政策基础；在实现刑法和刑事政策的一体化过程中，价值判断在所难免。

功能性犯罪论体系有两个方面的创新：(1) 客观归责理论。古典犯罪论体系阐明了行为构成的客观内容，新古典体系使构成要件具有主观色彩，目的行为论将故意融入行为判断中，这三种体系的共同特点都是尽量使得对行为、因果关系的判断事实化、纯粹化、经验化。功能性的犯罪论体系则认为，作为构成要件要素的客观行为是否存在，取决于行为是否在构成要件的作用范围内实现了一种不被允许的危险。客观归责的理论基础是从刑法规范中推导出来的认识：只有当行为危害了被保护的行为客体，且符合构成要件的结果中的危险被实现，由人的行为所造成的结果才可能有客观归责问题。根据这一理论，可以归责于一个行为的结果，只能是这一行为给保护对象造成了法律禁止的危险，并使这一危险现实地实现在了作为构成要件的结果之中。客观归责理论的实质是根据刑法的需要来限制因果关系的成立范围。(2) 对责任概念的创新。在有责性上，古典犯罪论体系只承认经验事实，新古典体系虽融入价值判断，但也对价值判断的程度有所限制。而罗克辛认为，罪责概念只有和预防性需求相结合，且相互限制，才能得出行为人应受刑罚处罚的结论。② 雅科布斯则将罪责概念和积极的一般预防理论联系起来。他不是把罪责作为需要行为人负责的现实看待，而是根据通过法律训练“忠诚”的需要来对行为人进行归咎，而不需要过多考虑行为人的能力。③

尽管犯罪论体系在德国、日本争论非常激烈，观点纷呈，给人眼花缭乱之感，但总的来说，正如许玉秀所指出的那样，经过观察和对比可以发现，其实，阶层的体系就只有一套，就是古典阶层体系所提出来的构成要件符合性（该当性）、违法性、罪责（有责性）三个判断阶层，往后各种演变的理论，都还是在这套体系中对各种检讨要素做不同定位或充实检验标准的工作。④ 但是，我们也不得不承认，在新的犯罪论体系中全面实现了实质化，整个犯罪评价过程都是一个价值判断的过程。也正是在这个意义上，有学者才认为，德国当前犯罪论体系的通说，是新古典犯罪论体系和功能性犯罪论体系的结合。

二、英美法系的双层次犯罪论体系

以英、美为代表的犯罪构成体系，具有双层次性的特点。英美刑法的犯罪构成分为实体意义上的犯罪要件和诉讼意义上的犯罪要件。实体意义上的犯罪要件是指犯罪行为和犯罪意图，这种意义包含在犯罪定义之中。犯罪定义之外的责任要件是诉讼意义上的犯罪要件，通过合法抗辩事由体现出来。犯罪行为和犯罪心态，是犯罪本体要件。要成立犯罪，除应具有犯罪本体要件外，还必须排除合法辩护的可能，即具备责任充足条件。在理论结构上，犯罪本体要件（行为和心态）为第一层次，责任充足条件为第二层次。由于这种犯罪论体系具有双层次的逻

① 林山田：《刑法通论》（上册），增订 9 版，182 页，台北，作者自版，2006。

② 对此详尽的分析，参见［德］克劳斯·罗克辛：《德国刑法学总论》（第 1 卷），125 页，北京，法律出版社，2005。

③ 参见冯军：《刑法中的责任原则》，载《中外法学》，2012 (1)。

④ 参见许玉秀：《当代刑法思潮》，109 页，北京，中国民主法制出版社，2005。

辑结构，因而我们称其为双层次的犯罪构成体系。

（一）犯罪本体要件

犯罪行为和心态是犯罪论体系中第一层次的内容。犯罪行为（actus reus）是英美法系犯罪构成的客观要件，有广义与狭义之分：广义上的犯罪行为，指犯罪心理以外的一切犯罪要件，也就是犯罪构成的客观要件，包括犯罪行为、犯罪结果和犯罪情节等。狭义上的犯罪行为指有意识的行为，它由行为和意识构成。犯罪行为是法律予以禁止并力求防止的有害行为，它是构成犯罪的首要因素，包括作为、不作为、持有、因果关系等内容。

犯罪意图又称为犯罪心态（guilty mind），是英美法系犯罪构成的主观要件。“没有犯罪意图的行为，不能构成犯罪”是英美刑法的一条原则，它充分体现了犯罪意图在构成犯罪中的重要意义。在美国刑法中，犯罪意图分为以下四种：（1）蓄意，指行为人行动时，其自觉目的就是引起法律规定为犯罪的结果发生，或者自觉目的就是实施法律规定为犯罪的行为。（2）明知，指行为人行动时明知道他的行为就是法律规定为犯罪的行为或者明知道存在着法律规定为犯罪的情节。（3）轻率，指行为人轻率地对待法律规定为犯罪的结果或情节，当行动时其已经认识到并有意漠视可能发生此种结果或者存在此种情节的实质性的无可辩解的危险。（4）疏忽，指行为人疏忽地对待法律规定为犯罪的结果或情节，当行为时其没有察觉到可能发生此种结果或者存在此种情节的实质性的无可辩解的危险。从犯罪意图的内容来看，主要是行为人对于其犯罪行为的一种心理状态，它是构成犯罪的基本因素。

（二）抗辩事由

抗辩事由是英美犯罪论体系中第二层次的内容，其可以分为“正当化”（justification）、“免责”（excuse）两大类。正当理由包括正当防卫、紧急避险、警察圈套等，相当于大陆法系的违法阻却事由；可得宽恕包括未成年、错误、精神病、被迫行为等，相当于大陆法系的责任阻却事由。这两类合法辩护的相同点在于：都与被告人的意思自由无关，因此，具备任何一种合法辩护事由的，都不能对被告人进行归责。何谓正当化事由、可宽恕事由，有时难以区分，英美学者的争议较大。弗莱彻认为，正当化事由承认犯罪表面成立要件得到了满足，但认为行为是正确的而不是错误的；可宽恕事由并不否认行为的错误性，但认为行为人不应当承担责任。[①] 储槐植教授也提出了自己的区分标准：（1）社会价值不同。可得宽恕行为在客观上有害于社会，只是由于行为人主观上的原因，才得到宽恕；正当理由行为在实际上无害于社会，甚至有利于社会（择小害以避大害），因而这类行为在实质上是正当的。（2）谁有权利？正当理由的辩护权利是普遍的，属于任何一个处于这类情况的行为人；可得宽恕的辩护权利只限于特殊的个人。（3）是否认识自己的行为性质？可得宽恕情况下行为人一般不认识自己行为的性质，正当理由情况下行为人通常都认识自己行为的性质……根据行为的社会价值不同，可得宽恕中被告人一方通常应承担较大的证明责任，正当理由辩护中被告人一方通常承担较小的证明责任。[②]

三、苏联、中国的平面式构成要件论

我国刑法学的通说一般不使用犯罪论体系一词，而使用“犯罪构成”概念。犯罪成立条件意义上的犯罪构成，来自苏联刑法理论。

苏联刑法学家在批判地借鉴大陆法系刑法理论中的构成要件论的基础上，创立了独具特色

---

① See George P. Fletcher, *Rethinking Criminal Law*, Boston, Little, Brown and Company, 1978, p. 759.

② 参见储槐植：《美国刑法》，3版，65页，北京，北京大学出版社，2005。

的犯罪构成理论。1938年出版、由全苏法学研究所集体编写的《刑法总则》教科书，全面论述了犯罪构成的主体、主观方面、客体、客观方面这四个要件，认为所谓犯罪构成应是“构成犯罪的诸要件的总和”，并强调指出：“为了要认定有责任能力的人应对其犯罪行为负担刑事责任，仅仅查明犯罪行为由该人实施是不够的，还需要查明该人实施这种犯罪时有无罪过。”① 在苏联犯罪构成理论形成过程中，著名刑法学家特拉伊宁起了重要作用。

特拉伊宁于1946年出版了《犯罪构成的一般学说》一书，这是苏联关于犯罪构成理论的第一部专著，它全面地、系统地论述了犯罪构成的概念、意义和犯罪构成理论的内容体系结构，研究了与犯罪构成有关的各种问题。特拉伊宁指出：“犯罪构成乃是苏维埃法律认为决定具体的、危害社会主义国家的作为（或不作为）为犯罪的一切客观要件和主观要件（因素）的总和。”② 我国刑法学通说认为，犯罪构成是指依照我国刑法的规定，决定某一具体行为的社会危害性及其程度，而为该行为构成犯罪所必需的一切客观要件和主观要件的有机统一。犯罪构成有四个共同要件，即犯罪客体、犯罪客观要件、犯罪主体与犯罪主观要件。③ 这种见解，是直接从苏联照搬而来的。“刑法理论中的犯罪构成的一般概念，是通过对一切具体犯罪构成所固有的共同特征的分析，借助于对分则规定的个别犯罪构成的特征的抽象而产生的。刑法分则所规定的每一个犯罪构成，都含有说明四个因素的特征：犯罪客体、犯罪构成的客观方面、犯罪主体和犯罪构成的主观方面。”④

平面式四要件说中的犯罪客体，是指刑法所保护而为犯罪所侵害的社会主义社会关系。犯罪客观方面，是指犯罪活动的客观外在表现，包括危害行为、危害结果以及危害行为与危害结果之间的因果关系等。犯罪主体，是指达到法定刑事责任年龄、具有刑事责任能力、实施危害行为的自然人与单位。犯罪主观方面，是指行为人对于危害社会的结果所持的主观心理状态。

四、导致犯罪论差异的内在原因

上述三种犯罪论体系各具特色，其区别较为明显。

（一）相同点

从犯罪论体系的内容进行分析，尽管三大法系在体系结构上各不相同，但其构成要件上又有相通之处。三种犯罪论体系的基本功能是相同的，表明它们之间具有可比性。特别是当我们对某种具体的杀人、放火、抢劫等犯罪行为，放在不同的犯罪构成模式中去认定时，其结果可能惊人地相似，基本上不会出现有罪变为无罪或者无罪变为有罪这种令人担心的情形。⑤

比较前述三种犯罪论体系，不难发现，至少以下要件是任何法系的犯罪成立理论中都不可缺少的：（1）行为要件。“无行为则无犯罪”是各国刑法的通例。这一要件在递进式的犯罪构成体系中，被放在构成要件该当性中加以讨论；在闭合式的犯罪构成体系中则是犯罪客观方面的首要内容；在双层次的犯罪构成体系中，是犯罪的本体要件。（2）罪过要件。这一要件在递进式的犯罪构成体系中，置于有责性中研究，属于责任条件；在闭合式的犯罪构成体系中，则是犯罪主观方面的基本内容；在双层次的犯罪构成体系中，是犯罪本体要件。

（二）差异性

大陆法系犯罪论体系的主要特征是：将行为整体的不同意义划分为不同的犯罪成立要件；

---

① 转引自高铭暄、马克昌主编：《刑法学》，9版，46页，北京，北京大学出版社、高等教育出版社，2019。

② ［苏］特拉伊宁：《犯罪构成的一般学说》，薛秉忠等译，43页，北京，中国人民大学出版社，1958。

③ 参见高铭暄主编：《中国刑法学》，75页，北京，中国人民大学出版社，1989。

④ ［苏］契柯瓦则：《苏维埃刑法中犯罪构成的概念和意义》，宋金波译，载《苏维埃刑法论文选译》（第3辑），11页以下，北京，中国人民大学，1957。

⑤ 参见杨兴培：《犯罪构成的反思与重构》，载《政法论坛》，1999（1）。

对行为从不同的侧面多次进行评价；体系内部具有层次性和相对独立性；对违法和责任可以进行超法规的评价。由此不难发现，大陆法系犯罪论体系的出发点是概念，归宿点是追求理论体系的完善，其中的哲学思辨色彩浓厚。虽然其理论完善的最终目标难以达到，但对相关问题却可以深入讨论，即犯罪论体系通过阶段性、阶层式的深入，即先作形式性判断，再作实质性判断，先对客观性要素的进行判断，再对主观性要素作出判断，确保司法判断的正确、适当，尽可能地防止出错。

英美犯罪成立理论的体系性特征是：以积极要件与消极要件的结合方式构建犯罪构成理论体系；理论体系直接反映刑法总则体系；构成要件的法定化与超法规合法辩护事由共存。由此可见，英美犯罪成立理论的出发点是司法经验，含有真理性的一面；其归宿点是简便、实用。英美犯罪构成理论的最大优点是充分反映了定罪过程。众所周知，对犯罪的认定，必须在实体上结合犯罪构成理论，反映控辩对抗的过程。刑事诉讼永远是控、辩力量的展示过程，控诉和辩护活动各自有其归宿：控诉证明基本事实，确认评价犯罪的一般标准、“原则”的有效性；辩护则意在证明阻却违法性、阻却责任的事实的存在，强调“例外”的情形对于涉讼公民的意义。在这方面，英美法系理论有可取之处。

我国犯罪构成理论的基本特征是：将行为的不同构成部分划分为各个构成要件；体系内部各要件相互依存；犯罪构成理论体系体现了一种综合评价的特征，犯罪认定就如同一个“堆积木”的过程，把四大要件拼凑在一起即大功告成；犯罪构成法定化，不允许进行超法规的评价。

上述分析表明：大陆法系国家的犯罪成立理论体现了一种学者追求完美的努力：在理论上创设尽可能完善的体系构造，以实现精准打击的刑法目标。由此导致刑法理论和司法实务之间能够保持适当的距离和张力：法官判案可能并不完全按照犯罪成立理论进行，但是，该理论的存在，对于法官的行为具有指导价值。阶层式理论的“知识”体系具有限制法官思维的“权力”功能，以使法官形成思维定式。英美法系的双层次理论是对实践经验的总结，其理论建构尽可能和刑法规定、法官行为保持高度一致，反映英美国家对抗制的诉讼特征，且充分张扬被告人的辩护权利。我国的犯罪构成四要件理论，则介于大陆法系的理念型理论和英美国家的实践型理论之间，而且因为我国的理论主要脱胎于大陆法系理论，因此更多地带有理念型的特征。

（三）内在原因分析

在犯罪论体系上的上述差别，从实质上看体现了大陆法和普通法在思维和方法论上的差异。对此，有比较法学者指出：“大陆的法律思维所追求的是，在应受法律调整的范围内，最大限度地布满事先确定的、在任何情况下都能适用的规范。与此相反，普通法的思想方法是轻视那种大原则或过分抽象的一般概括，尽可能避免在社会领域布满法律规范，因此不追求行为规范的定式化，而只求在社会秩序出现混乱时能够提供有效的救济。例如在刑法中，目的不在于探求真相和对犯罪者加以处罚，而是为了保障全体市民的安全和使无过错的人免遭处罚。”①

正是这种不同，导致了英美国家更倾向于在程序推进过程中，由法官去判断被告人是否有罪，而不是借助于理论上繁复的犯罪成立理论体系约束法官。在这种背景下，是否存在精巧的、烦琐的理论构造，并不重要，至关重要的是：司法上必须保证程序公正，必须确保市民不受政府侵害，在理论上就必须给被告人一方的辩护提供空间，法官必须保持裁判员的角色。大陆法系国家的思维则是提出抽象的、精巧的理论约束法官，以使其诉讼指挥角色有所收敛，从

---

① ［日］大木雅夫：《比较法》，范愉译，120页，北京，法律出版社，2006。

而确保诉讼公正。由此决定了大陆法系必须提出独具特色的理论：在认定犯罪时的检验顺序首先就是代表犯罪常态类型构成要件该当性，其次是行为时有无出于特殊而法律可以容忍的阻却违法状况，最后是行为人本人是否具备应该予以宽恕的责任阻却事由。三个阶层之间环环相扣、层层递进，逻辑顺序是很清晰且确定的，在第一个肯定性和假定性的阶层判断满足之后再进行下两个阶层的否定性检验，逐层排除，最后得出是否成立犯罪的结论，以确保思维少出错甚至不出错。

如果说大陆法系和英美法系都以设定犯罪成立理论来确保思维不出错，不冤枉一个好人为原则，那么，苏联犯罪构成理论就显得要“粗放”得多，而且其将犯罪客体置于首要位置，理论的塑造以有利于定罪为归依，而不是侧重于防止出错，因而存在着相当严重的意识形态化倾向。其实，犯罪成立理论只不过是一个理论问题，是对刑法关于犯罪成立法定条件的理论概括，其由一系列技术性的、工具性的概念所组成。但苏联刑法学家在批判大陆法系犯罪论体系的时候，基本上是戴着有色眼镜看问题，充满政治上的敌对性、意识形态上的否定性，停留在“我对你错”的对立思维和肤浅认识上。它从一种政治偏见出发，妨碍了对大陆法系犯罪论体系的科学认识，在此基础之上建立起来的所谓主、客观相统一的犯罪构成论，获得了政治上的正确性。有学者指出，在犯罪论体系问题上，对立思维是应该摈弃的，不同的犯罪成立理论之间，可能并不是彼此对立、相互否定的关系。① 同时，苏联刑法理论是否能够经得起实践的检验，尤其是对某些疑难案件的处理是否不会出现偏差，的确是一个问题。对于这一点，即便是那些坚定地坚持四要件说的人也是赞成的，他们也承认我国的犯罪构成理论“对于犯罪的认定，在防止有罪推定倾向的保险系数上不如大陆法系犯罪构成理论那么大”②。

第二节　阶层犯罪论的合理性

一、体系思考的含义与意义

（一）犯罪论中体系思考的含义

中国通说所坚持的四要件理论在很大程度上，只是犯罪构成要素的堆积，而缺乏体系化思考。这一研究的结局是：其结论是否能够经得起实践的检验，尤其是对某些疑难案件的处理，是否不会出现偏差，的确是一个很大的问题。“我国的犯罪构成体系，虽是一个整体，但其内部的各要件之间缺乏层次，联系不明确，似乎是一种并列关系……各构成要件之间的历史过程和逻辑过程是不统一的，在理论上是模糊的。”③ 这就是说，四要件理论只有构成要件要素的累积，没有构建形式和实质之间的合理关系，没有建构体系化的刑法理论。对此，赞成四要件说的学者也承认：我国犯罪构成体系的最大弊端在于它只适用于一种对危害行为“贴标签”的流水化处理过程，即只要根据形式要件的符合性的简单判断即可得出实质上构成犯罪的结论，而一旦到了罪与非罪模糊不清的关节点上，构成要件的标准便全无用场，这时再无任何有效的科学方法可供遵循，于是只能在一种难以名状的感悟中完成生杀予夺的裁决。④ “对于犯罪的认定，在防止有罪推定倾向的保险系数上不如大陆法系犯罪构成理论那么大”⑤。

刑法学上的知识，不能是素材的累积，而必须形成前后贯通的体系。当前的中国刑法学研

---

① 参见李立众：《犯罪成立理论研究——一个域外方向的尝试》，274页，北京，法律出版社，2006。

② 赵秉志、肖中华：《我国与大陆法系犯罪构成理论的宏观比较》，载《浙江社会科学》，1999（2）。

③ 姜伟：《犯罪构成比较研究》，载《法学研究》，1989（5）。

④ 参见冯亚东：《理性主义与刑法模式》，181页，北京，中国政法大学出版社，1999。

⑤ 赵秉志、肖中华：《我国与大陆法系犯罪构成理论的宏观比较》，载《浙江社会科学》，1999（2）。

究，大量存在就事论事、堆积判断素材，没有进行体系化思考的现象。这主要是我们对体系化研究的意义重视不够，也缺乏进行体系化思考的能力。如果要实现违法/责任、事实判断/价值判断的分离，就要求有体系化的犯罪论，在构成要件阶段，对行为进行总体事实判断、部分价值判断的检验；在违法性阶段，对行为全面进行价值上的界定；在责任阶段，对能否谴责特定个人进行最后推敲。如此反复，审慎思考，最终得出合理结论。

所谓体系，就是按照一定原理所组织起来的有关知识的统一体，在刑法学上，以刑法的目的、机能为基准，将对于实现该机能来说互相协调的知识进行统一化、组织化，这就是体系构成的任务。①

刑法学上的体系化思考，最主要的就是犯罪论体系的建立。犯罪论体系是将成立犯罪的各种构成要素加以组织化、有序化排列，并对犯罪成立与否进行合理化、功能性判断的知识系统。

19 世纪末发源于德国的犯罪论体系，研究行为构成犯罪的最起码的条件，以及这些条件的实质内容、判断顺序和内在相互关系，为司法工作人员认定犯罪提供了指引。在欧陆阶层式犯罪论体系形成之后，由于存在着可以反复用来检验不同行为的一整套系统理论，对犯罪成立与否的认定成为相对比较“靠谱”的事情。也正是在这个意义上，克劳斯·罗克辛教授才认为：一个现代的刑法体系应当是有目的地组织的，也就是说，必须是建立在评价性目的的设定的基础上的。当正确的体系性解决方法作为一种事先评价的结果表现出来时，体系性结论及其希望达到的事实上的正确性（Sachrichtigkeit）之间的一致性，从一开始就可以得到保障，而缺乏这种一致性却会导致这么多的困难。②

（二）体系思考的意义

（1）体系性的犯罪判断，让我们的思考经济、让法院的判决可以被预测。例如，在高速公路上开车，突然撞上擅自闯入者致其死亡，但该行为非出于故意，亦非出于过失，构成要件不相当，犯罪不成立。进一步的违法性判断，即成为多余。又例如，面貌凶恶之人暗夜行窃，吓死屋主，由于欠缺评价上的因果关系，此丑贼不成立杀人或过失致死。受过刑法思考训练的人会得出一致的判断结论，法院的判决不会如彩券开奖，令人惊叹。③ 对此，我国学者也指出：在研究犯罪论问题时，体系的思考是必不可少的。首先，不以任何体系思考为前提就不能找到解决“问题”的路径；其次，尽管不容否认，由纯粹的体系的论据出发的议论常常缺乏说服力，但是体系论层次上（比如一定的阻却事由是阻却违法还是阻却责任）的理论检讨还是必不可少的。最后，在问题得到了一定的解决的时候，对于类似事例，过去的解决或者是将来应该的解决是否矛盾这一点也是必须考虑的。检讨事例解决之间的相互的体系的关系，将各自对事例的解决方案予以整合，力图使其不产生论理的、价值的矛盾，这也是平等原则的要求，是法治的精髓所在。所以说，体系的思考仍然是不可欠缺的。④

（2）因为存在阶层的判断，且不同阶层所适用的理论范畴本身具有很大的包容性，阶层性犯罪论体系使犯罪论的发展始终留有余地。例如，在三阶层判断的违法性评价阶段，因为对实质违法性判断存在分歧，导致法益侵害说和规范违反说能够产生，并进行激烈争论，从而在欧陆及日本大大推进了自刑法客观主义、刑法主观主义之后新一轮的刑法“学派论争”，结果无价值论、行为无价值论两派的理论体系均得以从容发展。在我国的四要件说中，四个要件一旦“堆积”成功，对行为的定性自然完成，对四要件的判断在很多时候沦为形式判断、事实判断、

---

① 参见［日］大谷实：《刑法总论》，新版第 5 版，75～76 页，东京，成文堂，2019。

② 参见［德］克劳斯·罗克辛：《德国刑法学总论》（第 1 卷），王世洲译，133 页，北京，法律出版社，2005。

③ 参见林东茂：《刑法综览》，修订 5 版，33 页，北京，中国人民大学出版社，2009。

④ 参见付立庆：《关于德日犯罪论体系的若干辩驳》，载《云南法学》，2008（3）。

经验直觉判断，对很多复杂问题（例如，实质违法性论、期待可能性、原因自由行为、违法性认识、共犯、认识错误、义务犯、不作为犯等）的讨论，都无法深入展开；很多重要的理论范畴，在四要件说中也难以寻找安身立命之所，刑法理论的纵深发展受到根本性钳制。

如果仅看案件处理结果，可以说，三阶层犯罪论和四要件说对绝大多数案件的分析都能够得出相同结论。但是，对某些疑难案件的处理，按照四要件说得出不当结论的可能性较大，且其无法体系性地解决好共犯论、刑罚论的相关问题，在方法论上存在问题。因此，实务中必须采用阶层论，其比平面式四要件说这种要素组合的理论具有更多优越性。

从满足司法实务需求的角度看，必须采用阶层论的理由主要有两方面：只有阶层论才能实现体系思考；只有阶层论才能有效防止错案。其实，仅仅考虑这两点，在未来的中国司法实务中采用阶层论的理由就已经很充分。

二、只有阶层论才能实现司法上的体系性思考

（一）只有阶层论才能顾及共犯论

赞成四要件说的学者大多倾向于认为，对完全无刑事责任能力的精神病人或13周岁的人实施抢劫、强奸等危害行为的案件，四要件说会直接以犯罪主体要件不具备而排除其犯罪性，很早就能够得出其无罪、刑法不用去理会行为人的结论，而不需要像三阶层论那样要等到作出构成要件该当性、违法性判断之后，在有责性阶段才说被告人无罪。因此，一般认为，在行为人是无责任能力的精神病人或未达到责任年龄的未成年人时，四要件说比阶层论更为优越，阶层理论就不再发挥作用。①

必须指出，四要件说的上述说法看似有理，但实属“顾头不顾尾”的简单化思维，是缺乏体系思考的表现，因为这样的结论仅以单独犯（直接正犯）为思考原型，没有一体地考虑犯罪论体系在共犯论中的运用问题。在13周岁的甲单独抢劫时，四要件说的思考看起来简便易行。但是，如果20周岁的乙为甲望风的，如何处理乙对四要件说而言就是一个难题。再如，15周岁的丙抢夺财物，按照四要件说很容易得出其无罪的结论，但25岁的丁事后为丙销售赃物的，用四要件说如何处理丁也并非易事。按照四要件说，前述甲、丙因未达到刑事责任年龄，均不是“犯罪的人”，在犯罪主体要件不齐备时，甲与乙、丙与丁“二人以上”共同犯罪这一要件就不具备，共犯就不能成立，乙当然无法构成故意杀人罪的帮助犯，丁也难以构成掩饰、隐瞒犯罪所得及其收益罪。但这一结论明显不合理，司法上也不可能按照这种逻辑去得出乙、丁无罪的结论。因此，在四要件说中，如果认为犯罪主体要件不具备行为人就不可能构成犯罪，对相关共犯的处理在逻辑上就成为问题。②

而类似难题，在区分违法和责任的阶层论中比较容易体系性地加以解决：共同犯罪是违法形态，而非责任形态，不具有责任能力、未达到刑事责任年龄者的杀人、盗窃行为，也具有违法性，他人的权利不会因为行为人未达到一定年龄就可以被任意侵犯。未成年人所实施的危害行为，即使不具有谴责可能性，也侵害了法益，从而对其行为应作否定评价；根据阶层论区分违法和责任的原理以及由此体系性地引出的限制从属性原理，其他共同实施违法行为的参与者当然应由此成立共同犯罪。换言之，违法是客观的价值判断，对于并未违法的行为固然没有成立共犯的余地，但参与不法的共犯应由此构成违法；而责任是主观的价值判断，故责任的有无不会对共犯关系产生影响。③

---

① 参见彭文华：《犯罪的价值判断与行为的归罪模式》，载《法学》，2016（8）。

② 参见张明楷：《构建犯罪论体系的方法论》，载《中外法学》，2010（1）。

③ 参见［韩］李在祥：《韩国刑法总论》，［韩］韩相敦译，186页，北京，中国人民大学出版社，2005。

虽然很多人一直觉得分割处理各个犯罪要素的四要件说似乎没什么大问题，但是，其在对共犯论进行体系思考时就会捉襟见肘。换句话说，实务中不能在运用四要件说处理A案件时仅注意到眼前的案子，而应该同时顾及这样的认定方法对共犯场合的B案件处理会有什么问题，共犯的问题和单独犯之间的问题都是整个理论体系当中的一环，不能偏废。所以，四要件说的真正挑战其实主要就在于难以一体地解决共犯问题。如果有人说四要件说没什么问题，很容易排除犯罪，那就是没有很好地进行体系思考。

（二）只有阶层犯罪论才能与刑罚论相呼应

按照四要件说，不满12周岁者杀人，与刑法第20条第3款规定的特殊防卫情形下的杀人，从结论上看都是无罪。四要件说的先天不足在于无法区分被告人无罪时，是因为行为本身未侵害法益无罪，还是仅仅因为行为人难以被谴责而无罪。行为人行使特殊防卫权的无罪，和一个精神病人、不满12周岁的人实施杀害行为的无罪，在四要件说之下所受到的最终评价是完全相同的，由此带来体系思考上的难题：对无罪的理由不能进行细分，司法上也只能将此无罪的讯息告诉公众，而无法清晰告知民众法律要禁止的究竟是哪一种行为，从而无法实现积极的一般预防。

对类似案件的处理，正确的司法态度应该是：对于具有违法性，但欠缺责任的未成年人、精神病人实施危害行为的情形，司法上应当明确标示出无罪的理由仅仅在于行为人缺乏非难可能性，而其行为的不法性、危害性是存在且必须避免的。一个未成年人或精神病人实施危害行为被司法机关抓获，律师提出被告人年龄或精神状况有问题，如果在案证据表明行为人当时确实没有责任能力，法官就应该判其无罪。但是，在对裁判进行说理时，法官仍应在裁判文书中清晰表明未成年人或精神病人的行为是对社会有害的，要被规范所禁止，别人不能模仿。这样的信息传递只有阶层论做得到，四要件说只能得出无罪的结论，却不能清晰地向民众传达这层判决意思。阶层论通过这样的司法运作来发挥行为规范的强化功能、教育功能、引导功能，使一般人尊重规范远离犯罪，从而实现积极的、规范的一般预防。

阶层论思考的逻辑不仅在针对未成年人、精神病人实施危害的场合发挥作用，在其他情形下，也有其独特的积极的一般预防存在价值。例如，法官认定正当防卫案件，就等于是在按照阶层论的逻辑告诉国民行为对错的标准，从而引导国民行动。刑法第20条第3款规定，防卫人遭受抢劫等可能危及人身安全的威胁时，即便其把抢劫犯杀了，也可以成立正当防卫。法官在这里的无罪判决同样要告诉公众：防卫人即被告人的行为是法律规定的正当行为，其外观上虽然是一个杀害行为，但实质上不违法，法律要鼓励、表扬这样的行为人，其他人遇到这种情况可以向他学习。因此，于正当防卫杀人、精神病人杀人、11周岁的人杀人这三种情形，阶层论和四要件说都会得出无罪结论，但是，四要件说只能告诉公众某一种最终结论，无法在刑罚论上有区别地发挥预防效果；而阶层论能够提供给国民行为对错的信息，发挥好刑罚论上的一般预防效果。这样说来，阶层论和四要件说二者有实质差别，千万不要简单地以为四要件说和阶层理论的结论都可能是相同的就去排斥阶层论。阶层论作为一种体系化的理论，迥别于要素组合的四要件说。体系思考方法也是逻辑的运用，承担了逻辑在法学方法论中的使命①，只有采用阶层论，法官的思考才能摆脱"就案论案"、顾头不顾尾的窠臼，其定罪方法论才能上一个新的台阶。虽然四要件说和阶层论对大量案件的处理结论确实差异很小②，但是，就对司法工作人员刑法方法论的训练而言，阶层理论的优越性是不言而喻的。

---

① 参见［德］英格博格·普珀：《法学思维小课堂》，蔡圣伟译，180页，北京，北京大学出版社，2011。

② 参见欧锦雄：《复杂疑难案件下犯罪构成理论的优劣对决》，载《中国刑事法杂志》，2011（3）。

三、阶层论能够为防止错案提供实体法上的支撑

在四要件说中，犯罪客体要件、犯罪客观要件、犯罪主体要件、犯罪主观要件之间似乎有一定顺序，但是，这种平面的、要素的理论而非阶层的理论无法防止司法上先判断故意、过失等主观构成要件，也无法防止分析案件时先考虑犯罪主体的人身危险性或再犯可能性；有的学者甚至提出在四个要件中应当将犯罪主观要件排在最前面的观点，更使犯罪客观要件的重要性降低。① 我国还有学者明确指出，主观罪过是犯罪构成的核心，是刑事责任的唯一根据。其主要理由是：（1）主观罪过代表犯罪行为的本质，因为犯罪对刑法所保护的社会关系的侵犯是犯罪主观要件内容的实现；犯罪构成主观要件是区别犯罪行为和非犯罪行为的标准。（2）犯罪主观要件是犯罪构成要件的集中体现，在犯罪构成的四要件中，只有犯罪主观要件是唯一直接包含了全部构成要件内容的构成要件。（3）只有主观要件才能代表犯罪的本质，而客观要件只不过是主观要件的表现形式，因而只有主观罪过和刑事责任的联系才具有必然内在联系的性质，才是一种本质的联系。② 但是，按照上述主张，四要件说有走向刑法主观主义的危险或者本身就是主观主义的体现。

刑法主观主义的基本理论构架在于：一方面，从人的危险性出发来思考定罪处罚问题。另一方面，行为仅仅是佐证犯罪意思的符号，行为概念以及其他客观要素的重要性、独特性大幅度下降。刑法主观主义的核心思想是：由于“某个人”太坏了，所以要惩罚他。其关心的是危险个体——做这件事情的人特别危险，犯罪主观要件、个人危险性等概念在犯罪构成理论中自然就处于优先地位。③ 刑法主观主义从对人的主观要素的审查出发，探求其内心的邪恶推动行为发展的过程。这一思考方法对司法工作人员来讲，用起来最为便利，因此，其对刑事司法有广泛影响。受主观主义刑法观影响的刑事司法程序，必然呈现以下特征：司法工作人员容易陷入反正嫌疑人、被告人有罪，办案程序合法与否、规范与否并不重要的错误观念；重视能够揭示行为人危险性格的口供；在办案过程中，一旦物证、书证和口供有冲突，司法上倾向于认为那些能够揭示个人危险性的口供比客观证据还重要。因为立足于主观主义的司法运作一定会将个人的主观恶性、危险性格等作为思考问题的中心，进而从主观要素出发去思考犯罪构成。而要探究人的内心，获取被告人口供当然是最为便捷的途径。四要件说和刑法主观主义只是“一纸之隔”，这样的犯罪构成理论极易为形成错案提供实体法上的支撑。对此，罗克辛教授指出：“在刑法的概念里，纵然每个体系都是某种有秩序的安排，但是，倘若人们不正确地建构或者安排了刑法体系的要素，那么，就有可能导致有缺陷的结果。”④

在阶层理论体系中，对客观要件与主观要件、违法与责任、事实与价值的区分相对比较清楚，被告人触犯刑法分则某一法条所规定的特殊构成要件即符合构成要件，这是初步的判断；之后才依次是违法性、有责性的认定。通常，该当某罪的客观构成要件时就可以推定违法性、有责性，被告人及其辩护人没有提出特别的辩护理由（如正当防卫、紧急避险、精神病、未成年、违法性认识错误、缺乏期待可能性等）时，控辩双方就不应当在违法阻却、责任排除上进行争辩。经历这种层层过滤的、立体式的阶层判断，才能确认被告人的行为构成犯罪。这样不仅可以防止错案，确保定性准确，而且可以将违法和责任清晰分开，训练司法官员思维，形成正确的刑法适用方法论。

---

① 参见赵秉志：《论犯罪构成要件的逻辑顺序》，载《政法论坛》，2003（6）。

② 参见陈忠林：《刑法散得集》，267页以下，北京，法律出版社，2003。

③ 参见周光权：《法治视野中的刑法客观主义》，57页以下，北京，法律出版社，2013。

④ ［德］克劳斯·罗克辛：《德国刑法学总论》（第1卷），王世洲译，164页，北京，法律出版社，2005。

罗克辛教授认为："如果将不法和责任融合在一起，会抹平取消本质上的事实区别。某个举止是否是一种受到刑罚禁止的法益侵害，这是一个问题；在所有案件中，违反这种禁止规范是否必须要动用刑罚加以处罚，这是另一个问题。这两个问题是不同的。刑法上的禁止规范或者命令规范是针对所有公民而言的，这两种规范呼吁公民举止要合乎规范，因此，必须将它们和罪责区分开来，原因是：告知公民受禁止的事情和给予他们举止上的指导原则必须在任何犯罪之前。"① 阶层论区分违法和责任的方法论与刑法客观主义存在内在一致。刑法客观主义认为，之所以要动用刑罚，是因为行为人客观上把某件事情做砸了。刑法客观主义对司法活动的基本要求是：一方面，客观构成要件比主观构成要件更为重要。刑法客观主义紧紧盯住的是客观的、违法的"事态"——至于这件事情是谁干的，在违法与否的层面并不重要（无论是谁干的，干错了就是干错了），行为、后果等概念对于定罪至关重要。客观构成要件的任务是具体描述刑法所要类型化地加以禁止的行为举止，以确定行为的可罚性。任何行为要成立犯罪，就应当和刑法分则构成要件所描述的典型事实相一致，这是罪刑法定的当然要求。准确定罪，首先是要准确判断犯罪客观要件及其要素。而正是基于客观构成要件绝对重要的观念，司法上才能将犯罪行为区别于民事侵权行为和行政违法行为，进而能够进行违法和有责的判断。因此，要贯彻客观要件比主观要件更为重要的理念，就必须强制性地要求实务中注重收集足以证明犯罪客观事实的证据，一旦事实存疑，即必须作出有利于被告人的处理，而不是先取得口供，通过口供去证明行为人的主观恶性，进行"先供后证"。另一方面，必须讲究司法逻辑或判断顺序——先违法后责任。对行为性质、行为人责任必须分为两个不同层次判断。对行为性质的判断，是对行为的对与错在刑法上表态，是表明这一行为不值得其他人学习，在刑法上要绝对禁止；对行为人责任的判断，是要揭示受主观支配的行为值得谴责和非难。对犯罪成立与否的判断，是人间最为复杂的思维活动。一个合理的刑法理论必须能够保证对行为违法性的客观判断，和对行为人责任的判断必须分层次进行；确保客观违法判断在前、主观责任判断在后，确保刑法客观主义得到贯彻。

如此说来，只有阶层理论在分析任何刑事案件时，才能确保先判断这件事情做得怎么样，再去考虑能不能谴责行为人。这才是分层次判断的思路，也是刑法客观主义的具体运用。在实务中，如果肯定主观责任优先，总是习惯于从犯罪故意、犯罪意思出发，去寻找证据论证犯罪事实，就容易形成冤假错案。但是，在我国受四要件说影响的司法实务中，主观和客观的关系并不清晰，司法上为满足处罚需要或者出于思维上的便利，有时本能地从行为人的主观推导出客观，导致某些"两可"案件，甚至明显无罪的行为被轻易地确定为犯罪，也使刑讯逼供屡禁不止。在这里，刑法客观主义给我们的启示是：在处理案件时，不能仅仅对被告人是否有罪作出笼统判断或要件上的综合判断，更不能靠"被告人一看就不像好人，肯定有罪"这种不可靠的感觉，思维上要有逻辑，有层次，对客观要素和违法性的判断必须处于绝对优势地位。② 对此，学者指出：建立体系的思考，坚持从客观到主观的判断，最大的意义在于有助于安全性价值的实现，容易发现事物的本质，也符合人类认识世界的客观规律。③

第三节　阶层论的司法运用

一、阶层论的应有逻辑

采用三阶层论，未必一定要使用三阶层论的名词、术语。换句话说，教科书上的犯罪论体

---

① ［德］罗克辛：《刑事政策与刑法体系》，蔡桂生译，91页，北京，中国人民大学出版社，2011。

② 参见周光权：《刑法方法论与司法逻辑》，载《现代法学》，2012（5）。

③ 参见王勇、金圣春：《犯罪构成理论的当下图景与可能走向》，载《当代法学》，2011（5）。

系没有必要严格按照三阶层去写，实务中也未必要绝对按照三阶层的进路去分析案件。其实，按照先客观后主观、先一般后特殊、先形式后实质、先定罪事由后辩护事由的顺序分析案件，就会得出和三阶层论相同的结论。只要这一点得到理解和认同，阶层式犯罪论体系的司法品性就得以确立。这种实务逻辑和犯罪论体系的阶层理论可以说是异曲同工。

这样说来，肯定阶层的犯罪论体系，要求实务中坚持违法与责任分开、确保客观优先、事实判断和价值评价适度分离，一个合理的、能够沟通理论和实务的犯罪成立理论体系就可以形成，至于是否采用三阶层的话语体系，则并非关键。合理的犯罪论体系的重要性并不体现在形式和技术意义上，也根本不需要苛求在刑事判决书中出现构成要件该当性、违法性和有责性的概念。这样的改革进路，可以说是最大限度地回应了有的学者一直关注的“阶层犯罪论体系的本土化”问题。[①] 换言之，在认定犯罪时，先判断客观构成要件，再讨论主观构成要件，在有的案件中有特殊的违法阻却事由，或者特殊的责任阻却事由时，还需要进一步检验，这就是阶层的理论。

这样的思考在很大程度上吸纳了四要件说中的合理内容，因为四要件说所看重的很多要素是阶层理论也要判断的。但是，阶层论在分析这些要素时，一定要确保什么在前面判断、什么在后面判断。如果能够坚持这一点，在方法论上就和阶层理论基本没有实质差别，就是可以接受的。

二、实务中如何运用阶层论

在我国实践中，已经出现个别明确根据阶层论认定行为性质的判决，还出现了大量虽并未使用阶层论的术语，但深受其影响的裁判。这方面的例证是：在与期待可能性有关的案件处理上，法院基本上都能够得出正确的结论，这明显是采用了阶层理论，在认定行为具有构成要件该当性、违法性之后，在有责性阶段否定或减轻行为人的责任。其实，在四要件说中，由于没有专门的责任概念，不可能提供期待可能性理论的栖身之所——期待可能性既不是犯罪主观方面的问题，不能与犯罪主体概念等同，也不是典型的犯罪客观方面的问题，而是一个法律上对于责任归属与责任大小的规范判断问题。例如，行为人明知自己有配偶而与他人结婚的，其行为完全符合重婚罪的构成要件，具有违法性。但是，无论是司法解释还是审判实务都认可，行为人在特殊情况之下重婚的，即便行为人有犯罪故意，也可以认为其欠缺期待可能性，从而得出无罪结论。例如，对于夫妻一方因不堪虐待外逃重婚的，因遭受灾害或逃荒而与他人重婚的，因被拐卖而流落外地重婚的，为逃避包办婚姻而流落外地重婚的，法院都会考虑到行为人是为了获得生存机会或没有选择余地而实施了违法行为，法律不强人所难，最终按照期待可能性的原理认定重婚者无罪。

但是，实务中贯彻阶层论还很不够。对很多案件不能准确定罪处罚，在很大程度上就是因为司法实务没有全面贯彻阶层论。

将三阶层的犯罪论体系转换为司法逻辑，在讨论案件时需要遵守一定的步骤，大致有两种进路。

（一）进路之一：构成要件该当性—违法性—有责性

这种进路，是对犯罪认定过程大致按照德、日三阶层论的逻辑加以展开。遵循这种方式建构犯罪论体系，可以使刑法学达到相当精巧的程度，可以充分满足体系思考的需要。可以说，

---

① 参见梁根林：《中国犯罪论体系建构：叙事与评说》，载梁根林、［德］希尔根多夫主编：《刑法体系与客观归责》，28页，北京，北京大学出版社，2015。

这一进路是一个符合自然逻辑思考而且便捷的检验顺序。

1. 构成要件该当性判断

找准并对照分则法条。其实，对构成要件该当性进行判断的做法并非舶来品，其和我国传统司法理念非常符合。古代官员审案，经常会问堂下之人“该当何罪”，这实际上就是在检验构成要件该当性，因此，不能认为构成要件该当性判断在我国刑事司法传统中没有根基。在现代刑事实务中，公诉人能否按照起诉内容准确指控罪犯，法官能否毫无疑问地下判，首先要确定案件事实与被告人所触犯的法条是否具有符合性，从而解决被告人“该当何罪”的构成要件该当性问题。而被告人所触犯的法条就是分则中具体罪名的相应条款。因此，寻找与被告人的行为最为对应的法条，确定可能适用的罪名，这一环节的审查内容主要表现为对被告人的行为是否实质地符合、该当刑法分则特定法条所规定的客观构成要件作出评价，确定被告人的行为与特定构成要件所要求的实行行为、特定对象、危害结果、因果关系及客观归责、违法身份、作为违法要素的非法占有目的等要素是否相一致，再结合主观构成要件去描述、归纳案件事实，从而确定客观违法性的存在与否。之后，将被告人的行为事实和分则法条中的构成要件进行比对，以具体罪名的构成要件要求作为准绳，来论证特定案件中客观构成要件、主观构成要件是否充足。① 这等于完成了阶层论思考的第一步，否则此后的违法评价和罪责评价都无从谈起。在此阶段，司法工作人员在按照阶层理论的逻辑汇报或讨论案件时，绝对不能先从主观要件切入，其首要任务是客观地、不带感情色彩地叙述犯罪事实经过，然后再分析行为人对客观事实的认知状况，做到主客观相统一，同时确保用相应的证据来证明客观构成要件、主观构成要件的齐备，并对主客观要件进行适度的规范判断和价值评价。

2. 违法性判断

例外地思考有无违法阻却事由。行为符合客观构成要件、主观构成要件的，通常具有违法性，在绝大多数案件中，也就能够得出行为人构成犯罪的结论。但是，在少数案件中，需要从法秩序统一性的角度例外地考虑是否存在无罪的理由，被告人是否可以例外地主张行为的正当性。换言之，行为形式上或通常对社会有害，但被告人也可能主张其行为被整体法秩序所允许。这一判断过程，其实就是对违法阻却事由的特别考量。

3. 有责性判断

例外地考虑责任阻却事由，即考虑行为虽然客观上、实质上对社会有害，但对被告人是否可以进行责任减免，从而对其实施强制医疗、收容教养等保安处分措施。所谓的有责性判断，其实就是对责任阻却事由的特别评价问题，对被告人是否可以被谴责进行评价，这种评价主要以存在主观构成要件要素为前提，但有时也要超越这种主观要素，对期待可能性、违法性认识的评价，就与被告人主观上对事实的认知无关，但其属于责任评价的内容。

前述三阶层论看似复杂，但将其运用到司法中非常便捷。这里结合“于欢故意伤害案”进行分析。法院查明：吴某等人为索取债务，“在吴某、赵某1指使下，杜某2等人除在案发当日对于欢、苏某实施非法拘禁、侮辱及对于欢间有推搡、拍打、卡项部等肢体行为，此前也实施过侮辱苏某、干扰源大公司生产经营等逼债行为。于欢及其母亲苏某连日来多次遭受催逼、骚扰、侮辱，导致于欢实施防卫行为时难免带有恐惧、愤怒等因素”，上述情节应当作为对于欢有利的量刑情节进行考虑。② 在四要件说的逻辑下，二审判决认为于欢实施防卫行为时的恐

---

① 对构成要件该当性的判断，并不是仅仅考察客观的外在表现，对主观构成要件的分析也应包括在内。“今天，德国刑法学已经普遍认可了主观方面不法元素的存在。”（[德] 约翰内斯·韦塞尔斯：《德国刑法总论》，李昌珂译，81页，北京，法律出版社，2008。）

② 参见山东省高级人民法院（2017）鲁刑终151号刑事附带民事判决书。

惧、愤怒等情绪会影响量刑，其说理已经算得上比较充分了。

但是，如果按照阶层论，在本案中，在认定于欢的伤害行为具备构成要件该当性，且具有违法性（仅成立防卫过当）之后，其实还需要重点分析判断有责性的有无——在于欢对被害人进行捅刺时，其惊恐、愤怒、紧张的情绪是否会使司法上得出其没有责任的结论？如果能够认定在当时情况下，任何人在遭受连续拘禁、侮辱、掐压之后，发现脱离险境变得很困难时，都会作出和于欢相同的举动的，要求被告人实施其他行为就没有期待可能性，由此也可能得出于欢的行为虽具有构成要件该当性、违法性，但不符合有责性要件，因而最终无罪的结论。法院对该案的二审判决，等于仅仅审查了四要件说的主客观构成要件和排除违法事由，没有再对排除责任要件（有无期待可能性）进行审慎判断，把可能成为无罪的情形认定为犯罪，从而仅仅在量刑上予以考虑。

由此可见，适用阶层理论对于从不同侧面反复检验犯罪是否成立具有重要意义，其定罪范围可能比四要件说要适度小一些。

（二）进路之二（本书的主张）：犯罪客观要件—犯罪主观要件—犯罪排除要件（违法阻却事由、责任阻却事由）

这种思考方法，虽未使用三阶层的话语系统，但也完全可以和“构成要件该当性—违法性—有责性”的构造相对应：犯罪客观要件的全部内容和犯罪主观要件中的部分内容，对应三阶层犯罪论体系中的构成要件该当性；从犯罪客观要件和主观要件中，原则上可以推断行为的违法性，而具有正当性特征的犯罪排除要件揭示了违法阻却事由；故意、过失等犯罪主观要件同时还属于责任的内容，那些不具有非难可能性的犯罪排除要件则是责任阻却事由。

犯罪客观要件—犯罪主观要件—犯罪排除要件的进路与平野龙一教授的主张暗合。他指出，对于犯罪论体系，可以按照犯罪成立的一般要件、犯罪成立的阻却事由两个层次建立。在犯罪成立的一般要件中，平野龙一教授讨论行为、结果、因果关系、不作为、故意、过失等问题；在犯罪成立的阻却事由中，则先后分析违法性阻却事由、责任阻却事由。[①] 在平野教授的犯罪论体系中，犯罪论的阶层性得到确保，先违法后责任、先原则后例外的思考也得到贯彻。

表 5-1 犯罪客观要件—犯罪主观要件—犯罪排除要件的进路

犯罪一般要件	犯罪客观要件 （实行行为、危害后果、因果关系及行为的时间、地点、方式等）	犯罪主观要件 （作为违法要素的构成要件故意、过失等）
犯罪排除要件	违法排除要件（正当防卫、紧急避险、超法规的违法排除事由）	责任排除要件（责任故意、过失、责任能力、违法性认识、期待可能性）

在这一理论构造中，犯罪客观要件和犯罪主观要件属于犯罪的一般要件，符合这两个要件的行为，原则上就具有违法性，成立犯罪。但是，在具备违法排除事由和责任排除事由的场合，例外地阻却犯罪的成立。

“犯罪客观要件—犯罪主观要件—犯罪排除要件”判断进路的优点主要在于：

一方面，用目前我国司法工作人员较为熟悉的术语来简化阶层论，以提高其被接受的可能性，有助于“降低改革成本”。坚持四要件说的学者通常会在其论证中凸显判断标准的实用性，认为四要件说在操作上简洁明快，四个要件之间对应工整、界限清晰，具有鲜明的可操作性。[②]

① 参见［日］平野龙一：《刑法总论》，Ⅰ，87 页，东京，有斐阁，1972。

② 参见高铭暄：《关于中国刑法学犯罪构成理论的再思考》，载《法学》，2010（2），60 页。

但是，如果把人们视为畏途的阶层犯罪论体系进行话语转换，将其解读为“先客观（违法）后主观（责任）、先原则后例外”的司法逻辑或实务判断方法，在阶层论意义上准确理解主客观相统一原则的真正含义，势必也能够大大降低操作难度。其实，在实务中采用构成要件符合性、违法性、有责性的体系，应该是比较理想的方案，因为“法治国家中的刑法学的作用在于提供一种保证结论协调性，又能保证体系的完整性的精湛理论”①。但是，如果认为让司法工作人员接受这一体系可能存在过大的思维转型，接受四要件说的学者和赞成三阶层论的人之间交流起来会存在困难，那么，采用比构成要件符合性、违法性、有责性体系更为简洁，更易于被人们接受，更为人们所熟悉的概念和理论构造，也是可以考虑的。犯罪客观要件—犯罪主观要件—犯罪排除要件的进路恰恰能够兼顾阶层论体系的精巧化和实用性，继续使用了客观构成要件、主观构成要件等术语，但特别注重思考的顺序性和逻辑性，等于是借助实务中广为人知的概念与范畴来搭建中国的犯罪论体系，用司法工作人员容易理解的方式进行理论上的重大改革。其并未照搬德国、日本的理论，但也没有抹杀中国刑法学者的贡献。因此，在我国刑法学中，立足于刑法客观主义立场，不是仅仅着眼于阶层体系在技术层面的意义，建构超越四要件与三阶层的争论且顾及实务操作便利性的犯罪论体系就是完全有可能的②，从而使犯罪论体系成为“实践的认识体系”③。

另一方面，能够在犯罪论体系内部讨论排除犯罪的事由。四要件说在论述全部犯罪构成要件之后，再另行讨论正当防卫等排除犯罪的事由。但是，如果对犯罪构成进行形式解释，在肯定行为符合积极的犯罪构成之后，再最终否定犯罪的成立，就不能及时地、尽早地排除犯罪。这使判断并不经济、简便，有损犯罪构成的权利保障机能。其实，犯罪论体系针对所有危害社会的现象确定成立犯罪的一般条件，那么，在犯罪论体系中，对于与犯罪具有某些相似之处而又排除犯罪性的这种“反面”问题就不能回避，而应该在与犯罪成立的客观和主观要件相对应的意义上讨论排除犯罪的违法阻却事由和责任阻却事由。这种分析进路，能够提供一套尽可能精确的定罪工具，就通常的犯罪事实状态、可能出现的特殊事态、行为人个人的特殊情况等依次进行检验。这样的分析流程既符合思维规律，也与司法实务相一致。

按照“犯罪客观要件—犯罪主观要件—犯罪排除要件”这种阶层论的逻辑评价行为，能够确保违法判断绝对优先，只有在这一阶层的判断完成以后才考虑责任判断。按照这条线索梳理下来，同时又给被告人相应的辩解机会，整个司法的逻辑也就是阶层理论的司法化。

由此可以大致得出的结论是：在今后的司法实务中，既可以按照“构成要件该当性—违法性—有责性”的逻辑处理案件，也可以根据“犯罪客观要件—犯罪主观要件—犯罪排除要件”的进路定罪量刑。这两种阶层论都是可行的思路。这也进一步说明阶层论远没有我们通常所想象的那么复杂，其方法论实际上简洁明快——先确定进入司法视野的特定事件是不是一件“坏事”，再讨论干这件事的人是不是应该受到非难，即把违法和责任这两个层面的评价清晰地区分出来。所有的阶层论试图解决的也就是这两个问题。

把这个思路厘清以后，我们就会发现，相对于四要件说，阶层论漏洞最少，逻辑线索更清楚，并不难于掌握，而且在实践中更能够促使司法工作人员分析问题时瞻前顾后，形成体系性思考，确保定性准确。

---

① ［日］松宫孝明：《刑法总论讲义》，5版，48页，东京，成文堂，2017。

② 参见周光权：《犯罪构成要件理论的论争及其长远影响》，载《政治与法律》，2017（3）。

③ ［日］山中敬一：《刑法总论》，3版，123页，东京，成文堂，2015。

第六章　犯罪客观构成要件

行为符合刑法分则规定的客观构成要件，通常就可以被认为具有危害性，因为在刑法对某些行为进行定型化之前，社会上存在形形色色的值得处罚的危害行为，犯罪客观要件是将这些危害行为中最为严重者挑选出来加以规定。所以，客观要件不是形式的东西，而是对法益损害行为的提炼和展示。例如，刑法分则将射杀、毒杀、棒杀等行为抽象为杀害，符合刑法第232条故意杀人罪规定的行为就一定是有社会危害性的行为。

行为的法益侵害性通过实行行为、侵害对象、危害结果等表现出来。同时，由于因果关系是实行行为和危害结果之间的联系，所以，也是犯罪客观要件中需要讨论的范畴。

第一节　犯罪客观要件概述

一、犯罪客观要件的概念

犯罪客观要件，是指对法益实施侵害的行为事实的基本要素的总和。

立法者从大量存在的反社会、反规范行为中，归纳出违法的行为作为刑法中的犯罪类型加以规定，并规定相应的处罚，这种犯罪类型就是犯罪客观要件。这一要件不是具体的犯罪事实，而是从大量犯罪现象中归纳出来的观念性的概念。犯罪客观要件的任务就在于具体描述刑法所禁止的典型不法内容，以确定其是否可罚。所谓客观的构成要件符合性，就是指行为人的行为必须与法定的分则个罪的客观罪状规定相一致。任何行为成立犯罪应当具备的前提是和刑法分则罪状描述的典型事实相一致，这是罪刑法定的当然要求，也是整个刑法规范评价的基础，所以说构成要件的观念基础实际上就是罪刑法定原则。而正是基于构成要件的观念，司法人员才能将犯罪行为区别于其他社会现象，并进而能够进行具体的责任判断。因此，客观的构成要件该当性是违法性、有责性判断的基础，成为犯罪成立的第一要件。

二、国外的构成要件概念

（一）客观的构成要件要素

古典犯罪论体系中的构成要件是纯粹客观的被评价的对象，排斥价值判断。构成要件理论的创始者贝林就认为构成要件同法的价值判断脱离，是纯粹形式的、记述的、价值中立的行为类型。这种意义的构成要件使犯罪类型的外部轮廓明确化。主观的要素在古典犯罪论中属于责任的范畴，规范评价属于违法性阶段的范畴。

（二）主观的构成要件要素

在构成要件理论发展中，起初一直认为所谓构成要件要素只是指客观的构成要件要素，但是后来发现在区分行为类型时，仅仅依靠客观的要素而忽视作为主观要素的行为人内心事实，很难进行正确判断。因此，新古典犯罪论认为，构成要件应当包括行为特征的所有相关要素，因而主观要素根本无法排除在外。主观的构成要件要素，是指反映行为人主观内容的构成要件要素，主要是指作为构成要件要素的故意、过失和不法意图（例如盗窃罪中不法所有目的）。无论是在立法中还是在司法中，都有必要在最初阶段就结合主观要素将犯罪类型进行划分、认定，从而将某些不符合构成要件规定的行为排除在司法程序之外，无须进一步讨论其违法性或者有责性。

构成要件故意，是指对构成要件的事实有认识，并且有实现犯罪的意思，所以，故意是认识要素和意思要素的统一。主观的认识和客观的事实不一致时，即存在构成要件的错误（事实认识错误）。构成要件的过失，是指违反行为客观的注意义务的情形。构成要件的故意和过失，重视行为的“事实构造”这一侧面的含义。这与重视“意思形成”侧面的责任判断的故意、过失不同。作为责任要素的故意，主要与特定个人的违法性认识可能性有关，也涉及违法性认识错误（法律错误）问题；作为责任要素的过失，则主要讨论行为人对主观的注意义务的违反（注意能力）问题。

（三）规范的构成要件要素

麦耶所提出的规范构成要件要素对古典犯罪论的构成要件要素形成了重大挑战。传统构成要件理论认为，构成要件涉及的是可描述的、可以为人的感官所把握的事实（记述的构成要件要素），例如故意伤害罪的对象——身体，被非法侵入的“住宅”，被故意毁坏的“财物”，其作为构成要件要素，其实都是对某种事实的描述。但是，麦耶认为在构成要件中存在着规范性要素，例如盗窃罪中财物的他人性，伪证罪中证言的虚假性，同行为本身已经没有什么关系，而是同行为的性质有关。财物是否属于他人所有并非人的感官所能确认的，而是必须由人的价值判断予以认定。因此，麦耶将构成要件要素分为两种：一是纯客观的构成要件要素，二是含有评价因素，需要依照文化观念、价值理念或者结合其他法规范才能进行判断的构成要件要素。麦耶认为规范构成要件是真正的违法性因素，同时由于其是故意的对象，因而也是构成要件要素。

三、犯罪客观要件的机能

（一）自由保障机能

犯罪客观要件对犯罪行为进行了定型化，使何种行为因为符合客观构成要件而成立犯罪并应受处罚，何种行为不符合客观要件而不应构成犯罪，比较明确，刑法的晓谕功能得到发挥。根据罪刑法定原则，不符合构成要件的任何行为都不应成为发动刑罚的理由，因此，客观的构成要件该当性成为保障公民自由的利器。

（二）个别化机能

根据客观要件的不同，刑法将犯罪区分为不同类型和不同罪名，从而使司法实务中区别不同的行为作出相应定性成为可能，借以实现犯罪的个别化机能。例如，同样是导致被害人死亡的行为，刑法规定了故意杀人罪、故意伤害（致人死亡）罪、过失致人死亡罪，确立了不同的构成要件。因此，不同犯罪之间的区别只能在构成要件中寻找，超越构成要件该当性谈论犯罪的界限难以做到以理服人。正是依据客观构成要件的规定，人们才得以区分此罪和彼罪、重罪和轻罪等。

（三）违法推定机能

行为符合构成要件、具有危害性，并不意味着该行为一定就是违法的。但是，一般而言，如果没有违法阻却事由的存在，符合构成要件的行为能够被推定为违法。由于罪状符合性是犯罪成立的前提条件，是违法性判断的基础，因此，如果行为并不符合构成要件，那么，就没有进一步讨论违法性、有责性的必要。

四、犯罪客观要件的要素

犯罪客观要件的要素包括：（1）主体；（2）实行行为（作为、不作为）；（3）行为客体；（4）结果；（5）因果关系；（6）行为的附随状况。其中，（1）（2）（4）（5）的相关知识内容较多，或者至关重要，因此，在本章设置专门的节来加以分析。在这里仅讨论行为客体、行为的附随状况两个问题。

（一）行为客体

行为客体，是指行为所指向的，体现合法权益的具体的人或物，例如，故意杀人罪中的人，强制猥亵、侮辱罪中的妇女，盗窃罪中的他人财物等。当然，没有行为客体的犯罪也是存在的，例如，受贿罪、脱逃罪、重婚罪都属此类。

行为客体和保护客体（法益）是两个不同的概念。某些犯罪并没有行为客体，但是，所有的犯罪都一定会侵害保护客体，绝对不存在没有侵害保护客体的犯罪，因为所有的犯罪都是为了保护特定法益而设立的。例如，脱逃罪没有行为客体，但是其保护客体即司法机关对罪犯的监管秩序是存在的。

行为客体能够为认定某种行为是否具备构成要件该当性以及区分此罪、彼罪提供依据。对于将特定行为客体作为构成要件要素的犯罪而言，只有侵害该客体才能构成犯罪，或者成立犯罪既遂。例如，拐卖妇女、儿童罪的行为客体是妇女、儿童，对已满 14 周岁的男子实施拐卖的，显然不构成该罪。另外，在有的情况下，侵害客体不同，成立的犯罪不同，例如，窃取对象为普通财物的，只能成立盗窃罪；窃取对象为商业秘密的，成立侵犯商业秘密罪。

（二）行为附随状况

行为附随状况，是指实行行为实施的时间、地点、手段、前提条件等情况。有些具体犯罪要求行为必须在特定时间、地点，用特定手段实施，行为的附随状况对行为的危害性大小具有重大影响，进而影响犯罪的成立与否。例如，辩护人、诉讼代理人毁灭证据、伪造证据罪，必须在刑事诉讼中实施才能构成犯罪；非法狩猎罪必须是违反狩猎法规，在禁猎区、禁猎期或者使用禁用的工具、方法进行狩猎才能构成。行为的前提条件，是指那些按法律规定在逻辑上先于行为存在，并在实行行为实施时仍然存在，且能决定犯罪能否成立的条件，例如，重婚罪的成立必须以具有现存的合法婚姻为条件。这种条件与实行行为同在，具有决定行为性质的作用，因此，这些条件也属于行为的伴随状况。

第二节　主　体

一、身份

这里的主体，是指刑法规范上一般设定的，实施危害行为的人。自然人、单位都可以成为实行犯罪的主体。与自然人主体有关的，主要是身份问题。刑法分则所规定的某些由自然人所实施的犯罪，可能与身份有关。

身份，是指行为人所特有的资格、地位或者状态。对于某些犯罪的成立，在构成要件的设置上，要求以某种特殊身份为要件时，犯罪主体即为身份犯的构成要件。

身份犯是义务犯的一种，其分为真正身份犯和不真正身份犯两种。真正身份犯，是指立法者根据身份确定罪名，身份的有无影响定罪的情形（构成身份），如果行为人不具备某种身份，就不符合构成要件的规定。叛逃罪、重大飞行事故罪、非法经营同类营业罪、为亲友非法牟利罪、保险诈骗罪、报复陷害罪、贪污罪、受贿罪、职务侵占罪、玩忽职守罪等都属于真正身份犯。①

不真正身份犯，是指身份不影响定罪，但是某种特定的身份可能成为刑罚加重或者减轻的根据的情形（加减身份）。例如，刑法第243条所规定的诬告陷害罪，任何人都可以构成，但国家机关工作人员犯该罪的，从重处罚。在这里，国家机关工作人员的身份就是不真正的身份。

身份犯在与共犯发生关联时如何处理，较为复杂，本书将在“犯罪特殊形态Ⅱ：正犯与共犯”部分详细讨论身份犯问题。

二、单位

我国刑法分则规定了大量的单位可以成为犯罪主体的情形，这就是所谓的单位犯罪。

单位犯罪，是指公司、企业、事业单位、机关、团体为单位谋取非法利益，或者以单位名义，经单位集体研究决定或者由负责人员决定，故意或者过失实施的犯罪。

（一）理论依据

责任是主观的责任，也是个人的责任。法人不能成为犯罪主体，历来是刑法学中的定论。“社团不能犯罪”乃是古罗马法所奉行的一个原则。罗马法对于法人的本质采拟制说，将法人比拟为自然人，从而使法人获得了自然人某些法律上的能力。在罗马法中，法人有权利能力而无行为能力。法人的权利能力是指在完成其目的事业的范围内具有享受权利、承担义务的能力。由于法人无行为能力，因而必然得出结论：法人不能犯罪。这种法人拟制说，体现出罗马法中自然人本位的观念，实际上并没有在法律上真正承认法人的独立地位。当然，我们也应当客观地看到，法人拟制说毕竟赋予法人以权利能力，从而为法人参与社会经济活动提供了法律根据，也为此后法人的发展奠定了基础。在相当长的时间里，法人拟制说成为一种禁锢，为法人犯罪化设置了理论上的障碍。

随着近代资本主义的发展，个人主义社会向法人社会演变。在法人社会，法人团体取代个人日益成为社会的基础。在这种情况下，团体主义的法律思想开始流行，法人作为个人之间的联合体，成为联结个人与国家的中介。在经济生活甚至社会生活中，国家面临的不再仅仅是以个体为单位的自然人，而是大量的法人。随着法人社会的到来，法人拟制说所确认的法人性质不能适应社会需要，因而法人拟制说衰落，法人实在说崛起。依据法人实在说，法人与个人一样，属于现实的社会实体，法人机构及其代表人以法人名义实施的行为应视同法人的直接行为。这样，法人不仅具有权利能力，而且具有行为能力，由此直接导出法人可以成为犯罪主体的结论。法人实在说为追究法人的刑事责任提供了理论根据。随着理论的发展，法人犯罪在世界上许多国家逐渐为立法所承认。

在刑法中确立法人犯罪的情况下，法人犯罪的性质仍然是刑法理论上值得研究的问题。在论及法人犯罪性质的时候，首先应当明确法人犯罪与个人犯罪的区分。个人犯罪的犯罪主体是自然人，而自然人具有刑事责任能力，因而个人应对本人所实施的犯罪行为承担刑事责任。但法人不同于个人，法人是一个组织体，它通过法人机构中的自然人实施某种行为。这种行为是由自然人实施的，之所以能够被视为法人的行为，主要是因为它符合法人的意志，因而这种行为的法律后果也应当由法人承担，进而法人犯罪具有双重机制：表层是法人代表人的犯罪行

① 身份，必须在相当长的时间内具有继续性，而目的犯中的“目的”具有短暂性，所以，目的属于主观的违法性要素，这种一时性的因素不是身份。

为，当这一犯罪行为是由法人作出决策或者获得法人认可时，就触及了里层的法人的犯罪行为。正是在这个意义上，法人代表人的行为具有双层属性：既作为个人犯罪的行为，又作为法人犯罪的行为。

需要指出，某些行为（如放火、爆炸、故意杀人、故意伤害、非法拘禁，以及贷款诈骗、普通诈骗、盗窃等）并未被刑法规定为单位犯罪，但在现实生活中存在着因为谋取非法利益，经单位决策机构集体研究或由负责人员决定实施这些犯罪的现象。在这种情况下，刑法未规定单位可以构成这些犯罪，当然不能追究单位的刑事责任，但是否可以追究单位中直接负责的主管人员和其他直接责任人员的刑事责任？对此，我国刑法理论上存在否定说与肯定说之争。否定说认为，单位中直接负责的主管人员和其他直接责任人员的刑事责任是以单位构成犯罪为前提的，既然单位不构成犯罪，那么对上述人员也不能追究刑事责任。肯定说则认为，在刑法没有规定单位构成犯罪的情况下，对单位不能追究刑事责任，但这并不妨害对单位中直接负责的主管人员和其他直接责任人员以个人犯罪追究刑事责任。从法益保护的角度看，肯定说是合理的。对此，有关立法解释明确规定，公司、企业、事业单位、机关、团体等单位实施刑法规定的危害社会的行为，刑法分则和其他法律未规定追究单位的刑事责任的，对组织、策划、实施该危害社会行为的人依法追究刑事责任。① 最高人民检察院的有关司法解释也持相同立场。②

（二）分类

我国刑法分则对单位犯罪作了具体规定，根据我国刑法的规定，单位犯罪可以分为以下两种类型：

1. 纯正的单位犯罪

纯正的单位犯罪是指只能由单位构成而不能由个人构成的犯罪。例如，根据我国刑法第327条的规定，非法出售、私赠文物藏品罪的主体只能是国有博物馆、图书馆等单位，这一犯罪就只能由单位构成。除此以外，单位受贿罪与单位行贿罪等都是纯正的单位犯罪。立法者为纯正的单位犯罪设置了独立的犯罪构成，更加便利司法机关认定。

2. 不纯正的单位犯罪

不纯正的单位犯罪是指既可以由单位构成又可以由个人构成的犯罪。绝大多数单位犯罪都是不纯正的单位犯罪。不纯正的单位犯罪，包括以下类型：（1）多数是在本条之后另起一款规定，并对单位中直接负责的主管人员和其他直接责任人员处以与个人犯罪相同之刑。（2）少数在本条之后规定不纯正的单位犯罪，但对单位中直接负责的主管人员和其他直接责任人员处以较个人为轻之刑。例如，刑法第191条第1款规定，对个人犯洗钱罪的，处5年以下有期徒刑或者拘役，并处或者单处罚金；情节严重的，处5年以上10年以下有期徒刑，并处罚金。该条第2款则规定，单位犯前款罪的，对单位判处罚金，并对其直接负责的主管人员和其他直接责任人员，依照前款的规定处罚。（3）在刑法分则某些章之下“节”的末尾设专条规定本节的所有单位犯罪。例如刑法第220条规定，单位犯本节第213条至第219条规定之罪的，对单位判处罚金，并对其直接负责的主管人员和其他直接责任人员，依照本节各该条的规定处罚。

（三）主体范围

根据刑法第30条的规定，公司、企业、事业单位、机关、团体都是单位犯罪的主体。

---

① 参见全国人大常委会《关于〈中华人民共和国刑法〉第三十条的解释》（2014年4月24日）。

② 最高人民检察院《关于单位有关人员组织实施盗窃行为如何适用法律问题的批复》（2002年7月8日）明确规定，单位有关人员为谋取单位利益组织实施盗窃行为，情节严重的，应当依照刑法第264条的规定以盗窃罪追究直接责任人员的刑事责任。

1. 公司

公司是指依法定程序设立，以营利为目的的法人，包括股份有限公司和有限责任公司。

2. 企业

企业是指依法成立并具备一定的组织形式，以营利为目的独立从事商品生产经营活动和商业服务的经济组织。

根据有关司法解释，私营公司、企业只有在具有法人资格时，才能成为单位犯罪的主体。此外，个人为进行违法犯罪活动而设立的公司、企业实施犯罪的，或者公司、企业依法设立后，以实施犯罪为主要活动的，不以单位犯罪论处。①

3. 事业单位

事业单位是指依照法律或者行政命令成立，从事各种社会公益活动的组织。事业单位可以分为国有事业单位和集体事业单位两种。

4. 机关

这里的机关包括国家立法机关、行政机关、监察机关、司法机关、军队、政党等有关机关。

需要指出，前述国家机关，实际上是国家机器的一部分。虽然从理论上看，将机关作为犯罪主体不存在法律障碍，但是，在实务中，一旦对机关追究刑事责任，将带来罚金如何执行、相关机关的威信如何维持以及今后如何进一步开展工作等难题。② 因此，在具体个案中，是否将机关作为单位犯罪主体，需要仔细斟酌。

5. 团体

团体，又称为社会团体，是指各种群众团体组织，例如人民团体（工会、共青团、妇联等)、社会公益团体、学术研究团体、文化艺术团体、宗教团体等。

此外，根据 2001 年 1 月 21 日《全国法院审理金融犯罪案件工作座谈会纪要》的规定，以单位的分支机构或者内设机构、部门的名义实施犯罪，违法所得主要归分支机构或者内设机构、部门所有的，应认定为单位犯罪。由此推论，以单位的分支机构、内设机构、部门的名义实施犯罪，但违法所得归个人所有的，应以个人犯罪论处。

（四）单位犯罪行为

单位是一个组织体，它通过单位中的自然人实施某种行为。这种由自然人实施的行为，之所以能够被视为单位的行为，主要是因为它符合单位意志，因而这种行为的法律后果也应当由单位承担。

单位犯罪具有双重机制：表层是单位负责人、直接责任人员的犯罪行为，当这一犯罪行为是由单位作出决策或者获得单位认可时，就上升为里层的单位犯罪行为。正是在这个意义上，单位负责人、直接责任人员的行为具有双层属性：既作为个人犯罪的行为，又作为单位犯罪的行为。在实务中，自然人的行为及其所造成的后果，如果代表了单位的意思，或者是单位所不反对的，就可以视为单位的行为。

（五）单位犯罪的责任

从刑法分则关于单位犯罪的具体规定来看，虽然大多数是故意的单位犯罪，但也不可否认存在少数过失的单位犯罪。

---

① 参见最高人民法院《关于审理单位犯罪案件具体应用法律有关问题的解释》(1999 年 6 月 25 日)。

② 也正是因为上述原因，许多将法人规定为犯罪主体的国家都不把“机关”作为追诉对象。

1. 单位犯罪故意

对单位犯罪故意的判断，需要考虑两大问题：一方面，犯罪意思由谁作出？单位主要负责人为了单位利益，自己或者安排下属实施职务、业务行为，该行为在上述行为人的职权范围内，并代表单位意志的，单位主管人员和直接责任人员的犯罪意思就是单位的意思。另一方面，犯罪意思经过何种程序形成？单位犯罪需要经过一定的决策程序实施，代表单位的意志。单位犯罪一定是单位本身的犯罪，是在单位整体意志支配下实施的。单位意志不是单位内部某个成员展示其个人意图的产物，也不是各个成员意志的简单相加，而是单位内部成员在相互联系、相互支持、协调一致的前提下所形成的整体意志。

单位整体意志的形成，包括两种形式：（1）由单位的决策机构按照单位的决策程序决定。（2）虽未经明确的单位决策程序，但由单位主要领导在为单位谋取利益的意思支配下根据其职权作出决定。单位决策不等于单位集体决策，对决策程序的要求也不能像法律上要求诉讼程序那么严格。虽然缺乏单位决策机构集体决策的形式，但是，由单位负责人按照其职责权限的要求作出的决定，如果是为了单位的利益，在单位的概括性意思之内且该行为也得到单位事后追认的，就应当认为是经过单位决策所作出的决定，就代表了单位的意志。单位整体意志形成后，由直接责任人员具体实施。

并未经过单位决策程序所实施的盗用、冒用单位名义的犯罪行为，违法所得由实施犯罪的个人私分的，或者单位内部并不具有决策权的成员未经单位决策机构批准、同意或者认可而实施犯罪的，或者单位内部成员实施与其职务活动无关的犯罪行为的，都难以认定单位有犯罪故意，不属于单位犯罪，应当依照刑法有关自然人犯罪的规定定罪处罚。

2. 单位犯罪过失

单位过失犯罪中的过失行为一般来说具有个人性，个人行为往往是职务行为。在一般情况下，我国刑法规定的过失的单位犯罪都只处罚单位中的直接责任人员，而未处罚单位。例如刑法第 137 条规定的工程重大安全事故罪，该罪的主体是建设单位、设计单位、施工单位、工程监理单位，但刑法并未规定处罚上述单位，而只是处罚单位的直接责任人员。当然，我国刑法中规定的少数单位过失犯罪，也实行双罚制。例如，刑法第 229 条、第 231 条共同规定了出具证明文件重大失实罪，承担资产评估、验资、验证、会计、审计、法律服务、保荐、安全评价、环境影响评价、环境监测等职责的中介组织出具证明文件重大失实的构成犯罪，对单位判处罚金，对直接负责的主管人员和其他直接责任人员，依照个人犯罪的规定进行处罚。

（六）单位犯罪的处罚

对单位犯罪的处罚，存在单罚制与双罚制之分。我国刑法第 31 条规定："单位犯罪的，对单位判处罚金，并对其直接负责的主管人员和其他直接责任人员判处刑罚。本法分则和其他法律另有规定的，依照规定。"这一规定说明，我国刑法对单位犯罪的处罚以双罚制为原则，以单罚制为例外。

1. 双罚制

双罚制指既处罚单位，又处罚单位中的自然人。应该说，对单位犯罪实行双罚制，既处罚单位，又处罚单位中直接负责的主管人员和其他直接责任人员，能够反映刑法上对单位犯罪的充分的否定性评价，有利于遏制单位犯罪，具有合理性。

在双罚制中，对直接负责的主管人员和其他直接责任人员应当判处刑罚（包括自由刑与罚金，但主要是自由刑）。对个人判处自由刑的，有以下两种情况：（1）在绝大多数情况下，判处与个人犯罪相同刑罚。例如刑法第 220 条规定："单位犯本节第二百一十三条至第二百一十九条规定之罪的，对单位判处罚金，并对其直接负责的主管人员和其他直接责任人员，依照本节各该条的规定处罚。”这里所谓依照本节各该条的规定处罚，就是指依照对自然人犯罪的规定处罚。(2) 在少数情况下，对单位内部的自然人判处低于个人犯罪的刑罚。例如，个人犯受贿罪的，最高可以判处死刑。但刑法第 387 条规定：“国家机关、国有公司、企业、事业单位、人民团体，索取、非法收受他人财物，为他人谋取利益，情节严重的，对单位判处罚金，并对其直接负责的主管人员和其他直接责任人员，处五年以下有期徒刑或者拘役。”由此可见，在单位犯受贿罪的情况下，对直接负责的主管人员和其他直接责任人员判处的刑罚远轻于对个人犯受贿罪的处罚。

2. 单罚制

单罚制，是指在单位犯罪中，只处罚单位内部的自然人或者只处罚单位本身，并不同时对二者进行处罚。例如，刑法第 396 条规定：“国家机关、国有公司、企业、事业单位、人民团体，违反国家规定，以单位名义将国有资产集体私分给个人，数额较大的，对其直接负责的主管人员和其他直接责任人员，处三年以下有期徒刑或者拘役，并处或者单处罚金；数额巨大的，处三年以上七年以下有期徒刑，并处罚金。”本罪的主体是国家机关、国有公司、企业、事业单位、人民团体，但只处罚直接负责的主管人员和其他直接责任人员，而不处罚单位。

无论是单罚制还是双罚制，都涉及对单位中直接负责的主管人员和其他直接责任人员的责任追究问题。对此，《全国法院审理金融犯罪案件工作座谈会纪要》(2001 年 1 月 21 日) 规定：“直接负责的主管人员，是在单位实施的犯罪中起决定、批准、授意、纵容、指挥等作用的人员，一般是单位的主管负责人，包括法定代表人。其他直接责任人员，是在单位犯罪中具体实施犯罪并起较大作用的人员，既可以是单位的经营管理人员，也可以是单位的职工，包括聘任、雇佣的人员。应当注意的是，在单位犯罪中，对于受单位领导指派或奉命而参与实施了一定犯罪行为的人员，一般不宜作为直接责任人员追究刑事责任。”

第三节　构成要件行为①

一、行为概念的机能

从实质意义上讲，犯罪是侵害、威胁法益的行为。从形式意义上讲，犯罪是具备符合构成要件、违法性、有责性的行为。行为概念是刑法中的重要概念。

犯罪首先是行为，无行为则无犯罪。这是刑法中一个基本的原则，说明行为概念处于犯罪论的核心。德国学者克里斯蒂安·托马修斯早在 17 世纪末、18 世纪初就结合行为的侵害性质对异端罪、巫术罪的存在合理性提出质疑。他认为：异端纯属一个错误，但不是可处罚的意思缺陷。就是异端的言论也不应处罚，因为人们可以在适当的地点、以适当的方式，表明自己所相信的。每个人都可以因其所发表的异端思想而与之疏远，不必非要请求国家的刑法权力予以帮助，因为信仰事实上是不可强迫的。对于巫术罪，托马修斯指出：巫术的特征体现在巫师与魔鬼间的协议以及巫师与魔鬼发生所谓的肉体接触，但魔鬼与上帝本质上同样只是精神的存在，所以肉体接触是不可能的。不能实施犯罪，也就不能处以刑罚，因此所有的巫术审判都应停止。受托马修斯研究的影响，在 1714 年下达的国王敕令中，对每一项被判处死刑的巫术罪

① 国内有的教科书使用的是危害行为概念。危害行为是含义很广的概念。例如，甲的行为导致乙死亡，如果需要追究其刑事责任，我们就会说，甲的行为是危害行为。但是，甲究竟实施了何种危害行为，还不明确。所以，需要进一步讨论其属于故意杀人还是故意伤害致人死亡，还是过失致人死亡的构成要件行为。因此，构成要件行为是刑法分则特别规定的危害行为，是狭义的危害行为。由于危害行为概念比较笼统、比较含混，所以，在讨论犯罪成立要件的时候，应当使用构成要件行为概念，而不是危害行为概念。

都要经过国王的亲自审查；1721年修改的《普鲁士邦法》对无伤害性的巫术罪取消死刑判决。[①] 犯罪是行为这样的命题决定了刑罚权发动与对行为的确证紧密相关：如果没有行为，就没有犯罪，就不能给予刑罚处罚。

作为犯罪成立要件上位概念的“裸的行为”概念具有以下机能：（1）作为基本要素的机能。刑法所规定的任何犯罪，其评价的对象都是行为这一共同的事物。行为概念应该既包含刑法中的作为，也包含不作为；既可以包含故意行为，也应该包含过失行为。行为概念提供了统一的、明确的，能够适用于故意犯、过失犯以及作为犯、不作为犯的行为的判断标准。（2）作为沟通要素的机能。在犯罪成立要件中，行为作为中立概念，具有将危害性、违法、有责的判断结合起来，沟通不法与责任，并得出是否成立犯罪的结论的机能。对于犯罪是否成立的所有判断环节，都是从不同侧面，对行为本身的性质以及与行为相关的要素的考察。（3）作为界限要素的机能。行为概念能够将在刑法意义上不具有重要性质的举动，例如，痉挛、抽搐、昏迷、睡眠中的行为、梦游行为、反射性举动、动物的损害等，都排除在刑法讨论的行为范围之外，而将刑法的注意力仅仅限制在对人所实施的、具有社会意义的举止的评价上。

二、关于行为的一般理论

这里的行为，是作为犯罪成立要件上位概念的“裸的行为”或者称为“作为犯罪概念基底的行为”[②]。讨论作为犯罪体系上位概念的行为，对于违法、责任的判断都有一定影响。根据刑法客观主义，不存在没有行为要素，仅依行为人的人性就可以肯定的犯罪。行为论能够在利用犯罪成立要件评价犯罪之前就将许多不需要刑法评价的举动排除在外，而集中精力关注重要的行为。如果某一身体动静不值得动用刑法加以惩罚，就不需要进入犯罪成立要件这一评价体系。

（一）因果行为论

因果行为论又称为自然行为论，其形成深受19世纪盛行的自然科学的影响，认为行为是可以由意志控制的、导致外部世界发生物理变化的人的举动。例如，利用西瓜刀砍杀被害人头部并导致其死亡的，就属于表现在外的、人的身体活动。李斯特、贝林都赞成因果行为论。

因果行为论中的身体动作说认为，行为只能包括完全客观的、事实的要素，因而不能纳入主观的因素。身体动、静就是行为，至于身体动静是否由意识所支配、具有何种社会意义，则不是行为所要解决的问题。根据这种学说，单纯的反射动作、梦游的行为等都可能被作为刑法中的行为加以评价。有意行为说则认为，行为是人在意识支配下表现于外的因果现象，是意识的客观化。有意性中所谓的意识是价值中立的，意识的内容不是行为概念所要解决的问题而是责任的问题。

因果行为论的问题在于：（1）不作为缺乏物理性的身体活动，所以，无法肯定不作为的行为性，从而使行为概念失去了作为基本要素的机能。（2）以自然科学的方法观察行为，对于刑法学而言，没有意义。例如，根据因果行为论，侮辱行为无非是一系列喉咙活动、音波震动、听觉的刺激和动脑的过程，而这一结论对于评价犯罪不能提供有效帮助。

（二）目的行为论

目的行为论主张由威尔泽尔在20世纪30年代提出，他认为：人的行为并非只是一种自然的因果进程的外在展示，而是实现一定目的的活动，人们可以利用、影响、改变因果进程以实

---

① 参见［德］格尔德·克莱因海尔、扬·施罗德主编：《九百年来德意志及欧洲法学家》，许兰译，435页，北京，法律出版社，2005。

② ［日］大塚仁：《犯罪论的基本问题》，冯军译，26页，北京，中国政法大学出版社，1993。

现自己的目的。根据因果行为论，“杀了人”这种杀人行为意味着他人的死亡是以行为人的意思活动为原因，但是，根据目的行为论，由“想杀人”这种目的性所指导的身体运动是“杀人行为”。目的行为论强调了意识，尤其是目的性在行为中的重要意义，指出人的行为不仅是因果进程，同时更是目的的指引、推动、实现过程。正是因为人的目的性行为中的选择可能，可以用刑法的强制手段禁止或者命令人的目的活动。根据目的行为论，行为是一种由具有目的性的意志所支配，为目的意识所控制的身体举动。故意行为具有现实的目的性，而过失行为具有潜在的目的性，它们都是破坏法律规范的意思表达。

目的行为论对于犯罪成立理论有着重大影响：(1) 为配合目的行为论观察行为，故意、过失要素从古典犯罪论体系的责任论中前移到行为概念、不法判断中，成为决定行为基本类型的重要因素。(2) 目的行为论对于共犯理论、行为无价值论、积极的一般预防论的形成，具有积极推动作用。

目的行为论所受到的批评是：(1) 故意行为具有目的性。但是，对于过失行为的目的性很难自圆其说。过失行为的本质在于违反注意义务，而不注意恰恰缺乏其目的性，发生的结果也并不在其现实目的行为的因果联系中。(2) 目的行为论对于解释不作为的目的性捉襟见肘。不作为犯难以控制因果关系的发展，缺乏明确的实现目的的积极行为性，因此不是行为。

（三）社会行为论

社会行为论由德国刑法学家斯密特在 20 世纪 30 年代所提出，他认为：既然法律的目的是维护社会秩序，那么，行为概念只在与社会发生关联时才有意义。因此，从行为人的目的角度考察行为概念明显存在不足，而必须从社会共同体的角度分析行为。根据社会行为论，行为是人对社会外界发生影响的意志举止。社会行为论强调行为的意思支配可能性（有意性）和行为的社会意义。社会行为论强调行为的社会重要性，从价值论的角度将作为和不作为、故意和过失均纳入了行为范围之内，尤其在解释不作为的行为性方面有一定的理论穿透力。

社会行为论的主要不足是：(1) 在社会行为论中，哪些行为是社会意义上“重要”的行为，缺乏明确标准，可能使刑法学中的行为概念扩张化。(2) 忘却犯是没有认识的不作为犯，缺乏行为的有意性，按照社会行为论，不是行为。但这明显不合理。(3) 在考察犯罪成立与否时，在运用犯罪成立体系之前判断某一举动的社会意义，社会评价先于法律评价，会动摇构成要件的观念，带来法治的危机。

（四）人格行为论

人格行为论认为：行为是行为者人格的表现，是在人格与环境的相互作用中根据行为人的态度而实施的。行为既有生物学的基础，也有社会的基础。前者意味着行为是人的身体动静，后者意味着行为是在人格与环境的相互作用下实施的，行为环境与人格环境制约和支配行为，而行为环境和人格环境受到社会的影响。这样，反射动作、受强制的行动，都不是行为；故意行为、过失行为以及作为、不作为都展示了行为人的人格，因此是刑法上的行为。① “虽然一个精神病人的构成行为不能称为‘自由的’或者‘有责任的’，但是，这类行为的确是一种（虽然有病和精神错乱的）人格的表现，并且能够被归入他的（病态的）精神和心理范围。”② 人格行为论的不足在于：人格概念具有多义性，并不明确，也难以把握。

因果行为论、目的行为论、社会行为论、人格行为论各自看到了行为的一个侧面，各自摸

---

① 参见［日］团藤重光：《刑法纲要总论》，3 版，104 页以下，东京，创文社，1990。
② ［德］克劳斯·罗克辛：《德国刑法学总论》（第 1 卷），王世洲译，161 页，北京，法律出版社，2005。

到了行为这只“大象”的“一条腿”，因此，自有其道理，但也自有其不足。合理的行为理论应该说是综合性的，需要承认行为的意思支配性、外部性及其社会意义。对此，考夫曼的见解是有道理的，他认为，应该将行为定义为：“由意志控制（可归责于行为人），因果形成（在最广义意义下）之负责的、具有意义的实际事实。这个行为概念，不仅包括合法与违法、故意与过失、既遂与未遂、正犯与共犯的行止，并且除积极的作为之外，也包括不作为，亦即不为法律秩序为避免与法律相关的结果而有所期待的作为。”①

三、构成要件行为（实行行为）的概念②

在具体的犯罪评价过程中，“作为犯罪概念基底的行为”只是一个观念形象，其重要性有限。③ 但是，实行行为的概念，在犯罪评价过程中，尤其是危害性评价阶段，至关重要。

作为客观构成要件要素所讨论的行为必须具有实行行为的性质，实行行为是刑法分则具体罪名中定型化的行为。由于客观构成要件是为保护法益而设置的，所以，实行行为就应当是有引起构成要件结果发生的危险的行为。这是一种实质的立场，即判断是否有实行行为，不是简单地从外形上看行为人做了什么或者没有做什么，而是看行为是否有现实地导致法益侵害发生的危险，是否实质地符合构成要件。例如，基于强烈的杀害欲望实施行为，对成立故意杀人罪的实行行为还不足够，还需要考虑行为是否有引起死亡结果发生的现实危险性。

刑法中所规定的实行行为都带有高度抽象的性质，但现实所发生的符合上述构成要件规定的都是具体的行为，例如，盗窃罪的实行行为是窃取，但是实际生活中的窃取总是表现为扒窃、入室盗窃等方式，后者只有符合“窃取”的抽象规定时，才可能成为盗窃罪的实行行为。实行行为必须是对法益具有具体危险的行为。对实行行为的有无，应当严格地按照刑法分则构成要件的具体设定来加以认定。实行行为同非实行行为之间存在着明确区分，例如教唆行为、帮助行为等只能属于非实行行为。

在建构合理的犯罪论过程中，必须在法益保护的观念下，坚持实质主义的评价方式。由此一来，对于实行行为的概念、实行行为的着手、因果关系的判断、违法性的本质、作为义务的根据、放任的理解、（不可罚的）不能犯和未遂犯的区别等问题，都必须坚持实质论的立场。

实质地理解实行行为这一概念，就必须考虑行为在客观上所可能导致的法益侵害，而不能将行为人动机恶，但法益侵害并不存在的场合，确定为犯罪。例如，在实践中，有的地方对缉毒工作采取高额奖励制度，警察每查获 1 克毒品，就会获得奖金数十元。有的缉毒警察为得到高额奖励，不惜制造假案，甚至采取和“线人”合作，诱惑、陷害他人的方式牟取不法收入。在这种情况下，被诱惑而运输、贩卖毒品者是否存在贩卖毒品罪、运输毒品罪所规定的实行行为，就是一个问题。在设置圈套，引诱行为人运输毒品的场合，毒品只是在“线人—行为人—警察”之间流转，不可能流向社会，运输行为的法益侵害或者威胁性都不可能产生，从实质犯罪论观点看，不可能对法益造成现实危险的行为，不是实行行为，行为人不构成运输毒品罪。但是，如果形式地看待实行行为概念，就会仅仅根据行为人有恶的动机得出不当的结论，从而在维护社会管理秩序的名义下扩大刑罚打击范围。

---

① ［德］阿图尔·考夫曼：《法律哲学》，2 版，刘幸义等译，124 页，北京，法律出版社，2011。

② 承认客观归责论，构成要件行为是制造法益危险的行为，只要肯定行为有制造危险的性质，其就应该进入犯罪客观构成要件判断的范畴。在这个意义上，实行行为概念和构成要件行为概念的含义是相同的，对某个行为是否属于实行行为的判断，需要运用客观归责论中行为制造法益危险的相关下位规则。

③ 甚至可以认为，取消这一意义上的行为概念，对于认定犯罪基本不会出现偏差。

四、构成要件行为的类型

构成要件行为按照一定标准，可以分为不同种类，主要包括：

（一）直接实行行为、间接实行行为

直接实行行为，是指行为人亲自实施刑法分则所规定的某一具体构成要件行为，其行为人被称为直接正犯。行为人利用自身的身体力量，利用凶器、利用自然力、利用动物实施犯罪的，都是直接实行。直接实行是刑法分则所预设的构成要件形态。间接实行，是指将他人作为道具实施构成要件行为。

（二）共同实行行为、同时实行行为

共同实行行为，是指两个以上的行为人共同实施刑法分则所规定的构成要件的实行行为，共同实行者成立共同正犯。同时实行行为，是指两个以上无意思联络的人偶然同时在同一场所对同一对象实行相同的犯罪，同时实行者不成立共犯，而只成立同时犯，犯罪在本质上仍然属于单独实行行为。

五、构成要件行为的方式

构成要件行为可以分为作为、不作为两种形式。这是构成要件行为最基本的分类。

（一）作为

作为，是指行为人以积极的身体动作实施刑法所禁止的行为。从表现形式上看，作为是通过积极的身体动作对外界发生影响，并进而产生一定的后果；从违反的法律规范上看，作为违反了禁止性的刑法规范。作为行为有多种表现形式，通常是利用自己的身体力量（例如拳打脚踢）实施一定的举动，还有利用广义的凶器实施的行为，利用豢养的动物实施的行为，利用大自然的灾变实施的行为等。实践中，绝大多数犯罪都以作为方式实施。

（二）不作为

不作为，是指行为人负有实施某种积极行为的特定法律义务，能够履行义务而不履行，导致结果发生的行为。从表现形式上看，不作为缺乏可以观察的身体动作，不是法所期待的行为；从违反法律规范的性质上看，不作为违反了特定的命令规范。

由于不作为的相关问题极其复杂，本书设专节进行讨论。

第四节 不作为

一、(不纯正) 不作为犯概说

（一）作为犯和不作为犯

正如侵权行为的方式包括作为和不作为一样，犯罪既可能通过作为的方式实施，也可能通过不作为的方式实施。当然，实务中的大量犯罪都以作为方式实施，不作为仅仅是作为的补充形式。

作为，是指以积极的方式实施某种行为，例如，使用刀枪棍棒杀害被害人。作为的实质是行为人违反法律对其“不要做”的期待：只要不实施法律禁止的行为，行为人做其他事情都可以。

不作为是相对于作为而言的，指行为人负有实施某种积极行为的特定义务，并且能够履行，但拒不履行的行为。不作为的实质是不实施法律期待其实施的行为。换言之，当某种危险结局的发生与行为人的危险前行为有关联，法律就会对行为人提出作为的期待，正所谓“解铃还需系铃人”。只要不按照规范的要求去做，行为人再做什么或者不做什么对犯罪的成立都无关紧要。

（二）纯正不作为犯和不纯正不作为犯

作为犯是实施了特定行为而构成犯罪，不作为犯是没有实施特定行为，因而构成犯罪。不作为犯分为纯正不作为犯和不纯正不作为犯两种。

纯正不作为犯，是指构成要件规定只能以不作为方式实施的犯罪，例如，遗弃罪，拒绝提供间谍犯罪、恐怖主义犯罪、极端主义犯罪证据罪，不解救被拐卖、绑架妇女、儿童罪，非法集会、游行、示威罪等，都是典型的纯正不作为犯。纯正不作为犯是违反命令规范的典型情形，其处罚依据是刑法分则的明确规定，犯罪多系抽象危险犯（行为犯），不以发生实害结果为必要。

不纯正不作为犯，是指刑法分则原本以作为形式规定的犯罪，行为人以不作为的方式实施的情形，例如，故意杀人罪、爆炸罪都是以作为犯为原型设置的罪名，但是，行为人以不作为方式实施（例如，母亲拒绝给新生婴儿哺乳导致被害人死亡）时，构成不作为犯。不纯正不作为犯的存在，是刑法上价值判断和规范判断方法的运用，即将以消极的不作为方式造成法益侵害的情形，规范地评价为和积极的作为犯的构成要件等价值的行为。我国刑法中的不纯正不作为犯，通常都是结果犯。

（三）作为犯和（不纯正）不作为犯的判断

在实务中，区分作为犯和不作为犯是比较重要的，对不作为犯需要判断行为人是否有作为义务。但是，二者的区别有时候是比较困难的，因为有的不作为犯的行为人也可能实施了一定的行为，只是该行为在规范上不重要而已。

区分作为和不作为问题的关键在于某一身体行动从规范评价的角度具有何种意义。虽然实施了某一行为，但规范期待行为人通过作为行为来保护法益，行为人仍然违背规范的这一期待的，是不作为。区分作为犯和不作为犯的步骤是：(1) 判断某一积极的举止行为直接导致结果发生的危险是否存在，即行为是否直接支配因果流程。凡是能够确定行为的直接支配性的，能够认定为作为犯；(2) 对某一身体动作是否能够直接支配因果流程的判断难以得出肯定结论时，需要特别考虑对义务的规范评价。由此可见，作为还是不作为说到底是一个规范判断问题，外部的行为动作有时未必成为区分作为与不作为的标准。例 1，甲走路不小心将乙撞到路边的水渠里，其从路旁找来竹竿伸向乙，无论是乙抓住竹竿之前还是之后，甲因为痛恨乙的大声抱怨而扔下竹竿扬长而去，导致被害人死亡的，甲都基于危险前行为产生作为义务，处于保证人地位，其行为均只能成立不作为犯，因为规范看重的是期待其履行的义务没有得到履行，导致规范的期待落空。但是，甲不小心将乙撞到路边的水渠后，迅速逃离现场，路人丙从路旁找来竹竿伸向乙，乙抓住竹竿之前，丙突然担心乙赖上自己而扔下竹竿离开，导致被害人乙死亡的，丙没有实施危险前行为，并不处于保证人地位；其伸出竹竿的行为并未接触到被害人乙，救助行为没有实际发生作用，该行为与乙死亡的构成要件结果之间欠缺积极作为的因果关系，从规范评价的角度看，该行为和丙从来没有伸出竹竿的效果相同，丙无罪。但是，如果乙抓住竹竿之后，丙突然扔下竹竿离开现场，导致被害人死亡的，救援行动已经开始产生实际作用，丙的停止救援行为是作为。例 2，医生发现病人救助无望，而将维持被害人生命的呼吸机关掉的，评价的重点不在于行为人的身体动作，而在于其不履行对病人的救助义务，因此，其成立不作为犯。但是，并未处于从医疗上救治病人地位的家属关掉该呼吸机的，则只属于违反禁止剥夺他人生命的规范的情形，成立作为犯。例 3，游泳池救生员甲发现乙、丙两个孩子都在深水区向上挥手，赶紧过去将乙救出，但丙由此死亡的，事后发现乙有丰富的游泳经验，其系在深水区上下跳跃练习游泳，丙才是真正的落水者。在本案中，不能因为甲有去救乙的身体动作，就不讨论其对丙的不作为问题（至于最终是否要对甲定罪，则属于另外的问题）。

按照上述区分标准，以下甲、乙、丙、丁行为人虽有一定的积极身体行动，但也都只能成立不作为犯：（1）在丈夫殴打小孩过程中，妻子甲害怕儿子的哭声被外人听到而将房门关上，后丈夫将儿子活活打死的；（2）乙驾车将被害人撞成重伤后，把被害人抱上车，然后开车往郊外方向赶，路上被害人死亡；（3）纳税人丁对有的纳税项目不申报，同时为逃避纳税而毁坏了部分账簿；（4）出租车司机丁见男乘客在汽车后排对被害人实施强奸行为，而应强奸犯的要求驾车继续前行的。上述行为的核心是违背了规范的期待，因此，行为人究竟实施了什么积极的动作反而是不重要的。

（四）不纯正不作为犯与罪刑法定原则

对不纯正不作为犯，刑法分则本身并无规定，由此带来的问题是：处罚不纯正不作为犯，是否违反罪刑法定原则？换言之，把以“不得杀人”这种禁止规范为原型设计的作为犯的构成要件，适用于根据“必须要保护被害人的生命”这种命令规范而成立的不作为犯，是否违反罪刑法定原则，有类推适用刑罚法规的危险？

应该说，处罚不纯正不作为犯，不是类推适用刑法，并不违反罪刑法定原则。从表面上看，不作为没有身体动作，行为人什么都没有做，不作为既没有因果性，也没有目的性，缺乏行为要素。但是，这一观点并不正确。不作为明显具有行为性，因而值得动用刑罚进行处罚：（1）从刑法分则关于作为犯的规定来看，其表面上是禁止规范，但为全面保护法益，在该禁止规范中实质地内含了命令规范，所以作为犯的规范具有“复合性格”，或者说禁止规范的反面就是命令规范。因此，无论是作为还是不作为，都可能对法益造成侵害，从而符合以禁止性规范为原型设计的构成要件。不纯正不作为犯的存在，展示了刑罚规范的“命令”侧面。刑法第232条在禁止杀人的规范中，内含“必须尊重和保护他人的生命”这样的规范。内含命令规范的不纯正不作为的命令，向特定作为义务人发出。因此，处罚不作为犯，有充分的法律依据，没有超出文义解释的范围。对此，德国学者考夫曼有更进一步的说法：不作为犯违反规范所提出的防止结果发生的命令规范，不作为犯的构成要件就是在作为犯的构成要件中，追加“具有保证结果不发生的义务人的不作为”这一构成要件。这种保证人说，是从刑法分则规定中解读出“不成文的保证人构成要件”并追加到结果犯的规定之中。① （2）在有的场合，对于法益的保护，必须依赖于他人对特定义务的履行。负有特定义务的人，不履行自己应当履行的义务，同作为一样，都侵害了法益。因此，从法益侵害性上看，不作为同作为之间存在着等价值性。为了防止过分干涉个人的行动自由，刑法不处罚所有的不作为，而仅仅处罚与作为在价值上相等的不作为，罪刑法定原则的明确性要求得到满足。（3）行为人明知自己负有特定义务，不履行义务反映出行为人所具有的对规范的蔑视态度，惩罚不作为对于稳定规范是极为重要的。因此，从规范违反的角度看，不作为是一种有目的、有意识和具有社会价值的行为，在不作为的背后存在着被期待的行为，不作为并非无所作为，而是有意不为应为的行为，进而破坏规范的有效性，不作为的行为性得到肯定。

二、不作为犯的成立条件

不作为成为刑法意义上的行为并符合犯罪构成要件，必须符合以下条件：

（一）作为义务

特定义务的存在，使作为和不作为能够得到区别。不作为违反的是命令性规范，其规范内

---

① 转引自［日］松宫孝明：《刑法总论讲义》，5版，90页，东京，成文堂，2017。

容是赋予行为人实施特定积极行为的义务。正是行为人负有特定作为义务，才使得不履行这一义务的不作为获得了刑法的消极评价，在这个意义上，作为义务成为不作为行为中违法性评价的内容和标准。但是更为首要的是，如果不存在作为义务，个人的单纯消极行为不可能被认为是刑法中的行为，否则，需要刑法加以评价的行为就无处不在了。显然，不作为正是因为存在着应当作为的义务而存在和构成的。

实施特定行为的义务，必须是具有法律性质的义务而非单纯道义上的义务。违反道义的不救助行为，同样具有危害性并且能够引发一定的社会问题，甚至引发一定的责任或者舆论、道义谴责。但是，将所谓的道德义务、公序良俗所产生的义务作为不作为犯中的作为义务，会明显扩大不作为犯的范围，抹杀作为义务的限定功能，因而，无论该道义上的义务如何重大，都不能成为刑法意义上的作为义务。对此，后文还将进一步进行分析。

（二）作为可能性

法律规范只是在客观上行为人具有遵守规范、履行作为义务能力的情况下，才去谴责行为人不履行义务的行为，法律不强求，也不应该期待行为人在不具有履行义务能力情况下不现实地履行义务。行为人是否具有履行能力，必须从其主观能力和客观条件上加以综合考察。例如，母亲发现儿子落水时，依照法律的规定有义务加以救助，但如果母亲自身不会游泳，事实上救助不可能的，不成立不作为犯。另外，有作为义务的人，在救助过程中，因为过失而负伤，救助行为不可能再继续的，也属于不能够履行作为义务。在义务冲突情况下，行为人只能履行其中某一项义务的，就只能认为对另一项义务存在着履行不能的情形。同样，履行义务过程中可能存在着紧急避险的场合，如果符合其条件的，也不应认为行为人具有履行能力。

（三）未履行特定作为义务，（可能）造成危害结果

不作为犯的成立，必须是行为人未履行应履行的作为义务，至于在此期间是否在实施其他积极的身体动作，不影响不作为的成立。不作为的危害性也正是在于作为的缺失已经造成或者可能造成危害结果。在该犯罪构成要件并不要求结果发生时，在不作为犯罪中，危害结果并未发生并不妨碍不作为犯罪的构成。但是，在构成要件对结果有明确要求，危害结果事实上也发生时，还需要不作为同危害结果之间具有因果关系，才能将危害结果归责于行为人。

三、作为义务的来源

由于不作为犯的成立以行为人负有特定的积极作为义务为前提，因而必须明确不作为行为中作为义务的来源。

（一）形式四分说

1. 主要观点

我国刑法学通说认为，作为义务的根据是法律规定、职务或业务的要求、法律行为的要求、先行行为共四种。① 这是作为义务形式四分说的立场。

（1）法律、法规规定的义务。

这是不作为犯中作为义务的主要来源，是指由广义的法律、法令、法规规定并由刑法加以认可的义务。例如婚姻法规定，父母对未成年子女有抚养、教育和保护的义务，成年子女对父母有赡养、扶助和保护的义务，因此，如果父母对子女未尽到抚养、教育和保护的义务，就有可能构成遗弃罪或者故意杀人罪。此外，根据民法典的规定，夫妻之间有相互扶养的义务，丈夫置患重病的妻子于不顾，与情妇外出旅行的行为，可能成立犯罪。② 又如，丈夫与妻子发生

---

① 参见高铭暄、马克昌主编：《刑法学》，68页，9版，64～65页，北京，北京大学出版社，2019。

② 至于是成立故意杀人罪还是成立遗弃罪，还值得进一步讨论。

激烈的口角之争，在妻子言明要上吊自杀时，丈夫完全不予理会，关上门离去，妻子果真上吊自杀的，法院最终以故意杀人罪判处丈夫有期徒刑。① 在纯正不作为犯中，作为义务都是由法律明文加以规定的，典型的如刑法第311条所规定的拒绝提供间谍犯罪、恐怖主义犯罪、极端主义犯罪证据罪。

（2）职务或者业务所要求的义务。

这是指一定主体由于担任某项职务或者从事某种业务而依法被要求履行的一定作为义务，例如，国家机关工作人员有履行职责的义务，医务工作人员有救死扶伤的义务，消防队员有扑灭火灾的义务。

（3）法律行为产生的作为义务。

这是指在法律上能够设定权利、义务的行为所引起的义务。法律行为主要包括合同行为和事务管理行为。合同行为具体设定了双方的权利和义务，据此可以产生作为义务，如果因不履行义务而给刑法所保护的法益造成严重危害的，可能构成不作为犯罪。例如保姆在劳务合同有效期间，必须按照合同照顾孩子，如果因为不负责任等情况，致使孩子发生事故受到伤害的，该受雇的保姆就可能被追究刑事责任。不过，这里的合同与民法中的合同存在着一定区别。例如超过合同期限的行为，可能仍然会认为存在着刑法中的作为义务。此外，合同行为中的合同约定并不限于书面合同，根据口头约定应当实施一定行为者，存在作为义务。

根据合同进行事务管理的人，亦有作为义务。例如，非法行医者根据他的承诺将病人带回家准备治疗，但后来发现病人的病情过于严重，自己无从下手，即关门远离的，非法行医者应履行治疗、保护义务。

（4）先行行为所引起的作为义务。

这是指行为人因自己的行为导致产生发生一定危害结果的危险，而产生的采取积极行动防止危害结果现实发生的义务。

2. 可能的缺陷

形式四分说的问题在于：

（1）形式的作为义务说以列举的方法阐明作为义务的来源，但并未从实质上说明，为什么这些人必须保证特定结果不发生，因此面临着处罚范围不明确的疑问。

（2）刑法之外的法律、法规、职务和业务上的义务，以及合同约定的义务，只能产生民事或者行政法上的约束效果，何以成为作为义务的根据，并非不言自明。违反这些义务的人就处于保证人地位，也与罪刑法定原则存在抵触之处。例如，抽象地看医生负有救死扶伤的义务，但是，难以从这种义务中推导出偶然从大街上路过的医生对于生命垂危者也有救治义务。

（3）某些看起来像先行行为的举止如果没有制造法益风险，或者其危险性有限，行为人并不承担作为义务，否则就是将道义责任上升为刑事责任，导致刑法和伦理相混淆。例如，甲在酒桌上反复劝说乙喝酒的，其行为难以被认定为先行行为，甲不应当由此负有制止醉酒者乙故意伤害他人的作为义务。

---

① 判决被告人有罪的案例很多。判决被告人无罪的例子，请参见吴继生、唐艳：《不纯正不作为故意杀人罪的个案研究》，载陈兴良主编：《刑事法判解》，第7卷，182页，北京，法律出版社，2004。所以，也可以认为，根据婚姻家庭法的要求，夫妻之间有互相扶助的义务，但是这种义务应当限于物质上的共享和精神上的抚慰。而民事上的相互扶助义务是否就直接意味着丈夫在发现妻子处于危境时就必须给予救助，仍然是很有争议的问题。德国法院曾经判决："离弃家庭的丈夫，即使知晓其行为可能导致其妻子自杀的结果，其行为仍属社会的相当性行为范围之列"，而不属于犯罪构成要件范畴。参见［德］汉斯·海因里希·耶赛克、托马斯·魏根特：《德国刑法教科书》，上册，徐久生译，345～346页，北京，中国法制出版社，2017。

（4）形式四分说有时候也可能不当限制处罚范围：在事实上受雇照看他人的小孩，但合同无效或早已过期的场合，作为义务仍然应当存在，但从形式四分说那里无法找到根据。

（5）必须承认，形式四分说无法为很多案件的处理提供作为义务来源。例如，男友甲与女友乙深夜发生争吵后，乙生气点燃了床上的被子，甲不予制止，二人见火势太大便逃离现场，导致睡在同一套房间内其他隔断房的一位租户遭遇飞来横祸被烧死的，乙自然构成放火罪，甲是否构成不作为犯罪？（以下简称“深夜放火案”）如果按照前述形式四分说，首先，甲不负有法律、法规规定的救火义务。甲与乙之间是同居情侣关系，而情侣关系并非法律、法规规定的义务来源，并不能产生救火的作为义务；对于情侣关系，法律法规并没有明文规定处于这种关系的一方具有保护另一方的义务，社会的一般规范和期待也不会要求情侣之间互相去制止对方的不法行为。乙已是成年人，甲并不能因为情侣关系而对乙的放火行为负有对特定法益的保护义务。其次，甲不负有职务或者业务所要求的救火义务，其作为一个普通的承租人，并无及时灭火的职责义务。再次，甲不负有因法律行为产生的救火义务。虽然房屋租赁合同具体设定了甲与房东之间的一些权利义务，例如对所居住房屋负有合理使用的义务等，但其中并不包含在本案情形下的救火义务，仅凭房屋租赁关系、房屋租赁合同也不能认定甲具有作为义务。最后，甲不负有先行行为所引起的救火义务。先行行为，是指行为人因自己的行为造成一定危害结果的危险，由此行为人才负有作为义务控制或者消灭危险。但甲、乙的吵架行为并没有引起放火结果的危险，其只是普通的日常生活行为，因此，不能将本案中的吵架行为认定为先行行为。如果要认定甲构成不作为犯罪，就应该在形式四分说之外寻找作为义务来源的法理根据。

（二）实质说

由于形式四分说存在明显不足，因此理论上应当根据实质说来界定作为义务。

关于实质的作为义务理论，在我国较有影响力的是“机能的二分说”。这种学说又称为功能说，由德国学者考夫曼教授提出。根据该说，作为义务来源被分为两类：（1）对特定法益的保护义务。主要包括依照法律规定保护特定法益的义务、事实上承担的法益保护义务以及危险共同体关系；（2）对危险源的监督义务。主要包括危险源监控者的义务、危险前行为引发的义务。

1. 对特定法益的保护义务

行为人处于保护特定法益的地位，从而承担避免法益发生危险的义务。大致包括以下情形：

（1）依照法律规定保护特定法益的义务。例如，父母子女、配偶之间的保护、救助义务、国家工作人员、公司企业人员对于所在单位财物的保护义务等。

丈夫发现妻子重病、落水或者陷入其他危险，当然有救助和保护义务。但是，值得研究的问题是，配偶的一方决心自杀，行为人不阻止或不救助的，是否构成不作为的杀害。这一问题，其实质仍然是考察行为人是否处于保证人地位，是否具有保护特定法益的义务，是否由此制造并实现了死亡风险。对此，我的基本结论是：被害人自杀，是自陷风险的行为，行为人不阻止或不救助的，不构成不作为的杀害。按照法外空间说，自杀不是自杀者对自身生命的自由支配和处分，但也不是违法行为，他人决意自杀的，法律只能默认，此时就不宜认为他人有规范上的义务对自杀行为加以阻止，就不能认为不救助者成立不作为犯罪。此时，行为人的作为义务并不存在，因为作为义务的目的在于防止对被害人的法益侵害，而不是在被害人不愿意接受保护时仍然去干涉其意志自由，更不能将保护义务转化为对被保护者的约束和管制。例如，丈夫发现妻子可能自杀而离家出走，后者自杀身亡的，德国法院最初判丈夫犯过失杀人罪，但后来这一结论被推翻。争议的焦点在于，丈夫将妻子留在一个有潜在风险的环境中，是否属于违法行为。法庭最终认定，妻子自杀的风险不足以制造丈夫留在家中的义务。罗克辛教授指出："从婚姻伴侣的保护人地位中并不能推导出那种保护另一方免受有责任的自我伤害的义务……一个婚姻配偶应当保护另一方免受外部的危险，而不是自己对自己造成的危险。"① 但类似案例，在我国通常被认为有罪。现在看来，这样的处理方式并不妥当——自杀是法律不予置评的"法外空间"，因这种行为的发生而赋予他人过重的救助义务，在规范上并不合适。

（2）事实上承担的法益保护义务。例如，即便雇佣合同无效，但事实上负责照看小孩的保姆也承担着法益保护义务。此外，驾校教练、护工、收养孤儿者、向导等，也可能因为存在对保护或援助义务事实上的自愿接受而承担作为义务。

（3）危险共同体关系。在德国刑法学中，特定的危险共同体成员对于其他处于危险境地的成员有保护义务。危险共同体关系所引起的义务，是指虽然不属于法律明文规定的范围，但是当事人之间基于一定事实形成了社会上通常认为的对危险应当予以共同承担、相互照顾的关系，因而在当事人之一发生危险时，应当负有排除危险的义务。危险共同体关系可以产生作为义务，在大陆法系国家得到普遍认同，在英美法系国家，也往往将其作为义务的来源看待，例如英国学者就认为，危险共同体中的成员，无论其行为是合法（如共同登山）还是违法（如共同滥用毒品），在发现其他成员陷入危险时，都有义务救助。②

当然，单纯的共同生活，并不对个别成员产生作为义务。例如，天天在一起吃饭、喝酒的朋友，并不对烂醉如泥而又执意要驾车离去的酒友的生命法益承担作为义务，因为每一个日常生活的参与人都应当自己找到安全的伙伴，自行选择安全的生活方式。许乃曼认为，不作为犯是"对造成结果的原因有支配"，但是，仅仅"对于被害人无助状态有支配"，并不成立不作为犯。支配概念和"无助状态"格格不入，所以我们不可以把这种特别的无助状态称为"造成结果的原因"③。

之所以将危险共同体关系独立为一种义务来源，是因为：一方面，这一义务来源不同于法律规定义务和道德义务来源，因其义务并非由法律加以规定或者通过法律可以引申得出，所以无法被纳入法律规定义务范围内；同样，道德义务来源往往是一种空泛的抽象关系，所谓的义务人同被害人之间并不具有特定的、具体个别的社会交往关系，因而并不存在现实的、具体的生活或者危险共同体关系。另一方面，这一义务来源也不同于先行行为，后者义务产生的原因在于先行实施的行为所造成的危险状态，但是，危险共同体所引起的义务原因在于其共同的生活、危险承担关系。例如，婴儿的母亲甲请求在商店买东西的乙："我去一下厕所，请帮忙看一下孩子。"乙答应了甲的要求。人们大致可以认为甲和乙之间存在契约关系，但是这种事务管理义务不具有防止发生犯罪性结果的具体性，与刑法上的作为义务没有联系，不能由此直接推导出刑法上的保护义务。假如乙抱了小孩几个小时，但是甲一直没有回来，于是乙将婴儿抱回自己家里，与婴儿产生了紧密关系，就能够产生刑法上的保护义务。④

我国有的学者主张，包含危险共同体在内的紧密生活共同体成员的义务也应当成为作为义务，例如，登山或其他探险活动的共同体所属成员具有相互照顾的义务；虽然未以夫妻名义同居但确实形成共同生活关系的同居的男女具有相互照顾的义务；雇主对生病的保姆具有临时加以合理照看的义务，等等。如果不承认这些义务，显然无法处理实践当中出现的，诸如雇主遗

---

① ［德］克劳斯·罗克辛：《德国刑法学总论》（第2卷），王世洲等译，547页，北京，法律出版社，2013。

② See Smith&Hogan, Criminal Law, tenth edition, London, Butterworths Tolley Press, p. 64.

③ ［德］许乃曼：《德国不作为犯学理的现况》，陈志辉译，载陈兴良主编：《刑事法评论》（第13卷），403页，北京，中国政法大学出版社，2003。

④ 参见［日］大塚仁：《犯罪论的基本问题》，冯军译，84页，北京，中国政法大学出版社，1993。

弃生病的保姆致后者死亡，登山者对处于危险中的队员不进行抢救而加以遗弃致后者死亡，或者同居情人之间在对方重病时加以遗弃的案件。但是，紧密生活共同体的概念与危险共同体的概念相比过于含糊，根据这种关系所产生的作为义务来认定犯罪，刑罚处罚范围过大，刑法也可能变得危险。因此，对这种共同体所产生的作为义务的判断，必须慎之又慎。例如，甲发现一直在附近挨家挨户乞讨的乙站在自己门口要饭，就好心请他到自己家里吃饭，结果乙进入房间以后，甲才发现乙是身体极其虚弱的需要照料之人，但未对其进行照料，4 小时后才将乙抱出房间，放到过道内。2 小时后乙被他人发现，送到医院很快死亡。按照紧密生活共同体观念，甲因为把需要照料的人请进了自己家里，就和其形成了密切的共同体关系，就应当承担作为义务。但这样的做法，可能过于扩大了作为义务的范围。实践中，将男方中断恋爱关系，导致女方自杀的情况，也认定为具有作为义务，实际上就是考虑了当事人之间存在"与婚姻类似的共同生活关系"，由此得出了不妥当的处理结论。

当然，有的学者可能担心，如果不承认紧密生活共同体概念，会放纵很多不作为犯罪。但我认为，一般而言，这种顾虑是多余的。通过扩大遗弃罪的适用范围，可以把在德国刑法中以紧密生活共同体理论处理的不作为犯罪，在我国以遗弃罪处理。这样，也不至于过于放纵犯罪。但是，这里首先要解决的问题就是重新解释遗弃罪的行为对象、侵害法益。

遗弃罪，是指负有扶养义务的人，对年老、年幼、患病或者其他没有独立生活能力的人拒绝扶养，情节恶劣的行为。以往的中国刑法理论将其客体限定为被害人在家庭中的平等权利或者家庭成员之间互相扶养的权利义务关系。这种解释在 1979 年刑法将遗弃罪列于"妨害婚姻、家庭罪"一章时还有合理之处，但在修订后的刑法将该罪纳入"侵犯公民人身权利、民主权利罪"一章之后，仍然坚持原来的说法，显然并未得其要领，因为遗弃行为将使被害人的生命、身体陷于危险状态，有时还会造成被害人死亡的结果，所以其是危及生命、身体法益的危险行为，而不是单纯地侵犯扶养权利义务关系。遗弃罪侵害的法益是生命、身体，并且属于具体危险犯，这在大陆法系诸国乃是通说。① 换言之，遗弃无独立生活能力、无自救力者，一定要使其因而陷于生存上的困境，有生命、健康的危险，才有构成遗弃罪的可能。如果只将本罪的保护法益确定为扶养权利义务关系，那么，行为对象就可能被人为地缩小解释为家庭成员中的下列人员：因年老、伤残、疾病而丧失劳动能力，因而没有生活来源的人；虽有退休金等生活来源，但因年老、伤残、疾病而生活不能自理的人；因年幼尚无独立生活能力的人。

但是，在实践中被遗弃的对象并不只是这些人。将遗弃罪的成立限于亲属之间乃是古代宗法社会以来的传统，立法者一直认为亲属之间不履行扶养义务，就对伦理规则有所违反。近代以来，生产力发达，事故频发，个人陷于危难境地、无法自救的可能性增强，因此，遗弃罪的适用范围往往不再局限于具有扶养义务的亲属之间，遗弃罪的本质也不仅仅是义务之违反，而且也是对于生命法益构成威胁的危险犯。这样，本罪的行为对象就应当扩大解释，例如行为人在长期雇用的保姆发生严重疾病时，拒不将其送到医院治疗，导致因错过救治的最佳时期而死亡的，就可能构成遗弃罪。探险活动的共同体所属成员具有相互照顾的义务，发现其他成员摔伤而完全不管不顾，自行撤离的，也可以成立本罪。这里的关键就是要对刑法第 261 条中的"其他没有独立生活能力的人"给予合理说明，将其外延拓展为无生命自救能力的人。换言之，遗弃对象除年老、年幼、患病者外还应包括以下之人：负伤者、精神陷入恍惚状态者、烂醉如泥者等。与这些人存在特殊关系（不限于家庭成员的扶养关系），或者创设危险，使这些人陷于危险境地的人，可能负担作为义务。

---

① 参见［日］团藤重光：《刑法纲要各论》，3 版，452 页，东京，创文社，1990。

2. 危险源监督义务

(1) 危险源监控者的义务。某些危险场所或者危险物体会危及法益，相关管理者承担监控义务。例如，房屋出租者发现住房自身具有危险性，但不告知承租人相关信息，导致被害人死亡的；汽车制造商、药品生产者、食品生产者发现产品有缺陷而不召回的（产品制造者的责任）；车主将汽车借给没有驾驶执照的人使用的；动物饲养者不防止动物侵害他人的；广告主发现广告牌在风中摇曳而不及时拆除的，都处于保证人地位，具有作为义务。

某些没有控制能力的人，也属于广义造成他人侵害的危险源，相关管理者（如监狱、精神病院、幼儿园等场所的管理者）有义务对这些人进行管束。

(2) 危险前行为引发的义务。某种行为有造成法益侵害的高度危险时，该行为的实施者有义务防止结果的发生。

对于某种行为是否属于先行行为，以及该行为是否必然引起作为义务，不能仅仅从形式上看，需要进行实质判断。先行行为客观上创设了危险，行为人有义务阻止危险后果的发生。例如，因为过失，将他人拘禁在某一场所，但随后发现自己的失误，行为人就有义务使他人恢复自由，如果不释放被害人，使拘禁状态继续维持的，可以成立不作为犯罪。又如，因为开玩笑，误将朋友推到河中，但后者迅速陷入漩涡中，行为人先前的危险创设行为就使其产生了救助义务，在救助较为容易的场合，拒不救助的，可以成立不作为的故意杀人罪。总体来讲，对先行行为作实质判断时，需要考虑：其一，法益是否存在现实的危险？其二，先行行为是否创造、设置了这种危险？某些行为貌似先行行为，但由于其自身没有创设危险，不可能成为作为义务的来源。其三，行为人是否因为与被害者之间存在特殊关系而被社会期待履行保护义务？换言之，需要考虑法益面临的现实风险是否为行为人所亲自造成。这实际上是客观归责理论在不作为犯中的运用。

必须指出，上述“机能的二分说”也较难说明“深夜放火案”中甲的作为义务问题。其一，甲不能因为情侣关系而对乙的放火行为负有对特定法益的保护义务。其二，两人并不形成危险共同体的关系。有观点可能试图通过危险共同体理论说明甲负有保护义务，但危险共同体的概念还是过于含糊，一般还是应当限定在登山或其他探险活动这样的特殊场合，此时成员之间有相互照顾、救助的义务。其三，甲也不负有对危险源的监督义务。确实，群租房存在一定的火灾隐患，但是在一般情况下，如果没有发生这样的放火事件，人们还是照常地居住生活，将其作为危险源存在疑问。要解决对某些案件的处理难题，需要对机能的二分说进一步予以完善。

(三) 本书观点：先行行为说（危险前行为说）

1. 先行行为是作为义务的唯一来源

我认为，上述所谓特定法益的保护义务和危险源监督义务，在某些方面有交叉重叠，分类方法不尽合理，更为重要的是，其批评形式说，但并没有完全摆脱形式说的影子。如果要彻底贯彻实质说，就应该认为，对所有不作为犯的作为义务的判断，都应该设定一元的标准，对此，是否掌控着能够指向结果、足以造成法益危险的先行行为（危险前行为）是判断的关键。因此，对于作为义务来源的实质理解，本书赞成先行行为说，但不是单纯在行为人是否有一个先前的举动这一事实意义上理解先行行为，而是也考虑规范地理解该概念，从而为作为义务设定一元判断标准。

本书所主张的先行行为，特指由行为人所掌控的、指向结果的因果进程的行为，这种行为包括两种：一方面，由行为人先前所实际实施的行为（事实论、存在论意义上的先行行为）。例如，甲对豢养的猛犬管理不善致乙重伤的，甲的违法行为会产生救助义务。再如，房屋出租人有危险源管理义务，但其交付的房屋并无瑕疵，承租人擅自改造房屋、安装有危险性的设备（如漏电的淋浴器）造成危险的，因为房主不存在危险前行为，该出租人并不负有作为义务。

另一方面，也可能是从规范的角度所理解的由行为人“无形的手”所持续实施的行为（规范论、实质论意义上的先行行为）。例如，父母对于子女等脆弱法益负有保护义务，旅馆电工对于线路有巡查义务，这种基于特殊身份关系、职责分工和社会地位等而承担的持续保护、管理义务之下，由行为人随时随地用“无形的手”所实施的行为，从这种特殊法益保护关系产生的那一刻就存在，行为人一旦放弃对法益的保护，该行为就是危险前行为，因而也是本书所理解的先行行为。为充分保护法益，处于脆弱保护法益地位的行为人基于其先行行为，必须履行其特定监督、管理和保护义务，在脆弱法益面临危险的那一刻如果不履行救助、保护义务，使他人面临法益危险的，就应当成立不作为犯。对于脆弱法益的保护义务（基于法律特别规定的家庭关系所产生的义务、危险共同体成员的相互救助义务、对保护或援助义务事实上的自愿接受所产生的义务、公务员或法人机构成员的义务）等，都可以用行为人具有规范意义上的持续保护的先行行为来解释。

先行行为说重视行为人对于指向结果的因果进程的事实或规范操控性，只有具备这种操控性的行为才是危险前行为。行为人如果基于其先行行为能够持续控制、支配某一领域，法益的危险如果发生在该领域时，行为人就负有实质的法义务。但是，不能将先行行为的操控性理解为对某一个具体空间的控制、支配，不能认为嫖客是在卖淫女的住宅与其发生关系，嫖客心肌梗死的，因为住宅是卖淫女的，所以其就具有救助义务；而卖淫女在嫖客的住宅与嫖客发生关系，发现嫖客心肌梗死而离开的，因为该住宅不是卖淫女的，其就不成立不作为犯。一旦将先行行为理解为对特定场所具有支配性，就可能会得出一些不合理的结论。西田典之教授所提出的“支配领域性说”认为，行为人基于自己的意思，对因果流程设定了事实上的排他性支配的，具有作为义务；此外，虽然不是基于自己的意思但产生了支配结果的状态的场合，如果存在唯有不作为者（具有管理、保护义务者）才应该实施作为这一规范的要素的，也能够肯定保护义务。① 西田教授“支配领域性说”的重点是“因果支配”，即对到达结果的因果进程设定排他性支配，而非对具体场所的支配。与西田典之教授观点的旨趣相同，本书所主张的先行行为说，强调行为对于指向结果的因果进程的事实或规范操控性，因此，重要的是要对造成结果的因果进程设定排他性支配。基于规范支配的视角，住宅是谁的并不重要，重要的是卖淫女是不是能够操控这一因果进程。就前述“深夜放火案”而言，无论是按照本书规范的先行行为说还是根据“支配领域性说”的观点，都可以认为甲掌握着指向结果的趋势，在其作为所居住房屋的管理者、该领域的支配者，负有安全保护等社会持续性保护职责（规范的先行行为）这一前提之下，甲有义务使群租房的其他住户避免法益危险，对放火行为引起火灾的这一因果进程具有操控性，因而具有救火的作为义务。考虑到本案中，乙点火以后，火势刚开始并不大，甲如果履行作为义务可以迅速浇灭火苗，存在结果避免可能性和作为的容易性，甲应成立不作为放火罪。

将作为义务定位于先行行为，主要是基于以下考虑：(1) 无论是具有特定亲近关系的人还是危险共同体成员，或者是负有特定职责的人，都是在不同程度规范地讨论其基于持续保护、管理关系的作为义务的有无。例如，保姆和雇主签订了每天上午 8 时赶来照顾小孩的合同，但某日迟到半小时，雇主又临时有急事外出，导致小孩受重伤的，虽然保姆事实上没有在现场照

① 参见［日］西田典之：《不作为犯论》，载《刑法理论的现代展开总论》，Ⅰ，67 页，东京，日本评论社，1988。

管小孩的，但基于其先前的持续保护、管理关系，作为义务是存在的（只是没有作为可能性而无罪）；国家工作人员负有特定监管职责，其所管理的财物处于危险状态的，无论其是否在现场，其作为义务也存在。因此，在这种义务的主体与他人之间具有现实依存关系时，由行为人随时随地用“无形的手”所实施的行为，从这种特殊法益保护关系产生的那一刻就存在，行为人处于保护法益的保证人地位或者状态下不予法益保护的，就违背了作为义务。（2）持续实施的脆弱法益保护行为是用“无形的手”操控一个“好的结果”的先行行为，唯有在放弃对脆弱法益保护的那一刻，该使法益陷入危险境地的先行行为才是规范要反对的。例如，孩子在父母的悉心照料下一直健康成长，当然谁也不会去讨论父母有无先行行为，但是，在孩子生病时，父母放弃之前持续实施的保护、管理义务的，从那一刻起，从规范的角度看，父母用“无形的手”操控了指向结果的因果进程，存在危险前行为，其由此负有不得让孩子陷入危险的作为义务、注意义务。危险源监督义务，也是在之前的持续监督行为（先行行为）造成危险的那一刻才有讨论的价值。例如，火种是危险源，必须加以监督。但是，点燃火柴抽烟，是日常生活中允许的行为，但如果乱扔用过的火柴引发火情的，就有灭火的义务。（3）处罚作为犯是因为行为制造并实现风险，处罚不作为犯是因为其先前的行为使法益陷入风险，因此，其必须采取作为措施以避免法益危险。这样一来，对作为犯的处罚着眼于其危险行为本身，对不作为犯的处罚则应着眼于危险前行为本身。

2. 犯罪行为可以成为先行行为

先行行为不仅包括违法行为，也应该包括犯罪行为。理论上有观点认为，先行行为原则上不应包括犯罪行为，行为人实施犯罪行为后，有义务承担刑事责任，但没有义务防止危害结果发生，如果行为人自动防止危害结果发生，则是减免刑罚的理由；如果行为人没有防止更为严重的结果发生，则负结果加重犯的责任。但是，这样就无法解释在交通肇事已经独立构成犯罪的场合，为逃避法律追究将被害人带离现场加以隐藏、遗弃而构成故意杀人罪这样的案件。因为单纯遗弃行为本身无法被认为该当故意杀人罪的构成要件行为，只有将其同先行的交通肇事行为所产生的救助义务相联系，作为一个典型的不作为时，才能被认为具有故意杀人罪的构成要件符合性。此外，对其他犯罪的处理，也还要考虑将犯罪行为作为先行行为的问题。例如，犯罪人盗掘古墓葬时，将他人的农舍挖垮，并使房主被埋在瓦砾中，在房主呼救，盗掘者救助又比较容易时，为逃避追究，其逃离现场，致房主死亡的，就应当根据刑法第 328 条认定为盗掘古墓葬罪，并和不作为的故意杀人罪并罚。

因此，先行行为可以是犯罪行为，其中，既可能是过失行为（例如，交通肇事后对被害人有救助义务），也可能是故意犯罪（例如，抢劫致人重伤时，对被害人有救助义务）。值得注意的是：在理论上有必要承认犯罪行为可以成为先行行为，进而产生作为义务，但实务中，对先行行为是犯罪行为的场合，即便行为人不履行作为义务，也很少就该先前的犯罪行为和不作为行为并罚。此时的考虑主要有：一方面，先行行为所引起的不作为犯罪，是否具有同引起该加重结果的作为犯的等价值性？如果没有这种等价值性，仍然只能认定构成原罪的结果加重犯。例如，在故意伤害的场合，甲对被害人乙进行打击后，虽然行为人负有抢救义务，但其竟然离开现场，因而致被害人死亡的，这一离开现场的不作为并不具有故意杀人的等价值性，因而对甲只能按照故意伤害（致人死亡）罪论处。另一方面，按照前述的危险前行为理论，虽然难以否定行为人的作为义务，但是，从责任论的角度看，犯罪以后逃跑是人之常情，难以期待行为人再去救助被害人；同时，如果将后一行为评价为不作为的故意杀人，那么，过失致人重伤或过失致人死亡罪可能也就没有了。同理，丙故意伤害丁后，明知不救助被害人就会发生死亡结果，但仍然直接离开现场的，虽然不能否定作为义务，但无法对被告人论以故意杀人罪，因为很难从情理上要求行为人一边杀人一边救人；更何况，如果将后一行为评价为不作为的故意杀人，那么，故意伤害（致人死亡）罪可能就没有了。不过，如果行为人在离开现场时，将身受重伤的被害人隐藏在非常隐秘的地方，对该行为极有可能导致被害人死亡有较为明确的认识，最终无人能发现被害人，致其死亡的，其行为可以被认定为不作为的故意杀人罪。在这样的案例中，如果不考虑故意伤害行为所导致的先行行为所产生的抢救义务，就无法考察后一行为是否符合故意杀人罪的构成要件。当然，肯定先行行为产生的作为义务，也仍然需要考虑其等价值性问题，只有具有等价值性的作为义务的不履行，才能被认定为构成不纯正的不作为犯。

3. 先行行为是否必须具有义务违反性

关于先行行为是否必须具有义务违反性，理论上一直有争论。

（1）少数说：否定先行行为义务违反性。先行行为不需要义务违反性，换言之，合法行为也可能产生作为义务的主张属于少数说。对此有学者认为，先行行为如并不违法，也可能引起作为义务而成立不作为犯罪。例如，汽车司机照章驾驶，而骑车人违章骑车，汽车司机因意外撞伤骑车人并致其失血严重有生命危险，司机有送其到医院抢救的义务，若司机不予送治致其死亡的，应当成立不作为犯罪。也就是说，不论是违法行为还是合法行为，既然由于它而使某种合法权益处于遭受损害的危险状态，行为人就没有理由拒绝消除他能够消除的危险；先前的合法行为不能保证以后行为的合法性。① 还有的学者提出："出于保护法益的需要，制造风险的人无论是否违反义务，都可能产生作为义务。"例如，司机甲在自己的车行道上正常行驶，乙醉酒后驾车高速逆行，撞向甲车并身受重伤的，即便甲没有违反规范，对乙也有作为义务。但是，如果风险应由被害人自我负责的，风险制造者不应承担保证责任。②

（2）多数说：先行行为必须具有义务违反性。多数说的基本立场是：因为先行行为不是指一般的身体动静，而是指足以使他人陷入危险境地的行为。这样，司机照章行车，就不可能是先行行为，而只有其违反交通运输管理法规驾驶车辆撞伤他人，使其生命、身体陷入危险的行为，才可以作为先行行为评价。所以，先行行为必须界定为，行为人违反规定，使他人陷入危险境地，即违法地把他人置于危险处境的行为。③ 在他人自救能力以及自我生存能力都很低，且与违反规范的行为人之间存在高度依赖关系时，行为人才会由此取得保证人地位，承担相应的作为义务。从这个意义上讲，先行行为都是违法行为，而不可能有合法行为成为先行行为，引起作为义务的可能。对此，耶赛克等人也是赞成的，并指出，对先行行为的概念必须从三个方面加以限定：1）先前实施的行为必须造成了损害发生的（相当的）危险。2）先前的行为必须在客观上是违法的（即使是无责任的）。3）违反义务性还必须存在于对恰恰是为了保护相关法益的规范的违反之中。④

（3）本书的观点：原则上，先行行为应当具有义务违反性。我认为，危险的先行行为必须具有义务违反性，才能成为作为义务的来源，反过来，合乎义务要求的行为，即便造成他人的法益受到侵害，原则上也不发生作为义务。例如，护工甲对残疾人乙的生活起居有照顾的义务，但是，在后者遭受抢劫时，就难以认为护工有保护义务，因为护工的有限报酬中显然不包

① 参见高铭暄、马克昌主编：《刑法学》，9 版，46 页，北京，北京大学出版社，2019。

② 参见黄荣坚：《基础刑法学》（下），729 页，台北，元照出版有限公司，2012。

③ 不是主动将他人置于危险境地，而仅仅在他人处于危险境地的状况下逃离现场的，不会产生先行行为的问题。例如，两个成年人相约外出逛街，一人遭遇车祸，另一人见此情景，迅速离开现场，既不报警，也不救助的，也不是不作为犯罪，因为相约外出，不是使他人陷入危险的先行行为，二人也没有由此结成危险共同体。

④ 参见［德］汉斯·海因里希·耶赛克、托马斯·魏根特：《德国刑法教科书》，下册，徐久生译，842 页，北京，中国法制出版社，2017。

括和犯罪作斗争的内容，其面对劫匪时即便从现场逃跑也没有违反义务，不具有违法性。又如，合法权利人对非法进入住宅的行为人进行指责，后者受到责骂后心脏病发作躺在该住宅内的，权利人没有救助的作为义务。再如，甲驾驶电动自行车高速行驶，撞向停车场内的汽车，车主发现甲受伤很重，也没有作为义务。

具有故意、过失的先行行为，当然具有义务违反性；其他违反义务的先行行为，例如，在某种行为可能产生的结果超出了合理范围，进而增加了行为之外的危险，要求行为人对其加以防止时，行为也具有义务违反性。从形式上看，在某种行为一开始合法，但其可能产生的结果属于行为人必须加以防止的危险结果时，该先行行为就可能成为不作为的义务来源。例如，医生将病人胸腔打开后，自该抢救而不抢救的那一刻起，行为人的行为具有义务违反性，其负有对其进行继续抢救的义务，否则，可能构成不作为的犯罪。

在教唆、帮助自杀的场合，自杀参与行为并不是可以导致作为义务的先前行为，即便教唆、帮助者事后不救助自杀者，也不宜认定为不作为的故意杀人罪。[①] 因为先前行为必须是造成法益危险的行为，在自杀的场合，劝说和帮助行为本身并不能对自杀者的生命法益构成威胁，是否赴死完全取决于自杀者的意思。更何况，一方面认为教唆、帮助自杀行为本身不应当受到刑事处罚，另一方面却又肯定这种行为会导致教唆、帮助者负有阻止自杀者死亡的作为义务，会导致价值评价上的自相矛盾。此外，还需要考虑，如果肯定教唆、帮助自杀这种积极行为都不具有可罚性，在他人决意自杀时未能介入并防止他人自杀这种没有任何举止的消极行为却成立故意杀人罪，在处理上会导致不平衡。因此，甲教唆他人自杀，但发现自杀者乙一息尚存时没有施救，乙最终死亡的，不能认为甲构成不作为的故意杀人罪，因为乙陷入危险是由其自己决定的，从规范上不能赋予甲作为义务来干预乙的行为；丙为丁提供自杀工具的，也不能对自杀者的生命法益构成威胁，帮助行为并不是可以导致作为义务的先前行为，甲即便不救助，也不构成不作为的故意杀人罪。

在这里，还需要讨论的是行为人正当防卫之后，是否有义务救助被害人的问题。例如，甲为抢劫乙的财物而在某偏僻场所对乙实施暴力侵害，乙奋力反击，当场将甲打成重伤。乙发现甲躺在地上，流血不止，非常痛苦地呻吟，但没有对甲实施任何救助行为，而径直离开现场。4 小时后，甲死亡。乙是否因先前的防卫行为而对甲负有作为义务？

少数持结果无价值论的学者认为，防卫时导致不法侵害人重伤，虽没有过当，但由于不救助导致被害人死亡的，也属于防卫过当，应当成立犯罪。[②] 如果单纯从形式上看，针对上例，容易得出行为人根据先行行为产生作为义务的结论。但是，按照行为无价值论，行为即便造成法益侵害，但其并没有违反规范，不具有义务违反性，不作为行为不是犯罪。由此，防卫者不救助不法侵害人的，理应不构成不作为犯罪。“依法行正当防卫者，对于攻击者的生命、身体法益，通常不会负保证人义务，亦即，防卫行为原则上不会成为保证人地位来源的危险前行为。”[③] 在这里，先行行为是否真的存在，是一个很值得讨论的问题。耶赛克等人对先行行为概念进行限定时，特别提道：违反义务性还必须存在于对恰恰是保护相关法益的规范的违反之中。这明确要求，先行行为必须违反义务性的要求，没有违反义务性要求的行为，不能评价为先行行为。与此相呼应，德国法院就曾经作出类似判决：在正当防卫情况下不法侵害者的被伤害，不能使被攻击者（防卫人）成为保证人，不能要求防卫人承担救助义务，防卫行为就不可能成为先行行为。

---

① 在这种场合，是否有成立遗弃罪的可能，还值得研究。

② 参见张明楷：《刑法学》，5 版，155～156 页，北京，法律出版社，2016。

③ 林钰雄：《新刑法总则》，544 页，台北，元照出版有限公司，2014。

在前述案例中，乙因为正当防卫而重伤甲，其行为不具有义务违反性[1]，并不完全符合先行行为的条件，所以其不救助行为不会成立不作为犯罪。即使在防卫过当的场合，也只存在防卫人就其过当的防卫行为（作为犯）承担刑事责任的问题。

在这里，肯定防卫者的作为义务这一主张的主要问题在于：第一，乙应否被社会期待对于攻击者伸出援手？乙的行为似乎属于危险前行为，但是，该行为是法秩序所许可的，是合法的危险前行为，该行为并不由此产生保证人义务。从行为规范的角度看，其不会对防卫人提出在正当防卫之后去救助被害人的要求，不救助行为显然不具有违法性。“不法的攻击者必须预估遭到反击的后果，并自行承担后果。要求防卫者必须救助攻击者，不法攻击者的地位将优越于陌生人（任何人对于陌生人的危难，都没有刑法上的保证人地位，也因此并无救助义务）。此外，恰当的防卫之后，如果认为对于不法侵害者具有保证人地位，等于承认正当防卫者的法律地位形同防卫过当者，甚至承认正当防卫者等于违法的侵害者。这都不是对于正当防卫者的公正论断。”[2] 第二，制造不被允许的危险的是不法侵害人，防卫人所实施的是规范所允许的行为，其离开现场的行为也没有制造规范所反对的风险。先前的不法侵害人在实施其行为时，对于他人防卫造成自己损害的结局，不能说毫无认识、毫无准备，其存在自我答责的可能性，因此，认为防卫人的不救助成立犯罪，没有考虑不法侵害人危险接受的法理，可能与结果归属的观念不一致。[3] “被侵害者之所以采取防卫行为，实在是因为侵害者所使然。如果防卫者还要对侵害者负保证人责任，否则要就其不作为负故意杀人或故意伤害罪的刑事责任，可能反而是责任归责上的错误。”[4] 第三，肯定类似不救助行为成立犯罪，可能导致无止境的回溯性评价。按理说，每一个正当防卫人在遭受不法侵害时，只要制止了不法侵害，在紧急状态下保全自己之后，就可以离开现场，法律不能强求每一个防卫人在离开现场之前还要观察先前的不法侵害人是否有死伤危险，否则，就和正当防卫制度设立的初衷相悖。这才是一个遭受不法侵害的防卫人的正常举止。按照有罪说的逻辑，就应该在每一个防卫人离开现场的场合，反过去考察其离开现场时先前不法侵害人被反击后、防卫人离开现场时的伤情。一旦防卫时形成的结局较轻，防卫人不救助，在其离开后形成了重的结局，防卫人的离开都具有不法性。这样的逻辑，必然造成司法判断上的难题，也会给防卫人附加过多的负担。第四，我国刑法第 20 条第 3 款规定了特殊防卫权：防卫人在遭受行凶、杀人、抢劫等不法侵害时进行反击，直接造成不法侵害人死伤的，是正当防卫。但按照有罪说的逻辑，防卫人遭受程度最高的暴力侵害时，直接将不法侵害人杀死的，成立正当防卫；在原本就可以通过杀死不法侵害人的方式进行防卫的场合，防卫人一念之间“手下留情”，使不法侵害人身受重伤的，如果防卫人离开现场，导致先前的不法侵害人死亡的，防卫人的不救助就成了故意杀人，必然会造成处理结论上的不均衡——防卫时下手重的系合法行为，下手轻的反而有罪。第五，规范不应该对防卫人提出不合理的要求。其实，刑法规定对中止犯、自首者减免处罚已经揭示出：规范不能要求行为人犯罪后不离开现场，逃避侦查和审判只不过是“人之常情”，所以法律才特别对中止、自首的情形从宽处罚。同理，正当防卫以及故意、过失侵害行为导致他人重伤，危及生命的，即便其不救助被害人，也应该仅在其先前的法益侵害限度内承担责任。逃离现场者先前的作为行为违反了

---

① 义务违反必须体现为对旨在保护这一具体法益的法律规范的违反。参见李海东：《刑法原理入门（犯罪论基础）》，166 页，北京，法律出版社，1998。

② 林东茂：《刑法综览》，修订 5 版，126 页，北京，中国人民大学出版社，2009。

③ 问题是，张明楷教授在（从名称上）拒绝客观归责概念的同时，也充分肯定结果归属的意义。参见张明楷：《也谈客观归责理论》，载《中外法学》，2013（2）。

④ 黄荣坚：《基础刑法学》（下），730 页，台北，元照出版有限公司，2012。

规范，但其单纯逃离的行为谈不上违反了新的规范。行为人犯罪以后，就其违法和责任由国家在事后给予处罚即可，禁止他人逃跑、要求他人不跑然后必须救人的规范依据并不存在。从规范的意义上讲，正当防卫人更没有义务去救助先前的不正义者，“正义不必向非正义屈服”。同样的道理，甲杀害乙未遂，事后途经现场的丙要先前的杀人未遂者甲不要救人的，丙也不应该成立故意杀人罪。

需要指出，先行行为必须具有违法性这一点，在绝大多数情况下都应该得到肯定，仅在极其特殊的情况下可能存在例外。与正当防卫人没有义务救助不法侵害人不同的是，在紧急避险的场合，避险行为虽然不具有义务违反性，但该先行行为导致第三人陷入危险的，避险人有义务进行救助。例如，甲为躲避他人的追杀，将乙撞伤的，或者丙为躲避大货车，驾车冲到人行道上，导致路人丁受伤的，虽然避险人的行为阻却违法，但其与第三人之间毕竟是“正”对“正”的关系，无辜的乙、丁遭受了甲、丙“有意的”侵害，其救助需求是由避险的甲、丙所引起，且乙、丁不属于应当对风险自我答责的人，其与正当防卫场合的不法侵害人不可同日而语，紧急避险人由此对遭受侵害的第三人仍应承担作为义务。但是，这一作为义务仅仅针对无辜第三人存在，对引起风险的攻击者，即便其在现场陷入需要救助的境地，避险者也没有义务救助。

第五节 结 果

一、结果的概念

结果，是指行为对刑法所保护的行为客体所造成的危险或者实际损害。行为作用于一定对象，从而可能导致一定的结果。法益的侵害也往往是由行为现实已经发生的结果或者可能发生的结果展现、提炼出来。

当然，并非对所有犯罪的构成要件符合性都需要考虑结果问题，结果影响犯罪成立的情况包括过失犯罪、间接故意犯罪以及个别的直接故意犯罪，此时的危害结果，就是构成要件结果。在有的情况下，危害结果是否发生以及轻重如何，并不影响犯罪成立，但是，可能对法益侵害程度产生影响，从而影响量刑。这种结果是非构成要件结果，例如，结果加重犯中的加重结果即是如此。

二、结果的地位

结果在刑法学中的地位如何，一直是有争议的问题。针对究竟是看重相互分离的“行为”还是“结果”，在刑法理论上产生了行为无价值论和结果无价值论的争论。结果无价值论认为，结果反映了法益侵害程度，是构成要件要素，所以结果概念至关重要。

在行为无价值论中，如何看待结果概念，是一个有争议的问题。

有的学者认为，结果是用来说明行为本身的违法性程度的工具，是被作为决定“行为性质”的要素的，是刑法规范所设定的客观标准，是评价行为的规范前提。例如，要考虑强奸罪的规范是否被违反，就需要同时考察现实的被害人被强奸的结果是否存在，这事实上是启动违法性判断“程序”的前提。如果被害人以及被害的结果不存在，强奸罪的规范对行为人自然不能适用，考虑违法性判断就是毫无意义的事情。按照行为无价值论关于“规范违反性有无的判断，必须以行为时为基点进行决定（事前判断）”的思路，违法性判断归结起来就是：以法所客观设定的、现存的行为规范为前提，对该规范是否被违反、是否造成了结果进行事前的判断。在这里，结果只是被视作判断规范是否被违反的资料、要素，并不具有独立意义。

不过，多数行为无价值论者认为，即便重视行为及其规范违反性，也可以得出行为和结果相互独立、同等重要的结论。之所以说行为和结果相互独立，理由在于：行为规范只能约束人的行为，在行为时发生作用；至于结果，是行为着手之后根据一定的因果流程才发生的损害，不是行为规范所能够禁止或者控制的，就正如法律能够禁止甲用枪对准乙的心脏，但没有办法阻止已经发射出去的子弹击中乙的心脏。这就说明，一个行为的违法性，是在行为当时基本上就可以被确定的，但在造成后果的场合，违法性程度会加重。之所以说行为和结果同等重要，理由在于：一方面，如果承认通过特定的行为方式、手段，造成法益损害才具有违法性，那么，就完全可以认为行为和结果在刑法中处于同等重要的地位，只有同时肯定行为无价值和结果无价值，才能得出违法的结论。另一方面，虽然行为人着手实行，并在着手当时作出了一个违反行为规范的决定，但在有无结果时，违法性会有所不同，因此，结果不能从属于行为，而具有其相对独立性。自然不能认为法益侵害从属于规范违反。

按照行为和结果相互独立的观点，对既遂犯和未遂犯的处罚就可以得出正确的结论：既遂犯实际造成法益侵害，公众能够直接感知这种后果，从而产生强烈的处罚要求。如果放纵既遂犯，等于国家发出允许法益侵害发生的明确信号，可能导致人们更多地模仿类似行为，从而造成更多的法益侵害。而未遂犯毕竟没有造成实害，公众对没有造成特定结果的未遂犯的否定意识较低，因此，对未遂犯的处罚当然应该和对既遂犯的处罚不同。①

在上述两种立场中，我赞成第二种观点，即认为结果具有独立于行为的意义。行为人否定规范的意思以结果的形式最终加以展示，所以，对行为无价值论而言，结果是评价犯罪时需要考虑的因素之一。按照行为无价值论，结果的作用表现在：可能是构成要件要素；可能是既遂成立条件；可能是限定处罚范围的条件；可能是反映报应要求的附加性要素（法定刑升格条件）。

具体而言，结果的意义表现为：(1) 决定犯罪成立与否。对某些犯罪而言，行为如果没有造成法定的结果，就不成立犯罪。(2) 决定犯罪形态。在直接故意犯罪中，犯罪既遂通常以特定结果的发生为前提，没有发生特定结果的，可能构成犯罪的预备、中止或者未遂。例如，故意杀人罪中，死亡结果的出现是认定故意杀人罪既遂的特定标准。(3) 影响量刑。结果成为法定刑幅度选择的根据和事由。例如，对于故意伤害罪而言，根据对被害人造成伤害程度的不同以及是否出现了死亡结果，其法定刑分为三个幅度。(4) 影响行为人的责任。在有的情况下，结果成为决定行为人是否具备有责性条件的依据。例如，已满 14 周岁、不满 16 周岁的人故意伤害致人重伤或者死亡的，构成犯罪；但如果仅造成轻伤后果，则行为人无须承担刑事责任。

三、结果的种类

（一）实害与危险

实害，是指行为对对象已经造成了死伤、毁坏、减少、灭失等实际损害事实，例如，抢劫罪中实际取得被害人财物、造成被害人死伤等情形。危险，是指行为引起客体足以发生一定实际损害的现实危险状态。实害与危险是结果的两种基本表现形式。

危险原本包括具体危险与抽象危险，但是，作为广义的危害结果的危险，仅指具体危险，而不包括抽象危险。具体危险，是指危险程度较高，使法益侵害的可能具体地达到现实化的程度。这种危险属于构成要件的内容。作为构成要件，具体危险是否存在需要司法官员结合个案

① 参见黄荣坚：《基础刑法学》（上），142 页，台北，元照出版有限公司，2012。

的具体情况加以证明与确认，而不能进行某种程度的假定或者抽象，所以，具体危险是司法认定的危险。抽象危险，是指行为本身包含了侵害法益的可能性而被禁止的情形。抽象危险不属于构成要件，是立法者拟制的危险，所以，不是作为构成要件结果的危险。

（二）物质性结果和非物质性结果

物质性结果，是指行为引起物质性变化所产生的侵害事实，例如，强奸致人死亡，骗取贷款给金融机构造成重大损失等。

非物质性结果，是指行为引起非物质性变化所产生的侵害事实。非物质性结果是无形的，难以被具体认定和测量，例如，诽谤对他人人格的贬损、对名誉的毁损等。

（三）直接结果和间接结果

直接结果，是指行为直接造成的侵害事实，它与行为之间具有条件关系。例如，甲为抢劫财物对乙使用暴力，导致乙死亡，乙的死亡就是甲的抢劫行为的直接结果。

间接结果，是指行为通过介入因素间接造成的侵害事实。在行为与结果之间，可能介入了被害人本人的行为、第三人的行为、自然现象或者行为人的其他行为。

第六节 因果关系说与客观归责论

一、因果关系说

关于因果关系的理论，主要是条件说和相当因果关系说。

（一）条件说

1. 条件说的含义

何种关系和事实能够成为刑法上的因果关系，最根本的依据是条件说。

条件说认为在行为与结果之间，如果存在着“无 A 即无 B”的关系，则存在刑法上的因果关系。条件说求助于一种思维上的“排除法”，即设想在该条件不存在时，结果是否同样发生：如果答案是否定的，该事实就是结果的必要条件；如果所得结论相反，就可将该事实排除于原因之外。这种观点实际认为只要行为与结果之间有逻辑上的条件关系，即存在原因关系。条件说认为给结果以影响的所有条件都具有同等价值。有人认为，条件说在今天已经是被抛弃的理论，这是一种误解。在现在的德国刑法理论、日本的刑事审判实践中，条件说都处于通说地位。

2. 条件关系的判断

一般而言，条件关系是否存在是容易判断的。但是，是否存在条件关系，在以下情形中，也存在不少争议。

(1) 假定的因果关系。在行为人“故意地”实施危害行为的场合，假设没有类似行为，结果也会发生的，一般作为刑法上的“假定因果关系”问题加以讨论。例如，对一座处于烈火中的建筑物的未烧毁部分纵火予以烧毁，仍然构成故意毁坏财物罪，即使大火在很短的时间内将烧毁一切。又如，精神病医生通过药物杀害了某一名病人，假设医生不杀他，其长期饱受折磨的家属也会实施类似的杀害行为。再如，欺骗被害人，但假设被欺骗者就是在未获得虚假资料的情况下也会“自愿”将财物交付给诈骗者。对于类似案件，在大陆法系刑法理论中，能否确定行为和结果之间的因果关系，一直是有争议的问题，这就是假定的因果关系问题。多数说认为，条件关系是具体的、特定的联系，没有行为人的特定行为，法律所禁止的结果就不会发生，从这个意义上看，条件关系仍然是存在的。

有的日本学者认为：在假定的因果经过中，应当否定因果关系的存在。因为一旦考虑假定的原因，就会出现没有甲行为，也会有乙行为导致危害后果，这和条件关系的典型公式“没有某一行为，就不会有相应的危害结果”并不符合，行为对结果的发生没有支配力，这种场合就没有因果关系。①

在我看来，就“假定的因果经过”而言，在假定结果会发生的场合，行为人的危害行为和结果之间的具体因果经过是可以确定的。不能以假定的因果经过排斥条件关系，行为人不能以有代位行为人为由，主张其行为不可归责，例如，对于在战争中杀人的士兵，不能认为如果该士兵不杀人，被害人也会为其他士兵所杀，而否认该士兵的杀人行为是制造法益风险的行为。即使依实际情况而有其他候补的行为人，例如东西也会被其他人偷走，或者甚至会被债权人要走，总之被害人的财物是保不住的，也不能排除诈骗、窃取行为的构成要件符合性。又如，杀了别人原本要杀的牛，砍了别人原本要砍的树，杀了被判处死刑后即将被交付执行的死刑犯，也都是如此。对此，耶赛克正确地指出：对这些存在犯罪故意的案件，就存在因果关系而言是不容置疑的，且司法也始终是肯定的。② 由于行为人主观上往往有犯罪的直接故意，对行为人的主观归责也并不困难。

（2）择一的竞合。这是指两个以上的行为分别都能导致结果的发生，但在没有意思联络的情况下，竞合在一起，发生了结果。例如，甲、乙在没有意思联络的情况下，分别在丙的杯子里投入致死量的毒药，并在同一时间产生作用，致丙死亡。在此，如果没有甲的行为，丙仍然会被乙毒死，反之亦然。因此也有人认为甲、乙的行为同死亡结果都没有条件关系，但这显然不现实，因为在这种存在多个条件的情形中，如果除去一个条件结果仍会发生，但是除去所有条件之后，结果将不发生，因而所有行为同结果之间都具有条件关系，甲、乙均构成故意杀人既遂。

（3）重叠的因果关系。两个以上相互独立的行为，单独不能导致结果的发生，但在没有意思联络的情况下，合并在一起后导致了结果的发生。例如，甲、乙没有意思联络而分别向丙的杯子各投放致死量50%的毒药，致丙死亡，一般承认甲、乙的行为同死亡结果之间都存在条件关系。

（4）流行病学的因果关系理论。关于因果关系的条件说、相当因果关系说都是以传统犯罪为研究对象的，在一般情况下因果关系是否存在需要控方证明。但在现代化进程不断加快的21世纪，在食品卫生、环境污染等公害犯罪中，往往难以精确地认定因果关系，因而导致举证困难，不利于保护法益。例如，在某布满甲醛、灰尘的工厂上班的工人普遍出现咽喉重度感染、失明、贫血等症状，要确定工人受到伤害和环境严重污染之间的关系，靠医学或者自然科学的证明，极其困难。为此，根据流行病学上的统计方法，在经过大量观察后，如果能够确定在原因和结果之间有引起与被引起的一定可能性，就可以认定存在条件关系。根据流行病学的因果关系理论，符合以下五个条件，即可确定行为具有导致结果发生的高度盖然性，从而肯定因果关系的存在，降低控方的举证责任，有效保护法益：1）该因素是在发病的一定期间之前起作用的因素；2）该因素的作用程度与患病率之间存在正相消长的关系；3）该因素的分布、消长与流行病学观察记载的流行特征并不矛盾；4）该因素作为原因起作用，与生物学并不矛盾；5）根据统计方法认定因果关系，并没有“超越合理怀疑”的限度。

流行病学的因果关系受到的最大批评是，行为和结果之间的因果联系，在自然科学上不能查明，仅根据统计方法推定因果关系存在，违反不能证明就不能裁判的诉讼原则。但是，流行

---

① 参见［日］町野朔：《因果关系论》，载［日］中山研一、藤木英雄等编：《现代刑法讲座》（第1卷），328页，东京，成文堂，1977。

② 参见［德］汉斯·海因里希·耶赛克、托马斯·魏根特：《德国刑法教科书》，上册，徐久生译，382页，北京，中国法制出版社，2017。

病学的因果关系理论，和条件说的精神实质是一致的，只要严格把握认定条件，在食品卫生、环境污染等公害犯罪不断增加的今天，流行病学的因果关系理论似乎又是有存在必要性的。①

条件说有助于防止个别人利用只制造一定条件的方式实现犯罪目的。在其理论发展过程中，条件说采取了一系列做法对其处罚范围过大的弊端加以弥补，例如通过对责任（故意、过失）、实行行为性的限制，来缩限刑事责任范围，而不至于殃及无辜。可以说，条件说奠定了法律上的因果关系的事实基础，成为所有因果关系理论都无法回避的起点，此后的因果关系理论实际上都是在条件说所提出的诸多条件范围的基础之上，依据特定的标准进行价值判断，进而认定其中的一个或者部分条件属于原因，从而认定与结果成立刑法中的因果关系，确立刑事责任的客观基础。因此，条件关系的判断是至关重要的。

3. 条件说的缺陷

（1）可能形成无止境的关联。

对条件说的一般批评是其可能使因果关系的范围过宽，形成无止境的关联。此外，在虽然按照行为人的意愿发生了危害结果，但引起结果的因果进程中混入了其他原因时，如何确定因果关系，对条件说而言，就是一个难题。例如，甲轻伤乙，丙开车运送乙去医院途中遇到车祸，致乙重伤。到医院后，医生丁处置重大失误，乙死亡。按照条件说，就会得出甲应当对乙的死亡结果负责的结论。但这明显是不合理的。同时，条件说试图以故意、过失限制因果关系范围。但这种观点是否合理，也还存在问题：按照条件说，只要存在条件关系，就可以肯定构成要件该当性，而引起构成要件结果发生的行为，无论如何都具有违法性。但是，将偶然或者经异常途径发生的结果视为法律所禁止的，并不妥当。

（2）运作机理上的先天不足。

有学者指出：条件理论的真正缺陷不在于它扩大了原因的范围，而是深藏于其运作机制的本身：运用“思维排除法”的前提，是人们必须事先就已经知道究竟条件具备何等的原因力，即知道这些条件如何作为原因（之一）而发挥作用，否则，条件理论就根本无法运作。例如，甲在服了乙给他的一种尚处于实验阶段的药，然后因心脏病发作而死亡。如果不查明实验药的药性，显然不能仅仅根据“思维排除法”，就将甲的死亡归咎于乙的行为。② 这种批评的确是极有见地的。

（3）条件说的修正理论也存在缺陷。

为避免适用条件说陷入因果关系范围过广、其结论难以令人接受的困境，过去有人提倡“因果关系中断说”，认为在因果进程中，有被害人、第三人的行为或自然力介入时，因果关系中断，行为和结果之间就没有因果关系。

但是，刑法上所说的因果关系，本来是就其存在或者不存在而言的，原本存在的因果关系，在其发展过程中出现中断，这在刑法理论上是不可能的；而且在条件说中，认定存在条件关系但又否认因果关系，这明显是矛盾的。由因果关系中断说不可能推导出刑法上妥当的因果关系。所以，因果关系中断说现在受到否定。③ 在我看来，将有介入因素的案件一律简单处理为因果关系中断，很多时候都不太妥当。

（4）利用责任要素弥补条件说的缺陷存在方法论上的偏差。

当然，因为条件说只进行事实的判断，即便其认定犯罪的范围广，但只要有后续的第二道

---

① 流行病学因果关系的利弊还值得进一步研究。

② 参见［意］杜里奥·帕多瓦尼：《意大利刑法学原理》，注评版，陈忠林译，118页，北京，中国人民大学出版社，2004。

③ 参见［日］大谷实：《刑法总论》，新版第5版，201页，东京，成文堂，2019。

过滤程序，也不会带来司法适用上的危险。条件说于是试图以故意、过失限制因果关系范围。但这种观点是否合理，也还存在问题：一方面，在客观上不能对行为进行过滤，转而将司法判断上的重任交给原本就难以作出决断的故意、过失判断，打击面过大的危险仍然难以防止，从方法论的角度看也存在问题。另一方面，按照条件说，只要存在条件关系，就可以肯定构成要件该当性。但是，引起构成要件结果发生的行为，通常都具有违法性。将偶然或者经异常途径发生的结果视为法律所禁止的违法行为所导致的结果，在法律上对该结果给予否定，似乎并不妥当。从根据条件说所确定的因果关系中梳理出需要归责的线索，进而将结果责任归属于特定行为人，这是归责理论的任务，而不是传统上所说的因果关系理论的使命。

（二）相当因果关系说

在我看来，条件说在确立事实的因果关系方面基本上是妥当的，因果关系是特定条件下的客观联系，在我国刑法理论以及刑事司法实践中，不能离开客观的条件关系来认定因果关系。不过，由于条件说也存在一些不足，所以，就因果关系的判断而言，在存在论的基础上，还有必要进行相应的规范评价。相当因果关系理论强调通过具体的“相当性”判断来确认因果关系是否存在，可能比条件说高出一筹。

相当因果关系说主张根据社会一般人生活上的经验，在通常情况下某种行为产生某种结果被认为是相当的场合，就认为该行为与该结果具有因果关系。“相当性”说明该行为产生该结果是通例而非异常的。例如，抢劫行为人对准被害人开枪，被害人受惊吓后为自保而逃跑，慌乱中撞在电线杆上身受重伤，数日后死亡的，根据一般社会生活经验，就会认为被害人在受到枪击的情况下，慌不择路，逃跑途中会发生危险，并不是异常的情况，所以抢劫行为和被害人死亡之间存在因果关系，行为人构成抢劫罪，属于抢劫致人死亡。弗莱彻指出：在因果关系的感知过程中要注入习俗所具有的通常和可预期的标准。如果家庭中的烟雾报警器是极其罕见的，那么，我们就不会在一场家庭大火中，把孩子的死亡解释为没有安装烟雾报警器的后果（我们也许会把死亡解释为是在隔壁缺少一个消防站的结果）。但是，如果城市中的其他人家都安装了报警器，那么，我们就会指出，孩子的死亡是由于没有安装本来能够拯救他们生命的报警器。① 他的这一观点，似可归入相当因果关系说的范畴。

相当因果关系说内部存在着主观说、客观说、折中说的区别。客观说主张以行为时客观存在的一切事实为基础判断因果关系；主观说认为应当以行为人在行为当时所认识的事实为标准；折中说主张以行为时一般人所预见的事实或行为人特别认识的事实为基础，判断相当性的有无。在赞成相当因果关系的学者中，多数人坚持客观的相当因果关系说。

平野龙一指出，因果关系判断上最有争议的两个问题是：一是被害人体质异常时，行为人实施的危险性极低的行为与死伤结果之间，是否有因果关系。二是在行为实施后介入被害人的行为、行为人的行为、第三人的行为、自然力时，该结果究竟应该归责于谁。② 以下围绕平野龙一教授所提出的这两个问题，并结合具体案件进行讨论。

1. 被害人的特殊体质与因果关系的确定

例如，甲在与乙发生口角后，对准乙的胸脯轻轻打了一拳，乙倒地后抽搐，在被送往医院途中死亡。后查明，乙是因为受刺激，心脏病发作而死。偶然路过的甲对此毫不知情。甲的伤害行为和乙的死亡之间有无因果关系？按照条件说，没有甲的伤害行为，乙不会受刺激后突然发病，所以，因果关系存在。按照相当因果关系说中的客观说，乙属于体质特殊者这一事实是

---

① 参见［美］乔治·P. 弗莱彻：《刑法的基本概念》，蔡爱惠等译，37页，北京，中国政法大学出版社，2004。

② 参见［日］平野龙一：《刑法总论》，Ⅰ，143页，东京，有斐阁，1972。

客观的，所以也存在因果关系。而按照相当因果关系说中的主观说，由于行为人甲对乙的特殊体质不能认识，所以，因果关系不存在。根据相当因果关系说中的折中说，由于一般人对乙的特殊体质有认识，所以，甲的伤害行为和乙死亡之间的因果关系存在。

相当因果关系说中的主观说和折中说由于都将因果关系的有无完全建立在行为人或者社会一般人能否认识的基础上，与因果关系的客观性相矛盾，所以受到很多学者的批评。多数人愿意选择相当因果关系说中的客观说。

在日本的判例中，对于被害人体质异常的案件，大多根据条件说确定因果关系存在。例如，对于行为人在与他人吵架之后，踢伤被害人的左眼，使其受伤，但被害人是脑梅毒患者，最终死亡的；行为人用小刀刺伤养祖母的后脑部，被害人受刺激而死的，都认为如果没有暴行和特殊事情，就不会引起死亡后果，因而存在因果关系。当然，在日本，也存在根据相当因果关系说认定在被害人体质异常时存在因果关系的判决。例如，日本最高法院在1931年10月26日对因业务过失而致使被害人脑震荡死亡案的判决中指出：在马路上的行人中有病弱者，这是经常的事实，并不是什么异常情形，因此，尽管被害人患病的事实引起了死亡结果的发生，但并不能因此而中断因果关系。德国法院的判决也认为，在伤害身体的犯罪中，被害人具有身体或精神不正常的特征，也根据条件说被认为有因果关系。

在我国刑法中，遇到被害人体质特殊的案例，原则上会根据条件说或者客观的相当因果关系说，得出因果关系存在的结论。例如，甲、乙产生口角纠纷，甲按住乙的头部，患有脑动脉瘤的乙本能地下蹲，但很快倒地死亡；A、B因为纠纷而争吵，A用拳头打B一下，B因高血压、脑动脉硬化倒地死亡；甲虐待乙，后者受刺激过于兴奋而死亡。在这些案例中，都应当承认存在因果关系。只是在行为人对于被害人体质特殊这一事实完全无认识时，否定行为人的预见可能性，从而否定罪过，得出无罪的结论。

当然，在前述案例中，如果行为人知道被害人体质特殊，故意对其实施侵害程度较低的行为，实际上是利用被害人的特殊体质杀害、伤害被害人，自然应当承认因果关系，并追究其刑事责任。因为任何人都不可能预见或阻止行为后才发生的偶然因素，但却有可能认识那些行为前或者行为时存在的偶然因素，例如被害人体质异常。

2. 介入因素与因果进程的相当性判断

相当因果关系说中的客观说和条件说基本上没有差别，不同的是，在存在介入因素的场合，条件说依因果关系中断说处理问题，而客观说强调对“相当性”进行判断。介入因素影响因果关系，包括在最初的实行行为实施之后，介入被害人自己的行为、介入行为人的行为、介入第三人的行为、介入自然力等情形。介入因素的出现是否对最初的实行行为和最终出现的危害结果之间的联系产生影响？相当因果关系说认为，不应当按照介入因素“在行为时能否被行为人预测”这种主观的标准进行判断，而应当依次考虑具有客观性质的以下三方面情形①：

（1）最早出现的实行行为导致最后结果的发生可能性高低。对被害人实施危及生命的重伤，和只对被害人造成轻伤相比，虽然后来都介入了医生的重大失误，从而引起被害人死亡，但重伤行为更容易被评价为死亡的原因。当然，也不能仅仅根据行为所具有的导致结果发生的概率来判断因果联系。例如，A追杀B，B无奈狂奔逃命。B的仇人C早就想杀B，偶然见B慌不择路，在A尚未赶到时，即向B开枪射击，致B死亡，然后逃离现场。死亡后果应该由C负责。B的死亡和A的追杀之间就没有因果关系，即使A的追杀行为导致B死亡的概率很高。

（2）介入因素异常性的大小。介入因素过于异常的，实行行为和最后结果之间的因果关系

① 参见［日］前田雅英：《刑法总论讲义》，7版，140页，东京，东京大学出版会，2019。

不存在；反之，因果关系存在。判断介入因素是否异常，必须将其和实行行为联系起来，考虑介入因素在多大程度上具有通常性。在作这种判断时，必须依次考虑以下情况：该介入因素是不是由最初的实行行为所必然引起的；是不是常常伴随该实行行为而发生的；是否存在几乎不发生的情况；是不是和实行行为完全无关地发生。

（3）介入因素对结果发生的影响力大小。影响力大的，实行行为和最后结果之间的因果关系不存在；反之，因果关系存在。

值得注意的是，如果最初的实行行为特别危险，例如，有使被害人生命随时可能丧失的危险，后来介入的暴力行为只是使被害人的死期稍微提前，虽然从表面上看是后来的介入行为导致被害人死亡，但也应当将死亡结果归责于最初的实行行为，介入因素的异常性、影响力都可以被忽略。

需要认真斟酌介入因素问题的情形限于：实行行为的危险性很小，介入因素异常且对结果发生的影响力很大（例如介入他人的故意射杀）的，才能将就结果归责于介入因素。在实行行为和介入因素哪一个对于结果的影响力更大难以判明时，需要特别考虑介入因素的异常性与贡献度。“对于相应的结果来说，相当性程度很低的第三人的行为，由于对‘行为之危险的现实化’几乎没什么影响，在对其判断之际就是不重要的……并非在因果经过中所有的介入事情对因果关系的判断来说都是重要的，从对于结果的相关度（对于结果的‘贡献’度）的观点来看，只有重要的介入因素才对因果关系的判断具有影响。”①

依上述标准分析，在甲欲杀乙，在山崖边对乙砍了5刀，乙重伤昏迷，甲以为乙已经死亡，遂离去，但乙自己苏醒过来后，刚迈了两步即跌下山崖摔死一案中，虽然介入了被害人自己的行为，但犯罪发生的场所特殊，甲的实行行为较为凶残，危险性大，介入因素的出现不异常，实行行为对死亡结果发生具有决定性，所以，甲的实行行为和乙的最终死亡之间有因果关系，其应成立故意杀人罪既遂。

在甲欲杀乙，在河边对乙猛砍数刀，乙重伤昏迷，甲以为乙已经死亡，遂将其扔到河里，然后离去，两个小时以后，乙被溺死的案件中，伤害行为是实行行为，后来介入的行为人的新行为（抛弃被害人），与前面的实行行为应该作为一个整体看待，是实行行为的自然延伸，行为人自然应当对最终的死亡后果负责。②

在介入第三人行为的案例中，情况稍微复杂一些。例如，甲坐公共汽车从某市的A地到B地。因上下班高峰期汽车拥挤，甲在车上只得一直站在车门口。汽车行驶过程中，售票员乙叫甲往车厢里挤，便于其他乘客上下车。甲坚决不从，二人发生激烈争吵。后来，司机丙大声斥责甲，甲觉得自己受了侮辱，快步上前用脚猛踢司机的后背，司机丙返身打甲，甲躲闪。在此过程中，汽车失控，导致骑自行车的行人丁被轧死。甲的行为和丁的死亡之间有无因果关系？

应该认为，甲的行为和丁的死亡之间介入了司机的行为，但是这不会造成因果关系的中断，甲的行为和危害结果之间的因果关系也应当被肯定，甲应当承担交通肇事的刑事责任。理由在于：个人的人身在遭受暴力侵害后，必然会有所反应，作出相应的反抗举动。甲猛踢司机后背，司机通常而言会有相应行动。而如果司机不全神贯注地驾驶，事故发生的可能性就高，所以，甲的行为导致交通事故的发生概率较高；介入因素（司机的反抗以及操作失误）并不异常；介入因素对结果发生有一定影响，但是，实行行为对最后结果的发生也有很大影响，至少可以认为甲和司机丙的行为对丁的死亡具有同等影响力。

---

① ［日］山口厚：《从新判例看刑法》（第3版），付立庆等译，12页，北京，中国人民大学出版社，2019。

② 本案也是对因果关系认识错误的典型例子。

在甲重伤乙，乙住院时遇地震死亡的案件中，介入了自然力的因素。但自然界的变化，是一种异常现象。地震的出现，是对乙死亡后果具有决定性影响的介入因素，使甲最初的伤害行为和乙死亡之间不再具有因果关系。

3. 相当因果关系说的不足

相当因果关系说的实质，并不是以决定结果的“原因力”的条件范围为关注点，而是确定在刑法上要把“账算到谁头上”、把结果归属于谁的“可归责性”，或者说把结果看成是谁的“杰作”的问题，所以，在逻辑上属于对结果责任范围的判断，而不是传统意义上的因果理论。例如，A驾车超速行驶造成B重伤，医生C手术失误，或者护士D打错针药导致B死亡的，按照条件说，如果A不实施过失行为就不会导致B受伤，B后来当然就不会死在医院，这是事实判断问题。但仅仅根据条件说得出这一结论，无助于问题的最终解决，将死亡结果归属于已然无法有效操控事件后续进程的A似乎也不公平。在这里，更为重要的是：交通运输管理法规的任务仅仅是禁止交通参与者因为违反注意义务的行为本身造成死伤，还是包括避免第三人（医生或者护士）造成的法益风险？这就涉及规范评价问题。所以，相当因果关系说处理难题的方法论，与客观归责论可以说只有一纸之隔。

但是，相当因果关系说不能替代客观归责论，完全按照相当因果关系说来确定结果归属存在诸多缺陷：

（1）规范判断程度不高。相当性说是从经验判断的角度，把行为和结果当作自然现象来观察，以确定行为和结果之间存在前因后果的关系的，“依然维持着事实的、存在论的性质”①。对此，许玉秀教授更进一步指出，相当性说所提供的标准和价值判断依据除所谓的“物理法则”之外，基本没有其他内容。换言之，相当性说的标准就是物理常识，例如，以枪击太阳穴、以刀刺心脏、以绳子勒颈部皆足以致死。将因果关系等同于物理的关系，是相当性说所设下的“长达一个世纪的骗局”②。当然，这样的思考方法，在绝大多数情况下并非不可靠，只不过对为数不少的有争议的案件，行为人是否要对结果负责，需要采取价值判断的方法，进一步确认客观上是否能够对行为人进行归责，以决定既遂犯的成立与否。例如，高尔夫球手甲在练习击球过程中，将高尔夫球打到远处的球童乙身上，导致其重伤的，无论从条件说还是从相当性说出发，都能够得出因果关系存在、能够进行归责的结论。但是，从客观归责的角度看，因为无法从规范的层面只能要求甲安全击打而不能打偏，换言之，打偏所带来的伤害是社会所能够接受的风险；甲无法掌控因果流程，因此，其并未制造法和社会所不允许的风险，即便从事实的角度看有结果发生，也不能归责于行为人，构成要件该当性不具备。因此，客观归责论和相当性说之间在规范判断程度上，在对归责范围的限定上都存在差别，相当性说的经验判断和条件说的事实判断之间存在极其紧密的关系。但是，条件说的事实判断对归责约束极其有限。

此外，相当性说因为在规范评价时夹杂大量事实判断的内容，因而与条件说的“因果关系中断说”（超越因果关系理论）很容易混淆，许多坚持因果关系中断说的学者在分析具体问题时，所使用的方法论是客观相当性说。条件说的“因果关系中断说”（超越因果关系理论）认为，在行为事实出现后，其所造成的影响并未持续到结果发生时，而是由单独的、偶然的、快速地发生的行为造成最终结果的，最初的行为和结果之间没有因果关系。这是条件说的立场。但是，“因被害人或者其他外力介入而导致因果偏异的情形，有些相当理论的拥护者借用发展自条件理论的‘因果关系中断’概念来否定其因果关系。”③ 但这在方法论上明显存

---

① 陈子平：《刑法总论》，3版，165页，台北，元照出版有限公司，2015。

② 许玉秀：《当代刑法思潮》，457页，北京，中国民主法制出版社，2005。

③ 林钰雄：《新刑法总则》，122页，北京，中国人民大学出版社，2009。

在问题。

（2）缺乏判断构成要件行为的具体规则。相当性说在讨论介入因素的第一步判断中，直接将某些行为抽象评价为实行行为，使之实质化，然而缺乏判断实行行为的具体规则，在方法论上存在问题。由此带来两个问题：一方面，虽然相当性说将作为条件的某些行为舍弃，将某些行为作为实行行为看待，这样的思考方法通常不会出错，但可能将某些不重要的行为“挑选”为实行行为；同时，在多个实行行为并存的情形下有所遗漏。另一方面，在我国刑法学通说中，对实行行为的讨论，放在着手及未遂（犯罪的未完成形态）这样的理论构架中讨论，使作为因果关系起点的实行行为在“构成要件符合性判断”的理论体系中没有位置，在犯罪论体系构建上难言妥当和完美。

而客观归责理论正是提出了“制造法益风险”的判断标准，从而得出将危险性极低的身体举动（条件），不作为实行行为看待，不能进行归责的结论。例如，打雷天令人外出劳动，后者恰好被雷电击死；或者医生未经慎重考虑就告诉女病人，他怀疑其患有癌症，因此致使该女病人患上了精神病，都根据一定规则，不认为其是制造法益风险的行为，自然就不能客观归责。因此，构成要件行为这一概念在客观归责的理论构造中极其重要，在对行为是否制造法益风险进行肯定性判断之后，就可以得出构成要件行为存在的结论。但是，在相当性说中，虽然将实行行为是否存在作为不言自明的真理性结论看待，但是，根据什么规则来确定存在作为因果关系起点的实行行为则语焉不详，所以，只能在讨论“着手实行”时加以分析，从而在体系性安排时将重要问题后置。

（3）忽略犯罪成立条件判断上的位阶性。相当性说将原本在构成要件该当性判断阶段要处理的难题“后移”，在理论构造上多多少少有些“不负责任”。客观归责理论可以妥善处理的危险降低行为、规范保护目的、被害人自我答责等问题，在相当性说中即便有所涉及，也解决得不太好。因此，相当性说提出了理论上的替代方案，例如，在行为降低法益风险的场合，用紧急避险理论来解释或否定帮助犯的成立；行为在注意规范的保护目的之外的，否定犯罪的过失；被害人自我答责的情形下，承认被害人的（准）承诺。但是，在根据客观归责理论不能归责的场合，构成要件不符合、违法阻却事由、过失、共犯这样的问题原本就不需要再讨论。所以，从刑法方法论上讲，在思维判断的第一阶段就能够否定，也必须加以否定的事实，不需要推迟到违法性判断或者责任判断中去否定。强调这一点，具有以下意义：首先，有助于保障人权，让行为人尽早摆脱针对结果责任的司法判断程序和追究程序。其次，构成要件、违法和责任的侧重点不同，承担的使命不同，三者之间在司法判断上具有递进性质，当构成要件被否定时，对违法性和责任的判断即不需要。再次，避免不必要的反复检验，符合判断经济性的要求。最后，在进行客观归责判断，得出具有构成要件该当性结论的前提下，才需要进行违法性或者责任的判断，而不是相反。换言之，在客观归责论中，能够做到“上帝的归上帝，恺撒的归恺撒”。但是，相当性说实际上是将原本应该在构成要件符合性判断中要解决的问题，留待后一判断过程解决，是将“上帝”的归了“恺撒”，在方法论上有根本的错误。

（4）对部分案件的处理没有考虑刑事政策的要求。

其一，许乃曼教授指出，相当性说对因果关联异常的情形认为不具有相当性，从而剔除不相当的因果流程，但是，实践中大量存在因果流程在社会观念上“相当”但不能将结果归属于行为人的情形；同时，相当性说也无法解决一个远在行为影响范围之外，完全具有相当性的、遥远的因果关系的案例，例如，获知车祸受害人重伤的近亲因激动而死亡的，或者有后遗症的，或者被害人在感染艾滋病几年之后死亡的，“这些都是先前侵害所造成完全相当的结果。但是所有的后续发展的结果都远超乎原先加害行为的影响范围，而且这些后续结果也不是原先加害人以特殊的方式用其行为施予一定的操纵所能够影响的，所以如果因为还发生了后遗症和后续损害，因而对原先加害人加重处罚，这在刑事政策上是无意义的”①。

其二，利用相当性说处理某些案件，还可能得出不合理的结论。例如，依照客观归责论，降低危险（例如，为防止他人死亡而将其推倒，致其重伤的），是制造一个允许的危险，等于没有制造危险，对其进行归责在刑事政策上是荒谬的。但按照相当性说会认为具有相当性，只能在违法性判断上寻找不处罚的理由（如紧急避险），这使判断不经济。

其三，对于遵守交通规则驾驶却发生车祸的情形，相当性说会肯定其相当性，从而得出应归责的结论。但按照客观归责理论，即使可以肯定相当性，也因为行为并未违反禁止规范，而不能将其纳入归责的考虑范畴，其行为通常也不产生作为义务。②

（三）不作为犯的因果关系

从形式上看，不作为犯没有任何身体动作，因此，无中不能生有，不作为犯似乎不存在因果关系。但是，不作为犯具有实行行为性，在危害结果发生的场合，不承认不作为行为与危害结果之间的因果关系，难以自圆其说。

如果认为在社会观念上可以承认，没有不作为行为人的不作为，就不会有危害后果，不作为犯的条件关系就是成立的。因为不作为本身作为一种社会存在，是经过刑法学评价的规范观念，因果关系也是刑法学上在实行行为和危害结果之间所预设的规范联系，不作为犯的因果关系自然也带有规范上假定的关系：如果行为人履行特定义务，结果“十之八九”不会发生；正是因为行为人没有履行其应当履行的义务，所以发生了危害后果。由此一来，不作为犯符合“无 A，就无 B”的条件关系公式，因果关系的成立就是不难理解的。例如，根据刑法第 416 条第 1 款的规定，对被拐卖、绑架的妇女、儿童负有解救职责的国家机关工作人员，在接到被拐卖、绑架的妇女、儿童及其家属的解救要求或者接到其他人的举报时，如果对被拐卖、绑架的妇女、儿童进行解救，“十之八九”就不会造成严重后果，此时，就能够认定不解救行为与危害结果之间存在因果关系，不履行解救职责的行为人就可以成立不解救被拐卖、绑架妇女、儿童罪。有学者指出，“十之八九”的说法是一种语言上的修辞，成为问题的是结果回避可能性是否为“超出了合理怀疑程度的确定的事情”。这样，在即使是实施了所期待的作为也不能避免结果发生的场合，就应该否定因为发生了结果而成立犯罪。③ 例如，在交通肇事后逃逸的场合，如果事后查明，即便行为人将被害人及时送医，被害人因为其伤情太重也无法救治，就难以认定被告人成立交通肇事后逃逸致人死亡。

（四）结果加重犯的因果关系

在结果加重犯的场合，因果关系是否存在需要进行专门的判断。在加重结果不能归责于行为人，与行为无关时，不成立结果加重犯。对行为和加重结果之间因果关系的判断，需要根据相当因果关系说进行，考虑按照一般的社会生活经验，该行为是否通常可能导致加重结果的发生。实施一定的行为，经验上存在导致加重结果的可能性的，结果加重犯的因果关系存在。在实施基本行为之后，有以下情形的，都不能认为存在这种联系：(1) 被害人自杀、自残或自身重大过错导致死亡；(2) 行为人有新的违法行为导致结果发生；(3) 其他人过错程度较高的行为（例如，医生的重大失误、解救人质时警方的重大失误等）介入的。例如，张某故意伤害李某，并致其重伤，李某在医院接受治疗时，医生手术时有一定失误，导致李某因伤口感染而死

---

① ［德］许乃曼：《关于客观归责》，陈志辉译，载许玉秀、陈志辉合编：《不移不惑献身法与正义——Schünemann 教授刑事法论文选辑》，551 页，台北，新学林出版股份有限公司，2006。

② 参见于改之、吴玉萍：《刑法中的客观归责理论》，载《法律科学》，2007 (3)。

③ 参见［日］山口厚：《刑法总论》(第 3 版)，付立庆译，78 页，北京，中国人民大学出版社，2018。

亡，张某是否需要对李某的死亡结果负责？

如果张某重伤李某后，医生在抢救时存在重大失误，在经验上就可能认为是医生的失误这一介入因素导致死亡结果发生，张某的行为和死亡结果之间不存在因果关系，张某只应负故意伤害（致人重伤）罪的责任。但是，如果医生治疗失误很小，李某之所以伤口感染，是因为张某下手太重，该伤害行为本身存在导致加重结果的可能性，根据相当因果关系就可以认定结果加重犯的因果关系存在，张某应当构成故意伤害（致人死亡）罪。

在共犯的场合，由某些犯罪人造成的加重结果，是否需要其他犯罪人承担，也是与结果加重犯的共犯有关的问题。例如，甲入室抢劫，乙按照甲的安排在室外望风。甲在翻入被害人H家里后，发现H及其妻子S均在家里，甲在主卧室压制S的反抗后，到处搜寻财物。甲在H使用暴力过程中，遇H反抗并大声呼救，甲即将H砍死。事后，甲、乙二人携带赃物仓皇逃离，甲对乙隐瞒杀人的事实。乙是否要对H的死亡承担刑事责任？

甲的行为和H的死亡之间明显存在因果关系，属于抢劫致人死亡，成立抢劫罪的结果加重犯，这是没有疑义的。乙即使没有亲自下手杀死H，也需要对H的死亡承担刑事责任，因为乙的帮助行为和死亡结果之间存在因果关系。因为抢劫是暴力程度很高的行为，帮助犯乙为使他人的抢劫进行得更为顺利而望风，是帮助他人实施重罪。在共同抢劫的场合，实行犯遇到被害人反抗时，对被害人使用杀伤程度的极端暴力，并不是异常情况，而是经验上通常会出现的结果，所以，乙为甲抢劫实施的帮助行为，对于死亡结果的出现而言，存在相当因果关系，乙需要对死亡结果负责。附带提及，从主观上看，乙对实行犯甲在实施抢劫这种重罪过程中可能实施暴力程度最高的杀害行为，是具有预见可能性的。所以，乙对H的死亡至少具有过失。甲事后故意对乙隐瞒杀人的事实，对于乙成立抢劫罪的结果加重犯没有任何影响。

二、客观归责论

相当因果关系说根据一般经验确定引起何种结果的条件是原因，所提供的标准和价值判断依据是比较含糊的，不容易在司法中得到实际的运用。有学者指出：相当因果关系说既不严谨，也很受局限。说它不严谨，是因为在实践中往往无法确定什么是“一般的经验”，例如伤害行为能否引起死亡，取决于各种根本就不可能是“一般的”情况。同样的伤害，一个可能发生在根本就无法采取任何抗感染措施的地方，另一个则可能发生在设备完善的医院；受伤的对象既可能是一个易受感染的体质虚弱者，也可能是一个抵抗力特别强的健壮成人。说它受局限，是因为它不可能适用于那些了解特定情况而实施故意犯罪的情况。例如，行为人在明知被害人患有血友病，只要受轻微伤害就可能死亡的情况下，故意对被害人造成轻伤，并使被害人死亡。按照相当因果关系说，就只能排除行为人故意杀人的责任，因为在“一般情况下”，他对被害人造成的轻伤根本就不可能引起被害人死亡。① 这种批评应该说有相当的道理。

针对相当因果关系说的上述缺陷，同时考虑到在刑法学中研究因果关系并不仅仅是出于经验判断的需要，在条件说这种事实因果关系理论之外，出于规范判断（价值判断）的需要，以及指导社会成员如何行动的需要，客观归责论这种法律因果关系理论得以产生。

（一）客观归责的一般理论

客观归责的理论基础是从刑法规范中推导出来的认识：只有当行为危害了被保护的行为客体，且符合构成要件的结果中的危险被实现，由人的行为所造成的结果才可能有客观归责问

---

① 参见［意］杜里奥·帕多瓦尼：《意大利刑法学原理》，注评版，陈忠林译，118页，北京，中国人民大学出版社，2004。

题。根据这一理论，可以归责于一个行为的结果，只能是这一行为给保护对象造成了法律禁止的危险，并使这一危险实现在作为构成要件的结果之中。客观归责理论的实质是根据刑法的需要，来限制因果关系的成立范围。

客观归责理论试图根据刑法的需要来限制因果关系的存在范围，将刑法中的原因行为归结为对被保护法益"危险的增加"，是结果的客观归责的前提。这种风险的增加因一系列导致危害后果发生的事件而具体化，并在结果发生时达到顶峰。

客观归责的理论基础是禁止的危险，即在条件说的基础之上，当某一行为导致了一个使具体结果发生的禁止的危险，而非允许的危险，或者制造的禁止的危险提高了行为对象已经面临的危险的程度，或者通过制造另外一个危险来代替原来存在的危险，并最终使禁止的危险具体地实现，产生了结果，则该结果可以归咎于该行为。例如，欧洲某毛笔制造工厂老板将一些中国山羊毛笔交给女工加工，根据规定，加工这些毛笔必须消毒，但老板没有这么做，4 个女工因为感染炭疽杆菌而死亡。事后发现，即使使用所规定的消毒剂消毒，仍然无法杀死在当时欧洲并不曾有过的炭疽杆菌病毒。因为行为人应该履行的义务是无效的义务，因此虽然违反义务而制造了危险，但由于该危险在当时的条件下无法发现，要维持工业社会的发展，就必须允许这样的危险，所以该危险谈不上不被允许。当然，如果老板故意致使女工受感染死亡，可能成立故意杀人罪；如仅出于过失，则完全不可进行客观归责。①

（二）客观归责理论的运用

从正向思考的角度看，客观归责理论建立了三个递进式的、相对完善的判断规则。第一层次：制造风险——考察行为是否制造不被容许的危险。"在具体的结果上，基于一个构成要件相当性的因果流程，所实现的必须恰恰是行为人举止的'违反义务性'，易言之即所实现的法律上所反对的那个危险，该危险是因为行为人对谨慎义务的违反而被造成或者提高，依照相关规范的保护目的该危险之产生正是应该注意避免的。"② 第二层次：实现风险——判断危险行为实现不被允许的危险（导致结果发生），即危险行为与结果的发生是否存在常态关联，结果对最初的实行行为而言是不是通常的、行为是否明显升高了风险。第三层次：构成要件的效力范围——判断事件是否在构成要件的效力范围之内，需要思考：参与他人故意的危险行为是否可以归责？同意他人造成危险时，是被害人自我答责还是应当将结果归责于行为人？在属于专业人员独立负责的领域，应该如何进行归责？③

1. 基于客观归责论的正向检验

从正向检验的角度看，行为制造了法律上重要的风险，该危险和具体结果发生之间存在通常的风险关联的，能够进行结果归责。这一正向检验归责，在即便有介入因素的情形下也可以适用。这里以"放弃治疗"这类案件为例进行分析。甲交通肇事将乙撞倒，致其右股骨干骨折、头部开放性损伤等。在被害人乙出现意识障碍之后，医生告知家属被害人乙的伤情很重，救活的可能性很小。家属因无钱支付医疗费用，便把被害人接回家中后，乙很快死亡。经鉴定乙符合突发急性心肌梗死导致急性心功能衰竭死亡，车祸外伤可构成其死亡的诱发因素。在本案中，甲的交通肇事行为和乙死亡之间介入了家属放弃治疗的行为。（1）从形式上看，被害人的死因是心肌梗死，交通肇事只是死亡的诱因。此时，能否认定甲违反交通运输管理法规，发生重大交通事故构成交通肇事罪？与此大致相同的案件还有：被他人故意伤害，或接受美容治

① 参见许玉秀：《主观与客观之间》，260 页，台北，作者自版，1997。

② ［德］约翰内斯·韦塞尔斯：《德国刑法总论》，李昌珂译，396 页，北京，法律出版社，2008。

③ 参见［德］克劳斯·罗克辛：《德国刑法学总论》（第 1 卷），王世洲译，247 页以下，北京，法律出版社，2005。

疗、非法行医后致伤的被害人送医后病情恶化，家属将被害人接回家中，后来其死亡的等。在放弃治疗案件中，需要判断行为是否制造了法所反对的危险。从上述案例看，可以认为，交通肇事、故意伤害他人，提供美容治疗、非法行医服务的行为人对他人的身体健康造成损害，制造了一个法所不允许的风险。在此基础上，还需要进一步判断结果是不是由最初的实行行为实质地导致的，行为是不是能够导致死亡结果，或者说死亡结果是否属于行为危险的现实化。一般而言，介入因素异常的，结果通常不能让最初的行为人“背锅”，难以进行结果归责。但是，也需要注意，有时候虽然介入因素看起来比较异常，但由于最初的行为特别危险、“下手很重”，该行为一着手实施就基本注定了结果的，即便存在一定的介入因素，也应该肯定最初的行为要对最终结果负责。也就是说，异常的介入因素并不使危险行为和最终结果之间的关系被中断。例如，甲故意杀害乙未遂，其以为乙已经死亡，在离开现场后要丙去处理乙的尸体，同样认为乙已经死亡的丙对准乙的“尸体”补了一枪，乙最终死亡的，甲故意杀人行为和乙死亡之间，介入了接受指令去处理尸体的丙故意开枪的异常行为，但该行为由甲的行为所引发，甲的行为对死亡结果持续产生影响力，因此，认定甲构成故意杀人罪既遂应该不存在障碍。对此，有学者认为，实行行为的危险对结果的原因力较大的，意味着介入因素只是对因果流程进行了修正，并未使法益状态发生实质恶化，将结果归属于实行行为而非介入因素就是合适的。[①] 因此，死亡结果是伤害行为所导致的风险的现实化，即便存在异常的介入因素，结果也应当由行为人负责。在各种放弃治疗案件中，行为人导致被害人受伤以后，虽然其行为已经完成，但是，其所造成的伤害处于持续状态，死亡结果在伤害行为的危害射程之内，家属放弃治疗并未中断也未独立介入行为人最初的伤害行为与死亡结果之间的因果关系。虽家属在无钱治疗时，把被害人接出医院放弃治疗，但其仍然可能采取措施对被害人进行合理的照顾，不可能实施遗弃行为。(2) 从客观来看，家属将被害人从医院接出，没有增加行为人之前已经造成的危险，难以认为家属对被害人死亡的因果流程有实质影响。被害人之所以死亡，还是因为之前受伤太重，而不是因为介入了被害人家属的不救助行为。因此，在判断因果关系时要考虑危害行为对结果的实质影响力、决定性作用。

2. 基于客观归责论的逆向检验

从逆向思考的角度看，根据客观归责理论，行为符合以下情形的，不能进行客观上的归责[②]：

第一，客观上不存在可证实的或者法律上有意义的重要危险。例如，甲希望乙遭受严重灾祸死亡，而劝说其外出旅游，结果乙被突然发生的海啸卷走而摔死。由于灾难的发生过于偶然，甲的行为与乙死亡之间的因果关系被排除。但是，行为人 A 故意捏造 B 的近亲属死亡的消息并告知 B，如果他估计到这样做可能引起患有心脏病的受害人 B 死亡，就可以认为 A 制造了在法律上具有重要意义的且被禁止的危险。

第二，在行为人造成的危险和具体结果发生的方式之间，不存在通常的风险关系（行为与结果之间的异常关联性）。例如，打伤他人，受害人在住院治疗期间遇火灾死亡；故意杀人未遂的受伤害者在他不能离开的现场被雷电击毙，都属于这种情况。

第三，其他可以选择的行为具有同样的风险。在过失情况下，因违反注意义务的行为所造成的结果，而即使不违反注意义务而行为，同样不可能完全避免出现这种结果的，不能进行客观归责。例如，玩了一夜麻将的司机 A 因过于疲劳，驾驶面包车在高速公路上突然停车睡觉，

---

① 参见蒋太珂：《因果力比较在结果归责中的功能》，载《比较法研究》，2020 (3)。

② 更为详尽的分析，请参见［德］汉斯·海因里希·耶赛克、托马斯·魏根特：《德国刑法教科书》，上册，徐久生译，390～392 页，北京，中国法制出版社，2017。

路过的以130公里/小时超速行驶的另一大货车司机B急忙刹车，仍然发生了相撞事故，并导致A及同车的C、D、E共4人死亡。但是，如果B以低于限速的80公里/小时的速度行驶，由于A停车过于突然，B还是很可能会撞死A等4人，就可以排除B的行为与被害人死亡之间的因果关系。又如，病人如不注射抗生素药物，伤口必然感染并最终死亡。医生甲在知道病人乙对青霉素过敏的情况下，为乙注射了青霉素，结果是造成了病人的死亡。如果能够确定注射同样剂量的另外一种抗生素药物庆大霉素病人也必死无疑的话，就可以排除医生的行为与病人死亡之间的因果关系。再如，卡车司机甲未保持安全距离，而超越一辆自行车，车间距离只有75厘米。在超车时，原本已经酩酊大醉的骑自行车者乙因为醉得厉害而瞬间向左闪，以至于跌落于车后轮底下被车碾过。事后确定，即使司机审慎地履行注意义务，保持安全距离，以乙酩酊大醉的程度，车祸仍然可能发生①，那么，对于司机就不能进行客观归责。

第四，行为可以降低法益风险。由于减少损害不会是对受保护的行为客体的被法律禁止的损害，所以不能进行客观归责。例如，甲眼见乙要被丙捅伤，而将乙猛推倒地，致其受伤。这种行为虽然是结果发生的原因，但显然是合法的防卫性救助行为，甲不具有客观上的责任。

与此相反的是风险升高问题。该理论认为，假设遵守规则就“很有可能”不发生结果，那么，不遵守规范就会导致法益风险升高，就可以认定行为人制造而且实现了法所反对的风险。如果遵守规范，可以降低结果发生概率的话，那么，违反义务规范的行为与现实发生的结果之间就有客观归责的可能性。这种主张的立足点在于：没有理由对逾越可容忍的风险的行为人免除其对危险举止所应承担的（客观）责任。② 不过，刑法学的主流观点对于风险升高理论持质疑、反对态度，认为其限制了存疑有利于被告人原则的适用范围，如果事后不能够以近乎肯定的高度可能性确定一旦行为人谨慎地实施合法行为就能够避免结果，就不存在“义务违反关联”，就不能进行结果归属。③ “如果案件事实情况的说明上存在疑义，则不得给被告人课加负担。行为人因超过限速而实施的不被容许的举止，可以作为违反秩序（的行为）加以处罚。而只能在能够没有疑义地确定死亡结果是源于行为人违反谨慎义务，换言之，出现该死亡结果，肯定没有办法用行为人合乎谨慎的举止来解释之时，才可以采用比违反秩序更进一步的刑事责难，同时，刑事责难才具有正当性。”④

第五，被害人自愿和负完全责任的行为导致后果的，不能够进行客观归责。在这种情况下所导致的所有后果，都需要由被害人自己承担，这就是被害人自我答责的法理。

被害人自我答责包括以下两种情形：

（1）参与他人基于故意的自我危害行为。此时，如果被害人的自我危害行为未违背其真实意思，就不应限制其自由或自我决定权，参与人的行为就不在构成要件的效力范围内，结果就不应归责于参与人。例如，甲、乙相约去“飙车”，甲车侧翻，甲由此死亡的，该死亡结果不能归责于乙；甲给长期吸毒的乙提供毒品，乙注射后死亡的，该死亡结果由乙自行负责；甲对乙家放火，已经逃出火海的乙为抢救存折返回家中被烧死的，该结果也不能归责于甲；甲决心自杀而要乙购买毒药的，甲死亡的结果不需要乙负责。

（2）对他人危险行为的接受。例如，乘客甲抢夺方向盘导致公交车失控，甲身受重伤的，不能对司机以交通肇事罪追究责任；夫妻吵架后，丈夫甲为赌气深夜躺在室外光线昏暗的马路

---

① 参见许玉秀：《主观与客观之间》，263页，台北，作者自版，1997。

② 参见［德］克劳斯·罗克辛：《德国刑法学总论》（第1卷），王世洲译，253页，北京，法律出版社，2005；许玉秀：《当代刑法思潮》，411页，北京，中国民主法制出版社，2005。

③ 参见车浩：《假定因果关系、结果避免可能性与客观归责》，载《法学研究》，2009（5）。

④ ［德］金德霍伊泽尔：《刑法总论教科书》，蔡桂生译，338页，北京，北京大学出版社，2015。

上，正常行驶的汽车将其撞死的，死亡结果由甲自己负责；甲因为急于到达河对岸，而在暴雨涨水的天气令船工违章冒险作业，甲最终死亡的，该结果不能归责于船工。对他人危险行为的接受，等于同意他人造成危险，其与阻却违法的被害人承诺不同。在被害人承诺的场合，其对结果有认识并愿意接受。但是，在同意他人造成危险的场合，被害人并不希望结果发生，期待有利于自己的结果。被害人接受他人的危险行为时，如果需要被害人自我答责，就应当满足以下条件：损害必须是被害人接受风险的结果，而非其他附加错误的结果；承受危险的人与造成危险的人对危险有相同程度的认识，从而应对自己的行为负责。

第六，结果在规范保护目的之外。虽然行为人违反注意义务并产生结果，但结果在行为所侵害的规范的保护范围之外的，不能进行归责。这就是规范保护目的论。① 规范保护目的论可以合理限定过失犯的成立范围，即只有当行为人违反了规范保护目的，进而导致损害结果发生时，其行为才能成立过失犯。因此，规范保护目的是客观归责论中判断是否实现法所不允许的风险的标准。例如，A违章驾车导致撞车，汽车的猛烈撞击声把路旁的行人B吓死，A是否承担刑事责任？C违章超车，导致旁边车道的驾驶者D心脏病发作死亡，能否对C进行客观归责？E在漆黑的夜晚骑着照明设备损坏的摩托车，在同样驾驶摩托车的F后面行驶，F的摩托车撞上在前面行走的G，并致其受重伤，能否要求E对G的重伤负责？

按照规范保护目的论，只有在危害结果与规范保护目的有关联性时，才能将结果归责于行为人。制定交通运输管理法规的目的，是确保汽车正常通行，不至于在行驶过程中撞向行人或其他车辆，避免发生交通事故。第三人因为汽车故障或者撞击死伤的，应当运用交通运输管理法规追究驾驶者的过失责任。但是，被害人不是因为交通事故本身死伤的，不在交通运输管理法规的保护目的之内。B、D的死亡本身不是交通运输管理法规意欲避免的结果，也不是行为人需要避免的结果，因此，不能对A、C进行客观归责。此外，虽然当时骑在F后面的E如果使用照明设备，该事故就可以被避免，但是，交通运输管理法规要求摩托车安装照明设备，是为了避免驾驶者本人的车辆因为视线不良而发生事故，而不在于防止在道路上通行的其他驾驶者发生车祸，因此，F、G之交通事故的发生，不在规范保护目的范围内，难以对E进行归责。

（三）客观归责理论的方法论意义

因果关系的判断，是用较为直观的认知方法，把行为和结果视作自然现象加以考察，以确定行为和结果之间的“前因后果”。但是，判断行为人在客观上是否要对其所引起的结果负责，应当在条件说的基础上，进一步采取价值判断、规范评价的方法，以确认能否实现客观归责。相当因果关系说试图在价值判断和规范评价方面为这种归责提供标准，但是，其确实存在力不从心之处，且只是客观归责的标准之一，只能发挥客观归责论的部分判断功能，无法取代客观归责的其他下位规则②，由客观归责论全面取代相当因果关系说就是情理之中的事情。因此，在犯罪客观要件的判断上，条件说中的因果关系理论和客观归责理论并行不悖，但有先后次序，即先判断事实上的条件关系，再判断客观归责。③

客观归责理论的方法论意义主要体现在以下方面：

1. 用多重规则确保检验时没有遗漏

客观归责理论以条件说为基础，吸收了相当性说的部分判断标准，从而发展出系统的结果归责标准，因而具有其合理性。客观归责理论的逻辑是：在行为和结果之间存在条件联系的前提下，行为人针对行为客体制造法益风险，或者使风险升高，同时该风险在具体的事件发展历

① 参见［日］山中敬一：《刑法总论》，3版，260页，东京，成文堂，2015。
② 即便存在相当因果关系，但也不能进行客观归责的情形实际上不在少数。
③ 对此更为详尽的分析，请参见陈兴良：《教义刑法学》，3版，305页，北京，中国人民大学出版社，2017。

程中得到实现，结果由此发生的，才能归责于行为人。这一思维逻辑使对行为和结果之间的联系的判断更可靠，更经得起检验。

虽然客观归责理论和相当性说有很多相同之处，但是，相当性说毕竟难以穷尽所有对结果归责的情形。因此，无论是从理论精确化的要求，以及方法论的角度看，都有必要在事实判断（条件说）、部分的规范判断（相当因果关系说）之外，另外建构一套实质地评价行为与后果之关系的理论，用后者取代、包容相当因果关系说。

（1）客观归责理论的检验标准严格、实用。

检验标准是不是严格、真正有用，是检验某种因果关系理论是否具有合理性的重要指标。

相当性说根据一般经验确定引起何种结果的条件是原因，判断规则相对含糊、空洞，判断结论因人而异，不容易在司法中得到实际的运用。另外，在方法论上，原本就不应该存在以不变应万变、一劳永逸的相当因果关系理论。随着时代的发展，“相当性”的标准始终处于变化之中，在什么情况下发生何种结果，取决于各种极其具体的情况以及足够的判断材料，否则，依照一般的经验法则进行判断就完全是一句空话。因此，在我国刑法学中，重要的不是如何判断相当性，而是要建立系统的与容许的危险、产业活动、交通活动有关的归责体系，以避免相当因果关系说在方法论上的不足。

虽然相当性说主张对介入要素是否异常的判断必须和实行行为联系起来，考虑介入因素在多大程度上具有通常性，在作这种判断时，必须依次考虑以下情况——该介入因素是不是由最初的实行行为所必然引起的、是不是常常伴随该实行行为所发生的、是否存在几乎不发生的情况、是不是和实行行为完全无关地发生的，但是，这一标准每一项都是有待求证、极难确定的。

反观客观归责论，其检验标准虽然没有达到自然科学意义上的精确程度，但应该说比相当性说严格和明确一些，其最大的特色是提出了检验实行行为的标准，即从一种危险的实现和结果的造成中，推导出一个制造法所反对的风险的行为、构成要件行为的概念。这样，行为概念不再是形式上的，而从制造法所不允许的风险中得到实质的内涵，使客观归责论成为实质的构成要件理论。

（2）反复检验，而非相当性判断上的一次检验。

相当性说对行为和结果关联性的检验手段较为单一：有相当性就可以归责；没有相当性，就不能归责。一旦确定没有相当性，就不能再由其他辅助规则来进行判断；特别是在没有相当性的结论出错时，也缺乏其他规则来“纠错”。但是，客观归责理论可以用多个规则同时检验行为—结果的关联性，而且可以在第一个规则失效后，再用其他规则进行检验，以尽可能确保结论不出错。例如，甲明知乙争强好胜，就唆使乙参加摔跤比赛。作为裁判的甲故意改变抽签顺序，导致乙和最强的对手丙比赛，乙被丙摔成重伤。在乙住院期间，其仇人丁乘人之危，将乙杀害。甲对乙的重伤还是死亡负责，或者根本无须负责？对于本案，按照相当性说，至少可以得出乙重伤和甲的行为之间存在因果关系的结论。但是，如果按照客观归责论，可以先后按照被害人自我负责、没有制造法不允许的风险、第三人独立制造风险等规则反复检验，最终否定客观归责的存在，即甲既不需要对乙的重伤结果负责，更不需要对乙的死亡结果负责。从不同侧面检验客观归责能否实现，有助于确保结论的无争议性。

2. 建立正面判断和反向检验交互进行的检验标准

正如许乃曼教授所言，相当因果关系说只能对因果关联异常的情形进行处理，即对“不相当”有判断规则，对社会生活上“相当”但不能归责的情形，无法进行解释。换言之，相当因果关系说只有“反向”判断规则，即介入因素异常便不具有相当性。但是，仅仅进行反向检验可能有问题。例如，被A打成重伤的B在送到医院后感染细菌死亡的，相当因果关系说会认为，在医院里发生细菌感染不是异常现象，因而A的伤害行为和B死亡之间，具有相当性。这是从反面检验介入因素是否异常。但是，如果从正面看，在医院这种特殊的场所细菌感染是生活上可以容忍，也难以避免的风险，具有“社会相当性”，不能进行结果归责。所以，相当因果关系说对于结果虽与行为有关联，具有社会的相当性，但尚在社会能够接受和容忍的范围内时，难以进行合理解释。

在这里，还有一个需要特别注意的问题：相当因果关系说似乎建立了下位规则，但其下位规则中的因果关联异常性、介入因素贡献性这两个规则之间，存在一定的内在矛盾。相当因果关系说的检验标准一般认为，因果经过的经验上的通常性、异常性判断具有独立的、决定性的意义，这样的性质一旦不具备，就不能要求行为人对结果负责。[①] 但是，赞成相当因果关系说的山口厚教授对此提出异议，认为“完全可能存在这样的情形：尽管不能谓之为，历经通常的因果进程而发生了结果，但能够说，实行行为的危险性已经实际实现于结果”[②]。我认为，山口厚教授说得很有道理。但是，一方面，如果山口厚教授的观点成立，相当因果关系说中的“相当性”判断的内容要重新界定。一旦可以对相当性作出不同于“经验上的通常性”的界定，这样的相当因果关系说实际上可能已经是一种客观归责理论，而不是传统意义上的相当因果关系理论。另一方面，因果关联具有异常性、偶然性时，按照传统的相当因果关系说，相当性就不具备，不能对最先的行为人归责。但是，按照相当因果关系说下位规则的“贡献性”标准，在最初的实行行为使被害人生命随时可能丧失的情况下，后来介入的暴力行为只是使被害人的死期稍微提前的，虽然从表面来看是后来的介入行为导致被害人死亡，后来的介入因素也很异常，但也应当将死亡结果归属于最初的实行行为。换言之，从理论上，相当因果关系说是以因果过程的通常性为基准，罕见的因果流程不能认为有因果关系。但是，实务中则可能以行为对结果的贡献程度为中心而具体探究二者之间的关系。理论和实务明显采用两种不同的方法论，由此引发“相当因果关系说的危机”这一问题。[③] 例如，在日本的“大阪南港事件”中，被害人因被告人的暴行而被打昏在地，在被害人昏迷期间，偶然出现的第三人再次实施暴行而致其死亡。在本案中，第一暴行（被告人的暴行）已造成被害人颅内出血，这属于致命伤；第二暴行（第三人的暴行）也许因为加剧了颅内出血而稍微提前了被害人的死亡时间，法院认为被告人实施的第一暴行与死亡结果之间有因果关系，构成伤害致死罪。如果坚持相当因果关系说的原初含义，第三人介入是罕见的事实，应该认为实施第一暴行的人无须对死亡结果负责才对。但司法判决认为，行为对结果有决定性贡献，介入因素异常，但作用相对轻微的，可以肯定因果关系。这就是说，介入因素即便异常，但对结果发生贡献很小的，异常性标准也不再有用。这就架空或者说彻底改变了相当因果关系说的理论内核。

客观归责理论建立了正向的检验归责，即判断行为是否制造法所禁止的风险、是否使这样的风险最终实现、结果是否在构成要件效力范围之内。在这三项规则之下，还建立了一系列的下位规则。此外，客观归责理论还建立了“反向”检验规则，即行为符合以下情形的，不能进行客观归责[④]：（1）客观上不存在可证实的或者法律上有意义的重要危险。（2）其他可以选择

---

① 参见［日］井田良：《刑法总论的理论构造》，61页，东京，成文堂，2005。

② ［日］山口厚：《刑法总论》（第3版），付立庆译，58页，北京，中国人民大学出版社，2018。

③ 参见［日］山中敬一：《刑法总论》，3版，283页，东京，成文堂，2015；［日］西田典之著，［日］桥爪隆补订：《日本刑法总论》，3版，113页，东京，弘文堂，2019。

④ 更为详尽的分析，请参见［德］汉斯·海因里希·耶赛克、托马斯·魏根特：《德国刑法教科书》，上册，徐久生译，390页以下，北京，中国法制出版社，2017。

的行为具有同样的风险。在过失情况下，因违反注意义务的行为所造成的结果，即使不违反注意义务而为，同样不可能完全避免出现这种结果的可能性的，不能进行客观归责。(3) 行为可以降低法益风险。由于减少损害不是对受保护的行为客体制造被法律禁止的损害，所以不能进行客观归责，等等。而对这些情形，相当因果关系说都不能提供合理的解决方案。所以，建立客观归责理论，进而讨论与相当因果关系说有关的问题，以及该理论无法解决的问题，在我国刑法学上，是一个有待解决的问题。

3. 展示积极一般预防的刑罚效果

客观归责理论和积极的一般预防论的关系是：一方面，客观归责理论有助于实现积极的一般预防。将某种结果归属于构成要件行为，说明行为规范、禁止规范的效力是存在的，是不可动摇的，该规范是用来防止结果发生的合适措施。通过这种客观归责可以促使民众认识规范的价值，防止其他人以类似的行为举止造成结果，从而实现一般预防。另一方面，积极的一般预防说明客观归责的合理性、正当性。换言之，积极的一般预防能够证明因结果发生而加重行为人的刑罚，使之对既遂结果负责的合理性。如果不能实现一般预防，建立行为和结果之间的类型化关系，刑法上的归责就可能因人而异，对结果的客观归责成了责任主义意义上的“主观归责”，其意义就大为下降。对此，许乃曼指出：“在刑法中所涉及的是透过禁止规范的一般预防效力来防止侵害。所以只有当结果归责本身能够放入一般预防的效力装置（Wirkungsmechanismus）时，刑法上的结果归责在刑事政策上才有其意义……如果禁止规范对于结果的发生不是有用的工具，那么基于侵害禁止规范而启动刑法对结果加以处罚（也就是说，归责给违反禁止规范的行为人，视为他的杰作）也就没有意义。”①

如果考虑积极的一般预防和客观归责的关系，那么，A 造成 B 伤害后，被害人 B 在医院感染细菌死亡的，将结果归属于 A 就明显不合适。禁止伤害的规范，不能达到防止他人在医院感染细菌死亡的一般预防目的，因为医院存在细菌是高概率的情形，病人在医院感染细菌是生活上存在的风险。再比如，近亲获知车祸受害人重伤后因激动而死亡的，以及在感染艾滋病几年之后死亡的，都不能进行客观归责，因为在进行刑法制裁时如果考虑这些结果，都难以达到一般预防的效果。

在这里，自然会涉及行为规范和制裁规范之间的关系。客观归责中所涉及的规范是行为规范。符合构成要件的行为是违反规范的行为，这样的规范必须是立法上确定，并事前描述、建构好的规范。如果某种规范本身的建构和确立就是为了防止某种结果发生的，那么在行为人恰好违反这样的规范时，才能进行归责。这是（二元的）行为无价值论的立场。结果无价值论者会主张，在这里存在的只是裁判规范。但是，我认为，在这里，作为行为规范而存在的规范形式虽然和制裁规范有差别，但也存在相互关联：禁止造成某种侵害结果的行为规范，从事后处于裁判者地位的人看来，也是一个适合防止结果发生的有效措施。所以，客观归责针对违反禁止性的行为规范，因而对没有避免结果发生的行为进行归责，就是正当的。通过这样的归责，可以提示社会一般人重视规范效力，防止侵害结果发生，从而发挥刑罚的一般预防功能。针对相当因果关系说的种种缺陷，同时考虑到在刑法学中研究因果关系并不仅仅是出于经验判断的需要，还出于规范判断（价值判断）的需要，即指导社会成员如何行动的需要，客观归责论才得以产生。在这个意义上，客观归责理论和行为无价值二元论之间存在紧密关联。

结合刑罚的一般预防功能，确立客观归责理论的体系性地位，一方面能够弥补相当因果关

① ［德］许乃曼：《关于客观归责》，陈志辉译，载许玉秀、陈志辉合编：《不移不惑献身法与正义——Schünemann教授刑事法论文选辑》，551页，台北，新学林出版股份有限公司，2006。

系说的不足，另一方面也和我所提倡的行为无价值二元论的刑法基本立场相一致。我认为，犯罪的实质是违反行为规范，进而造成法益侵害。客观归责理论讨论行为是否制造法益风险、是否能够实现法益风险，其思考问题的出发点是行为，落脚点是结果是否实际发生或者是否可能发生，以及结果究竟归属于谁，从而能够将行为无价值和结果无价值两者连接起来。因此，如果赞成行为无价值论，对客观归责理论的地位就必须加以肯定。也就是说，按照客观归责理论，行为的无价值，实际上表现在行为可能制造规范所不允许的危险——行为具有指向法益侵害的主观意向；根据行为时的判断，行为具有侵害法益的现实可能性。在我看来，离开行为无价值论，难以承认客观归责理论。

站在法益侵害说的立场，要系统地研究、发展客观归责理论，可能是比较困难的。① 对此，罗克辛教授指出：如果甲经过慎重考虑后，朝乙的头部打了一枪，那么，我们就必须把这个死亡结果看成是死亡行为的组成部分，并且进一步看成是禁止杀人规定的对象。如果甲打偏了，那么，这个行为就不是杀人既遂的行为，而仅仅成立未遂。“一个杀人的行为是由行为无价值和结果无价值共同组成的，在这里，两者必须在一种通过由归责理论更详细表示的关系中相互支持而存在。”② 在这个意义上，揭示相当因果关系说的不足，以客观归责理论为基石性范畴，进而建立符合转型中国社会犯罪治理需求的（二元的）行为无价值论体系，就是需要认真对待的问题。

4. 凸显刑法评价的层次性、充分性

有学者主张，客观归责理论“对结果是否可以归责于行为人的判断过程，运用了太多违法性、有责性的内容：其对不法构成要件成立的判断广泛地适用了违法性理论；其将客观目的性理论作为归责基点甚至于等同客观归责本身的事实是对有责性的侵入……最终的结局是，客观归责论将构成要件符合性、违法性与有责性一网打尽，成为横跨甚至超越三阶层体系的理论”③。另有学者认为：客观归责理论将结果回避可能性、认识错误、被害人承诺、推定的承诺、过失论等问题，作为客观归责的内容展开讨论，已经超出构成要件该当性的判断范围。由客观归责理论所解决的问题，都可以通过实行行为、条件关系（相当因果关系）、预见可能性、结果回避可能性、违法性判断、量刑规则等解决。④ 我认为，前述这些观点，虽然在一定意义上看到了客观归责论汲取能力强、包容性极好的事实，但是，忽略了犯罪判断上的位阶性、层次性问题，因而对客观归责在方法论上的意义认识不充分。

对于一个犯罪要素的判断，如果其既是第一次的、高层级的判断对象，同时也能够成为第二次的、低层级的判断对象时，在第一次的、高层级的判断中，就应该对其进行判断并得出结论。对客观归责的判断，就是这样的“第一次的、高层级的判断”，因为“客观归责是关于行为人—行为—结果之间在刑法意义上的客观联系，在内容上所涉及的是犯罪成立的客观事实，因此在犯罪论的体系上毫无疑问是属于犯罪成立第一阶段的内容”⑤。故意、过失等判断是“第二次的、低层级的判断”。如果能够在客观归责的判断上得出否定结论，下一环节的判断就显得多余。因此，客观归责理论将传统上放在过失犯、共犯中讨论的问题，在认为其原本也是一个归责问题时，将其从过失犯论、共犯论中抽取出来，在方法论上毫无问题。

例如，杂技演员之间作高难度抛接动作失误摔成重伤的，或者川剧演员吐火失误窒息死亡

---

① 这也可能是在德国对客观归责理论的研究很深入，但在系统学习德国的日本却应者寥寥的深层原因。

② ［德］克劳斯·罗克辛：《德国刑法学总论》（第1卷），王世洲译，213页，北京，法律出版社，2005。

③ 刘艳红：《客观归责理论：质疑与反思》，载《中外法学》，2011（6）。

④ 参见［日］曾根威彦：《刑法总论》，4版，79页，东京，弘文堂，2008。

⑤ 吴玉梅：《德国刑法中的客观归责研究》，122页，北京，中国人民公安大学出版社，2008。

的，即便相当性可以肯定，但上述演出团体的负责人也不可能被归责，关于过失论的问题就不需要再讨论。在思维分析中，我们就不能说这是间接故意的伤害或杀人，只能说其因属于业务上的正当行为而不违法，也不能说行为具有违法性，只是剧团负责人没有故意、过失，而只能说演出过程中的死伤都是必须接受的结果。所以，在存在类似于允许的风险的情况下，注意义务不存在，不仅过失心理没有，过失行为首先就没有。就此而言，允许的风险是一种客观的归责要素。[①] 又如，对于日常生活中的帮助行为（例如，A知道B要用菜刀杀人而将刀卖给B，B果然用其杀人的），客观归责理论认为行为没有制造法益风险，但西田典之教授认为，"对此，只要否定相当性，或者否定存在帮助的故意即可"[②]。但是，卖菜刀的行为是社会生活上允许的行为，根本就不是实行行为，不存在相当与不相当的问题。再如，甲重伤乙，乙在被送往医院过程中救护车出车祸导致死亡的，以及丙向吸毒者贩卖毒品，导致丁注射过量死亡的，都是因为不能进行客观归责，导致客观构成要件不符合，而无须再判断甲、丙对于死亡是否存在故意、过失。道理很简单：如果这种客观上的归责难以进行，讨论过失还有何意义？但如果对客观归责是否存在需要判断而没有判断，将判断时机人为推迟，则是明显不当的。这是因为对行为是否构成犯罪的检验，犹如在生产线上对产品质量的检验。前一环节要完成的任务，不能人为推迟到后一阶段，否则就是不负责任。当然，在对客观归责的检验得出肯定结论后，并不妨碍再检验正当化事由以及犯罪的故意、过失。但在方法论上，检验的先后次序仍然是必须强调的。

对此，山口厚教授也赞成，他认为，结果回避可能性这样的问题，既可以放在因果关系中判断，也可以将其作为不作为犯、过失犯的成立条件。但是，在不存在结果回避可能性的场合，可以认为已然否定了实行行为所创设出的危险性对引起结果的作用（现实化），由此否定因果关系。此时，在判断上"有必要以实际发生的事情为前提，假定行为人实施了符合结果避免义务的行为，并以此行为来替代行为人所实际实施的行为（构成要件的行为）。如果能够认定，即便实施了这种假定的符合结果避免义务的行为，仍然会发生同样的结果，那么，就应该说，在该场合下，没有结果避免可能性，因而也不能谓之为，构成要件的结果是基于结果避免义务的违反而发生，进而也能否定具有构成要件该当性"[③]。

我国有的学者也认识到相当因果关系说有时可能使司法陷入困境，但即便如此，也认为没有必要借鉴客观归责理论，甚至认为可以放弃归责问题，只判断条件关系即可。其基本观点是：在中国现行刑法的明文规定和犯罪构成四要件的审查体系下，对因果关系及刑事责任的确定应遵循从客观归因到主观归责的分析进路。所谓客观归因，即对因果关系的判断只是确定行为人承担刑事责任的客观基础，故采用"条件说"即能以最简捷方法予以解决，不需要引入见仁见智的各式规范判断学说。至于由此而导致的责任范围过于宽泛的问题，则可以通过对主观罪过的精确界定予以解决，在主客观相统一的更高层面最终解决对行为人是否归责的问题。如果从较为纯粹的刑法解释学——一种有助于司法断案的应用性知识的角度而言，在中国通说的犯罪构成四要件体系下，运用"条件说"判断方法并转而对主观罪过的分析来解决因果关系问题，无疑比通过内容庞杂的客观归责理论或其他学说更能便捷高效地切中要害。[④] 我认为，这一观点是不合适的：（1）客观归责和主观归责原本就不是同一层次的问题，不能将客观归责时评价不足的矛盾后移到责任判断上。（2）如果要坚持刑法客观主义立场，就应该承认在客观归

---

① 参见陈兴良：《从归因到归责——客观归责理论研究》，载《法学研究》，2006（2）。

② ［日］西田典之著，［日］桥爪隆补订：《日本刑法总论》，3版，119页，东京，弘文堂，2019。

③ ［日］山口厚：《刑法总论》（第3版），付立庆译，56页，北京，中国人民大学出版社，2018。

④ 参见冯亚东、李侠：《从客观归因到主观归责》，载《法学研究》，2010（4）。

责时准确进行规范评价，确保客观优先，以缩小归责范围的意义。（3）不能认为用主观归责代替客观归责是在坚持主客观相统一，因为客观归责和确定责任完全是性质不同的司法作业。客观归责说的是一件法律上所禁止的“坏事”究竟要算成是谁干的；主观归责要讨论的是如果某一件坏事已经确定是某人的“杰作”，那么他在行为当时是否有故意、过失，能否对其进行非难。如果在进行客观归责判断时，根据一定的检验标准，根本就不需要将某个“杰作”算到行为人头上，那件“坏事”就不能算作是他干的，还哪里有追问其有无故意、过失（罪责）的必要性和可能性？这岂不和要一个完全和犯罪无关的人交代其是否有犯罪故意、过失一样荒谬！不建立评价事情（行为）好坏的标准，反而求诸原本就难以探测的某人有什么内心想法来确定处罚的前提，在方法论上是南辕北辙，相去甚远。

所以，肯定犯罪评价方法论上的“位阶性”，就应该肯定，在上一层次的判断能够充分、完整，且得出肯定结论的情况下，对刑法中的某些问题，可以在下一阶段再从不同侧面进行反复评价、反复检验。例如，信赖原则和规范保护目的问题，是客观归责论的下位规则，但也可以在判断犯罪过失是否存在时用于检验。通过处理交通事故犯罪得到系统发展的信赖原则，实际上是对结果回避义务的否定。存在预见可能性和避免义务，就产生了注意义务。但是，客观注意义务的存在，受到信赖原则的限制，而信赖原则是一个注意义务之有无的问题。因此，应该结合具体的个案，考虑社会发展状况来斟酌、考察对注意义务的限定问题。但绝不能因为反正有后一阶段的检验，就放弃前一阶段必须进行的检验，否则就是评价不足。对行为客观要素的检验在前，对实行行为的检验早于对故意、过失的检验，所以，不能在方法论上认为，反正要检验故意、过失，行为是否可以归责、是否符合构成要件不重要。放弃前一阶段的检验，或者检验不充分，或者弱化检验标准，寄希望于后一阶段的检验，这是不妥当的。如果前面的检验不能发挥拦截功能，那后一阶段的检验再出错就完全没有办法弥补。

5. 不会损及刑法判断的客观化

有学者指出，客观归责理论的出现，将构成要件的判断重心与判断起点，从主观部分转移到客观部分，对于我国当下的犯罪论体系变革具有重要的启发意义和推进功能，这同样也是条件说或相当因果关系说无法实现的。因为先否认了客观构成要件，因此，客观归责理论限缩了故意的范围，使故意犯的重心由主观判断转移到客观判断。这实际上意味着，在主观不法与客观不法的角力中，借助客观归责理论，客观构成要件的判断被推到了前台，占据了上风。①

（1）故意犯与客观归责论。如果坚持客观归责理论，就会认为传统上作为故意处理的问题，很多都是客观问题，和行为人的认知无关，在客观构成要件阶段就可以排除归责性，不需要待到责任判断时再否定其故意性。例如，甲打伤乙，送往医院时因救护车出事乙死亡的，如果持相当因果关系说，会认为结果的出现异常，偏离了甲的实行行为；也可以从主观要件限定，即行为人甲无法认识救护车出事这种重大偏离，从而没有故意。但如果认为结果客观上不能归属于甲时，构成要件“不该当”之后的其他任何讨论都没有依附，正所谓皮之不存，毛将焉附。

此外，受枪伤的被害人被送往医院救治，在医院救治期间被火烧死的例子，以往都是用因果关系中断或者没有故意来解决的，但这首先是一个客观归责的问题。故意是以存在因果关系为前提的，只有具备了客观上的可归责性才有必要去考虑主观要素。对此，罗克辛指出：当未遂行为以在法律上有重要意义的方式提高了紧接着的因果过程的危险时，也就是这个结果是适当地实现了由未遂创设的那个危险时，因果关系的偏离就是不为人所注意的，也就是说，这个

---

① 参见车浩：《假定因果关系、结果避免可能性与客观归责》，载《法学研究》，2009（5）。

结果是应当归责的。"因此，判断因果关系错误情况下是否具有客观上的可归责性，也应当考虑前行为是否提高并实现了因果过程的危险。"① 所以，对因果关系认识错误的情形可以提前到客观归责论中加以分析。例如，打伤被害人试图将其扔入河中溺死，但被害人撞上桥墩而死亡的，被害人是溺死的还是撞死的，在客观上并无重大偏离，法所禁止的风险已经实现，因而可以确认其归责可能性。客观归责理论因为从一开始就排除了某些客观构成要件的符合性，因而间接地限定了故意犯的成立范围。

（2）过失犯与客观归责论。客观归责理论对于考察过失犯而言，是一种非常重要的理论，以客观归责理论对过失犯认定的影响为核心，能够对过失的体系性地位、客观归责理论和交通肇事罪的关系、信赖原则的运用进行深入探讨。② 对于过失犯，在不法层次的审查重点是客观注意义务，以及该违反义务的行为和构成要件结果之间的因果与归责问题。事实上，客观归责理论的主要贡献，正是在于过失犯领域及其要件体系化的重构。根据这种思路，应用客观归责理论，先要证明条件关系的存在，再考虑行为是否制造了法所不容许的风险，唯有两者同时具备，才能实现归责。因此，在提倡客观归责理论的学者看来，该理论提供了解释过失犯的全新思路。对过失犯的判断，只要可以将行为制造的风险解释为被允许的，就可以作出否定判断；风险不被允许的判断，属于对过失犯客观不法要素的讨论。在这样的思考前提下，处理过失行为的归责评价，首先要探究行为人是否制造了法所不容许的风险；其次则是验证风险制造行为是否与结果发生有一般的因果关联，尤其要特别判断是否存在结果避免可能性；最后再考虑因果流程是否在构成要件的效力范围内。也正是在这个意义上，罗克辛认为，客观归责理论的实际意义，主要存在于过失犯罪之中。③

（3）特别认知与客观归责论。行为人的特别认知影响归责，是否与客观归责论存在内在矛盾，使客观归责"不客观"？对此，许玉秀教授就提出这样的疑问：因为客观归责论强调不法的重心在客观构成要件，而风险是否被容许，应以风险是否足以导致法益受害为判断依据。风险能否导致法益受害，有一般生活经验上的客观标准可循，与行为人如何认定或有无认识并无关涉。但是，当行为人知道有人计划袭击飞机而说服他人搭乘该机旅行时，行为人即已制造了不被容许的风险，换言之，客观的风险是不被容许的风险，并不全然和主观构成要件无关、和行为人的故意或过失无关。如此一来，客观归责论强调故意犯的重心在客观构成要件、不法的重心完全在客观构成要件的观点，即无法完全贯彻，因而必须承认对不容许风险的认识，是客观归责的一个重要因素。④ 另有学者认为："主观不法要素正是凭借着对客观不法风险的判断进入了归责领域，风险归责从而开辟了人格与个别归责的自由之路。"⑤

我认为，不能因为客观归责难以离开行为人的特别认知，就认为其"不客观"，甚至在进行主观归责。理由在于：其一，依照罗克辛的说法，在犯罪理论体系中，客观归责理论属于目的理性体系的一部分。目的理性体系本来就是新康德学派思想的充分表现，要把价值判断充分运用在对客观事物的评价上，所以，客观事物的主观化，无足为奇。⑥ 其二，行为人拥有特殊认知而实施一定行为的，客观上对法益更危险，对其归责也在情理之中。其三，按照行为无价值二元论，行为在一定情况下原本就和主观要素存在联系。行为人"因其主观之特殊认知，而成为认定其有制造并实现危险及因而予以客观归责之依据。由此可见，人之行为始终是由主观

① 陈兴良：《从归因到归责——客观归责理论研究》，载《法学研究》，2006（2）。
② 参见［德］克劳斯·罗克辛：《德国刑法学总论》（第1卷），王世洲译，715页，北京，法律出版社，2005。
③ 参见上书，246页。
④ 参见许玉秀：《当代刑法思潮》，458页，北京，中国民主法制出版社，2005。
⑤ 刘艳红：《客观归责理论：质疑与反思》，载《中外法学》，2011（6）。
⑥ 参见林东茂：《客观归责理论》，载《北方法学》，2009（5）。

与客观交织而成，而客观归责亦具主观要素”①。

考虑到客观归责论在方法论上的上述优点，我初步认为：虽然运用相当因果关系说对介入因素影响力的判断标准，司法实务中有关因果关系的疑难问题基本都能够得到解决，但是，有一些难题（如行为具有相当性、通常性但应该允许其存在的场合不能归责；降低法益风险的行为具有相当性但不能归责），是相当性说无法准确解决的；有的要推迟到进行责任故意、过失的判断才能解决。为了使刑法方法论没有缺陷，也为了确保司法处理上不出错，需要建构更为合理的归责理论来填补相当因果关系说的缺陷。在多数学者对改造我国犯罪论体系有认同，刑法理论构建日益精巧的今天，认真思考客观归责论的方法论意义，对我国刑法学的未来发展可能是非常重要的。至于是否一定要完全按照罗克辛教授所倡导的客观归责理论中制造法所反对的风险、实现法所反对的风险、构成要件的效力范围这三个下位规则来建构中国的客观归责理论，则是可以再行探讨的问题。

值得注意的是，近年来，我国学者对客观归责方法论意义的研究②，对是否需要借用被害人自我答责原理来解释被害人危险接受的法理反思③，对客观归责理论为过失犯构建的全新不法理论的研究④，以及根据客观归责理论限定不作为犯的作为义务范围的研究⑤，都非常引人注目。因此，可以预料，在未来中国，对客观归责论的主体构架、优劣得失，以及其与司法实务关系的全面探究和争论，必定会取得新的学术成果。

---

① 林钰雄：《新刑法总则》，179页，台北，元照出版有限公司，2014。

② 参见车浩：《假定因果关系、结果避免可能性与客观归责》，载《法学研究》，2009（5）。

③ 参见张明楷：《刑法学中危险接受的法理》，载《法学研究》，2012（5）。

④ 参见吕英杰：《论客观归责与过失不法》，载《中国法学》，2012（5）。

⑤ 参见王莹：《先行行为作为义务之理论谱系归整及其界定》，载《中外法学》，2013（2）。

第七章　犯罪主观构成要件

第一节　犯罪主观构成要件概述

故意、过失，是指行为人对其所实施的危害社会的行为及其危害结果所持的心理态度。

按照我所主张的行为无价值二元论，故意、过失既是主观的构成要件要素（主观的违法要素），也是责任要素。承认作为构成要件的故意、过失，“违法是客观的”这一基本命题仍然能够成立，违法性判断同样具有明确性和直观性（客观违法性论）。

一、关于主观构成要件要素（违法要素）的理论对立

（一）行为无价值论的立场

按照我所主张的行为无价值二元论，在刑法学上强调违法和责任的区分，并不意味着要否定主观的违法要素。违法，是指在刑法上要禁止该行为，将该行为作为不值一提的身体动静看待。故意毁坏财物具有违法性，但对于过失地毁坏财物的行为，刑法原本就不禁止，其不是刑法上的违法行为，不具有违法性。因此，毁坏财物行为是否具有违法性，与主观违法要素紧密关联，故意显而易见是主观构成要件要素和违法要素。

肯定主观不法要素，其背后的法理依据在于：只有某种结果是行为人客观上能够避免的，结果才能在规范上归属于行为人。规范能够发挥其约束功能的场合仅限于行为人基于其认识能够避免结果发生的情形，而缺乏故意、过失的行为，结果发生的客观避免可能性不存在，规范就不可能对其发挥命令或禁止的作用，因为规范不可能要求人去做不可能做得到的事情。

其实，符合刑法分则构成要件所规定的行为，都是具有类型性的违法行为。进行构成要件符合性判断，实际上就是在作类型化的违法性判断。为了准确划定违法类型的范围，从法益保护论出发对刑法进行客观解释，对其文义加以扩张或者缩小，是实质地判断构成要件符合性时不可或缺的内容。应当说，在进行类型化的违法判断时，不考虑所有的主观要素，处罚的外延的确可能更加明确。但是，其代价是没有主观要素的限定，违法行为的外延也可能相应扩大。由于结果无价值论重视客观的结果要素，肯定因果行为论的意义，违法性的外延过大，所以，最后只能依靠责任来限定处罚范围。例如，A骑摩托车快速行驶，撞倒了骑自行车的B，B将行人C的财物撞坏的，按照结果无价值论，B有毁坏财物的违法行为，具有违法性，只是由于其在当时没有意思能力而否定其责任。显而易见，不考虑一般人主观上避免结果发生的可能性，对因果关系的限定就是难以进行的。换言之，不从人的预测可能性、回避可能性出发，要限定违法的范围，就是不现实的想法。但是，构成要件是刑法规范的法律表现，刑法规范既是裁判规范，同时也是行为规范，那种无限定的（类型化的）违法概念，对公众而言，在明确告知违法行为处罚范围、指引选择合法行为等方面，都难以发挥实际功能；对司法工作人员而言，违法性所具有的根据分则条文限定处罚范围的构成要件指导机能也可能丧失。需要承认，所有个别化地描述构成要件的方式中，都“埋伏着”实现构成要件的主观倾向。例如，盗窃罪

的构成要件一定包含窃取的意思，如果对于误把他人的手表以为是自己的而拿走的行为认定为窃取，从而肯定构成要件符合性及违法性，就可能出现违反罪刑法定原则的情况。因此，在违法性判断过程中需要考虑主观的要素。“法制秩序提出的禁止与命令，是以个人的举止为对象。为避免危害社会的结果出现，法制秩序恰恰是寻求对行为人的意志决意（Willensentschließung des Täters）产生特定的影响。在故意犯罪范围内，法制秩序禁止的是所有的旨在导致不法结果产生的意识动作，或者所有的在意识上认识到由此必然会或者有可能会导致不法结果产生的意志动作。故意去实现构成要件的，是违背了这个规范命令；行为意志（Handlungswille）与行为不法（Handlungsunrecht）之间因此是不可分割地相互连接（untrennbar miteinander verbunden）。”①

（二）结果无价值论的观点

在多数结果无价值论看来，行为无价值论关于主观违法要素的论证其实是对行为人责任的阐释，混淆了违法与责任的概念，总体上应当予以否定。也正是在这个意义上，可以说，行为无价值论偏向主观说的立场，结果无价值论偏向客观说的立场。②

但是，究竟如何看待主观违法要素，结果无价值论内部也并非铁板一块。对此，松宫孝明教授认为：在犯罪成立之际，是否应将重点放在行为的故意、动机与目的等主观要素上，一直被认为是行为无价值论和结果无价值论的关键对立点之一。但是，“如果‘侵害法益’中也包含‘侵害法益的危险’，以伪造通货罪为例，‘行使目的’这一‘主观要素的存在证明侵害法益的客观危险性较大，因而应当加以处罚’的话，那么，成立伪造罪时，重点便在于‘主观方面’了”③。这样一来，行为无价值论和结果无价值论关于主观要素的争论也就变得不太尖锐了。

即便是赞成结果无价值论的学者，其中也有很多人不再坚持违法性必须是纯客观的主张，转而支持缓和说：(1) 在枪口指向对方以及开枪未打中的场合，如果不考虑故意，就无法判断是杀人未遂还是伤害未遂。因此，在未遂的场合，之所以认为故意（对结果的认识）属于主观的违法要素，是因为必须将故意纳入考虑范围以判断行为的客观危险性。④ (2) 关于实质的作为义务的判断，赞成所谓的排他性支配说的学者可能认为，基于“自己的意思”而获得排他性支配，是保证人义务的核心内容。(3) 按照佐伯仁志教授新近的观点，否定主观违法要素，可能与正当防卫论存在体系性抵触。例如，行为人向被害人举起子弹上膛的手枪，手指扣在了扳机上，在这种情况下，是否有杀人的危险应当取决于行为人主观上是否要扣动扳机。如果否定主观的违法要素，认为无论是否具有这种故意行为都危险，未遂危险的认定范围会扩大。当然，“否定说会通过责任要件对认定范围进行限定，但是，例如，判断能否进行正当防卫时，根据上述否定说，即使没有扣动扳机的意图，也得允许对行为人进行正当防卫”⑤。

近年来，还有学者主张由于犯罪计划会成为行为危险性的判断材料，因此违法性评价不是纯客观的。正如持枪瞄准的例子所显示的那样，有的主观情况（不是故意本身）即“实施下一行为的意思”（行为意思、犯罪计划）能够提升行为危险性的。例如，行为人误将被害人认作是熊，出于杀死熊的想法，持枪瞄准打算开枪的，在这种情形下，不能认定行为人存在故意杀

① ［德］约翰内斯·韦塞尔斯：《德国刑法总论》，李昌珂译，83页，北京，法律出版社，2008。

② 参见林钰雄：《新刑法总则》，226页，台北，元照出版有限公司，2014。

③ ［日］松宫孝明：《“结果无价值论”与“行为无价值论”的意义对比》，张晓宁译，载《法律科学》，2012(3)。

④ 参见［日］平野龙一：《刑法总论》，Ⅱ，313页，东京，有斐阁，1975。

⑤ ［日］佐伯仁志：《刑法总论的思之道·乐之道》，于佳佳译，90页，北京，中国政法大学出版社，2017。

人罪的故意，但是，因为存在“瞄准（被误认是熊的）被害人的身体，打算开枪的意思”（犯罪计划），就能认定持枪瞄准行为存在针对被害人生命的高度危险。① 因此，行为计划的内容是实施下一行为的意思（行为人接下来究竟想干什么）。是否存在“实施下一行为的意思”，会影响对行为人实施法益侵害行为的盖然性的判断，行为人打算在什么条件之下，或者在什么时点、出于什么形式而实施下一行为，是未遂犯的危险性的判断材料，即作为预测“行为人多大程度上存在实施法益侵害行为的可能性”的判断材料。这一主张将犯罪计划和犯罪故意区别开来，但明确主张违法不是纯客观的。② 这使传统结果无价值论的根基不断动摇。

我国有学者主张，应该从结果无价值的角度理解违法性，但在例外的情况下，可以承认行为无价值的存在，从而应当肯定未遂犯的故意和目的犯的目的。这是“相对的结果无价值论”③。但是，问题在于：一方面坚持客观违法性论，另一方面又例外地接纳主观违法要素，无论怎么解释都不能不说在方法论上存在问题。这和重视结果无价值，将其作为判断的基底，同时在法益侵害的关系上理解行为无价值的二元论，几乎只有“一层窗户纸”的区别。

二、承认主观构成要件要素（违法要素）的理由

（一）理论分析

对于为什么必须承认主观违法要素，井田良教授明确指出：（1）排除一切主观违法要素，会导致构成要件无限定，不能向国民明示处罚范围，如对窃取，如果不考虑行为人非法占有的意思这类主观要素，就有可能将错拿他人雨伞的行为也认定为盗窃罪，反而有违罪刑法定主义。（2）故意和过失的违法性显然不一样。即使一个国家废除过失犯罪的处罚规定而作民事违法处理，也不至于“天下大乱”，可是一旦国家废除杀人等故意犯罪的处罚规定，则社会运转必然失灵，这说明故意犯的违法性程度明显高于过失犯。（3）刑法中规定了目的犯，目的就是影响违法性判断的因素。④

罗克辛教授对故意属于主观的违法要素的理由，也进行了详尽阐述：（1）行为构成是将各种犯罪的应受刑事惩罚的内容典型化并确定其类型，在此过程中，就不能放弃故意。因此，故意毁坏财物在本质上就不同于不受刑事处罚的过失损害财产。同时，对符合构成要件的行为进行描述的实行人（正犯）的各种形式，就是为故意的行为构成的实施而设置的。（2）犯罪未遂以故意为条件。一个开枪但未打中被害人的行为，是构成故意杀人罪未遂、故意伤害罪未遂还是故意毁坏财物罪未遂，或者不能以犯罪处理，都必须在考虑行为目的的前提下得出结论。未遂仅仅由于缺乏结果而与既遂相区别，既遂的成立也要求主观要素。（3）大多数构成要件中的行为都由立法者通过有目的地表达的动词加以限定性地规定。伪造、强制、实施性行为等概念都与意思有关，故意的组成因素无可置疑地把有目的的活动性词句挪到了行为构成的中心地位。（4）有别于故意的主观要素，如“非法占有目的”“非法牟利目的”等，在违法要素中具有独立地位。在通过欺骗取得他人财产的场合，如果没有非法占有目的，而仅仅是恶作剧的，行为不是诈骗；伪造公文的人，如果不是意图在法律事务上进行欺骗，就不会损害证据证明过程的纯洁性，就不存在伪造公文罪的不法。⑤ （5）为满足法治国的明确性原则的要求，对行为

---

① 当然，在该情形下，由于行为人不存在故意杀人罪的故意，因此，无论如何都不能成立杀人罪未遂。参见［日］桥爪隆：《实行的着手》，王昭武译，载《苏州大学学报（法学版）》，2016（2）。

② 如果从行为无价值论的角度也可以认为：既然犯罪人有相对较为详尽的犯罪计划，就应该肯定其故意，因此，犯罪计划和故意没有根本区别。

③ 付立庆：《主观违法要素理论——以目的犯为中心的展开》，154页，北京，中国人民大学出版社，2008。

④ 参见［日］井田良：《刑法总论的理论构造》，5页以下，东京，成文堂，2005。

⑤ 更为详尽的分析，请参见［德］克劳斯·罗克辛：《德国刑法学总论》（第1卷），王世洲译，203页，北京，法律出版社，2005。

和义务违反的描述就不能是纯粹因果性的，就需要把故意放到构成要件中去。“故意对事实的描述具有规制的机能。如果人们像受自然主义影响下的所谓‘古典’体系论者那样，将故意排除在构成要件之外，那么就必然会导致可罚性的过度扩张（Strafbarkeitsüberdehnungen），从而威胁到法治国的原则。”①

在此之外，我认为，对承认主观违法要素的理由还可以作以下补充：

1. 刑法只能禁止在规范上“不受欢迎”的行为方式

刑法只是保护法益的辅助性手段。对很多使法益遭受侵害的行为或者事态，刑法是无能为力的。因此，我国刑法第 16 条规定，行为在客观上虽然造成了损害结果，但是不是出于故意或者过失，而是由不能抗拒或者不能预见的原因所引起的，不是犯罪。这一规定正确地说明了行为只有是在故意、过失的支配下实施并造成损害的，才需要归属于行为人。没有故意、过失，即便造成损害，也没有刑法意义上的不法。“现在普遍认为，与人类的能力相较而言，刑法禁止行为或要求行为的规定并不能对事件进行更广泛的积极干预。因为既不能禁止，也不能要求人们为不能预见或不可预见的行为，所以刑法不可能阻止法益遭受损失或损害，而最多只能控制人类有害于社会或者不受欢迎的行为方式。”②

2. 肯定行为受意思支配、承认主观违法要素，是为了更好地保护法益

众所周知，违法是行为对社会规范秩序的扰乱。刑法所关心的永远只能是“人”的行为的干扰，因此，人的行为不是与主观要素完全无关的。不考虑主观认知，单纯禁止特定行为举止是无意义且难以实现的。行为规范既然是指引人的行动、举止的规范，其内涵中当然地包括行为人的认知状况，能够受到规范约束的，只能是基于一定意思的人类行为。故意犯的行为无价值是其具有侵害意思，并在这种意思指引下所造成的社会损害性。换言之，行为的主观目的、意志，以及这种意志现实化之后所实施的行为及其结果（法益侵害），都是行为无价值二元论的考察对象。真正对法益有危害的，是行为人将自身意志现实化为一定行为，并进而造成法益损害的情形。基于意志的客观举止对法益的危险性显然比过失行为对法益的危险性要大。因此，对违法性的判断，必须审查客观行为与主观认知之间的相互关系，所有不法行为都是在主观意思、意志支配下的犯罪人的“作品”。

这样说来，刑法规范的目的是保护法益。法益是否受到侵害，必须从行为所符合的构成要件行为及侵害的客体类型、行为方式以及危险程度等角度考察。危险状况如何，与行为人的意志形态紧密关联。对此，耶赛克教授认为，“犯罪构成要件的作用在于保护特定的法益；行为人违反法规范中包含的侵害禁止的意志越强烈，一般而言对法益的危险性也就越大”③。井田良教授也指出，故意对违法性的强度具有影响，也正是因为立足于保护法益的思想，故意才成为更加严重的违反规范的行为。因此，不管在既遂犯还是未遂犯中，故意都应当被视作违法要素。④

3. 主观违法要素反映了行为人对行为规范、标准行为模式的偏离

从立法者的角度看，刑法规范当然最后要作为裁判规范发挥作用，是一种评价规范。但是，从公众的角度看，刑法规范意味着对人的行为的引导，是行为规范。在现代社会中，各种冲突随时存在。为消除社会冲突，降低社会风险，保持社会平稳，产生了形形色色的社会规范。个人不能离开社会、群体而独立生活，作为社会中的一员，理应遵守相应的行为规范，个

---

① ［德］罗克辛：《刑事政策与刑法体系》，蔡桂生译，28 页，北京，中国人民大学出版社，2011。

② ［德］冈特·施特拉腾韦特、洛塔尔·库伦：《刑法总论》，Ⅰ，杨萌译，68 页，北京，法律出版社，2006。

③ ［德］汉斯·海因里希·耶赛克、托马斯·魏根特：《德国刑法教科书》，上册，徐久生译，326 页，北京，中国法制出版社，2017。

④ 参见［日］井田良：《刑法总论的理论构造》，11 页，东京，成文堂，2005。

人生活的意义因为规范的存在而凸显。规范界定行为性质，塑造个人，约束个人举止。对于违反规范的行为，必须给予相应惩罚，社会秩序才能形成。法律规范与社会形影相随，刑法是一定社会中允许或者禁止公民实施特定行为的规则。以这种规范为背景，违法自然就意味着对规范的违反。所以，行为无价值二元论的违法性判断，是在坚持法益侵害说的基础上，为进一步限定处罚范围而考虑主观的违法性要素。

在这个意义上可以说，主观要素能够揭示客观行为究竟偏离了哪一个行为规范，从而对犯罪的界限进行区分。对于控制人质的行为，不联系索取债务的意思，就难以区分非法拘禁和绑架①；对于强拿硬要的行为，不联系寻衅滋事的意思，就难以区分抢劫罪和寻衅滋事。此外，盗窃罪的故意与非法占有目的，揭示了行为改变占有关系，建立新的占有关系的特质。高利转贷罪的故意，使出于经营目的实施的贷款行为发生后，因特殊原因企业难以为继而转贷的行为不具有违法性；挪用公款不退还的违法性，限定在客观上能够归还，而主观上不想退还的情形；挪用公款给他人使用，但后者进行非法活动，挪用者对此没有认识，使用者在1个月内还款的，挪用行为的违法性不具备。

在这里，对于违法性的认定，明显是以行为规范为标尺，考察违反规范的行为在客观上的社会损害性。因此，不法认定必须同时考虑主、客观层面，才能够决定行为的性质。当然，对主观要素通常必须在确定客观要素之后再行判断。例如，骗取贷款后携款潜逃的事实，决定了行为人有非法占有目的；有职务便利者“借款”十余年后，从来没有任何还款举动的，更容易被认定为具有受贿的违法性。

4. 主观要素影响违法性的程度

“行为之不法性是在那些构成要件特征上得到表达，这些特征是对发生事件的行为无价值和结果无价值的在犯罪类型上的具体描述。”② 主观要素就属于构成要件特征的一部分，因此，在进行违法性判断时，不得不考虑行为人的意思内容。

在故意犯中，行为是否具有违法性，直观地看是该行为是否造成损害后果。但仅仅作这样的判断还很不够。即便存在法益侵害，如果刑法所预定并禁止出现的、在一定意思支配下的行为样态不存在，也不能肯定违法性。刑法就是要通过故意要素来限定处罚范围③，划定犯罪圈，防止处罚面过广。这是行为无价值论的要求。例如，刑法第221条所规定的损害商业信誉、商品声誉罪，其法益侵害表现为损害他人的商业信誉、商品声誉，给他人造成重大损失或者有其他严重情节。但是，如果行为人没有故意，不呈现捏造并散布虚伪事实的样态，则违法性不具备。再比如，没有使用暴力、胁迫方法，没有猥亵的意思的，强制猥亵、侮辱罪的违法性不能具备。又如，出于善良动机的父母教育子女的行为，即使明显不妥当，也通常排斥虐待罪的成立。此外，众多犯罪类型的不法内容不仅仅是由破坏或者危害了被法律所保护的法益所决定的，而且是由行为实施的方式和方法决定的，相关犯罪种类固有的应受处罚性恰恰存在于其中。“故意之为不法要素，并不是如目的行为论所认为的，因为实现目的活动的故意行为，在决意侵害法益时即具有主观不法，而是因为个别描述构成要件的方式，皆隐含实现客观要件的故意。换言之，故意是构建犯罪类型的不法要素。”④

---

① 我国刑法第238条规定，为索取债务非法扣押、拘禁他人的，构成非法拘禁罪。这明显是考虑了行为人的主观意思而将部分绑架行为作为轻罪处理，与行为无价值二元论的思路相一致。

② ［德］约翰内斯·韦塞尔斯：《德国刑法总论》，李昌珂译，68页，北京，法律出版社，2008。

③ 在共同犯罪中，承认故意这一主观不法要素也有重要意义。“正犯与共犯的主观要件，产生类型上的差异，也形成不法内涵的差异，同时造成罪责的不同。”（柯耀程：《变动中的刑法思想》，26页，北京，中国政法大学出版社，2003。）

④ 许玉秀：《当代刑法思潮》，206页，北京，中国民主法制出版社，2005。

在过失犯中，主观违法要素也是存在的。例如，危害道路交通的行为除要求造成财产、人身损害外，还要求严重违反交通运输管理法规，并以疏忽的方式实施，如果只考虑法益侵害，这一表明犯罪行为特征的方式和方法也许是不好理解的。① "依据现代的客观归责理论，不法的首要条件是制造不被容许的风险，而违反注意义务即是满足了不法的第一个要件，过失因而自然也是不法要素。"②

故意或过失作为构成要件特征的一部分会影响违法性的有无及其程度。具有杀意的行为对禁止规范的违反程度，远远高于因为对死亡结果的引起不注意而造成损害的场合。正因为出于故意的行为是对重大规范的违反，故意杀人行为便表现出比过失致死行为更严重的性质，因此值得给予更严厉的违法性评价。对故意杀人罪比对过失致人死亡罪处罚重的基础在于违法要素不同，而不是责任不同。所以，故意杀害 1 人所应受到的惩罚重于交通肇事撞死 10 人，主要受制于主观的违法要素。

有学者指出，违法性要尽可能地使罪刑法定原则以及刑法规范的一般预防要求渗透到犯罪论中。③ 违法性要为处罚以及一般预防提供依据。故意犯的一般预防必要性大，对故意犯的处罚要重于过失犯。同时，为了说明故意犯的违法性重于过失犯，必须将故意作为违法性要素纳入构成要件。由此看来，那种认为故意杀人罪和过失致人死亡罪在违法性上完全相同，仅仅是责任不同的观点④，并不妥当。理由在于：一方面，故意是比过失违法性更高的类型化要素，个人对违法行为具有意思决定的非难可能性在故意行为和过失行为中是大致相同的，在责任阶段，故意责任和过失责任的区别实际上不存在。⑤ "如果行为人意识到了被包含的法益并故意加以侵害，显然比过失伤害法益的行为更严重地违反了刑法保护的规范。因此，故意是受刑罚威胁的行为的要素之一，这些要素决定了违法程度。"⑥ 另一方面，故意杀人罪与过失致人死亡罪的法定刑有天壤之别，如果认为两罪的违法性相同，仅仅是责任要素决定了处罚差异，那就是对责任要素赋予了过多功能，会使其不堪重负。事实上，责任要素也不可能具备如此强大的功能。⑦

5. 承认目的是主观违法要素，必须承认违法故意

结果无价值论者通常认为，故意不是主观违法要素，但目的属于主观违法要素。但是，在判断非法占有目的时，应先判断行为人有无转移占有的故意。而结果无价值论又认为，故意尚处在责任阶层，最终结局是在不法构成要件阶层对非法占有目的无从判断。结果无价值论可能认为，在不法构成要件阶层，只要转移占有的行为具有行为意志，其便是非法占有目的的基础。但是，行为意志只是支配行为举止的一种单纯的意识，具有任意性特征，在其基础上既可以形成故意行为也可以形成过失行为。而非法占有目的必须建立在故意行为的基础上，是比故意更为复杂、深远的心理态度。⑧ 显然，单纯的行为意志并不能直接为非法占有目的提供心理基础，只有故意才能为非法占有目的的判断提供支撑。这等于是说，结果无价值论仅承认目的是主观违法要素，不承认违法故意的做法，事实上是讲不通的。

---

① 参见［德］汉斯·海因里希·耶赛克、托马斯·魏根特：《德国刑法教科书》，上册，徐久生译，329 页，北京，中国法制出版社，2017。

② 许玉秀：《当代刑法思潮》，206 页，北京，中国民主法制出版社，2005。

③ 参见［日］井田良：《变革时代的理论刑法学》，113 页，东京，庆应义塾大学出版会，2007。

④ 参见张明楷：《行为无价值论与结果无价值论》，87 页，北京，北京大学出版社，2012。

⑤ 参见［日］井田良：《讲义刑法学总论》，2 版，167 页，东京，有斐阁，2018。

⑥ ［德］冈特·施特拉腾韦特、洛塔尔·库伦：《刑法总论》，Ⅰ，杨萌译，108 页，北京，法律出版社，2006。

⑦ 参见周光权：《法治视野中的刑法客观主义》，2 版，320 页，北京，法律出版社，2013。

⑧ 参见柏浪涛：《打击错误与故意归责的实现》，载《中外法学》，2015（4）。

（二）实务考察

在实务中，应当承认基于违反规范的意思去实施一定行为并造成法益侵害的，才是违法。为此，必须肯定主观的构成要件要素①，否则，对某些行为是否违法势必难以判断。在实践中，大量出现需要结合构成要件故意判断违法性的情形。

案例1：甲知道经常出事的某趟火车9号车厢10号座位下有炸弹，便劝说要外出旅游的仇人乙想办法换到该座位，导致后者被炸死的，只有结合主观认知，才能认定甲实施了杀害行为。换言之，针对本案，结果无价值论者所坚持的客观透明的“实行行为”概念，在这里只有和主观要素相结合才能成立。张明楷教授认为，希望他人死亡而劝说他人去坐飞机的行为（即便被劝说者死亡的），不可能是实行行为。② 在本案中，不结合甲的主观认识，只能认为甲仅仅是一般性劝说他人，不得不否认其实施了杀害行为。反过来，如果要想得出甲的行为具有侵害法益的危险的结论，就必须结合其知道某一座位下有炸弹的主观认识来分析。因此，在某些特殊场合，离开行为人的特殊认知，无法判断行为的客观危险性。为此，结果无价值论经常批评行为无价值论陷入了主观违法性论。但是，如果认为行为人的特别认知决定行为的危险性，就可以肯定承认特殊认知也是坚持了客观违法性论——因为有行为人的认知，某一举止才类型化地成为危险性很高的行为，特殊认知是否存在成为判断客观危险有无的重要资料。

案例2：甲知道乙是血友病人，而故意在其手上割一个小口，被害人乙流血不止死亡的，只有结合主观要素，才能确定甲的行为是杀害。

案例3：在教室里拿起别人的手机从里往外走的，行为人是要窃取还是仅仅借用电话？如果不考虑故意，难以确定行为不法。

案例4：国家工作人员甲住着他人的一套房子已经5年，但房子并不在甲的名下。如果不考虑受贿故意，难以确定行为不法。

案例5：甲借用他人汽车，酒后驾驶发生事故致车辆严重损坏。甲告知车主虚假事实，车主向保险公司索赔的，就保险诈骗罪而言，按照行为无价值论，共犯甲从属于身份犯（正犯），车主的行为无违法性（甲不能支配有身份者），甲也不构成保险诈骗罪，只能构成诈骗罪。正犯的意思影响正犯和共犯的不法。

案例6：甲将租赁来的汽车卖掉的，判断甲具有诈骗还是侵占的不法，其租赁汽车时的意思极为重要。

案例7：甲对准乙的头部，连打三拳，如果不考虑主观违法要素，就无法确定甲的行为符合故意杀人、故意伤害、抢劫还是寻衅滋事的构成要件。未遂犯的犯罪未得逞，是指行为人“所希望的”、行为性质所决定的危害后果未发生。因此，未遂总是和主观要素紧密结合在一起。未遂的故意，说明刑法保护的时点前移，是为了提前保护法益而特别考虑主观违法要素。但是，如果赞成纯粹的结果无价值论，犯罪得逞与否只应与法益侵害有关，涉及犯罪客观要件，是类型化的违法性问题，与主观违法要素无关。但这种观点会使构成要件概念及其区别功能丧失，进而降低罪刑法定原则的意义。

案例8：在聚众斗殴、聚众扰乱公共场所秩序、聚众哄抢等场合，没有聚众意思的，缺乏犯罪的客观不法。

案例9：驾车碰瓷，在行为人无违章行为时，要认定其有违法性，必须结合其非法取得他人财物的意思。

---

① 至于倾向犯、表现犯的内心的倾向、表现等，不涉及对构成要件结果的追求问题，可以不作为主观违法要素看待。对此，后面还会进一步讨论。

② 参见张明楷：《刑法学》，5版，145页，北京，法律出版社，2016。

案例 10：手术医生甲收取病人家属红包，半年后，病人出院时，把红包原封不动退给病人的，如果不结合其意思，就无法判断其行为是否具备受贿犯罪的不法。

案例 11：妻子想毒死丈夫，并且准备好了下毒药的饮料，如果她希望接下来丈夫会喝掉饮料，那么未遂这时已经开始。但是，如果妻子只想稍后再把饮料给其丈夫，这还只是预备，因为根据计划，她还未直接开始实施实现构成要件的行为。如果丈夫在此之前不可预料地喝了饮料，这时就可能出现过失责任。[①] 这说明犯罪形态的认定，必须要考虑行为人的具体计划。“即便是要借由所谓的‘客观危险性’来说明未遂行为的不法，也还是要先通过行为人的主观想法才能够判断是否存有哪方面的危险。因为危险这个概念的固有意涵就是损害发生的可能性，如果没有先特定何种损害方向，自然就无法进一步说出有无引发损害的可能性。”[②] 外表上完全一致的行为，可能因为行为人的犯罪计划不同而在法律上具有完全不同的意义。

案例 12：医生 A 的仇人 C 因病住院，A 试图唆使护士 B 杀害 C，将装满针剂的针管交给 C，并悄悄告诉 B 是“毒药”，让其为 C 注射。B 没有听清 A 的话，且对针剂的颜色、品名等未加辨认，按照医生的指示办事治病救人，对 C 注射。C 于 1 小时后死亡。结果无价值论者认为，由于主观认知不是违法要素，因此 B 的行为客观上是杀人，具有违法性，A 仅成立教唆杀人，从违法性上看 B 是故意杀人罪的正犯。但由此带来的问题是：由于对 B 最终至多以过失犯罪处罚，那么，针对 C 的死亡，最后就出现了只有共犯没有正犯的结局。而行为无价值论会认为，B 的行为无杀人意思，不具有违法性，A 才是故意杀人罪的（间接）正犯。在本案中就不会仅有共犯而没有正犯。

案例 13：甲在乙准备喝的一瓶啤酒中投毒（远未达到致死量）试图杀害乙，但非常口渴的乙连续喝了 15 瓶啤酒，最后乙因酒精中毒死亡的，甲仅构成故意杀人罪未遂。又如，丙以为有添加剂的樱桃罐头食品能够导致仇人的儿子丁（3 岁）死亡，便让其吃下这种食物，但丁最终死于丙存放的罐头严重过期、食物腐败变质（添加剂的使用符合国家标准），丙可能成立过失致人死亡罪，不能成立故意杀人罪既遂。这两个例子说明，在引起结果的场合，只有当故意的特殊危险性得到展示时，故意犯的构成要件才能得到满足。如果某个过失的结果发生仅仅是偶然地与故意的具有一定错误的行为联系在一起，就不能认为故意犯的构成要件已经充足。

案例 14：甲在酒吧里将乙调制的毒酒递给丙时，如果甲对酒被下毒的事实毫不知情，就不能认为甲违反了故意杀人的行为规范。但是，如果甲对此知情，仍然将酒递给丙的，违法性判断的结论就要发生变化。因此，故意、过失所要求的认识，是表明结果的客观避免可能性的要素。换言之，实现客观构成要件的行为，只有在主观上也可以避免时，该行为才是可罚的规范违反行为。

（三）对结果无价值论的批评

（1）结果无价值论认为，违法只是客观的，与主观要素无关。意外事件、不可抗力所造成的损害，也是不法，只是行为人没有责任，在有责性阶段排除其犯罪性。但是，这种主张存在一定缺陷：1）是否属于不法，不是业已发生客观损害这一事实意义上的概念，而是规范和价值判断意义上的结论（尤其是阻却违法的正当化事由是否存在，是价值判断程度很高的情形）。“眼见为实”这一直觉在违法性判断上很多时候并不准确，不能因为有结果发生就认为有刑法意义上的不法。2）在没有违反谨慎义务结果也发生的场合，结果对于行为人来讲，只是一个客观上不可避免的“不幸”，而不是可能引起归责的“不法”，因为处于行为人境遇的任何人都

---

① 参见［德］冈特·施特拉腾韦特、洛塔尔·库伦：《刑法总论》，Ⅰ，杨萌译，201 页，北京，法律出版社，2006。

② 蔡圣伟：《刑法问题研究》（二），11 页，台北，元照出版有限公司，2013。

不能避免这种结果的发生，这个事件就仅有结果无价值，但不存在行为无价值。3）对意外事件、不可抗力造成损害的情形肯定不法，排除行为人的责任，在方法论上存在疑问。不法意味着这种行为不得再次重演，他人不得效仿。但是，意外事件、不可抗力的情形，其发生在所难免，其他人遇到类似情形实施同样的行为，规范对此也并不反对，仍然不具有违法性，根本与责任无关。例如，客车司机甲驾车在盘山公路上正常行驶，发现前方突然塌方，便紧急刹车，但车辆仍然倾覆，造成多人死伤的，虽然有刑法上要反对的结果发生，但不能说甲的正常驾车行为违法。像结果无价值论那样，认为司机甲的行为违法，会产生不少障碍：一方面，如果说司机甲的行为违法，就需要说对这种行为刑法规范要禁止，但是，没有任何规范有权力去禁止类似行为，事实上类似行为也不可能成为规范所禁止的对象。刑法要禁止的，永远是一小部分不受欢迎的行为，而不是全部造成损害的行为（或事态）。另一方面，结果无价值论者往往否定客观归责论，肯定实行行为的概念，认为所有的犯罪都实施了分则所规定的实行行为。客观上实施了实行行为，造成法益侵害就是违法。① 但是，实行行为的含义并不明确，而且在前述案例中，甲并没有实施任何实行行为，其不可能违法。

（2）结果无价值论认为，侵害法益的危险并不因故意或过失有所区别。A持手枪对着X的心脏，X是否有被杀害的危险，取决于A是否扣动扳机，而A是否扣动扳机，取决于其是否有扣动扳机的意志，而扣动扳机的行为意志并不等于故意、过失。② 然而，这种观点明显值得商榷。行为意志的有无决定了行为对法益有无危险，在这一点上，故意行为与过失行为是相同的。但是，行为意志只是支配行为举止的一种单纯的意识，旨在说明因果行为论意义上行为的有意性，用于区别单纯的反射动作、梦游动作等。这种意志具有中立性和任意性（Willkürlichkeit）特征，在其基础上既可以形成故意行为也可以形成过失行为。但是，故意行为是一种目的性行为，具有方向性或目的性（Finalität），而过失行为缺少目的性指引。换言之，行为意志的有无虽然能够决定行为对法益危险的有无，但却决定不了危险的发展方向。在危险的发展方向上，故意行为与过失行为存在区别，前者具有目的性，后者具有任意性。这导致行为人对故意行为的危险具有支配性，而对过失行为的危险缺乏支配性。

这种区别会给故意行为与过失行为的认定带来诸多差异。第一，因果关系确定性的差异。因果关系是危险流的现实化。由于故意行为的危险具有目的性，所以其与结果之间的因果关系具有可预见性或确定性。而过失行为的危险具有任意性，所以其与结果之间的因果关系具有盲目性。第二，构成要件定型性的差异。违法性不仅仅存在有无问题，也存在发展方向问题。构成要件是违法的行为类型，其意味着符合构成要件的行为具有违法性，同时也规定了违法性的发展方向也即定型性（类型性）特征。由于故意行为的危险具有目的性，行为人对危险具有支配性，所以对其不法构成要件在定型性上具有明确要求。而过失行为的危险具有任意性，行为人对危险缺乏支配性，对其不法构成要件的定型性几乎无法提出明确要求。第三，结果回避可能性的高低度差异。在不法阶层，故意行为与过失行为具有结果回避可能性这一共同基础，但是由于故意行为的危险具有目的性，避免结果发生的可能性程度较高，而过失行为的危险具有任意性，避免结果发生的可能性程度较低，因此，就不法构成要件而言，故意行为与过失行为具有显著区别。换言之，就制造同一种构成要件结果而言，如果行为人既会因故意行为受到刑罚，也会因过失行为受到刑罚，那么在危险的属性和质量上，对故意行为危险比过失行为危险应具有更严格的要求。③

① 参见张明楷：《也谈客观归责理论》，载《中外法学》，2013（2）。

② 参见张明楷：《行为无价值论与结果无价值论》，89页，北京，北京大学出版社，2012。

③ 参见柏浪涛：《打击错误与故意归责的实现》，载《中外法学》，2015（4）。

三、违法故意和责任故意的差别

"自从目的行为论兴起之后，现今刑法学界已经普遍接受故意亦作为主观构成要件要素之结论，但在有责性层次仍然将故意、过失保留为罪责形态。由于故意同时存在于构成要件与有责性阶层，所以称其为双重定位，但两种故意指涉的内涵有别。"①

德国学者约翰内斯·韦塞尔斯认为，故意、过失概念都内含不法与责任元素。他明确指出："法律上的'故意'和'过失'两个概念不仅仅是用来表示两种不同的举止方式（Unterschiedliche Verhaltensformen），而且同时还是对两种不同的责任形式（Verschiedene Schuldformen）（责任类型）的规定；其中，故意责任意义上的'故意性'是一个更高的责任层次，而过失责任意义上的'过失性'则系一个较低层次的责任。"②

故意、过失是构成违法要素，也是责任要素。对这种要素的双重性在犯罪构造方面发挥作用的机理，在这里有必要加以说明。例如，在发现A砸毁了B价值6 000元的花瓶时，就需要结合刑法条文判断A的故意是盗窃故意，还是毁坏他人财物的故意。因此，在违法性阶段就需要分析犯罪故意（窃取还是毁坏），需要分析非法占有目的是否存在。

假如认定A只有毁坏的意思，同时，其不具备正当化事由，应该对其作出违法的价值评价，那么，就应该进一步在责任范围内讨论是否对A进行责任谴责。在违法性判断阶段已经得到确认的毁坏故意，通常提供了责任故意成立的相应"佐证"。在有责性判断中，如果可以确认A毁坏B的财物是出于报复泄愤、嫁祸于人或者其他可以谴责的动机，那么，构成要件故意所提供的"佐证"就会得到进一步强化，责任故意即在A毁坏行为中有意识地置法规范于不顾的意志得到了展示。

另外的情形是，如果A是在错误地认为受到B的攻击时，才将花瓶扔向B（假想防卫），A的违法故意就不可能提供责任故意的相应"佐证"，A的故意不是基于藐视法律的意识，对其进行故意谴责就难以进行，A因为缺乏故意责任而不成立故意毁坏财物罪。同时，由于刑法对过失毁坏财物行为并不处罚，就没有必要考虑在A具有认识错误的情况下，是否应该受到过失毁坏财物的责任谴责。③ 违法性，是指违反针对一般人所设定的行为规范。既然在构成要件、违法性阶段对人如何行动设定了基准，那么，在责任判断上，该行为人就具有压制犯罪意思、不得决意实施违法行为的义务。④ 因此，违法性判断的对象是人基于一定意思所为的行为（意思行为）及其结果。既然行为受意思支配，那么作为违法要素的故意，是指对行为对象的认识和犯罪的意思。在盗窃的场合，认识到是他人的财物并有转移占有的意思、实施一定的身体动作，进而造成转移占有的结果的，就具有违法性。没有基于意思的行为，就不可能有规范违反。违法性的故意、过失，是以抽象一般人为基准的"当为"判断，与特定主体的责任能力无关。因为刑法规范是一种行为规范，其具有确定性的特征，能够适用于无责任能力的人，无责任能力的未成年人完全可能通过其行为对其他成年人或者未成年人发出行动指令或暗示，通过违反规范的行为来说明自己的意思；精神病人在违反规范时仍然可能引起被强制医疗的后果，这些都说明行为规范的效力能够及于这些不具有责任能力的人。

责任判断，则是对个人的人格是否可以进行非难的判断。责任判断的对象是基于规范意识的反对动机形成可能性，涉及与犯罪类型无关的动机、情感、态度、责任故意、违法性认识可

---

① 林钰雄：《新刑法总则》，174页，台北，元照出版有限公司，2006。

② ［德］约翰内斯·韦塞尔斯：《德国刑法总论》，李昌珂译，85页，北京，法律出版社，2008。

③ 参见周光权：《犯罪论体系的改造》，129页，北京，中国法制出版社，2009。

④ 参见［日］川端博：《刑法总论》，82页，东京，弘文堂，2002。

能性等内容。“行为人之所以被非难，是由于已实施犯罪行为的意志形成……作为一般的主观不法要素的故意，同时也是责任非难的对象。”① 判断是否存在作为责任要素的故意、过失、违法性认识可能性等，则是以具体人为基准的“可能”判断。② 当然，违法的故意更多地具有事实认识的内容，而责任故意更多地具有规范认识、规范评价的内容。

综上所述，对行为举止是否符合构成要件的属性的认识要素，以及避免实现构成要件的可能性，这两者对于认定行为能力具有决定性的意义，它们被归入所谓主观的构成要件要素。而行为人在本来具有充足行为能力的情况下，却没有形成选择合法举动的意志，并将该意志转化为行为，这一点应在责任判断的框架内进行检验。

四、承认主观构成要件要素与坚持客观违法性论

结果无价值论坚持客观的违法性论，认为违法是对违反评价规范造成一定事态的评价。人的行为、动物侵害和大自然的灾变，都可能造成这种结局（客观违法性论）。按照这种理论体系，能够有效区分违法和责任。主观的违法性论认为，违法是对决定规范的违反，具有责任能力者的行为才具有违法性（主观违法性论），从而责任和违法的界限被混淆。

但是，承认构成要件的主观要素，并不等于肯定主观的违法性论，即使将主观要素纳入违法性判断中，也只是认为主观要素是影响违法性有无和强弱程度的核心因素，并不影响违法的客观性，违法性和责任的界限也还是清楚的。因为包含主观要素的违法性是以社会一般人为标准所作的应当如何行为的判断，而责任是以个别具体的行为人为标准所作的是否可能为一定行为的判断，要在理论上区别违法性和有责性仍然比较容易。③

承认主观构成要件要素，容易招致的批评是：这样的违法判断可能因为考虑行为人的心情，容易演变为伦理型行为无价值判断。④ 但是，告别道德主义的行为无价值论强调只有在行为侵害了构成要件所预设的法益，也违反了社会中作为行为基准的规范时，才能受到违法性评价，即只有违反行为准则的法益侵害行为才属于违法。

如果站在行为无价值二元论的立场，就应该承认修正的客观违法性论，强调违法是对行为规范、命令规范的违反，行为规范在违法性阶段和有责性阶段都会发挥作用，只不过行为规范在违法和责任中具有不同的机能。作为违法性判断基准的行为规范，是对抽象的一般人的行为指引和命令，其不考虑规范接受者在年龄、精神健康状态以及知识水平上的差异，同等地指向所有人。⑤ 对责任阶段的行为规范（决定规范）的违反，则是对与特定行为人有关的个别的、主观的“意思决定规范”的违反。例如，无责任能力的人杀人，是对指向抽象的一般人的意思行为规范的违反，因此具有违法性；但是，行为人对个别的、主观的意思决定规范的违反难以得到确认，有责性被否认。⑥ 如此一来，不法和责任的区分仍然是存在的：它们都是评价体系；其共同的评价对象是行为的主观面和客观面；在涉及规范的两个相互关联的评价程序中，

---

① ［德］汉斯·海因里希·耶赛克、托马斯·魏根特：《德国刑法教科书》，上册，徐久生译，577页，北京，中国法制出版社，2017。

② 违法性认识与故意、过失不同，不属于行为人“有意识地把因果过程引向结果”的要素，其只能排除责任，因此，即使任何人不知道自己的举止是被刑法所禁止的，也仍然要作为故意来处理。在其违法性错误可以避免的情况下，违法性和有责性都具备，应当成立犯罪。这样说来，具体行为人的违法性认识可能性的错误（禁止错误），就不是一个违法性的问题，而是一个有责性问题。

③ 参见［日］福田平：《刑法总论》，增补3版，137页，东京，有斐阁，2001。

④ 参见［日］西田典之：《日本刑法总论》，刘明祥、王昭武译，98页，北京，中国人民大学出版社，2006。

⑤ 参见陈璇：《刑法中社会相当性理论研究》，82页，北京，法律出版社，2010。

⑥ 参见［日］井田良：《讲义刑法学·总论》，2版，256页，东京，有斐阁，2018。

它们必须发挥各自的作用，规范才没有矛盾。在故意被放到违法性阶段，责任阶段也包含客观要素之后，违法性和责任的阶层也不会混淆，因为其各自评价不同的主观和客观因素，功能不同，判断重心不同，不存在相互替代的问题。

也就是说，按照行为无价值二元论，主观认知是判断对象之一，意志行为与法益侵害之间的关联性必须得到重视，意志与客观行动之间的关系也必须建立。行为人的认知是一种“客观化的”行为意思和意志。承认主观违法要素，违法性判断标准的客观性仍然相对地可以维持。

第二节 犯罪故意

一、故意的认识因素和意志因素

关于如何判断故意，存在着以下理论：(1) 认识主义，认为故意的构成以行为人对客观上的犯罪事实具有认识为必要，即强调“知”的因素在故意构造中的重要性，所以，其可能将有认识过失作为故意看待，存在扩大故意范围的危险。(2) 希望主义，认为故意的成立不仅要认识构成要件事实，而且须希望危害结果发生。然而，希望主义对意志因素的理解过于狭窄，将意志等同于希望，缩小了故意的范围。(3) 容认主义。这是对希望主义的一种修正，即在承认认识因素是故意的心理基础的前提下，认为故意的构成并不一定以希望结果发生为条件，如果行为人放任、容认、漠视危害结果发生，同样可以构成故意。容认主义在对意志因素的理解上，持一种更为宽泛的态度，不仅希望可以成为意志因素，而且容认亦可以成为意志因素，从而扩大了故意的范围。在中国刑法理论及司法实践中，容认主义是通说。根据刑法第 14 条第 1 款的规定，犯罪故意是指明知自己的行为会发生危害社会的结果，并且希望或者放任这种结果发生的一种心理态度。(4) 盖然性说，认为行为人对结果的发生是否具有容认、放任、同意的情绪，必须结合行为人对结果的认识来判断，即行为人认识到危害结果发生的高度可能性（盖然性），仍然实施该行为的，就足以表明行为人容认或者放任结果的发生，成立犯罪故意；行为人只对结果的发生具有较低程度的认识时，则没有容认和放任的心态，只成立过失。盖然性说试图通过对认识因素的判断来解决意志因素的问题，有其合理之处。但是，行为人究竟是已经认识到了结果发生的高度盖然性还是只认识到可能性，有时难以判断。

在上述四种学说中，都涉及人的心理事实，即“知”与“意”的关系。知，即认识因素，是人的心理基础。意，即意志因素，是人的心理活动中具有支配力的因素。意志带有强烈的主观能动性，使主观意识转化为外部动作，从而对人的行为起调节（发动和制止）作用。就认识和意志两者的关系而言，两者是密不可分的，由此形成人的同意的心理过程。虽然认识是意志的前提，但认识活动本身也不能离开意志，是在意志的主导下实现的，因此，在认识和意志的对立、统一的矛盾关系中，意志占主导地位，认识居辅助地位。

（一）认识因素

犯罪故意的认识因素是指行为人明知自己的行为会发生危害社会的结果的心理态度。换言之，行为人认识到了自己的行为及结果是具有社会危害性的。具备这种认识因素，是犯罪故意与一般心理活动中的故意的根本区别之所在。

犯罪故意的认识因素是对行为的法益侵害性或者威胁性的认识，包括对以下因素的认识：(1) 行为的性质。对于行为性质的认识，是指对于行为的自然性质或者社会性质的认识。对行为的法律性质的认识属于违法性认识而非事实性认识。(2) 行为的客体。对行为客体的认识，是指对行为客体的自然属性或者社会属性的认识。例如，在故意杀人罪中，须认识到被杀的是人。(3) 行为的结果。对于行为结果的认识，是指对于行为的自然结果的认识。这种认识，在很大程度上表现为一种预见，结果成为行为的可期待的后果。(4) 行为与结果之间的因果关系。对于因果关系的认识，是指行为人意识到某种结果是本人行为引起的，或者行为人采取某种手段以达到预期的结果。在这种情况下，行为人都对行为与结果之间的因果关系具有事实上的认识。(5) 其他法定事实。例如犯罪的时间、地点、伴随情况等，如果其系特定的构成要件要素，亦应属于认识内容。此外，某种行为的前提条件，亦在认识限度之内。

事实性认识存在一个认识程度问题。在故意犯罪中，认识程度是指认识到结果必然发生与认识到结果可能发生。应当指出，这里的必然发生与可能发生都是指行为人在当时情况下的一种主观判断，因而属于主观认识内容，而非客观事实。所谓认识到结果必然发生，是指行为人当时认为，基于事物发展的趋势，结果发生是在预见之中的。所谓认识到结果可能发生，是指行为人当时认为，基于事物发展的趋势，结果有可能发生，也有可能不发生。认识结果必然发生与认识结果可能发生，对于区分直接故意与间接故意具有一定意义。一般认为，直接故意的认识因素，既包括认识到结果必然发生，又包括认识到结果可能发生。而间接故意，以认识到结果可能发生为前提。认识到结果必然发生而又放任其发生的，属于直接故意而非间接故意。

（二）意志因素

故意除具备认识因素外，还应当具备意志因素。

意志对人的行动起支配作用，并且决定着结果的发生。犯罪故意的意志因素是行为人在明知自己的行为会发生危害社会的结果的基础上，决意实施这种行为的主观心理态度。因此，其可以分为希望和放任两种形态。

二、故意的分类

从学理上，故意可以分为确定故意和不确定故意两种。① 确定故意，是指行为人对构成要件事实的认识较为清楚，犯罪意思确定的故意形态。不确定故意，是指行为人对犯罪对象、结果等构成事实缺乏具体认识的情形。不确定故意包括三种类型：(1) 未必故意。这是指行为人对结果的发生有一定预见，知道结果可能发生，也可能不发生，但结果一旦发生，行为人内心能够接受的罪过形式。(2) 择一的故意。这是指行为人知道自己的侵害行为可能造成一定的危害结果，但是该后果究竟由谁承担，并不确定；无论对谁造成危害结果，都不违背行为人的本意。例如，甲发现仇人乙、丙同时并排站立，即对准二人开枪，知道乙、丙两人中肯定会有一人中弹身亡。此时甲就具有择一的故意。(3) 概括故意。这是指行为人对结果的发生，仅有大致认识，而没有明确性认识。例如，A 实施决水行为，知道会有多人死亡，但究竟是哪些人会死亡，缺乏确定的认识。

根据立法（刑法第 14 条第 1 款），犯罪故意可分为直接故意和间接故意两种类型。

（一）直接故意

直接故意，是指行为人明知自己的行为会发生危害社会的结果，并且希望这种结果发生的心理态度。

根据认识因素的不同内容，直接故意又可以区分为两种情况，一种是行为人明知自己的行为必然发生危害社会的结果，并且希望这种结果发生的心理态度；另一种是行为人明知自己的行为可能发生危害社会的结果，并且希望这种结果发生的心理态度。直接故意的意志因素是希望。希望，是指行为人追求某一目的的实现。在希望的情况下，行为人有意识地通过自己的行

---

① 此外，在理论上，还有将故意分为事前故意和事后故意的主张。但是，根据行为与责任同在的原理，所有的犯罪故意都必须是危害行为实施时存在的罪过，因此，事前故意、事后故意的分类，基本上属于“文字游戏”，对于认定犯罪没有实际意义，且曲解了犯罪故意概念，并不足取。

为实现某一目的，因此，行为与结果之间的关系是手段与目的之间的关系，意志通过行为对结果起支配作用。

在实践中，绝大多数犯罪都是出于故意而实施的，而在故意犯罪中，主要的是直接故意犯罪。直接故意犯罪中行为人对危害结果发生持希望态度，因此在犯罪实行过程中，行为人的犯罪目的都是明确的，而且行为人多具有较强的意志力，对所遇到的困难或阻力多会想方设法排除，以实现犯罪目的。因此，有直接故意的行为人具有较大的主观恶性。

（二）间接故意

间接故意，是指行为人明知自己的行为可能发生危害社会的结果，并且有意放任，以致发生这种结果的心理态度。

有间接故意的行为人对构成要件要素有认识，并且对结果发生与否持无所谓的态度，因此，结果即便发生，也在行为人能够接受的范围内。在这个意义上，可以说间接故意也和直接故意一样有实现构成要件的愿望，只是愿望的强烈程度有差别而已。

三、关于间接故意的若干问题

间接故意是明知自己的行为会发生危害社会的结果，并且放任这种结果发生的心态。在间接故意中有很多复杂问题，需要仔细研究。

（一）放任的意志性

犯罪故意都存在认识因素和意志因素，认识因素是意志因素的前提，意志因素是认识因素深化的结果，认识的结果和行为人最终放任发生的结果之间具有同一性。在没有认识的情况下，无论具有何种认识可能性，也不存在认识因素；在没有决定实现何种内容就行动时，缺乏故意的意志因素。例如，行为人在抓取武器时，还不清楚他是射击还是只是想威胁被害人，即使子弹发射导致被害人死亡，也不存在杀人的故意，只可能成立过失致人死亡。这就是“未决意的状态”，因为缺乏意志而排斥故意。①

在刑法理论史上，关于间接故意的争论最早发生在认识论和意志论之间。认识论认为，仅仅根据认识因素的有无及程度，就可以区分直接故意和间接故意；而意志论认为，必须根据行为人是否存在放任、容认、接受结果发生的心态确定间接故意。“间接故意的理论史，其实就是这两种主张的反复消长史。”②

认识论者认为，应当以认识是否存在以及认识的程度，作为判断间接故意是否存在的标准，由此否认放任的心理态度对于间接故意的意义。认识，在心理学上又称为意识，是指对于客观事实的反映，包括感觉和思维两个方面③，在感觉和思维这两个因素中，思维是决定性因素。犯罪故意中的认识，是指对于构成事实的认识。这就为事实性认识限定了范围。按照认识论的观点，行为人在对于构成要件事实有认识的情况下，仍会实施相应行为，就有故意；如果有一定认识时不实施实行行为，就没有故意。意志论者则认为，决定故意的关键并不在于认识，而在于行为人和结果之间的强烈心理联系，即对结果的意欲、意志。意志，是人的心理活动中具有支配力的因素。意志带有强烈的主观能动性，使主观意识转化为外部动作，从而对人的行为起调节（发动和制止）作用。间接故意是指行为人认识到结果发生的可能性时，宁愿结

---

① 参见［德］汉斯·海因里希·耶赛克、托马斯·魏根特：《德国刑法教科书》，上册，徐久生译，407页，北京，中国法制出版社，2017。

② 许玉秀：《主观与客观之间》，60页，台北，作者自版，1997。

③ 意识是人们在任何生活、实践和正常情况下必然有的包括感觉和思维两方面的认识活动的综合体。参见潘菽主编：《意识——心理学的研究》，30页，北京，商务印书馆，1998。

果发生也不愿意放弃其行为，即使结果是其所不在乎或者不希望的。此时存在对结果的伴随意欲，这是因为自私心理使行为人产生侵害法益的目的。

对于认识论和意志论的上述争论，通常的见解是：认识和意志两者是密不可分的，认识虽然是意志的前提，但认识活动本身也不能离开意志，是在意志的主导下实现的。因此，在认识和意志的对立、统一的矛盾关系中，意志占主导地位，认识居辅助地位。意志对人的行动起支配作用，并且决定着结果的发生。① 所以，意大利学者才指出：故意在实践中就是指行为人的意志。②

对于放任的意志性，应当从行为与结果之间的主观联系上加以说明。在放任的情况下，行为人认识到结果发生的高度可能性，对于这种可能的结果，如果持希望的态度，就是直接故意；对于这种可能的结果，如果既不希望其发生，亦不否定其发生，就是间接故意。因此，作为可能的故意，间接故意不仅认识上是可能的，即认识结果可能发生，而且在心理态度上也是“两可”的，这种“两可”态度，表明行为人“接受危害结果发生的危险”，而行为人是否“接受危害结果发生的危险”，是决定（和限制）可能故意成立的根据。③ 这就是间接故意的意志性。间接故意的意志性主要从其与结果的关系上得到解释，这种关系，正如间接故意一词所表明的，是一种间接关系。在间接故意的情况下，其结果具有间接性、附属性和派生性。这就说明放任与希望之间的区别是明显的：希望是对结果积极追求的心理态度，放任则是对这种结果有意地纵容其发生。两相比较，在意志程度上存在区别：希望的犯意明显而坚决，放任的犯意模糊而随意。

（二）放任的含义

放任，是指行为人虽然不是积极地希望发生其所预见的犯罪事实，但是具有它如果发生了也是没有办法的事这种心理态度，即放任就是对于危害后果的消极容忍、包容、同意和接受。对此，俄罗斯学者明确指出：“有意识地放任后果发生是主体不希望发生危害社会后果但容忍其发生的思维过程。”④

实务中对于放任的认定，有时必须面对一些难题，例如，两个行为人打算以皮带勒昏被害人以夺取财物，但担心被害人死亡，而试图改用沙袋闷昏被害人。在未获成功时，行为人再用皮带将被害人勒昏。在此过程中，一个行为人为确认被害人是否已无力挣扎更勒紧皮带时，另一人发觉而制止。取财目的达到后，两行为人见被害人昏迷已久，心生怀疑，对其进行人工呼吸抢救，却已经回天乏术（德国著名的“皮带案”）。行为人的罪过是什么？法院判决在认识因素上认为行为人很清楚行为的危险性，对结果已有估算；在意志要素上认为并非结果合乎行为人的心愿才是故意，即使结果并非行为人所愿，但为了达成特定目的，必要时仍接受不希望发生的结果，则在“法律意义”上已认可结果发生。在这个判决中，仍然以意志因素作为认定间接故意的决定性因素，认为行为人为了达到原定目的，必要时仍接受不希望发生的结果，就在法律意义上“认可”了危害后果，就属于有放任。⑤

---

① 犯罪结果是否是意志因素控制的对象，长期以来都是一个有争议的问题。有的理论认为，行为人的意志只能作用于自己的举动，只有对自己行为的控制才是故意的意志因素；因为客观的因果链条一经发动（例如，为了淹死自己的对手而将其扔入河内），犯罪结果就只能为行为人所预见，而不可能成为行为人控制的对象（“预见说”）。实际上，由于故意行为的实质在于行为人有意识地将各种现实因素都变成自己实现“目的”的“手段”，所以，行为决定结果的整个过程都应被视为行为人意志控制的过程。参见［意］杜里奥·帕多瓦尼：《意大利刑法学原理》，注评版，陈忠林译，189页，北京，中国人民大学出版社，2004。

② 参见上书，184页。

③ 参见上书，190页。

④ ［俄］库兹涅佐娃、佳日科娃主编：《俄罗斯刑法教程》，总论·上卷，黄道秀译，312页，北京，中国法制出版社，2002。

⑤ 参见许玉秀：《主观与客观之间》，82页，台北，作者自版，1997。

在1989年一个关于艾滋病携带者未采取安全措施的性行为案（行为人在医生一再告诫存在艾滋病传染危险的情况下，仍4次在未告知性伴侣自己是艾滋病病毒携带者的情况下，未使用安全套与对方进行性行为）中，德国联邦最高法院认为判决上一贯坚持的容认说立场，没有为艾滋病事例而改变的必要。该法院认定，行为人具有间接故意的主要理由是：(1) 传统实务中认定，间接故意是以行为人认识到构成要件结果有发生的可能性，而不只是"有一些"可能(ganzfernliegeng)，并且以认可的态度予以容认，或者即便结果的发生并非行为人所愿，至少为了原定目标而予以接受；(2) 间接故意所需要的认识因素和意志因素，必须综合考虑犯罪事实和行为人个人的人格；(3) 行为人一再被告诫，故其对疾病传染可能性有高度认知，因而可认定其对性伴侣可能受感染加以容认，对伤害结果加以接受。由此可见，该判决结论仍然毋庸置疑地坚持了容认说。

我国学者对于放任的理解，大致可以分为三种观点：(1)"不希望说"，认为放任就是虽不希望、不积极追求结果的发生，但也不反对和不设法阻止这种结果的发生，而是采取听之任之的态度。① (2)"不在乎说"，主张放任就是对结果的发生与否采取满不在乎、无所谓的态度，发生不违背其本意，不发生也不懊悔。② (3)"纵容发生说"，认为放任不等于行为人对结果完全漠然，不是在希望与不希望两种可能性之间采取中立态度，而是在这种态度中倾向于"接受结果"这一极，纵容结果的发生。③

就字面含义而言，放任就是听其自然，不加干涉。有的学者根据词义学赞成"不在乎说"，并批评"纵容发生说"，认为即使放任结果不发生在刑法学上没有意义，也不能因此否认"放任发生"成立的前提条件——"放任不发生"心态的存在，否则，行为人只给其行为及其结果规定一个发展方向——只许发生、不许不发生，这就不能再称为放任了。④

但是，这种观点值得商榷：很简单的道理，直接故意的意志因素是希望，但是，任何刑法学者都会直接将希望界定为积极追求，而不会认为在讨论"希望"时，必须要考虑"不希望"的具体表现。对刑法学上的概念，不能仅仅从字面含义上进行理解，应当作规范意义上、超越词义学含义的解释。放任结果"不"发生的心态，作为一种生活事实肯定存在，但是在规范意义上要讨论的是处于希望和不希望两极之间的放任心态，与过失的罪过有相当的距离，是更接近于希望的意志因素，只有在放任结果发生的场合，才有讨论的必要。所以，将放任在总体上解释为"纵容结果发生"，而不需要借助"放任结果不发生"来界定间接故意，既符合刑法第14条的规定，也遵守了刑法的实质解释规则。对此，王作富教授也曾经指出，放任并不是对结果的发生持半斤八两的态度，间接故意是放任结果发生，而非"放任结果不发生"⑤。

有学者指出，故意是行为人的主观心态，因此，包括间接故意在内，都有很难解决的诉讼证明问题，换言之，故意问题的另一面就是客观证明问题，这是认定间接故意的一大难题。对于间接故意的认定，刑法学上先后提出了容认说、漠然性理论、认真对待说等。但是，这些理论的差异性和价值都被高估了，否定间接故意中的意欲要素既无必要也不可能。更为重要的是，无论是哪一种学说，最后都取决于确定行为人是否容认结果发生的客观事实，也就是诉讼证明。如果不能证明相关事实，无论哪一种学说都没有实质用处。因此，一个有效的故意理论，"必须诚实面对而非逃避或遮掩故意在诉讼上证明的困难"⑥。之所以强调这一点，与我国刑法对

---

① 参见高铭暄、马克昌主编：《刑法学》，9版，106页，北京，北京大学出版社，2019。

② 参见张明楷：《刑法学》，5版，264页，北京，法律出版社，2016。

③ 参见何秉松主编：《刑法教科书》(上)，314页，北京，中国法制出版社，2000。

④ 参见贾宇：《犯罪故意概念的评析与重构》，载《法学研究》，1996 (4)。

⑤ 王作富：《中国刑法研究》，163页，北京，中国人民大学出版社，1988。

⑥ 林钰雄：《新刑法总则》(第6版)，198页，台北，元照出版有限公司，2018。

故意犯处罚重、过失犯相对处罚轻有关，也与建立客观标准以避免刑讯逼供的现实要求有关。

要结合证据证明和判断行为人是否有间接故意，必须考虑以下几点：

其一，放任必须建立在对结果发生的“盖然性认识”基础之上。在间接故意的场合，行为人预见到结果发生的可能性是相当高的，高于有认识过失的可能性、低于直接故意的必然性。例如，不是在特别近的距离开枪，但是，有使被害人死亡的高度可能性的，肯定杀人的间接故意并无不妥。这主要是因为盖然性认识的有无与案件事实直接相关，认识之有无属于“显性”事实，较为容易判断。根据行为人对事实的预见程度高低判断间接故意的有无，在很多情况下就不会是一件太困难的事情，所以强调放任与盖然性认识有关，就具有现实意义。对此，有学者认为，在结果发生可能性远较不发生的可能性为大的场合，根据事实性判断而不是意志因素肯定间接故意的存在，可以防止刑法理论过度陷入“心情刑法”的危险。① 在我国强调这一点，对于激励司法工作人员查明事实，防止司法工作人员通过刑讯逼供探寻行为人内心意志，逼取口供，有积极意义。

盖然性认识，也可以用对法益侵害有具体认识加以解释。(1) 认识和意志所共同对应的客观要件是造成法益受侵害的具体危险（不能控制的危险），认识是对这种危险有认知，意志是要实现这种危险；(2) 行为人认识了具体危险，就表示其已经清楚看到行为—后果发展过程中法益受侵害的可确定程度，有意识地实现危险。在有认识的过失中，行为人预见的是抽象危险，对行为人而言，法益侵害结果只是可能发生的结果之一，其有理由相信这种法益侵害结果可能不发生。

其二，行为人必须对结果有过大致估算——在对结果估算后，认为即便结果发生自己也可以接受的，就是间接故意。对此，耶赛克指出，对于间接故意是否成立，需要在认识因素的基础上加上“认真的条件”。就结果发生的可能性而言，严肃态度是不可或缺的要素，必须真的认为结果有发生的可能性，且予以容认，才属于间接故意。经过大致的认真估算后，不愿意接受结果的，或者根本没有进行过估算，并不真的认为结果会发生而只是一味鲁莽的，不应当成立间接故意，但可能成立过失。例如，甲在城市环路上驾驶油罐车上路时忘记关阀门，导致柴油遗洒 3.9 公里，引发 7 起事故，致使交通瘫痪 3 个多小时的，甲对结果不是持放任态度。由此可见，直接故意的意志因素是希望，与它对应的一极是“不希望”，疏忽大意过失和轻信过失都符合“不希望”的特征。而在希望和不希望之间，是听任、放任等摇摆不定的意志因素。但是，间接故意的“放任”并不完全等同于听任，而是在做过估算之后的“听任”。如果没有进行大致估算就贸然行动，即使表面上看像是“听任”结果发生，也不能评价为放任。

对于估算这一要素在放任中的重要性，许多学者都是赞同的。罗克辛并不反对通说的容认说立场，只是认为所谓的接受、容认结果发生，应以行为人是否基于严肃、认真的判断，然后产生有侵害法益可能性的决定，作为判断行为人对结果是否在内心里接受或者容认的依据，即只要行为人产生了可能侵害法益的决定，就满足了间接故意所要求的意志因素（决定说）。详言之，当行为人真的估算构成要件有可能实现时，为了达成原定目标，仍然实施行为，即表示接受犯罪最终会实现的结果，不管这个结果是不是行为人所喜欢的，都构成间接故意；反之，如果行为人虽然预见结果发生的可能性，但并不真的认为结果会发生，也没有在必要时接受结果发生的心理准备，只是轻率地相信结果不会发生，则是有认识过失。罗克辛同时强调，相信结果不会发生和希望结果不会发生并不相同：相信结果不会发生，通常是高估自己左右事态的能力，因此并没有认真估算结果的实现可能性，从而欠缺故意；但认真估算结果发生可能性，

① 参见［日］前田雅英：《刑法总论讲义》，7 版，164 页，东京，东京大学出版会，2019。

并且没有相信结果不会发生，却始终可能希望走运而结果不发生，因此单纯地希望结果不发生并不能排除故意。①

间接故意的行为人认真地对待构成要件结果发生的危险，认真对待危险意味着：行为人对危险有相当充分的估计，行为人认识到危险发生的可能性大小和时间，容认构成要件实现的意志中含有对危险实现的高度认识，所以，放任不能仅仅解释为容认，而是有比容认更多的内容。耶赛克就曾经指出：放任这种表述要优于过去的判例中所使用的容认，因为它清楚地表明，行为人恰恰没有把握，且对结果的产生与否抱无所谓的态度，不以自己的力量控制因果进程，以避免危险的发生。

在这里，还值得研究的问题是，对于结果瞬间发生，行为人“不计后果”的，通常也应该认定为行为人有间接故意，因其对结果也有估算：一方面，“不计后果”不是不计算后果，而是发生任何后果都可以接受，行为人估算结果的时间过程极短，其仍然属于理性人；另一方面，认真估算是相对于过失犯而言的，过失是真的认为结果不会发生，而不是估算后认为结果真的会发生。在行为瞬间完成，行为人对死伤结果都无所谓的场合，其认为哪一种结果都真的有可能发生，因此，应当成立故意。

其三，行为人对结果发生采取“无所谓”态度，即毫不在意、漠不关心，但却认可、接受后果，使具体危险转化为具体的实害后果。换言之，经过认真估算，对结果不容认的，不是放任；但经过估算后，认为即便结果发生了也在所不惜的，则成立间接故意。

行为人是否“接受危害结果发生的危险”是决定间接故意是否成立的根据。如果行为人对可能发生的结果持接受态度，尽管该结果只是其行为目的的“附带”结果，也可以说该结果是行为人所愿意发生的；相反，如果行为人认为结果不可能发生，自信完全能够避免，就可能属于过失。行为人对危害结果有所预见，但不希望，也不接受其发生，是这种过失的典型特征。例如，一个司机在市区街道上莽撞地开车漫游时，已经预见到不注意就可能会撞上人，但他自信其个人有驾驭风险的能力，肯定可以避免结果的发生，就是有认识过失。

以何种标准来确定行为人是接受还是拒绝危害结果发生的危险？意大利学者指出：就故意而言，行为人所预见到的可能发生的结果是一种具体的结果，即行为人认为该结果就是自己实施的具体行为的结果，即使发生的可能性不大；而在过失中的结果，是行为人不希望发生的结果，即行为人自信可以排除的结果。这样，过失的典型特征就是：行为人所预见到的可能发生的结果只是一种抽象的结果，或者说不是与行为人所实施的具体行为相联系的结果，而是与行为人不遵守一般性规则的行为相联系的结果，例如，司机之所以交通肇事，主要是其违反禁止超速行驶等规定。从这一角度看，行为人所预见到的结果是不是与行为人的具体行为相联系的具体结果，就应该是判断行为人是否接受危害结果发生的危险的标准。如果此说成立，行为本身就是确定行为人接受结果发生危险的标准，因为行为人在相信危害结果可能发生的情况下实施行为，就意味着行为人已经接受了危害结果发生的危险；如果行为人对自己相信会发生的危害结果持拒绝的态度，他就不会继续实施行为。②

因此，行为人认为构成要件结果有发生的高度可能性，通过认真地估算，对结果的实现毫不在意，认可、接受这一结果的，就属于放任，可以成立间接故意。

（三）与放任有关联的其他问题

1. 具体犯罪中希望和放任之间是否存在排斥关系

有的学者认为，刑法分则中某罪只能由间接故意构成，不能由直接故意构成，或者只能由

---

① 参见许玉秀：《主观与客观之间》，93页，台北，作者自版，1997。

② 参见［意］杜里奥·帕多瓦尼：《意大利刑法学原理》，注评版，陈忠林译，191页，北京，中国人民大学出版社，2004。

直接故意构成，不能由间接故意构成。这样，人为地造成希望和放任之间的对立。这是值得商榷的观点。

一方面，刑法分则对故意犯罪的规定，并未限制其故意类型，理论上就不能认为连间接故意都可以构成的犯罪，具有更大非难可能性的直接故意反而不能构成。对分则各个故意犯罪的判断，不能脱离总则的规定进行，而刑法总则将直接故意和间接故意规定在同一个条文，也并未明确指出直接故意和间接故意之间有排斥关系，没有承认它们在性质上有何差别，在解释论上就当然不能认为某罪只能由间接故意构成、不能由直接故意构成，或者只能由直接故意构成、不能由间接故意构成。

另一方面，有的犯罪，通常以直接故意的面目出现，但是不能因为理论上难以想象间接故意的情形，或者实践中很少对某种故意犯罪的间接故意类型进行惩罚，就排斥间接故意的存在，人为地对保护法益制造障碍。例如，一般而言，放火罪是出于直接故意，但完全存在为骗取保险金而放火的情况，此时的放火罪就可能是出于间接故意。再比如，故意毁坏财物罪一般认为是出于直接故意，但是完全存在（直接）故意实施其他重罪过程中放任财物毁坏结果发生的情况。

2. 明知结果必然发生时，是否还存在放任心态

事实性认识存在一个认识程度问题。在故意犯罪中，认识程度是指认识结果必然发生与认识结果可能发生。这里的必然发生与可能发生都是指行为人在当时情况下的一种主观判断，因而属于主观认识内容，而非客观事实。所谓必然发生，是指行为人当时认为，基于事物发展的趋势，结果发生是在预见之中的。所谓可能发生，是指行为人当时认为，基于事物发展的趋势，结果有可能发生，也有可能不发生。认识结果必然发生与认识结果可能发生，对于区分直接故意与间接故意具有一定意义。一般认为，直接故意的认识因素，既包括认识结果必然发生，又包括认识结果可能发生。对此，理论上没有疑问。而间接故意，在理论上通常称为可能的故意或者未必的故意，因而都以认识结果可能发生为前提。但也有与之相反的观点，认为间接故意之认识因素，在程度上包括认识结果必然发生与认识结果可能发生两种情形。我国个别学者把间接故意分为两种类型：一是积极的放任。当行为人认识到自己的行为一定（必然）会发生某种危害社会的结果，而仍放任这种结果发生时，便是积极放任的心理态度。二是消极的放任。当行为人认识到自己的行为可能会发生危害的结果，而放任这种结果发生时，便是消极放任的心理态度。① 这里的争论焦点在于：是否存在认识结果必然发生而又不希望其发生这种心理状态？对此的回答应当是否定的。② 俄罗斯刑法学者也认为，间接故意不可能预见发生危害社会后果的必然性，因为这种预见只能是直接故意的要件。③

我国刑法学的通说认为，间接故意的行为人根据对自身犯罪能力、犯罪对象情况、犯罪工具情况或者犯罪发生的时间、地点、环境等情况的了解，认识到行为导致危害结果发生只是具有或然性、可能性，而不是具有必然性。行为人不希望结果发生，但认识到结果必然发生的，仍然是直接故意，不可能成立放任。④ 对此的质疑是：区分直接故意和间接故意的唯一标准就是意志因素，明知结果必然发生，但是没有希望心态的，只能是间接故意。⑤

---

① 参见姜伟：《犯罪故意与犯罪过失》，176 页，北京，群众出版社，1992。

② 参见陈兴良：《刑法哲学》，6 版，209 页，北京，中国人民大学出版社，2017。

③ 参见［俄］库兹涅佐娃、佳日科娃主编：《俄罗斯刑法教程》，总论 • 上卷，黄道秀译，311 页，北京，中国法制出版社，2002。

④ 参见高铭暄、马克昌主编：《刑法学》，9 版，106 页，北京，北京大学出版社，2019。

⑤ 参见马克昌主编：《犯罪通论》，320 页，武汉，武汉大学出版社，1990。

在这个问题上，通说的观点是有道理的。意志因素以认识因素为前提，反过来，意志因素的内容又限制认识因素的内容。间接故意是一种可能故意，放任是听之任之，发生可以，不发生也可以的心理态度，因此前提是具有发生结果与不发生结果两种可能性。在当时情况下，行为人对于危害结果是否会发生，处在一种不能肯定的状态，存在发生可以，不发生也可以的心理态度。行为人如果认识到危害结果必然发生，则不可能再放任结果的发生，实质上是希望危害结果发生。例如近距离开枪，即使行为人自己声称不希望被害人死亡，也存在直接故意；有结果发生的必然性，只是由于偶然原因没有发生结果，也不能否定直接故意的存在，例如多次对被害人投下足以致死的毒物，但被害人因为体质特殊而未死亡的，也是直接故意杀人。

第三节　犯罪过失

我国刑法以处罚故意犯为原则，以处罚过失犯为例外。

根据我国刑法第 15 条第 1 款的规定，犯罪过失，是指行为人应当预见自己的行为可能发生危害社会的结果，因为疏忽大意而没有预见，或者已经预见而轻信能够避免，以致发生这种结果的心理态度。

一、过失论的历史

随着人类社会的发展，交通事故、医疗事故、工矿企业的责任事故、环境污染事故、火灾等层出不穷，刑法理论如何处理类似事件，涉及过失犯理论的发展问题。在我国现代化进程不断加快、工业生产规模扩大、矿山开采日益频繁、交通运输工具大量使用的今天，社会在客观上变得越来越充满危险，如何依据传统的过失犯罪理论，对各种责任事故犯罪进行准确认定，是刑法学回应社会需要，进行问题思考的重要环节。

（一）旧过失论

1. 主要观点

古典犯罪论体系认为违法是客观的，责任是主观的，因而只在有责性阶段讨论故意、过失的有无问题。以此为背景，过失被界定为行为人主观上对法益欠缺关心的心理态度。过失犯的本质是行为人违反注意义务而应受到非难的心理态度，即行为人应当预见犯罪事实，且能够预见，但因为懈怠而未预见并最终导致结果发生，其核心是行为人没有预见到某种应当预见的结果。由此，主观的预见义务（预见可能性）成为过失责任的判断依据。

旧过失论符合结果无价值论的逻辑：违法是一种造成损害的客观事实，与故意、过失无关，过失仅属于无法决定违法但与个人有关的责任要素。按照这种进路，行为与结果之间如果具有相当因果关系，过失犯的构成要件该当性就存在；具有结果预见可能性但未履行结果预见义务的，就具备责任过失。违法和责任同时存在时，行为人就应当成立过失犯罪。

“行为者对于危险性之行为应加以注意，但亦有非行为者所可能认识者，则虽尽相当之注意，仍不可识，此时自不能强其必识，至于可能认识，因不注意而不识者，即须负过失之责任，盖自法律本旨言之，社会秩序之维持，人人须尽相当注意义务，对于可能认识之反社会性事实，不尽此注意义务，而缺乏认识，即应受社会之非难，是为过失责任之根据。”①

按照旧过失论，对过失犯在责任阶段进行两次检验：(1) 行为人是否违背注意义务；(2) 行为人是否具有非难可能性，即行为人根据其能力是否能够预见结果的发生，从而具有实施其他行为的可能性。

---

① 韩忠谟：《刑法原理》，150 页，北京，北京大学出版社，2009。

2. 问题

旧过失论的问题在于：（1）按照结果无价值论，对构成要件中行为与结果关联性的判断要承认相当因果关系说，进行相当性判断，考察某种行为一旦实施，是否通常会发生某一结果。对过失犯实行行为的认定，与故意犯类似，离不开相当性（依一般社会经验、社会通常观念）判断，而对于客观上具有结果发生通常性的情形，行为人主观上不能说自己对于结果发生毫无预见可能性。因此，真正的问题在于：如果在不法阶段采取相当因果关系理论，在过失犯的责任判断中又将预见可能性作为核心要素，就会有重复审查的问题，因为相当因果关系中的相当性概念本质上就是旧过失论过失要素中的客观预见可能性。① （2）不能缩限过失犯的成立范围。因为预见义务、预见可能性的范围并不明确，即便像旧过失论那样对预见义务进行多种限定，预见可能性的成立也相对较为容易，预见义务的赋予也可能较多，从而使过失犯的成立范围难以限定。例如，对于面相凶残的行为人口头胁迫某老年人"赶快给我钱，不然给你点颜色看看"，引发该老年人心脏病发作而死亡的情形，按照旧过失论，很难说行为人对死亡结果没有过失，因为老年人身患疾病并不是异常的，恐吓老年人引起死亡时，行为人不能说其缺乏预见可能性。这无疑会使行为人一旦稍有闪失，就难以逃脱过失犯的指控。而在现代社会中，大量存在伴有一定危险性但得到允许的行为。如果仅重视结果预见可能性，在从事某种危险行为时，行为人对结果的预见也容易得到肯定，由此导致一旦出现法益侵害就可能成立过失犯；同时，预见可能性是一个程度的概念，即便要求具体的预见可能性，预见对象的具体化与抽象化之间，也并没有特别明确的标准，存在大量模糊地带。因此，"预见可能性是一种其原理并不明确的判断基准"②。此外，还要看到，实务中事实上存在为数不少的有预见可能性，但过失犯并不成立的情况。（3）旧过失论存在结果责任的嫌疑。例如，超速驾车者必定违反注意义务，但是，按照新过失论，在行人对事故负全责或主要责任的场合，即便超速驾驶者有预见义务，也并不能一概肯定驾驶者的过失责任。③ 而按照旧过失论，行为人一旦违反预见义务，就要对一切违反该义务所发生的后果负责。其实，这是应该被摒弃的"结果责任"理论。对此，有学者指出："旧过失理论，由于过度忽视过失'行为'的层面，几乎等同于仅追究结果责任，形成过苛的结论，而有造成处罚范围扩大的疑虑……过失犯的成立与否，几乎全在于'主观预见可能性'是否存在，反而削弱刑法（或构成要件）的保障功能；而且，将故意犯的违法性与过失犯的违法性相同看待，亦违反一般人的法感觉。"④ （4）预见可能性的标准对于特定行业的从业者特别不利。由于结果预见可能性不是全面的判断标准，一旦将其作为过失的核心要素，将使业务过失的成立变得相对容易。例如，在体育比赛中，扔标枪的选手甲将标枪扔偏，将裁判员乙砸成重伤的，这个结果甲可能有认识，也能够预见，按照旧过失论，甲岂不符合过失致人重伤罪的构成要件？如此，特定行业从业者成立过失犯就比一般人更容易。⑤ 但是，即便是最优秀的选手也不能保证每一次投掷都准确无误，采用预见可能性标准思考刑法问题显然是不合适的。⑥

---

① 参见蔡圣伟：《刑法问题研究（二）》，20 页，台北，元照出版有限公司，2013。

② ［日］井田良：《变革时代的理论刑法学》，149 页，东京，庆应义塾大学出版会，2007。

③ 最高人民法院《关于审理交通肇事刑事案件具体应用法律若干问题的解释》（2000 年 11 月 10 日）第 2 条对此作出相应提示性规定，说明司法上也认可结果的客观归属的观念，认为结果能否避免对过失犯判断具有特殊意义，在交通肇事罪中行为人是否具有预见可能性、能否认识结果明显不是关键判断要素。

④ 陈子平：《过失犯理论与医疗过失初探》，载刘明祥主编：《过失犯研究》，213 页，北京，北京大学出版社，2010。

⑤ 类似的质疑，请参见林东茂：《刑法综览》，修订 5 版，140 页，北京，中国人民大学出版社，2009。

⑥ 有人可能认为，利用阻却违法事由（体育比赛）可以处理本案，认为甲的行为不具有违法性。但是，我认为，在这里，实际上是需要首先借助于客观归责理论判断构成要件该当性是否具备的问题。对于前一判断环节就可以排除的结论，非得推迟到后一判断阶层才得出否定结论，使得判断不经济，也不符合思维逻辑，在方法论上存在重大缺陷。

特别需要提及的是：旧过失论所讨论的行为人违反结果预见义务的其中一部分情形，其实明显属于缺乏避免可能性的情形，而非行为人不能预见。按照旧过失论，由于结果无价值论将违法的内容定位于法益侵害，因而，在认识、预见到客观的法益侵害性的前提下，仍然实施相应行为的，对行为人进行责任非难就是可能的。但是，一方面，究竟是预见可能性还是避免可能性缺乏，在旧过失论那里，很多时候并没有得到清晰梳理；另一方面，现代刑法理论已经认同，即便存在预见可能性但缺乏避免可能性，也不能追究行为人的过失责任。换言之，在很多案件中，旧过失论并不能贯彻到底。例如，卡车司机甲在驾车超过骑自行车的乙时，只与之保持了 75 厘米的间隔（交通规则却要求至少保持 1.5 米的距离），正处于高度醉酒状态的乙受超车的刺激猛然向左转向，结果跌入从后方驶来的汽车后轮而死亡。事后证明：鉴于被害人乙当时的醉酒状态，即便开车司机在超车时保持合法的距离，事故也很可能会发生。[①] 对于类似案件，我国学者认为应从预见义务是否得到履行、对结果有无预见的角度进行解释："如果从一般人的立场来看，在事故当时的间隔（75 厘米）上超车，撞上被害人的可能性极小，而且行为人在当时也无法预见被害人处于醉酒的话，应该说，行为人无法预见自己的行为会发生致使被害人死伤的结果，所以，没有过失；相反地，如果行为人已经意识到在事故当时的间隔上超车，极有可能使一般人摔倒，而且，从被害人的姿势来看，其有可能处于异常状态的话，就应当说，行为人对于他人死伤具有预见，对于所发生的结果，应当承担过失责任。"[②] 但是，在空间距离如此近的情况下超车，不能说行为人对于结果没有预见。如果这种情况下行为人对结果不能预见的辩解都能够接受，那么在交通肇事案件中行为人的预见可能性几乎都可以被排除。对于类似案例，讨论的重点其实应该限定在：在对于结果有预见可能性的情况下，即便其履行注意义务，结果发生仍然可能难以避免时，该结果是否要算到行为人头上。其实，如果仅以预见义务作为判断重心，在类似案件中，行为人基本上都有成立过失犯的余地，但这种结论明显不合适。对此，学者有非常到位的评论：司机以违规的近距离超车，"很难想象该司机对肇事结果没有预见可能"，因此，分析的重点不是结果预见可能性、预见义务，而是结果避免可能性。行为人不需要承担刑事责任的真正理由是不能进行客观归责，亦即"其违反义务所制造之风险并未在死亡结果中实现"[③]。这说明，在现代社会中，存在很多违反预见义务但不能将结果归属于行为人，进而不能论以过失犯的情况。将过失犯的核心定位于预见义务的违反明显存在不足。

（二）新过失论

1. 基本主张

按照新过失论，对于过失犯的成立，仅仅有义务预见、有预见可能性还不够，在行为人有所预见，但如果其履行社会生活上必要的、起码的注意，结果就不会发生的场合，如果其没有采取适当的措施避免该结果发生的，将其作为过失犯处理就是妥当的。因此，对于社会生活中必要的、避免结果发生的注意义务的违反，才是评价上需要重点考虑的事实；对某些为维持正常的社会生活而实施的行为所伴随的危险，在行为人并未违反规范的场合，如果结果仍然难以避免，就在一定程度内允许其发生。唯有如此，才能对过失不法的成立范围有所限制。换言之，行为仅仅造成损害，对于过失的违法性的判断是并不足够的。只有行为造成法益

---

① 关于德国"货车案"（Lastwagen-Fall）的具体案情介绍，请参见［德］罗克辛：《德国最高法院判例刑法总论》，何庆仁、蔡桂生译，11 页，北京，中国人民大学出版社，2012。

② 黎宏：《过失犯研究》，载刘明祥主编：《过失犯研究》，31 页，北京，北京大学出版社，2010。

③ 对我国学者将"预见可能性"和"避免可能性"相混淆这一主张的更多批评，请参见王效文：《过失犯的犯罪构造与相关问题》，载刘明祥主编：《过失犯研究》，77 页，北京，北京大学出版社，2010。

侵害，且行为违背社会生活中的一般注意义务的场合，才是违法的。这样，过失犯和故意犯在违法性上就不相同。对应地，故意责任和过失责任也有不同内容。过失在不法和责任层面被分别讨论。

新过失论强调，过失的本体并不在于预见可能性，而在于违反了结果回避义务。也就是说，所谓过失，是指对于社会生活中一般要求的结果回避义务即基准行为的懈怠。为此，过失犯由并未实施法律所要求的基准行为的不作为而构成。该说立足于行为的违法性在于并未遵照规范的要求这种行为无价值的观点，进一步指出，只要并未逸脱（超出、脱离）基准行为，就并无该当于构成要件且违法的行为。新过失论并未完全抛弃预见可能性概念，而是在预见可能性的前提下增加了结果避免义务的要件，以此来判断过失的客观构成要件要素。

至于结果回避义务的内容，要根据处于行为人立场的社会通常人所应当遵守的社会准则来确定。对此，结合交通肇事罪就可以看得很清楚：从事驾驶这种带有危险性的行为的人员，必须遵守交通运输管理法规；交通运输管理法规已经成文化，且内容繁多；为避免法益侵害结果的发生，人们被要求遵守这些类型多样的行为准则，结果回避义务的内容就和这种行为准则相一致。具体来说，在从事交通行为的场合，为了防止死伤结果，至少需要行为人做到以下几点：(1) 在限速内按照规定车道行驶；(2) 观察步行者、其他车辆驾驶人的举动；(3) 保持适当车距；(4) 及时减速停车。没有履行上述义务并导致死伤结果的驾车行为，是过失犯的实行行为。按照这种理论，故意犯和过失犯在构成要件判断上就是不相同的。作为违法要素的“过失行为”，是违反社会生活中的必要注意，偏离现存的社会通常行为准则的行为。既然是有别于故意的独立的违法要素，过失就专门用来表示行为人并非故意的特殊举止方式，对过失的判断就不需要推迟到责任环节来进行。换言之，按照新过失论，对过失要进行“双重判断”——违反客观的注意义务，存在客观的预见和避免可能性，即具备过失犯的行为不法；至于行为人可非难的个别能力（主观的注意义务违反、主观的预见和避免可能性），则明确属于责任的范畴。

2. 合理性

新过失论重视结果回避义务，其合理性在于：(1) 新过失论的理论基础是行为无价值论，其将结果回避义务作为客观的行为基准来设定客观的注意义务，防止过失犯泛滥。结果回避义务，是指为了避免结果发生，站在行为人立场的一般人在遵守社会生活所要求的一般行动准则时应该如何行动，以接近于这个社会的“标准行为”或者典型行为的义务，其核心在于强调社会对于个人行为的约束（个人如何行动才是不逾越规矩的），从而要求个人遵守社会准则。新过失论的主旨是建立行为模式、行为规范。某种行为，即便有一定危险性，但是其所蕴含的风险不会引发刑法分则所明确规制的特定法益侵害，就不应该被禁止。“只有当行为中所蕴含的不受允许之特性在具体个案支配了结果是否发生时，才有在客观上坚持行为规范（注意义务）的道理，才能把结果的发生看成是行为人‘干的好事’，看成是他的‘作品’。”① 由此，行为与典型的行为样态相悖就成为过失的核心，从而使过失犯的评价重点从结果无价值转向行为无价值。② “对于在行为构成中包含着过失的行为无价值这一点，人们存在着共识。”③ 因此，在过失论中重视结果回避义务，属于今天德国的通说。(2) 在构成要件该当性阶段就能够限制过失犯的成立范围。“结果回避义务是一种基准行为，如果根据一般人标准，只要采取了对一般人而言具有合理性的结果回避义务行为即基准行为，即便具有预见可能性，由此所出现的结果

① 蔡圣伟：《“交通过失”与谈稿》，载刘明祥主编：《过失犯研究》，315页，北京，北京大学出版社，2010。

② 参见［日］井田良：《讲义刑法学·总论》，2版，216页，东京，有斐阁，2018。

③ ［德］克劳斯·罗克辛：《德国刑法学总论》（第1卷），王世洲译，714页，北京，法律出版社，2005。

属于被允许的危险，并不具有违法性，由此限制了过失的处罚范围。”[①] （3）新过失论中的结果回避义务概念内含程度较高的价值评价，能够妥当地解决过失犯的难题。[②] 当然，回避的前提是预见可能性是否存在，对于结果发生完全没有预见可能性的，过失犯当然不能成立。

（三）修正的旧过失论

1. 主要观点

旧过失论认为，故意犯和过失犯的构成要件该当性、违法性都是相同的，区别仅仅在责任非难上，但这一学说明显存在缺陷。因此，出现了“修正的旧过失论”。该说主张，没有履行结果回避义务是过失犯的客观构成要件；对结果具有预见可能性，是过失犯的责任要素。过失犯的成立要件和作为责任要素的过失并不是相同的概念；过失犯有不同于故意犯的客观构成要件和违法性。[③] “实行行为、相当因果关系、实质的违法性等故意犯中所要求的客观要件在旧过失论中也作为过失的要件被要求，并不是只要承认了预见可能性，过失犯就成立。说明时也会说这是（对）旧过失论的修正。”[④]

2 可疑之处

“修正的旧过失论”这一说法有一定合理性，但值得质疑的地方也不少：（1）这一理论对过失犯的实行行为格外强调，认为结果避免可能性的有无关涉到对过失实行行为的判断，从而把过失犯的判断从责任判断提前到行为归责，这显然是立足于过失行为违法性的实质在于“对作为一般人行为基准的行为规范的违反”这种行为无价值论的观点[⑤]，进而强调只要具体行为和标准模式保持一致的，就并无该当于构成要件且违法的过失（实行）行为。这个意义上的过失，是指对于社会生活一般所要求的结果回避义务即基准行为的懈怠、偏离。由此，结果避免义务也就能够成为过失犯的客观构成要件要素的核心内容。其实，按照结果无价值论原本是不应该这样思考问题的，因为其强调在判断社会危害性的有无和大小的时候，坚持结果本位的立场，即从与行为方式、方法相对分离的角度来判断行为是否违法及具有社会危害性。而修正的旧过失论明显是从与行为方式、方法紧密关联的角度来思考过失犯的构成要件及违法性。（2）没有结果避免可能性的行为自身往往有侵害法益的危险性，只是因为过失犯都是结果犯，在不具有结果避免可能性的特定行为未实现法所反对的危险时对其不予处罚，因此，修正的旧过失论将缺乏避免可能性的行为一律评价为不具有过失犯的实行行为性，未必是妥当的结论。（3）要区分出故意犯和过失犯的客观构成要件，就等于是承认了行为人是否对结果有认识或预见可能性这一主观要素对作为违法类型的客观构成要件的实行行为、因果关系等有影响，因为指控行为人具有结果避免可能性是以其具有预见可能性为前提的；另外，如果对客观构成要件从故意犯、过失犯的角度进行区分，基于结果无价值论的违法性判断也就不可能再坚持违法是纯客观的逻辑。

可以认为，所谓的“修正的旧过失论”背后的逻辑虽然是存在的，但其对过失犯实行行为的讨论属于行为无价值二元论重视行为规范的思考方式，基本上与旧过失论无关，称其为旧过失论的修正理论名实不符。“对于实行行为性的这种理解，仍然是限于对结果之发生（或者危险）有预见可能性的场合，科以高度的避免义务，因而最终与新过失论的理解几无不同。”[⑥]

---

① 陈兴良：《教义刑法学》，3版，511页，北京，中国人民大学出版社，2017。

② 参见周光权：《结果回避义务研究》，载《中外法学》，2010（6）。

③ 参见张明楷：《刑法学》，5版，287页，北京，法律出版社，2016。

④ ［日］佐伯仁志：《刑法总论的思之道·乐之道》，于佳佳译，245页，北京，中国政法大学出版社，2017。

⑤ 参见［日］井田良：《讲义刑法学·总论》，2版，259页，东京，有斐阁，2018。

⑥ ［日］桥爪隆：《过失犯的构造》，王昭武译，载《苏州大学学报（法学版）》，2016（1）。

承认所谓的“修正的旧过失论”已经完全改变了其原来所在的理论阵营，无论从理论逻辑还是案件处理结论来看，其都滑向了新过失论，等于是变相地接受了行为无价值二元论。

3. 论争的终结?

由于新过失论和“修正的旧过失论”已经无限接近，可以认为二者都赞成在判断过失犯时要按照不同于故意犯的一整套逻辑分别检验构成要件该当性、违法性和有责性。在不能认定行为偏离规范、不具有实质危险性的场合，二者都认为应否定过失犯的客观构成要件该当性。只不过新过失论是从行为没有实现法所禁止的风险、未违背结果避免义务的角度加以论证，而“修正的旧过失论”是从否定实行行为性的视角切入而已。这两种立场对具体案件的处理，尤其在客观构成要件该当性的分析方面，在结论上可以说几乎没有差别。“修正的旧过失论”向行为无价值二元论的不断靠拢，显示出刑法学派在过失犯论上的体系性对立已经基本终结。

二、客观归责与过失论

按照新过失论以及客观归责论，传统上作为旧过失论（责任过失）而存在的诸多要素，原本是要解决结果归属性、行为违法性等问题，其侧重点在于为客观违法性的判断提供依据，而不是确定个人责任，只不过其在旧过失论中被错误归位到责任论部分。为此，需要讨论客观归责和过失论的关系。

（一）结果回避义务说的话语系统

如果使用新过失论的进路，过失犯的成立以违反结果回避义务引起结果发生为必要，那么，结果回避义务的不履行和结果之间的关联性必须存在，否则过失犯不能成立。过失犯的核心要件是结果回避可能性，在结果回避可能性不存在的场合，过失犯的成立绝对被否定。例如，护士甲应该对患者注射 A 针药，但错误注射了 B 针药使患者死亡的，其违反了结果回避义务。但如果事后查明，即便该护士按照医生处方为患者注射的是 A 针药，根据患者的体质状况，死亡也在所难免时，那么结果避免可能性不存在，结果回避义务的不履行和结果之间的关联性当然也就不存在，过失就被否定。再如，甲驾车经过某路口时遇到黄色信号灯，其原本有义务减速，但仍以 30 公里/小时的速度行驶，撞上超速行驶经过该路口的乙车，导致乙死亡的，甲被控业务上过失致死伤罪（日本“黄色信号灯事件”）。[①] 日本法院经审理后认为，如果存在甲的车速即便降到 10 公里到 15 公里/小时，结果仍然可能难以避免的合理怀疑，结果回避可能性就是不存在的。为此宣告甲无罪。在这里，甲进入交叉路口不减速，违反了注意义务。但是，如果甲保持安全车距就能够避免结果发生这一点不能被确定，那么，从规范评价的角度就可以认为，甲的结果回避义务违反（即违反保持合理车距的交通运输管理法规）与最终的死亡结果之间欠缺必要联系，过失犯不能成立。在前述两个案例中，按照旧过失论，行为人都有预见可能性，但是，按照新过失论就可以认为，即便护士不拿错药，或者甲的减速义务真的履行，结果是否真的能够避免也难以确定时，结果回避义务的履行和结果之间的因果关系（以及这种意义上的结果回避可能性）的存在就有疑问，不能对行为人定过失犯。因此，新过失论否定犯罪成立是以客观的结果避免可能性不存在，从构成要件该当性（规范评价意义上的因果关系）的角度进行的。

对此，井田良教授明确指出，基于事前的判断，即使采取某一行业所要求的结果回避措施，结果发生也不能回避的，结果回避义务违反和结果发生之间必然欠缺因果关系。这样就可

---

① 参见日本最高裁判所，平成 15・1・24 判例时报 1806 号，157 页。

以说，履行结果回避义务就能够避免结果发生这种意义上的“结果回避可能性”不能确认，过失犯不能成立。① 因此，可以认为，新过失论本身具有浓厚的价值评价特色，与客观归责论之间在方法论上具有内在一致性。预见可能性和结果回避可能性等判断，实际上承担了过失犯的客观归责判断的任务。

（二）客观归责论的表述

对于过失犯，按照行为无价值二元论的表述就是：违反注意义务，是行为不法（行为非价）；可归咎地实现构成要件结果是结果不法（结果非价）。② 对此，高桥则夫指出，如果存在事前的结果避免可能性，行为人实施了某种实行行为，该行为违反行为规范时，假设存在处罚未遂犯的规定，可以对行为人定罪。在过失犯领域，因为必须存在结果才能定罪，所以，在出现结果的场合，如果考虑事后的结果避免可能性存在，结果能够归属于行为人，制裁规范被违反，就可以要求行为人对该结果负责，可以肯定过失犯的构成要件。③

对于过失犯，在构成要件阶段考虑客观归责，明显吸纳了新过失论的所有内容：(1) 客观的注意义务违反、预见可能性、认识可能性、结果避免可能性等过失论所使用的概念，都可以在对于结果的客观归责中找到自己的位置；如果在客观归责判断中就已经考虑客观的预见可能性问题，就不需要再将其作为犯罪过失的核心内容；同时，在结果归属判断中，已经整合了相当因果关系论，因为相当性判断具有一定程度的价值评价特点，其属于客观归责论的下位判断规则之一。④ (2) 在责任阶段，则仅需检验行为人依其主观能力是否可以认知客观的注意义务并据此实施合乎义务的行为，即主观的预见可能性、主观的注意义务违反。

对于如何将传统的过失论整合到客观归责论中，日本学者山中敬一提出的主张是分解传统过失论的注意义务概念。他认为，注意义务包括结果预见义务和结果避免义务两部分。违反结果预见义务，与客观归责论的制造风险相对应，是对作为行为准则的规范的违反，判断是否违反结果预见义务，实际上是站在事前角度审查抽象的结果预见可能性；违反结果避免义务，与实现风险相对应，阐明了结果归属的可能性，判断是否违反结果避免义务，是对已经发生的具体结果检讨其（事后的）避免可能性，即从事后的立场来判断事前的注意义务违反是否实质上增加了结果发生的危险性。也就是说，判断是否存在为了过失的潜在的实行行为而存在的危险创设的关联，以事前的判断而决定；而判断是否存在为了结果归责而存在的“危险实现”的关联，以事后的判断而定。这样，即便继续采用注意义务概念，也能将其纳入客观归责理论之中。⑤

其实，无论是否强调将注意义务概念融合到客观归责论中，都难以否认这一事实：客观归责论和新过失论一样，都将结果避免可能性作为问题的核心——如果在具体案件中，行为人在有所预见的情况下遵守注意义务，构成要件结果仍然无可避免的，就不应该要求行为人对该结果负责，否则就是“不问青红皂白”，将行为人作为结果发生时的替罪羊，使个人稍有不慎就成为过失的罪犯。换言之，在司法实务中，即便行为人有过错，但其履行预见义务结果仍然会发生的，无论结果客观上多么严重，都不应该将结果发生的账再计算到行为人头上，而应果断地宣告行为人无罪，以避免不当地扩大过失犯的成立范围。这一结论既是建立在结果发生缺乏

① 参见［日］井田良：《讲义刑法学·总论》，2版，238页，东京，有斐阁，2018。

② 参见林东茂：《刑法综览》，修订5版，133页，北京，中国人民大学出版社，2009。

③ 参见［日］高桥则夫：《规范论和刑法解释论》，戴波、李世阳译，86页以下，北京，中国人民大学出版社，2011。

④ 参见周光权：《客观归责方法论的中国实践》，载《法学家》，2013（6）。

⑤ 参见［日］山中敬一：《刑法总论》，3版，396页，东京，成文堂，2015。

避免可能性前提下的，也包含了结果归责的法理。因此，可以说结果避免可能性是新过失论的核心范畴，是最为重要的客观归责要素。可以这样说，某一学者只要肯定结果避免可能性的重要性，就可以认为其承认新过失论，也承认客观归责论。

（三）本书的立场

旧过失论仅仅在责任阶段才去讨论过失，明显为时太晚。行为是否存在过失，原本就应该在构成要件阶段讨论，而且只有在客观上结果可以避免而行为人并未避免的意义上，才有讨论构成要件过失的余地。而对构成要件过失的分析，又是以存在客观的结果归属可能性、行为违法性为前提的，因此，对过失犯的认定，在构成要件该当性阶段就与故意犯的认定不同：对故意犯而言，如果存在结果避免可能性，即便结果没有发生，行为也可能构成故意犯罪未遂；对过失犯，存在结果避免可能性且结果能够归属于行为人的，行为才能该当过失犯的构成要件，由此出发才能进一步分析主观的过失心态的存在。按照这一逻辑，认定过失犯罪，需要考虑以下步骤：(1) 判断结果回避义务是否履行，即行为人是否采取为避免其结果发生的必要行为。例如，汽车司机在行驶途中发现前方有行人时，应降低速度，或视情形停车等。行为人为避免结果采取了相应措施，履行了结果避免义务，或者遵守了社会生活中必要的注意要求，在法益侵害结果发生时，也可以认为结果回避可能性不存在而不成立过失犯。(2) 在结果回避义务没有履行的情况下，反思行为人是否有预见可能性，即是否属于行为人保持其意思紧张，就能够预见结果是否会发生的情形。例如，在驾驶汽车时，应先检查汽车有无障碍；在行车过程中，应注意或确认前方有无行人。医生在实施手术时，应充分注意消毒是否已完全、技术上是否适当，等等。如果存在预见可能性，仅仅由于行为人的不注意而未能预见结果发生的，就可以成立过失犯罪。

这样一来，对新过失论就很难将其定位于主观的构成要件过失理论，其首先具有判断客观构成要件符合性的功能。因为依据新过失论，在客观的过失构成要件（客观归责可能性）被否定的场合，主观的构成要件过失便不需要再讨论的；而在肯定客观的过失构成要件的前提下，主观的构成要件过失也理所当然地是存在的。[①] 在这个意义上，可以说，原本帮助人们理解主观的构成要件过失的新过失犯论，实际上被提升为与客观归责论之间具有对应关系的理论：(1) 结果回避义务的违反，对应制造法益风险——其下位规则是进一步判断行为是否未制造风险，或者未制造不被允许的危险。行为制造法益风险，是对行为规范（结果回避义务）的违反。行为规范的对象是一般国民，其功能是提供行动的标准样态，使国民在从事特定行动之前了解注意义务的内容，对自己行为的法理后果进行预测，进而对国民的行为进行指引，以达到一般预防的刑罚目的，防止在现有社会秩序中，行为人辜负社会期待。在这里，风险是不是被允许，对于过失犯的判断至关重要。对此，结果无价值论者也同意。例如，平野龙一教授就认为：过失行为不仅仅是和结果之间具有因果关系的行为，而且一定是具有引起结果的实质上不被允许的行为。[②] (2) 客观避免可能性则对应实现法所反对的风险。其下位判断规则包括反常的因果历程、合法替代行为等内容。(3) 客观归责理论通过“构成要件的射程”来解决被害人有意识地从事自我危害行为的归责问题，确定被害人与行为人客观上谁应对结果负责。

这里需要指出，承认客观归责论，或者承认新过失论，并不意味着旧过失论中的预见可能

---

① 关于对过失犯的判断步骤，客观归责理论提供的思路是：将法益侵害结果放在客观构成要件中，借助于价值要素和禁止的危险范畴进行分析，再结合检验过失内涵的具体标准，如果认为该结果可以归属于行为人的行为，就可以得出行为是导致结果发生的实行行为的结论。这等于是说在客观归责之外，无须再考察注意义务是否为行为人所违反。

② 参见［日］平野龙一：《刑法总论》，Ⅰ，194页，东京，有斐阁，1972。

性判断不需要了。传统过失论作为预见可能性来讨论的问题，只不过已经分别融合到客观归责论制造法益风险与实现法益风险这两个判断中。“在判定行为人是否制造了不受允许的风险时，当然会考察客观上对于该种行为模式可能引发之效（后）果的预测；而风险实现要素所要排除的反常因果历程，则同样要运用客观预见可能性的概念来判断具体的事件历程是否反常。传统过失要素将之合成单一要素来处理，但此种同时牵涉到行为自由的划定（行为不法的确认）以及结果归责问题，客观归责论将之区隔成有先后顺序之别的两个审查要素，自属较为细致的安排，也才能分清楚审查对象（事前还是事后）的不同。”① 这样的思考方法，实际上是将部分原来作为（责任）过失处理的问题，提前到构成要件符合性阶段判断。

（四）客观归责论在过失犯中的运用

1. 管理、监督过失与客观归责论

在过失犯中，一般出现的情况是行为人对自己违反义务的行为承担责任，但这并不排斥主体对第三人的行为承担结果避免义务，这就是一般过失和管理过失、监督过失的问题。

所谓管理过失，是指行为人没有采取必要的防范措施，或者没有指示他人采取措施，导致危害后果的发生，或者自然力或第三人的无过错行为导致损害发生的情形。管理过失者的结果避免义务，是管理者为了在企业经营上、事务管理上保护人的生命、身体的安全而负有的义务。这里的管理包括两种情况：一是对人的管理。例如精神病院的护士甲负责看管精神病人乙，但疏于管理，乙杀害了丙。二是对物（设备、动物）的管理。例如，行为人甲负责看管烟花爆竹仓库，但对仓库大门经常不上锁，导致乙擅自闯入乱丢烟头，酿成大火。又如，在由于旅馆发生火灾而烧死了住宿客人的场合，相对于旅馆的从业人员而言会发生的问题是违反关于灭火活动和引导住宿客人避难等注意义务，同时，对旅馆的经营、管理人员也必须追究有关确立旅馆建筑物的防火设备、从业人员的防火体制等结果回避义务的违反的责任。

肯定管理过失的判决，最容易招致的批评是其肯定了抽象的预见可能性。对此，理论上的多数说或裁判的解释方法是：某些大型设施（如宾馆），在存在起火的危险或者没有防火设备时，一旦发生危险起来就无法控制局面，因此，可以肯定行为人的具体预见可能性。另有观点肯定实务判决，认为防灾体系不健全的情形就像驾驶刹车失灵的车在路上，行为人对结果的发生不是仅有抽象预见，也可以认为存在具体的预见。这和驾驶功能正常的汽车在道路上行驶的危惧感不一样。还有观点认为，大型设施自身就比较危险，在实际发生危险的那一刻，如果行为人仍不采取措施的，就产生了具体的预见。但是，上述主张都倾向于认为，只要是大型设施本身就存在潜在的未知危险，对行为人预见可能性的判断时点无疑是提前的，在这个意义上对于结果预见可能性的判断还是抽象的。

所谓监督过失，是指在被监督者的行为直接造成损害，存在一般过失的场合，监督者由于对被监督者的行为负有监督义务但并未妥善履行监督义务，而应当承担过失责任的情况。在企业生产过程中，对规章制度的确立、遵守、检查应当贯彻始终，换言之，监督者必须制定详尽的安全管理制度，建立预警机制和危险反应制度；监督者对被监督者的行为，在事前要进行教育、指导、指挥，在事中要进行监督、检查，在事后要进行总结。如果没有履行这些义务，又对直接行为人的过失行为有所认识，对其行为可能造成的法益侵害后果有预见可能性，那么，对于被监督者直接造成的后果，监督者必须承担过失责任。例如，企业主应强令工人自我保护，禁止工人使用危险技术，如果没有履行这些监督义务，就应当承担过失责任；又如，在工厂操作危险机器的作业人员错误地操作机器，致使在附近工作的其他作业人员负伤的场合，与

① 蔡圣伟：《刑法问题研究》（二），24页，台北，元照出版有限公司，2013。

错误操作的作业人员负有的结果避免义务不同，厂长具有指挥、监督作业人员安全操作机器的结果避免义务，这种义务不是直接操作机器的结果避免义务，而是使作为部下的作业人员进行安全操作的义务。当然，此时，危害后果的发生，是被监督者的一般过失和监督者的监督过失共同造成的（过失的竞合）。

必须承认，在实务中要追究监督过失责任在多数时候比较困难。对此，要特别考虑以下三点：(1) 监督者能够预见到直接行为人通常实施合法行为。如果后者因为偶然原因出错造成法益侵害后果的，监督者无罪，因为其没有预见可能性。(2) 在监督者仅有抽象的危惧感的场合，其对结果发生缺乏具体预见，难以成立过失犯罪。(3) 直接行为人有实施过失行为的征兆，监督者对此已经有所预见，或者监督者知道已经发生了危险而没有排除的，都应该认为监督者有预见可能性，成立监督过失。

在刑法学上提出管理、监督过失概念，并不是在通常意义的疏忽大意过失和过于自信过失之外设立了独立的过失种类，对管理、监督过失和直接过失的处罚根据完全是相同的，都是对自己的过失行为所引起的结果负责，且该结果能够归责于行为。一般所说的过失，是指行为人应当预见自己的行为可能发生危害社会的结果，因为疏忽大意而没有预见，或者已经预见而轻信能够避免，以致发生这种结果的心理态度。管理过失，是指行为人应当预见自己的不确立管理制度、不谨慎履行危险源管理义务的行为可能由自己、第三人或者自然力造成危害社会的结果，因为疏忽大意而没有预见，或者已经预见而轻信能够避免，以致发生这种结果的心理态度。监督过失，是指行为人应当预见自己的疏于监督的行为可能引起被监督者的过失行为，并由此导致危害社会结果的发生，但因为疏忽大意而没有预见，或者已经预见而轻信被监督者不会有过失行为，以致发生这种结果的心理态度。从理论上讲，如果肯定客观归责论在过失犯中的运用，提出管理、监督过失概念的意义是相对有限的。不过，从回应实务需要来看，提出这一对范畴，也有一定的实际意义：提示司法工作人员，大量过失犯罪的行为人要对自己的行为直接导致的后果负责，但是也有为数不少的处于管理、监督地位的行为人未履行自己的结果避免义务，在他人（被管理者、被监督者）的行为直接导致后果的场合，也需要承担过失责任，即被管理、被监督人员的过失原则上也就是监督者、管理者的过失。[①] 这为追究那些站在直接责任人员背后的企业管理者、国家机关工作人员的重大责任事故罪或者玩忽职守罪提供了理论依据。

2. 信赖原则

传统的过失理论把预见可能与预见义务视为一体，凡有预见危害结果的可能时，就有注意义务；凡认识到危害结果时，便应采取避免危害结果的措施。根据这一逻辑，由于交通运输行业本身的危险性，驾驶员在行车过程中必须时刻注意车辆及行人的各种动向，并做好应急准备，否则，一旦发生事故，驾驶员就要承担过失责任。如果要求交通运输人员履行这样严格的注意义务，势必使驾驶员慢速开车，以便及时应付各种紧急情况，避免危害结果。这样一来，不仅使汽车等交通工具丧失了高速性能，也容易阻塞交通，妨害社会管理，不适应现代社会的要求。于是，随着交通运输业的迅猛发展，为了提高运输的效率，减轻交通运输人员的过多的义务负担，适用允许的危险理论的具体原则应运而生，把预见可能性与注意义务相分离，也就是说在某种条件下，行为人虽具有预见危害结果的可能性，但不一定就有结果避免的义务。

---

① 管理、监督过失的成立，以管理、监督者具有结果发生的具体预见可能性为前提。要肯定管理、监督者的预见可能性，就要求其对直接行为人可能实施过失行为有认识。如果管理、监督者有特殊理由，足以信赖直接行为人会实施适当的行为，预见可能性就应当被否定，管理、监督过失责任也就不存在。参见［日］山口厚：《刑法总论》（第3版），付立庆译，255页，北京，中国人民大学出版社，2018。

信赖原则，是指在社会生活中的某些场合，应该对他人的行为给予信任，相信他人的行为能够对自己的安全和正常活动予以保障。它是通过第二次世界大战之前德国的判例所形成的原则，是随着现代汽车作为高速交通工具在社会中的普遍使用而发展起来的关于过失免责的理论，是今天处理交通肇事等过失犯罪时必须加以考虑的。根据信赖原则，在交通运输人员根据规则驾驶车辆时，只要不存在特别的事情，就可以信赖其他的交通参加者也会遵守规则而行动，如果因为其他的交通参加者采取违反规则的行动而发生了事故，就不能追究相关的责任。在这个范围内，就限定了注意义务。迄今为止，信赖原则逐渐在交通关系以外的社会诸领域得到承认，例如，在医疗行业，医生和药剂师之间就有信赖关系，药剂师应当信赖医生的处方的正确性，医生应当信赖药剂师能够按照处方发药。

值得讨论的问题是：行为人有一定理由相信他人会履行注意义务，但是他人并未履行的，是否有过失责任？换言之，信赖原则的适用究竟应该限定在何种范围？例如，手术小组中的主刀医生 A 在注意到他的某个助手 B 未按医院规定对手术刀进行消毒就直接做手术时，并未进行阻止，导致病人 C 术后伤口感染，最后造成重伤后果。A 是否违反注意义务？

如果认为信赖原则的适用范围可以尽可能扩大，不需要限制适用，就可以认定在手术过程中，医生 A 和助手 B 之间存在相对明确的分工，医生 A 有特殊理由相信 B 应该履行注意义务，A 的不阻止行为不能认为是提高了法益风险。但是，如果承认监督过失概念，对 A 定罪似乎又并无不妥，因为结果的避免在有些情况下要求事件参与各方的共同注意，助手 B 不注意，但是医生 A 恰当注意的，事件仍然可以避免，所以 A 存在过失。这就是说，在监督过失的场合，原则上需要否认监督者对被监督者的信赖关系，否认在这种场合下信赖原则的适用可能性，因为被监督者相当于监督者的“手脚”。从这个意义上讲，医生 A 应当承担过失责任。

信赖原则认为，行为人即便预见他人可能实施不正常的非法行为，也没有结果回避义务。这就意味着信赖原则具有缩小过失责任范围的功能。① 当然，并非在任何时候都可以适用信赖原则而免除行为人预见他人实行不法行为的义务，而是必须具有一定的限制。理论上通常认为，在下列情况下，不能适用信赖原则免除行为人预见他人实施不法行为的义务：（1）行为人自己违反注意义务；（2）行为人已经发现对方有反常行为，不能盲目地相信对方会履行自己的注意义务；（3）因某种客观条件的限制，他人违反注意义务的可能性较大；（4）发现对方是幼儿、老人、盲人或其他残疾人而且无保护人陪同；（5）对方的违反注意义务行为即将造成危害结果，行为人有时间，也有能力避免危害结果；等等。在我看来，这种限制主要可以归结为：一方面，行为人自身违反注意义务的，应当注意采取特别措施避免结果发生，（通常）不能适用信赖原则，否则，对过失犯的认定会失去平衡；另一方面，在对方由于身心上的理由（如对方是幼童、老人、醉酒者、身体残疾者），容易采取异常行动而不值得信赖时，也不能适用信赖原则。

上述传统过失论对信赖原则的讨论有一定实际意义。但是，如果站在新过失论立场，就会认为信赖原则实际上是对结果回避义务的否定。如果按照客观归责理论的逻辑，就可以认为制造法所不允许的风险，才是刑法要处罚的行为。在可以适用信赖原则的情形下，行为所制造的风险被允许。而在行为人没有制造法所不允许的风险时，结果不能归属于行为人，因此，不能对其进行客观归责。

---

① 张明楷教授认为，信赖原则与过失中的预见可能性有关，而非与结果回避义务有关；自己实施违法行为时，不能信赖他人采取适当行动（参见张明楷：《刑法学》，5 版，295 页，北京，法律出版社，2016）。但是，这种见解可能值得商榷。

三、过失的种类

(一) 疏忽大意过失

疏忽大意过失，是指行为人应当预见自己的行为可能会发生危害社会的结果，因为疏忽大意而没有预见，以致发生这种结果的心理态度。

疏忽大意过失作为一种无认识的过失，其特征是在具有预见可能性的情况下，没有预见，从而没有避免结果的发生。

疏忽大意过失具有以下两个特征。

1. 行为人应当预见自己的行为可能发生危害社会的结果

判断行为人是否具有疏忽大意过失，不是先判断行为人是否疏忽大意，而是先确定行为人是否应当预见自己的行为可能发生危害社会的结果。如果行为人应当预见而没有预见，就说明其具有疏忽大意过失。在应当预见的情况下，行为人并没有疏忽大意，但又确实没有预见的情形，是不存在的。因此，认定疏忽大意的关键，是确定行为人是否应当预见，即结果预见义务是否存在。

所谓应当预见，是指行为人在行为时有义务并且有能力预见以避免危害结果的发生。正是由于行为人对其义务漠不关心，以致造成危害社会的结果，才使其构成犯罪过失并因此承担刑事责任。如果行为人并不存在预见危害结果发生的义务，或在当时的情况下不可能预见危害结果的发生，不管造成什么样的危害结果，都不能认为其具有过失而追究其刑事责任。

应当预见的内容是法定的危害结果。由于过失犯罪以发生危害结果为构成要件，构成要件是由刑法规定的，所以，过失犯罪中应当预见的危害结果，只能是刑法分则对过失犯罪所规定的具体的犯罪结果。例如，过失致人重伤时，行为人所预见的是自己的行为可能导致他人重伤这一法定的具体结果。不过，结果是否具体，是相对的。在危害公共安全或者妨害社会管理秩序的过失犯罪中，行为人应当预见的结果可能不一定很具体，但其必须是刑法分则所要求的结果。

2. 行为人没有预见其行为可能发生危害社会的结果

疏忽大意过失是无认识过失，这种无认识的表现就是行为人在行为当时没有想到其行为可以发生危害社会的结果。没有预见可能发生危害结果，或者是行为人只意识到行为可能产生其他结果而不会产生危害社会的结果，或者是行为人认识到行为本身，但未预见行为可能导致实际结果，或者是行为人对行为本身和行为可能导致的结果都没有认识。没有预见的原因并非行为人不能预见，而是在应当预见的情况下由于疏忽大意才没有预见；如果行为人保持其意思紧张，谨慎从事，就会预见，进而避免危害结果的发生。对危害结果的未认识状态，是构成疏忽大意过失的前提。

(二) 过于自信过失

过于自信过失，是指行为人已经预见到自己的行为可能发生危害社会的结果，但轻信能够避免，以致发生这种结果的心理态度。

过于自信过失具有以下两个特征：

1. 行为人已经预见到自己的行为可能发生危害社会的结果

过于自信过失属于有认识过失，行为人对可能发生危害结果有所预见，是构成这种过失的认识因素。但是，这种认识因素在程度上是比较模糊、不确定的。也就是说，行为人更倾向于认为危害结果不会发生，或者说危害结果虽有可能发生的危险，但这种可能性也不会转化为现实性。

2. 行为人轻信能够避免危害结果的发生

轻信能够避免，是指在预见到结果可能发生的同时，又凭借一定的主、客观条件，相信自己能够避免结果的发生，但所凭借的条件并不可靠。轻信能够避免主要表现为两种情况：一是过高估计了避免危害结果发生的自身条件、主观能力，二是过高估计了现实存在的客观有利条件对结果发生的抑止作用。因此，在主观意志上，具有过于自信过失的行为人不仅不希望危害结果的发生，而且危害结果的发生是违背其主观意愿的。

四、间接故意和过于自信过失的区别

间接故意和有认识过失的分界问题，是刑法学上最困难，也最有争议的问题之一，主要难在意欲是一种原始的、内在的心理现象，它无法从其他感性或者理性的心理流程中探索出来，人们只能尽量去描述它，而无法准确地对其进行定义。

由于间接故意和有认识过失的界限经常很模糊，实践中要准确划分其界限，也有很多困难，所以，有人提出“统一说”，即在直接故意和疏忽大意过失之间，设置一个轻率（recklessness），用它来包含间接故意和有认识过失。这主要是考虑到：间接故意和有认识过失的区别实在太难，它们之间很多时候没有根本性区别；这种区分在理论上是一个虚构的命题。这种观点，不能说是一种创新：其实，古罗马法学家早就主张，从一定意义上讲，重过失等同于故意（culpalatadoloaequiparatur），它将导致相当严重的后果①；英美法传统历来也注重淡化间接故意和有认识过失之间的界限。在英美法系中，犯罪主观构成要件包括四种类型：意图、明知、轻率和疏忽。关于轻率究竟是间接故意还是过失，司法上从来没有明确的答案。这种处理方式当然减少了理论上的纠缠，但是，仍然有两个问题难以解决：（1）对罪刑均衡问题的背离。故意犯应当受到比过失犯更重的处罚，理由是故意犯对规范的敌视程度远远高于过失犯，故意的存在表明行为人不愿意用法律的规定来指导自己的个人行为，从而在根本上威胁到作为整体的法律制度。对故意犯给予重的处罚，是为了表明规范必须被尊重。同时，对于过失犯，法律有规定的，才定罪处罚。而不区分间接故意和有认识过失的做法，可能使罪刑失衡。例如，将间接故意杀人认定为过失致人死亡，量刑时就会有天壤之别，刑法第5条关于罪刑相适应的规定就可能被违反。（2）提出轻率的概念，同样需要解释它是不是一种故意制造危险的行为，是否出于一种不在乎的心态，是否对法益侵害的具体危险有预见。所以，争议问题一点都不会变得更少，理论上，仍然有必要区分间接故意和有认识过失。

区别间接故意和有认识过失的关键还是如何理解“放任”。间接故意的行为人认识到结果可能发生，而以认可的态度予以容认、纵容；有认识过失则是行为人认识结果发生的可能性，但不同意其发生，而且真的相信结果不会发生，不是不太明确地相信不会发生构成要件结果。

例如，某正在施工的隧道进水，岩石松动，随时有可能塌方，A为将价值200万元的机械抢救出来，下令工人冲进隧道抢运。这时发生塌方，致3人死亡（以下简称“隧道塌方致死案”）。A具有间接故意还是过失？

又如，在年会射击表演时，未受过专门训练的甲与人打赌，射击女演员头顶的酒杯而击中女演员，后女演员死亡。法院认定甲具有间接故意（以下简称“打赌射击案”）。甲是故意杀人还是过失致人死亡？

再如，卡车司机B在行车途中，被一吉普车超过，B顿生不快，便加速超过该车。不一会儿，该车又超过了B，B又加速超过该车。当该车再一次试图超车，行至B车左侧时，B对坐

① 参见黄风编著：《罗马法词典》，78页，北京，法律出版社，2002。

在副座的乙说："我要吓他一下，看他还敢超我。"随即将方向盘向左边一打，吉普车为躲避碰撞而翻下路基，司机重伤，另有一人死亡。B驾车逃离（以下简称"开赌气车撞人案"）。B的行为构成交通肇事罪还是以危险方法危害公共安全罪？

对上述案件，理论上可以根据有凭借说、同意说、可能性说、放任说等加以区别。(1)有凭借说认为，有认识过失是行为人主观上对于结果不发生有所依靠（如娴熟的技术、其他物质条件等），因而过于自信；间接故意不存在任何避免结果发生的条件，行为人无所凭借。但该说在解释"隧道塌方致死案""开赌气车撞人案"时有疑问：A、B对结果不发生没有任何凭借，只能是抱着侥幸心理，期待结果不发生。(2)同意说主张，对于间接故意和有认识过失，应当以弗兰克公式"早知如此就不如此"来进行判断：如果结果肯定发生，行为人会不会这样做，如果会，就是间接故意；如果不会，就是有认识过失。这一理论，一方面将间接故意变成了"假设的直接故意"，从而缩小了故意的范围，而间接故意的特点是行为人认识到的仅仅是结果发生的可能性，而非肯定性，否则就变成直接故意了；另一方面，它将对行为性质的评价转变为对行为人人格的评价，即假设如果会出现这种结果，他还敢做吗？(3)可能性说认为，间接故意的行为人认识到结果发生的可能性是很大的，有认识过失的行为人认为结果不可能发生，或者行为人主观上将结果的发生具体地视为可能的，就是直接故意。① 但是，何谓可能性很大、符合什么条件的才是对结果发生的具体认识，并不是很容易判断，刑法有滑向主观主义的危险，也可能将故意罪过划入过失范畴。由此可见，有凭借说、同意说、可能性说的缺陷是比较明显的。

既然上述诸说都不合理，那么，放任说是否具有合理性？放任说是一种"不否定说"，它主张有认识过失对于结果发生持否定态度，间接故意对结果发生持不否认态度，而是一种无所谓的放任态度，结果发生了也不违背行为人的本意。我认为，只要合理解释放任说，是可以区分间接故意和有认识过失的。

（一）判断客观危险

间接故意中行为人对危险的认识和相信程度，会决定行为人是否能够形成反对动机。客观危险是认识因素判断过程中要考虑的重要指标。

间接故意等于有高度危险意识，认真地计算，然后容认结果的发生；有认识过失是不认真地计算或者相信可以避免。有认识过失的行为人虽然认识到危险，但他要么不认真对待这种危险，行为人因为违反注意义务而否定对行为客体的具体危险；要么认真对待危险，但仍然违背义务地相信危害结果可以避免。

如前所述，放任是否存在，与行为人认识到结果发生的盖然性高低有关。判断盖然性高低，与行为的风险性大小有关。行为风险的大小，又取决于法益重要性。对于某些重大的法益，因为行为人毫不在意而低估其重要性的，不能排除行为人的间接故意。当然，行为人实施可能引起日常性危险的行为的，不能被评价为具有间接故意。例如，交通肇事行为是一种不被允许的危险，它由每日必须进行的交通行为所引起。基于维持必要社会生活的需要，使用交通工具所带来的危险必须被人们忍受，人们在日常生活中已学会如何避免、应对这些危险。行为人的行为如果是这些与日常风险有关的，例如醉酒驾车、超速行驶、为赌气超越他人车辆而有意不保持安全距离行驶，即使行为人对自己行为的反规范性质有明确认识，也不能认为其容认死伤结果的发生，其行为不能被评价为故意杀人或者故意伤害。矿山开采也是同样的问题：因为关于矿难每年死亡的人数，国家权威部门都有统计，矿山开采的危险性是可以估算的，但它

---

① 参见李海东：《刑法原理入门（犯罪论基础）》，62页，北京，法律出版社，1998。

在个人生活经验中不是重要的危险。所以，认定“隧道塌方致死案”“开赌气车撞人案”中存在过失，应当是可以接受的。

（二）行为人的态度

间接故意的行为人抱无所谓态度，而有认识过失行为人的特点是轻纵。“现代社会专注于行为人的内在态度的正当性在于，在给他人造成损害的故意之下实施的行为，代表了对法律秩序的一种否定。通过决定实施犯罪并根据这种决定实施行为，某个人就将自己置于反对社会共同体的地位上。”①

对结果产生抱无所谓态度，和相信结果能够避免，是具有互补性的概念，即两者彼此相连、互为补充：谁相信结果可以避免，并本着该认识行动的，就不是放任；谁放任结果的产生，就不会相信结果可以避免。是否能认定为放任，而不是轻率，弗兰克公式可以作为试金石：行为人自己已经发现结果可能这样，也可能那样，但发生这样的结果也好，发生那样的结果也好，无论如何他都要干！②

所以，在区别间接故意和有认识过失时，需要特别注意：行为人除了其意识上对于结果的发生可能性有认识之外，还需要对结果的发生有特别的评价。当行为人严肃地认为结果可能发生并进而行动时，在行为决定中已然包含对结果的预料，这种对结果的预见已经具有目的支配性。行为人对结果的预见和应受负面评价的结果在作出行为决定时结合在一起，就表现出行为人个人不法的特质，所以，对前述“打赌射击案”中的甲，认定为故意杀人，并无不妥之处；相反，行为人如果并不认真地认为结果会发生，就等于不认为结果有发生的可能性。因此，认真地认为结果有发生的可能性，进而行动，表示在行为决定之时就预定了结果。

（三）是否存在真挚的努力

采取了避免结果发生的措施，并且已尽真挚的努力的，当然可以认定为存在过失。此外，虽然已经预见到结果可能发生，但对其发生怀有很大的疑问，或者抱着结果最终真的不会发生的想法而为其行为的，都应当排除间接故意。

第四节　事实认识错误

刑法上的认识错误，是指行为人在行为时对自己的行为在法律上的意义或者构成事实的不正确认识。由于违法性认识错误（禁止错误）涉及责任是否能够被排除的问题，所以，对其内容在后文“犯罪排除事由”中加以讨论，这里分析的主要是事实认识错误。

事实认识错误，是指行为人主观上的认识与构成要件事实不相符合。事实认识错误理论是反面的故意论，是对故意论加以展开的理论，它对于认定犯罪故意具有重要意义。事实认识错误以构成要件为基准，根据行为人在所认识的犯罪事实和现实所发生的犯罪事实是不是在同一构成要件的范围之内，可以分为具体的事实错误（在同一构成要件之内的错误）和抽象的事实错误（跨越不同构成要件的错误）。在具体的事实错误中，侵害法益的行为在方法上有错误的，是方法错误（打击错误）；对侵害法益结果所发生的被害人方面的错误，属于对象错误；对因果发展流程的错误，则是因果关系错误。

一、具体的事实认识错误

具体的事实认识错误，是指虽然行为人所认识到的事实与客观上发生的事实并不一致，但

---

① ［美］乔治·P. 弗莱彻：《刑法的基本概念》，蔡爱惠等译，235页，北京，中国政法大学出版社，2004。

② 参见［日］大塚仁：《刑法概说·总论》，3版，228页，东京，有斐阁，1996。

并未超出同一犯罪构成的范围，亦即行为人不过是在某一个犯罪构成的范围内发生了错误认识，也被称为同一犯罪构成内的错误。

如何解决具体的事实认识错误，在理论上，有具体符合说和法定符合说的争议。

具体符合说认为，行为人所认识或者预见的构成事实与实际发生的事实完全一致时，才构成故意；行为人所认识或者预见的构成事实与实际发生的事实不符，就属于有事实认识错误。具体符合说的特色是将行为所侵害的对象具体化为“那个人”或者“那个财物”。例如，罪犯甲意欲杀害乙而对其开枪，但因为枪法不准，将丙打死的，甲想杀害的“那个人”乙并没有死亡，因此，其只能成立故意杀人罪未遂和过失致人死亡罪的想象竞合犯。

具体符合说要求主观认识与客观事实完全一致才具有故意，面临很多批评。例如，行为人欲打电话敲诈勒索甲，但是错拨电话到乙家恐吓乙，并取得乙交付的财物。所知与所为不完全相同，按照具体符合说，因为存在认识错误，行为人构成敲诈勒索罪的未遂（对甲）和过失的敲诈勒索罪（对乙），但是现行刑法没有规定过失的敲诈勒索罪，所以，对行为人只能以敲诈勒索罪未遂处理。又如，行为人欲杀A而对准其开了一枪，结果杀死了A、B，则成立故意杀人罪既遂（对A）和过失致人死亡罪（对B）。如果根本未击中A，只击中B，则成立故意杀人罪未遂（对A）与过失致人死亡罪（对B）。上述否定对乙的敲诈勒索故意以及对A的杀害只成立未遂犯的结论，从公众一般法感觉的角度看，难以为人所接受。

法定符合说主张，在行为导致结果的场合，如果行为人所认识的结果与发生的事实在同一构成要件之内，就可以认定行为人对所有的犯罪事实都有故意。如行为人有杀A的意思，导致A死亡，附带产生B死亡的结果，这两个结果都符合杀人罪的构成要件，因为不管击中A与否，只要击中了B，就具有故意杀人罪的故意，行为人属于“想杀人，并且杀了人”。按照这种学说，行为人的主观认识与现实发生的事实之间，虽然在侵害对象、手段上不一致，但只要在构成要件上相符合，在法律上（构成要件上）就有相同的价值，就可以认为行为人有故意。法定符合说的逻辑是，故意概念可以抽象到法定的构成要件层面，而不需要具体到某个人。“由于行为人是意图杀‘（抽象意义上的）人’，实际上也有‘人’因行为人的行为而被杀死，因而这属于规范性的问题，应肯定成立杀人既遂。换言之，要认定成立杀人的故意，行为人的认识只要达到这种抽象性程度即可。”①

法定符合说将故意的认识内容限定在构成要件上，具有一定合理性。凡同属一个构成要件的，例如盗窃，即使误认金项链为手表，认识错误也不影响犯罪故意，应以盗窃论处。凡不同属一个构成要件的，例如，欲盗窃财物而窃得枪支，属于不同构成要件之间的认识错误，不能认为行为人具有盗窃枪支的故意。因此，法定符合说是处理事实认识错误时相对较为合理的理论，应以此来判断事实认识错误是否阻却故意。现在，处于通说地位的是法定符合说。

对于具体的事实认识错误的各种情况，如何按照上述学说分别进行处理，需要仔细加以讨论。

（一）对象错误

对象错误是指对行为客体的认识错误。例如，A想杀甲，但因为光线太暗而误将乙当作甲而杀害。法定符合说认为，行为人所认识的事实和现实所发生的事实，只要在“杀人”这一“法定构成要件”范围内一致，对于所发生的事实，就能成立故意。换言之，行为人虽然杀错了人，但由于人的生命价值相同，刑法对所有生命同等保护，在行为人具有杀“人”的故意，并且最终导致他人死亡的场合，死亡的人是甲还是乙，都与故意杀人罪的构成要件无关，所以，按法定符合说，应认定为故意杀人罪既遂。司法实务以及刑法学通说都支持这一见解。因

---

① ［日］西田典之著，［日］桥爪隆补订：《日本刑法总论》，3版，236页，东京，弘文堂，2019。

此，欲盗窃毒品而盗得淫秽物品的，即属对象错误，这种对象错误由于发生在同一构成要件内，不阻却故意。

对于前述对象错误的例子，具体符合说会认为，行为人意欲杀害的对面走过来的“那个人”或者试图窃取的“那个财物”并没有错误，因此并不阻却故意。因此，就对象错误而言，具体符合说和法定符合说在结论上并无差异，只是在方法论（抽象程度）上不同。

（二）方法错误

1. 概念

方法错误，又称为打击错误、实行失误，是指行为人意欲侵害某一客体，由于方法使用上的不当而导致对另一客体实施侵害。例如，甲对准张三开枪，由于枪法不准，将偶然路过而出现在张三附近的李四打死。在这种情况下，并非将李四误认为是张三而将其杀死，因而有别于对象错误，而是由于打击偏差，造成了与本欲侵害客体不相符的另一客体受侵害的结果。又如，A以砸毁B室内财物的意思对准B家的玻璃窗扔石块，但是石头击中C家的玻璃窗，毁坏了C的财物的，也是方法错误。

2. 法定符合说与具体符合说的分歧

在方法错误的情况下，按照法定符合说，行为人应成立故意犯罪既遂。因此，前述案例中的甲构成故意杀人罪既遂，A成立故意毁坏财物罪的既遂。此外，如果甲试图杀害乙，子弹穿过乙的身体，击中丙，乙、丙均死亡的，按法定符合说，也成立故意杀人罪既遂。如果甲试图杀乙，对准乙开了一枪，乙重伤，子弹又飞到丙的身上，丙死亡的，按法定符合说，对乙成立故意杀人罪未遂，对丙成立故意杀人罪既遂。

按照具体符合说，必须考虑在方法错误情形下行为所侵害的对象是否是具体的“那个人”。如果因为方法错误导致具体对象偏差的，不能承认故意，但可以作为过失犯处理。我国法院在个别判决中采用了具体符合说。例如，刘某在某居民楼下因情感纠纷与其同居男友李某及被害人李乙（女）发生争吵，后刘某用皮鞋殴打李某，击中了位于李某旁边的李乙。李乙因左侧椎动脉瘤破裂引起呼吸循环衰竭而死亡。对于本案，检察机关指控刘某构成故意伤害罪，但法院认为，被告人刘某的过失行为致李乙死亡，应当构成过失致人死亡罪。鉴于该案犯行的起因、被害人李乙存在固有疾病等情况，依照法律，对被告人刘某应当从轻处罚。法院给以过失致人死亡罪，判处其有期徒刑3年。①

表7-1 对方法错误情形处理

	事例	法定符合说	具体符合说
1	甲意欲杀害乙而射击，子弹穿过乙的身体，致乙死亡，还击中了乙身后的丙，致丙死亡	甲对乙成立杀人既遂，对丙成立杀人既遂，构成想象竞合犯	甲对乙成立杀人既遂，对丙成立过失致人死亡，构成想象竞合犯
2	A意欲杀害B而射击，未能击中B，却击中了附近的C，导致C死亡	A对B成立杀人未遂，对C成立杀人既遂，构成想象竞合犯	A对B成立杀人未遂，对C成立过失致人死亡，构成想象竞合犯
3	X为杀害Y而开枪，子弹击穿Y致Y负伤，同时又打死了其身后的Z	X对Y成立杀人未遂，对Z成立杀人既遂，构成想象竞合犯	X对Y成立杀人未遂，对Z成立过失致人死亡，构成想象竞合犯

① 参见北京市第一中级人民法院（2014）一中刑初字第1930号刑事判决书。

续表

	事例	法定符合说	具体符合说
4	甲为炸死乙而在乙车上安炸弹，但将偷车贼丙炸死	甲对乙成立杀人未遂，对丙成立杀人既遂，构成想象竞合犯	甲对乙成立杀人未遂，对丙成立过失致人死亡，构成想象竞合犯（另一观点：按对象错误处理，对丙成立杀人既遂）
5	甲为重伤乙而对乙扔石块，导致旁边的丙受轻伤	甲对乙成立故意伤害未遂，对丙成立故意伤害，构成想象竞合犯	甲对乙成立故意伤害未遂，对丙成立过失伤害（最后不罚）

3. 法定符合说的缺陷

在处理具体的事实认识错误时，法定符合说似乎坚持了构成要件符合性的观念，因为在 A 为杀害 B 而开枪时，即使存在打击错误，最终杀死了 C，A 也是一开始就违反了刑法上“不得杀人”的规范。相对于 B 来说，A 可以意识到杀人行为的违法性，也能够形成停止杀人的反对动机，但其仍然决意实施杀人行为。此时，将其作为故意犯进行严厉谴责，在很多情况下，可以说是情理之中的事情。

但是，进行抽象化思考的法定符合说存在明显的缺陷：

（1）故意是行为人对事实的认识和意欲，是从“行为人视角”出发观察世界、思考问题；对事实的认识错误，也是说从行为人的角度看，其认识有错误。如果完全脱离事实性认识来讨论故意，势必会使故意概念成为无本之木。法定符合说脱离犯罪发生的事实，不是从行为人的角度，而是纯粹从司法评价的角度抽象地、观念地讨论与行为人认识无关的故意，使故意成为被“拟制”的概念，因而并不妥当。例如，甲向乙连开两枪，一枪击中乙身边的丙，将其打死，另一枪子弹击穿房顶木板，将坐在楼上餐厅吃早餐的丁打死的，按照法定符合说，甲的这两个行为都是故意杀人既遂：甲杀乙的行为与致丙死亡的行为，以及导致丁死亡的行为在违法性上相同，都是杀害行为；在责任上，甲主观上具有杀“人”的故意，所以其对丙、丁均应承担故意杀人既遂的责任。但对于子弹击中丁的情形，从行为人认识的角度看，行为结果严重偏离行为发展的轨迹，其不是因为甲的不法，而是因为“不幸”才发生的，客观上结果难以归属于杀害行为，主观上行为人甲对于这样的结果不可能有认识。因此，从行为人的角度看，这里的错误就对故意的影响极其重大。但是，法定符合说将类似情形从客观上抽象为杀害，违背客观归责的基本原理；对故意完全从外在评价而非行为人认识的角度进行理解，违背责任主义的要求。

（2）承认法定符合说，实际上等于是将故意一律视为未必的故意。对于甲要杀害乙，因为枪法不准打死了丙，要得出法定符合说的结论，就应该认为在甲的犯罪故意中，乙死亡还是丙死亡都无所谓。但在甲的故意明显只针对特定对象、不针对乙之外的其他人时，甲的行为必须导致乙死亡才能成立犯罪既遂。在这种情况下，要得出法定符合说的结论，只能将故意一律理解为未必的故意。这似乎有些牵强附会，且与故意在个案中的实际形态不符。

（3）法定符合说将违法性判断的对象严格限定为客观事实，将该种客观要素（甲开枪杀害乙，最终过失地导致丙死亡的事实）在行为人主观上的“投影”阐释为构成要件故意，是否扩大了故意的成立范围，是否最终违背了构成要件的观念，还是一个疑问。其实，从违法性的角度，按照行为无价值二元论立场，不区分故意行为和过失行为明显是不妥当的，因为故意行为的危险具有目的性，危险能够被人所控制和支配，避免结果发生的可能性程度较高，所以，其不法构成要件在定型性上相对明确。过失行为的危险具有任意性，行为人对危险缺乏支配性，其不法构成要件的定型性缺乏。甲开枪杀害乙，最终过失地导致丙死亡的，其杀害乙的行为的定型性较强，过失导致丙死亡的定型性并不存在，因此，不能根据法定符合说，以行为人甲存在杀害乙的故意，就将明显没有定型性、回避可能性也较低的导致丙死亡的过失行为认定为故意杀害行为。由此可见，法定符合说的出发点是寻找到合理的判断构成要件符合性的方法，但最终又偏离了构成要件的基本观念，取消了故意行为的定型性，架空了客观构成要件。

（4）法定符合说将行为对象及故意抽象化的做法，在遇到违法阻却事由的场合，会存在适用上的困难。例如，在杀人行为符合偶然防卫条件的场合，结果无价值论的主流意见认为偶然防卫成立正当防卫，行为人无罪。但是，依法定符合说，甲欲杀“人”，也杀死了“人”，应构成故意杀人罪既遂。或许法定符合说主张，在此不能将欲害对象乙与实害对象丙进行抽象，而应对丙具体判断，判断打死丙的行为是否具有最终的违法性。但是，这又与法定符合说的基本方法相违背。又如，在防卫行为伤害第三人的场合，乙射杀甲，甲为了反击向乙开枪，但却击中附近的丙，致其死亡。依法定符合说，甲向乙开枪的行为与致丙死亡的行为应作相同评价，前者能够成立正当防卫，后者也应成立正当防卫。但是，如此的话，没有实施不法侵害的丙便必须忍受甲的防卫行为。这一结论显然不合理。①

4.（修正的）具体符合说的合理性

在方法错误的情况下，传统的具体符合说认为，行为人所认识的事实和现实所发生的事实，只要在构成要件范围内并不具体地符合，对于所发生的事实就不成立故意犯，最多只能成立过失犯。例如，甲试图杀害乙，子弹穿过乙的身体，击中丙，乙、丙均死亡的，按具体符合说，甲对乙构成故意杀人既遂，对丙构成过失致人死亡。如果甲试图杀乙，对准乙开了一枪，乙重伤，子弹又飞到丙的身上，丙死亡的，按具体符合说，甲对乙构成故意杀人未遂，对丙构成过失致人死亡。

传统的具体符合说通常面临以下批评：（1）具体符合说是否违背国民的法感觉？对此，通常的批评意见是，行为人想杀人，也杀了人，具体符合说却认定其为杀人未遂，违反一般的社会观念。对于这一批评，我认为比较好回应，因为具体符合说先认定甲对乙构成故意杀人罪未遂，对丙构成过失致人死亡罪，二者属于想象竞合，在判决宣告时不会遗漏对甲造成丙死亡的评价，而且对甲杀人未遂且过失导致第三人死亡的行为只要在量刑上严格按照罪刑相适应原则处理，就可以得出与法定符合说大致相同的结论，不会导致重罪轻判。（2）具体符合说是否过于具体？有批评观点认为，具体符合说过于重视被杀害的“那个人”或者试图窃取的“那个财物”是否被侵害，其要求构成要件故意与客观要件具体性地相符合，但“具体”到何种程度才承认符合性，则是没有解决的问题。② 传统具体符合说对此的回应是，行为人认识的对象与实际侵害的对象只要在法定的构成要件范围内相符合，就不影响故意的成立。③ 然而，这种看法与法定符合说的标准似乎没有区别，并没有提出实质性标准。因此，对具体符合说进行一定程度的抽象，但又与法定符合说保持相当距离，是理论上需要考虑的。（3）具体符合说是否会造成处罚漏洞？例如，A试图砸毁B的汽车，但扔过去的石头砸中了C的汽车，按照具体符合说，A对B构成故意毁坏财物罪未遂，对C构成过失毁坏财物罪，结局都是不罚A，这似乎不合理。而根据法定符合说，A成立故意毁坏财物罪既遂。然而，法定符合说对自己观点的阐述以及对具体符合说的批评都是建立在对事实进行高度抽象的基础上的。针对上述批评（尤其是其中的后两点），如果具体符合说能够从“那个人”或者“那个财物”的思维模式中走出来，

---

① 参见柏浪涛：《打击错误与故意归责的实现》，载《中外法学》，2015（4）。

② 参见张明楷：《论具体的方法错误》，载《中外法学》，2008（2）。

③ 参见刘明祥：《论具体的打击错误》，载《中外法学》，2014（2）。

重新阐释“具体地符合”的概念，其合理性还是不言而喻的。

修正的具体符合说的基本主张是：故意，是从行为人的角度出发对事实有认识。这里的对“事实”的认识，包括行为人对其行为，以及该行为向前发展如何作用于结果的认识。在此基础上，行为人对结果有追求或者放任的态度，并最终形成对规范的敌对态度。因为故意的内容中包含对事实的认识，故意和认识错误概念都不能不以行为人的视角为思考的起点，在这个意义上，法定符合说存在重大不足，其“违反了通行的归属原理：行为人并不因为他想促成某种结果，就要为这类结果中任何一个承担责任。更确切地说，行为人必须认识到他所创设的风险，并且已经预见到通过事实上的因果流程会在结果中实现这一风险。这种认识至少适用于行为人针对他所具体化地认识了的行为客体已经作出了行为决意的场合。否则，他就可能也要为他完全没有预见到的结果的发生承担责任了”①；因为故意的内容中包含行为人的意思能够作用于或者指向特定结果的部分，所以基于一定行为的故意如果有错误，其结果是否还属于行为人的“作品”这一点，要求行为人认识，在行为人主张其存在认识错误时，需要从规范评价的角度审视行为人的认识错误在刑法上是否具有阻却故意的价值，就此而言，过于重视“那个人”的具体符合说因为缺乏规范标准而不具有合理性。基于上述思考，解决打击错误的合理方案就一方面要顾及故意判断的行为人视角，另一方面不能抛弃一定程度上对故意存在与否的规范判断。这是修正的具体符合说的出发点。修正的具体符合说主张的故意概念，是指行为人认识到自己的行为在通常意义上可能引起结果发生的心理态度。在基于行为人的意思实施某一行为，后来发生打击错误的场合，如果该行为向前发展，通常会引起一定结果，即便该结果未在行为人事先评估的范围内，其认识错误也无关紧要，不阻却故意；但是，如果打击错误之后，行为和结果不具有客观归责意义上的紧密联系，结果只不过是偶然地附随于行为的事态的，行为人的故意被否定。

那么，在打击错误的场合，修正的具体符合说主要考虑的是：行为人实施一定行为的故意能否左右结果的发生？如果发生行为偏差导致打击错误，出现了偶然发生的异常结果，行为人的意思难以支配其违反规范的行为所导致的结果的，其对该结果的故意就被阻却；但是，如果该结果是行为人有所认识的行为所能够直接支配的，该行为一旦实施，通常会有这种结果，对行为具有故意的人，对结果的发生也存在加以左右和支配的意思，即便有错误，其针对具体结果的故意也应该被肯定。例如，甲在乙驾驶的汽车中安装了遥控爆炸装置，乙驾车驶上高速公路后，甲引爆了乙的汽车，乙车爆炸后腾空而起，砸向对向行驶车道中丙驾驶的汽车，最终乙重伤，丙死亡的，对爆炸行为有故意的甲，对在高速公路引爆汽车通常会导致第三人死伤，不能说没有支配的意思，打击错误在这里对故意的成立没有影响（结论与法定符合说相同）。另外的情形是，A认为长期形单影只的B未婚，也没有共同生活的其他家庭成员，而在其驾驶的汽车中安放爆炸装置，希望在B外出驾车时将其炸死，但是，当晚盗窃汽车的C却被炸死的，在客观上看，该死亡结果应该由实施盗窃行为的C自我负责，其就不属于行为人A的“作品”；在主观上看，对放置炸弹有故意的行为人无法对自己的行为可能在具有相当性的基础上引发盗车贼死亡的结果有所认识。此时，对C的打击错误阻却A的故意，其只能视情形成立对C的过失致人死亡（结论与具体符合说相同）。这个意义上的具体符合说，立足于故意概念对事实有所认识这一基础，同时，从行为危险性是否足以导致具体结果的角度，对行为人左右具体结果的“具体的”意思是否存在进行一定程度的规范评价。从具体结果被支配、被左右的事实能否映射行为人的意思的角度看，处理打击错误的这一学说是具体的理论；从立足于行为

① ［德］乌尔斯·金德霍伊泽尔：《刑法总论教科书》，蔡桂生译，266页，北京，北京大学出版社，2015。

人有认识的事实但又进行一定程度的抽象思考和规范评价的角度看，介于（传统的）具体符合说和进行高度抽象的法定符合说之间的处理打击错误的这一学说是“修正”的、中间的理论，因此，我将其称为“修正的具体符合说”。

换言之，修正的具体符合说主张，在行为人存在方法错误时，需要从规范评价的角度审视行为人的认识错误在刑法上是否具有阻却故意的效果。行为人一开始存在故意，对方法错误所造成的侵害对象也有所认识，且结果发生并不异常（能够视作行为人的“作品”）的，可以视为“具体地”一致，从而承认故意。这一学说的判断规则是：（1）行为人所认识的事实和实际发生的侵害之间必须具体地一致，才能成立故意，但是，不需要具体到被害人是“张三”还是“李四”这种程度。（2）行为人对构成要件行为具有故意，且对“被误打”的对象有认识（不要求对最终结果有认识，否则就是具体符合说）。例如，甲试图杀害乙，开枪后击中站在一旁的丙，导致丙死亡的，由于甲认识到了丙的存在，因此，承认甲对丙的故意。（3）但是，结果如果异常发生（例如，甲试图杀害乙，开枪后击中丙，而丙是任何人都不可能预见地突然闯入的），在客观归责难以进行的情形下，行为人的故意也被否定，行为人至多成立过失犯。换言之，在打击错误时，如果能够肯定客观归责，行为人主观上对结果发生具有高度的预见可能性的，就成立故意。这一意义上的修正的具体符合说比传统具体符合说略为抽象，但比法定符合说略具体，是一种中间学说。

因此，修正的具体符合说特别强调以下两点：（1）判断在行为制造何种法益危险方面，行为人是否有认识的“具体性”，即考虑构成要件行为向前发展，通常会导致何种结局（客观归责的方法论）。打击错误从本质上看，是事件发展过程和行为人的意思有偏差的情形，是一种针对因果流程的认识错误，因此，错误的大小与因果流程的偏差程度有关。如果某种行为实施之后所导致的结果，和行为人的意思以及行为向前发展的通常逻辑之间存在特别大的偏差，发生了异常的事件发展过程，与通常的生活经验法则严重背离时，不能认为行为设定或制造了特定危险，该结果也就不能归属于行为，行为人对于该结果也不应当存在故意。因此，具体符合说意味着，行为人实际造成的侵害，具体地看，是否属于其试图侵害法益的行为向前发展所通常可能带来的结局，如果是，该结果就应该归责于行为人，行为人的错误就无关紧要，而不需要考虑侵害对象本身是否具体地具有同一性。这样，法定符合说对具体符合说原来的批评就失去了基础。持法定符合说的学者曾经举出两个例子批评（传统的）具体符合说：例 1，X 左、右手分别提着自己的两台电脑，A 本想用石块砸坏 X 左手的电脑，但因打偏了，砸坏了 X 右手的电脑。（传统的）具体符合说根据法益主体同一性分析，由于都是 X 的电脑，所以 A 成立故意毁坏财物罪既遂。例 2，X 左手提着自己的电脑，右手提着 Y 的电脑，A 本想砸坏 X 左手的电脑，但因打偏了，砸坏了 X 右手提着的 Y 的电脑。具体符合说分析，由于法益主体不同，A 对 X 左手的电脑成立故意毁坏财物未遂，对 X 右手的电脑成立过失毁坏财物。法定符合说由此认为：“上述两个案例，不仅在违法性上没有任何差异，而且行为人的故意内容没有任何区别。可是具体符合说却得出不同结论，难以令人赞同。”① 但是，从行为制造法益危险的角度看，指向他人身体的毁坏行为意欲砸向左手却砸中右手，该结局仍然是行为向前发展的必然逻辑，行为人实际造成的侵害具体地看属于其试图侵害法益的行为向前发展所通常会导致的结局，该结果可以归责于行为人的构成要件故意。至于电脑归属于谁，在行为危险性判断以及因果历程偏移的判断中完全属于无关紧要的事实，在具体符合说的具体性判断中应该被舍弃。因此，具体符合说中的具体地符合，应当是指行为所实际导致的结果，与该行为实施后通常所导

① 张明楷：《论具体的方法错误》，载《中外法学》，2008（2）。

致的风险是否“具体地”一致，是不是属于行为向前发展所逻辑地、通常地导致的结果；如果是，则不存在刑法上重要的偏离和错误；如果不是，则结果只是一个不幸的事件，行为人对其不可能有故意。那么，甲向乙连开两枪，一枪击中乙身边的丙造成其重伤，另一枪子弹击穿房顶木板，将坐在楼上餐厅吃早餐的丁打死的，甲只能成立故意杀人罪未遂和过失致人死亡罪的竞合。(2) 考虑和尊重刑法第 14 条的规定。根据该规定，犯罪故意是“明知自己的行为会发生危害社会的结果”的情形，而不是法定符合说意义上的“明知自己的行为会发生符合构成要件的结果”。立足于这一点，就应该认为，如果存在前述的因果历程严重偏离生活经验法则的场合，不能认为行为人对这种偏离所导致的结果存在预见，难以认定行为人“明知自己的行为会发生危害社会的结果”，此时，主观认知和客观事实相抵触，阻却故意的归责。反之，故意可以被确定。例如，A 试图砸毁 B 的汽车，但扔过去的石头砸中了 C 的汽车的，具体符合说就不能仅仅考虑加害对象与实害对象之间的不一致，而应该考虑行为人在认识其制造法益危险的行为的基础上，对行为向前发展“会发生危害社会的结果”有无认识，如果存在这样的认识，A 对 C 汽车的毁坏也成立故意。酒吧调酒师甲为毒杀仇人乙而在鸡尾酒中投放毒药，服务生丙在客人很多的情况下错误地将酒端给客人丁，丁饮酒后死亡的，行为制造的法益危险客观存在，丙将酒递错的结果是甲的行为向前发展的逻辑结局，不能认为甲对此有错误，其对丁的死亡仍然成立故意杀人罪既遂。

（三）因果关系错误

因果关系错误，是指行为人对自己行为与结果之间因果发展进程的认识和实际的因果流程不相符合的情形。讨论因果关系错误时，需要依次回答以下三个问题。

1. 因果关系是否属于故意的认识内容

对此，存在以下学说：(1) 不要说。该说认为，因果关系不是故意的认识内容，因为成立故意要求行为人认识到行为的内容与社会意义及危害结果，或者只要对包含有结果发生危险的实行行为有认识就足够了①，因此，没必要将因果关系作为故意的独立的认识内容。② 但是，这种看法可能值得商榷。按照客观归责论，刑法要关心的永远是可能引起法益危险的行为，结果是行为向前发展的当然结局，所以，故意所要求认识的危害结果并非与构成要件行为无关的结果，而是由其所引起的危害结果。行为向前发展可能造成何种危害这种过程性特征只不过是行为的因果性换了一种说法而已，其当然应该是行为人所认识的内容。对此，有学者指出：“与因果关系相割离的对于结果发生的认识、预见不过是没有根据的单纯的‘愿望’而已，其能否奠定故意的基础是有很大疑问的。”③ (2) 必要说。该说主张，因果关系是故意的认识内容，但是，根据法定符合说，只要在构成要件要素的抽象水准上符合了，对于实际所产生的构成要件该当事实就能肯定故意，因此，具体的因果流程如何并不重要，因果关系错误也就不阻却故意。甲想杀死乙，在被害人手上割了一个小口后，乙大呼“救命”，甲由此逃离现场，但患有血友病的乙很快死亡的，法定符合说会认为，甲想杀人，乙死亡的过程虽与甲的预想不一致，但从构成要件的角度看是符合的，因此，其行为成立故意杀人罪既遂，因果关系错误并不阻却故意。

我认为，因果关系需要行为人认识。这是因为我国刑法第 14 条明确规定，明知自己的行为会发生危害社会的结果，并且希望或者放任这种结果发生，因而构成犯罪的，是故意犯罪。其中“明知……会发生”的表述要求故意以行为人对因果关系有认识为限，由此就不能轻易得出因果关系错误不阻却故意的结论。但是，这种认识并不是要求行为人认识到所有的因果经

① 参见［日］前田雅英：《刑法总论讲义》，7 版，181 页，东京，东京大学出版会，2019。

② 参见张明楷：《刑法学》，5 版，258 页，北京，法律出版社，2016。

③ ［日］山口厚：《刑法总论》（第 3 版），付立庆译，228 页，北京，中国人民大学出版社，2018。

过，其只要对因果经过的基本部分有认识就足够了。同时，在因果关系错误的场合，并不是行为人对因果经过的认识在抽象上与构成要件符合，其就一定存在犯罪故意。按照具体符合说的立场，承认因果关系是故意的认识内容，其实是要求行为人认识到构成要件行为制造的危险是否可能现实化为结果。例如，甲看到乙站在悬崖边上，将乙推下悬崖试图摔死乙。当甲认识到山崖距离地面很高，足以摔死乙等事实时，按照经验法则，就能认定甲认识到自己对乙的生命制造了致命危险，因果流程的方向是乙的身体从高空下坠，最终造成死亡结果。即便乙最终不是摔死，而是被分叉的树枝扎死的，该结果也是行为人所能够认识的行为向前发展所逻辑地导致的结果，因果流程出现偏差不影响故意及既遂。这一主观判断方法，和客观的危险及结果的判断相对应，因为客观归责论要求实害结果是行为通常地、类型性地实现的危险。与此相对应，在进行主观归责时，也应要求行为人对这种结果可以归属于行为有认识。

2. 因果关系的错误是否必须在客观归责之后进行检验

按照客观归责的方法论，当某种结果不能客观上归责于行为时，无须再检验行为人主观上是否存在故意过失。这是刑法客观主义思考的逻辑和顺序所决定的。

就因果关系的错误而言，在思考顺序上应当考虑：结果犯的成立，需要在实行行为和侵害结果之间存在因果关系，且结果能够归责于行为人。如果因果流程异常，结果不属于行为人的“作品”的，其最多只成立犯罪未遂。所以，因果关系错误的判断，一定要建立在根据客观归责论结果可以归属于行为的前提下。这样，传统上作为因果关系错误来思考的很多案件，其实首先是客观归责能否实现的问题，应当在客观的构成要件该当阶段而非构成要件故意或责任故意阶段进行分析。例如，甲将毒药拌在干果上，试图以诱骗乙吃干果的方式杀害乙，但乙对其中的干果有严重过敏症状，不知情的甲连哄带骗让乙吃了 5 颗干果后，乙的过敏症引发其他疾病死亡（此时毒药的毒性尚未发作）的，不能认为甲劝说、强令乙吃干果的行为已经具有导致乙死亡的类型性、通常性危险，结果不能归属于甲的行为，对因果关系错误的讨论也就无从进行。再如，对前述甲杀害血友病人乙一案，如果认为甲的行为与乙的死亡之间只具有异常的因果关联，乙的死亡不能归责于甲的行为，就不需要判断主观归责问题。又如，甲利用手机群发诸如“房租请打到房东新换的银行卡上”类似内容的短信实施诈骗，乙收到短信后被骗，将房租 1 万元汇入短信提供的银行账号，后乙又将短信转发给在外地出差的合租同伴丙，丙于是也将房租 1 万元汇入该账号的，甲是否能存在因果关系错误？如果认为甲虽然通过散发短信实施诈骗行为，但是，就丙而言，甲并没有对其实施诈骗的行为，甲散发短信的行为与丙陷入错误认识之间不存在刑法上的因果关系，丙之所以陷入认识错误、处分财产是因为乙将短信转发给他，丙的被骗不是甲的欺骗行为所实现的风险，无法归责于甲的行为，甲是否存在因果关系错误就是不需要讨论的问题。当然，对本案，我认为，从客观归责的角度看，丙的被骗，与甲的群发短信存在条件关系，同时，考虑到“合租”房屋并不是罕见的情形，而是常态，甲群发的诈骗短信被合租者转发给其他特定的人，是甲制造法益风险的行为向前发展会引发的结果，收到短信的人再转给别人，也是基于甲群发短信的欺骗行为，因此，即便是乙的错误转发所造成的结局，也应当归属于甲。

3. 因果关系错误如何处理

因果关系错误包括以下三种情况：

（1）狭义的因果关系错误，指结果的发生不是按照行为人对因果流程的预设来实现的情况。如，甲为了让乙在深水中被淹死，而将其推下桥，乙的头部撞上桥墩而死亡的，即属此类。需要肯定，甲将乙推下桥，便制造了乙的生命危险，这种危险会以多种方式演变为死亡结果，例如，可能淹死，可能休克，可能撞上桥墩或柱子，这些死亡方式都是甲能够认识到的，因此，乙撞向桥墩死亡能够归责于甲的故意。再如，前述甲群发诈骗短信行为制造了法益风险，在“合租”现象大量存在的前提下，甲群发的短信可能被不同个人分别收到，也可能由他人再行转发，这些方式都是甲能够认识到的。同时，既然是群发短信，谁收到，谁付款，谁就上当，甲对此结局是有认识并希望的，因此，由乙转发短信导致丙被骗的结果也应当归责于甲的行为，因果关系错误并不影响甲的故意及诈骗罪的既遂。

狭义的因果关系错误通常不阻却故意，但也有很多例外情形。就前述甲杀害血友病人乙一案而言，甲认识到的是自己轻伤乙所引起的相应危险，但这种轻伤并不具有类型化的导致他人死亡的危险。轻微危险竟能导致死亡结果，显然超出了甲的生活经验。虽然在客观上甲的行为与乙的死亡有（相当性意义上的）因果关联，但甲对这种相当性显然缺乏预见，因此，这种因果关系错误能够阻却故意，甲至多可能视情形对乙的死亡负过失致人死亡罪的责任。

（2）结果的推迟发生。行为人误认为自己的行为已经发生了预期的侵害结果，为达到另一目的，又实施了另一行为，事实上行为人所预期的结果是后一行为所造成的。例如，甲为杀人而先实施伤害行为，被害人重伤昏迷，甲以为被害人已经死亡，抛弃被害人到海边，被害人醒后吸入沙砾死亡的，甲是否成立故意杀人既遂？

对类似案件如何处理，存在激烈争论，主要的解决思路有三种：其一，整体观察说，主张在此情况下，虽然客观上存在先前行为与后续行为之分，但两个行为是密切联系的，后续行为是先前行为的延续；主观上行为人具有概括故意，后一行为仍然为犯罪故意所涵盖，因而将两个行为视为一个犯罪故意行为较为妥当，甲成立故意杀人罪既遂。但该说承认故意具有涵盖不同行为的效力，完全无视行为的定型性，将故意概念绝对抽象化，并不合适。其二，行为各自独立说，认为前后两个行为各自独立，前一行为存在故意，后一行为只有过失，因此，甲应成立故意杀人罪未遂和过失致人死亡罪的想象竞合犯。这种观点强调在任何情况下都应该将前后两个行为割裂开来考虑，其合理性值得质疑。其三，第一行为危险性说。该说强调，如果第一行为特别危险，后一行为及其结果都是由第一行为所直接引发的，从生活经验来观察，行为人所想象的因果流程与实际发生的事件进展之间没有偏离一般预见可能性的范围的，就可以认为结果发生是由行为人的行为（尤其是第一行为）所逻辑地决定的，行为人对因果流程的认识错误无关紧要。因此，甲构成故意杀人罪既遂。

（3）结果的提前实现。在行为人的计划中，有两个行为，其也希望通过第二个行为导致结果的发生，但事实上前一行为就导致结果发生。例如，甲准备在欺骗乙吃安眠药熟睡后用铁棍将其打死，但在甲用铁棍打乙之前，乙由于服用甲提供的安眠药过量而死亡。在这种场合，由于甲的第一行为已经具有导致乙死亡的危险，甲对此也有认识，所以，故意杀人罪既遂应当能够成立。

归结起来讲，故意的成立要求行为人认识因果关系，但是，这种认识只是大致的认识，而不是具体的认识，不要求认识到细节。按照具体符合说，只要实际的因果经过（即便有所偏离，也还在生活经验法则的框架内）从整体上看处于客观上可归责的范围内的，就可以认定行为人对这种因果偏离仍存在预见，对因果关系的认识错误就不具有重要性，不阻却故意。对此，有德国学者指出，即便行为人对于因果流程存在认识错误，但只要结果“保持在根据普遍的生活经验可以预见的范围之内……所设想的和实际发生的因果经过之间的不一致便属于‘非本质性的’”①。因此，因果关系错误在刑法评价上是否重要，需要在个案中进行具体判断。

二、抽象的事实认识错误

抽象的事实认识错误，是指不同构成要件之间的错误，即行为人试图犯甲罪，但事实上触

---

① ［德］约翰内斯·韦塞尔斯：《德国刑法总论》，李昌珂译，149页，北京，法律出版社，2008。

犯了乙罪。例如想杀害他人的狗，却错误地杀了狗的主人；试图走私文物，却错误地走私了普通货物的，均属此类。对于抽象的事实认识错误的处理，在理论上有很多分歧。就实务而言，最成为问题的是以下两点：

一方面，就对象错误而言，虽然行为人所认识及意欲侵害的对象和实际侵害的对象被规定在不同罪名中，跨越不同的构成要件，但在两个构成要件有重合时，在重合的范围内，成立故意犯罪。在出于轻罪的认识但实现重罪的场合，成立轻罪的故意犯罪既遂；在出于重罪的认识实施了轻罪的场合，成立重罪的故意犯罪未遂，例如，为盗窃枪支（重罪）而实施犯罪行为，但实际取得普通财物的（轻罪），成立盗窃枪支罪（未遂）。又如，甲以为留在长途汽车座椅上的高级皮包是刚下车的乙遗忘的，于是就拿起来提前下车逃走了，但是，该皮包是到汽车尾部卖票的售票员丙暂时放置在座位上的财物，甲虽然着手实施了盗窃行为，但其主观上只有侵占故意，盗窃罪和侵占罪之间有重合关系，在重合的范围内，甲成立轻罪即侵占罪的既遂。在判断两个犯罪的构成要件之间是否“重合”时，需要考虑以下三点：(1) 在行为人所认识的甲罪和实际实施的乙罪之间属于法条竞合关系时，两罪之间显然有重合关系。(2) 在甲罪和乙罪的构成要件明显存在交叉或者包容关系的场合，重合关系也存在。例如，故意杀人罪和故意伤害罪、抢劫罪和抢夺罪、抢劫罪和盗窃罪、抢劫罪和敲诈勒索罪、诈骗罪和敲诈勒索罪、盗窃罪和侵占罪、非法拘禁罪和绑架罪之间都存在重合关系。(3) 构成要件之间因为行为方式，尤其是保护法益上的共同性而实质上重合的，行为人的错误不影响犯罪故意。例如，误把核材料当作武器加以走私的，两罪的构成要件，尤其是法益侵害性具有实质上的重合性，因此，足以认定行为人的故意。又如，想要走私假币，但错误地走私了贵金属的，因为两个行为均会破坏海关管理制度，均具有走私行为外观，走私对象的错误仅仅是对于“为了保护同一法益而选择性规定的等价值要素”存在错误（虽然对象不同，但同属于一旦走私就会造成法益侵害之物，外观上给人的观感也高度类似），实质上二者的构成要件重合，因此对于构成要件的认识错误并不能阻却故意，也可以说行为人的认识错误并不重要，应按其实际实行的犯罪定罪处罚。

另一方面，就方法错误来说，如果因为方法错误所导致的是构成要件以外的结果，就排除故意；对构成要件内的事实则不排除故意。对此，必须区别情况加以考虑。例如，试图杀害仇人的狗，却因为枪法不准而击中仇人的，应成立过失致人死亡罪和故意毁坏财物罪（未遂）的想象竞合犯。又如，想杀害仇人，却击中仇人身旁的狗的，应成立故意杀人罪（未遂）和故意毁坏财物罪的想象竞合犯。

第五节 犯罪主观要件的其他问题

一、无罪过事件

刑法第 16 条规定，行为在客观上虽然造成了损害结果，但是不是出于故意或者过失，而是由不能抗拒或者不能预见的原因所引起的，不是犯罪。这里规定的即是无罪过事件，它包括不可抗力和意外事件两种情形。

任何罪过都是认识因素与意志因素的统一。意外事件与不可抗力，或者缺乏认识因素，或者缺乏意志因素，从而不具备构成罪过的条件。因此，不管客观上造成了多么严重的损害结果，如果行为人对此没有罪过（故意、过失）的，仍然不能追究其刑事责任。刑法关于无罪过事件的规定表明：责任主义（而不是结果责任）在我国得到了贯彻。

（一）不可抗力

不可抗力，是指行为在客观上虽然造成了损害结果，但不是出于故意或者过失，而是由不能抗拒的原因所引起的情形。

不能抗拒，是指行为人虽然认识到自己的行为会发生损害结果，但由于主、客观条件的限制，行为人不可能排除或者防止结果的发生。

（二）意外事件

意外事件，是指行为在客观上虽然造成了损害结果，但是不是出于故意或者过失，而是由不能预见的原因所引起的情形。

不能预见，是指根据当时各方面的情况，行为人不可能预见、不应当预见自己的行为会发生损害后果。由此可见，意外事件和疏忽大意过失的区别是比较明显的：后者是有义务预见而且能够预见，只是没有保持必要的精神紧张，才没有预见；而前者是完全不能预见。

二、动机与目的

动机，是指激起和推动犯罪人实施犯罪行为的内心起因。犯罪动机是产生故意的源泉，它不仅确定犯罪目的，而且促使危害结果实现。但是，犯罪动机不是故意。知道财物是他人的而有意窃取，这是盗窃罪的故意；至于窃取财物是因为贫困交加、贪财还是接济他人，都属于动机的范畴。由于动机的性质、强弱直接反映行为人的主观恶性程度，因而动机是影响量刑的要素。

目的，是人们追求一定结果的一种主观愿望。犯罪目的是指犯罪人希望通过实施犯罪行为达到某种危害结果的心理态度。犯罪目的是直接故意的重要内容，它不仅表明行为人对行为可能发生的危害结果已有认识，而且反映了行为人对之积极追求的主观愿望。因此，犯罪目的对直接故意的形成具有重要的意义：在某些特定犯罪中，犯罪目的是构成要件要素之一，例如走私淫秽物品罪必须“以牟利或者传播为目的”，是否具有此目的对犯罪的成立与否发生影响；在某些犯罪中，犯罪目的是区分此罪与彼罪的标准之一，例如，以出卖为目的收买被拐卖的妇女、儿童的，构成拐卖妇女、儿童罪；不具有这种目的的，只构成收买被拐卖的妇女、儿童罪。

犯罪动机与犯罪目的是仅存在于直接故意犯罪中，还是存在于一切故意犯罪中，在理论上存在一定分歧。由于犯罪动机是推动实施犯罪行为的内心起因，犯罪目的是行为人希望通过实施犯罪行为追求某种危害结果发生的心理态度，因此在实施行为时，行为人对行为的非法性质是已有认识的。而间接故意犯罪行为的性质在危害结果发生前并不确定，危害结果的发生也不是行为人追求的结果，因此间接故意犯罪不存在犯罪动机与犯罪目的。当然，间接故意犯罪可能存在其他动机与目的，但不能把它作为犯罪动机与犯罪目的看待，两者是有区别的。过失犯罪都是不意误犯，所以没有犯罪动机和犯罪目的存在。

犯罪动机与犯罪目的虽然都是通过行为人的危害行为表现出来的主观心理活动，但两者存在以下区别：（1）从顺序来看，动机产生在前，目的产生在后。（2）从内容、性质、作用来看，动机表明行为人犯罪的起因，比较抽象，对犯罪行为起推动作用；目的表明行为人所追求的危害结果，比较具体，对犯罪行为起指引方向的作用。（3）同一性质的犯罪，目的相同，但动机可以各种各样；不同性质的犯罪，目的各不相同，动机可能相同。（4）犯罪目的既可以影响量刑，也可以影响定罪；犯罪动机则只影响量刑。因此，对犯罪动机与犯罪目的应当注意区分。

第八章　犯罪排除事由Ⅰ：违法排除事由

第一节　犯罪构成要件与违法性的关系

一、违法性论的比较

违法性，是指行为和法秩序相抵触的特征。按照犯罪论体系的阶层理论，一般而言，行为符合构成要件，就可以被推定为具有违法性，这主要是因为构成要件和违法性的内在精神是一致的：法律将立法者禁止的行为（作为）或者命令行为人必须实施的行为（不作为）在构成要件部分加以描述，禁止规范、命令规范的存在已经基本表明了国家的价值取向；违法性是说哪些行为是不符合整体法规范要求的，也强调了国家反对某些行为的态度。换言之，构成事实在一定程度上揭示了违法类型，具有违法性的外形或违法内涵，例如，故意毁坏财物罪中毁坏故意、客观毁坏结果的存在，都在不断填充构成要件要素，也在一定程度上展示了行为违法性的外观。

上述在阶层的犯罪论体系中作为违法性论加以讨论的问题，在我国刑法学通说中也没有被回避，只不过使用了另外的话语系统，并赋予违法性不同的体系性地位。在我国四要件（犯罪客体要件、犯罪客观要件、犯罪主体要件、犯罪主观要件）犯罪论体系中，没有违法性的独立地位。社会危害性的概念和违法性的概念在性质与功能上最为接近。社会危害性具备主客观相统一的特征，社会危害性及其程度不只是由行为客观上所造成的损害来说明的，而且还包括主观要件。例如，故意伤害的社会危害程度要大于过失伤害的社会危害程度。社会危害性既然涵盖了犯罪的主、客观要件，那么就能够从实质上揭示犯罪的本质。在四要件的犯罪论体系中，社会危害性并不是独立的犯罪构成要件，而是以犯罪概念中的本质特征的形式出现的，不能正确地发挥违法性要件的实质审查功能和为违法阻却事由提供根据的功能，因为社会危害性不在四要件的犯罪构成之内，对其的判断不受构成要件的限制，容易成为先入之见，由此会出现架空犯罪构成的危险，进而与罪刑法定原则相抵触。因此，我国的社会危害性与德、日的违法性在犯罪论体系中的地位完全不同，对社会危害性概念无论进行何种改造，其也不能替代违法性。德日刑法学将违法性判断置于犯罪论体系内部的做法，有助于确保检验的科学性、重复使用的可能性，能够最大限度地确保司法上少出错。我国的社会危害性判断从理论构造上看与犯罪论体系是“两张皮”，且缺乏下位判断规则，容易沦为司法上的直觉，因而不能确保检验结论的可靠性。

二、区分构成要件和违法性的理由

在构成要件该当性、违法性、责任的三阶层理论体系之外，也有不法（统合构成要件和违法性）和责任两分的两阶层理论体系。两阶层犯罪构造只区分不法和罪责，并且将犯罪的构成要件之前提条件视为积极的要素，将正当化构成要件的前提条件视为消极的要素，同时，这两种要素组成了统一的不法构成要件。这样，在一定程度上，正当化构成要件的前提条件就成了消极的构成要件要素（整体的不法构成要件理论）。

本书坚持三阶层体系，不能因为构成要件和违法性之间存在紧密关联，就对二者不加区分，更不能用不法替代构成要件概念，否则，就是没有考虑到对构成要件和违法性进行区分在刑事政策和刑法技术上具有的重要功能。如果在犯罪论体系中取消这一区分，将会危及这些功能的发挥。① 对此，普珀教授指出："犯罪检验的构造是三阶层更符合目的性，因为刑法只关注通过法典明确科处刑罚的那些法律侵犯。犯罪本身则只表明了两个评价阶层，即不法与罪责。构成要件符合性与违法性的两分仅源于以下思路，即对一个特定的案件事实是否与法律秩序不相一致的问题的检验，只能从确定该案件事实与个别的规范不相一致开始，比如与通过刑罚构成要件用刑罚加以保障的诫命或命令不相一致。通过所谓违法性的检验，并不是寻找出一个新的评价阶层，而只是将与个别规范的一致性检验扩展到整个法律秩序。"②

肯定构成要件和违法性的区分，坚持三阶层论的主要理由在于：

1. 刑事政策上的考虑

不区分构成要件和违法性的理论，会冲击构成要件在刑事政策意义上的保障功能。罪刑法定原则得到贯彻的基本前提就是法律对某一具体犯罪行为在规范上作出了具体描述，构成要件是罪刑法定原则最为严格的实现。构成要件囊括了各个具体犯罪成立的特征，唯其如此，我们才能将非法拘禁和绑架罪加以区分，使抢夺和抢劫不至于混淆。构成要件"根据抽象的、为帮助人们理解而建立的禁止性标志这种方式，描绘了一般被禁忌的举止行为方式的图画，并且具有一种一般预防的功能。在这里，对行为构成特征的描述影响了一般公众的法律意识并且发挥了可能的威慑作用"③。不符合构成要件的行为，在刑法上并不重要，一开始就不是刑法评价的对象。

2. 消极的构成要件概念的抛弃

消极的构成要件理论提出，凡是符合正当行为条件的行为，不但不具有违法性，而且不符合构成要件，因为构成要件本身就蕴含着"刑法禁止实施危害行为，但正当行为不在此限"这样的意思。例如，故意杀人罪的构成要件就是"任何人在不是正当防卫、紧急避险、执行职务等情况下，剥夺他人的生命"。对此，有学者明确指出："法律规范是应然的假定规范，法律规范与假定的命令意义相同。'每一法律规范在具体的意义上是一个假定，因为它只可适用于具体的在规范中指明的行为状况。'例如撇开其绝对性特点，勿杀的前提是存在着一个正常的情势，也就是，不存在例外情势，如正当防卫或出现有法律效力的死刑判决或者战争。因而，勿杀终究是指：如果不考虑正当防卫、死刑判决的执行、战争行为的发生，违禁者应该被处死。这是一个在假定上来理解的命令。"④ 既然正当行为的存在排除了构成要件，同时排除了违法性，那么将构成要件和违法性作为"一体物"看待，统称为"不法"，似乎就是可以接受的结论。

我认为，主张正当防卫等属于消极构成要件，进而提倡不法和责任两阶层论体系的观点存在根本性问题。违法阻却事由是否存在，涉及具体的价值判断，难以在构成要件中作一般性规定。所以，将阻却违法事由作为消极构成要件并被置于构成要件之中进行评价的做法，可能会使构成要件的晓谕功能难以发挥，也难以划定犯罪成立范围。对此，有意大利学者正确地指出：

① 参见李海东：《刑法原理入门（犯罪论基础）》，37页，北京，法律出版社，1998。
② ［德］Ingeborg Puppe：《论犯罪的构造》，陈毅坚译，载《清华法学》，2011（6）。
③ ［德］克劳斯·罗克辛：《德国刑法学总论》（第1卷），王世洲译，187页，北京，法律出版社，2005。
④ ［德］卡尔·恩吉斯：《法律思维导论》，郑永流译，32页，北京，法律出版社，2004。

根据消极构成要件的逻辑，会得出荒诞的结论："打死一只苍蝇不是典型事实，所以与正当防卫中杀人具有同样意义。说打死一只苍蝇不是典型事实，是因为打死的是苍蝇而不是人，即缺乏典型事实的肯定条件。正当防卫中杀人也不是典型事实，因为正当防卫是正当化原因之一，即具备典型事实的否定性因素。既然二者都不是典型事实，在刑法中就可以将二者等价齐观。然而，这种观点显然忽略了这样一个事实：打死一只苍蝇与任何法律保护的利益无关，因而是一个完全不具有任何刑法意义的事件；而杀死一个人，即使是出于正当防卫，总是对法律保护的某种利益的侵犯。"①

构成要件判断是在罪刑法定原则的指导下确定处罚的范围，而作为违法性判断主要内容的正当化事由，并不是和构成要件在同一层次的东西，自然也没有资格作为构成要件的对立面存在：对于违法性应在构成要件该当性之后判断，正当化事由属于违法性中的例外事由，在理论地位上显然不能与构成要件同日而语，将不能与构成要件放在同一层次讨论的正当化事由称为消极构成要件，本身就存在问题。由此进一步推论：消极构成要件这一概念是否合适，是否有存在必要，是大可推敲的。

将正当事由作为消极的构成要件要素，还会造成对构成要件该当性审查的复杂化。不符合构成要件的行为不受惩罚是因为该行为在刑法不值得或者不应当受到处罚，例如故意伤害罪惩罚的是故意损害"他人"的生理机能的行为，普通人自伤身体，因为刑法认为没有惩罚必要而不符合构成要件，所以不受处罚。然而行为该当构成要件但成立紧急避险，从而阻却违法的行为，不受处罚，是因为即使存在法益侵害，但是例外地考虑该行为保全的法益要比牺牲的法益大，符合构成要件的故意伤害行为要否定其刑事违法性，必须证明其属于正当防卫或者紧急避险。因此，构成要件要素与正当化事由的条件不可能简单互换，两种符合性的判断标准、方法与原则存在重大差异。行为是否符合构成要件是一种定型的判断，不需要价值衡量；但正当化事由不是基于规范的一般例外，而是为了解决社会冲突必须就个别事例进行价值衡量。缺乏构成要件要素的行为，原本就没有侵害刑法所保护的法益，或者法益价值轻微，故在刑法上不具有重要性；而正当化事由原本就是侵害法益的行为，它之所以合法，是因为从特定的角度看具有值得肯定的价值。② 有学者指出，构成要件与正当化事由的区别还会产生实践中的逻辑后果：对于具备正当化事由的侵害行为，由于行为的正当性是相对人应该承受的，相对人进行正当防卫就是不被允许的；而对于不符合构成要件的侵害行为（违法行为），当事人则可以进行正当防卫。③ 例如，将第三人的财物作为正当防卫的工具使用时，第三人不能对该正当防卫人实施防卫；但对于不符合故意毁坏财物罪构成要件的过失毁坏行为，财物所有人或者占有人可以实施正当防卫。

3. 事实判断与价值判断的相对区分

构成要件并不能绝对排斥价值判断，但其属于与价值基本无涉的一般性判断。正当化事由的价值判断则属于具体情况下的个别性价值判断。例如，构成要件中关于纯正单位犯罪、身份犯的规定，实际上将自然人、不具有特定身份的人都排除在犯罪之外，反映了立法上的价值取向，这是规范上的一般限定。而正当防卫、紧急避险是否成立，都有一个考虑防卫、避险条件与限度的问题，防卫和避险都必须在合理限度内才可能是被允许的，它们都不是规范上的一般性例外，而是就个案进行法益保全和法益损害的比对之后所进行的具体判断，认为有必要保全重要法益，从而进一步肯定行为可以被容忍。正当化事由不是对构成要件这种禁止性规范的一

① ［意］杜里奥·帕多瓦尼：《意大利刑法学原理》，注评版，陈忠林译，133页，北京，中国人民大学出版社，2004。

② 参见张明楷：《外国刑法纲要》，2版，77页，北京，清华大学出版社，2007。

③ 参见李海东：《刑法原理入门（犯罪论基础）》，38页，北京，法律出版社，1998。

般限定，而是对构成要件这一对象的具体评价。

4．考虑共犯处理的特殊性

在处理共同犯罪时，不法与罪责的区别相当重要。犯罪参与者只是因为其实施的符合构成要件且违法的行为，而不是因为他人的（个人）责任才同时承担责任。

教唆犯的成立与否，与构成要件和违法性的相对区分有关。现在的多数说认为，对共犯必须基于从属性的观点加以认定，如果被教唆者没有实行被教唆的行为时，对于教唆犯不能处罚。这是刑法客观主义的立场，也是一种诉讼证明上的务实考虑：一般来说，在被教唆者没有实施外部行为时，收集教唆的证据会相当困难，处罚结论有可能侵害个人自由。不过，关于教唆犯在何种程度上从属于正犯，理论上存在很多争议。完全的从属性说认为，只有被教唆者的行为具备完整的犯罪性，即是符合构成要件、违法且有责的行为，对于教唆犯才能处罚。但是，把教唆者和被教唆者的责任联系在一起，和刑法客观主义所要求的共犯与正犯之间在行为上具有从属性的观点不一致，也违反个人责任原理。因此，对共犯的从属性，限制从属性说是有道理的，即当被教唆者的行为符合构成要件，同时具有违法性时，对于教唆犯就可以处罚。按照这种学说，对实行行为的认定，就需要分两个阶层分别考察构成要件和违法性，否则就可能得出不妥当的结论。例如，甲教唆乙伤害丙，乙着手实行伤害行为。但乙在伤害丙的那一刻，发现丙正在瞄准丁，准备扣动扳机杀害丁。甲的行为是否构成教唆犯？如果按照最小限度的从属性说，只考虑构成要件符合性，就会得出乙已经着手实施伤害行为，对甲就应该以教唆犯处理的结论。但本案中乙具有防卫行为和防卫意思，其行为完全有成立正当防卫的余地。教唆他人犯罪，但是在他人实施的行为虽符合构成要件，但具有违法阻却事由时，仍然对教唆犯加以处罚，就只考虑了共犯的独立性，只考虑了教唆行为的抽象危险，这和今天的刑法客观主义潮流并不符合。所以，对教唆犯、帮助犯是否成立的判断，必须先考虑实行犯的构成要件符合性和违法性是否存在。

三、犯罪客观要件与违法排除要件

一般来说，符合犯罪客观要件的行为，实质上就是法律所不允许的行为，即具有违法性的行为。

为了保护人类的社会生活的基本秩序，法律规定了有拘束力的行为规范。对于刑法来说，就是规定了禁止（特定义务的不作为）或命令（特定义务的作为）规范。由于这些规范是以禁止或命令的形式出现的，行为符合犯罪客观要件，也就意味着违反了法律规范所规定的作为或不作为义务。因此，符合犯罪客观要件的行为，通常具有违法性。

但是，也存在行为符合犯罪客观要件，但不具有违法性的情形。这样的行为不仅为法律所允许，而且为社会共同生活所必需。这种在形式上符合犯罪客观要件的行为，因不具有违法性而不构成犯罪。在行为符合犯罪客观要件而被推定为有违法性的情形下，如果存在推翻推定即存在不具有违法性的事由时，就能排除违法性（正当化事由）。正当防卫、紧急避险等行为即属此类。因此，符合犯罪客观要件的即可推定具有违法性，但存在违法排除要件时，犯罪不成立。

由于犯罪客观要件乃是违法行为的类型化，所以，对某种行为是否构成犯罪的判断，首先就要看此行为与犯罪客观要件的规定是否一致，倘若行为本身根本不符合犯罪客观要件，那么对行为罪与非罪的判断就已经有了结果，即行为就不构成犯罪。在此情形下，判断行为是否具有违法性无任何必要。反之，如果行为本身符合犯罪客观要件，则应当进一步判定行为本身有无违法性：如果存在违法排除要件，那么行为就不构成犯罪，也就没有必要再探讨有无责任的问题。相反，如果不存在违法排除要件，则应当进一步判断有无责任的问题。申言之，只有在行为人的行为既符合犯罪客观要件，也没有违法排除要件，同时行为人又有责任的情形下，对该行为才能以犯罪论处。

第二节 违法性的一般理论

所谓违法性，就是指行为为法律所不允许。具有违法性是犯罪成立的重要条件。对违法性的判断，是从法律秩序整体的角度出发判断行为是否值得科处刑罚。

一、行为无价值论和结果无价值论

（一）理论对立

结果无价值论以法益侵害或危险作为违法评价的基准，从行为所引起的结果中去寻找违法评价的对象。结果无价值论的主要特色在于：（1）重视结果。主张刑法的目的是保护法益，违法性的实质是法益侵害或者危险；（2）违法是客观的，违法判断的对象是事后查明的客观事实。在当下中国，就违法性论而言，非常有力的观点是结果无价值论，即以法益侵害或危险作为违法评价的基准，从行为所引起的结果中去寻找违法评价的对象，重视结果，强调违法判断的对象是事后查明的客观事实。

但是，违法判断是价值判断和规范评价。如果只肯定结果无价值论，就会认为只要有损害就有违法，势必将大自然的灾变、动物的侵害也作为法益侵害看待。这种观点仅重视事实评价的侧面。不过，凡有法律存在之处，就意味着人类的行为在某种意义上不再是随意的，而是具有义务性的。① 其实，现代刑法已经非常侧重于规范评价，并不会将所有出现损害结果的情形都视作法益侵害，而是将法规范所反对的侵害纳入刑法视野。② 地震造成不计其数的人死伤、动物突然袭击他人，虽然都造成了损害结果，但其不是行为规范所调整的对象，因此不在刑法关注的范围内，自然就谈不上刑法的价值评价问题。“如不受到禁止规范的制约，法益判断就基本丧失限制犯罪成立的出罪功能，相反却很容易成为陷人于罪之控辞。”③ 这样说来，违法性判断就不是仅仅与结果无价值有关的思考。行为是可选择性的举动，意味着原本能够以另一事件来取代该现实发生的事件，以使世界的发展过程与法的秩序相一致。法是将发生在世界上的现实过程与某个规范秩序进行比较。违法性判断需要把行为的实然价值与规范的应然价值加以对比。规范是将来发展、选择的标准，其不允许行为偏离应然价值，违法的本质是对规范的违反而不是法益侵害。

行为无价值论认为，犯罪是违反行为规范，进而侵害法益的行为，因此，要从包含意思在内的行为中探求违法评价的目标，而不能仅仅盯住事后出现的结果。行为无价值论意在强调刑法要以积极的姿态参与社会治理，重视对行为的禁止、制裁来凸显规范的重要性，进而实现一般预防目的。

对于结果无价值论和行为无价值论的差异，结合具体案件就能够看得更清楚。例如，妇女甲试图杀害患重病的丈夫乙，其在给乙熬药时，每次添加一味有毒的药材。未料多次服用后，丈夫因服用该有毒药材而疾病痊愈。④ 依结果无价值论，结果好，就“一俊遮百丑”，制造好结果的行为便都是好行为，所以甲无罪。但是，按照行为无价值论，偶然地没有导致坏结果的

---

① 参见［英］H. L. A. 哈特：《法律的概念》，许家馨等译，78页，北京，法律出版社，2006。

② 参见周光权：《价值评价与中国刑法学知识转型》，载《中国社会科学》，2013（4）。

③ 刘远：《罪刑法定原则的司法逻辑构造》，载《甘肃政法学院学报》，2014（4）。

④ 参见［德］乌尔斯·金德霍伊泽尔：《论犯罪构造的逻辑》，徐凌波、蔡桂生译，载《中外法学》，2014（1）。

行为不一定是好行为；坏行为一般会制造坏结果，但有时碰巧也会制造好结果，对该行为刑法就不能无视。妻子甲的行为是坏行为，所以成立故意杀人罪，但因其制造了好结果，所以不成立犯罪既遂，而是未遂。可以看出，在判断一个行为是否具有违法性的问题上，结果无价值论与行为无价值论的出发点、思考方向都大不相同。

总体而言，行为无价值论与结果无价值论在以下四个方面呈现对立状态：(1) 违法性的本质是什么？究竟是法益侵害还是对行为规范、命令规范的违反？在行为并没有侵害法益的危险时，能否仅根据行为的规范违反性进行处罚？例如，甲驾车正常行驶，致横穿马路的丙重伤，乙教唆甲驾车逃离现场，让其不救助被害人丙，后者最终死亡的，因为规范对甲并无救人的期待，所以，即便存在丙后来死亡的后果，按照共犯从属性的法理，没有违反行为规范的教唆者乙也无罪。(2) 主观要素是否对违法性有影响？在成立犯罪之际，是否应将重点放在行为的故意、动机与目的等主观要素之上？换言之，违法判断的“静的对象”是主观的因素还是客观的因素？或者说是否应承认主观的违法要素？例如，按照行为无价值论，租赁汽车，然后转手卖掉的，必须结合租车行为时的意思，才能确定行为是具有诈骗还是侵占的违法性。(3) 判断违法性的基准点、重点究竟在哪里？是行为还是结果？换言之，违法判断的“动的对象”是以行为为中心，还是以结果为中心？(4) 违法性判断的逻辑是什么？是事前的还是事后的判断？判断的顺序是什么，是沿着行为—结果的顺序思考问题，还是根据结果进行反向判断？在这一点上，行为无价值论重视行为时，强调从行为到结果的“顺向”思维逻辑，例如，在区别故意杀人罪和遗弃罪时，先考虑行为手段、案件发生场所的特殊性，再考虑法益侵害。结果无价值论则选择“逆向”思考。①

我赞成立足于行为规范违反说的行为无价值二元论。就行为无价值论和结果无价值论的分歧而言，我的基本观点是：(1) 违法性的本质是行为规范违反。同时，侵害法益也是违法性判断的根据之一，在没有法益侵害或危险时，不能仅根据行为的规范违反性进行处罚。(2) 应当承认主观的违法要素。(3) 判断违法性的基准点、重点是行为，在既遂犯、结果（加重）犯的场合，判断对象以行为为中心，同时考虑结果。(4) 违法性判断是事前判断。对行为危险性的判断应从行为出发；对客观的结果归属的判断，应根据结果进行反向判断。

根据我国刑法的相关规定，不承认行为无价值论是比较困难的。(1) 盗窃罪和贪污罪，都是贪利且侵害占有的犯罪，但是，在犯罪数额相同即结果无价值没有差别时，刑法对两罪的处罚明显不同。在这里，决定违法性的是结果之外的行为人的义务或身份。(2) 刑法分则中大量规定的非数额的“情节”，在少数情况下包括结果，但在多数情况下是指结果之外的社会影响等，是对行为本身的危险程度而不是结果的强调，贯彻了行为无价值论的思路。(3) 抽象危险犯的大量出现，使规范违反是违法性本质的这一侧面得到凸显。“损害的证明（Nachweiseines Schadens）被放弃了……存在于法官的判断中者，不再是其行为的危险性，而是过去此行为入罪化时立法者的动机。”② 法益概念也在一定程度上被解消。按照罗克辛的说法，在抽象危险犯的外表之下，要处罚一个单纯是预备的犯罪行为，需要一个法益侵害原理之外的特别的评价，即针对预备犯、抽象危险犯提出特殊的“犯罪结构”，由“犯罪结构来补充法益原则”是十分必要的。③ 我国近年来增设新罪时，不考虑后果或者情节，将实施一定举止的行为直接确定为犯罪（醉酒驾车构成危险驾驶罪、扒窃入罪等），走的都是这种路子。(4) 对很多犯罪，

---

① 参见周光权：《违法性判断的基准与行为无价值论——兼论当代中国刑法学的立场问题》，载《中国社会科学》，2008 (4)。

② ［德］哈斯默尔：《现代刑法的特征与危机》，陈俊伟译，载《月旦法学杂志》，2012 (8)。

③ 参见［德］罗克辛：《法益讨论的新发展》，许丝捷译，载《月旦法学杂志》，2012 (12)。

虽法益侵害性相同，但刑法按照行为手段（样态）的特殊性加以规定。典型的例子是以各种危险“方法”危害公共安全的犯罪，对非法出租、出借公务用枪或配置枪支规定不同的罪名，走私对象不同时成立不同犯罪，对利用特殊手段实施的诈骗行为以合同诈骗罪或者金融诈骗等罪定罪处罚等。(5) 有的刑法条文直接使用含有明显道德评价的字样，例如，对在道路上追逐竞驶的，立法上直接规定，“情节恶劣”的，构成犯罪。而情节恶劣比情节严重所蕴含的伦理评价内容更为丰富。(6) 为数不少的分则条文设定“注意规定”，以提示行为样态。例如，盗窃信用卡并使用的，刑法规定以盗窃罪论处。这一规定的出发点显然是窃取这一行为样态，而不是法益最终被侵害的事态。(7) 刑法立法对绝大多数犯罪构成要件的规定，都使用了包含行为人主观目的、倾向的语词，例如，“诈骗”“伪造”“强迫”“拒不退还”等。这说明故意以及其他足以影响行为的主观要素，已经在构成要件中得到体现，成为构成要件的重要组成部分。再比如，对于控制人质的行为，不联系索取债务的意思，就难以区分非法拘禁和绑架；对于伤害行为，不联系取得财物的主观意思，就难以区分故意伤害和抢劫；对于强拿硬要的行为，不联系寻衅滋事的意思，就难以区分抢劫和寻衅滋事；对于收购赃物的行为，不联系事前有无通谋的行为样态，就难以认定是盗窃还是掩饰、隐瞒犯罪所得。

（二）行为规范和裁判规范

结果无价值论和行为无价值论之所以存在争论，与人们对规范的态度有关。在日本，成为通说的理论认为，刑法规范既是评价规范（裁判规范）又是决定规范（行为规范）。评价规范与违法性对应；行为规范与责任对应。评价规范在前，决定规范在后，二者不可混淆，违法只能是客观的，不能承认应当属于责任要素的主观的违法要素。① 如果结合日本社会的独特性进行分析，就会发现出现这种几乎“一边倒”的现象不足为奇。日本过去的立法很抽象，没有达到“平易化”的要求，一般民众很难理解法律，其行为规范的性格很“稀薄”，因此，规范更易于被理解为面向裁判官的案例解决的规范（评价规范）。这种观点与赋予裁判者很大自由裁量余地的日本“官僚主义”倾向是一致的。换句话说，结果无价值论的裁判规范论在日本成为有力观点，与法不为民所知、过分依存官僚体制的社会机理不无关系。②

继受自日本刑法学的客观违法性论在中国目前很有影响。例如，有学者基于结果无价值论在违法性阶段否定决定规范（行为规范）的侧面，认为在现代社会中，刑法应当是裁判规范，而不是行为规范，判断违法时应当从法官这样的司法专家的立场加以认定，违法的实质因而是法益侵害而非规范违反。司法判断是一项技术性、理论性、科学性很强的工作，理解和适用刑法的任务，只有受过专业训练的法官才能完成，社会一般人难以承担这样的使命。如果强调刑法的行为规范特质，肯定其首先是针对一般人的禁止、命令，肯定行为的法益侵害危险性，就只能以作为刑法适用对象的一般人在行为当时的认识为准，就会在有意、无意中忽视刑法所具有的约束法官的判断和行动的功能。③ 此外，黎宏教授还认为，由于德、日等国采用了单纯的“行为”规定模式——仅将类似于“故意杀人的，处……”或者“盗窃公私财物的，处……”的规定作为全部构成要件，将“行为”作为区分刑法和其他处罚法规的调整范围以及判断是否成立犯罪的唯一基准，因此，主张行为无价值论，具有充分的立法理由。相反，在我国，采用了“行为＋情节或者结果”的规定模式，将该行为所引起的结果以及伴随情节作为区分刑法和其他处罚法规的调整范围以及判断是否成立犯罪的基准，在这种情况下，能否以国外的刑事立

① 参见［日］前田雅英：《现代社会与实质的犯罪论》，70 页，东京，东京大学出版会，1992。

② 参见［日］井田良：《变革时代的理论刑法学》，122 页，东京，庆应义塾大学出版会，2007。

③ 参见黎宏：《行为无价值论批判》，载《中国法学》，2006 (2)；黎宏：《刑法学》，2 版，9 页，北京，法律出版社，2016。

法中采用了行为无价值论的发展趋势为由，说明我国刑法理论体系的建立也要采用行为无价值论，就成为一个需要探讨的问题。“在将‘数额较大’或者‘情节严重’等作为具体犯罪成立条件的时候，还说刑法规定是以一般人为对象的行动指南，恐怕有些勉强了。”①

但是，上述观点值得商榷。评价规范和行为规范不是对立的范畴。刑法规范是实质的规范，其包括评价规范和决定规范。“从裁判者的角度看，刑法规范是评价规范，因为将不能容忍的事实状态认定为违法，而提供评价行为的依据；从行为人的角度看，刑法规范对于违法行为的诠释，以及赋予评价的制裁效果，可以影响行为人的行为动机，进而决定人的选择，所以刑法规范同时是决定规范。既然决定规范借由提示一个像无上命令的行为准则，宣示人民行为的界限，所以也是指导人民行为的行为规范。”② 行为规范包括禁止规范和命令规范两种类型，提出禁止和命令规范的目的，在于让人们的举止符合法律制定的规范，也在于对我们的举止是否违反了规范要求由法律来评价（评价规范）。③ 认为刑罚规范是裁判规范，同时也完全可以肯定“刑法规范是行为规范、制裁规范”④。不可否定的是，立法者从大量的违法行为中挑选出部分行为作为犯罪加以规定，本身就具有双重目的：一方面，描述难以容忍的行为举止，明确对国民的行为限制，给其提供一个约束其行为的可能性；另一方面，描述犯罪轮廓，揭示行为对法益的典型侵害，为司法裁判提供指引。

确实，我国刑法中有的规定采用了“行为＋情节或结果”的立法模式，但这不能成为认定其仅仅是裁判规范而不是行为规范的理由。公众对于盗窃“数额较大”才处罚的规定，即便不了解究竟盗窃多少数额的财物才会被判刑，也完全可能知晓“盗窃行为在刑法上是错的，不能窃取他人的财物；窃取财物达到一定数量，就会受到刑罚追究”这样的规范内容。究竟盗窃多大数额的财物才会受到刑事追究，本来就不是公众需要了解的范畴。在“偷多偷少都不可以，偷到一定程度刑法就不会坐视不管”的意义上，即便“行为＋情节或结果”的立法模式，也为公民提供了行动指南。此外，按照黎宏教授的逻辑，如果认为“行为＋情节或结果”的立法模式是裁判规范的体现，“行为”立法模式是行为规范的体现，那么，对于我国刑法中大量存在的“行为”模式立法（尤其是大量对具体危险犯、抽象危险犯的立法），岂不应该肯定其属于行为规范？这样一来，刑法规范仅仅是裁判规范的结论仍然不可能贯彻到底。

我认为，规范原本就是思维与现实的结合物，因此，必须要把刑法理解为既是裁判规范又是决定规范。为了满足罪刑法定原则的要求，实现一般预防的刑罚目的，要求公众遵守规范，就有必要在行为时点提前告知公众行为适法、违法的界限究竟在哪里。对此，有我国学者指出，决定规范（命令规范）指向具有主客观要素的人的行为，能够接受规范命令的人，不是必须具备责任能力的人，例如，15 岁的人盗窃他人财物的，其行为仍然违反决定规范和命令规范，只不过不对其判处刑罚，而可以采取保安处分措施。⑤ 因此违法和责任仍然能够分开。

二、客观的违法性论与主观的违法性论

1. 客观违法性论

客观的违法性论（结果无价值论）认为，法律不仅是禁止或命令规范，同时还是一种客观

---

① 黎宏：《结果无价值论之展开》，载《法学研究》，2008（4）。

② 许玉秀：《刑罚规范的违宪审查标准》，载国际刑法学会台湾分会主编：《民主·人权·正义——苏俊雄教授七秩华诞祝寿论文集》，392 页，台北，元照出版有限公司，2005。

③ 参见［德］约翰内斯·韦塞尔斯：《德国刑法总论》，李昌珂译，40 页，北京，法律出版社，2008。

④ ［德］齐佩利乌斯：《法学方法论》，金振豹译，6 页，北京，法律出版社，2009。

⑤ 参见陈璇：《德国刑法学中结果无价值与行为无价值的流变、现状与趋势》，载《中外法学》，2011（2）。

的评价规范。作为一种客观的评价规范，法律应当适用于一般人，也就是说，法律规范的内容应当客观地制定，不应当考虑行为人的主观认识与能力。同时，对是否违法的判断，也应当不管行为人的主观能力，只依据他有无违反客观的法律来加以判断。只要客观上违反了法律，就具有违法性。即便是无责任能力的行为人，只要其行为与法律规范相违背，也具有违法性。

2. 主观违法性论

主观的违法性论认为，法规范发出命令或者禁止，对个人行为予以规制。但是，不是任何违反规范的行为都是违法行为，因为法规范只是对能够理解规范的人产生效力，对于不能理解规范含义的人或者动物，规范毫无影响力。这样，个人的责任能力就是违法的前提。① 换言之，只有在个人能够理解规范的意义，并且能够按照规范行事时，其违反规范的行为才能够被评价为违法。不法因此就是“归责”意义上的不法。②

应该说，主观违法性论的缺陷是显而易见的：一方面，不法判断是一种立足于客观事实以及法规范的判断，其必须是本于客观标准的价值判断，而不能是纯个人标准的判断。另一方面，违法和责任必须明确分开。而主观违法性论使行为无价值论与人格责任论之间的关系纠缠不清。③

面对主观不法论的缺陷，韦尔策尔立足于目的行为论，倡导“人的不法论”（Personal Unrechtsauffassung），即对无责任能力者的行为可以进行违法性判断，使违法性和责任的区分得到实现。但是，对于动物、自然灾害所造成的损害，不能像客观违法性论那样作违法性评价。韦尔策尔明确提出：对不法的判断，必须从人愿意支配、能够支配世界的意思出发。这样，故意就从责任判断阶段提前到违法性判断阶段——行为人侵害法益的目的意志对违法性有决定性影响。行为无价值论就需要讨论两个层面的问题：客观上有逾越规范界限的行为；主观上在行为时具有故意。④

韦尔策尔之理论的出发点是区别自然现象所引起的法益损害事实和刑法所关注的犯罪行为之间的界限。为此，他特别对早期客观违法性论的因果关系理论加以批评：对于某一行为在刑法上是否有意义，不应该仅仅从物理性、机械性因果历程的角度考虑，要看人是否能够基于其意思支配外在世界。如果能够实现这种支配，刑法就需要对这种行为给予否定性价值评价。例如，洪水会淹死人，一个人将另外一个人推到大海中，也会淹死人。但是，刑法所要关心的，不是人落水，然后引起一系列生理反应（例如，呼吸停止、心脏停止跳动，然后发生死亡后果），而是一个人想要杀害他人，并基于其意思引起死亡后果的事实。如果不是行为人有杀害意思，并将这种意思现实化、具体化，他人的死亡就不会发生。因此，在进行不法评价时，就不能不考虑行为人基于其意思支配外在客观事实的因素。换言之，只有当行为人基于自身的意思实施特定行为时，法益损害才能归责于行为人。刑法所要惩罚的犯罪行为和自然力造成的损害之间的差异不在于后果的严重程度，而在于引起后果的原因：不法行为与人的意思及支配有关，不法评价不能脱离主观要素；自然力所引起的损害不是人为事件，不需要进行不法评价。也正是在这个意义上，我们需要特别重视行为概念，将其从自然意义上的身体动作中解放出

---

① 我国学者也有类似观点。对此，请参见张文、刘艳红：《犯罪人理论的反思与重构：以犯罪人格为主线之思考》，载北京大学法学院刑事法学科群编：《犯罪、刑罚与人格：张文教授七十华诞贺岁集》，549 页，北京，北京大学出版社，2009。

② 参见［日］大塚仁：《刑法概说·总论》，3 版，342 页，东京，有斐阁，1996；冷必元：《风险犯法益侵害的二元违法性评价》，载《国家检察官学院学报》，2014（1）。

③ 参见周振杰：《日本现代刑法思想的形成》，载陈兴良主编：《刑事法评论》（第 29 卷），194 页以下，北京，北京大学出版社，2011。

④ 参见陈璇：《德国刑法学中结果无价值论与行为无价值论的流变、现状与趋势》，载《中外法学》，2011（5）。

来，赋予其特定的不法内涵。

韦尔策尔认为，不法同时具备行为无价值和结果无价值，但二者之间不是并列关系，行为无价值判断具有绝对优先的地位，结果无价值判断依附于行为无价值判断，其重要性不能与行为无价值判断相提并论。换言之，只有行为人实施应该受到否定性评价的行为，后续的法益损害才能归咎于行为人，也才有必要再讨论结果无价值。在所有的犯罪中，都存在行为无价值；但是，仅仅在部分犯罪中需要特别讨论法益侵害问题。

3. 修正的客观违法性论

现代修正的客观违法性论，为在当今德国成为通说的行为无价值二元论所主张，其主要理论构想是：(1) 放宽不法判断的范围，在肯定结果无价值的前提下承认主观不法要素。(2) 在违法性论中，对不法判断的对象和不法判断的基准分得很清楚。判断对象是构成要件行为，行为无价值论认为其同时包含外在行动与内在的“主观认知要素”，是主、客观要件的统一体。行为无价值二元论和结果无价值论都承认判断基准是从法秩序的角度审视构成要件行为，其必然是“客观的”价值判断，确定刑法禁止规范的适用对象时，不需要考虑行为人的责任能力。行为无价值二元论只不过是在客观的法益侵害之外，同时考虑主观意志内容是否得到实现，综合评价法益侵害的过程。这主要是因为，刑法规范将人的行为作为对象，构成要件所针对的是人的特定行为形态，因此，只有将行为无价值和结果无价值统合在一起，才能组成完整的不法概念。“结果无价值论忽视违反规范意味着行为无价值（Verhaltensunwert），仅以结果的发生认定不法，只能遭到对导致不法概念无限制扩大化的批判。”① (3) 肯定客观违法性论，就必须建立系统的对因果关系进行价值判断的理论。

4. 人的违法性论

修正的客观违法性论反对主观的违法性论，但并不否认“人的违法性论”。其实，即便是结果无价值论，也不可能完全与“人的违法性论”撇清关系。

松宫孝明教授认为，如果结合共犯处罚根据问题进行考虑，就可以发现，结果无价值论不可能彻底贯彻“与行为人无关的不法”。他提出，当某人请求别人杀死自己时，实施杀害行为的人构成受嘱托杀人罪，但却不能将请求者视为共犯进行处罚。对于这一结论，学界普遍接受，但如何解释不处罚的理由，则有两种学说：(1) 受害人不受处罚说。这种观点认为受害人本人原本是共犯，但根据“受害人不受处罚”的规则，例外地否认其构成共犯。支持责任共犯论或违法共犯论的学说通常采用这种方法。(2) 惹起说。该说认为，处罚共犯是因为其惹起了构成要件结果，但是，受嘱托杀人罪中的构成要件结果是“杀害他人”，因此，请求他人杀害自己并没有惹起他人死亡的构成要件结果。所以，请求人从一开始就不构成受嘱托杀人罪的共犯。根据惹起说，构成要件该当结果因参与人不同而相对化——根据“杀害我”的嘱托实施的杀害，对于“我”而言，不具有违法性；但受嘱托者的杀害行为具有违法性。在这个意义上，违法是与不同参与人有关联的“人的不法”，对共犯的主观违法要素等就不能不考虑，仅仅在法益侵害的意义上考虑共犯或正犯的违法性，事实上无法做到。

因此，不仅行为无价值论要承认“人的不法论”，结果无价值论也需要肯定“人的不法论”。通过探讨共犯的处罚根据可以明白的是，虽然在物理上是“同样的结果”，但其是否构成不法的问题将会因参与人的不同而不同。应然的结果无价值论必须以这种相对化为前提。即在该限度上，结果无价值论必须以“人的不法论”为前提。②

① ［韩］李在祥：《韩国刑法总论》，［韩］韩相敦译，98页，北京，中国人民大学出版社，2005。

② 参见［日］松宫孝明：《结果反（无）价值论》，张小宁译，载《法学》，2013（7）。

三、违法性与法秩序统一性原理

（一）法秩序统一性原理的含义

法秩序统一性原理，是指某种行为，如果不违反民事、行政法律法规，就不可能具有违法性。不能将民事上、行政法上合法的行为，在刑法上作为违法处理，否则，就违反了法秩序的统一性。这主要是因为刑法是保障法，是“第二次法”，需要动用刑法来定罪处刑的，一定是违反其他法律，且其他法律的处理难以和行为的危害性相当，难以达到预防效果的情形。对此，罗克辛教授明确指出：“对于一个行为的合法性或者违法性，必须在所有的法律领域中统一地加以确定。在刑法中，民法性或者公法性的许可能够排除行为的违法性。如果将得到其他法律许可的行为作为犯罪处理，会造成令人难以接受的价值矛盾，也违背将刑法作为社会政策的最后手段性的这种辅助性。这种法秩序统一性的原理必须得到全面承认。”① 但是，法秩序统一性并不意味着刑法上的违法性判断在任何时候都必须从属于民法或行政法上的违法性判断。

（二）认定刑事违法性需要考虑其他部门法的态度

刑法和民商法、行政法等部门法的关系极其密切。对此，从《刑法修正案（十一）》第33条所增设的高空抛物罪中就可以清楚地看出来。《民法典》第1254条规定：禁止从建筑物中抛掷物品。从建筑物中抛掷物品或者从建筑物上坠落的物品造成他人损害的，由侵权人依法承担侵权责任；经调查难以确定具体侵权人的，除能够证明自己不是侵权人的外，由可能加害的建筑物使用人给予补偿。可能加害的建筑物使用人补偿后，有权向侵权人追偿。物业服务企业等建筑物管理人应当采取必要的安全保障措施防止前款规定情形的发生；未采取必要的安全保障措施的，应当依法承担未履行安全保障义务的侵权责任。对高空抛（坠）物行为，公安等机关应当依法及时调查，查清责任人。高空抛（坠）物行为危及老百姓“头顶上的安全”，《民法典》第1254条对于高空抛（坠）物的法律规定，既明确了侵权后的法律责任承担问题，也要求物业服务企业等建筑物管理人履行安全管理义务，尽可能事前防止此类侵权事件的发生，还规范了事后的积极调查，充分体现了相关法律制度的系统性和公平性。但是，高空抛（坠）物行为在某些地方成为顽疾，成为社会各界都非常关心的问题，在治理上需要多管齐下，综合运用各种手法律手段。因为民事治理手段毕竟效果有限，不足以发挥法律的一般预防作用，而且侵权责任赔偿在有的时候不足以弥补被害人的物质损失，更难以抚慰被害人及其家属内心所受的伤害，因此，《刑法修正案（十一）》将类似行为规定为犯罪，有助于维护公共秩序和公民的生命安全、身体健康。

既然刑法和其他部门法的关系如此密切，那么，处理刑民（行）衔接案件，势必就绕不开不同部门法背后的法秩序统一性原理。要遵循法秩序的统一性原理，就要防止将前置法上不具有违法性的行为，在刑法上认定为犯罪。法秩序统一性原理要求在处理某一件事情时，所有的规范秩序不能相互矛盾，如果民法上合法的行为在刑法上被认定为犯罪，公众就不知道该如何行事。法秩序统一性原理是处理不同部门法之间的矛盾时应遵守的基本规则，具有不可动摇的性质，所有部门法的执行都应当遵守该原理。

关于法秩序统一性原理，绝对不能偏离的规则是：在民商法、行政法上合法的行为，不可能成为刑法上的犯罪。反过来说，唯有民商法、行政法所要反对的行为，才有可能成为犯罪行为（当然，由于刑法的构成要件设计存在缩小处罚范围的政策考虑，因此，民商法、行政法上的违法行为中只有极小部分最终被作为犯罪处理）。在刑法与民法、行政法规范的保护目的相一致的场合，刑法应当绝对从属于民法、行政法。这是法秩序统一性原理的当然要求。换言

---

① ［德］克劳斯·罗克辛：《德国刑法学总论》（第1卷），王世洲译，397页，北京，法律出版社，2005。

之，在民事违法不存在时，应当断然否定待处理案件中行为的犯罪性。换言之，某一个行为的选择在民商法上有争议，甚至该行为被民商法允许或容忍，这就可能成为“出罪”的理由。

由于前置法的影响，在犯罪认定时需要关注以下内容。

首先，要考虑前置法所界定的处罚范围。例如，生产、销售假药罪的行为对象是假药。关于对假药的认定，原《药品管理法》(2015年）持宽泛态度，包括真正的假药和“按假药论处”的情形。但是，2019年修订的《药品管理法》缩小了处罚范围，将假药限定为药品成分虚假，完全无法发挥其应有功效的药品。根据修订后《药品管理法》第98条第2款的规定，有下列情形之一的，为假药：(1）药品所含成分与国家药品标准规定的成分不符；(2）以非药品冒充药品或者以他种药品冒充此种药品；(3）变质的药品；(4）药品所标明的适应症或者功能主治超出规定范围。前置法的这一修改，自然会带来刑事处罚范围的缩小（生产、销售劣药罪也有相同的问题)。

其次，要判决民商法上的权利归属能否被确定。在实践中，由于很多民事权利不是一眼看上去就能够确认的，如果被害人的权利难以被民商法所认可，要判定另一方当事人的行为属于侵权性质的犯罪行为就极为困难。这一点在侵犯知识产权犯罪等侵权类案件中表现得特别充分。例如，商业秘密的权利归属存在争议的，定罪基础就当然地被动摇。如果在案证据表明，相关技术信息是由被告人甲自行研发和设计出来的，研发者和委托人之间存在权利争议，要指控被告人构成犯罪就存在很大障碍。换言之，如果商业秘密权利人究竟是谁在民事上存在较大争议，就不宜通过刑事案件予以处理，否则就会冲击法秩序统一性原理。

最后，要审查民商法对于行为性质的基本取向。民商法对于行为性质有明确界定时，刑法上的判断就可能受到一定程度的制约。此时，刑法判断的独立性就无从谈起。“仅从刑法独立性的立场出发进行考虑的见解是不妥当的。”① 例如，法院民事判决历来将“托盘融资贸易”行为界定为民间借贷，因此，刑法如果将融资贸易中借款人无法还款的行为认定为诈骗罪，就和民法的立场有抵触。应该说，任何一个直接侵害公民个人权利的行为，都一定是违反民商法规定的行为，因此，这些犯罪中不可否认地存在违约、侵权与犯罪的竞合问题。任何一个故意伤害犯罪，都一定是根据侵权责任法要承担赔偿责任的行为，以行为违反侵权责任法为前提；任何一个合同诈骗行为，都首先是合同法上的违约行为；任何一个盗窃、抢劫行为，也一定都是侵权行为。只不过由于这些行为对被害人权利的损害过大，运用民商法难以达到一般预防目的，难以弥补被害人的损失，要将民事侵权违约行为上升为犯罪行为加以惩处。在运用刑法惩罚这些犯罪时，民商法上确认的对被害人利益的赔偿和弥补在刑事程序上也必须尽可能考虑。对此，张明楷教授指出：“对于侵害财产罪的构成要件的解释，不可能完全脱离民法的相关规定。倘若某种利益在民法上并没有予以保护，就不宜作为刑法上的法益予以保护。例如，行为人欺骗卖淫女说‘发生性交后给钱’，但发生性交后，行为人没有给钱就溜走了。发生性交本身不是财物，卖淫产生的‘债权’并不是值得民法保护的债权。与之相适应，不应当认定行为人的行为构成诈骗罪。”② 此外，在民商法上允许特定交易行为存在时，刑法上就不可能成立经济犯罪，尤其不能成立破坏市场交易秩序的犯罪。因此，对于某些案件的处理，实务中就必须采用体系解释方法，以使刑法上的定罪结论和民商法上的处理不出现内在矛盾。法秩序统一性原理与刑法体系解释的方法具有内在一致性。“法秩序的统一性，是指由宪法、刑法、民法等多个法领域构成的法秩序之间互不矛盾，更为准确地说，这些个别的法领域之间不应作出相互矛盾、冲突的解释。例如，对于在某一法领域中被认为是合法的行为，在其他的法领域中就

---

① ［日］佐伯仁志等：《刑法和民法的对话》，于改之、张小宁译，59页，北京，北京大学出版社，2012。

② 张明楷：《刑法分则的解释原理》，2版，71页，北京，中国人民大学出版社，2011。

不能认定为违法而加以禁止，或者不可能出现与之相反的事态。要不然的话，就会产生诸如在民法中被允许的行为在刑法中却要受处罚的事态。这样一来，市民就不知该如何行动是好的。”① 体系解释方法的实质是对法秩序统一性原理的承认。按照法秩序统一性原理，通过文义解释所得出的结论，要接受体系解释乃至整体法秩序的检验。体系解释是要将个别的法律观念放到整个法律秩序中去考察规范的内在关联，使解释符合“无矛盾的要求”。对于某些案件的处理，实务中如果仅仅采用文义解释方法，而不以体系解释去检验文义解释结论，就可能出现将刑法适用变为“望文生义”、把办案子变成“查字典”的不当情形。“‘体系’解释要将个别的法律观念放到整个法律秩序的框架当中，或者如萨维尼所说，在‘将所有法律制度和法律规范连接成为一个大统一体的内在关联’当中来考察。”②

（三）刑事违法性的实质判断

刑法和民商法、行政法等前置法的关系极其密切，处理刑民交叉案件需要顾及前置法的态度：对于前置法所要保护的权利是否存在、权利归属是否确定，以及前置法在某些领域的基本取向等，在进行犯罪认定时不能完全忽视。

当然，这样说也可能给人以刑法上的违法性判断必须从属于前置法，犯罪与行政违法或民事违法仅存在量的差异这样的误解。其实，不应当主张犯罪认定必须绝对地从属于前置法，或者在“质”上从属于前置法的观点，某些学者近年来所提出来所谓“前置法定性与刑事法定量相统一”的主张并不值得赞同。我认为，刑法上的判断虽然需要顾及前置法的取向，但并不等于对犯罪的认定必须唯前置法的“马首是瞻”。我的基本态度是：刑法和前置法都必须共同维护法秩序的统一，这一原理必须坚持。在此之下，刑法上的违法性判断有其自身特点，不宜提倡刑法从属于前置法；哪怕是主张刑法相对从属于前置法，也是意义很有限或者似是而非的说法。这一点，对于处理刑民交叉案件或者解决行刑衔接问题，都有重大参考价值。

有的学者明确提出：刑法对犯罪的规制，在质上从属于前置法，但是，在量上相对独立于前置法的保护性规则的调整。这就决定了刑法并非绝对从属于前置法，又不完全独立于前置法，而是相对独立于前置法的最终保障法。据此该学者进一步提出“前置法定性与刑事法定量相统一”的刑事犯罪确定机制。③ 这种“前置法定性、刑事法定量”的主张，似乎说得很周密：刑法既不绝对从属于前置法，也不完全独立于前置法，具有相对独立性。但是，在几乎所有的情形下，前置法与刑法的目的都有重大差异，不存在前置法能够对犯罪的认定提供“质”上的根据的问题。一方面，刑法上对行为违法性的所有认定，都要在民事或者行政违法之外，再进行一次违法性判断或者过滤。例如，在交通肇事罪的认定中，没有携带驾驶证或者驾驶证过期，甚至交通肇事后逃逸这些情节，能否对犯罪的认定发生作用？刑事司法工作人员必须进行实质判断，不能对交通安全管理部门基于行政管理的目的所作出的事故责任认定结论“照单全收”。只不过刑法上有别于前置法的违法性判断过程，在很多情况下都由司法工作人员在思考过程中下意识地完成了，判断者对此没有明确意识到而已。

另一方面，在刑法上顾及前置法的基本取向之后作出的违法性判断，其结论确实可能是和前置法相同，即前置法上违法的行为，刑法上也认定其违法。但是，这不是由前置法对刑法的决定性所导致的，而是因为前置法的某一条具体规定和刑法试图保护的法益或者规范目的碰巧一致。即便在这样的场合，决定违法性的也不是前置法条文本身，而是前置法背后试图维护的

① ［日］松宫孝明：《刑法总论讲义》，5版，109页，东京，成文堂，2017。

② ［德］齐佩利乌斯：《法学方法论》，金振豹译，61页，北京，法律出版社，2009。

③ 参见田宏杰：《行政犯的法律属性及其责任——兼及定罪机制的重构》，载《法学家》，2013（3）；田宏杰：《知识转型与教义坚守：行政刑法几个基本问题研究》，载《政法论坛》，2018（6）。

法秩序，即前置法的具体条文和刑法上关于某个犯罪的规定，在共同服务于维护某一领域共同的法秩序这一目标之下，其关于违法性认定的外在规范形式正好相同。

因此，重要的不是“前置法定性、刑事法定量”，而是前置法和刑法的规范目的是否一致：如果二者的规范目的不一致，前置法的违法性判断对于刑法判断不具有制约性，刑法的判断具有（相对）独立性；如果二者的规范目的一致，前置法上违法的行为，在刑法上也具有违法性，但这不是刑法从属于前置法的结果，而是刑法和民商法、行政法等前置法在法秩序统一性原理的统摄之下，两种违法性判断所得出的结论相同而已，前置法上的违法性判断不能替代刑法上的判断。

由此可以认为，前置法的规定，对于犯罪认定至多有提供判断线索的意义。在存在犯罪认定需要参照前置法的情况下，具备前置法违法性，极有可能产生类似于刑事程序上“初查”的效果。换言之，前置法和刑法之间，大概是一种“烟”与“火”的关系：违反前置法只不过是“冒烟”，但是，烟雾之下未必真有火。行为人违反前置法的事实可能会提示司法工作人员：行为人有构成犯罪的一定程度上的嫌疑。但是，行为人是不是真的有罪，司法工作人员必须根据罪刑法定原则，结合具体犯罪的构成要件与规范目的（包括法条位置、法益种类等）、刑法的谦抑性等进行违法与否的判断。此时，重要的不是前置法的形式，前置法上关于“违反本法规定，构成犯罪的，依法追究刑事责任”的规定，没有太多独立意义，其对犯罪的认定也不可能产生实质制约。在认定罪与非罪时，对每一个具体犯罪的构成要件要素（尤其是客观构成要件要素），必须根据刑法设置该罪的特定化、具体化目的进行解释，既不能形式地将行政违法判断套用到犯罪认定上，也不能不加甄别地直接援用行政机关政的决定或鉴定作为判断依据。即使在刑法条文中提示了某种犯罪的成立以“违反国家规定”“未经批准”“未取得许可”等要素作为犯罪行为的前提的，对于相关犯罪违法性的判断，也需要在参照前置法的基础上，再按照刑法分则条文的目的，进一步作出实质的、相对独立的判断。其实，在实务中，形式上按照前置法的规定认定为违法，但基于刑法上的规范目的考虑得出无罪结论的情形大量存在。

本书的初步结论是：法秩序必须是统一的，规范之间不能有内在矛盾，这就要求犯罪认定必须顾及前置法的基本态度。但是，处理刑民交叉案件需要关注前置法，不等于前置法对于犯罪认定有根本性、实质性影响。要有效限定处罚范围，就必须承认，刑法上的违法性判断是相对独立的。那种主张刑法在质上从属于前置法，仅仅在量上相对独立于前置法的“前置法定性、刑事法定量”的主张并不具有合理性。

在司法上，也不应当认同在前置法定性之后，刑事法只作定量判断的逻辑。这一点，在对非法持有枪支罪、虚开增值税专用发票罪，以及组织、领导传销活动罪的认定中表现得特别充分。对此，请参见本书各论部分的相关论述。

第三节 违法排除事由的一般理论

一、违法排除的一般根据

若行为符合犯罪构成要件，一般可以推定其具有违法性，有可能成立犯罪。但如果存在特定的事由足以排除这种违法推定，那么，犯罪仍然不可能成立，该事由就是违法排除事由。关于排除违法的根据，理论上有众多学说，主要有社会相当性说与法益衡量说的对立。

社会相当性理论是行为无价值论的产物，认为法律并非将所有法益侵害都认为是违法而加以禁止，而是将超出社会相当性限度的法益侵害行为作为违法并加以禁止。一些特殊的行为（例如高速交通、外科医师的手术等）具有法益侵害的危险，但是从社会整体发展的角度看，这些行为具有一般的社会相当性，从而阻却违法性。换言之，如果行为符合历史地形成的社会伦理秩序，其行为就具有社会相当性。对社会相当性从以下几方面加以判断：(1) 目的的正当性，即行为的目的符合社会生活的一般要求。(2) 手段的妥当性，即实现正当目的的手段必须符合一般的行为规范。(3) 法益的均衡性，即判断行为的正当性与否必须考察应当保护的法益与损害的法益两者的大小。

法益衡量说认为，有法益侵害及危险的就是违法。但是，在法益相互冲突的情形下，必须进行利益比较，从而保全重要利益而牺牲次要利益。违法阻却事由之所以正当，就是因为这些行为总是优先保护重要利益，在法益矛盾与冲突时进行法益最大化选择。正当防卫、紧急避险等违法阻却事由的存在都是法益冲突以及选择的结果。法益衡量说系统地发展了两个原则：(1) 利益不存在原则。在有的情况下，表面上看，行为对法益有侵害或者危险（例如一般的得到被害人承诺的行为），但是实质地分析，该对象所体现的法益并不受保护，甚至可以认为法益不存在，违法性被阻却。(2) 利益优越原则。在法益有冲突的场合，为保护相对优越的法益而损害其他法益的行为（例如紧急避险），阻却违法性。法益衡量说在解决正当防卫问题时会遇到一些困难，因为许多正当防卫行为并非都可以进行法益比较。

对于法益衡量，规范违反说认为其是不必要的。规范违反说基于相对的、动态的立场认为，行为虽然侵害了法益，但在社会相当性的范围内，该行为在行为规范评价上可以容忍，就不是违法行为，从而阻却违法，排除其犯罪性。

二、违法排除事由的分类

（一）法定的违法阻却事由与超法规的违法阻却事由

法定的违法阻却事由，是指刑法条文中明确规定的正当化事由，比如正当防卫、紧急避险这两种最为典型的正当化事由，因为最为常见，且涉及重大法益，在世界各国刑法中多有明确的规定。法定违法阻却事由的存在，对于规范裁判行为，保护防卫人、避险人的利益具有重要意义。

超法规的违法阻却事由，是指刑法没有明确规定，但根据个案的特殊情况，在法官进行裁决之后可以成为违法阻却事由的情形。它是从法秩序与法理念的精神中引申出来的正当化事由。超法规的阻却违法事由是否能够成立，取决于裁判者的判断，更取决于社会发展状况以及公众的宽容度等复杂因素。

（二）紧急行为与一般正当行为

紧急行为，是指在极其紧迫的情形下产生的正当化事由。“紧急时无法律”，在紧急状态下，国民个人可以实施法律在通常情况下所禁止的某些行为或者只能由公权力机关实施的行为，以避免紧急状态所带来的危险。正当防卫、紧急避险、自救行为与义务冲突都是在紧急状态下实施的权利行为，这些行为的共同之点在于它们都是将在通常情形下法律所禁止的行为作为手段来保护相关法益。

一般正当行为，是指具有正当性的行为。其依据除了法律规定的执行职务行为，还包括依据社会的通常观念确定的正当行为，大致包括：被害人承诺行为、推定的被害人承诺行为、正当业务行为等。

第四节　正当防卫

一、概说

（一）概念

根据刑法第 20 条的规定，正当防卫是指为了使国家、公共利益、本人或者他人的人身、财产和其他权利免受正在进行的不法侵害，而对不法侵害人所采取的必要而适度的制止其不法侵害的防卫行为。

正当防卫是最重要的正当化事由，具有悠久的历史。正是因为这一点，正当防卫作为一种系统的制度真正起源于何时难以准确考证。关于正当防卫的根据，有多种学说，紧急行为说是多数说，该说认为，正义不必屈从于非正义，个人在遭受不法侵害的时候没有甘受痛苦的义务，尤其在急迫之际不可能求得公权力的救助之时，准许公民在一定限度内排除危害的行为，符合法律的精神。

正当防卫权是法律赋予公民在公权力难以及时介入情形下的特殊救济权。正当防卫制度的正面功能在于保护公民的人身、财产等权利不受侵犯；鼓励和支持公民在面对违法犯罪分子的淫威时不用惧怕，敢于挺身自卫、见义勇为，积极同违法犯罪行为作斗争，有效制止不法侵害，依靠民众力量维护法秩序。作为彰显社会正义的重要手段，正当防卫权的行使原本不应当受到过多限制。防卫行为只要具有必要性且未造成重大损害，就在防卫限度内，不存在过当问题。

但是，长期以来，司法实践偶有不太考虑防卫人面对不法侵害时的紧迫情境和紧张心理，对正当防卫的时间、限度等条件的把握出现偏差，不能根据常情、常理进行考量，有时候站在事后立场对防卫人提出过于苛刻的要求，强人所难的情形，一些理应属于正当防卫的情形被不当地宣告为防卫过当，使民意沸腾，也使立法者设置正当防卫制度的良好期待落空。

（二）正当化根据

1. 正当防卫的正当化根据：利益衡量＋法确证的利益

正当防卫也要考虑利益衡量的要求。但是，利益衡量的内容是什么，在正当防卫判断中的地位和作用如何，很值得研究。

（1）利益衡量是实质的、规范的判断。

实务中很多人坚持认为，必须肯定防卫结果对于成立正当防卫的重要性，如果仅仅考虑防卫行为，只要行为相当就成立正当防卫，极有可能使侵害人的某些重大利益得不到保障。我也认为，处理涉及防卫的案件，确实需要平衡双方当事者的利益。但是，过于重视死伤结果或将其置于思考的优先地位，是对正当防卫的正当化根据的不当理解。正当防卫的要义在于正义不必向非正义屈服。司法上只从形式上看待防卫结果，不进行实质的或规范意义上的利益衡量的做法，不仅结果无价值论者不能认可，也不被行为无价值二元论者所接受。

结果无价值论所主张的利益衡量说认为，有法益侵害或危险的结果就是违法。但是，在利益相互冲突的情形下，必须进行利益比较，为保全重要利益可以牺牲次要利益。违法阻却事由之所以正当，就是因为这些行为总是优先保护重要利益，在利益矛盾与冲突时进行利益最大化的选择，正当防卫作为违法阻却事由的存在就是利益冲突以及选择的结果。利益衡量说系统地发展了两个原则：一是利益不存在原则。在有的情况下，从表面来看，行为对法益有侵害或者危险，但是实质地看该对象所体现的利益并不受法律保护，甚至可以认为利益不存在，违法性即被阻却（例如，一般的得到被害者承诺的行为）。二是利益优越原则。在利益有冲突的场合，为保护相对优越的利益而损害其他法益的行为，阻却违法性。利益不存在原则在解决正当防卫问题时会遇到一些困难，因此许多学者试图以防卫者的利益要比侵害人的利益更为优越，从而更值得保护来解释。① 这一意义上的利益衡量说明显反对只从形式上看防卫结果，而是强调要进行利益上的具体比较和反复衡量，看谁的利益从价值判断的角度看更值得保护，在具体的方

---

① 参见［日］山中敬一：《刑法总论》，3版，282页，东京，成文堂，2015。

法论上通常会对不法侵害人的利益作缩小的评价，认为其不值得保护。结果无价值论在这里强调的是实质的利益衡量。①

（2）法确证的利益需要同时考虑。

行为无价值二元论当然会反对司法上只看最终防卫结果的做法，这是其赞成利益衡量说和"法确证的利益说"的当然结论。法确证的利益说重视通过赋予公民防卫权来突显权利的不可侵犯性；通过将防卫结果归属于侵害人来证明违反规范的行为是错误的。规范的正确性不可动摇，进而抑制未来侵害的发生，实现法秩序的安定。基于这一考虑，简单地考虑防卫结果，或从形式上进行利益衡量就是错误的。为保护价值低一些的法益实施防卫，造成攻击者的更大法益受损害的，也有成立正当防卫的可能性。② 罗克辛教授更进一步指出，"个人的自我保全"和"法确证（权利证明）"两要素是正当化的固有原理，也是行为无价值论的当然结论，在个人的保全中当然有利益衡量（合比例）的内容。③ 由此可见，行为无价值二元论强调规范确证这一"法律意义上的"利益，在防卫人所造成的重结果恰恰符合规范意图，证实了规范的有效性时，不存在防卫过当问题。

因此，行为无价值二元论会认为，正当防卫的成立需要同时考虑法益衡量和法秩序的维护，对于防卫行为是否过当就应当分别从防卫行为以及防卫所造成的结果两个侧面切入，完全不考虑行为，只看重防卫造成的结果，只要有重的结果就是防卫过当，会限制正当防卫的范围。

上述分析表明，利益衡量原理强调的是实质的利益权衡、比较，不过无论哪一派刑法理论也都允许侵害利益和保护利益之间在一定范围内的失衡，我国《刑法》第 20 条第 2 款所反对的仅仅是重大失衡，即防卫行为造成"重大损害"的情形，因此，防卫人对不法侵害人所造成的侵害超过所保护的法益的，也可以正当化。例如，甲偷看妇女乙洗澡，乙发现后顺手扔出沐浴露瓶子砸伤甲的眼睛，致甲轻伤的；丙正要故意摔坏丁价值 500 元的杯子，丁将身旁的桌子推向丙，致其轻伤的，都可以认为存在一定程度的利益失衡，但不能认为是严重失衡，只要并未造成重大损害，仍有成立正当防卫的余地。换言之，利益均衡一定是实质的、具体的、相对的，防卫保全的利益和损害的利益二者之间没有明显失衡或严重失衡即可，不能事后简单地"算经济账"。例如，甲把一个撬 ATM 机的人打成重伤，即便事后查明机器内仅有 200 元的，只要考虑到刑法对盗窃金融机构的行为处以较重刑罚的立法意图，就可以认为不法侵害人的盗窃行为对法益的危险性大，防卫人虽然仅为了保护财产，但其所造成的重伤与保护法益相比，不能认为防卫行为造成了严重损害，也不存在严重利益失衡问题。

2. 关于利益衡量的特别讨论

（1）利益衡量在具体案件处理中的有限司法功能。

实务中处理案件时，利益衡量原理的功能体现在辅助性判断上。从刑法第 20 条第 2 款关于"正当防卫明显超过必要限度造成重大损害的"才能成立防卫过当的规定中可以看出，在防卫行为未超过必要限度或防卫行为超过必要限度（但未明显超过必要限度）这两种情形下，防卫过当都并不成立。换言之，防卫过当与否，必须先判断防卫行为是否具有必要性，只有将其准确界定为"明显超过必要限度"之后，才有必要进一步检验损害是否重大，进而确定防卫是

---

① 有学者指出，利益衡量原则为对侵害人的利益做缩小评价，不得不引入"正义无须向非正义让步"这一命题，这等于是在结果无价值判断中加入了规范违反的内容，从而与结果无价值论所标榜的理论彻底性和逻辑自洽性相悖。参见劳东燕：《法益衡量原理的教义学检讨》，载《中外法学》，2016（2）。

② 参见［日］井田良：《讲义刑法学·总论》，2 版，293 页，东京，有斐阁，2018。

③ 参见［德］罗克辛：《刑事政策与刑法体系》，蔡桂生译，34 页，北京，中国人民大学出版社，2011。

否属于过当。这说明，防卫结果或利益衡量在防卫过当判断中不是决定性的，而是辅助性的判断标准，决定性标准只能是防卫行为的必要性（是否明显超过必要限度）。

对此，我国有的学者并不赞成，其主要是基于结果无价值论的立场重视防卫结果对于防卫过当的意义，主张以防卫“造成重大损害”为核心来理解防卫行为明显超过必要限度，认为明显超过必要限度的判断从属于有无造成重大损害的判断，只有造成重大损害才有明显超过必要限度的问题，“不存在所谓明显超过必要限度但没有造成重大损害的情况”①。但是，这种“防卫结果核心论”的主张存在显而易见的缺陷：1）防卫行为明显超过必要限度但未造成重大损害的情形完全存在，例如，外出回家的甲发现乙正在撬自己房门，便直接开枪射击，子弹从乙耳边飞过，乙落荒而逃但毫发未伤的，需要承认甲针对不法侵害有权防卫，但开枪射击手段明显超过必要限度，只是因为侥幸未造成重大损害，无法确认其成立防卫过当。反过来，防卫造成重大损害，但防卫行为未明显超过限度，或是否超过限度存疑的情形也是存在的。例如，防卫人针对（刑法第20条第3款之外的）暴力侵害进行反击，在其存在数个同等影响力的防卫手段可以选择，但结果确定是重伤的，由于无法确定防卫人究竟选择哪一手段才能使其避免因防卫力度不够而遭受更大的损害，因此，要对防卫人的防卫手段选择适用“存疑时有利于被告人”原则，在造成重大损害的前提下仍然要否定防卫行为的不法性。2）如果防卫结果是决定性标准，那么，刑法第20条第2款关于防卫行为明显超过必要限度的规定岂不是“画蛇添足”，为什么不直接规定防卫造成重大损害就是过当？或者在防卫行为未超过必要限度或防卫行为超过（但未明显超过）必要限度等情形下，只要从结局上看都造成了重大损害，就径直认定防卫行为的非法性？但是，按照刑法第20条第2款的规定，无法得出这种结论。对此，有学者指出，损害原则在不借助于其他原则的情况下，无法令人信服地广泛适用于各种情况。② 3）前述结果无价值论的主张会对实践产生误导。实践中有争议的情形，往往都是防卫行为造成了重大损害的案件。此时，如果仅仅重视防卫结果，正当防卫几无立锥之地。对此，有学者指出，一旦防卫行为造成侵害人重伤或者死亡，防卫人便易被认定为防卫过当。可以说，单纯以法益衡量为基础而建构正当防卫的正当化根据，由于偏好于事后判断，几乎难以避免这种唯结果论的倾向。我国学理上与实务中动辄认定防卫过当的现象，也根源于此。③ 因此，结果无价值论所坚持的防卫结果核心论既与实定法规定不符，也产生了诸多司法弊端，不值得继续坚持。

这样说来，对防卫过当的不法而言，行为不法和结果不法需要同在，而且只有在已经确认防卫行为明显超过必要限度的情形下，才需要进行利益衡量，即先明确行为明显超过必要限度，才去进一步检验防卫造成的损害是否重大，认定是否有死伤结果意义上的重大损害，进而确定防卫是否属于过当。例如，侵害人的攻击虽有明显暴力性质，但防卫人实施没有节制、让人难以理喻或无法忍受的防卫措施，造成重大损害的，该结果就是防卫过当的成立条件之一。因此，要成立防卫过当，明显超过必要限度与造成重大损害两者应同时具备，才能认定防卫超过了正当防卫的限度条件；要排除防卫过当，则只需防卫行为具有必要性或者未造成重大损害这两个条件中的任何一个不具备即可。这样说来，在防卫行为明显不当的情形下，不能无视防卫结果的判断价值。如果防卫行为明显超过必要限度，但结局上并未造成任何损害，或者未造成重大损害的案件，不能以防卫过当论处。④

---

① 张明楷：《刑法学》，5版，212页，北京，法律出版社，2016。

② 参见［美］乔尔·范伯格：《对他人的损害》，方泉译，239页，北京，商务印书馆，2013。

③ 参见劳东燕：《结果无价值逻辑的实务透视：以防卫过当为视角的展开》，载《政治与法律》，2015（1）。

④ 防卫行为明显超过必要限度但未造成重大损害的情形在实践中很多，例如，甲为制止邻居改建房屋而持砍刀挥向建筑工人，但仅造成轻伤后果的即属此类。

（2）存在防卫必要性（未明显超过必要限度）的，无须进行利益衡量。

要认定防卫过当，在确认防卫行为明显超过必要限度之后，还要检验是否造成重大损害，如果不能确定重大损害存在的，正当防卫仍然可能成立，此时利益衡量有其意义。但是，值得特别注意的是，这一命题的另一个侧面是：防卫行为具有必要性、相当性的，不进行利益衡量也可以直接认定正当防卫成立。此时，防卫人采取何种反击措施都具有正当性，不应将防卫结果与利益衡量作为决定防卫过当成立与否的决定性因素，利益衡量事实上成为多余的司法操作规则。国外的判决对此也大多予以认可。日本法院认为：只要防卫手段相当，“即便防卫结果很严重的，防卫行为的相当性仍然被肯定”。例如，行为人为了挣脱被对方扭住的手臂而将对方推倒，导致对方头部撞到汽车保险杠而受伤，需要住院 45 天的，日本下级法院认为这是防卫过当，但日本最高裁判所认为，只要针对侵害行为的防卫手段具有相当性，结果偶尔超过所试图侵害的法益的，反击行为也属于正当防卫，从而推翻了地方法院的判决。① 按照我国刑法第 20 条第 2 款的规定，只要防卫行为没有“明显超过必要限度”的，即无须再进行利益衡量，就可以否定防卫过当。此外，不法侵害属于我国刑法第 20 条第 3 款规定情形时，利益衡量事实上并不需要，即对正在进行行凶、杀人、抢劫、强奸、绑架以及其他严重危及人身安全的暴力犯罪，采取防卫行为，造成不法侵害人伤亡的，不属于防卫过当。在这里，事实上放弃了利益衡量，因为防卫人为保护财产权就可以危及对方生命（杀死抢劫犯）。妇女为保护性的自由，挣脱强奸犯而将其杀死的，此时虽然不能进行利益衡量，也可以认为防卫行为并未“明显超过必要限度”作出无罪宣告。因此，是否造成了被防卫人的重大损害，不在考虑之列。这是基本上放弃了利益衡量，优先考虑了防卫行为是否具有相当性、必要性才能够得出的结论。

二、成立条件

（一）防卫的起因条件

防卫起因是指存在由人所实施的不法侵害，没有不法侵害就谈不上正当防卫。

不法，是指行为为法律所不允许。不法侵害，包括违法行为和犯罪行为，即广义的违法行为。侵害的不法性决定了对于一切合法行为不允许进行正当防卫，比如对依据法律执行的逮捕行为（即使最后经过调查认定为错捕），对依法执行公务或命令的行为，对公民依法扭送在逃人犯的行为，对正当防卫、紧急避险以及父母对子女基于亲权而行使的惩戒行为等，都不能进行正当防卫。

例如，A 假借省纪委的名义向官员 B 寄信，试图敲诈 B 现金 10 万元。B 对此非常恼火，在想方设法得到 A 的地址后，B 指使 C 带领 3 名下属冲入 A 家，将 A 关在室内，把其打得头破血流。A 情急之下，拼命反抗。C 等人见 A 居然敢反击，下手更狠，A 由此受重伤，C 等人遂离开现场。事后，B、C 主张：A 是敲诈勒索罪犯，在 A 对 C 等人进行侵害时，C 等人是在正当防卫，无须对 A 的重伤结果负责。B、C 的说法有无道理？

即便 A 是敲诈勒索罪犯，有权对 A 进行追诉和惩罚的是司法机关而非 B、C。C 带人进入 A 的住宅，是非法侵入住宅的行为；该行为和后来对 A 的打击行为都是不法侵害。A 有权对此实施正当防卫。在 A 的行为具有正当性、不是不法侵害的场合，C 不能再以正当防卫为借口对 A 进行攻击。因此，B、C 等人应当构成故意伤害罪。

不法侵害仅指人的侵害。法人自身没有意思能力，其行为谈不上“不法”的问题，故法人的行为不能成立不法侵害。如某私营企业偷电，电力公司不能对该私营企业采取正当防卫

---

① 参见［日］西田典之、山口厚、佐伯仁志编：《注释刑法》，第 1 卷，451 页，东京，有斐阁，2010。

行为。

作为是不法侵害，不作为也可能构成一种侵害，对不作为方式的侵害行为也可实施正当防卫。问题的关键是：这种不作为行为是否形成了紧迫的危害？如果这种不作为的行为已经形成紧迫的危害，那么就可以进行正当防卫，否则，就不应当进行正当防卫。对于不作为的侵害行为进行防卫，是防卫人用强力迫使侵害人履行其应当履行的义务，从而避免危害结果的发生。例如，对于不履行抚养义务的遗弃行为，正当防卫是迫使不作为者实施履行特定义务的作为；对于受邀进入自己住宅，要求其退出而不退出的人，可以强力将其驱逐出住宅。

从承认主观违法要素的行为无价值二元论出发，作为正当防卫前提的不法侵害也要求存在主观要素。不是基于故意所实施的侵害，但存在过失的，仍然存在主观的违法要素，属于不法侵害，即不法“要有一个至少是客观上违反了谨慎义务的举止”①。对无意思的动作等攻击，只能实行紧急避险。② 例如，对于没有违反注意义务但仍然对他人造成危险的情形，不能正当防卫，但制止危险发生的行为可能成立紧急避险。基于这一立场，关于不法侵害，有以下关联问题值得进一步阐释。

（1）关于对物防卫。在不法判断中需要考虑主观的违法要素，那么，在确定作为正当防卫前提的不法侵害时，是否也需要确认侵害行为主观上的不法性，这一直是有争议的问题。对此的理解，影响到理论上对于对物防卫的定性。

结果无价值论从客观违法性论出发，认为不法只是客观的法益侵害，与主观认知无关，因此，判断不法侵害不需要考虑主观要素。对司机尽管遵守了交通运输管理法规，但仍然对他人造成危险的，也是不法，应该允许他人正当防卫。同时，由于违法性中只有客观要素，那么，“只要和评价规范相矛盾，侵害或者威胁法益，作为违法判断的对象，人的行为就不用说了，也包括自然现象或者动物的行为之类的‘违法状态’在内”③。这样，对物防卫就应该成立正当防卫。④

行为无价值一元论主张，只有能够理解并按照规范要求控制自己行动的人的行为才具有违法性，这样，不具有规范意识的未成年人、精神病人、动物所造成的侵害都不能被评价为违法。对幼儿、精神病人，对动物的侵害，都不能进行正当防卫。⑤ 行为无价值二元论则认为，不法侵害包含主观要素，一定是人的侵害（人的不法性论），因为“社会是由人组成的。我们不是与动物和自然现象组成一个社会。因此，只有人的行为才是法律评价的对象，而自然现象、状态、动物的行为方式无论如何也不能成为法律评价的对象”⑥。“现代各种刑法理论都同意，由动物引起的事件不是刑法意义上的行为”⑦。那么，对于“对物防卫”只能解释为防御性紧急避险。⑧

（2）不具有刑事违法性的不法，仍然可能作为防卫前提存在。不法侵害是广义的违法行

---

① ［德］约翰内斯·韦塞尔斯：《德国刑法总论》，李昌珂译，183页，北京，法律出版社，2008。

② 参见［韩］金日秀、徐辅鹤：《韩国刑法总论》，郑军男译，279页，武汉，武汉大学出版社，2008。

③ ［日］曾根威彦：《刑法学基础》，黎宏译，99页，北京，法律出版社，2005。

④ 参见黎宏：《刑法学》，2版，128～129页，北京，法律出版社，2016。

⑤ 我国也有学者认为，个人的行为能力也是违法要素。参见冷必元：《风险犯法益侵害的二元违法性评价》，载《国家检察官学院学报》，2014（1）。

⑥ ［德］李斯特：《德国刑法教科书》，徐久生译，200页，北京，法律出版社，2006。

⑦ 王世洲：《刑法信条学中的若干基本概念及其理论位置》，载《政法论坛》，2011（1）。

⑧ 有学者指出，我国刑法第20条第1款规定，正当防卫是对“不法侵害人”造成损害的行为，这就将不法侵害的实施主体限定在“人”的范围内，因此，主张对动物的侵袭本身可以成立正当防卫的观点，与我国刑法的规定相悖。参见刘明祥：《紧急避险研究》，126页，北京，中国政法大学出版社，1998。

为，是依据统一的国家法律和法秩序统一性原理来认定的，与作为犯罪成立要件之一的违法或不法并不绝对相同。因此，这里的不法未必指与构成要件紧密相连的违法性，而是指“一般法观点”中人的违法行为。① 某些并不符合主观构成要件要素（违法要素）、不能被评价为刑法上违法的行为，但也可能成为正当防卫前提的不法侵害。例如，过失毁坏财物的，不具备故意毁坏财物罪的主观不法，不能在刑法上将其评价为不法行为，但由法秩序统一性原理所决定，该行为在民法上具有不法性，能够成为防卫前提，应该肯定行为人对过失毁坏财物这一不法侵害的防卫权。②

（3）针对他人不具有故意、过失的客观侵害进行反击的，不认定为正当防卫，可以按照阻却违法的紧急避险处理。因为在这种情况下，已经存在了一个容许规范，它宣布行为人的行为在整体法秩序（不限于刑法）上是正当的，而不仅仅是对构成要件上的禁止规范或命令规范单纯施加限制。针对被容许但导致风险的正当化行为，行为人有权作为避险人采取正当的行为，与这个权利相对应的对方，就相应地负有（不作为性质的）容忍义务。例如，甲完全合乎交通规则地驾驶汽车，不断逼近（他没看见的）街上玩耍的小孩，随时可能发生碾压。乙见状，不得不在最后几秒钟用自己的汽车撞击甲的汽车，以阻止碾压事故发生。这时甲的交通行为完全符合规则，是法律所容许的风险，不符合构成要件，但是，乙没有必要容忍甲的行为，因此为了救助小孩性命，而撞坏甲的汽车的行为可以被解释为防御性紧急避险，从而予以正当化。③

（4）对幼儿、精神病人的侵害可以防卫，但必须严格限定。为了保护被侵害人的利益，对作为正当防卫前提的不法侵害来说，就不能要求是行为人有责地进行的侵害。只要造成危险的侵犯人的举止具有一定的“行为质量”，是由人的意志所能够控制的，就是不法侵害。基于此，幼儿、精神病人的侵害行为是违法行为，即便缺乏有责性，也可以防卫。例如，在 A 驾驶汽车带精神病人 B 就医的途中，B 突然攻击 A，抢夺 A 的方向盘时，就必须承认 A 的正当防卫权；又如，甲偶然和患有精神病的邻居乙坐电梯上楼，但突然发生的断电事故导致电梯骤停，极其烦躁的乙开始攻击甲时，甲当然有权进行正当防卫。在上述两个例子中，精神病人的侵害，虽然因不具备责任而不成立犯罪，但是，对其行为在客观上必须给予违法性评价。

在这一点上，大塚仁教授认为，侵害只要在客观上是违法的就够了，而不问侵害行为人是否有责任。对精神病人和幼儿的行为，也能够进行正当防卫。④ 但是，这一结论和行为无价值论的逻辑并不符合。应该认为，不法论中的行为规范是确定性规范，其对个人可以实施哪些行为、不得实施哪些行为进行指引，适用于有违法意志的人。这种规范必然同时适用于有责任能力者和无责任能力者（未成年人、精神病人），他们在实施侵害时从规范违反的角度看都是有不法侵害意思的人。“虽然一个精神病人的构成行为不能称为‘自由的’或者‘有责任的’，但是，这类行为的确是一种（虽然有病和精神错乱的）人格的体现，并且能够被归入他的（病态的）精神和心理范围。”⑤ 这样，在违法性阶段，就不需要行为人具体地认识规范（因此，禁止性错误就不是不法的问题，而是责任论的问题），而是仅仅需要说明他是客观上可能认识行为规范的。符合这样的条件，不法侵害的主观要素就已经具备，至于其是否有非难可能性意义

---

① 参见陈璇：《紧急避险：对物防卫性质问题上不应动摇的立场》，载中国人民大学刑事法律科学研究中心编：《刑事法学的当代展开》，上卷，399 页，北京，中国检察出版社，2008。

② 参见［日］井田良：《刑法总论的理论构造》，142 页，东京，成文堂，2005。

③ 参见蔡桂生：《论故意在犯罪论体系中的双层定位——兼论消极的构成要件要素》，载《环球法律评论》，2013（6）。

④ 参见［日］大塚仁：《刑法概说（总论）》（第 3 版），冯军译，325 页，北京，中国人民大学出版社，2003。

⑤ ［德］克劳斯·罗克辛：《德国刑法学总论》（第 1 卷），王世洲译，161 页，北京，法律出版社，2005。

上的责任故意、过失，行为人是否有责任能力，是另外一回事。“这种观点的正当化在于，无责任能力的人通常能够通过法规范来说明自己的动机（例如，不断给同一群孩子指示而他们大多会遵守的），还有，无责任能力的人虽然在违背法规范时不能受刑罚，但是的确能够引起其他一些对刑法有重要意义的后果（给予处分，被攻击人的紧急防卫权）。”①

这里，还需要指出：对无责任能力者进行的防卫，虽然其正当性被承认，但针对特殊人群的防卫受到很多限制，以尽可能爱护这些“侵害人”。只有在迫不得已时，才允许辅助性地采取损害法益的防卫行为；而且这种防卫给无责任能力者所造成的损害不能明显大于所面临的危险（权利滥用的禁止）。“真正的正当防卫权，其实被局限为，制止有责任能力的违法者有意实施的违法行为。”② 对此，罗克辛教授也认为：“人们越来越承认，在面对儿童、精神病人的攻击，或者在对自己负有责任的攻击进行防卫时，当事人应当有回避的义务（Ausweichpflicht）……原因是，对于并非有意识地触犯法律，从而不可罚的人来说，法秩序并不需要在他们那里‘确证’自己的效力。”③

（5）对正在实施违法、犯罪行为的人实施侵害（所谓的“黑吃黑”行为）的，侵害人的行为仍然具有不法性。例如，甲运输毒品，乙明知甲实施犯罪行为，认为自己“黑吃黑”，甲也不敢报案，就着手实施暴力，抢劫甲的毒品。乙的行为是否属于不法侵害？甲是否能够进行正当防卫？

在类似案件中，是否成立正当防卫，关键看防卫人在当时是否存在事实上需要保护的利益。如果认为刑法不仅保护合法的所有权，而且保护事实上的占有关系，即便是对非法占有的财物，只要原占有人的占有权在法律上得到肯定，侵害人的行为就对财产占有权具有不法侵害性。如果允许“黑吃黑”存在，司法权在将来的行使就会受到影响，社会秩序就会受到破坏。所以，甲对财物的占有关系需要保护。至于国家事后应当依照何种程序追索甲占有的财物，则属于另外的问题。既然甲的占有需要保护，乙的行为就是不法的侵害行为，甲当然可以进行防卫。

（6）不法侵害指向利益的特殊性。不法侵害所针对的法益必须是特殊的，一般而言是个人法益。从这个角度看，刑法第 20 条第 1 款规定在国家利益、社会公共利益受到侵害时，都可以防卫，是否过分扩大了正当防卫制度所保护的法益范围，并非不可置疑。正当防卫具有私权性、自我保护性，这就决定了正当防卫的法益保护范围——正当防卫只适宜于保护个人法益。这里的个人法益，包括生命、健康、自由、财产、名誉、荣誉、隐私等；个人法益，不以本人的个人法益为限，也包括他人的个人法益。如果侵害国家、社会法益的行为同时危及了个人法益的，公民可以进行正当防卫。例如，对盗窃金融机构的行为，可以正当防卫，因为金融机构的财产中包含储户的个人财产。反之，与个人利益无关联的，单纯的国家利益、社会利益不应当属于正当防卫所要保护的范围。公民个人进行这种防卫在道义上可能是正当的，但在法律根据上可能是欠缺的：1）对国家和社会法益的侵害，是否具有紧迫性，是否非得用防卫的方法来解决，是有问题的。2）国家、社会利益本质上不具有正当防卫中的可防卫性，应当是公民个人防卫权不应或不能涉及的领域。法律、行政法规将对这类侵害行为的防卫权赋予国家或者相应机关，而没有赋予公民个人。3）国家机关有义务随时保持警惕，防范侵害国家和社会利益的行为发生。这种义务不能转让给个人。对侵害国家、社会利益的行为进行追诉、惩罚的权力，本质上是属于国家的垄断性的权力，是国家专门机关的专门活动与职权，如果允许公民个

---

① ［德］克劳斯·罗克辛：《德国刑法学总论》（第 1 卷），王世洲译，212 页，北京，法律出版社，2005。

② ［德］冈特·施特拉腾韦特、洛塔尔·库伦：《刑法总论》，Ⅰ，杨萌译，169 页，北京，法律出版社，2006。

③ ［德］罗克辛：《刑事政策与刑法体系》，蔡桂生译，36 页，北京，中国人民大学出版社，2011。

人进行防卫，难以有效保护国家、社会与公共利益，还可能引发社会秩序的混乱。有学者指出：“保护公民生活在一个安全的社会环境中，是国家的义务，也是用公民的税金维持一支往往是庞大的警察队伍的合理根据。国家的这一责任与义务不应通过对于正当防卫的道义化评价转嫁到每个公民自己的身上。”① 因此，任何公民个人都不能为了保护国境安全而开枪射杀、伤害或私自关押非法入境者、脱逃罪犯；任何个人都不能在发现非法经营行为时夺取经营者的财产。

（7）假想防卫的定性。不法侵害是正当防卫的起因，没有不法侵害也就没有正当防卫可言，不法侵害必须是客观存在的，而不是防卫人主观想象和推测的。② 只有在不法侵害真实发生的情况下，才存在正当防卫的问题。在现实生活中，往往发生这样的情形：实际上并不存在不法侵害，一个人确实由于主观认识上的错误，却误认为存在，因而对臆想中的不法侵害实行了所谓的正当防卫，造成他人的无辜损害。这就是刑法理论上的假想防卫。例如，甲持枪对准银行职员乙：“赶快给我 20 万元现金。”乙回答：“没有这么多钱。”乙一边敷衍甲，一边悄悄按动报警装置。赶来的警察在警告无效之后，开枪击毙甲。事后查明，甲所持枪支为仿真枪。对于警察击毙甲这一行为的处理就需要从假想防卫的角度加以考虑。

在假想防卫的错误中③，行为人一开始具有故意犯的构成要件该当性和违法性，但却缺乏对违法事实的认识，因为处于违法性阶层的正当化构成要件错误的存在，要求研究者掉转头，去考虑在其之前已审查过的构成要件符合性阶层的构成要件故意是否能够被排除，这就是“回旋飞碟现象”④。如何解决这一难题，对于行为无价值二元论而言不能不说是一个考验。

1）故意犯说。该说认为：行为人对构成要件的内容没有发生误认，所以，不能成立排除故意的构成要件错误，故意犯仍然成立，只不过要在成立故意的前提下通过违法性认识错误减免责任。⑤ 这种解决方案虽然避开了“回旋飞碟现象”，但是，本来意图实施正当防卫、紧急避险等合法行为的人却构成故意犯罪，其结论与公众的法情感不相一致。⑥

2）事实认识错误说。该说认为，构成要件事实错误与违法阻却事由的错误之间没有实质差别，存在违法阻却事由错误的，行为人的反规范人格也可以被否定，从而否定其故意责任。这样就要进一步讨论过失犯的成立可能性，因为构成要件故意、违法故意之中包含了过失犯的构成要件该当性、违法性，在出现违法阻却事由错误时，就可以肯定过失责任的存在，最终以过失犯处理。⑦ 还有学者认为，违法阻却事由的错误是事实错误，但在责任认定上，将故意判断作为第一性的，过失责任判断作为第二性的。“故意犯的可罚性以包含未遂犯在内的行为本身的展望性评价为依据，而过失犯的可罚性则属于从已经发生的侵害结果回溯探究这种回顾性评价。”⑧ 由于存在违法阻却事由错误，第一性的故意责任被否定，第二性的过失责任被肯定，

---

① 李海东：《刑法原理入门（犯罪论基础）》，80 页，北京，法律出版社，2008。

② 参见王作富：《中国刑法研究》，198 页，北京，中国人民大学出版社，1988。

③ 假想避险也有相同的问题。

④ Boomerang，是澳大利亚原住民的一种狩猎工具，用曲形坚木制成，投出后能够飞回原处。日本及我国台湾地区学者称之为“回力标”或“回旋飞碟”，指称的都是同一类现象：某个物体飞出去，在空中盘旋一阵后又能够飞回，如同将泼出去的水再收回来一样。

⑤ 参见郑泽善：《刑法总论争议问题》，Ⅰ，323 页，北京，人民出版社，2008。

⑥ 参见陈璇：《刑法中社会相当性理论研究》，87 页，北京，法律出版社，2010。

⑦ 参见［日］曾根威彦：《刑法总论》，4 版，108 页，东京，弘文堂，2008；［日］山口厚：《刑法总论》（第 3 版），付立庆译，209 页，北京，中国人民大学出版社，2018。

⑧ ［日］佐久间修：《故意构成要件与过失构成要件》，王昭武译，载中国人民大学刑事法律科学研究中心编：《刑事法学的当代展开》，上卷，334 页，北京，中国检察出版社，2008。

从具体的认定论的角度看，先前被肯定的构成要件故意，在责任故意判断阶段被否定，从而构成要件故意和责任过失组合成特殊的过失类型，也就是说，粗看是故意的行为，最终被以过失犯罪论处。

但是，如果肯定构成要件故意（违法故意）与责任过失结合而出现的过失类型，就会与在构成要件阶段区别故意、过失的理论出发点相冲突，减损区分构成要件故意的存在价值。换言之，在构成要件该当性、违法性阶段还是故意犯，但在责任阶段却成了过失犯，这是“通过否定责任故意而追溯性地否定业已存在的故意犯的构成要件该当性及其违法性，这种‘回标现象’会否定构成要件故意的类别功能”①。

井田良教授主张，按照行为无价值论的逻辑，主观意思对违法有影响，行为人没有遭受不法侵害，但其自认为是正当防卫的场合（假想防卫），没有故意违反规范的意思，因为故意杀人的行为规范中含有不得在没有正当防卫条件的情形下杀人的内容，认为自己是正当防卫而杀人的，故意杀人的规范违反性不存在，因而应该否认故意行为的违法性。但有成立过失犯的可能。②

3）法律错误说（“法律效果转用的罪责论”）。此说主张，在责任阶层承认作为法敌对意思和法冷漠意思的责任故意的存在（即承认故意的双重机能），这样，便可以在误认存在正当化前提事实的情况下，承认构成要件故意，但否定责任故意，进而不适用故意犯的刑罚。由于是在责任阶层对原本具有构成要件故意的情形转用了欠缺构成要件故意的法律效果，故称为“法律效果转用的罪责论”.“否定了罪责故意，只是说不存在依据故意犯之罪责的法律效果，而不是要回头去排除构成要件故意，即便同时成立构成要件故意和过失犯也没有什么不可以，因为保留下来的构成要件故意最后根本不会产生故意犯刑罚这种法律效果，而只有过失会发生过失犯刑罚的法律效果。在假想正当化的场合，行为人是针对实现构成要件具有故意，同时他误以为存在正当化前提事实，所以针对正当化前提事实具有过失。既然这里的故意、过失是针对不同的内容，那么，为何不能同时存在于一个案件中呢?”③

实务中，对于假想防卫通常按照事实错误的一般原则解决其刑事责任问题：首先，假想防卫不可能构成故意犯罪，因为假想防卫的行为人不具有构成要件故意，其对自己的行为会发生危害社会的后果缺乏希望或放任。例如，甲深夜在加油站附近发现有人快速奔跑，以为其是抢劫加油站的罪犯，就开车撞击导致其重伤，但伤者实际上是正在追击抢劫犯的加油站负责人，甲的行为没有成立故意杀人罪的余地。其次，在假想防卫的情况下，如果行为人主观上存在过失，应以过失犯罪论处。最后，在假想防卫的情况下，如果行为人主观上没有罪过，其危害结果是由不能预见的原因引起的，则是意外事件，行为人不负刑事责任。根据这种思路，在前述案例中，不法侵害人客观上并未持真枪抢劫，不存在真正的不法侵害，警察误以为有不法侵害而进行所谓的防卫，应当成立假想防卫。由于警察对于行为人持仿真枪的事实无法预见，所以即使是假想防卫，也可以不构成犯罪。当然，不排除有人认为该警察有预见可能性，所以成立过失致人死亡罪。

（二）防卫的时间条件

正当防卫的时间条件是不法侵害正在进行，即侵害具有现实紧迫性。

侵害的现实紧迫性要求侵害应当是现在的侵害，即既非过去的，也非未来而是现实面对的

---

① ［日］川端博：《刑法总论讲义》，2版，381页，东京，成文堂，2006。

② 参见［日］井田良：《讲义刑法学·总论》，2版，382页，东京，有斐阁，2018。

③ 蔡桂生：《论故意在犯罪论体系中的双层定位——兼论消极的构成要件要素》，载《环球法律评论》，2013(6)。

侵害，包括侵害行为已经着手实行、正在进行、尚未完毕诸情形。如果对于过去的侵害加以报复，或者唯恐将来受侵害而进行所谓的防卫，则属于事后侵害或者事前侵害行为，都不成立正当防卫。

不法侵害的开始，和实行行为的"着手"，是大致相同的概念，对此，会在本书第十一章犯罪未遂部分加以分析。对于使用致命性凶器实施故意杀人等暴力侵害的，对准他人挥舞凶器就可以认定为不法侵害已经开始。对于事前安装防卫装置的行为，比如为防盗而在家里窗户的内侧架设铁丝网并通电，为防盗而将碎玻璃扎在围墙上，结果将翻越围墙入室盗窃的侵害人扎成轻伤的，只要行为没有危害公共安全，就是具有社会相当性的行为。在他人实施不法行为时，防卫装置发挥作用的，视为在不法侵害正在进行时防卫人进行防卫，在没有超过防卫限度的场合，行为就具有合法性。事前安装防卫装置和事前防卫并不相同：事前防卫是防卫人主动、积极地针对他所认为的侵害人进行的作为方式的防卫。而安装防卫装置是利用一定工具与手段进行的一种预防侵害的防卫行为。该装置不会主动发生作用，只有在侵害成为现实时才发挥功用。换言之，该装置发挥作用时，不法侵害正在进行。当然，事前安装的防卫装置如果危及公共安全，根据情况可能成立间接故意杀人罪、过失致人死亡罪或者以危险方法危害公共安全罪，而不能成立正当防卫。

所谓不法侵害正在进行，是指犯罪行为已经着手实施，且尚未结束。关于如何理解犯罪的"结束"，理论上有行为完毕说、离去现场说、事实继续说、结果形成说、排除危险说等多种观点。排除危险说基本上是妥当的，即只要本人或他人还存在着受暴力犯罪行为侵害的危险，就可以实施正当防卫予以排除。对此，有学者指出："所谓危险，是指不法侵害对于公共利益、本人或者他人的人身和其他权利所造成的现实危险性，并且通过对不法侵害人造成一定的人身或者财产的损害可以予以排除。而不是已经发生危害结果，或者不能通过正当防卫予以排除的危险。"①

具有下列情形之一的，不法侵害已经结束：(1) 不法侵害行为已经被防卫人所制止。(2) 不法侵害由于侵害人意志以外的原因不能继续进行下去。(3) 不法侵害人由于自身的原因而丧失继续侵害的能力。(4) 不法侵害人已经自动中止不法侵害。(5) 犯罪行为已经既遂或者实害结果已经发生。

上述五种情形中，危险都已经被实际排除，就不能再实施正当防卫。

例如，女青年李某上山砍柴时遇到同村的张某，张某顿时起了淫心，要求与李某发生关系，遭拒绝后，张某拔出水果刀进行威胁，并强行奸淫了李某。强行奸淫行为实施完毕后，张某穿裤子时，李某用柴刀朝张某头部连砍两刀致其重伤，然后急忙逃走。对李某应该如何处理？

在本案中，张某强奸的犯罪行为已完毕，李某遭受性侵害的后果亦已形成，行使正当防卫权的条件已经丧失，李某的行为应当属于事后加害行为。有人认为，只要不可分割的危险仍然现实地、连续地存在，防卫人仍可实行正当防卫。本案中，强奸行为结束以后，李某仍处于危险之中，张某不仅有可能再次进行强奸，甚至有可能杀人灭口，李某所处的危险仍然存在，所以依据刑法第 20 条第 3 款的规定，李某砍伤张某的行为，不负刑事责任，属于特殊防卫。② 但这一观点并不正确，这是错误理解了"危险"的概念：危险是实行行为实施当时所产生的实际危险，而不是实行行为实施完毕以后可能带来的危险状态。

---

① 陈兴良：《正当防卫论》，136 页，北京，中国人民大学出版社，1987。

② 参见高洪宾：《论无限防卫》，载《政治与法律》，1998 (4)。

当然，在不法侵害是财产犯罪的场合，虽然犯罪行为既遂（犯罪人已实际取得、控制财物），但被害人采取追赶、反击等强力措施还能够及时挽回损失的，视为不法侵害尚未结束。例如，甲叫了一辆出租车，说去某地。当车行至偏僻处，甲见四周无人便掏出刀子对女司机乙实施抢劫。得手后，甲关掉乙的汽车的发动机，拔了车钥匙，并威胁乙道："不准报警，我下车走一段路后把钥匙丢下，你自己来找。"甲下车后，乙关好车门拿出备用钥匙开动汽车向甲追去。追一段后，乙追上了甲，并用车去撞甲且高声呼救。甲被撞倒后爬起来再跑，乙又驱车撞甲，最终甲在被闻声而来的群众和警察的围捕下落网。甲因被乙的车撞而致伤（轻伤），甲表示自己应承担一定的法律责任，但同时要求就被撞伤一事追究乙的刑事责任。乙的行为应如何定性？

有的人认为，乙的行为构成了故意伤害行为，因乙的行为发生在甲抢劫行为结束之后逃窜之时，属防卫不适时，乙应负刑事责任。我认为，在不法侵害是财产性违法犯罪的场合，虽然侵害行为已经达到既遂状态，但被害人在现场（包括从现场直接延伸的场所），使用强力还来得及挽回损失的，应当视为不法侵害尚未结束，可以成立正当防卫。也就是说，只要财产性违法犯罪的行为人被当场发觉，并及时受到追捕的，在其将非法获取的财物隐藏到他人难以发现的场所之前，不法侵害行为都视为一直在持续，财产持有、所有人或者其他追捕者可以为夺回财物而对不法侵害人使用强力。

在前述案例中，甲对乙实施抢劫，并实际取得了财物，抢劫行为已经既遂。但是，甲还处于逃跑过程中，乙关好车门拿出备用钥匙开动汽车向甲追去，并用车撞甲，仍然属于在（广义的）现场为夺回被抢财物而对不法侵害人使用暴力，乃是维护自身财产权利的合法行为，即使甲因此被撞成轻伤，也不能追究乙的刑事责任，乙的防卫行为和甲的抢劫行为之间的相当性仍然应当被肯定。所以，从本案中可以得出这样的结论：抢劫犯使用暴力劫取财物，即使抢劫行为已经既遂，但被害人为夺回被抢财物，而当场对抢劫犯使用暴力的，应当根据刑法第 20 条第 1 款成立正当防卫。

（三）防卫意思

防卫意思，是指防卫人认识到不法侵害正在进行，为了保护国家、公共利益，本人或者他人的人身、财产等合法权利，而决意制止正在进行的不法侵害的心理状态。如果防卫人根本不知道正在进行的不法侵害的存在，而且主观上也非出于防卫的意思，即使客观上存在正在进行的不法侵害，该行为人的缺乏防卫意思的行为也不能构成正当防卫。防卫意思可以包括两个方面的内容：对于正在进行的不法侵害的认识，即防卫认识；对于制止正在进行的不法侵害的决意，即防卫意志。

防卫意思要件对于正当防卫的成立是否必要？对此，行为无价值论持肯定态度，但结果无价值论持反对意见，其理由是，主客观相统一只是对犯罪行为的要求，而不是对非犯罪行为的要求。换言之，不能认为，不构成犯罪的行为，也必须是主客观相统一的。正当防卫行为不是犯罪行为，当然不要求主客观相统一，所以不需要主观的正当化要素。[①] 但是，结果无价值论在这里混淆了主观的故意或过失与主观正当化要素（防卫意思），因为这两种主观心理要素是不同的。正当防卫是一种正当化行为，其比一般的无罪行为还多出了一个正当化特征，因为很多无罪行为还可能是侵权或者违反治安处罚法律、法规，需要其他法律规范加以规制的行为，其仅仅表示该行为不成立犯罪，不会受到刑罚上的处罚。从法律规范上看，有罪行为依据的规范是禁止规范，无罪行为只是不违反禁止规范。但正当化行为从规范评价的角度看，一定是正

① 参见张明楷：《行为无价值论与结果无价值论》，156 页，北京，北京大学出版社，2012。

面的，故不能仅仅将无罪条件作为正当防卫的成立条件。正当防卫背后的规范不仅仅是容许规范，而且是一种正当化的权利规范，这种规范具有指引国民实施正当行为的机能。这样一来，正当防卫在满足无罪条件（没有行为，不存在犯罪故意或过失）的基础上，还应当具有防卫意思这一主观正当化要素，才能获得正当化的正面评价，从而使一般国民能够在紧急情况下效仿实施。

对于防卫意思，我国刑法学通说持肯定态度。同时，从我国刑法第20条有关正当防卫的法律规定“为了使……权利免受正在进行的不法侵害，而……”的表述中，也可以推导出在法律上肯定了正当防卫中防卫意思的结论。结果无价值论认为，正当防卫不需要防卫意思的主张，和我国刑法立法相悖，并不足取。

与防卫意思条件有关的争议问题是以下三个。

1. 偶然防卫

偶然防卫，是指行为人故意实施某种犯罪时，该犯罪行为偶然地和正当防卫的客观条件相符合的情形。例如，在多个共犯相约故意驾车出去“碰瓷”，再敲诈对方财物的案例中，如果共犯人之一的甲在“碰瓷”过程中，因为操作失误将自己一方的汽车撞坏甚至将人员撞死，而真正的被害人由此躲过一劫的，甲能否因为客观上“救助”了真正的被害人而成立正当防卫？对此，刑法学立场不同定会有不同处理结论。

结果无价值论认为，违法性的实质在于对法益的侵害，客观上没有法益侵害的行为不具有违法性，即使行为人内心为恶，刑法也不处罚不会造成法益侵害的行为，因此，于正当防卫的成立，防卫者并不须具有防卫意识，由此得出偶然防卫不成立犯罪的结论。

行为无价值论则要求行为人必须有防卫意识，认为：防卫意思是主观的正当化要素。在偶然防卫杀人的场合，虽然“防卫人”杀死的也是一个罪犯，该结果法律并不反对，可以认定其不具有故意杀人罪既遂的结果无价值，但有危险未遂的结果无价值；如果同时考虑到“防卫人”有未遂的行为无价值，在结果无价值和行为无价值同时存在的场合，不能阻却违法。在本书后续讨论未遂犯的章节（第十一章），还会对偶然防卫的处理作出详尽分析，此不赘述。

2. 防卫挑拨

它是指行为人为了加害对方而故意挑逗他人为一定的不法侵害或攻击，然后在正当防卫的借口下以防卫行为加害他人的情形。防卫挑拨通常不能成立正当防卫：防卫挑拨中的防卫行为尽管表面上具有防卫的形式，但其实质是进行真正的不法侵害，其行为并非出于防卫意思，因此，不能成立正当防卫。当然，如果挑拨行为人以可能给对方造成轻微侵害的事实进行挑拨，但对方反应过于强烈，挑拨人的生命、健康权利受到严重威胁的，可以认为防卫挑拨人具有正当防卫权。

3. 相互斗殴

相互斗殴（或“互殴”），是指双方参与人各自出于向对方实施不法侵害的故意而相互侵害对方的情形。在相互斗殴的场合，原则上不能成立正当防卫。其理由是：其一，行为人都有妨害社会管理秩序、加害对方的意思，并且客观上实施了侵害对方的行为，双方缺乏防卫意思。[①] 其二，从人身法益的角度看，因为存在被殴打者的“被害人”承诺，一方的行为不具有侵害对方人身法益的违法性，缺乏正当防卫的前提条件。其三，从社会法益的角度看，双方的行为都是不法行为，而非制止不法侵害的防卫行为。当然，相互斗殴的一方已经停止斗殴，或者因明显处于劣势而逃跑、求饶，对方仍然继续进行暴力程度很高的攻击时，先行停止斗殴或

① 对此，结果无价值论有不同主张。

者处于劣势的一方进行反击的，可以成立正当防卫。

值得注意的是，对于互殴的认定，需要考虑行为人之间事前是否就有互相打斗的意思或约定。换言之，互殴是事前所约定的斗殴。如果没有事前的意思或约定，只是在现场因为其他事由“一言不合”而发生相互斗殴的，不宜认定为互殴，否则就会导致对互殴认定过广，从而错误地将遭受侵害之后的反击（防卫）行为也作为互殴处理，从而限制了正当防卫的成立空间。

（四）防卫的对象条件

1. 含义

防卫的对象条件是不法侵害人本人。正当防卫是国家以立法的形式赋予公民在某种危急情况下进行“私力”救助的特权，防卫人在行使这一权利时也必须在法定的范围内进行，而不得滥用这一权利，殃及无辜。这就要求防卫行为只能针对不法侵害人本人实施，而不加害与不法侵害无关的第三人。同时，正当防卫是通过对不法侵害人造成一定损害的方法，使本人或他人的合法权益免受正在进行的不法侵害。这决定了它只能通过对不法侵害人的人身或者财产造成一定损害的方法来实现防卫意图。防卫对象之所以主要是不法侵害人的人身，是因为不法侵害总是人所实施的直接或间接的行为。为了制止这种不法侵害，法律允许防卫人采取某些强制性，甚至暴力性的手段，比如伤害身体甚至剥夺生命的方式，使不法侵害人丧失继续侵害的能力，从而保护合法权利。在少数情形下，物也可以成为防卫对象，此时的防卫从形式上看是对物的防卫，但本质上仍然是对人的防卫，因为作为防卫对象的物是不法侵害人所利用的工具或手段。

防卫行为所直接指向的目标始终是不法侵害人本人，而不是偶然在现场或者与不法侵害人有关的第三人。在防卫第三人的场合，可能成立紧急避险，也可能成立间接故意犯罪或者过失犯罪。

2. 防卫行为与第三人

遭受不法侵害的人实施防卫行为，但该行为或者结果与第三人有关的，需要区别情况进行处理。

其一，侵害人利用第三人的财物。此时，对不法侵害人而言，防卫人成立正当防卫；对第三人而言，防卫人成立紧急避险。由于正当防卫对于法益衡量的要求不如紧急避险严格，所以在正当防卫和紧急避险竞合时，将防卫人的行为解释为正当防卫可能更为合理。例如，不法侵害人A基于伤害的意思，使唤B豢养的狼狗攻击C，C情急之下反击，将B的狗砸死。对C应当如何处理？

C的行为属于正当防卫和紧急避险的竞合，因为B的财物是A实施不法侵害行为的手段，C反击时砸死B的狗，实际上是针对A的不法侵害进行防卫，所以成立正当防卫；同时，C的行为对于没有实施不法侵害的B而言，造成了B的财产损害，属于C在遭受危险时让第三人承受损失，所以，对B而言，C成立紧急避险。在违法阻却事由竞合的情况下，对于C的行为解释为正当防卫可能更为合适。

其二，防卫人利用第三人的财物。防卫人在对不法侵害人进行反击时，利用第三人的财物，对第三人造成损害的，就该事实成立紧急避险。因为防卫者的行为合法，赔偿义务由不法侵害人承担。

其三，防卫行为造成第三人损害。在防卫行为所产生的结果由第三人承担的场合，如何确定防卫行为的性质，较为复杂。例如，甲对准乙开枪，乙一边躲避，一边向甲扔石头。乙扔出的一块石头在空中裂为两半，其中一半砸中偶然从现场经过的丙，导致丙重伤。对乙如何处理？

防卫行为造成第三人损害的，有紧急行为说和违法行为说两种解决方案。紧急行为说内部有两种观点：正当防卫说认为，乙反击甲的不法侵害时，虽然附带产生损害第三人的后果，但乙的行为的正当性仍然不丧失，乙的行为仍然在整体上成立正当防卫。紧急避险说主张，乙在遭受危险时，将风险转嫁给第三人丙，应当成立紧急避险。违法行为说内部也有两种争论观点：假想防卫类似说认为，乙有正当防卫的意思，但丙没有对乙实施不法侵害，乙在丙的不法侵害不存在时实施的行为和假想防卫类似，乙应当视情况成立过失犯罪或者意外事件。责任阻却说认为，在乙受到甲的杀害行为威胁的紧急情况下，不能期待乙不侵害他人的权利，因此，即使乙的行为具有违法性，也可以认为其缺乏期待可能性。在上述观点中，通说认为，避险意思是紧急避险的成立条件之一，乙缺乏避险意思，所以，紧急避险说是否有道理，还值得推敲。假想防卫说的问题是乙的防卫意思完全不针对丙，所以谈不上对丙有“假想”的防卫的问题。责任阻却说用期待可能性处理问题，但是，期待可能性毕竟是超法规的责任阻却事由，误用或者滥用期待可能性会损害法治秩序。所以，相对而言，我认为，将乙针对甲实施防卫，附带导致丙受损的行为解释为正当防卫可能更为妥当。当然，对此还需要进一步斟酌。

（五）防卫的限度条件

1. 防卫过当的含义

刑法第 20 条第 2 款规定，防卫过当应当同时具备行为“明显超过必要限度”（行为过当）和“造成重大损害”（结果过当）这两个条件，缺一不可。因此，认定防卫过当必须同时考虑行为过当和结果过当：防卫行为只要为制止不法侵害所必需，防卫行为的性质、手段、强度未明显超过不法侵害的性质、手段、强度；以及造成的损害未明显超过不法侵害已经造成或可能造成的损害，就在防卫限度内。防卫行为造成的损害虽明显超过不法侵害，但并未造成重大损害的，也不属于防卫过当。对于防卫行为过当和结果过当的判断，应当明确实践中的判断顺序：只有在认为防卫行为明显超过必要限度的前提下，才有在逻辑上进一步审查防卫所造成的结果的必要性。

对正当防卫的必要限度应当从以下三个方面进行考察：侵害的强度、侵害的缓急、侵害的权益。不法侵害的强度，一般指行为的性质与危险性程度、行为对客体所造成的侵害结果的轻重及侵害的手段、工具等因素的统一。不法侵害的强度越大，防卫的强度就可越大。不法侵害的缓急是指不法侵害的紧迫程度，不法侵害越紧迫，防卫过当的标准就应当越宽松。不法侵害的法益就是正当防卫所保护的法益，为防卫重大法益而对不法侵害人造成重大损害，可以认定为没有超过必要限度，为保护轻微的法益而侵害重大的法益，即便非此不可，也应当认定超过必要限度。比如，对于未带凶器的单个小偷，对于夜间无故侵入他人住宅的侵害人，用枪杀的方法进行防卫，显然是手段与法益均严重失当的防卫，即明显超过必要限度，造成了重大损害。总起来说，只要防卫的方式与程度是有效制止不法侵害所必需的，就是正当防卫所允许的，就没有超过正当防卫所要求的必要限度。

同时从行为过当和结果过当这两个角度理解防卫过当，对于实践中准确判案有较大意义：由于一直以来并未厘清防卫必要性、防卫结果的关系，导致实务中发生很多认识偏差——最终能够进入刑事司法评价视野的案件，都是防卫行为造成严重后果的情形。司法工作人员如果总是优先从防卫结果出发思考问题，在认定是否成立正当防卫时习惯于事后“算经济账”，认为只要有防卫结果就属于防卫过当，那么，就会错误地理解和运用防卫过当的判断逻辑，对大量防卫手段明显具有必要性，但在防卫结果造成较重或重大损害时，不愿意也不敢于认定成立正当防卫，导致过于扩大防卫过当范围、限缩正当防卫适用空间的司法乱象出现，正当防卫的成立可谓“难于上青天”。

2. 防卫必要性与防卫过当的具体判断

对于正当防卫，“应从防卫者所处的具体情境以及实际上能够利用的防卫手段、防卫人的能力等方面加以考虑，并在保障防卫权的行使不被过度限缩的范围内予以广泛的承认”①。在实践中成为问题的防卫案件，都是死伤结果严重的“难办案件”，每个案件的情形都不一样，需要结合案件发生的时间、地点，行为人与死伤者的关系、凶器的使用方式等具体地进行判断，进而得出正当防卫成立与否的结论。换言之，如果不从防卫人所处的具体情境以及实际上能够利用的防卫手段、防卫人的能力等方面加以考虑，就无从判断防卫的正当与否。如果要在司法上减少防卫过当的适用，拓展正当防卫的适用空间，从而改变实务中正当防卫成立过于艰难的局面，有效遏制正当防卫制度在实践中的异化、走样，达到纠正司法偏差的效果，那么，就应该对防卫过当问题进行细致研究。例如，对于多人围攻、侵害一个被害人，其中下手最重（可能致人死伤）的不法侵害人只有一人，其他不法侵害人在被害人身边或外围推、挤，但攻击性相对弱的，被害人实施防卫时除了导致下手最重的不法侵害人死伤，还造成该被害人身边或外围但攻击性相对弱的多人死伤的，是否对被害人的行为只能认定为防卫过当？此时，按照客观归责论中被害人自我负责的理念，如果相关受伤的人员处于攻击状态或者主动往被害人身上或者所在方向扑去的，该行为和攻击性最强的不法侵害人的行为相互配合，可以对其进行评价，被害人导致这些人员死伤的，该结果由这些不法侵害人自己负责，不能把这些结果算到被害人头上。换言之，防卫行为导致多人死伤的，仍然有成立正当防卫的可能。

在实务中，结合防卫必要性具体地判断防卫过当，至少需要考虑以下内容：

（1）必要性的判断基础。要制止不法侵害，防卫行为必须足以排除、制止或终结不法侵害。是否具有必要性，需要就侵害或攻击行为的方式、轻重缓急与危险性等因素，参考防卫人可以运用的手段等客观情况加以审查。

对防卫必要性的判断，在防卫造成死亡的情形下相对复杂一些，司法上未必能够相对轻松地作出成立正当防卫的判决。但是，也有少数判决能够充分考虑防卫人在当时是否有其他更为缓和的办法能够制止不法侵害，进而判断行为人是否成立正当防卫，而不是一旦有人死亡或者重伤，就不问死伤的必要与否，轻易地否定正当防卫。②

防卫必要是指客观上必要。防卫行为是复数行为时，开多枪、多次捅刀子是否具有必要性需要结合具体情况分析判断，开一枪、捅一刀后，不法侵害人停止侵害的，防卫人继续实施行为已无必要。但是，开一枪、捅一刀之后，不法侵害人抢夺枪支、夺取刀具，防卫人间断性地继续开枪、捅刀子的，是在不法侵害的危险升高状态下的反击行为，并不能认为其逾越了防卫必要性。

（2）必要性判断是行为时的事前判断（“事前的危险预测”）。“必要性的要件，是防卫行为的要件，不是事后判断，而是在防卫行为实施的时点合理地判断要达到制止攻击行为的效果需要采取何种手段。”③ 此时，应假定有一个理性的第三人处于防卫人所面临的境遇时，站在防卫行为发生的时点，判断当时的客观情况，并进一步分析：针对防卫人遭受侵害的具体情状，理性第三人是否会采取同样强度的防卫行为？如果防卫人不防卫，其是否会遭受进一步的侵害？刑法理论在讨论法益侵害时通常认为其包括法益实害和法益危险，那么，在分析不法侵害时，没有理由将不法侵害“向前发展极有可能造成重大损害”这一危险排除在外。不法侵害危险是防卫人事前的“危险预测”，很多防卫措施在外观上看似乎带有“提前”性质，但实际上如果不是防卫者自己的防卫行为，我们几乎没有其他任何方法可以保证其安然无恙。此时其防卫就是理所当然的。例如，行凶者甲持砍刀近距离冲向乙时，即便甲还没有举起凶器，乙也可

① ［日］松宫孝明：《刑法总论讲义》，5版，144～145页，东京，成文堂，2017。
② 参见陈兴良：《正当防卫论》，2版，141页，北京，中国人民大学出版社，2006。
③ ［日］井田良：《讲义刑法学・总论》，2版，314页，东京，有斐阁，2018。

以实施正当防卫，假定反击导致甲死亡的，也可以成立正当防卫；丙基于强奸的意思着手对丁实施暴力，丁捡起一块石头砸死丙的，也成立正当防卫，其就是有必要在防卫时“下手这么重”。如果要求不法侵害人砍杀行为造成重伤、强奸行为已经实施时防卫人才有权防卫，才可以致侵害人死伤，要么就会使防卫人完全丧失防卫能力，要么就会使防卫人极其容易地陷入事后防卫的犯罪境地，因为许多暴力程度很高的杀害、强奸行为都可能在相对较短的时间内完成，不允许防卫人基于事前的危险预测进行防卫，等于变相剥夺了其正当防卫权。

作为防卫必要性要件的危险判断是客观判断，即侵害行为及其危险程度在行为当时均客观存在。在这里，值得进一步研究的问题是，如果危险在当时并不客观存在，防卫人对可能遭受不法侵害有认识错误的，应认为防卫行为造成了损害，而且在责任阶段考察其有无过失，如果没有预见可能性的，防卫人无罪。这是假想防卫论的处理思路。换言之，在防卫人对不法侵害存在事实性认识错误时，不应以防卫人假想的危险作为防卫前提。例如，甲携带手枪抢夺乙的财物，乙立即发觉并拿起身旁的哑铃砸向甲头部，将甲砸死，后查此枪为仿真枪的，就应该认为，因为客观上不存在（携带凶器抢夺的）不法侵害，乙的防卫明显超过必要限度造成重大损害，但在有责性评价上，如果认为防卫人的错误客观上不可避免，而且一般人在此情形下也会采取类似于乙的防卫行为，即便防卫导致了重大损害，也不能要求其承担过失责任，从而应对乙宣告无罪。①

（3）防卫必要性判断与防卫结果（利益衡量原理）无关，而应就防卫行为本身进行评价。“说防卫是不是必要的，说的是防卫行为，而不是防卫的结果。也就是说，考察的是防卫行为的性质和方式。”② 实践中针对防卫性质的错误判决，都与简单地以防卫结果为判断核心、弱化防卫必要性要件有关。此外，在类似于不法侵害人将对方按倒后暴打的案件中，即便防卫人挥刀乱舞刺中侵害人致死的，也不应以反击行为造成死亡结果作为基准来否定反击行为的必要性。在具体的案件中，虽防卫行为有可能制造进一步的损害风险，该风险最终也实现了，但只要不采取该行为，不法侵害就不能停止时，就不影响先前所采取的防卫行为的必要性。如果结果难以避免，造成的结果不能归属于行为时，更不应否定反击行为的必要性，也不能成立过失犯。因此，在防卫结果很严重，尤其是结果偶然超过侵害人所试图侵害的法益，但防卫手段具有相当性、必要性的，反击也具有正当性。

（4）我国刑法语境下的防卫必要性还意味着只要没有“明显超过必要限度”就是有必要的防卫。防卫必要性判断需要就防卫行为本身同不法侵害的强度、不法侵害的缓急等进行对照。不法侵害的强度越大，防卫的强度就可以越大；不法侵害越紧迫，防卫过当的标准就应当越宽松。简言之，防卫行为和不法侵害之间有大致对等关系即可。但是，刑法第 20 条第 2 款中出现了“明显超过”必要限度的明确规定，那么，防卫行为和不法侵害并不对等，一般性地超过必要限度的，并不必然违反防卫必要性，即就防卫行为同不法侵害的强度、缓急等方面进行简单的、大致的比较，要求二者均衡并不符合刑法第 20 条第 2 款的立法主旨，唯有对明显不对等，或者说明显超过必要限度的防卫行为才能以防卫过当论处。

首先，“明显超过”当然就不要求防卫行为与侵害行为“基本相适应”。不法侵害都具有紧迫性，防卫人面临正在进行的不法侵害时，往往没有充足的时间去准确认识不法侵害的方式、程度、强度和可能造成的损害结果的大小，也没有余暇去充分地、冷静地判断防卫行为的手段、程度、强度，以及将要造成的损害大小等。在较为弱小的被害人突然面临不法侵害，其在

---

① 参见陈兴良主编：《刑法学》，3 版，74 页，上海，复旦大学出版社，2016。

② ［德］乌尔斯·金德霍伊泽尔：《刑法总论教科书》，蔡桂生译，167 页，北京，北京大学出版社，2015。

猝不及防的情况下实施防卫行为时更是如此。要求防卫行为与侵害行为基本相适应，实际上就在很大程度上剥夺了防卫权，这无异于对不法侵害行为的鼓励。[①] 因此，如果防卫行为只有“明显”超过必要限度的，才可能成立防卫过当，那么，在防卫行为反应强烈，不法侵害程度相对低的场合，防卫行为虽与不法侵害存在一定程度的不相适应，但只要其没有明显超过必要限度，就属于具有防卫必要性的情形。“在防卫必要性的判断上，不能采取太过严格的态度。”[②] 谁都不会否认，防卫必要性当然强调要尽可能给侵害人造成小的损害，实施“必要最小限度的防卫行为”。但是，在攻击行为具有急迫性、危险性，防卫手段的选择极其困难、挑选余地极其有限时，可以认为，反击造成侵害人死伤就是“必要最小限度的防卫行为”。由此可以得出一个重要的结论：如果某一相对缓和的防卫措施的有效性并不确定可靠，反击者一旦防卫“失手”可能面临更大的被侵害风险时，其为避免付出不必要的代价而不采用相对缓和的手段，转而实施“更高级别”的反击行为的，原则上都应该肯定其防卫没有明显超过必要限度，司法上更不能要求防卫人“坐以待毙”。这一结论完全符合正义不必向非正义屈服的要求。

其次，“明显超过”是典型地超过，是“一看就不应该下手这么重”的防卫，即不法侵害行为强度小、紧迫性有限，以及根据当时的客观环境，防卫人明显不需要采取类似手段即可制止不法侵害的，而防卫人的反击过于强烈，其与不法侵害行为之间的不匹配、不对应的性质清楚地、显而易见地展示出来，容易让一般人很容易地看出来，乍一看就可以认定防卫行为明白无误地超过了防卫限度（例如，防卫人将实施辱骂行为的人打成重伤）。

再次，在是否“明显超过”有争议的场合，司法判断上就需要特别慎重。按理说，凡是对防卫必要性有争议的，对其就难以径直认定为是明显超过，因为明显超过防卫限度，一定是防卫必要性没有争议的情形。凡是有争议的场合，原则上就应该按照存疑有利于被告人原则，得出防卫行为不明显超过必要限度的结论。

最后，明显超过的规定意味着不能苛求“武器对等原则”。侵害人徒手进攻，防卫人用刀防卫的，防卫似乎不具有必要性，实务中也通常严格按照这种立场处理案件。但是，这与“明显超过必要限度”的规定不符。防卫人在当时的具体情境下，针对侵害的客观危险，对其他防卫方式的有效性有所怀疑，认为如不采取更为激烈的防卫方式就不能自保时，即便其采取具有危险的防卫方式，甚至使用工具（包括枪支、管制刀具）的，防卫行为也在限度之内。例如，侵害人双手死死掐住对方脖子，防卫人用刀具实施反击的，不能轻易否定防卫行为的有效性、必要性。

3. 防卫过当的主观要件

防卫过当在主观上只能是间接故意或者过失，不包括直接故意。

一方面，防卫过当情形下，行为人主观上大多是过失。既然防卫过当行为发生在正当防卫过程中，防卫人行为之初的行为正当性是毋庸置疑的，在防卫过当过程中，防卫人的心态主要有：防卫人原本应当预见自己的防卫行为可能超过限度，造成重大损害，但是因为疏忽大意没有预见；或者已经有所预见，但是过于相信现场的客观条件或者自己的能力、技术等物质条件可以防止重大损害的发生，但最终并未防止。

另一方面，在极个别情形下，防卫过当的行为人主观上可能是间接故意。防卫人起先只有正当防卫的意思，该防卫意思显然不等于追求或放任结果发生的故意犯罪意思，但在防卫过程中，防卫人明知自己实施强度很高的防卫行为可能造成明显超过必要限度的伤亡后果时，其对

---

① 参见陈兴良主编：《刑法总论精释》（上），3版，269页，北京，人民法院出版社，2016。

② 林钰雄：《新刑法总则》，252页，台北，元照出版有限公司，2014。

结果的放任、漠不关心可能和防卫的意思同时存在，后续防卫过当的行为可以被认为是在犯罪间接故意支配下实施的。因此，行为人认识到不法侵害正在进行，并有保护法益的意思，但对不法侵害人可能伤亡持放任态度的，具有故意犯罪的明知及对结果的听之任之，间接故意可以被认定。防卫过当的行为人主观上不太可能是直接故意，因为直接故意要求行为人积极追求结果发生，而在防卫过当的场合，行为人追求的是保护合法权益的目的，这一正当防卫目的和积极追求死伤结果发生的犯罪目的不可能并存。疏忽大意过失、过于自信过失以及间接故意都不追求他人死伤的目的，与防卫过当需要具备的目的正当性不矛盾，因而都可以成为防卫过当的主观要件，但是，肯定直接故意存在于防卫过当的情形下，则和防卫的目的相悖。

有必要指出：如果防卫人的正当防卫行为已经恰当地制止了不法侵害，但是防卫人担心不法侵害人今后还会攻击自己，或者害怕受到错误追究，干脆置不法侵害人生死于不顾，继续实施“防卫”行为的，这是事后防卫（事后加害行为），可能成立犯罪故意（包括直接故意）或者过失。

4. 防卫过当的处罚

刑法第 20 条第 2 款规定，正当防卫明显超过必要限度造成重大损害的，应当负刑事责任，但是应当减轻或者免除处罚。在实务中，对防卫人减轻处罚之后视情形宣告缓刑也是有可能的。

三、特殊防卫

（一）概说

刑法第 20 条第 3 款规定，对正在进行行凶、杀人、抢劫、强奸、绑架以及其他严重危及人身安全的暴力犯罪，采取防卫行为，造成不法侵害人伤亡的，不属于防卫过当，不负刑事责任。这是刑法关于特殊防卫权的规定，该规定的合理性表现在其考虑了利益均衡的法律原则。

行使特殊防卫权的重要条件是防卫行为必须针对那些正在进行的行凶、杀人、抢劫、强奸、绑架以及其他严重危及人身安全的暴力犯罪。“其他严重危及人身安全的暴力犯罪”与条文中已列举出的杀人、抢劫、绑架等犯罪一样，都是侵犯公民人身权利的犯罪；同时，由于它们都是严重危及人身安全的暴力犯罪，不法侵害人对防卫人人身权益侵害的程度相当严重，且这些人身权利往往是重大的人身权利，如生命、健康等。而从特殊防卫所可能造成的最严重的后果即不法侵害人的伤亡来看，防卫人损害的不法侵害人的利益最严重的也是生命、健康这类人身权利中的重要部分。将防卫人所保护的利益与其损害的不法侵害人的利益相比较，可以发现它们在很多情况下大体上是相当的，并不存在过于悬殊的问题。

在这里，有必要厘清刑法第 20 条第 3 款和第 1 款的关系。我认为，第 20 条第 3 款是对第 1 款的进一步阐释和特别说明，即特别提示司法工作人员关注那些明显属于正当防卫的典型情形，因此，其属于注意规定（提示性规定），而非法律拟制。从这个意义上讲，相对于刑法第 20 条第 2 款，第 3 款是注意规定而非法律拟制。刑法第 20 条第 2 款同时规定了防卫行为和防卫结果，肯定只要防卫行为没有“明显超过必要限度”的，无须再进行利益衡量就可以直接认定正当防卫。第 20 条第 3 款只是针对实践中的突出问题，列举了不法侵害行为的严重程度和防卫造成死伤结果的具体情形，同时明确规定只要不法侵害属于该款列举情形的，防卫造成死伤的，也能够成立正当防卫，而无须进行利益衡量。

于是，行为虽不符合刑法第 20 条第 3 款的规定难以成立特殊防卫，但其如果符合刑法第 20 条第 1 款的规定的，仍然有可能成立正当防卫。例如，张某被骗进了某传销组织后，该组织头目李某安排主要成员王某等人看管张某，连上厕所都有专人跟着；王某等人还收走了张某的手机和身份证。王某不仅限制张某的人身自由，还不断给他洗脑。张某在传销组织里被控制了20多天。某日凌晨，张某想上厕所，王某跟着他一起到厕所，再度威胁他如果完不成业绩就要“废”了他。张某提出可以给王某1万元，请求放他逃走，但遭王某拒绝。王某将他推到卫生间的墙角，用力掐住他的脖子，双方僵持了4分钟。在此期间，张某用所穿羽绒服帽檐上的带子缠绕王某颈部，用力拉扯两端。10多分钟后，王某失去反抗。随后，张某用衣物塞住王某的嘴，走出卫生间，借用其他传销人员的手机向警方报案。如果认为刑法第20条第3款是法律拟制，要将王某的行为认定为杀人或者行凶都可能存在争议，张某的行为就很难符合该款规定，司法上就很可能认定其构成故意犯罪。如果认为王某对张某进行语言威胁，并先动手掐住张某的脖子数分钟，其具有严重的过错。张某在受到了持续20多天的非法拘禁这种“累积的不法侵害”之后，又遭受了程度极高的掐脖子侵害的情况下，实施了正当防卫，可以根据刑法第20条第1款认定其成立正当防卫。

（二）成立条件

特殊防卫成立的前提条件是有特定暴力犯罪存在。根据刑法第20条第3款的规定，这类特定暴力犯罪主要包括行凶、杀人、抢劫、强奸、绑架以及其他严重危及人身安全的暴力犯罪。特定暴力犯罪的存在是行使特殊防卫权的客观前提条件，只有在这种情况下，特殊防卫权才能由可能的权利变为现实的权利。刑法所规定的行使特殊防卫权的前提条件，仅仅限于某些严重危及人身安全的暴力犯罪，因为在不是严重危及人身安全的暴力犯罪场合，防卫人可以选择非致命的暴力防卫措施，没有必要造成不法暴力侵害人伤亡的后果。只有在严重危及人身安全的暴力犯罪发生时，由于不法侵害人处于主动、有利的地位，防卫人在仓促、紧张的状态下，往往很难准确判断侵害行为的性质、强度，无法慎重地选择与侵害行为相适应的防卫措施，法律才明确允许免除防卫人对不法暴力侵害人造成伤亡后果的刑事责任。

在具体衡量特殊防卫权是否正当行使时，需要特别考虑：防卫人面对的是正在进行的行凶、杀人、抢劫等严重危及人身安全的暴力犯罪，这类犯罪侵害性大，造成的后果严重，且情况紧迫，防卫人的生命、健康等权利之安危瞬息之间就会变化。在这种情况下，防卫人所采取的防卫行为是否超过限度也必须有特殊的评价标准：（1）从防卫手段来看，由于情况危急，防卫人不可能事先准备或刻意去选择某种特殊的防卫手段，防卫手段与不法侵害行为不可能存在悬殊的情况。（2）从强度来看，不法侵害行为严重危及人身安全，对于防卫人而言非死即伤，防卫行为强度最高的也就是伤人、杀人，因此，强度更不会过当。（3）从不法侵害的缓急来看，存在正在进行的严重危及人身安全的暴力犯罪，自然属于情势危急，此时防卫人出于人的与生俱来的防卫本能自然也会采用暴力手段以制止不法侵害，所以，行为人不得已而采取的防卫行为当然只会是严重损害不法侵害人人身安全的暴力行为；如果不“以暴制暴”，受不法侵害的人的人身安全就会受到严重的现实侵害；而这种制止暴力侵害的行为当然可能导致不法侵害人的死亡，特殊防卫行为就是制止不法侵害所必需的。

（三）特殊防卫权适用中若干具体问题的理解

1. 行凶的含义

何谓行凶？法律未作明确规定。打人巴掌、推人一把、与人厮打等，在日常生活中可以称为行凶。但如果认为防卫人因此就可以将不法侵害人打死、打伤，则违反法律上的利益均衡原则。所以，对行凶的含义应当作缩限解释。

行凶，不是一个具体的罪名，而是一种犯罪手段，它一般是指故意伤害，但是也不能排除侵害人以伤害以外的其他行为危及防卫人的生命和健康。在行凶的场合，侵害人对其行为可能导致的后果一般缺乏具体的估量，被害人是死是伤，往往不为其所问，犯罪意思极不确定。例如，严重危及不特定公民人身安全的放火、爆炸、破坏交通工具等，带有相当程度的暴力性，对于行为可能导致死亡还是伤害后果，行为人并不在乎，该行为可以认定为行凶。此外，对行凶也不能仅理解为必须使用凶器。在许多暴力犯罪中，侵害人可能使用凶器，但也不能排除实践中未使用任何器具而进行暴力犯罪的情形，例如赤手空拳猛击老人、小孩的头部，卡扼病人的喉管等，其暴力行为对他人的生命、健康同样造成严重的危害，不能说不是行凶。

所以，对行凶的认定，在理论上看，应结合以下内容加以确定：行为人以暴力形式实施了不法侵害行为，至于是否使用凶器，在所不问；不法暴力行为严重危及他人的生命、健康，可能造成他人重伤或死亡的结果；犯罪故意明确的杀人、强奸、绑架、抢劫四种犯罪行为，不是这里的行凶。

在司法实务中，要考察某一不法侵害行为是否属于刑法意义上的行凶，应结合不法侵害人的行为强度、是否使用器具、打击部位以及不法侵害人的人格等因素综合考虑：不法侵害人的施暴强度是猛击还是一般的拍打；是否使用器具，如果使用器具，其属于足以致他人重伤或死亡的凶器还是一般的非致命物品，凶器是早有准备的还是在现场偶然取得的；侵害的部位是致命的关键部位还是非致命部位；侵害行为实施的现场对侵害人有利还是对防卫人有利；不法侵害人人数的多少等。此外，还应当注意，在实施伤害行为的场合，必须是重大伤害，才属于这里的行凶。暴力程度较低、所造成的后果为有限的轻伤害者，不是这里的行凶，不能对其行使特殊防卫权。

2. 对“杀人、抢劫、强奸、绑架罪”的理解

这里的杀人、抢劫、强奸、绑架罪，既可以指具体罪名，也可以指四种形式的犯罪手段。① 例如，对于抢劫犯罪，不应狭义地理解为仅指侵犯财产罪中的抢劫罪，还可以包括刑法第 127 条第 2 款规定的抢劫枪支、弹药、爆炸物罪，这种抢劫行为侵犯的法益中同样包含了人身权利，使用的手段同样是暴力，其危害性通常大于财产犯罪中的抢劫罪。如果允许对普通抢劫罪实施特殊防卫行为，就没有理由不允许对危害更为严重的抢劫枪支、弹药、爆炸物罪实施特殊防卫。而强奸罪，包括拐卖妇女过程中奸淫被拐卖的妇女的行为，类似行为虽然不单独构成强奸罪，但是属于以强奸的手段侵害被害人性自由权利的行为。至于绑架犯罪，可以包括以出卖为目的，使用暴力、胁迫或者麻醉方法绑架妇女、儿童的行为，这些行为虽然应当被认定为拐卖妇女、儿童罪，但从犯罪手段上看，是以绑架方法实施的，应当允许进行特殊防卫。

此外，杀人、抢劫等都包括转化犯的情形。例如，根据刑法第 238 条第 2 款的规定，使用暴力非法拘禁，致人死亡的，应当依照故意杀人罪定罪处刑。又如，刑法第 269 条规定，犯盗窃、诈骗、抢夺罪，为窝藏赃物、抗拒抓捕或者毁灭罪证而当场使用暴力或者以暴力相威胁的，应当依照抢劫罪定罪处刑。需要注意的是，刑法第 267 条第 2 款规定，携带凶器抢夺的，以抢劫罪论处。但是，行为人只是为实施其他犯罪而携带凶器，并未使用该凶器，更未对被害人使用暴力，不属于可行使特殊防卫权的抢劫罪范围。

理论上一般认为，在抢劫罪的场合，不法侵害人的行为已经实施完毕，但是权利人采取措施还能挽回自己的损失的，可以视为不法侵害尚未结束，权利人进行防卫的，仍然不失其正当性。这一观点是正确的。但是，可以进行普通的正当防卫的，是否也可以进行特殊防卫，就是值得研究的问题。在我看来，特殊防卫要求不法侵害有极其紧迫的性质，而且暴力行为严重危及防卫人的人身安全。在抢劫行为得逞、行为人已经取得财物之后，不法侵害的高度紧迫性已

---

① 当然，如果将杀人、抢劫、强奸、绑架罪只解释为具体罪名，则可以把以杀人、绑架等方法实施，构成其他罪名的犯罪都包括在“其他严重危及人身安全的暴力犯罪”之中，从而得出对这些犯罪也能够进行特殊防卫的结论，从结局上看也不会影响刑法适用。

经丧失，暴力行为对防卫人人身安全的威胁已经消除，所以，防卫人为挽回自己的财产损失而进行防卫，致不法侵害人死伤的，仍然要负防卫过当的刑事责任。

根据刑法第 20 条第 3 款的规定，对于强奸罪，只有不法侵害人使用暴力的，防卫人才能进行特殊防卫；对于非暴力的强奸（例如利用权势胁迫被害人实施的强奸，冒充被害人丈夫的强奸，以治病为名实施的强奸等），原则上不允许实施特殊防卫。

对于作为不法侵害的杀人、强奸、抢劫、绑架等行为以及其他严重危及人身安全的暴力犯罪，法官是否有必要在审查特殊防卫权的行使是否妥当时，对其危害程度进行客观的、事后的判断，也是一个值得研究的问题。

实务中有不少人认为：对法条明确规定的上述四种犯罪，无须就其危害程度进行审查，只要侵害人的侵害行为构成上述犯罪，防卫人就有特殊防卫权。其主要理由是：法条上是将这四种犯罪与“其他严重危及人身安全的暴力犯罪”分别规定的，对于后者，由于涉及范围广、包含的罪名多，有必要对暴力危及人身安全的程度进行审查。而上述四种犯罪，均为性质严重的暴力犯罪，立法上才将其特别单独列出，所以无须对其暴力危及人身安全的程度进行审查。

相反的观点则主张，应当对该四种犯罪的暴力危及人身安全的程度进行审查，对未到达严重程度的暴力犯罪，不宜行使特殊防卫权。其主要理由是：法条上规定的“严重危及人身安全”的定量因素，不仅适用于其他暴力犯罪，也同样适用于上述四种犯罪。

我认为，有必要对杀人、强奸、抢劫、绑架等行为的危害程度进行客观的、事后的判断：一方面，如果认为法条上将四种犯罪与“其他严重危及人身安全的暴力犯罪”分别规定，就不需要考虑上述四种犯罪的危害程度，在逻辑上看未必能完满解释该法条的全部规范。“行凶”也是与“其他严重危及人身安全的暴力犯罪”分别规定的，显然不好说对“行凶”也无须考虑危害程度问题。因此，仅根据分别规定就认为对四种犯罪无须审查危害程度的观点似乎难以成立。另一方面，一般而言，故意杀人、抢劫等属于公认的暴力犯罪，但具体到每一个案件中，未必如此。在这些犯罪中，有的也可以由非暴力的手段实施，有的即使是以暴力实施，但其暴力程度可能较为轻微。例如，故意杀人罪就可以是由非暴力手段的投毒、精神刺激等作为或不尽扶养义务等不作为实施的，如果允许对这类故意杀人行为行使特殊防卫权，缺乏防卫紧迫性与合理性。另外，绑架与抢劫也可以由非暴力的威胁、麻醉手段实施，或由程度轻微的暴力手段实施，是否有必要一概允许行使特殊防卫权，也值得斟酌。

3. 其他严重危及人身安全的暴力犯罪

一般认为，对“其他严重危及人身安全的暴力犯罪”不宜作扩大解释。刑法作如此规定，主要考虑立法者不可能完全通过列举的方式穷尽所有的严重危及人身安全的犯罪，所以采用“列举式”与“概括式”并用的立法模式，有利于审判实践根据立法精神，判断特殊防卫权的行使是否妥当。关于这种概括性规定到底应适用于哪些罪名，司法界和理论界的认识不尽一致。

特殊防卫的起因必须是有暴力犯罪存在。司法实践中经常发生的投毒杀人，以威胁方法实施的抢劫、强奸等案件中，犯罪人都没有使用暴力方法。对投毒杀人的，往往只能由第三人进行防卫，不能采用特殊防卫手段。以威胁方法抢劫、强奸，不足以致被害人重伤或死亡，防卫人只能行使普通防卫权。对于以暴力手段实施的抢劫、强奸、绑架行为，但并不足以严重危及人身安全的，不能行使特殊防卫权。所以，如何确认这里的暴力犯罪的范围，也是一个比较关键的问题。

暴力犯罪，是指采用武力手段对被害人进行威胁、恫吓、殴打、捆绑，以造成被害人精神恐惧及人身危险，从而达到犯罪目的的行为。暴力行为具有很强的破坏力，在运用上具有突然性、猛烈性、攻击性，对人的心理能够瞬间产生强制性并可能最终导致被害人的生命丧失、健康受损。从外观上看，暴力的表现形式多种多样，如刀砍、棒打、捆绑、爆炸、放火等。从刑法分则的规定看，暴力犯罪的范围很广①，但并不是对所有暴力犯罪都可以行使特殊防卫权，而必须考虑暴力犯罪程度。

一般而言，可以从以下几个方面来确定暴力犯罪的程度：一是结合实行行为考虑。根据具体罪名确定暴力犯罪的程度，例如，劫夺被押解人员罪、暴动越狱罪、聚众持械劫狱罪等，从其罪名上即可确定其暴力犯罪可能达到严重危及人身安全的程度，因而对这类犯罪应当允许进行特殊防卫。二是结合行为的危险性考虑。根据具体案件中是否足以造成“严重危及人身安全”的危险来确定暴力犯罪的程度。有些犯罪，其暴力的程度可能悬殊，轻者致人轻微伤或者轻伤，重者可能致人重伤或者死亡。对这类犯罪，则应当根据具体案件中犯罪分子所实际使用的暴力是否具有“严重危及人身安全”的危险程度，来确定防卫人是否享有特殊防卫权。如聚众斗殴、非法拘禁，一般情况下不具有严重危及人身安全的可能，但是使用暴力足以致人伤残、死亡的，则属于严重的暴力犯罪，可以对其实行特殊防卫。三是结合犯罪的法定刑幅度考虑。在刑法分则中，虽然有些犯罪是以暴力手段实施的，但由于暴力程度较轻，法定刑较低（3 年以下有期徒刑）的，在任何时候都不能对其实施特殊防卫。侮辱罪、破坏选举罪、暴力干涉婚姻自由罪、妨害公务罪等，都属于这类犯罪。

最后，需要注意，有的人把这里的“暴力”解释为包括“以暴力相威胁”在内，就不正确。暴力，仅指外观上可见的暴力行为，不包括暴力胁迫。理由是：一方面，如果认为对暴力威胁也可以特殊防卫，将有破坏侵害与防卫的平衡状态、滥用特殊防卫之虞。因为暴力胁迫尚未对被害人造成实质的危害，如果此时就允许被害人进行没有限度节制的特殊防卫，则对不法侵害人来说，有失公平；另一方面，将暴力胁迫排除在此处的“暴力”之外，并不会招致对防卫人不利的后果，因为在特殊防卫之外，还有一般防卫制度，通过适用刑法第 20 条第 1 款的规定，同样可以充分地保障不法侵害相对人的正当防卫权。

这里的“严重危及人身安全”，是就不法侵害对人身安全的威胁和危害程度而言的。但是究竟到何种程度才属于严重危及人身安全，难以确定唯一的、整齐划一的认定标准。为了防止滥用特殊防卫权，在判断某一侵害行为是否属于严重危及人身安全的暴力犯罪范畴时，不能仅以该侵害行为所对应罪名的法定最高刑为准。司法工作人员在评价特殊防卫权行使是否正当时，应当考察不法侵害人的暴力犯罪行为在刑法上可能对应的具体的法定刑幅度，同时要特别注意结合案发当时的具体情况，考察该行为是否已对被害人的重大人身权利有现实的或迫切的危害，而防卫人是否不进行特殊防卫就不足以制止不法侵害、不足以维护本人或他人的人身安全。反过来说，如果根据案发时的具体情况，防卫人不需采取特殊防卫，同样可以制止不法侵害，同样可以有效地保护本人或他人的人身权利的，就不应当允许其进行特殊防卫。

对于这里的“人身安全”，目前理论界和实务界的分歧较大。最广义说认为，人身安全包括生命、健康、自由、性、名誉等方面的安全。广义说认为，人身安全仅指生命、健康、行动自由或性权利的安全。狭义说认为，人身安全仅指生命、健康安全。

我认为，此处的“危及人身安全”，在多数情况下是指犯罪行为危及防卫人的生命权和健康权。由于刑法明确将强奸罪作为可以实施特殊防卫的对象，这里的人身安全自然应当包括性

---

① 大致包括两类：一是构成要件中有“暴力”字样的罪名。这些犯罪在刑法分则中为数不少，如劫持航空器罪，劫持船只、汽车罪，暴力危及飞行安全罪、暴力取证罪、破坏选举罪、暴力干涉婚姻自由罪、妨害公务罪、妨害作证罪等。二是虽然并未规定暴力，但实行行为可以由暴力手段实施的犯罪，如聚众斗殴罪、劫夺被押解人员罪、暴动越狱罪、聚众持械劫狱罪、非法拘禁罪等。

自由权利。从一般社会观念和正当防卫的必要性考察，只有人的生命、健康和性的安全遭受严重侵害时，才有必要用造成不法侵害人伤亡的防卫行为予以反击。在个人的行动自由受到限制、名誉受到贬损的情况下采取特殊防卫，不能为一般的社会观念所认同；不法侵害行为在事实上也不具备紧迫性、攻击性的特点。如果认为在不法侵害人拘禁他人或用暴力侮辱他人时，被拘禁人或被侮辱人就可以采取致人伤亡的防卫手段对侵害人实施打击，而成立正当防卫，就会得出实质上不合理的结论。

在不法侵害明显只针对财物，而未危及人身安全时，不能行使特殊防卫权。① 例如，出租车司机甲在被伪装成乘客的歹徒乙以刀威逼索要财物时，迅速将车停下并奋力反抗，两人滚出车外。司机甲将刀夺过来并将歹徒乙扎伤，乙见势不妙，抽身上车准备开车逃跑。甲追上前，一刀将乙扎死。对本案，法院就不能依据刑法第 20 条第 3 款宣告甲无罪。甲在遭受抢劫而与乙打斗过程中，生命权利受到严重威胁，可以行使特殊防卫权。但是，在乙针对防卫人甲的人身实施的暴力侵害已经结束，试图抢劫其汽车逃跑时，只是防卫人甲的财产安全受到暴力侵害，特殊防卫的前提已经丧失，应成立防卫过当。

一般认为，严重危及人身安全的构成条件应同时满足：犯罪人使用暴力方法；暴力的强度严重危及人身安全，有可能导致被害人重伤或死亡；犯罪的危害程度与杀人、抢劫、强奸、绑架罪相当，包括严重危及人身安全的放火罪、聚众持械劫狱罪等。②

最后需要注意的是，并不是只有在行使特殊防卫权时造成伤亡才不负刑事责任。在对刑法第 20 条第 3 款规定的暴力犯罪以外的其他犯罪行为或不法侵害行为实施防卫时，也可能造成犯罪分子或者不法侵害人伤害或者死亡的后果，特别容易出现伤害结果。在这种情况下，只要其防卫行为没有明显超过必要限度造成重大损害，就应该按照刑法第 20 条第 2 款的规定，确认没有超过必要限度。

杀人、抢劫、强奸、绑架仅限于以暴力手段实施，防卫人才可以实施特殊防卫。这是多数人都接受的观点。但是，也有一些人持相反的观点，认为即使以非暴力方法杀人、抢劫、强奸、绑架的，也可以实行特殊防卫（少数说）。为揭示少数说的不当之处，在这里有必要对刑法第 20 条第 3 款之规定的语法结构进一步加以分析。

如果认为"行凶、杀人、抢劫、强奸、绑架"与其后的"其他严重危及人身安全的暴力犯罪"是并列关系，也即前者不受后者之"严重危及人身安全的暴力犯罪"的限制，就会得出少数说的结论。反之，如果认为上述两者之间是列举与概括的关系，也即前者受后者的限制，就能够得出多数说的观点。从文理解释看，多数说的理解比较合理。这里的关键是要充分理解刑法第 20 条第 3 款中的"其他"一词的意义。"其他"的规定表明，行凶、杀人、抢劫、强奸、绑架只是"严重危及人身安全的暴力犯罪"的部分例示而已，只是其一部分行为。换言之，只有对严重危及人身安全的以暴力手段实施的行凶、杀人、抢劫、强奸、绑架犯罪，才存在特殊防卫的问题。这样理解，也符合限制行使特殊防卫权、防止曲解或滥用特殊防卫权的原则。

（四）特殊防卫人的说服责任

特殊防卫权并不是绝对没有限制的权利。防卫人在行使这种权利之后，在程序法上有相应责任证明自己的行为具有正当性。有些国家的刑法也有关于特殊防卫权的规定，但同时明确要求防卫人承担刑事证明责任。例如，根据法国刑法典第 329 条的规定，将夜间越墙或破窗侵入住宅者杀死、杀伤或击伤，将暴力行窃者或暴力抢劫者杀死、杀伤或击伤的，都属于正当防

---

① 不法侵害中的"暴力"本身既可以对人实施，也可以对物实施，但在法条中加上"危及人身安全"这一限定语后，其显然只能是指对人采取的暴力。对物暴力，不论其性质、危害程度如何，都不存在特殊防卫的可能。

② 参见彭卫东：《正当防卫论》，172 页，武汉，武汉大学出版社，2002。

卫，但防卫人必须提出证据证明自己无法律责任。这实际上是对防卫人行使特殊防卫权的限制性规定。我国刑法虽未明确规定特殊防卫权的行使者要承担证明责任，但在解释论上要求其承担这种责任也是合理的。

刑事证明责任包括举证责任和说服责任两部分。举证责任，是指提出证据以证明犯罪事实存在的责任。由于不能要求被告人自证其罪，举证责任应由控诉方承担。说服责任，是指充分说服裁判官员，使之接受自己的观点，从而作出对自己有利的判决的责任。控方要让法官接受自己的有罪指控，除承担举证责任以外，还应当承担说服责任。被告人及其辩护人不承担举证责任，但是其在作特殊防卫的无罪辩护时，应当承担说服责任。在完全不能履行说服责任时，防卫人可能成立故意犯罪；在履行说服责任并不充分时，防卫人可能只成立普通防卫，而不成立特殊防卫。

有学者曾经对特殊防卫情况下的证明责任问题作了研究，其主要观点是：由特殊防卫案件的特殊性所决定，特殊防卫案件的举证责任也就是证明责任，应当适用“谁主张、谁举证”的原则。被告人提出自己的行为属于特殊防卫，但是其没有证据予以证明，司法机关也没有发现有关特殊防卫的事实材料的，就不能认定特殊防卫的成立，防卫人就应当对自己所造成的他人死伤的结果承担法律责任。① 上述观点值得商榷，其混淆了刑事证明中证明责任、举证责任、说服责任这三个概念之间的区别。刑事诉讼法学的通说认为，证明责任和举证责任是两个具有种属关系的概念，在诉讼过程中，基于不告不理、无罪推定和消极裁判的原则，检察官有责任提出证据并进而履行说服责任，即在举出证据的基础上运用证据“说服”裁判者，使其产生确信，对于待证事实，达到无合理怀疑的程度，否则，应由检察官承担败诉的不利后果。被告人作无罪或者罪轻的辩护时，不需要承担举证责任。当然，被告人有权利举证证明自己无罪、罪轻或应从轻、减轻及免除刑罚处罚，但这种权利不能转换为义务。② 这样分配证明责任，是比较合理的：一方面，被告人作为追诉对象，没有能力和机会收集、提出证据，所以其无法举证，也无须举证；其只需要在法庭上指出控方证据的漏洞即可，调查、收集证据并保证举证没有瑕疵的义务应全部由控方承担。另一方面，被告人只需提出自己的行为是特殊防卫并指出控方证据中存在矛盾的地方，从而对自己行为的正当性加以适度说明即可，提出证据并进一步证明被告人不存在特殊防卫的举证责任和说服责任立即转移到控方身上。那种将证明责任与举证责任混为一谈，进而认为防卫人承担举证责任的观点是否可取，还需要进一步研究。

要求防卫人承担部分证明责任，是为了确保特殊防卫权的行使具有正当性，防止极少数人制造特殊防卫的假相杀害他人。有人设想了这样的案件：妇女甲暗中一直对乙恨之入骨，某日将乙骗入自己房间，并杀害了乙，然后声称自己是在遭受强奸时行使特殊防卫权。由于被害人死亡，就可能难以对妇女甲问罪。③ 其实这样的担心是多余的。由于在所有的特殊防卫案件中，防卫人承担说服责任，甲就有义务根据案件事实和证据说服司法工作人员，使之相信自己的防卫具有正当性。在制造事端故意杀人的场合，行为人的辩解必然前后矛盾、破绽很多，难以自圆其说，绝对不能履行与特殊防卫有关的说服责任，所以其仍然属于故意杀人行为，不可能成立特殊防卫。

---

① 参见陈兴良：《论无过当之防卫》，载《法学》，1998（6）。

② 参见徐静村主编：《刑事诉讼法学》，上册，175页，北京，法律出版社，1997。

③ 参见王春山：《关于无限防卫权的思考》，载戴玉忠主编：《法律应用与检察业务研究》，第4辑，46页，北京，中国法制出版社，2005。

第五节　紧急避险

一、紧急避险概述

紧急避险，是指在合法利益面临不牺牲另外一种利益就无法避免其危险时，牺牲较小利益以保全较大利益的情形，正所谓“两害相权取其轻”。根据我国刑法第 21 条的规定，为了使国家、公共利益，本人或者他人的人身、财产和其他权利免受正在发生的危险，不得已采取避险行为，造成损害的，是紧急避险。

紧急避险按照避险对象的不同，可以分为两种情形：（1）攻击性紧急避险，即避险人通过攻击第三人，损害其合法权益来保全另一较大的权益，从而将自己或他人所面临的危难转嫁给无辜第三人的情形。例如，甲为躲避乙的追杀，在超速驾车逃跑过程中将路人丙撞伤的，即属此类。（2）防御性紧急避险，是指危难由被侵害人所招致，为避免来自该被侵害人所制造的危险，而对其（危险源）造成损害的情形。例如，甲驾车外出时遭受马蜂攻击，汽车失控后冲向人群，驾驶公交车的乙为将甲车逼停而导致甲受重伤的，乙的行为即属于防御性紧急避险。在实务中，大量出现的避险行为属于损害第三人利益的攻击性避险。对于避险行为进行这两种区分的意义主要体现在：一方面，对于难以解释为正当防卫的情形（如对物防卫、不存在不法性的侵害等），可以从防御性紧急避险的角度分析其是否能够阻却违法性。另一方面，由于防御性紧急避险的危难是由被避险人所导致的，其在很大程度上应当自甘风险，因此，避险行为对其所造成的损害相对较大时，也具有正当性。但是，对于攻击性紧急避险而言，由于最终遭受损害的是无辜第三人，避险人将危难转移给该被害人时，必须确保造成的损害最小化，因此对避险限度的要求更为严格。通说认为，紧急避险阻却违法的根据是法益权衡说——在价值较高的法益遭受紧急危难与危险时，为保全法益，在紧急情形下，牺牲其他法益以保全当前的法益。由此可见，紧急避险的正当化根据是法益衡量。这是结果无价值论的考虑。

按照行为无价值论的立场，法益衡量对于紧急避险的成立至关重要。但在有的情形下，还需要从行为层面思考问题。从目的与手段的关系看，如果为了达到一定目的而不择手段，该避险行为也就难以为法所认可，因此，只有以合适的手段去追求正当目的，才能成立紧急避险。在这个意义上，紧急避险的成立不能不考虑行为的相当性。例如，为救出被绑架的亲属，按照绑匪的指令去抢劫金融机构筹集赎金的，该抢劫行为难以成立紧急避险。

正当防卫和紧急避险在很多方面存在差别，其中最大的不同是：紧急避险需要在严格的法益衡量之后才能正当化，避险行为导致他人死亡的，该行为不能阻却违法。正当防卫则在紧急情况下，允许使用比不法侵害稍大的武力进行防卫，防卫行为导致不法侵害人死亡的，有时也不影响防卫的正当性。

二、紧急避险的成立条件

在实务中，能够成立紧急避险，从而阻却违法的情形为数不少，但是司法上对于紧急避险的成立条件把握过严，导致一些原本可能无罪的情形被作为犯罪处理。例如，甲驾车正常行驶，其为躲避他人闯红灯超速驾驶车辆的撞击而向右打方向盘，导致第三人受重伤的，法院也认定甲构成交通肇事罪；乙明知自己醉酒，为送重病的亲人从医，或者给生病的亲人购药，以及为处理特别紧急的事务而驾驶机动车的，都被认定为危险驾驶罪；丙为治疗濒临死亡的癌症患者而向其出售未经我国有关部门批准的仿制药的，也大多被认定为非法经营罪。因此，仔细讨论紧急避险的成立条件，对于区分罪与非罪至关重要。

（一）避险的起因条件

存在危险，是紧急避险的起因条件。危险，是指自己或他人的生命、健康、自由、财产等法益受到侵害或处于有侵害的危险状态。危险的来源包括：大自然的灾变；人所实施的侵害行为（如杀人、伤害、车祸、爆炸等）；动物的侵害（牛马践踏、猛兽追袭等）。

对于他人的合法行为，因无危险可言，所以不能主张紧急避险以保护其利益。比如，警察依法逮捕犯罪嫌疑人，对犯罪嫌疑人无刑法上的危险可言，当然其也就不能主张紧急避险。

（二）避险的时间条件

危险处于紧急状态，是避险的时间条件。紧急，是指危险正在发生而又没有结束的状态。危险正在发生是指危险已经出现并对一定的法益形成现实的迫在眉睫的威胁。危险尚未结束是指危险继续威胁着一定的法益，甚至会对相关法益造成更大的损害的情形。无论哪种情形，此时如果行为人不立即采取避险措施，就可能丧失救助法益的机会而无法阻止损害的发生或造成更大的损害后果。所以紧急避险中危险的现实性与正当防卫中侵害的现实性是不同的。在紧急避险的情形下，如果危险并不会马上发生，但有发生危险的可能性，那么紧急避险的危险现实性仍然是成立的。

（三）避险的意思条件

避险的意图在于使国家、公共利益，本人或者他人的人身、财产和其他权利免受正在发生的危险。行为无价值论和结果无价值论对于避险意思是否需要，存在激烈争论。行为无价值论认为与行为相伴的恶的动机是刑法评价的重要素材，在没有避险意思、只有犯罪意思的场合，行为并不具有合法性，因此，赞成避险意思必要说，从而否认偶然避险以及自招风险情况下的避险正当化。结果无价值论肯定法益的重要性，认为即使没有避险意思，但客观上有助于保护法益的行为，不具有违法性，因此，赞成避险意思不要说，认为偶然避险可以成立紧急避险，自招风险在特殊情况下也可以成立紧急避险。例如，甲意图盗窃，砸坏了乙的汽车玻璃，却救出了被乙误锁在车内、濒于窒息的乙的 3 岁儿子。对此，行为无价值论认为甲没有避险意思，不能成立紧急避险，而应当成立故意毁坏财物罪；结果无价值论则认为，甲的行为客观上保护了法益，无论其有无避险意思，都应当成立紧急避险。同时，从我国刑法第 21 条有关紧急避险的法律规定“为了使……权利免受正在发生的危险”的表述中，也可以推导出在法律上肯定了紧急避险中避险意思的结论。结果无价值论认为，紧急避险不需要避险意思的主张，和我国刑事立法相悖，并不足取。

（四）避险的对象条件

紧急避险是采取损害一种法益的方法保全另一种法益，它所损害的是第三人的身体健康或者财物（攻击性紧急避险的场合）或危难制造者的身体健康或者财物（防御性紧急避险的场合）。

紧急避险是为保全某种合法权益而损害另外的合法权益，所以，是一种“正对正”的关系。这和正当防卫明显不同：正当防卫是一种“正对不正”的关系，防卫人所针对的是不法的侵害。

（五）避险的限度条件

避险的限度条件是“不得已”损害较小法益来保全较大法益。不得已意味着避险成为唯一的手段与方法时才能允许，才能构成正当化事由。倘若还有报案、寻求第三人的帮助、逃跑等其他可行的方法足以避免危险，就不是不得已，不能成立紧急避险。

刑法第 21 条第 2 款规定，紧急避险超过必要限度造成不应有的损害的，应当负刑事责任。衡量紧急避险是否超过必要限度时应当考虑：(1) 在一般情况下，凡是紧急避险行为所造成的损害小于或者等于所避免的损害的，就是没有超过必要限度的行为。就利益大小的比较而言，一般来说，人身权利大于财产权利。在人身权中，生命权大于健康权，健康权又大于自由权以及其他权利。为保护具体的生命法益，而威胁抽象的公共法益，有成立紧急避险的余地。例如，为将突发心脏病的亲人送医而醉酒驾驶机动车的，应当肯定具体的生命法益高于抽象的公共安全（社会法益）。在财产权中，以财产价值的大小作为衡量的标准。但是，为了避免轻微的身体伤害，而毁损他人价值特别大的财产，是不是超过限度，还是一个有争议的问题。（2）利益衡量必须受到行为妥当性的限制。要保全合法权益，必须手段适当。以强制手段去追求某种看起来正当的目的的，也难以成立紧急避险（行为无价值论）。例如，为救治因车祸受重伤的病人而强行从第三人身上抽血的，属于为保全生命、身体法益但手段上侵害个人自我决定权的避险行为，不能简单进行利益衡量。对此，有学者指出，在紧急避险中，若仅将正当化的根据建立在法益衡量的基础上，不仅无法合理地说明紧急避险的补充性要件的存在意义，而且极易得出违反一般人正义感的结论。① （3）对防御性避险利益衡量原则的判断相对宽松；攻击性避险因为损害第三人利益，必须在不得已且符合利益衡量的严格要求、造成的损害尽可能最小化时，才能正当化。（4）牺牲他人生命来保全自己生命的，通说认为不符合避险的限度条件。因为任何个体的生命都具有最高价值，在任何情形下都不能作为达到他人目的的手段，其理所当然地也不能成为维持他人生命的手段。牺牲他人的生命来保全自己的生命，已经超越了避险的限度要求，避险人理应承担刑事责任。对此，耶赛克教授认为："任何法益均可因紧急避险的介入而做出牺牲，惟有人的生命属于例外，因为，人的生命价值是不存在差别的。"② 山口厚教授则指出，人的生命本身只能作为目的来对待，而不能为了与其本人的意思无关的他人而牺牲。③ 不过，也有少数学者认为，生命的数量是可以比较的，例如，佐伯仁志认为："生命应该作为一个一个有独立价值的生命受到保护，正因为如此，所以应该以数量来比较。"④ 因此，为保全多个人的生命而牺牲一个人的行为就应当阻却违法。但是，我对这种观点不能予以认同。一方面，生命绝对受保护这一原则意味着每一个人的生命都需要绝对保护，不能就生命的数量进行简单比较。如果认为生命数量可以比较，最终一定会推导出为了挽救 5 名需紧急实施移植手术的患者，医生可以杀死 1 名健康人，将其器官移植到那 5 人身上，以挽救多人生命的结论。另一方面，我国刑法第 20 条第 3 款明文列出了可以实施特殊防卫加以遏制的杀人等暴力行为，因此，难以期待被害人为保全多人而忍受他人的杀害这种侵害行为；如果避险行为所造成的损害结果在效果上与这些暴力犯罪相当，就难以认为其保全的利益明显优于损害的利益，受害人的无限防卫权始终是存在的。⑤ 因此，结合我国刑法第 20 条第 3 款的规定，也可以得出应当否定生命数量可以比较的结论。当然，牺牲他人、保全自己的行为虽不能成立阻却违法的紧急避险，但可以根据期待可能性的法理，认为其可以成立阻却责任的紧急避险，从而承认紧急避险的二分法。因为任何生命都是绝对值得保护的价值，都是目的自身，而不是保全他人生命的手段，在任何场合牺牲他人生命保全自己的行为都具有法益侵害性，不能阻却违法。但从责任论的角度看，在紧急状态下，法律不强人所难，在不能期待行为人实施其他行为时，视具体情形判断能否成立阻却责任的紧急避险。例如，为了挽救 5 名需要紧急实施移植手术的

---

① 参见劳东燕：《法益衡量原理的教义学检讨》，载《中外法学》，2016（2）。

② ［德］汉斯·海因里希·耶塞克、托马斯·魏根特：《德国刑法教科书》，上册，徐久生译，487 页，北京，中国法制出版社，2017。

③ 参见［日］山口厚：《刑法总论》，付立庆译（第 3 版），147 页，北京，中国人民大学出版社，2018。

④ ［日］佐伯仁志：《刑法总论的思之道·乐之道》，于佳佳译，165 页，北京，中国政法大学出版社，2017。

⑤ 参见蔡桂生：《避险行为对被避险人的法律效果》，载《法学评论》，2017（4），113 页。

患者，医生决定杀死1名健康人，将其器官移植到那5个人身上的，该避险行为由于侵犯了被害人的自我决定权，把人作为手段来利用，所以不被允许，医生的行为既不阻却违法，也不阻却责任，应成立故意杀人罪。但是，甲所驾驶的车辆突然失控，在就要撞向5个人时，为避免撞死多人，而撞向乙一个人的这一侧，最终导致乙死亡的，可以将甲牺牲乙之生命的行为认定为阻却责任（免除或减轻责任），因为此时双方当事人同时偶然遭遇危险，其在相互对等的情境下进行生存竞争，即便认为避险人为实现保全多个生命的目的把个别人作为手段加以利用，难以阻却违法，也应该承认其行为有值得谅解、难以进行谴责之处，从而阻却责任。① 这样一来，就不需要将对生命的紧急避险在违法性层面解决，也不需要承认可以对人的生命进行量化比较这种缺乏对生命的足够尊重、缺乏人文关怀的主张。

（六）避险主体的特别限制条件

刑法第21条第3款规定，刑法关于避免本人危险的规定，不适用于职务上、业务上负有特定责任的人。这是因为法律对负有特定义务的人有特别要求，国家对其有特别的期待，在发生危险时，如果其自己先行避险，国家的期待就会落空，当然不允许其为了避免本人的危险而进行相关的避险行为以逃避法定的义务。

三、避险过当及其刑事责任

按照刑法第21条第2款的规定，避险过当应当承担刑事责任，但是应当减轻或者免除处罚。避险过当，是指避险超过必要限度造成不应有的损害的行为。避险过当必须具备以下条件：行为必须具有避险的性质；必须是避险超过必要限度，造成不应有的损害；行为人在主观上对过当的避险行为有罪过。对避险过当是减轻还是免除处罚，应当综合考虑所保全的法益与牺牲法益的价值大小、避险过当的程度、罪过形式、危险大小等诸多因素加以确立。

第六节　其他违法排除要件

一、执行职务行为

（一）执行职务行为的概念

执行职务行为，是指从事公务的人员按照法秩序统一性原理的要求，在职务权限范围内所实施的行为。

执行职务行为和妨害公务罪是一个问题的两个方面：只要公务人员的职务行为不合法，相对方就可以正当防卫或者紧急避险；如果公务执行行为是合法的，则相对方只能选择忍受，不得以正当防卫或者紧急避险为由进行反击，否则，就可能构成妨害公务罪。

（二）执行职务行为的分类

执行职务的行为可以分为依法律的行为与依上级命令的行为。

1. 依法律的行为

行为人依据法律的明确规定从事公务活动，行为的违法性不存在。例如，依法逮捕犯罪嫌疑人不构成非法拘禁罪，依法执行死刑不是故意杀人。依法律的行为，如果要构成正当化事

---

① 赞成对生命可以进行量化比较的学者认为，对于当事人在相互对等的立场上进行生存竞争牺牲个别人的，“没有把人作为手段利用”，因而可以阻却违法。参见［日］佐伯仁志：《刑法总论的思之道·乐之道》，于佳佳译，157页，北京，中国政法大学出版社，2017。对此，应当认为，由于生命对于每一个人而言都绝对独特、绝对重要，生命在任何情形下都是目的而非手段，因此，即便是为了保全多人的生命而牺牲个别人的，说到底也是“把人作为手段利用”，因此，难以阻却违法。

由，必须具备如下要件：行为人有法律上赋予的权限，有从事公务活动的身份与资格；行为人主观上有正当行使权力的意思；行为人客观上应当遵守法律规定，并不得滥用权力。超越法律权限或违反法定程序的行为，不得被认为是依据法律的行为。

2. 依上级命令的行为

上级机关命令下属的公务员从事一定的职务行为，下级公务员有服从的义务，即便下级公务员的行为侵害法益，仍然可以构成正当化事由。

依据上级命令的职务行为，其成立正当化事由必须具备如下要件。

其一，客观条件。发布命令的必须是上级从事公务的人；执行命令的行为人必须具有从事公务的身份；命令必须是上、下级公务人员职务范围内的行为，超出职务范围的事务不能作为职务上的行为；上级的命令必须具备法定的形式与程序。欠缺形式合理性与程序正当性的命令，下级从事公务的人员据以执行的，不是依上级命令的职务行为，不能构成正当化事由。

其二，主观条件。下级公务人员不明知命令为违法；下级公务人员有执行职务的意思，而没有逾越命令范围的故意。

值得研究的是主观条件中，下级公务人员必须不明知命令为违法。下级公务人员对于上级命令是否违法应当承担形式审查义务还是实质审查义务。实质审查说认为，上级公务人员的命令可能明显超越其职权范围，从而实质上违法；同时，对这种实质违法行为，下级公务人员很容易发现，此时，再按实质上不合理的上级命令执行，就不能说是合法的行为。形式审查说认为，要求下级审查上级的命令实质上是否合法，和行政一体化的观念相悖，会引起行政隶属关系紊乱；同时，只要上级命令在程序上、形式上合法，下级公务人员就可以推定命令实质上合法。如果按照实质审查说行事，就意味着下级公务人员对每一个程序上、形式上合法的命令都要进行实质审查，这也不符合行政效率的要求。形式审查说和实质审查说各有各的道理，折中的立场是：下级公务人员对于上级命令，原则上只有形式审查的义务。但是，当上级命令的违法性十分明显，具有通常理解力的下级公务人员都容易发现该错误，且错误命令会给相对人带来重大的利益损害时，下级公务人员有对命令进行实质审查的义务。因此，出于特殊原因有实质审查义务，明知上级发布的命令存在明显的、重大的、关键的缺陷或错误仍然予以执行的人，不能以行为构成正当化事由辩解，反而可能与发布命令的上级公务人员形成共犯关系。

二、被害人承诺

（一）被害人承诺概说

1. 概念

被害人承诺，是指行为人在取得被害人同意后对其法益造成一定损害的情形。被害人承诺阻却违法的法理依据在于：法律尊重个人对某些法益的自我决定权，在承诺人本人对其自身的法益可以自由处分的情况下，如果其本人实施一定的处分法益行为不构成犯罪，那么，在行为人获得承诺人真实承诺的情形下而为的侵害行为，当然也不构成犯罪。

2. 体系地位

被害人承诺的体系性地位，在理论上一直是一个有争议的问题。

（1）区分说。该说主张区分被害人同意和被害人承诺这两个概念，其中被害人承诺阻却违法，而被害人同意（或不同意）对构成要件有影响。例如，有些犯罪的成立是以取得被害人有瑕疵（或并非完全自由）的同意为前提的，诈骗罪、组织出卖人体器官罪、组织卖淫罪的构成即是如此。有些犯罪的成立，则以违反被害人的意思作为客观构成要件，例如，强奸罪、拐卖妇女罪、盗窃罪、非法拘禁罪、非法侵入住宅罪、侵犯商业秘密、强迫卖淫罪等都是违背被害人意思的行为，一旦得到被害人同意，构成要件就不齐备。而阻却违法的承诺与被害人同意不同。得到承诺的行为，基于故意所实施的侵害行为样态及其所造成的后果仍然存在，例如，在得到承诺后对被害人造成轻伤害的场合，伤害后果已然发生，只是因为有被害人承诺而阻却违法性。

按照这种区分，被害人同意可以有瑕疵（例如诈骗罪），但被害人承诺应该没有瑕疵（被欺骗后的承诺可能无效）。从处理效果来看，行为人误认被害人的不同意为同意的，欠缺犯罪故意，例如，误以为主人允许进屋而非法进入的，欠缺非法侵入住宅罪的故意。但是，被害人并未作出承诺，但行为人误以为被害人有承诺，误以为自己的行为具有正当性的，可能成立过失犯罪；如果根据当时的具体情况，行为人难以作出预见的，以意外事件处理。例如，误以为被害人允许行为人重伤其身体而实施伤害行为，可以成立过失重伤罪。反过来，行为人误将被害人同意当成不同意的，成立犯罪未遂。被害人已经作出承诺，但行为人误以为被害人并未承诺的，由于客观上存在被害人的承诺，需要保护的法益不存在，行为缺乏客观的违法性，但行为人主观上具有犯罪的故意（缺乏阻却违法的认识这一意义上的主观要素），以及基于这种故意行为的危险性仍然存在（行为无价值二元论），所以应成立犯罪未遂。

（2）一体化说。该说主张所有的同意或承诺都排除构成要件。理由在于：首先，允许被害人处分的法益包括财产权，也包括人身权。这里的法益，不是指身体或财物的实体（法益客体），而是“法所保护的生活利益”。当这种利益是个人法益时，法益主体依其自身意愿，自主决定地对其所享有的法益客体进行支配和使用的自由也是法益的内容之一。当权利人通过有效的承诺允许行为人对相应的法益客体进行损害时，行为人的行为就只是权利人对于自身法益进行支配和使用的外在表现，其并不违反权利人的自主意志，从而欠缺法益侵害性。因此，就应当肯定被害人承诺导致行为人的行为不能造成对法益的紧迫危险，不能再被视为符合构成要件的实行行为。① 其次，宪法保护个人的行动自由。承诺放弃身体、自由与财产法益的，不管承诺是否理性，在排除重大欺骗的场合，都是个人自由的产物，被告人的行为不具有行为无价值和结果无价值，因而不符合构成要件。再次，关于过失犯的被害人同意或承诺，例如，共同飙车，其中1人死亡的，通常都在被害人自我负责的客观归责层面解决，承认被害人同意排除构成要件。最后，阻却违法的原理是利益衡量，保护优越的利益。但是，在被害人承诺的场合，由于需要保护的利益不存在，利益衡量一开始就无从进行②，因此，将被害人承诺作为违法阻却事由与利益衡量原理之间缺乏内在一致性。

我认为，一体化说有一定道理。但是，被害人承诺时要接受所发生的侵害结果，被害人同意主要是对行为的同意；有瑕疵的同意仍然不失为被害人同意，但受欺骗后的被害人承诺未必有效。此外，还必须看到得到承诺的伤害行为对被害人的侵害客观上存在，例如，基于治疗目的而实施器官移植手术，摘除患病器官的行为，对被害人的重大伤害客观存在，这和得到同意排除构成要件存在不同，在刑法评价上应当有所差别，因此，我基本上赞成区分说的立场，并由此认为，得到被害人承诺的侵害行为，并不排除构成要件，但阻却违法性，属于超法规的违法阻却事由。

（二）被害人承诺的成立条件

1. 法益具有可处分性

承诺的事项处于被害人可支配范围。如果超出其可支配范围，即使被害人有承诺也不能阻却违法。被害人能够处分的，必须是法律允许其处分的个人法益。对国家与社会法益，个人无

---

① 参见王钢：《被害人承诺的体系地位》，载《比较法研究》，2019（4）。

② 参见［日］山中敬一：《刑法总论》，3版，208页，东京，成文堂，2016。

权处分，被害人承诺无效。但是，对于国家和社会法益，尽管被害人的承诺不能阻却违法，但行为人也可能因为被害人的承诺而只构成较轻的罪名。例如，刑法第 234 条之一规定的组织出卖人体器官罪中对被害人的“伤害行为”其实是以得到他人的承诺为前提的，但由于组织出卖人体器官行为可能危及被害人生命、扰乱社会管理秩序，所以他人的承诺无效，不能阻却本罪行为的违法性。但毕竟存在被害人承诺情节，与其他案件中行为人故意使用暴力手段伤害他人存在差别，因此，不构成故意伤害罪。

具有个人处分可能性的法益主要是属于被害人自己的财产、人身法益等法益。但是，对生命与健康法益的处分却有相应的限制：得到被害人承诺的轻伤行为，可以阻却违法；但是得到被害人承诺的重伤或者杀害行为的违法性难以阻却，因为生命与重大健康等法益，虽然专属于个人，但同时也涉及社会公共利益，生命与重大健康法益一旦被侵害，个体可能从社会中消失，或由于侵害而导致身体严重残疾，会造成社会的不安，增加被害人的家庭负担与不幸。所以，刑法虽然不禁止法益主体的自我处分，但禁止他人在得到被害人承诺后实施杀人或者重伤行为。

2. 承诺通常由具有承诺能力的法益拥有者事前作出

（1）承诺不是由法益拥有者本人作出时，该承诺通常无效。但在法益并非重大财产权时，法益拥有者的监护人的承诺有效；在承诺行为不会严重损害法益拥有者（例如法人团体）的利益时，其法定代理人的承诺行为有效。在法益属于专属于个人的身体法益时，一般来说，代替法益拥有者所作的承诺都无效。

（2）承诺者必须具有一定的辨认、控制能力，对承诺的事项的内容、范围、结果乃至最终意义有相应的理解能力与意思能力。所以，不能理解承诺事项的意义、价值与结果的年幼的人和精神病人所进行的承诺无效。在某些情况下，对于缺乏承诺能力者的承诺，可以由其监护人作出，例如，家长有权对医生出于医疗目的的伤害未成年子女行为作出承诺。

（3）承诺必须事前作出。有效的承诺必须在行为开始前或者行为时作出。由于承诺的本质是承诺者对法益的自我决定权的行使，因此，承诺可以撤回。如果行为人违背承诺者已经改变的意愿，继续实施该行为，则这种行为不能阻却行为的违法性。事后的承诺，在刑法上当然无效。

3. 承诺必须真实、明确，受欺骗的承诺可能无效

承诺者处于意思自由的状态，对承诺的事项能够独立作出决定，对相关的后果能够清楚判断，承诺是其真实意思的体现，必须明确。被胁迫所作出的承诺无效；受欺骗的承诺可能无效。鉴于这一问题的复杂性，后面会单独讨论。

4. 行为人最终所造成的后果没有超越承诺范围

例如，被害人承诺轻伤，但行为人给其造成重伤的，该后果超越了承诺范围，无法阻却违法。

（三）欺骗与被害人承诺

实施欺骗行为而取得被害人的承诺的，欺骗行为在何种情况下会导致被害人承诺无效，这在理论上和实务中一直有争议。

［例 1 “骗奸”案］孙某酒后闯入本厂女工宿舍，将尚在熟睡的女工赵某惊醒。赵某以为站在床边的孙某是自己男友，便说了一句“站在那干啥”。孙某意识到赵某的误认，即走到床前，先亲吻、搂抱，后与赵某发生性行为。后赵某发现真相后报案。能否肯定孙某构成强奸罪？

［例 2 “捐肾”案］医生甲欺骗一位少年患者的父亲乙，声称只有移植肾脏给其孩子才能使其免于死亡的威胁。乙同意移植，但该肾脏后来被移植给医生的好朋友丙。如何处理甲？

［例3 抢劫卖淫女案］黄某见龚某在大街上向其招嫖，遂起意抢劫。黄某随龚某来到其出租房内，在与其发生性关系后，持事先准备的弹簧刀威胁龚某并抢劫其财物。能否认定黄某的行为构成入户抢劫？

对这些案件的处理，都与欺骗情形下被害人承诺的效力有关。

1. 实务立场

刑事司法实务中总体上倾向于以欺骗为出发点，仅根据存在行为人的欺骗这一事实便将被害人的承诺归于无效（正所谓“没有买卖就没有杀害”）。这在德国被称为“全面无效说”①。我国也有学者支持这种观点，认为只有全面无效说才会充分保障被害人自主决定权。② 这种实务倾向，在日本被理解为：欺骗行为与被害人交付行为之间存在条件关系，被害人的决意不符合其真实意思，且有重大瑕疵的，就可以认定欺骗违反被害人本意。这是条件关系错误说（重大错误说、主观真意说）的立场。前述的全面无效说、条件说均立足于欺骗行为本身，只要存在欺骗就否定同意效果，显然会导致处罚范围扩大，例如，甲以购买工厂设备的名义向乙借款10万元，但用于个人购买奢侈品的，按照前述立场会认定甲构成诈骗罪。其实，讨论被害人是否同意，从行为人角度切入，在方法论上也有问题，而应该基于被害人的角度来讨论同意之有效与无效。

此后，为了防止错误均不影响被告人定罪这一局面的出现，实务中开始采用动机错误说：因欺骗而引发动机错误，只要该动机是决定性的动机，就能够使承诺无效。例如，欺骗他人说自己是“富二代”而向对方借钱，然后拒不归还的，成立诈骗罪。

2. 法益关系错误说

法益关系错误说是理论上的通说。该说认为，刑法的目的是保护法益，被害人明确认识到自己放弃了何种利益的场合，其利益不值得受刑法保护，承诺有效。反之，承诺无效。③ 也就是说，当同意人对放弃法益的种类、范围、质量或者危险性等发生错误时，才能使同意无效。就针对性自由的犯罪来说，“和谁进行性行为的自由”属于保护法益，例1“骗奸”案中能够肯定强奸罪。在致使被害人错误地认为自己患上了癌症而同意摘除肾脏的场合，其同意无效；而在被骗说要是提供肾脏就能得到报酬，从而同意的，同意有效。

必须指出，法益关系错误说可能对“类似于紧急状况”的欺骗的承诺是否有效会得出不当结论。比如在例2“捐肾”案中，由于父亲乙很清楚摘除肾脏会对自己身体的完整性和功能造成何种影响，对该器官价值的认识也不存在瑕疵，其错误仅仅在于误以为要救自己的孩子。按法益关系错误说会肯定其同意效果，从而否定医生构成故意伤害罪。但“对法益本身不存在错误的，是否总能认定存在有效的同意，仍有进一步探讨的余地”④。

3. 法益关系错误说的修正理论

在“类似于紧急状况”的欺骗的场合，法益关系错误说可能有捉襟见肘之嫌。如果固执地坚持传统法益关系错误说，可能会在特殊场合导致本应按犯罪处理的行为被放纵；如果对这一学说进行修正，扩大“法益关系”的范围，又面临着导致法益概念过于含混、丧失其限定功能的危险。如何解决法益关系错误说面临的困难，理论上提出了多种修正方案。

（1）紧急状态说。该说认为，在紧急状态下，被害人被欺骗后，对优越的法益面临迫切危险的认识存在错误认识，从而决定放弃法益的，不是被害人自由地基于价值判断的自我选择和

① 车浩：《德国关于被害人同意之错误理论的新进展》，载《环球法律评论》，2008（8）。

② 参见王钢：《自杀的认定及其相关行为的刑法评价》，载《法学研究》，2012（4）。

③ 参见黎宏：《被害人承诺问题研究》，载《法学研究》，2007（1）。

④ ［日］松原芳博：《刑法总论重要问题》，王昭武译，107页，北京，中国政法大学出版社，2015。

决断，其对自己法益的相对价值也存在错误认识，承诺无效。这种“紧急状态的错误”是法益关系错误说无法解决的例外情形。①

（2）法益处分自由错误说。通说的法益关系错误说将法益处分的自由理解为法益之外的东西，认为其与法益不同。在行为人放弃特定法益，不存在法益关系错误的场合，如果也要否定承诺效果对被告人定罪，就不是相应法益被刑法所保护，而是“意思决定的自由”即法益处分的自由本身被相应构成要件所保护了。对此，山口厚认为：法益处分自由是法益构成要素，而不是全然不同于法益的其他东西。比如，就财产而言，对支付对价的欺骗也成立诈骗罪，可明确看出法益处分自由正是作为财产法益的内容本身而受到保护。② 在例 2“捐肾”案中，“对于实际所产生的法益侵害，并不存在同意”。按照这一逻辑，大量案件中承诺无效。③

但是，如山口厚教授那样，将生命之外的法益处分自由全部理解为法益的内容本身，在欺骗给钱而伤害他人之后又不给钱的交换对价错误场合，上述观点也会认为成立故意伤害罪，但这一结论未必合理。刑法的本质是保护法益，问题是刑法并不全面保护法益，而是有所侧重。当同意人对放弃法益的种类、范围或者危险性等产生错误认识时，才能导致同意无效。如果将法益处分自由的含义扩展过广，又在处理被害人错误时采用法益关系错误说，就可能人为地扩大诈骗罪的处罚范围。

（3）法益关系错误＋承诺任意性说。这一观点将对法益的认识和自由地决定承诺分开讨论，放弃法益＝法益关系错误＋承诺任意性（自由决定权）；认为应当维持法益概念的事实性特征，尽可能确保法益关系的明确性、有限性。但是，在法益关系错误和承诺的关系处理上存在以下多种情形：法益关系有错误＝承诺无效＝不能阻却违法；法益关系没有错误＋承诺自由决定＝承诺有效＝阻却违法；相应地，法益关系没有错误＋承诺非自由决定＝承诺无效＝不能阻却违法。

论者之所以提出“法益关系没有错误＋承诺非自由决定＝承诺无效＝不阻却违法”这种观点，主要为了解决被害人对法益关系没有错误认识。例如在例 2“捐肾”案等案件中，行为人对法益关系的认识并无错误，但其在作出法益关系的承诺时，自由意思受到压制，故在对行为人做无罪处理明显不合适的，就用承诺非自由决定（缺乏任意性）来解决。由此既可以不人为地扩大“法益关系”的范围，也能够在承诺明显受到压制的场合保护被害人。

我认为，法益关系错误说基本上是妥当的，关键是如何理解“法益关系”。一般认为，法益关系包括法益侵害的种类、方式、范围、危险性等。就大量涉及欺骗的承诺而言，对于法益关系要尽可能从存在论的角度把握，保持法益概念的事实性特征，使法益关系具有明确性，并在此基础上判断承诺的效力。在行为人就相应构成要件所保护的法益受侵害存在正确认识、予以自由同意的场合，相应事态中的法益失去了要保护性，行为人不成立犯罪；如果被害人的认识错误事关相应构成要件的保护法益，其同意无效，相应犯罪成立。根据这种传统法益关系错误说能够处理绝大多数涉及欺骗的被害人承诺案件。至于类似于例 2“捐肾”案等紧急事态下的承诺案件，则可以扩大法益关系的范围，将“法益目的”作为法益关系的内容，从而肯定紧急状态下被害人受欺骗之后存在法益关系的认识错误。如果涉及法益目的的欺骗具有重大性，承诺无效。例 2“捐肾”案中的父亲乙对于摘除自己的器官、处分法益的目的有特殊期待，将自己的器官提供给孩子这一法益目的对承诺者乙非常重要，因为医生的欺骗使被害人对于法益

① 参见［日］山中敬一：《刑法总论》，3 版，221 页，东京，成文堂，2016。

② 参见［日］山口厚：《刑法总论》（第 3 版），付立庆译，170 页，北京，中国人民大学出版社，2018。

③ 按照山口厚教授的主张，承诺无效并不意味着行为人一定有罪。承诺无效，但实行行为欠缺的，也无罪。例如，假借共同赴死的名义欺骗自杀的场合，承诺无效，但由于故意杀人的类型性不存在，也应该得出无罪结论。

目的理解发生错误的，该承诺无效。就例 3 抢劫卖淫女案而言也是如此，被告人采用欺骗手段取得主人同意而入户，因为存在被害人对他人进入房间的允许，法益关系似乎没有错误。但是，卖淫女允许行为人进入住处是基于从卖淫中获利的需要，其在卖淫获利的追求之外，对自己可能存在的人身、财产危险缺乏足够估算，也难以认为其甘冒被抢劫的风险让对方入户，抢劫犯的入户目的与被害人处分法益的目的不一致，行为人的入户行为具有违法性，应当认定为“入户抢劫”。最高人民法院《关于审理抢劫刑事案件适用法律问题的指导意见》（2016 年 1 月 6 日）规定，以侵害户内人员的人身、财产为目的，入户后实施抢劫，包括入户实施盗窃、诈骗等犯罪而转化为抢劫的，应当认定为入户抢劫。在被害人的承诺存在错误时，可以说，这一解释与法益目的错误理论是暗合的。行为人隐瞒抢劫的意思，欺骗他人入户之后实施抢劫行为的，违背了被害人允许其进入这一处分居住权人的许可权的法益目的，因而属于入户抢劫。

总之，被害人在法益侵害的种类、方式、范围、危险性之外，对法益处分目的存在错误理解的，也是发生了法益关系错误，其承诺无效，被告人的行为不能阻却违法。

三、推定的被害人承诺

（一）推定的被害人承诺的概念

推定的被害人承诺，是指事先没有得到被害人的现实承诺，但为了被害人的利益而实施的某种行为，推定被害人如果知道事实真相，应该会作出同意的情形。

推定的被害人承诺所涉及的事项必须具有紧迫性。只有在为了被害人利益，没有得到承诺，但相关事项又非常急迫时，才可以适用推定的被害人承诺。假如行为当时并没有明显的事项紧迫性，那么必须事先获得被害人的承诺方可实施相关行为，而不能适用推定的被害人承诺。推定的被害人承诺正当化的法理依据在于：为了被害人的利益而实施的行为是有利于被害人的。推定的被害人承诺与紧急避险有区别：前者是为了被害人的此利益而牺牲被害人的彼利益，而后者是牺牲第三人的利益。被害人承诺与推定的被害人承诺也有不同：前者有事前的明确承诺，阻却违法主要是一个承诺事实的存在；后者阻却违法主要是因为规范上的假定。同时，依被害人承诺而实施的行为未必有利于承诺人。但是，按照推定的被害人承诺而实施的行为必须有利于保护被害人的利益，才能使推定的承诺成立，否则，无法阻却违法性。

（二）推定的被害人承诺的成立条件

推定的被害人承诺必须符合下列基本要件才能构成正当化事由：（1）被害人自身没有现实的承诺；（2）待处理的事项具有紧迫性；（3）推定被害人知道实情后将会作出同意；（4）行为必须是为了被害人利益；（5）行为所指向的法益必须是被害人有权处分的法益。

值得研究的问题是：行为人推定被害人知道实情后将会承诺，但是，被害人在事前有过相反的表述，或者在事后能够作出现实同意时，明确反对行为人先前实施的行为，推定的被害人承诺是否还成立？主观说以被害人的主观心态为标准。客观说则认为，这里的“推定”不以被害人的实际意思为标准，而是以客观的如果处于同一情状中的第三人是否会同意为标准，即对于在现实上无法获得被害人同意的推定的被害人承诺，应当考虑假设存在一个深思熟虑者，其会实施何种适当行为。目前，客观说是多数说。按照主观说和客观说处理案件，会得出不同的结论。例如，在已经得知陷于昏迷的患者 A 由于宗教上的原因而可能拒绝输血时，医生 B 仍然给予其输血救治的，主观说认为不能成立推定的承诺，但客观说则持相反的见解。又如，甲把已经失去知觉的乙从已经着火的汽车上救下来，但在救援过程中造成乙轻伤，乙事后强调他宁愿死也不希望得到甲的救援的，根据主观说，会得出推定的被害人承诺不成立的结论，但是，按照客观说，甲的行为正当性也是不容否认的，因为没有甲的救援，乙就会死亡，而一个人在客观权衡中考虑到法益承担者明显具有优势地位的利益时，是能够以推定的同意为根据的。[1]

同样，对身体严重受伤、处于昏迷状态的人，如果不对其截肢就会导致死亡的，就应当通过推定的承诺将医生的手术正当化。即使患者事后表示自己宁愿死亡也不愿意作为一个残废人生活，推定的被害人承诺的正当性也不容否定，因为社会一般人站在客观的立场会认同手术的必要性；同时，在真正面对死亡时，一般人会选择继续活下去而不能坦然决定死亡。被害人在度过危险期之后的想法和他在濒临死亡时的观点并不会相同，不能以被害人事后的态度作为推定的被害人承诺是否成立的决定性标准。

四、义务冲突

（一）概述

义务冲突，是指行为人在存在多个法律上的义务并且这些义务不能同时相容与兼顾而使行为人无法同时全部履行时，允许行为人只履行其中一部分而对未履行的部分获得正当化，不予处罚的情形。

义务的冲突包括以下几种情形：一种作为义务与另外一种不作为义务发生冲突，比如医生对艾滋病患者病情的保密义务（不作为义务）与为了防止传染而警告他人义务（作为义务）的冲突；两个作为义务只能履行其中一个的情形；数个不作为义务之间的冲突。

（二）义务冲突的实质

义务冲突，是指相互冲突的多个义务同时存在，履行某种义务，必然难以履行其他义务的场合。例如，发生火灾之时，分住不同房间的两个儿子需要父亲救助，父亲只能救出一人的场合，就是义务冲突。义务冲突是否能够阻却违法，需要区别情况进行判断。

关于义务冲突正当化的法理依据，行为无价值论和结果无价值论有不同的解释。前者认为在特殊情况下，难以进行选择的，履行某一种义务的，就认为行为具有社会相当性，从而阻却违法。后者认为，根据法益优越原则，履行程度较高的义务的，行为的违法性被阻却。

对于义务冲突和紧急避险是何关系，一直存在争论。有的学者认为，义务冲突是紧急避险的特殊情况，当义务冲突面临法益等值时，它只能是免责事由，而不是违法阻却事由。只有当义务冲突中法益对比有区别时，该行为才能构成紧急避险而具备正当性。[2] 相反的观点认为，义务冲突和紧急避险不同：紧急避险以作为的方式实施；义务冲突是在法律上要求行为人应当履行全部义务，只是行为人因为能力的限制而只能履行其中的一部分义务，所以义务冲突表现为不作为。我认为，义务冲突和紧急避险的差别还表现在：(1) 在义务冲突的场合，行为人无须进行法益衡量；但在紧急避险时，行为人必须进行法益衡量，所造成的损害不能大于所保全的利益。(2) 面临义务冲突时，行为人其有义务去对其中的一个法益主体实施救助，不能避险；紧急避险的行为人不受这种限制。(3) 义务冲突者所面临的不是本人危险，但紧急避险所避免的基本上是本人所面临的危险。

义务冲突是否能够阻却违法性，需要判定在多种义务中不同义务本身的重要程度以及履行先后。(1) 在义务有轻重之分时，行为人优先履行价值较高的义务（如救人），而放弃履行价值较低的义务（如灭火）的，行为具有正当性。(2) 行为人能够保护价值较高的法益，但其履行的是重要性程度不高的义务，而放弃履行更为重要的义务的，行为具有违法性。当然，如果根据当时的情况，不能期望行为人履行更为重要的义务时，可以根据期待可能性理论阻却责

---

① 参见［德］克劳斯·罗克辛：《德国刑法学总论》（第1卷），王世洲译，537页，北京，法律出版社，2005。

② 参见李海东：《刑法原理入门（犯罪论基础）》，90页，北京，法律出版社，1998。

任。(3) 当两个等价的作为义务发生冲突，行为人只能履行其中一个义务时，行为是否能够正当化？行为无价值论认为，在等价的不作为义务中，无论行为人如何选择，其行为的社会相当性都应当被承认，所以，义务冲突能够阻却违法，前述案例中父亲只救出一个儿子的行为就是合法的。结果无价值论认为，因为难以判断在义务冲突场合保全的法益明显优越于牺牲的法益，所以难以阻却违法性，最多只能作为欠缺期待可能性的免责事由考虑，前述案例中父亲的行为就具有违法性。

五、自救行为

(一) 概述

自救行为，是指权利受到违法行为侵害的人，在国家机关依照法律程序采取措施之前，依靠自己的力量救济，实现自己权利的行为。例如，A 的财物被 B 盗取，两天后，A 趁 B 外出之机，进入 B 的房间，拿回了自己的财物。A 的行为和盗窃罪的构成要件相当，但是否具有违法性，就与自救行为是否成立有关。

(二) 自救行为的成立条件

自救行为的成立条件是：(1) 行为人是先前受到损害的直接被害人，其试图恢复的权利具有正当性；(2) 恢复权利的手段具有社会相当性；(3) 存在恢复权利的现实必要性和紧迫性，等待公权力救济难以有效实现自己的权利；(4) 相对方（侵害人）不会因为自救行为受到额外的损害。根据这四个条件，前述案例中，A 的行为可以成立阻却违法的自救行为。

自救行为和正当防卫之间有时不太好区分。有的学者认为，在抢劫、抢夺或盗窃既遂之后，被害人为挽回损失当场所实施的行为，也属于自救行为，是自救行为和正当防卫的竞合。① 但这种观点值得商榷，对类似情形，以认定为正当防卫为宜。在解决具体案件时，需要考虑：(1) 自救行为和正当防卫之间具有排斥关系，某一行为被认定为正当防卫之后，就不宜再确定为自救行为。(2) 正当防卫行为是紧急行为，是法律规定的违法阻却事由；自救行为不是紧急行为，是超法规的违法阻却事由。因此，就辩解效果而言，主张正当防卫对行为人更为有利。(3) 正当防卫必须在面临现实、紧迫的不法侵害时实施，自救行为所针对的是过去已然发生但处于继续侵害状态的不法侵害，不法侵害和自救行为之间在时空条件上有比较明显的间隔。

① 参见陈兴良主编：《刑法学》，3 版，113 页，上海，复旦大学出版社，2016。

第九章 犯罪排除事由Ⅱ：责任阻却事由

第一节 责任概述

一、责任的概念

责任，即有责性，是指个人因其实施的危害社会、符合罪状的行为所应受到的谴责或非难，它包括作为犯罪成立要素的个人主观心理状态以及相关要素。

在行为符合构成要件、具有违法性并侵害法益的场合，可能有很多与犯罪事实有关的人面临刑罚处罚的危险。此时，为了防止处罚范围过大，限制刑罚的适用，就有必要明确：不能对行为者进行非难的，就不成立犯罪，不能进行刑罚处罚。这样，责任就成了构成要件符合性、违法性之后的第三个犯罪成立要件。责任的判断，就是在确定符合构成要件且具有违法性的行为存在之后，进一步判断：对实施这一行为的人科处刑罚是否妥当？

在这里，有两点是比较重要的：一是在进行违法性判断之后，必须进行责任有无的判断。违法论主要解决这样一个问题：一个行为，具备哪些条件就与法秩序发生了冲突。在违法性判断过程中，法秩序对所有人的要求都是相同的，但是，刑法评价如果仅停留在违法性阶段，就会出现处罚无法落实到个人身上的可能，所以，评价必须进入责任领域，即考虑：具备哪些条件才能对一个具体的、有血有肉的个人就其行为进行谴责。二是与构成要件符合性、违法性集中讨论惩罚可能性（处罚的前提、处罚的根据、违法性的本质）不同，责任论主要讨论处罚的限定问题。对个人的归责，不是任意的。在责任论领域，必须要分析行为人在怎样的情况下形成了违法的行为意志，因此，责任是意志形成过程中应予否定评价并由此具有可谴责性的一切因素。

（一）责任的本质

责任的本质是什么，历来有道义责任论和社会责任论的争论。

1. 道义责任论

这是刑事古典学派关于责任根据的理论。它以道义非难作为责任的根据，道义非难是在承认个人意志自由的前提下，基于伦理的立场，对于行为人主观心理的可谴责性的评价，即行为人在具有责任能力的情况下，本来可以选择正确的、适法的行为，可是其竟然在故意或者过失的支配下实施了犯罪行为，因而具有可谴责性。

2. 社会责任论

这是刑事实证学派关于责任根据的理论。它基于社会防卫论的观点，主张罪犯并无意志自由，犯罪的出现是由环境、社会以及个人的素质所决定的，所以对个人惩罚的正当根据不能从罪犯身上寻找，而必须考虑社会的需要。犯罪人因其危险性格而处于应予社会防卫、处置的地位，归责成为一种社会处置措施。

社会责任论存在的问题是：没有确实的、科学的依据可以否定人的自由意志；同时，为实现犯罪预防目的、防卫社会而确定个人有责，使责任的刑罚限定机能丧失。所以，刑事古典学派承认意志自由，从而为责任论提供哲学根据，是基本正确的。这样，在讨论责任的时候，意志自由的概念就是必须承认的。否定意志自由，无异于推翻责任概念。因为责任是建立在意志自由基础之上的，没有意志自由，也就无所谓责任。在现实生活中，人的现实行为乃至犯罪行为，有根据本人自由选择的一面，同时也有在很大程度上受其素质和环境要素制约的一面。在此意义上，现在的道义责任论一般以相对的自由意思论作为前提，正是这种相对的意志自由，为责任提供了根据。

（二）责任判断的对象

责任判断的基础是什么？对此，有行为责任论和性格责任论的争论，其中，行为责任论对应于责任本质的道义责任论，性格责任论对应于责任本质的社会责任论。此外，还有对行为责任论进行修正的人格责任论。

1. 行为责任论

行为责任论认为，既然应当惩罚的不是行为人而是行为（客观主义），那么值得非难的就应当是个别的行为以及促进行为实现的意思。

2. 性格责任论

性格责任论主张，必须惩罚的是具有危险性格的行为者（主观主义），所以，责任非难的对象是具有危险性格的个人。

由于刑罚并不惩罚思想、情感、性格、人格本身，而只惩罚表现于外的行为，责任理论也必须与这样的行为理论相呼应，所以，性格责任论在今天很少有人赞成，而行为责任论成为主流学说。

3. 人格责任论

人格责任论认为：仅仅将个别的行为作为责任非难的对象，可能过于绝对。例如，同样是盗窃，初犯和惯犯就某一次窃取行为而言，取得的财物数额虽然相同，但是，显而易见，前者的责任轻而后者的责任重。所以，责任判断的基础和对象，还应当包括隐藏在行为背后的人格。这就是人格责任论的观点。

人格责任论可以被看作是修正的行为责任论，它认为责任首先应该是行为责任，必须以行为人人格的主体性现实化之后的行为为基础来论说。但是，在行为的背后，存在着受素质和环境制约的，同时也是统管行为人的主体性努力而形成的人格，可以因其人格形成中的人格态度对行为人进行非难。在这个意义上，其次才应该考虑人格形成的责任。这里的“人格形成的责任”，不是看重人格本身，而是看重行为背后的人格态度。所以，其与性格责任论有很大的不同。

（三）责任判断的构造

从结构上看，责任是一种心理事实，同时也是一种规范的价值评价。这就是心理责任论与规范责任论讨论的问题。

1. 心理责任论

这一理论把责任理解为行为人的心理关系，根据这种心理关系的不同，把责任形式分为故意或过失。由此可见，心理责任论关注的是心理事实，将责任视为故意与过失的上位概念。我国犯罪构成四要件说对于犯罪主观要件的阐释，以刑法第 14 条、第 15 条所规定的犯罪故意、过失为依据，而且将其作为责任论的全部内容，认为责任只与心理事实有关。这是典型的古典犯罪论体系的立场。在此前提下，我国刑法学通说原则上赞成心理责任论。但是，心理责任论存在明显不足：责任不是人的主观心理的存在本身，而是对主观心理的价值评价，刑法学不可能纯事实地回答责任问题。“社会需要‘责任’发挥功能时，就会让行为人承担责任，社会足够稳定，无需‘责任’发挥功能时，行为人就无责任。简言之，‘责任’不是自然生发的，而是符合目的地制造出来的。”[①] 因此，责任一定与价值判断有关。

2. 规范责任论

该理论认为，责任的本质是从规范的角度，对心理事实加以非难的可能性。对于应该实施合法行为但未予实施的，可以施加责任非难。“罪责非难的对象，乃是行为人在违法行为中对于法秩序的行为要求所表露出的错误价值思维。”[②] 在规范责任论看来，除属于行为人的主观方面的故意之外，过失以及此外的期待可能性、违法性认识的可能性要素，也对于被规范化理解的责任具有重要意义，在责任论中占据重要地位。这是因为，采取规范责任论，就会采取实质的责任论，认为在并无谴责可能性的场合，即使行为人有故意、过失，也没有责任，也就欠缺可罚性。这样一来，不但能够肯定法律明文规定的责任阻却事由，还可能肯定超法规的责任阻却事由，像欠缺违法性认识的可能性、欠缺期待可能性等，都可能因为不具备谴责可能性而欠缺予以非难的责任基础，从而阻却责任。由此可见，规范责任论在心理事实的基础上引入了规范评价因素，注重规范评价在责任中的决定意义。

比规范责任论走得更远的是罗克辛的答责性理论，其认为在有责性（罪责原则）判断阶段必须引入以预防为目的的处罚必要性概念；只有发展出“答责性”（负责性）概念，才能妥善实现有责性的价值判断问题。[③] “罗克辛这样做的目的，在于将作为犯罪标准的犯罪要素与刑事政策的价值评价联系起来，以此建立一个符合目的论的体系。”[④] 一般认为，刑罚之有无、轻重必须受到责任的限制。在行为人因为未成年、精神病等原因难以被谴责时，适用刑罚就是错误的；刑罚的严厉程度应该与责任成正比关系。但是，按照罗克辛的进路，仅仅如此理解有责性还不够。刑罚轻重除了与责任大小有关，还应该受预防理论的限制。这是因为刑罚的目的是实现一般预防，促进国民形成法律意识，防止其实施错误举止。这样一来，刑罚的适用就必须同时考虑责任要素和预防必要性。如果行为人责任大，同时处罚必要性也大，刑罚就应当重；如果行为人责任大，但处罚必要性小，也可以适度判轻刑。因此，刑罚不能重于行为人的责任，同时也只能在预防必要性的范围内适用。“刑罚同时取决于两个因素，其一是，用刑罚进行预防的必要性；其二是，犯罪人罪责及其大小。如果人们赞同我的观点，那么，也就意味着，刑罚受到了双重的限制。刑罚之严厉性不得超过罪责的严重性，同时，也不能在没有预防之必要的情况下科处刑罚。这也就是说，如果有利于对犯罪人实行再社会化的话，那么，是可以科处比罪责之严重程度更为缓和的刑罚的；如果没有预防必要的话，甚至可以完全不科处刑罚。”[⑤] 由此可见，在罗克辛的理论构造中，有责性被“答责性”（负责性）替代，其同时包含传统上（规范）责任论和“预防性刑事惩罚的需要性”（需罚性）的内容；欠缺责任的情形是欠缺责任能力、不可避免的违法性认识错误等排除责任事由，欠缺预防必要性的情形，则是从预防目的出发认为对他人难以效仿的情形，缺乏处罚必要性，如防卫过当或者避险过当。[⑥] 答责性“取决于行为人的罪责和法律所具有的刑罚处罚的预防必要……在一个以预防为目的的刑法体系中，罪责概念已经失去了具绝对的意义”[⑦]。按照这种对有责性进行彻底价值判断的观点，“责任的结构，从刑罚目的中产生”[⑧]，从而在犯罪论体系中解决责任之有无、大小及刑罚之有无、轻重问题，使犯罪论体系和刑罚目的巧妙地结合起来。

---

① 冯军：《刑法中的责任原则》，载《中外法学》，2012（1）。

② 许泽天：《刑总要论》，增订2版，146页，台北，元照出版有限公司，2009。

③ 参见［德］罗克辛：《构建刑法体系的思考》，蔡桂生译，载《中外法学》，2010（1）。

④ ［德］阿恩特·辛恩：《德国犯罪理论的发展及现状》，载《国家检察官学院学报》，2009（1）。

⑤ ［德］罗克辛：《刑事政策与刑法体系》，蔡桂生译，78页，北京，中国人民大学出版社，2011。

⑥ 参见李文健：《罪责概念之研究——非难的实质基础》，222页，北京，法律出版社，1998。

⑦ ［德］阿恩特·辛恩：《德国犯罪理论的发展及现状》，载《国家检察官学院学报》，2009（1）。

⑧ ［德］罗克辛：《德国犯罪原理的发展与现代趋势》，王世洲译，载《法学家》，2007（1）。

二、责任的意义

英美法系对犯罪的惩罚一直遵循“行为无罪，除非内心邪恶”这句法谚的要求。① 行为人邪恶内心的存在，一般要求控方证明。但是，在例外的情况下，英美国家强调通过制度设计减轻控方对于行为人罪责的证明责任，这就是严格责任问题。根据严格责任，行为人在行为时没有犯罪故意，或者已经履行注意义务，但仍然对特定犯罪承担刑事责任，控方无须证明行为人的犯罪意图或者过错。例如，在销售不合格产品，非法持有毒品、赌博器具，违反禁酒令等情况下，被告人承担严格责任。“严格刑事责任在我们的法律中从未赢得过赞许。每当规定这样一种责任的法律获得通过的时候，总会有抗议发生，而政府的托词永远不外乎是某种假定的迫切需要。不过，这种法律在现代立法中继续出现并且可能还有扩张趋势的原因并不神秘：它们极大地方便了检察官。”②

大陆法系国家一直坚持无责任即无刑罚的原则。换言之，对个人要给予刑罚处罚，必须考虑其主观上有无罪过。在存在责任的场合才能科处刑罚，刑罚的量必须和责任的量相匹配。这就是近代以来被反复强调的责任主义。所以，责任主义以限制国家刑罚权、确保国民的自由为宗旨。

在责任主义之下，责任就是主观责任、个人责任。一方面，责任是主观责任。因为人的行为是按照人的理性所具有的相对自由意思而实施的，也就是说，人是按照自由意思而决定行为的善恶，只有带有主观性的行为才具有责任。所以，责任与个人的主观恶性有关，而非结果的责任，我们不能仅仅因为有损害后果发生，不管行为人有无故意、过失就确定惩罚。通说认为，责任主义是在否定客观责任或者结果责任的基础上形成的，责任主义具有防止结果责任的人权保障机能。另一方面，责任是个人责任。责任只与实施违法行为的个人有关联，与非犯罪的他人、家族、团体无关，所以，个人责任强调自负其责，反对株连，反对自己的责任由其他人承担，排除团体责任。但是，共同犯罪中主犯要对其他人的犯罪行为负责，属于刑法特别规定的处罚扩张事由，与个人责任并无冲突。在单位犯罪中，直接负责的主管人员和其他直接责任人员的意思和行为，就是单位的意思。处罚单位故意犯罪，是因为单位和单位中的自然人具有大致相同的意思或者目标，单位具有行为责任；处罚单位过失犯罪，是因为单位和其自然人的意思虽然不相同，自然人的行为可能具有有意性，但单位对于自然人的行为具有管理、监督责任。所以，无论是处罚单位的故意行为还是过失行为，都和个人责任的要求相一致。③ 处罚单位犯罪中的自然人，更是符合个人责任的要求。④

---

① 英美国家对某些犯罪实行严格责任，即根据某些事实推定行为人有故意、过失。严格责任并不是指行为人真的没有过错，而是指其过错非常明显，司法官员结合一定的事实就可以比较容易地“推定”行为人有罪过。所以，严格责任实质上是行为人“肯定”有罪过，只不过罪过不需要控方证明而已。所以，实行严格责任，和英美国家一直遵循的“行为无罪，除非内心邪恶”要求没有根本的冲突。

② ［美］富勒：《法律的道德性》，郑戈译，92页，北京，商务印书馆，2005。

③ 反对的观点是：责任的本质是对个人的违法意思加以谴责。法人是抽象的存在，没有肉体，没有作出意思的能力，不能成为责任主体。规定法人犯罪，违反责任主义中个人责任的要求。

④ 即便认为处罚单位犯罪和责任主义不相冲突，在刑法上是否有必要规定单位犯罪，从刑事政策的角度仍然是可以质疑的。从表面上看是单位实施的犯罪，实质上仍然是自然人操纵的，是少数自然人意思和行为的产物；从表面上看是为单位谋取利益的犯罪，实际上参与犯罪的自然人得利最多；从表面上看是判处单位缴纳罚金，但是，在犯罪的单位是国家机关时，最终受损的可能是国家和纳税人，而在犯罪的单位是公司、企业时，最终受损的是无辜的股东。如果进而考虑到司法机关对大量单位犯罪不予追究，只由行政执法机关进行处罚的现实，以及部分自然人利用刑法对多数单位犯罪中的直接责任人员处罚较轻的规定，将大量自然人犯罪尽量往单位犯罪方面辩护的事实，主张取消单位犯罪的规定，就并不是没有道理的。

三、犯罪主观要件与责任排除要件

在行为符合犯罪主观要件的场合，行为人通常也具有非难可能性，能够对其归责。

但是，在行为人未达到刑事责任年龄，不具有刑事责任能力，或没有期待可能性，没有违法性认识时，都可能使责任被排除。因此，从犯罪主观要件出发可以推定责任，但存在责任排除要件时，犯罪不成立。当然，在讨论责任排除要件之前，有必要讨论责任主义的相关问题，如责任要素、责任本质、责任判断等。

第二节　责任能力

一、责任能力概说

责任能力，是指对自己实施的该当构成要件、违法的行为承担责任的能力。

在刑法上，要对符合构成要件且违法的行为的实施者进行非难，就必须证实：在行为实施的当时，行为人能够理解法律的命令和禁止的内容，并且具有按照这种理解进行行动的能力。这就是责任能力的问题，责任能力由此成为责任要素之一。

道义责任论与社会责任论对于责任能力的本质在理解上是完全不同的。道义责任论认为，责任能力的本质在于意思决定能力，或者说是一种犯罪能力，因为行为人的道义责任是以行为人具有辨别是非、根据该辨别行动的自由意思为前提的。社会责任论认为，责任能力的本质是刑罚适应，或者说是一种刑罚能力。理由在于：责任是社会责任，在有特定能力者的行为和无能力者的行为之间，就社会危害性而言，没有实质上的差异，只是对他们的社会防卫方法不同，对精神障碍者及年少者以非刑罚方法处置。所以，责任能力，就是能够通过判处刑罚实现刑罚目的的能力。

今天的通说认为，不能仅仅从处罚可能性的层面考虑责任能力问题，所以，社会责任论的观点存在重大缺陷，而应当将责任能力看作犯罪能力。换言之，个人是否具有承受刑罚的能力，在确定犯罪成立与否时并无考虑之必要，责任能力的本质就是犯罪能力，即行为人实施有责行为的能力。

责任能力的核心内容是辨认能力与控制能力，即辨认自己行为的意义、性质、作用、后果并加以控制的能力。如果有辨认能力与控制能力，则有责任能力；如果无辨认能力与控制能力，则无责任能力。

辨认能力，是指对于事物性质的判别能力，即行为人是否存在认识能力。控制能力，是指对于自己行为的支配能力，即行为人是否存在意志能力。关于辨认能力与控制能力的关系，辨认能力是前提，只有正确地对事物性质，尤其是事物的法律性质作出判断，才能有效地控制自己的行为，使之合乎法律规定。对于刑事责任能力的成立来说，辨认能力与控制能力缺一不可。这两种能力可能因精神障碍而丧失，同时也会因达到一定年龄而获得，所以，未成年人的责任能力涉及的是年龄与责任能力的关系问题，精神病人的责任能力涉及的是特殊疾病是否影响个人的认识、控制能力问题。

二、责任年龄

责任年龄，是指法律所规定的行为人对自己的犯罪行为负刑事责任所必须达到的年龄。

确定刑事责任年龄，就是从年龄上规定一个负刑事责任的范围。这主要与一个国家的刑事政策有关。

我国刑法对刑事责任年龄的规定，适当参考了国际上的立法例，重点考虑了我国青少年的身心发展状况、文化教育发展水平和智力发展程度的实际情况。我们历来十分关心青少年的健康成长，对其实施的错误或者危害行为，一贯坚持以教育为主、惩罚为辅的方针，着重于教育、改造、挽救。即使对极少数非惩罚不可者进行了惩罚，最终目的也还是教育。不满 14 周岁的少年儿童，身心发育尚未成熟，还未具备必要的辨别是非善恶的能力，虽然也有可能作出某种危害社会的事情，但这主要是年幼无知的表现，应当加强教育，不宜追究刑事责任，因此，我国刑法长期以来将最低刑事责任年龄限定为 14 周岁。但《刑法修正案（十一）》对此作了有限制、有条件的微调，使已满 12 周岁不满 14 周岁的人对其所实施的特定暴力犯罪需要承担刑事责任。已满 14 周岁、不满 16 周岁的少年，已有一定的认识能力，但他们毕竟年龄还小，因此，对他们负刑事责任的范围加以严格控制，是必要的和适当的。已满 16 周岁的人，体力和智力已有相当的发展，具有一定的社会知识和分辨是非善恶的能力，因此，应当要求他们对一切犯罪行为负刑事责任。

据此，我国刑法第 17 条规定："已满十六周岁的人犯罪，应当负刑事责任。已满十四周岁不满十六周岁的人，犯故意杀人、故意伤害致人重伤或者死亡、强奸、抢劫、贩卖毒品、放火、爆炸、投放危险物质罪的，应当负刑事责任。已满十二周岁不满十四周岁的人，犯故意杀人、故意伤害罪，致人死亡或者以特别残忍手段致人重伤造成严重残疾，情节恶劣，经最高人民检察院核准追诉的，应当负刑事责任。对依照前三款规定追究刑事责任的不满十八周岁的人，应当从轻或者减轻处罚。因不满十六周岁不予刑事处罚的，责令其父母或者其他监护人加以管教；在必要的时候，依法进行专门矫治教育。"这一规定把责任年龄划分为四个不同阶段：(1) 已满 16 周岁的人犯罪的，应当负刑事责任。这是刑法关于完全负刑事责任年龄阶段的规定。(2) 已满 14 周岁、不满 16 周岁的人，犯故意杀人、故意伤害致人重伤或者死亡、强奸、抢劫、贩卖毒品、放火、爆炸、投放危险物质的，应当负刑事责任。这是相对负刑事责任年龄阶段。这里的"犯故意杀人、故意伤害致人重伤或者死亡、强奸、抢劫、贩卖毒品、放火、爆炸、投放危险物质罪"，不是仅指触犯这几种罪名，而是指实施这几种行为。例如，已满 14 周岁、不满 16 周岁的人，绑架他人，并杀害被绑架人的，或者在拐卖妇女、儿童过程中，故意杀害被害人的，都应当对这一年龄段的行为人直接以故意杀人罪论处。根据最高人民法院《关于审理未成年人刑事案件具体应用法律若干问题的解释》（2006 年 1 月 11 日）第 10 条第 1 款的规定，已满 14 周岁不满 16 周岁的人盗窃、诈骗、抢夺他人财物，为窝藏赃物、抗拒抓捕或者毁灭罪证，当场使用暴力，故意伤害致人重伤或者死亡，或者故意杀人的，应当分别以故意伤害罪或者故意杀人罪定罪处罚。已满 14 周岁、不满 16 周岁的人能够成立的诸种犯罪，都是故意犯罪，不包括过失犯罪。此外，还需要注意，按照罪刑法定原则的要求，已满 14 周岁、不满 16 周岁的人实施刑法明确列举的 8 种行为以外的其他侵害行为的，即使社会危害性很大，也不能追究其刑事责任，例如已满 14 周岁、不满 16 周岁的人决水的，其社会危害性不低于放火、爆炸和投放危险物质罪的社会危害性；制造或者运输毒品的，其社会危害性不低于贩卖毒品罪的社会危害性，但是，都不能作为犯罪处理。已满 14 周岁、不满 16 周岁的甲伙同乙（25 岁）绑架人质并"撕票"的，甲构成故意杀人罪，乙构成绑架罪，二人成立共同犯罪；如果甲、乙在得到赎金后释放人质的，或者因过失导致人质死亡的，甲都无罪，而只对乙追究绑架罪的刑事责任。(3) 已满 12 周岁、不满 14 周岁的人，犯故意杀人、故意伤害罪且符合必要条件的，应当负刑事责任。这也是相对负刑事责任年龄阶段。其基本要求是：第一，对行为人所实施的行为最终能够定故意杀人、故意伤害罪。例如，已满 12 周岁、不满 14 周岁的人在强奸、抢劫等严重暴力犯罪过程中故意杀人、伤害的，也可依法适用故意杀人、故意伤害罪；第二，危害结果是致人死亡，或者以特别残忍手段致人重伤造成严重残疾。第三，主客观方面综合评价为情节恶劣。第四，在程序上要求经最高人民检察院核准追诉，再由人民法院根据事实和法律依法作出判决。如此规定，既是矫正犯罪的要求，也是依法保护被害人权利和维护公平正义诉求的需要。当然，对于最低刑事责任年龄从14周岁降到12周岁这一问题，各方面的认识还有分歧，在实务中适用这一规定时，也需要从严掌握，对已满12周岁不满14周岁的人犯故意杀人、故意伤害罪，致人死亡或者以特别残忍手段致人重伤造成严重残疾的，即便情节恶劣，最高人民检察院也可以本着教育和挽救的原则，不予核准追诉。（4）不满12周岁的人，不管实施何种危害社会的行为，都不负刑事责任。这是完全不负刑事责任年龄阶段。我国刑法第17条不仅对未成年人应负刑事责任的范围作了严格的规定，尽量缩小惩罚面，而且考虑到未成年犯的特点，对其适用从轻或者减轻处罚。所以，刑法明确规定，已满12周岁、不满18周岁的人犯罪，应当从轻或者减轻处罚。这是考虑到未成年人的体力、智力发育还未完全成熟，控制自己和辨别是非的能力还不够强，比成年人更易受环境的影响；同时未成年人本身各方面发展尚未定型，可塑性较大，比成年人更易接受改造。因此，对他们的判刑要较成年人为轻，法律规定要从轻、减轻处罚。从教育、改造的角度讲这是合适的。

刑法第17条第5款规定，因不满16周岁不予刑事处罚的，责令其父母或者其他监护人加以管教；在必要的时候，依法进行专门矫治教育。对于专门矫治教育，刑法只作原则规定，其具体适用对象、条件、程序、场所、执行措施等，应当按照《预防未成年人犯罪法》的有关规定执行。《预防未成年人犯罪法》（2020年修订）第45条规定：未成年人实施刑法规定的行为、因不满法定刑事责任年龄不予刑事处罚的，经专门教育指导委员会评估同意，教育行政部门会同公安机关可以决定对其进行专门矫治教育。省级人民政府应当结合本地的实际情况，至少确定一所专门学校按照分校区、分班级等方式设置专门场所，对前款规定的未成年人进行专门矫治教育。前款规定的专门场所实行闭环管理，公安机关、司法行政部门负责未成年人的矫治工作，教育行政部门承担未成年人的教育工作。这样一来，对于不满16周岁的未成年犯罪人，只对少数依照刑法追究刑事责任，对绝大多数则按照《预防未成年人犯罪法》的规定送入专门学校接受专门矫治教育。

根据《刑法修正案（八）》的规定，已满75周岁的人故意犯罪的，可以从轻或者减轻处罚；过失犯罪的，应当从轻或者减轻处罚。

关于刑事责任年龄，有以下问题值得讨论：（1）年龄的计算。刑法所规定的年龄，是指实足年龄，不是指虚岁。实足年龄以日计算，并且按照公历的年、月、日计算，例如，已满14周岁，是指过了14周岁生日，从第二天起，才是已满14周岁。（2）行为跨年龄段的处理。对于不满14周岁实施危害行为，一直延续到成年时期的，只能追究其达到年龄阶段以后的行为的责任。行为人已满16周岁后实施了危害社会的行为，在已满14周岁、不满16周岁期间也实施过同样的行为，如果行为属于刑法第17条第2款所规定的8种犯罪行为的，应一并追究，否则，只能追究已满16周岁以后实施的行为。（3）年龄计算的基准。在行为实施和结果发生有较长的时间间隔的场合，需要讨论按照行为时还是按照结果发生时计算年龄的问题。例如，行为人实施伤害行为时差一天满14周岁，发生死亡结果时已满14周岁的，是否可以根据刑法第17条第2款追究其刑事责任？比较合理的见解是：对年龄应以行为发生时为基准进行判断。理由在于：犯罪是表现于外的行为，责任能力是辨认、控制自己所实施的行为的能力，所以，辨认、控制能力必须是行为当时的能力。当然，如果行为人实施一定身体动作以后，具有防止结果发生的义务，就应根据不作为犯罪的发生时间计算年龄。例如，不满14周岁的行为人在他人的酒中投入毒药，并将毒酒隐藏于酒柜中，他人饮用时，行为人已满14周岁的，可以认为行为人对自己14周岁以前的行为所可能引起的危险有排除义务，其已满14周岁，但仍然不履行危险源排除义务，因而导致他人死亡的，应当成立故意杀人罪。

三、精神障碍

责任能力是辨认能力与控制能力，它与个人的精神状况直接相关。

从心理学角度讲，某人缺乏辨认和控制自己行为的能力，是指对自己的行为缺乏意识和意志。一切精神正常的人，对于自己实施的如杀人、伤害等行为都有辨认和控制的能力。但对精神病人来讲则不然，其缺乏这种能力。有的人患有轻度精神病，但并未丧失辨认和控制自己行为的能力，就应当负刑事责任。间歇性精神病人，在其精神正常的情况下实施犯罪行为，应当负刑事责任。对于有些犯罪后精神错乱的，可中止案件的审理，待精神正常后再行审理。这并不排除其负刑事责任的可能性。作案当时的精神状况到底如何，应通过司法精神病学专家或有关医疗部门的医生加以鉴定。

要根据行为人的精神状况，判断责任能力的有无，就必须借助生物学标准和心理学标准。生物学标准，是指以患者是否具有精神障碍作为判定行为人责任能力的标准。心理学标准，是指以是否具有辨别是非、控制自己行为的能力作为判定行为人是否具有责任能力的标准。

上述两种标准，在责任能力判断上结果不完全相同。一般来说，生物学标准判断较为宽泛，只要行为人患有精神疾患，即判定为无责任能力者。而精神病患本身是十分复杂的，难以成为责任能力判断的唯一标准，尤其责任能力的核心内容是行为人的辨认能力和控制能力。因此，对责任能力的判断也应该统一到对行为人的辨认能力和控制能力的判断上来。

当今世界各国，大多兼采生物学标准和心理学标准，称为混合标准。混合标准的内容为：行为人不仅必须患有刑法所规定的精神障碍，而且其所患精神疾病必须引起法定的心理状态或心理结果，方可被判定为无刑事责任能力或限制刑事责任能力。

根据这种混合标准，首先判明行为人是否存在某种法定的精神障碍，然后进一步判明行为人是否由于这种精神障碍而丧失辨认能力和控制能力。前者由精神病医学专家鉴定，以得出行为人是否有精神病以及精神病程度轻重的结论。后者由司法工作人员判断，但其不能否认精神病医学专家对有无精神病所作出的结论，只能在精神病医学专家的鉴定基础上进一步判断行为人是否具有辨认与控制自己行为的能力：如果精神病医学专家的鉴定结论是行为人没有精神病，司法工作人员就必须肯定行为人具有辨认、控制能力；如果精神病医学专家的鉴定结论是行为人患有精神病，司法工作人员就必须在此基础上进一步判断行为人是否具有辨认、控制能力。在具体的判断中，必须注意：（1）如果在认定中能够确认行为人行为时无责任能力，行为人对该当构成要件的违法行为就没有责任，从而不成立犯罪。（2）如果行为人在行为时具有责任能力，但是，在行为过程中丧失责任能力（例如在持刀追杀他人过程中发病乱扎而致人死亡），案发后又恢复责任能力的，原则上仍应成立犯罪既遂，因为因果关系并未因其暂时丧失责任能力而受影响。

当然，以混合标准判断个人的责任能力，必须对影响责任能力的精神病作广义的理解，其不仅包括精神分裂症、癫痫病等，也包括一时的精神错乱、由于突发性的受惊而引起的反应性精神病，还包括痴呆症、夜游症、病理性醉酒等。

我国刑法第18条第1款规定，精神病人在不能辨认或者不能控制自己行为的时候造成危害结果，经法定程序鉴定确认的，不负刑事责任，但是应当责令他的家属或者监护人严加看管和医疗；在必要的时候，由政府强制医疗。这是对绝对无刑事责任能力的规定。该条第2款规定，间歇性的精神病人在精神正常的时候犯罪，应当负刑事责任。这是对绝对有刑事责任能力的规定。

除了完全无刑事责任能力与完全有刑事责任能力，还存在一种介于两者之间的中间状态，即限制刑事责任能力（减轻刑事责任能力）。刑法第 18 条第 3 款规定，尚未完全丧失辨认或者控制自己行为能力的精神病人犯罪的，应当负刑事责任，但是可以从轻或者减轻处罚。这里的“尚未完全丧失辨认或者控制自己行为能力的精神病人”，就是指有限制刑事责任能力的精神病人，他们而辨别是非的能力、控制自己行为的能力由于精神障碍都显著降低，所以，有减轻刑罚的必要。

此外，刑法第 19 条规定，又聋又哑的人或者盲人犯罪的，可以从轻、减轻或者免除处罚。又聋又哑的人或者盲人不是无责任能力的人，他们犯了罪，理应负刑事责任，但是，因为其生理上有缺陷，在智力、体力等方面与身体健全者存在差异；同时，也是出于人道主义的考虑，所以不宜处罚过重。这种生理缺陷既包括先天的，也包括后天的。在具体处理时，要综合考虑其接受教育的程度和智力发展水平等情况。

四、原因自由行为

原因自由行为，是指在预见到自己可能犯罪的情况下，行为人故意或者过失使自己陷入责任能力丧失或者降低的状态，并在该状态下引起犯罪结果的情形。换言之，行为人在实施犯罪的前一行为（原因行为）时是头脑清醒的，但其故意使自己陷入醉酒、吸毒、过度疲劳等辨认、控制能力降低或者精神错乱的状态，并在此状态下开始着手实施故意杀人、伤害等后一带有侵害性的行为。如果排除醉酒、吸毒、疲劳等原因，在正常情况下，行为人通常不可能实施后面的危害行为的，就是与原因自由行为有关联的问题。

原因自由行为与责任能力存在紧密关系。在着手实行时，行为人没有责任能力，但使之陷于这种无责任能力状态的原因行为是自由的，即在完全责任能力状态之下所为。

在原因自由行为场合，行为人是否有责任？是否需要对行为人陷入责任能力缺乏或者降低状态之后实施的行为加以原谅？对此存在争议，问题的焦点在于：责任能力是辨认、控制能力，但在无辨认、控制能力状况下实施的行为，是否还有责任，是否可以成立犯罪？

为了防止行为人规避法律，通说对原因自由行为的归责持肯定态度：主体虽然在行为时处于无责任能力状态，但是，其使自己陷入无责任能力状态的原因行为是主体在有责任能力的情况下实施的，是出于实施犯罪的目的而自由地作出的选择。所以，在原因自由行为中，行为人虽然在实施客观构成要件行为时，无意思决定自由或无完全自由，但其原有的精神状态，即在导致无责任能力的原因设定阶段，与正常人没有差异。这与因疾病而导致精神错乱的情况更不可相提并论，应认定具有责任能力。但是，这是否和“责任与行为同在”的原则有冲突，仍然是一个值得研究的问题，因为“责任与行为同在”要求在着手实施实行行为时行为人具有意思自由。

为解决这一矛盾，理论上主要有以下学说：（1）构成要件说。传统的构成要件说主张，在实施原因行为时，行为人具有辨认、控制能力，是自由的，有责任能力，所以，应该受到相应的责任非难。原因自由行为评价的重点是原因设定行为（先前行为），而非后一行为，原因设定行为就是犯罪行为。原因设定行为是有决定性意义的行为，具有实行行为性，是构成要件所要求的实行行为。后续的行为是按照行为人在意志自由时的计划，自然而然地实施的。近年来，与构成要件说相一致的客观归责论认为，行为人预见到自己可能犯罪，而故意或者过失使自己陷入责任欠缺的状态，是“制造法益风险”的行为；行为人对自己在责任能力丧失或者降低的情况下无法控制自己后续的行为有所认识，并通过后续的行为“实现法益风险”，因此，应当进行归责，而无须减轻或者免除处罚。（2）间接正犯类似说。这种学说认为，原因自由行为的行为人是利用自己陷于无责任能力的状态来实现犯罪，实际上是以自己的无责任行为为道具来实现犯罪，因而应以间接正犯论处。如果承认间接正犯是以利用行为的着手为实行行为的着手，那么，原因设定行为就是实行行为的着手，这样就维持了“责任与行为同在”的原则。小野清一郎就认为，原因自由行为是“自我介入而成为间接正犯，并不介入第三者”①。（3）例外说。该说强调，一般而言，在行为当时，行为人应当存在责任能力，但是，在例外的情况下，欠缺责任能力，也能够实现归责。原因自由行为就是没有责任也能够归责的例外情形。（4）责任原则修正说。这种观点认为，“责任与行为同在”的原则需要坚持，问题的关键在于如何理解这一原则。实际上，只要在作出意思决定时存在辨认、控制能力，责任就是和意思决定行为同时存在的，即使在作出行为决定之际已丧失责任能力，也应当认为行为人具有责任能力。这是对“责任与行为同在”原则的修正。我赞成责任原则修正说，同时认为也需要考虑构成要件说的合理性。

基于原因自由行为，相关实行行为可能成立故意犯罪，也可能成立过失犯罪。至于原因自由行为是成立故意犯罪还是过失犯罪，应当根据行为人对使自己陷入责任丧失或者降低状态的行为（原因设定行为）是故意还是过失来决定：原因设定行为是故意的，就应当承担故意责任；原因设定行为是过失的，就应当承担过失责任。例如，甲明知自己酒后思维模糊，会陷入“发飙”的状态，为杀害乙而喝酒壮胆，结果在酒后头脑不清的状态下杀死了乙。在这里，行为人有两个行为：一是原因设定行为，即喝酒，行为人在此阶段是有意志自由的。二是杀人的实行行为，此时，行为人头脑不清醒，无法辨认、控制自己的行为。但按照原因自由行为理论，甲仍然可能成立故意杀人罪。又如，出租车司机 A 明知自己每天早上 5 点必须出车，不然无法支撑家庭经济，但仍然坚持和朋友打麻将到凌晨 4 点 50 分，然后匆匆开车出门。在一个立交桥上，一贯自恃驾驶技术高明的甲倍感疲惫，实在睁不开眼睛，汽车向下滑行，将行人乙和丙撞死的，甲虽然在肇事的当时控制行为的能力降低，但仍然可以成立交通肇事罪。

我国刑法承认原因自由行为的法理。刑法第 18 条第 4 款规定，醉酒的人犯罪，应当负刑事责任。立法的出发点是：醉酒的人通常是在某种程度上减弱辨认和控制自己行为的能力，但并非完全丧失这种能力。行为人以酗酒壮胆作案，即便犯罪时辨认、控制能力降低，也必须受到惩处。这里的醉酒，一般是指生理性醉酒，仅在特殊情况下包括病理性醉酒。病理性醉酒属于精神障碍的特殊表现，多见于通常并不饮酒或对酒精无耐受性，或并存感染、过度疲劳、脑外伤、癫痫症者，在偶然一次饮酒后发生。病理性醉酒的人行为紊乱、记忆缺失、出现意识障碍，并伴有幻觉、错觉、妄想等精神症状，且其行为通常具有攻击性质。没有犯罪意图的病理性醉酒者实施危害行为的，应当适用刑法关于精神病人责任能力的规定进行处理，而不适用刑法第 18 条第 4 款的规定。当然，如果行为人已经预见自己醉酒后会陷入丧失辨认、控制能力的病理性醉酒的境地，而故意饮酒，最后造成犯罪结果的，则应当根据原因自由行为理论确定责任。

在刑法分则中，对某些犯罪的惩罚，也考虑了原因自由行为理论。例如，根据有关司法解释，一般交通肇事行为，重伤 3 人以上，负事故全部或者主要责任的，才构成刑法第 133 条所规定的交通肇事罪。但是，在酒后、吸食毒品后驾驶机动车辆，交通肇事致 1 人以上重伤，负事故全部或者主要责任的，就构成交通肇事罪。② 其实，在酒后、吸食毒品后驾驶机动车辆

---

① ［日］小野清一郎：《犯罪构成要件理论》，王泰译，99 页，北京，中国人民公安大学出版社，2004。

② 参见最高人民法院《关于审理交通肇事刑事案件具体应用法律若干问题的解释》（2000 年 11 月 15 日）。

的，行为人的辨认、控制能力可能完全丧失或者至少有所降低，似乎应当减轻或者免除处罚才对，但司法解释考虑到是行为人使自己陷入责任减弱的境地，其在实施原因行为（饮酒、吸毒）时是自由的，酒后、吸食毒品后驾驶机动车辆，制造了法益风险，一旦肇事，实现了法益风险，“害人害己”，因此，应当比一般交通肇事给予更重的处罚。司法解释没有明确使用“原因自由行为”概念，但其精神实质和原因自由行为的法理相符，具有合理性。

第三节　违法性认识

对于违法性认识这一概念，需要区别情况讨论：（1）就自然犯而言，违法性认识就是指对于行为的社会危害性的认识。这是因为刑法关于自然犯的规定，所意欲维护的是人类的基本社会生活，行为的危害性与规范对此的态度通常是一致的，对于社会危害性人们都能够大致认识，行为人就违法性认识错误的辩解会直接被否定。例如，对抢劫罪犯而言，只要行为人认识到自己是在使用暴力，压制被害人反抗，然后强行劫取他人的财物，就可以判断其存在抢劫的故意，由此自然也可以进一步推断其认识到抢劫他人财物行为的违法性。（2）对于法定犯来说，价值判断的差别性、时代性等决定了对这类犯罪的违法性必须借助于刑法规范这一形式才能认识，因此，违法性的认识对象应该是法规范而非社会危害性。这里的违法性认识的“法”特指刑法。当然，由于前置法在很多时候能够为法定犯的客观构成要件判断奠定基础，因此，行为人认识到前置法的性质也就同时具备了刑法上的违法性认识。在责任论中，成为问题的主要是法定犯的违法性认识。如果行为人没有及时接收到法规范的提示或者对法规范不可避免地陷入了错误认识，就难以对行为人进行非难。

一、违法性认识不要说及其问题

（一）基本观点

要成立故意犯，只要求行为人认识犯罪事实即为已足，不需要其具有违法性认识或者违法性认识的可能性。这是绝对的违法性认识不要说，苏联刑法学、我国刑法学的通说基本上采纳这种观点。①

如果按照违法性认识不要说的观点，在违法性认识不存在，对行为人不能进行非难的场合，却以故意犯论处，违反责任主义的要求，也不重视个人的权利。因为社会越来越发达，规范越来越多，我们必须承认，由立法者创设的所有规范，并不都能够被所有的人辨识，强行要求所有人在任何情况下都要认识法律，是一种国家的“蛮不讲理”，因为“只有能够认识到自身行为是被法律禁止的人，才是有责的行为主体”②。

我国刑法学通说认为，故意并不包括对违法性的认识。因为按照法律规定，犯罪故意的认识因素表现为行为人明知自己的行为会发生危害社会的结果，这显然是只要求行为人明知其行为及其结果的社会危害性，而没有要求行为人明知行为及其结果的刑事违法性，否则，有人将会以不知法为借口而逃避罪责。这一观点适用于自然犯是妥当的。为解决法定犯的问题，通说在否定违法性认识必要性的同时也指出，有一种例外情况可以因行为人无违法性认识而否定其

---

① 在学说上，对于故意的成立，出现了一种实质的故意论的主张：行为人作为社会一般人，认识到特定行为的违法性，并且在此基础上对犯罪事实有认识，就是故意。对犯罪事实的认识，包含对行为整体进行规范评价的内容，违法性认识就不需要作特别的判断。这是一种修正的违法性认识不要说立场。参见［日］前田雅英：《刑法总论讲义》，7版，东京，东京大学出版会，2019。

② ［德］汉斯·海因里希·耶赛克、托马斯·魏根特：《德国刑法教科书》，上册，徐久生译，602页，北京，中国法制出版社，2017。

主观故意性：某种行为一向不为刑法所禁止，后来在某个特殊时期或者某种特定情况下为刑法所禁止，如果行为人确实不知道法律已禁止而仍实施该行为的，就不能讲他是故意违反法律，而且此时他往往同时缺乏对行为及其结果的社会危害性的认识，这种情况下难以认定行为人具有犯罪故意。①

（二）不足

通说的缺陷是，观点前后抵牾，难以贯彻到底：一方面，强调故意的成立不需要考虑违法性认识，违法性认识的有无不重要；另一方面，又认为还是存在需要考虑违法性认识的特殊情况，如果行为人此时不具有违法性认识，可能阻却犯罪故意。所以，陈兴良教授正确地指出："既然刑法对犯罪故意并不要求违法性认识，为什么在行为人确实没有违法性认识的情况下又不应认为具有犯罪故意?"②

在现代刑法理论中，被广泛接受的见解是：没有责任就没有犯罪。处罚没有违法性认识的行为，就是处罚没有非难可能性的行为。这必然会带来一些问题：一方面，行为人是在缺乏对规范及其效果的预见可能性的情况下，受到了刑罚的"意外"打击，惩罚难以令行为人本人信服，行为人会认为自己只是因为"不走运"而受到处罚，预防犯罪的效果难以实现。另一方面，国家在个人的规范意识欠缺的场合动用刑罚，这样的做法可能难以得到公众的认同。违法性认识不要说认为，知法、守法是公民的义务，"法盲"犯罪现实地大量存在，要求有违法性认识，会使处罚落空。这主要是从刑事政策的角度，而不是从规范刑法学的角度看待问题。

所以，没有违法性认识可能性，就没有非难可能性，也就没有责任。非难可能性深深植根于国民的规范性意识中。对非难可能性有无的判断，要以期待可能性、责任年龄、责任能力、故意、过失等为素材。所以，仅仅把故意作为构成要件要素看待，肯定是有缺陷的。

肯定违法性认识（可能性）的存在，其意义体现在：（1）与责任主义相契合。（2）与罪刑法定原则的呼吁功能相呼应。认为违法性认识不重要的观点，实质上否定了罪刑法定原则对于国民个人行为的指引功能，所以并不妥当。在今天的许多国家，不要说的影响力正在减小。在日本的判例中，过去一直采用不要说，实务界在很长时期内一直认为，具备犯罪意思是指认识犯罪事实而实行，违法性认识通常不属于犯意的要素。不过，现在出现了不少违法性认识不要说向违法性认识必要说修正的判例。③

二、违法性认识必要说的主要理论

（一）故意理论

故意理论认为，对构成要件事实的认知、意欲和违法性认识，是故意的不同侧面，违法认识仅是故意的组成要素之一。违法性认识错误（禁止错误）会产生阻却故意的效果。故意理论的主要理由是：（1）故意理论对于违法性认识错误与构成要件错误都赋予阻却故意的效果。因为违法性认识错误和构成要件错误，都是行为人误认为其行为合法的情形，都是不遵守行为准则，各自对法秩序的动摇程度没有显著差异。因此，刑法上唯一重要的错误，只有违法性认识错误一种，对事实或违法性的错误仅仅是形成违法性认识错误的不同途径而已。（2）故意不是事实故意，而是不法故意（Unrechtsvorsatz），即行为人既认识到整体不法事实（构成要件事

① 参见王作富主编：《刑法》，2版，88页，北京，中国人民大学出版社，2004。

② 陈兴良：《违法性认识研究》，载《中国法学》，2005（4）。

③ 参见［日］松原久利：《违法性的认识》，载［日］西田典之、山口厚编：《刑法的争点》，70页，东京，有斐阁，2000。

实以及阻却违法事实的不存在），也认识到对此整体不法事实在法律评价上的意义——是否被认为违反法秩序（修正故意说）。对不法的事实或违法性存在误认，就阻却故意。（3）对于违法性认识的故意理论可能造成处罚漏洞的批评，故意理论认为，部分来源于对违法认识概念的误解；部分建立在违法性认识错误非难可能性较大的假定之上，事实上，并不存在肯定故意理论就会轻纵罪犯的问题。按照故意理论，存在违法性认识错误的，阻却故意，视情形成立过失犯。

按照故意理论，实际存在的违法性认识可能性是故意的要素，包含于故意内容之中。没有违法性认识，就没有故意。① 在意大利，认为违法性是故意必须认识的内容，行为人不知道自己实施的是违反刑法的行为，就无故意可言，曾经是长期在刑法学界占据统治地位的观点，至今仍然得到不少人的支持。②

对故意理论的通常批评是：（1）按照故意理论，谁对法律越是漠不关心，谁就会因为欠缺违法性认识而没有故意并最终无罪。（2）故意理论对故意概念的统一性有损害，使责任故意（有关意思形成的责任判断对象的心理活动形式的故意）与违法性意识（意思形成过程中反对动机能否形成的规范意识）这两种本质上、把握方法上、机能上都不同的东西，被强行统一到故意概念之下。（3）即便对故意概念进行拓展，在故意中加入了对行为举止的社会危害性和法秩序侵害性的认识，也不是妥当的观点。"刑法上的罪责针对的只是违反法定的法规。为了遵守相应的法律规范，行为人应当避免实现构成要件，因此，除了对违法举止事实上的前提条件的认识之外，不应当再有其他内容。同样，将对举止的社会损害性的认识塞入故意之中，不仅是不精确的，也是多余的。"③

（二）责任理论

责任理论主张，从理论上看，违法性认识（可能性）是一种规范性要素，其独立于故意之外，是抑制实施违法行为的意思决定，如果故意包含对犯罪事实的认识，也包括违法性认识的可能性，故意概念就会存在逻辑上的矛盾，会造成概念的混乱。④ 所以，故意，是指认识或者实现犯罪事实的意思，即存在"事实的故意"即为已足。违法性认识，是与故意有区别的其他的责任要素，也是故意行为、过失行为共同的责任要素。换言之，违法性认识可能性不是（责任）故意的要素，而是责任本身的要素。没有违法性认识，并不影响故意的成立。当然，如果误认为行为不违法而且有充分根据，则没有非难可能性，阻却责任。⑤ 在德国刑法学中，对于违法性认识，仅仅有少数人主张故意理论，认为违法性认识是故意的核心内容，缺乏违法性认识，永远不可能作为故意犯处罚。理论上一直占据主导地位的是责任说，将违法性认识视为独立的责任要素的主张，得到普遍承认。⑥

根据责任理论，对于不可避免的违法性认识错误，应当排除行为人的责任，得出无罪的结论，换言之，没有违法性认识的场合，就没有非难可能性，罪责被超法规地排除；而对于可以避免的违法性认识错误，可以给予宽宥。

在上述两种观点中，我赞成责任理论，即故意犯的成立，要求有违法性认识，至少要有违

① 参见［日］藤木英雄：《刑法讲义总论》，212页，东京，弘文堂，1975。

② 参见［意］杜里奥·帕多瓦尼：《意大利刑法学原理》，注评版，陈忠林译，187页，北京，中国人民大学出版社，2004。

③ ［德］乌尔斯·金德霍伊泽尔：《刑法总论教科书》，蔡桂生译，270页，北京，北京大学出版社，2015。

④ 参见［日］平野龙一：《刑法概说》，95页，东京，东京大学出版会，1997。

⑤ 参见［日］平野龙一：《刑法总论》，Ⅱ，263页，东京，有斐阁，1975。

⑥ 参见［德］汉斯·海因里希·耶赛克、托马斯·魏根特：《德国刑法教科书》，上册，徐久生译，603页，北京，中国法制出版社，2017。类似的观点，还请参见［德］克劳斯·罗克辛：《德国刑法学总论》（第1卷），王世洲译，612页，北京，法律出版社，2005。

法性认识的可能性，违法性认识是故意、过失之外独立的责任要素。因为社会为了自身的存在和发展，设定了若干行为规范，期待社会成员遵守，这些规范也能够得到多数人的遵守，对于不遵守规范的人，应当给予惩罚。行为人所故意实施的行为，如果具有违法性，由于他作为社会成员，被推定为应当遵守规范和能够遵守规范，对其施加处罚就是妥当的，违法行为具有责任推定机能。但是，也存在例外的情况，在行为人完全不具有违法性认识的可能性，不可能形成反对动机的情况下，即使其对犯罪事实有认识，也不能对其违法行为进行非难，被推定的责任被阻却。根据责任理论，认识到构成要件事实，并产生了故意之外的违法性认识可能性的，就可能形成反对动机，实施适法行为，但是，行为人竟然实施了违法行为，因而值得赋予责任非难。可见，违法性认识只是影响、阻却责任的要素，而非阻却故意的要素。把违法性认识作为故意要素，会有诸多不足。

三、违法性认识作为责任要素的进一步讨论

应当认为，从实在论的角度看，刑法学通说关于区分事实故意和不法故意的主张，基本上都是“人为”的。刑法上所要禁止的行为及其后果，一定是偷窃、掠杀等“不光彩”的事情。构成要件事实的故意，不是行为人仅仅对要干一件事情有认识，而且是对要干一件“坏事”有认识，这种认识并不是绝对与规范无涉的。不法故意，只不过是在此基础上，对有意干一件“与法秩序相抵触的坏事”的认识。所以，事实故意和不法故意之间的差异极其细微。对于构成要件的实现有故意或者轻率的态度，也就通常存在违法性认识。故意实现构成要件，就包含着有意识地对法秩序的抵制，因此是对于故意责任而言所典型性地存在的思想上无价值的表达，就可以进行主观归责。① 由此，违法性认识的故意理论认为，没有违法性认识，就没有犯罪故意。② 行为人单纯认识犯罪事实，尚不足以对其进行追究责任的道义非难，必须在行为人明白知晓自己所为是法律所不允许的而仍然为之时，才能对其进行道义非难。构成事实认识基础上的违法性认识，使行为人可以形成抑制犯罪的反对动机，但其超越这种动机，实施违法行为。这就是故意犯的本质。

但是，从方法论的角度看，将违法性认识从故意中切割出来，作为责任要素看待，仍然是必要的，当前通说的观点值得维护。这就是说，从实在论的角度看，事实认识和不法认识纠缠不清，但在方法论上应该尽量将其区分开来。与此相同的情形是：从实在论的角度看，犯罪的本质是不法和责任两个要素，但在方法论上，应当在犯罪论体系上将其区分为构成要件该当性、违法性、责任三个阶层。事实是一回事，对事实的评价可能又是一回事。

我认为，违法性认识的故意理论需要认真对待以下问题：

1. 故意概念的边界在哪里

（1）违法性认识的故意理论可能对故意概念的统一性有损害。故意理论所提出的不法故意概念，既包含对犯罪事实的认识，也包括违法性认识的可能性，使责任故意（有关意思形成的责任判断对象的心理活动形式的故意）与违法性意识（意思形成过程中反对动机能否形成的规范意识）这两种本质上、把握方法上、机能上都不同的东西，被强行统一置于故意概念之下。这样的故意概念，可能会存在逻辑上的矛盾，从而造成概念上的混乱。③

故意，意味着行为人知道自己在做什么、在什么情况下行为，并且他的行为会有什么结

---

① 参见［德］约翰内斯·韦塞尔斯：《德国刑法总论》，李昌珂译，232页，北京，法律出版社，2008。

② 参见［日］藤木英雄：《刑法讲义总论》，212页，东京，弘文堂，1975；陈兴良：《本体刑法学》，345页，北京，商务印书馆，2001。

③ 参见［日］平野龙一：《刑法概说》，95页，东京，东京大学出版会，1997。

果。故意的成立，要求行为人对符合构成要件的客观事实必须有所认识，并在此基础上有意欲（希望或者放任）。由于符合构成要件的客观事实涉及行为（行为主体、行为客体和行为状况）、结果和两者之间的因果关系（客观归责）、规范的构成要件要素等，因此，行为人如果对这些事实没有认识，就不可能成立故意。这就说明，犯罪故意，的确主要涉及对事实及其伴随情况的认识，是一种“事实性认识”。它与违法性认识完全是性质不同的事物。我国刑法第14条关于故意的规定中，也只要求行为人明知自己的行为会发生危害社会的结果，即只要求行为人认识到结果，而不要求其认识到规范的态度。

违法性认识的意思是：行为人知道其行为违反法秩序，也知道法律对他的行为方式予以禁止的评价。对此，有学者指出，违法性认识并不以法律技术上的评价为前提，它不是有意识地反抗法律，而只是“外行的评价，认为法律规范‘可能不允许’这样的行为”。毫无疑问，这里并不以具有少数人才拥有的精确的法律知识为前提，因为法律并非是唯一的法律渊源。① 因此，违法性认识的对象是法律规范，而不是构成要件事实或者与事实有关联的要素。规范是法律上的当为命题，对于法律规范毫无所知，也不能排除故意，故意仍然存在，只是需要讨论责任是否存在的问题。此时，需要结合具体案件判断：行为人对法律的无知或者错误是否是不可避免的，如果得出肯定结论，就可以说行为人缺乏违法性认识。

这充分说明：违法性认识及其可能性是与故意、过失相区别的独立的责任要素。例如，甲盗窃他人的财物，事后知道该财物是假币，但以为个人可以携带真币出境，携带假币出境也不会有问题，就携带这些假币通过海关。甲明知是假币，而携带出境，走私的故意存在。至于其是否具有违法性认识，则是需要在实务中另外再评价的问题。又如，“SARS”流行期间，A得知政府要求所有豢养果子狸的人都必须严格管理该动物，A发现B喂养的果子狸有10只在外游荡，就将其杀死。A明知是他人的财物而加以毁坏，故意毁坏财物罪的故意显然是存在的，至于其是否有责任，则需要另行评价违法性认识是否存在。换言之，即使行为人对犯罪事实存在故意，但不可能认识到违法性时，就不可能形成不实施违法行为的反对动机，不能非难行为人，因此，不存在违法性认识的可能性是责任阻却事由，这也说明违法性认识可能性是与故意不同的另一责任要素。

对此，有德国学者指出：“故意只是针对构成要件而言，或针对属于构成要件的情状（事实上与法律上的情状）；法律上的当为，是不法意识的对象，这种不法意识并非行为人在心理意义上必须具有，而是在规范意义上，或能具有。”②

福田平等人则认为，作为责任要素的事实性故意，是构成要件的要素，是已经在构成要件中被确定的事实的认识，是从意思形成的角度来把握这种心理事实的。与此不同，违法性认识不能被看成是单纯的心理性违法的认识，而应该被看成是抵抗犯罪性意思决定的规范性意识，反对动机的形成是在规范性意识的形成过程中来把握的，两者的把握方法不同，因此，把违法性认识解释为作为心理活动形式的故意的要素不妥，应将两者作为不同的东西来把握。③

（2）违法性认识的故意理论可能会造成故意概念的矛盾。“故意”，就是“有意”“有认识”“知道”。但如果将违法性认识可能性或潜在的违法性认识也作为故意的内容，问题就产生了：即便不知道违法，但具有知道违法的可能性也是有故意，也是“知道”。这是很难讲得通的。而“如果从故意中除去违法性认识的可能性，就能回避这一用语的矛盾”④。

---

① 参见［德］冈特·施特拉腾韦特、洛塔尔·库伦：《刑法总论》，Ⅰ，杨萌译，225页，北京，法律出版社，2006。

② ［德］梯德曼：《附属刑法中的构成要件错误与禁止错误》，林东茂译，载《政大法学评论》，总第50期。

③ 参见冯军：《刑事责任论》，218页，北京，社会科学文献出版社，2017。

④ ［日］大谷实：《刑法讲义总论》，5版，407页，东京，成文堂，2019。

2. 理解故意和过失的区别在哪里

按照故意理论，存在故意时具有违法性认识，而过失则没有这种认识。但是，故意与过失的真正区别，并不在于违法性认识的有无，而在于行为人对于实现构成要件结果的态度。凡是“有意识地”实现犯罪，就是故意；反之，就应当是过失。直接故意是行为人有意识地实现犯罪，自不待言。间接故意的行为人对于构成要件结果虽然不积极追求，但是，结果一旦发生，行为人完全可以接受，其仍然具有有意识地实现犯罪的意思。疏忽大意的过失，一开始就没有实现犯罪的意图；过于自信的过失虽然认识到结果发生的可能性，但是没有实现犯罪的意图，构成要件结果的发生完全出乎意料，为其所不能接受。这充分说明：一方面，区分故意与过失，不能以行为人有无违法性认识为标准；另一方面，有实现构成要件结果的意图，就是有“事实的故意”。对犯罪事实有认识并且有实现犯罪的意思，就具备作为主观的构成要件要素的故意。所以，对犯罪事实的认识和意欲，是构成要件故意的全部内容；对故意的判断，不需要在事实性认识之外，附加违法性认识这样的内容。

按照责任理论，故意犯的成立，要求有违法性认识；过失犯的成立，也必须要有违法性认识。违法性认识可能性是故意犯和过失犯共同的责任要素，这是因为有违法性认识可能性实际上就意味着行为人具有“藐视法律的意思”。有违法性认识，行为人就能够形成反对动机，完全可以选择合法行为。虽然行为人可以毫无障碍地选择合法行为，但其竟然实施犯罪行为，这样从维护法秩序的角度看，在行为人高度藐视法律的场合，对其进行责任非难就是合理的。将故意犯和过失犯比较起来看，故意犯往往具有现实的、具体的违法性认识，藐视法律的意思更为强烈，所以需要给予较为严厉的责任非难。过失犯大多只具有违法性认识可能性（潜在的违法性认识），行为人藐视法律的意思并不强烈，所以责任非难的程度应当较故意犯为低。这就可以解释对故意犯要给予比过失犯更重的处罚的理由。故意犯存在危险犯、未遂犯等形态，法益受损的实害结果有时并未发生；过失犯都是结果犯，如果单纯从法益侵害的角度看，对过失犯可以给予比故意犯更重的处罚，至少可以和故意犯同等处罚，因为过失犯对法益的实害一点不比故意犯的要少，但是，理论上和实务中都认为故意犯的非难可能性要大于过失犯的非难可能性，故意犯和过失犯在违法性认识的“程度”上有差异，乃是故意责任重于过失责任的理由之一。

3. 事实故意和违法故意在司法证明上的差异在哪里

一方面，对违法性认识在判断上采用的是推定方法。违法性认识的可能性，是故意、过失责任判断上的消极要素。对事实有认识，就意味着对被推定为违法的行为有认识（故意的责任）；对事实有预见可能性，就能间接推定存在违法性认识的可能性（过失的责任）。在当今资讯发达的大背景下，国家对法律规范采用合理方法宣传的，就推定民众知道该法律。因此，在不明确知道法律的场合，违法性认识的可能性也可以推定其存在，个人的违法性认识错误回避可能性也应该存在。只是在极其个别的情况下，才否定行为人的违法性认识可能性。换言之，对违法性认识可能性这一责任事由，并不需要控方积极证明，在被告人提出线索、证据之后，控方只需要说明该疑问不存在就可以了，控方的义务即履行完毕。另一方面，故意、过失这种事实性认识，是需要检察官提出一系列主、客观证据，明确地加以证明的“案件事实”。在控方并未履行法定职责，对故意、过失的事实、线索、证据等积极举证的场合，法院可能得出被告人无罪的结论。

由于对违法性认识是否存在不需要采用证明的方法，如果将违法性认识作为故意要素，那就只得说针对故意中的事实认识，需要控方证明；针对违法故意则用推定，不需要控方证明。但是，指控犯罪的责任，包括提出证据证明被告人存在犯罪故意的证明责任，只能由控方承担，这是现代刑事诉讼的原则。认为犯罪故意中的部分内容不需要控方举证，而需要被告方举证，控方只需要予以反驳即可的观点，与刑事诉讼的法理不符。

4. 故意理论对某些案件的处理结论是否值得进一步推敲

故意理论主张，违法性认识属于故意的要素，发生违法性认识错误时，足以阻却故意，但随之会产生是否成立过失犯的问题。将这一观点运用到实务中，会产生一些值得质疑的结论。在德国刑法中，有这样的案件：行为人 A 在 B 不知道的情况下，将自己与 B 之间所打的电话进行了录音（德国刑法第 201 条），但是 A 没有想到这样做是被禁止的；C 为了慈善的目的，公开组织了博彩活动（德国刑法第 286 条），但是他没有料到对此自己需要一项官方的批准；D 诱奸一名 15 岁的少女（德国刑法第 182 条），他知道对方的年龄，但是他以为自己的行为是被允许的。按照违法性认识的故意理论，上述案件的被告人都是无罪的，因为他们都不能认识违法性，所以缺乏故意；前述行为的过失犯又不受刑法追究，相应地过失犯罪不成立。

责任理论主张，违法性认识是故意、过失共同的责任要素，陷于违法性认识错误的行为，如果具备相当的辩护理由，就会阻却责任，这样，故意、过失都不成立，对被告人应当作无罪处理；在行为人能够避免其错误时成立故意，只不过应当从轻处罚。那么，上述案例的被告人成立故意犯罪的可能性仍然是存在的。“一个从绝对无关紧要性出发而不关心法律的人，在其违章行为的案件中，是不应当判得比那种故意对此不予理会的人更轻的；另外……当行为人能够避免其错误时，就能够借助一种从轻的故意刑罚……对他进行惩罚。”①

5. 故意理论是否无助于贯彻规范责任论

规范责任论在从非难可能性中寻求责任根据时，强调要充足责任要素，行为人必须有违法性认识。这里所谓的违法性认识，显然不是指单纯的心理事实，而是指抑制犯罪意思决定的规范意识，应在其形成过程中考虑到反对动机的形成。如行为人对行为的违法性缺乏认识的可能性，就不能对此加以非难。② 规范责任论并不是要彻底排斥心理责任论，只是认为对责任的判断，需要在心理事实判断的基础上，作进一步的规范评价。在对故意、过失是否存在进行分析时，当然应当依照心理责任论确定故意、过失的有无，这只涉及事实性判断。在故意、过失具备的情况下，再考虑行为人对法规范的态度（违法性认识判断），以及对行为人进行个别化的归责是否妥当（期待可能性判断）。所以，根据规范责任论，在进行责任判断时，确定责任能力、故意和过失，属于事实判断的内容；对违法性认识、期待可能性的分析，才是规范判断的内容。规范责任论是在心理责任论的基础上融入了规范分析，并不意味着对作为心理事实的故意、过失概念，要加入规范判断的内容。规范判断是在确定故意、过失存在之后，分析责任有无时需要加以确定的情况。因此期待可能性、违法性认识都不是故意、过失范畴中的一部分。

对此，平野龙一教授指出：规范责任论是以心理责任论的故意、过失为基础，在此之上，进行规范判断。故意、过失是非难的基准，违法性认识、期待可能性是在此基础上所进行的规范分析，违法性认识和故意不是同一层次的东西。心理责任论认为，责任能力者故意或者过失地实施行为时，具有责任。规范责任论主张，具有故意、过失，但是没有违法性认识、期待可能性的，没有责任。从这个意义上讲，规范责任论是以心理责任论为基础的，说规范责任论和心理责任论之间存在对立，并不妥当。③ 这充分说明，在故意、过失内部，本身只含有事实认

① ［德］克劳斯·罗克辛：《德国刑法学总论》（第 1 卷），王世洲译，609、611 页，北京，法律出版社，2005。
② 参见陈兴良：《违法性认识研究》，载《中国法学》，2005 (4)。
③ 参见［日］平野龙一：《刑法概说》，72 页，东京，东京大学出版会，1997。

识的内容，而不含有法规范违反性评价的内容①，规范责任论只是强调要在确定故意、过失存在之后，进一步判断违法性认识是否存在，以确定非难是否可能。

四、违法性认识错误

（一）违法性认识错误的概念

违法性认识错误，是指对自己的行为在法律上的意义的不正确认识。行为人由于不知法律或者误解法律，把自己实施的犯罪行为误认为不是犯罪。例如，与13岁的幼女发生性关系，以为幼女同意，自己就不构成犯罪，但是实际上应成立强奸罪。这个意义上的法律错误，就是违法性认识错误。在错误原本可以避免，行为人存在违法性认识可能性时，违法性认识错误并不影响行为人的责任。但是，在违法性认识错误难以避免的场合，能否定罪就成为问题。因此，讨论违法性认识错误，有助于在法定犯激增的当代社会为个别行为人的出罪或者从宽处理寻找责任论上的依据。

（二）违法性认识错误的具体判断

1. 违法性认识错误能否避免的判断标准

关于违法性认识错误避免可能性的具体判断标准，一直是一个有争议的问题。(1) 客观标准。传统的观点是“相当的理由”标准，即一般人标准：社会中的一般人处于行为人的地位，在同等条件下，是否会错误地认为自己的行为是合法的。如果一般人也这样看待问题，就不能谴责行为人。(2) 主观标准。目前，处于多数说地位的主张是个人“回避可能性说”——如果考虑到责任都是个人责任，为防止国家威权主义，就应当以行为人在具体情况下的个人能力为标准进行判断，考虑避免这样的错误对于这个特定的行为人来讲是否有可能。如果存在避免这种违法性认识错误的可能，但没有认识到违法性的，就能够进行非难，从而将回避可能性作为判断基准。(3) 折中说。该说主张，在通常情况下，以一个人的能力作为判断错误避免可能性的标准。但对于涉及行为人职业上的工作领域，或者在法律上加以特殊规制和调整的生活领域，就应当采取在这个领域中一般人的客观的评判尺度。即使行为当时本人的实际能力在这个一般基准之下，也不能因此免责。在实践中，经常可以见到这样的案例：行为人在进入某个特定的工作场合或职业领域之前，没有及时学习本应当学习的相关的法律知识，等到其实施某项构成要件行为的时候已经来不及了解了。例如，一个没有学习交通规则的人就开车上路，那么，当他因为认识错误而违反交通规则的时候，这就是一个本可避免的违法性认识错误。而将这种错误认定为本可避免并因此追究行为人的责任时，就必须追溯到其先前对于相关规范知识的不予了解上面去。在涉及“特殊规范或专门规范”的可识别性的场合，采用规范化的、一般性的尺度，比采用心理事实的、个别化的观点更有优势。相反，在针对每个普通人的法律规范面前，则采用个别的、事实性的尺度更加妥当。

我认为，客观标准说和折中说的观点都是值得商榷的。(1) 责任，在自然人犯罪的场合，一定是个人责任，即个人的非难可能性的判断，原则上是个别的判断、主观的判断。将一般人、社会平均人能否避免作为避免可能性的判断基准，和责任主义、个人自由主义的初衷相悖。(2) 对违法性认识错误的避免，不是仅指在认识到违法性时对错误的避免，也包括具有违法性认识可能性（潜在违法性认识）时对错误的避免。违法性认识的可能性，即基于行为人的

① 当然，这并不意味着行为人对客观的规范构成要件要素不需要认识。在故意犯罪里，在某些犯罪中，对物品的“淫秽性”、财物的“他人性”这些规范性构成要件要素需要认识；在过失犯罪中，对于行为违反客观的注意义务，应当预见这些含有规范性质的要素，也要求其认识。但这种对规范构成要件要素的认识，不等于违法性认识，也不等于对故意、过失进行违法性认识意义上的规范评价。

认识能力和价值观念，有能力认识到行为的不法性质。从事特定行业的人，即便其事先并未认真学习相关规则，不具有明确的违法性认识，但是，关于从事该行业的风险在哪里，可能与哪些规则、规范相冲突，该行为人并不是完全没有认识，其潜在的违法性认识是存在的。在存在这种违法性认识可能性的前提下，对其不注意规范效力的行为，可以认定其存在违法性认识错误的避免可能性。(3) 对回避能力的理解，不能脱离特定从业者的法益风险认识能力。认识能力是回避能力的前提，具有特殊认识能力的人，具备回避违法性认识错误的义务，也具有不实施违法行为的反对动机。回避能力存在于其特殊认知当中。对于折中说所主张的“行为人在进入某个特定的工作场合或职业领域之前，没有及时学习本应当学习的相关的法律知识，等到其实施某项构成要件行为的时候已经来不及了解了”的情形，应当解释为：行为人作为特定行业的从业者，其对法益风险、对违法性认识错误的认识能力明显高于社会一般人，不实施危险行为、回避这种错误的能力也因此会高于一般人，而不能认为其回避能力低于一般人。(4) 如果立足于规范责任论，对违法性认识错误避免可能性的判断，就不是纯粹的事实判断，而是规范判断。折中说的观点仅仅看到了在行为当时行为人“没有学习过”有关法律规范、法律知识的事实或现实，但是，忽略了行为人处于特定从业者地位，能够有更多的便利条件去了解、学习、掌握法律知识这一点。其实，从规范的角度看，行为人的违法性认识可能性恰恰存在于其特定的身份和义务中。因此，对处于特定地位的、负有法定义务的人而言，即便不了解法规范的取向，也应该认为其违法性认识错误是可以避免的。这样说来，违法性认识错误避免可能性的合理判断基准不是一般人，而是具体状况下行为人本人的个人能力。

2. 违法性认识错误不可避免的情形

在对故意、过失作出判断之后，要进一步分析违法性认识是否存在时，就需要考虑：对绝大多数犯罪而言，确认行为人对犯罪事实有认识，也就可以进一步推定其具有违法性认识。自然犯提出其存在违法性认识错误的，难以被认可。在法定犯领域，因为行政法规数量多、变化快，行为人经常以不了解相关法律作为辩护理由，但是，其欠缺违法性认识、错误不能避免的辩解在多数情况下并不能成立，主要理由是：(1) 行为人对自己的行为是否为行政法律规范所反对有疑虑时，就负有查明规范的义务，不能以自己的揣测来主张有难以避免的错误。(2) 多数行政和经济领域的从业者了解规范的能力强、途径与机会多，其具有违法性认识可能性。(3) 违法性认识以可能认识到刑罚可罚性为必要。行为人认识到自己的举止可能产生民事或者行政法上的处罚效果，极有可能为刑法所反对时就具有违法性认识可能性。当然，如果由于刑罚法规突变，某一法定犯的违法性认识错误确实难以避免的，则阻却故意、过失。(4) 在有的案件中，根据行为人对犯罪事实的认识程度、经历、一贯表现、受教育程度、性格、人格等情况综合判断，足以认定其具备违法性认识的可能性，就可以看出行为人反规范的态度，可以判断其具有故意。

当然，在例外、特殊情况下，违法性认识可能性不存在。① 这些情形大致有：(1) 由于通信不发达、所处地区过于偏僻等原因，行为人确实不知某一法律、法规的存在。(2) 由于国家相关法律宣传、行政管理职能部门的懈怠，行为人对自己的行为是否违反特定领域的行政、经济法规，完全不可能意识到。(3) 刑罚法规突然改变。(4) 法律规范体系完全不同的外国、境外人士进入我国境内时，对自己的行为可能违反法规范不存在认识或者存在错误认识（例如，某些物品在个别国家是自由进出境的，甲到我国境内居住，在搬家时将我国海关管制的物品私

---

① 参见［日］松原久利：《违法性的认识》，载［日］西田典之、山口厚编：《刑法的争点》，71页，东京，有斐阁，2000；冯军：《刑事责任论》，231页，北京，社会科学文献出版社，2017。

自携带进境的，其缺乏走私犯罪的故意，同时存在违法性认识错误)。(5）知道刑罚法规的存在，但由于法规之间有抵触，行为人错误地解释刑法，误以为自己的行为合法。(6）行为得到了主管部门的长期认可（例如，行为人的越界采矿行为一直被默许，有关行政主管部门还曾派人到现场进行业务指导的，行为人存在违法性认识错误)，或者从值得信赖的权威机构（如司法机关）那里获得值得信赖的信息，或者阅读以前法院作出的判决，根据相关结论，认为自己的行为合法。[①]（7）行为人知道他人以前曾经实施类似行为，并没有得到刑罚的否定性评价，从而坚信自己的行为合法。行为人缺乏违法性认识，责任故意仍然存在，但是责任要件要素不齐备，犯罪不能成立。

（三）违法性认识错误的处理

违法性认识错误是否阻止故意，与成立故意是否要求具有违法性认识存在直接关联。我国刑法学长期认为行为人有无违法性认识不重要，由此导致违法性认识错误理论不发达，而错误论是检验犯罪论正确与否以及是否能够实现正义的试金石。违法性认识错误对刑事责任究竟有何种程度的影响？按照我国刑法学的通说，会得出基本无影响的结论。这样就导致错误论问题被人为地简单化，不能回应实践中复杂的案件所提出的各种问题。故意理论和责任理论对立，在违法性认识错误不可避免的场合，其结论没有差异，都会得出不处罚被告人的结论，但故意理论认为此时被告人系因欠缺故意、过失而无罪，责任理论则认为被告人没有非难可能性。对可避免的违法性认识错误，故意理论和责任理论的处理结论就大相径庭：故意理论认为，被告人的行为因欠缺违法性认识而不成立故意犯罪，但不排除过失犯罪的成立；责任理论则认为，被告人的行为仍然成立故意犯罪，只不过因其罪责相对较轻，而可以从宽处罚。

表 9-1 违法性认识错误的处理

基本观点	故意说	责任说
主要理由	(1) 违法性认识错误和构成要件错误都是误以为行为合法； (2) 违法性认识属于不法故意； (3) 将违法性认识放在故意论中讨论不会放纵犯罪	(1) 违法性认识是认识到行为与整体法秩序相抵触，与事实认识（故意）不同； (2) 将违法性认识作为故意要素会造成处罚漏洞
法律效果	(1) 不可避免的违法性认识错误，行为人欠缺故意、过失而无罪责； (2) 可避免的违法性认识，可能成立过失犯罪	(1) 不可避免的违法性认识，责任非难可能性不存在，行为人无罪责； (2) 可避免的违法性认识错误，成立故意犯，仅减免其刑

第四节 期待可能性

一、期待可能性的概念

期待可能性，是指从行为时的具体情况看，可以期待行为人不为违法行为而实施适法行为的情形。

法律不强人所难，只有当一个人具有期待可能性时，才有可能对行为人作出谴责。在期待不可能的情况下，也就不存在谴责可能性。在这个意义上说，期待可能性是一种归责要素，缺

① 从律师、税务代理人等中介组织人员处，而非国家权威机关处得到一些信息，从而认为自己的行为合法，但实质上违反法规范的，不认为欠缺违法性认识可能性。

乏期待可能性则是一种责任排除事由。

期待可能性是就一个人的意志而言的，意志是人选择自己行为的能力，这种选择只有在具有期待可能性的情况下，才能体现行为人的违法意志。有无期待可能性是是否阻却责任的事由，不是由法律明确规定的，所以被称为“超法规的阻却责任事由”，其是否存在需由法官具体判断。期待可能性理论是规范责任论的核心，是责任论从心理责任论向规范责任论转向的必然产物。期待可能性理论来自德国法院1897年对“癖马案”所作的判决：行为人多年以来受雇驾驶双匹马车，其中一匹马具有以其尾绕住缰绳并用力压低马车的癖性。行为人多次要求换一匹马，但是，雇主没有答应他的要求。某日该马劣性发作，车夫采取了所有紧急措施，但马仍然撞伤他人。法院判决行为人无罪，因为很难期待行为人坚决违抗雇主的命令，不惜失去职业而履行避免其已预见的伤害行为的结果发生的义务。“癖马案”的时代背景是：19世纪末20世纪初的德国，经济较为落后，劳苦大众生活艰难，失业率高。在这种情况下，“癖马案”中期待行为人坚决违抗雇主的命令，不惜失去职业而履行避免其已预见的伤害行为的结果发生的义务，确实是强人所难。所以，法院根据行为人所处的社会关系、经济状况否定了期待可能性的存在，从而否定了在损害结果的发生上行为人的应受谴责性。

“癖马案”判决发表之后，麦耶于1901年首先提及期待可能性问题；1907年弗兰克将“癖马案”判例在其论文《论责任概念的构成》中加以采纳，成为期待可能性理论研究的开端。弗兰克反对仅把犯罪心理要素作为责任内容的心理责任论，提出“非难性”和“非难可能性”的概念，认为责任应当包括以下内容：(1) 责任能力；(2) 故意或过失；(3) 正常的附随性状，即行为时四周之状况处于正常状态之下。也就是说，可以期待行为者为合法行为。在弗兰克之后，施密特基本上完成了期待可能性理论，他认为，法律规范具有两种作用：(1) 判定某行为是适法还是违法的评价规范作用；(2) 命令行为者必须决意采取合法态度而不得决意采取违法态度的命令规范作用。对于前者是有关客观的价值判断，对于后者是有关判断责任之规范，故只能依据命令规范而为意思决定之人，如违反其期待而决意实施违法行为时，才发生责任问题。

期待可能性理论经过上述主要代表人物的不断发展和完善，为有的国家的刑法实务所承认。后来，这一理论被试探性地运用于司法实践中。运用期待可能性理论的好处在于：考虑行为人本身的情况，不强人所难，能达到事实上的合理，不给其附加多余的义务，刑法对脆弱的人性给予适度同情。但是，期待可能性理论也存在明显不足：期待可能性是超法规的事由，由法官具体解释，容易导致被告人以其他事由阻却责任，从而冲击成文法的权威和社会秩序。“期待可能性毕竟是一种理论，在对法规范作出柔性解决的同时如果滥用也可能损害法规范本身的确定性，这是必须加以警惕的。”①

需要特别指出：期待可能性理论在21世纪初来在中国刑法学界似乎成了一个讨论重点，在许多人看来，期待可能性是解决很多问题的良方。比如，对于某农民工讨薪过程中因与欠薪者以外的第三人有其他纠纷而故意杀害数人的情况，也有人认为可以用期待可能性为该农民工进行辩护。但这种将期待可能性泛化的做法是否妥当还值得质疑。无论如何，期待可能性毕竟是现行刑法上没有明确规定的所谓“超法规的责任阻却事由”，是在利用成文刑法处理案件可能会导致不太容易被公众接受的场合，适度考虑人情世故，而对成文刑法进行的变通。但是，既然有成文刑法关于行为构成犯罪的规定，过于夸大期待可能性理论的意义，或者在实际处理案件时过度适用期待可能性，都可能使刑法的效力大打折扣，使法治的精神受到冲击。在一些

① 陈兴良、周光权：《刑法学的现代展开》，297页，北京，中国人民大学出版社，2006。

高度法治化的大陆法系国家，虽然理论上和实务中都承认缺少期待可能性属于“超法规的责任阻却事由”，但是，在具体判决中，对采用期待可能性理论持谨慎、消极态度。有的案件中，一审法院以缺少期待可能性作出无罪判决，二审法院可能以不符合构成要件或者不具有违法性为理由维持一审法院的无罪结论，尽量避免从正面讨论期待可能性的有无问题。①

所以，要维护法治的精神，就应当对期待可能性理论谨慎适用。对极其个别的轻微犯罪、过失犯罪，确实不能期待行为人实施适法行为的，可以用期待可能性进行辩解。但是，对于绝大多数犯罪，尤其是情节严重、可能涉及被害人重大的人身和财产法益的犯罪，应当排斥期待可能性的适用。在刑法学理论体系改造过程中，期待可能性的价值绝对不能被夸大。

二、判断标准

应当根据什么标准判断期待可能性，是在刑法理论上存在争论的问题。对此，主要存在以下学说：(1) 行为人标准说，即在行为时，该行为人作出其行为之外的适法行为的可能性。这是把行为人本身的情况作为判断期待可能性的标准。(2) 平均人标准说，即根据社会通常人的情况，将能否作出与行为人同样的行为作为判断期待可能性的标准。(3) 国家标准说，即从国家法秩序的立场出发，期待行为人作出合法行为，以此作为判断期待可能性的标准。

就以上三种判断标准而言，各自都有不足。相对而言，行为人标准说更为妥当，因为：一方面，期待可能性的宗旨是对在强有力的国家法规范面前喘息不已的个人给予救济；另一方面，责任是对该当构成要件且违法的行为的实施者进行人格非难。所以，应当站在行为人的立场上，设身处地地考虑其作出意志选择的可能，从而使归责更合乎情理。对此，西田典之教授指出：“作为期待可能性的标准，一般人标准说属于通说，但既然问题在于具体的谴责可能性，还是应该采取行为人标准说。”②

三、体系性位置

对于期待可能性在责任论中的体系性地位问题，理论上见解不一。

(一) 第三责任要素说

该说把期待可能性理解为与责任能力、故意及过失并列的第三责任要素。虽然期待可能性是指向行为人的主观的，是对行为人主观选择的期待，但是，与故意或过失不同，它不是行为人的主观的、心理的内容本身，而是从法规范的角度对处于具体状况下的行为人的主观选择的评价。期待可能性判断必须考虑行为当时的实际情况、有无特殊事由存在等。可以说，故意、过失是主观性归责要素，而期待可能性是客观性归责要素，期待可能性是独立于故意、过失之外的归责要素之一。问题在于：如果三者并列，则期待可能性就成为犯罪事实的一部分，就要求司法机关证明，就会加重控方的责任，由其专门证明有无期待可能性。这在司法实务中不太现实。

(二) 构成要素说

该说把期待可能性理解为故意与过失的构成要素。其面临最大的批评是：故意、过失是对基本事实的认识，而期待可能性不涉及基本的行为事实之有无；期待可能性并不具有区分故意、过失的功能。

(三) 责任阻却说

该说认为，期待可能性既不是与责任能力、故意及过失并列的第三责任要素，也不是故

---

① 参见［日］平野龙一：《刑法概说》，99页，东京，东京大学出版会，1997。

② ［日］西田典之著，［日］桥爪隆补订：《日本刑法总论》，3版，313页，东京，弘文堂，2019。

意、过失的构成要素，应当将不存在期待可能性的情形，理解为一种责任阻却事由。

在上述三说中，第三责任要素说与构成要素说直接对立。第三责任要素说将期待可能性看作独立于故意与过失的责任要素，具有故意与过失，不存在期待可能性的，仍然不能归责。而构成要素说将期待可能性视为故意与过失的构成要素，不存在期待可能性则不成立故意与过失。责任阻却说在适用上有充分的妥当之处，但是只对期待可能性作消极的理解，而不是对责任要素作积极的研究，所以存在不合理的地方。在此问题上，通说的立场是第三责任要素说，这是比较合理的观点。在实际处理案件时，需要注意：只要存在以行为人的内心性要素为基础的故意、过失，一般就可以说行为人有责任，没有期待可能性的事态只是例外的情况。期待可能性是与行为人的内心态度明显不同的所谓客观的责任要素，把它解释为与故意、过失不同的责任要素，在理论上更为简明易懂。所以，在个案中，需要在确认个人有故意、过失之后，再考虑是否有必要利用期待可能性理论为被告人辩解，以求得实质上的合理性。有无期待可能性，只需要在确定被告人有故意、过失，但是以犯罪处理又明显不合理的案件中加以证明。在刑事诉讼中，首先提出行为人缺乏期待可能性且需加以证明的责任应在辩护方，控方只在提出反驳意见时才需要提出相应的证据。

在一般情况下，具有责任能力的人，基于故意、过失实施某一行为，通常就存在期待可能性，所以，行为人有无期待可能性，在绝大多数案件中，都不需要特别予以考虑。但在某些特殊情况下，期待可能性的判断仍然是必要的。例如，有配偶而与他人结婚，构成刑法上的重婚罪。但因自然灾害而流落外地，在为生活所迫与他人重婚的情形下，行为人明知本人有配偶，具有事实性认识；明知重婚违法，具有违法性认识；在这种情况下仍然与他人结婚，具有心理性意志，但由于是为生活所迫而与他人重婚，缺乏期待可能性，因而没有责任。对此，不能以重婚罪论处。又如，最高人民法院关于盗窃罪的历次司法解释都指出，亲属间相互盗窃的，一般不作为犯罪处理；实在有追究必要的，也应与社会上的盗窃相区别。这也考虑了期待可能性问题。再如，亲属间对他人犯罪的包庇，也是欠缺期待可能性的。此外，对防卫过当、避险过当减轻处罚，也是考虑行为人的期待可能性较低。大量、恶意购买假币而使用，犯罪人的责任重，量刑相对重；而误收假币后，为减少自己的损失而使用，因为期待可能性较低，所以，处罚相对较轻。当然，期待可能性的范围不能太广，否则可能导致司法无序。在判断有无期待可能性时，需综合多种因素考虑，谨慎适用。

最后需要指出，对行为人实施合法行为的期待可能性，存在程度上的区分，可分为阻却责任的期待可能性和减轻责任的期待可能性。行为人无实施适法行为的可能性的，应当免除责任；行为人虽有实施适法行为的可能性但该可能性较低的，应当减轻责任。同时，应当对可以减轻责任的期待可能性情形作出区分，并考虑行为人的个体差异。如果在责任大小的判断上不考虑行为人的个体差异，对于某些行为人就可能是放纵；相反，对某些行为人则可能要求得过于严苛。因此，需要考虑个案中行为人的能力差异适用期待可能性，以确保案件处理结果的公平、正义，与国民规范意识保持一致。

第十章　客观处罚条件

第一节　客观处罚条件的概念

一、客观处罚条件的概念

一般认为，客观处罚条件，是指某种行为举止，与构成要件该当性、违法性和责任无关，但由于其与行为存在一定关联，而被作为犯罪成立要件之外的、决定行为可罚与否的实体要素。在不具备客观处罚条件时，实务中会得出被告人无罪的结论。这就使该条件成为“刑罚障碍”“处罚门槛”，具有限制处罚范围的功能。

在日本，对客观处罚条件的讨论，一般限于事前受贿罪中公务员的事后就任、诈欺破产罪中破产宣告的确认等范围。在德国，被认为属于客观处罚条件的情形有：醉酒后，在昏醉状态中实施违法行为；诽谤罪中对有损于他人名誉的事实不能证明其真实性①；参与斗殴罪中的严重后果；破产犯罪中的停止支付、宣告破产等。

客观处罚条件这一概念，在成文刑法上并未作出规定，而是理论上归纳提炼出来的。“客观处罚条件，可以说是刑法体系化、精致化之后的产物。”② 虽然大陆法系的德、日等国刑法学界对这个概念的讨论有数十年，但是，人们对客观处罚条件的性质、体系性地位等问题的争论都远未结束。在我国处于通说地位的犯罪构成四要件说中，客观处罚条件没有存在余地。③ 但是，我国刑法立法中已经逐步出现为数不少类似于客观处罚条件的规定。如何理解和适用这些规定，是理论上不可回避的问题。

二、客观处罚条件和事实的处罚排除事由

在我国刑法的某些条文中，有的是关于客观处罚条件的规定，有的是关于“事实的处罚排除事由”的规定。但能否认为关于“事实的处罚排除事由”的规定，实质上是以存在客观处罚条件规定为前提的，甚至认为“事实的处罚排除事由”就是客观处罚条件？为此，有必要对客观处罚条件和“事实的处罚排除事由”的关系加以界定。

排除处罚的根据，是指某种特殊情节的“不存在”才是刑事可罚性的前提。一般认为，客观处罚条件和“排除处罚的根据”是相对的概念。“排除处罚的根据”包括三种情形：（1）个人的处罚排除事由。这主要是因为某种身份的存在，刑罚处罚难以实现。这种排除刑罚的规定

---

① 参见［德］汉斯·海因里希·耶赛克、托马斯·魏根特：《德国刑法教科书》，下册，徐久生译，752～753页，北京，中国法制出版社，2017。对此，也存在争议。有的学者认为，醉酒后在昏醉状态中实施违法行为不是客观处罚条件的问题；诽谤罪中对事实真实性的证明是违法阻却事由。但本章采纳德国刑法学中承认其为客观处罚条件的学说。

② 林钰雄：《新刑法总则》，325页，台北，元照出版有限公司，2014。

③ 如后面中所指出的那样，张明楷教授的“客观的超过要素”概念，虽然是在四要件框架内提出来的，但其是以不承认客观处罚条件概念为前提的，所以，不能认为在四要件框架内有客观处罚条件的容身之处。

只对具有这种身份的人适用，例如，享有外交特权、议员身份，有时是排除刑罚的根据。德国刑法规定，在议会中侮辱其他议员的，即便其行为具有违法性，但为防止妨碍议会的民主氛围，对议员的行为不罚。日本刑法规定，亲属之间实施赃物犯罪的，免除处罚。（2）事实的处罚排除事由。因为某种事实不存在，才能进行处罚。我国刑法第201条逃税罪中不予追究刑事责任的规定，就是设置了事实的处罚排除事由。（3）个人的撤销刑罚事由。这主要是指中止已经实行终了的犯罪，从而应当减轻或者免除处罚的情形。在这种情况下，应受处罚的行为其实早就存在了，但是刑法对于行为人事后的诸种努力给予鼓励。中止或者类似于中止的情形，虽然不能改变违反法律秩序的事实，但是，会显著减轻违法的严重程度，所以可以免除刑罚处罚。例如，按照我国刑法第351条第3款的规定，非法种植罂粟或者其他毒品原植物，在收获前自动铲除的，可以免除处罚。该规定的效力只及于自动铲除者，不及于事先参与共同种植毒品原植物的人。

必须指出，在上述排除处罚的根据中，第一、三种情况（个人的处罚排除事由、个人的撤销刑罚事由），都只对行为人个人发生效力，没有类似于客观处罚条件能够平等地适用于所有人的特征，因此，与客观处罚条件在性质上并不相同。但是，第二种情况即“事实的处罚排除事由”和客观处罚条件之间的差异很小，甚至可以说它们是“一体之两面”：凡是具有事实的处罚排除事由的情形，就不能进行处罚，客观的处罚条件就不具备；凡是符合客观处罚条件的，事实的处罚排除事由就不存在。罗克辛教授对此指出：“在客观的刑事可罚性条件和事实的排除刑罚的根据之间所存在的区别，纯粹是形式上的。例如，无论人们把恶意诽谤时没有提出真实的证据称为客观的刑事可罚性的条件，还是把成功地举出真实的证据称为事实的排除刑罚的根据，都是一样的。”① 那么，可以说，客观处罚条件的反面就是处罚排除条件，即事实的处罚排除事由。在刑法分则中，只要不是典型的违法要素，无论立法上从正面规定客观处罚条件，还是从反面规定事实的处罚排除事由，实质上都是对客观处罚条件的规定。例如，对于收买被拐卖的妇女、儿童罪，刑法规定事后出现某种特殊情况的，可以不予追究刑事责任。在立法上规定因为某种事由的出现在处罚上就可以网开一面，就是关于事实的处罚排除事由的规定，但同时也是关于客观处罚条件的规定。②

三、我国刑法学关于客观处罚条件概念的相关争论

在我国刑法学中，对于客观处罚条件的讨论并没有完全展开。更何况，我国刑法学中处于通说地位的犯罪论体系并未为客观处罚条件的存在预留空间。四要件说主张：犯罪构成要件是相对封闭的结构，犯罪构成是成立犯罪所必须具备的一切主、客观要件的总和，行为符合犯罪构成就成立犯罪，犯罪构成是认定犯罪的唯一依据，行为具备了四个方面的要件就成立犯罪，也就具备了实质上发动刑罚权的理由。③ “刑事责任是连接犯罪与刑罚的纽带，三者各自独立又互相联系。”刑事责任通过刑罚和非刑罚处理方法来实现，行为符合犯罪构成，就必须被追究刑事责任、受到相应处罚。犯罪行为较重的，刑事责任就重，所应受到的刑罚处罚也就相应较重。④ 所有的要素，不管是揭示违法性还是确立责任的要素，都是构成要件要素，因此，不可能在犯罪构成之外承认所谓客观处罚条件，否则，就会出现行为符合犯罪构成还不被追究刑事责任的局面。“如果刑法将某种客观因素规定为成立犯罪或追究刑事责任所必须具备的条件，

---

① ［德］克劳斯·罗克辛：《德国刑法学总论》（第1卷），王世洲译，691页，北京，法律出版社，2005。

② 只要立法上保留着“可以”不予追究的可能性，我的前述理解就应该是可以成立的。

③ 参见高铭暄、马克昌主编：《刑法学》，9版，48页，北京，北京大学出版社，2019。

④ 参见上书，201页。

那么，就应当承认这种因素是犯罪构成的要件，而不能将其作为犯罪构成以外的客观处罚条件来对待。易言之，不应将说明行为的社会危害性而为成立犯罪所必须具备的要素，区分为犯罪构成要件要素与客观处罚条件。因此，将客观处罚条件作为犯罪成立要件以外的因素的体系或观点，不能被传统的四要件体系所接受。”① 坚持四要件说，就会得出客观处罚条件“不要说”的结论，因为确实不能认为在有些犯罪当中，存在一个游离于犯罪构成客观要素之外、影响刑罚处罚的条件。②

但是，对于我国刑法中类似于国外客观处罚条件的规定，如何在维持犯罪构成四要件体系的前提下进行解释，在理论上就是一个难题。例如，刑法第 129 条规定，依法配备公务用枪的人员，丢失枪支不及时报告，造成严重后果的，处 3 年以下有期徒刑或者拘役。本罪在客观方面的要件有三个要素：丢失公务用枪；不及时报告；造成严重后果。显然，行为人主观上必须认识到公务用枪已经丢失，认识到应当及时报告而不及时报告。但对于造成严重后果是否需要行为人认识，学者间歧见纷纭。张明楷教授的解决思路是：本罪中的“造成严重后果”虽然是构成要件，但不需要行为人对严重后果具有认识与希望或放任态度。“造成严重后果”成为超出故意内容的客观要素，属于“客观的超过要素”。在张明楷教授那里，客观的超过要素仍然是犯罪构成要件的要素，即仍然属于犯罪构成的内容，而不是犯罪构成要件以外的内容，不是所谓的客观处罚条件，只是不需要行为人认识、预见而已。于是，犯罪构成作为认定犯罪的唯一法律标志的观念仍然得到维持，从而避免体系上的混乱。张明楷教授认为，类似的规定还有刑法第 397 条滥用职权罪中“致使公共财产、国家和人民利益遭受重大损失”，刑法第 339 条第 2 款擅自进口固体废物罪“致使公私财产遭受重大损失或者严重危害人体健康”等。③

客观的超过要素概念提供了解决我国刑法某些难题的一种进路，但其并非不可置疑。在大陆法系国家，犯罪概念具有相对性，犯罪成立条件之间具有阶层的递进排除关系，对一个行为往往要经过多次过滤后才能确定其是否构成犯罪。这就决定了犯罪成立条件是开放的，行为具备构成要件符合性、违法性、有责性三个要件并不必然导致刑罚，这就给客观处罚条件的存在留下了空间。而我国犯罪构成理论体系是对犯罪行为的实质性判断，不仅要求行为形式上符合犯罪构成，而且要求实质上达到应受刑罚惩罚的程度，因此，我国刑法规定的构成要件是成立犯罪的最低要求，符合这个要求的，就是犯罪，就具备应受刑罚惩罚性。因此，客观的超过要素概念是否合理，还可以进一步推敲。

与此相关的问题是，在犯罪论体系中，是否一定要坚守四要件说。多种犯罪成立理论并存的局面，在当前我国刑法学界已经事实上存在。如果坚持四要件说，如同张明楷教授那样，将某些客观处罚条件作为“客观的超过要素”看待，承认其在犯罪构成客观方面的地位，但是，又不要求行为人认识，就难以令人信服，且与责任主义相抵触。④ 如何理解和适用我国刑法中存在的客观处罚条件规定，是不可回避的问题。比较务实的态度是肯定阶层的犯罪论体系的价值，按照构成要件该当性、违法性、有责性的逻辑顺序认定犯罪⑤，在此前提下，承认客观处罚条件的存在，并对此进行充分研究。

---

① 张明楷：《犯罪构成体系与构成要件要素》，226 页，北京，北京大学出版社，2010。

② 参见黎宏：《刑法总论问题思考》，193 页，北京，中国人民大学出版社，2007。

③ 参见张明楷：《“客观的超过要素”概念之提倡》，载《法学研究》，1999（3）。

④ 类似的观点，请参见黎宏：《刑法总论问题思考》，194 页，北京，中国人民大学出版社，2007。

⑤ 我认为，闭合式的四要件体系无论从理论的角度还是从实务来看都有很多不足，只有借鉴阶层的犯罪论体系，才能很好地解决刑法学的很多难题（例如，共犯、客观处罚条件等）。参见周光权：《犯罪论体系的改造》，255 页以下，北京，中国法制出版社，2009。

第二节 客观处罚条件的性质

从发生学来看，客观处罚条件源于古代法官的刑事裁量权：古代的刑法制度允许法官根据犯罪人的主观条件（如是否为贵族、僧侣），或特定的情节，或政治需要等情况，来决定是否对其适用刑罚。在启蒙运动之后，由于罪刑法定原则、法律面前人人平等原则以及刑事诉讼强制性原则的确立，已经不允许上述情况存在。但是，某些犯罪是否应该受到处罚，的确必须考虑它们客观方面的某些特定条件。于是法律就规定某种特定结果的存在，是这些犯罪具有可罚性的必要条件，客观处罚条件的存在就势在难免。①

对客观处罚条件的性质和地位，不同的学者有不同的理解。

一、国外的争论

在客观处罚条件的性质和地位问题上，国外主要有四种观点。②

（一）违法要素说（客观处罚条件概念不要说）

该说认为，在构成要件符合性、违法性和责任三阶层中，所有的客观处罚条件都属于不法的内容，可以还原为违法要素，因而应当是构成要件要素。不使用客观处罚条件概念，不会对犯罪论体系的建构造成困扰。③

1. 客观处罚条件是违法要素

曾根威彦教授明确主张，如果站在结果无价值论的立场，自然会将犯罪结果作为违法要素，客观处罚条件也是违法要素之一。客观处罚条件并非与行为无关，相反是行为的一种结果，客观处罚条件是因果进程中的中间结果，犯罪结果则是因果进程中的最终结果，因为“危险”是一种结果，而客观处罚条件都是使行为的危险性提高的要素，因而其本身也是一种广义的结果，应当还原为构成要件要素。从犯罪论体系的角度看，客观处罚条件是构成要件的组成部分；客观处罚条件的存在使实行行为的违法性升高到可罚的程度；行为人对于客观处罚条件有认识、预见，在此基础上出现可罚的危险的，应当承担故意责任。④

赞成违法要素说的学者从全面贯彻责任原则的观点出发，认为客观处罚条件概念的存在没有意义；所谓的客观处罚条件是过去的偶然责任的产物，完全可以还原为违法要素，从而成为故意的认识对象。⑤ 许玉秀教授认为，客观处罚条件的功能在于确定行为人的主观不法，是一种推

---

① 参见［意］杜里奥·帕多瓦尼：《意大利刑法学原理》，注评版，陈忠林译，340 页以下，北京，中国人民大学出版社，2004。

② 其实，在这四种立场之外，还有一种将客观处罚条件还原为责任要素的观点。在日本，有个别学者从积极的一般预防论出发，认为责任论中非难可能性的内容可以依据刑事政策的目的进行补充，客观处罚条件就是为了确保处罚的妥当性，将立法者的刑事政策目的加以明示所形成的要件。客观处罚条件处罚限制机能，实际上是对责任的刑罚限定机能的补充（参见［日］松原芳博：《犯罪概念と可罚性——客观的处罚条件と一身的处罚阻却事由について》，155 页，东京，成文堂，1996）。这种观点的不足在于：行为规范是指导所有人行动的规范，积极的一般预防是对所有人发出的规范呼吁，个人如何行动与行为规范的存在属于不同层面的问题。客观处罚条件是立法上针对所有人确定的、整齐划一的国家刑罚权发动的条件，如果将其作为具体判断个别行为人责任的条件，就可能带来责任论上的混乱，在判断标准上也存在问题。对于“责任要素说”这种极少数说，我认为没有单独列出的必要。

③ 参见［德］汉斯·海因里希·耶赛克、托马斯·魏根特：《德国刑法教科书》，下册，徐久生译，783 页，北京，中国法制出版社，2017。

④ 参见［日］曾根威彦：《处罚条件》，载［日］阿部纯二、板仓宏等编：《刑法基本讲座》（第 2 卷），330 页，东京，法学书院，1994。

⑤ 参见［日］松原芳博：《犯罪概念与可罚性——关于客观的处罚条件与一身处罚阻却事由》，30 页，北京，中国人民大学出版社，2020。

定罪责的立法方式，如果从阶层论的角度出发，可以对客观处罚条件的存在必要性进行质疑。①

2. 客观处罚条件与行为人认识

坚持客观处罚条件不要说的部分学者认为，客观处罚条件所涉及的事实是违法要素之一，但不是责任的对象，其虽和行为人的态度有密切关联，但并不要求行为人认识，即这种关联性不是意思责任中必然要求的内容，而是责任要素无法包含的违法要素。强调客观处罚条件是客观的违法要素，但又不要求行为人认识，这是对构成要件作多元理解在逻辑上可能得出的结论。

但是，按照彻底的责任主义，凡是属于违法事实的部分，都要求行为人认识，认为客观处罚条件是构成要件要素、违法要素，又说它可以不受故意、过失的规制，会带来理论体系上的混乱。为克服这种矛盾，协调客观处罚条件和责任论之间的关系，部分坚持客观处罚条件不要说的学者认为，似乎可以考虑在故意、过失之外，增加第三种具有非难可能性的态度形态——“危险冒进”的态度。这种态度与责任有关联，从而成为故意责任、过失责任之外的“危险责任”②。但是，危险责任早已是传统责任论的内容。如果危险冒进和危险状况之间存在相当性，行为人对这种相当性有所认识，此时甘冒危险的行为就是过失行为，危险责任的实质就是过失责任，因此，认为在故意、过失之外存在危险责任的观点站不住脚。

（二）两分说

折中的违法要素说认为：客观处罚条件可以分为两种，对违法性大小有相当影响的那种客观处罚条件应当属于违法要素，是构成要件要素；而对违法性没有影响的要素，才是客观处罚条件。例如，平野龙一教授就明确指出，某些客观处罚条件与违法性是否完全没有关联，还有疑问。例如，在事前受贿的场合，已经收受贿赂的人成为公务员时，人们对公务的公正性的怀疑就进一步增强。因此，将所谓的处罚条件，区分为作为单纯条件的真正处罚条件（外部的处罚条件）和与违法性有关的不真正处罚条件，要求对后者至少有过失，应当是妥当的。③ 关于对外部的客观处罚条件如何处理，福田平教授的“刑罚论组成部分说”提出了解决方案。

（三）独立的犯罪成立条件说

该说认为，客观处罚条件是犯罪成立要件之一，这样，犯罪论体系就包括构成要件符合性、违法性、有责性、客观处罚条件四个层次。因为在刑法对某些罪名规定客观处罚条件的场合，行为除具备构成要件符合性、违法性和责任之外，还需要符合客观处罚条件的规定，才能成立犯罪，从而科处刑罚。在这个意义上，客观处罚条件是不法与责任之外的一种犯罪要素，“在应当受处罚条件里，表明了侵害法律所保护的秩序的特别程度”④。该当构成要件的行为，如果欠缺客观处罚条件的，不应该成立犯罪。在刑事程序上，对于欠缺客观的可罚性条件但该当构成要件的行为，应当作无罪判决。

但是，国外通说认为，客观处罚条件是基于刑事政策的考虑所设置的，与犯罪成立条件无关，不具备客观处罚条件的行为只是不受到处罚而已，行为的违法性是存在的，犯罪也成立。将客观处罚条件作为犯罪成立的条件之一的观点，被通说所摒弃。

此外，国外还有学者认为，可以把“值得刑事惩罚性”或者“需要刑事惩罚性”作为第四

---

① 参见许玉秀：《当代刑法思潮》，106 页，北京，中国民主法制出版社，2005。

② ［日］北野通世：《客观的处罚条件》，载［日］西田典之、山口厚编：《刑法的争点》，3 版，33 页，东京，有斐阁，2000。

③ 参见［日］平野龙一：《刑法总论》，Ⅰ，163 页，东京，有斐阁，1972。

④ ［德］汉斯·海因里希·耶赛克、托马斯·魏根特：《德国刑法教科书》，下册，徐久生译，715 页，北京，中国法制出版社，2017。

个犯罪范畴，从而将客观处罚条件作为犯罪成立条件之一。对此，罗克辛的批评是："值得刑事惩罚性应当通过什么，才能把那些'额外的'犯罪行为的特征与不法和罪责的特征加以区别呢？人们在这里只能这样规定：它们应当处于不法和罪责之外。但是，这样一来，就缺乏一个肯定的（positiv）对特征的描述，就缺乏一种独立的值得刑事惩罚性的概念。"① 罗克辛还指出：在1991年举行的一次国际大会上，把"值得刑事惩罚性和需要刑事惩罚性在刑法制度中的作用"作为讨论的主题之一。在那次会议上，发言者都没有主张应当给这个范畴一个特有的犯罪范畴。科斯塔·安德拉德还明确指出：值得刑事惩罚性和需要刑事惩罚性的建立，"作为独立的犯罪特征，并没有带来值得重视的好处"②。

（四）刑罚论组成部分说

该说从行为无价值一元论出发，认为阶层的犯罪成立要件只包括构成要件该当性、违法性和责任三部分，客观处罚条件不属于犯罪成立要件，而只是从外部限制刑罚权发动的条件，是单纯的处罚限制事由，因而与构成要件该当性、违法性、责任等犯罪成立条件完全异质。换言之，客观处罚条件不是构成要件要素，也不影响行为的违法性，与行为人的故意无关，只是立法者基于刑事政策的考虑而预设的刑罚权发动条件。客观处罚条件不具备时，犯罪仍然成立，但刑罚的适用被阻却。因此，客观处罚条件就是刑罚论所研究的对象，而不是犯罪论的问题。③

二、我国学者的主张

在我国，由于学派论争局面并未真正形成，也没有学者完全赞成行为无价值一元论，因而在承认客观处罚条件的学者中，将客观处罚条件放在刑罚论中考虑的学者尚不存在。而客观处罚条件不要说、违法要素说、独立的犯罪成立条件说均有支持者。

（一）违性要素说

对类似于国外客观处罚条件的规定，张明楷教授基本都用"客观的超过要素"来解释。张明楷教授实际上是将客观处罚条件所涉及的事实作为违法性的内容看待，将处罚条件还原为违法要素和构成要件要素。虽然张明楷教授不使用客观处罚条件概念，但是，其实质是在犯罪论体系范围内讨论与客观处罚条件类似的问题，且认为其对违法性有影响，因此，其主张与国外的"违法性要素说"大致相同。

黎宏教授所坚持的实际上也是违法要素说。他认为：客观处罚条件、客观超过要素概念都应该被否定。在我国的犯罪构成理论当中，根本就没有属于客观处罚条件的"超过的客观要素"的存在余地；从犯罪是应受刑罚处罚程度的社会危害行为的角度来看，所谓"超过的客观要素"，作为和行为人的实行行为具有某种关系的结果，是该行为达到了应受刑罚处罚程度的具体体现，作为说明该行为具有达到了应当受到刑罚处罚程度的社会危害性的标志，应当在行为人的认识范围之内，而不可能超出其外。④

（二）独立的犯罪成立条件说

陈兴良教授认为，我国刑法以应受刑罚处罚性作为犯罪的特征之一，客观的处罚条件完全可以被看作犯罪成立的可罚性条件，从量上区分罪与非罪，从而实现控制犯罪范围的刑事政策。⑤ 盗窃罪中的数额较大、滥用职权罪和玩忽职守罪中的"致使公共财产、国家和人民利益

---

① ［德］克劳斯·罗克辛：《德国刑法学总论》（第1卷），王世洲译，699页，北京，法律出版社，2005。

② 转引自上书，700页。

③ 参见［日］福田平：《刑法总论》，3版增补，331页，东京，有斐阁，2001。

④ 参见黎宏：《客观处罚条件的若干问题》，载《河南政法管理干部学院学报》，2010（1）。

⑤ 参见陈兴良：《定罪之研究》，载《河南政法管理干部学院学报》，2000（1）。

遭受重大损失”之类的要件，属于用来表明行为对法益的侵害程度的数量要件，是独立于犯罪构成的客观要件，不属于行为人主观上需要认识的内容，和故意、过失无关。① 这种观点认为客观处罚条件对于确定罪与非罪有决定作用。

赵秉志教授等则认为：构成要件该当性、违法性和有责性总是以具体的构成要件行为为对象，而客观处罚条件不以具体的构成要件行为为对象，所以，可罚性具有独立的实体，应把可罚性视为犯罪成立的第四要件。②

（三）本书的观点

本书认为，就现象而言，客观处罚条件“可以是性质不同的事实，但这些行为或事实与行为人的行为之间或多或少都具有某种因果联系。例如，在意大利，宣布破产的判决是破产犯罪的可罚性条件”③。在德国，破产行为，停止支付和开始破产程序的，才处罚。“这里所禁止的是减少债务财产或者掩盖财产状况，而且只能根据这些行为来确定行为人的罪责。只有当停止支付或启动破产程序会给债权人造成巨大损失时，才能够对该行为进行刑事处罚。”④ 通常的观点认为，实行行为所直接导致的结果，是构成要件结果，其属于违法要素，要求行为人认识；所有的客观处罚条件，都不要求行为人具有认识和意志。在我国刑法中，有的要件貌似客观处罚条件，但其不是独立于构成要件该当性、违法性和责任之外的犯罪成立要件；但某些处罚条件，明显属于犯罪成立条件之外的要素，是客观处罚条件，其独立于客观违法要素，纯粹是决定刑罚权启动与否的条件，可以放在刑罚论中讨论。

第三节 客观附加条件

一、客观附加条件的含义

在通常的场合，对于具体犯罪的判断，并不需要考虑是否存在行为与结果之外的“客观附加条件”这一要素。在行为具备通常意义上的不法和责任时，犯罪成立要件就全部齐备。只是在例外的情形下，立法者规定了通常意义上的不法要件之外的条件时，需要判断这种条件是否与危害行为及其结果有较为密切的关联，是否属于足以影响违法性的要件，是否应该将其作为违法要素看待。这种常规的违法要素之外的附加要素如果取决于某些的客观条件是否成就，那么这些附加条件就不是客观处罚条件，而是违法要素。⑤

对某些客观附加条件的确定，要受分则规定的限制，即只有在刑法分则规定了不法要件之外，还规定了足以影响不法的客观条件时，行为才是法律意义上应受处罚的。所以，对哪些犯罪需要考虑客观附加条件，必须结合刑法分则的规定加以判断。

肯定某些犯罪中与违法有关联的客观附加条件，主要是基于罪刑法定原则、法益保护主义的考虑。构成要件具有确保罪刑法定原则实现的“保障性机能”，符合客观条件的事实是刑罚法规所规定的处罚要件，对于保障罪刑法定原则的实现意义重大。例如，在事前受贿罪、虚假破产罪中，“担任公务员”“破产宣告”等事实如果没有出现，要说行为人的行为类型化地符合

---

① 参见陈兴良：《规范刑法学》，4 版，197 页，北京，中国人民大学出版社，2017。

② 参见赵秉志主编：《外国刑法原理（大陆法系）》，181 页，北京，中国人民大学出版社，2000。

③ ［意］杜里奥·帕多瓦尼：《意大利刑法学原理》，注评版，陈忠林译，340 页，北京，中国人民大学出版社，2004。

④ ［德］冈特·施特拉腾韦特、洛塔尔·库伦：《刑法总论》，Ⅰ，杨萌译，86 页，北京，法律出版社，2006。

⑤ 对于我这里所说的客观附加条件，有的学者将其称为内在的客观处罚条件或“不真正的客观处罚条件”，认为其是一种伪装的处罚加重事由，“只是形式上的处罚条件，实质上则是不法构成要件，立法者有意把它们排除在行为人的认识对象之外，使罪责原则受到限缩”（许玉秀：《当代刑法思潮》，86 页，北京，中国民主法制出版社，2005）。为避免混淆，本书使用客观附加条件概念，而不使用“不真正的客观处罚条件”的称谓，但所指称的是同一类现象。

构成要件，可能存在问题。担任公务员、破产宣告的作出等符合客观条件的事实的出现，使先前的实行行为所导致的潜在危险现实化，达到可罚的违法程度。要充分保护法益，只有对这种以客观条件为中介事实所引发的侵害法益的行为进行相应处罚。

提出客观附加条件这一概念，有一个现实考虑：客观处罚条件是一个包容性很强的概念，能够将复杂多样的限制处罚事由囊括其中。但由此带来的问题是，因为客观处罚条件概念具有高度含混性和迷惑性，不同的学者在使用时，其所指称的对象并不相同，对客观处罚条件体系性地位的归结也不相同，对刑法分则中的哪些规定属于客观处罚条件的理解也差异很大。因此，需要在理论上清楚辨析：哪些客观条件并不属于单纯意义上的处罚限制条件，而是决定违法性的因素，其通过对违法性的影响来缩小犯罪成立范围，从而限制处罚范围（这就是客观附加条件的问题）；哪些可能是纯粹的决定刑罚权启动与否的条件，其通过对构成犯罪的行为进行刑罚运用必要性评估来限制处罚范围（这是客观处罚条件的研究范围）。

二、客观附加条件的性质：违法要素说

由实行行为所直接导致的危害后果是构成要件要素，也是说明法益侵害性大小的违法要素。对这种意义上的违法要素，要求行为人有所认识。

客观附加条件大多也表现为一种结果，但其不是实行行为自然地、直接地导致的后果，而往往是处在实行行为的“延长线上”，由介入的第三人的行为、行为人的后续行为等原因造成的后果。例如，事前受贿罪中公务员的事后就任，取决于有任命权的第三人的行为；虚假破产罪中的破产宣告，由行为人以外的法官作出等。换言之，虽然行为人的行为本身有危害性，但在没有新的行为介入，就不会出现对应的结果，犯罪不能成立的场合，由实行行为之外的行为所引发的结果，就属于客观附加条件。

客观附加条件是将行为所产生的法益侵害（危险）提升到刑法所预设的可罚性程度的中介事实。但是，这不意味着客观附加条件可以简单还原为传统意义上的相当因果关系中的介入因素，否则，客观附加条件概念就没有独立存在的意义。

（一）客观附加条件的出现可能具有与通常的介入因素不同的偶然性

客观附加条件概念的功能是对违法性施加影响，在一定程度上反映了行为的危害性是否已经达到可罚的程度。但是，这种影响是有限的，不能和行为人先前的实行行为的影响同等看待，由介入因素所成就的客观条件对于行为整体上的法益侵害的影响弱于传统上的介入关系造成结果的场合。

对于客观条件，曾根威彦教授将其直接还原为侵害或者威胁法益的违法要素，并利用相当因果关系理论来解释。例如，在虚假破产罪中，即便债务人出于损害债权人利益的意思隐匿破产申请企业的财产，但在确定破产宣告作出之前，还不能说对债权人实现其债权的侵害危险达到了应当受到刑罚处罚的程度，而只有在第三人作出“确定破产宣告”之后，才能说债权人的权利受到了现实的侵害，产生了现实的犯罪结果。与此类似，在事前受贿罪中，行为人在成为公务员之前，就其即将担任的公职收受贿赂的，该行为谈不上造成了现实危害。只不过在其得到第三人的任命，真正成为公务员之时，事前受贿所造成的潜在的侵害职务行为公正性的危险，才转化为现实侵害，达到了应当受到刑罚处罚的程度。在上述情形中，虽然有法官的破产宣告、公务员的任命这种事情的介入，但是，相当因果关系是存在的，行为人对客观处罚条件从经验法则上看具有预见可能性。因此，将客观条件还原为违法要素是可能的。① 但是，这种

---

① 参见［日］曾根威彦：《处罚条件》，载［日］阿部纯二、板仓宏等编：《刑法基本讲座》，第2卷，330页，东京，法学书院，1994。

观点还不全面。

在通常情况下，对于因果关系进行相当性判断时，需要考虑先前的实行行为自身的危险性、介入因素是否偶然出现、介入因素对结果发生的影响力。一般案件中的介入因素必须与原来的实行行为之间存在紧密关联，对并非偶然出现的因素，才需要讨论该因素的介入是否中断因果关系的问题。例如，甲基于杀害乙的意思对乙使用程度很高的暴力，乙受重伤后送医，医生治疗时有比较小的失误，乙伤口感染很快死亡的，虽然介入了医生失误这一具体行为，但是，通说仍然认为该介入因素是由甲暴力程度较高的杀害行为所当然地引起的，受伤者迅速得到医生救治在逻辑上和先前的杀害行为直接关联。因为介入因素的出现不是偶然的，而且对法益侵害结果的影响力有限，所以医生虽失误但不需要对死亡结果负责，甲应当承担故意伤害致死的责任。因此，对通常的因果关系相当性判断而言，即使介入第三人的违法行为，但该行为不是偶然出现的，对于法益侵害结果的影响力有限时，不会将其作为违法要素看待。

在规定客观条件的犯罪中，第三人的介入具有一定的偶然性，与实行行为的关系可能非常间接，甚至相隔很长时间。对这样的因素如果还与通常情况下的介入因素同视，会带来一些问题。以我国刑法第 129 条的丢失枪支不报罪为例：的确，最终的严重结果不是由丢失枪支不及时报告的行为人本人所引起的，但能将其视作行为人的不报告行为所引起的危害结果。“在丢失枪支不报罪中，‘造成严重后果’尽管是丢失枪支不及时报告行为的附加条件，和不报告行为之间没有直接的因果关系，但是，它并不是和不及时报告行为之间没有任何关系的偶然结果，而是该行为当中所包含的可能发生的结果之一。作为配备公务用枪的人员，对枪支作为武器的特殊性、枪支保管规定以及丢失枪支之后可能引起的后果，应当是了解的，因此，丢失枪支不及时报告，因而造成严重后果的场合，尽管该结果不是行为人本人所引起的，但仍然可以在客观上归咎于他的不及时报告行为。”① 但是，在这种案件中，将严重后果算作丢失枪支者的“作品”，总是会让人觉得其比较“倒霉”，犹如中了“六合彩”。例如，行为人甲丢失枪支不报告，乙捡到行为人丢失的枪支，连续 10 个月都没有使用，丢枪不报行为被发现后甲只被关禁闭 10 天。但是，到第 11 个月时，乙因为生意上的纠纷使用枪支杀害了丙。此时，对丢失枪支的甲就需要定罪处罚。需要承认，此时甲的行为多多少少是因为偶然的原因才构成本罪，第三人使用枪支和传统上的介入因素引起危害结果相比，与原先的实行行为的时间间隔可能特别长，介入因素的出现较为异常。所以，第三人的行为介入引起客观处罚条件出现的，该行为只是高度类似于一般案件中的介入因素，虽然导致原行为的违法性升高，能够产生违法效果，但该要素也只能被看作是与典型的违法要素有所区别的东西。直接将介入因素所导致的客观处罚条件看成是与造成法益侵害的实行行为及其后果完全相同的违法要素，并不是没有问题。

因此，这里的客观附加条件更像是非典型的违法要素，主要理由是：(1) 客观条件使先前已经存在的某种危险增大到了可罚的程度，的确对违法性有所影响。例如，在事前受贿罪中，是第三人对公务员的任命行为，使先前的受贿行为当中所潜在的可能成为公务员的人被收买、民众对公务行为公正性的信赖可能受到侵害的危险，转化为现实的可罚的危险。(2) 但是，必须看到，在规定有客观附加条件的罪名当中，行为的客观违法性主要还是由行为人的实行行为所决定的，而主要不是由客观附加条件所决定的。例如，事前受贿罪的法益侵害性表现在对贿赂物的收取，虚假破产罪的法益侵害性表现在隐匿财产等危害行为。内在的客观处罚条件，对违法性有一定影响，但极其有限，而且其兼具说明违法性、在不法—罪责—刑罚之间架设桥梁的双重功能。一个要素，即便放在违法性中加以讨论，当其除了展示违法性，还起着沟通定罪

① 黎宏：《刑法总论问题思考》，197 页，北京，中国人民大学出版社，2007。

和刑罚的作用时，将其视作非典型的违法要素，应该是说得过去的。(3) 客观附加条件一旦具备，行为的法益侵害性就得到充分暴露（例如，在诈欺破产罪中，法院的破产宣告一旦作出，行为的法益侵害性就完全展示出来），但是，对违法性的展示、暴露和行为能够直接产生的法益侵害（危险）相比，还是存在很大差别的。

（二）从刑罚目的的角度看，客观附加条件的设计主要是出于预防的考虑

典型的违法要素意味着法益侵害结果由行为所引起，因此要对行为人进行客观归责，即实现一人做事一人当。行为人必须对由这样的行为所造成的结果负责。在报应论的意义上，行为人因为其违法行为而承担责任，因此，通常的违法要素更多地与报应论有关。但是，客观附加条件所揭示出来的非典型违法要素，能够让人明显感觉到是行为人运气不好，碰到了让他“倒霉”的第三人，由第三人促成了客观附加条件的成就，从而使原先实施实行行为的人受到惩罚。在这个意义上，刑罚更多地带有一般预防的意味：即便有实行行为，但在不出现客观附加条件时，刑法上也能容忍该行为；但一旦出现客观附加条件，就需要进行惩罚，从而实现一般预防。因此，客观附加条件更多地与预防论有关。

（三）从认识上看，客观附加条件只需要对结果有“极有可能发生”的模糊性认识、预见

对于通常的构成要件结果，一般人也能够考虑到危害行为一旦实施，就会产生相应的法益侵害结果。立法只是对一般人的常识性判断的尊重而已。因此，对于构成要件结果等典型的违法要素，要求行为人有相对明确的认识。但是，客观附加条件是否能够出现，取决于很多偶然因素，行为人对其要有明确的认识，相对比较困难。

当然，行为人对客观附加条件的出现并不是一无所知，即便所知甚少，也是有所“知”，只要其稍微保持谨慎，就能够产生通常高于一般人的对处罚条件的认识。这样一来，对于客观附加条件，就要求行为人有认识，但行为人只需要对结果有“极有可能发生”的高度模糊性认识、预见即可。显而易见，这种认识和预见可能远远低于对直接故意犯罪中典型的违法要素的认识、预见，而只是对法益侵害（危险）的“未必”发生的认识、预见——客观附加条件的发生多多少少是有可能的，但即便发生这样的结果，行为人也无所谓，可以接受、可以容任。

客观附加条件对责任主义不会构成冲击，因为“行为人敢冒任何人均能够很容易地认识的危险，且客观的应受处罚条件能够产生。例如，使自己处于丧失责任能力的酩酊状态者，应受非难地构成了在这样的状态下实施犯罪行为的危险，因为任何人在完全酩酊状态下均不能够确实预见及控制自己的反应。主张相关第三者名誉的事实者，必须负责证明其主张的真实性。参与斗殴者，构成了严重后果的危险”①。

由此看来，客观附加条件和客观处罚条件的区别就是明显的：前者是出于维护罪刑法定主义、法益保护主义的需要而设置的；对构成要件、违法性有影响；要求行为人对其有所预见。后者完全是基于刑事政策所作出的规定；对不法和责任均无影响；不要求行为人对其有认识、预见。

三、客观附加条件的范围

前面所提到的事前受贿罪中公务员的事后就任、诈欺破产罪中的破产宣告等，都是客观附加条件。但是，需要注意的是：有的学者对客观处罚条件的理解范围较广，有必要加以限定，其中由实行行为直接造成的财产损失或者死伤后果，应该属于构成要件要素，不是这里所说的内在的客观处罚条件。所以，需要尽可能严格地区分违法要素和属于非典型违法要素的客观附加条件。

---

① ［德］汉斯·海因里希·耶赛克、托马斯·魏根特：《德国刑法教科书》，下册，徐久生译，751页，北京，中国法制出版社，2017。

在国外，对于财产犯罪、经济犯罪的成立，往往没有数额限制，实施一定的取得财物或者不法利益的行为，不法和罪责就具备，但为限制处罚范围，对造成相当损害或者取得财物数额较大的，才进行刑罚处罚。例如，在意大利，是否造成损害后果是泄露秘密文件内容犯罪的客观处罚条件；在德国，参与斗殴的，“造成严重后果”是客观处罚条件。在我国的财产犯罪和经济犯罪中，数额是客观的构成要件要素；聚众斗殴罪中的严重后果是客观的构成要件要素，行为人对这些结果的发生需要认识，这种数额、数量、后果等就不再属于客观附加条件。

四、对客观附加条件的理解

在我国刑法中，某些条件是犯罪的危害结果提升或者进一步扩大的表现，是与犯罪的危害本质具有内在联系的条件，是实行行为危害性的当然延伸，因此，这些条件是决定处罚的客观附加条件，属于违法要素。对这些条件的理解和适用需要注意以下方面。

（一）应当否定客观超过要素概念

基于上述分析，我认为，在张明楷教授那里作为客观的超过要素看待的问题，实际上都可以按照客观附加条件的进路加以分析。

张明楷教授认为，客观超过要素不是故意的认识与意志的对象，不需要行为人对之具有认识、放任或希望的态度，但当客观的超过要素的内容是危害结果以及影响行为的社会危害性的其他客观因素时，行为人至少对之具有预见可能性。以丢失枪支不报罪为例：张明楷教授认为，依法配备公务用枪的人员，在认识到枪支丢失的情况下不及时报告，就具有危害公共安全的危险，因为枪支的杀伤性大，丢失后会造成严重后果。但立法者根据惩办与宽大相结合的政策，认为单纯的不及时报告行为的社会危害性还没有达到应当追究刑事责任的程度，为了限制处罚范围，便在客观上要求“造成严重后果”。从司法实践来看，这种严重后果通常表现为枪支落入不法分子之手后，成为不法分子的作案工具，而造成严重后果（间接危害结果）。事实上，只要行为人丢失枪支后不及时报告，因而造成严重后果的，不管行为人是否希望或者放任严重后果的发生，都应当追究行为人的刑事责任。但是，客观超过要素概念和责任主义之间除存在冲突之外，还有以下问题。

（1）客观的超过要素即便是“超过”要素，其毕竟也是“客观”的要素。对这种影响违法性的“客观”的要素，完全可以作为客观附加条件看待，既充分关注其与构成要件结果等违法要素的不同，又肯定其对违法性的影响、揭示其功能。在现有概念够用、足以说明问题的情况下，理论上需要审慎思考是否有必要“再造”概念这一问题。

（2）如前所述，所谓的客观超过要素，实际上是第三人的介入最终引起法益侵害结果的问题。丢失枪支不报罪中的“严重后果”是该罪的结果，在丢失枪支且不报告的行为和“严重后果”之间介入了第三人的行为，只不过第三人的介入相对偶然，可能和最初的实行行为之间时间间隔较长，从而有别于通常案件中的介入因素。所以，需要有能够区别传统违法要素和客观处罚条件的解释方法。

（3）所谓的客观超过要素，本身就是客观的、影响违法性的要素，只是与典型的违法要素存在一定差别，但仍然属于违法性要素，那么，其就不属于客观的“超过”要素。对这种要素，行为人并不是毫无认识。

（4）刑法第264条将多次盗窃规定为盗窃罪的一种类型。张明楷教授认为，这里的“多次盗窃”是客观的超过要素，行为人只需要具有盗窃的故意即可，不要求其认识到“多次盗窃”，否则，就可能出现记忆力强的人受到刑罚追究，而记忆力弱的人不成立犯罪的局面。① 但是，

---

① 参见张明楷：《犯罪构成体系与构成要件要素》，221页，北京，北京大学出版社，2010。

我认为，多次盗窃，只是典型的构成要件要素和违法要素，其既不是客观的超过要素，也不是我所说的内在的客观处罚条件。对多次盗窃之所以定罪，是因为其“多次”实施的行为达到了刑事可罚的程度。仅仅有一次盗窃且未达到数额较大标准的，违法性不具备；有三次以上的盗窃，单独的每次行为虽未达到数额较大标准的，也达到了刑事可罚的程度。因此，多次盗窃构成盗窃罪的法益侵害性主要依靠盗窃次数来说明，而不是以盗窃行为本身来说明。那么，对于多次盗窃这一违法要素就一定要求行为人认识。

（二）我国刑法中规定的客观附加条件

（1）丢失枪支不报罪的后果规定，是客观附加条件。对此，上一部分已有详尽讨论，此不赘述。

（2）刑法第186条规定，违法发放贷款，造成重大损失的，才追究刑事责任。“造成重大损失”，是客观附加条件。

（3）刑法第397条规定，国家机关工作人员滥用职权或者玩忽职守，致使公共财产、国家和人民利益遭受重大损失的，才追究刑事责任。“致使公共财产、国家和人民利益遭受重大损失”是客观附加条件。

需要进一步讨论的问题是：在我国刑法中，出现了一些关于客观处罚条件的规定。但是，也有一些貌似客观处罚条件的规定，其实质既不是客观附加条件，也不是客观处罚条件，只能算作典型的违法要素。例如，侵占罪中“拒不退还、拒不交出”的规定，如果认为其属于客观附加条件，那么，将委托占有物、遗忘物、埋藏物非法占为己有的，违法性虽然存在，但行为的法益侵害性尚未达到可罚的程度，司法上还需要进一步证明行为人有拒不退还的行为。“非法占为已有”与“拒不退还”、“拒不交出”之间就是并列的、各自具有独立意义、需要相继判断的关系：行为人主观上具有将持有的他人财物非法占为己有的目的，并以所有人的身份对该财物进行非法使用、收益、处分，其行为就已经具有非法性，即使后来在他人的要求下返还或者交出了占有物，其非法占有的性质也不能改变。但此时，行为人尚未构成侵占罪，只有在其行为具备拒不交出、拒不退还的特征时，侵占罪的构成要件才完全齐备。所以，对侵占罪的成立，不仅需要先判断非法占为已有的事实是否存在，还要进一步判断持有人是否有拒不退还或者交出的意思。[①] 但是，如果认为“拒不退还”“拒不交出”属于客观的、表面的违法要素，其与非法占为己有都是典型的违法要素，那么它们之间就有相互说明的关系，“拒不退还”“拒不交出”的含义就可以通过非法占为己有来进行阐释，其缺乏独立的内容。换言之，侵占罪中关于拒不退还的规定，只能算作典型的解释违法性的要素，因为：“非法占为已有”与“拒不退还”、“拒不交出”之间是存在包容和被包容关系的要素，前者是主要的，能够包容“拒不退还”“拒不交出”，即占有人以所有人自居，对财物加以处分，既表明了其非法占有持有物的意图，也说明了“拒不退还”“拒不交出”事实的存在。

（三）客观附加条件的适用

对于客观附加条件，在适用上有一些问题需要注意。在这里，主要结合逃税罪中不予追究刑事责任的规定加以分析。

（1）只要客观附加条件不具备，就不能对行为进行处罚，也不存在应受处罚的未遂行为。如果具备可罚条件，而行为本身没有实施终了或不可能实施终了的，可认定为犯罪未遂。

（2）有的学者认为，对于在可罚性条件出现之前实施的包庇、帮助、教唆行为，只要正犯事后存在事实的排除处罚事由，对包庇、帮助和教唆的人不能进行处罚。[②] 有的学者强调，“在

① 参见刘志伟：《侵占罪的理论与司法适用》，111页，北京，中国检察出版社，2000。

② 参见［德］李斯特：《德国刑法教科书》，修订本，徐久生译，324页，北京，法律出版社，2006。

某些缺乏处罚条件的情况下也有成立共犯的可能”①。还有的学者主张，在可罚性条件出现之前、行为之后提供帮助的，都不成立共犯，但可能成立包庇罪。我认为，行为的完成决定于构成要件是否实现，而客观附加条件影响构成要件要素和违法性，因此，在客观附加条件出现之前的时间段实施帮助行为的，正犯的构成要件和违法性都难言齐备，帮助犯不成立。对逃税罪而言，因为客观附加条件是类似于违法的要素，正犯不具备该要素时，不法不存在，帮助逃税行为就很难成立犯罪。

（3）一般认为，假如构成要件实现的时间与客观附加条件出现的时间前后不一致，则追诉时效应自发生在后的客观附加条件出现的时间点起算。但是，我认为，追诉时效应从犯罪之日起算，客观附加条件只是对违法性有一定影响，与犯罪的实行行为基本无关，从客观附加条件的出现时间开始计算追诉时效并无法律根据。客观附加条件的规定立足于限制刑法适用，是有利于被告人的规定，不能将其解释为不利于被告人的规定。因此，逃税行为发生在《刑法修正案（七）》之前，但是，在之后才受到司法追究的，原则上应当适用新法，尽量作有利于被告人的考虑。

（4）他人对行为人进行控告，行为人客观附加条件虽不具备，但其行为潜在的不法侵害性仍然存在的，检举、揭发者的行为就不可能成立诬告陷害罪。例如，甲举报乙逃税，乙在公安机关立案前补缴税款、缴纳滞纳金、接受行政处罚，因此不被追究刑事责任的，不能认为甲的行为构成诬告陷害罪。

第四节 客观处罚条件

“在一些故意犯罪中，将某些客观要素作为客观处罚条件来对待，从而不要求行为人对这种客观处罚条件具有认识与放任（包括希望）态度，就解决了将其作为构成要件而要求行为人具有故意所带来的问题。”② 的确，在刑法中，不能无视违法性之外进一步缩限处罚范围的条件的存在，因此，存在仅仅出于限制处罚范围的考虑而设定的客观处罚条件，其思考问题的出发点主要是刑事政策上或者法律适用上的处罚必要性：要排斥刑法的适用，就需要附加很多不法与责任之外的条件。在客观处罚条件齐备时，可以实现处罚；在这些条件不具备时，不能科处刑罚。因此，客观处罚条件只是对刑罚适用的排除。例如，德国刑法第 103 条规定的对外国机关代表和国家象征的犯罪，在被害人所在国家与德国有外交关系和互惠决定时，才对行为人进行处罚。

由于这种处罚条件不属于构成要件的内容，对这类处罚条件，就不需要行为人有认识、预见。即便承认这种意义上的客观处罚条件，也不会和责任主义相冲突。罗克辛指出，客观处罚条件是超然于责任之外的刑事可罚性条件。“人们的共识仅仅在于：这种特征无论如何都不允许属于不法或者罪责。”③ 客观处罚条件不是对违法性的说明，但是，其存在以违法性为基础。这种客观处罚条件的存在，仅仅在缩小处罚范围这一点上是有意义的，因此，是刑罚论的讨论范畴。

一、客观处罚条件的存在根据

既要肯定客观处罚条件的处罚限制机能，又要确保其和责任主义没有抵触，就需要承认客

① ［韩］李在祥：《韩国刑法总论》，［韩］韩相敦译，62 页，北京，中国人民大学出版社，2005。
② 张明楷：《外国刑法纲要》，2 版，368 页，北京，清华大学出版社，2007。
③ ［德］克劳斯·罗克辛：《德国刑法学总论》（第 1 卷），王世洲译，690 页，北京，法律出版社，2005。

观处罚条件和行为违法性没有太大关系，只与国家刑罚权的发动紧密相关。

（一）从行为无价值二元论角度的论证

行为无价值一元论认为，违法性的本质是违反规范。行为人有意违反规范的态度一旦得到体现，违法性就具备，因此，重要的是行为人的意思以及该意思支配下的实行行为。至于犯罪结果，乃行为后的事实，容易受到外部偶然因素的影响，对于确定违法性没有意义，因此，都属于客观处罚条件。但是，这和我国刑法分则普遍将危害结果作为构成要件要素的取向相悖，因而是不能得到认同的观点。

行为无价值二元论认为，行为违法性的本质在于违反规范，进而造成法益侵害。一方面，法规范的本质是命令规范或者意思决定规范；另一方面，与行为违法并列的结果违法在违法性的评价上非常重要。基于上述立场，构成要件要素是立法者的命令或者禁止的体现，构成要件结果是法益侵害的内容。而客观处罚条件不涉及立法者对行为举止的命令或者禁止，不是构成要件的组成部分①，只是裁判规范的组成部分。因为在命令规范之外，刑罚法规还有作为裁判规范的机能，在这种场合，立法者在对作为刑罚适用前提的犯罪事实进行判断的基础上，有时也有必要充分考虑刑罚权发动的外部条件。换言之，“立法者有时出于不同的原因将行为的可罚性与具备与符合构成要件行为本身无关的外在情形联系在一起。”② 与刑罚法规的行为规范机能相对应，刑法只能对行为人具有故意、过失的行为进行处罚，刑法的行为引导功能才能发挥，因此，行为时的事实、行为的因果过程都是认识的内容。某些事实，虽然是在行为后发生的（例如故意伤害他人，死亡结果在第二天才发生的），也需要行为人认识。但是，客观处罚条件不属于这样的内容。

客观处罚条件与刑罚的行为规范机能并不对应，而是在其裁判机能之下，在构成要件符合性、违法性、责任的基础上，对国家刑罚权发动时的处罚范围加以限制。因此，需要从行为规范和裁判规范的区别入手，立足于“当罚性”（行为规范）和“需罚性”（裁判规范）的概念，将通常的构成要件要素视作行为规范的范畴，主要解决当罚性问题即处罚正当性问题。既然要确保惩罚是正当的，是有合理理由的，那么，就只有在行为人具有非难可能性的情况下才能实现，对违法要素或者类似于违法要素的客观附加条件要求行为人认识。但客观处罚条件主要解决要不要进行刑罚处罚的问题，属于裁判规范的范畴，涉及司法工作人员划定刑罚圈时的判断问题，该条件不需要行为人认识。因此，客观处罚条件就不是犯罪的客观要素，由此得出客观处罚条件有独立存在的必要，但有别于不法和罪责要素的结论。

在我看来，问题的关键是将刑法分则中规定客观附加条件和客观处罚条件的内容仔细甄别：与违法性类似的客观附加条件，主要是对行为妥当与否的指引（行为规范）；而规定客观处罚条件的部分，则属于对司法裁判的指引——某种行为虽然是违法的，但不能动用刑罚进行处罚，必须要加以容忍。

（二）刑事政策的必然要求

虽然有别于违法要素，但客观处罚条件的存在合理性是不可否认的。这种合理性主要体现在其对刑事政策的贯彻和运用上：行为具备不法和罪责，就可以发动刑罚加以惩罚。但是，立法者基于对刑罚必要性的考虑，特别为某些明显可罚的行为设置处罚障碍，以缩小刑事制裁范围。应该说，即便是在不具有客观处罚条件的场合，行为的法益侵害性仍然是存在的。客观处罚条件具有风险特征：行为人对于已经实现的不法构成要件，要自行承担对于任何人而言都能

---

① 参见［日］曾根威彦：《处罚条件》，载［日］阿部纯二、板仓宏等编：《刑法基本讲座》（第 2 卷），322 页，东京，法学书院，1994。

② ［德］李斯特：《德国刑法教科书》，修订本，徐久生译，322 页，北京，法律出版社，2006。

够认识到的可罚性风险。

作为刑事政策上的处罚限制事由，客观处罚条件具有双重功效：一方面，即便不进行处罚，刑法规范也同时表明立法者对行为的态度，从而在一定程度上发挥着行为规范的功能。客观处罚条件涉及行为举止的可罚性。一定的行为（例如，诽谤、伤害助势），如果不具备客观处罚条件，刑法上不会处罚。但是，立法上对类型化的实行行为并不提倡，行为的违法性仍然存在。换言之，对这样的行为，仅仅从结局看，刑法并不反对。但这并不意味着国家对客观处罚条件并未出现的行为可以谅解。例如，很多国家刑法中的聚众斗殴犯罪，对现场助势的人作不同于直接实行犯的规定，在其没有造成死伤后果时不罚，出现死伤后果是现场助势行为的客观处罚条件。没有死伤后果，对助势者不罚，但并不意味着助势行为没有刑事违法性。对此，有学者指出："行为可罚性的实现需要客观条件，意味着行为本身就'应该受到刑罚处罚'，只是出于适当性的考虑，法律才将某种特定结果作为行为'必须受到惩罚'的条件。这当然是一种有利于犯罪人的立法规定，因为他只要能避免那种'必须受到惩罚'的条件出现，他就可以实施犯罪而不受惩罚。"① 但是，在这里，不得实施现场助势的违法行为的刑法呼吁仍然是存在的，且不是针对个别人的，而是在刑法意义上对所有人的行为指引。另一方面，在存疑时适度偏向被告人。存疑时有利于被告，是无罪推定原则的题中之意。客观处罚条件的实质是对符合犯罪成立条件的行为网开一面，不予处罚。

应该说，对行为进行评价的整个过程，都是考虑运用刑罚保护社会秩序的需要是否存在的过程。在此过程中，有两次对刑事政策的考虑：第一次是法律在选择性地规定以刑罚相威胁的行为方式时，通常要受刑事政策的影响。在规定构成要件时，显著轻微的、危害很小的行为从一开始就被排除在外。第二次是根据行为人在犯罪后的举止，考虑是否有运用刑罚保护社会秩序的需要问题。后一次考虑即是对外在的客观处罚条件的运用，其政策倾向更为明显。

当然，在规定了客观处罚条件的刑法条文中，作为行为规范所规制的范围和满足客观处罚条件的范围之间明显存在偏差。但这种偏差如果过于扩大，可能并不妥当，使行为人对自己行为的法律后果难以预测，由此与罪刑法定原则的基本精神相抵牾。因此，在立法论上，对违法性的规定要考虑法益保护的需要，在对客观处罚条件进行规定、限制处罚范围时，不能将其范围过于缩小，以免造成法益保护最终不周延的局面。在司法上，在行为具备违法和责任的基础上，只有立法上所规定的犯罪成立条件以外的要素客观地存在时，才能对刑罚权的发动进行限制。

二、我国刑法中客观处罚条件规定的理解和适用

（1）刑法第196条规定，恶意透支的，构成信用卡诈骗罪。所谓的恶意透支，是指持卡人以非法占有为目的，超过规定限额或者规定期限透支，并且经发卡银行催收后仍不归还的行为。根据有关司法解释，经发卡银行两次催收后，超过3个月仍不归还的，属于"经发卡银行催收后仍不归还"。对于经催收后仍不归还的性质，有的学者认为是违法要素，即行为人基于非法占有目的的恶意透支时，仅具有潜在的法益侵害性，经发卡银行催收，仍不归还透支款的，违法性才升高到值得处罚的程度。张明楷教授将经催收后不归还欠款视为信用卡诈骗罪的构成要件要素，没有作为客观处罚条件看待。但是，在解释论上，他将其与客观处罚条件同视："只要持卡人透支后发卡银行实施过催收行为，持卡人按照信用卡的通常使用情形认识到发卡银行实施过催收行为并仍不归还的，即使持卡人没有直接或间接收到发卡银行的催收，也应认定为'经发卡银行催收后仍不归还'。"② 我认为，将"经发卡银行催收后仍不归还"作为违法

① ［意］杜里奥·帕多瓦尼：《意大利刑法学原理》，注评版，陈忠林译，340页，北京，中国人民大学出版社，2004。

② 张明楷：《诈骗罪和金融诈骗罪研究》，673页，北京，清华大学出版社，2006。

要素看待，未必是合适的观点。理由在于：1）既然承认恶意透支行为构成诈骗犯罪，按照诈骗罪的结构，基于非法占有目的骗取他人财物的，违法性就具备了。如果认为经发卡银行催收后仍不归还是违法要素，等于要改变诈骗犯罪的构造。2）将经发卡银行催收后仍不归还作为违法要素看待的观点，也可能将恶意透支作为违法要素，但该罪的违法性在经发卡银行催收后仍不归还时提高到值得处罚的程度。这种主张貌似有理。但是，既然信用卡诈骗罪是诈骗犯罪，基于非法占有目的而非日常生活消费的意思透支的，一旦实施透支行为，其违法性和基于非法占有目的而虚构事实、隐瞒真相骗取他人财物的违法性是相同的。对普通诈骗罪违法性的判断，不需要拒不返还诈骗财物来补充和提高违法性，那么，信用卡诈骗罪的违法性在恶意透支时也应该根据其透支额大小来确定，即便透支款未经银行催收，行为的违法性也已经达到可罚的程度，行为的违法性也完全具备，谈不上需要事后的拒不归还行为来提升违法性的问题。3）将经发卡银行催收后仍不归还作为违法要素，是将侵占罪中拒不退还、拒不交出的要件嫁接到信用卡诈骗罪中，对信用卡诈骗罪的违法要素添加了过多的内容。4）恶意透支后经发卡银行催收后仍不归还，与诈骗他人财物后不退赃具有相同的性质，但通说从来不会将不退赃视作诈骗罪的违法要素。5）将恶意透支，但未经银行催收的行为认定为不具有违法性，从后果考察的角度看，会导致很多负面效果。例如，行为人甲恶意透支 50 万元，在银行催收之前，其自感无力归还而去公安机关自首的，如果认为未经催收的透支行为的违法性未达到可罚的程度，该自首就不能被接受。但是，如果认为经发卡银行催收后仍不归还只是违法和责任之外的客观处罚条件，那么公安机关就可以接受甲的自首。再比如，乙合法办理信用卡，在国外恶意透支 30 万元后拒不归国，发卡银行见此状况未向其发送催收通知的，按照违法要素说，乙的行为就不具有违法性，但这一结论明显不合适。基于上述考虑，应当将恶意透支后，经发卡银行催收后仍不归还这一条件认定为客观处罚条件。

（2）在逃税罪中，不能补缴应纳税款、缴纳滞纳金，未接受行政处罚的，是客观处罚条件。最高人民检察院、公安部《关于公安机关管辖的刑事案件立案追诉标准的规定（二）》（2010 年 5 月 7 日）第 57 条第 2 款规定，纳税人在公安机关立案后再补缴应纳税款、缴纳滞纳金或者接受行政处罚的，不影响刑事责任的追究。换言之，纳税人在公安机关立案前不能补缴应纳税款、缴纳滞纳金或者接受行政处罚是客观处罚条件。因为逃税行为已违反税收征收管理制度，具有违法性，只有在立案前行为人仍然没有补缴应纳税款、缴纳滞纳金或者接受行政处罚的，才进行刑罚处罚。

如果否认不能补缴应纳税款、缴纳滞纳金，未接受行政处罚是客观处罚条件，将其作为违法要素，可能会在处罚上带来困难。例如，逃税罪的立案标准是 5 万元。行为人逃税后补缴税款不足的，例如，逃税 10 万元，仅补缴 4 万元的，可以成立犯罪。问题是：只是将不足部分的 6 万元认定为逃税罪的犯罪数额，还是整体上就 10 万元成立逃税罪？换言之，是否应该在犯罪数额中将已经补缴的数额扣除？如果认为不能补缴应纳税款是客观处罚条件，就不应该扣除已补缴税款，而应当将逃税总额认定为犯罪数额。客观处罚条件的立法目的，是在处罚条件具备时就进行处罚，该条件和违法与责任无关。逃税 10 万元，仅仅补缴 4 万元，不能认为 6 万元是其违法数额，只能认定为犯罪人部分退赃。而立法上对逃税罪设定的是全部退赃、同时接受处罚，才能被排除在处罚范围之外。所以，司法上在处罚阻却事由不完全齐备时，应当认定为客观处罚条件存在，应当将逃税总额认定为犯罪数额，不应将补缴税款的部分从犯罪总额中扣减。

（3）我国刑法第 243 条规定：捏造事实诬告陷害他人，意图使他人受刑事追究，情节严重的，构成诬告陷害罪。国家机关工作人员犯前款罪的，从重处罚。不是有意诬陷，而是错告，或者检举失实的，不适用前述规定。“有意诬告”是客观处罚条件。按照我的理解，刑法第 243

条关于诬告陷害罪的规定，不涉及行为违法性的问题，是决定处罚与否的客观处罚条件。因为在诬告陷害罪中，行为人需要证明其不是诬告，其对检举揭发的事实如果能够在一定程度上加以证明，则不受刑罚处罚。从刑事政策的角度看，不是有意诬陷，而是错告，或者检举失实的，不成立本罪的规定，其实有类似于德、日刑法中诽谤罪的“事实真实性的证明”的效果。不能证明是“错告”，或者“检举失实”，是决定刑罚能否适用的客观处罚条件。

（4）由于在我国，有的刑事司法解释具有高度抽象性，也具有普遍适用的效力，因而其中也可能有类似于客观处罚条件的规定。① 例如，2007 年 7 月 8 日公布的最高人民法院、最高人民检察院《关于办理受贿刑事案件适用法律若干问题的意见》第 9 条第 1 款规定，国家工作人员收受请托人财物后及时退还或者上交的，不是受贿。我认为，收受财物后不及时退还或者上交，就是客观处罚条件。当然，也有人认为，国家工作人员收受请托人财物后及时退还或者上交的，证明其不具有受贿故意，因此，不是受贿。对类似行为不认定为受贿，与客观处罚条件无关，而仅仅是因为犯罪构成的主观要件不具备。但是，基于政策上的考虑，司法机关也完全可能将受贿行为既遂后“及时退还或者上交”的，不作为犯罪处理。如果结合上述司法解释的进一步规定，就可以得出不能“及时退还或者上交”是客观处罚条件的结论。上述司法解释第 9 条第 2 款还规定：“国家工作人员受贿后，因自身或者与其受贿有关联的人、事被查处，为掩饰犯罪而退还或者上交的，不影响认定受贿罪。”那么，进一步的推论就是，国家工作人员“受贿后”，不是因自身或者与其受贿有关联的人、事被查处，为掩饰犯罪而退还或者上交的，就难以认定为受贿罪。而受贿后“及时退还或者上交”的，显然不是受贿后“因自身或者与其受贿有关联的人、事被查处，为掩饰犯罪而退还或者上交”，当然不能认定为受贿。在这个意义上，不能及时退还或者上交，仍然可以视为客观处罚条件。当然，如果将不能及时退还或者上交仍然视为受贿罪的客观处罚条件，可能引发在立法上未对客观处罚条件作出明确规定时，司法解释设定客观处罚条件是否违反罪刑法定原则的疑问。

关于客观处罚条件，还有以下问题需要进一步说明。

一方面，构成要件该当性、违法性、责任这些犯罪成立要件所当然包含的内容，都是外在的客观处罚条件的“前提事实”，这种前提事实必须受行为原则、责任主义、罪刑法定原则的限制。而对于外在的客观处罚条件中的事实，行为人在行为时欠缺预见可能性，也不可能进行控制。对此，林钰雄教授指出：立法者选择将某种要件列为不法与罪责之外的客观处罚条件，其适用结果便纯粹取决于客观上的条件是否成就。至于行为人主观上是否对该条件有所认知，并非所问，因此不会发生主客观不一致的刑法错误问题。② 如果将这样的事实视作违法要素，并进行归责，要么会陷入结果责任的窠臼，要么会使犯罪之间的界限丧失。

另一方面，从效果来看，上述外在的客观处罚条件只是对刑罚是否启动具有意义。犯罪成立要件必须是与犯罪行为有关的要件，客观处罚条件与行为本身及其组成部分无关，是与行为相分离的内容，实行行为是否实施终了，与客观处罚条件的出现无关。相反，客观处罚条件所规定的事由，一般都出现在危害行为实施完毕之后，一定要晚于构成要件事实③，其所针对的

---

① 至于在司法解释中做类似于客观处罚条件的规定，是否违反罪刑法定原则，是否超越司法权，则是另外的问题。

② 参见林钰雄：《新刑法总则》，326 页，台北，元照出版有限公司，2014。

③ 根据相关司法解释，对家庭成员之间的盗窃行为，不作为犯罪处理。这主要是考虑到家庭成员关系使犯罪实施变得更容易，刑罚处罚范围可能较广且破坏家庭关系，因此，有的人认为，家庭成员资格属于与犯罪实施具有内在联系的“事前的阻却可罚性原因”。但是，对这种行为不罚，不是基于客观处罚条件理论，而是因为在责任非难上存在困难（期待可能性理论），可以借助于前述“个人的处罚阻却事由”进行解释。因此，客观处罚条件所涉及的，都应该是实行行为发生之后排除可罚性的情形。

都是犯罪实施以后的情况，是犯罪人所作出的有助于抵消危害结果的行为。危害结果是构成要件的内容，但是，抵消或者竭力减轻危害结果的行为与构成要件无关，不属于犯罪成立要件的内容。上述司法解释中关于受贿后及时退还或者上交，就不再认定为受贿的规定，只不过是为了追求类似于犯罪中止制度或者比中止制度更为彻底的效果。刑法第24条第2款规定，对于中止犯，没有造成损害的，应当免除处罚。对外在的客观处罚条件的规定，是与中止制度立意相同但更为彻底的对行为人的“奖励”。“刑法之所以要采取这种规定，根本原因在于刑法是保护法益的工具，允许在事后消除犯罪造成的危害后果或防止造成进一步的危害，实际上是在降低法益风险。因此，在具备排除可罚性条件的情况下，法律认为，尽管稍微迟了点，刑罚的威慑已经达到了它最初的目的，因而也就没必要再适用了。”①

① ［意］杜里奥·帕多瓦尼：《意大利刑法学原理》，注评版，陈忠林译，343页，北京，中国人民大学出版社，2004。

第十一章 犯罪特殊形态Ⅰ：未完成形态

未完成形态，是指故意犯罪在其发展过程中，由于特殊原因停顿下来形成结局，而没有到达既遂的特殊形态。未完成形态是与完成形态相对而言的犯罪形态。所谓完成形态，是指犯罪既遂，即行为人着手实行犯罪并造成了危害结果的情形。刑法分则的规定以犯罪既遂为原型，对于完成形态可以直接按照刑法分则条文定罪量刑。未完成形态是基于刑法总则的规定而出现的犯罪形态，对它的判断需要同时结合刑法总则和分则的规定进行，判断过程体现在犯罪论体系中的客观构成要件这一环节，因为犯罪的预备、未遂和中止主要与是否实行、结果是否发生等有关。

第一节 未完成形态概说

一、犯罪形态与犯罪阶段

未完成形态是一种犯罪的特殊形态，它是一种最终定型的结局。犯罪阶段，是指故意犯罪准备、实施和完成所要经过的阶段，它是故意犯罪发展的连续性在时间和空间上的表现。以犯罪着手与否为标准，一般可将犯罪分为犯罪预备与犯罪实行两个阶段。未完成形态存在于犯罪阶段中，它是发生在特定阶段上的行为状态，是一种犯罪结局，属于相对静止的概念。犯罪阶段是犯罪过程中的某一“段”，犯罪形态是在犯罪过程中从开始准备到既遂之间任一点停止下来时所“凝固”的结局，是一个“点”而不是“段”。犯罪形态和犯罪阶段之间存在大致的对应关系：在着手实行前的犯罪预备阶段，可能有犯罪预备形态，也可能有犯罪中止形态；在着手实行之后的实行阶段，可能有犯罪未遂形态，也可能出现犯罪中止形态。

承认未完成形态是一种结局，是一种特殊形态而非犯罪阶段，具有现实意义：因为一次犯罪行为只能造成一种结局，所以，在一定的犯罪阶段中，犯罪预备形态、未遂形态或者既遂形态出现之后，就不可能再出现中止形态。例如，甲基于杀人的意思对乙使用暴力，在乙失血过多昏迷时，甲误认为乙已经死亡就离开现场。后来，甲想起有的凶器留在现场对自己很不利，就再次返回现场，意欲取回凶器、湮灭证据。但回到现场后，发现乙正在非常痛苦地呻吟，甲于心不忍，就将乙送到医院。经过医生治疗，乙保住了性命。对甲应当如何处理？在本案中，甲在现场着手对乙实施杀害行为，犯罪行为在实行阶段形成被害人没有死亡的结局，该结局的出现事实上违背行为人的本意，所以甲成立犯罪未遂形态。在甲离开现场时，故意杀人未遂的结局已经出现。在该结局“固定”下来之后，即使甲事后回到现场因为同情而将被害人送到医院，也不能成立另外的结局——犯罪中止形态，而只属于犯罪未遂结局出现之后的悔罪行为。对于甲将乙送往医院的行为，在量刑时作为酌定从轻处罚的情节加以考虑。

二、未完成形态的范围

作为特殊的犯罪形态，未完成形态并非在任何犯罪中都存在，而是有其特定范围。直接故意犯罪的行为人积极追求结果的发生，存在预备、未遂和自动中止的问题，成立未完成罪当无异议。一般认为，过失犯罪不存在未完成形态的问题。① 从客观来看，过失行为只有在发生危害社会的结果时，才成立犯罪；如果危害结果未发生，根本不成立过失犯罪。在主观上，过失犯罪行为人缺乏犯罪意图，其对危害结果的发生，不仅在认识因素上缺乏预见或轻信可以避免，而且在意志因素上持排斥、反对态度。因此，行为人不存在实施犯罪的预备行为或着手犯罪实行的问题。

间接故意犯罪是否存在未完成形态，则是有争议的问题。少数说认为，行为人实施危害行为所放任的结果，就是间接故意的犯罪目的，如果该目的未能实现，就会成立间接故意犯罪的未遂。多数说认为，间接故意的行为人仅仅放任而非希望危害结果发生，其对结果发生与否持无所谓的态度，所以危害结果没有发生不能认为是犯罪未得逞，难以成立犯罪未遂。我的观点是：间接故意是放任结果发生，放任，在表面上看是发生或者不发生都可以，都无所谓，但就行为人来讲，如果结果发生了，其完全可以接受该结果，所以，就放任的结果发生和不发生这两极而言，行为人的心态更接近“愿意接受结果的发生”这一极。换言之，“放任结果发生”和“放任结果不发生”之间不是半斤八两的关系，行为人内心天平的一端偏向“结果发生”。因此，单纯从理论上讲，在放任危害结果发生的情况下，未发生危害结果，在一定程度上是违背行为人本意的，自然就存在着手实行后，犯罪目的未实现，因而违背其意志，从而构成犯罪未遂的问题。因此，少数说在理论上也并非完全讲不通。当然，在实务中，在结果尚未发生的场合，间接故意行为的危害事实上没有造成，要证明行为人的犯罪心态、证明行为的犯罪性存在现实困难。在这个意义上讲，认为间接故意犯罪只有成立与否的问题，而不存在预备、未遂和中止形态，也是一种务实的态度。

第二节　犯罪预备形态

一、犯罪预备形态的概念

犯罪预备，是指已经实施犯罪的预备行为，由于行为人意志以外的原因而未能着手实行的犯罪形态。

二、犯罪预备形态的特征

作为发生在犯罪预备阶段的犯罪形态，犯罪预备具有以下四个特征。

（一）开始实施犯罪的预备行为

行为人已经开始实施犯罪的预备行为，是构成犯罪预备的客观基础。所谓开始实施犯罪的预备行为，是指行为人已经开始实施为犯罪的实行和完成创造便利条件的行为，如为走私而购买船只，为投毒而改变药物的特殊配方，为盗窃而排除犯罪的各种客观障碍，等等。需要注意的是，为犯罪的实行和完成创造便利条件的行为如果同时又是刑法分则规定的实行行为，则该行为同时触犯不同的罪名，这属于理论上的想象竞合犯。例如，为杀人而非法制造枪支；为抢劫而非法侵入住宅的，即属此类。对这种情况，原则上应从一重罪处断。

（二）主观上是为了实行犯罪

行为人实施创造便利条件的行为，其目的必须是实行犯罪。强调预备行为的目的性极为重

---

① 当然如果承认客观归责论，也可以认为过失行为制造了法益风险，在没有发生结果即风险没有实现的场合，也可以肯定行为的违法性，从而肯定过失犯也有未遂犯，只是刑法分则特别规定在出现结果时才予以处罚。

要，因为多数制造条件的行为本身并不能反映出其违法性质，只有结合行为人的主观故意的内容，才能判断其行为是犯罪预备行为。所以，主观上为了实行犯罪这一条件可以限制犯罪预备的成立范围。例如，甲想杀乙，按照计划先买一支枪，但没钱，为挣钱而打工，因其他行为而被抓获，供认打工的目的在于买枪杀人。打工挣钱的行为不是杀人预备。此案中，为了实行犯罪，指为了杀人犯罪。购买枪支是杀人的预备，打工是预备的预备，不是杀人的预备行为。

为了实行犯罪，一般是为了自己将来犯罪，即准备人与将来着手犯罪人是同一人，但有时预备是为了他人将来实施犯罪，他人尚未实行犯罪的，可以构成共同预备（他人预备罪）。例如，甲想用农药杀丙，乙受托为甲买来农药交给甲。数日后，甲后悔，将农药丢弃。甲之行为是预备阶段中止犯罪，乙之行为是为他人预备的行为，属犯罪预备形态。处罚“为他人预备”的理由依然是预备行为对法益的抽象危险性。如果为了他人实行犯罪而预备，他人事后实行了犯罪行为的，则按共同犯罪的既遂处理。

（三）未能着手实行

行为人未能着手实行犯罪，是指行为人虽然已经实施了为实行犯罪创造条件的行为，但未能着手犯罪的实行行为。事实上未能实行犯罪包括：（1）预备未终了。如枪支零部件已买回，正在安装但尚未安装完毕，事实上不可能着手实施杀人行为。（2）预备终了，但未着手实施。例如，准备投毒，毒药已买回，但始终没有机会下手。

（四）未能着手实行是由于意志以外的原因

在着手犯罪实行行为之前停顿下来并非行为人的自愿，而是由于其意志以外的原因。这是构成犯罪预备的实质要件，也是区分犯罪预备形态与发生在预备阶段的犯罪中止形态的关键所在。它表明，行为人之所以未能完成犯罪，是因为其不能而非不想，犯罪停止下来是违背其意志的。如果行为人系出于自愿而停止犯罪，则不成立犯罪预备形态，而是构成犯罪中止形态。

这里所说的“意志以外的原因”，是指足以阻止其着手实行乃至完成犯罪的意志，迫使其不得不停止下来，难以继续实行犯罪的各种主、客观因素。这些因素主要包括：（1）作案条件不成熟，如时间、地点暂时不适合实行犯罪；被害人闻讯逃避或防范措施严密，难以下手。（2）自身能力限制，如犯罪技能不够，未能实行犯罪；受身体疾病影响，暂时无力犯罪。（3）外部因素的介入致使行为人无法实行犯罪，如司法机关或群众及时行动，将行为人抓获，行为人未来得及实行犯罪。

三、犯罪预备的类型

我国刑法第22条第1款规定，为了犯罪，准备工具、制造条件的，是犯罪预备。根据这一规定，犯罪预备表现为以下两种类型。

（一）准备工具

工具，是指为实行犯罪而利用的各种物品。准备犯罪工具，是指为实行犯罪而制造、购买、寻找或使用犯罪工具的行为。准备犯罪工具是一个广义的概念，包括委托他人加工、购买、寻找、窃取犯罪工具等。

（二）制造条件

条件是指有助于犯罪实现的一切因素。从外观来看，制造犯罪条件，包括（1）制造有助于犯罪着手实行的条件；（2）有助于犯罪完成的条件，如销赃渠道；（3）有助于逃避法律制裁的条件，如犯罪后逃跑用的物品、证件、资金等。例如，甲乙骗租丙的出租车，准备在僻静处抢劫丙。当车行至某镇后，甲乙仍感到没有机会下手，又以200元的价钱要求司机前往另一小镇，后司机有所警觉报案的，可以认定甲乙是为了实施抢劫而制造条件，构成抢劫罪（预备）。

从构成特征来看，制造条件包括制造客观条件和制造主观条件：前者包括前往犯罪场所；追踪、守候被害人；诱骗被害人前往犯罪地点等。后者包括产生犯意后与他人商讨犯罪计划、寻找共犯。当然，如果刑法分则将商议犯罪计划的行为规定为实行行为，这种特殊的制造犯罪条件的行为就不再是犯罪预备行为，如犯罪人为实施恐怖活动准备工具的，构成准备实施恐怖活动罪。

制造犯罪的主观条件和客观条件相结合，就揭示了刑法需要处罚犯罪预备的依据：行为对法益具有抽象危险。抽象危险是一种间接而非直接、离结果发生有相当距离而非紧迫的危险。抽象危险是立法者推定的危险，司法工作人员只要在个案中验证这种危险性存在即可。

四、犯罪预备的认定

在认定犯罪预备的时候，主要应当将其与犯意表示加以区分。犯意表示是指行为人通过口头、文字或其他方式将自己的犯罪意思表露于外并为他人所知悉的行为。如仅仅在日记里写要抢劫他人，甚至在口头上说要杀害他人，均属犯意表示。

犯罪预备和犯意表示都发生在行为人着手实行犯罪之前，两者都属于反映行为人犯罪意图的有意识的行为。两者的区别主要在于：（1）犯罪预备通过各种具体活动为实行犯罪创造条件，表现为一种主观影响客观的积极行为；而犯意表示只是以语言、文字等形式单纯流露其犯罪意图，表达行为人的心理状态的消极行为。（2）犯罪预备的作用旨在促成或实现犯罪，其对早日着手实行犯罪和确保犯罪完成具有重要意义，在很多犯罪中，没有犯罪预备就不会有犯罪的着手实行；而犯意表示不会对犯罪的着手实行起促成作用，甚至对犯罪的预备也不会起促成作用，因此，对于一个天天坐在家中盘算如何杀害自己仇人的行为人，难以评价其行为为杀人预备。（3）犯罪预备表明行为人已将犯罪目的与犯罪行为有机地结合起来，已开始实施有助于犯罪实现的准备活动，例如，基于犯意寻找共同犯罪人，教唆或诱骗他人犯罪，或寻求他人帮助等，均已超出了犯意表示的范围，应成立犯罪预备；而犯意表示仍停留在表示犯罪思想的阶段，行为人尚未通过实际的行为，将犯罪意图付诸实现。（4）犯罪预备本身即具有法益侵害的危险；而犯意表示因其对犯罪的实行无任何影响、作用，所以并无法益侵害的危险，即使有危险，也只是一种潜在的、纯粹精神上的危险。

五、犯罪预备的处罚

世界上多数国家的刑法以处罚犯罪预备为例外，如日本仅在刑法分则中分别规定处罚杀人、抢劫、绑架、放火、伪造货币等罪的犯罪预备行为。而我国以处罚犯罪预备为原则，极端地说，所有的直接故意犯罪中都存在可以处罚的犯罪预备。但由于犯罪预备的证明较难，大范围处罚犯罪预备的立法预期可能落空，因而我国的立法存在预备犯处罚泛化的问题，预备犯处罚理应限于严重犯罪。

我国刑法第22条第2款规定，对于预备犯，可以比照既遂犯从轻、减轻处罚或者免除处罚。由此可见，我国刑法对犯罪预备采取的是得减原则。根据刑法的规定，（1）处罚预备犯的比照标准是既遂犯。“比照”的对象是在情节、性质、程度等方面与预备犯向前发展可能形成的法益侵害结果相同的既遂犯。（2）对预备犯一般应当比照既遂犯从轻、减轻或者免除处罚。这是因为犯罪预备对法益只有抽象危险。当然，对极其个别的预备犯，例如，情节恶劣的预备犯，预备行为已接近实行，或者一旦着手实行可能立即造成严重危害后果的，也可以不从宽处罚。

第三节 犯罪未遂形态

一、未遂犯的处罚根据

犯罪未遂，是指已经着手实行犯罪，由于犯罪分子意志以外的原因而未得逞的犯罪形态。

关于未遂犯的处罚根据，历来在不同的刑法学派之间存在争论。

（一）主观未遂论

传统的主观不法论认为行为是行为人的危险性格的征表。按照这种逻辑，未遂犯就应该被理解为基于不法的意思实施危害行为，虽然结果没有发生，但行为人侵害法益的意思已表露无遗，因而应当给予处罚。如果将主观不法论贯彻到底，不能犯、迷信犯的行为人都具有侵害法益的意思，都实现了不法，有可能成立犯罪未遂，于是危险意思成为未遂犯的处罚根据。立足于主观不法论的未遂犯论就是传统的主观未遂论。

现代的主观未遂论则将未遂犯的处罚根据求之于行为的危险性。赞成这种主张的行为无价值一元论认为，不法理论的核心思想是不法和行为有关，即行为人依照其目的设定实施特定构成要件行为，在损害发生的危险不存在的场合也成立未遂。制造不被允许的风险所涉及的，是构成要件该当行为。行为不法的认定，关键在于对行为自由的限制，而与结果归责无关。行为不法的认定与结果归责的判断分别依据不同的指导原则进行，审查的事实基础（事前还是事后）也有不同。这样，对行为的审查和对结果的判断就必须分开。依照不法的目的而实施行为，就是不法，这个不法行为本身就是行为人的"杰作"，结果是否会发生危险对于不法没有影响，所以，即便脱离法益侵害或危险，行为人的个人不法也会得到彰显。那么，法益受害的结果和不法就没有关系，也和责任无关，只不过是客观处罚条件而已。换言之，主观不法论的基本观点是，结果无价值不能构成不法，只不过是与不法无关的偶然因素而已，只能作为客观处罚条件看待。[①] 井田良教授指出，侧重于行为无价值的观点认为，行为无价值是违法性的基础、处罚的根据；但是，作为附加的要素，为了限定处罚范围，有时也需要结果无价值。于是，结果无价值仅具有限定处罚范围的意义。[②]

这种将结果逐出不法领域的主观未遂论的基本考虑是：一方面，能够成为禁止对象的，只能是行为而不包括结果。如果法秩序要求禁止杀人，其规范目的只有在禁止杀人的意思（故意犯的情况）或威胁人生命的行为样态（过失犯的情况）出现时，才有可能实现。杀人的结果存在于这种禁止之外，所以，结果无法进入构成要件和不法领域。另一方面，由于结果的发生或者不发生大多依赖于偶然因素，不能为人类行为所掌控，所以，结果难以成为不法的组成部分。[③] 有学者指出：处罚未遂犯的理由是维护法规范的效力以达到保护法益的目的。未遂犯与既遂犯违反相同的行为规范，只不过未遂犯的预防必要性较低，因而应受较轻的处罚。虽然成立未遂要有着手行为，不是处罚主观意思，但理论上完全可以处罚无危险的未遂。[④]

主观未遂论存在明显不足：（1）与刑法的规定不符。我国刑法之所以区分未遂和预备，就是因为未遂是以着手实行与某种结果具有相对紧密的关联为必要条件的，未遂行为内含刑法意义上的结果；而和结果关联较弱的，只能成立预备。此外，按照行为无价值一元论的逻辑，结果发生与否对不法没有影响，因此，对未遂犯和既遂犯要同罚。但是，这与世界上多数国家对

---

① 参见［韩］李在祥：《韩国刑法总论》，［韩］韩相敦译，99页，北京，中国人民大学出版社，2005。

② 参见［日］井田良：《刑法总论的理论构造》，15页，东京，成文堂，2005。

③ 参见［韩］金日秀、徐辅鹤：《韩国刑法总论》，郑军男译，233页，武汉，武汉大学出版社，2008。

④ 参见蔡圣伟：《刑法问题研究》（一），84页以下，台北，元照出版有限公司，2008。

未遂犯要比照既遂犯从轻、减轻处罚的通例并不一致。(2) 不符合刑事政策的要求。只根据行为就可以确定不法，会加重行为人的负担，不利于鼓励行为人放弃犯罪或者在行为实施完毕后采取措施防止结果发生，从而在一般预防上带来难题。(3) 如果认为行为就可以决定不法，在过失犯的处理上会带来特殊障碍，因为多数国家的刑法并不承认过失危险犯，过失犯的成立与结果发生有关，仅有义务违反并不构成完整的过失犯的不法。例如，超速违章驾驶数十公里，但并未导致死伤后果的，刑法上有意义的交通肇事罪的不法并不存在。① (4) 客观处罚条件只能决定刑罚权的启动与否，不能对处罚的轻重产生影响。一个伤害行为，致人重伤或者死亡的，判刑一定比致人轻伤情形下要重，如果认为结果是客观处罚条件，其只能解释对行为人应当进行处罚这一问题，但对于故意伤害致人重伤为何要比致人轻伤判得重，刑罚的量如何分配才合理等，将结果视作客观处罚条件的理论并不能提供令人满意的解释方案。(5) 这种意义上的行为无价值论归根到底将未遂等同于主观不法要素，其会演变为纯粹的“意图无价值”，所有的客观要素都属于与不法无关的结果无价值。② 否认结果对不法的重要性，最终可能会以行为人违反规范的内心意思作为处罚对象，必然会扩大刑罚处罚的范围，滑向刑法主观主义，从而与现代法治理念相抵触。

（二）客观未遂论

客观不法论认为，必须通过外在行为了解主观要素，因为只有这样才能探究行为人的内在意思，防止司法上出错。而主观不法论恰恰不能防止司法上的恣意。基于这一考虑，未遂犯的处罚根据就在于发生构成要件结果的客观危险性。即使认定行为人存在犯罪意思，但如果不存在发生结果的客观危险性的，也不能作为未遂犯予以处罚。

客观未遂论最早由费尔巴哈提出。按照这种理论，处罚犯罪原则上需要发生结果，但是，结果偶然没有发生的，如果不处罚这种行为，从犯罪预防的角度看就是不合适的。因此，实施一定行为，有发生结果的危险性，是未遂犯处罚的根据，对行为危险性的判断是纯客观判断。结果无价值论在总体上继承了费尔巴哈的进路，认为法益的客观危险性这一状态是未遂犯的处罚根据，从而尽可能地从危险概念中排除主观要素。这是“物的违法性论”的立场。③

但是，将行为人的主观因素排除到何种程度，在客观未遂论内部，也一直有争议。一种观点认为，所有行为人主观上的认识和预见，都不能作为危险判断的基准，危险判断绝对是纯粹客观的判断。④ 另一种极端的观点认为，行为人的意图、计划、危险性格都是危险判断的考虑因素。相对折中的主张则强调，在判断危险时，不能离开故意、过失，应在一定程度上考虑行为人的主观要素。

不过，值得质疑的是，如果一方面坚持客观未遂论，另一方面又考虑行为人的主观方面，可能就已经偏离了客观未遂论的基本立场。因此，似乎应该认为，在未遂犯的判断上，绝对的客观危险说事实上是不存在的。如果不考虑行为人的主观方面，根本也就不可能判断行为的危险性。

（三）修正的客观未遂论

行为无价值二元论认为，规范违反和法益侵害同时决定违法性，不仅法益侵害结果，而且行为方式以及行为人的意图、目的等内容，均是决定违法性的根据。行为无价值二元论所理解的客观违法性，对传统的客观违法性论（坚持“判断对象”上的客观性）进行了修正，即肯定

---

① 行为是否具有以危险方法危害公共安全的不法，则是另外的问题。

② 参见［德］冈特·施特拉腾韦特、洛塔尔·库伦：《刑法总论》，Ⅰ，杨萌译，109页，北京，法律出版社，2006。

③ 参见张明楷：《行为无价值论与结果无价值论》，17页，北京，北京大学出版社，2013。

④ 参见［日］中山研一：《刑法总论》，411页，东京，成文堂，1982。

违法性“判断基准”上的客观性，但在“判断对象”上接纳主观要素，因此，其是“修正的客观违法性论”。

1. 基本内容

（1）修正的客观未遂论要考虑结果无价值。

行为无价值二元论认为，不法必须同时和行为、结果有关，因此，其并不赞成行为无价值一元论的结论，而是强调要考虑客观的结果无价值的部分内容。其主要理由是：一方面，在修正的客观未遂论看来，行为无价值一元论显然走得太远了：即使行为人对结果不能绝对操控，但该结果无论如何还是具有操控可能性的，无论是按照相当因果关系论，还是进行客观归责的检验，结果都还是由行为人的行为所造成的，结果的发生和纯粹的意外事件不可相提并论，结果和行为都是行为人的“杰作”，都要算到行为人头上。这样，不法与行为以及行为人有关，也与结果有关，结果就不是构成要件之外的客观处罚条件。对此，有学者指出：“被禁止的是以侵害法益为目的的行为，因而不能以行为被禁止为由认定结果的发生对不法没有任何意义……认为结果无价值只不过是偶然，也是不合理的看法。当结果无价值作为实现行为危险而与行为无价值相连时，其结果不可能是偶然的。”① 另一方面，犯罪的实质应该是行为与特定规范的期待相悖，并引起外在世界的变动，破坏既有的共同生活秩序。根据行为无价值二元论，在确定违法性时，是否具有法益侵害、具备结果无价值，需要在行为规范违反性之外单独加以判断。这一点，在结果犯（既遂犯）中自不待言，因为结果的出现，表明法益侵害的严重性，结果无价值影响定罪，其不是量刑上或刑事政策上的附属考察因素。在危险犯（未遂犯）中，也要作相同理解：因为行为的义务违反决定违法性，但行为一定具有结果指向性，在危险犯中，法益危险也是结果，这个意义上的结果无价值也是违法的组成部分，结果发生是当然的，结果不发生也不是偶然的，其显然受制于行为。所以，立足于行为无价值二元论的立场，不法必须同时顾及行为和结果。行为无价值与结果无价值具有同质性，二者同时影响违法性。这样说来，在刑法学中，至少存在两重意义上的结果无价值②：现实结果意义上的结果无价值（以下简称结果无价值Ⅰ）；行为指向未来危险，侧重于积极的一般预防导向的法益保护意义上的结果无价值（以下简称结果无价值Ⅱ）。在既遂犯的场合，行为无价值、结果无价值Ⅰ同时存在；在未遂犯的场合，具有行为无价值，也具有结果无价值Ⅱ——行为具有危险性，其没有侵害当下的具体法益，但具有指向未来的法益侵害危险。

这就是说，行为无价值二元论不会脱离结果无价值来理解行为无价值：成立结果犯（无论是故意犯还是过失犯）要求引起特定结果，该结果可以归属于行为人。成立危险犯（未遂犯）要求行为人通过其行动，将试图实施特定构成要件行为去追求某种“结果”的信息表现于外。以故意杀人罪为例：在既遂的场合，原本不应当被杀害人死亡这一结果可以归属于行为人，成为处罚依据；在未遂犯的场合，行为人具有“意图杀害不应被杀害的他人”的目的，且指向他人的生命法益，虽然该结果无价值尚未现实化，但行为指向法益，具有发生结果的危险，因而对其有进行处罚的必要。“不仅在结果犯中，在所有的犯罪中，都要求将作为犯罪基础的行为规范被打破——或至少将被打破——状态上的‘结果’。”③

因此，对未遂犯的成立而言，不能仅仅说其行为不妥当，还要说因为有导致结果发生的危险，其行为才应该受到刑罚处罚，即应当强调行为有导致结果的可能性——“不应被杀害的人

---

① ［韩］李在祥：《韩国刑法总论》，［韩］韩相敦译，100页，北京，中国人民大学出版社，2005。

② 少数学者认为，“使客观的法的稳定发生了混乱”是第三种结果无价值。对此，后文还会进一步涉及。

③ ［日］松宫孝明：《“结果无价值论”与“行为无价值论”的意义对比》，张晓宁译，载《法律科学》，2012（3）。

有被杀害的危险”可以归属于行为人。由于行为无价值二元论强调行为具有指向法益的性质，客观未遂论总体上仍然得到坚持。其实，这里的修正的客观危险说很接近于客观危险说中的“综合危险说”——行为具有侵害法益的客观危险时是未遂，但作为结果的危险是以行为的危险为前提的，如果没有行为的危险，就没有未遂犯的构成要件行为。仅有作为结果的危险，但行为不符合构成要件，不具有行为的危险性时，不是未遂犯。①

（2）修正的客观未遂论要考虑人的不法性论。

在行为无价值二元论看来，不法不是纯客观的，因为结果和行为都是行为人的“杰作”，结果一定是要算到行为人头上的特定法益损害，是由与行为人的意思有关的行为所导致的。

由于行为不法、结果不法都与行为人有关，其根源都是行为人的个人不法。在这个意义上，不法就是与人有关的判断。肯定不法与行为人有关，就是要强调：必须普遍地把特定行为人的行动作为一种不值一提、其他人不可再次经历的行动选择来看待。为此，修正的客观未遂论承认“人的不法性论”，即行为人为客观的构成行为有目的地提供了目标设定，其出于什么态度来实施这个目的设定，他在这里承担了什么义务，所有这些都与可能的法益损害一起，决定性地确定了特定构成行为的不法。“不法是与行为人有关的‘人格的’行为的不法。”②

我赞成修正的客观未遂论，认为其对于论证未遂的不法具有特殊意义。犯罪既遂和未遂都要求有故意，“未遂仅仅由于缺乏结果而与既遂加以区别”③。当然，由于这种折中说肯定人的不法论，其必然会受到客观不法论的批评——一旦承认行为人的主观要素影响不法，就会对刑法客观主义立场有冲击。不过，客观不法论对“人的不法性论”的批评并未切中要害。“人的不法性论”并不是说一切不法都是按照行为人的内在意思来确定，其仍然强调要根据外在行为来判断不法。行为人的意思如果只存在于其内心，完全不表现于外，不可能成为刑法规范的评价对象。刑法学上所谓的故意，不是行为人心里怎么想的，而是行为人通过的行为举止、所做的事情所揭示出来的东西，必须有行为才能有故意。对过失的判断也是如此。按照刑法客观主义的逻辑，刑法不惩罚思想，只要不付诸行动，行为人怎么想都无所谓。在犯罪认定上，必须要通过行为人所做的事去决定、判断行为人怎么想，从而确定其主观要素。因为只有行为人所做的恰恰是他所想做的，才能把结果归责于行为人，否则就可能是意外事件。④

2. 修正的客观未遂论仍然属于刑法客观主义阵营

修正的客观未遂论认为，未遂犯的危险性表现在行为的危险性上。行为无价值一元论认为，只要行为具有规范违反性，存在行为无价值（主观的、规范的无价值性），就可以处罚未遂犯。但是，行为无价值二元论主张，具有行为无价值同时客观上有结果发生的危险性的（危险无价值），才能处罚未遂犯，从而使“修正的客观未遂论”和客观未遂犯在结论上的差异很小，其对立仅仅存在于观念上或形式上。⑤“围绕未遂犯的处罚理由而进行的争论的结果是，不同立场之间如今在很大程度上相互接近。这里，最后有决定意义的论据与对立观念的一致性无关，而是涉及这些方案本来必须得出的结论的合理性。”⑥

与刑法主观主义主张行为人的意思或危险性格通过行为征表出来就可以定罪处罚不同，行为无价值二元论认为客观行为是不法理论的核心，未遂犯的处罚根据不是行为人的危险性格。

① 参见张明楷：《刑法学》，5版，338页，北京，法律出版社，2016。
② ［德］克劳斯·罗克辛：《德国刑法学总论》（第1卷），王世洲译，211页，北京，法律出版社，2005。
③ 同上书，203页。
④ 参见许玉秀：《当代刑法思潮》，34页，北京，中国民主法制出版社，2005。
⑤ 参见［日］山中敬一：《刑法总论》，3版，757页，东京，成文堂，2015。
⑥ ［德］冈特·施特拉腾韦特、洛塔尔·库伦：《刑法总论》，Ⅰ，杨萌译，255页，北京，法律出版社，2006。

因此，其基本取向仍然维持在刑法客观主义内部。

3. 修正的客观未遂论与危险判断

按照修正的客观未遂论，对法益有具体危险，且能够展示行为人侵害法益意思的行为才有成立未遂的余地。按照这一界定，未遂一定是一种指向具体的构成要件结果的行为；该行为揭示了行为人损害法益的意思——对天开枪的行为，不是杀害行为，有目的性地对人开枪才是杀害行为；行为具有危险性，这种法益危险意义上的结果无价值蕴含在行为中。这个意义上的未遂犯论重视行为，但认为其包含结果发生的具体危险，所以，认定未遂的核心是确定危险判断的标准。

在根据修正的客观未遂论判断未遂犯中的危险时，以下两点非常重要。

（1）立足于事前的一般人基准。

危险的判断，分为事前（exante）判断和事后（expost）判断两种。两者的最大差别在于对判断基础资料或判断基础事实的采集、运用不同。事前（行为时）的判断以行为人实施某种行为时一般人认识到的事实（特殊情况下包括行为人的特别认知）为判断的事实基准，危害行为实施完毕后的事态、状态等不能作为判断资料。事后的判断，则将所有相关联的事实都纳入判断范围，根据所谓的科学法则进行判断。对未遂犯的判断，应当立足于事前的一般人标准，而非事后的科学判断。例如，为杀害他人而将硫黄置于被害人的饭菜中，按照事后的科学法则，因为摄入硫黄不可能造成死亡，所以故意杀人罪的未遂不能成立。但是，按照事前的一般人经验法则，应当肯定一般人感觉到的紧迫危险，可以成立杀人未遂。对此，罗克辛教授明确指出：从事前的角度进行观察，仅当一个未遂真实地创设了一个不被允许的风险，也就是该未遂是危险的，才可能被处罚。① 约翰内斯·韦塞尔斯教授也主张，对危险的判断，要考虑行为时所存在的各种情况，并要对事态的可能发展趋势作出预估。在这里，其实必须假定存在一个“客观的观察者”，由其从行为时或事前的视角，依据相关的普遍经验（以及特殊情况下行为人所可能拥有的特殊认知），对行为当时所实际存在的具体情况进行分析，对由此构成的危险进行评估。②

是对行为的危险性在事前进行判断，或事后做出判断，在处理结论上会有差异。例如，甲女和丈夫乙长期感情不和、誓不两立，其发现丈夫患重病后，意图趁机将其杀害。经咨询中医大夫丙，甲得知，像乙这样的病情，如果在其现在服用的药材中每次添加一味有毒的药材，不出 3 个月乙就会死亡。甲便按照丙的建议行事，不料乙多次服用该有毒药材 3 个月之后，反而疾病痊愈（以下简称“以毒攻毒案”）。如何认定甲的行为性质？

对于“以毒攻毒案”，如果立足于事前判断，无论是专业医生、行为人甲还是一般人，都会认为投放毒药的行为是危险的，这种危险虽然因极为偶然（如药与药之间的混合作用或被害人的特殊体质等）的情况没有现实化为结果，但这种危险在规范评价及禁止国民模仿类似行为的意义上，依然是一种客观的危险，甲就应该成立故意杀人罪未遂。如果不肯定这一行为的危险性，可能会造成其他人的模仿。

结果无价值论从事后查明的事实出发思考问题：既然事后查明了这味毒药加入之后其实是能够治愈被害人的，则投放行为实际上就是一个没有危险，反而对法益有益的行为。

由此可见，行为无价值论注重的是判断方法的客观性，也就是从一般人的视角来看，行为的危险性大小，实施类似行为会造成何种结果；而结果无价值论强调的是判断资料、判断对象的客观性，也就是客观上有哪些要素存在、产生了何种结果。对判断方法和判断资料的重视程

① 参见［德］罗克辛：《刑事政策与刑法体系》，蔡桂生译，76 页，北京，中国人民大学出版社，2011。

② 参见［德］约翰内斯·韦塞尔斯：《德国刑法总论》，李昌珂译，170 页，北京，法律出版社，2008。

度不同，决定了判断时点的差异：行为无价值论重视事前判断，结果无价值论重视事后判断。

但是，事后判断会带来很多问题，彻底的事后视角将使对未遂犯的处罚难以找到根据。为此，结果无价值论又对其思考方法进行了一定程度的修正：站在事前，根据科学法则分析行为的客观危险性，同时一并考虑事后查明的事实。例如，对人开枪这一行为造成他人死伤的概率大，行为的危险性不会因为事后偶然没有打中而被否定。但在“以毒攻毒案”中，行为人投毒的行为在科学法则意义上造成特定被害人乙死亡的可能性并不存在，概率为零。即使存在所谓的“危险”，也只是人们主观上的认知局限，因此，客观上行为的危险被否定。

很显然，行为无价值论对危险的判断进行了一定程度的抽象，而结果无价值论将思考具体化、特定化了。对于开枪行为，行为无价值论会肯定危险性，结果无价值论会进一步限定：枪支是不是有发射可能性，枪里有无子弹等。对于“以毒攻毒案”中的投毒行为，行为无价值论是把事实抽象到投放毒物（行为人要做的只是下药，不下这种药也会下其他的药，这种行为当然危险）；结果无价值论是将行为的危险性具体到甲选定了这种反而会使丈夫乙痊愈的药（只要是这种药，不管试多少次都没有危险），因此，最终的结论会有不小差别。不可否认的是，由于所谓的科学法则或者概率论并不明确（概率会根据事实的抽象程度不同而发生变化，判断行为危险性的结论就会不同），因此，结果无价值论结合事后查明的事实，以概率进行预测性判断的方法就存在不确定性。可以认为，关于违法性一定要进行事后判断的立场是绝对化的主张。而这种绝对化的主张明显存在以下缺陷：首先，与结果无价值论的逻辑存在内在矛盾。在结果无价值论那里，动物对人进行侵害都是不法，为什么行为人对他人的投毒行为（碰巧没有致人死亡的）却并非不法？对未遂犯本来就不是在侵害结果是不是具体发生这个基础上讨论的，而应该在结果没有发生的前提下去推测行为向前发展有没有危险性。其次，仅仅以被害人事后没有死亡，就反过来论证行为人的行为不危险，与一般的社会正义以及刑法的行为指引功能不符。必须承认，无论哪一种刑罚理论中都包含着一般预防的刑罚目的论，如果说在未遂犯中这样彻底地坚持结果无价值，不需要去考虑一般预防的所有因素，那就会与刑罚论抵触，这是将危险判断理论绝对客观化所带来的最大问题。一般预防的理念其实也要在犯罪论里得到贯彻，惩罚一个危险的行为，让一般人避免再次重演这样的行为，这就要求通过处罚未遂犯来树立一个榜样，来达到一般预防的效果。因此，未遂犯的认定既是一个犯罪论的问题，也与刑罚论紧密关联。如果将未遂犯和不能犯的判断具体化为结果有没有偶然避免，危险与具体人的行为没有关系，刑法的一般预防效果就达不到了。再次，没有顾及司法实践的态度。如果按照结果无价值论得出甲不仅没有杀人而且救了丈夫一命，其行为不是犯罪、没有危险性的结论，不仅与国民的一般感受相悖，也不可能被司法实务所接受。最后，将危险判断过于具体化会在不同场合得出矛盾的结论。例如，现在很多人出门不携带现金、只带手机，因为可以运用手机中的第三方支付购物。但是，扒手甲只愿意偷现金，因为偷来手机没有用处（被害人很可能设置了开机密码，偷来的手机无法开机）。如果具体化、绝对化地考虑被害人的财物没有损失，即便行为人甲在被害人口袋里如何摸来摸去，都只成立不能犯。这样一来，社会秩序会陷入混乱。如果结果无价值论认为即便当时身上一文不名的被害人也有带现金的可能，这个时候就等于将侵害对象又予以抽象化，不考虑被害人身上有钱无钱的事实，只重视窃取行为自身的危险性。而在“以毒攻毒案”中，结果无价值论对侵害对象的判断却是特别具体化的（死亡结果确实没有发生，而不是被害人有死亡的可能），投放毒物行为的危险性被忽略。对于偶然防卫，有的结果无价值论者赞成无罪说①，这恰恰就是将死亡结果具体化的例证。而在被扒窃的被害人完全没有携带除手

① 参见张明楷：《论偶然防卫》，载《清华法学》，2012（1）。

机外的其他财物的场合，恐怕所有赞成结果无价值论的学者都会得出有罪结论，此时却是将侵害对象抽象化，与“以毒攻毒案”中的分析逻辑不同，由此一定会带来判断方法上的不一致。

（2）评估行为再次重演的危险性（积极的一般预防的需要）。

按照行为无价值二元论的逻辑，在根据立足于事前的一般人基准得出危险是否存在的判断之后，还应当用“对类似行为如果再次实施，结果是否能够发生，规范是否能够容忍”这种意义上的假定判断进行检验，以确定行为和规范的抵触程度，回应积极的一般预防的要求。也就是说，某次具有一定危险性的行为，虽然并未导致结果发生，而且仅仅从事后来看，结果发生的概率也极小，但是，这次结果没有发生纯属偶然，该行为如果再次重演，结果发生的概率极高的，就有必要认定该行为违反规范，具有危险性，从而禁止该行为，将其树立为“反面的”样板，不允许其他人在未来效仿，从而维护规范的有效性，防止法益在未来受到侵害。例如，甲试图开枪杀害处于100米之外的乙，但子弹的射程只有80米，乙听到枪响后逃离现场的，不能根据事后的物证技术鉴定否定行为的危险性。一方面，对于开枪杀人的行为，依立足于一般人的事前标准，会认为其特别危险；另一方面，此次被害人偶然逃过一劫，但不能排除类似行为再次实施所可能带来的危险——如果不将此次未击中被害人的行为作为犯罪未遂来评价，行为人或其他人下次可能拿一把射程更远的枪支，或者边靠近被害人边射击，或者在被害人向行为人所在方向移动时射击。所以，假定类似行为再次重演时，结果实际发生的可能性、危险性存在的，就应该将该行为作为未遂犯处理。再比如，甲与邻居丙有仇，基于杀害的意思，唆使丙的儿子乙（3岁小孩）用手去抓从墙上电源插座中伸出的裸露电线，及时赶来的丙将电线从乙的手中夺下，将乙抱走。即使事后查明该房间的5个插座都有电，就是该电线外露的插座无电，也应该肯定甲的行为成立故意杀人罪的未遂犯（间接正犯），因为无论是按照考虑事前的一般人标准，还是按照积极一般预防的需要，都应该肯定该行为的高度危险性——如果类似行为再次重演，并不会有运气这么好的被害人！

在判断危险是否存在时，要评估行为再次重演的危险性。对此，个别结果无价值论者实质上也同意。山口厚教授认为：未遂犯都是结果没有发生的情形，要判断某种行为是否有危险，需要假设某种使结果发生的事实存在的可能性（假定的事实）。例如，用空枪对人射击的，需要考虑假定“枪支被装上子弹”这种引起危害结果发生的事实的存在可能性，对于可能性高的场合，应当肯定未遂犯的存在；反之，应该承认不能犯。① 我认为，就对危险的判断需要假定这一点而言，山口厚教授和本书的主张没有差别：根据假定的事实，于结果发生的可能性高的场合肯定未遂犯的存在，实际上是在假定如果类似行为再次发生的概率高，其他人极有可能效仿的，国家就不能容忍这种行为，从而应该对其论以未遂犯。例如，甲的左口袋被扒窃，但其中空无一物，扒窃者乙的行为仍然具有危险性。因为假设类似行为再次发生，甲的左口袋没有钱，但其右口袋有钱的概率很高，乙如果不偷错钱包的话，就会发生结果，行为的危险性就是难以否定的。判断危险的上述两种标准，都重视行为在客观上指向法益的危险性，但事实上也都重视行为人的侧面：行为人基于其犯罪意思支配行为过程，该行为具有导致法益侵害后果发生的具体危险，即便此次结果没有发生，该行为从规范的一般预防的角度来看也难以容忍，必须确认其不法性，以防止他人效仿。按照行为无价值二元论的逻辑，未遂犯的成立范围在一定程度上会比结果无价值论的要广。

综上所述，未遂判断实际上是对行为时的事态如何进一步演化、发展的“事前”预测——

① 参见［日］山口厚：《刑法总论》（第3版），付立庆译，286页，北京，中国人民大学出版社，2018。

如果根据行为时的具体情形站在理性的立场，认为完成犯罪是有可能的，未遂犯就应该成立；反之，如果缺乏这种可能性，危险就应该被排除，未遂犯也就难以成立。

二、犯罪未遂的特征

（一）着手实行犯罪

着手实行犯罪，是犯罪未遂成立的首要条件。是否“着手”是区分预备、未遂的分水岭。只要着手，就一定不是预备；只要未着手，就不可能是未遂。

1. 着手的学说

如何判断“着手”，有时非常困难。例如，A计划用枪杀B的，掏枪、瞄准、扣动扳机等环节中哪一个是故意杀人罪的“着手”？又如，甲发现乙的汽车前排副驾驶的位置有一个价值很高的皮包，于是用铁丝捅车门，是否为着手？丙认为被害人丁家中有钱，于是撬防盗门，是否属于着手？对此，有客观说与主观说的对立。

刑法主观主义坚持主观说（行为人标准说），认为实行行为的着手不能置行为人的主观方面于不顾，应当以行为者的内心意思为着手与预备区别的标准，表现犯罪意思的行为开始实施即为着手。具体言之，可以在犯意依已作出的行为能够确定时作为着手的时点，也可以将有完成力的犯意表示即犯意质的飞跃已经显示时算作着手的起点。主观说的判断标准并不明确，并且存在提前认定着手，从而扩大犯罪未遂范围的危险。

客观说（行为标准说）为刑法客观主义所主张，认为着手实行，应当依客观的基准而确定。对此，又有两种具体主张：（1）形式客观说。该说认为，开始实施符合分则犯罪构成要件的实行行为就是着手。形式客观说是我国刑法学的通说，但此观点不解决实际问题，因为这种形式的客观说没有从实质上回答什么叫实行行为，也没有回答什么是着手和如何认定着手；同时这种学说可能使着手的认定过于提前或推后。如，诬告陷害罪的构成要件是捏造犯罪事实，然后向有关机关告发。通说认为，“捏造”就是着手，但是单纯的捏造而未告发的行为，对法益的威胁极其间接，而无紧迫的具体危险。（2）实质客观说。该说认为，犯罪未遂都是具体危险犯而非抽象危险犯，对未遂犯的判断都是司法上的具体判断，必须结合每个案件的具体情况，考察法益所面临的危险性的大小。根据实质客观说，开始实施对刑法所保护的法益有直接或紧迫危险的行为的，才可以视为犯罪的着手。换言之，侵害法益的危险达到紧迫程度时，是实行行为的着手。至于何种行为具有法益侵害的紧迫性，应根据不同犯罪、不同案件的具体情况综合考虑，要考察行为是否已经接触或者接近犯罪对象，行为人是否已经开始使用犯罪工具，行为人是否开始利用了所制造的条件，所实施的行为是否立即就可以造成犯罪结果等。实质客观说提供了较形式客观说更为明确、可靠的判断标准，相对更为合理，但并不符合认定着手的现实。

在主观说和客观说之外，混合说主张，只有根据行为人的犯罪计划，行为对法益有直接危险时才是着手。“从行为人的整体计划观察再依已发生客观的事实判断，行为人所从事的行为是否已经形成对系争构成要件保护客体的直接侵害，若是，则已着手。”①

我基于行为无价值二元论的立场，承认混合说。这主要是考虑到，如果离开行为人的意思，对于某些行为在刑法上是否有意义、是否属于犯罪的着手，确实不可能得出肯定的结论。例如，甲男去抓乙女手臂的行为，如果离开行为的意思，根本无法判断其属于强制猥亵、强奸、抢劫，还是伤害行为的着手。

---

① 林钰雄：《新刑法总则》，370页，台北，元照出版有限公司，2014。

按照混合说，对于某些常见犯罪的“着手”，需要结合刑法分则所规定的主、客观要素，考虑行为的具体危险性进行判断：(1) 在基于故意使用枪支杀人的场合，掏枪是预备；瞄准是着手。(2) 在投毒杀人的场合，投放毒物是着手；杀死被害人是既遂。(3) 为入室盗窃而撬门即被抓获的，撬门的行为对他人财物的危险具有抽象性，只能成立盗窃罪预备，入室后开始物色财物为着手；为盗窃车内财物而撬动车门的，财物近在咫尺，撬动车门的行为对财物足以产生紧迫的、高度的危险（具体危险），因此，是盗窃的着手。(4) 在诬告陷害的场合，为捏造犯罪事实而写诬告信，以及向有关机关就该捏造的事实进行告发的，对个人法益都不会产生具体的侵害危险，不是着手。考虑到本罪是侵犯人身权利罪，同时本罪还有间接正犯的类似构造，因此，应当将有关机关因为行为人的告发，准备启动调查程序作为本罪的着手。(5) 为实施保险诈骗罪，向保险公司提出索赔要求，是该罪的着手；保险公司赔偿为既遂。(6) 在危险驾驶罪中，醉酒后发动汽车准备向前行驶是着手。(7) 在抢劫罪中，基于犯罪意思开始针对被害人实施暴力、胁迫，或者开始针对财物实施强取行为，是着手；取得财物是既遂。犯罪分子为到某偏僻场所抢劫出租车而带着凶器上车，司机驾车前行途中偶然遇到警察的检查时，犯罪分子因为形迹可疑而罪行败露的，只能成立抢劫罪预备。

2. 着手的特殊情形

(1) 不作为犯的着手。

不作为犯只是单纯违反作为义务的行为，没有身体的动静，因而其着手和作为犯的着手不同。按照前述的混合说，承担作为义务的人，基于反规范的意思不履行作为义务同时导致被害法益面临现实危险的时点，就是不作为犯的着手。

(2) 间接正犯的着手。

对此，存在多种学说：利用者行为说认为，利用者开始实施利用被利用者的行为为着手。被利用者行为说认为，被利用者开始实施其行为时为着手。比较合理的观点是：由于间接正犯是利用者把被利用者的行为当作自己的实行行为加以支配，被利用者没有单独的实行行为，其行为就是利用者的行为，利用者以被利用者作为媒介直接指向法益，所以，利用者实施一定行为，同时基于该行为产生了损害法益的现实危险时，是间接正犯的着手（利用者行为说）。当然，在极其特殊的情况下，被利用者的原因致使具体危险不可能发生时，即使利用者的行为实施完毕也不是着手，而只成立犯罪预备。

(3) 原因自由行为的着手。

对此，一种观点认为，在原因自由行为中，在刑法上具有一定意义的行为只能是原因设定行为，而不是后行为，因此，原因设定行为开始的时点就是着手（原因设定标准说）。例如，为了在醉醺醺的情况下杀人而喝酒的，喝酒就是着手，先行行为决定后续行为的轨迹。另一种观点认为，开始实施足以导致法益侵害结果发生的后行为的，属于着手（后行为标准说）。故意饮酒后杀人的，昏醉状况下实施杀人行为为着手。我认为，如果考虑行为无价值论的基本观念，将基于犯罪意思喝酒的原因设定行为认定为原因自由行为的着手是合理的（混合说）。当然，在极其特殊的情况下，虽然原因设定行为已经实施，但后行为完全不能继续实施的，只能成立犯罪预备，原因设定行为不是犯罪的着手。例如，为杀人而喝酒壮胆，但在喝醉之后即沉沉地睡着的，只能成立故意杀人罪预备。

（二）犯罪未得逞

犯罪未得逞是犯罪未遂区别于犯罪既遂的根本特征。对于何为犯罪未得逞，我国刑法理论存在以下三种不同的观点。

(1) 犯罪目的说。该说以行为人预期的犯罪目的是否实现作为区分犯罪未遂与犯罪既遂的标准。这种观点认为，行为人没有实现其主观上预期的犯罪目的的，为犯罪未遂；实现了犯罪目的，则为犯罪既遂。

对此的批评是，犯罪是否得逞，应当是一种客观判断。但是，目的说将未得逞理解为行为人预期的犯罪目的未实现，意味着犯罪未遂与既遂的区分取决于行为人的自我认识，使犯罪未遂的认定标准缺乏确定性，而且与不少犯罪并不需要达到某种犯罪目的即可视为犯罪完成的刑法规定相违背。同时，理论上对很多犯罪的认定，并不以行为人的犯罪目的是否得到满足为准。例如，强奸罪的行为人以满足性欲为目的，而满足性欲的目的是否实现，对一个生理正常的男性来说，以射精为标志。如果按照目的说认定犯罪是否得逞，强奸罪的既遂就是满足性欲。但通说毫无例外地认为，强奸行为插入就是既遂，即通说并没有认同目的说的主张。

（2）构成要件说。该说主张以犯罪构成要件齐备与否作为区分犯罪未遂与犯罪既遂的标准。这种观点认为，行为人的行为没有具备犯罪构成的全部要件的，为犯罪未遂；已经具备犯罪构成的全部要件的，为犯罪既遂。但是，这种观点难以解决实际问题，缺乏可操作性。

（3）结果发生说。该说主张以犯罪结果发生与否来区分犯罪未遂与犯罪既遂，由此认为，行为人的行为没有导致法定犯罪结果发生的，为犯罪未遂；导致法定犯罪结果发生的，为犯罪既遂。例如，甲翻越院墙进入乙家盗窃，发现乙有一个带密码的大皮箱，但无法打开，于是，甲将皮箱搬离乙的卧室，藏在乙家院墙内的角落处，用树枝将其掩盖起来，想等第二天晚上带上利刃再来割开皮箱。次日上午，乙回家后发现皮箱被盗，四处寻找，在院墙的角落处将其找到。按照结果发生说，甲将乙的财物放置于特殊地点加以隐藏，已经导致了控制他人财物的结果出现，成立犯罪既遂。

我认为，对于犯罪是否得逞的判断，采取结果发生说是比较合理的。（1）采用这一学说，完全可以满足司法实务中认定犯罪既遂和未遂的需要。例如，故意杀人罪以死亡结果的发生作为既遂标准；盗窃罪、抢劫罪、抢夺罪、侵占罪、诈骗罪、敲诈勒索罪、贪污罪、受贿罪都以取得、控制他人财物这一结果的发生作为既遂标准。（2）如果要贯彻行为无价值二元论，认为犯罪是违反行为规范，进而侵害法益的行为，就应当将结果发生作为既遂标准，以有效保护法益；如果要贯彻结果无价值论，就更应该坚持这种观点。（3）结果发生说中的结果，是狭义的结果，不包括危险在内。危险犯是与实害犯相对应的一个概念，危险犯中的危险只是一种造成危害结果的可能性，无论这种危险是抽象危险还是具体危险，它都不能等同于狭义的危害结果本身。危险犯的成立标准和既遂标准是不同的概念，犯罪成立在前，犯罪既遂在后。预备犯在符合预备条件的情况下也是犯罪，但符合预备犯成立条件显然不符合犯罪既遂条件。犯罪未遂、中止也都成立犯罪，但绝不意味着犯罪成立就是犯罪既遂。行为实施完毕，并且产生危险的，可以成立危险犯。危险的存在只是犯罪成立条件而不是既遂的条件，因此，不能认为产生危险就是危险犯的既遂。既遂是犯罪成立之后才考虑的问题，如果认为危险出现就是犯罪既遂，就会得出尚未出现具体危险也成立危险犯的结论，这和危险犯的本质相冲突。将实际的危害结果发生视为危险犯的既遂，坚持了结果发生说。（4）坚持结果发生说，可以合理解释某些貌似发生“结果”，但该结果不是犯罪的结果，且与构成要件行为之间缺乏因果关系，从而成立犯罪未遂的案件。例如，行为人实施诈骗行为，被害人不为所动，但基于怜悯给付财物的；或者行为人利用落后的工具难以打开被害人的保险箱进行盗窃，但被害人在发现行为人之后，因为同情而主动提供财物的，表面上行为人均取得了财物，但被害人主动提供财物的结果不是犯罪结果，被害人提供财物和行为人的构成要件行为之间没有关系，是被害人在没有意思瑕疵的情况下的自动提供，不是诈骗、盗窃行为引起的犯罪结果，所以，在类似案件中，存在实行行为，但并不存在由此引起的结果，所以，只能成立犯罪未遂。

（三）意志以外的原因

犯罪分子意志以外的原因使犯罪未得逞，是犯罪未遂成立的第三个条件，也是其区别于犯罪中止的主要标志。

犯罪分子意志以外的原因可以区分为三种类型：（1）抑制犯罪结果的原因，即与犯罪人无关的客观原因。其范围比较广，包括被害人的反抗、逃避，司法机关的介入或其他第三人的制止，自然力的影响，难以克服的物质障碍等，如正准备扣扳机时，他人将枪夺走；将被害人打成重伤后吊在树上，认为其血流不止必死，后有他人救下被害人。（2）抑制犯罪行为的原因。这类原因主要包括犯罪人的能力、力量、身体状况、技能、经验等。如杀人犯罪分子虽然举枪但却不懂如何开枪，犯罪分子因精神紧张而当场休克，使用一般工具无法撬开防盗门等。（3）抑制犯罪意志的原因。这类原因主要包括对犯罪对象、犯罪工具、因果关系认识错误，以及对犯罪时周围客观环境认识错误。如犯罪人误认为被害人已被杀死而离去，盗窃犯罪分子误认为下班铃声是警报声而仓皇逃离现场等。

三、偶然防卫与犯罪未遂

客观上有正当防卫或其他违法阻却事由的存在，但是，行为人主观上并未认识到该事实的，是否能够阻却违法？换言之，行为人基于侵害他人权利的意思，而不是出于防卫意思实施攻击行为，但客观上是针对不法侵害进行反击的，是否能够主张正当防卫？这就是偶然防卫要讨论的问题。对此，行为无价值论者通常会否定偶然防卫行为的正当性；赞成结果无价值论的绝大多数学者也认为其不成立正当防卫。但是，有极少数结果无价值论者肯定行为阻却违法。例如，在甲准备开枪杀害乙之前的1秒钟，丙在完全不知情的情形下开枪将仇人甲射中致其死亡的，丙客观上制止了甲杀害乙的犯罪行为，是否由此成立正当防卫？行为无价值论者以及多数结果无价值论者都会认为，虽然丙客观上制止了甲的不法侵害，但是其杀害行为系出于犯罪故意而实施，不能成立正当防卫。

偶然防卫的案件在实践中极其罕见，但其背后的法理——正当防卫的成立，是仅仅存在客观上属于防卫的行为即可，还是必须存在防卫的意图或动机——却颇值得探究。这里主要涉及两方面的问题：一方面，虽然行为无价值论和绝大多数结果无价值论的结论相同，但其背后的方法论大相径庭，需要加以揭示。另一方面，认为偶然防卫成立正当防卫的观点，在理论上存在许多破绽，也和我国刑法第20条的主旨不符，是值得商榷的理论。

（一）结果无价值论和行为无价值论的分歧

1. 结果无价值论与偶然防卫

结果无价值论认为，违法性的实质在于法益侵害，没有法益侵害或危险的行为不具有违法性，即使行为人内心为恶，刑法也不处罚不可能造成法益侵害的行为。因此，正当防卫的成立，防卫者无须具有防卫意思，只要从客观上观察其系对不法侵害行为进行防卫即可（防卫意思不要说）。

换言之，防卫的意思和动机存在与否，只不过反映了行为人主观恶性的程度，因此，充其量只能构成责任要素，不应在评价违法性时加以考虑。另外，如果不把“防卫的意志”理解为防卫的意思与动机，而是将其理解为对构成正当防卫的事实的认识，那么，这种认识应属于“正当防卫的故意”。如果坚持结果无价值论，则不能把故意一般性地评价为违法要素，这种正当防卫的故意也不应构成违法要素。① 日本法院虽然现在仍坚持“防卫的意志”这一要件，但已经不像以前那样积极地要求防卫的动机，而只是消极地将那些完全没有防卫动机的行为排除在正当防卫的范围之外，所以，日本判例对“防卫的意志”要件也开始放松了。②

根据结果无价值论，多数学者会认为偶然防卫成立犯罪未遂，少数学者则主张偶然防卫不成立犯罪。例如，张明楷教授就认为违法的本质是法益侵害，偶然防卫保护了优越法益，因而阻却违法。行为是否侵害法益，是一种客观事实。故意、过失是责任要素而不是违法要素。与之对应，所谓的防卫意识也不是影响违法性的要素。所以，成立正当防卫不以防卫人主观上具有防卫意思为前提。由于防卫意思并不影响违法性，又由于正当防卫是违法阻却事由，所以，当偶然防卫符合了正当防卫的各种客观要件时，就意味着阻却了违法。③ 还有学者指出，关于偶然防卫，理论上的认识误区是，即便是否定正当防卫，也应当像肯定成立犯罪一样需要“主客观相统一”——既然正当防卫需要行为人有防卫的意思，在偶然防卫的情况下，行为人主观上没有防卫的意思，即便客观上发生的是正当防卫的结果，也因为主客观没有统一起来，不成立正当防卫。但是，成立犯罪是一种积极的判断，当然需要要件齐备、主客观相统一，而否定犯罪的成立是一种消极的判断，只需否定一个要件，就可以直接得出无罪的结论，根本无须主客观相统一。退而言之，即便否定偶然防卫人的行为构成正当防卫，也并不能得出成立犯罪的结论。既然其没有侵害法益，也没有侵害法益的危险，就只能得出无罪的结论。④

上述主张偶然防卫成立无罪的观点，在刑法理论界产生了一定影响。但其结论无论从司法逻辑和刑法基本立场上看都有很多值得商榷之处：（1）偶然防卫无罪说会带来无休止的检验。在行为人有明确犯罪故意的场合，不去考虑其行为本身的危险性，而是去检验被行为人杀害的被害人是否有侵害行为，检验正当防卫的客观条件是否具备，这和认定犯罪的一般逻辑相抵触，导致无止境的、环节过多的反复检验。按照偶然防卫无罪说的逻辑，针对那些铁证如山的故意杀害行为，根据存疑时有利于被告人的原则，还需要去查证被攻击者当时是否为潜在的不法侵害者；在义愤杀人的场合，要检验被杀者当时是否可能作恶，这就会改变目前的司法逻辑，导致没有必要的烦琐检验。即便承认可以进行上述检验，其实也还存在判断上的诸多难题，可能导致明显不合理的结论。例如，甲盗窃乙的钱包，而乙的身体被甲触动后落荒而逃。事后查明，乙当日正准备伸手去摸旁边妇女丙的大腿。甲的盗窃行为恰好制止了乙的猥亵行为，而且丙的人身法益重于乙的财产法益，那么，一个明明属于盗窃罪未遂的行为，按照张明楷教授的观点岂不是要认定甲的行为是正当防卫。（2）偶然防卫无罪说存在立法和司法上障碍。从立法规定上看，正如黎宏教授所指出的那样，我国刑法第20条关于正当防卫的规定使用的是“为了……免受正在进行的不法侵害”这种主观色彩浓厚的用语。在这种现实背景之下，只要坚持罪刑法定原则，就应当说，成立刑法中的正当防卫可以不考虑行为人主观上是不是具有防卫意思的观点，是勉为其难的。⑤ 因此，认为没有防卫意思的偶然防卫可以成立正当防卫缺乏立法支撑。同时，在我国刑法中，连无限防卫都要附加那么多条件，才有可能成立正

---

① 黎宏教授在违法性上坚持纯粹客观的判断，但在正当防卫问题上要求防卫人有防卫意识（参见黎宏：《刑法学》，134页，北京，法律出版社，2012），这是和结果无价值论相矛盾的观点，等于是在违法性论中承认行为人的主观意思决定不法性，因为只有行为无价值二元论才能主张：行为不法，要求行为无价值和结果无价值同时具备；对应地，行为合法，也要求行为有价值（有防卫意识）和结果有价值。

② 参见［日］山口厚：《日本刑法学中的行为无价值论与结果无价值论》，金光旭译，载《中外法学》，2008（4）。

③ 参见张明楷：《论偶然防卫》，载《清华法学》，2012（1）。

④ 参见杜文俊、陈洪兵：《（二元）的行为无价值论不应是中国刑法的基本立场》，载《东方法学》，2009（4）。

⑤ 参见黎宏：《刑法总论问题思考》，324页，北京，中国人民大学出版社，2007。

当防卫，怎么可能轻易承认偶然防卫场合的无罪？在特殊防卫场合必须审查防卫人是否明知对方实施的是杀人、绑架、抢劫、强奸等罪行，确定其存在防卫意思后，才有可能评价为正当防卫。在偶然防卫的场合，没有防卫意思，仅有犯罪意思，却可以得出正当防卫的结论？从司法来看，强调正当防卫必须存在“防卫的意志”，这一立场一直被世界各国审判机构所接受。（3）无罪说的结论，其实只有站在事后判断的立场才能得出。“只要采取事后判断，在客体不能的场合，客观上就不存在值得保护的客体，也不能肯定法益侵害的危险。同样，在偶然防卫的场合，如果采取事后判断的标准，在任何意义上都不能肯定违法性。”① 但是，张明楷教授一方面坚持事后判断的偶然防卫不可罚说；另一方面，在区分不能犯和未遂犯时，又采取事前判断的立场。其方法论存在不一致的地方。而按照事前判断的逻辑，能够得出偶然防卫成立未遂的结论。

2. 行为无价值论与偶然防卫

行为无价值论认为，不法不是纯粹客观的。在违法性判断上，仅仅以结果或者危险是否发生作为违法性判断的对象基准并不是全面的观点。只有同时以行为（包括伴随的主观违法要素）、结果（法益侵害或者危险）作为判断对象，才能有效地防止刑法评价对关键要素的遗漏。因此，必须将故意、过失作为主观的违法要素，不法同时具有行为无价值和结果无价值。无论是新古典学派、目的行为论或罗克辛所主张的目的理性犯罪论体系，都已经承认构成要件与违法性同时包括客观要素和主观要素。

与之相对应，阻却违法事由也不是纯客观判断，需要主观的阻却违法要素。② 行为人主观上是否认识到阻却违法的情形，对于相关结论的形成至关重要。“这种产生某种合法事情的意识，就清除了行为无价值及与之有关的不法。”③ 正当化事由的成立自然需要主观的正当化事由，故成立正当防卫需要防卫人具有防卫意识。不是基于防卫意识所实施的反击行为，具备行为无价值，应当成立犯罪。换言之，行为无价值论要求行为人必须有防卫意思，防卫意思是主观的正当化要素，对侵害人实施的急迫、不正行为有所认识并进行防卫的，才能成立正当防卫（防卫意思必要说）。在偶然防卫的场合，行为人没有防卫意思，其毕竟是基于犯意而实施一定的行为，所以应成立故意犯罪。如果将这种情况认定为正当防卫，会伤害国民正常的法感情。

我认为，基于行为无价值论的防卫意思必要说是有道理的。“世界上所有的法律体系，在事实上都对自我防卫和紧急避险的辩护要求一种主观要素，这种做法看来是正确的。”④ 刑法规范是容许规范，行为人对防卫的正当性有所认识，有防卫的意思，其对行为的规范容许性才能有所认识。从规范违反说的角度看，要求防卫人有防卫意思，对于突显规范的存在有其独特价值。按照这种观点，偶然防卫就应当构成故意犯罪。

但是，对于偶然防卫究竟是成立犯罪既遂还是未遂，在行为无价值论内部也存在分歧。有部分学者认为，偶然防卫行为在一般民众的心目中侵害法益的意义较强，行为所引起的制裁需求性相对升高，因此，将其作为既遂犯处罚也完全没有问题⑤；即使肯定客观阻却违法事由“抵消”了客观现实的构成要件结果所造成的结果无价值，也不等于先前已经该当的构成要件

---

① ［日］井田良：《犯罪论的现在与目的的行为论》，135页，东京，成文堂，1995。

② 不过，相较于主观构成要件要素，主观阻却违法要素的对应要求程度较低（参见林钰雄：《新刑法总则》，257页，台北，元照出版有限公司，2014）。原则上，行为人对不法侵害这一紧急事态有认知时，就可以肯定其防卫意思，而不要求仅具保护合法权益的目的（意欲）时才能成立正当防卫。因此，在防卫目的与复仇、愤怒等动机交织在一起时，也不能否认防卫意思。

③ ［德］克劳斯·罗克辛：《德国刑法学总论》（第1卷），王世洲译，415页，北京，法律出版社，2005。

④ ［美］乔治·P. 弗莱彻：《刑法的基本概念》，蔡爱惠等译，133页，北京，中国政法大学出版社，2004。

⑤ 参见林东茂：《刑法综览》，修订5版，83页，北京，中国人民大学出版社，2009。

会再转变成不该当。① 还有的学者认为，因为偶然防卫行为人主观上没有防卫意思，防卫行为同时具有行为无价值与结果无价值，与一般违法行为无异，故应成立既遂犯罪。② 但是，认为偶然防卫成立故意犯罪既遂的观点，“忽略了客观不法在不法结构中的地位，违背了刑法犯罪结构之基本概念”③，其仅仅采用了事实判断的方法，没有顾及刑法价值判断、规范判断的理念，结论明显是不合理的。作为既遂标准的结果，必须是规范所反对的、能够揭示法益侵害性的结果。偶然防卫行为造成不法侵害者伤亡，只要在防卫限度内，就难以被评价为法所禁止的结果。同时，偶然防卫行为确实保护了无辜第三人，通过利益衡量，也难以认定偶然防卫行为造成了规范要禁止的法益侵害后果，所以，其至多只能成立犯罪未遂。有学者指出，行为人客观上所造成的结果无价值（致人死伤），因为客观存在的阻却违法的正当情形而被抵消（Kompensiert）了，这种具有行为无价值但缺乏结果无价值的情况，正是未遂犯典型的不法内涵。④

我主张，肯定偶然防卫是犯罪未遂的结论是合理的，但认为偶然防卫只有行为无价值没有结果无价值的主张并没有道理。

（二）偶然防卫应当成立犯罪未遂

确实，偶然防卫行为仅停留于主观上与法规范敌对意思的行为不法，没有造成现实结果意义上的结果无价值（结果无价值Ⅰ）。但是，不能说该行为毫无危险，从刑罚积极的一般预防导向的角度看，可以认为其存在值得评价为违法的危险（结果无价值Ⅱ）。因此，偶然防卫既具有行为无价值，也具有结果无价值。

张明楷教授认为：“二元说除了要求缺乏结果无价值之外，还要求缺乏行为无价值才承认违法阻却事由，如在正当防卫的场合要求防卫意思，于是偶然防卫不成立违法阻却事由。结果，二元论采取了一元的行为无价值论态度。”⑤ 但是，这一批评并不正确。确实，行为无价值二元论会同时考虑结果无价值和行为无价值，法益概念也是行为无价值论的核心范畴，然而偶然防卫不成立违法阻却事由，是因为在行为无价值之外，还存在结果的无价值，所以，二元论没有采取行为无价值一元论的态度。此外，如果定罪是根据某种能够自洽的理论所得出的结论，犯罪范围的大小就不能成为反过来检验行为无价值论或者结果无价值论是否具有合理性的依据。

偶然防卫是否能够成立未遂，取决于我们对于犯罪未遂中危险的判断标准。如果认为不法是刑法所要禁止、预防的行为模式，那么，在现实中，没有造成利益侵害但是存在危险的行为，也需要赋予其不法性。对此，可以结合修正的客观危险说的危险判断标准进行检验。

在偶然防卫的场合，无论从一般人还是行为人的角度，只要是从行为时出发，就可以认为行为存在导致法益侵害的危险，符合犯罪未遂的特征。以偶然防卫开枪导致不法侵害人死亡为例：按照一般人的危险感觉，开枪行为极其危险；且开枪所杀害的是一个人。换言之，在犯罪未遂的场合，行为人的犯罪计划如果不受干扰地继续进行，就会直接导致整个犯罪行为构成要件的实现。从理性旁观者的角度看，开枪行为必将震撼人心，一般都会认为被害人会有生命危险。“由于无法否定枪击行为的危险性，所以是普通未遂。”⑥ “根据行为人的计划和相关的犯

---

① 参见［德］冈特・施特拉腾韦特、洛塔尔・库伦：《刑法总论》，Ⅰ，杨萌译，196 页，北京，法律出版社，2006。

② 参见陈子平：《刑法总论》，3 版，258 页，台北，元照出版有限公司，2015。

③ 黄荣坚：《基础刑法学》（上），249 页，台北，元照出版有限公司，2012。

④ 参见［德］约翰内斯・韦塞尔斯：《德国刑法总论》，李昌珂译，159 页，北京，法律出版社，2008。

⑤ 张明楷：《刑法的基本立场》，174 页，北京，中国法制出版社，2002。

⑥ 林东茂：《刑法综览》，修订 5 版，159 页，北京，中国人民大学出版社，2009。

罪行为要件的种类，特别是有可能从这样的情况中产生出对于‘开始’的构成要件的接近性和对于所要求的‘直接性关系’的间接证据（Indiz），即由行为人启动的原因序列，依照他对行为进程的预想，应该是无停顿地……汇入本来的构成要件行为之中，形成的后果是：从他的角度看所侵犯客体已经在具体地受到危险（Konkrekt gefährdet）。”①

这就是说，偶然防卫行为所杀害的人，从事后看，是法律不保护的人，该死亡结果法律不反对，行为没有造成法益实害。但是，如果坚持危险判断的具体危险说，站在行为时考虑一般人的感受，就可以认为杀害行为具有导致他人死亡的危险，应当成立犯罪未遂。在这里，至关重要的是，相关法益侵害从事后、从形式上看，确实没有危险，但是，需要考虑的是，从一般人和行为人的角度看，法益是否直接受到紧迫威胁，对类似行为是否需要从规范上禁止。如果这一点可以肯定，承认偶然防卫成立犯罪未遂就具有合理性。②

在偶然防卫的场合虽然行为人“碰巧”没有造成规范所反对的侵害后果（例如，开枪打死的是一个正准备杀人的罪犯），结果没有发生，客观构成要件没有完全具备，不成立犯罪既遂，但是，基于犯罪意思实施危害行为这样的行为模式仍然必须被禁止，“如果这样的行为模式不被禁止与处罚，谁也不敢保证，相同的行为模式在下一次也不会造成伤亡。基于如此的道理，刑法并不是只有处罚既遂犯罪，而是也处罚未遂犯罪”③。

1. 没有造成规范所反对的实害后果，不等于没有危险

偶然防卫没有造成实害后果，不具有犯罪既遂的结果无价值，但是有犯罪未遂的结果无价值，因此，不能阻却违法。例如，甲试图杀害乙，有杀人故意的丙在甲开枪前的一秒钟将甲打死。丙在主观上有完整的杀害意思，虽然其打死甲的结果是规范所不反对的（因为挽救了无辜的第三人乙），行为客观上没有造成规范所反对的死亡后果，但有一般人所认同和感受到的危险，故也应该成立犯罪未遂。因此，偶然防卫行为并不是毫无危险。

与此相关的例子：在抢劫、绑架、聚众斗殴、驾车碰瓷的场合，犯罪分子实施的暴力行为指向被侵害法益，但导致同伙死亡的，其实都类似于偶然防卫的情形——故意实施侵害行为，但偶然阻止了同伙的犯罪行为。按照被害人自我答责的法理，可以认为犯罪分子不需要对同伙的死亡负责，但是，不能认为犯罪分子的行为对在场的其他无辜者没有危险。此时，该侵害行为应该成立犯罪未遂。例如，甲、乙、丙、丁约定驾车去某国道上针对违章大货车碰瓷。在发现某大货车违章拐弯后，甲、乙、丙先后驾车去挤、别大货车，但大货车猛打方向盘逃过一劫。甲、乙、丙将在前方掩护的同伙丁撞死。对类似情形，可以认定甲、乙、丙的行为属于偶然防卫，但不能认定其无罪，因为该行为就一般人的事前判断而言，明显存在危险性；对丁之外的其他客体而言，也存在客观危险。

这说明，成立犯罪需要同时要求结果无价值和行为无价值④；行为要正当化，也必须同时抵消行为无价值和（法益实害意义上的）结果无价值。但是，行为无价值和结果无价值只有在特定构成要件中才能被讨论，不能离开具体的构成要件抽象地讨论行为或结果的无价值。偶然防卫具有行为无价值，但没有造成规范所反对的实害（死亡）结果，缺乏犯罪既遂的结果无价

① ［德］约翰内斯·韦塞尔斯：《德国刑法总论》，李昌珂译，342页，北京，法律出版社，2008。

② 其实，偶然防卫的危险与未遂犯、不能犯区分的场合的危险没有本质区别，因此，对危险的判断应采取一致标准。张明楷教授在判断不能犯时，肯定修正的客观危险说，主张根据行为时来判断危险。但在偶然防卫的场合，却根据事后判断，认为偶然防卫没有危险，意味着偶然防卫均属于不能犯，这在方法论上并未保持前后一致。

③ 黄荣坚：《基础刑法学》（上），170页，台北，元照出版有限公司，2012。

④ 但未遂与既遂的结果无价值之间存在质和量上的差异。

值，因此，不具有犯罪既遂的不法；但其有犯罪未遂的结果无价值——从行为时一般人的角度来看，由行为可能造成法益危险，因此，应当成立犯罪未遂。①

附带指出，结果无价值论认为偶然防卫的场合没有结果无价值，其实是人为提高了未遂犯的结果无价值判断标准，把既遂犯的结果无价值要求不当地运用到未遂犯中。此外，在结果无价值论中，也有学者认为，结果无价值的内容除了法益侵害（结果无价值Ⅰ）、法益危险（结果无价值Ⅱ）这两种传统形式之外，还应当包括“法益平稳状态的扰乱”这种“结果无价值”。“虽然没有达到法益侵害或法益危殆化的程度，但一旦指向法益侵害的行为人的主观犯罪意思逾越实行的着手阶段被客观化，即使根本不可能发生结果也会在社会意义上扰乱法益平衡状态。这种法益平衡状态的扰乱与法益侵害或法益危殆化相比构成最为弱的形态的结果无价值。在这种意义上也叫做第三结果无价值。这相当于是在可罚性未遂形态中不法程度最低的不能未遂的结果无价值。”②

如果按照这种立场，偶然防卫的行为人基于犯罪意思着手实行犯罪，其行为显然造成了法益平稳状态的扰乱这种结果无价值，虽然不法程度低，但将其认定为可罚的未遂也是合理的。虽然结果无价值的内容是否应包括“法益平稳状态的扰乱”（“第三结果无价值”）可能还存在争议，该观点也未必是合理的理论，但是，这种主张的存在也说明，即便是在结果无价值论内部，对于偶然防卫是否真的没有产生结果的无价值，也会存在激烈争论。

2. 将偶然防卫认定为未遂，回应了积极的一般预防要求

行为无价值二元论将“事前向国民告知行为的允许性的机能”作为违法论的指导原理，同时，尽可能地使规范的一般预防要求浸透到违法性论中。因此，一个在一般条件下可能造成法益侵害的行为，即使在特殊条件下没有造成具体的法益侵害后果，也应当作为未遂犯，否则，其他人就会效仿该行为，从而造成未来的法益侵害结果。③

3. 偶然防卫针对的是规范不保护的客体，和故意犯罪但客体偶然不存在的不能犯情形在客观上相同

对形式上是不能犯，但客体只是偶然不存在的情形，只要能够确定客体并非必然或者始终不存在，就应该以未遂犯处理。例如，甲使用枪击方法杀害被害人，朝客厅开枪，但被害人已经在一分钟前外出看电影的，被害客体只是偶然不存在，但其有随时回来的可能，不能认为相关行为系不能犯，而应以未遂犯处理。偶然防卫的情形，其实也是如此——甲对乙实施杀害行为，被杀害的乙偶尔碰巧正准备杀丙，被杀害的对象法律不保护，等于是被杀害的客体“偶然不存在”。这说明，偶然防卫的情形存在与可罚的（客体）不能犯未遂相类似的地方。此时，如果不处罚杀人犯甲，就和区分不能犯与未遂犯的一般理论不协调。对此，西田典之教授也持相同的观点。他指出：偶然防卫确实缺乏结果无价值，但是，也可能认为其存在发生结果的危险。这一点可以与不能犯平行考虑。例如，不知道对方是尸体，以为对方还活着而开枪，事后鉴定表明，当时对方已经死亡的，该行为也具有未遂的可罚性。④ 在甲对乙实施偶然防卫时，乙有杀害丙的可能性，但不能否认，其也有不杀丙的可能性。如果在行为当时，乙不实施杀害丙的行为的盖然性高，那么，甲偶然防卫发生法益侵害结果的危险就很高，认定其为未遂犯也就完全合理。

4. 司法与刑法的公众认同

对偶然防卫是否定罪，司法判断上容易陷于两难境地，需要法官去决断。此时，理论上可

① 参见陈璇：《刑法中社会相当性理论研究》，100页，北京，法律出版社，2010。

② ［韩］金日秀、徐辅鹤：《韩国刑法总论》，郑军男译，237页，武汉，武汉大学出版社，2008。

③ 参见［日］井田良：《变革时代的理论刑法学》，113页，东京，庆应义塾大学出版会，2007。

④ 参见［日］西田典之著，［日］桥爪隆补订：《日本刑法总论》，3版，182页，东京，弘文堂，2019。

能有很多处理方案，但是，实务中也有一个选择的问题，而这个选择就是要考虑处理结论是不是最终接近国民的规范感觉。一种举止，只有在行为无价值和结果无价值同时被取消时，才是合法的。在偶然防卫的场合，"至少还保留着全部范围内的行为无价值"①。而按照结果无价值论的逻辑，对人射杀，还不一定是法所禁止的行为，不一定是偏离行为规范的行为，因为还要判断是不是偶然防卫。这和公众的法感情严重偏离，因而明显不妥当。

四、犯罪未遂的处罚

我国刑法第 23 条第 2 款规定，对于未遂犯，可以比照既遂犯从轻或者减轻处罚（得减制）。适用这一规定，应当注意以下两点：

一方面，由于犯罪未遂没有达到犯罪完成的程度，在客观危害上一般要小于犯罪既遂，所以，对未遂犯，需要比照既遂犯给予宽大处理。未遂犯的参照标准是实行行为实施后，向前发展可能形成的结果所对应的既遂犯。对未遂犯多数应当比照既遂犯适当从轻或者减轻处罚，法律规定可以从轻或者减轻处罚表明了一种倾向态度。至于对于未遂犯是从轻处罚还是减轻处罚，需要根据案件具体情况，综合考虑犯罪的性质、犯罪行为已造成的危害结果大小、犯罪的手段、犯罪的动机、犯罪未遂的具体类型等因素。

另一方面，在特殊情况下，对未遂犯也可以不从轻或者减轻处罚。例如，个别性质特别恶劣、手段特别残忍的杀人行为，虽然没有造成死亡后果，但综合全部案情看，其社会危害程度与犯罪既遂相比已相差无几，未遂情节在案件中居于无足轻重的地位，不影响或基本不影响案件的危害程度时，对其处以与既遂犯相同之刑也是符合罪刑相适应原则的。

五、未遂犯与不能犯

不能犯，是指行为人主观上有意实行犯罪，但就行为的性质看并无实现构成要件内容的可能，现实中不能发生法益侵害结果而不受处罚的情况。不能犯与未遂犯的区别在于，前者无实现犯罪的可能，而后者有这种可能。因此，对于未遂犯，应当作为犯罪处理，只是在量刑时与既遂犯有所区别。由此看来，不能犯和未遂犯之间具有本质差别，理应加以区分。

不能犯②的实质是行为不具有侵害法益的危险。要确定不能犯是否成立，并进一步界定其与未遂犯的差异，需要分步骤解决以下三方面的问题：（1）危险是不是存在？与此相关的问题是：我们是否真的有能力建立一个"客观的"标准，去准确无误地检验某种行为产生了"客观"的危险？旧客观危险说（纯粹客观危险说）的雄心是否真的能够实现？还是仅仅由公众的危险感觉决定某种行为可能成立未遂犯？（2）危险由谁去判断？是行为人还是一般人，或者是裁判者？（3）对危险的认知，是否必须具有知识含量——认知是技术分析，还是价值评价？行为人仅仅在事实认识上有偏差，但在经验法则上没有错误的，是否成立不能犯？

我的基本看法是，如果认为刑法具有行为规范的特点，其运作必须有助于实现积极的一般预防，那么，一般人在行为时对危险的判断就是至关重要的。如果认为刑法只是裁判规范，法益保护是刑法的唯一目的，那么，由裁判者结合科学法则对危险进行客观判断才是关键。因

① ［德］克劳斯·罗克辛：《德国刑法学总论》（第 1 卷），王世洲译，415 页，北京，法律出版社，2005。

② 不能犯，又称为不能犯未遂、不能未遂犯。但不能犯这一概念，在不同国家的含义并不相同。在我国通说中，不能犯未遂和能犯未遂相对应，是未遂犯的一种，是需要处罚的（参见马克昌主编：《犯罪通论》，457 页，武汉，武汉大学出版社，1999）。在日本刑法学中，不能犯是不可罚的。本书采取的是不可罚的不能犯概念，即成立不能犯时，就不是犯罪，不属于未遂犯的范畴。

此，未遂犯和不能犯的区分问题，在一定程度上展示了行为无价值论和结果无价值论之间的对立。①

关于区分未遂犯和不能犯的学说，目前大致有主观说和客观说的争论。我国有的学者赞成主观说，主张刑法有必要处罚不能犯，以此来表明刑法对行为性质、手段、罪过等的重视。据此，进而强调某种行为尽管没有可能造成构成要件结果，但其定罪处罚必须考虑行为本身的严重社会危害性。诸如向稻草人开枪的手段危险性、投放剂量不足致死之毒药时对他人健康的危害、强奸不能（误将男人当作女人）时对他人人身权利、生活安宁的侵犯等，也应该以未遂犯处罚，以肯定行为自身的无价值。② 但是，这种纯粹的主观说明显不合理，很难令人认同。③德国刑法学中的印象说，也可以说是主观说的一种，其仅仅考虑行为人主观上的法敌对意思，将评价重心转向行为人的主观恶性，而且印象说本身并未提供明确的判断规则。现在，理论上的争论主要在客观说之下的新客观说（具体危险说）和旧客观危险说之间展开。④ 当然，由于旧客观危险说存在明显不足，已经很少有人坚持，我国部分学者赞成修正的客观危险说。

我主张不能犯判断上的具体危险说：以行为时为基准，按照一般人的感觉或者行为人的特别认识，结合经验知识或者与此紧密相关的因果法则，判断危险是否存在。如果能够得出肯定结论的，是未遂犯；如果结合上述要求，仍然难以确定危险存在的，只能成立不能犯。

（一）危险概念

行为人实施客观上对法益有危险的行为时，可以成立未遂犯。此乃常识，也是客观未遂论的当然结论。但问题是：如何判断这里的危险，或者说行为符合何种标准，我们才可以说它是危险的？未遂犯中的危险是纯粹客观的危险，还是与公众的感知有关、带有主观色彩的危险？这在刑法理论上并非不言自明的问题。

1. 结果无价值论的危险概念

如果立足于结果无价值论，对危险的判断，似乎有一个客观标准。旧客观危险说及其诸种修正理论都试图解决这个问题。旧客观危险说认为，对危险的判断，不能考虑行为人的主观内容，否则就会造成行为人认为有危险就有危险，行为人认为没有危险就没有危险的局面。旧客观危险说只重视裁判时已经查明的所有特殊事实，试图从最后时点出发，进行所谓科学的、客观的事后判断。这种观点很容易否定行为的危险性，从而得出不能犯范围极其广泛的结论。例

---

① 当然，具体危险说和行为无价值论、客观危险说和结果无价值论在少数学者那里，并没有绝对对应关系。例如，平野龙一主张结果无价值论，但是，在不能犯问题上采取具体危险说。他明确指出，结果无价值论的客观危险说所得出的结论，与一般的社会常识不相匹配，因此，应该坚持具体危险说。参见［日］平野龙一：《刑法的机能性考察》，37页，东京，有斐阁，1984。

② 参见王安异：《重申犯罪主体》，载《中外法学》，2010（3）。

③ 我国刑法学通说从行为人的主观恶性出发，考察行为人的心理状态，强调行为人在该主观目的支配下实施了行为，并希望发生结果，因此推断主客观是统一的，从而首先肯定其构成了犯罪，只是由于对工具或对象的认识错误才没有实现所希望发生的结果，所以成立未遂；除迷信犯之外的不能犯均为未遂犯。有学者明确指出：不能犯的行为，“体现了行为人的犯罪意思，只是由于他认识错误，才未能造成犯罪结果……行为人是有意识地把自己的行为指向一定的犯罪客体的”，因此，将所有的不能犯都作为未遂犯看待，从而肯定不能犯未遂的概念，就是妥当的（参见王作富：《中国刑法研究》，232页，北京，中国人民大学出版社，1988）。在刑事司法实务中，对少数案件的处理，似乎采用具体危险说；对多数案件的处理，则采用抽象危险说乃至纯粹主观说。但是，仅仅以行为人主观上的危险性为判断依据来认定犯罪未遂，采取了从主观到客观的思考方法，有主观归罪之嫌，并不足取。

④ 旧客观说是从19世纪初费尔巴哈的“构成要件欠缺理论”中发展起来的。他认为，如果欠缺或者无法证明的构成要件属于犯罪的关键要素的，成立不能犯。接近19世纪末，德国法院转而采纳主观说，先后在判决中出现的是纯粹主观说、印象说、重大无知说。但是，在德国刑法理论上，仍然有不少学者坚持客观说。只不过客观说开始分裂，以李斯特为代表的学者将危险判断提前到实行行为时，这就是新客观说（具体危险说）；另外一些学者则主张“返回费尔巴哈”，这就是旧客观说（纯粹客观说）。

如，甲试图杀害乙，而对躺在床上、面色红润的乙开枪，但乙在一分钟前已经死亡的，按照旧客观危险说，就会认为，既然被害人已经死亡，能够被杀害的有生命的人已经不存在，行为客观上绝对不可能造成法益侵害，因此，甲只能成立不能犯。

如果将旧客观危险说的逻辑贯彻到底，只要结果没有发生，从事后看行为绝对没有危险，就只能一律成立不能犯。但这明显属于不合理的结论。为了使旧客观危险说的结论更容易被接受，对这种理论进行修正，就是结果无价值论者通常所做的工作。

在所有对旧客观危险说进行修正的理论中，所谓的客观危险都是在一定程度上受到限定的危险，其“客观性”已经降低，甚至动摇。前田雅英教授认为，在判断有无危险时，以实行行为时所存在的一切客观事实作为基础，以行为时为基准，由法官根据一般人的视点，通过科学地、合理地判断结果发生的概率来加以判断。①

西田典之教授认为：在判断结果发生的可能性时，既要探究结果未发生的原因，也要讨论存在何种情况变化就可能发生结果，以及这种情况变化具有多大程度的盖然性。如果结果发生的盖然性较低或者根本不存在的，则成立不能犯。这就是对客观危险说进行修正的“假定性盖然性说”立场。根据这种学说，在对象不能的场合，误以为是人，而实际上是向佛像开枪的，成立不能犯；对空床开枪，被害人有睡在床上的盖然性，只是偶尔上卫生间的，构成未遂犯。在方法不能的场合，对他人空无一物的口袋进行盗窃的，如果被害人在其他口袋里放有财物，构成未遂犯；使用没有子弹的枪支对被害人射击的，如果枪支是警察携带的，但这次碰巧没有装子弹，成立未遂犯；但夺取一直陈列在展示柜中并不装子弹的枪支对被害人射击的，成立不能犯。②

山口厚教授进一步主张，假设要使没有发生的结果发生，就需要综合考虑不存在的事实（假定事实）的存在可能性、科学的一般人基准、危险的事后判断这三项内容。③ 例如，用空枪对人射击的，需要考虑“枪支被装上子弹”这种引起危害结果发生的事实的存在可能性，对于可能性高的，应当肯定未遂犯的存在；反之，应该承认不能犯。此外，在客体不存在的场合，即便假定的客体存在危险，由于客体事实上确实不存在，法益被侵害的危险当然是不存在的，就应当否定未遂犯的成立。我国学者江溯强调“假定事实的存在可能性”对危险判断的意义，也大致赞成山口厚教授的观点。④

旧客观危险说及其修正理论明显存在问题：认为危险是绝对客观的观点经不起仔细推敲；认为可以从行为时出发判断危险的立场，也和旧客观说的逻辑不相符合；在进行多种假定的情况下，对危险进行是否存在的判断，也有悖于旧客观危险说的主旨。

旧客观危险说及其修正理论在以下方面应该受到质疑：

（1）旧客观危险说从事后判断危险性，并考虑法益侵害可能性的有无，只有现实中存在危险的场合，才能处罚未遂犯。如果按照这种逻辑，只要最终结果没有出现，事态已经结束，当然就不会有任何危险。但是，旧客观说又认为，即便结果没有发生，也有成立未遂犯的罕见情形，转而根据某种客观上并不存在的事实，来假定危险的存在可能性。因此，旧客观说在方法论上存在疑问。

（2）对旧客观说进行修正的某些理论，大多声称是进行事后判断，但这也不是没有问题：一方面，在很多情况下，进行事后判断会对某些明显危险的行为否定其危险性。例如，本着杀

① 参见［日］前田雅英：《刑法总论讲义》，7版，119页，东京，东京大学出版会，2019。

② 参见［日］西田典之著，［日］桥爪隆补订：《日本刑法总论》，3版，332～333页，东京，弘文堂，2019。

③ 参见［日］山口厚：《刑法总论》（第3版），付立庆译，289页，北京，中国人民大学出版社，2018。

④ 参见江溯：《二元违法论与未遂犯的处罚根据》，载《国家检察官学院学报》，2014（2）。

意的甲在乙的食物中投放毒性很低的药物的，不能否认甲的行为危险。再如，甲试图射杀处于60米之外的乙，但甲的枪支的射程只有50米的，显然不能以枪支射程不够，即便甲开枪也不可能打死乙来否认甲的行为危险。同时，如果只像部分旧客观说的修正理论那样，进行事后判断，也只能得出结论：虽然枪支射程不够，但是，甲如果能够拿着枪支前进10米，射杀乙的可能性还是存在的，因此，甲的行为危险。① 不过，这样的假定还是不是事后假定，值得质疑。实际上，思考问题的方式应该是这样的：需要有中立的第三人（社会一般人）站在行为时判断，甲对准乙开枪时，甲的面前即便存在障碍物，但甲蠢蠢欲动试图跨越障碍的行为就高度危险，甲可以成立未遂犯。这是结合行为当时的情况，假定这个障碍物对甲的阻碍是有限的，才会得出其未遂的结论。这明显属于具体危险说的立场——对他人开枪射击的行为，在任何一个正常人眼中，都确实具有置人于死地的危险。如果是事后判断，可能出现的问题就是：结合案发后的所有事实进行分析，发现甲面前的障碍物（例如，高墙、河流），客观上对其再前行的阻碍很大，甲不可能跨越，即便其竭尽全力，也只能再靠近乙9米，子弹射出后还差1米才能打到乙，所以，甲的行为没有危险。但是，这样的结论有多少人能够接受？

另一方面，在有的情况下，将以裁判时为基准的危险判断方法推演到底，和具体危险说的事前判断基本就没有差别，或者说名为事后判断，实为事前判断。山口厚教授认为，要对假定事实的存在可能性进行判断。但是，如果是事后判断，在结果明显没有发生的场合，由于不会危害法益的结局已经形成，无法在其不发生之时还进行假定；因此，对事实的假定，一定是在行为时对事态发展进行的某种预测，在法益没有受到侵害的结局已经形成的情况下，再进行所谓的"预测"，既不符合逻辑，也没有必要。同时，即便可以进行这样的事后假定，对该假定事实的存在可能性程度的判断，实际上也等同于一般人的危险判断。因此，对旧客观说进行修正的"这种见解中危险判断的方法与具体危险说的差异，仅仅停留在表述形式上"②。西田典之教授的"假定性盖然性说"也存在相同的问题。对此，罗克辛指出，所谓客观的、事后的估计，实际上也是一种事前的预测：判决行为是否可能发生结果性危险。③

（3）需要区分不能犯和未遂犯的案件，恰恰是因为结果没有发生，有的人认为行为危险，有的人认为其不危险的情形。在对危险是否存在有疑问的场合，客观危险说一定要说某种行为"客观上"危险，其他行为在客观上不危险，似乎并不令人信服。旧客观危险说认为，在某些情况下法益自始不会有危险，在某些情况下只是结果偶然未发生，其界限都非常模糊。因此，危险不是绝对客观的概念，一般人能否感知这种事实上可能存在的危险才是问题的关键。

其实，不能犯的范围在各国不断变化的事实足以说明不存在纯粹客观的危险。有日本学者指出，在德、法及英、美等多数国家的不能犯理论中，主观说占据主流地位。像日本那样，在理论上及实务中都采用客观说，并且对此基本不存在异议的情况，在世界上可能是独一无二的。④ 日本在20世纪70年代之后，治安秩序越来越好，犯罪率急剧降低，因此，学者和司法官员都认可减少未遂犯的范围，客观危险说才有成为通说的可能。但是，在英国，20世纪80年代以来，由于犯罪率上升，理论上根据主观说扩大未遂犯的处罚范围，减少不能犯的成立可能性，就是未遂犯认定考虑社会现实的例证。⑤ 不能犯与未遂犯的关系，在同一国家的不同历史时期此消彼长。这说明所谓的客观危险、纯粹危险并不随时都存在。如果真有旧客观说所指

① 参见许恒达：《论不能未遂——旧客观说的古酒新酿》，载《清华法学》，2011（4）。
② ［日］井田良：《讲义刑法学·总论》，2版，456页，东京，有斐阁，2018。
③ 参见［德］克劳斯·罗克辛：《德国刑法学总论》（第1卷），王世洲译，275页，北京，法律出版社，2005。
④ 参见［日］林干人：《刑法总论》，2版，357页，东京，东京大学出版会，2008。
⑤ 参见［日］前田雅英：《刑法总论讲义》，7版，107～108页，东京，东京大学出版会，2019。

称的客观危险，不能犯的范围在不同时期的扩张和缩限就是难以理解的。说到底，旧客观危险说及其修正理论，或许并不是真的那么客观。

（4）旧客观危险说及其修正理论只能提出行为是否危险的大致标准，而且该标准是建立在抽象程度很高的前提基础上的，缺乏结论上的一致性，也就缺乏说服力。例如，甲对准躺在床上的乙开枪，但乙于2分钟前起床换衣服。对此，修正的客观危险说会认为假定乙不起床，就会被打死；或者会认为乙因为还在卧室，客观上死亡结果发生的概率较高，所以，行为有客观危险，成立未遂犯。如果乙家里有五间房，枪响时其不在卧室的，行为的“客观危险”就没有，只能成立不能犯。但问题是：如果乙刚好跨过卧室门槛走到客厅的，行为是否还有危险？如果一只脚在卧室内，一只脚在卧室外，按照客观危险说，对行为的危险性又如何判断？对此，修正的客观危险说也很难提出准确的界定标准。

（5）修正的客观危险说中需要对危险进行假定的观点，实际上认可危险判断缺乏绝对客观标准，否则就不需要假定。西田典之的假定，其结论甚至可能与抽象危险说接近，比具体危险说走得还远。抽象危险说的判断依据是：考虑实际存在行为人所认识的事实，一般人是否能够感受到危险？虽然房间空无一人，但行为人认为被害人在房间里，如果这种认识具有现实性，由于一般人也会从中感受到危险，因而成立未遂犯。

（6）危险判断上存在所谓客观标准的说法，只是理论上的一种臆断，并不符合实际。其实，并没有纯粹客观的危险，存在的只是基于某种事实，一般人是否认为、推测某种行为在将来可能有危险。具体危险说的实质在于：是否成立未遂犯，最终取决于行为本身的危险，而不是其他因素，从而使不能犯和未遂犯在是否符合构成要件这一点上就可以进行区分，不能犯也是“定型的不能”[①]。构成要件是以社会中流行的通常观念为基础的、可罚的行为类型，而危险判断是构成要件该当性的问题，因此，从一般人的立场出发进行类型性判断是危险判断的题中之意。

2. 行为无价值论的危险概念

具体危险说的事实基准是：一般人在行为时通常所认识的事实，以及行为人特别认识的事实（例如，一般人都认为，面前的数个瓶子中所装的白色粉末是咖啡伴侣，但行为人特别知道其中哪一个装有毒药，并以其毒杀被害人的，行为具有危险性，应当成立犯罪）。因此，所谓的危险，是指一般人（特殊情况下包括行为人[②]）基于这种事实性认识，认为某种行为有导致既遂结果发生的可能性。危险，其实不过是“可感知”的危险。如此一来，对危险的判断，除考虑行为的性质、行为导致结果发生的可能性之外，公众的危险感受、处罚呼吁，都是需要考虑的内容。过去认为是危险的行为，在社会防卫机制逐步得到建立、公众的安全感提升之后，就不再被认为有危险；反之亦然。

因此，未遂犯中的危险一定是相对的危险，更是行为人特别感知或者一般人能够感受到的危险。在这个意义上的危险概念，一方面承认在那些未遂犯的认定相对容易的场合，的确存在某种客观的、公认的危险，未遂行为如果任由其继续向前发展，一定能够达到既遂。另一方面，在未遂犯和不能犯区分很困难的场合，行为是否在客观上危险缺乏明确的标准。此时，某种行为是否危险，取决于公众和行为人的认识。所以，危险应该是相对的而非绝对的客观存

---

① 这也是根据“定型”的不能是否存在，来确定不能犯和未遂犯的区分的具体危险说。参见［日］团藤重光：《刑法纲要总论》，3版，168页，东京，创文社，1990。

② 具体危险说强调一般人能够认识和行为人特别认识。我认为，其理论基础在于：行为人特别认识，就说明其具有高于一般人的认识。一般人如果有这样的认识，实施行为的要受处罚；行为人的认识高于一般人认识，再实施类似行为的，当然应该成立未遂犯。

在。旧客观危险说及其修正理论所说的危险，说到底也就是绝大多数人都能够感受到并愿意承认的危险。具体危险说不否认危险判断在未遂犯认定中的重要性，只是认为该危险一定是一般人能够感受到的危险。一般人的危险感觉，不是凭空产生的，不是抽象的危险感觉，而是在对一定的身体动静进行综合评判以后的感觉。也就是说，具体危险说中的危险判断始终与“如果将行为实施完毕，一般人是否会感觉到危险、规范意识是否受到强烈冲击”这样的判断逻辑有关。

（二）危险的具体判断

行为无价值二元论对于危险的判断时点是行为实施的“当下”、行为时（exante），判断对象是一般人可以认知的行为效果，同时例外考虑行为人的特殊认知，再从中立第三人的生活经验出发，判断有无损害法益的可能。

1. 危险判断的时间基准

结果无价值论的旧客观危险说及其修正理论不考虑行为人或者一般人认识的有无，而是根据科学法则，综合考虑所有在裁判时点已然知晓的事实，从“最终时点”或事后出发去判明行为时的客观事项，进而确定行为危险性的有无。危险的事后判断立场，是客观危险说的特色。① 客观危险说的诸种修正理论也大多认为，对客观的危险是否存在需要在事后进行判断。

对此，可以提出以下质疑：

（1）事后去看，行为当时的客观因素可能是没有限定的，结果不发生的原因多种多样，由此导致判断的要素无法确定，判断最终难以进行。例如，甲对准乙开枪，但没有打中乙，事后查明主要是因为：乙当时躲闪；甲射击后，子弹形成霰弹；甲当时手抽筋。如果事后去看，在这些因素中，哪一个才是结果不发生的客观事项或者原因，很难判明；而且，这些事项对结果的不发生，似乎都有决定性影响。其结局必然是：只要结果不发生，行为就没有危险性。这样一来，未遂犯就很难有立足之地，不能犯却大量存在。此外，某些结果，从事后看，的确有充分的科学根据证明其不可能发生，未遂犯岂不都成了不能犯？

（2）事后判断危险的方法，可能使国民的行动脱离规范基准。例如，甲的枪里没有子弹，但是，甲误以为有子弹而对准乙瞄准，并随时可能扣动扳机，乙的好友丙捡起一块石头对准甲扔过去，将甲砸成轻伤的，如果按照具体危险说，即便甲的枪里没有子弹，其开枪行为仍然危险，丙成立正当防卫。但按照客观危险说，从事后进行判断，甲的行为没有危险性，丙构成故意伤害罪。再如，甲企图杀害乙，于深夜闯入乙家，并对准床上的乙的头部开枪，未料乙于甲侵入其家前5分钟已死亡的，如何处理甲？如果站在结果无价值论的旧客观危险说立场，判断事后危险的事实基础只能是甲对乙的尸体开枪这一点。在这种情况下，甲不可能威胁乙的生命法益，因此属于绝对不能，不构成犯罪。但是，甲这次只是“运气好”，碰巧杀了一个“尸体”而已，不能说其行为没有制造法益侵害风险，行为的规范违反性显而易见。对类似行为进行处罚，才能确保国民在行为规范指引下生活。

（3）立足于事后判断，对案件的处理，可能取决于一些非本质的要素。旧客观危险说就是将一些非本质的东西作为判断依据。例如，犯罪分子将手伸进被害人的右口袋偷东西，具体危险说会主张，在这样的场合一般人会认为，被害人右口袋中的财物是否有丧失的危险，如果这一状况可以确定，未遂犯就成立。客观危险说则认为，即便右口袋没有财物，但左口袋有财物

---

① 参见［日］井田良：《讲义刑法学·总论》，2版，454页，东京，有斐阁，2018。此外，类似于前田雅英那样，从事前进行判断的方法，是否还属于旧客观说的阵营，将其归入具体危险说的范畴是否更为合适，还是一个问题。

的，事后看，行为人有窃取左口袋的财物的危险性，法益侵害的可能性也存在，行为成立未遂犯；但是，被害人将钱包忘在家里的，法益侵害的客观可能性欠缺，只能成立不能犯。① 如果坚持事后的判断，那么，所谓的假定事实，其实是客观上根本不存在的事实，窃取行为并未直接指向的左口袋是否有财物，其实际上是与犯罪认定关联很小的非本质要素。

（4）旧客观危险说不是将行为时一般人感觉到的具有法益侵害危险的行为作为违法行为，而是对事后判断为具有危险性的行为论以违法性，对违法行为的认定为时太晚，不能给予法益充分保护，也无视刑法在社会生活中作为行为规范存在的机能，因而并不妥当。②

（5）从认定未遂犯的“具体危险说”中的具体危险和“具体危险犯”中的具体危险的区分中可以发现，具体危险说中的危险应当是指行为时的危险。具体危险犯中的具体危险，是与抽象危险犯中的抽象危险相对应的概念，指的是对法益的危险，是一种结局上的危险；该危险一定以存在客观的行为对象为前提，例如，放火罪中的具体危险针对不特定或者多数人，遗弃罪的具体危险针对年老、年幼、患病或者其他无自救能力的人。而区分不能犯和未遂犯的具体危险，是对行为自身的评价，在很多情况下，是在行为对象不存在时的判断危险（例如，针对尸体的杀害）。既然是对行为自身危险性的评价，立足点就应该是行为时，而非裁判时。

行为无价值二元论的具体危险说认为，某种危险，是否被公众或者行为人感知，是未遂犯成立的前提，需要以行为时的判断为准。这主要是因为刑法必须为国民提供行动指南，为防止违反规范的不当行为举止出现，需要将危险的判断提前。立法者在立法时就作了政策上的决定，即只处罚在行为时具有一定危险的行为。只要这种政策决定没有不当，那么，在结果发生前需要以未遂进行处罚的场合，就必须以行为时的危险判断为必要。在刑法解释上，实行时的危险性判断就是必须要坚持的。同时，危险判断的具体化、个别化，也需要考察现实的行为在其实施当时是否存在危险。所以，从一般人的视角，以行为时为准，对客观事态的确认，包括与结果不发生之间有关系的所有事实的判明，都是具体危险说需要考虑的事情。以现实的事态为前提，结果为什么不发生的各种原因也能得到揭示，在一般人对各种各样的事情都能够认识的场合，很难说行为人没有认识。③ 事前判断的具体方法是考察在行为当时，一般人是否从行为人的意思和行为中感受到某种危险，其是否由此感到震惊。

张明楷教授认为，在区分不能犯和未遂犯时，对危险的判断，应以“行为时”存在的所有客观事实为基础，站在“行为时”，根据客观的因果法则进行判断。④ 但是，这仅仅是将规范的本质首先看作行为规范的行为无价值二元论的当然逻辑。而结果无价值论通常认为，刑法规范首先是法官事后适用的裁判规范。按照这一思路，对危险的判断就不应该是立足于“行为时”的判断。

2. 危险判断的主体

认定未遂犯，需要从判断主体的角度，考虑公众的危险感觉，即一般人是否因为该事件而感到震惊。

具体危险说和抽象危险说都是以一般人为判断主体的危险判断理论。抽象危险说的判断逻辑是：如果实际存在行为人所认识的事实，从行为人的认识中，一般人是否能够感受到危险？

---

① 参见［日］山口厚：《危险犯的研究》，170页，东京，东京大学出版会，1982。

② 参见［日］野村稔：《不能犯と事实的欠缺》，载［日］阿部纯二等编：《刑法基本讲座》，第4卷，14页，东京，法学书院，1992。

③ 参见郑泽善：《刑法总论争议问题》，Ⅰ，323页，北京，人民出版社，2008。

④ 参见张明楷：《行为无价值论与结果无价值论》，223页，北京，北京大学出版社，2012。

虽然房间空无一人，但行为人认为被害人在房间里时，如果基于这种认识实施行为具有危险发生的现实可能性，则由于一般人当然也会感受到危险，因此，成立未遂犯。[①] 但是，从行为人的意思中获得未遂犯成立的判断资料的做法，实际上过于重视未遂判断的主观方面，可能导致处罚泛化。例如，将男子误认为是女子加以拐卖的，一般人从行为人的危险意思、危险性格中，能够感受到结果发生的危险，有成立未遂犯的余地。

具体危险说的特色在于：以行为时为基点，以一般人所认识到的情况以及行为人特别知道的情况[②]为基础进行判断，如果一般人能够感受到结果发生的危险，则成立未遂犯。行为人基于杀人的意思对空无一人的房间开枪，但一般人认为被害人可能在房间里，会感受到危险的，应当成立未遂犯。

从行为时一般人的立场判断危险，这是抽象危险说和具体危险说共同的地方，但是，判断资料的范围不同：抽象危险说将行为人的计划、意思内容作为一般人危险感觉的判断资料，确定一般人是否能够从行为人的认识中感受到危险；具体危险说是从一般人的立场出发去看其计划的现实化程度，并将其作为判断资料，直接考虑一般人根据其认识是否会产生危险感觉。例如，在行为人误把白糖当成砒霜杀人的场合，抽象危险说认为是杀人未遂；具体危险说会认为，只有行为人有拿成砒霜的可能的，才是杀人未遂。又如，有杀人的意思，对被害人开枪，但后者已经死亡的，抽象危险说认为成立犯罪未遂；具体危险说认为只有一般人感觉后者有活着的可能的，才成立未遂犯。基于事前的立场，以行为时的事实为基础，从一般人的立场来判断危险，在这一点上具体危险说与抽象的危险说有共同之处。但具体危险说不仅以行为人所认识的事实为基础，还以一般人能够认识到的事实为基础，则与抽象的危险说不同。

在危险判断方面，直接考虑一般人根据其认识是否会产生危险感觉的主张是正确的，因为刑法是行为规范，是对一般国民行动的指引，而非对某些个人的行动指示。根据刑法规范能否实施某种行为，是对一般人说的；一般人也能够从这种规范中获得行为指南。在行为符合分则规定的样态，且一般人认为危险的场合，行为可能就值得处罚。抢夺被害人怀中的财物，即便只夺得一个空包，分文未取，一般人也会认为，被害人怀中的财物通常是有价值之物，如果对类似行为不处罚，刑法的规范指引功能就会丧失，社会就会陷入“失范”状态。当然，对某种行为，如果一般人并不觉得危险的，则不值得刑罚处罚。

因此，某种行为是否危险，从而违反刑法上的禁止、命令规范，是否可能造成法益危险，需要考虑一般人的感觉。例如，甲为毒死乙，在被害人熟睡时打开天然气，导致室内天然气弥漫，甲自行离开，乙中途醒来上厕所时将天然气阀门关闭的，事后的科学鉴定证明，目前市政部门提供的民用天然气的主要成分是甲烷，其完全没有致死可能性，不会导致人中毒死亡，但是，一般人能够从甲的行为中感受到危险性（因为难以排除毒杀及爆炸危险），法院也不可能据此认为甲无罪。对于危险判断必须考虑一般人感觉的观点，国外的司法实务也予以承认。例如，对于故意刺杀他人身体，但事后鉴定发现被害人已在之前死亡的案件，日本法院的判决是：由于一般人无从知道被害人当时已经死亡，因而能够感受到被害人会被刺死这一危险；从被告人的行为性质看，也不能说没有结果发生的危险，因而成立杀人未遂。[③]

---

① 与纯粹主观说的区别在于，抽象危险说中行为人仅仅有认识，但该认识不具有引发危险的现实时，不能成立未遂犯。例如，行为人认为白糖可以杀人并投放的，该认识不具有导致危险发生的现实性，并不能让一般人从中感受到危险，因而成立不能犯。

② 行为人特别知道被害人有糖尿病而让其食用的，即便一般人不知道被害人的疾病情况，其也可以成立未遂犯。否则，会导致不合理的结论。

③ 参见广岛高判昭和 36・7・10，高刑 14 卷 5 号 310 页。

（三）危险判断的根据

认定不能犯，需要第三人从客观的角度，判断行为人是否出于显而易见的经验知识缺乏才使既遂结果“未发生”。如果能够得出肯定结论，成立不能犯；行为人不是出于这种错误，而是由于意志以外的原因未得逞的，则成立未遂犯。

特别需要说明的是，在行为人明显缺乏经验知识的情况下，不应当成立未遂犯。这容易被人误解为把主观要素掺入到不能犯和未遂犯的判断之中。实际上，这不是从主观的角度考虑行为人对危险有无认识，而是强调站在第三人的立场上，客观地看行为人对危险的感觉是不是完全错的，是不是完全背离常识，从而无法造成法益损害的。因此，行为无价值二元论不是将科学法则，而是将经验知识作为危险判断的依据。

1. 科学法则重要还是经验知识重要

(1) 科学法则标准的不足。

旧客观危险说及其修正理论主张科学的判断，并以鉴定结论是刑事诉讼法规定的法定证据种类为由，提出要根据科学判断，在完全不考虑行为人主观要素的前提下确定危险。按照客观危险说的逻辑，科学地看，结果发生有确定性，只是偶然没有发生的，是未遂犯；科学地看，结果发生没有确定性的，是不能犯。客观危险说考虑的是，如果以具体危险说的一般人知识水准作为危险判断的基准，会带来处罚上的困惑，因为假定一般人认为让人饮用肥皂水危及生命，便构成故意杀人罪；相反，让人饮用客观上具有危险的物质，如果按照一般人的科学知识并不能认识到该行为的危险性，则只能构成不能犯。① 赞成具体危险说的井田良教授也认为：有关的法则性知识，应以科学性知识法则为准。②

但是，什么是“科学地”确定或者不确定，有时很难判断，在多数情况下，从严密的科学法则出发，几乎所有的未遂犯都是不能犯，因为结果客观上绝无发生的可能；更何况，构成要件行为是以社会一般观念为基础对行为定型化，所以，在判断符合构成要件的行为时，也应该以社会中一般人的经验知识和判断为准。③ 例如，甲试图杀害其仇人乙，知道其目前正在医院住院治疗心脏病，便于某天深夜潜入医院病房，对乙所在位置连开 3 枪，击中其心脏。但事后查明，乙已于甲开枪前 5 分钟因心绞痛加重死亡。如何处理甲？对刚刚死亡 5 分钟的人开枪的，按照客观危险说，由于从科学的角度看，被杀害的人已经不存在，因此，行为人只能成立不能犯；但是，按照具体危险说，当然有成立未遂犯的可能。又如，甲在乙的静脉内注射空气，想让乙发生静脉内空气栓塞而死亡，但注射的空气量极少的，从科学法则的角度看，完全不可能致人死亡，但从一般人所能理解的经验知识来看，也会认为对静脉注射空气有致死危险性。

(2) 刑法判断是规范的、价值的判断，需要借助于一般人所认可的经验知识。

根据通常的社会观念和经验知识来把握刑法概念，是刑法学的方法论之一部分，结果无价值论所赞成的相当因果关系说就是显例。危险的判断，也不能脱离经验知识来进行，例如，对躺在太平间的人实施杀害的，结合生活常识就可以认定其成立不能犯；用自制步枪向高空飞行的战斗机射击的，从经验知识角度也可以认定其不是未遂。对此，陈子平教授指出：“未遂犯危险之判断，系以侵害法益之事实可能性作为基础，而带有价值性之评价，易言之，既然危险概念原本即含有某程度之价值要素，则危险性之判断亦不得不带有价值的、评价的性质，将危险性判断视为纯粹运用科学法则之物理性判断，并非妥适，因而应以‘社会经验’为基准，一

---

① 参见［日］西田典之著，［日］桥爪隆补订：《日本刑法总论》，3 版，330 页，东京，弘文堂，2019。

② 参见［日］井田良：《刑法总论的理论构造》，274 页，东京，成文堂，2005。

③ 参见［日］大塚仁：《刑法概说（总论）》（第 3 版），冯军译，230 页，北京，中国人民大学出版社，2003。

般不会有结果发生之危险之感觉时，属于绝对不能，成立不能犯；若会有结果发生之危险感觉时，则为相对不能成立障碍未遂。”① 曾根威彦教授对客观危险说进行修正后，也得出应以一般人的经验作为判断依据，而不是以科学的因果法则作为判断基准的结论。②

具体危险说不否认在有的场合，需要借助于一定的知识法则来判断危险。在这里，需要讨论知识和认识者的关系。一般认为，抽象危险说是借助于行为人的个别化知识判断危险；具体危险说是根据社会通常人的知识判断危险；客观危险说则是利用科学的知识法则确定危险。③但是，对于具体危险说中的经验知识和客观危险说中的科学法则之间的关系，可能需要重新认识：其一，实践中对案件的处理，同时考虑经验知识和科学法则，经验知识没有拒绝科学法则。其二，科学法则从公众的经验感觉中抽取、提升，很多科学法则只不过是对经验知识的直接承认④，经验知识和科学法则之间没有截然的界限。行为无价值二元论强调危险判断的立足点是经验知识，但并不排斥在其与科学法则一致时，对科学法则的吸纳。例如，用针往被害人的静脉注射空气的，虽然在空气致死量之下，但考虑被害人体质、气候等各种因素，不能说完全没有导致被害人死亡的可能（这是医学上或者经验知识上都可以判断的），所以成立未遂；破坏矿井通风设备的，被害人窒息死亡或者矿井爆炸导致死亡的危险都存在，这也是科学法则和经验知识上都认同的。其三，随着科学文化的普及，科学法则不是高高在上的东西，不是公众完全陌生的东西，其和经验知识之间只不过是“一体之两面”的关系。

因此，危险判断的逻辑基准是经验知识，或者是从经验知识出发，与经验知识有关、与经验知识相一致的科学法则。有学者指出，有时也需要承认，“从科学的角度看，如果具备一定的条件，行为人所意图出现的结果产生的可能性是存在的，基于一般人的科学水准，能够感受到某种行为具有引起结果的威胁，能够产生达到处罚要求这种程度的危惧感时，作为未遂犯来处罚就是相当的。因此，重要的是，以具备健全常识的一般人为标准，判断并不是绝无发生结果的具体危险的，就应该成立未遂犯。一般人对危险完全意识不到，只会对之付之一笑的，只能是不能犯。”⑤

客观危险说认为，需要结合科学法则判断危险。⑥ 但是，其不可能贯彻到底。例如，投放远未达到致死量的毒药的，按照科学法则不可能致死，根据旧客观危险说的逻辑就应该认定行为为不能犯，但没有哪一个持客观危险说的人能够固守这一结论。再比如，意图杀人而打开天然气阀门的，按照科学法则，其行为不会引起中毒死亡，但客观危险说不可能按照其逻辑得出行为人无罪的结论。其实，对类似行为的定性，唯有从一般社会生活经验上判断投毒、故意打开天然气阀门的行为是否具有使一般人感受到（引起中毒或者爆炸的）危险的特点，才能得出未遂成立与否的正确结论。所谓的科学法则，在这里没有用武之地。

2. 经验知识严重欠缺应当成立不能犯

行为人的举止如果违背经验知识，产生“显而易见的无知”的，可能导致其采取一般人不可能采取的举止，只能成立不能犯（甚至成立连不能犯都不如的迷信犯）。此时，需要站在一

① 陈子平：《刑法总论》，3版，389页，台北，元照出版有限公司，2015。

② 参见［日］曾根威彦：《刑法总论》，4版，225页，东京，弘文堂，2008。

③ 日本现在的多数说强调根据科学标准判断危险，这与日本当前整个社会科学界的实证主义取向有关。“整个近代日本，对自然科学及技术成果过分依存。”［日］丸山真男：《日本的思想》，区建英等译，56页，北京，三联书店，2009。

④ 具备科学的知识法则的人，如果处于行为人的地位，其认识能力高于一般人的，属于行为人特别有认识的情形。这是危险判断的基础，和具体危险说并不矛盾。这种人的行为更容易成立未遂犯。

⑤ ［日］藤木英雄：《刑法讲义总论》，268页，东京，弘文堂，1975。

⑥ 参见黎宏：《刑法学》，2版，243页，北京，法律出版社，2016。

般人的立场，以一般人为“标尺”去衡量、评价行为人是否智商低得可怜。对众所周知的因果关联有荒诞不经的想法，就是显而易见的无知。“行为人在这里发生的认识错误，必须是对每个具有一般经验知识的人而言都是一看就知的。”① 在经验知识上无知的人值得同情，对其不必进行刑罚处罚。②

不能犯缺乏起码的经验知识，对于有关事项、自然法则同时会有错误认识。③ 例如，甲误认为香灰可以杀人，偷偷将该物质投放到乙的饭菜中试图杀乙，但是，由于当时香灰和砒霜碰巧被放置在两个外观高度相似的瓶子里，甲下手时误将砒霜当作香灰，周围很多人都感觉甲拿错东西了，甲对此毫无所知，路过的丙偶然碰掉了乙的食物，乙免于一死的，对于甲的行为，就应该评价为故意杀人的不能犯。因为甲对事实有认识错误，同时，其在香灰可以杀人的意思支配之下的举止严重违背经验法则，存在重大无知，即便其错拿砒霜的行为危险④，也至多有成立过失犯的问题，由于我国刑法只处罚过失的结果犯，甲的过失杀害行为就不构成犯罪。

但是，主观上对于经验知识、自然法则没有认识错误，仅仅对于某些事项有错误认识的，应当成立未遂犯。⑤ 例如，试图用密封罐里的砒霜杀人，在面前的一个罐子里有砒霜，另一个罐子里有白糖的情况下，下手时偶然抓成白糖的，在经验法则上没有错误；再如，行为人对准被害人开枪，该枪子弹只能打 50 米（行为人对此不知情），被害人在 60 米开外的，虽然从科学法则的角度看，结果客观上不可能发生，但行为人对于开枪可能打死被害人的经验知识是具备的，也理解相关的因果法则，只是因为对子弹能够发射多远这一事实有误认的，属于犯罪未遂；实施扒窃，但被害人的钱包空无一物的，也不能认为行为人缺乏对盗窃和他人财物可能丧失的经验知识的了解；误将刚死去一分钟的人当作活人杀害的，只是偶然对事实情状有错误认识，而不是对经验知识有错误认识，故不可能成立不能犯。

因此，在经验知识上一片空白的无知者的行为，只不过是荒唐的举止。即便其基于犯罪的意思实施该行为，也不会造成法益危险，更不会动摇公众的规范认同感，不会引起他人效仿。此时，没有利用刑罚惩罚类似行为来实现一般预防的必要，将其作为不能犯处理是恰当的。有学者指出，理论上清楚而实践中可行的区别标准只能是行为人在实施行为时，是否对一般公知的因果关系产生了彻底错误的认识，并由此出发实施某种行为，因而“任何具有普通经验常识的人都能清楚明显地看出”不能犯没有危险。⑥

需要指出：行为人是否在经验知识上无知这一逻辑基准，只能对手段错误适用，因为在对

---

① ［德］约翰内斯·韦塞尔斯：《德国刑法总论》，李昌珂译，357 页，北京，法律出版社，2008。

② 德国刑法第 23 条规定，行为人由于严重无知，对犯罪对象和手段产生认识错误，而不可能完成犯罪的，减轻或者免除处罚。这是和印象说相一致的立法。由于我国刑法中并无类似规定，因而对于严重无知而对行为对象和手段产生认识错误的，应当得出无罪结论。

③ 似乎可以认为，某一行为即便在外观上看危险，但行为人严重缺乏经验知识的，也应该成立不能犯。

④ 根据客观危险说，可能会得出甲成立未遂犯的结论。

⑤ 当然，坚持旧客观说中的构成要件欠缺理论也可以得出相同的结论。如果认为犯罪受因果流程支配，按照行为人的主观想象，行为方式具有法益侵害性，结果可能发生，只是由于偶然的原因没有发生的，行为人具有事实错误；因果流程和行为人的事前设定相一致，但结果仍然不会发生的，属于行为人以完全无效的方法试图实现犯罪，其具有“法则错误”，由于构成要件欠缺而不可罚。在我看来，这样的理论是将判断的重点从客观的层面转向了行为人的主观层面，从而去推测行为人的主观设想是否符合因果法则，考察按照行为人的意思因果流程究竟如何发展。这个意义上的客观说就不再是纯粹的，其在方法论和结论上都和具体危险说相一致。这也说明，即便将构成要件作为工具考察危险的有无，也难以确保思考方法和结论上的客观。适度结合主观要素修正旧客观危险说，或许是一种务实的态度。

⑥ 参见［德］冈特·施特拉腾韦特、洛塔尔·库伦：《刑法总论》，Ⅰ，杨萌译，268 页，北京，法律出版社，2006。

象错误的场合，行为人在经验知识上并不会有错误认识。[①]

（四）具体危险说与判断方法

对危险的判断，要考虑行为时所存在的各种情况，并要对事态的可能发展趋势作出预估。在这里，其实必须假定存在一个“客观的观察者”，由其从行为时的视角，依据相关的普遍的经验上的知识（以及特殊情况下，行为人所可能拥有的特殊知识），对行为当时所实际存在的具体情况进行分析，对由此构成的危险进行评估。[②] 具体危险说如何在判断方法上具体化，以此形成相对较为客观化[③]的危险概念，也是需要考虑的。判断方法具体化的要求是仔细确定一般人感觉危险与否的相关事项。

例如，毒贩 A 向一直贩卖毒品的 B 购买毒品，但买成了头痛粉；C 向卖药品的 D 苦苦哀求，要买毒品然后贩卖，D 没有办法，给了 C 总共 20 包头痛粉。A 构成贩卖毒品罪的未遂犯；C 却只能构成不能犯。这主要是因为 A 向贩毒者购买毒品的行为在一般公众看来危险，C 向并不以贩卖毒品为业的 D 购买毒品的行为则不具有危险性。

又如，误将人妖俱乐部的男性“美女”拐卖，只能成立拐卖妇女罪的不能犯，一般人不会认为在行为当时，行为人的行为危险；但在民风淳朴的乡村将打扮得花枝招展的女子拐卖，事后发现是男性的，则有可能成立未遂犯，因为在这里出现“变性人”的概率极低，一般人会认为行为有导致真正的妇女被拐卖的危险，成立犯罪是理所当然的。

再如，甲基于强奸的意思，于凌晨两点在某偏僻路段守候并对路过的妇女实施强奸行为，如果该路段在晚上 12 点以后基本上只有甲的妻子下夜班通行，甲对此也知道的，甲成立不能犯。[④] 但如果这一路段经常有人通行，即便甲事后发现被害人是自己的妻子，也应成立未遂犯，因为行为对其他妇女实施性侵害的可能性大，公众能够感受到危险。对此，修正客观危险说可能提出如下批评：如果考虑到本案中，作为甲妻子的“特定的”妇女乙的存在，其他妇女受性侵害的危险客观上不能发生，甲只能成立不能犯，而具体危险说没有考虑“特定的”行为对象，因而并不合适。对此的回答是：（1）在个案中，按照修正客观危险说的逻辑，考虑特定的人是否被侵害似乎言之成理。但是，在每个需要区分不能犯和未遂犯的案件中，结果都没有实际发生，特定的被害人客观上不可能受到侵害，是否所有的案件都应该成立不能犯？（2）某种行为是否应该被禁止，是否要防止他人学习，不是因为“这个”特定的妇女或者“某个”特定的被害人是否受到侵害，而是因为这个行为是否危险，如果有甲之外的行为人再次实施类似行为或者其他人效仿甲深夜在偏僻场所强奸自己妻子（但是，也可能是其他妇女）的行为，刑法能否容忍？在这里，并不仅仅是一定要惩罚某个可能对社会造成危险的人，更是要考虑将处罚指向长远的未来。（3）根据特定的人受侵害，而其他人没有受侵害的事实否定行为的危险性，可能得出不合理的结论：罪犯 A 试图撬开自动取款机盗窃，但里面空无一物的，虽然“特定的”这个机器里没有财物，A 也不能成立不能犯。再比如，受害人偶然将已经下毒的牛奶碰翻；使用偶尔没有装上子弹的军用枪支射杀被害人的，特定的结果也都不会发生，特定的那个人也死不了，但未遂犯的成立是不可否认的。（4）即便不承认行为规范违反说，刑法学者也要在自己的研究中展示其规范意识，什么行为该做，什么行为不该做，要确定一个界限。刑

---

① 刑法分则对身份犯的规定揭示了主体的特定义务。只有具有一定身份的人才可能违背义务。没有某种身份误以为存在义务的，是行为人的一种错误猜测，成立幻觉犯，不值得动用刑罚处罚。在这个意义上，主体的错误这一说法是否还有存在必要，就值得研究。

② 参见［德］约翰内斯·韦塞尔斯：《德国刑法总论》，李昌珂译，170 页，北京，法律出版社，2008。

③ 这里的客观化，并不意味着就是要采用客观危险说。

④ 此时认定甲的行为为不能犯，将其作为有某种特殊癖好的“病人”而不是犯罪分子看待，可能更为合适。

法学研究要考虑塑造国民的规范意识，要确立刑法规范明确的晓谕功能：某种行为被评价为不能犯，意味着这种行为无害，即便再次发生也可以容忍；某种行为，一旦成立未遂犯，意味着这种行为，即便没有造成任何损害，也会使公众感到震惊，触及国民规范意识的底线，因而需要处罚，以此坚决杜绝他人效仿，防止其重演。关于不能犯的理论对立，总结如下（表 11－1）。

表 11－1 关于不能犯的理论对立

	判断资料	判断时点	判断基准（评判者）
主观危险说	本人	行为时	本人
抽象危险说	本人	行为时	一般人
（纯粹的）客观危险说	（行为时存在及事后查明的）客观事实	裁判时	接近于科学家的一般人
（修正的）客观危险说	（行为时存在的）客观事实	行为时	懂科学的一般人
具体危险说	本人或者一般人	行为时	一般人

说明：修正的客观危险说和具体危险说的异同：（1）都是客观说；（2）修正的客观危险说和具体危险说都是从行为时出发，推测结果发生的概率；（3）具体危险说的判断基础是一般人能够认识到的情况或者行为人特别认识到的事实，客观危险说重视存在于实行行为时的客观情况。

第四节 犯罪中止形态

一、概念

刑法第 24 条规定，在犯罪过程中，自动放弃犯罪或者自动有效地防止犯罪结果发生的，是犯罪中止。对于中止犯，没有造成损害的，应当免除处罚；造成损害的，应当减轻处罚。根据这一规定，中止犯，就是在故意犯罪过程中，犯罪分子基于自己的意思，自动放弃犯罪或者自动有效地防止犯罪结果发生的犯罪形态。

二、中止犯减免处罚的根据

中止犯减免刑罚的根据究竟在哪里，理论上一直存在分歧。

（一）主要争论

1. 政策说

该说认为，犯罪中止是基于刑事政策思想而设立的一种刑法制度。在其内部，又分为三种学说：（1）李斯特（Liszt）所倡导的“黄金桥”理论。此说主张，“立法者可以从刑事政策角度出发，在已经犯罪的行为人之间架设一座中止犯罪的黄金桥（eine goldene Bruecke）”①。但是，该理论与现实不符（原本决意犯罪的行为人，真的考虑到刑法规定了中止犯就不再遂行其犯罪的情形，在实务中很难有真实案例）②；如果对犯罪中止完全不予处罚，可以认为是一种奖励，但我国刑法不是不处罚中止犯，而仅仅是必要的减免。通过规定中止犯来使犯罪分子“回头是岸”，效果有限。（2）奖赏说。该说认为立法者规定犯罪中止是为了奖励防止结果发生的行为人。但是，这一学说只不过是对法条用语的同义反复，没有规范地解释刑法问题；同时不能说明对于既遂犯退赃或犯罪后补偿被害人的，为什么不能给予恩惠或奖赏。（3）刑罚目的

① ［德］李斯特：《德国刑法教科书》，修订本，徐久生译，346 页，北京，法律出版社，2006。

② 参见［德］冈特·施特拉腾韦特、洛塔尔·库伦：《刑法总论》，Ⅰ，杨萌译，272 页，北京，法律出版社，2006。

说。这一学说主张中止犯是根据一般预防或特别预防的要求限制处罚必要性的情形，中止行为人通过放弃犯罪表明其特殊预防必要性降低；公众从行为人放弃犯罪中也能够体会到规范效力，如果中止犯的处罚必要性被弱化，从一般预防的角度看，进行预防性处刑的必要性也就降低了，刑罚就应该减免。换言之，在中止的场合，动用刑罚去阻止行为人将来的犯罪行为，去威慑社会一般人，并重新建构被损害的法秩序的必要性降低或不存在。① 可以说，刑罚目的说是全面展示中止犯立法刑事政策性考虑的理论。

我国学者一般仅仅在“黄金桥”理论的意义上理解政策说，认为“政策说或许难以直接左右犯罪中止的具体成立条件，但有利于从宏观上放宽犯罪中止的认定”②。不过，如果要全面理解政策说的内容，就不能抛开有更多实体内容的刑罚目的说。

2. 法律说

法律说中的违法性减少说，要么主张相对于既遂犯，中止犯使“既遂的具体危险性消灭”，因而违法性减少；要么认为故意是违法性要素，事后的中止意思会影响对违法性的评价，从而使违法性降低。对违法性减少说的批评是：在放弃故意以前的行为所造成的违法结局已然形成，或者对该行为所引起的危险状态进行的违法评价作为一个事实始终存在着，违法性并不会因为行为人中止而减少。中止自动性的主观说可能与违法性减少说结合：行为人放弃作为主观违法要素的故意，就使违法性减少，因此，中止是否成立，以行为人为基准，考虑其是否放弃犯罪故意。

法律说中的责任减少说，则通常站在规范责任论的立场，强调实施犯罪的决意属于责任要素，事后撤回其决意的，使非难可能性降低。主观说和以规范责任论为基础的责任减少说关系相对密切，因为责任的减少以行为人为基准，根据行为人的主观因素来判断自动性就是合理的。

3. 折中说

中止犯减免根据的政策说、法律说（违法性减少说、责任减少说）都各有其一定合理性，但单纯用某一种主张来解释所有复杂问题都有捉襟见肘之嫌。因此，更容易被多数学者所接受的解释思路是将政策说和法律说合并起来考虑，肯定它们对中止自动性的判断都有所制约。

（二）本书的主张：（基于刑罚目的的）责任减少说

1. 违法性减少说的不足

我国学者主张，对中止犯之所以减免处罚，是因为其社会危害性或客观危害明显减少。③ 还有学者认为，从客观方面说，行为人放弃犯罪的行为使结果没有发生，和既遂犯相比，中止犯的违法性因此减少。④ 但是，认为犯罪中止使违法性降低的说法，或许经不起推敲。

具体理由在于：其一，除非出现违法阻却事由，已经产生的违法性不可能回溯性地降低。其二，违法性是连带的，如果认为中止犯的违法性降低，其减免刑罚效果就应该及于其他参与人。但中止是公认的一身专属的“个人减免刑罚事由”，在共同犯罪的场合，正犯的中止效果不可能及于共犯（教唆犯、帮助犯），肯定违法性降低和中止犯的本质不符，也违背共犯从属性原理。其三，如果像部分结果无价值论者那样，仅肯定故意是责任要素，就更不应该承认违法性降低说。因为只有将未遂犯的故意作为违法要素，才能说中止的决意这一主观要素的出现使得违法性减少。其四，中止犯违法性是否减少不能和既遂犯比，而应该和未遂犯比。我国刑

① 参见马克昌：《比较刑法原理》，532 页，武汉，武汉大学出版社，2006。
② 张明楷：《刑法原理》，335 页，北京，商务印书馆，2011。
③ 参见程红：《中止犯基本问题研究》，95 页，北京，中国人民公安大学出版社，2007。
④ 参见曲新久：《刑法学》，151 页，北京，中国政法大学出版社，2012。

法规定，对于未遂犯，可以比照既遂犯从轻或者减轻处罚（刑法第 23 条第 2 款），但对中止犯可以免除或减轻处罚。因此，未遂犯和中止犯相对于既遂犯，都有一个减轻处罚的问题，但中止犯比未遂犯在法律上所受到的优待更多。这样就特别需要将（在停止犯罪之前已经造成未遂结局的）中止犯和未遂犯进行比较，探讨同样在既遂结果没有发生的情况下，为什么中止犯在没有造成损害的场合是“应当免除处罚”，造成损害的是“应当减轻处罚”；而未遂犯无论是否造成损害，都只能是“可以”从轻或者减轻处罚。因此，在讨论未遂犯处罚时，其参照物是既遂犯——未遂犯比既遂犯处罚要轻；而在讨论中止犯特殊处罚规定时，其参照物只能是未遂犯，即对法益所造成的客观危险相同时，中止犯何以比未遂犯所享受的宽大处罚程度更高？“任意的中止行为降低了该未遂犯的要罚性与当罚性”①，即在未遂犯的处罚已经较既遂犯为轻的前提下，对中止犯的处罚必要性进一步降低，为了奖励中止，进一步允许刑罚减免。从这个意义上讲，就不能认为中止犯相对于未遂犯降低了违法性。

2. 肯定（基于刑罚预防目的的）责任减少说的理由

应该看到，在中止犯的场合，行为人基于自动性而实施中止行为的，其责任确实有所减轻。考虑到责任是和刑罚紧密联系的概念，因为责任减少而减免其刑就是合理的。“行为人着手实行犯罪之后自动中止犯罪，说明行为人具有悔改之意，表明其对法的价值已重新开始承认，也表明行为人尚不具有将行为实行终了的对法律敌对的意志”②。同时，除责任减少说之外，从刑罚目的角度理解中止犯减免处罚根据问题也是必要的。对此，有意大利学者也指出，在犯罪达到既遂之前给予行为人奖励，来消除对法益的危险，符合法律秩序的整体利益，有助于实现积极的一般预防；中止行为也排除或减少了特别预防的刑罚必要性。同时，由于行为人自由选择了中止行为，虽然迟了一些，但其责任确实被降低。上述观点都具有说明刑罚作用的意义，它们之间是相辅相成的关系，并非水火不容。③

但是，我并不主张将责任减少说和政策说中的“黄金桥”理论、奖赏说相并合，而是认为应从刑罚预防目的的角度理解刑事政策，从而采纳基于预防目的的责任减少说。这虽然也是政策说＋责任减少说，但预防的刑罚目的说比通常理解的政策说（“黄金桥”理论、奖赏说）含有更为具体的规范内容，且能够作为分析中止自动性的指导形象存在，制约着中止自动性的判断。林钰雄教授认为，既然刑罚目的的学说已经进入预防理论的时代，从刑法体系一致性的观点看，关于中止犯减免处罚理由的多种学说中，刑罚目的理论（预防理论）更胜一筹。“行为人既然有这种出于自发、诚挚而放弃犯罪的行为（或防止结果的努力），从特别预防的角度而言，毋需以处罚行为人作为隔离或矫正手段，从一般预防而言，不予处罚也不至于引发社会大众的效仿”④。

同时，将责任减少说和刑事政策说结合起来还有一个功效——可以回应对责任减少说的批评：（1）批评者认为，按照责任减少说，只要存在基于规范意识的中止行为，即便发生了既遂结果，也理应成为刑罚减免的对象。但基于预防目的的责任减少说会主张，既遂犯预防必要性大，因此不能获得类似于中止犯的特殊待遇。（2）批评者指出，肯定责任减少等于承认行为人内心的规范意识重要，这会使外部的中止行为失去意义。对此的回应是，中止行为的外观使民

① ［日］松原芳博：《刑法总论重要问题》，王昭武译，265 页，北京，中国政法大学出版社，2014。

② 谢望原：《内地中止犯成立要件与刑事责任根据》，载李圣杰、许恒达编：《犯罪实行理论》，386 页，台北，元照出版有限公司，2012。

③ 参见［意］杜里奥·帕多瓦尼：《意大利刑法学原理》，注评版，陈忠林译，276 页，北京，中国人民大学出版社，2004。

④ 林钰雄：《新刑法总则》，385、389 页，台北，元照出版有限公司，2014。

众对规范的信心被恢复，以证明规范本身没有问题。这有助于实现一般预防。中止行为的存在仍然是很重要的。(3) 批评者主张，能够被认定为中止的，势必限于那些基于规范上值得肯定的悔悟等动机，但现行法上并无这一要求。对此的反驳是，如果从预防犯罪的刑罚目的来考虑，中止自动性并不要求规范意识觉醒。

三、犯罪中止的成立条件

犯罪中止具有以下三个特征。

(一) 时间性

犯罪中止发生在故意犯罪过程中。犯罪过程始于犯罪预备行为、终于犯罪既遂，因此，在犯罪预备前的犯意表示阶段，以及犯罪既遂之后，都不存在犯罪中止的问题。①

同时，在犯罪发展过程中，危害结果虽然尚未发生，但由于犯罪分子意志以外的原因犯罪已停止下来而形成了其他未完成犯罪形态，如犯罪预备形态或犯罪未遂形态的，因为作为犯罪结局的形态已然形成，一个行为只能出现一个结局，所以，也不可能再成立犯罪中止。例如，罪犯 A 为杀害仇人 B，趁 B 毫无防备之机使用暴力将 B 推下山崖。3 小时后，下山回家的 A 发现滚下山崖时砸在巨石上的 B 流血不止，情状惨烈，就出于同情将其送到医院。经过医生治疗，B 在 3 个月后康复出院。当 A 在杀人故意支配下，实施暴力将 B 推下山崖的时候，作为结局存在的故意杀人未遂形态已经形成。此后，A 基于同情将被害人 B 送到医院，也只能认定为犯罪未遂结局出现之后，行为人有悔罪表现，但不能成立犯罪中止，对 A 仍然应当以故意杀人罪未遂追究刑事责任。至于其悔罪表现，可以作为量刑情节加以考虑。

关于中止自动性，有以下两个问题值得特别讨论。

1. 放弃重复侵害与中止

在着手实行之后，放弃重复侵害行为是否能够成立犯罪中止，是一个有争议的问题。“重复侵害行为”指按行为人的意思，可在同一地点、以同一方式反复实施行为。行为人认识到重复实施的可能性，但自愿放弃侵害行为的情况并不鲜见。例如，甲的枪中有两发子弹，对准仇人乙开枪，但在第一枪致乙轻伤后，乙求饶，甲送乙到医院，是否可以成立犯罪中止？对此，我国刑法理论过去曾认为这种情况已构成实行终了的犯罪未遂，所以不能成立犯罪中止。

现在一般认为，犯罪分子自认为完成犯罪所必需的全部行为没有实行完毕，客观上又存在进一步实行犯罪的条件，而放弃重复侵害的，应视为符合犯罪中止的时间性条件，成立犯罪中止。其实，对类似问题的处理，判断的关键点在于实行行为是否终了。任何一个实行行为都同时与行为人的意思和表现于外的行为有关。客观上实行行为还需要继续实施，法益侵害结果才可能发生，行为还可能继续实施，行为人对此也有认识的，不能认为实行行为已经终了。因此，在第一颗子弹没有击中目标，行为人知道还有子弹可以发射，但主动不再开枪的，成立犯罪中止。当然，如果足以认定行为实行终了，中止的时间性就不再具备。② 实行行为终了的情况包括：(1) 行为部分实施之后，客观上难以继续进行下去；(2) 行为即使不再继续实行，法益侵害结果也在逐步产生；(3) 行为可能继续实施，但行为人对此没有认识或者误认为难以为继。根据上述标准，在对被害人打完枪里的所有子弹后，都没有导致死亡后果的；第一枪导致

---

① 继续犯在实行犯罪过程中，自动停止犯罪的，因为犯罪既遂结局已经出现并且和实行行为同时处于持续状态，所以，停止犯罪行为只不过是既遂之后、继续实行环节中的犯罪行为的停止，不能成立中止犯，仍然应当认定成立既遂犯。

② 如此认定的负面效果是：怀揣一颗子弹杀人，一枪不能中的，连成立中止的余地都没有；聪明的行为人要持枪杀人，至少枪里要装两颗以上的子弹，万一做不到一枪致命，“放下屠刀”还可以“立地成佛”。

被害人流血不止并可能导致死亡的；第一枪没有打中，行为人不知道枪里还有子弹的，都属于实行行为终了，只能成立犯罪未遂。

2. 危险犯的中止

关于在实害结果发生之前的危险犯能否成立中止，理论上一直有争议。例如，甲为抗拒依法执行的拆迁，携带煤气罐到拆迁现场，在数十名执行人员眼前用燃烧的火柴引燃煤气罐后，突觉惊恐，于是，马上将煤气罐扔向旁边的水坑，然后逃离现场的，甲的行为是否成立爆炸罪的中止？又如，乙为杀害在河里游泳的仇人而决水，但在洪水来临之前提示被害人离开险境的，是否成立决水罪的中止？

对此，否定说认为，成立中止有时间限制，即要求在“犯罪过程中”。危险犯的特点是，行为一旦实施就会导致危险状态，危险犯的既遂即告成立，中止也就难以再成立。如果认为危险犯的中止可以发生在既遂之后，就既与刑法关于中止时间性的规定相悖，也与犯罪停止形态的基本原理不符。对自动防止实害结果发生的危险犯，只能在量刑上作为酌定从宽情节予以考虑。

但是，我认为，上述主张混淆了危险犯的成立条件和既遂条件。对此必须考虑犯罪既遂的一般标准。危险状态是危险犯的成立要件，而犯罪既遂是在成立犯罪的基础上要进一步讨论的问题。危险犯与实害犯之间区分犯罪既遂、未遂的标准并无不同，都应当以行为是否发生了行为人所追求的、行为性质所决定的犯罪结果为标准。具体理由为：（1）未遂犯是公认的危险犯，以侵害法益的危险作为既遂标准，等于使所有的未遂犯均成为既遂犯，显然难以让人接受。（2）从立法来看，许多危险犯的既遂就是以发生特定的具体结果为标准的，而非存在一定危险。（3）侵犯法益的危险是危险犯的处罚根据，亦是危险犯的成立要件，而非危险犯既遂的标志。（4）采用危险状态一经出现就是既遂的主张，不利于鼓励行为人中止犯罪，因而不利于保护法益。犯罪过程存在不同阶段，只要犯罪行为并未终局性地在既遂环节停止下来，就应当认为存在中止成立的余地。危险犯的发生、发展是一个过程。危险行为并不意味着其一经着手就立即既遂，具体危险犯从其着手并导致危险状态出现，到发生结果，还有一个相对较长的过程；抽象危险犯以法定的抽象危险状态出现为犯罪成立条件，通常而言，行为人实施了符合抽象危险犯构成要件的行为之后，抽象危险结果也就随之出现，但仍不能排除在一些特殊场合，行为人虽已着手实施抽象危险犯的行为，却没有发生抽象危险行为所能够导致的结果的情况，这时就可以成立抽象危险犯的未遂犯。例如，刑法第127条所规定的抢夺枪支罪是抽象危险犯，行为人实施抢夺枪支的行为，但最终抢过来的是一把零配件严重损坏、没有杀伤力的枪支的，就可以成立抢夺枪支罪的未遂犯。

因此，危险犯中危险状态的出现，并非犯罪既遂的标志。那么，在危险状态形成后，行为人自动采取措施的行为，在客观上有效地防止了危害结果发生的，应当成立中止犯。在前述三个案例中，甲、A的行为虽然引起了危险状态，但他们及时消除危险，从而有效避免了死伤结果的发生，其属于在作为未遂的危险出现之后、既遂结果发生之前自动有效地防止构成要件结果的发生，对其应当认定为犯罪中止。

（二）自动性

中止犯的成立，要求行为人主观上必须有中止的意思，即中止必须出于行为人的本意。这就是所谓的中止自动性或者任意性的问题。

1. 关于中止自动性的不同学说

对于如何理解犯罪中止的“基于己意”，刑法学上通常存在三种主张。

（1）主观说。

该说认为，犯罪中止的成立需要考虑，基于行为人本人的认识，犯罪是否有可能达到既遂；行为者所认识到的事实，是否足以对犯罪停止动机的形成产生影响。如果在行为人看来，客观障碍完全不存在，要继续实施犯罪完全可行，但基于本人的意愿放弃犯罪的，就是中止。如果客观障碍实际上并不存在，但行为人误以为存在而停止犯罪的，是未遂（例如，犯罪分子深夜潜入超市盗窃，该场所并无监控设备，但行为人误将烟雾报警器看作摄像头而自己决定离开的）；反之，障碍实际上存在，但行为人认为不存在而主动停止犯罪的，是中止。至于行为人停止犯罪是否基于伦理上的悔悟，以及是否绝对有抛弃犯罪的意思，都并非所问。只要行为人因为某种理由而自行决定停止犯罪的，就成立中止犯。[①] 主观说虽然也会涉及外部障碍的有无问题，但是，在判断步骤上仍以行为人本人的主观判断为准。弗兰克（Frank）公式“欲达目的而不能，是犯罪未遂；能达目的而不欲，是犯罪中止”，就是对主观说的准确概括。

（2）限定主观说。

该说强调，行为人仅仅在依照否定自己行为价值的规范意识而中止时，才能成立中止犯。根据这种主张，行为人必须基于规范意识觉醒或广义的后悔等内部的、主观上的动机停止犯罪的，才有成立犯罪中止的余地。[②]

限定主观说的问题是显而易见的：一方面，其将伦理观念过多地运用到刑法规范判断中，人为缩小中止犯的成立范围，不能及时有效地鼓励有犯罪意思并着手预备、实行者迅速返归社会，于对法益的保护也没有实益。另一方面，根据我国刑法第 24 条的规定，行为人只要“自动放弃犯罪”或者“自动有效地防止犯罪结果发生”的，就是犯罪中止。这里的“自动”，只要求行为人基于本人的意思放弃犯罪或者防止犯罪结果发生，而未将停止犯罪的动机限定为广义的后悔。所以，限定主观说与刑法规定也并不符合。

（3）客观说。

此说主张，“在外部事实障碍和行为人的中止行为同时存在的场合，就要以行为人本人的情况为基础，以一般人的立场为标准，判断该种程度的事实障碍是否会导致行为人放弃犯罪。如果得出肯定结论的话，就是犯罪未遂；如果得出否定结论的话，就是犯罪中止。”[③] 例如，甲欲杀乙，乙呼救并逃走，甲追赶，但在发现事情已经惊动四邻时，弃刀向警方投案的，不能成立中止。再如，犯罪分子到银行抢劫，在告知银行职员自己要抢劫之后，银行职员完全不理会他，犯罪分子在柜台前站了 5 分钟以后只好自行离去的，客观说就会认为，根据一般社会经验，银行内部有比较严密的安保系统和应急系统，这些都是犯罪继续实施的障碍，银行职员并不会因为一般的暴力威胁而有所畏惧，犯罪分子因此而离去的，只能成立未遂。

客观说的问题在于：其一，对中止自动性进行所谓的客观判断，会带来方法论上的问题。在判断是否基于本人的意思停止犯罪时，不考虑行为人本人的决意，却将引起中止的情况根据“一般社会经验”是否会产生强制性影响作为标准，混淆了主、客观之间的界限。张明楷教授对此指出，根据一般经验判断行为人自己的意志，或者说根据事实的客观性质决定行为人主观上有无任意性，是方法论的错误。[④] 其二，多大程度上的外部障碍才足以导致未遂？虽然外部障碍会影响内心意思，但我们是否能够准确区分外部障碍和内心意思？这些都是实务中的难题。由此可能出现的结局是，有时候仅有相对轻微的障碍阻止犯罪，也被认为是未遂，例如，甲着手强奸妇女乙，乙愤怒地看了甲一眼，甲慌乱之下逃离现场的，按照客观说也有成立未遂犯的余地。其三，客观判断的对象究竟是什么，其实并不明确。例如，在甲计划杀害乙，以刀

---

① 参见阮齐林：《刑法学》，3 版，160 页，北京，中国政法大学出版社，2011。

② 参见王昭武：《论中止犯的性质及其对成立要件的制约》，载《清华法学》，2013（5）。

③ 黎宏：《刑法学》，2 版，249 页，北京，法律出版社，2016。

④ 参见张明楷：《未遂犯论》，371 页，北京，法律出版社，1997。

刺中乙胸部，顿见鲜血涌出，心生恐惧而中止其犯行的整个过程中，究竟哪一部分是客观评价的对象？如果以恐惧为中止犯行的动机，则形成恐惧的事实，即鲜血涌出的外部事实及其认识，就是经验判断的对象。但目睹这一事实的反应，因人而异。屠夫、外科医生、胆大心狠者与胆小者对此的反应，可能完全不同。这样，“所谓一般之经验，无异以一人之经验，视为平均之标准，其判断自难期公允妥当”①。换言之，即便客观说借助于“一般社会经验”等概念来区分中止和未遂，将因为存在一般社会经验、社会通常观念上所认可的障碍而停止犯罪的情形作为未遂犯，但由于“一般社会经验”的含义并不清楚，客观说所得出的结论也可能因判断者的个体差异而有所不同。

我国目前的多数说认为，在中止自动性的判断上，应当坚持主观说。② 确实，以弗兰克公式为代表的主观说考虑了个人选择自由对中止自动性的影响，标准上简洁明快；如果考虑到中止犯责任减少的实际情况，对中止自动性的判断，坚持主观说基本上就是合理的，即行为人认识到其可能将已经开始的犯罪进行到底而决定停止，即便动机上并没有广义的后悔，也可以成立中止。

但是，目前在我国刑法学中成为多数说的主观说，对于中止自动性仅仅进行心理学上的判断，只考虑放弃犯罪者本人的内心意思、动机，不考虑规范评价。这种立场存在以下问题：首先，对中止自动性的判断不全面，可能过于扩大中止犯的成立范围。按照主观说可能得出结论：只要停止犯罪是行为人自己决定的，只要行为人有停止犯罪的内心动机，就能够成立中止。即便行为人对于犯罪的不再实施原本“极不情愿”，也具有中止自动性。但是，因类似离开犯罪现场的行为而奖励行为人符合刑罚目的吗？其实，给予奖励既不能防止行为人将来再犯罪，也没有为民众树立一个好的榜样，不符合刑法规范判断的要求。其次，仅仅依靠行为人停止犯罪的内心意思来决定是否成立中止，存在过于依赖行为人口供的缺陷。处于法治建设进程中的中国对这一点需要特别警惕。我国学者一般认为，犯罪中止的自动性是以犯罪分子自认为有可能将犯罪进行到底为前提的，是其主观认识状态，不以客观情况为转移。③ 但是，如果将中止自动性判断完全定位于行为人的主观认识，势必导致行为人的口供或说法左右司法结论的局面，难以杜绝刑讯逼供。例如，在听到警报声而离开盗窃现场的情形，如果盗窃犯声称自己是因为害怕被抓捕而未能继续犯罪的，按照主观说，应定性为犯罪未遂；如果犯罪人的口供表明其是为了保险起见而（主动）停止犯罪的，就成了犯罪中止。这恰恰是西田典之教授所批评的，基于功利主义考虑的、依赖于行为人说法的纯主观说的当然结论。④ 实际上，对中止自动性的判断，行为人的所思所想只是判断的基础或参考资料，规范上必须结合案件事实进一步考察其在作出停止犯罪的决定时，外在事实障碍和行为人内心意志之间的比例关系，而后才能由此得出结论说其主观选择不是为外部事实所逼迫的，外部事实的存在对行为人没有形成心理压力，停止、放弃犯罪仍然是行为人本人的意愿，那么，中止自动性就不是“不以客观情况为转移”，而是必须在与客观事实的比较、评价中规范性地加以讨论的。只要采用中止自动性主观说的规范判断，在许多情况下，行为人陈述自己想法的这种口供或者说法就变得不重要，即使在某些特殊情形下，行为人什么都没有想就将犯罪停止下来，规范上也可能认为其系基于己意中止犯罪。最后，在很多特殊情形下，不能准确区分未遂和中止。一般认为，在故意杀人过程中，如果杀错了对象而中途停止杀害行为的，是未遂；没有杀错对象而中途停止犯罪的，是中

---

① 甘添贵：《刑法之重要理念》，138页，台北，瑞兴图书股份有限公司，1985。

② 参见王作富主编：《刑法》，5版，116页，北京，中国人民大学出版社，2011。

③ 参见陈兴良：《本体刑法学》，414页，北京，中国人民大学出版社，2011。

④ 参见［日］西田典之著，［日］桥爪隆补订：《日本刑法总论》，3版，344页，东京，弘文堂，2019。

止。其实，这两种情形都是基于行为人的意思而停止犯罪，单纯从心理上看，其区别极其微妙，那么，在处理上存在差别的理由何在？此外，一般认为，害怕受到刑罚处罚而停止犯罪的，是中止。但为什么“风吹花影动，疑似警察来”，就成了未遂？行为人误以为警察来而停止犯罪的，难道不是因为畏惧刑罚？①

2. 中止犯减免根据与中止自动性判断的“规范主观说”

心理学主观说出现上述问题的根源在于，其只重视作为心理因素的行为人意思决定，缺乏结合中止犯减免根据的规范判断，使中止犯减免处罚根据理论成为无用之物，与中止自动性之间形成“两张皮”。应该说，对于中止犯减免刑罚的根据看法不同，对中止自动性的判断标准的掌握宽严尺度就会不一，因此，中止犯减免根据能够指导、制约对中止自动性的判断。

如前所述，由于中止犯的减免根据应当是“基于预防目的的责任减少”，而中止自动性是说明责任减少的重要指标，出于规范责任论的考虑，对责任是不是减少就必须进行规范判断，对中止自动性的判断当然也应该进行规范评价。这样说来，对中止自动性还应该在主观说的基础上进行规范判断，认真考察行为人内心放弃犯罪的意思是否能够被规范地评价为“动机逆转”。尤其是在行为人还未对“欲”与“不欲”作出明确判断就停止犯罪时，按照主观说无法进行处理的，更应当在规范上确定行为人的内心是否具备任意性，而不是依据主观说（心理学上的行为人判断）得出结论。对此，罗克辛教授正确地指出，中止是一个特定的刑事政策问题。“中止之中有一个‘自愿’的概念，这个概念决定着这种中止是否具有免除刑罚的效果，‘自愿’概念是规范性的，准确地说，是要从刑罚目的的理论的角度来解释的。”② 中止自动性受制于处罚根据（基于预防目的的责任减少说）的主张，对某些责任明显有所减少。行为人为防止结果无价值的出现也确实作出各种努力，但从一般预防和特别预防的角度看，仍然明显不应该奖励行为人，认定为犯罪中止不利于实现刑罚目的的情形，需要从政策论的角度，否定其单纯靠主观努力就可以决定中止自动性，从而将其行为性质认定为未遂。这就是说，根据责任减少说所得出的初步结论，需要结合预防的政策考量再度进行辅助性检验。③ “基于己意”并不仅仅由行为人的内心想法所决定，如果停止犯罪的行为明显无助于恢复公众对规范的信任感，不能证实规范的有效性，就仍然难以肯定中止自动性，由心理学主观说所得出的结论最终被规范判断所否定。

如果充分评估中止犯减免根据的刑罚目的说对自动性判断的影响，在我国刑法学中，就应该提倡“规范主观说”，以确定值得奖励的责任减少是否存在，从而肯定自动性，并与传统的心理学主观说相区别。要肯定中止自动性，就必须同时满足以下两个条件：一方面，行为人在内心作出放弃犯罪或防止结果发生的自由选择，其主观意思足以被评价为一定程度上的责任减少。这是中止自动性判断的心理学尺度。另一方面，将这种意思认定为“基于己意”有助于实现预防目的。这是中止自动性判断的规范维度。唯有上述两个条件同时具备，行为人停止犯罪才能被认定为“基于己意中止”。换言之，行为人的心理事实能够为自动性判断提供基础事实，但要得出自动性存在的结论，还必须在此前提下进行规范检验。规范主观说可以对责任有所减少，但明显不能满足预防目的要求的停止犯罪行为否定其中止自动性，而将其作为未遂犯处罚。

必须指出，规范主观说不同于国内学者所主张的折中说。有的学者认为，认定是否基于自动性时，先考察行为人对外部事实是如何认识的，再根据客观标准判断行为人的认识，探讨外

---

① 参见林东茂：《刑法综览》，修订5版，161页，北京，中国人民大学出版社，2009。

② ［德］罗克辛：《刑事政策与刑法体系》，蔡桂生译，45页，北京，中国人民大学出版社，2011。

③ 类似的观点，请参见张鹏：《中止犯自动性研究》，64页，北京，法律出版社，2013。

部事实对行为人的意志是否产生了强制性影响，如果产生强制性影响的，是未遂犯，反之则为中止犯。[①] 还有的学者认为，认定中止自动性要首先采取限定主观说进行判断，在根据限定主观说得出否定结论时，再根据主观说采用弗兰克公式进行判断；在根据主观说得出的结论不符合犯罪中止的法律性质，或者难以得出合理结论时，再以客观说为标准进行判断。[②] 但是，我不认为主观标准和客观判断之间有先后次序关系，而是认为自动性判断要坚持主观标准，但其核心不在于心理学上的行为人认识，而在于如何进行规范检验，即针对行为人的内心意思如何进一步从规范上确认责任减少和预防必要性降低，进而限定中止犯的成立范围。所以，问题的解决仍然被限定在主观说范围内，客观的外部事实只是认识行为人内心动机时需要权衡的因素之一；不存在先进行主观判断，再作客观判断的步骤。

3. 规范主观说的基本内容

（1）判断行为人是否“基于己意”时，必须建构认定行为人“自律”的规范标准。

张明楷教授指出，如果仅采取心理的主观说，就会发现很多案件确实难以妥善处理。例如，甲准备开枪杀死乙，警察在100米外喊“住手”的，按心理的主观说就会认为，甲完全可以在警察到来之前开枪打死乙，甲对此也有认识，属于能达目的而不欲，应当成立犯罪中止。但他认为这一结论很难被人接受，此时，其主张采用客观说认定行为人为未遂犯。再如，在外地打工的A深夜实施抢劫行为，发现被害人B是自己的兄弟，就停止抢劫行为的，从客观的或者物理的角度看，A仍然可以继续抢劫其兄弟B的财产而放弃，应当成立中止；但从心理的角度看，A不能继续实施抢劫行为，故属于犯罪未遂。如果认定A的行为属于犯罪中止，则适用弗兰克公式即可；但如果认定A的行为属于犯罪未遂，则需要采用客观说。基于此，张明楷教授认为：“在采取主观说不能得出妥当结论时，应考虑客观说的合理内容。因为心理是一种复杂现象，完全从心理意义上认定和评价‘自动性’，难以得出妥当结论。”[③]

然而，如果认定中止自动性仅观察特定行为人的内心动机，不平衡考虑外部障碍和内心动机的关系，就不是对主观说的完整理解；在主观说不合理时再借助于客观说的说法，在方法论上明显存在问题。因为中止自动性的客观说是不是真的存在，是大可质疑的。理论上之所以认为上述案件难以处理，恰恰是因为主观说放弃了规范判断。张明楷教授所举的前述两个例子中，行为人因为其被抓获的现实可能性较大而停止犯罪的，即便存在自行放弃犯罪的意思，其停止犯罪前后的态度（想杀害、抢劫他人）并没有“逆转”，从规范评价的角度看，责任减少的程度极其有限，特别是将其认定为中止无助于预防目的的实现，故不宜肯定中止自动性。

其实，按照规范主观说的逻辑，对行为人的心理活动与外部事实障碍的关系进行规范衡量，处理好“自律”和“他律”的关系，并不涉及客观说的运用，仍然停留在主观说内部，只不过是规范判断被强调而已。要从规范上肯定行为人存在“自律”，就不得不考虑停止犯罪的决断与最初的犯罪计划相比，是否不利于行为人自身的利益且具有“反常性”——如果停止犯罪的决定违背其最初犯意，与行为人实施犯罪的价值追求相抵触（例如，故意杀人的实行行为因为同情被害人而停止犯罪的），就可以在规范判断上认为其系“反常的决定”，此时行为人具有自律性，可以成立中止。反过来，行为人按照最初的犯意行事，在具体实行过程中，发现某种与最初犯罪计划不一致的事实出现（例如，原本想偷珍贵文物，未发现该客体，但可以顺手牵羊窃取被害人巨额现金，而未盗窃该现金），而自行离开现场的，停止犯罪的决断并不是不合理的决定，而是在情理之中的，就难以成立中止。换言之，行为人在没有发现珍贵文物时不

---

① 参见张永红：《未遂犯研究》，139页，北京，法律出版社，2008。

② 参见张明楷：《刑法学》，5版，366～367页，北京，法律出版社，2016。

③ 同上书，365页。

对普通财物下手的，停止犯罪的动机并不属于不利于行为人自身利益且反常的决定，并非与行为人的犯罪价值追求目标背道而驰的情形，难以认定行为人具有中止自动性规范判断意义上的“自律性”。

（2）判断是否“基于己意”时，必须考虑将停止犯罪行为认定为任意性并给予奖励是否有利于犯罪预防。

山口厚教授认为，在行为人出于消灭危险的意思并且也实现了消灭危险的场合，原则上就成立中止犯。欠缺任意性的，只是限于像中止行为受到强制这样的例外的场合。在这个意义上，任意性的要件的意义是非常有限的。[①] 但是，一方面，这种观点割裂了中止犯减免根据和任意性之间的紧密关系；另一方面，无论从理论还是实务的角度看，都应该大量存在基于危险消灭的意思且实际消灭危险的情况，但从规范的角度，尤其是从预防目的的角度看，行为人值得施加褒奖、特殊恩典的心理状态并不存在，肯定任意性并不合理。因此，“以己意中止”必须为责任减少奠定基础，其首先是行为人自由的意思选择，如果并合考虑中止犯减免根据的刑罚预防目的，行为人的意思决定就不是中止自动性的全部内容，中止自动性的确认应该特别考虑规范理论。在很多情况下，对最终结论起决定性作用的，不是心理检验的结果，而是对行为人的态度是不是有一个“一百八十度的大转弯”、行为动机是不是实现了“逆转”的规范评价。

如果考虑预防目的，就会发现，根据心理学标准得出的中止自动性结论，在规范判断上可能被否定。对此，罗克辛教授曾经举出多个例子进行深入分析。例如，甲试图杀害其前妻乙及其男友丙。甲首先对丙进行了伤害，但在乙出现时，其放过了丙而追杀乙，导致后者死亡，但丙活了下来。按照心理学标准，甲对丙应成立犯罪中止，因为其原本能够杀死丙而自由选择不杀他。但是，从规范评价的角度就应该否定任意性，因为谋杀另外一个人对行为人来说更重要时，其放弃侵害丙就不是一个反常的决定，看不出行为人的态度有变化，其没有从犯罪性目标设定中摆脱出来，不具有自律性，将其行为认定为中止不符合刑罚目的。又如，甲为强奸乙而使用暴力，身体处于弱势的妇女乙对甲说，“不用强来，我们先休息一下再说”。甲就停止了侵害。此后因有路人经过，乙随即呼救，甲逃跑。按照心理学主观说也可以肯定任意性，因为甲不是被迫等待的，而且放弃了立刻发生性行为的强制。但是，从规范的角度看，甲基于其先前的暴力侵害行为继续和乙发生性关系的态度并没有转变，没有出现与驱动具体行为构成的动机不一样的“相反动机”，暂时停止侵害是为了在紧密连接的时间和地点再次实施犯罪。这是行为人精心盘算后的决断，谈不上自动停止犯罪。因此，在多数案件中，按照规范方法认定中止自动性，比心理学方法更为严格，对中止犯的范围限制更多。[②]

我国学者立足于心理学主观说，认为：对于发现对方是熟人而放弃抢劫犯罪的，担心日后被告发或抓捕而停止犯罪的情形等，因为行为人中止犯罪的内心意思存在，都应该按照中止犯处理；对于想实施强奸行为，但发现实施抢劫更符合自己的利益便停止强奸行为的，也成立强奸罪的中止；对于发现被害人流血不止，因为恐惧而停止故意伤害的，以及强奸犯发现妇女来月经而停止侵害的，也都肯定中止自动性。但是，在上述情形中，发现对方是熟人而放弃抢劫的行为等有被发现的具体可能性，停止犯罪的自动性按照心理学标准也未必存在。同时，需要考虑将其认定为中止是否会在一般预防或特别预防上带来困难。按照预防目的的要求，上述按照心理学主观说认定为中止的情形，事实上以未遂犯处理可能更为合适。

有人可能认为，从心理的角度把握中止自动性更有利于保护被害人——只要犯罪行为停下

---

① 参见［日］山口厚：《刑法总论》（第3版），付立庆译，301页，北京，中国人民大学出版社，2018。

② 参见［德］罗克辛：《德国刑法学总论》（第2卷），王世洲等译，444页，北京，法律出版社，2013。

来就要奖赏行为人，这样使行为人在犯罪过程中可以进行权衡，进而放弃犯罪。这种观点貌似持政策说的立场。但是，如果中止犯的范围太宽，行为人在犯罪遂行过程中发现难以得逞就“基于己意”停下来，就成立中止，进而得到奖赏，就可能诱使行为人一再尝试去实行犯罪，最终使其犯罪目的得到实现。将中止自动性仅仅界定在行为人基于心理上的自我盘算而停下来，最终不利于犯罪预防，也不利于保护被害人。

4. 规范主观说的实务运用

（1）中止自动性不要求行为人有规范意识觉醒。

有学者认为，任意性要求行为人有支配自身停止犯罪的内心决意，同时，在停止犯罪的那一刻，其还产生了规范意识的觉醒、顿悟，进而自动停止犯罪或自动防止结果的发生。① 因此，中止自动性意味着行为人在自己决定将犯罪停下来的同时，还存在试图“将事态恢复到合法状态或原初状态”的意思。韩国学者将这种中止自动性的规范要求理解为“回归合法性”的意思表示。“回归合法性是指真正放弃敌对法的意思，从内心上向合法性世界复归的情况。换言之，是指欲防止因敌对法的意思而面临危险的法益危害的结果避免意思。其内含有犯行意思的最终放弃。”②

但是，即便强调中止犯减免根据和中止自动性判断的对接，肯定前者对后者的制约，也不意味着行为人必须有规范意识觉醒才能成立中止自动性。一方面，要求行为人具有规范意识与刑法第 24 条的规定不符；另一方面，行为人以阻止结果产生的意思停止犯罪，就是对未遂的无价值和行为人消极影响社会公众法治意识的重新平衡，使其处罚力度降低，因为行为人自愿撤回其犯罪意思，说明出于一般预防或者特别预防的理由对行为人进行处罚的必要性降低。行为人撤回犯罪意思，表明“对于惩戒中止犯本人以后不再实施类似犯罪行为和对于警示他人以及对于受损害的法制秩序的重新建立，不再必要”③。基于己意而中止的，犯罪行为在社会中造成的动摇规范的感觉已经部分地被消除，行为人对社会大众的法意识的负面影响也得到修复，中止行为本身会给社会带来好的示范，在一定程度上确证了规范的存在和有效，因此，不需要按照未遂犯给予行为人处罚，就能够避免行为人在未来再实施犯罪行为，也能够重新恢复受侵害的法秩序。在中止自动性的规范主观说之上，再附加行为人的规范意识觉醒这一多余的条件，当属画蛇添足之举。

（2）保留下次犯罪或继续犯罪的意思的，仍然可能成立中止犯。

理论上，许多人认为，犯罪中止应该具有彻底性。彻底性，是指犯罪分子决心今后不再继续实施其已经放弃的犯罪活动。如果犯罪分子认为条件不成熟、时机不到而暂时停止犯罪活动，等待机会以后再继续进行的，则只是犯罪的暂时中断，不构成犯罪中止。但是，这一观点是否合理，还值得研究。

我所赞成的规范主观说强调，成立中止自动性必须同时满足以下两个条件：其一，行为人在内心作出放弃犯罪或防止结果发生的自由选择；其二，可以被规范地评价为一定程度上的责任减少，并有助于实现预防目的。按照这一逻辑，只有行为人主观上把遂行的犯罪停下来，且至少是在本次犯罪中不再保留法敌对意思，才能认定为“以己意中止”。这是责任减少说和（特别预防的）刑罚目的的当然要求。

---

① 松宫孝明教授认为，中止犯减免根据的刑罚预防目的论是以中止行为所表现出来的规范意识的恢复为根据的，因此，对中止自动性也倾向于采用限定主观说。参见［日］松宫孝明：《刑法总论讲义》，5 版，247～248 页，东京，成文堂，2017。

② ［韩］金日秀等：《韩国刑法总论》，郑军男译，521 页，武汉，武汉大学出版社，2008。

③ ［德］约翰内斯·韦塞尔斯：《德国刑法总论》，李昌珂译，361 页，北京，法律出版社，2008。

不过，按照规范主观说，本次犯罪停止，但保留下次犯罪的意思的，也还是有成立犯罪中止的余地。对于中止是否还有个别预防的必要性，不应该依照行为人将来是否还会犯罪这个假设来判断，而是要根据行为刑法的一般原理，针对现实中所发生的事实亦即行为人的行为进行分析。由于中止犯在"行为当下"已经重归合法，因而就该行为来看，并不具有个别预防的必要性。① 例如，甲为盗窃而潜入乙家，但发现乙家里可能有人就很快离开现场，准备待下次乙家无人时再来窃取的，甲的欲望通过下次预防机制还可以制止，甲实现"本次"盗窃计划的欲望已被打消，其"本次"作出停止犯罪的决定与其最初犯罪决意相比较是反计划、不合理的决定，具有反常性，符合内心自律性的要求，可以成立犯罪中止。反过来，甲着手抢劫乙的财物，乙假意对甲说要主动给其钱，让甲不要着急，甲就停止了侵害，但其很快被赶到的警察抓获的，虽然甲声称其中止了犯罪，但其犯罪意欲一直存在，本次犯罪预防机制对其失效，甲明确打算通过这次犯罪行为取得乙的财物，不会将犯罪行为推迟到下次预防机制的产生时点，因此，从规范评价的角度看，不能认定其为中止犯。

(3) 在实务中，应当根据规范主观说限定中止犯的成立范围。

在我国司法实务中，存在根据主观说扩大中止犯成立范围的情形。例如，董某（女）租住在李某租住房间的对面。某日上午 9 时许，李某见董某的房门上插着钥匙，即起歹念，并持刀开门进入董某所租房屋。李某用刀抵住董某，提出要与董某发生性关系，董某不从并极力反抗。其间，李某将董某的双上肢咬伤（表皮轻微伤）。之后，董某假意答应下午去其所租房屋内与李某发生性关系，李某才停止暴力行为。李某回自己所租房屋拿 500 元现金给董某看伤，并要求其不许报警后回到自己所租房屋。董某见李某回房，即打"110"报警，李某被抓获归案。实务中，对李某停止强奸犯罪的性质可能有多种理解：一种观点认为，董某下午到李某家中发生性行为的"替代利益"是李某所希望的，法律要预防被告人取得这种替代利益，因此，从刑罚目的论的角度应该否定中止自动性。另一种观点认为，李某当时要强奸完全没有障碍，其基于己意停止犯罪，本次法律的预防机制已经发挥作用，只要其停下来就应当给予奖励。李某为强奸而对董某实施暴力后，在原本可以继续进行性侵害的情况下放弃犯罪的，应该属于责任减少的情形；如果再进一步进行规范评价，就可以认为，李某在主动停止犯罪之后，强奸罪的故意责任就不再存在，因为其所思所想只不过是下午的"两情相悦"而非强奸；即便其"贼心不死"，保留着如果下午董某不主动和自己发生性行为，还要对董某进行性侵害的意思，也需要通过新的犯罪预防机制发挥作用去阻止其在未来再犯罪。就当次放弃犯罪而言，无论是结合心理学标准还是进行规范评价，中止自动性都应该存在。还有一种观点认为，李某即便是被哄骗以后才停止犯罪的，但放弃当时的犯罪行为毕竟还是其主动而为的，因此，成立中止；但如果其还保留着下午董某不主动和自己发生性行为，还要对董某进行性侵害的意思，就需要将其认定为犯罪未遂。在审判实践中，对类似案件，肯定中止成立的主张在大多数情况下会被认可。

从心理学的角度看，本案似乎可以成立中止。在被害人董某承诺下午与被告人发生性关系时，被告人原本可以不停止强奸行为，其将犯罪行为停下来基于其主观意志，而非其他客观原因所导致，且其实际放弃了立刻继续发生性行为的强制。但是，如果将中止自动性的认定和刑罚预防目的联系起来，就可以认为：从规范的角度看，李某虽然听从劝告停止了犯罪，但其基于先前的暴力侵害行为与董某发生性关系的态度并没有转变，没有出现与驱动具体行为构成的

---

① 参见王效文：《中止犯减免刑罚之理由》，载李圣杰、许恒达编：《犯罪实行理论》，362 页，台北，元照出版有限公司，2012。

动机不一样的“相反动机”，其内心态度不是反常的决断，不具有自律性，谈不上自动停止了“本次”犯罪。其当时决定停止犯罪的举止没有为公众树立一个好的榜样，不值得用犯罪中止进行奖励，只能成立强奸罪未遂。

值得注意的是，实务中，对某些案件是按照客观说否定中止自动性的。例如，程某于某日20时许携带绳子、手套等作案工具至甲的暂住房，先以楼下漏水为由进入屋内，采取暴力手段控制甲，并用绳子将其捆住，向其索要钱财。其间，程某穿上甲的运动鞋清理了作案现场。22时28分许，程某胁迫甲打电话给其父乙，让他想办法筹钱，乙遂向公安机关报案。公安机关电话联系甲后，程某心生害怕，遂强迫甲与其达成“和解”，携带作案工具并穿着甲的运动鞋逃离现场。法院经审理认为：程某以非法占有为目的，采取暴力、胁迫手段，入户强行劫取他人财物，其行为构成抢劫罪，依法应予惩处。程某在其犯罪行为被公安机关发现后畏罪潜逃，系出于意志以外的原因，不能认定为犯罪中止，属犯罪未遂，依法可以比照既遂犯减轻处罚。遂以抢劫罪判处行为人程某有期徒刑8年，并处罚金8 000元。①

对于本案，法院作出判决的法理依据是：在实施犯罪过程中出现特殊的客观因素，使行为人难以继续实施犯罪或者将对其造成紧迫威胁，促使行为人心里害怕而停止犯罪，故不能成立犯罪中止。行为人在公安机关掌握其犯罪事实并与被害人取得电话联系的情况下产生害怕心理，其害怕的具体内容是如果不逃离现场将被当场抓获，这是对其继续犯罪的客观实质阻碍因素。② 这明显属于客观说的立场。但如前所述，立足于客观说来区分中止和未遂，难以得出令人信服的结论。从规范主观说的角度分析本案，其结论应该比客观说的解释更为合理。按照规范主观说，只要行为人是经过理智计算以后停止犯罪的，其决定就不是“反常地”作出的，其人身危险性就仍然存在，按照犯罪中止的规定奖励行为人无助于特别预防，也有悖于社会大众的法感情。但是，在本案中，结合主、客观事实可以认为，警察并非近在咫尺，行为人被抓捕的客观危险性应当说是比较抽象的，犯罪的停止仍然是行为人基于其意思“反常地”作出的、与其最初犯罪目标相抵触的决定，符合中止自动性的要求。实务中对中止自动性只作事实判断的做法并不妥当。

当然，在我国司法实务中，也出现了对中止自动性进行规范判断的情形。例如，李某抢走被害人的财物后，用绳子猛勒被害人的脖子致其昏迷。李某以为被害人已死，便将其扔到汽车后备厢中。在发现被害人没死后，李某先后用石头砸被害人的头部，用小剪刀刺其喉部、手臂致其再次昏迷。李某唯恐被害人没死，又购买了一把水果刀，捅刺被害人的腹部，因刀柄折断而未能得逞。李某认为被害人“命大”，才最终放弃了杀人的想法，送被害人去医院，被害人由此保住了性命。对于本案，法院的裁判理由是：“被告人在用绳子猛勒被害人脖子致其昏迷后，发现被害人没死，又先后多次重复实施杀害行为，已造成了伤害后果，其非完全自动放弃杀人的想法。因此，被告人在实施故意杀人犯罪的过程中由于意志以外的原因而未得逞，应认定为犯罪未遂。”③ 对于本案，按照主观说，似乎可以认为李某反复折磨被害人之后，犯罪继续实施直至杀死被害人，在客观的“技术层面”应该不存在困难，行为人系基于己意停止犯罪，应该认定为犯罪中止。但是，在本案中，虽然行为人停止犯罪，法院也会坚持认为“其非完全自动放弃杀人的想法”，这显然是在传统的主观说之外考虑了规范性限制——行为人穷尽了几乎他认为可以采取的手段仍然杀不死被害人，在发现被害人“命大”时停止犯罪的，其将犯罪停下来的动机不具有异常性、自律性。在这里，规范对行为人的提示没有发挥作用，对于

① 参见浙江省宁波市中级人民法院（2013）浙甬刑二终字第372号刑事裁定书。

② 参见李瑛、曾建东：《因“害怕”而停止的犯罪心态认定》，载《人民法院报》，2013-11-14。

③ 福建省上杭县人民法院《刑事判决书》（2008）杭刑初字第238号。

将费尽工夫都达不到既遂的犯罪停下来的，如果在刑法上也要给予奖励，会使他人效仿该行为，无助于一般预防，所以，对李某按照犯罪未遂处理就是理所当然的。

应当说，实务中认为对虽然类似行为人的责任有所减轻，但从政策上看不值得奖励，认定为中止犯会向公众传递不良社会信息的情形且认定为犯罪未遂的观点，具有合理性，也与法学方法论上后果考察的要求相一致。如果考虑到刑事政策的需要以及这种解释可能带来的负面社会效果，就有可能基于一般预防的考虑，转而否定部分行为人自己决定放弃犯罪的行为成立中止的结论，因为在很多类似案件中，如果承认中止，会使刑罚效果以及对被害人的保护力度都大打折扣。比如，为抢劫而杀人的，或者为骗保而杀人的，一旦肯定只要单纯放弃犯罪就成立中止，行为人就会考虑：如果我成功地把被害人杀死了，就“天遂人愿”且不会有目击证人；即便没有杀死，只要我能够在一定时段停下来，不再实施杀害行为，就可以成立中止。那么，行为人无论是继续实施杀害行为还是停下来，都会在事实上或者法律上“得利”，对中止自动性的上述解释在某些场合就一定会带来负面效果。[①] 同时，还要考虑如果对“单纯放弃”肯定中止，则可能对“失败的未遂”的行为人在处罚上不平衡。例如，基于强奸的意思打被害人一耳光，被害妇女提出给钱的，行为人停止进一步的性侵害就可以成立中止犯，那么，在同样打被害人一耳光，但被害妇女逃走的，行为人就因为没法控制被害人的人身而无法成立中止，这会导致在性质上更为恶劣的行为（实施强奸暴力之后还从被害人手中获取财物）在法律上反而得到奖励。因此，即便是行为人自己决定停止犯罪，但如果该意思并不值得奖励，肯定中止无助于取得预防效果的，就没有必要承认其具有自动性。

（三）有效性

犯罪分子停止继续实施犯罪或者有效地防止构成要件结果的发生，才有成立犯罪中止的余地。这是犯罪中止与犯罪既遂的主要区别之所在。

1. 中止行为

中止行为的成立，要考虑：一方面，如果客观上要防止既遂结果，究竟需要行为人做到哪一步才是足够的；另一方面，与客观的停止犯罪行为相匹配，行为人是否有中止意思。因此，中止行为始终和停止犯罪的意思联系在一起。例如，在行为人甲以为被害人乙受了致命伤，但实际上乙只是受了轻伤，甲便不再实施后续行为的场合，虽然客观上没有发生构成要件结果，但甲欠缺中止意思，不能成立中止；如果甲以为被害人乙受了致命伤，且主动将被害人送到医院，使之得救的，其客观上没有导致结果发生，还在中止意思的支配下实施了超越不作为的积极行动，应当成立中止。

2. 有效性的含义

当犯罪分子的犯罪行为还处于犯罪预备或实行阶段，只要自动彻底地停止犯罪，即可以成立犯罪中止；而在行为已经实施终了，法定犯罪结果尚未发生的场合，犯罪分子必须自动、有效地防止法定犯罪结果的发生，才能成立犯罪中止。

犯罪分子虽然采取了防止法定犯罪结果发生的积极措施，但实际上未能阻止法定犯罪结果发生的，或者法定犯罪结果未发生是由于与犯罪分子所采取的措施无关的其他原因所导致的，则不能认定为犯罪中止。

需要注意的是，中止行为实施后，由于其他原因导致危害后果发生的，如果结果不能归属于行为人最初的实行行为的，在此情况下，即使出现了某种结果，行为人也可以成立犯罪中止。例如，甲基于杀人的意思砍杀乙，致乙重伤，甲见乙十分痛苦，就送乙去医院。此后由于

---

① 参见周光权：《刑法解释方法位阶性的质疑》，载《法学研究》，2014（5）。

医生的重大过失，乙死亡。甲为中止犯罪付出了应有的努力，乙的死亡是由于医生的重大过失，甲并不能防止医生的过失，他人的行为导致的结果与甲的实行行为无关，甲可以成立犯罪中止。

3. 真挚的努力是否需要

中止行为的成立，以行为人实际参与为前提。因此，甲在放火后、离开现场之际对他人说“求求你们，帮我扑一下火”，然后离去，其自身并没有参与灭火，也没有其他足以和亲身参与性质相同的努力的，应当否定中止。但是，这并不意味着中止行为的成立要求行为人有真挚的努力，因为真挚性要件是伦理性的、多余的要求。只要行为人对于防止结果发生有适当的努力，或者实施了与结果防止相匹配的积极行为，有希望借此避免犯罪结果实现的意思的，中止行为就应该被承认。例如，甲出于杀意用菜刀砍伤乙之后，将乙送到了医院，即便其谎称自己不是凶手，也未告知被害人受伤部位，拒绝承担医疗费用的，甲客观上的中止行为是适当和足够的，因为基于对医生的信赖，能够将被害人送医，就意味着被害人有脱离死亡危险的高度可能，由此可以认定甲属于中止，而不能以行为人没有防止结果发生的真挚努力为由否定其存在中止行为。

但是，如果行为人在防止结果发生方面，客观上看做得并不足够，谈不上实施了与防止结果发生相匹配的适当行为，就不能认定其有中止行为。例如，X用菜刀砍杀女儿A之后，放火焚烧了自己的房屋，X也企图自杀。不久，X听到A发出奇怪的声音，突然心生怜悯，想救助A，便将A拖到自己房屋的外面。之后，X自己由于身负重伤而昏倒在地。不久，偶然经过的路人B发现了A，将A送到了医院，A因此一命得保。对此，实务中认为，被害人被置于夜间几乎无人通行的住宅门口，参照当时的时间、场所等情况，X将A拖到屋外的行为难以被认定为实施了足以防止结果发生的积极行为，A得到救助，是偶然经过的路人B将其送往医院的结果，从而否定了中止的成立。① 对于这一判决的妥当性，我认为应当予以认可。在X重伤被害人A之后，还有力气将被害人A拖到室外的场合，其还应该实施呼救或打电话报警等其他行为，其中止行为对防止构成要件结果而言才可以被认为是适当的、足够的。在这里考虑的不是其是否有真挚的努力，而是客观上是否做得妥当、足够。

四、中止犯的处罚

（一）国外的做法

世界各国刑法中凡规定处罚犯罪中止的，均实行从宽处罚原则。其中有的采取必减免制，如日本、意大利等国家；有的采取得减免制，如瑞士、波兰等国家。之所以如此，是因为从主观上看，犯罪分子系主动放弃犯罪或有效防止犯罪结果发生，与不自动放弃犯罪者相比，其主观恶性显然要小；从客观来看，犯罪结果未发生，与犯罪既遂相比，对社会的客观危害也要小。

（二）我国的减免处罚

我国刑法第24条第2款规定，对于中止犯，没有造成损害的，应当免除处罚；造成损害的，应当减轻处罚。因此，我国刑法以是否造成一定的损害结果作为犯罪中止可罚与否的标准。

1. 损害的含义

对于如何理解这里的损害，理论上存在争论。有观点认为，这里的损害，仅指有形的物质

---

① 参见东京地判平成7年（1995年）10月24日，判例时报1596号。

损害，而不包括无形的、非物质性损害①；还有观点主张将没有造成损害理解为没有造成任何损害②；也有观点主张，没有造成损害，包括损害结果不大，造成损害是指已经造成损害结果或者损害结果较大的情形③；另有观点主张，这里的损害不限于物质性损害，但必须是刑法规范所禁止的损害。④

我认为，对“损害”一词的理解，需要考虑以下内容：一方面，损害主要是指物质损害，少数情况下应包括精神损害。将损害通常定位于有形的物质性损害（比如造成人身伤害、物品毁损等），能够确保判断的直观性、可测量性，避免随意性；同时，如果一概认为被害人的心理恐惧、名誉受损等也是损害，则对绝大多数中止犯都只能减轻处罚，免除处罚则没有适用空间。但是，也不能绝对将精神损害排除在这里的损害之外，因为刑法所保护的法益并非都是物质性利益（比如侮辱罪、诽谤罪保护的就是无形的名誉），行为人在敲诈勒索过程中，其恐吓他人的手段行为同时构成侮辱罪的，如果认为损害不包括任何侵犯名誉的结果，对行为人就只能免除处罚。该处理结论就和单纯实施侮辱犯罪所受到的处罚不均衡，不利于全面保护法益。与此类似的情形是，具有强奸故意的行为人的手段行为完全符合强制猥亵罪既遂的特征，但在被害人哀求之下未实施奸淫行为的，如果认为猥亵行为未造成任何物质损害，行为属于强奸罪中止中的没有造成损害，最终对行为人免除处罚，势必与基于强制猥亵意思所实施的犯罪在刑罚适用上不均衡。另一方面，危害公共法益或者国家法益的犯罪，其损害往往要最终还原为具体的物质性损害，在行为仅仅停留在造成抽象危害的场合，难以认定行为造成了损害。例如，在聚众斗殴犯罪中，双方尚未实施打斗行为就主动放弃或离开现场的，行为对公共秩序仅有抽象的危险，没有具体危险，更没有实害意义上的损害，应当认定行为人成立犯罪中止，且没有造成损害。

2. 没有造成损害

这里的“没有造成损害”，是指没有发生任何结果，或者虽有结果但损害较小的情形。在预备阶段的中止，可能不会发生任何损害；但是，在着手实行之后自动停止犯罪的，要求中止犯不发生任何损害可能是强人所难，因为很多犯罪本身就需要以暴力、胁迫等方式实施，该手段行为一旦实施，往往就会造成损害。例如，故意杀人、故意伤害、抢劫、强奸、强制猥亵等行为实施之后，一定会对被害人造成或多或少的物质或者精神上的损害。但是，有的损害可能相对轻微，例如，相较于杀害结果的法益侵害而言，将被害人衣物扯坏（尚未达到故意毁坏财物罪的程度）的危害极其微小，因此，没有必要将其作为处罚的事由。对此应认定为犯罪行为没有造成损害。再如，中止故意杀人行为，如果仅造成轻微伤，或者在放弃重复侵害的场合没有造成轻伤以上后果的，其行为属于未造成损害的犯罪中止，应对行为人免除处罚。

在当前的司法实务中，存在对中止后是否造成损害未加以认真分析，以及将没有造成损害的情形错误认定为造成损害的不当判决，使中止犯免除处罚的规定被架空，从而与罪刑法定原则相冲突。必须承认，针对中止犯的合理判决需要充分论证中止行为是否造成损害，再决定是减轻还是免除处罚，不能在无视损害结果的前提下直接适用减轻处罚。

3. 造成损害

造成损害，是指虽然没有发生行为人所期待的构成要件结果，但发生了刑法分则所明确规定的其他犯罪的损害结果的情形。例如，故意杀人罪的法定结果是致人死亡，如果意欲杀人的

① 参见谢雄伟：《对中止犯处罚原则中“损害”概念之界定》，载《法学评论》，2006（1）。

② 参见马克昌主编：《犯罪通论》，3版，488页，武汉，武汉大学出版社，1999。

③ 参见陈兴良：《刑法适用总论》（上卷），3版，404页，北京，中国人民大学出版社，2017。

④ 参见张明楷：《中止犯中的“造成损害”》，载《中国法学》，2013（5），113～114页。

犯罪分子将被害人砍伤后自动中止杀人行为，并且被害人最后也没有死亡，但有轻伤以上结果，构成故意伤害罪的，或者符合故意毁坏财物罪的构成要件的，属于造成损害的犯罪中止，应对其减轻处罚。中止强奸行为，如果符合强制猥亵罪既遂的特征，也属于中止后造成损害的情形。当然，如果犯罪中止后依然出现的某种侵害结果并不为刑法规范所禁止，其一定不属于中止犯处罚原则中的造成损害，而应属于没有造成损害。

第十二章　犯罪特殊形态Ⅱ：正犯与共犯

多数犯罪由单独的个人（直接正犯）实施。但是，有很多犯罪分子意识到：单凭个人的力量，必然势单力薄，造成的后果也很有限；如果有多人参与犯罪，法益侵害结果更容易发生，行为人逃避抓捕的可能性更大。因此，实践中，为数不少的犯罪由多人实施。由于共同犯罪容易实行，共同犯罪的危害性、案件侦破难度都更大，所以，刑法总则对共同犯罪进行了特别规定。在二人以上参与犯罪的场合，如何区分各自的角色，确定其刑事责任大小，就是值得研究的问题。

我国刑法第25条第1款规定，共同犯罪是指二人以上共同故意犯罪。在我国刑法规定中，没有出现正犯概念。刑法第26条至第29条按照作用分类法对主犯、从犯、胁从犯、教唆犯的概念和处罚标准作了规定，这对于按照共同犯罪人的作用进行量刑有指导意义。在大陆法系的刑法立法中，大多按照分工分类法，对共同正犯、帮助犯、教唆犯进行规定，以解决共同犯罪的定罪问题。刑法分则规定的是犯罪的实行行为，实施该行为的人是正犯，对正犯可以直接按照刑法分则各罪的规定处罚；至于教唆行为与帮助行为，由于刑法分则没有规定，而由刑法总则加以特别规定，对教唆犯、帮助犯的处罚就需要考虑总则的规定。虽然我国刑法没有明确规定正犯，也就谈不上正犯与共犯的界限问题，但是，在理论上，仍然可以借用正犯与共犯概念，深入讨论共同犯罪的相关问题。

我国刑法总则规定共同犯罪，旨在确定共同犯罪在违法上的（相对）连带性。评价犯罪的过程通常是，先确定行为人的行为是否造成法益侵害事实（违法的判断），然后就该违法事实确认能否谴责行为人（责任的判断）。对违法的判断是一般的判断，对责任的判断是个别的判断。在共同犯罪中，违法是连带的，责任是个别的。各参与人为了实现自己的犯罪而结合在一起，行为之间根据支配作用共同引起法益侵害的事实。法益侵害的事实与各参与人具有物理上、心理上的因果性，虽然这种因果性就各参与人而言并不完全等价，但是具有因果性这一点无法否认。这种引起法益侵害的连带因果性便决定了各参与人违法的连带性。因此，在判断共同犯罪的违法性时，无法对参与人进行单独个别的判断，而只能整体地、连带地判断。例如，甲乙共谋杀丙，同时向丙开枪。甲的子弹没有击中丙，乙的子弹击中丙，导致丙死亡。即使不考察甲的行为，单独考察乙的行为，也能够认定乙的行为导致丙死亡。但是，如果不考察乙的行为，只单独考察甲的行为，则无法将丙的死亡归属于甲的行为。刑法规定共同犯罪，就是为了将丙的死亡也归属于甲的行为，因为甲乙是共同犯罪，在造成法益侵害事实这一点上，二者的行为具有连带性。在判断完违法事实后，评价工作便转入责任阶层，对此应遵守责任主义。虽然共同犯罪披上了“共同”的外衣，但是并不能因此抛弃个人责任。在判断共同犯罪的责任时，也应对参与人进行个别的判断，而不能株连无辜。

概言之，在共同犯罪中，违法是连带的，责任是个别的。由此可以看出，在实务中，共同犯罪主要面临两个问题：一是定罪问题，主要是确定连带的违法事实；二是量刑问题，主要是追究各个共犯人的刑事责任。

第一节 共同犯罪概说

一、概念

（一）共同犯罪的种类

共同犯罪，是指刑法分则所规定的构成要件原定由单独的行为人予以实现，但事实上并非只有单独的行为人实施构成要件行为，而是由多数人实现犯罪的情形。“共犯”一词，在不同的语境下，其含义并不相同。

1. 最广义的共同犯罪

最广义的共同犯罪，就是我国刑法第 25 条第 1 款所规定的“二人以上共同故意犯罪”的场合，包括任意共同犯罪（任意共犯）和必要共同犯罪（必要共犯）两种类型。任意共犯，是指法律上以单独犯的形式规定，但两个以上的行为人共同触犯该规定的场合。必要共犯，是指刑法分则特别规定必须有二人以上才能共同实施特定犯罪的场合。

2. 广义的共同犯罪

任意共犯是根据刑法总则的规定将刑法分则加以扩张而来的概念，其属于广义的共同犯罪，包括共同正犯、教唆犯、帮助犯三种。

正犯，是指实行自己的犯罪，实现分则罪状规定的人。换言之，对于正犯而言，犯罪是他本人的“作品”。正犯中的实行，根据是否亲自实行，分为行为人亲自实行（直接正犯），以及假借他人之手去实行（间接正犯）两种；根据实行人数多寡，可以是行为人单独去实行（单独正犯），也可以是多人共同实施（共同正犯）。共同正犯，是指二人以上“共同实施”刑法分则所规定的犯罪，对犯罪具有直接支配性的情形。共同“实施”和共同“实行”在很多时候是重合的。但是，在特殊情况下，没有共同实行行为，也可能成立共同正犯。

教唆犯、帮助犯都并不直接实行刑法分则所规定的犯罪，对他人的实行没有支配性，而仅仅进行诱导或者提供帮助。

3. 狭义的共犯

教唆犯、帮助犯属于狭义的共犯。

狭义的共犯只是参与他人犯罪的人。换言之，对于（狭义的）共犯而言，犯罪是他人（正犯）的“作品”，但共犯为使该“作品”成为“杰作”而在事前或者事后作出了独特的“贡献”（使他人产生犯罪意思之后再去实行，或者为他人实行犯罪提供精神或物质帮助）。狭义的共犯和正犯是何关系，如何区分狭义的共犯和正犯，是共犯论中最为重要的问题。

后文所讨论的共犯，如无特别说明，都是指狭义的共犯。

（二）必要共犯

必要共犯是刑法分则规定的，只有二人以上才能构成的共同犯罪。刑法规定必要共犯的意义在于：（1）区分共同犯罪类型；（2）在某些情况下排除刑法总则关于共犯的规定的适用。

在我国刑法中，必要共犯包括聚合犯和对向犯两种。

1. 聚合犯

聚合犯，是指刑法分则特别规定具有同一目标的多人共同实施危害行为，犯罪才能成立的情形。聚合犯包括集团犯和聚众犯两种。集团犯，是刑法同时处罚犯罪集团的多人的情形。例如，刑法第 120 条第 1 款组织、领导、参加恐怖组织罪中，刑法处罚组织、领导者，也处罚积极参加者、其他参加者。这就是关于集团犯的规定。聚众犯，是刑法分则特别规定的，临时性聚集多人共同实施犯罪的情形。聚众犯并非都构成共同犯罪，刑法分则对个别聚众犯规定仅处罚首要分子，因而是首要分子的单独犯罪。

在聚合犯中，对集团的外部行为（包括提供情报、准备凶器、事前的共谋等）是否可以定罪处罚，理论上有争议。应该说，刑法中关于聚合犯的规定是在已经考虑犯罪性质的基础上，只对一定范围内的参与者（组织、领导者，积极参加者，其他参加者）进行处罚，对不在该规定范围内的参与者就不能予以处罚。

2. 对向犯

对向犯，是指两个以上的犯罪人必须有相互对应的行为，犯罪才能成立的情形。根据刑罚处罚规定的不同，对向犯可以分为三种类型：（1）刑法同时处罚处于对向地位的两个行为人，且法定刑相同，如重婚罪。（2）刑法对两个对向主体都处罚，但罪名和法定刑均不同，如刑法关于受贿、行贿的规定。（3）刑法分则规定只处罚对向犯的某一方，对另外一方不处罚。例如，贩卖淫秽物品牟利罪只处罚贩卖者，而不处罚购买者；枉法裁判罪只处罚作出错误裁判的司法工作人员，并不处罚从该枉法裁判中受益的人；破坏军婚罪只处罚明知是现役军人的配偶而与之结婚的人，不处罚现役军人的配偶。

问题是：对于前述第三种刑法分则不予处罚的对向性参与行为，能否结合刑法总则关于教唆和帮助犯的规定进行处罚？例如，购买淫秽物品的人打电话叫贩卖者送货上门的，对购买者是否可以结合刑法总则的规定以贩卖淫秽物品牟利罪的教唆犯、帮助犯处罚？又如，金融机构工作人员向存款客户说明其资金可能不记入银行法定账户而用于“体外循环”时，存款客户同意，并接受金融机构工作人员开出的假存单作为存款凭证，此后，存款客户接受了金融机构工作人员分给的违法所得的，在刑法第 187 条吸收客户资金不入账罪只处罚金融机构工作人员的情况下，对存款客户能否按照该罪的帮助犯处理？

对此，有三种学说：（1）立法者意思说。立法者在制定刑法分则时已经考虑到对向行为会存在参与方，但对显然可以预见的对向性参与行为不予处罚。在立法时就已经完全注意到有对方的存在事实，立法者也没有把对方作为要处罚的共犯加以规定，在司法上处罚对方就违反了立法者的意思。就贩卖淫秽物品牟利罪而言，立法者的本意是仅处罚贩卖方，必要共犯的概念本身就已经表明某些危害行为具有不可罚的性质，所以刑法对购买者的行为不问，以保持刑法谦抑的立场。对此，有学者明确指出：在具有对向性质的 A、B 两种行为中，当法律仅将 A 行为作为犯罪来加以规定时，从立法的角度讲，因未将 B 行为规定为犯罪，所以必须将 B 行为解释为不是犯罪。因此，B 行为即使属于 A 罪的教唆或者帮助行为，只要该行为属于 A 罪所规定的参与形式，就不得将此行为作为 A 罪的教唆犯或者帮助犯加以处罚。① 立法者意思说认为，对必要共犯不可罚的根据在于对向性参与行为的通常性，因此，当参与行为超过通常程度，必要共犯属于积极的造意者时，仍然应当适用刑法总则的规定进行追究。例如，A 积极鼓动 B 将淫秽物品卖给自己的，A 可以构成贩卖淫秽物品牟利罪的教唆犯。日本的审判实践也认为，如果对向性参与者的行为超越了一定的限度，使对方成为正犯的，就可能作为共犯受到处罚。例如，日本《辩护士法》第 72 条规定，没有取得辩护人资格者，如果以获取报酬为目的参与处理法律事务，就构成犯罪。例如，甲委托没有取得辩护人资格的乙为他处理法律事务，乙构成犯罪。按立法者意思说，原则上不处罚甲。日本实务中认为唯一可能处罚甲的情形是，其行为对于他人成为正犯确实是“不可缺少”的，如果存在这种情况，就可以处罚相对方。仅从立法者意思说切入的问题是：一方面，在解释刑法时探究立法者的意思，容易陷入主观解释的窠臼；另一方面，哪些参与行为超过了通常程度、属于可罚的必要共犯，哪些属于不可罚的

① 参见［日］团藤重光：《刑法纲要总论》，3 版，432 页，东京，创文社，1990。

必要共犯，并不明确，判断起来很困难，如果按照这种逻辑，法官想处罚时也就能够进行处罚。对此，波斯纳指出，当立法者的意图可以辨认时，适用法律的法官就是一个解释者，或许还是立法者的一个帮手，“但是立法意图常常无法辨认”①。（2）实质说。对对向性参与行为不处罚，是因为从实质上看，参与人是被害人，或者参与人缺乏责任。② 但是，实质说也并不是没有问题，例如，如果购买淫秽物品者是未成年人，其当然是被害人，刑法不能处罚该参与者，相反要保护他。但如果认为贩卖淫秽物品的保护法益是淳朴的社会风尚，成年的购买者就同时是被害人，也是重要参与人，对其处罚就是有实质根据的。（3）折中说。立法者在规定某些必要共犯时，就将可能侵害法益的一部分人的行为予以构成要件化，同时将另外一部分人的行为排除在构成要件之外，这样，某些参与行为，即使在违法、罪责方面具有当罚性，也可能排除在可罚性的范围之外。所以，即使采取实质说，仍必须维持立法者意思说这一意义上的“必要共犯”概念。“在成立某种犯罪的场合，概念性地当然必要的对向性参与行为，只要是属于这一范畴的行为，便不应再考虑其是否具有定型性或者通常性，其理由在于，这属于在共犯构成要件阶段对处罚范围的限定，其可罚性并不应为行为人的当罚性所左右。”③

我认为折中说是有道理的，在必要共犯的判断中需要实质的思考。对此的通说认为，关于对部分对向犯不处罚的理由，要视情形从该共犯的违法性或者责任有所欠缺的角度加以思考（违法性说或责任说）。④ 但是，我认为，对于不处罚某些对向犯的理由，可以从是否存在实质的违法性那里寻找，责任论的思考则不需要。在实质的违法性论之外，有时候还要例外地、辅助性地考虑立法者的意思（违法性缺乏说＋立法者意思说）。理由在于：

首先，从违法性的角度看，对向性参与者属于被害人的，其行为属于“自损行为”，缺乏违法性，不应对其进行刑罚处罚。是否处罚必要性参与者，有时的确需要考虑其是否属于被害人或者处于类似于被害人的地位，需要考虑要保护的利益究竟是什么。例如，奸淫幼女的场合，即使是幼女主动提出与行为人发生性行为的，对其也不能作为强奸罪的教唆犯处罚。又如，破坏军婚罪中军人的婚姻家庭权利需要保护，如果处罚现役军人的配偶，明显不利于保护法益，所以刑法只处罚明知是现役军人的配偶而与之结婚的人；即使军人的配偶对破坏军婚行为存在教唆行为，也不作为共犯处理。再如，刑法第 162 条之二规定，公司、企业通过隐匿财产、承担虚构的债务或者以其他方法转移、处分财产，实施虚假破产，严重损害债权人或者其他人利益的，构成虚假破产罪。实施转移、处分财产行为，虚假破产的，行为人和财产接受者之间具有对向关系，但接受者本身也可能处于被害人的地位，例如，破产者对未到期的债务提前清偿的，接受该财物者可能也深受他人拖欠债务之苦，将其作为虚假破产罪的帮助犯处理，实质上不合理。当然，对并不处于被害人地位的对向性参与者，则应该肯定行为的违法性，可能有处罚的必要。例如，挪用公款罪的实行行为包括挪用公款归个人使用，进行非法活动的；挪用公款数额较大、进行营利活动的；挪用公款数额较大、超过 3 个月未归还三种情形。在将公款挪用给本人以外的亲友或者其他自然人使用的场合，接受者、使用者明知公款是挪用而来，仍然对公款加以接受和处分的，挪用者和公款使用者之间在行为上具有对向关系，或者至

① ［美］理查德·波斯纳：《法官如何思考》，苏力译，140 页，北京，北京大学出版社，2009。
② 参见［日］平野龙一：《刑法总论》，Ⅱ，380 页，东京，有斐阁，1975。
③ ［日］西田典之著，［日］桥爪隆补订：《日本刑法总论》，3 版，410 页，东京，弘文堂，2019。
④ 参见［日］平野龙一：《刑法总论》，Ⅱ，379 页，东京，有斐阁，1975。

少可以说具有对向性质。① 但对单纯接受、使用他人挪用的公款的人，并不能按照共犯处罚。有关司法解释也规定，挪用公款给他人使用，使用人与挪用人共谋，指使或者参与策划取得挪用款的，以挪用公款罪的共犯论处。② 这主要是考虑到，在这些特殊情形下，挪用人和使用人之间具有共同故意和行为；同时，使用人并不处于被害人的地位。

其次，是否处罚对向性参与者，需要考虑共犯处罚根据论。这仍然是违法性层面的思考。根据共犯处罚根据的混合引起说，对必要共犯而言，在共犯者未引起违法事态时，不处罚；在共犯者处于被害人地位时，就共犯者不法地引起违法事态这一点而言也存在欠缺，对共犯行为也不能进行处罚。即便共犯行为非常积极，超过通常预想的程度，与法益侵害结果的发生有条件关系，也不能处罚共犯。

再次，从责任论的角度思考对向犯的观点，其实可以还原为违法性层面的判断。例如，在本犯指使他人窝藏自己、隐匿自己证据的情形下，多数说认为，由于本犯没有责任，因此，不将窝藏、隐藏者作为相应犯罪的共犯进行处罚。但是，对于这种情形，在违法性层面就可以认为，窝藏、包庇罪的客观构成要件是窝藏、包庇他人，本犯教唆他人窝藏、包庇自己的，不符合该罪的构成要件，不具有共犯自身的不法。这其实就是共犯处罚根据混合惹起说的运用。因此，在本犯指使他人窝藏自己、隐匿自己证据的情形下，由于本犯自身的违法性不存在，因而，不能将其作为相应犯罪的共犯进行处罚。

最后，从立法者意思角度看，立法在规定某些必要共犯时，就将可能侵害法益的一部分人的行为予以构成要件化，同时将另外一部分人的行为排除在构成要件之外。根据犯罪成立理论，犯罪化在刑法上是定型的，非罪化在刑法上也是定型的，对于符合非罪定型的必要性参与行为，不能认定为犯罪。吸收客户资金不入账罪类型化地仅处罚金融机构工作人员，对存款客户就不能按照该罪的帮助犯处理。对于贩卖淫秽物品牟利罪，立法上定型化地处理的是贩卖行为，购买行为不处罚，所以，凡是可以包含在“购买”含义中的行为，包括预付现金、反复让对方提供淫秽物品供自己选择、与对方联络让其送货上门等，都是购买行为的一部分，不能评价为贩卖淫秽物品牟利罪的帮助犯。对于枉法裁判罪中显而易见存在的（单纯）受益人，构成要件性地将其排除在犯罪之外。③ 对于非法转让、买卖土地使用权的接收方，也不作为本罪共犯处罚。所以，立法者意思说这一意义上的“必要共犯”概念也有其一定的存在价值。可以说，立法者意思说与违法性缺少说之间并不是排斥关系，而是相互补充的关系。

二、共同犯罪的成立范围

共同犯罪是二人以上共同故意犯罪。“二人以上共同”中的“共同”含义如何，在哪些方面“共同”，决定了共同犯罪的本质，也决定了共同犯罪成立的范围大小，并对案件的最终处理会产生重大影响。同时，我国刑法学的通说认为，只有数人实施了完全一致的犯罪才能成立共同犯罪。④ 这一主张是否合理，还需要仔细辨析。

（一）犯罪共同说

刑法客观主义重视构成要件抽象化、定型化的意义，坚持犯罪共同说，认为共犯是数人共

① 这种场合下的对向性质决定了需要有使用人接受公款的行为，挪用人的行为才在刑法上具有意义。公款使用人的行为，客观上参与了他人犯罪行为的一部分。挪用人的挪用行为所取得的财物，相对于使用人，很难说是“他人的犯罪所得”。因此，使用人单纯接受公款，未指使、参与策划取得挪用款项的，不应当成立挪用公款罪的共犯，也不应当成立掩饰、隐瞒犯罪所得罪。

② 最高人民法院《关于审理挪用公款案件具体应用法律若干问题的解释》（1998 年 5 月 9 日）。

③ 如果该受益人有行贿行为，则属于另外的问题。

④ 参见高铭暄、马克昌主编：《刑法学》，9 版，160 页，北京，北京大学出版社，2019。

同实行特定之犯罪，其所“共同”者，是犯罪的共同而非行为的共同，即各共犯人都共同触犯了特定之罪，而且都已经认识到特定之罪的构成要件结果。对此，泷川幸辰教授明确指出：“共同者共同进行的是特定的犯罪，客观上预谋实施特定的犯罪，以此为基础来论述几个人的共同犯罪行为。”① 依犯罪共同说，共犯成立的范围较窄。

犯罪共同说认为，共同犯罪是二人以上共犯一罪。是否共犯“一罪”，需要判断不同的行为人是否共同尽心凿力，实施了符合某一犯罪的构成要件的行为。只有两人以上的犯罪在构成要件上相同，才能成立共同犯罪。反之，如果两人以上的犯罪，其构成要件并不相同，就不是共同犯罪。正犯因为其实行行为或者其他犯罪支配性行为而符合分则的构成要件规定，教唆行为与帮助行为应当从属于实行行为，理应按照实行犯所犯之罪确定共同犯罪的罪名，因此，共同犯罪之共同性，是法律规定的构成要件之共同而非事实上行为之共同。对于甲本着诈骗的意思用冥币冒充假币，交给具有贩卖假币故意的乙出售一案，根据犯罪共同说会得出甲、乙的犯罪故意和实行行为都不相同，构成要件没有相同的地方，所以不可能成立共同犯罪的结论。犯罪共同说有效限制了共犯成立范围，对于实现刑法的权利保障机能有现实意义，因而具有其合理性。

但是，对于共犯的构成要件究竟要相同到何种程度才能成立共犯，存在争议。

1. 完全犯罪共同说

该说主张，不同行为人的行为符合多个构成要件，在构成要件之间存在重合时，多人之间的行为成立重罪的共同正犯。但对于实施了轻罪的人，只处以轻罪的刑罚。根据完全犯罪共同说，A 教唆 B 去盗窃，但 B 实施了抢劫的；或者 C、D 共谋盗窃，到现场后 C 实行抢劫，D 仍然盗窃的，A 与 B、C 与 D 均成立抢劫罪的共同正犯，但只有盗窃意思者仅承担盗窃罪的责任。又如 E、F 共谋报复 G，但对如何具体实施报复行为并未明确。到现场后，E 杀害 G，F 对 G 的住宅放火的，E、F 之间的行为在构成要件上完全不同，所以不成立共犯。

完全犯罪共同说的主要问题在于：明明是实施轻罪的人，却要承担重罪罪名；在最终处罚时，却又按照轻罪处罚。理论上飘摇不定，与生活事实相悖，也不符合思维规律。因此，该说难言妥当。

2. 部分犯罪共同说

此说认为，当数个犯罪的构成要件之间存在重合部分，该部分本身是刑法所规定的一种犯罪时，就可以认为两人以上就重合的犯罪具有共同故意与共同行为，从而在重合的范围内成立共犯。但是，此时并不像完全犯罪共同说那样成立重罪的共同犯罪，而仅仅成立轻罪的共同犯罪。② 例如，甲以杀人的故意、乙以伤害的故意对丙使用暴力，并造成丙死亡的，根据部分犯罪共同说就可以认为甲、乙在故意伤害（致人死亡）罪的范围内成立共同正犯，但甲在故意伤害之外，因其另有杀人的故意和行为而单独成立故意杀人罪的单独正犯。虽然从最终结局看，甲需要对故意杀人罪承担刑事责任，乙只承担故意伤害罪的刑事责任，二人的罪名不同，但这并不妨碍其犯罪的部分构成要件相同，也不妨碍甲、乙二人成立共同犯罪。

根据部分犯罪共同说，A 教唆 B 去盗窃，但 B 实施了抢劫的；或者 C、D 共谋盗窃，到现场后 C 实行抢劫，D 仍然盗窃的，A 与 B、C 与 D 均成立盗窃罪的共同犯罪，但具有抢劫意思者需要单独承担抢劫罪的责任。E、F 都想报复 G，但对如何具体实施报复行为并无共谋。到现场后，E 杀害 G，F 对 G 的住宅放火的，E、F 之间的行为在构成要件上没有重合的地方，

---

① 转引自［日］木村龟二主编：《刑法学词典》，顾肖荣等译，347 页，上海，上海翻译出版公司，1991。

② 学者指出，构成要件的行为共同说与部分犯罪共同说最终得出的结论是一致的。参见张明楷：《刑法的基本立场》，272 页。

所以不成立共犯。

目前多数说认为，犯罪的“共同”不一定非得是同一构成要件的共同，而是符合一定的构成要件的共同，两个行为的构成要件之间有较大范围的重合关系时，就可以判断犯罪具有共同性，共犯的成立就可以得到肯定。①

依据我国刑法第25条第1款的规定，共同犯罪是指二人以上共同故意犯罪。这里的“共同”故意犯罪，绝不意味着只有二人以上必须在故意的内容与行为方式上完全相同，才成立共同犯罪，因为不同行为人之间的行为在构成要件上部分相同的，也是“共同”。按照部分犯罪共同说，只要行为人就部分犯罪具有共同故意与共同行为，不同的犯罪之间具有重合、交叉性质，就“共同”的部分即在重合的范围与限度内，就可以成立共同犯罪。同时，由于犯罪毕竟有一部分并不“共同”，所以对行为人存在分别定罪的可能。如此理解，既符合共犯的一般理论，也不违背刑法规定。这样看来，我国刑法学通说要求共犯所犯罪名必须一致，如果行为的构成要件并不绝对相同就没有构成共同犯罪的可能，并无多少合理性，也难以解释实践中纷繁复杂的共犯现象。

根据部分犯罪共同说，在以下场合，可以认定犯罪之间存在交叉、重合关系，实施不同构成要件行为的行为人可能成立共犯：(1) 行为人故意侵害了同类法益，但在实行行为的危害性程度、行为方式上存在差异。例如，两个行为人分别实施盗窃和抢劫、抢夺和抢劫、杀人和伤害、非法拘禁和绑架的，由于前后两罪的保护法益基本相同，实行行为在很大程度上相同，构成要件具有重合、交叉关系，可以在重合部分成立共犯。(2) 在法条竞合的场合，普通法条的构成要件可以包容特别法条的构成要件，行为人可以在普通法条范围内成立共同犯罪。例如，共谋后实施诈骗行为的甲和实施金融诈骗行为的乙、实施抢劫行为的A和实施抢劫枪支行为的B之间均可以成立共犯。(3) 在想象竞合的情形下，不同行为人的犯罪故意和行为之间存在重合，可以成立共犯。例如，甲以杀害仇人丙的意思，乙以对丙所在的人群实施爆炸的意思，经过共谋后同时投掷爆炸物的，甲、乙可以成立共犯。(4) 在转化犯中，如果作为共同犯罪人之一的A实施了转化前的行为，B在此之外还实施了转化行为，A对此并不知情的，A、B仅在转化前的犯罪范围内成立共犯。(5) 犯罪之间具有包容关系的，行为人可以在被包容的范围内成立共犯。比如，甲隐瞒强迫丙卖淫的事实，教唆乙强奸丙，以迫使丙最终卖淫，乙果然实施了强奸行为的，甲、乙可以在强奸罪的范围内成立共同犯罪。

（二）行为共同说

早期的行为共同说是刑法主观主义指导下的产物。刑法主观主义基于犯罪征表主义的立场，主张扩大共犯的成立范围，所以赞成行为共同说，认为：凡是能够征表反社会性格的行为都是犯罪，只要行为相同，即便行为人之间犯意不一样，行为所体现出的行为人的反社会人格也是一样的，而且行为人可以跨越数个构成要件而成立共同正犯。因此，共犯的成立无须以共同实行一个犯罪为必要，共犯是数人依共同行为而实现各自意图的犯罪，即众多主体共同实施各自的犯罪，各自以共同的行为表现自己的主观恶性、反社会性。共犯之“共同”乃是行为的共同，而不是特定犯罪构成要件范围内的共同，各共犯之间犯罪意思可能不同，但只要各行为人共同实施“实行行为”，就成立共同犯罪，行为人反社会的状态可以通过行为表现出来。行为共同说认为多个共同犯罪人基于共同的行为而实现各自的犯罪，行为不需要完全符合同一构成要件。根据行为共同说，A基于杀人的故意，B基于强奸的故意共同对C实施侵害的，A、B构成共同犯罪。对此，牧野英一教授明确指出：“恶性表现为犯罪时，并不意味着数人共犯

① 参见［日］福田平：《刑法总论》(增补3版)，261页，东京，有斐阁，2001。

一个罪；在主观上理解犯罪时，认为共犯是由数人的共同行为来完成那种犯罪，应该说是妥当的。依照这种思路想下去的话，首先要有共同预谋的事实，并根据这种事实来论述犯罪的成立。共同的事实不等同于考虑法律上构成的犯罪事实，就是说很可能共同关系常会跨几个犯罪事实，或者可能仅限于一个犯罪事实中的一小部分。而且，并非一定需要那些人有同样的犯意。在他们的共同行为中，对于甲的犯意来说，应构成甲罪，而乙的犯意则应构成乙罪。”①

早期的行为共同说主张多数行为人依各自意思实施相应行为的，就是共犯，因此，承认有符合数个构成要件的共犯，这样就导致共犯与单独正犯没有区别，唯一的不同就是利用他人的犯罪行为而实现自己的犯罪意图。由此一来，行为共同说有使刑法总则关于共犯的规定失去意义的危险，因而被称为强硬的行为共同说。例如，甲本着诈骗的意思用冥币冒充假币，交给具有贩卖假币故意的乙出售，行为共同说就认为甲、乙成立共同犯罪，从而使共同犯罪的成立范围过于宽泛。

现代的行为共同说则建立在客观主义的基础之上，认为根据罪刑法定原则，要贯彻构成要件的观念，讨论共犯的行为是否共同，就不能离开构成要件。成立犯罪首先要求行为具有构成要件的该当性；共同犯罪的成立必须受构成要件的制约并以构成要件为基础，不同的犯罪具有不同的构成要件，不同的犯罪有不同的实行行为。共犯中行为共同，必须是符合构成要件的实行行为相同，而不是实行行为以外的行为相同。② 之所以提倡现代的行为共同说，是因为部分犯罪共同说在共犯既遂的成立③、部分行为全部责任原则的适用、共同犯罪的成立范围等方面存在缺陷。该说的核心主张是，共犯的本质是各个参与者共同实施各自的犯罪，因此，能够认定各个参与者共同实施的是违法的构成要件该当行为，只要构成要件该当行为的重要部分相同，就能够成立共同犯罪。这里的共同行为，不是传统行为共同说所主张的自然行为，而是法定意义上、规范意义上的构成要件行为，是从各个共犯人自己的观点出发来看待的实行行为，因而可能分别是不同犯罪的实行行为。

我赞成部分犯罪共同说，而且认为其与现代的行为共同说几乎没有差别。对此，前田雅英教授指出：“部分犯罪共同说主张在构成要件的同质的重合的范围内成立共同正犯，这种实质的‘重合的范围’其实与行为共同说从规范评价的角度所要求的重要部分的共同非常类似。”④ 行为共同说强调符合构成要件的实行行为相同，其与部分犯罪共同说只是刑法客观主义内部的对立理论，与历史上新旧两派的“学派之争”无关，肯定部分犯罪共同说也是在坚持刑法客观主义。

三、正犯和共犯的区分

如何区别正犯和狭义的共犯（教唆犯、帮助犯），是一个有争议的问题。对此，在早期存在扩张的正犯概念和限制的正犯概念的争论，在今天则表现为限制的正犯概念内部的主观说、客观说和犯罪支配说的对立。

（一）扩张的正犯概念和限制的正犯概念

1. 扩张的正犯概念

扩张的正犯概念认为，凡是对犯罪的完成给予任何积极或者消极影响的人，都是正犯。换

---

① 转引自［日］木村龟二主编：《刑法学词典》，顾肖荣等译，347页，上海，上海翻译出版公司，1991。

② 参见陈家林：《共同正犯研究》，66页，武汉，武汉大学出版社，2004。

③ 例如，甲以杀人故意，乙以伤害故意共同开枪导致被害人丙死亡，如果事后查明是乙的子弹打中丙，部分犯罪共同说可能得出甲成立故意杀人罪既遂的结论，也可能得出其未遂的结论。

④ ［日］前田雅英：《刑法总论讲义》，7版，350页，东京，东京大学出版会，2019。

言之，正犯并不以亲自实施构成要件行为为限，因此，教唆犯、帮助犯是对构成要件事实的实现进行加功的人，对犯罪的完成有影响，与法益侵害结果的发生都存在因果关系，都是正犯。只是在刑罚处罚上，刑法总则对其给予了特殊限定（处罚缩小事由）。扩张的正犯概念强调共犯之独立性，“认为共犯在本质上为正犯，势必破坏构成要件的认定，有害于人权保障，殊属不当”①。

2. 限制的正犯概念

限制的正犯概念认为，刑法分则各罪所确定的犯罪主体，只能是独自实施构成要件事实的人，因此，只有实施符合刑法分则的构成要件规定者，才是正犯。教唆犯、帮助犯虽然对构成要件的实现具有原因力，但犯罪必须假借他人之手实施，教唆、帮助行为本身不是刑法分则所规定的实行行为，而只是犯罪加功行为，所以帮助犯、教唆犯都不应当成立正犯，不能成为刑法分则各罪的犯罪主体，因此刑法总则才补充规定共犯，使其承担相应的刑事责任。对教唆犯、帮助犯，如果没有刑法总则的特别规定，不得加以处罚。刑法总则关于教唆犯、帮助犯的特殊规定，实际上是将刑罚处罚范围扩张到包含正犯以外的人（处罚扩张事由），但在另外的层面，也限定了正犯的范围。

（二）我国刑法采用区分制

扩张的正犯概念从因果关系的条件说出发，认为凡是对不法构成要件的实现有贡献的人都是正犯，而不论其贡献程度的大小。这与单一正犯概念相一致。

单一正犯概念的理论基础是行为人刑法，并以主观的共犯论为依据，其采用因果关系中的条件关系，即认为所有对结果设定了条件的人，都对结果提供了原因，这些条件都是等价的。② 有学者认为，我国刑法规定采用了扩张的正犯概念，与单一正犯概念相吻合。其理由是：一方面，我国刑法没有明确规定正犯概念，在构成要件层面将所有参与人都视为等价的行为人；另一方面，我国刑法重视主犯、从犯的区分，在量刑层面根据各参加人自己的不法与责任确定其在共同犯罪中的当罚性，这些都与单一制的立法精神相符合。③ 刘明祥教授就以此为基础认为：由于我国刑法采取的是单一正犯体系，因而对实行犯、教唆犯和帮助犯并无严格加以区分的必要，根据我国的刑法理论，实行犯、教唆犯和帮助犯的行为都是互相联系、互相利用的，不能单独抽取出来进行独立的评价。只要行为人基于共同故意，参与了共同犯罪行为，即构成共同犯罪，根据其在共同犯罪中所起作用大小的不同，给予轻重不同的处罚。④

但是，我认为，不能根据仅从字面上解释我国刑法规定所得出的结论，就断言我国刑法采取了单一正犯概念。⑤ 在区分制之下，正犯与共犯并不处于同一层次上，在不以共犯为前提、属于非从属的实施形态上，正犯是“一次责任”类型。与此相对，在以正犯的存在为前提、从属于正犯这一点上，共犯是位于“一次责任”类型背后派生的“二次责任”类型。⑥ 以此为基础，肯定我国采用区分制的这种主张更为合理：一方面，我国刑法总则规定根据分工区分犯罪人，明显采用了区分制。单一正犯概念的特点是对所有人，无论贡献大小，都是正犯；立法上

---

① 蔡墩铭：《刑法精义》，2版，305页，台北，翰芦图书出版有限公司，2005。

② 参见［日］高桥则夫：《共犯体系和共犯理论》，冯军、毛乃纯译，5页，北京，中国人民大学出版社，2010。

③ 参见江溯：《犯罪参与体系研究——以单一正犯体系为视角》，251页，北京，中国人民公安大学出版社，2010。

④ 参见刘明祥：《“被教唆的人没有犯被教唆的罪”之解释》，载《法学研究》，2011（1）。

⑤ 参见周光权：《“被教唆的人没有犯被教唆的罪”之理解》，载《法学研究》，2013（4）。

⑥ 参见［日］山口厚：《刑法总论》（第3版），付立庆译，305页，北京，中国人民大学出版社，2018。

对狭义的共犯不作规定；所有的共犯人都共用一个法定刑，只是最后在法官裁量时根据其责任调节刑罚。[①] 我国刑法的相关规定中虽然没有明确使用正犯的概念，但是在第 27 条、第 29 条第 1 款中明确规定了帮助犯（起辅助作用的人）、教唆犯这两种狭义共犯，正犯的概念就可以从其与狭义共犯的区分、比较中清晰地界定出来。刑法第 23 条规定的“已经着手实行犯罪”和刑法第 29 条第 1 款规定的“教唆他人犯罪”中，作为其前提均隐含了对正犯的确认。[②] 有学者指出：构成要件是犯罪的核心部分。从规范的角度看，只有对构成要件的实现有实质贡献，是行为事件的核心角色的，才是正犯。加功于他人的构成要件行为的人只能是共犯。“通过对我国刑法规定的主犯和从犯予以规范化以及通过对学理上的共犯与正犯予以实质化，正犯、帮助犯就与主犯、从犯合二为一，从而在我国刑法中找到了容身之所，也为解决我国传统共同犯罪论和新共同犯罪论（共犯正犯的区分制——引者注）各自的合法性危机提供了理想的途径”[③]。由此可以认为，我国刑法所规定的主犯，就是正犯。而关于从犯的规定，就是对帮助犯的规定，其中刑法第 27 条关于起“次要作用”和“辅助作用”的规定都是用来说明帮助犯这一个对象的，是“多余”的表述。而刑法第 28 条所规定的胁从犯，则是对情节较轻的帮助犯（被胁迫的帮助犯）的规定，不是新的共犯参与人类型。这种通过对作用标准的规范化和分工标准的实质化将主犯限定为正犯，将从犯解释为帮助犯的做法，也得到其他学者赞同。[④]

另一方面，我国刑法分则的某些规定具有特殊性，表明我国采取共犯区分制立场，决定了将总则的共犯规定解释为单一正犯概念和分则相关规定不协调。对刑法是否采用共犯区分制的判断，不能只考虑总则的文字表述，而应进行体系解释，而体系解释要求将个别的刑法规定和观念放到整个法律秩序的框架之中加以思考，发现条文间、法律规范和法律制度间的内在关联。[⑤] 在我国刑法分则所大量规定的只有特殊主体才能构成的身份犯中，不具有特殊资格的人，无论其行为样态如何，无论在犯罪中分工、对结果的危害如何，都不可能成为正犯。此时，正犯和共犯的界限十分清晰，不可能按照单一正犯概念的立场将狭义共犯视作正犯。[⑥] 刑法第 382 条第 3 款规定，伙同国家工作人员贪污的“以共犯论处”，是特别指明没有特定身份者，只能构成狭义共犯，不能以正犯论。在这个意义上，正犯、共犯概念的对立就是存在的。

此外，由于采用共犯从属性说可能将处罚面限制在一个较小的范围内，因而，立法上在刑法分则中从刑事政策的角度把个别共犯行为作为独立的正犯加以处罚，从而出现“拟制的正犯”的规定。这种规定，实际上是共犯行为正犯化。在这里，明确存在正犯、共犯概念的相对区分问题，否则这样的规定就是多余的。类似的情形有：其一，帮助犯从属于正犯行为所造成的构成要件结果，例如，在甲帮助本犯乙湮灭犯罪证据的场合，因为本犯乙毁灭自己的犯罪证据不构成犯罪，按照共犯从属性，甲也不构成犯罪，为堵截处罚漏洞，我国刑法第 307 条第 2 款规定了帮助毁灭、伪造证据罪。其二，教唆他人吸毒罪的规定，是在正犯行为只是行政违法的情况下，单独将教唆行为规定为正犯。其三，刑法第 358 条第 4 款所规定的协助组织卖淫罪，是在组织卖淫的正犯行为之外，将帮助行为正犯化，单独规定新的罪名，从而将组织卖淫这一边缘行为上升为正犯行为。在类似规定中，如果不承认存在一个正犯概念，将教唆、帮助

---

① 参见许玉秀：《当代刑法思潮》，554 页，北京，中国民主法制出版社，2005。

② 参见王昭武：《教唆犯从属性说之坚持与展开》，载赵秉志主编：《刑法论丛》，第 15 卷，63 页，北京，法律出版社，2008。

③ 何庆仁：《我国共犯理论的合法性危机及其克服》，载陈泽宪主编：《刑事法前沿》，第 6 卷，182 页，北京，中国人民公安大学出版社，2012。

④ 参见周光权：《法治视野中的刑法客观主义》，2 版，286 页以下，北京，法律出版社，2013。

⑤ 参见［德］齐佩利乌斯：《法学方法论》，金振豹译，61 页，北京，法律出版社，2009。

⑥ 参见周光权：《论身份犯的竞合》，载《政法论坛》，2012（5）。

行为拟制为正犯行为就是难以理解的。其实，类似于“拟制正犯”的规定在国外刑法中也大量存在。例如，因为自杀不具有违法性，所以教唆、帮助自杀的，无杀人正犯，当然也就没有杀人共犯，于是立法上为了减少处罚的漏洞，在共犯从属性说的理念下，只得另行规定自杀关联犯罪。

（三）区分正犯和共犯的具体标准

在今天，限制正犯论、区分制是我国刑法学通说，我也赞成这种观点。如何根据限制正犯论区别正犯与共犯，如何确定哪些犯罪分子是正犯、哪些犯罪分子是共犯，并不是一件很容易的事情。

在区别正犯、共犯的扩张的正犯概念和限制的正犯概念这两种一般性学说之下，产生了区分正犯、共犯的主观说和客观说，在客观说内部，又有形式客观说与实质客观说的争论。扩张的正犯概念将对犯罪的实现具有原因力的人都作为正犯，为主观说提供了理论依据。限制的正犯概念将立法者对刑法分则各罪所规定的犯罪主体作为正犯，主张以客观的实行行为作为判断正犯的标准，为客观说的出现奠定了基础。

1. 主观说

由于仅仅从客观方面区分正犯和共犯存在很多困难，因而根据主观方面讨论相关问题的观点得以出现。按照扩张的正犯概念，主观说立足于因果关系理论中的条件说，认为所有条件对结果的发生而言具有同等影响力，实行行为、教唆行为、帮助行为都是结果发生的原因，单纯从客观上难以区别正犯与共犯，此时，就必须根据行为人的主观意思、动机或者目的，确定其属于正犯还是共犯。

主观说内部有意思说和目的说的区别。意思说认为，以正犯的意思实施犯罪，认为自己是犯罪的“主角”，把犯罪当作自己的“作品”的人，是正犯；反之，以参与的意思实施犯罪，把犯罪当作他人的“作品”，而仅仅提供教唆或者帮助，甘当“配角”的人，是共犯。目的说认为，行为人如果是“为自己”的利益而实施犯罪的，就是正犯；反之，如果是为了实现他人的利益而实施相关行为的，就是共犯。

主观说存在标准不确定、难以有效检验的危险。在诉讼过程中，主观说可能过分考虑行为人的口供，在极端的情况下，甚至可能将事实上着手实施杀人行为，但坚称自己只有帮助意思的人，或者是为了他人的利益而着手实行犯罪的人，认定为帮助犯，从而瓦解构成要件的观念，放纵犯罪，导致处罚不当。

2. 形式客观说

在限制的正犯概念指导下，形式客观说以刑法分则所规定的罪状为中心，认为实施符合构成要件规定的实行行为的人，无论其实施了全部行为还是部分行为，都是正犯。换言之，正犯限于实行行为的实施者，正犯实行的是自己的犯罪；共犯实施的是构成要件以外的非实行行为，是参与他人的犯罪，是单纯为实行构成要件行为进行准备或者提供帮助。正犯和共犯就是性质迥异的两种人。

形式客观说坚持实行行为的观念，对于坚守罪刑法定原则具有特殊意义，但略显僵化，其可能将间接正犯以教唆犯处理，将共谋共同正犯排除在正犯之外，以帮助犯处理，造成帮助犯和共谋共同正犯的区分困难，明显不妥当。

3. 实质客观说（重要作用说）

实质客观说内部有不同的观点：(1) 必要性理论认为，凡是对于构成要件的实现具有不可或缺的加功的人，都是正犯；没有该加功行为，犯罪仍然能够实现的，则该加功者是共犯。(2) 同时性理论认为，在犯罪行为成立的当时对其进行加功的人，是共同正犯；在犯罪行为之前进行加功的，则是共犯。(3) 优势理论认为，共同正犯与帮助犯的区别，没有固定标准，应当根据各种不同的情况分别判断，对于犯罪事实具有优势关系的人是正犯；对于附属于犯罪构成事实的部分进行加功的，则是共犯。上述各种实质客观说都有其不足：必要性理论对于区分正犯和帮助犯有指导意义，但对于认定正犯、间接正犯以及教唆犯都没有太大价值；同时性理论对于认定共同正犯有帮助，但对于界定间接正犯、区分其他共犯形态并无实质意义；优势理论则存在判断标准不明确的问题。①

正是因为上述实质客观说均难以自圆其说，其后来逐步被重要作用说所取代。目前，日本主流的区分共犯和正犯的理论就是这一学说。重要作用说内部又有不同观点。西田典之教授的“准实行共同正犯说”从共犯处罚的具体妥当性出发，在判断时着眼于共谋者与实行者之间的支配关系、作用分担关系，认为最终在犯罪的实现中起着相当于实行分担的程度的重要作用的场合，可以肯定共同正犯，是否发挥重要作用是区别共同正犯与帮助犯的标准。② 山口厚教授的“实质引起说”认为，虽然没有分担实行行为，但在其他共同参与者的意思联络之下，对于惹起构成要件该当事实发挥了重要作用的，能够看作是实质上共同惹起了构成要件该当事实。不过，最终的判断基准是实质的“共同惹起”，“重要的事实作用”只是判断共同惹起的重要判断基准，因为教唆犯在引起了犯意的意义上也具有“重要的事实作用”，但并不意味着教唆者会成为共同正犯。③

4. 犯罪支配说

犯罪支配说以限制的正犯概念为基础，坚持构成要件的观念，主张：确定谁是正犯、谁是共犯时，需要考虑谁对犯罪进程具有实质性的支配。在判断犯罪支配时，需要考虑各个行为人客观行为贡献的方式和大小，主观上对于犯罪的期待和操纵、主导、驾驭程度。凡是以故意的心理操纵、控制着整个犯罪流程，决定性地支配犯罪的角色，就是正犯。正犯具有行为支配性，包括客观上的行为与主观上的犯意均处于支配地位。④ 共犯虽然对于犯罪的实现有加功行为，对法益侵害结果的发生有原因力，但是其不能以自己的意志控制犯罪进程。无论从主观动机还是客观的行为要素看，共犯都与正犯的地位不相当。⑤ 例如，甲、乙意图抢劫丙，经合谋让乙抱住丙，同时，由甲对丙进行暴力攻击，在重伤丙之后，甲将丙的财物拿走。在这种情形下，如果单纯地看乙的行为，似乎并非属于刑法第263条所规定的抢劫罪的实行行为。但就犯罪支配而言，乙的行为是抢劫罪的实行行为的一部分，而不能评价为帮助行为。A、B共谋杀害C，在A拿着斧头冲入C的房间之后，B将房门紧锁，C最终被A砍死的情形下，B的行为是对杀人行为的分担，是对犯罪进行功能性支配的行为，而非帮助行为。

与正犯的犯罪支配地位不同，共犯是对正犯进行诱导、唆使，或者单纯听命于正犯，为正犯加功的人。共犯不能对被害法益直接产生影响，需要通过正犯的行为作用于被害人，所以，共犯并不能将犯罪进程牢牢掌握在自己手上，没有自己的犯罪支配，在犯罪流程中居于边缘地位，而非核心地位。凡是欠缺犯罪事实支配关系的参与者，都只能认定为共犯而非正犯。教唆犯仅对他人实现犯罪的意思决定施加影响，客观上缺乏功能支配；帮助犯仅对他人的行为支配提供帮助，既无意志支配又无功能支配。应该说，犯罪支配说是一种折中的学说和实质判断的立场，它既不像形式的客观说那样，呆板地坚持实行行为的观念，也不至于像主观说那样走得

---

① 参见柯耀程：《变动中的刑法思想》，160页，北京，中国政法大学出版社，2003。

② 参见［日］西田典之：《共犯理论的展开》，江溯、李世阳译，66页，北京，中国法制出版社，2017。

③ 参见［日］山口厚：《刑法总论》（第3版），付立庆译，339页，北京，中国人民大学出版社，2018。

④ 参见［日］井田良：《刑法总论的理论构造》，297页，东京，成文堂，2005。

⑤ 关于犯罪支配说的发展历程的详尽介绍，请参见许玉秀：《当代刑法思潮》，573页以下，北京，中国民主法制出版社，2005。

太远，同时尽量克服了实质客观说的诸种弊端。犯罪支配说认为，犯罪本质上是由行为的主观要素与客观要素所共同组成的，在共同犯罪的场合，当行为人以独立的实现犯罪的意思，实质地支配犯罪行为和犯罪进程，处于主导、操纵犯罪的支配地位时，行为人就是正犯。而行为人仅仅对他人的支配给予一定程度的影响时，则是共犯。犯罪支配说肯定：只有支配犯罪的核心角色、关键人物才是正犯。支配犯罪意味着行为人实施了构成要件所要求的实行行为，造成了法益侵害后果。共犯对于犯罪不具有支配性，只是诱发或者促成犯罪的边缘角色，其可罚性附属于正犯。在这个意义上，犯罪支配说和共犯从属性说存在内在一致性。犯罪支配说由于同时考虑了共犯的主、客观要素，判断标准相对明确，也坚持了构成要件的观念，所以得到多数人的赞同。

正犯支配犯罪的类型，包括三种：（1）行为支配。这是直接正犯所具有的犯罪支配力。直接正犯根据自己的意思和行为，决定整个构成要件行为的实施以及危害结果的发生，处于绝对的支配地位。（2）意思支配。间接正犯能够通过例如强制或欺骗，不必在实现行为构成时在场，或者以其他方式共同发挥作用，来控制实施人，从而实现对事件的控制和支配。（3）功能支配。共同正犯能够通过与他人进行分工，在实施过程中掌握一种对构成行为的完成具有重要意义的功能，从而对行为构成的实现进行控制。① 按照共同正犯功能性支配的观点，共同正犯可以分为三种类型：其一，参与实行构成要件行为者；其二，参与实行构成要件以外行为者，只要这些行为与犯罪构成要件之实现有密不可分的功能支配关系，对实行行为者也可能论以共同正犯；其三，参与犯罪实行的策划、准备或资助行为者，即指挥他人实行犯罪的犯罪组织首脑，基于先前的共同犯罪决意，原先首脑主导的犯罪贡献，在实行时继续产生作用的，也可成立共同正犯。② 犯罪事实支配理论符合行为无价值二元论肯定主观要素影响不法的逻辑。按照犯罪支配说，单独正犯的行为支配在于，行为人亲自且“有目的地实现构成要件”；间接正犯的意思支配分为借助于强制、借助于被利用人的错误（依靠利用者的知识优越性）、依靠权力机器（Machtapparate）等情形；共同正犯的功能性支配则在于在实行阶段，对于实现构成要件提供了不可或缺的条件，也就是说，就实现共同的犯罪计划的影响力来讲，行为固然是具有决定性的，但就结果的发生而言，共同的犯罪计划也是必要的。③ 换言之，对功能性支配的成立而言，要使多个参与者成为正犯，除具备行为承担的共同性关系、正犯间地位对等、归责关系对等这三个条件之外，还要求“各共犯间具有行为形成的共同性”——犯罪决意共同形成，存在彼此间的意思形成共同性关系。④ 对此，罗克辛教授指出，在功能性支配的场合，共同实行者的行为支配产生于他在实施中的功能：他接受了一项对实现这个行为计划而言非常重要的任务，并且通过其所实施的构成要件行为而使对整个事件的控制成为可能。功能支配的成立必须满足三个核心条件：（1）必须存在一个共同的行为计划；（2）必须存在共同实施的行为；（3）必须在实施阶段作出实质性贡献。共同的行为计划是以行为人的主观意志一致为前提的，当两个偷猎者独立地向森林管理员射击时，其不是共同正犯而是同时犯；两个罪犯经共谋后潜入银行，一个人拿枪对准银行职员，另一个人乘机拿走保险箱，则两人都是正犯。这两个案例的差别在于行为人之间是否存在一个共同的犯罪计划，主观意志的一致与否决定了正犯是否成立。“在为同一个目标进行努力的人相互不知道对方的存在时，共同实行人就还不能存在”⑤。

---

① 参见［德］罗克辛：《正犯与犯罪事实支配理论》，劳东燕译，载陈兴良主编：《刑事法评论》，第25卷，1页，北京，北京大学出版社，2009。

② 参见林钰雄：《新刑法总则》（第6版），443页，台北，元照出版有限公司，2018。

③ 参见许玉秀：《当代刑法思潮》，580页，北京，中国民主法制出版社，2005。

④ 参见柯耀程：《支配理论的缘起与发展》，载《月旦法学教室》，2011（2）。

⑤ ［德］克劳斯·罗克辛：《德国刑法总论》（第2卷），王世洲等译，60页，北京，法律出版社，2013。

上述意义上的犯罪支配说，显然不是纯客观的不法判断理论①，而是实质的主客观综合说，其与行为无价值二元论的主旨相一致。对此，林东茂教授明确指出：犯罪支配说调和了主观说和客观说，行为支配与形式的客观说相一致；意思支配与功能支配的说法，则与主观说互为呼应。② 换言之，犯罪支配说将主观要素作为正犯违法性判断的依据之一，是一种主客观混合理论，因而是行为无价值二元论的产物——正犯利用因果经过实现构成要件结果的意思，是故意。故意的有无是正犯性的决定基准。因果性相同，但发生结果的故意不同的，对犯罪支配性不同。支配是建立在故意基础上的，在过失犯中不存在犯罪支配。因此，犯罪支配说实质上是强调：行为人基于故意，违反行为规范实施分则构成要件所规定的行为，进而侵害法益的行为，具有正犯的违法性。“依照犯罪支配说，正犯乃以故意操控整个犯罪流程者，即具有犯罪支配之决定性角色者，正犯对于犯罪能以自己之意思阻止或命令其进行，乃把事情掌握在自己手上（In-den-Händen-Halten）的决定性人物。反之，共犯乃无自己的犯罪支配，在犯罪流程中居于边缘角色，仅诱发或促成犯罪者。在判断犯罪支配时应同时考虑：各个行为人客观行为贡献的方式和比重、主观对于犯罪驾驭及企求的程度。”③

在这个意义上，可以说犯罪支配说是行为无价值二元论的共犯论。而在结果无价值论的理论背景下，能否承认犯罪支配说，确实是一个值得研究的问题。对此，井田良教授说得更为明白：“行为支配说注重利用因果经过来实现结果的意思，因此，行为支配也被称为‘目的的行为支配’。故意的有无是正犯性的决定性基础，这在考虑以下事例时变得更明确。甲将一把小刀交给乙，让其伤害 A，而刀刃上涂有剧毒。如果甲事先知道刀上有毒一事，对 A 具有杀意，甲成立故意杀人罪的（间接）正犯；如果甲不知此事，只有伤害的故意，就只是故意伤害罪的共犯。即使在因果性、危险性这点上完全相同，因为对结果发生存在故意而产生支配性。如果是这样，正犯性的有无是构成要件该当性，即类型的违法的问题，在并不将故意作为违法要素的体系中，不能采取行为支配说。在此可以明确的是，行为支配说是通过使行为者放弃故意，停止规范违反，来保护法益的刑法理论，也就是说，它只是行为无价值论在共犯论中的别称而已。”④

第二节　正　犯

一、正犯概说

1. 正犯的成立基础

正犯的成立基础，只能是刑法分则所规定的构成要件。直接或者通过他人实施构成要件所规定的行为的，就是正犯。

2. 义务犯与正犯

义务犯是正犯的一种表现形式，其构成要件是以特别义务的存在为前提的。行为人以作为或者不作为方式违反构成要件中所规定的特别义务的，应当成立正犯。义务犯包括身份犯、不纯正不作为犯等。我国刑法中规定的渎职罪、交通肇事罪、背信运用受托财产罪、遗弃罪等都是义务犯。

---

① 对此，有学者指出，“犯罪构成要件中的行为所具有的社会意义，在不考虑故意的情况下，经常是完全无法被人理解的。犯罪事实支配的客观特征并不说明，犯罪事实支配只包括外部特征”（廖北海：《德国刑法学中的犯罪事实支配理论研究》，121 页，北京，中国人民公安大学出版社，2011）。

② 参见林东茂：《刑法综览》，修订 5 版，181 页，北京，中国人民大学出版社，2009。

③ 林钰雄：《新刑法总则》，415 页，台北，元照出版有限公司，2014。

④ ［日］井田良：《变革时代的理论刑法学》，124 页，东京，庆应义塾大学出版会，2007。

由罗克辛教授所提倡的犯罪支配说以限制的正犯概念为基础，坚持构成要件的观念，主张确定谁是正犯、谁是共犯，需要考虑谁对犯罪进程具有实质性的、事实上的支配。在判断犯罪支配时，需要考虑各个行为人对客观行为的贡献方式和大小，主观上对于犯罪的期待和操纵、主导、驾驭程度。凡是以故意的心理操纵、控制着整个犯罪流程，决定性地支配犯罪的角色，就是正犯。正犯具有行为支配性，包括客观上的行为与主观上的犯意均处于支配地位。① 换言之，正犯能够以自己的意思把犯罪进程、法益侵害范围掌握在自己手上，是犯罪实施过程中的“灵魂人物”。共犯虽然对于犯罪的实现有加功行为，对法益侵害结果的发生有原因力，但是其不能以自己的意志控制犯罪进程。无论从主观动机还是客观的行为要素看，共犯都与正犯的地位不相当。

但是，犯罪支配说并没有很好地解决身份犯问题，因为在义务犯中，行为人是否支配犯罪，是否有实行行为，完全不重要。对于义务犯，必须有不同于支配犯的价值判断规则。也正是考虑到这一点，罗克辛教授特别提出了义务犯理论，认为（真正）身份犯属于义务犯的范畴：“在立法中，主要出现在当事人违背了他所扮演的社会角色的功能性要求，从而需要加以制裁的时候，在这时候，起决定性作用的并不是行为人举止的外部特征……人们在刑法之外的领域确定了相关参与者之间的义务，通过将这种义务写进法律，从而维持了罪刑法定原则。”② 义务犯的不法内涵是具有特定义务的人通过特定的不履行积极义务的行为表现出来的，因此，其基于对特定义务的违反成为整个犯罪的正犯。③ 义务犯理论明确肯定义务犯和支配犯的差异，承认其是互斥的概念，认为支配犯的原理不能用来解决义务犯的问题。对此，有学者指出：犯罪事实支配是现实的支配，是存在论上的支配，不能涵盖所有正犯类型。同时，立法者并非在所有情况下都用犯罪事实支配揭示行为事件核心角色的特征，有时也用其他客观实用的标准。在义务犯中，犯罪支配说没有适用的空间。④ 因为在义务犯中，违法身份总是和一项积极义务联系在一起，对这种义务的违反始终决定着行为的不法性。承担积极义务的人，即便只实施了没有犯罪支配的教唆、帮助行为，也必须按照义务犯的正犯来处理；而无身份者即使对于犯罪的实现有（支配犯意义上的）行为支配，参与犯罪积极或者参与实行的程度很深的，也不能成立身份犯的共同正犯，而只能成立教唆犯或帮助犯。如果不承认义务犯的本质，而将支配犯的法理运用到义务犯中，就可能错误地将无义务者的积极作为评价为全案的关键行为，不将特别义务者因特殊身份所享职权的任意行使作为刑法评价的关键，就会得出否认共犯者构成义务犯正犯，而仅成立支配犯共犯的不当结论。例如，证券公司工作人员 A 指使非受托人 B 使用客户资金的，B 由于不具有特定身份，不具有正犯资格，不能构成刑法第 185 条之一所规定的背信运用受托财产罪的正犯。A 当然也不能构成该罪的教唆犯，而只能构成间接正犯。B 即便形式上“支配”整个犯罪过程，但也只能成立该罪的帮助犯。“本来是排序上靠前的行为支配这个标准，在义务犯的情况中是退次于违背特别的义务这个标准之后的。”⑤

3. 目的犯与正犯

在某些犯罪对目的有特殊限定时，不能满足该构成要件的，从规范的意义上看，无法对犯罪起支配作用，不是正犯。例如，没有非法占有目的的人，只能成立盗窃罪的教唆犯、帮助犯。

4. 拟制的正犯（共犯行为正犯化）

共犯从属性理论强调必须要有正犯，才能谈得上共犯。但是，在立法上，可能根据法益保

---

① 参见［日］井田良：《刑法总论的理论构造》，297 页，东京，成文堂，2005。

② ［德］罗克辛：《刑事政策与刑法体系》，蔡桂生译，22 页，北京，中国人民大学出版社，2011。

③ 转引自何庆仁：《义务犯研究》，11 页及以下，北京，中国人民大学出版社，2010。

④ 参见廖北海：《犯罪事实支配理论之适用范围》，载《北方法学》，2011（5）。

⑤ ［德］约翰内斯·韦塞尔斯：《德国刑法总论》，李昌珂译，286 页，北京，法律出版社，2008。

护的必要性原则，对共犯从属性说进行变通，作出一些特殊的规定，将共犯行为作为正犯看待。在我国刑法中，存在为数不少的“共犯行为正犯化”即“拟制的正犯”的立法，使部分原本可以作为教唆犯、帮助犯处罚的人成为直接正犯，他人与之成立共同正犯、狭义的共犯就成为可能（如资敌罪、资助危害国家安全犯罪活动罪、资助恐怖活动罪、传授犯罪方法罪、容留卖淫罪、协助组织卖淫罪、教唆他人吸毒罪等）。在我国台湾地区“刑法”中，也有类似的规定，如将教唆法官枉法裁判或帮助公务员收受贿赂的行为，分别规定为教唆枉法裁判罪、帮助受贿罪。

归纳起来，在我国刑法分则中，拟制正犯的立法，大致有两类：（1）规定正犯行为，同时将原本属于共犯的行为明确规定为独立的正犯行为。例如，刑法第 358 条第 1 款规定了组织卖淫罪。协助组织卖淫的行为原本属于组织卖淫罪的帮助犯，但是，立法上为了防止法官引用从犯的规定，对帮助犯处刑过轻，而在该条第 4 款将协助组织卖淫的行为规定为独立的罪名，协助组织卖淫行为和组织卖淫行为之间就不再有共犯与正犯的从属关系。又如，军人逃离部队是我国刑法规定的一种犯罪行为，针对煽动军人逃离部队的，刑法第 373 条规定了煽动军人逃离部队罪，教唆行为就不再被当作军人逃离部队罪的共犯处理。（2）不规定相应正犯，但将危害较大的共犯行为独立规定为正犯行为。例如，当事人自己毁灭证据的，不构成犯罪。无毁灭证据的正犯，当然谈不上有帮助犯。但是，刑法第 307 条第 2 款特别规定了帮助毁灭、伪造证据罪，将帮助当事人毁灭、伪造证据的共犯行为视作正犯。类似的规定还有刑法第 359 条引诱卖淫罪。又如，在我国刑法中，吸食、注射毒品行为本身未被规定为犯罪，但其教唆行为在刑法第 353 条以教唆他人吸毒罪单独加以规定。

拟制的正犯立法，产生以下法律效果：（1）某些正犯行为（如组织卖淫）如果离开某些共犯行为（如协助组织卖淫），基本上不可能完成。因此，将类似经验上通常会出现的共犯行为类型化地拟制为正犯行为。（2）部分共犯行为具备独立的不法内涵，在真正的正犯尚未着手实施危害行为时，对原本以狭义共犯的面目出现的行为也可以作为正犯处罚，从而使处罚时点提前。（3）对没有共同犯罪关系或者正犯不处罚的情形（例如，卖淫行为不是犯罪），也可以将具有帮助性质的容留卖淫行为在立法上规定为独立罪名，作为正犯处罚，从而扩大了处罚范围。（4）在某些场合，充分考虑了罪刑均衡原则。因为有的帮助行为危害性严重，接近于相应的正犯，如不将其拟制为正犯，而作为狭义共犯看待，再援引总则从犯从轻处罚等规定，对这些人的处罚就可能过轻，从而放纵犯罪。协助组织卖淫罪就是这方面的典型例子。如果将这些危害较为严重的共犯行为直接规定为正犯，可以避开总则的规定，做到准确量刑。（5）反映了行为无价值论的思路。被拟制为正犯的行为比其他帮助、教唆行为更容易侵害法益（例如，充当打手的协助组织卖淫行为更容易妨害社会管理秩序，资助恐怖活动组织比资助杀人犯更容易造成更大范围的人身财产损害），因此，将类似共犯行为类型化就值得重视，将其行为样态从共犯提升为正犯是保护法益所必需的。这样的规定，也可以发挥刑法作为行为规范的功能，起到积极的一般预防的作用。如果仅仅考虑结果无价值一元论，根据该共犯行为并结合总则规定，也可以达到法益保护的效果，没有必要规定拟制的共同正犯。

但是，如果拟制正犯的立法过多，也会带来一些问题：（1）在正犯是身份犯的场合，理论上不能将不具有特定身份的人评价为正犯。但是，在非身份犯对身份犯传授犯罪方法（如无业人员对多名国家工作人员传授监守自盗的方法）时，将传授犯罪方法这种教唆行为拟制为正犯，没有考虑正犯概念和构成要件的紧密关联。（2）拟制正犯的立法，采取单一正犯概念，与现代各国刑法理论中区分正犯、共犯的二元犯罪参与体系相悖。（3）有的拟制正犯立法对行为的法益侵害性、危险性的论证似不充分，可能将正犯仅违法时的共犯拟制为正犯，将不重要的、不值得刑法保护的利益上升为法益，和刑法的最后手段性不相符合，反映了刑法家长主义的倾向。

二、直接正犯

直接正犯，是指亲手实施犯罪，实现了犯罪的主、客观构成要件，并应对此承担刑事责任的人。

刑法分则关于具体犯罪的规定，都是对于既遂的直接正犯的规定。例如，刑法第263条关于抢劫罪的规定，就是以单独的行为人实施暴力、胁迫或者其他方法强行劫取他人财物所达到的既遂状态为立法上的预设，这就是刑法关于（单独）直接正犯的规定。本书前面对犯罪成立的主观要件、客观要件和排除要件的分析，都是以直接正犯为模本进行的。关于直接正犯，在认定上通常不会有太多的问题，此不赘述。

三、间接正犯

间接正犯，是指将他人作为犯罪工具，以实现自己犯罪目的的人。

（一）间接正犯概念的意义

承认间接正犯概念，不是简单地为了使正犯概念复杂化，而是具有以下独特意义：(1) 正犯是支配犯罪进程的人，是犯罪的“灵魂人物”；共犯是参与他人犯罪的人，对于犯罪不具有支配性。将间接正犯这种对于犯罪具有意思支配的人挑选出来单独进行研究，以区别正犯和共犯，具有特殊意义。(2) 当被利用者是未成年人或者限制责任能力的精神病人时，利用者成立间接正犯还是教唆犯容易混淆，分清楚利用者究竟属于间接正犯还是教唆犯，对于定罪量刑具有实际价值。如果利用者属于间接正犯，对其应当径行适用刑法分则的规定，按照正犯处刑；如果利用者成立教唆犯，应当同时结合刑法分则和总则关于教唆犯的规定定罪处刑，同时，根据刑法第29条第1款的规定，对教唆不满18周岁的人犯罪的，应当从重处罚。但对利用不满18周岁的人犯罪的间接正犯，直接适用刑法分则规定之刑，谈不上从重处罚的问题。(3) 如果否认间接正犯概念，利用者的行为大多只能认定为教唆行为，但是，在利用他人的合法行为犯罪的场合，对“教唆”他人实施合法行为进行处理，就会得出非常奇怪的结论。同时对身份犯利用无身份者犯罪的情形，如果把利用者认定为教唆犯，非身份者因为欠缺身份，不能构成正犯，只能成为帮助犯，这样就会出现“没有正犯的帮助犯”，违反共犯从属性原理。(4) 对于共犯的从属程度，今天有影响的理论赞成限制的从属性，即正犯不需要具有责任。但是，仍然有不少学者主张极端的从属性。如果坚持极端的从属性，正犯必须有责任，共犯才能成立。在利用欠缺责任者的场合，被利用者不具备有责性，教唆犯就不能成立。此时，如果不承认间接正犯，会对很多犯罪行为无法处理，带来法益保护的不周延。所以，如果坚持共犯的极端从属性，承认间接正犯概念更是必要的。

（二）间接正犯的正犯性

正犯是对构成要件该当事实的实现处于支配性地位的人。根据这一观点，间接正犯的正犯性，主要表现在处于优势地位的间接正犯对于被利用者（行为媒介）的支配性。隐身于“幕后”的操纵者如果没有支配、控制和决定犯罪，就不具备正犯的起码条件。直接正犯通过自己的实行行为引起危害后果，其对于犯罪的支配表现为直接的行为支配。间接正犯需要通过其他人的行为才能引起结果的发生，但其他人对于自己被利用的事实是完全不知情的，属于利用者犯罪行为的“无辜代理人”。这里的“不知情”，可能是因为年龄、责任能力的限制而不可能知情，也可能是因为被欺骗、被蒙蔽而无法知情。处于“幕后”的利用者将被利用者的行为作为自己行为的一部分加以支配，这种支配是一种处于优势地位的意思支配。“优势的意思支配”表明利用者对于犯罪在认识因素上要比被利用者清楚，在意志因素上追求、容认结果发生的要求更为迫切，所以，“优势的意思支配”包括“认识上的优势”和“意志上的优势”。离开利用者的优势支配和操纵，被利用者的行为随时可能停止，所以，利用者是控制犯罪因果进程的“灵魂人物”，是犯罪的决定性角色。处于间接正犯“掌心”之中的被利用者，和单独正犯在犯罪时所使用的刀枪棍棒、猛兽等本质上毫无差别，所以，刑法将通过自己的意思支配整个犯罪的间接正犯（幕后操纵者）当作正犯处理，有充分的根据。归结起来讲，间接正犯的正犯性表现在：行为人以自己的意思对被利用者进行意思支配，从而左右了被利用者实施犯罪的因果进程。

（三）间接正犯的类型

1. 利用欠缺责任能力者的行为

利用无责任能力者或者部分责任能力者实施犯罪的，可能成立间接正犯。其中，利用精神病人实施犯罪的，被利用者属于绝对被操纵的人，利用者成立间接正犯。但利用未达刑事责任年龄的人或者限制责任能力的精神病人实施犯罪的，根据共犯从属性说中的限制从属性原理，正犯不具有有责性，教唆犯也能够成立，所以，利用者可能成立教唆犯，也可能成立间接正犯。一般来说，利用者强制、操纵、说服、支配欠缺责任能力者犯罪的，被利用者对于犯罪没有添加自己的理解，没有自己的意志，受利用者的决定性影响。利用者将他人作为工具实现自己的犯罪目的，其就是间接正犯。相反，如果在一定程度上受到利用者控制的人，具有规范意识和意思能力，对犯罪有自己的认识和理解，具备有目的地实施犯罪的能力，犯罪时并没有受到强制的，犯罪是该媒介自己的“作品”，其对犯罪就具有支配力。利用者只是单纯地“支持”被利用者犯罪，而非基于优势的意思支配、控制其犯罪的，被利用者是直接正犯，利用者就是教唆犯，利用者并不像间接正犯那样认为犯罪是自己的“作品”。例如，A（25岁）指使差1天年满14周岁的B抢劫C的财物，A可以成立抢劫罪的教唆犯，B是抢劫罪的直接正犯，只是没有责任。

2. 利用他人缺乏故意的行为

被利用者实施了幕后操纵者自己想实施的行为，但如果被利用者对案件事实完全不知情，缺乏犯罪故意，利用者就成立间接正犯。例如，A将毒品说成是药品，利用不知情的B运送毒品的，A构成运输毒品罪的间接正犯。甲利用不知情的开锁匠乙开了丙家的门，然后雇搬家公司将丙的财物运到指定地点的，利用者甲具有明显处于优势的支配意思，构成盗窃罪的间接正犯。

3. 利用他人的合法行为

利用他人的合法行为实施犯罪，是指利用他人符合构成要件，但阻却违法的行为达到幕后支配者的目的的情形。例如，甲事实上想杀害乙却教唆乙去杀丙，同时甲告知丙有人想杀他，让后者做好正当防卫的准备。后来，当乙持刀来杀害丙时，丙果然正当防卫杀死了乙。甲就属于利用不知情的丙的合法行为达到了杀害乙的目的，支配了乙死亡的过程，因而构成故意杀人罪的间接正犯。①

---

① 关于本案的处理有很多争议。另一种常见的分析思路是，如果按照共犯从属性说和共犯处罚根据论（混合引起说），都应该否定“没有正犯的共犯”，从而认定甲至多就其教唆乙杀害丙这一事实成立故意杀人罪（未遂）的教唆。因为丙直接杀死了乙，甲难以控制犯罪进程，缺乏犯罪支配，其行为性质只能停留在教唆层面。但由于丙对乙成立正当防卫，乙需要对自己的侵害行为自我答责，丙作为正犯的违法性被阻却，这就能得出具有从属性的教唆者甲对于被害人死亡也不具有违法性的结论。但是，必须考虑：认为事实上有教唆行为的甲无须对乙的死亡结果负责，显然不符合国民的规范意识。因此，我（暂且）倾向于认为，乙其实是被作为“幕后黑手”的甲所设计的圈套陷害致死的，就利用不知情的丙的行为达到杀害乙的目的而言，甲对乙死亡的因果流程起到了支配作用，丙只是实现其犯罪目的的工具，将甲作为间接正犯处理并非完全不可以接受。当然，肯定利用他人的适法行为也可以成立（违法的）间接正犯，这是“人的不法性论”或者违法相对论的主张，是更接近于行为无价值论的立场。

4. 利用行为时承担责任的人

利用行为时承担责任的人的行为实施犯罪的，利用者构成故意犯罪，被利用者可能成立过失犯，也可能成立故意犯。此时，利用者和被利用者就特定被利用的犯罪而言是同时犯，但不是共同正犯。

（1）利用他人的过失行为。

利用他人的过失行为实施犯罪的，被利用者和利用者之间缺乏共同故意，被利用者仍然属于被支配的犯罪工具。例如，具有杀人故意的医生A将某种注射液交给护士B，令其注射给病人C。由于该注射液与正常药品在颜色上有重大差异，B稍加注意即可发现，但急于下班的B因疏忽大意而给C注射了该针药，导致C死亡。被利用者B构成医疗事故罪，利用者A对该结果承担故意杀人罪既遂的责任。

（2）利用有故意（但无目的或无身份）的他人。

利用有故意的他人，是指利用具有刑事责任能力、有故意但缺乏目的或身份的人实施犯罪的情形。利用无目的的有故意的他人时，被利用者不知道利用者的真实意图，不具备构成要件所要求的"主观的超过要素"，而利用者却在幕后支配犯罪，使被利用者在不自觉中完成了利用者的目的行为，利用者构成间接正犯。例如，A有传播淫秽物品牟利的目的，但其隐瞒牟利目的，说服B传播淫秽物品，直接传播者B因欠缺主观要素而不符合传播淫秽物品牟利罪的构成要件，只能成立传播淫秽物品罪，A构成传播淫秽物品牟利罪的间接正犯。① 利用有故意但无身份的人时，无身份者因为欠缺特定身份，其行为不是身份犯才能构成之罪的实行行为，不能构成正犯，利用者就不能成立教唆犯，只能以间接正犯处理。

（3）利用他人犯轻罪的故意。

利用者有犯重罪的故意，但隐瞒该故意，教唆他人实施轻罪的行为，被利用者出于犯轻罪的故意，同时导致了轻罪结果和重罪结果的，利用者成立轻罪的教唆犯和重罪的间接正犯。例如，A出于杀害B的目的，知道B当时正处于某屏风后面，就指使C向该屏风开枪，不知情的C一枪打坏了屏风，同时也打死了B。对此，学者认为，C尽管有毁坏财物的故意，但没有杀人的意思，因此，仅就杀人而言，C仍然只是工具而已，A构成故意杀人罪的间接正犯。②

在利用他人的犯罪故意的场合，由于利用者优越的意思支配地位始终存在，对犯罪有独立的支配，所以，即便被利用者构成犯罪，成立（单独）直接正犯，利用者仍然可以成立间接正犯。所以，"正犯背后的正犯"作为一种现象是存在的。

5. 利用被害人的行为

被害人本人自杀、自伤或者损毁本人财物的行为本身不是犯罪，教唆、帮助被害人自杀、自伤、毁损本人财物的，因为不存在符合构成要件、具有违法性的正犯行为，按照共犯从属性说，帮助、教唆行为就没有可罚性。但是，利用、控制、操纵被害人使其实施自杀、自伤或者毁损本人财物的，利用者本人就是正犯，犯罪的结果就要归责于利用者。例如，丈夫A和妻子B吵架后离家出走，有杀人故意的邻居C告诉B："你假装上吊，我马上打电话叫A回来看看，吓吓他，让他以后不敢和你争吵。"B听从C的意见，将搭在房梁上的绳子套在脖子上，但C扬长而去，B很快吊死的，C就属于利用被害人的行为达到其故意杀人目的的间接正犯。

---

① 如果A对于B没有认识优越性和意志优越性，B不是处于被支配的地位，按照部分犯罪共同说，A、B在传播淫秽物品罪的范围内成立共同正犯。

② 参见［日］团藤重光：《刑法纲要总论》，3版，159页，东京，创文社，1990。

（四）不成立间接正犯的情形

1. 亲手犯

亲手犯，是指行为人必须亲自实施刑法分则罪状所要求的实行行为，才能构成犯罪的情形。换言之，亲手犯必须是亲力亲为的犯罪，不能假借他人之手实施。典型的亲手犯有伪证罪、脱逃罪、重婚罪等。①

间接正犯是把他人作为工具，假借被利用者之手实施犯罪。而亲手犯必须自己实施犯罪，所以，对亲手犯进行支配的，不能成立正犯，当然就更不能成立间接正犯，但可能成立教唆犯或者帮助犯。换言之，亲手犯是不能以间接正犯方式成立的犯罪。例如，虽然不具有证人身份的A和证人B多次进行谋议，但最终对司法机关作虚假陈述的是B，只有B是正犯，A只能成立教唆犯；证人C和D经共谋后，先后对司法工作人员作伪证的，二人各自分别成立伪证罪的直接正犯，不是共同正犯。

2. 真正身份犯

真正身份犯，是指具有特殊身份，犯罪才能成立的情形。不具有特殊身份的人，即使从形式上看，其对犯罪具有支配、控制作用，是犯罪的核心角色，其行为也不是刑法分则针对身份犯所规定的实行行为，所以不能成为正犯，自然也无法成为有身份者的间接正犯。也即在刑法理论上，无身份者不能利用有身份者成为实行犯罪的人。② 例如，没有国家工作人员身份的妻子A指使担任国有公司财务经理职务的丈夫B做假账，非法占有公共财物的，A只能构成贪污罪的教唆犯，不能构成间接正犯。

四、共同正犯

共同正犯，是指以共同犯罪意思，各自分担犯罪的一部分，共同实现“自己的犯罪”的人。

讨论共同正犯是否成立的意义在于：确定其在共同犯罪中的角色地位，以便于适用部分行为全部责任原则（交叉归责原则）。

（一）成立条件

1. 二人以上

按照因果共犯论的逻辑，共同犯罪是行为人共同惹起结果，因此，共同犯罪的成立不要求所有人都达到刑事责任年龄。

实务中有的人认为，共同犯罪中所有行为人都具有责任能力。这是存在疑问的。比如，15岁的甲教唆25岁的乙盗窃财物的，甲和乙是共同犯罪，只是因为甲年纪小，不处理他，但是认定两个人共同干一件违法的事，这是没问题的。所以刑法中所讲的共同犯罪，不是这两个人都要定罪，而是指两个人共同去实施一件对社会有害的行为。

换句话说，共同犯罪主要解决的是共犯人违法事实上的连带性。违法是连带的，责任是个别的。由于责任年龄、责任能力属于责任要素，因此不需要每个共犯人都达到责任年龄、具有责任能力。如果要求共犯人必须达到责任年龄、具有责任能力，则难以妥当处理一些实务中的案件。例如，甲（精神病患者）与乙共同用刀砍杀丙，致丙死亡，但无法查明是谁的行为导致

① 承认亲手犯概念究竟在刑法上有多大的意义，以及根据亲手犯概念限制间接正犯的成立范围是否和法益保护的观念相抵触，是需要考虑的问题。

② 但有身份者可以成为直接正犯，也可以成为无身份者的间接正犯。例如，担任国有公司财务经理职务的丈夫B为非法占有公共财物，将单位账目拿回家，指使没有国家工作人员身份的妻子A做假账的，B成立贪污罪的间接正犯，A成立帮助犯。

丙死亡的，如果认为甲乙不构成共同犯罪，只能单独定罪，则由于无法认定乙的行为与丙的死亡存在因果关系，根据存疑有利于被告人的原则，对乙只能认定为故意杀人罪未遂。这显然是不合适的。只有认为甲乙构成客观违法意义上的共同“犯罪”，才能根据“部分实行、全部责任”的原则，对乙认定为故意杀人罪既遂。

要求共同犯罪人都必须达到刑事责任年龄，还会带来其他司法难题。例如，李某伙同未成年人申某某（13周岁）将幼女王某领到一玉米地里，对王某实施轮流奸淫的，李某是否构成轮奸？实务中对此一直有争议。① 有观点就认为，李某的行为不属于“轮奸”，不能适用刑法第236条第3款第4项关于轮奸的规定进行处罚。理由是：“轮奸”属于共同犯罪中的共同实行犯。既然是共同犯罪，那么，就必须具有两个以上犯罪主体基于共同犯罪故意实施了共同犯罪行为这一要件。由于本案的另一行为人不满14周岁，被排除在犯罪主体之外，故不能将本案认定为共同犯罪，因而也就不能认定为轮奸。但是，这种观点并不合理，与不满14周岁的人轮流奸淫同一幼女的行为当然属于轮奸。轮奸，是指二人以上共同强奸同一妇女或幼女，也即轮奸就是强奸罪的共同犯罪。遇到的问题是，不满14周岁的人实施强奸不负刑事责任。既然如此，他人与其实施轮奸行为似乎就无法成立共同犯罪。要破解该障碍，就需要对共同犯罪的主体要件重新认识。

在一般情况下，共同犯罪的主体都达到责任年龄、具有责任能力。但是，“犯罪”概念可以相对化理解。符合客观违法要件、具有法益侵害性的行为，可以视为客观违法意义上的“犯罪”。

具体到本案而言，如果认为李某与申某某不构成共同犯罪，则李某不属于轮奸，对李某的强奸罪便不能适用关于轮奸的升格法定刑。这显然是放纵了犯罪，也不利于保护法益。因为对被害幼女而言，事实上的确遭受了轮奸侵害。只有认为李某与申某某构成客观违法意义上的共同“犯罪”，才能认为李某构成强奸罪，适用轮奸的升格法定刑。而申某某由于未达责任年龄，最终不负刑事责任。

2. 共同行为

在通常情况下，共同正犯存在共同的犯罪决意，并往往由此形成较为详尽的犯罪计划。与这种犯罪心态相匹配，共同正犯形成功能上的分工、合作关系，各自分担了实现犯罪计划所必要的行为，对犯罪进程的推进作出了必要的“贡献”。共同正犯的共同行为，包括以下情形：（1）最典型的是参与实行分则构成要件所规定的构成要件行为。（2）在我国刑法中，犯罪集团的首要分子或者聚众犯罪中起组织、策划、指挥作用的人，即使不在现场，没有亲自实施刑法分则所规定的构成要件行为，按照犯罪的功能性支配说，可以认定其为共同正犯。处于组织、指挥、策划地位的人，始终会把整个犯罪作为自己的事情而非他人的事情，所以，在共同犯罪中处于核心地位者，是犯罪的决定性人物，他人在现场的具体实行行为随时受制于组织、指挥、策划者，后者的功能远非具有边缘性的教唆犯可比。将这些人作为共同正犯是理所当然的。

3. 共同意思

刑法第25条规定，共同犯罪是指二人以上共同故意犯罪。共同正犯的成立，在犯罪故意上有以下要求：（1）各个行为人主观上具备相同的犯罪认识因素和意志因素，而且，每个行为人都认识到，自己所实施行为的性质以及该行为所可能导致的后果，都是另外的行为人有所认识、有所期待的，即存在相互认识、相互期待的关系。这里的“相同的犯罪故意”，不必完全

① 参见最高人民法院刑事审判庭编：《中国刑事审判指导案例》，第2卷，598页，北京，法律出版社，2017。

一致，有重合即可；可以一方是直接故意，另一方是间接故意，并不要求都是直接故意。此外，共同犯罪的意思，通常形成于共同犯罪之前。但是，在同时实行犯罪过程中，因为偶然原因产生共同意思，或者因同时实行者改变犯罪意图而产生共同意思的，也属于共同故意。(2) 行为人之间存在意思联络。这里的“意思联络”，明示的或者暗示的均可。联络通常是直接的，是数个共同正犯同时谋议的。但是，通过某人顺次传达的，甚至是“单线联系的”间接“意思联络”，也属于共同意思的表达方式。

与共同正犯的共同意思相关的以下几个问题值得研究：

(1) 同时犯。偶然在同一场所、同一时间实行犯罪的人，是同时犯。同时犯缺乏意思联络，互不依赖，不是共同正犯，不能适用部分行为全部责任原则，应当按照各自所犯的罪行进行处罚。例如，甲深夜骑车从某超市门口经过，见卷帘门被人打开，乙正在里面偷东西，甲也进去偷窃的，二人成立同时犯。

(2) 共同过失。刑法主观主义认为过失的共犯有存在余地，因为共同犯罪中的共同意思，只是共同为自然行为的意思，而不要求行为人有追求构成要件结果或者规范意义上的结果的意思，所以不要求行为人之间有共同故意。因此过失共同犯罪的存在就是合理的，故意犯与过失犯的共同犯罪也可能是存在的。

刑法客观主义在犯罪共同说的基础上，否认过失的共犯的存在。理由在于：共同犯罪是两人以上共同实施的特定犯罪，除有共同的行为以外，意思联络也至关重要，各行为人对构成要件结果的发生必须有共同的故意，这样，共同犯罪就只能在故意的范围内成立。过失犯罪由于其没有彼此的意思联络，所以不成立共同犯罪。① 应该说，站在犯罪共同说立场上的过失的共同正犯否定说更为符合我国现行刑法的规定。此外，如果承认犯罪支配说，也可能会得出否认共同过失犯罪的结论。

共同过失犯罪，没有相同的犯罪认识和意识因素，也不存在意思联络，不是共同正犯，但可能成立过失犯的同时犯。

(3) 片面正犯。共同正犯之间有意思联络，该意思联络是否一定要有意思的“互换”？没有共同实行的“交互”的意思联络，只有一方有与他人联络的意思的，是否成立共同正犯？例如，A 知道 B 要杀害 C，就将 C 捆绑起来，扔在不知情的 B 的必经之路上，B 将 C 砍死的，对 A 应当如何处理？这就是片面正犯问题。

对此，行为共同说认为，“共同”是指构成要件的行为共同，只要客观的实行行为相同或部分相同就可以成立共同正犯，因此，彼此之间是否有意思的联络并不是问题的实质，只有一方有联络的意思，他方并不知情，也认为正犯有共同的意思联络。只要一方有利用或补充他方的行为，就可以成立共同正犯。

犯罪共同说认为，共同犯罪的成立，除彼此之间必须有共同的实行行为以外，行为人之间还必须有共同的意思联络，意思联络对违法性有影响。共同的意思联络，必须是“交互”的意思沟通。因此，片面正犯当然因其没有彼此之间的意思的联络而不成立共同正犯，由此否定了片面正犯概念。

我认为，片面正犯否定说是有道理的。共同正犯的归责原则是“交互”归责（部分行为全部责任），在共同犯罪过程中，正犯之间在心理上、物理上相互都有引起和被引起的关系，互

① 与此相关，刑法客观主义否认过失的教唆犯、从犯、帮助犯等概念的存在必要性，因为教唆是使他人产生实施犯罪的决意，教唆者必须对自己的教唆行为可能使他人产生特定的犯罪意图并实行犯罪有所认识，而从犯要对他人的犯罪提供帮助，就必须对被帮助的正犯的实行行为性有所认识，而且要认识到正是自己的帮助使正犯的犯罪更容易得逞，所以，过失的教唆犯、帮助犯的出现可能性难以想象。

为因果，所以，正犯甲要对正犯乙的行为及其所造成的后果负责，反过来，正犯乙要对正犯甲的行为及其后果负责。在片面正犯的条件下，不知情的一方不可能对单纯有正犯意思者的行为负责，无法适用部分行为全部责任的处罚原则。按照共同正犯的性质，行为者之间必须有共同犯罪的认识，有意思的交换，并有相互利用对方的行为以达到犯罪目的的意思。片面正犯难以符合共同正犯主观上的这些要求，所以不应该承认片面正犯概念。否认片面正犯概念，不等于放纵犯罪，对相关行为人可以按照间接正犯①、同时正犯或帮助犯处理。②

（二）共同正犯的特殊问题

1. 承继的共同正犯

（1）问题。在他人实行一部分犯罪行为之后，犯罪行为尚未完全结束之际，行为人基于共犯的意思，加入该犯罪的实行的，是承继的共同正犯。③ 其焦点问题在于：先行为人着手实行犯罪之后，后行为人知情并参与的，后行为人是否对包括自己参与之前就已由先行为人所引起的事实在内的所有犯罪事实，承担共同正犯或者帮助犯的罪责？

（2）学说。在承继的共同正犯中，如何确定后行为人的责任，一直是理论上争论不休的问题，实务中的处理也不统一。例如，甲基于抢劫的意思深夜在某偏僻处将被害人乙打成重伤，妻子田某应丈夫甲的要求持手电筒照明，甲顺利将乙散落在地的钱包取走的，田某构成抢劫（致人重伤）罪还是盗窃罪？甲将被害妇女乙打伤，甲的朋友于某路过时将无力反抗的乙强奸。事后发现乙受重伤，但该后果是甲还是于某造成难以查明的，于某是否对重伤结果负责？在甲的抢劫暴力行为已经实施一段时间之后，赵某赶到并从被害人乙身上取走 1 万元的，对赵某应如何处理？

对于承继的共同正犯如何处理，目前理论上有三种立场。

其一，完全肯定说。该说主张后行为人在先行为人的行为尚未结束之际参加犯罪的，均应当与先行为人一起构成共同正犯，即便是先行为人造成的后果，也需要后续的共同正犯负责。因此，上述案例中的田某构成抢劫（致人重伤）罪，于某构成强奸（致人重伤）罪，赵某构成抢劫罪。因为后行为人认识到先行为人所实施的行为并有利用的意思，与共谋行为具有相当性，值得重罚。但是，仅仅因为对先行为人的行为有认识就在处罚上溯及他人之前的行为，失之过严，似乎不妥当。

其二，全面否定说。该说认为，应当彻底贯彻因果共犯论的立场，全面否定承继的共犯，那么，后行为人就只对其参与的犯罪负责。在其参与之前，他人所造成的后果，即便其对此有认识，也不需要负责。全面否定说的问题在于，就共犯而言，也应当以与所有构成要件该当事实之间存在因果性为必要。因此，有必要对于后行为人施加了因果性影响的行为、结果进行独立评价，在该行为、结果符合特定构成要件的限度之内，才有可能成立共犯。因此，上述案例中的田某的行为构成盗窃罪，于某构成强奸罪，赵某构成盗窃罪。因为按照因果共犯论，在共犯人与参与行为没有因果联系的情形下，共犯人无须承担责任。但是，按照完全否定说，在先

---

① 为此，似乎需要承认“正犯背后的正犯”理论（事实的行为支配）。

② 理论上讨论的个别片面共同正犯案件，实际上不是正犯而是帮助犯。例如，C 事前知道 A 将以盗窃目的侵入 B 的住宅，为了使 A 实现犯罪，C 事先侵入 B 的住宅，对 B 施加了暴行、胁迫，限制了 B 的自由，后不知情的 A 进入 B 家中实施了盗窃行为。有的日本学者认为，A 构成窃盗罪既遂的单独犯，C 构成强盗罪的片面共同正犯。大塚仁教授对此指出：C 对 B 使用暴力，目的是使 A 容易实施盗窃，“既然与 A 没有什么联络，就不过是 C 自身的单独犯。至于使 A 的窃盗容易实施，那最多只能认为是窃盗罪的片面从犯，毕竟不能解释为强盗罪的片面共同正犯”（［日］大塚仁：《犯罪论的基本问题》，冯军译，265 页，北京，中国政法大学出版社，1993）。

③ 对于承继的共同正犯，还有“相续的共同正犯”的提法，请参见韩忠谟：《刑法原理》，200 页，北京，北京大学出版社，2009。

行为人所实施的犯罪较轻时，后行为人的行为可能无罪，由此带来不合理的结论。例如，先行为人恐吓他人，被害人被迫交付财物，后行为人接受该财物的，由于既不是盗窃也不是敲诈勒索，根据完全否定说只能作无罪处理。

其三，部分肯定说（中间说）。在后行为人部分参与，从先行为人的角度看，后行为人的行为重要的场合，可以肯定后行为人对最终结果负责。但是，部分肯定说也有两个限制条件：先行为人的行为效果延续至后行为并被后行为人利用；后行为人利用先行为人的效果并扩大结果。按照这一观点，上述案例中的田某构成抢劫（致人重伤）罪，于某构成强奸（致人重伤）罪，赵某构成盗窃罪。

对于承继的共同正犯如何处罚，必须受到共犯处罚根据因果共犯论的约束，即行为人仅就与自己的行为之间存在因果关系的事实承担共同正犯罪责。如果承认因果共犯论，全面肯定说就是无法被采纳的。由此一来，主要的争论就集中在部分肯定承继的“中间说”与全面否定承继的“消极说”之间的对立。

如果严格地坚守因果共犯论的立场，全面否定说就是最能够与因果共犯论的实质相一致的，因为后行为人的参与和先行者已经造成的损害之间没有因果关系，其能够支配的只能是其参与之后的犯罪事实。因此，在他人使用暴力导致被害人重伤的场合，后行为人仅参与取得财物的，其仅构成盗窃罪正犯。国外的司法判决经历了从完全肯定说向限定承继说的过渡，新近的部分判决则有采纳全面否定说的趋势。① 不过，彻底地根据因果共犯论处理承继的共同正犯案件，对于后行为人仅在他人实施虚构事实的诈骗行为之后参与取财的情形，恐怕只能作无罪处理，其结论偏离生活经验，也可能形成处罚漏洞。为保持承继的共同正犯与共犯处罚根据的因果共犯论之间的一致性，需要对因果共犯论进行重新解读或者进行适度缓和。对此，山口厚教授提出了重新整合因果共犯论的主张。他认为，目前，“中间说”的理论根据并不充分，因此，应当采取的理论结构是，以肯定先行为人存在作为义务为前提，认定通过共谋参与先行为人行为的后行为人与先行为人共有这种作为义务。为此，后行为人成立抢劫罪、敲诈勒索罪或者诈骗罪的不作为犯，并与属于作为犯的先行为人之间成立这些犯罪的共同正犯。这一结论是以后行为人仅就共谋参与之后的事实承担罪责为前提，不仅是妥当的，而且也与因果共犯论之间具有整合性。② 对因果共犯论进行缓和的观点则由桥爪隆教授提出，他主张，为了既坚持因果共犯论，同时弥补处罚上的漏洞，合理的做法是缓和共犯因果性的内容，不要求后行为人的行为与所有构成要件该当事实之间均存在因果关系，而只要与构成要件结果的发生之间存在因果关系即可。这种对因果性的缓和，既适于狭义的共犯，也适于共同正犯。③

（3）部分肯定说的合理性。

我认为，无论部分肯定说赞成者的具体理由是什么，该学说与因果共犯论的实质基本上相一致这一点是无法否认的，即后行为人参与时，与先行为人试图实现的结果相一致，且存在因果性（接近于桥爪隆教授的主张）。因此，在他人盗窃之后，为窝藏赃物而逃跑时，行为人帮助盗窃犯逃跑，对追赶的失主使用暴力的，是抢劫罪正犯。而在他人使用暴力导致被害人重伤的场合，后行为人仅参与取得财物的，应当构成盗窃罪。

（4）学说的运用。

对于涉及承继的共同正犯的案件，如何按照部分肯定说进行处理？在这里，结合一起抢劫取财案略作分析。

---

① 参见［日］松原芳博：《刑法总论重要问题》，王昭武译，323页以下，北京，中国政法大学出版社，2014。

② 参见［日］山口厚：《承继的共犯理论之新发展》，王昭武译，载《法学》，2017（3）。

③ 参见［日］桥爪隆：《论承继的共犯》，王昭武译，载《法律科学》，2018（2）。

某省高级人民法院经公开审理认为：根据现有证据，侯某、匡某二人为抢劫而以打工为名，到被害人家与何某同住一室而相识后，曾多次拉拢何共同实施抢劫，何一直未明确允诺，且有躲避侯、匡二人的行为；本案抢劫行为实施前，何某并未在侯、匡二人商量马上动手时有表态应允、接受分工的行为；在侯、匡二人以暴力行为致被害人死亡后，何某应匡某的要求参与了在被害人家翻找财物的行为。据此，原判认定作案前何某与侯、匡二人就抢劫多次进行预谋，并与侯、匡二人共同致被害人死亡的事实证据不足。原审被告人何某在明知侯、匡二人为抢劫而实施暴力并已导致被害人死亡的情况下，应匡某的要求参与侯、匡二人共同去被害人房间找钱的行为，系在抢劫犯罪过程中的帮助行为，亦构成抢劫罪的共同犯罪，在共同犯罪中起辅助作用，系从犯。因其在被害人死亡前并无与侯、匡二人共同抢劫的主观故意和客观行为，故对其应适用刑法第 263 条一般抢劫罪的规定予以处罚。鉴于原审被告人何某在本案抢劫犯罪中的从犯作用、被动参与犯罪且未实施抢劫犯罪中的暴力行为，主观恶性、人身危险性、社会危害性相对较轻等情节，对其应在法定量刑幅度内从轻处罚。据此，终审判决如下：被告人匡某犯抢劫罪，判处死刑，剥夺政治权利终身，并处没收个人全部财产；侯某犯抢劫罪，判处死刑，缓期 2 年执行，剥夺政治权利终身，并处没收个人全部财产；被告人何某犯抢劫罪，判处有期徒刑 4 年，并处罚金人民币 1 千元。①

在本案中，对于侯某、匡某共同预谋并实施抢劫行为构成抢劫罪的共犯没有争议，但对于事中参与犯罪的何某如何定罪存在一定分歧。有意见认为：抢劫罪侵犯的是复杂客体，表现为对他人的人身和财产权利的侵犯。在他人以非法占有为目的，对被害人先施以暴力，使被害人失去反抗能力后，再取得被害人财物的情况下，行为人于侵犯被害人人身权利行为实施完毕后，参与他人实施侵犯被害人财产权利行为的，其对被害人的伤亡事实并无主观故意和客观行为，故对该行为人的行为性质应与参与全部抢劫犯罪行为的他人的行为性质作出不同的评价。本案中，何某在侯某、匡某拉其入伙，要其参与抢劫犯罪时，并未表示同意。侯某、匡某二人为非法占有财物而对被害人实施暴力至被害人死亡前，何某亦无任何帮助的行为。在被害人死亡后，何某应侯、匡二人的要求参与了在被害人家中搜取财物的行为。由于何某事前无抢劫的主观故意，事中亦未参与侯、匡二人在抢劫过程中的暴力行为，其犯罪的主观故意内容及行为特征与侯某、匡某不同，因此时被害人已死亡，故其行为属秘密窃取之盗窃性质，应以盗窃罪定罪。

不过，这种意见并不妥当。何某对于先行为人已实施一部分实行行为，再以共同犯罪的意思参与实行的情形。对于承继共同正犯中的后续参与人何某，应当按照前述的部分肯定说确定其刑事责任。

按照部分肯定说，就抢劫罪而言，后行为人明知先行为人实施了抢劫的暴力行为，后参与进来，实施取得财物的行为的，应构成抢劫罪的承继的共同正犯。首先，抢劫罪在我国是一个独立的犯罪类型，由暴力、胁迫等强制行为与取财行为组成，这两种行为都是抢劫罪的实行行为。后行为人在了解先行为人抢劫的暴力行为后，基于利用的意图参与其中，利用暴力行为的持续效果实施取财行为，就属于抢劫罪的“强取”行为。就此而言，后行为人的取财行为不是孤立的、单纯的取财行为，与通常发生的盗窃行为有所不同。其次，如果将后行为人的取财行为认定为盗窃罪，是将其行为从共同犯罪中剥离出来进行单独评价，没有考虑行为人之间在现场就部分行为的相互配合问题，这显然是不合适的。最后，即使将后行为人的取财行为认定为

---

① 参见最高人民法院刑事审判庭编：《中国刑事审判指导案例》，第 1 卷，39 页以下，北京，法律出版社，2017。

抢劫罪，并不意味着处罚会很重，因为这种行为在作用上属于从犯，会根据从犯的规定得到从宽处罚。

本案的复杂性在于，被告人侯某、匡某以抢劫的故意杀死被害人后，被害人何某在侯某、匡某的拉拢下才参与取财行为。但是，即使是在这种情形下，何某仍然构成抢劫罪承继的共同正犯。虽然抢劫罪的一般情形是以非法占有为目的实施暴力，压制被害人的反抗，然后取走财物，但是，也包括以非法占有的目的杀死被害人，然后取走财物。此时的取走财物依然属于抢劫罪的实行行为的一部分。在本案中，何某参与进来实施的取财行为与侯某、匡某的暴力行为紧密相连，没有明显的时空间隔，且指向暴力犯罪的财产取得这一法益侵害后果，此时何某的行为仍然属于侯某、匡某之暴力行为的效果的延续。因此，对何某而言，其成立抢劫罪，并不是因为其行为与所有构成要件该当事实之间均存在因果关系，而是因为其在另外两个正犯的指使下所实施的取财行为，与这一抢劫罪构成要件结果之间存在因果关系。如此认定，既坚持了因果共犯论，又适度缓和了共犯因果性的内容，弥补了处罚上的漏洞，因而具有合理性。

2. 共谋共同正犯

今天的多数说认为，在特殊情况下，即便没有共同实行的事实，即没有分担刑法分则构成要件所规定的行为，也可能成立共同正犯的情形中，还有一种很重要的类型——共谋共同正犯。①

（1）理论对立。

共谋共同正犯，是指二人以上共谋实施一定的犯罪，但实际上只有一部分人实行了该犯罪，其他没有实施具体实行行为的人，也应当与实行行为人成立共同正犯的情形。例如，甲、乙共谋杀丙并制订了详细的犯罪计划，第二天甲诈称患病，并未前往现场，乙独去将丙杀死。在甲、乙只有共谋行为，而无共同实行行为时，是否成立共同正犯？实践中，一般将共谋行为视为正犯行为，从而认定甲、乙为故意杀人既遂的共同正犯。

在理论上，对参与共谋而未实行的人，是否应被作为共同正犯来看待，而不是作为教唆犯、帮助犯处理，曾经存在激烈争论。对此，持反对意见的学者认为：1）单纯的事前共谋，但不参与实行的，难以对其他实行者发挥功能性支配的效果，共谋者就不是决定犯罪进程的核心人物，其只能成立（精神）帮助犯或者教唆犯。不能仅仅因为存在共谋关系就认定谋议参与者为共同正犯。2）将谋议行为视作共同实行，是作对被告人不利的类推解释。3）参与谋议但无行为上的相互利用、相互补充的，与行为分担不同，将其评价为实行，使类型化的实行概念无存在价值。4）共谋与教唆、心理帮助难以区分，将可能属于共犯行为的共谋作为正犯行为看待，与共犯从属性相悖。

由于各国刑事立法上都没有使用共谋共同正犯概念，因而相关理论的形成与审判实践有关。在日本，法院通过一系列判例确立了共谋共同正犯概念及其相关原理。在诈欺、恐吓等智能型犯罪、暴力犯罪（故意伤害、抢劫）以及大量有组织犯罪中，先后承认了共谋共同正犯。例如，对参与共谋后，他人实施抢劫金融机构等犯罪的，对参与谋议者论以正犯。日本刑法学界在很长一段时间内，只认同共同实行者才是正犯的观念，但是，目前肯定共谋共同正犯论同时主张限定其成立范围的观点占据主流。也就是说，在日本，由于判例的持续推动，刑法理论已抛开对共谋共同正犯的肯定与否定之争，转而研究共谋共同正犯的构造、不作为的共谋共同正犯、共谋的射程、共谋的因果性与错误，以及如何认识相关司法判例的合理性等问题。

在德国刑法立法和理论上，都没有使用共谋共同正犯的概念，但这并不代表其无须处理与

① 参见［日］西田典之著，［日］桥爪隆补订：《日本刑法总论》，3版，371页，东京，弘文堂，2019。

共谋共同正犯类似的问题。在德国刑法中，区分共犯与正犯的通说是犯罪支配理论。按照犯罪支配理论，在日本认定为共谋共同正犯的情形可以根据行为人的犯罪参与程度分别解释为间接正犯、共同正犯或狭义共犯。其中，支配型共谋共同犯罪成立间接正犯，功能型共谋共同犯罪成立共同正犯，而协同型共谋共同犯罪则成立狭义共犯①，即在日本以共谋共同正犯来统一解决的问题，在德国可能转换为犯罪支配理论的话语系统。在德国犯罪支配理论的语境下，对相关问题的处理途径大致有：根据犯罪支配理论，在幕后操纵利用他人，将他人作为自己犯罪工具的支配型共谋共同正犯（“幕后黑手”），由于其精神控制力等优势地位，实现了与间接正犯相同的效果，最终可以作为间接正犯处理。在行为人实质性地参与谋议的场合，部分行为人虽形式上未实施构成要件行为，但其功能性谋议行为决定了事件后续走向的，也应该被实质上评价为共同正犯。但对于犯罪的实质性影响有限的协同型共谋行为，则可能作为狭义共犯（帮助犯）处罚。由此一来，德国通说通过犯罪支配理论区别情况讨论了在日本作为共谋共同正犯处理的难题。

当然，必须看到，由于德国重视事实特征明显的犯罪支配，因此，对于实务中大多将参与谋议者、出谋划策者作为正犯处理的做法，理论上大致持批评态度，认为实务中的做法是主观理论的产物。这与日本通说总体上赞成实务中的做法的态度形成鲜明对照。也许是为了缩小日本实务中关于共谋共同正犯的认定范围，近年来，有日本学者主张“修正的行为支配”的观点，认为共谋共同正犯的支配并不是完全与间接正犯相同意义上的支配关系，而是缓和的支配，即将行为支配修正、缓和到能评价为“共同实行”的程度。共谋共同正犯是通过对犯罪的实施形成合意，让实行者感到不仅是自己的犯罪，而且也是其他共谋者的犯罪，因而实行者处于很难完全按照自己的意思放弃犯罪的心理状态。根据这种由心理性约束所形成的缓和的意思支配，对于其他共谋者也能认定具有正犯性。据此，就能认为在对等的参与者之间，也是存在这种缓和的支配。②

（2）我国的实务。

我国刑法理论对是否应当采用共谋共同正犯概念一直有争议，但司法实践总体上对此持肯定态度。对共谋后，因错过到现场实行犯罪的时机、找错地方、认错对象等原因，未实际参与抢劫、伤害、盗窃、贩卖毒品的行为人，法院判决均认为共谋者是实行行为人，或与实行行为人成立共同犯罪，属于犯罪既遂；且大多按照共同正犯（或主犯）处刑。当然，由于我国刑法中没有规定正犯，因而在实务中，并不会使用实行犯、正犯或共谋共同正犯的概念，但从认定共谋者成立犯罪既遂、处刑较重等处理结果看，实务中大体承认共谋共同正犯的法理。也就是说，实务中出于惩罚犯罪的考虑，倾向于将那些与犯罪实行行为有支配关系、合作关系、能够左右事件结局的人都视为犯罪的核心人物，而不是仅仅认定为狭义的共犯，即使这些人并未直接参与构成犯罪事实上的行为。例如，A、B密谋抢劫妇女Z，并伙同S商议作案计划，查看作案地点，购买水果刀、绳子、背包等作案工具。后S因害怕而中途退出。数日后，A、B来到Z住处，按照事先的部署，抢劫并杀害了Z。法院判决：A、B构成抢劫罪，判处死刑；S也构成抢劫罪，判处有期徒刑4年。

法院的判决在这里虽然没有使用共谋共同正犯概念，但运用了相关法理。我认为，参与共谋者S对事后实行者A、B是否存在功能性支配，能否将S的共谋评价为类似于共同实行的正犯行为，需要就案件的具体情况进行判断。如果结合案件的具体情况，可以认定共谋者作为

---

① 参见陈坚毅：《“共谋共同正犯”——一个多余的法范畴》，载《北大法律评论》，第11卷第1辑，261页，北京，北京大学出版社，2010。

② 参见［日］松原芳博：《刑法总论重要问题》，王昭武译，299页，北京，中国政法大学出版社，2014。

“幕后黑手”，参与策划、制订较为详尽的犯罪计划，强化了其他正犯的犯罪心理，有引起危害结果发生的高度危险，对于犯罪的实现发挥了可以与实行的分担相匹配，或相当于实行的分担的作用，而他人着手实行犯罪完全是对先前的共谋意思的贯彻，共谋者也没有切断先前共谋与后续的他人实行之间的联系的，就可以认为事先的共谋关系与实行行为实质上相当，应将共谋关系评价为正犯行为，从而承认复数的犯罪支配的竞合。对此，有学者正确地指出：“当犯罪是有组织地进行的场合，对幕后策划犯罪或下达命令的首要分子，或者虽然未亲自实行行为但发挥重要作用的人，即使形式上没有实行行为，但仍应按共同正犯而不是按帮助犯加以处罚。共谋共同正犯论正是出于这种考虑，对未分担实行行为的人也肯定为共谋共同正犯。”或者通过“对实行行为的概念加以实质性理解，通过把支配他人行为的人解释为实行人（行为支配说），来肯定共谋共同正犯”①。当然，需要特别注意的是：在他人已经具备较为成熟的犯罪意图时，发表不具有重要影响的意见的，不是共谋。例如，甲下定决心要去盗窃丙的财物，便找到乙详细讲述了自己的犯罪计划，邀请乙同行。乙告诉甲既然盗窃的财物数量较多，就“最好带一个大口袋”。甲果然准备了一个很大的编织口袋。第二天，甲在无法找到乙的情况下，自己带着大口袋实施盗窃行为并得逞。在本案中，乙的意见对于犯罪的实行很难说有实质的功能性支配，将其认定为共谋共同正犯并不妥当，可以考虑以帮助犯处理。

（3）成立条件。

1）共同谋议的事实。在实行共同正犯的情况下，只要行为人对共同实施犯罪这一点有认识即已足够，是否存在共谋的事实没有必要再予以考虑。但是，共谋共同正犯是基于共谋的事实而产生相互利用、相互补充，进而由其中的部分行为人着手实施行为的关系，因此，共谋的事实是否存在尤为重要。所谓“共谋”，是指二人以上为了实行特定的犯罪，以将各自的意思付诸实现为内容，互相就犯罪的实行共同发挥作用的意思沟通并最终达成共识的过程。通过共谋，单纯共谋者与实行担当者一体化的内在联系得以产生，并且对于共谋行为的内容及随后采取的行为达成一致（客观共谋说）。

共同谋议的事实决定了共谋共同正犯与教唆犯、帮助犯均有所不同：一方面，共谋，是指已经具有犯罪意思的正犯之间的相互讨论，反复沟通；共谋的人必须有对等、平等的关系。能否将共谋（包括顺次的共谋、现场的共谋、默示的共谋）评价为实行，需要考虑以下因素：共谋者与实行者的主从关系、谋议与准备阶段的实际作用、是否存在角色的可替换性、谋议的可操作性等，以仔细考察共谋者是否达到发挥正犯的“支配”作用的程度。例如，甲、乙共谋杀害丙，甲说用刀杀丙，乙说用毒药最有效。甲、乙是在具有平等关系的前提下对犯罪进行谋议，当然可以认定为共谋。但教唆是使没有犯罪意思的人产生犯罪故意，被教唆人事前并无犯罪故意，因此教唆不是共谋。单纯地执行他人的犯罪授意，不是实现共谋的内容，而是被教唆。例如，甲对乙说：如果你用刀杀了丙，我给你 5 万元钱。乙一言不发，去实施了杀害行为，则甲为教唆，与乙不成立共谋。另一方面，共谋的事实意味着，如果没有共同实行犯罪的意思联络，而只是意图帮助他人犯罪的，这种意思不是共同实行犯罪的意思联络，基于这种意思而加功于他人犯罪的，不是共谋共同正犯，而是帮助犯。

2）他人的实行，即共谋者中必须有一人或一部分人在共同谋议的基础上直接实行了犯罪构成要件中的实行行为。一方面，肯定共谋者一定意义上的“从属性”。在实行共同正犯的情况下，共同者各人均需分担部分实行行为，所以不存在从属性的问题；在共谋共同正犯中，则

---

① ［日］西田典之：《日本刑法中的共犯规定》，载［日］西原春夫主编：《日本刑事法的重要问题》，第 2 卷，128 页，北京，法律出版社，2000。

需要承认至少其中一人着手了犯罪的实行行为这一共同正犯成立意义上的“从属性”。另一方面，需要承认共谋者行为的重要性。为了有效地限制共谋范围的成立，必须强化共谋而未参与者与实行行为之间的关系。共谋共同正犯之所以能够成立正犯，是因为通过共谋者的行为，设定了相互的利用和依存关系，将他人的行为化作自己的手段，所以，共谋行为对于共同犯罪的实行行为形成了重要参与关系，以至于能够被评价为具有分担实行行为的性质，由此被实质地判断为正犯，而非狭义共犯。“不是亲自分担了实行行为，而是与实行担当者的行为一并进行实质地考察认定为共同造成结局者。”①

3. 共同正犯的处理原则

共同正犯要对自己的行为所导致的结果负责，同时要对其他正犯所导致的结果负责，因为其他正犯的犯罪，是所有共犯人“自己的犯罪”。所以，在共同正犯的场合，只要一个行为人的行为既遂，所有的正犯都要承担既遂的责任，这就是共同正犯部分行为全部责任原则或者交叉归责原则。例如，A、B经共谋后，以杀人的意思同时对C开枪。后查明C身上只中一颗子弹，如果查明该子弹为A所射击，B根本没有打中C，A当然是故意杀人既遂，B也是故意杀人既遂；如果无法查清该子弹由谁发射，A、B也都成立故意杀人既遂。②

在共同正犯的处理上，坚持部分行为全部责任原则，并不违反责任主义，不属于株连无辜。主要理由在于：（1）从犯罪支配说的角度看，在客观上，共同正犯之间相互利用、相互补充，自己的犯罪是他人的，他人的犯罪也是自己的，正所谓“我中有你，你中有我”，所以，对于个别正犯造成的后果，所有正犯都难脱干系。（2）在主观上，任何一个正犯的存在及行为都对其他正犯在心理上有很大的影响，正犯相互之间是对方的“精神支柱”。

共同正犯着手实行行为之后，都没有达到既遂状态的，则所有共犯都是未遂。例如，A、B经共谋后，以杀人的意思同时对C开枪，但A打中了C身旁价值高昂的观赏狗，B的子弹根本无法发射，则A、B都只能成立故意杀人未遂。对于本案中出现的共同正犯的抽象事实认识错误，适用单独犯的事实认识错误处理原则。对共谋共同正犯的处罚，也应当适用部分行为全部责任的法理，即单纯共谋者虽然没有实施实行行为，不是形式上的实行者，但是，由于其实质上对于实行行为的实施、犯罪的完成发挥了重要的作用，应与实行者“同视”，因而其应当同实行者一样对实行行为及其危害后果承担全部责任（包括对整个犯罪结果负责，承担既遂责任等）。例如，甲、乙、丙共谋去抢赌资。三人骑自行车到某单位宿舍院外，此时甲巧遇友人丁，遂下车与之交谈。乙、丙没有等甲，放下自行车持刀闯入宿舍楼某房间，用暴力抢走正在参与赌博的人共计500元钱。乙、丙抢到钱后匆忙下楼推车，甲见状即与丁道别，并推车与乙、丙一同回甲家分赃。甲获赃款50元。审判机关认为，被告人甲参与事前的抢劫共谋，并一同骑车去抢劫现场，而后在楼下等候，待他人抢劫得手后便主动一同去分赃，应视为实施了“一定的”抢劫行为，应当构成抢劫罪。

4. 共同正犯与加重结果

共同正犯实施各自的行为，其中个别正犯导致的加重结果，是否需要其他正犯承担？例如，A、B共谋抢劫，A堵住一个死胡同的路口，B对误入该胡同的C进行抢劫，在C反抗时，B推了C一把，导致其跌倒后撞在水泥地上诱发冠心病死亡。B属于抢劫致人死亡，需要对C的死亡结果负责。问题是A是否也需要对抢劫致人死亡的加重结果承担责任？

结果加重犯存在基本犯是故意、加重结果是过失，基本犯是故意、加重结果是故意，基本

---

① ［日］藤木英雄：《新版刑法演习讲座》，197页，东京，立花书房，1966。

② 在同时犯的场合，如果无法查明子弹由谁所发射，因果关系的特定性无法证明，根据无法证明就不能裁判的原则，A、B均只能承担故意杀人未遂的责任。

犯是过失、加重结果是过失三种类型。由于我国刑法并不承认过失的共同正犯，所以，对于基本犯是过失、加重结果是过失的情况，不需要在共同正犯中讨论。基本犯是故意、加重结果是故意的情形下，所有的正犯都需要对加重结果负责，符合部分行为全部责任的共同正犯处理原则。在上述案例中，A、B共谋实施的抢劫罪是重罪，共同正犯对其他人在犯类似于抢劫的重罪过程中可能杀害被害人并不是难以认识，B故意杀害C，C死亡的结果是A能够接受的，所以，A需要对C的死亡结果负责。

而在基本犯是故意、加重结果是过失的场合，因为各个行为人对加重结果缺乏故意，缺乏意思联络，对于此部分，不能成立共同正犯，所以不能按照部分行为全部责任的原则处理，合理的处理原则是考虑各个共同正犯的行为是否符合结果加重犯的条件，即需要分别考察各个行为人对于加重结果的发生是否有（具体的）预见可能性。例如，A、B共同绑架C，B在事后看管C时，将C捆绑太紧，导致其窒息死亡。B之行属于绑架致使被害人死亡，A在与B实施法定刑起点为10年有期徒刑的绑架罪时，对于他人可能在绑架过程中杀害被害人或者过失导致被害人死亡客观上有所预见，所以A需要对C的死亡结果负责。由此看来，对于加重结果，是否要求所有的共同正犯负责，是分别判断的。换言之，在出现加重结果的场合，基本的处理原则是：对于基本犯而言，成立共同正犯；对于加重结果而言，成立“同时犯”，由各行为人各自对结果负责。而各行为人是否对加重结果负责，不可一概而论，是否对加重结果有预见可能性是问题的关键。当然，在结果加重犯的共同正犯场合，各个正犯对结果的预见可能性通常是存在的，因此，其一般要对加重结果负责。

5. 共同正犯与加重情节

加重结果也是广义上的情节，所以，这里的“加重情节”，是指加重结果以外、刑法分则有特别规定的法定刑升高的情节，或者因为在基本行为之外另外实施一定行为而转化罪名，以重罪论处的情况。

我国刑法第263条规定了8种法定刑升高的情节，其中多数属于加重情节。在共同正犯的场合，一个正犯的行为具备某种情节的，对其他正犯的处理通常也需要适用该情节的规定。例如，A、B经共谋后实施抢劫行为，A在室外望风，B入户抢劫或者进入金融机构抢劫的，则对A、B都要适用入户抢劫或者抢劫金融机构的法定刑。

共同正犯之一在基本行为之外另外实施一定行为而转化罪名的，其他共同正犯是否应对转化后的罪名负责，需要结合个案进行判断。例如，A、B入室盗窃，A取得财物后先行离开，B被回家的主人发现时为脱身而将主人打成重伤的，B是抢劫罪的正犯，但A只构成盗窃罪的共同正犯。当然，如果A、B之间事前存在一旦盗窃难以脱身时就要殴打被害人的商议，则两人都成立抢劫罪（共谋共同正犯）。再如，甲、乙共谋抢夺，如果甲携带凶器，而乙对此并不知情的，则甲构成抢劫罪的正犯，乙构成抢夺罪的共同正犯。

第三节　狭义的共犯

正犯直接面对、侵害法益，其行为的因果性很明确，对其处罚的根据很充分。问题是，对于通过正犯的行为间接地参与犯罪的狭义共犯（教唆犯、帮助犯）为什么也要进行处罚，这是共犯处罚根据的问题。

一、共犯的处罚根据

共犯规定是处罚扩张事由，刑法在处罚正犯之外，还处罚“参与”共同犯罪的教唆犯和帮助犯，成倍地扩大了处罚范围。刑法处罚正犯的根据是其对犯罪的功能性支配和直接造成法益侵害的事实，处罚理由很充分。但是，刑法处罚教唆犯、帮助犯的理由究竟是什么？对此，主要有责任共犯说、违法共犯说和引起说（惹起说、因果共犯论）的争论。①

（一）责任共犯说

责任共犯说认为，之所以处罚共犯，是因为共犯使正犯堕落，陷入了承担罪责和受到刑罚惩罚的境地。换言之，共犯制造出犯罪者——让后者实施了犯罪并成为违法且有责的人，所以，共犯的主观恶性很大，应当定罪处罚。例如，张某与陈某合租一个寝室。有一天两人发生矛盾，张某就对陈某怀恨在心，想报复她。于是，张某就把陈某的照片发给网上认识的一个男生刘某，指使刘某晚上潜入她们的寝室去强奸陈某，张某还打给对方 1 万元钱作为报酬。当晚半夜，陈某因为肚子痛去了医院，但张某仍然呼呼大睡。刘某进入寝室后，发现宿舍里只有一个女生（实为雇请他实施强奸的张某），刘某没法看清脸，就对张某实施了强奸并得逞，后案发（以下简称“入室强奸案”）。在本案中，刘某构成对张某的强奸罪既遂，按照责任共犯论，张某在事情的起因上是教唆人，其制造了一个强奸犯，因而成立共犯。

责任共犯说存在的问题是：（1）责任共犯说的理论逻辑是正犯之所以犯罪，是因为共犯让他去实施的；或者没有共犯的帮助，该犯罪难以实施。这样一来，共犯就是独立于正犯且赋予正犯犯罪性的人。因此，责任共犯说很难摆脱刑法主观主义的纠缠。（2）既然是共犯使正犯堕落，陷入责任之中，那么正犯在构成要件符合性、违法性之外还应具备有责性，共犯从属性程度就必须是极端的从属形式。这和现代刑法赞成限制从属性和责任个别化的立场不符。（3）在未遂的教唆的场合，教唆者对没有犯罪意思的被教唆者造成了侵害，使其堕落，制造出了犯罪者，所以，未遂的教唆也应当受到处罚。（4）责任共犯说可能使某些事实上处于被害人地位的人成为共犯。例如，在前述“入室强奸案”中，张某不构成该强奸罪既遂的教唆犯，因为就自己被强奸这一事实而言，张某在事情的起因上是教唆人，但更是被害人，其对“自我损害”不承担刑事责任，如果按照责任共犯说认为其制造了一个强奸犯因而成立共犯，这一结论显然无法被一般国民接受。又如，A 因生活窘迫多次到违法抽血点卖血，B 发现 A 此次卖血离上次的时间太近，就劝阻 A，但敌不过 A 的苦苦哀求，B 对 A 抽血，导致 A 陷入昏厥，出现重伤结局。虽然有 A 的承诺，但是，违法抽血的 B 知道 A 的承诺无效，故 B 构成故意伤害罪。按照责任共犯说，A 使 B 陷入承担责任和受刑罚处罚的地步，A 是故意伤害罪的教唆犯。但是，A 自伤身体不是犯罪，A 在成为违法抽血的被害人之时，反而构成故意伤害罪的教唆犯，难以让人接受。（5）按照责任共犯说，教唆犯就属于是以被教唆者的自由、名誉以及社会地位等概括性利益作为保护法益的“堕落罪”，而与被教唆的犯罪性质无关。如果是这种“堕落罪”，就应单独作为独立的犯罪类型规定在分则中，然而现行刑法是将教唆犯、从犯作为分则中的基本构成要件的修正形式来加以规定的。②

（二）违法共犯说

该说认为，共犯的责任在于帮助、教唆行为使正犯“去实施”违法行为，让其卷入了与社会对立的状态，因此，处罚共犯不是因为其引起法益侵害，而是由于其制造了违法行为。不法共犯论坚持绝对的违法连带性，按照这一学说，甲让他人伤害自己时，甲对自己成立故意伤害罪的教唆犯，这显然忽视了故意伤害罪的构成要件及被害人承诺的效力，所得出的结论不能为一般人所接受。违法共犯说是对责任共犯说的修正，其除了将责任共犯说的极端从属性说立场改变为限制从属性说立场外，其他方面的主张几乎相同。

---

① 对于共犯处罚根据、共犯从属性这样的问题，不具有阶层特征的犯罪构成四要件说难以处理。

② 参见［日］松原芳博：《刑法总论重要问题》，王昭武译，307 页，北京，中国政法大学出版社，2015。

责任共犯说和违法共犯说都并不认为处罚共犯是因为其引起了法益侵害，而是由于其制造了犯罪者或者违法行为。这样，共犯的处罚根据就与正犯不同。

（三）引起说（惹起说、因果共犯论）

引起说从共犯行为和法益侵害的联系中寻找共犯处罚根据，认为共犯通过正犯行为间接地使违法的结果产生，使法益受到侵害或者威胁，共犯行为和法益损害之间具有因果性，所以理应受罚。由此一来，法益侵害成为共犯和正犯相同的处罚根据。

在引起说内部，又有纯粹引起说、修正引起说、混合引起说的对立。

1. 纯粹引起说

该说认为，共犯处罚根据在于其自身的不法（引起法益侵害的事态）。换言之，对正犯和共犯要并行理解，承认共犯有其自身的不法性。只要共犯行为与（正犯的）法益侵害之间具有条件关系，对于共犯就需要处罚。在这种情况下，正犯的行为只要属于某种违法行为即可，即便正犯没有构成要件符合性，共犯也能够成立，因此，该说对共犯从属性就不会再强调。

纯粹引起说的问题在于：(1) 根据纯粹引起说，在利用他人的无过失行为或者利用不知情的被害人的情况下，幕后者不是间接正犯，而是因为其自身不法而成立的教唆犯、帮助犯。但这一观点在今天已经不被接受。(2) 如果将纯粹引起说贯彻到底，会得出“没有正犯的共犯”的不合理结论。刑法第 307 条规定，指使他人作伪证的，构成妨害作证罪。该规定对非罪行为定型化，将犯罪分子本人排除在构成要件之外。问题是，如果 A 指使 B，让其就事关 B 本人的事实向司法机关作虚假供述的，B 行为的客观违法性是存在的，按照纯粹引起说，就会得出 A 构成妨害作证罪教唆犯的结论，A 成为没有正犯的共犯。例如，A 大摆宴席贺儿子满月，同事纷纷前来捧场，觥筹交错至夜深方散。A 大醉，送同事 Z 出门。Z 发现自己骑来的摩托车不见了，到处找也没找到。此时 A 见旁边另有几辆摩托车，即回家拿来扳手、榔头等工具。A 叫 Z 给他递送工具，将其中一辆摩托车的车锁撬开，然后将此车交给 Z，叫他骑走。第二天，A 的弟弟 B 发现 A 的摩托车（价值 2 万元）丢失，遂向公安机关报案。经查，A 的摩托车被 A、Z 前夜“盗走”。在本案中，财物本身为 A 所有，A 的行为不具备盗窃罪明知是“他人的财物”而窃取的构成要件要素，A 不是正犯。但按照纯粹引起说，正犯的行为即便没有构成要件符合性，共犯也能够成立。Z 的帮助行为与 A 的违法性法益侵害之间具有因果联系，所以对于 Z 需要处罚。但是，这一结论无视刑法分则关于盗窃罪的规定，和犯罪支配说、共犯从属性理论都不相符合，本身并不妥当。

2. 修正引起说

该说主张，处罚共犯的根据在于其引起正犯的不法，从而造成法益侵害。这一学说要求共犯行为从属于正犯行为，按实行从属性，违法的正犯行为没有实行的，对共犯就不能处罚。换言之，在共犯行为导致构成要件意义上的法益侵害后果，即共犯行为与正犯之构成要件行为所造成的结果之间存在的引起、被引起的关系（因果性）时，对共犯才可以处罚。教唆犯、帮助犯通过正犯实施了构成要件行为，并通过该行为导致了法益侵害结果发生的，才具有可罚性；只要正犯没有着手实施符合刑法分则规定的构成要件行为，没有由此引起违法的法益侵害，对共犯进行处罚就缺乏根据。修正引起说和责任共犯说、违法共犯说的区别在于：对共犯之所以要归责，不是因为其行为导致正犯堕落，或者引起了正犯的违法行为，而是因为正犯开始实施符合构成要件且侵害法益的行为，反过来印证了共犯行为是侵害法益、违反规范、值得处罚的行为。共犯的处罚根据是从正犯符合构成要件且侵害法益的行为中推导出来的。

结果无价值论通常赞成上述观点。但是，修正引起说可能带来处理结论上的不合理。例如，甲女 13 岁，其主动与 25 岁的男子乙发生性行为的，乙的行为具有强奸罪的法益侵害性。

按照修正引起说，甲的行为引起了正犯的不法，应当成立强奸罪的教唆犯（只是因为其缺乏有责性而不处罚）。再如，13岁的儿童丙主动向男子丁表示希望后者将其带往外地共同生活，丁照做后，丁的行为具有拐骗儿童罪的法益侵害性，按照修正引起说，丙的行为引起了正犯的不法，应当成立拐骗儿童罪的教唆犯。但将被害人认定为教唆犯的上述结论似乎并不妥当。

3. 混合引起说

该说认为，要处罚共犯，需要确认因为共犯的行为同时引起正犯的不法和共犯自身的不法。因此，混合引起说是对共犯处罚根据的双重限定。例如，B因为口角纠纷而随意殴打C，C不为所惧，持木棍激烈反抗并砸向B。B恼羞成怒，喝令站在一旁的好友A："动手，废了他！"A捡起一块砖头对准C拍过去，C见情况危急，拔腿就跑。A的砖头没有拍中C，却将B砸成重伤。如何处理本案？对于A的责任，如果按照法定符合说，A对B成立故意伤害罪；按照具体符合说，A对B构成过失致人重伤罪。就B的责任而言，由于刑法第234条规定故意伤害罪的对象是他人的身体，按照共犯处罚根据的混合引起说，B教唆A伤害自己（而非他人）时，不存在教唆者B自身的不法，而只有正犯A的不法，因此，对自己受伤而言，B不成立教唆犯，B至多仅成立对C故意伤害罪（未遂）的教唆犯。①

混合引起说的合理性在于：一方面，强调构成要件的观念，重视构成要件行为概念，承认法益侵害后果系由正犯所直接造成。另一方面，承认共犯具有自身的不法性，其通过自己的行为使他人参与犯罪，对由此造成的结果，也应当负责。共犯不能从因果链条中摆脱出来。所以，混合引起说强调共犯的行为与法益侵害间的因果关系：共犯的行为是原因，正犯的构成要件行为是媒介，法益的侵害或者威胁是结果。正犯行为是符合构成要件规定的行为，其对法益的侵害是直接侵害；共犯行为是对破坏规范的正犯行为的加功，通过正犯的行为损害法益，是间接的法益侵害行为。在根据刑法分则的构成要件规定对正犯进行处罚时，该构成要件规定间接地适用到共犯身上，对共犯的定罪和处罚取决于正犯的不法程度和范围，共犯的不法性仍然与构成要件有关。我认为，坚持构成要件基准，结合法益侵害性来理解共犯处罚根据的混合引起说是妥当的。

根据混合引起说，处罚共犯是因为其自身的不法引起正犯的不法行为及其后果。至于共犯对正犯的引起关系，包括物理引起关系和心理引起关系。教唆犯是唤起犯意，其对正犯的引起关系限于心理引起关系。帮助犯使正犯的实行更容易，其对正犯的引起关系包括心理引起关系（如强化犯意，或使其犯罪时心里更踏实），或者物理引起关系（如提供犯罪工具、跟踪被害人、望风等）。在正犯的不法性能够得到确认，但共犯的不法性不存在的场合，不能处罚共犯。例如，在幼女甲主动与成年男子乙发生性行为的案件中，存在正犯的不法，但是，共犯的不法并不存在——设立强奸罪，是为了防止他人侵害妇女自己的性自由权利，甲的行为并未侵害法益（而非缺乏有责性）。在仅仅具有乙的不法性，但缺乏甲的不法性时，不能将甲作为共犯处罚。

（四）混合引起说符合行为无价值二元论的内在逻辑

肯定混合引起说，具有以下意义：(1) 根据混合引起说，可以承认共犯从属性理论。(2) 根据混合引起说，可以承认违法的连带性、相对性。例如，盗窃罪的帮助犯、教唆犯没有非法占有目的，但仍然能够通过正犯行为实现违法结果；在国外，无保护责任者教唆有此责任者遗弃的，教唆者只能成立单纯遗弃罪。(3) 根据混合引起说，对未遂的教唆，由于教唆者无违法地实现结果的意思，其计划的结果不可能实现，难以对其进行处罚。在结果偶然发生的场

① A在本案中不能主张偶然防卫，因为B仅是教唆犯，将B打伤客观上不能防止C可能受到的侵害。

合，对正犯结果无认识的，故意被否定，可能成立过失犯。（4）根据混合引起说，可以严格限定必要共犯的处罚范围。（5）根据混合引起说，可以否认片面教唆。

行为无价值二元论与混合引起说的逻辑具有内在一致性。① 一方面，肯定教唆犯、帮助犯对正犯的心理引起关系，实际上是承认主观的违法要素。这是行为无价值二元论才能得出的结论。另一方面，承认“人的不法性论”。目的行为论主张，不法是与特定行为人相关联的否定评价，包含人的目的性等要素，是“人的不法”。因此，未遂的不法只有行为无价值，没有结果无价值。行为无价值二元论则认为，人的不法包括两方面内容：一方面，以实现结果的目的性为核心的行为无价值；另一方面，以法益侵害或者危险为核心的结果无价值。因此，不法必须同时考虑这两方面的内容。人的不法论包含行为人目的性的不法的内容，但其最低限度的内容是“与行为人相关联的不法”。就共犯而言，共犯既有从属于正犯的不法，也有其自身的不法，违法是与不同参与人有关联的“人的不法”。混合引起说在这个意义上明显倾向于行为无价值二元论的立场。②

结果无价值论坚持“物的不法论”。既然要反对人的不法论，那么，从结果无价值论的逻辑出发，理应只能认为存在“与行为人无关的不法”。按照德日刑法学的通说，既然混合惹起说认为共犯的违法性来自共犯自身的违法性以及正犯行为的违法性，那么，这就只能是行为无价值二元论的立场，因为当其主张共犯的违法性来自共犯自身的违法性时，强调的是行为无价值；当其主张共犯的违法性同时来自正犯行为的违法性时，强调的是结果无价值。③

有学者坚持结果无价值论，但也肯定混合惹起说，只不过认为，共犯自身的违法性是指共犯本身的行为间接地引起了法益侵害，而且不具有违法阻却事由，不需要考虑共犯自身的主观要素等行为无价值。④ 但是，罗克辛教授指出，如果要承认混合惹起说，肯定参与人的双重故意就是必要的，共犯的不法不可能和主观要素无关：“一个双重的参加人的故意是必要的。这个论题必须一方面指向明确对构成行为也就是对其的支持，另一方面又必须指向造成符合行为构成的结果。这在本质上是恰当的。但是，参加人的故意必须另外还指向行为构成中的法益侵害这种认定，不是从其自身建立的，而仅仅是对法益攻击的必要性中才能建立。”⑤

二、共犯从属性

（一）理论对立

关于共犯（教唆犯、帮助犯）和正犯之间是何关系，历来有争议。例如，甲教唆乙杀人，乙回家后根本没有杀人的意思。乙外出打工一年后因盗窃事发，供认甲教唆的行为。被教唆的乙并没有着手实施杀人的实行行为，教唆者甲是否成立犯罪？这就是与共犯的独立性、从属性有关的问题。

1. 共犯独立性说

刑法主观主义出于行为共同说的考虑，主张共犯独立性说：行为人的危险性一旦通过一定的行为流露出来，即可认定其有实行行为，所以教唆、帮助行为原本就是行为人自己犯意的遂

---

① 也有观点否认这种关联性。参见王俊：《共犯论中的行为无价值与结果无价值》，载陈兴良主编：《刑事法评论》，第32卷，89页，北京，北京大学出版社，2013。

② 参见阎二鹏：《共犯论中的行为无价值论与结果无价值论》，载陈兴良主编：《刑事法评论》，第21卷，99页，北京，北京大学出版社，2007。

③ 混合惹起说是和行为无价值二元论相匹配的共犯理论，这是德国、日本学者的通常见解。

④ 参见张明楷：《行为无价值论与结果无价值论》，240页，北京，北京大学出版社，2013。

⑤ ［德］克劳斯·罗克辛：《德国刑法学总论》（第2卷），王世洲等译，北京，法律出版社，2013。

行表现，教唆犯、帮助犯等共犯本身就有实行行为，这些实行行为就是独立的犯罪行为。共犯的犯罪性为共犯所独有，由此决定了共犯本身具有独立的犯罪性和可罚性，其责任是共犯固有的责任，是一种独立存在，和正犯成立与否无关，因此自然存在独立的未遂情形，而不取决于正犯是否着手实行犯罪；即使没有正犯的行为，也可以对狭义共犯依照未遂的规定给予处罚。共犯独立性说瓦解了构成要件的观念，否认了犯罪行为的定型性，存在明显缺陷。

根据共犯独立性说，前例中甲的教唆行为独立构成犯罪，而不论乙是否真的实施。该说强调个人的行为动机和人格否定，看重反社会性质。不依赖乙的行为，甲构成故意杀人罪（教唆）未遂。持这种观点的学者倾向于认为，我国刑法体现了这种主张，于第 29 条第 2 款规定，如果被教唆的人没有犯被教唆的罪的，对于教唆犯，可以从轻或者减轻处罚。这种认为符合分则构成要件规定的实行行为之有无并不重要，而行为人更重要的立法理念是值得商榷的。①

2. 共犯从属性说

刑法客观主义赞成共犯从属性说。基于犯罪共同说的立场，刑法客观主义将共同实施一定的犯罪行为作为共犯成立的前提，认为正犯的行为依构成要件理论是符合基本构成要件的实行行为，对于构成要件结果的形成具有根本性影响，自然可以成立独立的犯罪。但是与犯罪的发生只有间接、轻微关系的狭义共犯（教唆犯、帮助犯）的行为，本身并不能成为独立的犯罪；共犯没有实施正犯意义上的实行行为，本身并无独立的犯罪性和可罚性，其犯罪性和可罚性都隶属于正犯，依赖于正犯的实行行为，无正犯即无可罚的共犯。只有单纯的教唆、帮助行为，并不构成犯罪；必须是被教唆、被帮助的人着手实施犯罪时，共犯才成立。刑法分则中规定的每个罪的构成要件是以实行行为为模式设计的，教唆犯、帮助犯的犯罪性低，所以必须从属于正犯的实行行为。共犯的未遂也仅存在于正犯已着手实行犯罪而未得逞的情形，并无独立的未遂存在。根据从属性说分析前例，可以得出甲不构成犯罪的结论。共犯从属性说以正犯的实行行为为中心，使共犯依附于正犯而成立，就严格地限制了共犯的构成条件，在一定程度上正确地揭示了正犯与共犯的关系，因而具有合理性。

对于共犯从属性和独立性这样的问题，我国刑法学理论上也存在折中说，即所谓的“共犯二重性说”②。但是，问题是：（1）共犯从属性、独立性问题分属于不同学派，完全不可能折中；即便理论上硬性提出“共犯二重性说”，将从属性和独立性捏合在一起，这样的折中说也完全不能用来处理案件，因为根据共犯从属性说，正犯未着手实行，共犯就无罪；而根据共犯独立性说，正犯未着手实行，共犯也有罪。根据所谓的“二重性说”，对于正犯未着手时究竟如何处理共犯，实在是得不出结论。（2）共犯从属性说是采取“区别制”共犯概念的产物，和共犯本身是否具有独立的可罚性的共犯处罚根据问题是两回事，将两者混淆就容易造成脱离正犯讨论共犯独立性，从而得出共犯二重性的不当结论。例如，B 准备入户抢劫 C 的财物，邀请 A 为其望风，A 答应。但是，B 翻墙入室以后，在着手实施暴力行为以前，突生悔意，不再抢劫，从另一侧门悄悄离去。A 在 C 家墙外苦苦等候了 2 个小时。对于本案，如果承认共犯从属性说，对于帮助犯 A 就应当宣告无罪；如果赞成共犯独立性说，A 就构成抢劫罪。根据“共犯

① 采用单一正犯概念时，每一个参与者独自地对自己的行为所造成的后果负责，因此，持该理念者也容易赞成共犯独立性说。

② 首倡教唆犯既具有相对于正犯的从属性又具有相对独立性（二重性说）观点的学者是伍柳村教授。[参见伍柳村：《试论教唆犯的二重性》，载《法学研究》，1982 (1)。] 我认为，共犯二重性的观点，在分析方法的采用上不具有一致性，在讨论共犯独立性时，是从现象的角度、从犯罪学的角度看问题；在讨论共犯从属性时，是从规范的角度、从刑法学的角度分析问题，由此得出共犯既具有独立性又具有从属性的奇怪结论。

二重性”说，如何处理本案？事实上无法给出明确的答案。难道要得出A既有罪又无罪的结论？这样的折中说，对于司法实务不可能提供任何帮助。

（二）共犯从属性的程度

在共犯和正犯关系问题上，合理的学说应当是共犯从属性说。但共犯在何种程度上从属于正犯，则是有争议的问题。对此，有四种观点：（1）最小限度从属形式说。该说认为，正犯只要具有危害性（符合罪状），共犯就应当受处罚，即使缺乏违法性及有责性，也无碍于共犯的成立。此说的不足是共犯的范围太广，使教唆或者帮助他人实施正当防卫、紧急避险、推定的被害人承诺等正当行为的人也成立共犯。（2）限制从属形式说。该说认为，当正犯具备构成要件的该当性和违法性时，共犯才能成立，即使正犯缺乏有责性，也不受影响。（3）极端从属形式说。这种观点认为，正犯必须具备危害性、违法性和有责性，共犯才能成立。此说的不足是使共犯的范围过于狭窄，例如，教唆15周岁的人盗窃，因为15周岁的人不需要对盗窃罪承担刑事责任，所以，教唆犯不成立。（4）最极端从属形式说。这种观点认为，正犯除具备构成要件该当性、违法性与有责性以外，还需要具备客观处罚条件以及其他刑罚加重、减轻事由，共犯才能成立。

应该说，处于折中立场的学说即限制从属形式说是合理的，因为共犯的从属性是行为的从属，而非行为人的从属，这样，采用极端从属形式说或者最极端从属形式说都是没有道理的。根据限制从属性说，只要正犯具备构成要件该当性、违法性，共犯就成立。教唆或者帮助他人正当防卫的，正犯具备构成要件该当，但缺乏违法性，教唆行为、帮助行为也就不具有违法性，所以，共犯不成立；教唆无刑事责任能力的人实施分则规定的实行行为的，因为正犯的构成要件该当性、违法性都具备，所以共犯成立。当然，共犯中教唆犯的成立，不要求正犯有责任能力，但被教唆的人也不能是高度精神病患者或者婴幼儿，否则，教唆者成立间接正犯。

由于限制从属性说要求正犯行为必须构成要件该当性，必须有违法性，共犯才能成立，而构成要件中最为重要的要素是实行行为，所以，限制从属性说实际上也强调了共犯对于正犯的实行从属性。

根据限制的共犯从属性说，教唆未达到刑事责任年龄的人实施危害行为的，也成立教唆犯。但是，前面曾经提到，利用无刑事责任能力的人实施犯罪的，可以成立间接正犯。在这里，就有一个如何区别间接正犯和教唆犯的问题。区别二者的关键在于：间接正犯是处于幕后，作为优势支配者，通过其意思支配控制犯罪进程的人，所以对其行为能够以直接正犯看待。教唆犯是使他人产生犯罪意思的人，是参与他人犯罪，对犯罪进程不能控制，对他人的犯罪不能进行实质上的行为支配、意思支配或者功能性支配的人，在犯罪中的作用远远逊色于正犯的作用，不是共同犯罪的核心角色。在教唆未达到刑事责任年龄的人犯罪的场合，被教唆者必须具有规范意识，能够形成反对动机。所以，一般而言，指使、利诱距离承担刑事责任年龄较近的未成年人犯罪的，应当成立教唆犯。利用距离承担刑事责任年龄较远的未成年人犯罪的，则应当成立间接正犯。①

再如，国家工作人员甲利用职务上的便利，为丙谋取非法利益之后，利用知情的妻子乙（非国家工作人员），向丙索要并收受财物15万元。甲、乙之间是否能够成立共同犯罪？按照犯罪支配说，甲是支配犯罪实施过程的核心角色，乙接受这种支配，并具有犯罪故意，可以认

---

① 可能存在的不合理结局是：指使、利诱他人犯罪者如果被认定为教唆犯，就应当适用刑法第29条第1款的规定，对教唆犯从重处罚；但如果被认定为与直接正犯危害同样大小的间接正犯，则只能适用分则规定之刑，不能从重处罚。由此导致对犯罪有支配的人的处罚往往要轻于对处于边缘角色的教唆犯的处罚。

定甲、乙成立共同犯罪。对于这种“利用有故意的工具”的情形，至少有五种处理办法：一是甲成立受贿罪的（间接）正犯，乙成立帮助犯；二是甲成立受贿罪的教唆犯，乙成立帮助犯；三是考虑乙的参与程度，甲、乙可能成立受贿罪的共同正犯；四是甲成立受贿罪的间接正犯和教唆犯的竞合，乙成立帮助犯；五是甲成立受贿罪的直接正犯，乙成立帮助犯。第一种观点似乎相对合理。

最后，需要指出，在狭义的共犯认定问题上，共犯引起违法结果这一标准如同汽车的发动机；按照共犯从属性原则，该当构成要件且违法的正犯行为的存在则是“刹车”，没有共犯从属性这一前提条件，共犯不能成立。仅仅在正犯该当构成要件，并具有违法性时，相应的共犯才能成立。这是共犯行为的类型性要求，也是对共犯处罚范围的限定。这一观点反过来证明：从行为无价值论二元的立场看，同时肯定共犯不法和正犯不法的混合引起说是有道理的。

三、教唆犯

教唆犯，是指引起他人的犯罪意思，使他人产生犯罪决意的人。

（一）成立条件

1. 教唆行为

（1）教唆的方法。教唆行为的实质是引起他人的犯罪故意，被教唆行为与教唆行为之间具有因果关系，教唆人与实行行为人才成立共同犯罪。如果被教唆人已经决意从事某一个较轻的犯罪，但却依照教唆人的意图实施了一个更为严重的犯罪，教唆人应当成立更为严重犯罪的教唆犯。例如，教唆有意抢夺者实施抢劫行为的，应当成立抢劫罪的教唆犯。但是，对于已经具有犯罪的故意者进行教唆的，不成立教唆犯，而只能成立（精神）帮助犯。①

至于教唆的具体方法，刑法并无限制，包括开导、说服、请求、挑拨、刺激、利诱、怂恿、嘱托、胁迫②、欺骗、授意等。教唆行为具有不同于正犯实行行为的特点，它不是由刑法分则加以规定，而是由刑法总则规定的。如果某种教唆行为，已由刑法分则作了规定，那就不仅是教唆犯的教唆行为，而其本身就是正犯行为（共犯正犯化）。

在间接教唆（A 教唆 B，让其教唆 C 杀 D）、连锁教唆（A 教唆 B，B 教唆 C，C 教唆 D，D 将 E 杀害）的场合，只要是教唆“他人”犯罪即可，谁被教唆并不要求行为人认识，环节性的存在也并不重要，并不妨碍教唆犯的成立。

（2）被教唆人实行犯罪。教唆犯是唆使他人，使其实行犯罪行为的人。在这一点上，教唆犯和间接正犯存在重大差别。在教唆场合，不是教唆人而是被教唆人对于符合构成要件的事实的实现具有支配力；在间接正犯的场合，将他人作为工具加以使用的利用者对符合构成要件的事实的实现具有支配力。行为人成立教唆犯还是间接正犯，取决于利用他人的行为本身是否具有实行行为的定型性，或者说取决于对符合构成要件的事实的实现是否具有支配力。利用行为具备构成要件的定型时，成立间接正犯；被利用者的行为是实行行为，利用行为不具备构成要件的定型时，成立教唆犯。

如果被教唆的人未着手实施被教唆的犯罪，根据共犯从属性说，教唆犯不成立。对此，本书还会在教唆未遂中加以分析。

（3）被教唆人的特殊性。其一，被教唆人是没有特定犯罪意思的人。如果被教唆人有犯罪的部分打算，但是其犯意并未完全确定，经过教唆之后，犯意确定下来的，教唆人仍然成立教

---

① 参见［韩］李在祥：《韩国刑法总论》，［韩］韩相敦译，427 页，北京，中国人民大学出版社，2005。

② 胁迫超过一定的限度的，胁迫者就不是教唆犯，而成为间接正犯。

唆犯。当然，如果被教唆人有确定的犯罪意思，就不再有被教唆的余地。此时，行为人参与共谋或者坚定他人的犯罪意思的，可以按照共同正犯或者帮助犯处理。

其二，被教唆人必须是具有规范意识、可能形成反对动机的人，但不必是达到法定刑事责任年龄、具有完全辨认和控制能力的人。指使、利用没有规范意识的人实施犯罪的，教唆行为不成立教唆犯，而只能成立间接正犯。

其三，被教唆人必须是特定的人，即必须针对特定之人犯相对特定之罪进行教唆。如果教唆对象不明确，难以达到诱使他人犯罪的效果，不能成立教唆犯，视刑法分则的规定可能构成“煽动型”犯罪。① 但是，被教唆人特定化并非指被教唆人只是一个人，被教唆人完全可以是多人，但不可能是不确定的多数人。

2. 教唆故意

教唆故意，是指诱发他人犯罪的故意。直接故意、间接故意均可成为教唆故意。基于直接故意进行教唆的情形比较容易理解。出于间接故意的教唆情形虽然较为罕见，但也存在。例如，甲和丙聊天时乙在一旁。甲谈及丁家里的财产状况、家里无人、极容易去行窃等情况。甲明知乙是盗窃惯犯仍当着乙的面大声渲染，并且声称“谁要是去偷了丁家，真的会发大财”。听到谈话内容的乙事后真的去丁家行窃的，对于乙的本次盗窃行为，可以评价为甲对于乙可能去盗窃丁的财物存在教唆的间接故意（放任）。

在间接故意教唆他人的场合，被教唆人实施了行为人所教唆的犯罪的，教唆人才成立犯罪。行为人持间接故意教唆他人犯罪但他人没有犯被教唆之罪的，行为人不成立教唆犯。② 教唆犯的故意，应当是双重意义上的故意，即教唆人对自己的行为是在引起他人的犯罪故意具有明确认识；同时，认为自己教唆的犯罪能够达到既遂状态。③

教唆犯必须促使被教唆人决意实施犯罪。被教唆人完全没有犯罪的意思而对其进行诱导的，当然是教唆；被教唆人同时有犯 A、B 两罪的意思，正在举棋不定之际，教唆人帮助其选择并坚定其犯罪信心的，也是教唆。但是，如果被教唆人早就有了坚定的犯罪决意，其不再属于教唆对象。如果教唆人仍然执着地对其进行教唆的，由于谈不上诱发他人的犯罪故意，只能成立（心理）帮助犯或者未遂的教唆。例如，乙早有携带管制刀具抢劫的意思，善于察言观色的甲建议乙持枪抢劫，乙果然听从甲的建议的，甲的劝说行为并非教唆，而只是使得乙的抢劫行为更容易实施，所以甲应当成立抢劫罪的帮助犯。又如，A 在某日下午 4 点教唆 B 杀害 C。下午 4 点在 B 前往 C 家途中，D 以 5 万元重金相诱惑，要 B 杀 C。早有杀人意思的 B 点头应承并接受了 D 的现金。1 小时后，B 果然杀死了 C。由于在 D 实施教唆行为之前，A 的教唆行为已经实施完毕，B 已经具有坚定的杀害 C 的意思，按照因果关系的条件说，没有 D 的教唆行为，也会有 C 的死亡，所以，D 的教唆行为和 C 的死亡之间没有因果关系，D 不需要对 C 的死亡后果负责。所以，D 的行为只能成立教唆未遂。④

由于只是抽象地叫他人“去犯罪”并不构成教唆，教唆的故意当中就应当包括教唆犯对犯

① 煽动，可能是劝说完全没有犯罪意思的不特定多数人去犯罪，也可能是怂恿已经具有犯罪决意者犯罪，所以与教唆的含义并不相同。煽动型犯罪的成立，以煽动行为和他人去实施之间存在因果关系为已足，但教唆犯的成立受共犯从属性的制约。

② 参见马克昌主编：《犯罪通论》，560 页，武汉，武汉大学出版社，1990。

③ 参见林钰雄：《新刑法总则》，440 页，台北，元照出版有限公司，2014。

④ 当然，能否将 D 的行为认为是强化犯意的心理帮助行为，也是值得研究的问题。如果认定 D 是在对 B 提供心理帮助，因为有 D 的帮助，B 实施杀害行为时更从容、更顺利，可以认为 D 的帮助行为在一定程度上加速了 C 的死亡，对 B 的行为提供了支持，这样，危害结果就和 D 的心理帮助有关联，D 似乎就应该对死亡结果负责，成立故意杀人罪既遂的帮助犯。

罪内容的具体认识，即教唆犯对于与正犯将要实施的犯罪有关的重要构成事实，应当具有相当程度的认识，知道自己是在教唆他人实施杀人、伤害、抢劫或者强奸等行为。当然，教唆犯需要认识所教唆犯罪的重要构成事实，并不要求其认识犯罪的所有细节。

教唆故意意味着：(1）行为人通过一定方式使他人产生犯罪的决意，然后实施犯罪行为。教唆故意并不仅仅意味着教唆犯要以积极的行动去主动诱使对方产生犯罪决意，事实上还要求教唆的意思内容必须传达给对方，对方才能由此受到教唆犯的“心理影响”，而产生实施犯罪的决意。(2）按照混合引起说的立场，教唆人在内心中要介意正犯如何行动。正犯的决意因为教唆行为而产生时，共犯的违法性才达到值得处罚的程度。(3）从行为无价值论的角度看，违法和意思有关，仅仅有教唆他人的意思，和他人并无意思上的沟通、联络的，教唆的违法要素不齐备。

只有教唆犯一方具有教唆的意思，对方难以直接感受到这种意思的片面教唆，不可能达到教唆犯的效果。所以，不能承认片面教唆概念。对于所谓的片面教唆行为，如果该行为可能使得着手实行者犯罪更容易的，可以认定为（心理）帮助行为。

与教唆故意有关的重要问题是：未遂的教唆是否具有可罚性？未遂的教唆是指教唆人在教唆时已经预测被教唆人的行为最多只能达到未遂的情形。行为人故意教唆他人实施不可能达到既遂的犯罪行为时，能否成立教唆犯？例如，甲为干扰丙的正常生活，知道丙的家中一贫如洗，却教唆乙入室盗窃丙的财物。甲是否成立教唆犯？A 为考验 C 的胆量，教唆 B 用枪杀害 C，但 A 在 B 着手实行之前，将 B 枪里的子弹全部卸掉。A 是否成立教唆犯？

对此，有肯定说和否定说的见解。我认为，在未遂的教唆的场合，否定教唆犯成立的观点更为合理。因为教唆犯都是故意犯，其对危害后果的发生存在希望或者放任的意志因素，即教唆的故意必须“指向”犯罪既遂。未遂的教唆者的犯罪故意中不包含完成犯罪的意思，其自始就知道犯罪绝对不能达到既遂状态，主观上不是为了实现犯罪的构成要件结果，就不成立教唆，不能以犯罪论处。因此，教唆人仅仅具有达到未遂的意图时，不能认为其具有教唆的故意，未遂的教唆不可罚。① 换言之，如果认为共犯的处罚根据在于正犯不法和共犯不法的同时具备，则共犯的故意当然必须对正犯结果存在认识、容认。未遂的教唆缺乏这种教唆故意，因而不可罚。

当然，如果教唆犯最初以为是未遂的教唆，在被教唆人着手实行时，被害客体偶然出现，或者被教唆人在教唆内容之外对犯罪方法有所改变，犯罪达到既遂或者有危害结果发生的高度危险的，应该区别情况进行处理：(1）通常成立过失犯；(2）但是，结合所教唆的正犯行为的危险程度、手段特殊性，结果的发生还在教唆犯概括的故意范围内时，教唆犯仍然成立。例如，甲知道丙家中空无一物，教唆乙入室盗窃丙的财物。在乙入室的前 1 个小时，丙偶然将财物放入室内，乙盗窃得手的，甲成立盗窃罪的教唆既遂。又如，A 教唆 B 用枪杀害 C，但将 B 枪里的子弹卸掉，如果按照 B 的计划，一旦子弹无法射中 C，就用枪托砸 C 的脑袋，C 仍然有受到侵害的高度危险性，A 应当成立教唆犯。

陷害教唆实际上也是一种未遂的教唆。行为人以使他人受到刑事处罚为目的，诱使他人犯罪，而于被教唆人着手实行后，抓捕被教唆人，使其难以达到既遂的，就是陷害教唆。② 甲以使乙受到刑事追究为目的，教唆乙去盗窃丙的财物，在乙入室物色财物之时，得到甲报告的警

---

① 参见［韩］李在祥：《韩国刑法总论》，［韩］韩相敦译，428 页，北京，中国人民大学出版社，2005。

② 陷害教唆和“警察圈套”（诱惑侦查）不同。前者是对没有犯意的人诱发其犯意；后者是侦查机关对已经具有犯意的人采取某种策略，提供犯罪的机会诱发犯罪，从而侦破案件的取证方法。“警察圈套”在符合一定条件时是法律允许的犯罪侦查方法。

察将乙抓获。对甲应当如何处理？

对此，有学者认为，对于陷害教唆，被教唆人原本没有犯罪故意，纯粹因为教唆人的教唆，才产生犯意，进而实行犯罪行为，而教唆人通常又含有某种程度的既遂认识，教唆人的目的在于陷害他人，动机恶性甚深，自应加以处罚。① 但是，真正的教唆犯除了引起他人的犯罪意思，还希望被教唆人完成犯罪而使法益遭到破坏；而陷害教唆的教唆人欠缺使被教唆人实施的犯罪既遂的意思，所以教唆犯不能成立。

（二）教唆未遂

刑法第 29 条第 2 款规定，如果被教唆的人没有犯被教唆的罪，对于教唆犯，可以从轻或者减轻处罚。这是关于教唆未遂的规定。

1. 主要争论

对于“被教唆的人没有犯被教唆的罪”的解释，大致存在三种主张：（1）共犯独立性说。该说认为刑法第 29 条第 1 款、第 2 款都体现了教唆犯刑事责任的独立性，共犯不从属于实行犯。②“我国刑法第 29 条第 2 款明文规定处罚教唆犯的未遂犯，即没有正犯的共犯，因而不存在实行从属性。从我国刑法第 29 条第 2 款的规定中只能得出我国刑法采取共犯独立性说的结论。”③ 按照这一逻辑，教唆他人犯罪，但教唆信息完全没有传递给被教唆人的，被教唆人明确拒绝教唆的，被教唆人虽接受教唆但尚未开始实施预备行为的，被教唆人按照他人的教唆实施预备行为的，以及被教唆人已经着手实行犯罪但没有得逞的这几种情形，都成立教唆未遂，应当适用刑法第 29 条第 2 款的规定。（2）从属性说。其中，又包括两种具体解释思路：其一，将刑法第 29 条第 2 款解释为关于共同犯罪的教唆但未达到既遂状态的处罚规定。④ 其二，认为刑法第 29 条规定的是广义教唆犯，即第 1 款规定的是狭义或真正意义上的教唆犯，且采取的是教唆犯从属性说；第 2 款是对以教唆行为方式实施的间接正犯未遂所作的规定。⑤（3）二重性说，即认为刑法第 29 条第 1 款的规定体现了教唆犯的从属性，而依第 2 款的规定，被教唆的人即便没有犯被教唆的罪，教唆犯与被教唆人根本不成立共同犯罪关系，对教唆犯仍然要定罪处罚，这表明教唆犯具有独立性。⑥

如果从刑法客观主义立场出发，教唆行为本身应当是引发他人犯意的行为，他人根本没有由此产生犯意的，或者虽接受教唆，但没有实施任何行为的，教唆行为并不直接面对行为客体，共犯行为本身不会对法益造成损害，对教唆犯当然不能处罚。对此，有学者认为：对法律所保护的法益处于相对较远的早期阶段的情形，至少从法治国以及刑事政策的角度看，进行可罚性的扩张存在很大疑问。⑦ 因此，在刑法客观主义的重要性得到彰显的今天，把原本对共犯从属性已然作出规定的刑法条文朝着刑法主观主义的方向解释的做法，存在明显缺陷。对我国刑法第 29 条第 2 款的规定进行刑法主观主义意义上的解释，明显是不可取的思路。对我国刑

---

① 参见黄仲夫编著：《刑法精义》，181 页，台北，元照出版有限公司，2005。

② 参见高铭暄主编：《刑法学原理》，第 2 卷，411 页，北京，中国人民大学出版社，1993。

③ 陈兴良：《教义刑法学》，3 版，682 页，北京，中国人民大学出版社，2017。

④ 参见张明楷：《论教唆犯的性质》，载陈兴良主编：《刑事法评论》（第 21 卷），85 页以下，北京，北京大学出版社，2007；张明楷：《刑法学》，5 版，413 页，北京，法律出版社，2016。

⑤ 这是何庆仁博士的观点，参见何庆仁：《我国刑法中教唆犯的两种涵义》，载《法学研究》，2004（5）。

⑥ 参见伍柳村：《试论教唆犯的二重性》，载《法学研究》，1982（1）；马克昌主编：《犯罪通论》，3 版，556 页，武汉，武汉大学出版社，1999；陈世伟：《论共犯的二重性》，59 页，北京，中国检察出版社，2008。

⑦ 参见［德］冈特·施特拉腾韦特、洛塔尔·库伦：《刑法总论》，Ⅰ，杨萌译，327 页，北京，法律出版社，2006。

法相关规定的解释，必须考虑刑法客观主义的世界潮流，而不能逆法治潮流而动。①

2. 本书的主张

我认为，对刑法第 29 条第 2 款的合理解释思路是：被教唆的人“没有犯被教唆的罪”，仅指教唆犯教唆他人犯罪，被教唆人已经着手实行犯罪，但“没有达到既遂状态”的情形②；对于教唆犯教唆他人犯罪，被教唆人仅有预备行为但“没有着手犯被教唆的罪”的情形，即便要处罚教唆犯，也应该适用（他人）预备罪的法理，引用刑法第 22 条第 2 款的规定，与教唆未遂和共犯从属性原理无关，更不需要对教唆预备犯适用刑法第 29 条第 2 款；对于教唆信息完全没有传递给被教唆人、被教唆人明确拒绝教唆、被教唆人虽接受教唆但尚未开始实施预备行为的三种情形，教唆行为对法益没有产生抽象危险，教唆人不但不能成立教唆未遂，而且连预备都不成立，其不属于刑罚处罚对象。

3. 合理性论证

将教唆未遂解释为教唆犯教唆他人犯罪，被教唆人已经着手实行犯罪，但“没有达到既遂状态”的情形的合理性在于：

（1）坚持共犯从属性的法理。

按照我对刑法第 29 条第 2 款的解释，在正犯处于实行阶段时，其具有可罚性，共犯也才具有未遂的可罚性。此时，教唆行为产生一个对应的直接侵害法益的共同参与人，刑法才处罚狭义共犯，使得共犯从属性原则得到坚持。因此，教唆未遂必须从属于正犯的未遂（实行从属性），必须以正犯着手实行为前提的有力观点没有被改变，从而承认被教唆的人“没有犯”被教唆的罪，是指被教唆的人已经实行，但“没有既遂”这一结论的正确性。

（2）在解释论上使法条之间没有矛盾

按照我国刑法学通说的观点，被教唆的人连犯罪预备行为也没有实施时，也要适用刑法第 29 条第 2 款处罚教唆犯，这意味着对教唆犯最多只能减轻处罚，而不能免除处罚。但被教唆人如果单独实施犯罪预备行为的，按照刑法第 22 条的规定，可以免除处罚。由此出现的奇怪现象是：对直接面对法益的单独预备犯的处罚，比必须通过被教唆人才能（间接）针对法益的教唆预备犯的处罚要轻，这必然导致处罚不协调现象。

对于通说将教唆未遂的范围无限扩张，可能带来处罚上明显不合理结局这一问题，如果结合实例，可以看得更为清楚。例 1，甲自己为盗窃准备工具、制造条件的，成立犯罪预备，适用刑法第 22 条，可以免除处罚。例 2，甲教唆乙盗窃，乙接受教唆后，为盗窃准备工具、制造条件的，乙是预备犯，按照通说观点，对甲适用刑法第 29 条第 1 款，认定为教唆犯未遂，同时适用刑法第 23 条，不能免除处罚。例 3，甲教唆乙盗窃，但信息并未传递给乙或者乙拒绝教唆的，对甲适用刑法第 29 条第 2 款，甲成立单独犯的未遂犯，但不能免除处罚。实际上，如果考虑法益保护主义，考虑共犯处罚根据，不难看出，在上述三种情形中，在例 1 中，甲对法益的危险性最大；在例 3 中，甲对法益还没有值得刑罚处罚的危险，原本就不应该受到刑法追究，遑论犯罪未遂，对例 1 的行为人免除处罚但对例 3 的行为人不能免除处罚的合理性难以得

---

① 对于任何刑法条文都必须朝着符合法治潮流的方向去解释，此乃各国刑法学者的共识。例如，日本刑法第 207 条规定了“同时伤害的特例”，即二人以上实施暴力伤害他人，当不能辨别各人暴行所造成的伤害的轻重或者不能辨认何人造成了伤害时，即使不是共同实行的，也依照共犯的规定处断。有学者认为该规定违宪，是让其中的个别人承担“莫须有”的罪名（参见［日］平野龙一：《刑法概说》，170 页，东京，东京大学出版会，1997）。但是，多数学者为使刑法适用符合法治的要求，还是对其“朝着限制其适用范围的方向进行解释”，而不是相反〔［日］山口厚：《刑法各论》（第 2 版），付立庆译，55 页，北京，中国人民大学出版社，2011〕。

② 参见张明楷：《刑法学》，5 版，412 页，北京，法律出版社，2016。

到认同。例 2 中甲的行为存在一定危险，但是，如果认为其成立共犯意义上的教唆未遂犯，那么对他的处罚就和例 1 中的处罚明显不协调，换言之，不合理的结局是一个法益侵害的危险性越低的人，受到的刑罚处罚越重，这明显是令人难以接受的。其实，正如耶赛克所指出的那样，狭义共犯的“不法内容不在其本身，而是在他人的犯罪行为之中”①，不结合法益保护原则来扩大教唆未遂处罚范围的观点明显是不合时宜的。

通说面对这种处理结论上的不合理毫无解决办法，只能将其解释为：这是刑法第 29 条第 2 款的规定不合理所造成的，要想解决上述处罚不协调的问题，只能修改刑法的规定，即对单独教唆犯按预备犯的规定处罚。② 但是，在刑法解释论上，不对现有条文进行目的性缩限和体系解释，而是动辄批评立法不当，在方法论上存在根本性缺陷。因此，通说在法条规定原本没有矛盾时，不当理解刑法第 29 条第 2 款，人为制造法条之间的矛盾，过分扩大教唆未遂的主张所带来的负面效果，在这里充分显示出来。

其实，只要对教唆预备犯适用他人预备罪的法理，而不与教唆未遂挂钩，对于教唆预备犯，就应当按照刑法第 22 条进行处罚，而不能适用刑法第 29 条第 2 款。对此，有学者指出：“教唆者唆使他人犯罪，他人实施了犯罪预备行为的，如果需要处罚预备犯，则对于教唆犯同时适用刑法第 29 条第 1 款与第 22 条，对于教唆犯，可以从轻、减轻或者免除处罚。”③

（3）考虑刑法的法益保护目的，杜绝错误理解刑法第 29 条第 2 款，防止解释论滑向刑法主观主义。

如果承认刑法第 29 条第 2 款所要惩罚的教唆犯至少是被教唆人接受教唆后开始实行的情形，实际上是在重申犯罪是违反行为规范，进而侵害法益的行为。刑法必须有助于保护法益。狭义共犯参与他人的犯罪，在被教唆人、被帮助人的行为处于实行阶段、对法益有具体危险时，刑法必须作出反应。但是，对教唆信息未传递到被教唆人、被教唆人拒绝教唆、被教唆人实施其他与教唆无关的罪的情形，教唆犯的行为对于法益不会造成足以需要动用刑法来保护的抽象危险，不能将表现教唆人犯罪人格的行为与正犯的实行行为同视，对这种教唆人不应该进行处罚。唯其如此，才能在教唆未遂问题上，不走日本在今天已经被抛弃的共犯独立性说的老路（正犯的实行行为对教唆人、帮助人来说只不过是牧野英一所说的“因果关系的经过”或者木村龟二所主张的“客观处罚条件”④），进而从根本上防止将我国刑法具体规定的解释滑向刑法主观主义。

四、帮助犯

帮助犯，是指故意对正犯提供辅助，使正犯的犯罪更容易得逞的情形。

（一）成立条件

1. 帮助行为

帮助行为必须是实行行为以外的，使他人的实行行为容易实施的行为。帮助犯的实质是参

---

① ［德］汉斯·海因里希·耶赛克、托马斯·魏根特：《德国刑法教科书》，下册，徐久生译，890 页，北京，中国法制出版社，2017。

② 参见刘明祥：《“被教唆的人没有犯被教唆的罪”之解释》，载《法学研究》，2011（1）；马克昌主编：《犯罪通论》，3 版，564 页，武汉，武汉大学出版社，1999。

③ 张明楷：《论教唆犯的性质》，载陈兴良主编：《刑事法评论》，第 21 卷，89 页，北京，北京大学出版社，2007。

④ ［日］大塚仁：《刑法概说（总论）》（第 3 版），冯军译，243 页，北京，中国人民大学出版社，2003。

与行为促进，使结果更容易发生。

（1）帮助的方法。

在司法实践中，帮助行为的表现方式各种各样。从帮助行为的方式看，可以分为物质帮助与精神帮助。物质帮助是有形的帮助，包括为实施共同犯罪提供方便，创造有利条件、排除障碍等。提供凶器、寻找共犯、窥探被害人行踪、事先到犯罪现场踩点、提出犯罪时间和方法的建议等，都是物质帮助。精神帮助是无形的帮助，是指心理上的帮助。为实行犯出主意、改进犯罪方案、撑腰打气、站脚助威、讲述被害人的生活习惯、提示逃跑路线、事前应允帮助窝藏共犯人以及窝赃、销赃等，都是精神帮助。从帮助的时间看，可以分为事前帮助、事中帮助。事前帮助，主要是指事前为实行犯实施犯罪创造便利条件的行为。例如，甲为帮助乙杀害丙，而去丙的家里观察丙的生活规律，就属于事前帮助。事中帮助，主要是指在实施犯罪活动的过程中进行帮助。在他人实行犯罪的过程中，亲临犯罪现场者，可能成立帮助犯，也可能成立正犯，需要结合个案考察行为人对于犯罪是否存在功能性支配。①

（2）因果关系。

帮助犯的因果关系理论所要讨论的问题是，在帮助者的行为对于正犯的犯罪进程既无物理性的也无心理性的影响时，能否肯定帮助犯的成立。例如，自诩为能工巧匠的甲好心为惯窃行为人乙制造了一把万能钥匙，但乙对甲的手艺嗤之以鼻，转身就将该钥匙扔到河里，然后用一根铁丝捅开了被害人的防盗门并窃取大量财物的，甲是否成立盗窃罪的帮助犯?

根据共犯处罚根据的混合惹起说，帮助行为对于实行行为、既遂结果须具有物理或者心理的因果性影响，从而，帮助行为和正犯所造成的结果之间，就应当有因果关系，即帮助犯对于正犯的实行行为及其所造成的结果具有一定程度的物质或者精神上的影响，无此因果“贡献”的，帮助者应当难以成立。例如，甲、乙是关系很好的朋友，甲欲盗窃丙的财物，要乙事前为其在丙家的院墙外用石头砌好 10 级台阶。但甲到现场后，发觉丙家院墙有一段特别低矮，便翻入丙家窃得财物，并未使用乙所砌的台阶。乙是否构成帮助犯? 我认为，乙的帮助行为对于甲后来的盗窃无任何帮助，正犯甲在实行过程中，没有使用帮助者乙提供的物质条件，乙的行为也谈不上对甲提供了心理帮助，没有使犯罪的实行更容易，所以乙不构成帮助犯。

这样说来，对帮助犯因果关系的判断，可以采用“促进的因果关系说”。松原芳博教授认为，帮助行为和结果（未遂结果和既遂结果）之间必须存在因果关系，但认为只要处于促进的结果关系即可。所谓的“促进关系”，一是指帮助行为可以扩大具体结果，或提早使结果发生；二是指帮助行为的出现，使结果发生可能性增大，并在此盖然性的基础上果真惹起了结果的发生。② 一般而言，只要能够认定帮助犯的行为与正犯结果之间具有物理因果性或心理因果性，就能认定帮助犯与正犯构成要件结果之间具有“促进”意义上的因果关系。

因此，帮助犯对于犯罪的“贡献”是有限的，其所起的只不过是“促进”作用，明显有别于正犯的“支配”。正犯实行行为的实施并不完全依托于帮助犯，帮助犯只不过是为正犯的实行行为提供一定程度的“支持”而已，帮助犯对于犯罪的参与是“最低限度”的参与。帮助者的物质帮助作用虽然没有发挥，但是，该帮助对实行者所产生的心理影响仍然存在，使正犯在犯罪时心里更踏实的，成立精神帮助，帮助行为和实行行为及其后果之间的因果联系仍然存在，帮助犯成立。例如，A 准备进入 B 家里盗窃，找 C 制作 B 家的房间分布图。但 A 到现场后，根本没有使用该图纸就顺利得手。C 所绘制的图纸，A 虽然没有使用，但 C 的帮助行为使

---

① 有的学者承认“事后帮助”概念。事后帮助行为主要是事后的隐匿行为，但它以事前通谋为前提，否则就不构成帮助犯，而可能构成赃物犯罪或者窝藏、包庇罪。如此说来，“事后帮助”概念是否有存在价值，还值得讨论。

② 参见［日］松原芳博：《刑法总论重要问题》，王昭武译，316 页，北京，中国政法大学出版社，2015。

A盗窃时在心理上更为从容，故C的精神帮助行为仍然存在。又如，甲为盗窃乙的财物而委托丙望风，在甲入室之后的第五分钟，丙因为心脏病发作陷入昏厥。不知情的甲在30分钟后盗窃既遂。丙虽然因为身体的原因，事实上无法为甲望风，但其帮助行为对甲的心理影响仍然存在，盗窃既遂和其望风行为之间存在关联，丙应当成立盗窃罪既遂的帮助犯。

（3）必须有被帮助者。

帮助犯的本质在于使正犯实行行为变得更容易，按照共犯从属性说，帮助犯的成立必须以被帮助人着手实行犯罪且具有违法性为前提。帮助犯在实施帮助行为时并不要求被帮助人（正犯）构成犯罪，但是，必须有正犯存在，才有帮助犯可言，正犯的存在是帮助犯不可或缺的要件。按照限制从属性说，正犯本身是否具有有责性，对于帮助犯的成立并无影响。

2. 帮助故意

帮助故意是指明知自己是在帮助他人实行犯罪，希望或者放任其帮助行为为他人实行犯罪创造便利条件，以造成危害社会结果的心态。帮助故意包括直接故意和间接故意。在帮助故意中，明知他人将要实施犯罪是认识因素的重要内容。帮助犯知道他人可能犯罪，但不具体了解他人具体实施的内容，仍积极予以帮助的，也构成帮助犯。帮助故意的内容必须指向既遂，帮助犯一开始就知道自己的帮助行为不可能导致正犯既遂的，例如，应正犯要求，绘制一张绝对无法找到被害人家里重要财物存放点的图纸交给盗窃犯的，欠缺帮助故意，帮助犯无罪。帮助故意具有双重性，即一方面，帮助犯必须知道他人在实行犯罪；另一方面，帮助犯知道自己的行为会给他人的实行行为提供便利或者心理支持，帮助者有使正犯行为更容易实行的故意。

（二）片面帮助

帮助犯必须具有故意，但帮助故意和共同正犯的“双向”意思联络并不相同，具有“单向性”，因为帮助犯并不是为了实现自己的犯罪，而是为了帮助他人。在提供物理或者心理帮助时，只要对正犯的实行行为有所认识，并单方面具有帮助的意思，即使正犯对此没有认识，帮助犯与正犯没有意思联络，该帮助行为也可以达到使正犯实行行为容易实施的效果，可以成立帮助犯，因此，应当肯定片面帮助的概念。例如，即将辞职离开公司的甲在审查购货合同时，发现在合同中设置很多陷阱的乙明显具有诈骗的意图，但对公司心怀不满的甲并未声张，乙顺利诈骗甲所在公司财物50万元。甲的行为使乙的诈骗变得更容易，甲以片面的意思对乙的诈骗提供了帮助，可以成立合同诈骗罪的片面帮助犯。

（三）日常生活行为（中立行为）与帮助犯

某些行为对于维持日常生活是必不可少的，但是，这些行为也可能与犯罪的帮助行为有关联，这就引出了中立行为的概念。中立行为，是指从外观上看，通常可以反复、继续实施的日常生活行为或业务行为。在刑法上成为问题的是对中立行为的帮助的定性，也就是说，虽然实施的是日常行为或相关职业行为，但客观上给他人的犯罪提供了帮助的情形，能否作为帮助犯处理？例如，出租车司机A在得知B、C将要到某地杀人时，仍然将B、C拉到指定地点。农资公司经理D将剧毒农药卖给农民E，E投毒杀死了F。甲研发一种能够获得他人上网账号、密码的软件，并将该软件挂在网上，乙、丙等数人利用该软件窃取他人上网账号、密码转手倒卖牟利。某快餐店的店主G明知H开设赌场，仍然按照H的要求每天为该赌场送盒饭。A、D、甲、G是否构成帮助犯？

1. 问题

帮助犯，是指为他人犯罪提供物质或心理支撑，对犯罪有促进、推动作用的行为。帮助犯概念其实已经表明其成立是相对容易的，只要某种行为对正犯行为有一定影响力，能够为正犯“壮胆”，或者使正犯在犯罪时的障碍更少，帮助行为和法益侵害结果之间的因果关系（条件关系、相当因果关系）就存在，帮助犯就成立。这等于说，帮助犯对于犯罪的“贡献”是有限的“贡献”，明显有别于正犯的“贡献”。正犯行为的实施并不完全依托于帮助犯，帮助犯只不过为正犯的实行提供多多少少的“支持”而已，帮助犯对犯罪的参与是“最低限度”的参与。帮助者的物理帮助作用虽然没有发挥，但是，该帮助对实行者所产生的心理影响仍然存在，使正犯在犯罪时心里更踏实的，成立精神帮助，帮助行为和实行行为及其后果之间的因果联系仍然存在，帮助犯成立。

如果将这一立场贯彻到中立行为的帮助中，就会得出结论：在中立行为人通常对正犯的行为有认识（至少有间接故意），客观上对造成结果的正犯行为起到了促进和推动作用的场合，按照传统的帮助犯因果关系理论，似乎应当将中立行为作为帮助犯处罚。但是，各种刑法理论大多认为，如果持这种立场，很多正常的社会生活，特别是常见的经营或营业活动可能都无法开展，社会生活就可能停滞，同时，也会限制许多人的行动自由，因此，应当试图寻找不将中立行为作为帮助犯处罚的依据。

2. 通常的处理思路

在国外的司法实务中，对知道他人可能进行犯罪活动而提供日常生活意义上的帮助的，只要该帮助行为是其正常的业务行为，通常就不定罪处罚。例如，在日本的审判实践中，对于邮递员明知明信片上写有胁迫内容，但还是送给受害人的案件，虽然对于胁迫意思的到达这一“结果”而言，邮递员发挥了不可或缺的作用，但是，并不由此认为其构成胁迫罪的共犯（或正犯）。对于明知他人偷税（不缴纳汽油交易税）但仍低价购买汽油的行为，日本最高裁判所认为：“被告（购买人）的行为在结局上并未超越买卖当事人的地位”，正犯（偷税人）犯行的实现“不过是被告追求自己利益的目的支配下的交易活动所引发的结果而已”，因此，被告不构成偷税罪的共同正犯或帮助犯。在日本，有人开发了诱发违反著作权法的违法拷贝文件的软件（winny2），被诉帮助著作权的侵权者，虽然日本地方法院判决软件开发者有罪，但日本最高裁判所认为其无罪，终审判决的理由在于：“考虑到新开发的软件在社会上会获得广泛的评价，并且其开发也需要迅速性，为了不使相关软件的开发行为过度萎缩，在不过是存在可以用来侵害他人的著作权的一般可能性，提供人认识/容认这种可能性并公开/提供该软件，而行为人利用该软件侵害著作权时，不应立即认为提供人实施了侵害著作权的帮助行为。”日本最高裁判所还展开了如下一般论述：“关于相关软件的提供行为，如欲认定为帮助犯，则需要出现超越一般可能性的具体的利用侵害状况，而且需要提供人认识/容认这种状况。”①

理论上一般认为，中立的日常生活行为是否可能成立帮助犯，要考虑：(1) 在客观上行为是否具有明显的法益侵害性，即日常生活行为对于正犯行为物理、心理的因果性影响，行为本身给法益带来的危险是否达到了可以作为“帮助”看待的程度。(2) 在主观上看行为人是否对他人可能实行犯罪有明确认识，即是否存在帮助故意。(3) 从共犯处罚根据看，行为对正犯违法性、因果流程的影响，是否达到足以被评价为帮助的程度。根据这三个条件，出租车司机 A 在得知 B、C 将要到某地杀人时，仍然将 B、C 拉到指定地点的；甲研发一种能够获得他人上网账号、密码的软件，并将该软件挂在网上，乙、丙等数人利用该软件窃取他人上网账号、密码，转手倒卖牟利的，都可能认为，帮助者有直接或者间接故意，行为明显具有法益侵害性，或者使法益面临的危险明显增加，应当分别成立故意杀人罪、侵犯著作权罪的帮助犯。农资公司经理 D 将剧毒农药卖给农民 E，E 投毒杀死了 F 的，D 对他人可能实行犯罪缺乏明确认识，因此，不成立帮助犯。某快餐店的店主 G 明知 H 开设赌场，仍然按照 H 的要求每天为该赌场

① ［日］松宫孝明：《结果反（无）价值论》，张小宁译，载《法学》，2013（7）。

送盒饭的，其行为是社会观念上能够容忍的行为（因为死刑犯也有吃饭的权利，更何况只是参赌的人），不能认为其具有明显的法益侵害性，所以不成立帮助犯。总而言之，对于外观上合法的日常生活行为，不能仅仅因为行为人在个别情况下多少知道他人可能利用其行为实施犯罪，就对其进行处罚。过分扩大帮助犯的范围，不利于维护法的安定性，不利于法治秩序的形成。但是，在帮助行为超过了一般社会观念所允许的程度，制造了难以为法律所容忍的风险时，以帮助犯论处又是必要的。

3. 客观归责论与中立行为的帮助

上述具有综合性的观点，是判断中立行为是否构成帮助犯的多数说。这与我国立法的精神相一致。刑法第 287 条之二针对帮助信息网络犯罪活动罪规定，明知他人利用信息网络实施犯罪，为其犯罪提供互联网接入、服务器托管、网络存储、通讯传输等技术支持，或者提供广告推广、支付结算等帮助，情节严重的，处 3 年以下有期徒刑或者拘役，并处或者单处罚金。这一规定也是侧重于从主客观相结合的层面判断某一通常营业行为中的帮助行为是否值得处罚。

但是，试图从主客观等层面限制中立行为帮助犯的成立范围的想法，或许并不能真正发挥其功能，处罚范围不能有效限定，前述有的情形（例如，出租车司机送杀人犯到现场）未必需要按照帮助犯处罚，但司法上根据感觉进行处罚的余地仍然存在。如果要彻底贯彻刑法客观主义立场，就应该认为通过否定中立帮助犯的客观（不法）构成要件来限制定罪范围的思路是合适的，即采用客观归责论的进路，从中立行为是否制造、增加了不被规范所允许的危险，危险是否被实现等角度思考问题。按照这一逻辑，就会认为，中立行为虽然对正犯行为有促进和帮助，存在传统上的共犯因果性，但是，按照规范评价和实质判断的立场，从行为对法益侵害的危险性角度看，该行为没有制造法所禁止的危险，并未达到值得作为共犯处理的危险性，从而否定中立行为成立帮助犯。

将客观归责论借用到网络犯罪中，就应该认为，单纯提供网络技术的“中立帮助行为”（经营行为），原则上就不能处罚。这一结论，无法从中立帮助者的行为促进正犯行为这一传统因果关系与帮助犯的成立要件上加以论证，而必须从客观归责论的角度切入。在这里，客观归责论能够克服“因果关系理论的危机”。

为他人提供互联网接入、服务器托管、网络存储、通讯传输等技术支持的网络服务提供商，属于网络接入服务提供商或网络平台服务提供商。对于处于营业地位的从事互联网接入、服务器托管、通讯传输的网络接入服务提供商的刑事责任，国外判决原则上予以否认，大致的理由无外乎是：(1) 仅仅提供连接服务的网络服务提供商，没有介入审查他人所传输信息内容的真实性、合法性的义务；(2) 互联网接入行为和犯罪结果之间的因果性并不充分；(3) 事实上，面对海量信息，网络接入服务提供商难以辨别真伪，要求网络接入服务提供商履行甄别义务会使现代社会的网络运营瘫痪。“网络接入服务提供商无论是接入前知悉申请网络接入的用户的犯罪意图，还是事后得知网络用户利用网络实施犯罪的事实，由于法律并无明文规定其有事前拒绝接入和事后断开网络连接的义务，故网络服务提供商原则上不应承担帮助犯的刑事责任。”①

不过，由于帮助信息网络犯罪活动罪处罚的是明知他人利用信息网络实施犯罪而仍然为其提供帮助的人，如果网络接入服务提供商在接到有关部门的正式通知后，仍然为实施信息网络犯罪的人提供接入服务的，可以成立帮助犯。此时，即便网络接入服务提供商的行为属于正常的业务行为，客观上具有不可归责性，但因为有网络监管者的介入，其违法性提示使行为人具

---

① 陈洪兵：《中立行为的帮助》，233 页，北京，法律出版社，2010。

有特别认知，由此得出帮助者有罪的结论就是合适的。这和出租车司机按照其和客人的约定接送他人是正常业务行为，但其在接到警察让其停车的指令后，仍然将盗窃犯送到目的地的，基于其特殊认知，可以认定其行为的违法性。

对于从事网络存储的网络平台服务提供商而言，其行为也是中立性的。一方面，其有义务保存服务对象的资料，尊重会员的言论自由；另一方面，该服务提供商面对海量信息时，事实上也难以进行日常审查，因此，也不宜定罪。接受服务者或会员违法上传、下载，实施犯罪行为的，应由其自我负责，而不需要网络平台服务提供商承担刑事责任。

因此，如果考虑客观归责的法理，就应当将刑法第 287 条之二的帮助信息网络犯罪活动罪限定为：网络接入服务提供商或网络平台服务提供商并不是为了从事正常的运营，其设立就是为了提供非法接入或平台服务牟利，即以犯罪为其主业。例如，有的网络接入服务提供商刚成立就接了一单业务（或只承接某一种明显属于犯罪的业务），为从事网络赌博、诈骗、侵犯著作权活动的犯罪分子提供互联网接入、服务器托管、通讯传输等技术支持的，该网络接入服务提供商自然应该作为犯罪处理。此时的定罪，可以按照共同犯罪的一般原理进行，刑法上另行对提供技术支持的网络接入服务提供商规定帮助信息网络犯罪活动罪，只不过是作出注意性、提示性规定。换言之，网络接入服务提供商和正犯勾结的证据非常确凿的，就可以认定其不是在从事通常的、正常的营业活动，对其行为就应该按照本犯的共犯（帮助犯）处理，只不过该帮助犯被立法者有意识地正犯化了而已。如此理解刑法第 287 条之二的规定，就避免了将中立行为的帮助作为犯罪处理，从而坚持了客观归责的基本原理。

（四）帮助犯与未遂犯

根据共犯从属性说，正犯犯罪既遂的，帮助犯亦既遂；正犯犯罪未遂的，帮助犯亦未遂；正犯犯罪中止的，帮助犯只能成立犯罪未遂；帮助犯自动停止犯罪，并采取报案等有效措施防止正犯继续实施犯罪，有效防止犯罪结果发生的，帮助犯成立犯罪中止，正犯则属于犯罪未遂。

第四节　共同犯罪人的处罚

一、共同犯罪人的分类标准

我国刑法以作用分类法为主、以分工分类法为辅，将共同犯罪人分为主犯、从犯、胁从犯、教唆犯四种，并明确规定了相应的处罚原则。

共犯的特点在于二人以上合为一体，互相利用，群策群力，实行本可只用一人单独实行的犯罪。因此，共犯整体的罪责，便是各个共犯所应负担罪责的范围。所以，共犯的罪责范围大于单独犯的罪责范围。但可能不等于现实，各个共犯实际应负的罪责，是随着各自在共犯中的地位和主观情况而异其大小轻重的。①

需要指出的是：以作用分类法为主，对共同犯罪人进行区分，对于解决共同正犯的量刑问题，有特殊意义。但是，作用分类法排斥正犯、帮助犯、教唆犯的概念，明显有其局限性；在解决定罪问题上，作用分类法的功能更是捉襟见肘。作用分类法将主犯定义为在共同犯罪中起主要作用的人，将从犯定义为在共同犯罪中起次要作用的人。而共同犯罪之“罪”，按照部分犯罪共同说，必须是刑法分则罪状所明确规定的犯罪，刑法分则以正犯为原型进行规定，刑法总则并不对各罪的构成要件进行规定，所以，对共同犯罪人在共同犯罪中是起主要作用还是次要作用的确定，必须回到起点——刑法分则对各罪构成要件的规定。换言之，任何一个主犯和

---

① 参见蔡枢衡：《中国刑法史》，200 页，北京，中国法制出版社，2005。

从犯都必须是与刑法分则所规定的正犯有关联的主犯与从犯，脱离刑法分则的构成要件规定，刑法总则关于主犯和从犯的规定毫无适用的可能。事实上，对任何一个共同犯罪案件的处理，都必须是定罪在前、量刑在后。不根据分工分类法解决定罪问题（确定谁的行为符合分则具体罪名和构成要件的规定，谁的行为依附于正犯），要准确确定共同犯罪人的作用大小，解决量刑问题，就是无源之水、无本之木。所以，在刑法中不按照分工分类法对正犯与狭义的共犯进行规定，存在明显不足。

二、主犯

（一）种类

根据刑法第 26 条第 1 款的规定，组织、领导犯罪集团进行犯罪活动的或者在共同犯罪中起主要作用的，是主犯。

1. 犯罪集团的首要分子

犯罪集团的首要分子，是指在集团犯罪中起组织、策划、指挥作用的人。犯罪集团的首要分子都是主犯，他们的犯罪活动包括建立犯罪集团、领导犯罪集团、制订犯罪活动计划、组织实施犯罪计划、策划于幕后、指挥于现场等。这些活动在犯罪集团的形成、发展过程中起主要作用，因而其实施者是主犯。

2. 聚众犯罪的首要分子

聚众犯罪的首要分子，在聚众犯罪中起组织、策划、指挥作用。刑法同时处罚聚众者和积极参加者以及其他参加者时，首要分子是聚众犯罪中的主犯。

聚众犯罪的首要分子并不都是共同犯罪的主犯。我国刑法分则中所规定的聚众犯罪分为两种：一种是属于共同犯罪的聚众犯罪，即聚集 3 人以上进行共同犯罪（例如，聚众持械劫狱罪），刑法同时处罚首要分子和其他参加者的，这种聚众犯罪中的首要分子当然是主犯。刑法规定这种聚众犯罪的首要分子的意义在于对构成犯罪的人区别对待，以实现罪刑均衡原则。另一种是不属于共同犯罪的聚众犯罪，即虽然是聚集 3 人以上进行犯罪（例如聚众扰乱社会秩序罪），但刑法并不处罚首要分子以外的其他参加者。由于首要分子构成单独正犯，自然就谈不上主犯的问题。刑法规定这种聚众犯罪的意义在于缩小打击面，将危害较小的参加者排除在刑法惩办的范围以外。

3. 其他主犯

除首要分子之外，在集团犯罪、聚众犯罪中起主要作用的人，以及在一般共同犯罪中起主要作用的人，都是主犯。集团犯罪和聚众犯罪中的“其他”主犯虽然不是首要分子，但却是犯罪的积极参加者，或者是主要实施者，在共同犯罪中起主要作用。

在一般共同犯罪中起主要作用的人，包括以下犯罪分子：(1)（起主要作用的）正犯。一般共同犯罪中的主犯，多数都是正犯。但是，并不是所有的正犯都是主犯，正犯在共同犯罪中所起的作用较小，是次要实行犯的，仍然可以成立从犯。正犯是否成立主犯，需要综合考虑犯意由谁发起、纠集共犯的积极性、参与实行的主动性、是否充当指挥者角色、各自导致危害后果的大小等因素。(2) 少数教唆犯。教唆犯在共同犯罪中起主要作用时，是主犯。(3) 个别胁从犯。在特殊情况下，最初被胁迫参加犯罪的人，在着手实行之后，在共同犯罪中起重要作用的，也可以成为主犯。

（二）处罚

刑法第 26 条第 3 款规定：对组织、领导犯罪集团的首要分子，按照集团所犯的全部罪行处罚。“按照集团所犯的全部罪行处罚”，意味着只要最终的危害结果是在犯罪集团概括的犯罪意思支配之下造成的，即使首要分子对犯罪集团其他共同犯罪人的某次犯罪事实并不明确知道，也需要对所有犯罪负责。按照犯罪的功能性支配理论，犯罪集团的首要分子事实上就是共同正犯，要求其对集团所犯的全部罪行负责，就是对共同正犯适用部分行为全部责任原则。

根据刑法第 26 条第 4 款的规定，对于第 3 款规定以外的主犯，应当按照其所参与的或者组织、指挥的全部犯罪处罚。这意味着对聚众犯罪的首要分子，在集团犯罪、聚众犯罪中起主要作用的人，以及在一般共同犯罪中起主要作用的人，都应当按照其所参与的或者组织、指挥的全部犯罪处罚。因为共犯人之间存在相互利用的特殊情节，对共犯人之间的行为不能割裂开来看，所以，“按照其所参与的或者组织、指挥的全部犯罪处罚”，显然不是按照犯罪分子个人所造成的具体危害结果进行处罚，共同正犯成立主犯的，部分行为全部责任原则必须适用。在共同实施财产犯罪、贪污贿赂犯罪的场合，主犯需要对其所参与的全部犯罪负责，绝不能根据犯罪分子个人最后分得赃物的多少“计赃论罪”。

三、从犯

（一）概念

我国刑法第 27 条规定，在共同犯罪中起次要或者辅助作用的人，是从犯。

准确区分主犯和从犯，对于适当量刑至关重要，但实务中可能持“不能区分”主从犯、“不宜区分”主从犯或“不应区分”主从犯的立场，使在共同犯罪中起次要作用的人也可能被认定为主犯，导致对部分共犯人量刑过重。上述实务做法或理论主张均值得商榷。对大量案件应当区分主从犯，否则罪刑相适应原则的贯彻、死刑的限制适用等都可能受到影响。

1. 在共同犯罪中起次要作用的人

起次要作用的人包括：(1) 起次要作用的共同正犯（包括参与实施犯罪，但没有直接针对法益，结果与之无关的正犯，并不直接针对重要法益实施构成要件行为的正犯，以及部分承继的共同正犯的后参与者。此外，参与实行，有中止行为但没有阻止他人既遂的正犯等）；(2) 部分胁从犯；(3) 大多数共谋共同正犯；(4) 绝大多数教唆犯。

2. 在共同犯罪中起辅助作用者

在共同犯罪中起辅助作用的人，是指帮助犯。帮助犯为他人实行犯罪提供各种物质和精神的便利，对犯罪缺乏实质的支配，在共同犯罪中不可能起主要作用，所以，属于从犯。帮助犯与起次要作用的人之间，具有排斥关系。帮助犯是一种从犯，从属于正犯，而起次要作用的正犯在很多时候都属于功能性地支配犯罪进程的人。

（二）单位犯罪中的主、从犯

在对单位犯罪的处罚中，存在对直接负责的主管人员和其他直接责任人员是否区分主犯、从犯的问题。一般而言，如果案件中同时存在直接负责的主管人员和其他直接责任人员的，前者的作用比后者的作用要大，后者可以被认定为从犯。但直接负责的主管人员和其他直接责任人员不是当然的主、从犯关系。最高人民法院《关于审理单位犯罪案件对其直接负责的主管人员和其他直接责任人员是否区分主犯、从犯问题的批复》（2000 年 9 月 30 日）规定：“在审理单位故意犯罪案件时，对其直接负责的主管人员和其他直接责任人员，可不区分主犯、从犯，按照其在单位犯罪中所起的作用判处刑罚。”根据这一规定，对于主从关系不明显的，可以不予区分。但是，在决策者与执行者之间明显存在服从与被服从之关系，具有不同的地位和作用的情况下，区分主犯与从犯还是有必要的。对此，最高人民法院《全国法院审理金融犯罪案件工作座谈会纪要》（2001 年 1 月 21 日）予以认可，即具体案件中可以分清主、从犯，且不分清主、从犯，在同一法定刑档次、幅度内量刑无法做到罪刑相适应的，应当分清主、从犯，依法处罚。

（三）处罚

根据刑法第 27 条第 2 款的规定，对于从犯，应当从轻、减轻处罚或者免除处罚。刑法虽然没有规定对于从犯必须“比照”主犯从宽处罚，但是，在实务中，从犯与主犯相比，无论是主观恶性还是客观危害性都要轻一些，所以，对主犯和从犯进行比照，然后确定对从犯的处罚标准，应该是合理的思路。

四、胁从犯

（一）概念

根据我国刑法第 28 条的规定，被胁迫参加犯罪的人是胁从犯。

1. 被胁迫

主犯与从犯虽然在共同犯罪中的作用有所不同，但都是基于本人的意思参加犯罪；教唆犯就是犯意的发起者，这些共犯人在共同犯罪中都居于主动的地位。胁从犯原本没有犯罪意图，实施犯罪在一定程度上是违背其个人意愿的。只不过胁从犯犯罪之时，即便精神上受到一定程度的威逼或者强制，也并没有丧失意志自由，在其被胁迫之后实施危害行为的，刑法对其进行处罚，无论从主观条件还是客观条件上看都是无可非议的。

被胁迫是国外刑法理论普遍认可的排除犯罪事由，只是其排除犯罪的根据及体系地位尚有争议。在我国，由于刑法规定了胁从犯，对被胁迫行为的研究主要集中在对胁从犯的认定上，很少将被胁迫作为一项独立的排除犯罪事由加以研究。至于被胁迫作为排除犯罪事由的实质根据及其犯罪论体系地位，更未深入细致探讨。在犯罪论体系中，被胁迫行为包括以下情形：(1) 阻却构成要件该当性的受强制行为。不存在意思支配可能性的举止不是行为。这种意思支配的可能性是一种客观要素，是行为人意思活动的前提。意思支配可能性涉及意思自由的问题。① 如果行为人被胁迫后丧失了意思活动自由，其行为便不属于构成要件行为。(2) 阻却违法的被胁迫行为。如果被胁迫的行为具有行为性，不阻却构成要件符合性，接下来应在违法性阶段判断该行为是否阻却违法。在具体判断时，大陆法系理论并未将被胁迫行为列为独立的阻却违法事由，而是归入紧急避险来讨论，也即被胁迫的紧急避险。被胁迫而实施的行为是否成立紧急避险，应当考虑补充性要件（不得已）、法益衡量及无辜第三者的自我决定权。(3) 阻却责任的被胁迫行为。关于被胁迫行为阻却责任的根据，大陆法系理论一般以期待可能性原理来说明。如果行为人不具有期待可能性，便可免责。问题是，行为人何时才具有期待可能性？这就涉及他行为可能性的问题。如果行为人能够回避符合构成要件的违法行为，能够实施其他行为，行为人便具有他行为可能性。② 行为人具有他行为可能性，法律便可期待其作出适法行为，也即对其具有期待可能性。在此情况下，行为人如果实施了违法行为，则应受非难。因此可以说，他行为可能性是期待可能性的前提基础。③ 而所谓被胁迫行为，是指在意思决定自由被剥夺的情况下迫不得已实施的行为。在此情形下，被胁迫者失去他行为可能性，便缺乏期待可能性，由此可以免责。(4) 胁从犯。如果被胁迫行为没有阻却构成要件符合性、违法性及有责性，则应成立犯罪。这就是所谓的胁从犯。

在认定胁从犯中的胁迫时，应注意以下几点：(1) 这里的胁迫，不包括剥夺身体活动自由

---

① 需要指出的是，这里的意志自由不是指哲学上决定论、非决定论讨论的“意志自由”，而是指心理学上的一种心理事实。

② 参见［日］山口厚：《刑法总论》（第 3 版），付立庆译，194 页，北京，中国人民大学出版社，2018。

③ 参见张明楷：《期待可能性理论的梳理》，载《法学研究》，2009 (1)。

的情形。剥夺身体活动自由，受强制者就失去意思支配可能性，其行为就不具有实行行为性。例如，甲用强力按住乙的手来伪造文书，乙不构成伪造文书罪。① （2）胁迫要求达到压制意思决定自由的程度。胁迫的程度包括两种情形：使他人产生恐惧心理；剥夺他人意思决定自由，压制对方的反抗。胁从犯中的胁迫要求达到剥夺对方意思决定自由的程度。唯有如此，被胁迫者的期待可能性（他行为可能性）才会降低，所受的非难可能性随之减轻，责任随之减轻，如此才会享受从宽处罚的待遇。如果被胁迫者仅仅产生恐惧心理，并没有被剥夺意思决定自由，其期待可能性（他行为可能性）并未降低，责任便不会减轻，便不能享受胁从犯的从宽处罚待遇。

2. 参加犯罪

胁从犯参加犯罪，通常意味着犯罪是他人的"作品"，胁从犯只是被动参加②，其在共同犯罪中所起的作用较小。

（二）处罚

我国刑法第 28 条规定，对胁从犯，应当按照他的犯罪情节减轻处罚或者免除处罚。"犯罪情节"包括胁从犯被胁迫的程度、胁从犯是分工实行还是帮助、胁从犯实施的行为样态、胁从犯对于犯罪结果的"贡献"等各种情况。

五、教唆犯

我国刑法对共犯主要以犯罪分子在共同犯罪中所起的作用为标准进行区分。但教唆犯是以犯罪分子在共同犯罪中的分工为标准进行分类的结果。这主要是因为教唆犯，具有一些不同于其他共犯的特点。

刑法第 29 条第 1 款规定：教唆他人犯罪的，应当按照他在共同犯罪中所起的作用处罚。判断教唆犯在共同犯罪中的作用时，应当从教唆犯罪行为的事实、性质、情节和对于社会的危害程度入手。凡是教唆方法比较恶劣，对被教唆的人影响力大，教唆他人所犯之罪的社会危害性较大，或者对未成年人进行教唆的，应视为起主要作用，以主犯论处。在某些情况下，教唆犯与被教唆的人在共同犯罪中的作用不相上下的，可以都以主犯论处，处以大致相同的刑罚。教唆方法比较缓和，对被教唆的人影响力不大，且综合其他犯罪情节，在共同犯罪中不起主要作用的，应以从犯论处。

应该指出，我国刑法学长期受"造意为首"观念的影响，认为凡是教唆犯，就是主观恶性很重、应当严厉惩处的人，因此，在实践中，大多认为教唆犯在共同犯罪中是起主要作用的人，一般对其论以主犯，从重处罚；只有在少数情况下，才认为教唆犯在共同犯罪中起次要作用，而以从犯论处。但是，如果考虑正犯和共犯区别的犯罪支配说，就可以看到，在通常意义上，正犯才是对犯罪有功能性支配的人，教唆犯并不能产生这种支配效果，在共同犯罪中所起的作用一般会低于正犯。所以，比较合理的观点应当与现行做法相反，即教唆犯通常是从犯，只有在特殊情况下才是主犯。

我国刑法第 29 条第 1 款还规定，教唆不满 18 周岁的人犯罪的，应当从重处罚。刑法之所以这样规定，主要是因为不满 18 周岁的人思想不够成熟，社会经验不足，辨别是非能力弱，意志不坚定，容易被教唆。对教唆未成年人犯罪的从重处罚，可以有效保护未成年人，是完全必要的。

---

① 参见［法］卡斯东·斯特法尼等：《法国刑法总论精义》，罗结珍译，388 页，北京，中国政法大学出版社，1998。

② 从分工来看，胁从犯在共同犯罪中可能承担实行行为，也可能承担帮助行为。

第五节　共犯论的其他问题

一、共犯的中止

犯罪中止，并不仅仅是为单独犯规定的。但是，在共同犯罪的场合，要适用中止犯的规定，需要满足某些特殊条件。总体而言，共同正犯在着手之前要成立中止，须有退出共同犯罪的意思并被其他共犯所了解、认同；而在着手实行犯罪后，退出者不仅要有退出的意思，还要求必须采取必要措施去防止犯罪行为的发生。

关于共犯的中止，综观国外复杂的判例理由和刑法理论学说之争，大体而言，现代刑法以保护法益为其本质要求，因此，立足于法益保护的"因果关系切断说"目前处于通说地位，行为人如欲中止共犯关系，必须消除自己行为对其他共犯所造成的物理或心理的因果关系。

需要指出的是，根据日本刑法第 43 条的规定，在着手实行之后才有成立中止的问题。那么，在共同犯罪中，要成立中止，就必须是在共同犯罪中的某一人着手实行之后。对共犯在着手实行之前的脱离行为，只能按照"共犯的脱离"来讨论。但是，我国刑法所规定的犯罪中止，同时适用于预备阶段和实行阶段等"犯罪过程中"，因此，在我国，将中止和脱离分别讨论的必要性不大，需要重视的是共同犯罪人依照何种条件才能成立中止犯的问题。因此，本书仅讨论共犯中止的成立条件问题，其中所涉及的共犯之一的退出意思未表达、未被对方接受等情形，大致与日本的共犯的脱离相同，也会附带进行讨论。

（一）预备阶段的中止

1. 共谋共同正犯的中止

个别共谋共同正犯在其他共犯着手之前，基于自己的意思放弃犯罪的，能否成立中止犯，需要区别情况讨论。如果自行退出共犯关系者将该信息在其他共谋者着手实行行为之前传达给其他共谋者，并得到其他共谋者的接受和认同的，最初的共谋关系和最后的实行行为之间的因果联系被切断，共谋行为对其他事后实行者的心理支撑不再存在，此时，自行退出者对其他共谋人造成的未遂或者既遂后果不必承担责任，应按（预备阶段的）中止犯处罚。

但是，如果共谋人是共谋关系中的重要成员（例如，是首谋者），其对他人的实行行为可能产生巨大影响的，为了消除对实行行为产生的巨大影响，该人就必须作出额外的努力①，未作出这种努力的，仍然应该对既遂结果负责。例如，甲、乙共谋伤害丙，在着手实施前，乙因害怕而自行退出犯罪，但甲独自将丙打成重伤的，如果乙未将中止的意思告诉对方，更没有得到对方的同意，只是在前往犯罪现场的途中偷偷逃离的，在甲故意伤害致人重伤时，乙也需要对重伤结果负责，即退出的意思未表示出来或已表达但未被对方接受的，成立共谋共同正犯的既遂而非中止，但在量刑时可以对其适用从犯的规定。

所以，在共谋共同正犯着手实行前要成立预备阶段的中止，一般来说，需要满足两个条件：(1) 有自行退出犯罪的意思，并向对方明确表示。(2) 中止意思被对方接受。符合上述条件的，就可以认为实行者作出了他人可以退出共谋共同正犯关系的允诺，意味着退出者和实行者的行为及其结果之间的（心理和物理的）因果关系已经切断，实行者已经明确认识到自己是在"单打独斗"，实行者已然成为单独正犯。只要退出者与实行者的行为及其后果之间的因果性已经切断，即使实行者既遂的，对退出者也只能按照刑法第 24 条第 2 款所规定的"没有造成损害的"中止犯免除处罚。例如，甲、乙二人在堤边散步，偶遇往日同伙前往堤边准备抢劫

① 参见［韩］李在祥：《韩国刑法总论》，［韩］韩相敦译，422 页，北京，中国人民大学出版社，2005。

作案，同伙邀其加入。甲、乙先是答应，后同伙中有一人提出堤边只有一作案对象，参加的人太多则分赃太少，甲、乙遂自动提出不参与。其他同伙往前一路段抢劫作案后，重回原地，用摩托车载着甲、乙二人离开堤边，后甲、乙也没有分得赃款物。甲、乙在预备阶段中止犯罪，并被其他同伙接受，成立抢劫罪（预备阶段的）中止，应当免除处罚。

特别需要注意的是：共谋实施重罪的正犯，以及共谋共同正犯中的主要犯罪提议者要成立中止形态，仅仅传达中止意思给对方并得到对方认可并不足够，还必须在此之外采取告知被害人、撤回许诺、报告警方等措施，以有效阻止其他共谋共同正犯犯罪。

2. 教唆犯的中止

教唆犯实施教唆之后，在他人着手之前产生中止的意思，并将该意思传递给被教唆人的，原则上可以成立预备阶段的中止。但是，如果教唆的是重罪，或者教唆人给予对方一旦事情成功即会获得报酬的承诺的，要成立犯罪中止，仅仅传达中止犯罪的意思给被教唆人，即使得到被教唆人的承诺，对于成立中止仍不足够，还必须在此之外采取告知被害人、撤回许诺、报告警方等措施来阻止被教唆人犯罪。在这一点上，与前面所讲的共谋实施重罪的正犯或者共谋共同正犯中的主要犯罪提议者的中止成立条件基本相同。

例如，甲承诺给乙 10 万元让乙杀丙，并先给了乙 5 万元。在距乙杀人还有 3 小时之际，甲突然产生后悔的意思，并打电话告诉乙不要杀丙。乙在电话里说了一声“知道了”，就挂断了电话。3 小时后，乙仍然杀死了丙，并要甲支付另外 5 万元。对甲如何处理？甲教唆乙实施重罪，同时，给予对方一旦事情成功即会获得总数 10 万元报酬的许诺，其要成立犯罪中止，除告知对方不着手犯罪之外，还应当采取追回已经给付的 5 万元、撤回另外 5 万元的承诺、告知被害人躲避、请求警方控制乙等措施来阻止乙杀害丙，而甲并未实施相应行为，所以，应当成立犯罪既遂。

3. 帮助犯的中止

在着手实行之前为他人的犯罪准备工具或者制造条件的人，如果告知对方自己要脱离共犯关系，就能够消除自己对未来的实行行为的积极影响，他人的着手实行就会遇到困难，同时放弃犯罪的意思得到对方同意的，可以成立中止。例如，A 为在第二天盗窃 C 的汽车而邀请开锁匠 B 前往现场用铁丝捅车门。B 在同意之后很快反悔，并表示自己不敢去。A 无可奈何只得同意。第二天，A 自己带着铁丝捅开 C 的车门将汽车开走。B 告知对方自己的脱离意思并得到对方同意，切断、消除了自己对 A 的实行行为的影响。A 自己带着铁丝捅开 C 的车门盗窃既遂，B 可以成立犯罪中止（因果关系切断说）。

但是，仅仅有退出共犯关系的意思，并未消除对实行行为的积极影响，他人的着手因为帮助犯在预备阶段的行为更容易，帮助行为的加功效果并未消除的，即使放弃犯罪的意思被对方接受，也不能成立犯罪中止。例如，电工甲在被害人乙家里安装空调时，按照盗窃犯丙事前的安排，观察并绘制了乙家别墅的房间分布图、标明财物的所在位置，然后将图纸交给丙。在丙着手盗窃之前，甲后悔，并试图索回图纸。但当丙谎称已经撕毁图纸时，甲便不再深究。事后，丙凭借该图纸盗窃了乙的财物。由于甲并未切断帮助行为和危害结果之间的物理性因果联系，仍然成立盗窃罪既遂。

（二）实行阶段的中止

关于实行阶段的中止，可能出现以下情形。

（1）共同正犯中的所有犯罪人都决定停止犯罪，并有效防止犯罪结果发生的，都成立犯罪中止。

（2）共同正犯中的一人自动停止实行，并有效劝说、制止或防止其他正犯继续实施犯罪，且危害结果最终被防止的，停止犯罪者成立中止，其他共同正犯成立未遂。例如，甲、乙密谋准备抢劫并杀人灭口。甲准备了工具。甲、乙在乘坐丙驾驶的车辆路途中，用手掐住丙的脖子，使用暴力致使丙昏迷并劫取丙财物。后甲、乙遂准备掩埋丙。在乙搜寻工具之时，假装昏睡的丙哀求甲放一条生路。甲于心不忍，遂答应挖浅点、背面覆盖、鼻口处留一定缝隙等。在实施掩埋过程中，甲果真照此办理，丙最后逃出（经鉴定只受轻伤）。甲、乙构成抢劫罪既遂并无争议。但就杀害丙这一事实而言，应当认为，甲在实行过程中基于自己的意思，自动采取一定措施防止死亡结果的发生，被害人也确实没有死亡的，应当认定甲构成故意杀人罪的中止，但乙仍构成故意杀人罪未遂。当然，如果某人因为共同正犯的劝说而停止实施A罪后，产生了B罪的犯意并得逞的，仍然可以认为基于先前的共犯关系所可能导致的危害后果未发生，劝说者仍然可以成立A罪的中止。

(3) 共同正犯中的一人自动停止实行，但并未有效制止其他正犯继续实施犯罪，停止犯罪者不能成立中止，至于其成立既遂还是未遂，取决于其他正犯的行为是停留于既遂还是未遂形态。例如，共谋共同正犯在其他共谋人着手实行之后脱离犯罪的，如果其他共谋人已经使犯罪既遂，对脱离者仍然应当按照犯罪既遂处理，并不成立犯罪中止。例如，甲、乙经共谋后到现场共同对丙实施伤害行为，甲见丙流血不止，十分可怜，就偷偷离开现场；乙继续实施伤害，致丙死亡。甲在着手后，有中止犯罪的意思，但没有采取积极的措施防止乙继续实行犯罪，需对乙造成的死亡结果承担责任，成立故意伤害（致人死亡）罪，而不成立中止。

帮助犯在正犯着手之后自动停止实行帮助行为，且为正犯所接受，但并未制止正犯继续实施犯罪的，也不能成立中止。如果正犯既遂的，帮助犯仍然成立既遂。例如，A、B多次共同盗窃。一天深夜，A和B又一起相约去某别墅区盗窃，但未事先商量盗窃种类，A仍然是在外望风。B入室盗窃，过一会儿出来对A说：没偷到什么东西，但偷到一个汽车钥匙。B要去把车开走，A很害怕，说："你偷你的，汽车我不敢偷。"B说："你不偷，那你就等我一会儿。"于是A仍然站在别墅门口，B独自去开车库门。B在偷车时，不小心把喇叭弄响了一下，但没人发现。B将车开了出来，叫A上车。A说："我走回去。"B说："我开车送你回去。"A说："你偷你的车，反正与我无关。"于是，就上了B偷的汽车，坐车回家。B将A送回家后之后，独自将车开走，并以低价卖出，A未分得卖车款。经查，被B盗窃的汽车价值48万元。就B盗窃汽车一事，对A应当如何处理？

对于本案，我的基本观点是：就B盗窃汽车一事，A、B成立共犯，B是正犯，是主犯；A是帮助犯，是从犯。因为从客观上看，A在别墅外望风的行为，使B盗窃车钥匙变得更为容易。B取得车钥匙，使其后面盗窃汽车的行为变得很容易。所以，A需要对B盗窃汽车的结果负责。从主观上看，A和B有盗窃他人财物的故意，汽车属于他人财物。B取得他人财物，在A的共同犯罪故意之内；A虽然表示不偷汽车，但是，其留在现场且没有阻止B的盗窃行为，不能成立共同犯罪中止，且事实上对他人的盗窃还存在精神上的帮助；帮助犯的成立，不要求其本人有非法占有目的，只要其有帮助的意思和行为。此外，帮助犯不参与分赃，并不影响对其定罪。当然，虽然A要对B盗窃汽车的行为承担刑事责任，但是考虑到A是从犯，对其可以判处较轻的刑罚。

二、共犯与身份

（一）身份犯属于义务犯的范畴

身份是法律明文规定的对定罪量刑具有一定影响的主体资格、地位等要素。"身份是指社会关系中的人的地位的高低，所以，从一般的语义来看，必须以继续性为要件。”① 在真正身份犯中，身份（例如，是否属于受贿罪的国家工作人员、玩忽职守罪的国家机关工作人员、徇私枉法罪的司法工作人员、逃税罪的扣缴义务人等）的有无决定了行为是否可能造成法益侵害，从而影响定罪（构成身份）。在这里，决定处罚前提的是身份特殊者的义务和地位，而不是行为人如何通过其行为举止具体地支配事件的因果过程。② “由于身份犯是以一定义务的存在为前提的犯罪（义务犯）……因而应该对身份概念作狭义的理解。”③

在义务犯中，只有义务违反是唯一的不法要素，对义务的违反决定了正犯性。承担积极义务的人，即便只实施了没有犯罪支配的教唆、帮助行为，也必须按照义务犯的正犯来处理。例如，国家工作人员下班后故意将钥匙挂在办公室门上，让他人入室窃取国家秘密的，该国家工作人员是泄露国家秘密罪的正犯；而无身份者即使对于犯罪的实现有行为支配，也不能成立身份犯的正犯。例如，国家机关聘用的保安以向有职权者转达他人的请托意思为名，单独收受他人财物的，不可能构成受贿罪，只能视其诈骗意思和非法占有目的考虑能否成立诈骗罪。因此，在义务犯中，义务违反是唯一的不法要素，对义务的违反决定正犯性。将具有某种身份的人认定为正犯，并不是基于其抽象的资格，也不是因其身份，而是因为其违反了处理与身份相匹配的事项时产生的特别义务。只有有意识地违反这种积极义务而非消极的保护义务的人，才能构成正犯。

在真正身份犯（义务犯）中，身份的有无影响定罪的情形（构成身份）。例如，不具有国家工作人员身份的甲在丈夫乙（某县税务局局长）完全不知情的情况下，向某地产商索要10万元现金的，甲因缺乏受贿罪主体的特殊身份，不可能构成受贿罪。④

在不真正身份犯中，因为身份的有无不影响定罪，只影响量刑，所以，有（不真正的）身份者和无身份者共同犯罪的，对有身份者适用特别之刑，对无身份者适用通常之刑，没有太多有争议的问题。就共同犯罪与身份的关系而论，问题比较复杂的是真正身份犯和共同犯罪的关系。

（二）无身份者能否成为真正身份犯的共同正犯

在真正身份犯的共同犯罪中，直接实施行为的人必须是具有特定身份的人，欠缺这种身份的人不可能实施符合刑法分则罪状规定的行为，不能成为正犯，只能成立教唆犯或者帮助犯。主要理由在于：对于通常的共同犯罪类型而言，完全可以根据犯罪支配说区别正犯和共犯。但是，刑法对于真正身份犯的构成要件本身，已经在条文上事先严格限定了犯罪主体的范围，只有具备身份者才能造成法益侵害，才能构成单独正犯，刑法根据身份角色对正犯归责。例如，刑法将贪污罪的主体限定为具有特定身份的人。不具有国家工作人员身份的人即使实施窃取行为，也不是贪污罪的实行行为。只有符合主体资格要求的人才能成立真正身份犯的正犯，欠缺真正身份者最多只能成立教唆犯和帮助犯，而不能成立共同正犯。⑤ 这就是说，共同正犯的成立，建立在犯罪成立要件的共同性之上，而真正身份犯的身份之有无，是决定构成要件共同性是否存在的重要因素。没有特殊身份，不能成立构成要件所规定的任何正犯（包括单独直接正

---

① ［日］大谷实：《刑法讲义总论》，5版，451页，东京，成文堂，2019。

② 站在行为无价值一元论的立场，可以认为法律对有身份者有特殊的义务要求，违反这种义务的行为就具有违法性。按照行为无价值二元论，犯罪是违反行为规范，进而造成法益损害的行为，因此，可以认为没有一定的身份，事实上不可能通过违反行为规范的行为最终造成法益侵害，犯罪不可能成立。

③ ［日］山口厚：《日本刑法中的“共犯与身份”》，王昭武译，载马克昌等主编：《中日共同犯罪比较研究》，136页，武汉，武汉大学出版社，2003。

④ 但能否视情况构成敲诈勒索罪或者诈骗罪，还值得研究。

⑤ 类似的观点，请参见陈兴良：《共同犯罪论》，356页，北京，中国社会科学出版社，1992。

犯、间接正犯），自然也不能成立共同正犯。如果认为欠缺身份者也可以成立真正身份犯的共同正犯，将使刑法理论上关于真正身份犯和不真正身份犯的区分没有意义，混淆定罪身份和加减身份的法律效果，否定构成要件的规范约束力。

（三）无身份者帮助、教唆有身份者的定罪

无身份者帮助、教唆有特定身份者共同实施犯罪行为的，司法实务中主张按照主犯的性质定罪。① 理论上有的学者主张对有、无身份者分别定罪，即分别定罪说；有的学者主张按照有身份者的行为定罪。按照主犯性质定罪的不足在于：无身份者教唆有身份者犯罪的，如果认定教唆犯在共同犯罪中起主要作用，教唆犯成为主犯，即如果按照教唆犯的性质定罪，就可能使身份犯最终成为非身份犯。分别定罪说是将共同犯罪当作单独犯罪，明显不合理。所以，对无身份者帮助、教唆有特定身份者共同实施犯罪行为的，应当根据有身份者的犯罪定罪。例如，非国家工作人员与国家工作人员勾结，伙同贪污或者受贿的，应当成立贪污罪或者受贿罪的教唆犯或者帮助犯；普通公民教唆邮政工作人员隐匿邮件的，构成刑法第 253 条所规定的隐匿邮件罪的教唆犯，不构成第 252 条的侵犯通信自由罪，而无论该教唆犯是否属于主犯。

（四）真正身份者教唆无身份者犯罪

具有真正身份的人教唆无身份的人犯罪的，应当区别情况进行处理。

1. 教唆无身份者实施其能够构成的犯罪

真正身份者教唆无身份者，刑法对被教唆者实施的行为规定了独立罪名的，教唆犯首先成立非身份犯的教唆犯；同时，由于被教唆者不可能实施符合刑法分则罪状规定的真正身份犯才能构成的犯罪，教唆者对于被教唆者的“幕后”优势支配关系存在，教唆者实现的是“自己的”犯罪，被教唆者属于被利用的人，因此，教唆者又成立身份犯的间接正犯。此时，教唆犯和间接正犯之间属于想象竞合犯。例如，邮政工作人员甲教唆非邮政工作人员乙隐匿、毁弃他人邮件的，邮政工作人员应当成立侵犯通信自由罪的教唆犯和隐匿、毁弃邮件罪的间接正犯，二者属于想象竞合关系，乙只构成侵犯通信自由罪，甲、乙在侵犯通信自由罪的范围内是共犯。又如，国家工作人员 A 教唆非国家工作人员 B 盗窃自己负责管理的金库的，A 成立盗窃罪（教唆犯）与贪污罪（间接正犯）的想象竞合犯。

2. 教唆无身份者实施其不能构成的犯罪

真正身份犯教唆无身份者，刑法对被教唆者实施的行为并未规定独立罪名的，属于有身份者利用无身份者实施身份犯“自己的”犯罪，有身份者构成间接正犯，无身份者构成该间接正犯的帮助犯。因为在这种情况下，被教唆的人虽然支配了犯罪，但是其缺乏成立犯罪的必要身份，所以不可能成立正犯；有身份者虽然有教唆行为，但教唆犯具有从属性，在没有正犯时，教唆犯不能成立，所以，此时只能将身份犯作为间接正犯处理。例如，国家工作人员甲教唆失业在家的妻子乙向他人索取财物的，刑法并未将乙的行为单独规定为犯罪，甲就是利用无特定身份的人实施只有国家工作人员才能构成的犯罪，因此，甲成立受贿罪的间接正犯，乙成立间接正犯的帮助犯。

（五）身份犯的竞合

身份竞合，是指所有的共同犯罪人都有身份的情形。共同犯罪人都具有身份，但身份不相同，不同身份者各自利用其身份，共同实施了纯正身份犯的犯罪行为的，应当如何定罪？例如，非国有公司的工作人员甲与国有公司委派到该非国有公司从事公务的国家工作人员乙共同

① 最高人民法院《全国法院审理经济犯罪案件工作座谈会纪要》（2003 年 11 月 13 日）指出，对于在公司、企业或者其他单位中，非国家工作人员与国家工作人员勾结，分别利用各自的职务便利，共同将本单位财物非法占有的，应当尽量区分主从犯，按照主犯的犯罪性质定罪，难以区分主从犯的，可以贪污罪定罪处罚。

侵占本单位财物时，司法实务主张按照主犯的性质定罪。但确定主犯是为了解决量刑问题，与定罪无关。有学者主张按照实行犯定罪，但二人以上均是实行犯时，又如何处理，并非不言自明。还有学者提出核心行为的概念，即以核心行为为标准，确定谁是核心角色，从而确定共同犯罪的性质。但核心角色的确立，必须综合主体身份、主观内容、客观行为以及主要的被害法益等方面来考察。① 按照这一逻辑，如果非国有公司的工作人员的行为属于核心行为，则构成职务侵占罪；如果是国有公司委派到该非国有公司从事公务的国家工作人员的行为属于核心行为，则构成贪污罪。我认为，核心角色说实际上是将区分正犯和共犯的犯罪支配说换了一种说法，确定谁是核心角色，实际上等于确定谁是正犯。在一个共同犯罪中，具有不同身份者都是核心角色的情况并不鲜见，所以，核心角色说并不能提供解决问题的最终方案。

义务犯都是同时正犯，不具有从属性。但是，认为义务次要者不是以义务犯，而是以“没有承担重要义务的人”的面目从属于义务重要者，从而成立狭义的共犯，就可以很好理解。如果与某种身份相关的义务越重要，该主体对危险源的监督义务和对法益的保护义务越繁重，违反义务的行为对法益的损害也就越大，就越容易成立“真正的保证人身份犯”。

所以，我主张，在身份犯竞合情形，当某种身份所对应的义务相对而言显得特殊和重要时，违反该义务的行为就是正犯行为；根据其身份不可能直接违反该重要义务者，只能成立共犯。这样说来，决定正犯的标准，不是国家工作人员、公司企业人员、中介组织人员等身份，也不是某种抽象的资格，而是法律（而且通常是刑法以外的其他法律）所设定的特别义务。基于这种重要义务，行为人的特殊身份成为“真正的保证人身份”。只有违反某种特别重要义务的人，才能成为正犯；其他违反不重要义务的有身份者，其身份和义务相对于义务重要者，在规范评价的意义上并不重要，是“不真正的保证人身份”。这就是“义务重要者正犯说”的基本立场。

1. 义务重要者正犯说的基本观点

在共同犯罪中，各参与者的行为成立何种犯罪取决于各自的特殊身份，以及在定罪时对这种身份的影响力、义务重要性的规范判断。按照我所主张的“义务重要者正犯说”，对身份犯的竞合，应当按照如下的进路处理：

步骤Ⅰ：就各行为人的身份所对应的犯罪而言，由于每一个身份对应一项义务，义务具有一身专属性，在义务犯原理下，义务违反是唯一的违法要素，因而不存在违法上的“连带”，如此一来，在身份犯竞合时，行为人都应成立身份犯的同时正犯，而非共同正犯。

步骤Ⅱ：仅就义务重要者的身份所对应的犯罪而言，义务重要者成立正犯，义务相对次要者成立共犯。理由是：从规范评价和实质解释论的立场出发，与某种身份相关的义务越重要，违反该义务的行为对法益的损害也就越大。所以，当某种身份所对应的义务相对而言显得重要时，违反该义务的行为对于最终的法益侵害而言是正犯行为，义务重要者成为犯罪的核心角色。行为人虽然都有身份，但在承担的义务重要与否可以进行比较时，义务不重要者的身份，相对于更重要的身份，等于没有身份。义务不重要者的身份属于“不真正的保证人身份”，在规范评价上相对于义务重要者的身份显得不重要，甚至在规范评价上完全可以将其视作没有义务者。由于义务次要者和义务重要者之间存在共同犯罪意思联络，故其可以成立义务重要者正犯的狭义共犯。此时，按照义务犯的原理，认定义务不重要者“伙同”义务重要者犯罪，成立义务重要者的帮助犯和教唆犯。换言之，按照义务重要者的行为性质确定正犯，认定义务重要者的行为决定、左右着共同犯罪的性质，义务犯的原理仍然没有动摇。

---

① 参见张明楷：《刑法的基本立场》，281、291页，北京，中国法制出版社，2002。

身份犯竞合时的判断重点，在于步骤Ⅱ中根据义务重要性，来确定谁负有防止法益侵害后果发生的相对较重的义务，从而按照义务犯的原理，肯定其正犯性。在正犯问题解决后，义务不重要者即便是身份犯，通过进一步的规范评价后，其共犯性、从属性自然也可以确定。

步骤Ⅲ：肯定义务次要者成立（与其身份相对应的身份犯的直接正犯和义务重要者的共犯的）想象竞合犯。

根据这一思路，对公司、企业人员甲做假账，与之勾结的国家工作人员乙签字审批，共同取得本单位财物50万元后予以私分的案件的处理过程就是：第一步，要承认甲构成职务侵占罪，乙构成贪污罪，二人是同时正犯；第二步，要肯定对于公共财物这一法益客体的“无助状态”而言，国家工作人员乙的法益保护义务更重要，从而将其确定为正犯，甲只能成立贪污罪共犯；第三步，要从“理念上”判断甲构成职务侵占罪正犯和贪污罪共犯的想象竞合犯。

2. 主要理由

(1) 在规范评价上，必须认定义务次要者无法离开义务重要者去单独犯罪。

共同犯罪人不是单独犯。在身份犯竞合时，需要考虑共同去犯一罪时，谁总体上根据其身份赋予的权力能够决定犯罪。如果按照前述的想象竞合犯说，有特殊身份者这样一个总体上左右整个犯罪的人，能够成为更轻的职务侵占等罪的教唆犯、帮助犯。但如果考虑义务犯理论，这显然是讲不通的。

其实，在身份犯竞合的犯罪中，从规范的角度看，不是义务重要者主动要去和义务次要者共同犯罪，因为依靠他自己的职权、地位、义务等，犯罪完全可以遂行；义务重要者不和义务次要者共同犯罪，而和一个完全无身份者共同犯罪，犯罪也可以既遂。反过来讲，从观念的角度看，义务次要者一定要“追着”义务重要者，“央求”义务重要者和他一起去犯罪，因为离开义务重要者的积极参与或消极不履行义务，犯罪要完成完全不可能。所以，说义务次要者参与义务重要者作为正犯的犯罪，在理论上是讲得通的；但是，要说义务重要者参与义务次要者作为正犯的犯罪，在理论上讲不通。

(2) 对于重要的保护法益而言，义务次要者实质上等于没有身份。

就与义务重要者共同成立的犯罪而言，刑法对于真正身份犯的构成要件本身，已经在条文上事先严格限定了犯罪主体的范围，只有具备特殊身份者才能造成法益侵害，才能构成单独正犯，刑法根据身份角色对正犯归责。例如，刑法将贪污罪的主体限定为具有特定身份的人，不具有国家工作人员身份的公司、企业人员即使实施窃取行为，也不是贪污罪的正犯行为。这就是说，共同正犯的成立，建立在犯罪成立要件的共同性之上，而真正身份犯的身份之有无，是决定构成要件共同性是否存在的唯一因素。没有特殊身份，不能成立构成要件所规定的任何正犯（包括单独直接正犯、间接正犯），自然也不能成立共同正犯。如果认为欠缺身份者也可以成立真正身份犯的共同正犯，将使刑法理论上关于真正身份犯和不真正身份犯的区分没有意义，否定构成要件的规范约束力。

在身份犯竞合时，虽然行为人都通过其义务违反行为侵害了法益，但对与重大义务相关联的法益而言，谁对法益保护的义务更大，法律对其赋予的义务就更多，谁的义务履行对法益保护就更为重要，其利用其身份、职权直接损害法益的行为就是“整个犯罪”的正犯，其他义务次要者只能是处于犯罪边缘的共犯角色。义务重要与否，实际上揭示了法益的重要性。例如，被委派到某股份有限公司工作的国家工作人员甲和公司、企业人员乙相勾结，在国家工作人员甲的指使下，乙利用自身的职务便利，并就甲有权处理的事项向丙索要财物的，甲的身份对犯罪有“支配”作用，甲的行为具有不可替代性和不可转让性。从形式上看，是乙直接索要财物，但是，一方面，离开甲的行为，乙收受财物后要为他人谋取利益是难以想象的，乙向第三人索取财物实际上依附于有身份者的行为，其行为性质应该依义务重要者甲的行为之性质来认定；另一方面，乙的行为不仅仅侵害公司权益，而且最终对国家工作人员职务行为的廉洁性以及公众对公务妥当性的信赖都会造成损害，所以，法益重要性决定了在犯罪评价上，甲的身份、义务对于确定案件性质具有决定性意义。所以，最终侵害的法益是什么、法益由谁保护、说明谁的身份以及由此身份所产生的义务对于法益是重要的，谁的行为才能称为正犯行为。

肯定义务重要者行为的独立，将其评价为正犯，等于说其引起的结果是最终结果，“作为最终结果的正犯结果是共犯的本来的结果”①，义务次要者依附于正犯对这个结果负责，其显然不可能支配“整个犯罪”以及最终的结果。

3. 立法上将义务重要者预设为打击重点

虽然有身份者的行为都侵害了法益，但特殊身份者和普通身份者中谁对法益保护的义务更大，法律对其赋予的义务更多，谁的义务履行对法益保护更为重要，立法上就寄希望于谁去保护法益。对一定身份者赋予特殊义务，是为了确保重要法益得到保护。有特别义务者如果听任无此义务者的外部行为，前者就足以成立正犯，即便其对于犯罪没有支配，这也丝毫不妨碍其因为违反其他法律法规、职务业务上要求的义务而成为整个事件的核心角色，并由此成为正犯。以财产犯罪为例：立法上禁绝他人骗取财物，否则论以诈骗罪，但是，更是绝对要求处于“特别社会领域”的国家工作人员履行利用其职务便利保护公共财物的义务。行为人利用重要职权勾结其他有身份者损害法益的，就是对重大义务的违反，构成整体评价意义上的贪污罪的正犯，其他义务次要者只能是处于犯罪边缘的共犯角色。

4. 义务重要与否的判断

(1) 刑法中大量存在“不严格的不法身份或特定关系”，有特殊身份者（如国家工作人员）和这些“不严格的”身份犯共同犯罪时，特殊身份者的义务重要。例如，保险诈骗罪的主体是投保人、被保险人、受益人，但是，在其和国家工作人员共同犯罪时（例如，国家工作人员和保险公司的人相勾结取得保险公司财物的），这些“不严格的不法身份或特定关系”所产生的义务，和法律要求国家工作人员所承担的绝对保护公共财物的义务相比，显得不重要。换言之，在“不严格的不法身份或特定关系”和其他特殊身份竞合时，前者的义务并不重要。

(2) 根据法益重要性确定义务重要性。一种身份、义务对应一种保护法益，但是，两种以上的法益之间能够对其重要性进行比较。此时，对重要的法益承担重大的保护义务者，更容易成立正犯。例如，保险诈骗罪的保护法益是保险公司财物，贪污罪的保护法益是公共财物，在保险公司工作人员和国家工作人员相勾结时，对国有财产的保护显得重要，此时国家工作人员的义务重要，离开该义务，侵害公共财物的犯罪无法遂行；离开公司、企业人员的身份，换成无身份的第三人（如汽车修理厂老板），侵害公共财物的犯罪仍然可能实施，那么，国家工作人员的义务比公司企业人员的义务重要，国家工作人员成立正犯。又如，逃税罪的主体是纳税人和扣缴义务人，其都是特殊主体，但在其与税务机关工作人员相勾结时，应当以保护法益被侵害的程度确定身份重要与否。如果认为税务机关工作人员的行为既侵害国家税收征管制度，又侵害职务行为的妥当性，那么，这一特殊主体的义务所对应的法益、义务性都重要，纳税人、扣缴义务人只能构成徇私舞弊不征、少征税款罪的共犯。

(3) 行为人都有身份，但某一特殊身份者的行为直接指向法益的，其义务重要。换言之，行为人虽都有身份，但其中一人并无职务上的便利，其行为不能直接指向法益的，有职务便利者保护法益的义务重要，成立正犯。这充分说明，义务是否存在、重要与否的判断，是一个规

① ［日］高桥则夫：《共犯体系和共犯理论》，冯军等译，156页，北京，中国人民大学出版社，2010。

范判断，义务重要与否有时和职务高低并无直接对应关系，不是职务高者的义务必然重要。

（4）不同身份者都利用了职务便利，但直接利用职务便利者对法益的积极保护义务比间接利用职务便利者的义务重要。例如，刑法第 388 条的规定说明，间接利用职务便利者只有在和直接利用职务便利不成立共犯关系时，间接利用职务便利者才能支配犯罪，成为正犯。① 在直接利用职务便利和间接利用职权者成立共犯的场合，直接利用职务便利的身份直接决定了法益侵害与否，因此该主体的义务更重要，其成立正犯，间接利用职务便利者只能是共犯（通常是教唆犯）。

（5）基于一个身份，可能侵害多个法益的，与基于一个身份实施危害行为，仅侵害一个法益的情形相比，前者的法益保护义务通常比后者的重要。对此，前已述及，此不赘述。

（6）两个有身份者的行为之间具有牵连关系时，从规范判断来看，通常是能够实施结果行为（通常也是重行为）的人所具有的积极地保护法益的义务，比实施手段行为（通常也是轻行为）的人所具有的义务重要。例如，作为保险事故财产评估人的中介组织人员为被保险人诈骗保险金而故意提供虚假证明文件的，两者都有身份，但保险诈骗罪的构成身份足以导致法益侵害结果发生，其义务比提供虚假证明文件者的义务重要，被保险人是该罪正犯，提供虚假证明文件者只是保险诈骗罪这一身份犯的共犯。

三、共犯与不作为

共同犯罪在客观上必须有共同的犯罪行为，但共同犯罪行为并不要求都是作为，行为人完全可能分别以作为方式、不作为方式实施犯罪。问题的关键在于：不作为者在共犯关系中是否处于有义务阻止结果发生的地位。

（一）不作为共犯的形式

1. 不作为与共同正犯

（1）不作为的共同正犯。

负有作为义务的行为人同时不履行作为义务的，可以成立不作为的共同正犯。例如，女婴处于极度饥饿状态时，母亲 A 不予喂奶，父亲 B 也不提供其他任何食品，导致女婴被饿死。A、B 构成不作为的故意杀人罪。

（2）作为与不作为的共同正犯。

行为人以作为方式和负有作为义务者共同实施特定行为的，成立共同正犯。例如，丈夫甲偶然发现妻子乙和丙之间存在不正当男女关系，乙不得已向甲承认：已经 5 岁的儿子丁实际上是乙、丙所生。甲盛怒之下，暴打儿子丁。乙坐在一旁，一言不发。2 小时后，甲将丁打成重伤，然后自行离家出走。事后，邻居将丁送到医院，丁经抢救无效死亡。甲以作为的方式实施故意伤害行为，乙负有作为义务，但其不救助被害人丁，可以认为是以不作为方式和甲共同犯罪。

当然，在本案中，乙是构成不作为的共同正犯，还是仅构成帮助犯，尚有争议，后文对此还会涉及。

2. 以作为方式教唆、帮助不作为犯

（1）教唆不作为犯。行为人以作为的方式教唆具有作为义务的人，使其不履行作为义务的，属于以作为的方式参与不作为犯，构成该不作为犯的共犯。例如，甲 5 岁的儿子在河边戏水时落水，甲准备去救，但邻居乙对甲说："你儿子从来都不听话，他落水又不是你推下去的，

① 此时，其究竟是成立间接正犯还是成立拟制的正犯（共犯行为正犯化），还是一个有争议的问题。

别救他!”甲于是没有施救，致其儿子死亡。乙是故意杀人罪的教唆犯，甲成立不作为的故意杀人罪。

（2）帮助不作为犯。行为人以作为方式对不作为犯提供物质和心理帮助，导致其不履行作为义务的，成立不作为犯的帮助犯。例如，A 明知 B 有间谍犯罪行为，而有意隐瞒。C 在知道 A 的意思之后，对 A 说：“一定不能向任何人透露 B 的所有情况。”后来，在国家安全机关向 A 调查 B 间谍犯罪的有关情况、收集有关证据时，A 拒绝提供。A 构成拒绝提供间谍犯罪证据罪（纯正不作为犯），C 为 A 提供心理上的帮助，构成该罪的帮助犯。

3. 以不作为方式帮助作为犯

教唆犯要使他人产生犯罪的决意，行为人如果以不作为方式实施教唆，恐怕难以达到唤起他人犯罪意思的效果，难以对他人产生实施犯罪的心理影响，因此，以不作为方式进行教唆的情况难以想象。但是，以不作为方式帮助作为犯，强化作为犯的心理，使其犯罪变得更容易（心理帮助），则是有可能的。例如，正在巡逻的警察甲骑摩托车经过某路口时，发现乙正在伤害丙，甲停车看了一眼后随即离开，并未制止乙的暴力行为。10 分钟后，乙将丙打成重伤。可以认为，根据法律规定负有作为义务的甲不制止乙犯罪的不作为，客观上起到了强化乙的犯罪心理的作用，可以成立故意伤害罪的帮助犯。

（二）不作为共犯的处理

关于在以作为方式帮助、教唆不作为犯的场合，以及在不作为犯和作为犯存在事前共谋的场合，如何对共犯人定罪，争议不多。但作为犯和不作为犯共同实行犯罪行为，或者以不作为方式帮助作为犯时，在以下方面存在争议：(1) 如何区别不作为犯的正犯行为和帮助行为？(2) 不作为犯和作为犯不存在事前共谋时，如果不承认片面共犯，作为犯和不作为犯共同实行犯罪行为的，如何处理？

例如，丈夫甲发现儿子丁并非自己所生时，将丁打成重伤，妻子乙在一旁不管不问的，妻子乙和甲并无故意伤害的共谋，但其眼睁睁地看着丈夫甲打死儿子丁，乙构成不作为的共同正犯，还是帮助犯？因为乙仅有片面参与，如果不承认片面共犯，又如何处理本案？对于如何区分不作为的共同正犯和帮助犯，有学者指出：在不作为者实施作为，则本应“确实地”（具有“十之八九”的可能）避免了结果发生之时，属于不作为的同时正犯；如果只是“有可能使结果的发生更为困难”，则属于不作为的帮助。① 根据这一观点，在前述案例中，如果妻子乙打电话报警，或者向邻居呼救，警察或者邻居会很快赶到现场，儿子丁很容易得到他人救助，就属于“十之八九”可能避免结果发生，但乙并未这样做，所以成立不作为的正犯；如果乙家所处的场所偏僻，周围邻居很少，即使报警或者呼救，他人赶到现场耗时很长，乙履行作为义务只是“有可能使结果的发生更为困难”，则乙的行为属于不作为的帮助。

不作为的共同犯罪人和作为犯之间，大多没有事前或者事中的共谋，仅有片面参与，如果全面否定片面共同正犯和片面帮助犯，可能会得出不作为的共犯不可罚，或者将不作为犯直接以不作为的单独正犯处理两种结论。如果仅否定片面正犯，肯定片面帮助犯，会承认不作为的帮助犯，同时，将片面正犯的行为以不作为的单独正犯处理。我认为，应当否定片面正犯，但可以承认片面帮助犯，对不作为的片面正犯行为应当按照不作为的单独正犯定罪。在丈夫伤害非亲生儿子过程中，如果妻子乙成立正犯，按照不作为的故意伤害（致人死亡）罪定罪处罚；如果其属于帮助犯，则以故意伤害（致人死亡）罪的片面帮助犯处理。

---

① 参见［日］西田典之著，［日］桥爪隆补订：《日本刑法总论》，3 版，390 页，东京，弘文堂，2019。

四、共犯与错误

由于刑法分则中的罪状所规定的实行行为由正犯实施，共犯是将犯罪交由正犯实行，自己对因果过程并不具有支配力，所以，共犯认识的事实和正犯实现的事实之间很有可能出现差异。

（一）共犯与具体的事实认识错误

1. 正犯的对象错误

根据法定符合说，正犯实现的事实和共犯教唆、帮助的事实之间存在不一致，对象上出现错误的，只要二者属于同一构成要件内的错误，正犯的错误对于教唆犯、帮助犯的既遂没有影响。换言之，正犯的客体错误，对于教唆犯而言，也是客体错误。例如，A教唆B杀害C，但B在下手之时，误将D看作C杀害的，A仍然成立故意杀人罪的教唆既遂。又如，甲帮助乙盗窃丙价值很高的项链，但乙误把丙的手链当作项链加以窃取的，甲仍然成立盗窃罪的帮助既遂。

2. 正犯的打击错误

在正犯出现打击错误的场合，根据法定符合说，其成立故意犯罪既遂，教唆犯、帮助犯也成立故意犯罪的既遂。例如，A教唆B开枪杀害C，但在B开枪之后，子弹射向D并导致其死亡的，A成立故意杀人罪的教唆既遂。

3. 正犯的实行过剩

正犯超过共谋故意范围或者他人的教唆内容，基于自己的独立意思实施犯罪，实际实施的犯罪和共谋或者教唆的犯罪虽不完全符合，但仍然属于同一构成要件内的，是正犯的实行过剩，属于“共犯过剩”的一种表现形式。例如，A教唆B开枪杀害仇人C，但B认为如果打死A的另外一个仇人D，A可能更高兴，于是就将D杀害，而未杀C。又如，甲教唆乙盗窃丙价值很高的项链，乙将丙的项链偷走，同时顺手牵羊拿走丙的手链。如何处理这两个案子？

根据法定符合说，可以认为B的行为并未违背A杀害仇人的概括故意，A想杀害仇人，也确实借助于B的行为杀了人，虽然具体的死者出现差异，但无碍于A成立故意杀人罪的教唆既遂。同样，乙盗窃的财物和甲的教唆之间存在一定差异，但是法益具有同一性，认定甲构成盗窃罪的教唆既遂并无不妥。

值得研究的问题是，共犯行为和正犯行为之间缺乏心理因果性的，不能认为正犯行为和教唆、帮助有关，即使按照法定符合说，共犯也不能对正犯的行为所造成的结果负责。例如，A教唆B伤害C，但B去C家打探被害人的行踪时，与C的邻居D发生激烈争吵，于是B将D打成重伤的，虽然B实施了故意伤害行为，但该行为与A的教唆之间没有联系，A只能构成故意伤害罪的教唆未遂。

（二）共犯与抽象的事实认识错误

正犯超过共谋故意范围或者他人的教唆内容实施犯罪，且实际实施的犯罪和共谋或者教唆的犯罪属于不同构成要件时，就是共犯的抽象事实认识错误。共犯对抽象的事实认识错误，也是“共犯的过剩”的一种表现形式。教唆犯只有在正犯的实行行为与其教唆之间存在紧密关联时，才对正犯的既遂负责。对于正犯所造成的过剩结果，教唆犯并不负责。“共犯过剩”包括质的过剩和量的过剩。质的过剩，是指被教唆人所实行的犯罪完全不同于被教唆的犯罪的情形。因为质的过剩，教唆人不承担被教唆者所犯之罪的责任。例如，甲教唆乙盗窃，但乙实施了强奸行为的，由于正犯乙仅有盗窃罪的预备行为，甲也就只能承担盗窃罪的教唆预备责任。量的过剩，是指被教唆人所实行的犯罪与被教唆罪并不完全一致，但存在重合部分。例如，被教唆盗窃的人，实施了抢劫行为；被教唆伤害他人的人，实施了杀人行为。由于盗窃罪与抢劫罪之间、故意伤害罪与故意杀人罪之间具有一定的重合关系，在教唆犯认识的事实与被教唆者实现的事实相互重合的范围内，可以认定教唆犯成立盗窃罪既遂、故意伤害（致人死亡）罪的教唆犯。在共谋共同正犯关系中出现量的过剩时，也应当如此处理。例如，A、B共谋故意伤害C，但在实行过程中，B实施杀人行为的，A、B在故意伤害（致人死亡）罪的范围内成立共同正犯，B对过剩的故意杀人行为负责。

第十三章　犯罪特殊形态Ⅲ：犯罪竞合

刑法分则的构成要件以一人实行一个犯罪为原型形态设计。但是，在很多场合，行为是一个或者数个、符合一个还是数个构成要件并不明确，就需要讨论行为人成立一罪还是数罪的问题。

行为人形式上或者实质上可能成立数罪的，就涉及犯罪竞合。对犯罪竞合，我国刑法学通说称之为罪数论。例如，甲为盗窃乙的财物，在破门而入时砸坏了乙价值很高的防盗门，在物色财物之时碰坏了乙价值连城的古董。在盗窃得逞后，为破坏现场，甲对乙家放火，同时烧毁了乙的邻居数家人的房屋。甲的行为成立一罪还是数罪？

刑法学在犯罪竞合论中的任务是对行为进行准确评价，在符合一罪的条件时，不并罚，即禁止重复评价；在符合数罪的条件时，不作为一罪处理，以周延地保护法益，准确定罪、量刑。我国刑法未对各种罪数形态本身加以规定，只是对数罪并罚制度作出了规定，因而罪数理论是对刑法规定的犯罪现象的某种理论概括，不同的学者有不同的思考之道。

犯罪竞合论事关刑罚法规的适用，但其主要涉及行为构成一罪和构成数罪的问题。我国刑法学通说一般只讨论行为实质上、法律上或者处理上属于一罪的情况：（1）一行为在刑法上规定为一罪的情况，包括继续犯、结果加重犯、想象竞合犯；（2）数行为在刑法上规定为一罪的情况，包括惯犯、结合犯；（3）数行为在处理时作为一罪的情况，包括连续犯、牵连犯、吸收犯。这种分类以及相关的研究，存在不少问题：（1）关于罪数的研究，不讨论数罪的情形，而只讨论成立一罪的情况，理论上并不周延。（2）对于我国刑法上并未规定的惯犯、结合犯进行分析有多大意义，值得质疑。（3）连续犯是构成要件上的一行为还是数行为，不可一概而论。（4）牵连犯概念是否有独立的存在价值，承认牵连犯是否会带来负面影响，通说对此缺乏认识。（5）对于可能影响定罪的法条竞合问题，在罪数论中完全不予讨论；对于法条竞合和想象竞合的关系，不加以甄别，使罪数论的理论构架不完整。（6）吸收犯的吸收关系和牵连犯的牵连关系如何区分，吸收犯能否作为法条竞合的一种情况进行处理，在通说中被忽略。

我认为，合理的犯罪竞合论（罪数论）必须做到：（1）讨论区分罪数的标准，并讨论罪数认定标准的一致性。（2）讨论自然意义上、法律意义上行为的单数和复数。（3）对于行为单数、行为复数情形下犯罪竞合的各种情况进行细致梳理。当然，犯罪竞合的问题极其复杂，还有很多理论上和实务中的难题需要厘清。“竞合问题仍旧纠缠着刑法学理，仍旧是刑法大陆中的百慕大三角洲，依然是刑法领域中的危险丛林地带。”[①] 深入思考竞合论的问题，尤其是多考虑犯罪之间的竞合关系，少确定犯罪之间的排斥关系，是未来刑法学要认真思考的问题。

---

① 柯耀程：《刑法竞合论》，2页，北京，中国人民大学出版社，2008。

第一节　犯罪竞合概说

一、区分罪数的标准

对于罪数的区分，刑法理论上有以犯意、行为、法益或者由这些要素所组成的构成要件为标准的各种学说。犯意标准说的缺陷在于犯意虽然只有一个，但犯罪行为及其后果是多个时（如连续犯），仍然认定为一罪，有时并不妥当。行为标准说只重视自然行为的个数，却缺乏对行为的规范评价，刑法评价和生活事实之间很多时候存在差距。法益标准说只考虑法益侵害后果，没有考虑侵害的样态，也并不妥当。现在的通说是构成要件说，即基于一个罪过，实施一个行为，符合一个构成要件的，是一罪；基于多个罪过，实施多个行为，符合多个构成要件的，是数罪。构成要件说的合理性在于：刑法对于行为的评价是以构成要件为准的，构成要件要素主要包括实行行为、结果、犯意等，根据构成要件的个数确定犯罪的单复数，具有很大的包容性。构成要件说为罪数的区分提供了基本思路。但是，由于刑法分则所规定的构成要件具有复杂性，有些行为形式上具备数个构成要件，刑法规定按一罪处理；有些行为实质上属于数罪，在法律上以一罪处理，所以，对罪数的确定，必须结合刑法分则的各种特殊规定进行。例如，A对B和C说："现在口袋没有钱了，我们想点办法去搞点钱花。"B说："从香港来做生意的W住在一家旅馆，他一定很有钱。"于是A等三人经过密谋，于凌晨1点，从后窗凉台爬进W房间，见一人躺在床上睡觉，便认为是W。B和C遂按住其双脚，并用绳子绑住其双手，A拿起一块布条堵住他的嘴，然后三人搜遍被害人全身和房间，除了几件衣服和几支烟，再无所获。A认为W一定把钱藏起来了，又怕在旅馆时间太长被发现，就将W带到附近一间无人住的小屋内，并用绳子绑住W手脚，对其拳打脚踢，逼迫他说出钱财的所在地。在将W关押了5个小时以后，B猛然发现绑错了人，被害人不是从香港来的那个W，经盘问才知是来此地探亲访友的X。三人见无钱可索要，就恶狠狠威胁X说"回去后不可将这事传出去，否则就给你好看"，然后将X放回。对A、B、C应当如何处理？

A、B、C经过共谋后入室抢劫，在未取得财物时，又将被害人带离抢劫现场进行拘禁和殴打，表面上看有多个行为，但是，这些不同阶段的行为都从属于一个抢劫的故意，是当场使用暴力、胁迫取得财物的实行行为的不同阶段，从构成要件的角度看，行为人只有一个行为，因此，只能构成一个抢劫罪，而不能在抢劫（未遂）罪之外另行成立非法拘禁罪。至于共同犯罪人对于对象的认识错误，不影响犯罪的成立，也不影响犯罪既遂。

根据构成要件说区分罪数基本上是合理的。构成要件的主要内容是实行行为。对于构成要件意义上的一行为，原则上应当成立一罪；对于构成要件意义上的数行为，原则上应当成立数罪。但是，在出现法条竞合、想象竞合、不可罚的事前事后行为的场合，行为人是否成立一罪，是成立重罪还是轻罪，如何进行处罚，都是值得研究的问题。

二、一行为

（一）自然意义上的一行为

实施一个扒窃行为，取得他人财物；故意用一块砖头砸死一个被害人，都属于行为人在一个故意的支配下，基于一个犯罪故意，实施一个自然意义上的身体举动，造成一个后果的情形，只能成立一罪。

（二）构成要件意义上的一行为

实施一个自然意义上的身体举动，构成一罪的情况比较容易判断。在刑法上，立法者有时可能将多个自然意义上的身体举动规定为一罪，这实际上是法律意义上的一行为、构成要件意义上的一行为，应当作为一罪处理。

1. 复合行为

复合行为是刑法把数个独立的行为（A_1、A_2行为）结合在一起，独立构成一个犯罪的实行行为（A行为）。行为只要具备A特征，便只能成立与A行为相关的罪名，不再成立A_1、A_2罪的数罪。例如，刑法第229条第2款规定的提供虚假证明文件罪，是将受贿行为和刑法第229条第1款所规定的提供虚假证明文件行为结合起来，行为只要符合第229条第2款的规定，就不可能成立提供虚假证明文件罪和受贿罪的数罪。再如，绑架罪是非法拘禁罪和敲诈勒索罪的竞合，成立绑架罪就不可能再成立非法拘禁罪和敲诈勒索罪的数罪。此外，抢劫过程中的暴力行为和取得财物行为，强奸罪中的暴力行为和强行奸淫行为，都属于构成要件意义上的一行为；抢劫过程中，为排除被害人的阻碍而杀人的，杀人行为是暴力行为的极端表现形式，仍然是复合行为，而不认为是抢劫罪和故意杀人罪的数罪。

2. 继续犯

继续犯，是指实行行为以及法益侵害状态在一定时间内一直处于持续状态的情形。如非法拘禁罪，行为人采取一定的非法方法将他人的人身自由予以剥夺后，其犯罪行为在释放被害人之前的时间内一直处于持续状态。此外，绑架罪、重婚罪、遗弃罪、非法持有毒品罪等也属于继续犯。

继续犯具有以下基本特征：（1）只有一个危害行为。只要行为人的危害行为持续、不间断，无论具体作案手段、犯罪地点如何变化，都不改变一行为的性质，不影响继续犯的成立。（2）侵害同一个法益。如果在犯罪过程中，法益有变化，犯罪性质可能也会发生转变。例如，非法拘禁侵害被害人的行动自由，但如果罪犯在拘禁过程中产生剥夺被害人生命的故意的，犯罪性质就从非法拘禁转变为故意杀人，不再成立非法拘禁罪。（3）犯罪行为持续一定的时间。至于犯罪成立所要求的具体持续时间，我国刑法并未作具体规定，理论上一般认为需要根据具体犯罪的性质、特征、情节、危害程度等经综合分析而确定。我国刑法理论普遍认为，非法拘禁行为只有持续一定的时间才以犯罪论处。有关司法解释也规定，国家机关工作人员利用职权非法拘禁，如果不具有侮辱、殴打、致人伤残等严重情节的，需要持续时间超过24小时才予以立案。也就是说，一些持续时间较短的非法拘禁案件一般并不以犯罪论处。（4）犯罪的实行行为与不法状态同时继续。继续犯不仅是犯罪行为的持续，对法益的侵害也在一定的时间内处于持续状态。

对于继续犯，无论其持续时间长短，都只成立一罪，并不数罪并罚。当然，正确认定继续犯对于追诉期限的计算具有重要意义。依据刑法第89条的规定，追诉期限从犯罪之日起计算；犯罪行为有连续或者继续状态的，从犯罪行为终了之日起计算。此外，在继续犯的实行行为持续期间，其他人参与该犯罪的，就其参与之后的行为，与最初的实行者构成共同犯罪。

3. 选择行为

刑法分则对很多犯罪规定了多种行为手段，例如侵吞、窃取、骗取行为都可以构成贪污罪；索取或者收受财物都可以构成受贿罪；使用伪造的信用卡、冒用他人信用卡、恶意透支的，都构成信用卡诈骗罪。在类似实行行为具有选择性的犯罪中，行为人实施其中一种行为的，属于一行为；同时实施其中多种行为的，在构成要件上也认为其只有一行为。例如，行为人既索取他人财物，又收受他人财物的，只构成一个受贿罪。

4. 连续犯

连续犯，包括两种情况：一是构成要件本身预设了行为人多次实施的情形（构成要件意义上的连续犯），例如多次盗窃的，刑法规定其构成盗窃罪。二是连续实施某种行为的，法定刑升格（处断上的连续犯），例如多次抢劫的，可以判处10年以上有期徒刑、无期徒刑或者死刑。这里所讨论的是构成要件意义上的连续犯。

连续犯，是指行为人基于同一犯罪故意，连续实施数个性质相同的犯罪行为的情形。连续犯具有以下特征：（1）基于相同的犯罪故意。行为人具有数个犯罪故意，即行为人在着手实行犯罪前，就有连续实施数个犯罪的意图；行为人所具有的数个犯罪故意在法律上必须是相同的，即同属于刑法分则所规定的某种犯罪的故意。罪犯在第一天实施抢劫行为，在第二天入室盗窃以前就已经作出计划，如果被害人发现其盗窃行为，就使用暴力打击被害人的，视为有相同的抢劫故意，可以成立抢劫罪的连续犯。（2）连续实施了数个性质相同的犯罪行为。“性质相同”，是指同属于刑法分则所规定的特定构成要件行为。实施数个犯罪行为，要求至少实施了两次各自均能单独构成犯罪的行为，而且都只能是犯罪的实行行为。一次成立犯罪实行行为，一次成立犯罪预备行为的，不是连续实行，不成立连续犯。（3）数个犯罪行为之间具有连续性。判断数个犯罪行为之间是否具有连续性，应当通过综合考虑主观与客观两个方面来确定。主观上虽有连续犯罪意图，但客观上缺乏连续犯罪行为；或者虽然客观上连续实施了数个犯罪行为，但主观上并无连续犯罪意图的，均不构成连续犯。（4）数个犯罪行为触犯同一罪名。至于数个相同的犯罪中，有的符合基本犯罪构成，有的符合加重犯罪构成；有的成立既遂犯，有的成立未遂犯甚至中止犯的，也都属于触犯同一罪名。连续犯表面上是行为人连续实施了数个行为，但是，在规范上因为数个行为性质相同，完全可以认为触犯同一罪名，所以属于一行为。

5. 常业犯

常业犯，是指以某种犯罪为职业的人。刑法第303条对以赌博为业的规定，就是关于常业犯的规定。常业犯的特征是：（1）具有反复实施犯罪的故意，正是基于这种主观故意，行为人才可能反复多次实施某种特定犯罪。（2）在较长时间内可能反复多次实施触犯同种罪名的危害行为。常业犯是规范上预设的行为可能被反复实施的情形，所以，即使行为人多次实施常业行为，也属于构成要件意义上的一行为。

6. 转化犯

转化犯，是指实施一个轻罪，由于具备法定条件，刑法规定以重罪论处的情形。

转化犯具有以下三个特征：（1）实施轻罪行为。转化犯是轻罪行为向重罪行为的转化，原则上，轻罪行为符合该轻罪的构成要件，但在特殊情况下，实施轻罪的实行行为并未完全符合轻罪的构成要件，但实施了危害程度较高的转化行为的，也可以转化为重罪。（2）实施转化行为。转化行为是实质上和重罪行为危害程度相当的行为，例如，盗窃行为要转化为抢劫罪，行为人就必须为窝藏赃物、抗拒抓捕或者毁灭罪证，而当场使用与普通抢劫罪程度完全相当的暴力或者以暴力相威胁，否则不能转化。非法拘禁罪要转化为故意杀人罪，就必须有与故意杀人罪相当的故意剥夺被害人生命的行为。转化行为是否存在，能否实现转化，以法律明文规定为限。如果欠缺法律的明文规定，将一个轻罪转化为重罪论处，是违背罪刑法定原则的。（3）以重罪论处。转化犯属于不同罪质的犯罪之间的转化，法律之所以设立转化犯，是因为在具备法定条件后本罪的罪质已被突破，如果仍按本罪处理将难以做到罪刑相适应。当然，如果并未引起不同性质的犯罪之间的转化，而只是导致法定刑轻重变化的情形，不属于转化犯，而属于结果加重犯。转化犯涉及两个犯罪，因此，它与同为法定一罪的结合犯存在差别。

刑法分则中关于转化犯的规定，大致包括：（1）邮政工作人员私自开拆、隐匿、毁弃邮件、电报，窃取财物的，转化为盗窃罪。（2）实施非法拘禁行为，使用暴力致人伤残、死亡的；实施刑讯逼供、暴力取证行为，致人伤残、死亡的；实施虐待被监管人行为，致人伤残、死亡的；实施聚众斗殴行为，致人重伤、死亡的，以故意杀人罪、故意伤害罪定罪处罚。(3) 收买被拐卖的妇女、儿童又出卖的，转化为拐卖妇女、儿童罪。(4) 实施盗窃、诈骗、抢夺行为，为窝藏赃物、抗拒抓捕或者毁灭罪证而当场使用暴力或者以暴力相威胁的，依照抢劫罪的规定定罪处罚。(5) 携带凶器抢夺的，以抢劫罪论处。(6) 非法组织卖血、强迫卖血，对他人造成伤害的，转化为故意伤害罪。(7) 对走私、贩卖毒品的人非法提供麻醉药品、精神药品，或者以牟利为目的，将麻醉药品、精神药品提供给吸食、注射毒品的人的，转化为贩卖毒品罪。(8) 挪用公款，主观上不想退还的，转化为贪污罪。(9) 挪用特定款物，归个人使用的，转化为挪用公款罪。

对于转化犯，尽管存在轻罪行为以及转化行为，但只能以转化后的重罪论处，不能实行数罪并罚。

三、多行为

行为人出于一个或者多个故意，实施多个行为，该多个行为在构成要件上并不认为是一个行为的，就是多行为。多行为如果不属于不可罚的事前或者事后行为，原则上成立数罪。

第二节　一行为的犯罪竞合

一、形式竞合：法条竞合

（一）概念

法条竞合，是指一个行为同时符合刑法分则的数个犯罪构成要件规定，因数个法条在逻辑上存在包容关系或者交叉关系，在裁判上只能适用其中的某一罪名，从而排斥其他法条适用的情形。

法条竞合意味着某一个行为既与刑法分则所规定的甲罪的构成要件相一致，也部分或者全部地与乙罪的构成要件相一致。但是，如果成立甲罪，就优先适用甲罪的构成要件，排斥乙罪的适用，反之亦然。所以，法条竞合的行为人只能成立一罪，而不能成立数罪，即法条竞合仅仅具有符合数个构成要件的外观，但因为不同构成要件具有逻辑上的排斥关系，故只能根据一个构成要件对行为进行评价。对此，有学者指出，在法条竞合的情况下，数个刑法法规只是表面上竞合，但实际上是一个刑法法规排除了其他刑法法规，所以，属于非真正的竞合。该非真正竞合的基本思想在于：犯罪行为的不法内容和罪责内容能够根据可考虑的刑法法规之一被详尽地确定。① 在刑法典中，之所以大量出现法条竞合的情形，主要原因是：(1) 立法通常比较抽象，在对行为的构成要件该当性进行设计时，可能出现不同犯罪构成要件之间的重叠、交叉或排斥。(2) 犯罪的基本构成、加重构成规定现实地、大量地存在，使法条之间的关系错综复杂。(3) 在立法上，对某些犯罪的构成要件设计与其他犯罪之间的关系梳理得可能并不清晰，从而引发法条竞合。

对于法条竞合的类型，大陆法系刑法理论一般分为以下四种：特别关系（例如，诈骗罪和合同诈骗罪之间的关系）、补充关系（例如，挪用资金罪和挪用特定款物罪之间的关系）、吸收

---

① 参见［德］汉斯·海因里希·耶赛克、托马斯·魏根特：《德国刑法教科书》，下册，徐久生译，1000 页，北京，中国法制出版社，2017。

关系（例如，在故意杀人场合损坏被害人财物时，故意毁坏财物罪和故意杀人罪之间的关系）、择一关系（例如，侵占罪和背信运用受托财产罪之间的关系）。①

在我看来，上述分类是否和我国刑法的规定相对应，可能是一个问题。确定法条竞合的类型，必须考虑分类标准是否具有概括力，是否能够涵盖刑法立法中现实存在的各种法条竞合类型；同时，必须考虑我国刑法中的独特规定。根据这个标准，我认为，我国刑法中的法条竞合类型，值得关注的地方是：(1) 在特别关系、补充关系、吸收关系、择一关系之外，还包括包容关系。(2) 我国刑法中的择一关系，具有不同于大陆法系刑法中择一关系的自身特质。

（二）分类

1. 特别关系

一个行为同时符合一般法条和相关的特别法条的，属于普通法条与特别法条的竞合。由于立法者认为在一般法条之外有必要再行设立特别法条，特别罪名的构成要件完全包容于普通罪名之中，适用特别法条就能够有效惩治犯罪，所以，特别法条具有排斥普通法条的功能，特别法条优先适用。例如，通说认为，诈骗罪和各种金融诈骗犯罪、合同诈骗罪之间，滥用职权罪和滥用管理公司、证券职权罪之间，重婚罪和破坏军婚罪之间，都存在普通法条和特别法条的关系。此外，使用假币罪和诈骗罪之间，也存在普通法条和特别法条的关系：使用假币行为是有诈骗性质，这是立法上当然可以预想的事情。但是，由于使用假币罪有特别规定，对使用假币行为只能定使用假币罪，排斥诈骗罪的适用。② 如果对使用假币行为定诈骗罪，使用假币罪就不再有存在的余地。

2. 补充关系

补充关系，主要是辅助法条与基本法条的关系。在刑法规范中，某些规范设立的目的就在于当其他刑法规范不能适用时，补充性地加以适用。换言之，在多个构成要件中，某一个要件只是辅助性地加以适用的，其就是对主要构成要件的补充。在行为同时符合辅助构成要件和主要构成要件时，主要构成要件优先适用。例如，妨害信用卡管理罪和信用卡诈骗罪之间，以及走私武器、弹药罪，走私淫秽物品罪等特殊的走私犯罪和走私普通货物、物品罪之间，就具有这样的关系。

3. 吸收关系

吸收关系，从广义上说，包括成立数罪时的吸收和法条竞合意义上的吸收。正因为如此，对吸收犯的概念有必要仔细辨析。在我国刑法学通说中，由于没有充分认识这两种“吸收”的差异，因而吸收犯概念处于非常混乱的境地。

刑法学通说上所认可的吸收犯，是指实施数个存在吸收关系的犯罪行为的，仅以吸收之罪定罪的犯罪形态。也即吸收犯原本存在数个犯罪行为，属于数罪，但因为存在吸收关系，所以不实行数罪并罚。至于何谓“吸收关系”，通说认为存在吸收关系的犯罪行为一般属于实施某种犯罪的同一过程，前行为可能是后行为发展的必经阶段，后行为可能是前行为发展的当然结果。③ 至于如何认定吸收关系，在理论上一直是难题。有人认为，应当根据一般经验法则判断。有人认为，数个犯罪行为只要基本性质相同，共同服务于同一犯罪目的，受大致相同的犯罪故意支配，具有依附与被依附的关系，就能够成立吸收关系。吸收犯必须是重罪吸收轻罪，其吸收形式主要有完成罪吸收未完成罪，主行为吸收从行为，实行行为吸收教唆、帮助行为等。还有人认为，吸收犯的吸收形式包括三种：(1) 重罪吸收轻罪；(2) 前行为吸收后行为，

---

① 参见［日］前田雅英：《刑法总论讲义》，7版，394页，东京，东京大学出版会，2019。

② 当然，似乎也可以认为使用假币罪和诈骗罪之间具有吸收关系。

③ 参见高铭暄主编：《中国刑法学》，224页，北京，中国人民大学出版社，1989。

即“当然结果”的行为被吸收；(3) 后行为吸收前行为，即“必经阶段”的行为被吸收。[①] 但是，上述关于吸收关系的各种判断标准并不明确。关于吸收形式的区分，实际上，在多数情况下，都是关于不可罚的事前、事后行为的解说。[②] 所以，在我看来，我国刑法学中所采用的吸收犯是似是而非的概念，应当取消。至于原来放在吸收犯中讨论的问题，基本上可以放在不可罚的事前、事后行为中讨论。[③] 例如，对于罪犯在监所内毁坏门窗，破坏监狱设施后脱逃的；盗窃财物后销赃的，一般都作为吸收犯的典型例证加以讨论，但这两个例子分别属于不可罚的事前、事后行为。对于个别的以吸收犯处理明显不当的情况，应当认定为实质上的数罪。所以，取消缺乏明确判断标准、范围不明确的吸收犯，不会造成处罚上的疏漏，反而有利于罪刑均衡原则的实现。

取消吸收犯的概念，还意味着在存在吸收关系的场合，有的可以作为法条竞合之下的吸收类型加以考虑。承认吸收犯概念的学者一般认为：“一个刑法条文的犯罪构成内容超过其他刑法条文的时候，即存在吸收关系，后者为前者所吸收，因此前者的适用就排除后者的适用。最常见的吸收关系是：实害行为吸收危险行为……当定罪需要在这两个条文之间作出选择时，后者为前者所吸收，前者的适用排除后者的适用。高度行为吸收低度行为，例如，犯罪的既遂行为吸收犯罪的预备行为。”[④] 但是，这种作为处断上的一罪处理的所谓吸收犯，实际上是法条竞合犯，其包括两种类型。(1) 行为形态的吸收，既遂吸收未遂、预备。立法为了充分保护法益，在构成要件的设计上，就会针对不同行为阶段和不同犯罪方式分别作出规定，由此形成法条上的重叠现象。于是，只要出现犯罪既遂结局的，犯罪未遂、预备的处罚规定就不再考虑。与此相关的问题是：行为实施之后，出现实害结果的，危险犯为实害犯所吸收。(2) 参与上的吸收：正犯行为吸收共犯行为。教唆后实行的、教唆后帮助的，或者帮助一段时间后参与实行的，当行为人作为正犯受到处罚时，其共犯行为就不是一个独立的犯罪。只有当其行为无法按照正犯进行处罚时，教唆、帮助的构成要件才有适用的余地。

将上述两大类传统上作为吸收犯看待的行为，认定为具有吸收关系，作为法条竞合的一种类型看待[⑤]，最主要的考虑是：一方面，依我国刑法学意义上的传统吸收犯，行为人有多个犯罪行为，只是在处断上作为一罪看待。但前述两种吸收类型，无论是行为形态的吸收还是参与上的吸收，都存在行为人受一个概括的故意支配，行为发展进程又紧密关联的情况。此时，要在构成要件上认定行为人具有多个行为，有时比较困难、过于生硬；有时没有实际意义。另一方面，如果将法条竞合下的吸收关系作为处断的一罪意义上的吸收犯看待，在诉讼上会增加不必要的负担。这是需要特别加以重视的问题。如果作为吸收犯看待，既然是处断的一罪，司法判决上就需要交代行为人分别构成了哪些犯罪，而仅仅是因为这些犯罪之间具有轻重关系，最终只以处罚较重的规定处理。但是，如果作为法条竞合处理，被适用的法条原本就排斥了被吸收的法条的运用，因此，在行为人达到既遂、成为正犯时，判决上根本就没有必要交代对其未遂或者共犯行为如何处理的问题。

---

① 参见马克昌主编：《犯罪通论》，667 页，武汉，武汉大学出版社，1990。

② 参见王作富主编：《刑法》，2 版，160 页，北京，中国人民大学出版社，2004。

③ 通说上对吸收关系是否存在的判断，事实上借用了对不可罚的事后行为的判断，即强调根据社会生活的通常经验来判断行为之间的关系。

④ 何秉松主编：《刑法教科书》（上），496 页，北京，中国法制出版社，2000。

⑤ 当然，也有学者认为，部分吸收关系属于法条竞合的范畴，但不是吸收关系，而是补充关系。类似的观点，请参见吴振兴：《罪数形态论》，173 页，北京，中国检察出版社，2006。我认为，如果广义地看待补充关系，将部分吸收关系看作是补充关系，可能也没有问题。但这可能与学术精巧化的旨趣不符，而且吸收关系和典型的补充关系毕竟存在很多差别，因此，将吸收关系从补充关系中剥离出来，或许是更为合理的考虑。

因此，我的结论是：如果把传统的吸收犯概念按照前述思路进行梳理，将其中的一部分作为不可罚的事前、事后行为看待，将其中的一部分作为实质数罪看待，将其中的一部分作为法条竞合意义上的吸收关系看待，取消吸收犯概念，应该是没有问题的。

4. 择一关系

择一关系，是指不同法条对构成要件的描述彼此矛盾、“势不两立”，适用其中一个法条时，另外的法条就被排斥。这一关系是特别关系的对立面，在特别关系中，不同法条对相同行为有完全或者绝大部分重合的规定。①

择一关系在我国刑法中有三种：

（1）盗窃罪、侵占罪之间的择一关系。从条文上看，针对一个不法取得他人财物的行为，可能可以同时适用盗窃罪、侵占罪的规定。但是，在理论上或者解释论上，成立盗窃罪时，侵占罪的规定就被排斥；反之亦然。贪污罪、挪用公款罪之间，职务侵占罪、挪用资金罪之间，也存在这种择一关系。

（2）非法拘禁罪和绑架罪之间的择一关系。在为索取债务而拘禁、扣押第三人的场合，行为从自然的意义上看，和绑架罪的构成要件相当。但是，刑法第 238 条第 3 款明确规定对此以非法拘禁罪论处，从而排斥绑架罪的适用。

（3）结果加重犯和过失致人死亡罪之间的择一关系。结果加重犯，是指法律规定的一个犯罪行为，由于发生了超出基本犯范围的加重结果，法律规定加重其法定刑的犯罪形态。我国刑法规定的故意伤害致人死亡，非法拘禁致人重伤、死亡，暴力干涉婚姻自由致人死亡，虐待家庭成员致人重伤、死亡等，都是典型的结果加重犯。这些犯罪的结果加重犯和过失致人死亡罪之间，存在排斥关系。这种法条竞合，属于择一竞合。基本行为为故意、加重结果为过失的结果加重犯，只根据基本行为成立一罪，虽然加重结果可能和普通过失犯的构成要件相重合，但也不再就加重结果成立另外的罪名。

5. 包容关系

我国刑法中法条竞合的一大特色是存在关于包容关系的规定。

某一刑法分则规定的甲罪（重罪）和乙罪（轻罪），并不存在规范意义上的普通法条和特别法条的关系，但是，甲罪的构成要件比乙罪的构成要件具有完全性时，完全法排斥、拒绝不完全法的适用。②

在我国刑法中，包容竞合，是指一个罪名的外延是另一罪名外延的一部分，但犯罪构成的内容已超出外延窄的罪名的情形。其适用原则是全部法、完全法优于部分法、不完全法。换言之，虽然甲、乙两罪之间从逻辑上看，没有竞合关系，但由于立法者的设定，甲、乙两罪之间存在包容（完全法）和被包容（不完全法）的关系，行为符合甲罪的构成要件，必然也同时符合乙罪的构成要件，但仅成立甲罪，而排斥乙罪的适用，即重罪包容轻罪。

广义地说，特别关系也是一种包容关系，即普通法条包容特别法条。但这里的包容关系是狭义的，其和前述的“特别关系”存在差别：（1）特别关系，是一个行为既符合特别法条所设定的构成要件，又符合普通法条所设定的构成要件，普通法条“当然地”、“逻辑地”、完全地包容特别法条，例如，抢劫罪和抢劫枪支罪之间。包容关系中的两个罪名之间，并没有逻辑上、天然的包容关系（例如，不能认为拐卖妇女罪逻辑地包容了强奸罪），纯粹是立法技术上的设定使之具有法条竞合关系。（2）在存在特别关系时，特别法条优于普通法条被适用。在包

---

① 当然，也有学者认为，择一关系和特别关系、补充关系之间的界限极其微妙。参见［日］前田雅英：《刑法总论讲义》，7 版，394 页，东京，东京大学出版会，2019。

② 参见［日］大塚仁：《刑法概说·总论》，3 版，419 页，东京，有斐阁，1996。

容关系中，基本上遵循反向的思维：包容（完全）法条绝对优先于被包容（不完全）法条适用。此时，包容（完全）法条具有重要性，被包容（不完全）法条完全失去了刑法的适用意义。例如，故意杀害被绑架人，或者致使被绑架人死亡的，其导致被害人死亡的行为，分别与故意杀人罪、过失致人死亡罪的构成要件相当，但是，因为绑架罪是包容（完全）法条，对故意杀害被绑架人的行为，只能按照刑法第 239 条的规定适用死刑，刑法第 232 条的规定就不再有适用的余地。

我国刑法分则所规定的包容竞合包括以下情形：放火罪等以危险方法危害公共安全的犯罪在导致被害人死亡时，包容故意杀人、故意伤害罪①；绑架罪包容故意杀人罪、过失致人死亡罪；拐卖妇女罪与组织、强迫卖淫罪包容强奸罪；拐卖妇女罪包容引诱、强迫卖淫罪；组织卖淫罪包容强迫卖淫罪，引诱、容留卖淫罪；抢劫罪包容故意杀人罪、故意伤害罪；组织他人偷越国（边）境罪、运送他人偷越国（边）境罪以及走私、贩卖、运输、制造毒品罪包容妨害公务罪。

在刑法分则中，如果包容竞合的立法过多，可能并不合适：(1) 许多原本应当作为数罪处理的情形，因为包容竞合的出现，成为形式竞合，限制了数罪并罚的适用范围。在包容竞合中，行为人一般犯有两个以上的罪，本来可以通过数罪并罚使行为人受到较重处罚，但由于过多地采用包容竞合的立法方式，通过加重刑法分则相应犯罪法定刑的方式进行处理，数罪并罚的功能难以有效发挥。(2) 许多包容竞合将故意杀人、强奸等重罪包含进去，并不妥当。故意杀人罪是公认的刑法分则中危害最大的犯罪，但是，绑架罪、抢劫罪包容了故意杀人罪，拐卖妇女、儿童罪包容了强奸罪，使这些罪名均不得不挂死刑，扩大了死刑罪名在分则中的比例，使刑法分则各罪的法定刑总体上趋重。这并不是最优的立法方法，比较可取的立法方法是适度减少包容竞合的立法，还行为实质竞合的真面目，准确适用数罪并罚制度，同时将故意杀人罪、故意伤害罪、强奸罪、强迫卖淫罪等重罪从被包容之罪中剥离出来，降低目前包容罪的法定刑，尤其是要大量削减死刑，基本上只在故意杀人罪中规定死刑，以达到通过立法技术的合理运用减少死刑罪名的目的。

（三）疑难问题

值得研究的问题是：行为人利用合同实施诈骗行为，或者实施信用卡诈骗，非法得款 4 000元时，按照有关司法解释，合同诈骗罪的立案标准是 2 万元、信用卡诈骗罪的立案标准是 5 000 元，不法取得 4 000 元的行为不能构成合同诈骗罪、信用卡诈骗罪。但诈骗罪的立案标准是 3 000 元，对利用合同诈骗或者利用信用卡诈骗，犯罪分子就想获取 4 000 元，事实上也只得到 4 000 元的行为，能否以诈骗罪论处？换言之，于按照特别法条不能成立犯罪的情形，能否以一般法条定罪？类似问题，在诈骗罪和刑法分则第三章规定的各种特殊诈骗犯罪出现竞合时大量存在。

对此，张明楷教授认为应当按照普通法条定罪。他的主要理由是：特别法条一定是在普通法条的基础上又附加了更为严格的要求，所以，凡是要依特别法条定罪的，一定要以符合普通法条为前提。这是一个最基本的关系，如果连普通法条都不符合，就不可能符合特殊法条的要求。符合金融诈骗罪、合同诈骗罪的构成要件就一定符合普通诈骗罪的构成要件。行为人实施保险诈骗行为，只骗 4 000 元，不够保险诈骗罪的定罪数额，就应当定诈骗罪。②

我认为，张明楷教授的观点值得商榷，在法条竞合的场合要坚持特别法条绝对优先，主要

① 当然，这只是通说的观点。对此，还值得进一步研究。

② 参见张明楷：《诈骗罪与金融诈骗罪研究》，343 页，北京，清华大学出版社，2006。

理由在于：

第一，立法者的特殊考虑值得尊重。立法者制定特别法条时，有特殊考虑（立法者意思）。对这种立法上的特别考虑，在司法上必须尊重，否则，就可能模糊刑罚权的性质，造成解释权对立法权的僭越。①

当在普通法条之外的某种特殊行为极易发生，有类型性，因而有必要从外延较大的普通法条中“剥离”出一部分行为加以规定，以对法益给予特殊保护时，立法上可能作不同于普通法条的规定。而一旦立法上作出规定，该特别法条通常是在处罚上比普通法条更重的条文，即属于重法。如果特别法条的定罪起点高于普通法条的定罪起点，特别法条的处罚范围相对较小。这也是因为立法上认为特别法条所规范的行为容易发生，或者该行为一旦实施，行为人取得财物的数额通常较大，为缩小刑罚打击面，而特别地考虑对某些行为不予处罚。

法条竞合的基本法理显然不是为了尽可能实现处罚，而是在行为具有处罚必要性时选择适用法条。在行为按照特别法条都没有处罚必要性，特别法条都意欲放过，从而形成“意图性的立法空白”的情形下，退而求其次，转而以普通法条定罪，是违背了立法者意思；对没有处罚必要性的行为进行刑法处理，是仅仅考虑结果导向的做法，并不合适。例如，使用假币的行为会造成对方的财产损害，行为同时构成使用假币罪和诈骗罪。在使用假币达到相当数量时，以诈骗罪论处判刑一定更重（最高可以判到无期徒刑）。但是，这样既对被告人不利，也会架空使用假币罪的特别规定。“如何解决这个难局？依我看，此时要尊重立法者的决定。立法者认为，这类特殊的行使行为必然包含了诈欺，所以不另论诈欺。这是法条竞合的特别关系”②。如果对所有特别关系都从一重处罚，有时会抵触立法者的立法目的，因为立法者订定特别规定，其目的往往是减轻，而不是加重。基于此，就特别关系有独立处理的必要，以避免想象竞合从重规定的适用。③

第二，特别法条中构成要件的定型性值得关注。每一个犯罪构成要件的背后都会有特别的考虑。针对特别法条规制的特殊情形，立法上的特别考虑可能就更为充分，很多时候是为了一般预防，比如在诈骗罪之外，再规定保险诈骗罪、合同诈骗罪等，就是要告诉国民：针对金融机构或利用金融工具实施的诈骗、利用合同实施的诈骗，立法上都是特别关注的。立法者为实现一般预防所设定的特别规定，一方面会指引国民的行动，另一方面对司法裁判上的选择会有制约。如果构成要件上发出的指引是让国民关注特别法条，但在司法上法官选择适用重法（普通法条），这样的“错位”会使国民无所适从，影响刑法的一般预防效果。

对于行为的判断，必须首先考虑该行为符合何种定型。这也是构成要件符合性判断的题中之意。特别法条作为区别于普通法条的、具有特殊性的类型行为，某种行为是否与这种行为相符合，必须首先加以判断。在不符合这种行为定型时，刑法适用的必要性就被排除。换言之，既然特别法条的构成要件中，对某些行为类型性地不处罚，在适用上就必须考虑该特别法条的构成要件设置。当某一行为“类型化”地不符合特别法条的构成要件时，是刑法有意缩小处罚范围；当特别法条处罚轻时，本身就是立法上基于特别考虑对某些行为适度“枪口抬高”。此时，应当充分认识特别法条的“特别性”、缩限性。坚持特别法条的“特别性”，也是坚持罪刑法定原则以及构成要件的观念。而且，在特别法条的“特别性”和普通法条的有效性相冲突时，普通法条的有效性最终应该让位，其就不再具有适用可能性，否则，立法上制定特别法条时缩限处罚范围的旨趣就会落空。

---

① 与此相同的主张，请参见车浩：《强奸罪与嫖宿幼女罪的关系》，载《法学研究》，2010（2）。

② 林东茂：《刑法分则》，292页，台北，一品文化出版社，2018。

③ 参见黄荣坚：《刑法问题与利益思考》，199页，北京，中国人民大学出版社，2009。

第三，法条竞合的基本法理不能抛弃。认为重法条优于轻法条，与法条竞合的法理相悖。普珀教授指出，当一个较为特殊的法律规定了异于另一个较为一般的法律规定的效果时，前者便会排挤掉后者。如果没有特别法排斥一般法这个原则，特别法便不会有自己的适用范围。特别法优先的原则，让立法者省下为特殊情形而明文排除一般法的工夫。这个原则所涉及的并不是逻辑上的要求，而是立法经济以及语言经济的要求。当一个说话的人在自己提出了一个一般语句后，又接着提出一个抵触这个一般语句的特别语句时，听者便会立刻以下述的方法解释说话者的意思：后面那个较特别的语句应该是先前所提出的一般语句的例外。①

法条竞合关系的法理，并不要求特别法条的处罚一定要重于普通法条的处罚。普通法条和特别法条之间不是轻法和重法的关系，而是原则法与例外法的关系，即普通法条和特别法条的效力孰优孰劣的问题。出于各种复杂的立法目的考虑，特别法条轻于普通法条的情况实属正常。但即便特别法条的处罚轻，其法律效力仍然优于普通法条。换言之，特别法条的存在，意味着普通法条的效力被“冻结”、被排斥，即便普通法条的法定最高刑要重，除法律有明确规定之外，也没有适用的余地。

对此，有学者指出：“特别法大都为因应时代环境之变动及国民观念之改变而制定，在法理上，亦可制定处罚较轻之特别法，以为因应。倘认为重法优于轻法，系法规竞合适用上不易之原则，势必舍弃处罚较轻之特别法而不用，则此特别法之制定，即显失其意义。”②

其实，在很多国家或者地区的刑法中都有关于杀婴罪的规定，其属于轻罪③，且和故意杀人罪之间存在法条竞合关系，杀婴罪是特别法条。如果按照重法优于轻法的规则处理，杀婴罪的规定就会名存实亡。

第四，重法优先未必就能够彻底实现罪刑相适应原则。不难看出，“重法优先说”更多考虑的是罪刑相适应原则，而“特别法条绝对优先说”主张必须坚持罪刑法定原则，重视构成要件的观念。这样看来，“重法优先说”背后似乎也有理念的支撑，而且罪刑相适应原则是刑罚裁量时必须要考虑的，那么，承认该处理规则的合理性岂不就是理所当然的？但是，如果能够说明“重法优先说”符合罪刑相适应原则的说法是似是而非的，或者按照该规则处理案件有时可能违背罪刑相适应原则，那么，“重法优先说”的存在根基就应该被动摇，其主张是否还值得坚持就是一个疑问。

采用“重法优先说”有助于贯彻罪刑相适应原则的说法，在有的情形下属于似是而非的主张。一方面，对特别法条所规定的行为类型处罚似乎比普通法条轻，但这本身就是立法上就罪刑关系进行论证之后所作的选择，按照特别法条处罚恰恰符合罪刑相适应原则。例如，对于犯罪金额特别巨大的保险诈骗案而言，“重法优先说”认为以保险诈骗罪定罪判刑处罚轻，按照诈骗罪论处才能够做到罪刑相当。这有主观臆断的成分，因为立法者在制定保险诈骗罪时已经有特别考虑：妨害市场经济秩序的犯罪，尤其是各种金融犯罪，一旦实施，得手的可能性大，而且非法获取数额巨大财物的概率也特别大，为了适度减少打击面，对于这些犯罪的定罪起点数额、法定刑升格的数额要求都比传统财产犯罪相对要高；如果处罚标准太低，处罚范围太广，从而与宽严相济刑事政策的宗旨相抵触。因此，如果充分关注行为类型的特殊性，再将立法时的刑事政策思想一并予以考虑，对于犯罪金额特别巨大的保险诈骗案也按照“特别法绝对

---

① 参见［德］英格博格·普珀：《法学思维小课堂——法律人的6堂思维训练课》，蔡圣伟译，57页，北京，北京大学出版社，2011。

② 甘添贵：《罪数理论之研究》，51页，北京，中国人民大学出版社，2008。

③ 例如，意大利刑法典第578条第1款规定，杀婴的，判处4年以上12年以下有期徒刑；该法第575条规定，故意杀人的，处21年以上有期徒刑。

优先说”以保险诈骗罪处理，能够恰到好处地满足罪刑相适应原则的要求。

另一方面，对某些行为适用何种刑罚才合适，与“重法优先说”支持者的处罚直觉有关，而这样的处罚直觉往往是重罚感觉，未必可靠。例如，“重法优先说”主张，在故意采用放火方式杀害多数人，而碰巧没有造成严重死伤结果的场合，依据重法优于轻法的处理规则，可能有成立故意杀人罪的余地。在此种情形下，如果按照法条竞合的逻辑，认为行为人仅构成刑法第114条的放火罪，就只能对其适用3年以上10年以下的法定刑；如果认定行为人成立故意杀人罪未遂，则可以适用10年以上有期徒刑、无期徒刑或死刑的法定刑（同时适用总则关于未遂犯从轻、减轻处罚的规定）。既然故意杀害一个人未遂适用的起刑点是10年以上有期徒刑、无期徒刑或死刑的法定刑，以放火方式故意杀害多数人未遂的，理应适用相同的法定刑。从而得出结论：以放火等危害公共安全的方式杀人的，成立故意杀人罪和放火罪等罪的想象竞合犯，从而按照重罪处理。但是，这种说法是似是而非的。对行为人最终量刑轻重，不是靠感觉，也不是靠抽象论断的，应当将行为人所具有的各种情节考虑在内。就量刑而言，所谓“顶格判刑”或重刑主义的做法都应该被摈弃。在故意杀人未遂的场合，无论是否选择10年有期徒刑以上作为起刑点，一旦将未遂情节考虑在内，对行为人的最终量刑就应当是比较轻的，基本上就降到3年以上10年以下有期徒刑的空间内，这一刑期恰好和刑法第114条放火罪的刑期是重合的。因此，谈不上适用特别法条会带来量刑畸轻的问题。可见，对前述情形不按照故意杀人罪未遂定罪，仍然依据刑法第114条所规定的放火罪定罪处罚，以彻底贯彻法条竞合的法理，并不会带来从根本上冲击罪刑相适应原则的问题。

如果把“重法优先说”的重罚直觉贯彻到底，甚至会得出很多特别法条在实务中一概没有适用空间的结论。例如，贪污罪原本是盗窃罪的特别法条，但是按照“重法优先说”，在贪污50万元的场合，该行为同时构成贪污罪和盗窃罪，由于适用盗窃罪判刑重（起刑点为10年以上有期徒刑），适用贪污罪只能对行为人在3年以上10年以下有期徒刑的范围内选择刑期（通常对行为人判处4年以下有期徒刑），对行为人当然就应该适用重法（贪污罪），特别法条也能够被排斥。但是，实践中，在行为人的行为同时符合特别法条和普通法条时，仅因普通法条处罚重就一概排斥特别法条的主张，完全不可能被采纳，特别法条排斥普通法条被优先适用的处理规则仍然能够得到承认。

此外，采用“重法优先说”有助于贯彻罪刑相适应原则的说法，在有的时候甚至会南辕北辙、适得其反。如果将“重法优先说”的观点贯彻到底，可能得出不合理的，甚至违背罪刑相适应原则的结论。例如，某公司员工甲监守自盗5.8万元，由于其侵占数额未达到职务侵占罪的起点（6万元），按照“重法优先说”就能够对其定盗窃罪；同一公司员工乙也触犯职务侵占罪，犯罪数额为6.1万元。由于甲的侵占数额相对较少，无法构成职务侵占罪，对其只能按盗窃罪定罪处罚，其对应的法定刑是3年以上10年以下有期徒刑；乙的犯罪数额大，理所当然地构成职务侵占罪，但是，由于其数额仅达到该罪的定罪起点，量刑时自然也会接近于法定刑起点，因此，多数法院对乙的刑期会确定在1年有期徒刑左右。最终结局是，非法获利数额少的甲比非法获利多的乙获刑要重，这明显和罪刑相适应原则相抵触，所得出的结论也违背国民直觉。而对于本案，如果按照“特别法条绝对优先说”，处理就非常顺畅：职务侵占罪和盗窃罪之间是法条竞合关系，职务侵占罪是特别法条，对于特别法条的规定都试图放过的行为，不能反过来适用普通法条，因此，甲无罪；对于乙，按照其职务侵占数额定罪量刑。这样一来，当然就不会出现获利数额少的人被判刑更重的结果。因此，在特别关系的处理中，除法律有特别规定的以外，应当拒绝重法优于轻法的原则。这是因为“如果仅仅根据司法者或者解释者个人对于‘罪刑是否相适应’的感受，就将这一例外性的法律规定不受约束地扩展适用至其他条文，则明显是在重刑思维下把公民个人的自由权和立法者的决定权一股脑地给了司法者。”①

二、实质竞合：想象竞合犯

（一）概念

想象竞合，是指一行为触犯数个同种或异种罪名，实现数个同种或异种的犯罪构成，而数个犯罪构成之间在逻辑上并无包容关系的情形。例如，为骗取保险金而杀人焚烧尸体，后向保险公司提出索赔要求，因公安机关及时侦破此案，行为人未实际获得赔付的，行为人的行为构成故意杀人罪，同时也构成保险诈骗罪的未遂。故意杀人罪与保险诈骗罪的构成要件之间并不存在逻辑上的关联。行为人之所以同时触犯两个罪名，完全是因特定的事实所造成的，行为人的杀人行为，基于骗取保险的动机而实施；从法益侵害的角度来看，行为人的行为在侵犯他人生命权的同时，也对保险管理秩序与保险公司的财产权构成威胁，其行为所侵犯的两个法益之间完全不重合，行为人的行为成立故意杀人罪和保险诈骗罪的想象竞合犯。

想象竞合犯虽然在实质上侵犯了数个法益，但由于客观上只有一个行为，行为人主观上也只有一个意思，所以，作为一罪来处罚。一般认为，对想象竞合犯应采取从一重罪处罚的原则。因而，在涉及想象竞合犯的情形中，必须对所触犯的罪名进行法定刑上的比较，最终按其中的一个重罪定罪处罚，否则就可能违反禁止重复评价原则。

需要特别强调的是：在实务中，处理犯罪之间的关系时，应当多从犯罪之间可能具有交叉、竞合或数罪的角度思考问题，再根据想象竞合犯或并罚的法理分析案件，不能动辄说不同犯罪之间具有排斥或非此即彼关系，动不动就把行为人设想为仅触犯一罪的人，使理应被重罚的犯罪分子被放纵，从而和罪刑相适应原则有抵触。例如，为抢劫而携带凶器进入被害人家中，乘无人之机偷走财物的，行为人应当成立抢劫罪预备和盗窃罪的想象竞合犯；为抢劫压制被害人反抗，因被害人哀求而放弃，但乘机猥亵被害人，后乘被害人不注意之机，拿走被害人的首饰的，构成抢劫罪中止、强制猥亵罪和盗窃罪，应当数罪并罚；为抢劫而对被害人投麻醉药，被害人原本会在30分钟后因为药效发作而熟睡，但因当日过于疲劳，服药后10分钟即睡着，行为人将其财物拿走的，构成抢劫罪未遂和盗窃罪的竞合；甲到某工地偷水泥，守夜的乙发现后不管不问，甲由此取得价值5 000元的财物，构成盗窃罪正犯和职务侵占罪共犯的想象竞合犯。

（二）法律效果

对于想象竞合犯应当采用从一重罪处断的原则。例如，实务中对于盗窃广播电视设施、公用电信设施，同时构成盗窃罪和破坏广播电视设施、公用电信设施罪的，择一重罪处罚；对于盗窃使用中的电力设备，同时构成盗窃罪和破坏电力设备罪的，择一重罪处罚。所谓从一重罪处断，需要比较行为人触犯的数个犯罪的处罚轻重：数罪的法定刑都只有一个幅度的，比较并适用各罪中的法定刑最高者；数罪的法定刑有多个幅度的，比较该行为所对应的那一档法定刑的高低。

（三）想象竞合犯与法条竞合犯的区别

张明楷教授认为：法条竞合犯、想象竞合犯之间也有交叉的场合，当一个行为具有多重属性而触犯同一法律的数个法律条文，数个法律条文之间存在重合和交叉关系时，就可以说既是法条竞合，也是想象竞合犯。“既然如此，二者当然可能出现交叉现象。”② 根据这一主张，对

---

① 车浩：《强奸罪与嫖宿幼女罪的关系》，载《法学研究》，2010（2）。

② 张明楷：《犯罪论原理》，416页，武汉，武汉大学出版社，1991。

于按照特别法条不构成犯罪的情形，按照普通法条定罪处罚，在很多时候，就是因为法条竞合也具有想象竞合的性质，某一行为不符合特别法条的，也可以按照普通法条处理。

但是，想象竞合犯和法条竞合之间存在根本差别。法条竞合是不真正竞合，是法律上的一行为。不真正竞合，是指两个以上的刑罚规范在外表上是竞合的，但实质上是相互排斥的。在形式上看，行为该当 A 罪构成要件，也该当 B 罪构成要件，但在实质上，A 罪法条排斥 B 罪法条的适用，仅成立一个 A 罪。此时，并不真正成立 B 罪，因此，排斥 B 罪法条的适用。想象竞合犯是真正的竞合，但属于事实上的一行为。行为在成立 A 罪的同时，法官完全可以宣告其同时成立 B 罪，只不过最终按照处罚最重的犯罪定罪处罚。这与法条竞合在成立 A 罪时，一定会排斥 B 罪的适用并不相同。在法条竞合的场合，"如果数个被违反的法规，对其中的一个应处罚的行为适用一个法规即足以判定排除其他法规的适用，当然适用该法规，其他法规在与此等法规的竞争中被排除出局，不予考虑"①。

在我看来，作为"一行为"的竞合形态，法条竞合与想象竞合的区别主要在于三方面。

1. 立法者的价值设定

法条竞合，纯粹是因为针对同一犯罪行为的刑法分则规定整体或者部分重合，导致法律适用复杂化。法条竞合，与立法者的价值判断有关，是一种静态的竞合。当一行为触犯的两个法条的罪名之间具有从属或者交叉的逻辑关系，且保护法益具有同一性时，为法条竞合。想象竞合，是行为人的一个行为偶然地符合多个罪名，它与法律条文本身如何规定无关，而与犯罪人实施犯罪时的选择有关，行为触犯的两个罪名在保护法益上完全可以不同②，所以，它是一种动态竞合。例如，敲诈勒索罪和诈骗罪之间就是这种想象竞合关系。一般认为，法条竞合时，不管现实案情如何，两个条文都具有竞合关系，或者说，是否具有法条竞合关系，并不取决于案件事实，而是法条之间原本存在交叉或者重叠关系。而想象竞合犯是因为现实行为触犯了两个不同的法条，不同法条之间并没有重叠与交叉关系。

2. 法益同一性

法条竞合不仅仅是法条之间形式上的逻辑关系，具有包含或者交叉关系的法条还必须是为了保护同一法益的目的而设立时，才属于法条竞合。对于某些形式上存在包含、交叉关系的法条，如果保护法益不同一的，应否定法条竞合关系，而认定为想象竞合。换言之，法条竞合是一行为侵害一法益而触犯数罪名；想象竞合则是一行为侵害数法益而触犯数罪名。法益是否同一（是一法益还是数法益），成为区分二者的关键之所在。

关于法益同一性的判断以及法条竞合的确定，需要考虑：首先，法益同一，是指具体法益的相同。例如，绑架罪和非法拘禁罪都侵害个人行动自由，具体法益具有同一性；强奸罪和强制猥亵罪都侵害性自由，具有具体法益的同一性。但是，法益"同一"不是法益"同类"，因此，侵犯同类法益的犯罪未必具有法益同一性，因为同类法益之下具体法益的具体内容未必相同。例如，市场经济秩序、社会管理秩序是对诸多犯罪所保护的具体法益的高度抽象概括，该同类法益之下个罪所保护的具体法益的内容差异很大。例如，显然不能认为同属破坏市场经济秩序罪的洗钱罪和串通投标罪之间具有法益同一性。更进一步讲，同属于侵犯人身权利的故意伤害罪与故意杀人罪虽侵害了同类法益，但就具体法益而言，因为故意伤害罪侵害健康权，故意杀人罪侵害生命权，所以，二者所保护的法益也并不同一，通常不能认为其存在法条竞合关系。因此，基于杀人故意造成重伤害结果的，应当成立故意杀人未遂与故意伤害罪的想象竞合

① ［德］李斯特：《德国刑法教科书》，修订本，徐久生译，393 页，北京，法律出版社，2006。

② 对于使用假币骗取他人财物的行为，因为行为侵害货币的公共信用和财产权这两个不同法益，而将使用假币罪和诈骗罪的关系认定为想象竞合犯而非法条竞合，可能更为合适。

犯。其次，国家法益、社会法益和个人法益之间抽象地看不存在法益同一性。但是，行为指向国家法益和社会法益，但在具体个案中其结果由具体个人承受，而侵害个人法益的犯罪中对此又有规定的，可以认为国家法益或者社会法益可以还原为个人法益，或者认为国家法益、社会法益由个人法益所组成，包含了个人法益的内容，从而肯定法条竞合的存在。例如，交通肇事罪和过失致人死亡罪，洗钱罪和掩饰、隐瞒犯罪所得、犯罪所得收益罪之间，可能视情形存在法条竞合关系。因此，一个保护公法益（国家法益、社会法益）的法条与一个保护私法益（人身权、财产权）的法条之间，也可能形成法条竞合关系。最后，行为侵害多个法益，同时触犯多个罪名，这些罪名所保护的法益有相同部分的，就该相同部分，可以肯定法益同一性。换言之，行为所侵犯的数个法益之间存在重要的重合的，就可以否定想象竞合。例如，集资诈骗罪既侵害金融管理秩序，也侵害个人财产权，就对个人法益的侵害而言，其与诈骗罪之间存在法益同一性，应当成立法条竞合。盗窃罪和贪污罪之间也存在这种法条竞合关系。因此，如果主张以法益为标准来区分法条竞合与想象竞合，就应当确定行为所构成的不同犯罪之间，是只有同一个法益侵害事实还是有数个法益侵害事实。在涉及双重法益的犯罪中，如果能够判定行为所构成的不同犯罪中有一个被侵害的法益是同一的、重叠的，也就可以承认法益同一性。

3. 法律适用

在适用法律时，因为法条竞合仅仅是在形式上存在竞合关系，所以司法判决上只需要列举适用的罪名即可，对于没有适用的犯罪，完全可以不予理会。换言之，对于法条竞合的，法官无须列举被排斥的罪名。同时，被排斥的法条的存在原则上对量刑不会产生影响。也正是因为被排除的法条不出现在判决书中，真正得到适用的只是一个法条，耶赛克才主张应该用“法条单一”取代传统的、容易误导的法条竞合概念。① 对于想象竞合，行为人的行为究竟符合哪些犯罪的构成要件，需要在判决书中明确列举出来，以便让人判断行为人所触犯的多个罪名孰轻孰重，以及法官对从一重罪处断的把握是否准确，以防止司法工作人员不当行使司法权。换言之，对于想象竞合，在一个说理充分的判决书中，应当分别列出罪名，然后从一重罪处断。这是因为想象竞合存在两个违法事实和责任，那么，在判决宣告时，必须将这些事项逐一清晰地列举出来，以实现刑法的充分评价，并有效发挥想象竞合的澄清功能（Klarstellungsfunktion）。“法官的审判工作，并不只在判一个刑就好了，而是也要让人知道，行为人错在哪里。犯罪宣告的本身，同时也就是在宣示，什么事情是错的，是不被容许发生的。从此一观点出发，到底行为人做错了什么事，我们必须有清楚的交代。”② 因此，是否有必要详细交代相关行为所触犯的罪名以实现积极一般预防的效果，也是能否将某种竞合关系认定为想象竞合时需要考虑的。例如，行为人只有一个行为，但该行为同时触犯 A、B 两罪的，如果 B 罪的构成要件并不必然包含在 A 罪的构成要件中，但属于 A 罪通常且典型的伴随现象，并且 B 罪的不法和罪责内涵已经可以包括在 A 罪中，按传统观点可能成立吸收犯，其结局是 B 罪被吸收，仅成立 A 罪。但如果顾及想象竞合犯的澄清功能，将类似情形解释为想象竞合犯可能更为合理。例如，为强奸而对被害人使用暴力，该暴力行为扯坏被害人价值很高的首饰的，同时触犯强奸罪和故意毁坏财物罪。如果认定二者之间成立想象竞合犯，对故意毁坏财物罪、强奸罪在判决书中就都需要详细列出并加以论证。当然，如果属于法条竞合，就没有必要分别列出行为人所触犯的特别法条和普通法条，例如，不需要在保险诈骗的场合，在判决书中再论证被告人触犯合同诈骗罪的理由。所以，从诉讼经济、防止司法资源浪费的角度看，为避免司法工作人员在评价犯

---

① 参见［德］汉斯·海因里希·耶赛克、托马斯·魏根特：《德国刑法教科书》，下册，徐久生译，999 页，北京，中国法制出版社，2017。

② 黄荣坚：《基础刑法学》（下），898 页，台北，元照出版有限公司，2012。

罪时分散精力，去判断原本就不需要判断的事项，将想象竞合和法条竞合区分清楚是有道理的。上述诸种区别，决定了法条竞合和想象竞合之间存在排斥关系，不存在一个行为既是想象竞合又是法条竞合的情况。

张明楷教授认为："触犯一个法条便必然触犯另一个法条时，属于法条竞合；触犯一个法条并不必然触犯另一法条时，属于想象竞合。例如，军人故意泄露军事秘密触犯刑法第 432 条时，必然触犯第 398 条，因而这两个法条之间具有竞合关系。再如，行为人交通肇事触犯第 133 条时，并不必然触犯第 233 条，因为并非任何交通肇事罪必然导致他人死亡。果真如此，法条竞合的范围将大量减少。行为人因交通肇事致人死亡时，便属于想象竞合犯，适用从一重罪论处的原则。"① 这种观点的不足在于：法条竞合的特别关系，除了重叠关系，还包括交叉关系。交通肇事罪和过失致人死亡罪之间，就存在这种交叉竞合的特别关系，即在交通肇事行为导致被害人死亡，行为人具有违反交通运输管理法规的过失时，两个犯罪之间存在法条竞合关系。因此，不能把法条竞合的特别关系仅仅理解为重叠关系。也正是考虑到这一点，张明楷教授也承认，当交通肇事行为致人死亡时，完全可以认为该行为必然同时触犯刑法第 233 条。在此意义上说，刑法第 133 条是特别法条，第 233 条是普通法条。交通肇事罪和过失致人死亡罪之间就不再是想象竞合犯。这样说来，少数粗看是想象竞合的情形，实际上都应该实质地评价为法条竞合；反过来，很多过去认为是法条竞合的情形，实际上应该被评价为想象竞合。对想象竞合和法条竞合不作区分，甚至将法条竞合视作想象竞合的观点，实质上是对行为进行过度评价。当然，无法否认的是，在实务中，法条竞合的空间被最大限度地压缩，法条之间即便存在交叉或重合部分的，很多时候都因为法益并不绝对相同或出于处罚必要性的考虑而被解释为想象竞合犯。由此，有学者指出，"法规竞合总是不断地向想象竞合的法律后果靠近。在文献中，在部分颇为严厉的说法中指出，这种司法判决使区别'几乎失去了意义'，这种区分的意义'几乎减少到零'"②。

第三节　多行为的犯罪竞合

一、形式竞合：事前、事后行为

对实施本犯的人而言，不可罚的事前、事后行为和本犯行为之间，实际上是多行为的关系。但是，对事前、事后行为，原则上并不定罪处罚，所以，事前、事后行为和本犯行为之间，是形式竞合。对于不可罚的事前、事后行为，立法上也承认。例如，刑法第 171 条第 3 款规定，伪造货币并出售或者运输伪造的货币的，以伪造货币罪定罪，从重处罚。

（一）不可罚的事前行为

在着手实施某一种重罪行为之前，可能有一些轻罪行为或者预备行为，但在行为人实施重罪行为之后，对着手重罪行为之前的行为不单独定罪处罚。在本章一开始提到的案例中，甲为盗窃乙的财物，在破门而入时砸坏了乙价值很高的防盗门，该故意毁坏财物行为属于盗窃罪的预备行为。③ 而实施犯罪预备行为的人，在着手实行行为之后，无论其是否达到既遂状态，该预备行为都作为实现构成要件的必经阶段，不再予以单独处罚。此外，实施轻罪后，又很快实施重罪行为的，轻罪行为被视为重罪行为的不可罚的事前行为。例如，遗弃被害人之后又杀害被害人的，遗弃行为被视为故意杀人罪的不可罚的事前行为。

---

① 张明楷：《刑法分则的解释原理》，285 页，北京，中国人民大学出版社，2004。

② ［德］克劳斯·罗克辛：《德国刑法学总论》（第 2 卷），王世洲等译，650 页，北京，法律出版社，2013。

③ 在入室盗窃的场合，物色财物是具有具体危险的着手实行行为，破门而入仅仅是具备抽象危险的预备行为。

（二）不可罚的事后行为

实施某些犯罪，在犯罪既遂之后，又实施依一般社会经验通常会伴随的危害行为的，后行为被视为不可罚的事后行为。

1. 实施财产犯罪后针对赃物的行为

取得型侵犯财产罪属于状态犯，即犯罪行为实施完毕后，危害结果一经发生，犯罪就达到既遂状态，但犯罪行为所导致的不法状态持续存在。如盗窃、抢劫行为人在取得财物之后犯罪即告既遂，但犯罪分子占有赃物的状态并未结束，财产一直处于犯罪分子的不法控制状态下。所以，在盗窃既遂之后，对财物故意进行毁坏的，由于立法上对盗窃罪这种状态犯预设了即使犯罪既遂违法状态还存在的情形，所以在该状态之下实施的行为，即使符合故意毁坏财物罪的构成要件，也在盗窃罪中给予总体性的评价，将毁坏财物行为作为量刑情节加以考虑，不成立盗窃罪和故意毁坏财物罪的数罪。但是，在事后行为造成新的法益侵害，符合独立的构成要件时，需要成立数罪。例如，盗窃他人财物，又用该财物提供担保，骗取第三人财物的，应当以盗窃罪和诈骗罪数罪并罚。

2. 实施人身犯罪之后毁灭证据的行为

在实施故意杀人、故意伤害致人死亡、强奸致人死亡、过失致人死亡等犯罪行为的场合，犯罪分子侮辱尸体、毁灭证据的，属于事后行为，作为不可罚的行为处理。

二、实质竞合：数罪

（一）同种数罪

同种数罪，是指行为人犯有触犯相同罪名的数个犯罪的犯罪形态。

同种数罪具有以下特征：(1) 具有数个性质相同的犯罪故意，至于犯罪动机或者目的是否相同，在很多情况下，并不重要。(2) 实施了数个性质相同的犯罪行为，数个行为均能独立构成犯罪，且侵害的法益相同。(3) 数个犯罪行为触犯同一罪名。这里的同一罪名是指构成要件相同的犯罪，至于犯罪形态属于完成罪还是未完成罪、是正犯还是共犯等，均不影响成立同一罪名。

对于同种数罪，刑法理论上认为，原则上不对其进行并罚，可以考虑在该种罪的法定刑范围内处罚，或者按照刑法分则关于法定刑升格的规定处理。当然，在特殊情况下，对同种数罪进行数罪并罚，也有其合理性。例如，同种数罪前后实施的时间间隔较长，犯罪分子实施（同种）数罪的意思明显；或者某种犯罪只有一个量刑幅度，对同种数罪不并罚就不能体现对数罪从重处罚的精神时，可以实行数罪并罚。

定罪意义上的连续犯，属于构成要件上的一罪。但是，处断意义上的连续犯，实际上是同种数罪。对这种连续犯如果一律不并罚，就可能放纵犯罪，影响国家刑罚权的行使。我国刑法中规定的多次，大多针对量刑而言，一次盗窃、一次走私、一次抗税也是犯罪，是否多次实施实行行为与构成要件该当无关，此时成立同种数罪。对同种数罪，大多不需要数罪并罚。

（二）非同种数罪

非同种数罪，是指行为人实施多个构成要件完全不同的犯罪的情形。非同种数罪具有以下三个特征：(1) 具有数个性质迥异的犯罪故意。(2) 实施性质上各不相干的犯罪行为，侵害了不同法益。(3) 数个犯罪行为触犯数个不同罪名。例如，甲为抢劫而压制被害人乙的反抗，因被害人哀求而放弃，但乘机猥亵被害人，后乘被害人不注意之机，拿走其首饰的，构成抢劫罪（中止）、强制猥亵罪、盗窃罪，应当数罪并罚；丙为取得被害人丁的财物而在其饮料中投放安眠药，按该药物的功效，被害人会在30分钟后熟睡，但当晚被害人因过于疲劳，在服药后10分钟即睡着，行为人乘机将其财物拿走的，构成抢劫罪（未遂）和盗窃罪的数罪。

非同种数罪是最典型的数罪形态。对非同种数罪应该实行数罪并罚，并无争议。例如，甲为盗窃乙的财物，在物色财物之时，碰坏了乙价值连城的古董，属于过失毁坏财物的行为，但该行为属于盗窃行为的一部分，可以认为只有一行为，而无数行为。即便认为其属于独立的过失行为，但刑法并不处罚过失毁坏财物的行为，对该行为也不能和盗窃罪并罚。但是，在盗窃得逞后，为破坏现场，甲对乙家放火，同时烧毁了乙的邻居数家人的房屋的，甲之行为在成立盗窃罪之外还独立成立放火罪，应当数罪并罚。此外，抢劫得逞之后为报复或者毁坏现场而杀人的，也是数罪的典型例子。

我国刑法分则特别针对那些是非同种数罪还是行为人在构成要件上只有一行为的理解可能有分歧的情况，规定必须认定为非同种数罪并给予并罚的有：（1）组织、领导、参加恐怖组织、黑社会性质组织，又实施杀人、爆炸、绑架等行为的；（2）生产、销售伪劣商品又抗拒检查、妨害公务的；（3）走私并抗拒缉私的；（4）出售、运输假币又使用的；（5）用放火、故意杀人、故意伤害等方法，制造保险事故，骗取保险金的；（6）收买被拐卖的妇女，又非法拘禁、故意伤害、侮辱、强奸的；（7）组织、运送他人偷越国边境，又对被组织、运送者有杀害、伤害、强奸、拐卖等行为的；（8）非法猎捕杀害珍贵、濒危野生动物，非法狩猎又抗拒检查的；等等。

（三）牵连犯

我国刑法学通说承认牵连犯的概念，认为牵连犯是指在数个犯罪之间存在手段与目的或者原因与结果之关系的情形。例如，为实施诈骗行为而伪造国家机关公文的，成立伪造国家机关公文罪和诈骗罪的牵连犯。

1. 牵连犯的特征

一般认为，牵连犯具有以下四个特征：（1）出于一个犯罪目的。如果出于不同的犯罪目的而实施数行为的，不属于牵连犯，而是典型的数罪。行为人出于一个犯罪目的，但主观上同时具有数个犯罪故意。（2）实施了数个犯罪行为。数个行为中，直接体现行为人犯罪目的的行为称为目的（原因）行为；为实现犯罪目的创造条件，先于目的行为实施的行为称为手段行为或方法行为。（3）数个犯罪行为之间具有牵连关系。所谓牵连关系，是指行为人实施的数个行为之间具有手段与目的或者原因与结果的内在联系。对于牵连关系的认定标准，理论上存在主观说、客观说与折中说的分歧。主观说主张，行为人在主观意思上认为其所实施的数个行为之间具有手段与目的或原因与结果的关系的，就是牵连犯。客观说主张，对牵连关系的判断应以客观事实为标准，即数个行为之间在性质上具有手段与目的或原因与结果的关系的，才是牵连犯。在客观说中有影响的是类型化说，即需要把牵连犯的手段与目的、原因与结果的关系类型化，只有类型化的手段行为和目的行为之间、原因行为和结果行为之间才具有所谓的牵连关系。① 折中说则主张，对牵连关系的认定，应从主、客观两个方面进行考察。我认为，认定牵连关系应当坚持主、客观相统一原则，即成立牵连关系，不仅要求行为人主观上具有对手段与目的或原因与结果关系有所认识的牵连意图，而且要求客观上数个行为之间必须具有内在的因果关系。对于手段与目的、原因与结果之间具有偶然联系，而无密切的因果关联的，不认为有牵连关系。（4）数个行为触犯不同的罪名。

不难发现，牵连犯事实上涉及复数的行为，原本应定数罪并罚，但由于存在类型化的牵连

---

① 参见张明楷：《刑法学》，5版，490页，北京，法律出版社，2016。

关系，行为人实施目的行为时通常会实施手段行为，实施原因行为时通常会实施结果行为，因此以较重的犯罪定罪处罚即为已足。

2. 关于取消牵连犯概念的观点

成为问题的是，在何种情形下能够肯定牵连犯的牵连关系。对牵连关系的判断，不同的人有不同的标准，较难得出令人信服的结论，学界不乏彻底取消牵连犯概念的观点，其主要理由大致有以下几点。

（1）犯罪人的最终目的虽然只有一个，但是其故意、行为、侵害的法益都是数个，完全符合数个犯罪的构成要件，根据认定数罪和一罪的构成要件标准说，完全应当成立数罪。我国学者在认定罪数标准上采用构成要件标准说，但又认为符合数个构成要件的牵连犯可以作为处断的一罪看待，观点前后不一致。如果要彻底坚持认定罪数的构成要件标准说，就应当否认牵连犯概念的合理性。

（2）牵连关系的判断极为困难。如果将牵连关系的范围过分扩大，可能放纵罪犯；如果过分缩小其范围，则牵连犯的存在没有多大价值。实际上，只有类似于伪造公文、证件、印章，又实施诈骗行为的情形，才可能符合牵连关系的定义，但属于这种情况的，少之又少。① 例如，A盗窃B的汽车一辆（事后评估价值10万元），然后，找到C，试图将汽车卖给C。C看了赃物后，对A说："如果有全套汽车手续，就给你4万元；如果没有，只能给你2万元。"A于是欺骗C，说自己有全部合法的汽车手续，然后，伪造了汽车的所有权证、行驶证、购车发票等相关手续。C没有发现汽车手续有假，就以4万元价格买下了该车。对B而言，A成立盗窃罪，这是没有疑义的。但对C而言，A能否成立诈骗罪？此外，A伪造证件的行为和其他犯罪之间能否成立牵连犯？

有的人可能认为，A伪造国家机关证件，然后骗取了C的财物，所以诈骗罪成立。A伪造证件是为了欺骗C，而且事后也的确欺骗了C，因此，A的伪造行为和诈骗行为之间具有牵连关系。但是，C本人不是"善意"购买人，即使A的汽车没有任何手续，他也愿意以低价购买，说明其有收购赃物的意思，而具有收购赃物的犯罪故意者对于赃物所存在的各种瑕疵并不是毫无预见的，所以，C即使在一定程度上受到A的欺骗，也没有处于诈骗罪中被害人的地位，谈不上被骗，A不构成诈骗罪。A不构成诈骗罪，其欺骗行为和伪造国家机关证件罪之间的牵连关系自然就不存在。即便A伪造证件欺骗了善意购买人，成立诈骗罪，该罪和伪造国家机关证件罪之间，也没有牵连关系。按照多数说，牵连关系是否存在，不能单纯以行为人的主观意思为准，犯罪的原因行为和结果行为之间必须存在直接的密切关系，手段行为是结果行为得以实施的必要行为，结果行为是手段行为的自然衍生结果。A不伪造国家机关证件，汽车要卖出，并无障碍，伪造证件行为谈不上是结果行为的必经阶段，二者之间没有牵连关系。盗窃罪和伪造国家机关证件罪之间，更没有成立牵连犯的可能。因此，在本案中，对A应当以盗窃罪、伪造国家机关证件罪数罪并罚。

这样说来，绝大多数基于一个目的实施的前后两个行为之间，并无"类型化"的牵连关系。例如，对受贿又徇私枉法的，很多学者认定其为牵连犯，进而主张行为人实施渎职犯罪过程中牵连受贿犯罪的，其行为符合刑法理论中有关牵连犯的特征，应当从一重罪处断。② 但

---

① 更何况，对于伪造国家机关公文、证件、印章又实施诈骗行为的，完全可以将伪造国家机关公文、证件、印章行为视为诈骗行为的不可罚的事前行为，以数行为的形式竞合处理。

② 有的学者据此指出，受贿后徇私舞弊不移交刑事案件的，也是贪赃枉法行为，完全可以比照刑法第399条的规定从一重罪处断。参见王作富、刘志远：《论徇私舞弊不移交刑事案件罪的司法适用》，载《中国刑事法杂志》，2000（3）。

是，这种几乎处于通说地位的观点并不合理。根据处于有力说地位的认定牵连关系的“类型化说”，必然难以认定受贿罪和滥用职权罪、玩忽职守罪之间存在牵连关系，因为行为人滥用职权、玩忽职守并不受贿，或者受贿以后并不滥用职权、玩忽职守的情况并不鲜见，谈不上A行为是B行为的通常手段行为，所以受贿罪和滥用职权罪、玩忽职守罪之间，并没有类型化的手段与目的、原因与结果的关系，不将受贿罪和滥用职权罪、玩忽职守罪认定为牵连犯，而认定为数罪，理论上毫无问题。

（3）对某些完全构成其他犯罪的行为不作评价，人为地加以忽略，将数罪“视为”一罪，作为处断上的一罪处理，会产生“评价不足”的问题，难以实现刑罚积极的一般预防功能。①根据牵连犯理论作出的刑事判决，故意遗漏了一些关键事实，必定存在说理不透的嫌疑。例如，A在盗窃得逞后，为破坏现场，对乙家放火，同时烧毁了乙的邻居数家人的房屋的，有的人会认为，放火是为了确保盗窃罪不被发现，是实现犯罪目的必不可少的手段行为，所以，应当成立盗窃罪和放火罪的牵连犯。但是，即便认为放火是盗窃既遂之后的“事后行为”，其也属于需要惩罚的事后行为，因为依一般社会生活的经验，放火不是盗窃既遂之后的伴随行为，对放火罪与盗窃罪并罚，是情理之中的事情。

（4）行为人具有多个行为的牵连犯，和行为人只有一个行为的想象竞合犯，都从一重罪处断，更是缺乏合理性，可能会放纵犯罪，从而可能违反罪刑均衡原则。正是看到以牵连犯处理数行为可能放纵犯罪，刑法分则对理论上可能以牵连犯处断的一些情形明确规定实行数罪并罚。例如，对于暴力抗拒缉私的，刑法规定以走私罪和妨害公务罪并罚；对于采用犯罪方法制造保险事故骗取保险金的，以放火、故意杀人等罪和保险诈骗罪并罚。

（5）对牵连犯从一重罪处断时，哪一个是重罪，哪一个是轻罪，有时颇难判断。同时，需要特别注意：当目的行为、手段行为的危害性都比较大，理应给予严肃处理之时，采用从一重罪处断原则，明显欠缺合理性。

3. 我的主张：严格限定牵连犯的适用范围

尽管牵连犯概念面临上述疑问，但考虑到这一概念目前已经在我国理论界与实务界存在较大影响力，从更务实的角度而言，将思考的方向从是否取消牵连犯概念的争论，调整为如何正确界定类型化的牵连关系之讨论，对于具体问题的解决或许更具裨益。因此，如果不取消牵连犯概念，应对是否成立类型化的牵连关系应予以严格审查和认定，仅在存在类型化牵连关系的场合有限承认这一概念，限制其适用，避免我国司法实践盲目扩张牵连犯的成立范围，滥用或误用牵连犯概念。

第四节 罪数论的实务问题

实务中处理一罪和数罪时存在一定偏差，对此值得认真讨论。

一、主要偏差：人为地减少行为人的犯罪数

认定牵连犯、吸收犯、事后不可罚的行为太多，数罪并罚少。对原本应该数罪并罚的行为以牵连犯、吸收犯来处理的情形最为常见。比如，甲持有大量空白信用卡，偶尔为实施诈骗而使用的，其实际上触犯了两罪，妨害信用卡管理规定、大量持有空白信用卡这是一个罪，另一个是诈骗罪。再比如，甲长期虐待妻子，但是某一次虐待妻子下手太重了，导致被害人重伤，实务当中可能仅以虐待罪处理，但是对被告人实际上应该定两个罪，即长期实施所构成的虐待

---

① 承认吸收犯概念，存在同样的问题。

罪和这一次重伤所构成的故意伤害罪应当数罪并罚。

此外，杀人以后肢解尸体，实务当中可能就认定一个故意杀人罪，但是，在很多国家，都是要数罪并罚的，因为肢解尸体是很恶劣的行为。在通常的情况下，杀人并不伴随着肢解尸体的行为，所以作为吸收犯来处理或者不并罚的情况实际上是讲，这个行为伴随着其他行为的时候不处理。比如说，对准被害人捅一刀，被害人重伤，但是被害人穿一件名贵的貂皮大衣，价值一万元，那被告人实际上还构成故意毁坏财物罪，但是在这样的案件里通常不会在故意杀人或者故意伤害罪之外，再定一个故意毁坏财物罪。就是说，在行为人杀人的时候，不伴随故意毁坏被害人的衣服有时候很难做到。但是，杀人并不是当然地要伴随肢解尸体，所以很多国家的判决认为，杀人后故意肢解尸体这个行为是被告人杀人行为之外多出来的行为，不是通常伴随的行为，而且是很恶劣的、反伦理的行为，所以要数罪并罚。但在我国司法实务中很难找到这样的判决。

二、纠偏路径

(1) 需要多考虑犯罪之间的交叉和集合，少考虑犯罪的“排斥”或非此即彼的对立关系。实务当中流行一种观点，就是被告人的一种行为只构成一个罪。这是实务人员很容易形成的一个观点。这样一个人构成故意伤害以后就定不了寻衅滋事，但实际上，被告人的寻衅滋事和故意伤害很可能是想象竞合，因为寻衅滋事行为和对应的结果、故意伤害行为和对应的结果之间的因果关系是难以否定的。另外，贪污和受贿也可能竞合，特别是指使下级单位拿公款供自己使用的，对被告人指控其受贿罪是可以的，因为其有收受财物行为；指控他贪污也可以，因为他收受的是自己能够控制、管理的下级单位的财物。

另外，贪污罪和滥用职权罪也是竞合的。从行为及因果关系的角度看，任何一个贪污罪都同时构成滥用职权罪，贪污公款的行为人如果不滥用职权，不可能拿到财物。但是，反过来，就不一定成立了，不能说任何一个滥用职权都是贪污，因为滥用职权者不一定把钱装进自己口袋里。例如，被告人甲是一个公立医院的院长，按照政府基本公共卫生服务项目的要求，这个医院从政府那里申请了一个公共卫生的专项补贴，按照政府基本公共卫生服务项目的要求，该医院应当为所在区域居民提供包括建立档案、向 65 岁以上老人免费体检等九大类服务。但甲指使下属编造虚假健康档案、虚报工作量，将补助资金 50 万元套取到该院后，没有用于规定的相关人员支出以及开展基本公共卫生服务所需必要的耗材等公用经费支出，而是用于专项补助资金明令禁止的支出（购买设备、基本建设、会议培训、购买药品、非公共卫生人员的工资、奖金、保险金支出等），挤占了 50 万元基本公共卫生专项资金。这个被告人没有将一分钱装到自己口袋里。但对这个被告人要定滥用职权，而定不了贪污罪。被告人的行为是任意行使职权，改变特定财政资金的用途，主要是在于后果，因为刑法第 397 条要求后果。我的意见是，这种行为挤占了 50 万元基本公共卫生专项资金，使应该享受这 50 万元服务的人群的利益受到损害，犯罪数额就是被他改变用途的财政资金的数额。

(2) 应当充分评价被告人的行为，以有效避免评价不足。充分评价，是讲被告人数罪并罚的时候，实务当中不应当特别考虑他是不是牵连犯或吸收犯，行为侵害数个法益，存在数个因果关系的，就应该是数罪。实务中对滥用职权且受贿的，予以数罪并罚。这一做法很有道理。如果对这类被告人只定一个罪名，刑法上的充分评价就没有做好，等于是放纵了被告人。所以，在评价上要充分列举被告人可能“触犯”的罪名，再考虑是不是要数罪并罚。符合数罪条件的，并罚是原则。

例如，甲为了不法取得乙价值很高的一头斗牛（价值约 15 万元），某日深夜偷偷潜入乙家给该牛注射有毒针药。待斗牛生病，乙走投无路之际，甲找到乙，以低价（5万元）将牛收购，然后再注射解药，该牛的疾病很快痊愈，甲遂以高价（14万元）将牛卖出。后因极其偶然的原因，甲的罪行败露。如何对甲的行为定性？有观点可能认为，对于本案只需要评价甲对牛注射有毒针药的行为，对其论以故意毁坏财物罪就足够了；至于之后的行为，在定性上属于毁坏行为导致他人财产损害后，被害人抛弃财物，行为人捡走，是不可罚的行为。不宜把毁坏行为评价为诈骗罪的欺诈行为：其一，因为甲实施对牛注射毒药的行为时，与被害人乙之间没有交流，不符合诈骗罪是一种“交往犯罪”的本质，而且该行为也并不会一般性地导致被害人作出处分财产的决定。其二，似乎也不能认为行为人甲在买病牛时，具有主动向乙就毒害牛的事实作出真实陈述的告知义务（作为义务），因为如此赋予甲保证人地位就太勉强了，也就难以认定甲构成不作为的诈骗。同时，也不能说甲有消除被害人乙错误的作为义务，因为被害人陷入的并不是一个与财产有关的错误，他仅仅是不知道购买者就是损害行为实施者而已。其三，如果把注射行为评价为诈骗罪的实行行为，就可能出现以下难以被接受的结论：如果被害人不卖病牛，难道对甲定诈骗罪未遂？因为对于生了病的牛如何处置，具体方式很多：既可以继续治疗，也可以卖掉，还可以杀死后做无害化处理。而且即使要出售，也未必就非得卖给行为人甲。

也有观点认为，将被告人的行为整体评价为一个诈骗罪，诈骗数额是10万元。甲以低价购买斗牛为目的而给斗牛注射毒药是诈骗行为的着手，乙认为斗牛中毒而价值降低是被欺骗之后陷入错误认识，以低价把斗牛卖给行为人是处分财物，被告人甲接受占有物后，再恢复物的价值，因而其行为符合诈骗罪的构成要件。这种观点否定故意毁坏财物罪，认为既然牛还活着，就没有毁坏的问题。

我认为，如果要充分、完整地评价甲的行为，认定其成立故意毁坏财物罪和诈骗罪的竞合是合适的。理由在于：（1）甲的注射行为是对动物这一财物的毁坏，降低了财物的财产价值。不能认为牛还活着就不可以定故意毁坏财物罪。把别人价值2万元的手镯彻底砸坏，是故意毁坏财物；只敲破一小截，手镯的价值从2万元变为2000元的，也应该是毁坏，毁坏行为和动机、目的基本上没有关系。从财物功能受到损害的角度看，财物价值降低的事实客观存在（乙事后低价卖出牛的事实也反过来证明了这一点），毁坏行为足以被认定，且注射行为实施后就既遂。肯定故意毁坏财物罪，能够充分评价被告人伤害动物、降低动物价值的行为。在案件处理上，对故意毁坏财物行为如果不予以认定，会与充分评价原则有抵触。（2）在被告人向被害人隐瞒自己先前实施过注射行为、对牛重新注射解药价值会升高等事实的意义上，被告人对被害人有欺骗，使其陷入错误后处分财物，诈骗罪能够成立。在这里，我并没有把注射毒药的行为评价为诈骗罪的实行行为。有的人可能会提出，如果认为注射行为是诈骗罪的着手，可能会导致以下不可能被接受的结论：如果被害人不卖病牛怎么办？是否定诈骗的未遂？对此，合理解答是：如果将甲事后找到乙商谈低价购买牛作为诈骗罪的着手，就能够绕开前述疑问。在案证据能够证明被告人实施连环行为的故意，其毁坏财物后收购，被害人如果坚决不卖牛，也只能认定甲的毁坏行为成立诈骗罪预备，而非未遂。总之，不能孤立评价注射行为，也不能将其视作诈骗罪的着手，而应该完整评价行为人的行为链条。如果被告人事后因为各种原因根本不去收购其注射了毒药的牛，注射行为就只能认定为故意毁坏财物罪既遂和诈骗罪预备的想象竞合犯；如果被告人甲去和被害人乙商谈，而乙执意不卖牛的话，甲的诈骗行为已经着手，其行为所导致的财物价值贬损不可恢复，认定其成立故意毁坏罪的既遂和诈骗罪的未遂。所以，诈骗罪处于何种形态，关键是审查被告人针对被害人开始实施欺骗行为（向被害人隐瞒毒牛过程以及自己有解药的真相），被害人是否愿意卖牛对于定性并不重要。（3）对于被告人前后实施的故意毁坏财物罪和诈骗罪，因为完全符合不同构成要件，可以数罪并罚。当然，也可以在先后充分地评价故意毁坏财物、诈骗两个行为的基础上认为：由于两个罪的认定其实都和注射毒药这一行为直接或间接有关，该行为将毁坏和骗取乙的财物紧密联系起来，使之成为前后接续的行为，因此可以对甲不认定为数罪，而以重罪（诈骗罪，犯罪数额是 10 万元）处理即可（想象竞合犯或包括的一罪）。

第三编

刑罚论

第十四章　刑罚根据

尼采（Nietzsche，1844—1900）指出：惩罚事实上不是意义单一的概念，而是多种意义的组合。惩罚的全部历史，它的为各种目的所使用的历史，最后都集结为一体，难以分解，难以解剖，而且必须强调指出的是，对它根本无法下定义。他列举了惩罚的诸种目的来说明惩罚意义的不确定性、偶然性，以及同一个（刑罚）惩罚程序被利用、被解释、被装扮，从而服从于不同目标的可能性。

为了消除破坏的危害性，防止进一步的破坏而实施的惩罚。

为了以某种方式（甚至用感情补偿的方式）向受害者补偿损失而实施的惩罚。

通过惩罚来孤立破坏平衡的一方，使失衡现象不再继续发展。

利用惩罚使那些惩罚的决策人和执行者产生恐惧感。

通过惩罚抵消犯人迄今所享受的优惠（比如强迫他去矿山做苦役）。

用惩罚来排除蜕化的成员……把惩罚当作庆贺，也就是说对终于被打倒的敌人实行强暴和嘲弄。

通过惩罚建立记忆，不论是对受惩罚者（即所谓对他实行“改造”），还是对目击者而言。

惩罚作为当权者要求犯人支付的一种酬金，因为当权者保护了犯人免受越轨的报复。

只要强悍的种族仍然坚持报复的自然状态，并要求把这种自然状态当作它的特权，那么惩罚就要和这种报复的自然状态进行调和。①

尼采的分析充分表明，如果仅对刑罚正当根据、刑罚目的等相关问题作单一的、浅尝辄止的说明，是完全不能令人满意的。本章在讨论过去关于刑罚正当根据的诸种学说的基础上，试图论证积极的一般预防理论对于解释刑罚正当根据的意义。

第一节　报应刑论

一、报应刑的含义

报应，就其本意而言，是对所受损害的回复、回报或补偿。善有善报、恶有恶报是一个社会中绝大多数人可以接受、古老但不朽的伦理观念。人类社会在相当长的时期里实际上是混沌、恶行报复、惩罚的社会，这种状况的出现与人们对报应的渴求直接关联。报应刑可以达到“一石二鸟”的效果：一方面，事实上对罪犯实施惩罚；另一方面，强化了社会可以强制进行有节制的保护的观念，使报应方式作为正义的有效分配手段在广泛的社会生活范围内可以被反复适用。当然，报应的大量施行也可能导致社会落入混沌和迷雾之中而无法展现真身。

报应是我们最为熟悉的惩罚模式。刑罚的报应从本源上看，与“欠债还钱”的古老观念有

---

① ［德］尼采：《论道德的谱系》，周红译，59 页，北京，三联书店，1992。

关。在事物可以估价、债务必须偿还的传统生活原则指引下，一直以来人们认同的观念就是，个人在社会中要能够生存，他就必须是一个讲信义、守承诺的人。“欠债还钱”，做了错事要给予对方补偿，这些都是人们耳熟能详的观念。为了让他人相信自己关于还债的承诺，为了显示自己承诺的真诚，同时也为了牢记还债是自己的义务，债务人通过契约授权债权人在债务人还不清债务时享有他尚且拥有的、尚能支配的其他东西，例如他的身体和自由。在古埃及，债权人有权让债务人的尸体在坟墓中也得不到安宁；在古罗马，债权人可以割下债务人身上的肉。于是，我们可以看到：“等量补偿实现了，但不是直接地用实利（不是用等量的钱、地或其他财物）来赔偿债权人的损失，而是以债权人得到某种快感来作为回报或者相应的补偿。这种快感来自能够放肆地向没有权力的人行使权力，这种淫欲是‘为了从作恶中得到满足而作恶’，这种满足寓之于强暴……通过‘惩罚’债务人，债权人分享了异种主人的权利：他终于也有一次能体验那高级的感觉，他终于能够把一个人当作‘下人’来蔑视和蹂躏；如果惩罚的权利和惩罚的施行已经转移到‘上级’手里，他至少可以观看这个债务人被蔑视和被蹂躏。因此补偿包含了人对他人实施折磨的权利。”①

个人在犯罪之后，对他人（国家、社会或者被害人）负有债务，从内心来讲，他愿意以不受痛苦或者少受痛苦的方式清偿债务，但当他处于力量薄弱者地位时，一切都已经由不得他自己了，他已经成了被任意处置和宰割的对象，“债权人”通过一系列强制性制度和装置强迫性地实现了一种社会关系的调和。这是刑罚的真面目，我们终于可以看到“用血浇灌”（Nietzsche 语）的刑罚真正冷酷、残忍之处。报应刑论就是以此为前提建构起来的。

二、报应刑的实现

作为刑罚正当根据的报应是对犯罪的回报（以恶报恶）以及对受害者的补偿，它主要根据犯罪事实上造成的危害后果②确定刑罚及其程度，追求罪刑之间的大致均衡。

报应刑理论经历了从神意报应到道义报应，再到法律报应的演进过程，其中康德推崇的道义报应论（以道德义务论证报应的正当性并引申出等量报应的观点）、黑格尔力主的法律报应论（以法律上的义务论证报应的合法性并引申出等价报应）的理论魅力最大。这两种报应论有诸多的差别，但是，有两点它们是相同的：一是对过去发生的事实作回溯性的思考，二是论证分配的正义的实现可能与过程。这与亚里士多德的观点是暗合的：对犯罪的惩罚体现了一种与“分配性公正”的理论有着很大差别的“矫正性的公正”。而“矫正性的公正，生成在交往之中”。如果是一个人打人、一个人被打，一个人杀人、一个人被杀，这样承受和行为之间就形成了不均等，于是就以惩罚使其均等，或者剥夺其利得。矫正性公正由裁判者决定，他被当作公正的化身。“裁判者恢复了均等，正如把一条分割得不均的线段，从较长的线段取出超过一半的那一部分，增加到较短的线段上去，于是整条线就分割均匀了”③。

依据报应的方法确定惩罚，刑罚就和过去发生的事实建立了“同谋”关系，而不可能对“过去”不予理睬。着眼未来、告别“过去”，从而追求刑罚的功利目的是报应论旗帜鲜明地反对的。按照报应论的观点，立法者和社会主要考虑的都是“过去”发生的事实，包括已经实施完毕的犯罪、对社会已经造成的损害、对公共秩序和生活秩序已经造成的混乱、行为人在实施犯罪当时的罪过和道德责任等。

通过报应的惩罚既是刑罚的运用，也是一种美学，更是伦理上直觉—形式主义的观点，它

---

① ［德］尼采：《论道德的谱系》，周红译，45 页，北京，三联书店，1992。

② 危害后果在报应刑理论中占据核心地位。

③ ［古希腊］亚里士多德：《尼各马科伦理学》，苗力田译，96 页，北京，中国社会科学出版社，1990。

力图证明惩罚是犯罪行为的直接必然的、合乎伦理—逻辑的结果。[1] 报应作为伦理上的直观效果，一方面，满足了刑罚的道义性，体现了伦理上的必要性，使刑罚并未单纯地降格为一种外在的强制而具有现实的道义根据；另一方面，它也获得了常识的支援，报应是一种得到公众认同的常识，这种常识为使报应主义之树常青提供了社会支撑力。换言之，关于报应的直觉—形式主义得到了常识的声援。有德国学者指出，常识也许会这样来回答为什么要惩罚罪犯这个问题：这当然是正当的，而且是因为他应当受到惩罚。康德和黑格尔也这样说道："这没有什么奇怪的：惩罚是决定命令的要求；惩罚是邪恶的逻辑的必然结果。"[2]

报应主义从根本上来讲，是为了满足刑罚正义的需要，因为正义是评价某一行为或者某一社会制度的道德标准，是社会制度的首要价值，它往往成为一种行为和一种社会制度存在的正当性根据。在刑法领域，追求报应目的，从而实现社会正义也是必要的。不管刑罚制度如何有效率和有条理，只要它不符合正义的诉求，按罗尔斯的说法，就必须加以废除或改造。[3] 罪犯因为过去的罪行而承受刑罚，社会通过惩罚过程的运作和对惩罚结果的确定来表述多数人接受的或通行的社会正义观念，恢复因犯罪而波动或失衡的社会整体心态。刑罚报应对正义的追求通过两个途径实现：一是定位惩罚对象，二是确定刑罚配给量。

报应限定了刑罚的适用对象，它要求将刑罚惩罚的对象限定为罪犯，反对为了达到一些特殊目的而将刑罚加诸未实施犯罪者，即追求所谓的有罪必罚、无罪不罚，由此来框定惩罚权的施行界域，满足报应刑质的要求。报应还限定了刑罚的适用程度等，在具体决定针对罪犯个人的刑罚分配量时，正如哈特所说的，像考虑所有权概念那样分析刑罚分配问题。讨论所有权问题，自然要涉及应当允许一定主体基于一定资格获得多少数量的财产这一内容，这是财产分配中的数量问题。在刑罚适用中，也必须考虑分配的报应正义中的惩罚分量这一环节。[4] 按照报应刑论的观点，惩罚的程度与犯罪人所犯罪行的轻重相均衡，对犯罪人的刑罚惩罚不得超过犯罪的严重性程度，做到重罪重判、轻罪轻判，罚当其罪。

在如何具体配给刑罚量上，康德和黑格尔是有分歧的。

康德主张应当根据犯罪人的主观恶性程度分配刑罚。道义报应论承认法律义务与道德义务具有同一性，法律义务以道德义务为基础，所以，在康德看来，"国家刑法之建立并不基于要维护国家的权力，而是基于伦理的报应的必然"[5]。那么，在对犯罪人发动刑罚时，也应当以其道德义务为基础，根据主观恶性的大小施加相应比例程度的否定伦理评价，保持刑罚与道德协调一致。黑格尔则强调应根据犯罪的客观危害程度实施报应，应以其客观上对社会造成的危害为基础。按照黑格尔的经典表述，犯人的行为中包含着犯罪的概念，也包含着形式的合理性，即单个人的希求。刑罚中包含着个人的法，处罚个人正是尊重他是理性的存在。如果不从犯人的行为中去寻求刑罚的概念和尺度，个人就得不到这种尊重。[6] 人们一般认为，黑格尔的观点是站在报应主义立场上的有最大公约数的见解。

在当代中国的刑法实践中，报应刑观念随时随地得到张扬，其中法律报应的主张得到更多

---

① 参见［德］包尔生：《伦理学体系》，何怀宏等译，523页，北京，中国社会科学出版社，1988。

② 转引自上书，524页。

③ 参见［美］约翰·罗尔斯：《正义论》，何怀宏等译，1页，北京，中国社会科学出版社，1988。

④ 参见［英］哈特：《惩罚与责任》，王勇等译，4页，北京，华夏出版社，1989。

⑤ 德国学者文德尔班对康德的思想曾经作过如下评价：自由是康德全部实践哲学的中心概念，他又把自由当作他的法学基础。法律的任务就是制定一些条例，用这些条例让一个人的意志按照自由的普遍规律同另外一个人的意志结合起来，并通过强制执行这些条例以保障人格自由。参见［德］文德尔班：《哲学史教程》（下册），罗达仁译，765页，北京，商务印书馆，1993。

⑥ 参见［德］黑格尔：《法哲学原理》，范扬等译，103页，北京，商务印书馆，1961。

的赞同，人们更倾向于以法律规定的客观危害作为报应的基础。但是，这丝毫不意味着人们完全抛弃了道义报应的立场，我们本能地接受的观念是：犯罪是一种罪犯本人选择的、可以避免的恶，根据犯人的罪过确定对犯罪的否定道德评价乃是适用刑罚的基点。在此基础上，再在法律限定的惩罚范围内确定具体的刑罚量，通过对犯罪客观上给社会秩序和法秩序所造成的损害的考察，实现对犯罪的法律上的否定。所以，我们的报应观是一种奇特而复杂的混合物，以道义谴责为基础，以法律责任限定惩罚的边际。在这个意义上，刑罚伦理上的必要性和逻辑上的必要性、社会伦理与法律尊严这些多少有些冲突的观念以独特的方式被捏合在一起。①

第二节　目的刑论

一、目的刑的含义

目的刑论和刑罚上的功利主义基本上是同义语，都认为刑罚是国家为排斥犯罪者、保卫社会而采取的一种手段，包括将不能改善者与社会隔离，对有改善可能者进行教育、改造，使之作为善良的社会人能够复归社会。目的刑在这个意义上又被称为教育刑。

功利主义者认为，功利既是社会统治的基础，也是法律的基础。所谓功利意指一种外物给当事者求福避祸的那种特性，基于这种特性，该外物就趋向于产生福泽、利益、快乐、善或幸福，或者防止对利益攸关之当事者的祸患、痛苦、恶或不幸，假如这里的当事者是泛指整个社会，那么，幸福就是社会的幸福；如果是指某一个人，那么幸福就是个人的幸福。②

根据功利主义的立场，基于刑法的惩罚就是一种精巧的专门化的技术。犯罪构成技术是一种惩罚的算术，它从形形色色的侵害行为中抽象出了一个最基本的计算单元——“罪”。正是基于抽象的“罪”，我们才可以按照罪刑均衡原则对犯罪行为进行有效的惩罚。刑罚并不是报应，而是一种精巧的惩罚。它要考虑犯罪人的具体情况，要考虑犯罪时的具体环境和形势，然后进行最有效的惩罚，由此构成了功利主义意义上的惩罚政治学。

在刑法领域，用功利来说明刑罚的正当根据，无非是为了追求防止犯罪发生、惩罚犯罪的实际效果：刑罚蕴含着剥夺生命、自由、人格、财产权利的痛苦，用它来构筑阻挡人性泛滥的堤坝，防止个人犯罪是可能的。

基于目的刑论的考虑，威慑、矫正是功利论者先后强调的，其中，贝卡里亚、费尔巴哈意图通过法律威吓而预防犯罪，而龙勃罗梭、菲利则设想通过矫正措施预防犯罪，不过，他们的归宿点都只有一个：虽然刑罚威吓或教育、改造措施针对个人，但指向更为广泛的社会；所有针对犯罪的反应，都不是目的而是手段，由此能够取得的社会效果才是刑法学者要加以考虑的。

刑罚的功利主义既建立在经验论的基础上，又反映了目的论的要求。人能够趋利避害，比较通过犯罪的获利和应得惩罚量的悬殊程度。作为功利主义立论基础的这种理论预设就是建立在经验观察的基础上的，对惩罚效果的分析也离不开对经验事实的考察，它自然就不是一种对刑罚的纯粹哲学思辨。功利主义还认为，刑罚不是任何个人或社会对犯罪的本能或机械的反应，它具有根据需要作出调整的能力，带有明显的目的性，这一目的就是预防犯罪和保全社会。对此，李斯特强调得最多，他认为通过刑罚的反应惩罚或挽救个人这种功利目的的推行，确保刑罚从本能的、盲目的冲动的行为到合目的性的进化过程得到实现。③ 包尔生则指出：刑法学正在开始抛弃思辨哲学的纯粹形式主义观念，并正在转向目的论观点，这是十分令人鼓舞

---

① 参见陈兴良：《刑法哲学》，修订3版，355页，北京，中国政法大学出版社，2009。

② 参见周辅成编：《西方伦理学名著选译》（下册），212页，北京，商务印书馆，1987。

③ 参见［日］木村龟二：《刑法学词典》，顾肖荣等译，407页，上海，上海翻译出版公司，1991。

的。以前黑格尔等人对因果性观点的轻蔑态度使人们对惩罚的效果问题完全忽略。目的刑论一方面提醒人们注意犯罪的原因，另一方面又让人们注意惩罚的效果。人们可以指望这种理论将在对付犯罪方面取得成功。①

二、目的刑论的实现

目的刑论既重视一般预防，又强调特殊预防。

（一）特殊预防

特殊预防的对象只能是犯罪人，即实施了危害社会的行为、依法应当承担刑事责任的人。

在我国，特殊预防的刑罚目的通过以下三种途径实现：(1) 剥夺。通过对犯罪人进行肉体折磨，使之不敢犯罪；通过残忍的方法剥夺犯罪能力，使之不再犯罪，在人类社会相当长的历史时期大行其道。在我国，通过对犯罪分子适用无期徒刑、有期徒刑和拘役，将犯罪人关押在特定的场所，使其与社会隔离，就在一定时期内剥夺了其再犯罪的条件。此外，对犯罪人适用财产刑，可以剥夺其再犯罪的物质条件；剥夺犯罪人的政治权利，则可以消除犯罪人利用某种权利实施犯罪的可能性。(2) 矫正。随着人道主义思潮的复兴，以矫正为基础的近代个别预防论得以产生。这种理论注重消除犯罪人的人身危险性，通过对罪犯身心的治疗，使之返归社会。我国刑法规定的各种具体刑种，除死刑是剥夺犯罪分子的生命外，其他大多数刑罚的执行都是采取强制劳动的方法。通过强制罪犯从事生产劳动，促使他们改掉好逸恶劳的恶习，逐步养成劳动的习惯。同时，在对他们进行劳动改造的过程中，刑罚执行机关还对他们进行政治思想教育、文化知识教育和生产技术教育。通过教育，使他们不仅学到一定的文化知识和生产技能，重返社会以后具有自谋生活的能力，而且思想也有所悔悟。经过相当长时期的教育和改造，多数犯罪分子能够认识到犯罪是可耻的，自己的犯罪给国家和人民造成了危害，受到刑罚处罚是罪有应得，因而内心受到自我谴责，下定决心弃旧图新、重新做人，不再以身试法，从而可以预防其再次犯罪。少数犯罪分子对自己的罪行虽然认识不足，甚至没有认识，但他们感受到刑罚的威力、体验到服刑的痛苦，由于害怕受刑之苦而不敢再次犯罪。对于这种人，从其思想改造的程度上看是不够的，但刑罚特殊预防的目的却已达到。(3) 消灭肉体。对于极少数罪大恶极、不堪改造的犯罪分子，依法判处死刑并立即执行，将他们从社会上加以淘汰，使其完全失去再犯罪的可能。这是一种极端形式的特殊预防，它不是通过矫正，而是通过剥夺生命使其不可能再犯罪。但这不是特殊预防的主要内容，改造犯罪分子成为新人，才是我国刑罚特殊预防的主要内容。

（二）一般预防

所谓一般预防，是指防止尚未犯罪的人走上犯罪道路。

一般预防的对象不是犯罪分子，而是没有犯罪的社会成员。这些成员包括：(1) 危险分子，即具有多次违法犯罪的经历，有犯罪危险的人；(2) 不稳定分子，即自我控制能力较差、免疫力较低，容易受犯罪诱惑或容易被犯罪分子教唆、拉拢，具有犯罪倾向的人；(3) 刑事被害人，即直接受到犯罪行为侵害，可能对犯罪人或者其亲属实施报复的人；(4) 其他社会成员，即除上述三种人以外的广大公民。

一般预防的核心是威吓，但对于通过何种途径实现威吓，不同历史时期做法不同：早期专制社会中一般预防建立在恐怖之上，通过展示赤裸裸的肉体征服过程达到刑罚的威吓、阻吓效应。后来，由于刑事古典学派尤其是费尔巴哈的呼吁，刑罚的威吓由肉体威吓转向了心理强

① 参见［德］包尔生：《伦理学体系》，何怀宏等译，526页，北京，中国社会科学出版社，1988。

制，“用法律进行威吓”使惩罚更加节制、隐秘和影响久远。费尔巴哈主张，为了防止犯罪，必须抑制行为人感性的冲动，通过事先公布成文法（罪刑法定），使人们能够知道自己因犯罪而受刑之苦大于犯罪所得之乐，从而将犯罪意念消灭在萌芽状态。

刑罚的一般预防贯穿于刑罚的创制、裁量和执行的全过程。立法者通过创制刑法确定法定刑，就向人们提供了一个具体犯罪与刑罚的对价表。意欲犯罪者对罪刑之间的对应关系有所了解以后，就会因为考虑到犯罪的代价过于昂贵而打消犯罪的念头。法院对犯罪分子适用刑罚，将犯罪与刑罚紧密联系起来，不仅直接地惩罚了犯罪分子，预防其重新犯罪，而且对社会上不稳定分子也起到了警戒和抑制作用，使他们不敢轻举妄动、自投法网。社会上的不稳定分子、没有改造好的刑满释放分子、逃跑的劳改犯和劳教人员等，遇有适当的时机就可能进行危害社会的犯罪活动，法院通过对犯罪分子判处刑罚，用具体、实际的案例说明什么行为是法律禁止的行为，并警告社会上的不稳定分子法不可违、罪不可犯，在我们的国家谁犯了罪都逃脱不了刑罚惩罚。这就是用刑罚的威力震慑有可能犯罪的人，促使他们及早醒悟，消除犯罪意念，不重蹈犯罪分子的覆辙，从而预防犯罪的发生。

特殊预防与一般预防是相互依存、不可分割的，但这并不意味着不能根据具体情况的不同而对其中一个方面予以侧重：(1) 因刑事活动阶段的不同而有所侧重，即在刑事立法上侧重一般预防，因为此时的刑罚是静态的、一般的，它是向全社会昭示犯罪的刑罚后果，而不是针对具体犯罪和具体的犯罪人。在刑罚执行时应侧重特殊预防，因为刑罚执行的对象是具体的犯罪人，行刑的目的就是将受刑者改造为守法公民，使之不再犯罪。在刑事审判中，则应当两个预防并重。(2) 因犯罪人不同而有所侧重，即对累犯、惯犯等人身危险性较大的犯罪分子，应侧重于特殊预防；对初犯、偶犯等再犯可能性不大的犯罪人，侧重于一般预防。(3) 因犯罪种类不同而有所侧重，即对特殊、罕见的犯罪适用刑罚，要侧重于特殊预防；对常见、多发性犯罪，则应侧重于一般预防。(4) 在社会治安形势稳定、犯罪率较低的时期，要侧重于特殊预防；在社会治安形势恶化、犯罪率较高的时期，则应侧重于一般预防。

前述将刑罚的正当根据定位于对社会中的潜在犯罪人进行预防，是一种消极的预防理论。消极预防理论利用人的恐惧心理和对利害得失的计算进行心理强制，收效甚微。① 至于特别预防方法，即用刑罚对犯罪人进行改造和矫正，带来罪犯服刑长期化、罪犯关押过多的弊端，导致罪犯改造效果较差、再犯率高，对于社会稳定、和谐并无好处。这些都使传统功利主义的效果大打折扣。

第三节　积极的一般预防论

一、积极的一般预防论的提出

（一）含义

积极的一般预防论（positive general prevention），是与特殊预防论、消极的一般预防论相对应的刑罚目的论上的概念。特殊预防试图通过对特定犯罪适用刑罚来阻止某些具体的、特别危险的个人犯罪；消极的一般预防，是指通过发挥刑罚的威慑功能来防止潜在的社会一般人犯罪。② 积极的一

① 同时，特别需要注意的是：坚持法益侵害说的很多学者都赞成抑制和威吓意义上的消极的一般预防论。但是，在把“预防”解释为以刑罚威吓为手段预防以后的犯罪时，使被预防者不想犯罪就是刑法的任务，因为刑罚毕竟要事前发挥作用，要在行为的时点使被预防者不想实施危害行为。因此，站在法益保护立场上，等到危害结果发生之后才成立犯罪的“结果犯”（实害犯、具体危险犯）本身就成为无意义的东西。法益侵害说和消极的一般预防论就存在内在矛盾。

② 费尔巴哈指出，刑罚适用的最终目的是单纯用法律威慑公民。参见［德］费尔巴哈：《德国刑法教科书》，徐久生译，29 页，北京，中国方正出版社，2010。

般预防，是指刑罚的制裁对没有违反规范的一般民众有激励、表彰和肯定的效果，对违法行为的评价准确传递出一种信息：触犯规范的人是错的，坚持遵守规范始终是正确的选择。因此，积极的一般预防的主旨是通过指导公众的行为，确立公众对于规范的认同、尊重，进而预防犯罪。

特殊预防和由费尔巴哈所首倡的消极的一般预防都存在明显缺陷。特殊预防的功能分为恐吓、改造和“无害化”。采用特殊预防论存在不少障碍：一方面，如果要采取特殊预防措施，就必须准确评估行为人的再犯危险性。但是，个人的危险性有多大，在绝大多数情况下难以查证。另一方面，从特殊预防的角度出发，刑罚只有能够再次抑制犯罪才是必要的。这样一来，对严重的犯罪（如特殊冲突场合的杀人）可能就不应该处罚，因为其不存在再犯危险性；对精神病人等无责任能力者却应该判刑，因为其可能存在再犯危险；对犯罪本身并不严重的累犯、惯犯，最好的阻止其再犯的措施可能是将其拘禁在居住地。因此，特殊预防难以单独成为刑罚目的，或者不是刑罚目的的主体内容。

消极的一般预防论认为，人的放纵会危及市民社会，因此需要用刑罚对社会成员施加影响，并防止他们实施犯罪行为；其核心是“借助于刑罚威慑的警告作用预防公民犯罪”①。消极的一般预防论的问题在于：犯罪，在很多时候不是理性权衡的产物；以适用刑罚相威胁，在多大程度上对人不犯罪起到抑制作用，也难以证明；通过刑罚进行威吓，是将人作为手段看待，是把罪犯“纯粹当作工具”加以使用。② “积极的一般预防见解的主要思维出发点，乃认为法规范系人类行为的指导标准，其必须确实被遵守，并且不容许加以破坏。而刑罚的作用，则是在维持规范的被遵守，以确保社会大众确信法规范的不容破坏。故而，刑罚系一种维护法规范的威吓手段，其所宣示者，则为规范的完整性，借由刑罚的威吓效应，达到尊重规范的目的，并从对破坏规范者的处罚，强化社会大众的规范意识，以达到规范信赖之目的。”③

对积极的一般预防论的理解，需要注意：（1）“积极”，是指刑罚的效果不在于利用刑罚的恐吓，而是在于引导公众形成规范意识和对法的认同。（2）“一般”，是指刑罚效果针对所有人。（3）“预防”说明刑罚的目的不在于威慑、制止潜在的犯罪人以后犯罪，而是要恢复因犯罪行为而受破坏的秩序、信赖，通过罪责的确定及处罚的施加，使信赖法规范的正当性得到确认，使公众因为规范的有效性而产生安全感，将因犯罪而被破坏的规范效果再度巩固起来，稳定社会的规范，维持社会规范的同一性，借以维持公众对规范的认同。“如果人们在‘相对理论’含义上，把刑罚的本质视为所谓重新社会化或今天到处谈论的‘积极的一般预防’，那么，这关系到分配的正义和法律的正义之行为：义务的承担和履行，社会内部的法秩序和法忠诚(Rechtstreue）的稳定化，以达到社会的补偿，尤其是要将罪犯重新整合成社会中平等之一员。”④ 刑罚的正当性就在于以这种积极的方式来确认行为规范有效，防止其他人今后实施抵触规范的行为，以维持规范的安定性。（4）根据积极的一般预防论，适用刑罚对规范破坏者进行反驳，通过这种反驳，来证明被破坏的规范其实值得被坚持。犯罪意味着对于规范的否认，对于规范效力的攻击。刑罚的意义则在于表明：行为人的主张是不值得赞同的，规范会不受影响地持续发挥其效力，社会的形态得以继续维持下去。⑤（5）由于行为无价值二元论也要考虑

---

① ［德］费尔巴哈：《德国刑法教科书》，徐久生译，25页，北京，中国方正出版社，2010。

② 参见［德］冈特·施特拉腾韦特、洛塔尔·库伦：《刑法总论》，I，杨萌译，11页，北京，法律出版社，2006。

③ 柯耀程：《变动中的刑法思想》，375页，北京，中国政法大学出版社，2003。

④ ［德］阿图尔·考夫曼、温弗里德·哈斯默尔主编：《当代法哲学和法律理论导论》，郑永流译，65页，北京，法律出版社，2002。

⑤ 参见［德］雅科布斯：《市民刑法与敌人刑法》，徐育安译，载许玉秀主编：《刑事法之基础与界限》，17页，台北，学林文化事业有限公司，2003。

犯罪本质的法益侵害，因而在刑罚适用上就不会无视报应的侧面。在刑罚论中，报应满足了人类最朴素的愿望、最起码的生活常识。但是，报应的要素要受积极的一般预防理论的约束。也就是说，刑罚论里面应当有积极的、一般预防的因素来调节报应的东西，这就是一体论的，或者是折中的刑罚论。(6) 积极的一般预防论强调规范上的引导，促使公众因尊重、认同法律而远离犯罪。要实现积极的一般预防功能，犯罪论体系就必须对行为性质进行准确界定，提供行为对错的标准，对国民的行为进行指引。在违法性论上肯定行为规范违反的意义就是理所当然的。“一般预防的理论并不倾向于使用不明确的和法治国所怀疑的危险性估计，来代替对行为的明确描述；相反，它要求尽可能准确的明确性，因为被禁止的对象必须准确地在法律中加以规定，由此才能鼓励国民在内心中产生一种对这些被禁止的特定行为保持距离的动机。”①

（二）积极的一般预防论与行为无价值二元论的关系

井田良教授主张，报应论和纯粹结果无价值论对应；一般预防论和行为无价值一元论挂钩；坚持罪刑法定原则和以一般预防论为基础的相对的报应刑论，则会采取行为无价值二元论——其重视在行为的时点明确违法、适法的界限的告知机能，以回应罪刑法定主义的必要条件，同时通过规范提示谋求一般预防。②

有的学者认为，从结果无价值的角度，也可以论证一般预防的必要性。例如，卢德森 (Lüderssen) 就认为，犯罪是行为人、被害人、公众共同参与的社会过程。行为造成法益侵害的结果时，其对社会心理、公众的规范信赖感会有冲击。所以，结果属于社会心理、公众认同层次的内容，对其必须从一般预防的角度加以重视，因此，对既遂犯要比未遂犯处罚重。③ 但是，从社会心理学的角度确定结果对刑罚的影响（如果有结果发生，从社会心理学的角度看，公众的处罚愿望更为强烈，为维持价值意识，防止比行为无价值危害更大的价值动摇，需要对结果发生的场合给予更重的处罚），会带来标准不确定的问题——如何测量公众的社会心理？结果影响社会心理的机理、分量是什么？因此，要讨论一般预防的存在必要性，还应该从行为无价值论入手。

行为无价值二元论支持一般预防论，而且强调积极的、规范的一般预防。在行为无价值论者看来，刑罚是对规范违反行为的确认、反击。利用刑罚处罚个人，是规范效果的反射，从中可以看出规范违反者对其行为应当付出的代价。刑罚用来稳定被抵触的规范，使规范始终成为指引所有人行动的指南。“如果想要让刑法达到保护法益的效果，就只能让刑法针对未来的、尚未发生的事件发挥作用；只有透过刑罚对未来产生预防的效果，才能达到保护法益的目的。”④ “立法者透过法秩序，把社会共同生活所必要的应然状态规定出来（行为规范的设定），刑法作为法秩序的一环，就是要在犯罪行为发生（亦即行为规范遭行为人抵触）后，透过对于行为人的制裁来重建遭到破坏的法秩序。因此，刑罚的任务可以说是在于，证实那些被不法行为所质疑的规范，透过刑罚来宣示这些规范是一如既往地有效并且应该被维持，借此来稳固一般人对于法秩序的信赖，保障对于交互遵守行为规范的期待。”⑤

对此，井田良教授的理解是：行为规范的目的设定，从根本上看是为了一般预防这个功利的犯罪预防目的的实现。如果处罚不具有一般预防的意义，就没有必要肯定行为规范违反。关

① ［德］克劳斯·罗克辛：《德国刑法学总论》（第1卷），王世洲译，43页，北京，法律出版社，2005。

② 参见［日］井田良：《变革时代的理论刑法学》，118页，东京，庆应义塾大学出版会，2007。

③ 参见许恒达：《“行为非价”与“结果非价”——论刑事不法概念的实质内涵》，载《政大法学评论》，总第114期。

④ 蔡圣伟：《刑法问题研究（一）》，80页，台北，元照出版有限公司，2008。

⑤ 同上书，81页。

于未遂处罚的具体危险说的要点在于：只要是一般人都能看破，为危险奠定基础的情况不存在时，就没有必要肯定规范违反。例如，行为者误以为其所用于投毒的药品是氰酸钾，但是，只要是一般人一眼就能看出其是砂糖时，就不会从被告人的行为中感受到危险，将该行为作为刑罚处罚的对象，从一般预防的见解来说是过度的，因此，行为规范的内容是在与处罚必要性相关联的意义上目的论地被限定的。①

行为无价值二元论视野中的积极的一般预防，追求三个既相区别又相互交叉的目标："受社会教育动机推动的学习效果，也就是通过刑事司法活动在人民中号召'学会法律忠诚'；国民通过看见法律得到贯彻执行而产生的忠诚效果；最后是满足的效果，即一般公众基于对违法行为的惩罚从而使法律意识得到抚慰，以及他们与违法行为人的冲突被看作是已经得到了结而出现的效果。"② 通过这些具体效果，刑罚可以起到预防犯罪的作用。因此，行为无价值二元论将违法性判断和特定历史时期的规范期待、公众的规范认同相关联，着眼于发挥规范对于公众的行为引导功能，是合理的理论，其对犯罪论的积极影响自不待言，对刑罚论也有深远影响。③

正是因为积极的一般预防论承认规范不仅是评价规范，更主要的是决定规范和行为规范，充分考虑了规范的引导功能和政策功能，考虑了不法概念和刑罚一般预防性相勾连的可能性，该理论又成为"规范的一般预防论"，即刑罚目的的重心在于通过明确行为时违法、合法的界限，以便在顺应罪刑法定主义要求的同时，通过提示规范来实现一般预防。④ "积极的一般预防论不是用高举的棍棒相威胁，而是针对能够作出清醒的决定，有能力在服从还是违反规范之间作出选择的人。它不想对任何人进行威慑，无论是公众还是受害者。它的目的是在总体上强化民众的'一般的法律意识'。"⑤

二、积极的一般预防论的意义

（一）克服结果无价值论刑罚观的不足

学者指出，结果无价值论强调刑罚适用的消极性、被动性，强调只有对现实生活的利益造成现实的、可视的侵害或者具体危险，并且没有其他解决方法的场合，才能适用刑法。相反，行为无价值二元论则强调刑罚适用的积极性、主动性，主张积极运用刑罚的一般预防作用，以保障人们的法律确信和守法意识，肯定对普遍的、抽象的法益的保护，扩大未遂、预备犯的处罚范围。⑥ 与行为无价值论支持一般预防论，而且强调积极的、规范的一般预防不同，结果无价值论强调报应的侧面，刑罚理论以相对报应论和特殊预防来展开。

结果无价值论重视法益损害，必然在追求刑罚报应的同时强调特别预防。但是，问题在于：(1) 从结果无价值论的逻辑出发，刑罚的报应似乎应该被特别强调。但是，针对已然发生的具体法益侵害事实，报应不能使受损害的法益"起死回生"，刑罚是否真的还有意义，值得质疑。(2) 坚持结果无价值论，刑罚要指向过去发生的法益侵害，但如果又认为在这种理论背景之下，刑法能够达到一般预防的目的，应当是一种相互矛盾的观点。从结果无价值论的立场

---

① 参见［日］井田良：《变革时代的理论刑法学》，117页，东京，庆应义塾大学出版会，2007。

② ［德］克劳斯·罗克辛：《德国刑法学总论》(第1卷)，王世洲译，43页，北京，法律出版社，2005。

③ 积极的一般预防论强调预防将来可能发生的犯罪，在其理论构架中，自然包含了特殊预防的内容，因此，积极的一般预防论不会排斥特殊预防。

④ 参见［日］井田良：《讲义刑法学·总论》，2版，88页，东京，有斐阁，2018。

⑤ ［美］马库斯·德克·达博：《积极的一般预防与法益理论》，载陈泽宪主编：《刑事法前沿》(第4卷)，211页，北京，中国人民公安大学出版社，2008。

⑥ 参见黎宏：《结果无价值论之展开》，载《法学研究》，2008 (4)。

出发，为保护法益，可能在实现报应的同时实施威慑（尤其是特别威慑）。“法益使一种威吓变得正当，但是，现在所有可能的东西都能够变成法益。刑法的不法就变得不清楚了，丧失了其规范的（并且也是道德的）轮廓。”① （3）在刑罚论上，如果仅仅得出刑罚报应以及特别预防的结论，难以实现一般预防的刑罚目的，在政策论上未必是充分的、合适的。结果无价值论以法益侵害性或者危险性来界定违法性，试图建构一种以不变应万变的违法论，造成刑法理论不能回应中国当下剧烈的社会转型所带来的诸种问题，从而和社会发展的要求脱节，难言妥当。

需要指出，有的结果无价值论者也不排斥一般预防。但是，从其理论逻辑（不允许造成法益侵害或危险）出发的刑罚运用，即便追求一般预防的目的，也只能停留在消极的一般预防层面讨论问题。

结果无价值论根据现实造成的法益侵害或者法益危险确定违法性，特别重视“当下的”“具体的”损害结果或者危险，其势必在肯定报应论的同时重视特别预防。但是，行为无价值二元论要强调的，并不是仅仅通过处罚“当下的”法益侵害行为来预防行为人不再犯罪，修复被“这次”犯罪所破坏的规范关系，而且要强调，规范绝对不能被动摇，当下的犯罪要惩罚，以此来证明规范的重要性，但与此同时其必须告诉公众，类似行为在将来不能“重演”。所以，刑罚的运用，要考虑某一特定犯罪的结果无价值，更要考虑行为动摇规范的行为无价值，刑罚论不是建立在脱离了结果无价值的行为无价值的基础之上，而是同时以结果无价值和行为无价值为前提的。②

事实上，要实现刑罚的积极预防功能，犯罪论体系就必须能够对行为在性质上进行评价，从而对国民的行为进行指引。如果犯罪论体系不能提供某种行为妥当与否的标准，不能借助刑罚适用为国民的行为提供指导，其自然是存在缺陷的。换言之，任何自诩为合理的违法性论，都必须以特定历史时期的社会现实为背景，考虑合理的犯罪预防，同时兼顾处罚范围的限定与社会中存在的报应呼吁。

当然，积极的一般预防论也并不拒斥报应及特殊预防。报应和一般预防之间有相互制约关系。仅仅根据行为的规范违反性质来确定处罚，难言正当，结合结果无价值论来限定处罚也是行为无价值二元论的刑罚观需要考虑的。因为要考虑法益侵害，行为无价值二元论自然不能无视刑罚论中报应的侧面，根据一定结果是否发生来肯定刑罚的正当根据也是理所当然的，由此可以保持处罚范围的相对明确。

（二）积极的一般预防论使犯罪论和刑罚论“前后照应”

刑法是规定犯罪既遂或未遂的结局出现时如何进行处理的法律，因此，其在确定处罚时，首先要将行为人违法且有责地引起构成要件结果的问题作为考察对象，以行为责任为基础，以行为规范违反为前提。与此同时，运用刑罚的目的则在于证实刑法背后的行为规范的合理性、妥当性，以及必须被遵守的性质。这样，行为无价值的犯罪论和积极一般预防的刑罚论有机地统一起来，犯罪论和刑罚论前后呼应，相互论证对方的合理性。

（三）凸显犯罪预防相较于单纯惩罚的特殊意义

犯罪预防问题至关重要，在一定意义上，比对犯罪的惩罚还重要。预防的重要性集中表现在：（1）仅仅依靠犯罪惩罚、罪犯处遇的刑事政策，难以真正达到刑法目的。经验事实业已证明，通过判刑的方式惩罚罪犯，通过监狱执行的方式改造罪犯，很难获得真正成功。罪犯的再

---

① ［德］哈塞默尔：《面对各种新型犯罪的刑法》，载中国人民大学刑事法律科学研究中心组织：《刑事法学的当代展开》，60页，北京，中国检察出版社，2008。

② 参见［日］松宫孝明：《“结果无价值论”与“行为无价值论”的意义对比》，张晓宁译，载《法律科学》，2012（3）。

犯罪率很高，监禁成本大。大量的研究也表明，处遇措施越严厉，再犯率会越高，累犯和犯罪情节恶劣的人，在很多情况下都会再次陷入犯罪境地。这主要是因为在很多情况下，犯罪不是人自由意志决定的产物。在犯罪人处遇没有充分地发挥其机能，“贴标签”的弊害反而使犯罪人处遇成为再犯发生的原因的现状之下，应当考虑改进刑事司法制度，当然，最应该考虑的是事先的预防，犯罪对策的根本就是犯罪预防。① 为此，罗克辛教授指出：积极的一般预防论虽然以遏制犯罪为目标，但其与报应论、特别预防论都不相同，如果刑罚仅仅对已然发生的罪行、特定犯罪人发挥作用，那么，这个理论就还存在不足。实际上，积极的一般预防论除了具有预防犯罪行为实施的意义之外，在社会政策方面也具有值得追求的特殊价值。②（2）惩罚总是“向后看”的，预防却是“向前看”的。通过制度建设的强化来预防犯罪可以有效地提前保卫社会。在惩罚效果难以实现时，积极的一般预防另有目标——“刑罚如果不能使犯罪行为人再社会化，或许它至少还可以增强守法的民众拒绝成为（抗拒再社会化的）罪犯的决心。”③“刑罚的这种功能不仅仅是预防或者防止将来的犯罪，而更多地在于通过法律秩序的稳定与安全而减轻所有人的负担。”④

（四）积极的一般预防论和刑法客观主义立场相一致

刑罚不处罚思想，也不应该仅仅针对个人的危险人格或者性格发挥作用。犯罪是以禁止引起作为既遂要件的结果这一规范为基础的（即便是举动犯，也需要外界变动意义上的“结果”，例如，非法侵入住宅罪需要进入者的身体进入住宅这一结果），在该结果出现时，行为违反规范。在出于刑事政策的立法理由而处罚未遂时，也需要具备可能引发结果状态意义上的“未遂”结局。因此，犯罪是违反规范，引起或可能引起某种外在结果的行为，刑罚则是对这种行为的反向行动，通过适用刑罚可以达到预防未来的规范违反和法益侵害目的。

---

① 参见［日］大谷实：《刑事政策学》，黎宏译，299页，北京，法律出版社，2000。

② 参见［德］克劳斯·罗克辛：《德国刑法学总论》（第1卷），王世洲译，43页，北京，法律出版社，2005。

③ ［美］马库斯·德克·达博：《积极的一般预防与法益理论》，载陈泽宪主编：《刑事法前沿》（第4卷），446页，北京，中国人民公安大学出版社，2008。

④ ［德］冈特·施特拉腾韦特、洛塔尔·库伦：《刑法总论》，Ⅰ，杨萌译，15页，北京，法律出版社，2006。

第十五章　刑罚种类

刑罚种类，简称刑种，是指刑法规定的各种刑罚方法。不同的刑罚方法设置，不同的刑罚体系，不仅反映出各个时代生产力发展水平和社会文明程度的高低，而且表明其政权性质和刑罚目的的差异性。

根据不同的标准，对刑罚种类可以作不同的划分：一是以刑罚所剥夺或者限制犯罪人的权利和利益的性质为标准，将刑罚方法分为生命刑、自由刑、财产刑、资格刑四类。生命刑，是剥夺犯罪分子生命的刑罚方法，是最严厉的一种刑罚。自由刑，是剥夺或限制犯罪分子人身自由的刑罚方法，如无期徒刑、有期徒刑、拘役等，是运用最广的一种刑罚。财产刑，是以剥夺犯罪分子的财产为主要内容的刑罚方法。资格刑，是剥夺犯罪分子行使某些权利的资格的刑罚方法，如剥夺政治权利。刑罚的另一种分类方法，是以某种刑罚只能单独适用还是可以附加适用为标准，将刑罚分为主刑与附加刑两类。

我国刑法共规定了九种具体的刑种，其中包括五种主刑，即管制、拘役、有期徒刑、无期徒刑、死刑；四种附加刑，即罚金、剥夺政治权利、没收财产和驱逐出境。我国刑法所规定的刑罚体系，主刑和附加刑配合，轻重衔接，疏而不漏，反映出刑罚种类的多样性、层次性和体系结构的完整性、合理性。

第一节　主　刑

主刑，是对犯罪分子独立适用的主要刑罚方法。

主刑只能独立适用，不能附加适用；一个罪行只能适用一个主刑，不能同时适用两个或两个以上主刑，也不能在附加刑独立适用时再适用主刑。

一、管制

（一）管制的特征

管制，是指对犯罪分子不实行关押，交由执行机关管束，实行社区矫正，限制其一定自由的刑罚方法。

（1）对犯罪分子不予关押，不剥夺其人身自由。被判处管制的犯罪分子在服刑期间，不羁押在监狱、看守所等执行场所中，仍留在原工作单位或居住地，也不离开自己的家庭，不中断与社会的正常交往。对罪犯不予关押，是管制刑与其他刑罚方法的重要区别。

（2）被判处管制刑的罪犯须由执行机关管束，实行社区矫正，其自由受到一定限制。限制罪犯自由主要表现在限制罪犯的政治自由、担任领导职务、外出经商、迁居等自由。

（3）被判管制刑的罪犯可以自谋生计，在劳动中与普通公民同工同酬。

（二）管制的适用对象

管制是我国主刑中最轻的一种刑罚方法，适用于罪行较轻、人身危险性较小、不需要关押的犯罪分子。

管制的适用对象有以下几个特点：

（1）罪行性质轻、危害小。我国刑法分则规定可以适用管制的犯罪主要集中在妨害社会管理秩序罪和妨害婚姻家庭罪中，这些犯罪的共同特点是罪行性质不十分严重、社会危害性较小。

（2）人身危险性较小。管制并不剥夺犯罪人的人身自由，只是在一定程度上限制其人身自由，所以，适用管制刑的犯罪分子必须是人身危险性较小者。如果罪犯的人身危险性很大，管制将难以达到预防犯罪的目的。

（三）管制的期限

管制作为一种限制人身自由的刑罚，其期限为 3 个月以上、2 年以下，数罪并罚时最高不能超过 3 年。

管制的刑期，从判决执行之日起计算；判决执行前先行羁押的，羁押 1 日折抵刑期 2 日。之所以规定羁押 1 日折抵刑期 2 日，是因为判决执行以前先行羁押的属于剥夺自由，而管制只是限制自由。另外，对于经过批准离开所居住的市、县外出的罪犯，经许可外出的期间，应计入执行期，但超过许可的时间不得计入执行期；对于未被批准而擅自离开所在地域的罪犯，其外出期间，更不得计入执行期。

（四）管制的执行

刑法第 38 条第 3 款规定："对判处管制的犯罪分子，依法实行社区矫正。"因此，被判处管制的犯罪分子属于社区矫正的服刑人员，按照社区矫正的规定进行管教。这里的"依法"主要是指依照社区矫正法（2019 年 12 月 28 日）的相关规定。

（五）禁止令

刑法第 38 条第 2 款规定："判处管制，可以根据犯罪情况，同时禁止犯罪分子在执行期间从事特定活动，进入特定区域、场所，接触特定的人"。第 38 条第 4 款规定："违反第二款规定的禁止令的，由公安机关依照《中华人民共和国治安管理处罚法》的规定处罚。"通过对判处管制的犯罪分子适用禁止令，可以更为有效地对其进行约束、矫正和考察。人民法院根据犯罪情况，认为从促进犯罪分子教育矫正、有效维护社会秩序的需要出发，确有必要禁止其在管制执行期间从事特定活动，进入特定区域、场所，接触特定人的，可以在判处管制的同时，宣告禁止令。法院在适用禁止令时，应当根据犯罪分子的犯罪原因、犯罪性质、犯罪手段、犯罪后的悔罪表现、个人一贯表现等情况，充分考虑与犯罪分子所犯罪行的关联程度，有针对性地决定禁止其在管制执行期间"从事特定活动，进入特定区域、场所，接触特定的人"的一项或者几项内容。

最高人民法院、最高人民检察院、公安部、司法部《关于对判处管制、宣告缓刑的犯罪分子适用禁止令有关问题的规定（试行）》（2011 年 4 月 28 日）对上述禁止内容作出了详细规定。（1）被禁止从事特定活动，主要包括：个人为进行违法犯罪活动而设立公司、企业、事业单位或者在设立公司、企业、事业单位后以实施犯罪为主要活动的，禁止设立公司、企业、事业单位；实施证券犯罪、贷款犯罪、票据犯罪、信用卡犯罪等金融犯罪的，禁止从事证券交易、申领贷款、使用票据或者申领、使用信用卡等金融活动；利用从事特定生产经营活动实施犯罪的，禁止从事相关生产经营活动；附带民事赔偿义务未履行完毕，违法所得未追缴、退赔到位，或者罚金尚未足额缴纳的，禁止从事高消费活动；其他确有必要禁止从事的活动。（2）被禁止进入特定区域、场所，主要包括：禁止进入夜总会、酒吧、迪厅、网吧等娱乐场所；未经执行机关批准，禁止进入举办大型群众性活动的场所；禁止进入中小学校区、幼儿园园区及周边地区，确因本人就学、居住等原因，经执行机关批准的除外；其他确有必要禁止进入的区域、场所。(3) 被禁止接触特定的人员，主要包括：未经对方同意，禁止接触被害人及其法定代理人、近亲属；未经对方同意，禁止接触证人及其法定代理人、近亲属；未经对方同意，禁止接触控告人、批评人、举报人及其法定代理人、近亲属；禁止接触同案犯；禁止接触其他可能遭受其侵害、滋扰的人或者可能诱发其再次危害社会的人。

禁止令的期限，既可以与管制执行期限相同，也可以短于管制执行期限，但是判处管制的，禁止令的期限不得少于 3 个月。判处管制的犯罪分子在判决执行以前先行羁押以致管制执行的期限少于 3 个月的，禁止令的期限不受前述最短期限的限制。禁止令的执行期限，从管制执行之日起计算。禁止令由司法行政机关指导管理的社区矫正机构负责执行。人民检察院对社区矫正机构执行禁止令的活动实行监督，发现有违反法律规定的情况，应当通知社区矫正机构纠正。判处管制的犯罪分子违反禁止令，由负责执行禁止令的社区矫正机构所在地的公安机关依照《治安管理处罚法》第 60 条的规定处罚。

二、拘役

（一）拘役的特征

拘役，是剥夺犯罪人短期人身自由，就近实行强制劳动改造的刑罚方法。

在我国刑罚体系中，拘役是介于管制与有期徒刑之间的一种主刑，具有以下特征：

(1) 拘役是一种短期自由刑。拘役的刑期最短不少于 1 个月，最长不超过 6 个月，所以，拘役是我国对罪犯予以关押、实行强制劳动改造的三种自由刑中最轻的一种。

(2) 拘役适用于罪行较轻但需要短期关押改造的罪犯。

（二）拘役的适用对象

从我国刑法分则有关拘役的规定可以看出其适用对象具有以下几个特点：

(1) 拘役一般只适用于犯罪性质比较轻微的犯罪。适用比例最高的是渎职罪，其次分别是妨害社会管理秩序罪、破坏社会主义市场经济秩序罪等。刑法分则中犯罪性质最严重的，如危害国家安全罪、危害公共安全罪等，也可以适用拘役，但所占比例最低。

(2) 拘役多适用于社会危害性不大的犯罪。我国刑法分则中除过失致人死亡罪没有规定可以适用拘役外，绝大多数过失犯罪都规定可以适用拘役，约占全部过失犯罪的 95%。在同一类犯罪中，能够适用拘役的也是一些社会危害性不大的犯罪。

(3) 在我国刑法分则中，设置拘役刑的条文绝大多数是把拘役作为最低法定刑规定的。在这样的条文中，拘役既可适用于犯罪情节轻微、不需要判处有期徒刑的犯罪，也可以适用于本应判处短期徒刑，但具有从轻情节的犯罪。另外，在刑法分则中规定有管制刑的条文，大多规定有拘役。在这样的条文中，拘役介于管制与徒刑之间。所以，拘役除有上述两种用法外，还可以适用于本应判处管制，但具有从重情节的犯罪。此外，在以短期徒刑为最低法定刑的犯罪中，如果具体犯罪具有减轻处罚情节，也可以判处拘役。

（三）拘役的期限

根据刑法第 42 条和第 69 条的有关规定，拘役的期限为 1 个月以上、6 个月以下，数罪并罚时，最高不得超过 1 年。可见，拘役的上限刑期与有期徒刑的下限刑期（6 个月）相衔接。这一规定较好地体现了拘役的特点，使刑罚体系更为连贯和严密。

拘役的刑期从判决之日起计算。判决以前先行羁押的，羁押 1 日折抵刑期 1 日。

（四）拘役的执行

被判处拘役的犯罪分子，由公安机关就近执行。

被判处拘役的犯罪分子在执行期间享有两项待遇：探亲（每月可以回家一天到两天）；参

加劳动的，可以酌量发给报酬。

三、有期徒刑

（一）有期徒刑的特征

有期徒刑，是剥夺犯罪分子一定期限的人身自由，实行强制劳动改造的刑罚方法。

有期徒刑是自由刑的主体，其刑罚幅度变化较大，从较轻犯罪到较重犯罪都可以适用。所以，在我国刑罚体系中，有期徒刑居于中心地位。

有期徒刑与其他刑罚方法相比具有以下特征：

(1) 它在一定期限内对罪犯实行关押，剥夺其人身自由。

(2) 有期徒刑的刑期幅度大，具有广泛的适用性。有期徒刑的刑期上限与无期徒刑相接，下限与拘役相连，中间跨度很大，具有较大的可分性。它既可作为重刑，适用于严重的犯罪行为；也可作为中度刑罚，适用于危害居中的犯罪行为；还可以作为轻刑，适用于危害较小的犯罪行为。因此，有期徒刑在我国刑罚体系中是一种适用范围最广泛的刑罚方法。刑法分则中，凡是规定了法定刑的，都规定了有期徒刑。

(3) 罪犯应强制接受教育和劳动改造。被判处有期徒刑的犯罪分子，凡是有劳动能力的，都应当参加劳动，接受教育和改造。这种劳动是强制性的，体现了我国对罪犯实行劳动和教育改造的政策。

（二）有期徒刑的期限及计算

刑法第 45 条规定：有期徒刑的期限为 6 个月以上、15 年以下。有三种情形例外：(1) 根据刑法第 50 条的规定，判处死刑缓期执行的，在死刑缓期执行期间，如果确有重大立功表现，2 年期满以后，减为 25 年有期徒刑。(2) 根据刑法第 69 条的规定，数罪并罚，有期徒刑总和刑期不满 35 年的，最高不能超过 20 年；总和刑期在 35 年以上的，最高不能超过 25 年。(3) 根据刑法第 71 条的规定，犯罪分子在服刑期间又犯罪，以前罪没有执行完毕的刑罚为基础来确定应当执行的刑罚，已执行的刑期不计算在新决定的刑期内，因而犯罪分子实际执行的刑期可能超过 15 年，甚至超过 20 年。

有期徒刑的刑期，刑法规定从判决执行之日起计算；判决执行以前先行羁押的，羁押 1 日折抵刑期 1 日。所谓“判决执行之日”，是指人民法院签发执行通知书之日。由于“先行羁押”也是剥夺人身自由，因而在计算有期徒刑的刑期时，应当予以折抵。如果被告人只是取保候审，并未剥夺人身自由，不能算作羁押。在实践中，有些罪犯在判决前曾经屡次被拘留，又屡次逃跑，并继续犯罪，最后逮捕判刑时，能够折抵刑期的只是最后一次被羁押的时间，在此之前多次羁押的时间，均不能折抵刑期。

（三）有期徒刑的执行

我国刑法对有期徒刑的执行场所和执行方式有明确规定。根据刑法第 46 条的规定，被判处有期徒刑的犯罪分子，在监狱或者其他执行场所执行。“其他执行场所”，是指少年犯管教所、拘役所等。凡是被判有期徒刑的罪犯，有劳动能力的，都应当参加劳动，接受教育和改造。

四、无期徒刑

（一）无期徒刑的特征

无期徒刑是剥夺犯罪分子终身自由，并强制劳动改造的刑罚方法。

在我国刑法中，无期徒刑介于有期徒刑和死刑之间，是仅次于死刑的一种严厉的刑罚方法。它主要适用于那些罪行严重，又不必判处死刑，但需要与社会永久隔离的犯罪分子。在我国，目前还大量存在严重犯罪，在刑法还保留死刑的情况下，无期徒刑在刑法体系中占有十分重要的地位，是其他刑罚方法不可替代的：一方面，它是同严重危害国家安全的犯罪以及其他严重刑事犯罪作斗争的有效手段，在惩罚和预防这类犯罪时起着十分重要的作用。另一方面，它又是限制死刑适用、贯彻少杀方针的有效手段。它的存在在很大程度上可以替代死刑，减少死刑的适用。所以，无期徒刑是我国刑罚体系中的一个重要刑种。

无期徒刑的法律特征主要表现在以下三个方面：

（1）对犯罪分子进行关押。这体现了无期徒刑作为刑罚的惩罚性。

（2）剥夺犯罪分子终身自由。这就是说，罪犯如果在服刑期间没有得到减刑，将在监狱服刑终身。这体现了无期徒刑的严厉性。终身剥夺罪犯的人身自由是无期徒刑的最突出特征。

（3）在内容上表现为对犯罪分子进行强制劳动改造。这体现了无期徒刑矫正、教育罪犯，使之成为社会新人的积极作用。

（二）无期徒刑的适用对象

无期徒刑主要适用于那些不必判处死刑，而又需要与社会永久隔离，罪行严重的危害国家安全的犯罪分子和其他重大刑事犯罪分子，以及严重的经济犯罪分子。

（三）无期徒刑的执行

无期徒刑的执行场所和执行内容与有期徒刑的一样，都是在监狱内参加劳动，接受教育改造。根据刑法规定，被判处无期徒刑的犯罪分子在执行期间，认罪服法，接受教育改造，确有悔改或立功表现，可获得减刑，由无期徒刑减为有期徒刑；根据刑法第 81 条，无期徒刑如果实际执行 13 年以上，还可以获得假释，但累犯以及因故意杀人、强奸、抢劫、绑架、放火、爆炸、投放危险物质或者有组织的暴力性犯罪被判处无期徒刑的犯罪分子除外。无期徒刑减为有期徒刑的，刑期从人民法院裁定减刑之日起计算。

五、死刑

（一）死刑的概念

死刑是剥夺犯罪分子生命的刑罚方法，是刑罚体系中最严厉的惩罚手段。

死刑的存废历来是中外刑法学者争论不休的问题。死刑废除论者认为：（1）死刑违背社会契约，因为谁也不会把生命权交给国家，设置死刑缺乏正当根据。（2）死刑从肉体上消灭了个人，彻底断绝了罪犯改过自新的机会，有悖于罪刑均衡原则。（3）死刑过于残忍，违背人道主义的要求。（4）没有任何实证资料表明死刑的威慑力足以遏制犯罪。按照菲利的说法，死刑只不过是庄稼人摆在田里的稻草人，其威慑效果有限，不足以恐吓那些试图偷吃稻谷的鸟。[①]（5）为数不少的死刑判决可能是错误的，而且错判的死刑无法改正。（6）适用死刑，消灭了劳动力，不符合刑罚经济原则。“死刑判决是残酷和逾常的，就像被雷电袭击那样残酷和逾常。因为在 1967 和 1968 年，在所有被指控犯有强奸和谋杀罪的人中，尽管许多人是罪有应得，但是在任意选择并实际判处死刑的一部分人当中就包括请愿者……宪法绝不能容忍一个允许把死刑这种独一无二的惩罚任意强加于人的法律体制的恣意妄为”[②]。

当前，在世界上有 160 个左右的国家已经明确废除死刑，或者事实上不执行死刑，死刑废除论具有很大的影响力。

---

① 参见［意］恩里科·菲利：《犯罪社会学》，郭建安译，300 页，北京，中国人民公安大学出版社，2004。

② ［美］凯斯·R. 孙斯坦：《法律推理与政治冲突》，金朝武等译，170 页，北京，法律出版社，2004。

死刑保留论者则认为：（1）对于实施重罪的罪犯，只有适用死刑，才能保卫社会，维护基本的社会正义。适用死刑，符合报应主义的要求，具有正当性。（2）对死刑违反人道主义的批评毫无道理，对特别残忍的罪犯不判处死刑，没有考虑被害人的利益，没有考虑社会正义和公众心理，才是最大的不人道。（3）在死刑执行方法上进行改革，可以确保死刑的人道。（4）对罪大恶极的谋杀犯处以死刑，是罪刑均衡原则的基本要求。（5）任何人都有求生的本能，"好死不如赖活"乃是人之常情，因此，死刑可以有效遏制犯罪，基本上是人所共知的常识。（6）通过合理程序设置，可以最大限度地减少死刑判决的误判可能。（7）保留死刑符合民意，也符合中国当前的国情。

死刑存废论各有各的道理，任何一方都难以有效说服对方，同时，任何一方的任何一个理由都可能被对方反驳。死刑是否有利于遏制犯罪，是既难以证实也难以证伪的问题。实际上，死刑的存废，在很多时候并不是单纯的刑法学问题，而是与国家的刑事政策和社会治理策略、价值选择有关。死刑，归根结底是一个政治政策的问题。

死刑是对人的生命的剥夺，所以必须慎之又慎。对死刑问题的讨论必须注意：（1）讨论死刑问题，应当体现一种人文关怀的立场，即对人的命运、权利给予充分的关注。刑罚制度尤其是死刑制度是冰冷的、物质的、操纵个人的，是整个社会的规范化训练机制的一部分。但是，怎么在刑罚制度操纵个人、产生效果的同时，使其尽量保持一种节制，是我们应当关心的问题。（2）密切注视中国的实际问题。死刑制度在中国，无论是其配置还是适用，都与其他国家有不同的特征，需要给予特别的关注。在中国，严重的犯罪比较突出，需要最为严厉的刑罚来压制犯罪，所以，死刑的存在有其合理性，但是，对死刑的运用，也必须保持慎重。（3）限制死刑或者消灭死刑的思想早已存在，在这些思想中，透露出一种非常浓厚和沉重的启蒙意识，在很大程度上继承了启蒙思想和18世纪以来刑事古典学派的刑法思想。在18世纪中期，刑事古典学派的主张是为了在司法机构和日常的刑罚实践中确立一种关于惩罚权力运作的新策略，刑法理论上的改革试图以一种明确和一以贯之的抽象标准，使对非法活动的惩罚和镇压变成一种有规则的活动，统一司法机构并消除司法机构在惩罚犯罪中各行其是的局面，保证刑事机构与社会同步发展。新理论的提出不是要惩罚得更少，而是要惩罚得更有效，其最终是要使惩罚具有普遍性和必要性，使惩罚权力更深地嵌入社会本身。尽管启蒙思想在今天遭到各种各样的批评，人们对启蒙思想的态度也大不相同，针对在中国思想启蒙有无必要、是否可能等，都有很大的争议，但是，我认为在刑罚制度中进行思想启蒙的探讨是有必要的，虽然对探讨的范围和程度我们可以有不同的见解。（4）在今天，死刑为什么还在世界范围内继续广泛地存在？这主要是因为在某些特殊场合，针对某些危害特别大的犯罪，需要继续把死刑作为社会治理策略之一加以考虑。

我国1979年刑法规定有死刑罪名38个，1982年至1995年全国人大常委会制定的12个单行刑法增加规定了33个死刑罪名，最多时为71个。1997年刑法修订后，死刑罪名减至68个，2011年2月，全国人大常委会通过《刑法修正案（八）》，取消了13个罪名的死刑①；2015年8月29日，又通过了《刑法修正案（九）》，进一步减少9个死刑罪名。② 上述22个犯罪的死

---

① 具体包括：（1）走私类犯罪（4个）：走私文物罪，走私贵重金属罪，走私珍贵动物、珍贵动物制品罪，走私普通货物、物品罪。（2）金融诈骗类犯罪（3个）：票据诈骗罪，金融凭证诈骗罪，信用证诈骗罪。（3）发票类犯罪（2个）：虚开增值税专用发票、用于骗取出口退税、抵扣税款发票罪，伪造、出售伪造的增值税专用发票罪。（4）盗窃罪。（5）妨害社会管理类犯罪（3个）：传授犯罪方法罪，盗掘古文化遗址、古墓葬罪，盗掘古人类化石、古脊椎动物化石罪。

② 具体包括：（1）经济犯罪（5个）：走私武器、弹药罪，走私核材料罪、走私假币罪，伪造货币罪，集资诈骗罪。（2）妨害秩序罪（2个）：组织卖淫罪、强迫卖淫罪。（3）军人违反职责罪（2个）：阻碍执行军事职务罪、战时造谣惑众罪。

刑规定，在实践中较少适用，取消死刑后对犯罪人最高还可以判处无期徒刑。对相关犯罪在取消死刑之后通过加强司法，该严厉惩处的依法严厉惩处，可以做到整体惩处力度不减。如果出现个别情节特别恶劣，符合数罪并罚或者其他有关犯罪规定的，还可以依法判处更重的刑罚。目前，我国刑法中的死刑罪名还剩 46 个。在目前尚不具备全面废除死刑条件的情况下，司法实践中应当对死刑适用进行严格限制。

（二）死刑的适用对象

刑法第 48 条规定，死刑只适用于罪行极其严重的犯罪分子。

对该条中“罪行极其严重”的理解，必须结合具体罪名来进行，而不能仅仅作抽象判断。例如，在目前被判处死刑的案件中，故意杀人罪的死刑适用率相对较高，判处死刑的“罪行极其严重”标准往往被表述为杀人“手段特别残忍”。对此，实务中通常将其正确地理解为：在杀害过程中，行为人蓄意使用特别残忍手段反复折磨被害人，致使其在死亡之前处于肉体与精神的极度痛苦状态的情形。如果受害人在死亡过程中并未遭受这种痛苦，就不宜理解为犯罪分子“杀人手段特别残忍”，例如，在有些杀人案件中，犯罪分子杀人后又分尸的，因为分尸的对象已非“人”，而是不能感受痛苦的尸体，那么，该杀害行为就不能认定为手段特别残忍，对罪犯就不宜认定为故意杀人罪行极其严重，依法不能适用死刑。①

（三）死刑适用的限制

刑法第 49 条规定：“犯罪的时候不满十八周岁的人和审判的时候怀孕的妇女，不适用死刑。”“审判的时候已满七十五周岁的人，不适用死刑，但以特别残忍手段致人死亡的除外。”根据本条规定，以下三种情况既不适用死刑，也不适用死刑缓期 2 年执行：

（1）犯罪的时候不满 18 周岁的人。所谓“犯罪的时候”，是指实施犯罪行为的时候，而不是指审判的时候。在年龄计算上，从 18 周岁生日的第二天起，才认为已满 18 周岁。之所以对于不满 18 周岁的人不适用死刑，主要是考虑到未成年人尚处于生理和心理的发育过程中，认识能力和控制能力还没有完全成熟，未至不堪改造的程度。

（2）审判的时候怀孕的妇女。所谓审判的时候，并不限于法院审理阶段，而是指从羁押到执行的整个诉讼过程。这主要是从保护胎儿和实行人道主义的角度考虑的。胎儿是无辜的，不能因为孕妇有罪而株连胎儿。为了实现对怀孕妇女的全面、有效的保护，相关司法解释规定，怀孕的妇女无论其怀孕是否属于违反国家计划生育政策，也不论其是否自然流产或者人工流产，以及流产后移送起诉或者审判期间的长短，仍应视为审判时怀孕的妇女，同样不适用死刑；怀孕妇女因涉嫌犯罪在羁押期间自然流产后，又因同一事实被起诉，交付审判的，视为审判时怀孕的妇女，依法不适用死刑。

（3）审判的时候已满 75 周岁的人。这主要是考虑到以下几个方面的原因：老年人的刑事责任能力有所减弱；对老年人判处死刑难以达到特殊预防的刑罚目的；我国古代法律文化传统中向来有矜老恤幼的观念；大多数国家的刑法都对老年人犯罪有减免惩罚的特殊规定等。当然，对 75 周岁的老年犯罪人不适用死刑也有例外，那就是以特别残忍的手段致人死亡。对这里的特别残忍的手段，与刑法第 234 条故意伤害罪中的特别残忍的手段应该作同一理解。由于犯罪手段的残忍程度超出了一般人的心理承受能力，已经难以为社会所容忍，因而仍然可以对其适用死刑。

（四）死刑的判决、核准和执行

（1）死刑的判决、核准程序。我国刑事法律对死刑的判决和核准程序作了特别规定。根据

---

① 参见陈兴良：《故意杀人罪的手段残忍及其死刑裁量——以刑事指导案例为对象的研究》，载《法学研究》，2013（4）。

刑法和刑事诉讼法的有关规定，判处死刑立即执行的案件，除依法由最高人民法院判决的以外，都应当报请最高人民法院核准；判处死刑缓期执行的案件，可以由高级人民法院判决或者核准。

(2) 死刑的执行。最高人民法院判处或核准的死刑立即执行的判决，应当由最高人民法院院长签发执行死刑的命令。根据刑事诉讼法第 263 条第 2 款的规定，死刑采用枪决或者注射等方法执行。

(五) 死刑缓期执行制度

1. 死刑缓期执行的含义

刑法第 48 条第 1 款规定，对于应当判处死刑的犯罪分子，如果不是必须立即执行的，可以判处死刑同时宣告缓期 2 年执行。这就是我国刑法中的死刑缓期执行制度，简称死缓，是死刑制度的重要组成部分。

死缓不是一个刑种，而是一个运用死刑的刑罚制度。死缓没有适用的独立性，所以刑罚体系中没有规定死缓。死缓只有在对罪犯判处死刑的前提下，才有适用的可能性，死刑是死缓的前提条件。凡是可以判处死刑的罪犯一般都可以适用死缓；没有规定死刑的犯罪，都不能适用死缓。死缓作为一种刑罚制度没有确定的结果，只有导致两种结果出现的可能性，即经过 2 年以后，或者改判为无期徒刑、有期徒刑，或者执行死刑。

死缓与缓刑都是有条件地不执行原判刑罚的刑罚制度，但是，二者有原则的区别：

一是性质不同。死缓是对判处死刑的罪犯有条件地不再执行原判死刑的一种刑罚制度，而缓刑是对判处拘役或 3 年以下有期徒刑的罪犯有条件地不执行原判刑罚的一种刑罚制度；死缓属于生命刑范畴的特殊刑罚制度，缓刑则属于自由刑范畴的普通刑罚制度。

二是适用的前提不同。死缓以判处死刑为前提，缓刑以判处拘役或 3 年以下有期徒刑为前提。

三是执行场所不同。宣告死缓的犯罪分子，必须关押在监狱，强制进行劳动改造；宣告缓刑的犯罪分子，则不予关押而放在社会上进行考验。

四是期限不同。死缓的期限，法定为 2 年；缓刑的考验期限，如原判刑罚为拘役，为原判刑期以上 1 年以下，但不能少于 2 个月；如果原判刑罚为有期徒刑，为原判刑期以上 5 年以下，但不能少于 1 年。

五是法律后果不同。死缓期满，根据罪犯表现情况可以减刑或者执行死刑；而缓刑考验期满或者是不执行原判刑罚，或者是撤销缓刑，执行原判刑罚，或者是撤销缓刑，把前罪和后罪所判刑罚按数罪并罚原则决定执行的刑罚。

死缓是我国刑罚在死刑适用方面的一个独创，具有保留死刑和限制死刑的双重功能。它既可以对罪行极其严重的犯罪分子保持最严厉的制裁，又能给那些罪该判处死刑但又不是必须立即执行的犯罪分子留了一条生路，从而大大地减少了死刑的实际适用。

2. 死缓的适用条件

根据刑法第 48 条规定，适用死缓必须同时具备两个条件：

其一，罪该处死。这是适用死缓的前提条件，它表明适用死缓的对象和适用死刑的对象均是罪行极其严重的犯罪分子。如果罪行不应当被判处死刑，就不存在适用死缓的问题。

其二，不是必须立即执行。这是区分死刑缓期执行与死刑立即执行的原则界限，是适用死缓的本质条件。法律对这一条件没有明确、具体的规定，主要靠审判机关判断。

3. 死缓的执行场所

死缓可以由高级人民法院判决或者核准。被判处死刑缓期 2 年执行的罪犯，根据监狱法第

2 条的规定，在监狱内执行。

4. 死缓期满后的处理

刑法第 50 条第 1 款规定，判处死刑缓期执行的，在死刑缓期执行期间，如果没有故意犯罪，2 年期满以后，减为无期徒刑；如果确有重大立功表现，2 年期满以后，减为 25 年有期徒刑；如果故意犯罪，情节恶劣的，报请最高人民法院核准后执行死刑；对于故意犯罪未执行死刑的，死刑缓期执行的期间重新计算，并报最高人民法院备案。① 根据这一规定，对被判处死刑缓期 2 年执行的犯罪分子，在死缓期满后，有三种处理办法：

第一，在死刑缓期执行期间如果没有故意犯罪，2 年期满后，减为无期徒刑。这里所说的故意犯罪，是指我国刑法规定的，在故意心理支配下所实施的犯罪行为。对于故意犯罪的性质、种类、轻重等，法律未作规定，只要行为人在死刑缓期执行期间没有故意犯罪的，2 年期满后，必须减为无期徒刑。

第二，在死刑缓期执行期间如果确有重大立功表现，2 年期满后，减为 25 年有期徒刑。这里的重大立功表现，是指在接受教育改造过程中，检举、揭发其他罪犯的罪行，从而破获重大案件；或者钻研技术，有发明创造。立功必须达到重大的程度，才可以减为 25 年有期徒刑，以保持刑罚适用上的平衡，避免出现死缓罪犯减刑后比判处无期徒刑者还要轻的不合理现象。

第三，在死刑缓期执行期间，如果故意犯罪，情节恶劣的，报请最高人民法院核准后执行死刑。这是死刑缓期执行变更为死刑立即执行的规定，变更的实体条件是有故意犯罪，且情节恶劣。刑法之所以规定故意犯罪，且情节恶劣的，才可以核准执行死刑，主要是为了在立法上为死缓罪犯执行死刑设定较高门槛，从而贯彻我国严格控制和限制死刑适用的刑事政策。这里的情节恶劣，主要是指被判处死缓的罪犯在死刑缓期执行期间所故意犯下的罪行，从客观上看，手段残忍、性质恶劣、后果严重，或者造成恶劣的社会影响。具体标准可掌握为被判处死缓的罪犯在死刑缓期执行期间故意犯罪，依据刑法规定应当判处 3 年以上有期徒刑的情形。

对于故意犯罪情节尚不恶劣，未执行死刑的，死刑缓期执行的期间重新计算，并报最高人民法院备案。

5. 死缓期间的计算

根据刑法第 51 条的规定，死刑缓期执行的期间，从判决确定之日起计算；死刑缓期执行减为有期徒刑的刑期，从死刑缓期执行期满之日起计算。

第二节　附加刑

附加刑，是补充主刑适用的刑罚方法。附加刑既可以附加于主刑适用，又可以独立适用。在附加适用时，可以同时适用两个以上附加刑。在独立适用时，主要是针对较轻的犯罪。根据刑法第 34 条和第 35 条的规定，附加刑有四种：罚金、剥夺政治权利、没收财产、驱逐出境。

一、罚金

罚金是人民法院判处犯罪人向国家缴纳一定数额金钱的刑罚方法。

（一）罚金的裁量原则

从法律性质上讲，罚金是一种刑罚方法，而非经济制裁、民事制裁或行政处罚。

当今世界各国的刑罚体系一般均包括生命刑、自由刑、财产刑和资格刑四大类。罚金属于财产刑的范畴，它是以强制犯罪人（包括自然人和单位）交纳金钱为内容的刑罚方法。由于罚

① 本条为《刑法修正案（九）》第 2 条所修改。

金是刑罚种类中的一种，它只能由作为国家审判机关的人民法院依法判决，其他任何机关、团体、个人都无权适用。由于罚金以剥夺犯罪人的金钱为内容，所以，它主要适用于经济犯罪和以营利、贪财为目的的犯罪。对于少数妨害社会管理秩序的犯罪，侵犯公民人身权利、民主权利的犯罪，也可以适用罚金。“罚金是比徒刑更有效的一种刑罚方法，因为罚金在施加痛苦的时候，也带来了收益。”①

关于罚金的裁量原则，刑法第 52 条规定，判处罚金，应当根据犯罪情节决定罚金数额。根据该条规定，罚金数额应当与犯罪情节相适应。也就是说，犯罪情节严重的，罚金数额应当多些；犯罪情节较轻的，罚金数额应当少些。这是罪刑均衡原则在罚金刑裁量上的具体体现。在裁量罚金数额时应否考虑犯罪人的经济状况，刑法没有明确规定，但在司法实践中，从有利于判决执行和对被判刑人的惩治与教育的角度来看，应当适当加以考虑。

（二）罚金的适用对象

罚金具有广泛的适用性，它既可适用于处刑较轻的犯罪，也可适用于处刑较重的犯罪。

从犯罪性质上看，我国刑法中的罚金主要适用于三种犯罪：（1）经济犯罪。在我国刑法中，经济犯罪主要是刑法分则第三章规定的破坏社会主义市场经济秩序罪，共有九十多个条文，基本上都规定了罚金的独立或附加适用。（2）财产犯罪。刑法分则第五章规定的侵犯财产罪，共有 14 个条文，其中 9 个法条规定了罚金，占条文总数的 50%以上。（3）其他故意犯罪。主要是指刑法分则第六章规定的妨害社会管理秩序罪，共有九十余个法条，其中约半数的法条规定了罚金。此外，刑法分则第四章侵犯公民人身权利、民主权利罪中的部分条文也规定了并处或者单处罚金。

（三）罚金的适用方式

根据我国刑法的规定，罚金的适用方式有以下四种：

（1）单科式。刑法规定的单科罚金主要适用于单位犯罪。例如，在刑法第 387 条规定的单位受贿罪和第 393 条规定的单位行贿罪中，都规定对单位判处罚金。在这种情况下，罚金只能单独适用。

（2）选科式。罚金作为附加刑，既可附加适用，又可单独适用。对于某些犯罪，刑法分则规定单独适用的罚金与其他刑种并列，可供选择适用。例如，根据刑法第 275 条的规定，犯故意毁坏财物罪的，处 3 年以下有期徒刑、拘役或者罚金。在这种情况下，罚金作为一种可选择的法定刑，只能单独适用，不能附加适用。

（3）并科式。我国刑法中的并科罚金，几乎都是必并制。也就是说刑法分则条文中明确规定判处自由刑时，必须同时并处罚金。例如，犯刑法第 326 条规定的倒卖文物罪的，处 5 年以下有期徒刑或者拘役，并处罚金；情节特别严重的，处 5 年以上 10 年以下有期徒刑，并处罚金。在这里，罚金只能附加适用，不能单独适用。

（4）复合式。复合式是指罚金的单处与并处同时规定在一个法条之内，以供选择适用。例如，刑法第 216 条规定，假冒他人专利，情节严重的，处 3 年以下有期徒刑或者拘役，并处或者单处罚金。在这种情况下，罚金既可以附加适用，也可以单独适用，究竟是并处还是单处，需根据犯罪分子所犯罪行的情节轻重确定。

（四）罚金的缴纳

根据刑法第 53 条的规定，罚金的缴纳分为五种情况：

（1）限期一次缴纳。主要适用于罚金数额不多，或者数额虽然较多，但缴纳并不困难的情

---

① ［美］波斯纳：《法律理论的前沿》，武欣等译，54 页，北京，中国政法大学出版社，2003。

况，罪犯应在指定的期限内将罚金一次缴纳完毕。

（2）限期分期缴纳。主要适用于罚金数额较多，罪犯无力一次缴纳的情况。这样在时间上有一定伸缩余地，在金额支付上可化整为零，有利于罚金的执行。

（3）强制缴纳。判决缴纳罚金，指定的期限届满，罪犯有缴纳能力而拒不缴纳，人民法院强制其缴纳，强制措施包括查封、扣押、冻结等。

（4）随时追缴。对于不能全部缴纳罚金的，人民法院在任何时候发现被执行人有可以执行的财产的，应当随时追缴。

（5）延期缴纳、减少缴纳或者免除。刑法第53条规定，如果罪犯遭遇不能抗拒的灾祸，如地震、水灾、火灾、车祸、家庭成员死亡等，缴纳罚金确实有困难的，经人民法院裁定，可以延期缴纳、酌情减少或者免除。

二、剥夺政治权利

剥夺政治权利，是指剥夺犯罪人参加国家管理和政治活动权利的刑罚方法。

（一）剥夺政治权利的内容

根据我国刑法第54条的规定，剥夺政治权利是剥夺犯罪分子下列四项权利：（1）选举权和被选举权；（2）言论、出版、集会、结社、游行、示威自由的权利；（3）担任国家机关职务的权利；（4）担任国有公司、企业、事业单位和人民团体领导职务的权利。

（二）剥夺政治权利的适用方式和对象

从刑法分则的规定看，剥夺政治权利的适用方式和对象都比较广泛。在适用方式上，既可以附加适用，也可以独立适用。在适用对象上，既包括严重的刑事犯罪，也包括一些较轻的犯罪。

1. 剥夺政治权利附加适用的对象

附加适用剥夺政治权利，是作为一种比较严厉的刑罚方法适用于重罪犯。根据刑法第56条和第57条的规定，附加适用剥夺政治权利的对象，主要是以下三种犯罪分子：（1）危害国家安全的犯罪分子。（2）故意杀人、强奸、放火、爆炸、投放危险物质、抢劫等严重破坏社会秩序的犯罪分子。所谓“严重破坏社会秩序的犯罪”是个概括性的规定，是指出于故意而实施了相当于上列各罪的严重危害社会秩序的其他犯罪。在司法实务中，对故意伤害、盗窃等其他严重破坏社会秩序的犯罪，犯罪分子主观恶性较深、犯罪情节恶劣、后果严重的，也可以依法附加剥夺政治权利。（3）被判处死刑和无期徒刑的犯罪分子。刑法规定对该类犯罪分子应当剥夺政治权利终身。

2. 剥夺政治权利独立适用的对象

独立适用剥夺政治权利，是作为一种不剥夺罪犯人身自由的轻刑，适用于罪行较轻、不需要判处主刑的罪犯。

（三）剥夺政治权利的期限

剥夺政治权利的期限，除独立适用的以外，依所附加的主刑不同而有所不同。

根据刑法第55条至第58条的规定，剥夺政治权利的期限有定期与终身之分，具体包括四种情况：（1）判处管制附加剥夺政治权利的，剥夺政治权利的期限与管制的期限相等，同时执行，即3个月以上、2年以下。（2）判处拘役、有期徒刑附加剥夺政治权利或者单处剥夺政治权利的期限，为1年以上、5年以下。（3）判处死刑、无期徒刑的犯罪分子，应当剥夺政治权利终身。（4）死刑缓期执行减为有期徒刑或者无期徒刑减为有期徒刑的，附加剥夺政治权利的期限改为3年以上、10年以下。

（四）剥夺政治权利刑期的计算

根据刑法和其他有关法律的规定，剥夺政治权利刑期的计算有以下四种情况：

（1）独立适用剥夺政治权利的，其刑期从判决确定之日起计算并执行。

（2）判处管制附加剥夺政治权利的，剥夺政治权利的期限与管制的期限相等，同时起算，同时执行。管制期满解除管制，政治权利也同时恢复。

（3）判处有期徒刑、拘役附加剥夺政治权利的，剥夺政治权利的刑期从有期徒刑、拘役执行完毕之日或者从假释之日起计算。但是，剥夺政治权利的效力当然适用于主刑执行期间。也就是说，剥夺政治权利的刑期虽然不计入主刑的执行期间，但在主刑执行期间犯罪分子不享有政治权利。

（4）判处死刑（包括死缓）、无期徒刑附加剥夺政治权利终身的，刑期从判决发生法律效力之日起计算。

三、没收财产

（一）没收财产的概念

没收财产是将犯罪分子个人所有财产的一部或者全部强制无偿地收归国有的刑罚方法。

没收财产属于一种财产刑，也是我国刑罚的附加刑中最重的一种。它与罚金不同，应当加以区别：

（1）刑罚的内容不同。罚金是较轻的财产刑，剥夺的只是一定数额的金钱。没收财产则是较重的财产刑，它剥夺的既可以是全部财产，也可以是一部分财产；既可以是金钱，也可以是其他财产（如房屋、家具等）。

（2）适用对象不同。罚金只适用于情节较轻的贪利性犯罪；没收财产则适用于危害国家安全的犯罪、走私罪，以及其他严重破坏经济秩序罪、以营利为目的的妨害社会管理秩序罪。

（3）执行方法不同。罚金由人民法院执行，并且可以分期交纳，如果犯罪人遭遇不能抗拒的灾祸，还可以酌情减少或者免除。没收财产的执行无论附加适用还是单独适用，都应由人民法院执行，必要时也可以会同公安机关执行；同时，没收财产还具有一次性的特点，即没收财产一旦宣告，就一次性地没收犯罪人的财产的一部分或者全部，不存在减免的问题。

没收财产也不同于没收违禁品和供犯罪所用的本人财物。前者是刑罚方法，后者则是刑罚方法以外的对违法所得或者供犯罪所用的财物的处理。

刑法总则第三章第八节对没收财产作了一般性的规定；在刑法分则中，又对适用没收财产的具体犯罪作了规定。

（二）没收财产的适用对象

刑法分则规定没收财产的条文共 50 余个，主要适用于以下几类犯罪：

（1）危害国家安全罪。根据刑法第 113 条的规定，对所有的危害国家安全罪都可以并处没收财产。

（2）严重的经济犯罪。刑法分则第三章规定的破坏社会主义市场经济秩序罪中，对某些严重的经济犯罪可以没收财产。例如，刑法第 140 条规定，犯生产、销售伪劣产品罪，销售金额 200 万元以上的，处 15 年有期徒刑或者无期徒刑，并处罚金或者没收财产。

（3）严重的财产犯罪。刑法分则第五章规定的侵犯财产罪中，有 5 个条文规定适用没收财产。

（4）其他严重的刑事犯罪。例如，刑法第 318 条规定的组织他人偷越国（边）境罪，有特别严重情节的，适用没收财产；第 383 条规定的贪污罪等，也规定了适用没收财产。

（三）没收财产的范围

没收财产的范围，是指刑法规定犯罪人的哪些财产可以没收、哪些财产不能没收。

我国刑法第 59 条运用肯定和排除的手法，对没收财产的范围进行了规定。根据这些规定，没收财产的范围应当从以下三个方面确定：

（1）没收财产是没收犯罪分子个人所有财产的一部分或者全部。所谓犯罪分子个人所有财产，是指属于犯罪分子本人实际所有的财产及与他人共有财产中依法应得的份额。应当严格区分犯罪分子个人所有财产与其家属或者他人财产的界限，只有依法确定为犯罪分子个人所有的财产，才能予以没收。至于没收财产是一部分还是全部，应考虑对犯罪分子所处主刑的轻重，以及犯罪分子家庭的经济状况和其人身危险性大小。

（2）没收全部财产的，应当对犯罪分子个人及其扶养的家属保留必需的生活费用，以维持犯罪分子个人和所扶养的家属的生活。

（3）在判处没收财产的时候，不得没收属于犯罪分子家属所有或者应有的财产。所谓家属所有财产，是指纯属家属个人所有的财产，如家属自己穿用的衣物、个人劳动所得财产。所谓家属应有的财产，是指犯罪分子与家属共同所有的财产中应当属于家属的那一份财产。对于犯罪分子与他人共有的财产中属于他人所有的部分，也不得没收。

（四）没收财产的方式

（1）选科式。刑法分则对某种犯罪或者某种犯罪的特定情节规定为并处罚金或者没收财产，也就是说既可以适用没收财产，也可以适用其他刑罚，由法官酌情选择适用。例如，刑法第 267 条规定，抢夺公私财物，数额特别巨大或者有其他特别严重情节的，处 10 年以上有期徒刑或者无期徒刑，并处罚金或者没收财产。在这里，没收财产与罚金可以选其一而判处。

（2）并科式，即在对犯罪人科处生命刑或自由刑的同时判处没收财产。我国刑法分则对没收财产在多数情况下作了并科规定。这种方式又可根据是否必须科处没收财产分为两种情况：一是必并制，是指在判处其他刑罚的同时必须并处没收财产。例如，刑法第 383 条规定，对犯贪污罪的，贪污数额特别巨大，并使国家和人民利益遭受特别重大损失的，处无期徒刑或者死刑，并处没收财产。二是得并制，是指在判处其他刑罚的同时可以并处没收财产。例如，刑法第 113 条第 2 款规定犯危害国家安全罪的，可以并处没收财产。在这里，可以适用，也可以不适用没收财产。

（五）没收财产的执行

根据刑事诉讼法的规定，没收财产的判决，无论附加适用还是独立适用，都由人民法院执行；在必要的时候，可以会同公安机关执行。

关于需要以没收的财产偿还债务的问题，刑法第 60 条规定，没收财产以前犯罪分子所负的正当债务，需要以没收的财产偿还的，经债权人请求，应当偿还。根据这一规定，只有同时具备以下三个条件，才能以没收的财产偿还债务；（1）必须是没收财产以前犯罪分子所欠债务，包括所负国家、集体和个人的债务。（2）必须是正当的债务。非正当的债务，如赌债、高利贷超出合法利息部分的债务，不在此列。（3）必须经债权人提出请求。偿还犯罪分子所负债务，仅限于没收财产的范围内并按我国民事诉讼法规定的清偿顺序偿还。

四、驱逐出境

驱逐出境，是强迫犯罪的外国人离开我国国（边）境的刑罚方法。在我国的法律体系中，驱逐出境包括两种：一是作为行政处罚手段的驱逐出境。《出境入境管理法》（2012 年）第 81 条第 2 款规定，外国人违反本法规定，情节严重，尚不构成犯罪的，公安部可以处驱逐出境。

二是作为刑罚种类的驱逐出境。

驱逐出境作为一种刑罚方法，只适用于犯罪的外国人，而不适用于犯罪的本国人，不具有普遍适用的性质。

驱逐出境既可以独立适用，又可以附加适用。具体适用时，要考虑犯罪的性质、情节和犯罪分子本人的情况，以及外交斗争的需要。一般的掌握标准是：罪行较轻，不宜判处有期徒刑，而又需要驱逐出境的，可以单独判处驱逐出境；对于罪行严重，应判处有期徒刑的，必要时也可以附加判处驱逐出境。

单独判处驱逐出境的，从判决确定之日起执行；附加判处驱逐出境的，从主刑执行完毕之日起执行。

第三节 非刑罚处罚措施

一、非刑罚处罚措施的概念

非刑罚处罚措施，是指人民法院根据案件的不同情况，对犯罪分子直接适用或建议主管部门适用的刑罚以外的其他处理方法的总称。非刑罚处罚措施虽然由刑法第 37 条所明文规定，但就其性质而言不是刑种，不具有刑罚的性质、作用和后果，而是刑罚的必要补充或替代措施，是强制犯罪分子实际承担其刑事责任的具体表现方式。①

非刑罚处罚措施的适用前提是对罪犯免予刑事处罚。所谓免予刑事处罚，是指对犯罪情节轻微不需要判处刑罚的行为作有罪宣告，但对行为人不给予刑罚处罚。免予刑事处罚事由与刑法第 13 条但书所规定的“情节显著轻微危害不大的，不认为是犯罪”之间存在区别：前者以构成犯罪为前提，后者不构成犯罪，因此，对于后者，既不能给予刑罚处罚，也不能给予非刑罚处罚措施。

二、非刑罚处罚措施的种类

根据我国刑法第 37 条的规定，非刑罚处罚措施主要包括以下类型。

（一）教育性措施

（1）训诫，即人民法院以口头的方式对犯罪人当庭公开批评、谴责和训教，责令其改正，不再犯罪的教育方法。训诫多以口头方式进行。对于训诫，记录在案即可，可不载于判决书中。

（2）具结悔过，即人民法院责令犯罪人用书面方式保证悔过，以后不再重新犯罪的教育方法。悔罪书应当庭宣读。

（3）赔礼道歉，即人民法院责令犯罪人公开向被害人当面承认罪行，表示歉意，请求谅解的教育方法。这种非刑罚处罚措施，具有教育罪犯和安抚被害人的双重功能。

（二）民事性处罚措施

责令赔偿损失，是民事性质的非刑罚处罚措施，是指人民法院对免予刑事处罚的犯罪人，责令其向被害人支付一定数额的金钱的处理方法。作为犯罪的法律后果，责令赔偿并不以被害人提起民事诉讼为前提，被害人没有提起民事诉讼的，人民法院也可以根据案件的具体情况，责令犯罪人赔偿损失。

（三）行政性处罚措施

（1）行政处罚。人民法院根据案件的情况，向特定的主管部门提出司法建议，由主管部门

---

① 参见陈兴良：《规范刑法学》（上册），4 版，343 页，北京，中国人民大学出版社，2017。

给予犯罪人行政制裁的方法。

（2）行政处分。人民法院根据案件的情况，向特定的主管部门提出司法建议，由主管部门给予犯罪人内部纪律处分的行政惩戒措施。

（四）职业禁止

刑法第37条之一规定：因利用职业便利实施犯罪，或者实施违背职业要求的特定义务的犯罪被判处刑罚的，人民法院可以根据犯罪情况和预防再犯罪的需要，禁止其自刑罚执行完毕之日或者假释之日起从事相关职业，期限为3年至5年。被禁止从事相关职业的人违反人民法院依照前款规定作出的决定的，由公安机关依法给予处罚；情节严重的，依照本法第313条的规定定罪处罚。其他法律、行政法规对其从事相关职业另有禁止或者限制性规定的，从其规定。①

1. 概念

职业禁止，是指人民法院对于行为人利用职业便利实施犯罪，或者实施违背职业要求的特定义务的犯罪，依法除判处相应刑罚之外，还可以根据犯罪情况和预防再犯罪的需要，禁止其自刑罚执行完毕之日或者假释之日起从事相关职业。例如，对于利用证券从业者、教师、会计等职业便利实施操纵证券市场、强制猥亵儿童、职务侵占等犯罪，或者实施违背职业要求的特定义务的背信运用受托财产、挪用资金等犯罪，可以根据犯罪情况，尤其是特别预防的需要，禁止行为人自刑罚执行完毕之日起，在一定期限内从事相关职业。

2. 期限

职业禁止，自罪犯刑罚执行完毕之日或者假释之日起开始执行，期限为3年至5年。其他法律、行政法规对其从事相关职业另有禁止或者限制性规定的，从其规定。例如，《食品安全法》（2021年修订）第135条第2款规定，因食品安全犯罪被判处有期徒刑以上刑罚的，终身不得从事食品生产经营管理工作，也不得担任食品生产经营企业食品安全管理人员。其立场比刑法规定更为严厉。该规定相对于刑法的职业禁止规定而言，是特别法条。换言之，在运用刑法规定的职业禁止措施时，如果刑法和其他法律、行政法规同时有规定的，其他法律、行政法规的规定优先适用。根据《种子法》（2015年）第75条第2款、第76条第2款的规定，因生产经营假种子、劣种子犯罪被判处有期徒刑以上刑罚的，种子企业或者其他单位的法定代表人、直接负责的主管人员自刑罚执行完毕之日起5年内不得担任种子企业的法定代表人、高级管理人员。

需要注意的是，"其他法律、行政法规对其从事相关职业另有禁止或者限制性规定的，从其规定"，意味着其他法律、行政法规对其从事相关职业另有禁止或者限制性规定属于特别法条，即便其限制或者禁止规定的年限比刑法上的职业禁止期限短，也必须从其规定。这是对法条竞合法理的运用。例如，《广告法》（2021年）第69条规定，因发布虚假广告，或者有其他本法规定的违法犯罪行为，被吊销营业执照的公司、企业的法定代表人，对违法行为负有个人责任的，自该公司、企业被吊销营业执照之日起3年内不得担任公司、企业的董事、监事、高级管理人员。此时，特别法条优先的原理必须坚持，而不能以刑法规定的职业禁止期限为3年至5年，对被告人处罚重而适用重法优于轻法的原则。

3. 执行

职业禁止由公安机关负责执行，即对于违反人民法院作出的职业禁止决定的，由公安机关给予行政治安处罚；情节严重的，以拒不执行判决、裁定罪追究刑事责任。

---

① 本条为《刑法修正案（九）》第1条所增设。

4. 与禁止令的关系

禁止令，是对非监禁刑执行的保证措施，即对被判处管制或者缓刑的罪犯，人民法院可以同时禁止其在刑罚执行期间从事特定活动，进入特定区域、场所，接触特定的人（保安处分）。职业禁止与禁止令相比，相同之处是两者都不是一种新的刑罚，不同之处在于：禁止令是一种刑罚执行上的监管措施，即对管制犯、缓刑犯具体执行的监督、管控手段，其主要目的是落实监管；职业禁止是一种刑罚执行完毕或者假释后的非刑罚性处置措施，即对于因利用职业便利实施犯罪或者实施违背职业要求的特定义务的犯罪而被判处刑罚的犯罪分子，在其刑满释放或者假释后的一种再犯预防措施。

第十六章　刑罚裁量

刑罚裁量，即量刑，是指人民法院对犯罪分子依法裁量决定刑罚的一种审判活动。

刑法分则中规定的法定刑，是由特定刑种和一定刑度集合而成的法规范表现形式，具有相对性，表现为可伸缩的“域”而非一个“点”，给法官留有自由裁量的余地。正因为刑法对犯罪所规定的法定刑幅度从整体上讲极为宽泛，每个案件中都有很多需要具体地加以考虑的特殊情节，所以，准确量刑，防止量刑偏差，是理论上应予特别关注的事项。

按照吴经熊的观点，法律的最高理想是正义，正义以“真”为基础，以“善”为目的，以“美”为本质。他指出：“做法官的，对于量刑的标准，也应该用艺术的灵敏感来衡量。酌情酌理，务使能恰到好处。当然‘美’是一种艺术，我们必须要用自己的智慧和审美眼光去仔细衡量，然后才可求得理想的公平。”①

而较为随意地进行量刑的做法，不但没有考虑如何使量刑活动符合“美”的要求，而且可能使刑罚功能丧失殆尽。

为了从根本上解决量刑失衡的问题，有必要对法官的自由裁量权进行规范和限制，使不同法院、不同审判人员对事实基本相同的案件作出相同或相近的判决，以防止自由裁量的空间过于宽广而妨碍公平和正义的实现，从而维护法制的统一、法律的权威和法院的形象。

对此，卡尔·拉伦茨指出：“即使理论及实务一再努力希望为量刑带来正义，然而，一方面目的思想仍有重大影响，此外，也不能借理性完全排除个人性的残余，换言之，在决定行为上仍有个人因素……借着发展出一些清楚实际的量刑标准，使法官对刑罚范围的决定尽量可以理解，换言之，使法官的决定空间（于此范围内，他只需要作决定）尽量缩小，这也是法学的任务之一。”②

第一节　量刑概述

一、量刑的特征

定罪是人民法院通过对某一案件的审理，确定某种危害行为是否构成犯罪以及构成何种犯罪的审判活动。它解决的是犯罪事实是否存在，是何种性质的犯罪等问题。量刑则是定罪之后的后续环节，它和定罪共同构成刑事审判活动的全部内容。在以往的司法实践中，存在重定罪而轻量刑的现象，这是一种错误的倾向，因为定罪过程不能取代量刑活动，定罪准确并不必然产生量刑恰当的结果。司法实践中有时存在犯罪性质认定准确，但是量刑畸轻畸重，甚至错误适用死刑的现象。这不仅会使法院准确定罪工作前功尽弃，而且严重违背罪刑均衡原则。所以，正确量刑和准确定罪一样重要。

---

① 吴经熊：《法律哲学研究》，25页，北京，清华大学出版社，2005。

② ［德］卡尔·拉伦茨：《法学方法论》，陈爱娥译，177页，北京，商务印书馆，2003。

量刑经历了一个从擅断到依法裁量的演变过程。在古代刑法中，由社会性质所决定，刑之擅断风行，量刑没有严格的法律根据与事实根据，只是以法官个人之好恶为转移。因此，刑之轻重、人之生杀予夺，完全取决于法官的自由裁量权。到了 18 世纪末期，随着启蒙运动的兴起，刑罚擅断的量刑制度遭到了启蒙思想家的猛烈抨击，尤其是刑事古典学派所宣扬的罪刑法定主义上升为刑法原则，主宰着近代西方的刑事立法。出于对刑罚擅断的矫枉过正，实行绝对罪刑法定原则，法官的任务只是确认一个公民是有罪还是无罪。无罪则不存在刑罚裁量的问题，有罪同样不存在法官任意的刑罚裁量，因为刑法已经规定了唯一可供适用的法定刑，法官毫无选择斟酌之余地。绝对罪刑法定主义虽有保障人权的积极意义，但剥夺了法官的自由裁量权，因此，存在明显弊端。近代刑罚运用制度，是与相对罪刑法定主义相关联的。根据相对罪刑法定主义，法定刑相对确定，法官在法定的量刑幅度内有选择科处之余地。相对罪刑法定，使法官的裁量成为可能，使刑罚个别化成为现实，因而为各国刑法所采纳。中国刑罚制度的发展，大体上也遵循了这一规律。

量刑作为一种刑事司法活动，主要包括以下内容：

（1）决定是否对犯罪人判处刑罚。量刑的基础是行为人的行为构成犯罪。而犯罪的基本特征之一是行为应当受到刑罚处罚，即具有应受刑罚处罚性。对于绝大多数犯罪人而言，其被判处刑罚是其行为必然产生的后果。但是，我国刑法规定有多种免除刑罚的情节，对于具有某种情节的罪犯应当或者可以免除刑罚处罚。所以，量刑首先要解决是否有必要对犯罪人判处刑罚的问题。

（2）决定对犯罪人判处何种刑罚和多重的刑罚。我国刑法所规定的法定刑多为相对确定的法定刑，不仅有较大的量刑幅度，而且相当数量的法定刑规定了两种以上的主刑或者两种以上的主刑和附加刑，可供审判人员选择的余地很大。在这种情况下，量刑活动就必须决定具体应判处的主刑刑种及刑罚的轻重程度，以及是否判处附加刑。

（3）决定对犯罪人所判处的刑罚是否立即执行。对绝大多数犯罪人而言，所判刑罚一旦产生法律效力就应当立即交付执行。但是我国刑法规定了缓刑制度，在符合法定条件的情况下，对犯罪人所判处的刑罚可以暂缓执行。因此，在刑罚裁量中，自然包括决定所判处的刑罚是否立即执行的内容。

（4）将数个宣告刑合并为执行刑。在一人犯数罪的情况下刑罚裁量还包括将因犯数罪而判处的刑罚依照数罪并罚的原则合并为执行刑，从而宣告执行刑的问题。

量刑与定罪是人民法院刑事审判活动中两个紧密相连的重要部分。定罪是量刑的必要前提，量刑是定罪的必然归宿。没有定罪，量刑无从谈起；定罪不准，量刑必然不当。前者运用的是犯罪构成理论，后者适用的是量刑原则。准确定罪，适当量刑，是正确适用刑法的必然要求。

二、量刑的意义

在很多情况下，被告人并不关心审判机关对自己定何种罪名，而更关注量刑。量刑作为人民法院运用刑罚的一项活动，在刑事审判中具有重要的作用：

一方面，从刑事司法的过程性来看，量刑是在认定行为人的行为构成犯罪即定罪的基础上进行的一项刑事诉讼活动，同时，它又是刑罚执行的先决条件，所以，在国家刑事司法活动的三个环节即定罪、量刑、行刑中，量刑处于中心地位，有承上启下的作用。

另一方面，从量刑活动的功能来看，量刑是使法定的罪刑关系变成实在的罪刑关系的必要要件，因为只有通过量刑，才能使刑罚的特殊预防功能和一般预防功能切实发挥，进而为刑罚目的的实现奠定不可缺少的基础。量刑的偏差或者失当，都会对刑罚目的的实现造成不良影响；相反，量刑正确，就可以有效地实现预防犯罪的刑罚目的。

三、量刑情节及其适用

（一）量刑情节的概念

量刑情节是指由法律规定或认可的，在定罪事实以外，能够体现犯罪行为的社会危害性程度和犯罪人的人身危险性大小，进而在决定是否处刑以及处刑轻重时必须予以考虑的各种具体事实情况。

量刑情节既包括犯罪实施过程中体现行为社会危害性程度的主、客观事实，也包括反映犯罪人的人身危险性大小的事实。如我国刑法规定对累犯从重处罚，对自首、立功者从轻、减轻或者免除处罚，其原因即在于此类犯罪人具有不同于一般犯罪人的人身危险性。所以，在量刑时考虑犯罪人的人身危险性大小也是刑罚目的的必然要求。换言之，体现社会危害性和人身危险性的事实情况都能成为量刑情节。不过，需要注意的是，把量刑情节局限于犯罪行为的主观方面或客观方面的具体表现并不可取，但也不能认为可能影响量刑的一切事实情况都可以成为量刑情节。如审判人员的刑罚价值观念等情况，虽然在客观上确实可能影响量刑，但其既与犯罪行为无关，也与犯罪人无关，因而不属于量刑情节的范围。

（二）量刑情节的适用

1. 从重、从轻处罚情节

从重处罚与从轻处罚是刑法所规定的一种量刑制度，即在法定刑幅度以内调整刑之轻重以得出宣告刑。从重处罚是指在法定刑幅度内选择比没有这个情节的类似犯罪相对重一些的刑种或刑期；从轻处罚是指在法定刑幅度内选择比没有这个情节的类似犯罪相对轻一些的刑种或刑期。

从重、从轻处罚都不能超越法定刑的限度。我国刑法对少数犯罪只规定了单一刑种与一个法定刑幅度，此时该幅度即为法定刑限度，具有单一性和对应性；但是在多数情况下，立法者在确定法定刑时，总是将其划分为几个档次，使之有两个或两个以上法定刑幅度，此时，对“法定刑限度”的理解就不能限定于整个条文的法定刑范围，而是指与具体案件情节（犯罪事实）相适应的法定刑幅度。循此思路先确定法定刑限度，然后在此幅度内考虑从重或者从轻，才是正确的操作步骤。

2. 减轻处罚情节

减轻处罚，是指对于犯罪人因其具有某种特定之原因而使法定刑降格。减轻处罚有法定减轻与特殊减轻之分。

（1）法定减轻。

减轻处罚是在法定最低刑以下判处刑罚。从我国刑法分则条文来看，某些罪只规定了一个量刑幅度，有些罪根据不同情况规定了两个或两个以上量刑幅度，对于后一种犯罪来说，减轻处罚不是低于整个条文中的最低刑，而是低于与具体犯罪情况相适应的那一量刑幅度的最低刑。如根据刑法第 232 条的规定，犯故意杀人罪，情节较轻的，其最低刑为 3 年有期徒刑，如需减轻处罚，则应判处低于 3 年有期徒刑的刑罚；犯故意杀人罪，情节较重的，其最低刑为 10 年有期徒刑，如需减轻处罚，则宣告刑必须低于 10 年有期徒刑。显然，减轻处罚必须将行为人实施的具体犯罪的法定刑所包括的具体量刑幅度的最低刑作为法定最低刑。

减轻处罚不是无限制地减轻。对此，刑法第 63 条明确规定，本法规定有数个量刑幅度的，应当在法定量刑幅度的下一个量刑幅度内判处刑罚。这表明，减轻处罚有“刑格”的限制，不能跨越“刑格”而减轻处罚。例如，刑法第 267 条第 1 款规定，抢夺公私财物，数额较大的，或者多次抢夺的，处 3 年以下有期徒刑、拘役或者管制，并处或者单处罚金；数额巨大或者有其他严重情节的，处 3 年以上 10 年以下有期徒刑，并处罚金；数额特别巨大或者有其他特别严重情节的，处 10 年以上有期徒刑或者无期徒刑，并处罚金或者没收财产。如果根据犯罪情节，对被告人应在 10 年以上有期徒刑或者无期徒刑这一量刑幅度内决定刑罚，但是被告人具有法定减轻处罚情节，在减轻处罚时，应在下一个量刑幅度即 3 年以上 10 年以下有期徒刑内决定刑罚，而不应在更低的 3 年以下有期徒刑、拘役或者管制这一量刑幅度内决定刑罚。

值得注意的是，刑法第 63 条“在法定刑幅度的下一个量刑幅度内判处刑罚”的规定似乎表明减轻处罚只能“减一档”。对此，应当理解为针对被告人仅有一个减轻处罚情节的情形。如果行为人有多个减轻处罚情节的，例如，行为人未成年、犯罪未遂、自首且有重大立功表现的，应当可以“减两档”，乃至最终宣告缓刑或者免予刑事处罚，否则，对于有多个减轻处罚情节的人难以做到罪刑相适应。

（2）特殊减轻。

按照刑法第 63 条第 2 款的规定，犯罪分子虽然不具有本法规定的减轻处罚情节，但是根据案件的特殊情况，经最高人民法院核准，也可以在法定刑以下判处刑罚。因此，特殊减轻，是指人民法院根据案件的特殊情况决定对犯罪分子减轻处罚。这里的“案件的特殊情况”，主要是指案件涉及政治、外交等重大事项，以及不予减轻处罚会导致罪刑关系明显失衡的情形。

特殊减轻在程序上必须经最高人民法院核准，从而使刑法关于本制度的规定在实践中的适用率较低。一方面，下级人民法院审理案件时，欲对犯罪人予以特殊减轻的，须层层上报，直至最高人民法院，程序上较为烦琐，案件的审理可能旷日持久；另一方面，地方人民法院对于上报到最高人民法院的案件是否能被核准特殊减轻，没有把握，所以不会轻易启动特殊减轻制度。改变这种局面的较好办法是最高人民法院定期公布一些经其核准适用特殊减轻制度的案例，使下级人民法院对哪些情形可以适用刑法的相关规定心中有数，在案件确有特殊情况时能积极上报，启动特殊减轻程序，以免对特殊减轻的条件掌握得过分严格，使该制度名存实亡；同时，又不至于在案件只具有通常的酌定从宽情节时随意上报，徒增最高审判机关的负担。

第二节　量刑的基本原理

最近十多年来，最高人民法院对推动量刑规范化做了很多努力，但是，如何实现量刑的科学、合理，避免量刑失衡，仍然是实践中亟待解决的难题。因此，在与量刑原理有关联的意义上，需要讨论责任刑与预防刑的区分及适用问题。

一、量刑失衡现象值得关注

近年来，有不少案件因量刑不公引起了社会的广泛争议，比如许霆案、吴英案、曾成杰案、大学生“掏鸟窝”被判有期徒刑 10 年案、青少年网购假枪被判无期案，等等。这些让老百姓感到明显存在量刑问题的案件，在很大程度上损害了司法的公信力。长期以来，我国司法在量刑的理念和立法上，有如下特点：立法上和司法上一直趋重的趋势，基本上没有大的改变；长期缺乏统一标准、同案不同判的情形，总体上没有大的改变；法官综合平衡量刑情节科学量刑的能力，没有质的提高；对法官量刑裁量权的实质制约，总体上是比较缺乏的。

如果归纳一下量刑不公的案件，它们一般具有以下特点：（1）对足以影响量刑的情节没有进行综合、全面的评价。我国几乎所有财产犯罪和经济犯罪、职务犯罪，在量刑上和数额挂钩，对数额之外的情节受重视不够。（2）受舆论影响大，“不杀不足以平民愤”的逻辑影响量刑，司法上对舆论的抵抗力弱。(3) 受被害人影响大。凡是被害人一方不能得到赔偿，或者有能力上访、反复找司法机关的案件，其判刑均趋重。(4) 在共犯的量刑上不均衡。在有的案件中，从犯比主犯判得还重。例如，甲（28 岁）组织乙（17 岁）等多人贩卖淫秽物品谋利，给乙等人按照销售额发工资，后该团伙成员乙等人被抓获，甲逃跑。审判机关先对乙判刑，3 年后对甲判刑，由于是不同的合议庭审理，判决出来后发现，甲是老板、成年人，其宣告刑比犯罪作用要小、未成年的乙的宣告刑还轻。这就是典型的量刑不均衡。类似情形很多。

导致我国量刑不公正、不均衡问题的原因很多，主要有：(1) 经济犯罪案件中的地方保护和干预。(2) 严打思维和杀人偿命的观念。(3) 法官综合素质，尤其是综合平衡、准确判断量刑情节的能力不高。(4) 被害人对诉讼的不当强力参与。(5) 其他财物追缴方面的考虑，例如，赃款不能追缴，罚金交不上来，都可能导致一定程度的重判。(6) 伦理考虑。被告人的行为如果属于破坏社会风尚的犯罪（如组织卖淫），或者被告人本人属于屡教不改的人，量刑都重。(7) 律师介入。有的案件中，法官想快速开庭结案，被告人的律师竭尽全力为被告人争取（申请非法证据排除、指控办案机关刑讯逼供、开庭时"寸土必争"），引来法官的不满，也可能导致判刑偏重。这等于是将对律师的不满发泄到被告人身上，最终使有律师参与辩护的案件比没有律师参与辩护的事件中被告人被判得更重。

二、目前量刑规范化改革的意义有限

自 2010 年起，我国司法机关开启了量刑规范化和量刑程序化改革，对量刑问题有了一定的程序保障，逐步建立公开的控辩对抗程序，在裁判文书中有了比以前略显详尽的说理。但是，改革的步伐以及取得的效果不尽如人意。

最高人民法院试图通过司法解释性文件规范量刑活动，但是，《关于常见犯罪的量刑指导意见》(2017 年）没有厘清量刑的许多关键问题，所以，其对量刑的指导效力有限。该指导意见第 2 条"量刑的基本方法"之"量刑步骤"部分规定：(1) 根据基本犯罪构成事实在相应的法定刑幅度内确定量刑起点；(2) 根据其他影响犯罪构成的犯罪数额、犯罪次数、犯罪后果等犯罪事实，在量刑起点的基础上增加刑罚量确定基准刑；(3) 根据量刑情节调节基准刑，并综合考虑全案情况，依法确定宣告刑。

按照上述逻辑以及该意见关于个罪量刑的有关规定，在累犯甲为报仇而持械聚众伤害他人至轻伤一级的案件中，第一步，确定起点刑，为 6 个月至 1 年 6 个月。第二步，对刑期进行第一次调节，确定基准刑：持械、聚众，增加 4 个月至 8 个月，刑期升高至 10 个月至 2 年 2 个月。第三步，对刑期进行第二次调节：累犯，增加刑期 1 年。这样，对甲就应该在 1 年 10 个月至 3 年 2 个月之间处刑。由于聚众斗殴罪第一档法定刑的最高刑为 3 年有期徒刑，"顶格判刑"很容易实现。

问题是：其一，根据"基本犯罪构成事实"在相应的法定刑幅度内确定量刑起点的说法本身就存在疑问。例如，对结果加重犯的量刑，就不是按照"基本犯罪构成事实"在相应的法定刑幅度内确定量刑起点。比如，故意伤害致人重伤的量刑起点本来就是根据结果加重犯的事实确定的，起点就是 3 年以上有期徒刑。此外，在既遂犯与未遂犯并存时的量刑起点，也未必与基本犯罪构成事实有关。

其二，"根据其他影响犯罪构成的犯罪数额、犯罪次数、犯罪后果等犯罪事实，在量刑起点的基础上增加刑罚量确定基准刑"的说法也经不起推敲。例如，故意伤害的残忍手段不影响犯罪构成，犯罪动机也不影响犯罪构成；再比如，因为饥寒交迫而抢劫的，刚满 16 周岁盗窃的，很多事实都不影响犯罪构成，但对量刑有影响。而手段残忍的事实，与因饥寒交迫而抢劫、行为人不满16周岁等事实比较起来，其对量刑的影响是明显不同的。此外，根据不同的犯罪事实“增加刑罚量”的说法就问题更多。

其三，“根据量刑情节调节基准刑，并综合考虑全案情况，依法确定宣告刑”的说法并不明确。按照这一量刑指导意见，对自首、累犯、认罪认罚等都要在这一环节考虑，但是，依据这些情节究竟是向下调节还是向上调节刑罚，若向上调节是否应受到限制以及如何限制量刑趋重等，都并不明确。此外，侦查程序的瑕疵、对非法证据虽不能排除但存在疑虑的，都能够影响量刑，但笼统地将其归为“全案情况”加以考虑，处理方式较为粗略。

其四，最高司法机关推动的量刑改革措施，其最大问题在于：没有区分犯罪情节（影响责任刑的情节）和其他情节（影响预防刑的情节），没有区分责任刑和预防刑，从而使案件中一旦出现很多不利于被告人的影响预防刑的情节（如累犯、抗拒抓捕、拒不认罪赎罪、没有能力退赃等）时，刑期也就可以不当地往上累加，给人以量刑“上不封顶”的感觉。

因此，这种刑期可以一直累加、上不封顶的量刑逻辑导致近年来所推行的量刑规范化改革的影响有限。

不少人倾向于认为，考虑到当下我国的司法水平，应该把最高人民法院关于量刑的指导性规范更加做实做细，而不应赋予法官过大的自由裁量权。对这一观点，还有质疑的空间，理由在于：(1) 量刑规范再细，总有一个限度。(2) 在国外，许多国家的量刑幅度比中国的还大，但量刑失衡的问题并不如果我国的突出。(3) 在实践中，大致相同的案例量刑情节可能差异很大，制定太细的规则捆住法官手脚，剥夺其裁量权，未必能够实现个案公正。(4) 所谓的把量刑规范做细，放到财产罪和经济犯罪中，最后又成了数额决定量刑（比如，被告人多偷他人财物5 000元，就多被判1年），这仍然是在原来的老路上兜圈子。(5) 最为重要的问题是，最高人民法院关于量刑改革的一系列规范性文件以及司法实务缺乏将责任刑和预防刑分开的观念，对责任刑和预防刑各自的功能也缺乏基本认识，从而导致量刑时“眉毛胡子一把抓”，经常导致量刑偏重和失衡，从而无法达到量刑程序改革的初衷。

因此，就量刑而言，区分量刑过程中哪些是有决定意义、需要优先考虑的事实和情节，哪些是仅起调节性的事实和情节，从而建立相应的量刑方法论，就显得非常重要。

三、量刑的关键：区分责任刑和预防刑

（一）量刑的回顾性与前瞻性

在确定刑罚的时候，要先确定责任刑，这种对责任刑的考虑和报应主义的关联极其密切。客观的违法加上主观的责任等于量刑意义上的责任，由此确定的责任刑就是量刑上最重要的或者第一层次要考虑的刑罚量。这就是说，量刑上首先要分析的是：针对被告人所做的这件客观上违法的事情，被告人究竟有多大责任。评价的是事情本身导致被告人负多大责任。由此客观违法成为决定责任刑最为关键的因素。在确定责任刑时，除了考虑客观违法，还需要考虑行为人的主观责任。这一结论和责任主义的要求相一致。责任主义是指根据行为人不法事实的大小，确定行为人的谴责可能性。作为量刑基准的责任，一方面是对不法的责任（行为责任），另一方面也包含由各种表明非难可能性的因素（不管其是否属于成立犯罪所必需的责任要素，如动机）所形成的罪责程度。责任主义不仅决定能否科刑，还决定刑罚的程度和分量，责任刑受制于责任主义。德国刑法第46条之“行为人的罪责是量刑的基础”，说的也就是这个意思。

如果说责任刑是向后看的、回顾性的，被告人过去干的事导致他要一人做事一人当，针对他过去做的那件事情判多重的刑，这是一个回顾性的思考，这个刑期要确定下来，那么预防刑是向前看的：就被告人犯罪前后的表现或再犯可能性来讲，未来防止其将来再犯罪，把他判得

重一点好还是轻一点好？因此，预防刑是前瞻性的评估。[①] 按照责任主义的要求，犯罪人是因为其过去所犯的罪行，而不是单纯因为其思想、人格品性而受到处罚，由此裁定是责任刑。在此基础上，再考虑犯罪人个人的特殊情况，对责任刑进行适度微调，这是预防刑。《日本改正刑法草案》（1974 年）第 48 条规定：刑罚必须对应于行为人的责任加以量定。在适用刑罚时，必须考虑犯罪人的年龄、性格、经历和环境，犯罪的动机、方法、结果及对社会的影响，犯罪后犯罪人的态度及其他情况，必须有利于犯罪的抑制和犯罪人的改恶从善及更生。这就是同时强调了责任刑和预防刑。对任何一个案件的量刑而言，都必须同时考虑责任刑和预防刑，确保二者的有机统一。

因此，量刑实际上是两种判断的综合：根据被告人已经做下的坏事以及犯罪当时的主观要素等，向后看，回顾性地确定一个刑期；然后根据个人的危险性向前看。但是，责任刑和预防刑对量刑的影响力不是等量齐观的。

按照刑法客观主义的立场，在定罪上必须先违法后责任、先客观后主观，违法要素、客观构成要件绝对重要，应当优先判断。把这一理念贯彻到刑罚裁量中，就转化为：在量刑时，必须确定被告人的客观违法对量刑的决定性影响，在此基础上再考虑被告人犯罪时的责任，根据客观违法和主观责任裁量出一个责任刑。只有在责任刑确定之后，才能去考虑预防刑。责任刑是决定性的，对被告人判得轻还是判得重，从根本上看是由回顾性的被告人所做的事情所决定的，由此确定的刑期是刑罚的上限，在这个限度内才能考虑预防刑，从而对责任刑进行调节。所以，责任刑是上限、预防刑是调节的量刑程序在实务中必须确立。

需要指出的是，前述意义的责任刑概念在很大程度上借用了犯罪论中的责任概念。但有学者指出，无论是理解责任的基础还是判断责任的依据，量刑领域内的责任并未由此获得一个确定的内涵。事实上，受刑罚目的的影响，量刑领域内的责任是从可比较性和量上，对犯罪论中的不法和有责进行了功能性调整和差异化处理。因此，量刑责任是一个具有更广泛内涵的功能性概念。这主要体现在：一方面，量刑责任对各种情节进行了严重程度的阶层性判断，从而使国家动用轻重不同的刑罚成为可能；另一方面，量刑责任在一定程度上融合了不同的刑罚预防目的，从而满足了责任刑法中对预防必要性的考虑。

（二）责任刑的确定[②]

责任刑，是根据与犯罪紧密关联的情节（“犯情”）所裁量出的刑罚。这些情节，主要包括犯罪的动机、方法、结果及对社会的影响，行为的样态、受害程度、犯罪的起因、共犯关系、参与程度等。[③] 犯罪的社会影响、媒体的报道等，与责任无关，不能成为裁定责任刑的理由。

1. 确定影响责任刑的违法事实

首先，要考虑犯罪结果是否重大，如杀害伤害多人、强奸致人自杀、盗窃数额巨大、贪污救灾款等。其次，应当考虑行为形态的恶劣性、凶器是否事先准备、凶器种类，比如说凶器是否属于枪支或者管制刀具等，这些事实会影响刑罚轻重。对被害人攻击的具体样态，杀人手段是否残忍，是否多次实施，行为属于作为还是不作为，这些都对量刑有重大影响。实践中对不作为犯通常判得比作为犯要轻；犯罪的计划是不是周密这样一些事实，也是违法的事实，是足以影响量刑的客观事实。最后，要分析与犯罪接近的客观事实，这也会影响责任刑。比如，犯罪人和被害人的关系、纠纷发生的原因/经过、共犯的关系、犯罪加工的程度（例如，在营利性犯罪中，行为人是经不住诱惑而参加犯罪，还是主动参与共谋）等，也会影响对违法事实的

---

① 参见［日］井田良：《量刑理论与量刑事情》，载《现代刑事法》，2001（1）。

② 参见赵书鸿：《论作为功能性概念的量刑责任》，载《中外法学》，2017（4）。

③ 参见张明楷：《责任刑与预防刑》，275 页，北京，北京大学出版社，2015。

判断，从而影响责任刑。

在确定责任刑时，需要考虑禁止重复评价原则。一个情节一旦成为定罪情节，在定罪时发挥过作用，就不能再作为量刑情节使用。所以，量刑情节一定是定罪情节之外的事实，对量刑影响很大的后果或者数额，也一定是犯罪构成要件之外的结果、数额。

例如，被告人到被害人家里偷出现金 800 元，被告人成立入户盗窃。此时，入户盗窃就成为定罪的事实，司法上就不能在量刑的时候说被告人属于入户盗窃，所以要给他定盗窃罪，同时，在量刑的时候又说入户盗窃比一般盗窃性质要严重，所以要给他判重一点。这样思考是存在问题的。所以，一个入户盗窃的事实，不能在定罪和量刑时同时使用。又如，在交通肇事罪中，被告人因为肇事后逃逸而被法院认定为负主要责任，进而才认定犯罪成立的，该逃逸情节就不能再成为量刑情节。还比如，故意伤害是不是达到轻伤以上的后果，这是一个决定犯罪成立与否的事实。在这个后果之外，比如说被害人重伤二级，这个时候的具体伤情程度是决定法定刑高低的重要因素，这个事实是构成事实之外的。只要达到被害人轻伤这个条件，故意伤害罪的构成要件就符合，然后具体的伤情在轻伤之上有升高的事实就成为量刑的事实。

2. 影响责任刑的罪责事实

这包括被告人的年龄（例如，被告人刚满 14 周岁零 1 天杀人的，已满 14 周岁这一事实成为定罪事实，但仅仅超过一天的情节成为减轻责任刑的情节）、精神状况、故意的形态（对间接故意一般判得比直接故意轻）、违法性认识可能性高低、期待可能性的有无等。

附带指出，在量刑理论上，围绕责任刑的裁量问题，存在“点的理论”和“幅的理论”的争论，其焦点在于：责任刑究竟是一个确定的点（点的理论）还是有一个幅度（幅的理论）？是在责任刑的点周围或者点之下考虑预防犯罪的目的，还是在责任刑的幅度之内考虑预防犯罪的目的？“点的理论”主张：由于不法与对不法的责任都具有特定的、确定的内容，所以，客观上存在与责任相适应的确定的刑罚（点），法官主观上也能够认识到这种确定的刑罚；法官只能在责任刑的点之下（而非点的周围）考虑预防犯罪的需要；当然，在具有减轻处罚情节的场合，法官能够在点之下低于法定刑考虑预防犯罪的需要。如果按照“点的理论”，很可能认可确定型量刑建议。

“幅的理论”主张：量刑的具体基准从本质上看具有一定幅度。无论对量刑基准如何把握，从各个具体案件中试图运用类似于数学方程式那样的东西去导出科学的、绝对正确的唯一的刑罚量是不可能的。[①]“幅的理论”的基本考虑是：（1）法益被侵害的具体情形，从事后看都是确定的，但量刑是对违法和罪责事实进行价值评价。客观事实本身和量刑时对事实的评价是两回事，责任刑有幅度就很正常。在故意杀人的场合，不作为杀人、共犯的杀人等的不法，都是评价的概念，它们都对量刑有影响，法官必须基于其正义感寻找责任刑。此时，考虑行为的实质违法和社会的“处罚感情”，责任刑就一定是在实践中摸索出的“幅度”而不可能是点，量刑就是在责任刑的上、下限之间反复“试错”。（2）责任刑中的狭义责任论是道义责任论。基于自由意志，行为人存在故意或过失，与此相关的道义报应理论必须考虑被告人谴责可能性大小等相关因素，这些都会影响量刑幅度。责任刑与对意思决定进行非难的程度相当即可，而非必须精确化到唯一确定的程度。（3）量刑要考虑公众的社会心理，责任刑应当能够反映理性国民所能够接纳的社会心理。责任刑的裁量需要有足够空间，以接纳社会中不同的价值观、文化观，责任刑作为犯罪处罚正当化的外在表现，必须表现为国民能够接受的幅度，“幅”的存在

① 参见［日］松本時夫：《量刑的实务与今后的课题》，载《现代刑事法》，第 3 卷第 1 号，2001。

就理所当然。承认责任刑有幅度、法官对刑期有调控空间的量刑理论考虑了公众的社会心理，也给予了刑罚预防功能实现的机会。[①]（4）认为存在事实上可以被判断的点，是对法学作为科学的迷思，是实证主义而非理性主义的产物。对此，井田良教授指出：责任刑的确定，是受价值判断影响很大的操作，在结论不可能是唯一的这一点上，与法条的解释方法相同。法条文义有“可能主张的一定幅度”，在日常用语可能的含义范围内解释结论都是合理的，多个解释结论并存也是可能的，主要看谁讲得有道理。抢劫罪的责任刑是3年6个月还是3年10个月，不能说哪一个结论绝对正确，“点的理论”和思考责任刑的逻辑不符。[②] 前田雅英教授也明确指出：虽然不能恣意地进行量刑判断，但过度强调“寻求一个不变的、正确的点”这一想法很危险。[③] 需要指出，说责任刑不是一个点，并不否定法官最终量刑的确定性。随着社会的发展，国民规范意识也会发生变化，为回应这种变化，考虑行为责任导出妥当的量刑的“幅”，再考虑预防效果对量刑予以调节，最终能够得出一个确定的宣告刑，即最终量刑是没有幅度的。

德国通说和审判实务都承认“幅的理论”。德国联邦法院1954年的判决明确指出，什么样的刑罚与责任相当不可能精确表达，其存在一个相当大的幅度，其上下限都与责任对应，法官可以在此幅度内选择刑罚，但不得判处他自己都认为与责任不相当的严厉刑罚。有德国学者认为，“幅的理论”具有牢固的理论基础，而不是用来掩盖认识论的困难。[④]

基于责任刑的“幅的理论”就应该认为，刑罚轻重到何种程度才与责任相当，是很难精确地确定的。责任刑存在一个相当大的范围和空间，其上下限都与行为责任相对应，对被告人的量刑只要是在责任刑的幅度内进行决定的，就是符合罪刑相适应原则的。从这一前提出发，检察官提出精准的量刑建议，并要求法官必须接受确定于某一特定“点”的刑期，可能与量刑原理之间存在抵触之处。

（三）预防刑的裁量

预防刑，是根据与犯罪人紧密关联的情节所裁量决定的刑罚。这些情节包括：（1）犯罪人的属性，包括犯罪人的年龄、经历（前科、累犯等）、性格（常习性）、一贯表现[⑤]和环境等。（2）犯罪后的态度[⑥]，如自首、立功，以及是否认罪认罚（反省、悔罪与赔礼道歉）。它们虽然不属于法定量刑情节，但表明了行为人回归社会的愿望，在裁量预防刑时必须予以重视。犯罪后试图销毁现场痕迹和证据的，可以称为预防刑的情节。事后积极退赃、赔偿损失与积极挽回损失的行为，家庭及社会接纳其回归，被害人一方原谅，是减少预防刑的情节。

根据责任主义的要求，刑罚不能超过犯行即犯罪时的罪责，所以，犯罪前后的情节不能作为超过责任刑的理由，而只能在责任刑的限度内进行量刑调节。

区分责任刑和预防刑，意义重大，既有助于实现刑法客观主义，也能够实现量刑思考的层次性：客观的罪行和主观罪责的轻重，足以影响责任刑，在极大程度上左右量刑的最终结局；

---

① 参见［日］井田良：《变革时代的理论刑法学》，221页，东京，庆应义塾大学出版会，2007。

② 参见上书，222页。

③ 参见［日］前田雅英：《刑法讲义总论》，7版，414页，东京，东京大学出版会，2019。

④ 参见［德］弗兰茨·施特伦：《德国量刑理论的基本问题与最新进展》，陈学勇、罗灿编译，载《人民法院报》，2014-06-06，8版。

⑤ 良好的一贯表现，如果能说明行为人再犯罪的可能性小的，当然成为减少预防刑的情节；不良的一贯表现对预防刑的影响应当控制在很小的范围内，否则会导致“间接处罚”。

⑥ 德国通说认为，犯罪后的态度不是独立评价的对象，是评价行为时行为人责任程度的非独立评价资料。参见［日］城下裕二：《试论量刑基准》，载《刑法杂志》，1995（1）。但是，被告人是否坦白、悔罪、和解、退赃与责任刑中的罪责无关，应该将其视作影响（特别）预防刑的情节。

特殊预防必要性的大小，能够影响预防刑。两个量刑环节各自的功能和影响力并不相同，在司法上不能因为罪行重就认为特殊预防必要性大；也不能因为特殊预防必要性大，便断定罪行重。

第三节 累 犯

一、累犯的概念

累犯，是指因犯罪而受过一定的刑罚处罚，在刑罚执行完毕或者赦免以后，在法定期限内又犯一定之罪的罪犯。

刑法上累犯的最初概念，注重的是犯罪行为的特征。这种累犯概念，是以刑事古典学派的客观主义作为其理论基础的。此后，随着刑事实证学派的兴起，理论上开始了从犯罪行为向犯罪人的转变，由此出现了以犯罪人的人身危险性为重点的累犯概念。现代刑法上的累犯，更多地强调犯罪人的人身特征，将累犯视为人身危险性较大的一种特殊犯罪人类型。犯罪人在一定时间以内又犯性质比较严重的罪行，表明其人身危险性很大，只有对其判处较重的刑罚，才能有效地实施惩罚和改造，最终达到预防犯罪的目的。这就是刑法确立累犯制度的理由所在。

我国刑法第 65 条规定了一般累犯，第 66 条规定了危害国家安全罪、恐怖活动犯罪、黑社会性质的组织犯罪的特别累犯。这两种累犯在构成条件上存在着差别。

二、累犯的成立条件

（一）一般累犯的成立条件

一般累犯，是指因故意犯罪被判处有期徒刑以上刑罚且已满 18 周岁的犯罪分子，在刑罚执行完毕或者赦免以后，在 5 年内故意再犯应当判处有期徒刑以上刑罚之罪的情形。

一般累犯的构成条件包括以下方面：

（1）主观条件。前罪与后罪都是故意犯罪。如果前后两罪都是过失犯罪，或者前后两罪中其一是过失犯罪，则不构成累犯。刑法将过失犯罪排除在累犯之外，对累犯的主观构成要件作严格的限制，主要是因为：一方面，故意犯罪的犯罪人比过失犯罪的犯罪人具有更为严重的人身危险性和更大的主观恶性，理应受到重罚；另一方面，在我国，经常发生且对国家、社会和公民危害最大的主要是故意犯罪而非过失犯罪，因此，将累犯制度设立为防止犯罪人再犯故意之罪的法律措施，是有实际意义的。

（2）责任年龄条件。累犯必须是已满 18 周岁的人。第一次犯罪时行为人未满 18 周岁，第二次犯罪时亦未满 18 周岁的，不成立累犯；第一次犯罪时未满 18 周岁，第二次犯罪时已满 18 周岁的，也不成立累犯。这一规定的主要考虑是：只要行为人犯第一个罪时未满 18 周岁，其认识能力和控制能力就都远低于成年人的，其非难可能性相对也较低，法律上特别给予其照顾——视为不满 18 周岁时的犯罪不存在，其再犯罪的，无论其后罪是否已满 18 周岁，均不作为累犯处理。根据允许有利于被告人的类推的法理，不满 18 周岁的人，也不应当构成刑法第 356 条所规定的毒品犯罪的再犯。

（3）刑度条件。前罪被判处有期徒刑以上刑罚，后罪应当被判处有期徒刑以上刑罚，换言之，构成累犯的前罪已被判处的刑罚和后罪应被判处的刑罚都是有期徒刑以上刑罚，如果前后两罪所被判处的刑罚都低于有期徒刑，或者有一罪所判处的刑罚低于有期徒刑的，都不构成累犯。所谓“前罪被判处有期徒刑以上刑罚”，是指人民法院根据犯罪的全部情况，最后确定其宣告刑为有期徒刑以上刑罚。这里的“有期徒刑以上刑罚”，除了有期徒刑，还包括无期徒刑和死刑缓期 2 年执行。所谓“后罪应当被判处有期徒刑以上刑罚”，是指根据后罪社会危害性的大小，实际上应当宣告有期徒刑以上刑罚。

（4）时间条件。后罪发生在前罪的刑罚执行完毕或者赦免以后5年之内。我国刑法以刑满或赦免以后5年内再犯罪作为累犯成立的时间条件，如果后罪发生在前罪的刑罚执行期间，则不构成累犯，而应适用数罪并罚；如果后罪发生在前罪刑满或赦免5年以后，也不构成累犯。关于这里的“刑罚执行完毕”，法律没有明文规定，一般认为是指主刑执行完毕，不包括附加刑在内。主刑执行完毕以后5年内又犯罪的，即使附加刑还未执行完毕，也可以构成累犯。

（二）特别累犯的成立条件

根据我国刑法第66条的规定，特别累犯是指因犯危害国家安全犯罪、恐怖活动犯罪、黑社会性质的组织犯罪受过刑罚处罚，在刑罚执行完毕或者赦免以后，在任何时候再犯上述任一类罪的情形。我国刑法对特别累犯的规定，体现了刑法对危害国家安全犯罪、恐怖活动犯罪、黑社会性质的组织犯罪从严惩处的精神。

特别累犯的成立条件是：

1. 罪质条件

前罪与后罪均必须是危害国家安全犯罪、恐怖活动犯罪、黑社会性质的组织犯罪。（1）危害国家安全犯罪的范围是刑法分则第一章“危害国家安全罪”所有罪名。（2）恐怖活动犯罪的范围。我国刑法直接规定恐怖活动的罪名有组织、领导、参加恐怖组织罪，帮助恐怖活动罪等7个，但是第66条中的“恐怖活动犯罪”并不仅指这7个罪名，还包括恐怖组织实施的各种犯罪，例如杀人、爆炸、绑架等犯罪。（3）黑社会性质组织犯罪的范围。我国刑法直接规定黑社会性质组织犯罪的罪名有3个：组织、领导、参加黑社会性质组织罪（第294条第1款），入境发展黑社会组织罪（第294条第2款），包庇、纵容黑社会性质组织罪（第294条第3款）。但是第66条中的“黑社会性质的组织犯罪”并不仅指这三个罪名，还包括黑社会性质组织实施的各种犯罪。实施的犯罪中不仅包括杀人、爆炸、绑架等暴力性犯罪，也包括其他非暴力性犯罪，例如，洗钱罪、寻衅滋事罪等。

值得注意的问题是，刑法第66条规定，犯危害国家安全犯罪、恐怖活动犯罪、黑社会性质的组织犯罪，在刑罚执行完毕或者赦免以后，在任何时候再犯上述“任一类罪”的，都以累犯论处。这表明，特别累犯的前罪可以是三类犯罪中的任何一类，后罪也可以是三类犯罪中的任何一类，不要求保持一致，不要求后罪的种类与前罪相同。换言之，如果前罪是恐怖活动犯罪、后罪是黑社会性质的组织犯罪，也可以构成特别累犯。这实际上在很大程度上扩大了特别累犯的成立范围。

2. 主观条件

前罪和后罪都必须为故意犯罪，因为危害国家安全犯罪、恐怖活动犯罪、黑社会性质的组织犯罪均只能由故意构成，不存在过失犯罪的问题。

3. 刑度条件

前罪被判处的刑罚和后罪应判处的刑罚的种类及轻重不受限制。即使前后两罪或者其中一罪被判处管制、拘役，甚至单处被附加刑，也不影响等特别累犯的成立。

4. 时间条件

后罪可以发生在前罪刑罚执行完毕或者赦免后的任何时候，不受两罪相隔时间长短的限制。

三、累犯的其他问题

1. 假释犯与累犯的关系

对此，应当区别情况考虑：被假释的犯罪分子，如果在假释考验期内又犯新罪的，不构成累犯，而应在撤销假释之后，适用数罪并罚。因为假释考验期未满，就不能视为原判刑罚已经执行完毕，就不符合成立累犯的基本条件。被假释的犯罪分子，如果在假释考验期满后5年以内又犯新罪的，则构成累犯，因为假释考验期满就认为原判刑罚已经执行完毕，此时再犯罪的，自然应成立累犯。

2. 缓刑犯与累犯的关系

对于在缓刑考验期间又犯新罪的，我国刑法第77条明确规定，应当撤销缓刑，对新犯的罪作出判决，把前罪和后罪所判处的刑罚，依照刑法第69条关于数罪并罚的规定，决定执行的刑罚。因此，在这种情况下，根本就谈不上是否成立累犯的问题。

此外，在缓刑考验期满以后，5年以内又故意犯应当判处有期徒刑以上刑罚之罪的，也不能构成累犯：(1) 根据我国刑法规定，在缓刑考验期限内没有再犯新罪，缓刑考验期满，原判刑罚就“不再执行”，而非原判刑罚“执行完毕”。既然前罪刑罚没有执行，那就缺少构成累犯的一个必要条件，即前罪刑罚必须执行完毕或者赦免。在这种情况下，当然不能构成累犯。(2) 以假释考验期满后再犯新罪可以构成累犯为由，得出缓刑考验期满以后再犯新罪也可以构成累犯的结论，并不妥当。按照刑法第85条的规定，假释考验期满，“就认为原判刑罚已经执行完毕”，而按照刑法第76条的规定，缓刑考验期满，“原判的刑罚就不再执行”，二者存在重大区别，所以，假释考验期满后再犯新罪的可以构成累犯，但缓刑考验期满以后再犯新罪的不构成累犯。(3) 累犯的成立要求前、后罪都是该当有期徒刑以上刑罚的、性质比较严重的犯罪。而缓刑犯之所以被宣告缓刑，是因为其犯罪情节较轻、有一定悔罪表现，不致再危害社会。这与被判处有期徒刑以上刑罚并且被实际执行的犯罪分子相比，在犯罪程度上毕竟存在差别，不能等同。缓刑考验期满后再犯罪，虽然不能构成累犯，但是不等于对其不能从重处罚。在对新罪量刑时，司法机关完全可以充分考虑其被宣告缓刑但不思悔改等具体情节，根据罪刑均衡原则对犯罪分子给予应有的处罚。

3. 再犯与累犯的关系

刑法第356条规定：“因走私、贩卖、运输、制造、非法持有毒品罪被判过刑，又犯本节规定之罪的，从重处罚。”这里的“本节之罪”是指刑法分则第六章第七节“走私、贩卖、运输、制造毒品罪”的所有犯罪。这就是刑法关于再犯的特殊规定。

从形式上看，再犯与累犯都导致从重处罚的法律后果，但再犯的前、后罪有特殊要求：前罪仅限于走私、制造、贩卖、运输、非法持有毒品罪五种犯罪，后罪的范围是刑法分则第六章第七节所有的毒品犯罪。此外，对后罪发生时间，前、后罪的刑度，都没有要求。这与特别累犯非常类似。

关于再犯与累犯在适用上的关系，不能认为同时构成再犯和累犯的一律适用刑法第356条规定的再犯条款从重处罚，因为刑法第74条规定，对于累犯，不适用缓刑；第81条第2款规定，对于累犯不得假释。如果一律适用再犯制度，就可以对同时符合累犯条件的再犯适用缓刑和假释，这会造成法律适用上的不公平。因此，犯罪人同时构成累犯和再犯的，原则上再犯规定是特别规定，应优先适用刑法第356条关于再犯的规定对罪犯从重处罚，不再适用总则中的累犯条款。但如果要对再犯宣告缓刑、假释的，仍应受刑法第74条、第81条第2款的限制，对同时构成累犯和再犯的犯罪人，不应适用缓刑和假释。此时应在累犯和再犯规定之间选择适用累犯的规定，以确保罪刑相适应原则得到贯彻。

四、累犯的法律效果

根据我国刑法第65条的规定，对累犯应当从重处罚。据此，对累犯裁量刑罚，确定其应当承担的刑事责任时，应注意把握以下几个方面的问题：

1. 对于累犯必须根据一定的标准从重处罚

无论对于具备一般累犯的构成条件者，还是对于具备特别累犯的构成条件者，都必须在法定刑的限度以内，对其判处相对较重的刑罚，即适用较重的刑种或较长的刑期。

一方面，对于累犯应当比照不构成累犯的初犯或其他犯罪人进行从重处罚。具体而言，就是当累犯所实施的犯罪行为与某一不构成累犯者实施的犯罪行为在性质、情节、社会危害程度等方面基本相似时，应比照对不构成累犯者应判处的刑罚再予以从重处罚。虽然我国刑法并未明文规定对于累犯应当比照不构成累犯者从重处罚，但基于刑法设置累犯制度的宗旨和累犯制度的基本精神，应对累犯采用从重处罚原则。

另一方面，对累犯从重处罚，必须根据其所实施的犯罪行为的性质、情节和社会危害程度，确定具体应判处的刑罚，应切忌毫无事实根据地对累犯一律判处法定最高刑。在司法实践中，有个别审判人员习惯于对累犯不问情况一律判处法定最高刑，似乎对“从重处罚”的理解就是一律判“满贯刑”。这种理解显然是不妥当的。

2. 对累犯“应当”从重处罚，而不是“可以”从重处罚

“可以”是选择性规范，即适用者可以选择从重，也可以不选择从重。“应当”则是命令性规范，法官没有灵活选择的余地，即凡是符合累犯成立条件而构成累犯的，审判人员就必须对犯罪人在法定刑的幅度内处以较重的刑罚，否则就有悖于罪刑相适应的刑法原则。

3. 对累犯不适用缓刑、不得假释

这是刑法第 74 条、第 81 条第 2 款所明确规定的。因为缓刑和假释的适用，都要求以犯罪人不致再危害社会为条件，而累犯则属于屡教不改，具有较大人身危险性的人，对累犯适用缓刑和假释，不利于对累犯的教育、改造，起不到预防犯罪的刑罚目的，更不能保证社会的安全。

第四节　自　首

一、自首的概念

自首，是指犯罪以后自动投案，如实供述自己罪行的行为，或者被采取强制措施的犯罪嫌疑人、被告人和正在服刑的罪犯，如实供述司法机关还未掌握的本人其他罪行的行为。

自首的本质在于犯罪分子悔罪，自动供述其犯罪事实并承担相应法律后果。这在一定程度上表明了自首犯人身危险性的减小，因此，将自首作为刑法中一项重要的量刑制度，以体现惩办与宽大相结合的刑事政策，就是必要的。正确适用自首制度，一方面，可以鼓励和引导犯罪人主动归案，改过自新，争取宽大处理；另一方面，可以尽可能地降低司法成本，提高破案效率，有效地实现刑罚目的。我国刑法设置的自首制度及所确立的对自首犯从宽处罚的原则，对于分化、瓦解犯罪势力，迅速侦破刑事案件，感召犯罪分子主动投案，激励犯罪分子改过自新，减少社会不安定因素，及时打击和预防犯罪具有积极意义。

二、自首的种类及成立条件

根据刑法第 67 条的规定，自首分为一般自首和特别自首两种。

一般自首是指犯罪分子犯罪以后自动投案，如实供述自己罪行的行为。

特别自首，亦称准自首，是指被采取强制措施的犯罪嫌疑人、被告人和正在服刑的罪犯，如实供述司法机关还未掌握的本人其他罪行的行为。

（一）一般自首的成立条件

一般自首是指犯罪分子犯罪以后自动投案，如实供述自己罪行的行为。一般自首的成立条件包括：

1. 自动投案

自动投案，是指犯罪分子在犯罪之后、归案之前，出于本人的意志而自愿置于司法机关的控制之下，接受审判的行为。对此，可以从下几个方面加以把握。

(1) 投案时间。

投案行为必须发生在犯罪人尚未归案之前，这是对自动投案的时间限定。投案行为通常实行于犯罪分子犯罪之后、犯罪事实未被司法机关发觉以前①；或者犯罪事实虽然已被司法机关发觉，但犯罪人尚未被发觉以前；或者犯罪事实和犯罪分子均已被发觉，但司法机关尚未对犯罪分子进行讯问或者采取强制措施以前。此外，犯罪分子的罪行尚未被司法机关发觉，仅因形迹可疑被有关组织、部门询问、教育后，自动投案②；经查实犯罪分子确已准备去投案，或者正在去投案的途中，被公安机关逮捕的，也应视为自动投案。至于犯罪后被群众扭送归案的，或被公安机关逮捕归案的，或在追捕过程中走投无路当场被捕的，或经司法机关传讯、采取强制措施后归案的，均不能认为是自动投案。

对于在犯罪事实和犯罪人均已被发觉，犯罪人逃跑以后被司法机关通缉的情况下自动归案的，是否视为自动投案而成立自首，我国刑法学界存在争论。第一种观点认为：这种情况不能认为是自动投案，更不能视为自首，因为如果认定其是自首，无异于鼓励犯罪分子逃跑。例如，两个犯罪人共同作案后，一个逃跑，另一个没有逃跑而被捕。逃跑的犯罪人自动投案，按照自首予以从轻处罚；而没有逃跑的反而不能受到从轻处罚。这实质上是鼓励犯罪分子逃跑，会造成处罚上的不公平。第二种观点认为，对于犯罪人逃跑后被通缉时自动归案的，是否成立自首不能一概而论：在司法机关采取强制措施之前、发出通缉令之后，犯罪人自动归案并交代自己罪行的，视为自首；在司法机关采取强制措施后，犯罪人逃跑，于被通缉时自动归案的，不能视为自首。第三种观点认为，犯罪以后逃跑、处于被通缉之中的犯罪人自动归案的，应一律视为自首。

我认为，对于犯罪人逃跑后、被通缉时自动归案的，应当视为自首，因为法律设置自首制度的立法初衷是给犯罪人一条悔过自新的出路，通过自首而获得宽大处理。这不仅对犯罪人有利，而且使刑事案件及时破获，对司法机关同样有利。有关司法解释也肯定了这一点，例如1998年最高人民法院《关于处理自首和立功具体应用法律若干问题的解释》就规定，犯罪后逃跑，在被通缉、追捕过程中，主动投案的，属于自动投案。

(2) 投案对象。

投案对象是指犯罪分子必须自动投向有关机关与有关个人。这里的有关机关，主要是指司法机关，也包括其他非司法机关，例如犯罪人所在单位、城乡基层组织等。因为自首的本质是主动将自己交付司法机关处理，向司法机关以外的其他机关投案，最终也必将移送给司法机关处理，符合自首特征，应以自首论处。投案对象除有关机关以外，还可以是有关个人。这里的个人，法律和司法解释都未作限制，包括有关单位负责人、被害人等。

---

① 所以，在犯罪行为实施完毕，犯罪分子尚未离开现场，即被巡逻的警察怀疑而遭盘问的场合，犯罪分子如实交代犯罪事实的，可以成立自首。因为行为人在犯罪现场仅遭盘问，表明犯罪事实尚未被发觉，行为人仅仅是被怀疑实施了犯罪。

② 犯罪人仅因形迹可疑被盘问后，主动交代了犯罪事实的，是自动投案，但有关部门、司法机关在其身上、随身携带的物品、驾乘的交通工具等处发现与犯罪有关的物品的，不能认定为自动投案。

（3）投案方式。

投案方式是指以何种形式向有关机关或者个人投案的问题。应当指出，法律对于投案方式并无限制，因此，无论以何种方式投案都应被视为自首。

投案方式，一般可以分为以下几种。

其一，亲首。亲首是指犯罪人在犯罪以后亲自向有关机关或有关个人投案自首。亲首是投案自首的一般形式，绝大部分案件的犯罪人都是亲首。当然，在亲首的情况下，并不排除犯罪人利用电话、传真、信件、电子邮件等通讯方式向有关机关投案，要求司法机关尽快派员将自己捕获归案。

其二，代首。代首是指犯罪人在犯罪以后，只有投案自首的诚意，但由于种种原因不能亲自前往司法机关，而明确委托他人代为投案。代首的特点是委托他人代替自己向司法机关投案。之所以委托他人去投案，往往存在某种客观原因，例如，犯罪人因病、因伤，犯罪人为将被害人送往医院抢救而无暇亲赴司法机关投案，犯罪人为排除犯罪所造成的物质损害而无法及时自动投案等。

其三，送首。在行为人犯罪后，亲友经过规劝送其到司法机关投案的，可以成立自首。最高人民法院《关于处理自首和立功具体应用法律若干问题的解释》（1998 年 4 月 17 日）第 1 条规定："并非出于犯罪嫌疑人主动，而是经亲友规劝、陪同投案的；公安机关通知犯罪嫌疑人的亲友，或者亲友主动报案后，将犯罪嫌疑人送去投案的，也应当视为自动投案。"这里的"并非出于犯罪嫌疑人主动"，不是指即使犯罪嫌疑人毫无投案意愿而被强制投案也视为自动投案，而是指犯罪嫌疑人的投案意愿不是自发产生的，而是经亲友规劝产生的。也就是说，这一司法解释没有改变自首的基本要件，而只是一种提示性规定。之所以需要提示，是因为在亲友送首的情形下，犯罪人的投案意愿不容易确定。但犯罪嫌疑人强烈反抗的，就不能认为其有投案意愿，因此，犯罪嫌疑人被亲友采用捆绑等手段送到司法机关，或者在亲友带领侦查人员前来抓捕时有拒捕行为，即便如实供认犯罪事实的，也不能认定为自动投案，但可以参照法律对自首的有关规定酌情从轻处罚。

其四，陪首。陪首是指犯罪人犯罪以后，在他人的陪同下投案自首。这里的他人，一般是指朋友、邻居、同学、同事、单位领导等。在陪首的情况下，犯罪人也到司法机关去投案，但与亲首的不同之处在于他不是一个人前去投案，而是在他人的陪同下前去司法机关投案。

其五，首服。首服是指犯罪人在实施了告诉才处理的犯罪以后，向有告诉权的人告知自己的犯罪事实，并同意其告知司法机关的情形。

实务中还可能出现的情形是：1）行为人犯罪后自动投案，但不表明自己是作案人，但也没有逃离，在警察询问时交代了自己的罪行。对这种情形能否认定为如实供述？对此，最高人民法院《关于处理自首和立功若干具体问题的意见》（2010 年 12 月 22 日）规定，"犯罪后主动报案，虽未表明自己是作案人，但没有逃离现场，在司法机关询问时交代自己罪行的"，应当视为自动投案。2）明知他人报案而在现场等待，抓捕时无拒捕行为，供认犯罪事实的，应当视为自动投案。

（4）投案意愿。

投案必须是自动的，即犯罪分子的归案，并不是由违背其本意的原因所造成的，而是"出于本人的意志"。从这一要求出发，对于那些在犯罪后被抓获、被强行扭送公安机关而归案的犯罪分子，即使如实交代自己的罪行，也不能认定为自首。

把握犯罪分子归案行为的自动性，需要注意：一方面，自动投案的动机是多种多样的，有的出于真诚悔罪，有的慑于法律的威严，有的是为了争取宽大处理，有的因潜逃在外而生活无着落，有的经亲友规劝而醒悟，等等，但不同的动机，都并不影响归案行为的自动性。另一方面，投案自动性并不要求犯罪分子完全基于自己的意志选择。是否属于“出于本人的意志”，应从设立自首制度的宗旨的角度作广义的解释，凡是到有关机关或向有关人员投案，而又不明显抗拒控制或处理的，都可以认定为自动投案。换言之，在一些特殊情况下，投案的自动性也是不容否认的，例如，在强制戒毒、行政拘留、民事拘留期间，主动交代司法机关尚未掌握的他种罪行的，相当于自动投案，也应视为自首。此外，对于那些并非主动，甚至在某种程度上带有一定的被迫性，而在亲友规劝、陪同下，或者由亲友主动送交投案的，均应认为具有“自动性”①，不能因为犯罪分子本人并不悔罪，而投案又是迫于亲友的压力所为，就否定其自动投案的性质。因为这些情况下所发生的归案行为，虽然在一定程度上有别于典型的自动归案，但如果离开犯罪人本人的意志是难以实现或根本不可能实现的，所以，在本质上，这些归案行为仍是基于犯罪人的意志而发生的。

比较复杂的问题是：有的亲友事先并没有对犯罪分子规劝、教育，但揣测该犯罪分子不愿自动投案，从而在报案后直接强行将其捆绑或押送归案的，可否认定为自动投案？在这种情况下，关键要考察犯罪分子本人在被押送归案过程中及被动归案后的表现。如果犯罪分子在整个过程中均无明显的抗拒投案行为，就可以考虑认定为自动投案。

（5）投案彻底性。

投案彻底性是指犯罪分子投案后必须将自己自愿置于司法机关的控制之下，接受审查和裁判。审查，主要是指公安机关、检察机关和人民法院针对刑事案件而进行的审理、查明证据等诉讼活动；裁判，是指人民法院在审查的基础上对犯罪人定罪量刑所作的判决和裁定。犯罪分子自动投案、如实交代自己的犯罪事实后，必须听候、接受司法机关的侦查、起诉和审判，不能逃避司法追究，才能最终成立自首。犯罪分子将自己的人身置于司法机关的现实控制之下，是其悔罪的具体表现，也是国家对其从宽处理的重要根据。犯罪人归案之后，无论是在刑事诉讼的侦查阶段、起诉阶段还是审判阶段，逃避司法机关现实控制的，都是不接受国家审查、裁判的行为，不能成立自动投案。

在认定投案彻底性这一条件时，需要注意三个方面的问题：

其一，犯罪人自动投案并交代罪行后隐匿、脱逃的，或者自动投案并交代罪行后又推翻供述，意图逃避制裁的，或者委托他人代为自首而本人拒不到案的，等等，都属于拒不接受国家审查和裁判的行为，不能认定为自动投案。

司法实践中，有的犯罪嫌疑人自动投案后逃跑②，后又出于悔罪或其他原因再次自动投案。对于这种情况可否认定为自首？不少学者认为，这种情况属于犯罪人自动投案后一直逃避审查和裁判的情形，所以不成立自首。但是，这种观点可能值得商榷，如果犯罪嫌疑人逃跑后再次自动投案，又自愿受司法机关控制的，理应视为自动投案，只要其如实供述自己的罪行，应认定为自首。作这样的处理，符合自首制度的设立宗旨，也有利于最大限度地促使犯罪嫌疑人悔过自新。有关司法解释规定，在被通缉、追捕过程中自动投案的，也应当视为自动投案。

其二，犯罪分子自动投案并如实交代罪行后，为自己进行辩护，或者提起上诉，或者补充或更正某些事实的，都属于正当行使法律赋予被告人的权利的行为，应当允许，不能视为拒不

① 当然，亲友在对犯罪分子规劝无效之后将其强行扭送公安机关归案，而犯罪分子在扭送过程中又反抗或逃跑的，就不属于自动投案，不能成立自首。

② 需要注意的一种倾向是：公安机关在犯罪人被取保候审期间没有对其实行传讯，也未对保证人进行任何处罚，但庭审时出具证明，声称犯罪人在取保候审期间不能随传随到、下落不明，却没有其他证据可以证明的，不能认定犯罪人在取保候审期间“逃跑”，而应当肯定自首的存在。

接受国家审查和裁判。

其三，在司法实践中，有的犯罪人匿名将赃物送回司法机关或原所有权人、占有权人处，或者用电话、书信等方式匿名向司法机关报案或指出赃物所在。此类行为并没有将行为人自身置于司法机关的有效控制之下，没有接受国家审查和裁判的诚意，因而不能成立自首。但这种主动交出赃物的行为，是悔罪的表现之一，在处理时可以考虑适当从宽。

2. 如实供述罪行

如实供述自己的罪行，是指犯罪嫌疑人自动投案后，如实交代自己的主要犯罪事实。犯罪分子自动投案之后，只有如实供述自己的罪行，才足以证明其悔罪，为司法机关追诉其所犯罪行提供客观依据，使追究犯罪人刑事责任的刑事诉讼活动得以顺利进行。因此，如实供述自己的罪行是自首成立的重要条件。

把握自首成立的这一条件，须注意以下几个问题。

（1）如实。

投案人的供述必须如实，这里的如实是指犯罪人对自己犯罪事实的表述与自己的记忆、与客观存在的犯罪事实相一致。通说一般强调犯罪人的供述与客观事实相一致，但是这可能有失偏颇。实践中，犯罪人自动投案，出于真诚悔悟的动机，对案件主要事实进行陈述，但是其供述与案件客观事实有重大出入，是否属于“如实”供述？应该说，在行为人按照自己的记忆进行供述，而其记忆与客观事实有冲突时，只要犯罪人基于真诚悔悟的动机进行交代，就应当承认供述的“如实性”。所以，这里的“如实”，首先是指供述符合犯罪人的记忆（主观说），其次才是符合案件客观事实（客观说）。一味地坚持客观说可能有悖于自首制度设立的初衷。当然，供述与犯罪人的记忆和客观事实相一致不是绝对的等同或者同一，而只能是近似或者相似。由于主、客观条件的限制，犯罪人在供述自己罪行的时候不可能保证所作供述与犯罪事实所有细节都相同，只要其所供述的罪行与客观存在的基本犯罪事实相一致，就可以视为如实供述。

在实践中，犯罪嫌疑人一方面自动投案，另一方面又认为自己的行为不是犯罪，在司法机关面前拒不认罪。比如，犯罪嫌疑人认为自己的杀人行为属于紧急避险，但又向司法机关自动投案，交代自己的“避险”行为，同时在接受讯问时坚持自己的行为是合法的杀人行为；犯罪嫌疑人在有关领导找其谈话过程中承认自己有经济问题，但不认为自己是贪污犯罪。对于这种情况能否认定为自首，实务中产生了一些争论。部分学者认为，既然犯罪嫌疑人拒不认罪，表明其不是“如实供述罪行”，所以不能将其认定为自首。

但是，这种观点值得商榷，理由是：一方面，法律要求犯罪人“如实供述罪行”实际上是要求其如实供述“案件事实”，至于对案件的定性，与犯罪人是否自己承认犯罪无关，也与行为人对法律的认识错误无关，犯罪人对自己的行为如何进行法律评价在自首的认定中不需要考虑。换言之，自首的成立，不以犯罪嫌疑人承认自己的行为成立犯罪为前提，实际上只要犯罪嫌疑人按照自己的记忆如实供述了自己的犯罪事实就已经足够，某一行为是否构成犯罪，是需要司法机关在充分考虑案件事实和证据的基础上进行判断的复杂问题。另一方面，在认定是否如实供述的时候，应当注意把如实供述与合理辩解加以区分。如实供述是指将本人所犯罪行客观地予以陈述，而自我辩解则是在客观陈述自己罪行的基础上，对本人承担责任的轻重进行解释。合理辩解是犯罪人的诉讼权利，不能因为犯罪人进行了自我辩解而否定其供述的如实性。所以，只要如实供述罪行，即使进行为自己开脱罪责的辩解也不能否认其自首的成立。例如，犯罪人如实交代盗窃事实，但是又辩解自己的行为属于“饥寒起盗心”，缺乏期待可能性，因而不能作为犯罪处理；或者如实交代抢劫事实，又坚持把犯罪性质说成是抢夺的，都应当成立自首。

(2) 供述。

供述是指交代、陈述自己的罪行，也就是通常所说的坦白。关于坦白，在刑法理论上存在广义与狭义之分。广义上的坦白指主动交代司法机关尚未掌握的罪行，因而这里的坦白包括自首。可以说，自首是坦白的最高形式。狭义上的坦白是指除自首以外如实供述司法机关尚未掌握的罪行。由此可见，自首包括坦白的内容，是投案以后的坦白。

在刑事审判程序中，犯罪嫌疑人如实供述后又翻供是较为常见的。1998 年最高人民法院《关于处理自由和立功具体应用法律若干问题的解释》规定："犯罪嫌疑人自动投案并如实供述自己的罪行后，又翻供的，不能认定为自首；但在一审判决前又能如实供述的，应当认定为自首。"如此解释，是为了有效地发挥自首制度的作用，敦促犯罪嫌疑人悔过自新、积极配合司法机关的诉讼活动。在理解和适用这一规定时，必须注意，对于犯罪嫌疑人对如实供述的罪行有无翻供、是否认定为自首，考察的时段必须是"一审判决前"。实践中，有的犯罪嫌疑人在一审期间先是如实供述了自己的罪行，后又翻供，上诉后又重新如实供述罪行。对这种情况不能认定为自首。①

理论上，也有人认为，对上诉后又重新如实供述罪行的，仍以认定为自首为妥。因为我国刑事审判采取两审终审制，在二审裁判生效之前，诉讼程序仍在进行，对犯罪嫌疑人、被告人的责任科处处于未确定状态。犯罪嫌疑人毕竟最初如实供述了罪行，尽管其间又有翻供，但只要在判决确定之前转而如实供述罪行的，完全符合自首的条件。这种观点也有一定道理，值得最高司法机关考虑。

(3) 罪行。

在自首的情况下，犯罪人自动投案以后应当如实供述自己的罪行。那么，如何理解这里的罪行呢？这里的罪行是指犯罪事实。所谓犯罪事实，是指客观存在的犯罪实际情况的总和，既包括故意犯罪，也包括过失犯罪。当然，某一具体罪行的范围应当以犯罪人的所知为限，是与犯罪人记忆相一致的犯罪主要事实，只要这一事实足以使司法机关查明犯罪真相就可以成立自首。

通说认为，"如实供述自己的罪行"必须是按照实际情况彻底交代自己所实施的全部罪行。当然，如果由于主、客观因素的影响，犯罪嫌疑人只能如实交代自己的主要或基本的犯罪事实，也应视为如实供述罪行。如果犯罪嫌疑人在交代犯罪的过程中推诿罪责、保全自己、意图逃避制裁，或者歪曲罪质、隐瞒情节、企图蒙混过关，或者掩盖真相、避重就轻、试图减轻罪责，等等，均属未如实供述罪行，不能成立自首。

如实供述的内容，根据 2010 最高人民法院《关于处理自首和立功若干具体问题的意见》，除供述自己的主要犯罪事实外，还应供述包括姓名、年龄、职业、住址、前科等情况。犯罪嫌疑人供述的身份等情况与真实情况虽有差别，但不影响定罪、量刑的，应认定为如实供述自己的罪行。犯罪嫌疑人自动投案后隐瞒自己的真实身份等情况，影响对其定罪、量刑的，不能认定为如实供述自己的罪行。

(二) 特别自首的成立条件

根据刑法第 67 条第 2 款的规定，特别自首的成立条件包括以下几个方面：

(1) 特别自首的主体必须是被采取强制措施的犯罪嫌疑人、被告人和正在服刑的罪犯。这

---

① 犯罪嫌疑人在一审期间如实供述了罪行，或者一审期间虽有翻供，但在一审判决之前最终还是如实供述了罪行，被一审判决认定为自首。进入二审程序后，该被告人又翻供，也应当认定为自首，只是在对被告人量刑时将其翻供行为作为从重情节酌情予以考虑。

里的强制措施是指我国刑事诉讼法所规定的拘传、取保候审、监视居住、拘留和逮捕等措施。所谓正在服刑的罪犯，是指已经人民法院判决，正在被执行所判刑罚的人。只有上述三种人，才能构成特别自首的主体。

（2）必须如实供述司法机关还未掌握的本人其他罪行。关于司法机关“还未掌握”，如果严格理解就是司法机关没有发觉或发现有相关犯罪线索和犯罪事实。实务上有观点认为，还未掌握，应是指司法机关“一无所知”，即对已因前罪而受审案犯的其他罪行完全不知晓。如果司法机关掌握了一定的线索或者证据，即使这些证据尚不足以完全证明案犯构成犯罪，也应认定为司法机关已经掌握。但是，这一主张可能有悖于刑法设立特别自首制度的初衷，过于绝对，值得商榷。特别自首制度的设立是为了给犯罪人留一条退路，使其获得改过自新的机会，所以，只要司法机关对主要犯罪事实没有掌握，就属于“还未掌握”。即使司法机关已经掌握与新的案件有关的线索或者部分次要事实，但只要还未掌握犯罪主要事实的，也属于“还未掌握”。犯罪人交代的事实与司法机关掌握或认定的事实不同，而且就犯罪的主要事实进行了供述，就应成立特别自首。如果对司法机关仅仅掌握了一定的线索或者证据，凭这些证据尚不足以完全证明案犯构成犯罪的情形，也认定为司法机关已经掌握，从而否定特别自首的成立，就会人为地为犯罪人自首设置障碍，也使很多刑事案件的破获成为不可能。因为司法机关只掌握了并不能完全证明案犯构成犯罪的线索或其他次要事实，如果罪犯不进一步主动交代，仍然无法对其定罪量刑。因此，本条第 2 款规定的被采取强制措施的犯罪嫌疑人、被告人和正在服刑的罪犯，如实供述司法机关还未掌握的本人其他“罪行”，是指主要犯罪事实。无论从立法精神、自首制度的本质还是司法效果考虑，都不应当把这里的司法机关“还未掌握”理解为司法机关一无所知，而只能将其解释为司法机关对足以证明行为人构成犯罪的主要事实还没有掌握。

如何理解这里的“本人其他罪行”，理论上和实务中一直存在不同主张。第一种观点认为，本人其他罪行是指犯罪分子本人的，与司法机关掌握的犯罪在性质上并不相同的犯罪。第二种观点认为，这里的其他罪行，既包括与被指控的犯罪性质不同的异种罪行，也包括与被指控的犯罪性质相同的同种罪行。第三种观点认为，在审判过程中，特别自首的本人其他罪行是指司法机关还未掌握的异种罪行；在服刑过程中，特别自首的本人其他罪行既包括异种罪行，也包括同种罪行。最高人民法院《关于处理自首和立功具体应用法律若干问题的解释》（1998 年 4 月 6 日）赞同上述第一种观点，即把特别自首限于供述不同种类的罪行。该司法解释第 2 条规定：“根据刑法第 67 条第 2 款的规定，被采取强制措施的犯罪嫌疑人、被告人和已宣判的罪犯，如实供述司法机关尚未掌握的罪行，与司法机关已掌握的或者判决确定的罪行属不同种罪行的，以自首论。”该司法解释第 4 条规定：“被采取强制措施的犯罪嫌疑人、被告人和已宣判的罪犯，如实供述司法机关尚未掌握的罪行，与司法机关已掌握的或者判决确定的罪行属同种罪行的，可以酌情从轻处罚；如实供述的同种罪行较重的，一般应当从轻处罚。”对于这种供述同种罪行的，司法解释没有明确是否以自首论处，但规定了从轻处罚。应该说，这种规定是可取的，但如果把已宣判的罪犯供述同种漏罪的，作为自首处理，可能更为合理。

三、自首认定中的特殊问题

（一）共同犯罪自首的认定

共同犯罪人自首时所应供述的自己罪行的范围，必须与其在共同犯罪中所起的作用和具体分工相适应。

1. 主犯应供述的罪行范围

主犯中的首要分子必须供述的罪行，应包括其组织、策划、指挥下的全部罪行；其他主犯必须供述的罪行，应包括其在首要分子的组织、策划、指挥的支配下，单独实施的共同犯罪的罪行以及与其他共同犯罪人共同实施的犯罪行为。

2. 从犯应供述的罪行

从犯中次要的实行犯必须供述的罪行，应包括犯罪分子自己实施的犯罪，以及与自己共同实施犯罪的主犯和胁从犯的犯罪行为；从犯中的帮助犯必须供述的罪行，包括自己实施的犯罪帮助行为，以及自己所帮助的实行犯的犯罪行为。

3. 胁从犯应供述的罪行范围

胁从犯应供述自己在被胁迫下实施的犯罪，以及其所知道的胁迫自己犯罪的胁迫人所实施的罪行。

4. 教唆犯应供述的罪行范围

教唆犯应供述自己的教唆行为，以及其所了解的被教唆人产生犯罪意图之后实施的犯罪行为。

（二）数罪自首的认定

正确认定数罪的自首，关键在于判断犯罪人是否如实地供述了所犯数罪并分别不同情况予以处理。

（1）就一般自首而言，对于犯罪人自动投案后如实地供述所犯全部数罪的，应认定为全案均成立自首。对于犯罪人自动投案后仅如实供述所犯全部数罪的一部分，而未供述所犯他罪的罪行的，应当分别予以处理：如果行为人所犯数罪为异种数罪的，其所供述的犯罪成立自首，其未交代的犯罪则不成立自首，即其自首的效力仅及于如实供述之罪。如果行为人所犯数罪为同种数罪，则应根据犯罪人供述犯罪的程度，决定自首成立的范围。其中，罪犯所供述的犯罪与未供述的犯罪在性质、情节、社会危害程度等方面大致相当的，只应认定所供述之罪成立自首，未供述之罪不成立自首，即自首的效力同样只及于如实供述之罪。犯罪人确实由于主、客观方面的原因，只如实供述了所犯数罪中的主要或基本罪行，应认定为全案成立自首，即自首的效力及于所犯全部罪行。

（2）就特别自首而言，被司法机关依法采取强制措施的犯罪嫌疑人、被告人，如实供述司法机关还未掌握的本人非同种罪行的；或者正在服刑的罪犯，如实供述判决宣告前发生、判决确定的罪行以外的，司法机关还未掌握的同种罪行或者非同种罪行的，以自首论。

（三）交通肇事罪的自首

交通肇事后逃逸，在公安机关侦查阶段主动投案，交代罪行的，应认定为自首。人们对此没有异议，但对于行为人肇事后没有逃逸，主动到公安机关投案，如实交代罪行的，能否认定为自首情节，则争议较大。一种意见认为，道路交通安全法（2021 年修正）第 70 条规定：肇事者必须立即抢救受伤人员，并迅速报告执勤的交通警察或者公安机关交通管理部门。鉴于法律对肇事者赋予了强制性的报告义务，即使肇事者没有逃逸，主动到公安机关投案，也不能视为自首，只能视为肇事者履行了法定义务。另一种意见认为，在交通肇事罪中，无论犯罪人逃逸还是未逃逸，案发后主动到公安机关投案，如实供述自己的罪行的，均应认定为自首，但是，在具体处理时，对肇事者逃逸后又归案的自首，和没有逃逸直接归案的自首，在处理上应该有所区别：对未逃逸者可以考虑从宽处罚或者增大从宽的幅度，而对逃逸者可以不从宽处罚或者缩小从宽幅度。

应该说，第二种观点更为合理，其对于鼓励肇事者及时归案，配合司法机关处理案件，及时赔偿被害人的损失等都有积极意义。此外，对逃逸后又归案者认定为自首，对认罪态度较好的未逃逸者反而不认定为自首，有时会带来处罚上的不合理，也会使刑法无法得到公众的认同。对此，2010年最高人民法院《关于处理自首和立功若干具体问题的意见》规定：交通肇事后保护现场、抢救伤者，并向公安机关报告的，应认定为自动投案，构成自首的，因上述行为同时系犯罪嫌疑人的法定义务，对其是否从宽、从宽幅度要适当从严掌握。交通肇事逃逸后自动投案，如实供述自己罪行的，应认定为自首，但应依法以较重法定刑为基准，视情况决定对其是否从宽处罚以及从宽处罚的幅度。

（四）单位犯罪的自首

除对自然人可以适用自首外，对单位也能适用自首。一方面，单位可以具有投案意图。单位犯罪后，其法定代表人或直接责任人员出于愧疚、减轻罪责和恐惧等心理，产生投案意图，把自己的意图通过特定方式如开会研究等上升为单位的意志，并由单位决定向有关机关投案，从而可实现投案的意图。另一方面，在客观上，单位也可自动投案，如实供述自己的罪行。单位的投案是先由其决策机构作出决定，再向有关机关投案。在实践中，主要有两种情形：法定代表人自动投案，单位向司法机关或其他有关单位投送加盖其公章、承认其犯罪的书面材料。

单位自首的对象为犯罪嫌疑人、被告人。在侦查阶段，犯罪单位也被称为犯罪嫌疑人；在起诉和审判阶段，犯罪单位也被称为被告人或被告单位，所以，我国刑法并没有明确自首的被告人、犯罪嫌疑人只能是自然人，更没有排斥、否定单位自首的存在。此外，刑法第31条中规定，单位犯罪的，对单位判处罚金，并对其直接负责的主管人员和其他直接责任人员判处刑罚。因此，对于构成自首的犯罪单位，可直接通过减少罚金数额或对其主管人员和其他直接责任人员从轻、减轻处罚，来实现自首从宽的刑罚裁量原则。

（五）职务犯罪的自首

（1）犯罪事实和犯罪分子已被发觉掌握，犯罪分子没有自动投案，在办案机关调查谈话、讯问、采取调查措施或者强制措施期间，犯罪分子如实交代办案机关掌握的线索所针对的事实的，不能认定为自首。这里办案机关采取的举措，不仅包括讯问和强制措施，也包括调查谈话和其他调查措施。其中的调查谈话，包括纪检监察机关对犯罪分子的调查谈话。其中的调查措施，包括纪检监察机关对犯罪分子采取的“双规”“双指”措施。

（2）具有以下情形之一的，以自首论：1）犯罪分子如实交代办案机关未掌握的罪行，且与办案机关已掌握的罪行属不同种罪行的；2）办案机关所掌握线索针对的犯罪事实不成立，在此范围外犯罪分子交代同种罪行的。

四、自首犯的处罚

各国刑法对自首从宽处罚的规定有所不同，有的采取相对从宽处罚原则，有的采取绝对从宽处罚原则。我国刑法第67条第1款中规定，对于自首的犯罪分子，可以从轻或者减轻处罚。其中，犯罪较轻的，可以免除处罚。可见，我国采取了相对从宽处罚的原则。

根据立法的精神，在对自首犯进行处罚时，应当注意以下问题：

（1）对自首犯要根据其主观恶性的大小和自首的具体情节（如投案早晚、投案动机、对罪行交代的程度等）来决定是从轻还是减轻处罚。对于主观恶性较小、悔改表现明显的，可以考虑减轻处罚；对于其他的自首犯，则可以从轻处罚。

（2）对于犯罪较轻的自首犯，主观恶性较小、悔改表现十分明显的，可以免除处罚。

（3）对于犯有数罪的人，投案后仅供述其中一罪的，只对其所供述的罪按自首从轻或者减轻处罚。但是，如果供述了数罪的主要罪行的，也可以对全案按自首处理。

第五节 坦 白

一、坦白的概念

坦白，是指犯罪分子被动归案之后，如实供述自己罪行的行为。例如，贪污、贿赂犯罪的嫌疑人被办案机关采取调查谈话、讯问、采取调查措施或者强制措施期间，如实交代办案机关掌握的线索所针对的事实的，不能认定为自首，但属于坦白。

刑法第 67 条第 3 款将坦白规定为法定从宽处罚情节，主要有以下考虑：（1）坦白表明犯罪分子有心悔悟，说明其人身危险性有所降低。（2）犯罪分子坦白有利于侦查机关更顺利地结案，有利于节约司法资源，有时甚至能够及时避免特别严重后果的发生。（3）坦白从宽一直是我国的刑事政策，将该项刑事政策上升为刑法规定，有利于侦查机关开展讯问工作，尽最大可能减少刑讯逼供的发生。（4）具体司法实务以及有关司法解释历来都认可对坦白应酌情从宽处罚的原则，立法只是将司法惯例成文化。

二、坦白的认定

坦白的成立条件是如实供述自己的罪行。

如实供述，意味着行为人按照自己的记忆供述自己的犯罪行为，而不是作虚假供述。如实供述的内容，除自己的主要犯罪事实外，还应包括姓名、年龄、职业、住址、前科等情况。犯罪嫌疑人在交代罪行的过程中隐瞒主要事实或关键情节，掩盖真相，企图蒙混过关，属于未如实供述罪行，不能成立坦白；犯罪嫌疑人如实供述自己的罪行后，又翻供的，也不能认定为坦白。

三、坦白与自首的区别

自首与坦白的相同之处为：（1）均以行为人实施了犯罪行为为前提；（2）犯罪人在归案之后都是如实交代自己的犯罪事实；（3）犯罪人都有接受国家审查和裁判的行为；（4）都是从宽处罚情节。

然而，自首与坦白之间的区别更为重要。一般自首与坦白的区别在于，一般自首是犯罪人自动投案后，如实供述自己的罪行；坦白是犯罪人被动归案后如实供述自己的罪行。特别自首与坦白的区别在于，特别自首是如实供述司法机关尚未掌握的本人其他罪行，坦白是如实供述司法机关已经掌握的本人罪行。实际上，自首与坦白所反映出的罪犯人身危险性程度不同，自首犯的人身危险性相对较低，坦白者的人身危险性相对较高。

四、坦白的处罚

依据刑法第 67 条第 3 款的规定，犯罪嫌疑人有坦白情节的，可以从轻处罚；因坦白避免特别严重后果发生的，可以减轻处罚。这表明，如果是普通坦白，可以从轻处罚。因坦白而避免特别严重后果发生的，可以减轻处罚。对此存在两项条件：（1）避免特别严重后果发生。例如，被害人被及时抢救、犯严重犯罪的犯罪人被及时抓获、赃物及时起获、避免了重大财产损失等。（2）避免特别严重后果发生与坦白要具有因果关系。这是指因为犯罪人的坦白而避免了特别严重后果发生，否则不能减轻处罚。由此可见，即使将坦白视为法定从宽处罚情节，其从宽程度通常也要低于自首。

第六节　立　功

一、立功的概念和条件

立功，是指犯罪分子揭发他人的犯罪行为，查证属实的，或者提供重要线索，从而得以侦破其他案件的行为。

立功的条件主要包括：(1) 主体是犯罪分子，即被采取强制措施的犯罪嫌疑人、被告人和正在服刑的罪犯。(2) 所揭发、检举的行为都同犯罪密切相关，属于他人的犯罪行为或者他人犯罪的重要线索。(3) 揭发、检举的内容真实，对破案有效，其内容经查证属实或者据以侦破了其他犯罪案件。

我国刑法所确立的立功制度和对立功犯从宽处罚的原则，具有重大的意义：一方面，这一制度可以激励犯罪分子改过自新，重新做人，使其能以较为积极的态度协助司法机关工作，提高司法机关办案的效率；另一方面，这一制度可以有效地瓦解犯罪势力，促使其他犯罪分子主动归案，减少因犯罪而对社会造成的不安定。

二、立功的表现形式

刑法第 68 条第 1 款规定了立功的两种形式：

一种是“揭发型”立功，即犯罪分子揭发他人的犯罪行为，并经查证属实的。犯罪分子被羁押或者归案后，不仅如实地交代自己的犯罪，还主动地揭发其他人的犯罪行为，包括揭发同案犯共同犯罪事实以外的其他犯罪行为。这种揭发必须经司法机关查证属实。如果经过查证，发现其揭发的情况不是事实，或者无法证实，或者不属于犯罪行为，则这种揭发不是立功。

关于“揭发型”立功，有以下问题值得讨论：(1) 揭发“他人”的犯罪，是指对他人所认定的罪名应在“如实供述自己的罪行”的范围之外。在参与双方都会受到处罚的对向犯（例如行贿、受贿罪）中，揭发他人的事实属于如实供述自己犯罪事实的当然组成部分，是揭发者本人成立自首或者坦白的必要条件，此情节不能使用两次（禁止重复评价），因此，难以再成立立功。例如，甲因为犯故意杀人罪被抓获，在审讯过程中，甲交代了自己向乙行贿 50 万元的事实。对行贿罪而言，甲成立自首，其不能因为“揭发”乙对应的受贿行为再成立立功。但在仅处罚某一方的对向犯中，揭发者可能成立立功（例如，因抢劫被采取强制措施的犯罪嫌疑人检举他人贩卖淫秽物品犯罪的，可以成立立功）。在共犯人之间的共同故意不相同的场合，超出共同故意的犯罪与共同故意的犯罪在性质上没有相似性，在犯罪发展过程上没有因果关联性的，揭发者可能成立立功（例如，共谋诈骗者之一在现场实施强奸的，他人对强奸犯的揭发可以构成立功）；反之，则难以认定为立功（例如，明知与他人没有债务而教唆他人扣押人质索取债务的，构成非法拘禁罪的犯罪嫌疑人对绑架罪犯的揭发不能成立立功；共谋“教训”他人，有伤害故意者对杀人犯的揭发也不能成立立功；共谋盗窃，其中一人在现场使用暴力抗拒抓捕的，抢劫罪犯对盗窃犯的揭发也难以认定为立功）。(2) 他人的“犯罪”，是指客观的法益侵害事实。揭发他人的犯罪行为，事后查明他人当时未成年或不具有责任能力的，揭发者仍应成立立功；揭发他人的“犯罪行为”，但是该犯罪行为已超过追诉时效的，不影响立功的成立。

另一种是“提供线索型”立功，即犯罪分子提供重要线索，使侦查机关得以侦破其他案件的。重要线索应是指司法机关尚未掌握的重要犯罪线索，即能够证明犯罪的重要事实、犯罪人或者有关证人等。提供的重要线索必须是真实有用的，司法机关能够据此查明犯罪，侦破案件。如果经过侦查，发现提供的线索不实，或者无法证明发生过犯罪，或者据此查明的行为不属于犯罪行为的，就不应当认为是立功。

2010 年最高人民法院《关于处理自首和立功若干具体问题的意见》规定：犯罪分子通过贿买、暴力、胁迫等非法手段，或者被羁押后与律师、亲友会见过程中违反监管规定，获取他人犯罪线索并“检举揭发”的，不能认定为有立功表现。犯罪分子将本人以往查办犯罪职务活动中掌握的，或者从负有查办犯罪、监管职责的国家工作人员处获取的他人犯罪线索予以检举揭发的，不能认定为有立功表现。犯罪分子亲友为使犯罪分子“立功”，向司法机关提供他人犯罪线索、协助抓捕犯罪嫌疑人的，不能认定为犯罪分子有立功表现。

对于立功的表现形式，立法上采取了列举和概括相结合的立法方法。根据立法精神和相关司法解释，下列情形也属于立功：

（1）犯罪分子阻止他人的犯罪活动的。这种情况一般发生在羁押场所或者监狱里。犯罪分子为制止他人的犯罪活动，协助司法机关维护劳动改造场所的秩序，承担了一定的风险，这是以实际行动证明其有悔改的诚意，所以应属立功表现。

（2）犯罪分子协助司法机关缉捕其他犯罪嫌疑人，包括同案犯的。2010 年最高人民法院《关于处理自首和立功若干具体问题的意见》规定，犯罪分子具有下列行为之一，使司法机关抓获其他犯罪嫌疑人的，属于“协助司法机关抓捕其他犯罪嫌疑人”：1）按照司法机关的安排，以打电话、发信息等方式将其他犯罪嫌疑人（包括同案犯）约至指定地点的；2）按照司法机关的安排，当场指认、辨认其他犯罪嫌疑人（包括同案犯）的；3）带领侦查人员抓获其他犯罪嫌疑人（包括同案犯）的；4）提供司法机关尚未掌握的其他案件犯罪嫌疑人的联络方式、藏匿地址的。

需要注意：对于协助司法机关抓捕同案犯的认定，需要严格限制。对于犯罪分子提供同案犯姓名、住址、体貌特征等基本情况，或者提供犯罪前、犯罪中掌握、使用的同案犯联络方式、藏匿地址，司法机关据此抓捕同案犯的，不能认定为协助司法机关抓捕同案犯。

（3）犯罪分子有其他有利于国家和社会的突出表现的。如有重要的发明创造，对提高生产、促进建设有利；积极抢险救灾，减少或防止了国家损失，保护了他人的安全等。

三、职务犯罪的立功

（1）犯罪分子的亲友直接向有关机关揭发他人犯罪行为，提供侦破其他案件的重要线索，或者协助司法机关抓捕其他犯罪嫌疑人的，不应当认定为犯罪分子的立功表现，因为：立功表明犯罪人本人的人身危险性和再犯可能性减小，代为立功难以证明这一点；同时，代为立功可能导致“花钱买立功”等不良现象产生，导致社会不公。

（2）因为线索、来源不合法，而不能成立立功的情形包括：1）本人通过非法手段或者非法途径获取线索、材料的（例如，通过向公安人员行贿，购买他人犯罪线索，通过盗窃、敲诈勒索手段获取他人犯罪线索的，不能认定为立功）。2）本人因原担任的查禁犯罪等职务获取线索、材料的。3）监管人员或其他人违反监管规定，向犯罪分子提供线索、材料的。

（3）立功的认定程序。犯罪分子揭发他人的犯罪行为，提供侦破其他案件的重要线索的，必须经查证属实，才能认定为立功。审查是否构成立功，不仅要审查办案机关的说明材料，还要审查有关事实和证据以及与案件定性、处罚相关的法律文书，如立案决定书、逮捕决定书、侦查终结报告、起诉意见书、起诉书以及判决书等。

四、立功的法律效果

刑法第 68 条规定，犯罪分子有立功表现的，可以从轻或者减轻处罚。有重大立功表现的，可以减轻或者免除处罚。具体决定是否从轻、减轻或者免除处罚以及从轻、减轻处罚的幅度时，应当根据犯罪的事实、性质、情节和对于社会的危害程度，结合立功表现所起作用的大小、所破获案件的罪行轻重、所抓获犯罪嫌疑人可能判处的法定刑，以及立功的时机等具体情节加以考虑。

第七节　数罪并罚

一、数罪并罚的概念

数罪并罚，是指人民法院对于行为人在法定时间界限内所犯数罪分别定罪、量刑后，按照法定的并罚原则及刑期计算方法决定其应执行的刑罚的制度。

依照我国刑法的规定，数罪并罚具有以下三个特征：

（一）一人犯数罪

数罪并罚的前提是一人犯有数罪。如果一个人的行为不构成数罪，则不能为了对其加重处罚而适用数罪并罚。此处的数罪，是指实质上的数罪或独立的数罪。换言之，一行为人犯有一罪，或者非共犯的数行为人犯有数罪，都不产生数罪并罚的问题。同种数罪，原则上不并罚。

（二）数罪发生在法定的时间界限之内

根据我国刑法的规定，并非任何时候的实质数罪都需并罚，适用数罪并罚只限于以下三种情况的数罪，即：（1）判决宣告以前一人犯数罪；（2）刑罚执行过程中发现被判刑的犯罪分子在判决宣告以前还有其他罪没有判决；（3）判决宣告以后、刑罚执行完毕以前，被判刑的犯罪分子又犯新罪。司法实践中，在处理被告人刑满释放后又犯罪的案件时，发现他在前罪判决宣告以前，或者在前罪判处的刑罚执行期间，犯有其他罪行，未经过处理，并且依照刑法的规定应当追诉的，如果漏罪与新罪属于不同种的罪行，即应对漏罪与刑满释放后又犯的新罪分别量刑，并依照刑法第69条的规定，实行数罪并罚。如果漏罪与新罪属于同一种罪，可以判处一罪从重处罚，不必实行数罪并罚。

（三）根据一定方法进行并罚

数罪并罚必须在对数罪分别定罪、量刑的基础上，依照法定的并罚原则、范围与方法，决定执行的刑罚。

数罪并罚不是对数罪所判刑罚的简单相加，而是对犯罪分子所犯数罪，依照刑法分则的相关规定，逐个地确定其罪名，量定刑罚，然后根据数罪并罚所应遵循的法定原则，决定执行的刑罚。在审判实践中，对于数罪中有一罪或者数罪应当判处无期徒刑或死刑（含死缓）的案件，同样应当对各罪分别量刑，然后决定执行其中最高的刑罚。对附加刑也应当分别量刑，这样才能看出附加刑是针对何罪适用的。只有数罪中有判处附加刑的，决定执行的刑罚中才能有附加刑。

在我国刑法中确立数罪并罚制度，具有重大的意义：

一方面，数罪并罚制度是对罪刑相适应原则的贯彻。利用刑罚惩罚犯罪的依据在于行为人实施了犯罪行为。而惩罚必须考虑犯罪行为的社会危害性和犯罪人的人身危险性。一人犯一罪和一人犯数罪，无论在社会危害性还是人身危险性方面都很不相同，所以，根据行为人犯数罪的不同情况，并按照刑法所规定的数罪并罚原则对犯罪人合并处罚，可以保证对犯罪人准确地量定刑罚，从而保障罪刑相适应原则的实现。

另一方面，数罪并罚是维护被告人合法权益的需要。刑事程序法的基本要求是被告人享有辩护权和上诉、申诉权。如果被告人或者犯罪人不了解审判机关是怎样对其定罪、量刑的，无从提出上诉、申诉的意见和具体的辩护理由，这难免在一定程度上使其诉讼权利受到限制。实行数罪并罚，就宣告刑来说，可以清楚地看出审判机关对一人所犯各罪是怎样定罪、量刑的，所定罪名和所判刑罚是否正确、适当；就执行刑来说，可以清楚地看出审判机关决定执行刑罚是依据什么原则。如果被告人对一审判决不服，可以有针对性地提起上诉；如果犯罪人对终审判决不服，也可以有针对性地进行申诉。

二、数罪并罚的原则

所谓数罪并罚的原则，是指对一人所犯数罪合并处罚所依据的原则，简单地说，就是对数罪如何实行并罚。各国刑法基于不同的刑事政策规定了不同的数罪并罚原则，大致可归纳为以下几种：

（一）并科原则

并科原则，是指将一人所犯数罪分别宣告的各罪刑罚绝对相加、合并执行的合并处罚原则。

并科原则在某种程度上是报应论刑罚思想的产物，罪犯被合并执行的刑罚直观地展示了其犯罪的危害程度，国家对罪犯的严厉谴责态度也充分地得到了显示。但该原则实际弊端很多，动辄对罪犯判刑数十年甚至上百年，既难以执行，又使刑罚显得过于严酷。因此，世界上单纯采纳并科原则的国家并不多见。

（二）吸收原则

吸收原则，是指在对数罪分别宣告的刑罚中，选择其中最重的刑罚为执行的刑罚，其余较轻的刑罚为最重的刑罚所吸收，不予执行的合并处罚原则。

吸收原则虽然对于死刑、无期徒刑等刑种的并罚较为适宜，且适用颇为便利，但若普遍采用，即适用于其他刑种（如有期徒刑、财产刑等），则弊端较为明显。

（三）限制加重原则

限制加重原则，是指以一人所犯数罪中法定（应当判处）或已被判处的最重刑罚为基础，再在一定的限度之内对其予以加重作为执行罚的合并处罚原则。

限制加重原则的特点是：克服了并科原则和吸收原则或过于严酷且不便于具体适用，或过于宽泛而不足以惩罚犯罪的弊端；既使数罪并罚制度贯彻了有罪必罚和罪刑相适应的原则，又采取了较为灵活、合乎情理的合并处理方式。

我国刑法第 69 条从总体上确立了限制加重原则，同时兼顾考虑了并科原则和吸收原则，具体来说：

第一，限制加重原则的运用。对判决宣告的数个主刑为有期徒刑、拘役或管制的，采取限制加重原则。有期徒刑、拘役和管制本身都有一定的期限，因此，在数刑的综合刑期以下、数刑中最高刑期以上酌情决定执行的刑期是比较恰当的。但是，如果总和刑期过高，决定执行的刑罚就可能过长，因而我国刑法对最高刑期加以限制，即数罪并罚后管制最高不能超过 3 年，拘役最高不能超过 1 年，有期徒刑总和刑期不满 35 年的，最高不能超过 20 年，总和刑期在 35 年以上的，最高不能超过 25 年。例如，甲先后犯有抢劫、故意伤害、集资诈骗等罪行，分别被判处 15 年、12 年、10 年有期徒刑，三个罪的总和刑期为 37 年，数刑中最高刑为 15 年，本来可以在 15 年以上、37 年以下的范围内决定执行的刑期，但因有期徒刑总和刑期在 35 年以上的，数罪并罚时最高不得超过 25 年，所以，只能在 15 年以上、25 年以下的幅度内酌情决定执行的刑期。

第二，吸收原则的运用。对数罪分别判处死刑或无期徒刑的，以及判处有期徒刑和拘役的，采取吸收原则。数罪中宣告几个死刑或最重刑为死刑的，仅应决定执行一个死刑，而不得决定执行两个或两个以上的死刑或其他主刑。因为，死刑是剥夺生命的刑罚，生命对于一个人只有一次，既然已经执行了死刑，其他刑罚如徒刑、拘役、管制等就不可能再执行。如果在其他主刑执行完毕后再执行死刑，又有悖于我国刑罚的目的，也不利于及时打击危害特别严重的犯罪。数罪中宣告几个无期徒刑或最重为无期徒刑的，执行一个无期徒刑，不执行其他刑罚。因为无期徒刑是剥夺终身自由的刑罚。一个人的终身自由被剥夺后事实上已不可能再执行其他刑罚。同时，根据数罪并罚的原则，也不允许将两个无期徒刑合并升格为死刑。因为无期徒刑是剥夺自由的刑罚，死刑是剥夺生命的刑罚，两者的性质是截然不同的。

值得研究的问题是：对数罪所判处的刑罚有管制、拘役和有期徒刑的，如何进行并罚？对此，有观点认为可以折算，具体操作方法是：将管制 2 日折算为拘役 1 日或有期徒刑 1 日，将拘役 1 日折算为有期徒刑 1 日。在换算时，既可以将轻刑折算成重刑，也可以将重刑折算成轻刑。至于采取哪种折算，以数罪并罚中主要刑种为基准。例如，被告人犯有两罪，分别被判处 5 个月拘役与 2 年有期徒刑时，应将拘役折算为有期徒刑，再实行并罚。又如，被告人犯有两罪，分别被判处管制 2 年与拘役 3 个月时，应将 3 个月的拘役折算为 6 个月的管制，再实行并罚。但是，相反的观点认为，管制与拘役、有期徒刑在涉及限制还是剥夺自由的问题上，存在根本差异，将管制与拘役、有期徒刑进行相互折算，并不合理；拘役和有期徒刑在执行方式上、对自由的剥夺程度上也有一些不同（例如，被判处拘役的人，每月可以回家一到两天）。如果将有期徒刑折算成拘役或者管制，实际上会带来从轻处罚或者减轻处罚的负面效果，使刑罚“打折”。我国立法似乎并不赞同折算说。《刑法修正案（九）》第 4 条规定，数罪中有判处有期徒刑和拘役的，仅执行有期徒刑。立法在这里采用了有利于被告人的吸收原则。但对于“数罪中有判处有期徒刑和管制，或者拘役和管制的，有期徒刑、拘役执行完毕后，管制仍须执行”，立法采用了并科原则。因此，被告人犯有两罪，分别被判处 5 个月拘役与 2 年有期徒刑的，仅执行 2 年有期徒刑，拘役不再执行；被告人犯有两罪，分别被判处管制 2 年与拘役 3 个月的，在执行 3 个月的拘役之后，2 年管制刑仍需执行。

第三，并科原则的运用。一方面，对判处附加刑的，一般采取并科原则，附加刑仍须执行。数罪中主刑不论为死刑、无期徒刑、有期徒刑、拘役还是管制，如有判处附加刑的，附加刑仍须执行，因为附加刑与主刑的性质不同，不妨碍并科。另一方面，刑法第 69 条第 2 款中规定，数罪中有判处有期徒刑和管制，或者拘役和管制的，有期徒刑、拘役执行完毕后，管制仍须执行。这主要是考虑到管制对罪犯并不关押，其难以与拘役、有期徒刑进行相互折算。

三、数罪并罚的适用

根据刑法第 69 条、第 70 条、第 71 条的规定，适用数罪并罚有以下三种情况：

（一）判决宣告前一人犯数罪的并罚

刑法第 69 条第 1 款规定，判决宣告以前一人犯数罪的，除判处死刑和无期徒刑的以外，应当在总和刑期以下、数刑中最高刑期以上，酌情决定执行的刑期，但是管制最高不能超过 3 年，拘役最高不能超过 1 年，有期徒刑总和刑期不满 35 年的，最高不能超过 20 年，总和刑期在 35 年以上的，最高不能超过 25 年。

必须注意：如果判决宣告以前发现的数罪为同种数罪，是否应当并罚？对此，立法上并未作出明确规定，通行的见解是，对于判决宣告以前发现的同种数罪，原则上无须并罚，只要在特定犯罪的法定刑范围内作为一罪从重处罚即可以实现罪刑相适应的刑法原则。但是，当特定犯罪的法定刑过轻，且不并罚就难以使处罚结果与罪刑相适应原则符合，在法律未明文禁止时，也可以有限制地对同种数罪实行并罚。

（二）判决宣告后发现漏罪的并罚

刑法第 70 条规定：判决宣告以后，刑罚执行完毕以前，发现被判刑的犯罪分子在判决宣告以前还有其他罪没有判决的，应当对新发现的罪作出判决，把前后两个判决所判处的刑罚，依照刑法第 69 条的规定，决定执行的刑罚。已经执行的刑期，应当计算在新判决决定的刑期以内。依照该条规定，对新发现的漏罪的合并处罚具有以下几个特点：

（1）必须在判决宣告以后、刑罚执行完毕以前发现漏罪。其中，“判决宣告以后”，具体是指判决业已宣告并发生法律效力之后。如果漏罪被发现的时间不是在判决宣告以后至刑罚执行完毕以前的期限内，而是在刑罚执行完毕之后，或者所发现的漏罪不是在判决宣告之前实施的，而是在刑罚执行期间实施的，则不得适用第 70 条进行合并处罚。

（2）对于新发现的漏罪，不论与前罪的性质是否相同，亦即无论是异种数罪还是同种数罪，都应当单独作出判决。

（3）应当把前后两个判决所判处的刑罚，即前罪所判处的刑罚与漏罪所判处的刑罚，按照相应的数罪并罚原则，决定执行的刑罚。

（4）在计算刑期时，应当将已经执行的刑期，计算在新判决决定的刑期之内。也就是说，前一判决已经执行的刑期，应当从前后两个判决所判处的刑罚合并而决定执行的刑期中扣除。这种刑期计算方法，称为“先并后减”。例如，甲犯贪污罪，判处有期徒刑 12 年，在刑罚执行 5 年以后，发现他在判决宣告以前，还犯有受贿罪没有处理。这时应当对新发现的受贿罪作出判决，如果可判处有期徒刑 7 年，则应在 12 年以上、19 年以下决定执行的刑期。假设决定执行的刑期为 16 年，应将已经执行的 5 年计算在 16 年之内。也就是说，甲只需再执行 11 年刑期就届满。

对发现漏罪的并罚，还有以下问题需要研究：

（1）在数罪并罚以后刑罚执行期间，又发现罪犯在判决宣告以前犯有一罪的，应当如何并罚？对此，应当对漏罪所判处的刑罚与原判决决定执行的刑罚，依照相应原则决定执行的刑期，而不是对漏罪所判处的刑罚与原判决所认定的数罪的刑罚即数个宣告刑，依据相应原则决定执行的刑期。主要理由在于：前一判决即原来所作的数罪并罚判决，是已经发生法律效力的判决，如果对漏罪所判处的刑罚不与原判决决定执行的刑罚并罚，而与原判决所决定的数罪的刑罚即多个宣告刑并罚，就意味着推翻前一判决和否定前一判决已发生的法律效力，势必影响刑事判决的严肃性。此种观点可称为执行刑说。

（2）判决宣告以后、尚未交付执行之前发现漏罪的，是否适用刑法第 70 条的规定予以并罚？对于这种条件下发现漏罪的，可以分为以下两种情况处理：一是宣告判决发生法律效力之前发现漏罪的，不能适用刑法第 70 条进行数罪并罚。二审法院可以在查清事实后改判，也可以裁定撤销原判，发回原审人民法院重新审理。二是在宣告判决发生法律效力之后，但实际交付执行之前，发现被判刑的犯罪分子还有其他罪行漏判的，应当适用刑法第 70 条的规定实行数罪并罚。

（3）在刑罚执行中，依法对罪犯减刑后，又发现罪犯还有其他犯罪未判决的，应如何计算并罚期限？

关于对在刑罚执行中对罪犯减刑后，又发现漏罪的处理，最高人民法院的态度可以说极为“纠结”，先后出台过取向不同的司法解释。最高人民法院《关于刘文占减刑一案的答复》（2007 年 8 月 11 日）指出：“罪犯刘文占犯盗窃罪被判处无期徒刑，减为有期徒刑十八年之后，发现其在判决宣告之前犯有强奸罪、抢劫罪。沧州市中级人民法院作出新的判决，对刘文占以强奸罪、抢劫罪分别定罪量刑，数罪并罚，决定对罪犯刘文占执行无期徒刑是正确的。现监狱报请为罪犯刘文占减刑，你院在计算刑期时，应将罪犯刘文占第一次减为有期徒刑十八年之后至漏罪判决之间已经执行的刑期予以扣除。”这一解释强调要扣除已执行的刑期。但是，最高人民法院《关于罪犯因漏罪、新罪数罪并罚时原减刑裁定应如何处理的意见》（2012 年 1 月 18 日）指出：“罪犯被裁定减刑后，因被发现漏罪或者又犯新罪而依法进行数罪并罚时，经减刑裁定减去的刑期不计入已经执行的刑期。”“在此后对因漏罪数罪并罚的罪犯依法减刑，决定减刑的频次、幅度时，应当对其原经减刑裁定减去的刑期酌予考虑。”这等于否定了 2007 年《关于刘文占减刑一案的答复》的立场。而最高人民法院《关于办理减刑、假释案件具体应用法律的规定》（2016 年 11 月 14 日）第 34 条规定：罪犯被裁定减刑后，刑罚执行期间因发现漏罪而数罪并罚的，原减刑裁定自动失效。如漏罪系罪犯主动交代的，对其原减去的刑期，由执行机关报请有管辖权的人民法院重新作出减刑裁定，予以确认；如漏罪系有关机关发现或者他人检举揭发的，由执行机关报请有管辖权的人民法院，在原减刑裁定减去的刑期总和之内，酌情重新裁定。这一司法解释又对需要扣除已执行的刑期在一定程度上予以认可。

从学理上讲，对罪犯减刑后，又发现罪犯还有其他犯罪未判决的，合理的处理方式是：先将原判刑期与后罪所判刑期按限制加重原则并罚，然后减去已执行刑期和减刑刑期，从而确定罪犯还须服刑期限。例如，甲因犯抢劫罪于 2013 年被判处有期徒刑 12 年，2017 年 5 月被依法裁定减刑 2 年。2018 年司法机关发现甲于 2012 年还犯有盗窃罪未判决，经审查认为，盗窃罪应判处有期徒刑 15 年。对甲进行数罪并罚时，如何计算刑期？应先将甲前罪所判 12 年刑期和漏罪所判 15 年刑期合并处罚，假设对其决定执行刑期 20 年。由于甲被依法减刑 2 年，即只需执行 18 年，再减去已执行的 5 年，甲还需执行刑期 13 年。就此而言，最高人民法院《关于罪犯因漏罪、新罪数罪并罚时原减刑裁定应如何处理的意见》（2012 年 1 月 18 日）明显合理。

（三）判决宣告后又犯新罪的并罚

刑法第 71 条规定：判决宣告以后，刑罚执行完毕以前，被判刑的犯罪分子又犯罪的，应当对新犯的罪作出判处，把前罪没有执行的刑罚和后罪所判处的刑罚，依照刑法第 69 条的规定，决定执行的刑罚。

依照该条规定，对判决宣告后又犯新罪的合并处罚具有以下特点：

（1）必须在判决宣告以后、刑罚执行完毕以前，被判刑的犯罪分子又犯新罪，即在刑罚执行期间犯罪分子又实施了新的犯罪。其中，“判决宣告以后”具体应指判决已经宣告并发生法律效力之后。

（2）对于罪犯所实施的新罪，不论与前罪的性质是否相同，也即无论是异种数罪还是同种数罪，都应当单独作出判决。

（3）应当把前罪没有执行的刑罚和后罪所判处的刑罚，依照刑法规定的相应原则，决定执行的刑罚。也就是说，首先应从前罪判决决定执行的刑罚中减去已经执行的刑罚，然后将前罪未执行的刑罚与后罪所判处的刑罚并罚，决定执行的刑罚。此种计算刑期的方法被称为“先减后并”。例如，甲犯抢劫罪被判处有期徒刑 12 年，在服刑 5 年后，又犯了强奸罪，应被判处有期徒刑 8 年。裁量刑罚时要将甲抢劫罪没有执行完毕的刑罚 7 年有期徒刑同强奸罪所判的刑罚 8 年有期徒刑合并，总和刑期是 15 年，并罚时应在 8 年以上、15 年以下决定应执行的刑期。假设决定执行有期徒刑 12 年，由于前罪刑罚已执行有期徒刑 5 年不计算在新判决决定的刑期内，所以该罪犯实际上可能会被执行有期徒刑 17 年。

对新罪的“先减后并”与发现漏罪的“先并后减”有重大的区别，具体表现在：被“先减后并”的罪犯在服刑期间不思悔改，继续作恶，又犯新罪，表明其难以改造，人身危险性较大，所以对其应当贯彻从严惩处的精神，这就导致了其决定执行刑期的最低期限高，而且实际执行的刑期有可能超过法定的数罪并罚最高期限。例如，甲犯有抢劫罪，被判有期徒刑 12 年，刑罚执行 8 年后，在监狱里又犯故意伤害罪，应判 15 年有期徒刑，按数罪并罚的“先减后并法”应当在 15 年以上、19 年以下决定执行的刑期，假设决定执行 18 年，那么，甲实际总共被执行的刑期是 26 年，超过了数罪并罚时，有期徒刑总和刑期不满 35 年的，最高不能超过 20 年的限制。

采用“先并后减”原则时所考虑的重点则有所不同：司法机关尽管在对犯罪分子执行刑罚期间发现其有漏罪，罪犯也试图隐瞒部分犯罪，但是漏罪毕竟是既往的犯罪事实，属于“旧账”，所以对前罪判决宣告前发生的犯罪的处理应当贯彻相对从宽的刑事政策，于是，罪犯实际被执行的刑期与判决宣告以前一人犯数罪时所应受到的处罚并无差别。

在司法实践中适用刑法第 71 条规定的“先减后并”原则进行并罚时，还需要注意：刑罚执行期间既发现漏罪又犯有新罪时，如何并罚？多数说认为，应先对新发现的漏罪作出判决，与原判刑罚按照限制加重原则，确定应执行的刑罚，再减去已经执行的刑期（“先并后减”）；然后对新犯之罪作出判决，再与前两个判决所决定的刑罚中尚未执行的刑罚并罚，决定应执行的刑罚（“先减后并”）。例如，罪犯甲因犯盗窃罪被处有期徒刑 7 年，执行 3 年后又犯故意伤害（致人死亡）罪（应当判处有期徒刑 10 年），并同时发现其漏罪强奸罪（应当判处有期徒刑 11 年）的，应当如何处理？首先，将对漏罪强奸罪所判处的有期徒刑 11 年与盗窃罪的有期徒刑 7 年并罚，假设决定执行有期徒刑 15 年（先并）；然后，将该有期徒刑 15 年减去已经执行的 3 年（后减），剩余刑期为 12 年有期徒刑；最后，将减去已执行刑期的 12 年有期徒刑和对新罪故意伤害罪所判处的有期徒刑 10 年并罚，假设决定执行有期徒刑 18 年。该有期徒刑 18 年就是罪犯甲还必须服刑的刑期，即整个数罪并罚的结果。由于已经执行有期徒刑 3 年，罪犯甲实际执行的刑期前后总共为 21 年。

第十七章　刑罚执行

刑罚执行，是指法定的司法机关将人民法院已经发生法律效力的判决，根据判决所确定的刑罚而将其付诸实施的刑事司法活动。在审判机关对罪犯准确量刑之后，就需要考虑刑罚执行问题。刑罚执行包括对各种刑罚方法的执行，以及正确适用缓刑制度、减刑制度、假释制度等方面。

第一节　刑罚执行概述

一、刑罚执行的特征

（一）执行的终局性

刑罚执行是刑罚的制定与法院量刑作出刑事判决的自然延伸，处于从属于上述活动的地位，它必须受制于刑罚的制定，是量刑及刑事判决的结果，所以刑罚执行是国家刑事司法活动的最后一个阶段，是一种具有终局性特征的刑事司法活动。当然，也必须看到，刑罚执行对刑事立法、司法活动也有能动的反作用。国家制定刑法、设定刑种和人民法院裁量刑罚、作出刑事判决时，都必须考虑到所创制或裁量的刑罚能否得到实际执行的问题，甚至还应考虑执行刑罚所产生的社会效果。从这一意义上讲，刑罚的执行对刑罚的制定、刑事案件的审判都具有制约作用。此外，就刑罚执行对刑罚目的、效果的实现而言，它同刑事立法、司法活动具有同等重要的意义，因为只有通过刑罚的执行，才能使已生效的刑事判决和裁定所确定的刑罚付诸实施，刑罚的一般预防和特殊预防作用才能得到应有的发挥。

（二）执行主体的专门性

刑法以及刑事诉讼法规定：被判处死刑缓期2年执行、无期徒刑、有期徒刑的罪犯，在监狱内执行刑罚。被判处管制的罪犯，由有关机关执行；被判处剥夺政治权利的罪犯，由公安机关执行。没收财产的判决，无论附加适用还是独立适用，都由人民法院执行；在必要的时候，可以会同公安机关执行。这些都说明，只有司法机关才是刑罚执行的主体，其他任何机关、团体和个人都无权执行刑罚。

（三）执行内容的特定性

刑事审判是针对具体的犯罪人而启动的，并通过审判活动面对犯罪人，在认定其有罪的基础上，再裁定应当判处何种刑罚进行处罚。但是作为刑事审判结果的宣告刑的法律效力还有待于通过刑罚执行活动来实现，所以，刑罚执行的主要内容是将人民法院刑事裁决所确定的刑罚付诸实施。这就是刑罚执行不同于其他刑事司法活动的主要特点。

刑罚执行的前提是必须存在已经发生法律效力的法院裁决，即只有在判决和裁定发生法律效力之后，有关机关才能对犯罪人执行刑罚。判决或裁定尚未发生法律效力的，谈不上执行刑罚的问题。根据刑事诉讼法（2018年修订）第259条第2款的规定，下列判决和裁定是发生法律效力的判决和裁定：（1）已过法定期限没有上诉、抗诉的判决和裁定；（2）终审的判决和裁定；(3) 最高人民法院核准的死刑的判决和高级人民法院核准的死刑缓期 2 年执行的判决。

二、刑罚执行的内容

刑罚执行的主要内容是将刑事判决、裁定所判处的刑罚交付执行，但同时也包括根据犯罪人服刑期间的具体表现和特殊情况，对其予以减刑、假释、暂予监外执行等一系列的惩罚、教育和改造的活动。

（一）刑罚实现

被告人被判决有罪并处以一定刑罚的，就存在刑罚执行问题。刑罚的实现，涉及主刑和附加刑的执行，对此，在刑罚种类部分已经有详细讨论，此不赘述。在这里，主要讨论两个问题。

1. 刑期折抵与刑罚执行

在判决前，犯罪嫌疑人被采取拘留、逮捕等强制措施，事后被判处有期徒刑或者拘役的，折抵方法是判决前羁押 1 日折抵刑期 1 日；被判处管制的，羁押 1 日折抵刑期 2 日。至于判决前被指定居所监视居住的，由于该措施与羁押的性质、严厉程度均不相同，因此，根据刑事诉讼法（2018 年修订）第 76 条，犯罪嫌疑人被指定居所监视居住的，指定居所监视居住的期限应当折抵刑期。被判处管制的，监视居住 1 日拆抵刑期 1 日；被判处拘役、有期徒刑的，监视居住 2 日折抵刑期 1 日。监察法第 44 条第 3 款规定，被留置人员涉嫌犯罪移送司法机关后，被依法判处管制、拘役和有期徒刑的，留置 1 日折抵管制 2 日，折抵拘役、有期徒刑 1 日。

2. 罪犯矫正与刑罚执行

在刑罚实现过程中，占主导地位的是自由刑执行。自由刑的执行并非简单地对受刑人实行关押，而是以矫正罪犯为使命。这也正是现代行刑制度与以往行刑制度在性质上的根本区别。应该说，行刑性质的这种嬗变，是与刑罚理念的更新有关的。基于报应刑的观念，行刑意味着单纯的惩罚的现实化，并无教育的内容；而在预防刑观念的影响下，行刑注重发挥刑罚的矫正功能，从而具有积极作用。由此可见，矫正罪犯是现代行刑的重要内容。在矫正过程中，要坚持行刑个别化原则，即充分考虑罪犯的人身危险性和其他个人情况，使刑罚执行能够因材施教、富有效果。

（二）执行变更

刑罚执行是刑罚适用活动的重要组成部分，它与量刑具有衔接性。在量刑阶段确定的刑罚可能在行刑阶段发生变更，因此，执行变更是行刑的内容之一。所谓执行变更，主要是指在行刑过程中，随着受刑人的人身危险性的消减，相应地减缩刑期、变更刑种或者改变执行的方式、场所等。我国刑法规定的减刑制度、假释制度、暂予监外执行等，都涉及刑罚执行的变更，属于行刑的范畴。

这里的暂予监外执行，是指对于判处剥夺自由刑的犯罪人，由于某种法定事由的存在，不适宜于在监内执行，经有关机关批准，可以在监外执行。监外执行有严格的限制，一般限于有严重疾病需保外就医的人、怀孕或正在哺乳的妇女。监外执行具有暂时性，当不适宜于监内执行的法定事由消失时，如果刑罚未执行完毕，仍应收监执行剩余的刑期。

（三）社区矫正

1. 社区矫正的概念

社区矫正，是一种不使罪犯与社会隔离并利用社区资源教育、改造罪犯的方法，是所有在社区环境中管理、教育罪犯方式的总称。《刑法修正案（八）》通过对刑法第 38 条、第 76 条和第 85 条的修改，明确规定对于被判处管制、宣告缓刑和决定假释的犯罪分子，依法实行社区矫正。

我国的社区矫正，是与监禁矫正相对的刑罚执行方式，是指将罪行较轻、主观恶性较小、社会危害性不大，被判处管制、宣告缓刑的罪犯，以及经过监管改造确有悔改表现，不致再危害社会的假释犯等符合社区矫正条件的人置于社区内，由专门的国家机关在相关社会团体和民间组织以及社会志愿者的协助下，在判决、裁定或决定确定的期限内，矫正其犯罪心理和行为恶习，并促进其顺利回归社会的非监禁刑罚执行活动。社区矫正是充分利用社会资源，积极运用各种方法、手段，整合政法部门、社区等各方力量，着力对社区范围内的假释、监（所）外执行、管制、剥夺政治权利、缓刑等罪犯进行有针对性的教育、改造的手段和方法。

2. 社区矫正的适用范围

根据刑法的规定，社区矫正的对象主要包括被判处管制、宣告缓刑和被假释的犯罪分子。根据《社区矫正法》第 2 条第 1 款的规定，对被判处管制、宣告缓刑、假释和暂予监外执行的罪犯，依法实行社区矫正。在刑法所确定的社区矫正对象中，管制犯和缓刑犯属于罪行比较轻微的罪犯，假释犯属于罪行虽然比较严重，但是，经过改造证明确有悔改表现，不致再危害社会的服刑人员。对于这些服刑人员实行社区矫正，体现了对罪犯区别对待的政策和刑罚执行开放化的理念。

第二节 缓 刑

一、缓刑的概念和意义

缓刑，是指对犯罪人判处刑罚，但在一定时间内暂缓执行刑罚的制度。

缓刑的基本特点是：判处刑罚，同时宣告暂缓执行，但又在一定期限内保持执行的可能性。缓刑只适用于罪行较轻、社会危害性和人身危险性较小，具有悔罪表现，认为暂缓执行刑罚不致再危害社会的犯罪分子。

我国刑法除规定了一般缓刑制度外，还规定了特殊缓刑制度，即战时缓刑制度。根据刑法第 449 条的规定，战时缓刑是指在战时，对被判处 3 年以下有期徒刑没有现实危险宣告缓刑的犯罪军人，允许其戴罪立功，确有立功表现时，可以撤销原判刑罚，不以犯罪论处的制度。战时缓刑制度适用于特定时间和特定对象，其法律效果与一般缓刑制度的也有所不同：可以撤销原判刑罚，不以犯罪论处。

缓刑制度的意义体现在：

第一，缓刑有助于避免短期自由刑的弊端，最优化地发挥刑罚功能。这是由缓刑制度的基本特征即附条件暂缓刑罚执行所决定的。缓刑的具体适用，能够使犯罪分子在感受到刑罚的威慑力，对暂缓执行的刑罚随时可能被实际执行有所顾忌的条件下，在不被关押、由特定机关予以考察的过程中，更自觉地检点自己的行为，改恶从善，从而避免被实际执行短期自由刑而带来的与社会隔绝、重返社会困难、罪犯间交互感染等诸项弊端，并能较好地实现惩罚与教育、改造犯罪人的刑罚功能。

第二，缓刑有助于更好地实现刑罚目的。刑罚的重要目的之一是预防犯罪分子重新犯罪。实现刑罚目的的途径，主要是对犯罪分子判处并执行刑罚。但基于刑罚个别化原则，对某些符合法定条件的犯罪分子，在判处刑罚并保持执行可能性的条件下，暂缓刑罚的执行，同样是实现刑罚目的所不可忽视的途径之一。在以自律为主的社会生活中获得的特殊预防效果，比将犯罪收押于监禁设施内执行刑罚，在以他律为主的监禁生活中获得的特殊预防效果更好。

第三，缓刑是实现刑罚社会化的重要制度保障。被宣告缓刑的犯罪分子不脱离家庭和所从事的工作，可以使其不致因犯罪而影响其履行自身负有的家庭和社会义务。根据有关规定，被宣告缓刑的犯罪分子，如果未被剥夺政治权利，可以在原工作单位留用供职；在缓刑期间，可以计算工龄；退休职工在缓刑考验期内，没有被剥夺政治权利的，可以继续享受原退休待遇。所以，被宣告缓刑者避免了因实际执行刑罚而带来的各种不利影响，在不脱离社会的条件下，既感受到法律的威严，也亲身体会到法律和社会的宽容，从而较自觉地完成改造任务。

二、缓刑的适用条件

根据刑法第 72 条、第 74 条的规定，适用一般缓刑必须具备以下条件：

（1）对象条件。一般缓刑的对象必须是被判处拘役或 3 年以下有期徒刑的犯罪人。被判处 3 年以下有期徒刑的罪犯，其罪行较轻，法益侵害程度较小；相反，被判处 3 年以上有期徒刑的犯罪分子，一般地说罪行较重，无论是法益侵害性还是人身危险性，都比较大，因此，缓刑的适用对象只能是罪行较轻和人身危险性小而被判较轻刑罚的犯罪分子。这里的 3 年以下有期徒刑是指宣告刑而不是法定刑。即使犯罪分子所犯之罪的法定最低刑是 3 年以上有期徒刑，但若具有减轻处罚的情节，宣告刑是 3 年以下有期徒刑，也可以适用缓刑。犯罪分子犯一罪还是数罪并不是决定能否适用缓刑的关键，即使其犯有数罪，只要总刑期符合缓刑条件，就可以适用缓刑。至于罪行相对更轻的被判管制的犯罪分子，由于管制刑对犯罪人不予关押，仅限制其一定自由，无适用缓刑之必要。根据审判实践经验，缓刑一般适用于交通肇事、责任事故、重婚、虐待、伤害、妨害公务、销赃等较为轻微的犯罪。对于强奸、抢劫等严重刑事犯罪，一般不宜适用缓刑。

（2）实质条件。对于被判处拘役或 3 年以下有期徒刑的犯罪分子，同时符合下列条件的，可以宣告缓刑：犯罪情节较轻；有悔罪表现；没有再犯罪的危险；宣告缓刑对所居住社区没有重大不良影响。换言之，有些犯罪分子虽然被判处拘役或 3 年以下有期徒刑，但犯罪情节恶劣，没有悔罪的表现，不能表明不予关押不致再危害社会的，也不能宣告缓刑。只有确认犯罪分子符合上述各项条件，留在社会上不致再危害社会，才能适用缓刑。犯罪人的人身危险性的有无及其强弱应当从犯罪情节和悔罪表现两个方面加以判断：一方面，从犯罪动机或目的是否卑鄙、手段是否恶劣残忍、危害后果是否严重等属于已然之罪的范畴，对犯罪情节加以考察；另一方面，从犯罪人犯罪后是否真诚认罪悔过，是否如实、坦白交代自己的全部罪行，是否积极退赃，是否检举、揭发同伙的罪行，以及犯罪人的一贯表现、有无前科、年龄与个性、境遇与犯罪原因等属于未然之罪的范畴，对悔罪表现加以考察。只有犯罪情节（法益侵害性）和悔罪表现（人身危险性）都较小的犯罪分子，才可以适用缓刑。尤其值得注意的是，《刑法修正案（八）》特别体现了对特殊群体的关照，规定：对符合上述各项条件的不满 18 周岁的人、怀孕的妇女和已满 75 周岁的人，应当宣告缓刑。

（3）禁止条件。对于累犯和犯罪集团的首要分子，不适用缓刑。主要原因是累犯和犯罪集团的首要分子的人身危险性较大，适用缓刑难以防止其再犯。因此，对于累犯和犯罪集团的首要分子，即使其所判处的刑罚为拘役或者 3 年以下有期徒刑，也不能适用缓刑。

三、缓刑的考验期

缓刑考验期，是指对被宣告缓刑的犯罪分子进行考察的一定期间。

缓刑的考验期，是缓刑制度的重要组成部分。设立考验期的目的在于，考察被判缓刑的人是否接受改造、弃旧图新，以使缓刑制度发挥积极的效用。人民法院在宣告缓刑的同时，应当确定适当的考验期。确定缓刑考验期长短的基本原则应当是既能激发缓刑犯改造的积极性，又能满足对其教育和考察的需要。

刑法第73条第1款、第2款规定，拘役的缓刑考验期限为原判刑期以上、1年以下，但是不能少于2个月；有期徒刑的缓刑考验期限为原判刑期以上、5年以下，但是不能少于1年。可见，我国刑法设置的缓刑考验期具有以下几个特点：（1）按判处拘役和有期徒刑分别规定不同的缓刑考验期限。也即所犯罪行的轻重程度不同，考验期限也相应不同。（2）以原判刑期为考验期限的起点。如果不以原判刑期为起点，就有可能出现考验期限短于原判刑期、考验期已满而刑期未满的情况。（3）明确规定了缓刑考验期的最高限和最低限。这就为审判机关在具体确定缓刑考验期限时提供了明确的界限，但又给审判机关留下了一定程度的裁量余地。（4）缓刑考验期不得延长或缩短。

根据刑法第73条第3款的规定，缓刑考验期限，从判决确定之日起计算。所谓"判决确定之日"，是指判决发生法律效力之日。根据我国刑事诉讼法的规定，从接到第一审人民法院判决书的第二日起10日内，被告人没有提起上诉，人民检察院没有提出抗诉的，该判决即发生法律效力。对于已提起上诉或抗诉的案件，如果二审法院维持原判，则应从二审法院的判决或裁定确定之日起计算。判决前先行羁押的日期，不予折抵缓刑考验期，因为羁押期与缓刑考验期的性质不同。

四、缓刑考察

缓刑考察，是指对被宣告缓刑的犯罪分子进行观察、教育，帮助他改过自新。考察的内容，是考察被宣告缓刑的犯罪分子，在缓刑考验期限内，是否具有刑法第77条规定的情形，即是否再犯新罪或者被发现漏罪，以及是否违反法律、行政法规或国务院有关部门有关缓刑的监督管理规定，或者违反人民法院判决中的禁止令，且情节严重。

（一）缓刑考察的主体

按照刑法第76条的规定，对宣告缓刑的犯罪分子，在缓刑考验期限内，依法实行社区矫正。① 如果没有刑法第77条规定的情形，缓刑考验期满，原判的刑罚就不再执行，并公开予以宣告。据此，缓刑的考察机关是社区矫正机构。

（二）缓刑考察的内容

根据刑法第75条的规定，被宣告缓刑的犯罪分子应当遵守下列规定：（1）遵守法律、行政法规，服从监督；（2）按照考察机关的规定报告自己的活动情况；（3）遵守考察机关关于会客的规定；（4）离开所居住的市、县或者迁居，应当报经考察机关批准。

五、禁止令

根据刑法第72条第2款的规定，对犯罪分子宣告缓刑，可以根据犯罪情况，同时禁止犯罪分子在缓刑考验期限内从事特定活动，进入特定区域、场所，接触特定的人。人民法院在适用禁止令时，应当根据犯罪分子的犯罪原因、犯罪性质、犯罪手段、犯罪后的悔罪表现、个人一贯表现等情况，充分考虑与犯罪分子所犯罪行的关联程度，有针对性地决定禁止其在缓刑考验期限内"从事特定活动，进入特定区域、场所，接触特定的人"中的一项或者几项内容。

禁止令的期限，既可以与缓刑考验的期限相同，也可以短于缓刑考验的期限，但是宣告缓刑的，禁止令的期限不得少于2个月。禁止令的执行期限，从缓刑执行之日起计算。被宣告缓刑的犯罪分子违反禁止令尚未达到情节严重程度的，由负责执行禁止令的社区矫正机构所在地

---

① 有关缓刑犯社区矫正的决定和接收、监督管理、教育帮扶、解除和终止等内容，请参见《社区矫正法》的有关规定。

的公安机关依照治安管理处罚法第 60 条的规定处罚。被宣告缓刑的犯罪分子违反禁止令，情节严重的，应当撤销缓刑，执行原判刑罚。原作出缓刑裁判的人民法院应当自收到当地社区矫正机构提出的撤销缓刑建议书之日起 1 个月内依法作出裁定。人民法院撤销缓刑的裁定一经作出，立即生效。

六、缓刑撤销

根据刑法第 77 条的规定，被宣告缓刑的犯罪分子，在缓刑考验期限内犯新罪或者发现判决宣告以前还有其他罪没有判决的，应当撤销缓刑，对新犯的罪或者新发现的罪作出判决，把前罪和后罪所判处的刑罚，依照刑法第 69 条的规定，决定执行的刑罚；被宣告缓刑的犯罪分子，在缓刑考验期限内，违反法律、行政法规或者国务院有关部门关于缓刑的监督、管理规定，或者违反人民法院判决中的禁止令，情节严重的，应当撤销缓刑，执行原判刑罚。

第三节　减　刑

一、减刑的概念

减刑，是指对于被判处管制、拘役、有期徒刑和无期徒刑的犯罪分子，在刑罚执行期间，由于确有悔改或者立功表现，因而将其原判刑罚予以适当减轻的一种刑罚执行制度。

减轻原判刑罚有两层含义：一是将原判较重的刑种减为较轻的刑种，如把无期徒刑减为有期徒刑，但有期徒刑不能减为拘役或者管制；二是将原判较长的刑期减为较短的刑期，即将有期徒刑、拘役、管制的刑期缩短。

在我国刑法中确立和贯彻减刑制度有重大意义，体现了我国惩办与宽大相结合、惩罚与教育相结合的刑事政策。在我国，一切危害国家和人民利益的犯罪行为都要受到刑罚的制裁。但是，罪犯经过服刑改造，确有悔改或立功表现的，都可以得到减刑的宽大处理。这对于巩固改造成果，进一步加速罪犯的改造，实现刑罚目的有积极的作用。

二、减刑的适用条件

根据刑法第 78 条第 1 款的规定，减刑分为可以减刑、应当减刑两种。可以减刑与应当减刑的对象条件和限度条件相同，只是实质条件有所区别。对犯罪分子适用减刑，必须符合下列条件。

（一）对象条件

减刑只适用于被判处管制、拘役、有期徒刑、无期徒刑的犯罪分子。只要是被判处该四种刑罚之一的犯罪分子，无论其犯罪行为是故意还是过失，是重罪还是轻罪，是危害国家安全罪还是其他刑事犯罪，只要具备了法定的减刑条件，都可以减刑。

刑法第 50 条第 2 款对减刑的对象条件进行了限制。对被判处死刑缓期执行的累犯以及因故意杀人、强奸、抢劫、绑架、放火、爆炸、投放危险物质或者有组织的暴力性犯罪被判处死刑缓期执行的犯罪分子，人民法院根据犯罪情节等情况可以同时决定对其限制减刑。这主要是考虑到以往我国刑法对减刑未作次数限制，有些死缓犯被减为无期徒刑或有期徒刑后，在执行过程中被不断减刑，最后实际执行的刑期被过于缩短。按照最高人民法院《关于办理减刑、假释案件具体应用法律的规定》（2016 年 11 月 14 日）第 12 条第 1 款的规定，对死刑缓期执行罪犯经过一次或几次减刑后，其实际执行的刑期不得少于 15 年（不含死刑缓期执行期间）。该司法解释规定有助于落实刑法第 50 条第 2 款限制减刑的精神。在实践中，对刑法第 50 条第 2 款的适用要注意两个问题：第一，是人民法院要注意的问题。该款规定对故意杀人、强奸、抢劫、绑架、放火、爆炸、投放危险物质或者有组织的暴力性犯罪的死缓犯可以限制减刑。这里的故意杀人、强奸、抢劫、绑架、放火、爆炸、投放危险物质共7种犯罪并不要求以暴力手段实施，而有组织犯罪要求以暴力手段实施。第二，刑法规定的是“限制减刑”而非“不得减刑”，所以对这些严重的死缓犯是可以减刑的，只是应当有所限制。

（二）实质条件

减刑的实质条件，因减刑的种类不同而有所区别。

“可以”减刑的实质条件，是犯罪分子在刑罚执行期间认真遵守法律法规及监规，接受教育和改造，确有悔改表现或者有立功表现。一般地说，犯罪分子在服刑中的悔改表现和立功表现是统一的。但也有些犯罪分子有悔改表现而无立功表现，或者有立功表现而无突出的悔改表现。刑法规定有悔改或者立功表现，都是减刑的条件。犯罪分子只要具备了其中之一，就可以减刑。当然，如果既有悔改表现又有立功表现，则可以在法定的减刑限度内给予更大幅度的减刑。至于什么是悔改或者立功表现，刑法没有也不可能详细列举规定。根据最高人民法院《关于办理减刑、假释案件具体应用法律的规定》（2016年11月14日）第3条的规定，确有悔改表现是指同时具备以下条件：（1）认罪悔罪；（2）遵守法律法规及监规，接受教育改造；（3）积极参加思想、文化、职业技术教育；（4）积极参加劳动，努力完成劳动任务。对职务犯罪、破坏金融管理秩序和金融诈骗犯罪、组织（领导、参加、包庇、纵容）黑社会性质组织犯罪等罪犯，不积极退赃、协助追缴赃款赃物、赔偿损失，或者服刑期间利用个人影响力和社会关系等不正当手段意图获得减刑、假释的，不认定其“确有悔改表现”。

根据最高人民法院《关于办理减刑、假释案件具体应用法律的规定》（2016年11月14日）第4条第1款的规定，具有下列情形之一的，可以认定为有立功表现：（1）阻止他人实施犯罪活动的；（2）检举、揭发监狱内外犯罪活动，或者提供重要的破案线索，经查证属实的；（3）协助司法机关抓捕其他犯罪嫌疑人的；（4）在生产、科研中进行技术革新，成绩突出的；（5）在抗御自然灾害或者排除重大事故中，表现积极的；（6）对国家和社会有其他较大贡献的。

“应当”减刑的实质条件，是犯罪分子在刑罚执行期间有重大立功表现。根据最高人民法院《关于办理减刑、假释案件具体应用法律的规定》（2016年11月14日）第5条的规定，具有下列情形之一的，应当认定为有“重大立功表现”：（1）阻止他人实施重大犯罪活动的；（2）检举监狱内外重大犯罪活动，经查证属实的；（3）协助司法机关抓捕其他重大犯罪嫌疑人的；（4）有发明创造或者重大技术革新的；（5）在日常生产、生活中舍己救人的；（6）在抗御自然灾害或者排除重大事故中，有特别突出表现的；（7）对国家和社会有其他重大贡献的。

（三）限度条件

减刑是将原判刑罚予以适当减轻，其必须有一定限度。如果减得过多，违背了罪刑相适应的刑法基本原则；如果减刑的幅度过小，对于罪犯而言，难以起到鼓励、鞭策的作用，也难以发挥减刑制度的积极作用。

根据刑法第78条第2款的规定，减刑以后实际执行的刑期，判处管制、拘役、有期徒刑的，不能少于原判刑期的1/2；判处无期徒刑的，不能少于13年；人民法院依照刑法第50条第2款限制减刑的死刑缓期执行的犯罪分子，缓期执行期满后依法减为无期徒刑的，不能少于25年，缓期执行期满后依法减为25年有期徒刑的，不能少于20年。从这一规定可以看出，减刑的形式有两种：一是刑种的变更，例如，将无期徒刑减为有期徒刑；二是刑期的变更，例如，有期徒刑本身刑期的缩短。但是这些刑期的变更都要受到一定的限制，例如，无期徒刑的限制是不能少于13年；限制减刑的死刑缓期执行的罪犯，缓期执行期满后依法减为无期徒刑的，不能少于25年，缓期执行期满后依法减为25年有期徒刑的，不能少于20年；其他情形下采用的是比例制，即实际执行的刑期，不能少于原判刑期的1/2。减刑限度的比例制，使原判刑期与实际执行的刑期呈一定的比例关系，体现了刑罚的公正性。

1. 减刑的起始时间

由于减刑的前提条件是罪犯在刑罚执行期间确有悔改或立功表现，而罪犯是否具有减刑所需要的悔改或立功表现，须经一定的时间才能判定，这就决定了只有罪犯服刑一段时间以后才能对其考虑适用减刑；但是，对服刑的罪犯予以减刑的时间又不宜拖得过长，否则难以达到减刑制度设立的目的，因为罪犯服刑若干年后仍不对其考虑适用减刑，会使其感到减刑无望，丧失争取减刑的信心，从而影响减刑作用的发挥。那么，罪犯服刑多长时间后才能减刑？根据最高人民法院《关于办理减刑、假释案件具体应用法律的规定》（2016年11月14日）第6条的规定，罪犯刑期不满5年有期徒刑的，执行1年以上方可减刑；5年以上不满10年有期徒刑的，执行1年6个月以上方可减刑；10年以上有期徒刑的，执行2年以上方可减刑。最高人民法院《关于办理减刑、假释案件具体应用法律的补充规定》（2019年4月24日）对原具有国家工作人员身份的贪污贿赂犯罪分子限制较为严格，其第2条第1款规定，被判处10年以上有期徒刑，符合减刑条件的，执行3年以上方可减刑；被判处不满10年有期徒刑，符合减刑条件的，执行2年以上方可减刑。第3条第1款规定，被判处无期徒刑，符合减刑条件的，执行4年以上方可减刑。第4条第1款规定，被判处死刑缓期执行的，减为无期徒刑后，符合减刑条件的，执行4年以上方可减刑。第5条规定，罪犯有重大立功表现的，减刑时可以不受上述起始时间的限制。

2. 减刑的幅度

减刑虽然有总量限制，但每次减刑还应当控制在一个合理的幅度内，否则，一次减刑幅度过大，并不利于对服刑罪犯的教育和改造。最高人民法院《关于办理减刑、假释案件具体应用法律的补充规定》（2019年4月24日）第2条第2款规定，（被判处有期徒刑）确有悔改表现或者有立功表现的，一次减刑不超过6个月有期徒刑；确有悔改表现并有立功表现的，一次减刑不超过9个月有期徒刑；有重大立功表现的，一次减刑不超过1年有期徒刑。第3条第2款规定（被判处无期徒刑）确有悔改表现或者有立功表现的，可以减为23年有期徒刑；确有悔改表现并有立功表现的，可以减为22年以上23年以下有期徒刑；有重大立功表现的，可以减为21年以上22年以下有期徒刑。第4条第2款规定（被判处死刑缓期执行）确有悔改表现或者有立功表现的，可以减为25年有期徒刑；确有悔改表现并有立功表现的，可以减为24年6个月以上25年以下有期徒刑；有重大立功表现的，可以减为24年以上24年6个月以下有期徒刑。

3. 减刑的间隔

减刑的间隔是指对同一犯罪分子前后两次减刑的时间距离。对于同一犯罪分子，前后两次减刑之间应有一定的时间间隔，以便考察犯罪分子在前次减刑后是否又有悔改或者立功表现。如果对同一犯罪分子短期间内刑期缩短过快，有可能产生负面效果。最高人民法院《关于办理减刑、假释案件具体应用法律的补充规定》（2019年4月24日）第2条第3款规定，被判处10年以上有期徒刑的，两次减刑之间应当间隔2年以上；被判处不满10年有期徒刑的，两次减刑之间应当间隔1年6个月以上。第3条第3款规定，无期徒刑减为有期徒刑后再减刑时，两次减刑之间应当间隔2年以上。第4条第3款规定（被判处死刑缓期执行）减为有期徒刑后再减刑时，两次减刑之间应当间隔2年以上。第5条规定，罪犯有重大立功表现的，减刑时可以不受上述间隔时间的限制。

最后，需要指出的是，根据最高人民法院《关于办理减刑、假释案件具体应用法律的补充规定》（2019 年 4 月 24 日）第 1 条的规定，对拒不认罪悔罪的，或者确有履行能力而不履行或者不全部履行生效裁判中财产性判项的，一般不予减刑。因此，对于有缴纳罚金的能力而拒不缴纳罚金的罪犯的减刑应当严格限制。

三、减刑的程序

刑法第 79 条规定：对于犯罪分子的减刑，由执行机关向中级以上人民法院提出减刑建议书。人民法院应当组成合议庭进行审理，对确有悔改或者立功事实的，裁定予以减刑。非经法定程序不得减刑。有关减刑案件的审理程序，应当适用最高人民法院《关于减刑、假释案件审理程序的规定》（2014 年 4 月 23 日）。

第四节　假　释

一、假释的概念

假释，是指因自由刑而被收监的人，在执行期限届满之前，根据有关司法机关的决定而暂时释放的制度。我国刑法中的假释是指被判处有期徒刑、无期徒刑的犯罪分子，在执行一定刑期以后，如果认真遵守监规，接受教育改造，确有悔改表现，没有再犯罪的危险的，可以附条件地予以提前释放的行刑制度。

假释是我国刑法规定的一项行之有效的刑罚执行制度。正确适用假释，把那些经过一定服刑期间，改造效果较好，确有悔改表现，没有必要继续关押教育的罪犯放在社会上改造，使之早日回归社会，有利于化消极因素为积极因素，鼓励犯罪分子积极、广泛地参与社会生活。

由于假释制度的适用事关国家法律尊严和罪犯的人身自由，所以，对罪犯的假释必须慎重，应严格按照法律规定的条件来适用假释，既不能对不符合假释条件的罪犯适用假释，也不能对符合假释适用条件的罪犯拒绝适用假释。① 从这个意义上讲，如何掌握假释条件是假释制度适用中的核心问题。

二、假释的条件

（一）对象条件

假释的对象是被判处有期徒刑或无期徒刑的犯罪人，对于被判处其他刑罚的犯罪人，不适用假释。

1. 可以假释

根据刑法第 81 条的规定，被判处有期徒刑的犯罪分子，执行原判刑期 1/2 以上，被判处无期徒刑的犯罪分子，实际执行 13 年以上，如果认真遵守监规，接受教育改造，确有悔改表现，没有再犯罪的危险的，可以假释。如果有特殊情况，经最高人民法院核准，可以不受上述执行刑期的限制。

2. 不得假释

对累犯以及因故意杀人、强奸、抢劫、绑架、放火、爆炸、投放危险物质或者有组织的暴力性犯罪被判处 10 年以上有期徒刑、无期徒刑的犯罪分子不得假释。根据最高人民法院《关

① 在我国刑事司法实践中，存在着假释适用率过低、只对老幼病残犯进行假释的弊端，被假释者占在押犯总数的比例低于 5%。所以，正确掌握假释条件，对应该假释者予以假释，是刑法适用中需要解决的一个问题。

于办理减刑、假释案件具体应用法律的规定》（2016 年 11 月 15 日）第 25 条的规定，对累犯以及因故意杀人、强奸、抢劫、绑架、放火、爆炸、投放危险物质或者有组织的暴力性犯罪被判处 10 年以上有期徒刑、无期徒刑的罪犯，以及因前述情形和犯罪被判处死刑缓期执行的罪犯，被减为无期徒刑、有期徒刑后，均不得假释。

对累犯不得假释，是由于累犯属于受刑后又犯罪、屡教不改型的犯罪人，其人身危险性较高，适用假释难以预防其再次犯罪。对实施故意杀人、强奸、抢劫、绑架、放火、爆炸、投放危险物质或者有组织的暴力性犯罪且被判处 10 年以上有期徒刑、无期徒刑的犯罪分子不得假释，是考虑到上述严重暴力性犯罪的罪行严重、罪犯的人身危险性高，适用假释难以起到预防效果。在数罪并罚的场合，如果数罪中只有一罪是暴力性犯罪且该罪的刑期低于 10 年有期徒刑的，即使总刑期在 10 年以上，也可以对其假释；若数罪中有一罪是暴力性犯罪且刑期高于 10 年的，不得适用假释；若其中有两罪是暴力性犯罪，即使单罪刑期在 10 年以下，但并罚刑期在 10 年以上的，也不能假释。此外，对于被判处 10 年以上有期徒刑的暴力性犯罪分子，即使减刑后刑期低于 10 年有期徒刑，也不得假释。但是，并非以暴力方法实施的重罪，例如，以不作为方法杀人、以麻醉方法抢劫的，并不在禁止假释之列，可以适用假释。

3. 假释的从严掌握

最高人民法院《关于办理减刑、假释案件具体应用法律的补充规定》（2019 年 4 月 24 日）第 1 条规定，对拒不认罪悔罪的，或者确有履行能力而不履行或者不全部履行生效裁判中财产性判项的，不予假释。第 6 条规定，对贪污贿赂罪犯适用假释时，应当从严掌握。

4. 假释的从宽掌握

最高人民法院《关于办理减刑、假释案件具体应用法律的规定》（2016 年 11 月 14 日）第 26 条第 1 款规定，对下列罪犯适用假释时可以依法从宽掌握：(1) 过失犯罪的罪犯、中止犯罪的罪犯、被胁迫参加犯罪的罪犯；(2) 因防卫过当或者紧急避险过当而被判处有期徒刑以上刑罚的罪犯；(3) 犯罪时未满 18 周岁的罪犯；(4) 基本丧失劳动能力、生活难以自理，假释后生活确有着落的老年罪犯、患严重疾病罪犯或者身体残疾罪犯；(5) 服刑期间改造表现特别突出的罪犯；(6) 具有其他可以从宽假释情形的罪犯。罪犯既符合法定减刑条件，又符合法定假释条件的，可以优先适用假释。

（二）限制条件

对于被判处有期徒刑的犯罪分子，必须执行原判刑期的 1/2 以上，才能适用假释。执行原判刑期的 1/2，应被理解为包括判决前的羁押时间在内，因为有期徒刑判决执行以前的羁押日期可以折抵刑期，在适用假释时，自应将其视为已执行的刑期。

被判处无期徒刑的犯罪分子，实际执行 13 年以上才能适用假释。这里的“实际执行”不包括判决前羁押的时间，刑法对于无期徒刑犯的实际执行的刑期不能少于 13 年的规定，应当自无期徒刑判决确定之日起计算。① 因为无期徒刑判决确定前羁押的时间，无法折抵刑期；在无期徒刑判决宣告的当时，刑期并不确定，判决前羁押的期限自然不能被视为无期徒刑之实际执行。

对罪犯的假释，如果有特殊情况，经最高人民法院核准，可以不受上述执行刑期的限制。这里的“特殊情况”，根据前述司法解释第 24 条的规定，是指有国家政治、国防、外交等方面特殊需要的情况。

（三）实质条件

犯罪人认真遵守监规，接受教育改造，确有悔改表现，假释后没有再犯罪的危险，是适用

---

① 参见马克昌主编：《刑罚通论》，647 页，武汉，武汉大学出版社，1999。

假释的实质条件。《刑法修正案（八）》将假释的实质条件之一“假释后不致再危害社会”改为“没有再犯罪的危险”。这主要是考虑法律用语的精确性。“不致再危害社会”的说法过于模糊、难以操作。“不致再危害社会”的含义就是指不具有再犯可能性，而再犯可能性是个比较规范的表述，因此将“不致再危害社会”改为“没有再犯罪的危险”，既有助于人们把握假释的实质条件，也有利于用语的规范化、准确化。根据前述司法解释第 22 条的规定，办理假释案件，判断“没有再犯罪的危险”，除符合刑法第 81 条规定的情形外，还应根据犯罪的具体情节、原判刑罚情况，在刑罚执行中的一贯表现，罪犯的年龄、身体状况、性格特征，假释后生活来源以及监管条件等因素综合考虑。

此外，《刑法修正案（八）》还在刑法第 81 条中增加一项适用假释的条件：“对犯罪分子决定假释时，应当考虑其假释后对所居住社区的影响。”这是进一步细化“没有再犯罪的危险”。如何判断犯罪分子“没有再犯罪的危险”？应看其对社会有无危险性，具体而言就是看其对所居住社区有没有危险性。提请假释的，应当附有社区矫正机构关于罪犯假释后对所居住社区影响的调查评估报告。

三、假释考验

对犯罪分子的假释，由执行机关向中级以上人民法院提出假释建议书，人民法院应当组成合议庭进行审理，对确有悔改表现，没有再犯罪危险的，裁定予以假释。有关假释案件的审理程序，应当适用最高人民法院《关于减刑、假释案件审理程序的规定》。

被宣告假释的犯罪分子，必须遵守以下规定：(1) 遵守法律、行政法规，服从监督。(2) 按照监督机关的规定报告自己的活动情况。(3) 遵守监督机关关于会客的规定。(4) 离开所居住的市、县或者迁居，应当报经监督机关批准。

根据刑法第 85 条的规定，对假释的犯罪分子，在假释考验期限内，依法实行社区矫正。[①] 如果没有刑法第 86 条规定的情形，假释考验期满，就认为原判刑罚已经执行完毕，并公开予以宣告。

假释考验期限，从假释之日起计算。“假释之日”是指根据人民法院的裁定对罪犯办理完假释手续，正式将其附条件地释放之日。

四、假释撤销

假释是对犯罪分子附条件地予以提前释放，所以，被宣告假释的犯罪分子在考验期间必须遵守相应规定，如果违反这些规定，就面临撤销假释、重新收监执行的问题。假释撤销事由包括：(1) 再犯新罪。被假释的犯罪分子，在假释考验期限内犯新罪的，应当撤销假释，依照刑法第 71 条的规定实行数罪并罚。假释犯在考验期内再犯新罪，并在考验期满之前被发现的，当然应当依照刑法规定撤销假释，数罪并罚。如果在假释考验期满以后才发现假释犯在考验期限内又犯新罪的，只要所犯新罪未超过追诉时效，仍应当撤销假释，将前罪没有执行的刑罚和新罪所判处的刑罚按照刑法关于数罪并罚的规定，决定执行的刑罚。(2) 发现漏罪。在假释考验期内，发现犯罪分子在判决宣告前还有其他罪没有判决的，应当撤销假释，依照刑法第 70 条的规定实行数罪并罚。但漏罪已过追诉时效的，则不应当撤销假释、实行数罪并罚。此外，需要注意，漏罪如果是在假释考验期满后才被发现的，也不应当再撤销假释、实行数罪并罚。

---

① 有关假释犯社区矫正的决定和接收、监督管理、教育帮扶、解除和终止等内容，请参见《社区矫正法》的有关规定。

(3) 违反监督、管理规定。在假释考验期限内，犯罪分子有违反法律、行政法规或者国务院有关部门关于假释的监督、管理规定的行为，尚未构成新的犯罪的，应当依照法定程序撤销假释，收监执行未执行完毕的刑罚。在司法实践中，有个别被假释的罪犯并没有对自己以前的罪行继续反思、真诚悔悟，也没有吸取以前的教训，努力改造自己的思想，弃旧图新，而是继续危害社会，违反法律、行政法规或者国务院有关部门关于假释的监督、管理规定，给社会造成了一定的危害，其实际行为表明他们已不符合“没有再犯罪的危险”的假释适用要件，撤销假释当在情理之中。

第十八章　刑罚消灭

刑罚消灭是刑罚制度之一，我国刑法对刑罚消灭事由之一的追诉时效制度作了规定。本章重点对追诉时效问题进行讨论。

第一节　刑罚消灭概述

一、刑罚消灭的概念

刑罚消灭，是指由于法定或者事实的原因，国家对犯罪人的刑罚权归于消灭。刑罚消灭是对刑罚权的一种限制，它表明刑罚权不是无限的，而是具有一定限制的。基于法定或者事实的原因，刑罚权可能会归于消灭。

二、刑罚消灭的特征

刑罚消灭具有以下几个特征：

（一）刑罚消灭以行为构成犯罪为前提

“无犯罪则无刑罚”，是刑法学上的通识。那么，有犯罪是否必然有刑罚？在一般情况下是如此，在某些特殊情况下则未必。刑罚消灭就是有犯罪而无刑罚的特殊情形之一，因此，只有在行为构成犯罪的情况下，才有刑罚消灭可言。在这个意义上说，行为构成犯罪乃是刑罚消灭的必要前提。

（二）刑罚消灭以刑罚权的消灭为内容

刑罚消灭实际上是刑罚权的消灭，因此，刑罚权的消灭是刑罚消灭的基本内容。在刑法理论上，刑罚权消灭存在广义说与狭义说之争。广义说认为，刑罚权消灭既包括刑罚请求权消灭，也包括刑罚执行权消灭。狭义说认为，刑罚权消灭仅指刑罚执行权消灭，而不包括刑罚请求权消灭。

通说认为，对刑罚权消灭应从广义上理解，其包括刑罚请求权消灭和刑罚执行权消灭。刑罚请求权的消灭使得对事实上发生的犯罪不再追究刑事责任，因而定罪权、量刑权同时消灭，而执行权是请求权的后续，自然也就不存在刑罚执行的问题。刑罚执行权的消灭使得已经判处的刑罚不再实际执行，所以，也是刑罚消灭的重要内容。

（三）刑罚消灭以一定事由的出现为根据

刑罚消灭是刑罚权归于消灭的一种结果，这种结果是由一定事由引起的，没有这种事由的存在，就不产生刑罚消灭的结果。因此，一定的事由是刑罚消灭的根据。刑罚消灭事由可以分为两种情形：一是法定事由，即法律明文规定的刑罚消灭原因，例如时效、赦免等。二是事实事由，即客观上使刑罚自然消灭的原因，例如犯罪人死亡、刑罚执行完毕等。

刑罚消灭的事由具体来说，可以分为以下五类：(1) 刑罚创制权的消灭事由；(2) 刑罚请求权的消灭事由（如犯罪人死亡、追诉时效完成、大赦等）；(3) 刑罚裁量权的消灭事由；(4) 刑罚执行权的消灭事由；(5) 刑罚后遗效果的消灭事由。① 这些事由主要涉及追诉时效完成，自诉案件无人告诉或撤回告诉，犯罪后、起诉或判决前法律废止其刑，大赦、特赦、前科消灭等。我国刑法只对时效制度这一刑罚消灭事由作了规定。

第二节 时 效

一、时效的概念和种类

时效，是指经过一定期限，对犯罪不得再行追诉或者对原判刑罚不得再执行的一项制度。它分为追诉时效和行刑时效两种。

追诉时效，是指依法对犯罪分子追究刑事责任的有效期限。在法定的期限内，司法机关有权追究犯罪分子的刑事责任。超过期限规定，除法定最高刑为无期徒刑、死刑，并经最高人民检察院特别核准必须追诉的以外，都不得再追究犯罪分子的刑事责任；已经追究的，应当撤销案件，或者不起诉，或者终止审理。

行刑时效，是指法律规定对被判处刑罚的犯罪分子执行刑罚的有效期限，即判处刑罚而未执行，超过法定执行期限刑罚就不得再执行。

我国刑法只规定了追诉时效而未规定行刑时效。这是因为自新中国成立以来，审判机关判处刑罚而未予执行的现象极少发生，规定行刑时效缺乏现实意义。相反，不规定行刑时效，更有利于同犯罪作斗争，例如，罪犯在判决宣告以后、刑罚开始执行以前，由于多种原因刑罚不能即时执行的，司法机关无论何时将其缉获，都仍应执行原判刑罚。

二、时效制度的根据

对于刑法规定时效制度的根据，可以从司法工作人员、社会、犯罪人的视角出发加以分析。

(1) 从司法审判的角度看，一个犯罪案件发生后，经过一定的期限而没有追诉、审理的，随着时间的推移和环境的变迁，各种证据可能发生变化或者散失，某些反映案件真实情况的材料不易收集，一些了解案情的人也因下落不明、死亡等原因不能准确提供案件的有关情况，侦查、起诉和审判就不可能顺利进行，更不可能使案件得到正确审理。这样，根据刑罚经济原则，还不如设立时效制度，让刑罚权归于消灭，使司法机关从难以查清的积案中摆脱出来，集中力量办理现行案件。同时，设立时效制度，也可以促使司法机关抓住时机，积极破案，提高工作效率，力争在时效期限内对犯罪分子进行追诉。

(2) 从社会角度来看，犯罪发生后经过一定时期，因犯罪而遭到破坏的某些方面的社会秩序以及因犯罪而引起的公众心理失衡状态已得到恢复。在这种情况下，如重翻旧案，往往会积怨重提，容易出现新的不安定因素，不利于社会秩序稳定。尤其是在一些轻微的刑事案件中，犯罪的社会危害性较低，而且经过了较长时间没有提起诉讼，有的经过调解或时过境迁，犯罪人和被害人之间的隔阂已经消除，重归于好，在刑法中设立时效制度，就可以继续稳定这种良好的社会关系。

(3) 从犯罪人角度来看，在其犯罪后经过长时间的逃避，时时提心吊胆，惧怕被发觉，这种无形痛苦和“自然惩罚”，实际上与执行刑罚所遭受的痛苦无异。同时，一旦时效经过，行为人并没有再犯新罪，以此可以推断其已悔改，不致再危害社会。在这种情况下，对其适用刑

① 参见陈兴良主编：《刑法学全书》，434页，北京，中国人民公安大学出版社，1997。

罚难以收到预期效果。

三、追诉时效的期限

在刑法上如何规定追诉时效的期限，不是一件简单的事情，因为：期限的档次过少，有悖于刑罚公正性；期限的档次过多，则又过于烦琐，不便掌握。

（一）我国刑法的规定

我国刑法根据罪刑均衡原则，以犯罪的法定最高刑为标准，规定了四个档次的追诉时效。根据刑法第 87 条的规定，犯罪经过下列期限不再追诉：（1）法定最高刑为不满 5 年有期徒刑的，经过 5 年；（2）法定最高刑为 5 年以上不满 10 年有期徒刑的，经过 10 年；（3）法定最高刑为 10 年以上有期徒刑的，经过 15 年；（4）法定最高刑为无期徒刑、死刑的，经过 20 年，如果 20 年以后认为必须追诉的，须报请最高人民检察院核准。

（二）法定最高刑

这里的"法定最高刑"，是指行为人的具体犯罪行为所对应条款的最高刑，而不是所犯罪行相应条文中规定的某罪的法定最高刑，只有这样，才能很好地贯彻罪刑相适应的刑法基本原则。我国刑法根据犯罪情节轻重或者犯罪数额大小，对同一犯罪规定了不同的量刑幅度，这些量刑幅度具有刑法上的独立意义。犯罪分子所犯罪行较轻，在确定追诉期限时与之对应的法定刑幅度就应当限定在轻刑范围内；反之，法定最高刑就应相应较高。而使轻罪对应较长的追诉期限的做法，将人为地使某些人受到不公正的司法处遇，因此，应当按照相应犯罪所适用的量刑幅度的法定最高刑确立追诉期限。

我国刑法分则对各种犯罪法定最高刑的规定有三种方式，在不同情况下，应当依照以下原则确定追诉期限：（1）在有的条文中，只规定一个量刑幅度，即应以该条的法定最高刑确定追诉期限。例如，我国刑法第 246 条规定的侮辱罪和诽谤罪的法定刑是 3 年以下有期徒刑、拘役、管制或者剥夺政治权利，因此，侮辱罪、诽谤罪的法定最高刑不满 5 年，其追诉期限应为 5 年。（2）有些条文规定有两个以上不同的量刑幅度，即应按照与其罪行相对应的量刑幅度的法定最高刑确定追诉期限。例如，刑法第 234 条故意伤害罪有三个量刑幅度：致人轻伤的，法定最高刑为 3 年有期徒刑，其追诉期限为 5 年；致人重伤的，法定最高刑 10 年，则其追诉期限为 15 年；致人死亡的，法定最高刑为死刑，则其追诉期限为 20 年。（3）对于规定两种以上主刑的，应以最重主刑为标准确定追诉期限。例如，刑法第 121 条前半句规定，以暴力、胁迫或者其他方法劫持航空器的，处 10 年以上有期徒刑或者无期徒刑。此时就涉及两种主刑，此时，即应以最重主刑——无期徒刑为标准将劫持航空器罪的追诉期限确定为 20 年。

（三）共犯的追诉期限

在共同犯罪中，虽然犯罪是共同的，但是责任是分别的。追诉期限是关于是否追究刑事责任的制度，在共同犯罪中确定追诉期限时，根据责任原则和宽严相济刑事政策的要求，应当针对不同的共同犯罪人分别予以判断。例如，甲乙共同伤害丙，但被害人丙的死亡结果主要由乙的伤害行为所致时，对甲和乙的追诉期限应当分别判断。由于对致人死亡的乙可能判处死刑，其追诉期限就是 20 年。

（四）最高人民检察院的核准问题

刑法第 87 条规定，法定最高刑为无期徒刑、死刑的，经过 20 年，如果 20 年以后认为必须追诉的，须报请最高人民检察院核准。不过，值得注意的是，追诉期限超过 20 年层报最高人民检察院核准的案件，未必一概能够获得核准。对于综合全案情况具有以下情形的，最高人民检察院可以不予核准追诉：（1）行为人在 20 年最长追诉期内未实施任何犯罪，没有再犯罪的危险，社会秩序已经恢复，不追诉不影响社会稳定的；(2) 行为人通过赔礼道歉、赔偿损失等方式积极消除犯罪影响，被害方表示谅解的。因此，法定最高刑为无期徒刑、死刑的，经过20年的，最高人民检察院核准追诉是例外，不核准追诉应当是通常情形。

四、追诉时效的计算

(一) 追诉期限的一般起算标准

追诉期限原则上是“从犯罪之日起计算”。我国刑法学界对“犯罪之日”存在多种理解：(1) 认为“犯罪之日”就是犯罪行为实施之日。① (2) 认为“犯罪之日”是指犯罪成立之日。② (3) 将“犯罪之日”解释为犯罪行为完成、犯罪结果发生之日。③ (4) 将“犯罪之日”界定为犯罪行为停止之日，例如，运输毒品，在路途上用了3天，应以第三天将毒品运到、转交他人起开始计算运输毒品犯罪的追诉时效。④ 一般认为，一个犯罪的构成，其核心是犯罪行为，因此，确定犯罪的追诉时效起点是离不开犯罪行为的，否则就违背了罪刑法定原则的宗旨。同时，犯罪又是复杂多样的，各种犯罪构成所要求的条件又是千差万别的，不能仅仅考虑犯罪行为而不考虑各种犯罪具体的构成要件来认定犯罪，因此，确定犯罪追诉时效的起点应以犯罪行为为中心，同时顾及其他特殊情况，以上几种观点或强调行为或强调结果，都有失偏颇。特别是“犯罪之日”即指犯罪结果发生之日这种观点，虽然在一定程度上能够解决追诉时效的起点问题，具有工具上的有效性，但在内涵上偏离刑罚的宗旨，因而值得商榷。

根据以上观点，在确定我国不同种类和不同形态的犯罪的“犯罪之日”时，要采取以下几种方法：(1) 行为犯以及以某种危害结果的发生为既遂构成所必需的犯罪，其犯罪成立之日为犯罪行为实施之日。(2) 危险犯的犯罪成立之日为实施危害行为之日。(3) 预备犯的犯罪成立之日为预备行为发生之日。(4) 中止犯的犯罪之日，应分别情况予以确定：如果是在着手实行犯罪后中止犯罪以犯罪行为施行之日作为犯罪成立之日；如在预备阶段中止犯罪，则预备犯罪行为之日为犯罪之日。(5) 共同犯罪的犯罪成立之日为整体共同犯罪行为得以实施之日。例如，甲、乙二人合谋盗窃，甲负责偷盗，乙负责窝赃、销赃。在这一共同犯罪案件中，共同所犯之罪为盗窃罪，应从甲实施盗窃行为之日起算甲、乙两人的追诉时效，而不应从乙销赃之日起算甲、乙两人的追诉时效。(6) 结果犯。关于结果犯追诉期限的起算标准问题，存在以下两种观点：第一种观点是认为，结果犯应当从犯罪行为发生之日开始计算追诉时效。理由是：所谓犯罪之日，是指犯罪行为发生的时期。第二种观点认为，法律既然以犯罪结果发生作为构成要件，理应以犯罪结果发生之日为犯罪完成之日，也即应将构成犯罪既遂之日作为追诉期限开始计算的起始时间。⑤ 通说认为，对于结果犯，原则上应以犯罪行为实施之日作为犯罪之日，但是在一些特殊情况下，需要有特别的认定标准，例如过失犯，如果行为时与结果发生时存在间隔的，该种情况以结果发生作为犯罪成立前提，如果结果未发生，其行为不能认为是犯罪。换言之，只有结果发生时才是犯罪之日。对此，应当以行为构成犯罪时，也就是结果发生时作为追诉时效的起算时间。对此，2003年11月13日《全国法院审理经济犯罪案件工作座谈会纪要》针对玩忽职守罪的追诉时效也持相同的观点：“玩忽职守行为造成的重大损失当时没有发生，而是玩忽职守行为之后一定时间发生的，应从危害结果发生之日起计算玩忽职守罪的追诉

---

① 参见高格主编：《刑法教程》，228页，长春，吉林大学出版社，1987。
② 参见高铭暄主编：《中国刑法学》，322页，北京，中国人民大学出版社，1989。
③ 参见唐大森主编：《现代刑法学》，317页，合肥，安徽人民出版社，1990。
④ 参见胡康生、李福成主编：《中华人民共和国刑法释义》，98页，北京，法律出版社，1997。
⑤ 参见陈兴良：《本体刑法学》，881页，北京，商务印书馆，2001。

期限。”（7）隔隙犯。关于隔隙犯的犯罪之日，刑法理论上存在行为主义、结果主义和折中说的争论。行为主义认为在犯罪行为与犯罪结果发生在不同时间的情况下，应以犯罪行为发生的时间作为犯罪之日。结果主义认为不能以犯罪行为而应以犯罪结果发生的时间作为犯罪之日。行为结果主义，又称折中主义，认为行为时间与结果的发生时间都是犯罪之日。我国刑法理论对隔隙犯的犯罪时间一般采行为主义，因此，对于隔隙犯来说，应该以其行为实施之日而不是以结果发生之时作为追诉期限的起算时间。

（二）连续犯、继续犯追诉期限的计算

行为有连续或继续状态的，从犯罪行为终了之日起计算追诉期限。这是针对连续犯和继续犯的犯罪特点而确定的。

连续犯是基于同一犯罪故意，连续实施数个同种犯罪行为的一种犯罪形态。连续犯就其实施的数次行为分开来看，每个行为都可以单独构成犯罪，并且其每个行为之间在时间上也有间断，即行为人并不是自第一次行为开始实施到最后一次行为实施终了这一段时间内都处于犯罪状态。但由于连续犯是出于同一的犯罪故意，所犯的是同种罪行，所以自其最后一次实施犯罪行为终了之日起计算其追诉期限是合理的。

继续犯是指犯罪行为在一定时间内处于继续状态，对继续犯的追诉期限应从持续状态结束之日开始计算。法律之所以规定对继续犯的追诉期限应从犯罪行为终了之日起计算，是因为：继续犯是出于一个犯罪故意，实施一个犯罪行为，触犯一个罪名，是一罪而非数罪，并且在一定时间内犯罪行为一直处于持续不断的状态。

五、追诉时效的中断和延长

（一）追诉时效的中断

追诉时效中断，是指在追诉时效进行期间，因发生法律规定的事由，使已经经过的时效期间归于失效，追诉期限从法律规定事由发生之日起重新开始计算的制度。追诉时效中断制度是为了防止犯罪人利用时效制度逃避罪责、继续犯罪而设立的。

我国刑法第 89 条第 2 款规定，在追诉期限以内又犯罪的，前罪追诉的期限从犯后罪之日起计算。这一规定表明，在我国追诉时效中断是以犯罪人在追诉期限内又犯罪为条件的，但不论新罪的性质和刑罚轻重如何。根据刑法的这一规定，追诉时效中断后重新起算的时间为“犯后罪之日”。所谓“犯后罪之日”，即后罪成立之日。

刑法规定追诉时效中断的法定事由是“又犯罪”即重新犯罪，至于新罪是重罪还是轻罪、是故意犯罪还是过失犯罪、应受何种处罚等，均在所不问；即便犯罪人的新、旧两罪被发现时，新罪已过追诉时效，前罪追诉的期限也应从犯后罪之日起计算。作出如此解释的理由是：（1）犯罪分子在追诉期限内再犯新罪，说明其主观恶性深、人身危险性大，怙恶不悛，不思悔改。若不采取时效中断的措施，在客观上会助长犯罪分子的侥幸心理，对预防犯罪、减少犯罪不利。追诉时效制度的确立，虽然主要是对有追诉权的机关在行使追诉权时进行一定限制，但对犯罪分子不能没有约束，更不能成为犯罪分子用来逃避法律制裁的“避风港”，因而在追诉时效制度中，还需要有时效中断及时效延长的规定以降低对司法机关追诉权的过度限制。（2）在刑法上作如此规定，即是法律向犯罪分子明示：犯罪后如果在追诉期限内能遵守法律，不重新犯罪，追诉期限届满后可以不受追诉，这对犯罪分子自身是有利的；反之，则时效中断，原罪的追诉时效要重新起算，已经经过的时效期间作废，这对犯罪分子来说则是不利的。这样一来，追诉时效中断的规定便显示出了其约束功能。如果犯罪分子能从本身利害出发，在追诉期限内不再犯新罪，安分守己，遵纪守法，那么其刑事责任将会随着追诉期限的届满而告消灭，其将不再受到司法机关的追诉。这不仅于其个人有利，对社会也是有利的。(3) 在追诉期限内又犯罪，即便新罪已经过了追诉期限，但行为人客观上再次实施危害行为的事实仍然存在，说明其并未受到“自然”惩罚，并无悔罪意识，对其前罪重新计算追诉期限就是合适的。

在共同犯罪的场合，由共同犯罪的特殊性即二人以上共同故意实施犯罪所决定，对共同犯罪的各行为人的追诉期限应自共同实施的犯罪成立之日起计算，无论是对实行犯还是对非实行犯，均以此为原则，计算追诉期限。但是，如果共同实施的犯罪行为，有连续或者继续状态的，从犯罪行为终了之日起计算。二人以上共同故意犯罪后，共犯中的某些人在追诉期限内又单独实施犯罪的，对其以前的共同犯罪行为的追诉期限，从犯后罪之日起重新计算，但对其他共同犯罪人的追诉期限不产生影响。

(二) 追诉时效延长

追诉时效的延长，是指追诉时效进行期间，发生法定事由，导致追诉时效永久性延长，允许超过时效期限进行追诉的制度。在我国刑法中，追诉时效延长的法律效果是在发生法定事由的情形下，追诉时效无限延长，即不受追诉时效的限制。

1. 追诉时效延长的情形

刑法第 88 条规定：在人民检察院、公安机关、国家安全机关立案侦查或者在人民法院受理案件以后，逃避侦查或者审判的，不受追诉期限的限制。被害人在追诉期限内提出控告，人民法院、人民检察院、公安机关应当立案而不予立案的，不受追诉期限的限制。根据上述规定，追诉时效延长的事由包括：

(1) 逃避侦查或审判。

在人民检察院、公安机关、国家安全机关立案侦查或者在人民法院受理案件以后，逃避侦查或者审判的，不受追诉期限的限制。这一规定同时强调两点：一方面，司法机关要通过法定程序对犯罪行为有所反应，即采取立案侦查措施或受理案件（并不要求采取强制措施）。在共同犯罪的场合，犯罪行为被发现，公安机关对全案进行立案侦查，共犯者之一被抓获并定罪处刑的，其他共犯人逃避侦查或者审判的，不受追诉期限的限制。

另一方面，犯罪人要有逃避侦查或审判的行为。至于犯罪分子是否被发现或被追捕、被采取强制措施，犯罪分子逃避司法追究的状态持续多久，都不影响追诉时效的延长。逃避侦查或审判，主要是指在司法机关立案侦查或受理案件以后，犯罪嫌疑人、被告人逃脱司法机关控制的情况。在实践中具体表现为：在司法机关立案侦查或受理案件以后，犯罪人畏罪潜逃或者隐藏的；在司法机关对其采取强制措施后逃跑或者隐匿的；在自诉案件中，人民法院通知其应诉之后逃跑或者隐匿的。当然，犯罪分子犯罪之后，正常外出经商、务工，并不隐姓埋名，也未隐瞒新居住地地址的，不应以逃避侦查、审判论处。犯罪分子犯罪之后，没有逃跑、隐匿，而仍然在原居住地生活，而司法机关由于自身能力的限制或工作方法问题，在立案之后长时间难以破案，直到追诉时效经过之后才侦破案件的，也不能按逃避侦查、审判论处，不能追究行为人的刑事责任。此外，司法机关虽已立案侦查，但未对犯罪人进行过任何调查讯问，最终时效期限届满的，因犯罪人只是未主动向司法机关自首，没有采取积极的逃避行为，也不能按逃避侦查或审判论处。

(2) 司法机关应立案而不予立案。

被害人在追诉期限内提出控告，人民法院、人民检察院、公安机关应当立案而不予立案的，不受追诉期限的限制。

要准确适用这一规定，应当把握：1) 不管是法律规定必须由公诉机关公诉的案件，还是应当由自诉人自诉的案件，适用追诉时效无限延长制度的前提，必须有被害人的控告在先，并且控告必须在追诉期限内提出。2）如何理解司法机关“应立案而不立案”？立案是有一定的根据和标准的，控告必须经过司法审查，由司法人员确信有犯罪事实需要追究刑事责任，才能立案。应当立案而不予立案，是指有证据证明有犯罪事实并且需要追究犯罪人的刑事责任，按刑事诉讼法规定的标准应当立案而不予立案。在司法实践中，必须考察案件的具体情况，确定应立案的标准：如果在追诉期限内，被害人控告后司法机关先未立案，而后又立案的，由于犯罪仍在追诉期限内，司法机关仍可追诉犯罪人的犯罪行为，因而与追诉时效延长的规定无关。如果在追诉期限内，司法机关在被害人控告后不予立案，而在追诉期限过后又立案的，则说明在追诉期限内不立案是错误的，该案在追诉期限内应立案而不立案，则必须延长追诉时效，司法机关仍可以对犯罪人进行追诉。换言之，被害人在追诉期限内提出控告，人民法院、人民检察院、公安机关应当立案而不予立案的，不管犯罪人是否有逃跑情形，也不管过了多长期限，都不影响追诉机关对犯罪进行追诉。①

2. 关于追诉时效延长规定的溯及力问题

由于1997年刑法第88条和1979年刑法第77条所规定的追诉时效延长事由并不相同，因此，在近年来的实践中，出现了1997年刑法第88条的部分规定是否有溯及力的争议。例如，被告人甲1994年1月故意伤害乙，致乙重伤后逃匿，乙的家属自1995年起每年都向公安机关提出控告，但有关部门直至2015年1月才将甲抓获归案。本案中甲所犯罪行的法定最高刑为10年，追诉期最长15年，按理说在2009年1月之后，甲才被抓获，对其就不能再追诉，且1979年刑法第77条仅规定，在人民法院、人民检察院、公安机关采取强制措施以后，逃避侦查或者审判的，不受追诉期限的限制。但甲不属于被采取强制措施之后逃避侦查和审判的情形。那么，能否以被害人家属一直在提出控告为由，适用1997年刑法第88条的规定（被害人在追诉期限内提出控告，人民法院、人民检察院、公安机关应当立案而不予立案的，不受追诉期限的限制）？如果考虑到1997年刑法第88条对被害人进行特殊保护的规定对甲进行追诉，最终效果则是将不利于被告人的惩罚规定溯及既往，按照罪刑法定原则中禁止溯及既往的要求，不能对甲适用1997年刑法第88条的规定，在2009年1月之后再对其进行追诉。

上述观点，其实和最高人民法院《关于适用刑法时间效力规定若干问题的解释》（1997年9月25日）第1条规定的精神相一致。该条明确指出：“对于行为人1997年9月30日以前实施的犯罪行为，在人民检察院、公安机关、国家安全机关立案侦查或者在人民法院受理案件以后，行为人逃避侦查或者审判，超过追诉期限或者被害人在追诉期限内提出控告，人民法院、人民检察院、公安机关应当立案而不予立案，超过追诉期限的，是否追究行为人的刑事责任，适用修订前的刑法第七十七条的规定。”根据这一司法解释，可以得出如下结论：（1）对于行为人1997年9月30日以前实施的犯罪行为，在人民法院、人民检察院、公安机关“采取强制措施”以后，逃避侦查或者审判的，在修订后的刑法实施之后的任何时间被抓获的，都不受追诉期限的限制。（2）对于行为人1997年9月30日以前实施的犯罪行为，在人民检察院、公安机关、国家安全机关立案侦查或者在人民法院受理案件以后、行为人被采取强制措施之前，逃避侦查或者审判，超过追诉期限的，按照1997年刑法第77条的规定就不能再追诉。例如，甲乙共同于1994年9月24日伤害丙，且是乙的行为导致丙死亡；甲乙犯罪后逃往外地。1994年10月8日侦查机关对本案办理了立案侦查手续，但是并未对故意伤害致人死亡的乙采取追逃

① 但是，这种立法模式是否有悖于时效制度的旨趣，还值得研究。如果一个犯罪人在犯罪后一直没有逃避，而在原居所正常工作生活，遵纪守法，没有对抗追诉，是追诉机关自身的原因导致法律规定的追诉期限届满，但犯罪人仍然处于无限期随时可能被追诉的境地，那么这对犯罪人来说，有失公允。

措施。2020 年 9 月 23 日甲被公安机关抓获，但对乙仍无法进行追诉。在本案中，公安机关虽然在 1994 年 10 月 8 日办理了立案侦查手续，但是其在追诉期限内并未对乙采取任何强制措施，因此，该案并不满足追诉期限延长的前提条件。乙在追诉期限内并未再犯任何犯罪，因此其追诉期限应当自犯罪之日（1994 年 9 月 24 日）起计算，自该日起至公安机关 2020 年 9 月 23 日抓获甲，共计 26 年，显然超过了追诉期限。(3) 对于行为人 1997 年 9 月 30 日以前实施的犯罪行为，被害人在追诉期限内提出控告，人民法院、人民检察院、公安机关应当立案而不予立案，超过追诉期限的，按照 1997 年刑法第 77 条的规定，也不能再追诉。

第三节 赦 免

一、赦免的概念和种类

赦免，是指国家以政令的形式，免除或者减轻犯罪人的罪责或者刑罚的一种制度。

赦免制度通常由宪法加以规定，一般不在刑法中规定。赦免的具体时间和对象由国家元首或最高国家权力机关以政令形式颁布，在我国由最高人民法院执行。所以，赦免制度不是一项刑罚制度。但是，由于赦免的对象是罪犯，其结果是免除或减轻罪与刑，导致追诉权和行刑权都归于消灭，而且赦免命令又由司法机关执行，所以，各国都把它纳入刑罚消灭理论加以研究。

在刑法理论上，根据赦免的具体表现形式的不同，通常把赦免分为大赦和特赦两种。

(1) 大赦。它是指国家元首或者国家最高权力机关，对某一范围内的罪犯一律予以赦免的制度。

大赦的效力很高，它不仅免除刑罚的执行，而且使犯罪归于消灭。经过大赦之人，其刑事责任完全归于消灭。尚未追诉的，不再追诉；已经追诉的，撤销追诉；已受罪刑宣告的，宣告归于无效，不再执行。

(2) 特赦。它是指国家元首或者最高国家权力机关对已受罪刑宣告的特定犯罪人免除其全部或部分刑罚的制度。

特赦与大赦的主要区别在于：(1) 特赦的对象是特定的；而大赦的对象是不特定的。(2) 特赦仅赦刑而不赦罪；大赦既赦刑又赦罪。(3) 特赦后再犯罪的，有可能构成累犯；而大赦后行为人再犯罪不存在累犯问题。(4) 特赦往往公布被赦人的名单；大赦一般不公布被赦人的名单。

我国 1954 年宪法曾有大赦和特赦的规定，但大赦没有实行过。后来的几部宪法没有再规定大赦，都只规定了特赦。因此，我国刑法第 65 条和第 66 条所说的“赦免”都是指特赦。

二、我国的特赦制度及其特点

根据我国现行宪法第 67 条和第 80 条的规定，特赦经全国人大常委会决定，由国家主席发布特赦令。

新中国成立以来，我国共实行了 9 次特赦：

第一次特赦是 1959 年在中华人民共和国成立 10 周年庆典前夕，对在押的确已改恶从善的蒋介石集团和伪满洲国战争罪犯、反革命犯和普通刑事犯实行特赦。

第二次、第三次特赦分别于 1960 年、1961 年实行，都是对蒋介石集团和伪满洲国战争罪犯中确有改恶从善表现者进行特赦。

第四次、第五次、第六次分别于 1963 年、1964 年、1966 年实行，与前两次相比，只是在特赦对象上增加了伪蒙疆自治政府的战争罪犯，其他内容完全相同。

第七次是1975年，对全部在押战争罪犯实行特赦释放，给予其公民权。

第八次为2015年8月29日，为纪念中国人民抗日战争暨世界反法西斯战争胜利70周年，体现依法治国理念和人道主义精神，根据全国人大常委会的决定，对依据2015年1月1日前人民法院作出的生效判决正在服刑、释放后不具有现实社会危险性的下列罪犯实行特赦：参加过中国人民抗日战争、中国人民解放战争的；中华人民共和国成立以后，参加过保卫国家主权、安全和领土完整对外作战的，但犯贪污受贿犯罪，故意杀人、强奸、抢劫、绑架、放火、爆炸、投放危险物质或者有组织的暴力性犯罪，黑社会性质的组织犯罪，危害国家安全犯罪，恐怖活动犯罪的，有组织犯罪的主犯以及累犯除外；年满75周岁、身体严重残疾且生活不能自理的；犯罪的时候不满18周岁，被判处3年以下有期徒刑或者剩余刑期在1年以下的，但犯故意杀人、强奸等严重暴力性犯罪，恐怖活动犯罪，贩卖毒品犯罪的除外。

第九次为2019年6月29日，为庆祝中华人民共和国成立70周年，对依据2019年1月1日前人民法院作出的生效判决正在服刑的下列罪犯实行特赦：（1）参加过中国人民抗日战争、中国人民解放战争的；（2）中华人民共和国成立以后，参加过保卫国家主权、安全和领土完整对外作战的；（3）中华人民共和国成立以后，为国家重大工程建设做过较大贡献并获得省部级以上“劳动模范”“先进工作者”“五一劳动奖章”等荣誉称号的；（4）曾系现役军人并获得个人一等功以上奖励的；（5）因防卫过当或者避险过当，被判处3年以下有期徒刑或者剩余刑期在1年以下的；（6）年满75周岁、身体严重残疾且生活不能自理的；（7）犯罪的时候不满18周岁，被判处3年以下有期徒刑或者剩余刑期在1年以下的；（8）丧偶且有未成年子女或者有身体严重残疾、生活不能自理的子女，确需本人抚养的女性，被判处3年以下有期徒刑或者剩余刑期在1年以下的；（9）被裁定假释已执行1/5以上假释考验期的，或者被判处管制的。全国人大常委会的决定同时规定，上述九类对象中，具有某些特殊情形的，不得特赦。

从已实行的多次特赦中，可以看出我国特赦制度有以下几个特点：（1）特赦对象：前七次特赦，主要针对战争罪犯（其中，第一次特赦的对象还包括反革命罪犯和普通刑事罪犯），第八次、第九次为依据人民法院作出的生效判决正在服刑、释放后不再具有现实社会危险性的某些特定类型的罪犯。（2）特赦的范围：仅限于全国各地某类罪犯中的一部分人，而不是对某类罪犯全部实行特赦，更不是对特定个人实行特赦。（3）特赦的条件：罪犯经过服刑改造，确已改恶从善。对于尚未宣告刑罚，或者刑罚虽已宣告但尚未开始执行的罪犯，不予赦免。（4）特赦的效力：只及于刑罚，并不消灭罪行。（5）特赦的程序：一般由中共中央或国务院提出建议，经全国人大常委会审议决定，由国家主席发布特赦令，并经人民法院依法作出裁定后，对被特赦的罪犯予以释放。

图书在版编目（CIP）数据

刑法总论/周光权著．--4版．--北京：中国人民大学出版社，2021.8

21世纪高等院校法学系列精品教材

ISBN 978-7-300-29535-0

Ⅰ．①刑… Ⅱ．①周… Ⅲ．①刑法一法学一中国一高等学校一教材 Ⅳ．①D924.01

中国版本图书馆CIP数据核字（2021）第120308号

21世纪高等院校法学系列精品教材

刑法总论（第四版）

周光权 著

Xingfa Zonglun

出版发行	中国人民大学出版社		
社　　址	北京中关村大街31号	**邮政编码**	100080
电　　话	010－62511242（总编室）		010－62511770（质管部）
	010－82501766（邮购部）		010－62514148（门市部）
	010－62515195（发行公司）		010－62515275（盗版举报）
网　　址	http://www.crup.com.cn		
经　　销	新华书店		
印　　刷	天津鑫丰华印务有限公司	**版　　次**	2007年11月第1版
开　　本	787 mm×1092 mm　1/16		2021年8月第4版
印　　张	32.5 插页2	**印　　次**	2025年5月第7次印刷
字　　数	851 000	**定　　价**	88.00元

《　　　　　　》※任课教师调查问卷

为了能更好地为您提供优秀的教材及良好的服务，也为了进一步提高我社法学教材出版的质量，希望您能协助我们完成本次小问卷，完成后您可以在我社网站中选择与您教学相关的 1 本教材作为今后的备选教材，我们会及时为您邮寄送达！如果您不方便邮寄，也可以申请加入我社的**法学教师 QQ 群：83961183（申请时请注明法学教师）**，然后下载本问卷填写，并发往我们指定的邮箱（cruplaw@163.com）。

邮寄地址：北京市海淀区中关村大街 31 号中国人民大学出版社 806 室收

邮　　编：100080

再次感谢您在百忙中抽出时间为我们填写这份调查问卷，您的举手之劳，将使我们获益匪浅！

基本信息及联系方式：※

姓名：__________ 性别：__________ 课程：__________

任教学校：__________ 院系（所）：__________

邮寄地址：__________ 邮编：__________

电话（办公）：__________ 手机：__________ 电子邮件：__________

调查问卷：※

1. 您认为图书的哪类特性对您使用教材最有影响力？（　　）（可多选，按重要性排序）
   A. 各级规划教材、获奖教材　　B. 知名作者教材
   C. 完善的配套资源　　D. 自编教材
   E. 行政命令
2. 在教材配套资源中，您最需要哪些？（　　）（可多选，按重要性排序）
   A. 电子教案　　B. 教学案例
   C. 教学视频　　D. 配套习题、模拟试卷
3. 您对于本书的评价如何？（　　）
   A. 该书目前仍符合教学要求，表现不错将继续采用。
   B. 该书的配套资源需要改进，才会继续使用。
   C. 该书需要在内容或实例更新再版后才能满足我的教学，才会继续使用。
   D. 该书与同类教材差距很大，不准备继续采用了。
4. 从您的教学出发，谈谈对本书的改进建议：__________

____

____

选题征集：如果您有好的选题或出版需求，欢迎您联系我们。

联系人：黄　强　联系电话：010-62515955

索取样书：书名：__________

书号：__________

备注：※ 为必填项。